T0349692

GESCHICHTE DER ANTIKE

Quellenband

unter Mitarbeit von
Peter Funke, Peter Herz,
Karl-Joachim Hölkeskamp,
Jens-Uwe Krause,
Elke Stein-Hölkeskamp
und Josef Wiesehöfer

herausgegeben von
Hans-Joachim Gehrke und Helmuth Schneider

mit einem Beitrag von Martin Fell

2., erweiterte Auflage

Verlag J.B. Metzler
Stuttgart · Weimar

Gedruckt auf chlorfrei gebleichtem, säurefreiem und alterungsbeständigem Papier

Bibliografische Information der Deutschen Nationalbibliothek
Die Deutsche Nationalbibliothek verzeichnet diese Publikation in der Deutschen
Nationalbibliografie; detaillierte bibliografische Daten sind im Internet
über http://dnb.d-nb.de abrufbar.

ISBN 978-3-476-02495-4

© 2013 J.B. Metzler'sche Verlagsbuchhandlung und Carl Ernst Poeschel Verlag
GmbH in Stuttgart
www.metzlerverlag.de
info@metzlerverlag.de

Einbandgestaltung: Willy Löffelhardt/Jessica Joos unter Verwendung
zweier Abbildungen der Attalidischen Galliergruppe.
Vordergrund: sog. Sterbender Gallier, Rom, Kapitolinisches Museum (Foto: Alinari);
Hintergrund: nach A. Schober, Die Kunst von Pergamon (1951), pl. 21
Satz: typopoint GbR, Ostfildern
Druck und Bindung: Kösel, Krugzell · www.koeselbuch.de

Printed in Germany
September 2013

Verlag J.B. Metzler   Stuttgart · Weimar

INHALT

VORWORT
ZUR 2. AUFLAGE

Die *Geschichte der Antike* – gerade im Verband von Studienbuch und dem vorliegenden Quellenband – ist nicht nur ein viel genutztes Lehrbuch für den universitären Unterricht, sondern auch ein anerkanntes Standardwerk für Lehrerinnen und Lehrer an den Schulen zur Vorbereitung des Unterrichts in den Fächern Geschichte, Latein und Griechisch. Der Erfolg gestattet es Verlag und Herausgebern, nun auch für den Quellenband eine 2. Auflage vorzulegen, die zeitgleich und parallel zur 4. Auflage des Studienbuchs erscheint.

Die Auswahl und Präsentation der Quellen in diesem Band hat sich bewährt; deshalb ist sie für die 2. Auflage nicht verändert worden. Ein weiterer Ausbau des Umfangs schien nicht zweckmäßig. Zum einen beansprucht das Corpus von gut 400 Quellen unter 351 Quellennummern keinerlei Vollständigkeit, sondern ist auf Exemplarität, was die Quellengattungen und die Themenauswahl angeht, ausgerichtet, wie es das Vorwort zur 1. Auflage darstellt. Zum anderen soll der knapp 500 Seiten umfassende Band weiterhin zu einem erschwinglichen Ladenpreis angeboten werden können.

Wichtige Ergänzungen gibt es beim Quellenband allerdings auch: Die Herausgeber haben eine Einleitung zur Notwendigkeit von Textkritik und zur Problematik des Gebrauchs von Übersetzungen bei antiken Quellen verfasst, um das Bewusstsein dafür zu schärfen, dass eine eingehende Interpretation von Quellen nur möglich ist, wenn man auf den Originaltext mit seinen jeweils voraussetzungsvollen und kaum übersetzbaren Begriffen zurückgeht.

Da der Quellenband schon aus Umfangsgründen auf den Abdruck der Quellen in der Originalsprache verzichten musste, bietet ein neuer Beitrag von Martin Fell eine Hinführung zum originalen Quellenmaterial. Dieses ist einerseits über die zu jeder Quelle nachgewiesenen Editionen in gedruckter Form erreichbar (vgl. das Verzeichnis der Übersetzungen und Ausgaben im Anhang), andererseits aber findet sich bis auf wenige Ausnahmen das gesamte Quellenmaterial dieses Bandes in der Originalsprache in elektronischen Volltextdatenbanken, die zumeist frei zugänglich sind und zu denen der neue Beitrag Zugangshinweise gibt.

Erwähnt werden sollte noch, dass die 3. Auflage des Studienbuchs und auch die jetzt erscheinende 4. Auflage auf den Randspalten der Darstellung überall Hinweise auf die jeweils thematisch relevanten Quellen des Quellenbandes enthält. Umgekehrt finden sich in diesem Quellenband im Anhang für jede Quelle Verweise auf die thematisch relevanten Seiten des Studienbuchs.

Hans-Joachim Gehrke, Freiburg   Helmuth Schneider, Kassel

VORWORT

Quellen der antiken Geschichte

Alles historische Wissen beruht auf Zeugnissen, die uns Informationen über Ereignisse, Personen und Zustände der Vergangenheit bieten. Diese Zeugnisse, die in der Sprache der Historik als Quellen bezeichnet werden, können völlig unterschiedlicher Art sein; für die Geschichte der Antike handelt es sich um literarische oder historiographische Texte, um die Fachliteratur, um Dokumente wie Reden, Briefe, Verträge oder Gesetze, um Münzen und Inschriften, um Papyri, um das archäologische Fundmaterial, um Bilder und Denkmäler, um Bauwerke oder Ruinen von Bauten aller Art bis hin zu Überresten des Alltagslebens. Die Geschichtswissenschaft hat seit Beginn der historischen Forschung an den Universitäten im späten 18. und frühen 19. Jahrhundert immer wieder den Versuch unternommen, im Rahmen der Historik eine Systematik der Quellen zu begründen und die Methoden der Quellenkritik sowie der Quelleninterpretation zu entwickeln und zu verfeinern. Seitdem gehört die Untersuchung der Quellen, die Prüfung ihrer Echtheit, ihre Datierung, die Feststellung des genauen Wortlautes von Texten, die Frage nach ihrer Glaubwürdigkeit, nach dem Autor und dem Kontext sowie die Analyse der Intentionen eines Textes unabdingbar zur Forschungspraxis der Geschichtswissenschaft.

Damit ist die Einführung in die Quellenkunde und in die Methode der Quelleninterpretation auch eine zentrale Aufgabe des Geschichtsunterrichts an den Oberstufen von Gymnasien und der einführenden Veranstaltungen des BA-Studienganges Geschichte an den Universitäten. Der vorliegende Quellenband zur Geschichte der Antike soll hierfür als Handreichung dienen; *Ergänzung zum Studienbuch* er ist außerdem als Ergänzung zu dem Studienbuch *Geschichte der Antike* (2. Auflage Stuttgart 2006) konzipiert. Von vornherein wurde dabei die Entscheidung getroffen, auf Bildquellen (mit Ausnahme des Abschnittes über die Beziehungen zwischen dem frühen Griechenland und dem Alten Orient) und archäologisches Material zu verzichten und allein schriftliche Zeugnisse aufzunehmen. Diese Entscheidung impliziert in der Sicht der Herausgeber keineswegs, dass das archäologische Material für unsere Kenntnis der Antike von geringer Bedeutung wäre; sie wurde vielmehr aus pragmatischen Gründen der Umfangsbegrenzung getroffen. Davon abgesehen ist auch zu bedenken, dass Kunst und Architektur wesentlich Gegenstand der Archäologie sind und vorliegende Bildbände unterschiedlichster Thematik einen Zugang zur griechischen und römischen Kunst und zu den Ausgrabungsstätten eröffnen; in der Geschichtswissenschaft standen hingegen traditionell die Texte im Zentrum der Forschung, und dieser Akzentuierung folgt die hier vorgelegte Quellensammlung.

Die Herausgeber des Bandes sowie die Bearbeiterin und die Bearbeiter der einzelnen Abschnitte sind sich bewusst, dass in einer Sammlung von Quellen zur Geschichte der Antike in einem kompakten Band zwangsläufig auf viele bedeutende Texte verzichtet werden musste – es wäre leicht möglich gewesen, für jede Epoche der griechischen und römischen Geschichte einen einzelnen

Quellenband zusammenzustellen. Aus diesem Grund soll die Auswahl der *Die Auswahl der Quellen*
Texte hier kurz begründet werden: Es kam uns nicht darauf an, die politischen Ereignisse der griechischen und römischen Geschichte fortlaufend
durch Quellen zu belegen, vielmehr wird für einzelne exemplarische Ereignisse und Entwicklungen relevantes Quellenmaterial geboten. Der Band soll
dabei über die Präsentation von Texten der antiken Geschichtsschreibung
hinaus einen Einblick in die Vielfalt der überlieferten Texte und der verschiedenen Quellengattungen gewähren.

Es wurde großer Wert darauf gelegt, zeitgenössische Texte in die Sammlung aufzunehmen, darunter etwa Reden, Briefe und Dokumente wie Gesetze,
Verträge und Rechtstexte. Ferner wurde der Fachliteratur, der Dichtung und
der christlichen Literatur der Spätantike genügend Raum gewährt. Ein wichtiger Akzent lag auf der politischen Philosophie sowie auf der zeitgenössischen
Reflexion politischer und sozialer Verhältnisse in Griechenland und Rom.
Inschriften und Papyri sind für einzelne Epochen der Antike (vor allem für
das klassische Griechenland, den Hellenismus und die römische Kaiserzeit)
von besonderer Bedeutung; in den entsprechenden Abschnitten finden sich
daher eine größere Zahl epigraphischer und papyrologischer Zeugnisse.

Der Band präsentiert vor allem solche Quellen, die für eine Einführung in
die Methodik der Quelleninterpretation und für eine exemplarische Analyse
besonders geeignet sind und die zugleich einen Überblick über die verschiedenen Quellengattungen der Antike vermitteln. Allerdings soll der Band nicht
allein Material für einzelne Aufgaben der Textinterpretation enthalten, sondern auch zu einem breit orientierten Verständnis der griechischen und römischen Geschichte und Kultur beitragen, indem Zeugnisse zu wichtigen
historischen Entwicklungen, zur Sozial- und Wirtschaftsgeschichte sowie zur
Kultur- und Religionsgeschichte in großer Zahl aufgenommen wurden. Es
handelt sich vor allem um folgende Themen:

- Die Herausbildung der griechischen Gesellschaft und Kultur sowie die *Die Themen*
  Entstehung der Polis in der archaischen Zeit
- Die Kulturen im Umfeld der griechischen Welt
- Die Polis im Klassischen Griechenland. Die Entstehung der Demokratie in
  Athen
- Die Beziehungen zwischen den griechischen Poleis und die Kultur der grie-
  chischen Klassik
- Das Königtum im Hellenismus und seine Beziehungen zu den Gemein-
  schaften der Untertanen
- Die Prozesse wechselseitiger kultureller Beeinflussung in der hellenistischen
  Welt
- Die Expansion Roms und die Krise der römischen Republik
- Das politische System des Principats. Die Gesellschaft der römischen Kai-
  serzeit
- Die Christianisierung des Imperium Romanum in der Spätantike. Wirt-
  schaft und Gesellschaft der Spätantike. Der Zusammenbruch der rö-
  mischen Reiches

Damit sind wichtige Themen der Grund- und Leistungskurse im Geschichts-
unterricht und der einführenden Veranstaltungen im BA-Studiengang Geschichte, die historisches Überblickswissen vermitteln sollen, erfasst.

Hinweise zur Benutzung

Bei der Präsentation der Quellen kam es nicht nur auf eine inhaltlich sinn-
volle und repräsentative Auswahl an; das Buch soll auch zum fortlaufenden
Lesen einladen. Deshalb sind Hinweise auf Textlücken nur dort gegeben, wo
Ergänzungen nicht mit Sicherheit oder hinreichender Wahrscheinlichkeit
vorgenommen werden konnten. Hier sind, wie bei Inschriften und Papyri
üblich, eckige Klammern verwendet worden.

[ ]   Ergänzungen/Lücken in Papyri und Inschriften
( )   Ergänzungen und Erläuterungen durch den Bearbeiter
{ }   Varianten
< >   Ergänzungen in literarischen Texten
[...]   Längere Auslassungen durch den Bearbeiter (Kürzungen)
[---]   Größere Lücken im Text, nicht ergänzbar

Es versteht sich von selbst, dass für die nähere Arbeit an den Quellen auf die
angegebenen Editionen, Übersetzungen, Kommentare und Literaturhinweise
zurückgegriffen werden muss. Letztere sind bewusst knapp gehalten worden,
damit möglichst viele antike Zeugnisse aufgenommen werden konnten. Sie
sind aber in der Regel so gewählt, dass sie den Zugang zu weiterer For-
schungsliteratur eröffnen.
Weitere Angaben zu Ausgaben und Literatur finden sich im Anhang. Generell
sei für sachliche Informationen und Erläuterungen auf das Studienbuch
(Gehrke/Schneider, *Geschichte der Antike*, Stuttgart/Weimar 2000, 2. Aufl.
2006) verwiesen. Die entsprechenden Seitenzahlen sind der schnellen Orientierung halber im Anhang des Quellenbandes angegeben.
    Das Register aller Texte, die in den Band aufgenommen wurden, soll es
ermöglichen, Quellen unter jeweils verschiedenen Fragestellungen zu erschließen und zusammenzustellen. So können mit Hilfe des Stellenregisters etwa
alle Texte von Homer sowie Hesiod oder die Texte der griechischen Historiker wie Herodot, Thukydides und Xenophon erfasst werden. Dasselbe gilt
auch für die Rechtsquellen der Principatszeit oder der Spätantike sowie für
die Inschriften. Der Quellenband kann auf diese Weise leicht für Kurse und
Lehrveranstaltungen mit verschiedener Thematik genutzt werden.

Gedankt sei allen, die geholfen haben, diese Quellensammlung herauszuge-
ben; unser besonderer Dank gilt wiederum Herrn Dr. Oliver Schütze, der den
Band beim Verlag J.B. Metzler umsichtig betreut hat.

Hans-Joachim Gehrke, Freiburg   Helmuth Schneider, Kassel

TEXTKRITIK UND DIE PROBLEMATIK VON ÜBERSETZUNGEN

Hans-Joachim Gehrke, Helmuth Schneider

Bei dem Umgang mit den Quellen der antiken Überlieferung stellen sich vor allem zwei Probleme. Das erste bezieht sich auf die Zuverlässigkeit der Texte überhaupt bzw. auf die Frage, wie deren originaler Wortlaut zuverlässig ermittelt oder gesichert werden kann. Schon in der Antike sind viele Texte aufgezeichnet und archiviert worden. Von ihnen ist aber nur ein verschwindend kleiner Teil auf uns gekommen, vor allem Texte, die auf dauerhaftem Material angebracht waren (Inschriften auf Stein oder Bronze etwa), oder solche, die sich unter günstigen Umständen der Konservierung erhalten haben, wie die Papyri. Sie haben häufig einen dokumentarischen Charakter und sind insofern den entsprechenden Quellen anderer Epochen, den Urkunden und Akten des Mittelalters und der Neuzeit, vergleichbar. Nicht selten sind sie jedoch nur unvollständig erhalten.

Die überwiegende Masse der auf die Antike zurückgehenden Texte und damit unserer Quellen ist aber ihrerseits nur durch fortlaufendes Abschreiben weitergegeben und so erhalten worden. Von diesen Kopien haben wir häufig nur die spätesten Versionen in Handschriften aus dem Mittelalter vorliegen. Mit dem Aufzeichnen begann man bereits in der Antike, und am Beginn stand häufig die erstmalige schriftliche Fixierung eines (oft über längere Zeit) mündlich übermittelten Textes, eines Gedichtes oder einer Rede etwa. Wieweit die schließlich ›verschriftete‹ Version die mündliche Variante exakt wiedergibt und ob es in dem oralen Milieu überhaupt *die* Version gab, ist zunächst einmal die Frage. Die Herstellung eines möglichst authentischen Textes stellt also eine besondere Herausforderung dar. Die Wissenschaft, die sich mit ihr beschäftigt, ist die Philologie, und angesichts von deren Bedeutung für die Quellen und damit für die Geschichte spricht man auch von der historisch-philologischen Methode. Die Bemühung um den adäquaten Text nennt man Textkritik. Dabei handelt es sich um verschiedene Verfahren, mit denen man dem ursprünglichen Wortlaut möglichst nahe zu kommen versucht.

Textkritik: Die Edition einer zuverlässigen Textfassung

Bereits in der Antike erlebte diese Philologie eine große Blütezeit, besonders an den großen hellenistischen Bibliotheken, in erster Linie in Alexandreia. Ohne die Leistungen der antiken Philologen wäre ein angemessener Umgang mit den Quellen wohl kaum möglich. In nachantiker Zeit wurden Texte (naturgemäß nach unterschiedlichen Kriterien ausgewählt und deshalb auch nur in begrenztem Umfang) weiter abgeschrieben und bearbeitet, im Sinne einer gelehrten oder auch nur mechanischen Tätigkeit. Dabei ergaben sich naturgemäß verschiedene Fehler, die ihrerseits kopiert wurden. Es war und bleibt Aufgabe der Textkritik, diese Fehler aufzudecken und damit nach den Regeln der Kunst zuverlässige Texte herzustellen.

Mindestens ebenso gravierend ist das Problem der Sprache der Texte bzw. der Quellen. In dem vorliegenden Band sind sie – dem Zweck entsprechend – in deutscher Übersetzung wiedergegeben. Die Masse der für die klassische

Übersetzung als kritisch zu prüfende Annäherung

Antike relevanten Texte ist aber (neben anderen Sprachen, die teilweise erst viel später überhaupt entziffert wurden, wie das Ägyptische und das Babylonische) auf Griechisch und Latein verfasst. Keine Übersetzung kann den Sinn eines Textes und seiner Wörter in völliger Entsprechung zu dem Original wiedergeben. Die große Übersetzerin Swetlana Geier sprach deshalb davon, dass Sprachen »nicht kompatibel« seien. Das betrifft, neben dem poetisch-literarischen Duktus vieler Texte, vor allem Schlüsselbegriffe im Bereich sozialer Normen, ethischer Orientierungen, intellektueller Klassifizierungen und politischer Konzepte. Für jeden wirklich eingehenden – und damit wissenschaftlichen – Zugriff auf die Quellen ist deshalb die Auseinandersetzung mit dem Text in seiner Originalsprache entscheidend. Das Arbeiten mit Übersetzungen ist immer nur ein Notbehelf, aber es kann eben auch den Zugang in die historischen Milieus eröffnen und bleibt unerlässlich. Man muss sich nur der Tatsache bewusst sein, dass der interpretatorische Spielraum dadurch noch weiter wird, und man sollte sich wenigstens im Hinblick auf wesentliche Begriffe und Konzepte des Wortlauts der Originalsprache versichern.

Vermeintlich vertraute Begriffe

Dass sich auch in unserer Sprache, als Lehn- und vor allem als Fremdwörter, viele Wörter aus dem Griechischen und Lateinischen erhalten haben, macht die Sache einerseits leichter, andererseits schwieriger. Wir haben dadurch einen leichteren Zugriff auf die Terminologie (oder glauben das zumindest). Deshalb kommen uns auch manche Begriffe und Konzepte eingängig vor; man denke nur an »Demokratie« oder »Republik«. Gerade hier muss man aber vorsichtig sein, denn auch die Wörter und Begriffe haben eine Geschichte; und was einen leichten und schnellen Zugang zu den Griechen und Römern zu erlauben scheint, ist oft Ergebnis von – auch sprachlichen und konzeptionellen – Rezeptionen mit all ihren Interpretationen und Missverständnissen.

Übersetzungen griechischer Begriffe

Die Problematik soll hier kurz am Beispiel von Quellen aus dem vorliegenden Band demonstriert werden. Die Eidesformel, mit der die Griechen wohl Ende 338 v.Chr. ihre wichtige Vereinbarung mit dem makedonischen König Philipp abschlossen (Q 119), ist an verschiedenen Orten auf Steininschriften festgehalten worden. Zwei Bruchstücke davon wurden auf der Akropolis von Athen gefunden. Hier sind wir bereits mit dem ersten Problem konfrontiert: Der Text ist nicht vollständig erhalten. Deshalb fehlen die entscheidenden Angaben über den Charakter des Vertrages. War von einem »Frieden« oder »Friedensvertrag« (*eiréne*) die Rede oder von einem »Bündnis«, genauer einem »Militärbündnis« (*symmachía*, wörtlich etwa »Kampfgemeinschaft«), oder eher neutral von einem »Vertrag«, einer »Vereinbarung« (*synthékai*). Für Letzteres könnte sprechen, dass das Wort wenig später in dem erhaltenen Teil vorkommt. Es würde sich damit aber andererseits um eine zu wenig konkrete Bezeichnung handeln, so dass wiederum einiges für eine der beiden anderen Varianten spricht. Daran hat sich eine lang anhaltende wissenschaftliche Kontroverse angeknüpft. Sie wird dadurch noch komplizierter, dass man an einer ebenfalls nicht erhaltenen Partie im weiteren Verlauf des Textes die bestimmte Form eines Friedensvertrages ergänzen kann, die einen festen Vertragstyp des 4. Jh. bezeichnet, den »Allgemeinen Frieden« (*koiné eiréne*). Hier beeinflusst die Interpretation die Textherstellung – und damit bleibt ein Spielraum der Unsicherheit.

Fragen ergeben sich aber auch da, wo der Text erhalten ist, und zwar gerade im Hinblick auf wesentliche Begriffe: Das auch in unsere Fachsprache aufgenommene Wort *pólis* hat im Griechischen unterschiedliche Bedeutungen, die wir mit dem Wort »Stadtstaat« wiederzugeben pflegen. Es kann im Einzelnen die Stadt als urbanes Phänomen bezeichnen, aber auch so etwas wie einen Staat, der aus diesem städtischen Zentrum und einem dazugehörigen Territorium besteht, sowie die Gemeinschaft der Bürger, die diesen ›Staat‹ bilden, also eine »Gemeinde«. Und natürlich kann das Wort auch all dies zusammen meinen. Es ist mit *einem* Wort in unserer Sprache schlicht nicht wiederzugeben. Wie man sich behelfen kann, lässt sich an diesem Text schön zeigen. Im Kontext des Wortes geht es um konkrete Handlungen (»besetzen«), die in jedem Fall auch bestimmten Örtlichkeiten (Festungen, Häfen) gelten, so dass die plausibelste Übersetzung »Stadt« ist; sie bezeichnet den konkreten Ort. Aber selbstverständlich kann man auch eine Stadt und ihr gesamtes Territorium besetzen. Also bleibt auch hier eine gewisse Unsicherheit.

Der Kontext hilft auch zu einer Eingrenzung bei der Übersetzung des Wortes *téchne*, das im Griechischen ebenfalls einen weiten Bereich umfasst. Es kann so viel wie »Kunst« und »Handwerk« bedeuten und generell Fertigkeiten bezeichnen. Man könnte auch von Technik sprechen, etwa in dem Sinne, in dem man einem Sportler heutzutage eine gute Technik zuschreibt. Im vorliegenden Text erlaubt das in demselben Zusammenhang aufgeführte Wort *mechané* eine gewisse Präzisierung. Es bezieht sich eher auf ein Wortfeld wie »Hilfsmittel« und kann unserem Begriff des »Tricks« nahekommen. In anderen Kontexten müsste man jedoch wieder neu überlegen. Das gilt ebenso für das Wort *politeía*, das hier, sicher adäquat, mit »Verfassung« wiedergegeben ist. In ihm schwingt im Griechischen aber noch mehr mit als bloß juristische Sachverhalte, z.B. normative Aspekte, die wir mit dem weiteren Begriff »Verfasstheit« wiedergeben könnten, im Sinne einer bestimmten »Konstitution«. So könnte auch das aus dem Englischen stammende und im Deutschen immer mehr eingebürgerte Wort *governance* ein Äquivalent sein.

Dieselben Probleme stellen sich auch bei der Interpretation lateinischer Texte. Die Terminologie römischer politischer Begriffe hat in vielen Fällen kaum Entsprechungen in der modernen Begrifflichkeit. Dies gilt etwa für die lateinischen Wörter *nobilitas* und *nobiles* (vgl. Q 203, Q 217). In deutschen Übersetzungen wird *nobilitas* häufig mit dem Wort »Adel« wiedergegeben; dabei wird aber übersehen, dass der Adel in der Neuzeit rechtlich definierte Privilegien besaß, was auf die römische Nobilität so nicht zutrifft. Es gibt kein Gesetz, dass einem *nobilis* Rechte zugesteht, die ein einfacher römischer Bürger nicht besessen hätte. Anders verhielt es sich in der frühen Republik mit den *patricii*, die eben bis zu den *leges Sextiae Liciniae* von 367/66 allein das Recht besaßen, dem Senat und den Priesterkollegien anzugehören und bei Wahlen für die politischen Ämter zu kandidieren. Im Verlauf der politischen Entwicklung verloren die *patricii* alle Vorrechte bis auf eines: Sie stellten noch in der späten Republik den *interrex*, der die Consulatswahlen zu leiten hatte, wenn entweder beide Consuln verstorben waren oder zu Jahresanfang keine Consuln im Amt waren, wie dies im Jahr 52 v.Chr. der Fall war. Die Amtszeit des Interrex war auf fünf Tage beschränkt.

Als *nobiles* werden in Reden und in der römischen Geschichtsschreibung solche römischen Bürger bezeichnet, die aus Familien stammten, deren Angehörige bereits in früherer Zeit Consuln gestellt hatten. Obwohl es in der Nobilität durchaus zu Konflikten zwischen einzelnen Senatoren kommen konnte, besaß diese Gruppe einen starken inneren Zusammenhalt; vor allem versuchte die Nobilität zu verhindern, dass Senatoren, die *homines novi* wa-

*Übersetzungen
römischer Begriffe*

ren, also als Erste ihrer Familie in den Senat gelangt waren (vgl. Q 217), Consuln wurden.

Bisweilen wird *nobilitas* mit »Amtsadel« übersetzt; aber auch dieser Begriff entspricht nicht dem lateinischen Wort, denn dem Amtsadel wird das Adelsprädikat vom Herrscher verliehen, während in Rom die Zugehörigkeit zur Nobilitas nicht auf einem Rechtsakt beruht. Es handelt sich bei *nobilitas* um eine informelle Bezeichnung, die sozialen Rang und Distinktion hervorheben soll. Unter diesen Voraussetzungen kann der Begriff *nobilitas* nicht übersetzt werden. Es ist allenfalls angemessen, das Wort »Nobilität« zu verwenden.

Wenn in lateinischen Texten für die Zeit der späten Republik von *partes* und *factiones* gesprochen wird (Q 203), dann handelt es sich nicht um »Parteien« im modernen Sinn, also um Organisationen mit einem Programm, einem Vorstand und mit Mitgliedern, die der Partei beigetreten sind, sondern um offene Gruppierungen von Senatoren mit übereinstimmenden politischen Anschauungen. Eine Übersetzung sollte daher vorsichtig mit dem vermeintlichen Äquivalent »Partei« umgehen und könnte auch von »politischen Gruppenbildungen« und »Parteiungen« sprechen.

Konsultierung der Originaltexte

Diese Beispiele aus dem griechischen und römischen Bereich sollen nur andeuten, dass das Arbeiten mit Quellen in der Übersetzung zwar einen wesentlichen Schritt in die richtige Richtung darstellt, dass aber nach Möglichkeit auf die dahinter liegende originale sprachliche Gestalt zurückzugreifen ist. Gerade an sensiblen Stellen, eben wenn es um Schlüsselbegriffe geht, hat man sich, auch wenn man der entsprechenden Sprache nicht mächtig ist, zu fragen, auf welchen Sachverhalt sich der Begriff bezieht. Wir haben in diesem Band versucht, das zu erleichtern, indem wir wichtige originalsprachliche Begriffe in Klammern der Übersetzung beigegeben haben. Außerdem wird für jede Quelle auf die wichtigsten Editionen und Kommentierungen verwiesen (S. 415 ff.). Diese sind unbedingt heranzuziehen. Leicht gangbare Wege zum Originaltext der Quellen im Internet weist der folgende Beitrag (S. XIV).

DER ZUGANG ZUM ORIGINALEN QUELLENMATERIAL DER ANTIKE AUF ELEKTRONISCHEM WEGE

Martin Fell

Grundsätzliches zur Edition antiker Quellen

Der Bestand an originalem Quellenmaterial aus der Antike ist recht breit aufgefächert; die fünf großen fachwissenschaftlichen Felder, aus denen die Zeugnisse stammen, sind die der *Philologie* (schriftliche Texte), der *Epigraphik* (Inschriften), der *Numismatik* (Münzen bzw. Zahlungsmittel und Medaillen), der *Papyrologie* (beschriftete Papyri und Ostraka [Tonscherben]) und der *Archäologie* (weitgefächertes Feld ganz unterschiedlicher dinglicher Hinterlassenschaften). Nähere Worte zum Quellenmaterial und dessen Bedeutung sind im Studienbuch *Geschichte der Antike* im Abschnitt »Die Quellen der Alten Geschichte« (S. 21–28) zu finden.

Jedes Material muss, damit es überhaupt benutzbar wird, vorgelegt werden. Dafür hat jedes der genannten Fächer bestimmte Regeln (Konventionen), die sich zwar übergreifend oft sehr ähneln, jedoch notwendigerweise von Fach zu Fach spezifische Differenzen aufweisen können. Weil schriftliche Texte in dem vorliegenden Quellenband den Hauptanteil bilden, soll hier auf die Konventionen der Philologie eingegangen werden.

Die Texte der Autoren aus der Antike sind in aller Regel vorbildlich herausgegeben (ediert). Sie werden heute weltweit bis auf leichte nationalsprachliche Differenzen auf dieselbe Weise zitiert. Die Unterschiede betreffen meist die Autorennamen: Im deutschsprachigen Raum herrscht das Bestreben vor, Namen möglichst dem Original gleich wiederzugeben (Thukydides, Polybios), während im englischsprachigen Raum die Namen latinisiert in Gebrauch sind (Thucydides, Polybius). Demgegenüber bestehen z.B. im französischen Sprachraum an die eigene Sprache angepasste Formen (Thucydide; Polybe). Ist man also auf der Suche nach Texteditionen, ist dieses Spezifikum zu beachten, um sich in Katalogen vollständig zurechtzufinden und nicht vielleicht wesentliche Ausgaben zu übersehen.

Konventionen der Namenschreibung

Über die Fachwelt hinaus hat sich eingebürgert, dass man Quelleneditionen (und zum Teil auch Sekundärliteratur) auf eine nach bestimmten Konventionen festgelegte Weise zitiert. Ein Kriterium dabei ist, dass bis auf ganz wenige Ausnahmen die Angaben stark verkürzt werden. Aus diesem Grunde tritt das Namenproblem beim Erkennen der zitierten Passagen nicht so scharf auf: Thukydides wird mit Thuk. oder – je nach Autor des modernen Textes – Thuc., Polybios mit Polyb. abgekürzt, es folgt jeweils die präzise Stellenangabe. Die verwendeten Abkürzungen werden dabei nicht von jedem freihändig eingesetzt, sondern anhand bestimmter Verzeichnisse. So ist es auf dem Feld der Altertumswissenschaften heute weithin üblich, sich an das Ab-

Konventionen bei Stellennachweisen

kürzungsverzeichnis zu halten, das im Fachlexikon *Der Neue Pauly* (DNP) zusammengestellt worden und dort am Anfang des dritten Bandes zu finden ist (DNP 3,1997, Sp. XXXVI–XLIV; auch in der an Universitäten meist erreichbaren Online-Version des Lexikons ist dieses Verzeichnis enthalten, allerdings etwas unübersichtlich dargestellt: http://referenceworks.brillonline. com/entries/der-neue-pauly/erweitertes-abkurzungsverzeichnis-COM_004# d16855966e12750). In der neuen 4. Auflage des Studienbuchs *Geschichte der Antike* ist ein Auszug der wichtigsten Autoren aus diesem Verzeichnis abgedruckt (s. S. 547–550). Das Verzeichnis ist insbesondere deswegen wichtig, um eindeutig zu erkennen, womit man es zu tun hat. So ist die gelegentlich zu findende Abkürzung »Arist.« vieldeutig, während Aristeid., Aristob., Aristoph., Aristot., Aristox. sofort eindeutig benennen, um welchen Autor es sich handelt.

Die Zitate aus den Werken antiker Autoren sind im Regelfall nach der einfachen Struktur Autor Werktitel Buch, Kapitel, Satz aufgebaut, letztere (v.a. im deutschsprachigen Bereich) als durch Komma getrennte Zahlen. In Fachpublikationen fällt der Werktitel in den Fällen, in welchen uns ein Autor nur ein Werk hinterlassen hat, fast immer weg (daher folgen dort etwa bei Herodot und Thukydides nach dem abgekürzten Autorennamen sofort die numerischen Angaben). Die genannte Binnenstruktur (Buch, Kap., Satz) wird anhand von Zahlenangaben abgebildet und ist bei kritischen Editionen auf jeden Fall, aber auch bei zahlreichen anderen Ausgaben als Randnotiz oder im Text durch Vermerke in Klammern kenntlich gemacht. Im vorliegenden Quellenband wurde zwar aus Gründen des rascheren gedanklichen Zugriffs auf die Werke sowie der leichteren Lesbarkeit der Texte selbst einerseits die ausführlichere Form mit ausgeschriebenen Autorennamen und Werktiteln gewählt und andererseits auf Hinweise zur Textstruktur in den Übersetzungen selbst meist verzichtet; wer mit dem Material aber wissenschaftlich arbeiten will, braucht diese Angaben unbedingt. Sie sind auch notwendig, um zu den Originalquellen präzise Zugang zu finden.

Abweichende Stellenangaben

Gelegentlich stößt man auf abweichende Angaben für dieselbe Stelle, bei kritischen Textausgaben sind am Rand in solchen Fällen mehrere Zählungen notiert. Diese Tatsache hängt zumeist damit zusammen, dass, ehe man sich auf die heute üblichen Zitationsformen verständigt hat, bereits ältere Editionen vorhanden waren, die zitiert worden sind. Besonders bei Autoren mit einem breiten Oeuvre, das auf ganz unterschiedlichen Wegen auf uns gekommen ist, kann dies der Fall sein. Prominentestes Beispiel hierfür ist vermutlich Aristoteles, dessen Schriften heute auf der Basis der ersten kritischen Gesamtausgabe, die 1831–37 durch Immanuel Bekker besorgt worden ist, zitiert werden (Bekker-Zählung). Dabei wird eigentlich ganz einfach zuerst die durchgehend gezählte Seite der Gesamtausgabe angegeben, hier z.B. für Q 101 die Seite 1253, es folgt ein Buchstabe für die Spaltenangabe, hier b für die rechte der beiden Spalten, und schließlich einer für die Zeile, in welcher der Text steht, hier 1. Häufig wird die Spaltenangabe in eckige Klammern gesetzt, so dass für unser Beispiel auch Aristot. Pol. 1253 [b] 1 – 1254 [a] 17 zutreffend ist. Man steht bei den betroffenen Autoren also gelegentlich vor der Aufgabe, erst einmal die korrekte Zitation herzustellen. (Für das Beispiel Aristoteles ist zu erwähnen, dass auch nach dieser als Grundlage dienenden kritischen Edition Texte neu gefunden wurden, die konsequenterweise nicht mit Bekker-Zählung versehen sind. Berühmtestes Beispiel hierfür ist die *Athenaion Politeia* [»Verfassung« der Athener], aus der in diesem Quellenband mehrere Ausschnitte vorliegen, z.B. Q 39c+d oder Q 56.)

Quellenpassagen genau aufzusuchen, ist in unterschiedlicher Form möglich und beispielsweise erforderlich, wenn ein Quellenpapier zusammengestellt wird. Klassisch und sicher ist in solchem Falle der Weg, aus einer zweisprachigen, synoptischen (sowohl der Originaltext wie die moderne Übersetzung sind gleichzeitig, zusammen [= syn] zu sehen) Ausgabe Kopien zu ziehen, die mit der Schere zugeschnitten werden – die am Rand oder im Text befindlichen Stellenangaben helfen bei der Orientierung und bleiben an Ort und Stelle. Was beim Erstellen solcher Papiere meist wegfällt, für die Genese des heute vorliegenden Textes aber wichtig ist, ist der in aller Regel unterhalb des Textes befindliche »Apparat« genannte Abschnitt, in welchem Überlieferungsvarianten, sprachkritische Bemerkungen u.ä. notiert sind, ggf. auch Kommentare. Je nach Fragestellung kann es notwendig sein, solche Hinweise mit abzubilden. Dazu kommt man nicht um die Konsultation der gedruckten Textausgabe herum.

Anforderungen beim Erstellen von Quellen-papieren

Volltextdatenbanken für antike Texte

Die moderne Form der Textverarbeitung erlaubt vielfach auch den Zugriff auf die elektronisch gespeicherten Quellen in Volltextdatenbanken. Die Altertumswissenschaften haben sich hier schon sehr früh engagiert und inzwischen auch gut brauchbare und leicht zugängliche Lösungen geschaffen. Daneben existiert, je nach Quellenart und/oder – bei den schriftlichen Quellen – Autor auch eine ganze Reihe von Alternativen. An dieser Stelle wird der einfache Zugang zu der größten »elektronischen Bibliothek« der Antike beschrieben, welcher für die allermeisten der in diesem Quellenband abgedruckten Texte bereits das Original anbietet. Alternativen werden nur dort näher ausgeführt, wo die Quellen in der erwähnten elektronischen Bibliothek nicht greifbar sind.

Wer ein Papier zusammenstellt (oder eine Hausarbeit o.ä. schreibt), gibt durch den entsprechenden bibliographischen Eintrag an, in welcher Edition er die Quellen benutzt hat. Hierunter fallen auch die Datenbanken, derer man sich im Internet bedient. In diesem Fall notiert man die Web-Adresse und fügt nach einem Leerzeichen in eckiger Klammer das Tagesdatum ein, zu dem die Seite abgerufen worden ist. Je nach Struktur der jeweiligen Datenbank können diese Adressen sehr unterschiedlich aussehen, die Angabe ist jedenfalls so genau wie möglich zu machen.

Quellenangaben für Internetressourcen

Zugriff über das Perseus-Projekt

An der Bostoner Tufts University ist ein Projekt namens Perseus beheimatet, das sich schon seit 1985 unter anderem mit dem Problem befasste, eine Bibliothek antiker Texte online zu bringen. Das heute dort erreichbare, für die Altertumskunde einschlägige Material liefert in aller Regel die Texte aus der Antike im Original nach der Ausgabe der beim Londoner Heinemann-Verlag erschienenen Loeb-Library, einer umfangreichen, auf eine sehr lange Tradition zurückblickenden zweisprachigen Editionsreihe (griechisch – englisch bzw. lateinisch – englisch), der im deutschsprachigen Bereich am ehesten die Tusculum- bzw. Artemis-Ausgaben entsprechen. Die verwendeten Ausgaben sind vielfach bereits recht alt, sie werden teilweise bis heute nachgedruckt, ohne dass am Text etwas geändert würde. Weil sie zudem, wenn überhaupt, nur einen sehr reduzierten kritischen Apparat haben, werden öfter parallel neben diesen Ausgaben oder stattdessen Daten der kritischen Editionen aus dem Teubner-Verlag, der Oxford University Press oder anderer Reihen bzw. Herausgeber angeboten. Wenn es um intensive Quellenarbeit geht, sind diese vorzuziehen. Auf der Startseite des Perseus-Projekts ist erkennbar, dass neben den philologischen auch archäologische und numismatische Quellen präsentiert werden. Erreicht wird diese Webseite über die Adresse: http://www.perseus.tufts.edu/hopper/

Navigation in Perseus

Dort ist der Reiter »Collections« zu wählen, der zu einer Seite führt, auf der unter anderem erkennbar wird, dass das Material aus der griechisch-römischen Antike zwar den größten Anteil der Sammlung, bei weitem jedoch nicht alles ausmacht. Auf dieser Seite wird als erste Option der Wechsel zu den Textquellen der griechisch-römischen Antike angeboten, direkt anschließend und eingerückt die Möglichkeit, auf das archäologische und numismatische Material der Sammlung zuzugreifen. Gegen Ende der Seite sind Links angeboten, die auf spezifische Datenbanken an anderer Stelle hinweisen, von denen insbesondere die Duke-Database of Documentary Papyri für den Altertumskundler von Interesse ist.

Die Ausgangsseite der Textsammlung, die man dann erreicht, wenn man Greco-Roman anklickt, bietet in durchgehender alphabetischer Ordnung die Namen aller Autoren an, welche in der Datenbank erfasst sind. Der Klick auf die Dreiecke vor den Namen blättert dann die Werke auf – ebenfalls in alphabetischer Reihenfolge –, welche von diesen Autoren im Perseus-Projekt erreichbar sind. Wo die Werkliste nicht auf diese Weise verborgen ist, wird direkt auf den Namen folgend ein Link zum angebotenen Text gegeben. Die Schreibweise der Autorennamen und Werktitel folgt der oben beschriebenen, im englischen Sprachraum üblichen Form, weshalb dort z.B. nicht Aischylos, sondern Aeschylus steht. Bei jedem Link zu einem Werk ist direkt angegeben, ob man einen Text der Originalsprache oder den einer Übersetzung erreicht. Folgt man einem solchen Link, wird man auf die Startseite des entsprechenden Textes geführt. Auf jeder einzelnen Seite wird unterhalb des Textes die zugrundeliegende Edition angegeben, so dass man stets über die Basis informiert ist. Links und oberhalb des Textes ist es möglich, innerhalb eines Werkes zu springen; links, indem man Stellen über die konventionellen Zitationen erreicht, während man oben anhand eines Balkens navigiert. Dieser Balken lässt auch in etwa Position und Umfang einer Stelle im Werk erkennen, beim Überstreichen mit der Maus wird auch die Stellenangabe sichtbar. Die Navigation erfolgt anhand der für die jeweilige Schrift üblichen Gliederung. Ist ein Werk in verschiedene Bücher eingeteilt, so ist beim Aufruf von der Verteilerseite aus im links gelegenen Navigationsfeld von dem ersten Buch bereits das erste Kapitel aufgeblättert, von welchem der Anfang angezeigt wird. Für die anderen Bücher muss man links herunterscrollen und kann sie dann anklicken. In solchen Fällen liegen über dem Text nicht nur ein, sondern drei Balken, die mit book, chapter, section das Springen innerhalb des Textes erlauben.

Ein Beispiel

Als Beispiel, eine bestimmte Stelle zu finden, sei hier Q 54, Herodot, Historien 5,67,1–5,69,1 herangezogen: Auf der Seite collection:Greco-Roman sucht man den Autor: Herodotus. Der Klick auf das Dreieck vor seinem Namen öffnet dessen Werke – er hat uns nur eines hinterlassen (daher diese Passage als Hdt. 5,67,1–5,69,1 korrekt zitiert). Der Klick auf »The Histories (Greek)« führt zum Prooimion (Vorrede, noch vor dem Anfang von Kapitel 1) der Historien, links und oben sind die Navigationsmöglichkeiten gegeben.

Dort klickt man links oder im obersten Balken auf die Stelle, welche das fünfte Buch anbietet. Die Leiste links schlägt nun zusätzlich zu dem bereits aufgeblätterten ersten Buch das fünfte auf; man steuert dort das 67. Kapitel an und erhält durch einen Klick darauf die einzelnen Sätze angeboten. Der Klick auf »section 1« öffnet den Text präzise an der Stelle, welche dem Beginn von Q 54 im vorliegenden Quellenband entspricht. Bei der Balkennavigation gelangt man stattdessen über mehrere Sprünge an dieselbe Position. Um nun den kompletten Ausschnitt Hdt. 5,67,1–5,69,1 im Original zu erhalten, muss man nacheinander die einzelnen Sätze aufrufen, was am einfachsten über die Pfeile oberhalb des Quellentextes geht. In einem Feld rechts von diesen Pfeilen wird die sichtbare Stelle präzise angegeben und zwar in der im englischsprachigen Raum üblichen Form, in der anstelle der Kommata Punkte verwendet werden. Kennt man eine Stellenangabe genau und will sie ohne Umwege ansteuern, so ist es auch möglich, sie in diesem Feld einzugeben und mit »Enter« den Befehl zum Sprung dorthin abzusetzen.

Zwischen dem originalen Text und einer ggf. vorhandenen Übersetzung kann man mittels der am rechten Rand befindlichen Angaben wechseln. Dabei holt »focus« den anderssprachigen Text an die Stelle des gerade angezeigten, während »load« quasi synoptisch Original und Übersetzung nebeneinander stellt.

Synoptische oder einsprachige Darstellung

Es ist zu beachten, dass den hier eingepflegten Texten ganz bestimmte Editionen zugrunde liegen, die Wort für Wort übernommen wurden. Genau genommen liegen also 1:1-Kopien der verwendeten Bücher vor und das Auskopieren der Texte aus dem Internet ist dem Photokopieren der Bücher an die Seite zu stellen. Für ein Quellenpapier braucht man also nicht unbedingt die Texte abzutippen, sondern kann sie einkopieren. Die griechischen Texte werden hier wie auch auf anderen Internetseiten standardmäßig mittels eines Unicode-Zeichensatzes akzentgerecht dargestellt. Ist auf dem eigenen Rechner derselbe Zeichensatz installiert oder verwendet man einen solchen Unicode-Zeichensatz, den man dem einkopierten Text zuweist, ergeben sich beim Übernehmen keine Probleme.

Kopieren aus der Datenbank

Andere, ergänzende Datenbanken zu den philologischen Quellen

Im Perseus-Projekt ist das Schwergewicht stärker auf griechische Autoren gelegt. Lücken bei lateinischen Autoren lassen sich zum Teil über die Seite »The Latin Library« (http://www.thelatinlibrary.com/) schließen. Dort werden übersichtlich eine ganze Reihe von Autorennamen angeboten, über welche die Texte verlinkt sind. Allerdings sind einige Autoren und Werke auch ausgesondert in Gruppen am Ende der Tabelle zusammengefasst. Von diesen sind auf den Seiten »Ius Romanum«, »Miscellany« und »Christian« Texte zu finden, deren Übersetzung ebenfalls im vorliegenden Quellenband enthalten ist. Das über der Tabelle befindliche Auswahlfeld bietet viele, jedoch nicht alle Autoren an, die man über die Felder der Tabelle tatsächlich erreichen kann. So ist Q 346b, zur Christianisierung des ländlichen Raumes in Gallien aus der von Sulpicius Severus verfassten Lebensbeschreibung des heiligen Martin nur über die Tabelle und dort über das Feld »Christian« zu erreichen, unter dem Sulpicius Severus dann aufgeführt ist. Die Quellen sind jeweils in einfach zugänglicher Form als fortlaufende Texte gegeben. Man kann sich innerhalb dieser Texte mittels der oben beschriebenen Binnenstruktur orientieren, welche im Text in Klammern eingefügt ist.

The Latin Library

The Roman Law Library

Für die römischen Rechtsquellen deutlich vollständiger und besser geeignet als das über die Latin Library erreichbare Datenmaterial ist die Seite »The Roman Law Library« (http://webu2.upmf-grenoble.fr/DroitRomain/index.htm), auf der nicht nur die Codices Justinians und des Theodosius, sondern zahlreiche weitere Quellen juristischen Charakters angeboten werden.

Itinera electronica

Eine weitere, recht umfangreiche Seite mit Texten lateinischer Autoren klassischer und spätantiker Zeit bis hin zu frühchristlichen Schriften liegt mit den Itinera electronica auf dem Server der Universität Louvain vor: http://agoraclass.fltr.ucl.ac.be/concordances/intro.htm. Die Navigation ist einfach, die Texte werden vollständig inklusive der Binnengliederung angeboten, die parallele neusprachliche Version ist auf Französisch.

Digitalisate z.B. der Kirchenväter-Editionen

Ältere Bücher, so auch Texteditionen, bis hin zu den Inkunabeln des 15. Jahrhunderts, können z.T. im Netz als Digitalisate, meist PDFs, gefunden werden. Auf solche Optionen wird zumeist am Ende des einschlägigen Eintrags in Wikipedia verwiesen, wo Weblinks zusammengestellt sein können. Hier leiten Verknüpfungen, denen Wikisource vorangestellt ist, zu gemeinfreien, elektronisch verfügbaren (Voll-)Textausgaben. Über solche Verknüpfungen können gelegentlich Lücken in den großen Online-Bibliotheken gefüllt werden. Nicht immer ganz leicht zu beurteilen ist die Zuverlässigkeit der so erreichten Seiten. Diese ist im Einzelfall zu prüfen. Digitalisate werden in Wikipedia normalerweise als solche gekennzeichnet. Ein Feld, dessen Quellentexte nicht in großem Umfang online als Volltexte fassbar sind, stellen die Schriften frühchristlicher Zeit dar. Hier ist es möglich, auf die großen Patrologien, die durch Jaques Paul Migne begründet worden sind (Patrologia Latina bzw. Patrologia Graeca, abgekürzt PL bzw. PG, auch mit dem Namenskürzel Migne) als PDFs zuzugreifen (http://www.documentacatholicaomnia.eu/25_Migne.html, dort ausführliche Listen erreichbar über die mit MPL bzw. MPG benannten Links).

Quellenzusammenstellungen

Im Netz gibt es zahlreiche Seiten, auf welchen unter ganz unterschiedlichen Aspekten Quellen aus der Antike zusammengestellt sind. Dort ist bereits eine Vorauswahl getroffen, vollständige Werke oder umfangreichere Bibliotheken findet man kaum. So ist es beispielsweise möglich, dass ein Oberstufenkurs eines Gymnasiums in einem Projekt bestimmte Quellen zusammenträgt und einstellt oder dass im Rahmen von Seminaren oder kleinen Forschungsprojekten an einer Universität derartige Seiten erstellt werden. Die Qualität solcher Seiten ist sehr unterschiedlich, erste Wahl sollten sie in aller Regel nicht sein. Im deutschsprachigen Bereich gibt es jedoch die sehr zuverlässige Seite

Navicula Bacchi

»Navicula Bacchi«, die gut strukturiert ist und zahlreiche Texte leicht zugänglich anbietet. Deren Adresse lautet www.gottwein.de, man gelangt über die Schaltfläche »Zur Inhaltsseite« zur Navigationszentrale, bei der man im Navigationsfeld links unter den Punkten »Latein« und »Griechisch«, die man aufblättern kann, jeweils ein Link zu Textstellen angeboten bekommt, dessen Anklicken eine neue Seite öffnet. Dort werden die Textstellen, die in gut präsentierter, fast immer synoptischer Form enthalten sind, durchgehend nach Autoren alphabetisch aufgelistet. Die Zitation folgt – selbstverständlich – der oben beschriebenen konventionellen Form. Man findet auch Stellen, welche im vorliegenden Quellenband übersetzt enthalten, aber im Netz sonst nicht oder nicht leicht zugänglich vorhanden sind (z.B. Q 39a+b).

Fragmente

Zahlreiche Autoren der Antike sind entweder nur dem Namen nach bekannt oder es liegen uns lediglich Fragmente vor, meist bei anderen Autoren zitiert, gelegentlich auch als »richtige« Fragmente, also als Papyrusfetzen. Auch diese Texte werden ediert. Eine sehr große Sammlung stellen die Fragmente der griechischen Historiker (FGrHist), begründet von Felix Jacoby, dar (hieraus in diesem Quellenband z.B. Q 138), an Universitäten oft über die Adresse http://referenceworks.brillonline.com/cluster/Jacoby%20Online verfügbar. Fragmentsammlungen werden stets unter bestimmten Gesichtspunkten zusammengestellt, einzelne Fragmente in unterschiedliche Sammlungen aufgenommen und unterschiedlich sortiert. Aus diesem Grund können dieselben Texte unterschiedlich benannt sein, je nach der Edition. Gewöhnlich wird daher Fragmentangaben ein Buchstabenkürzel beigefügt, anhand dessen erkennbar ist, nach welcher Edition gearbeitet wurde. Dann ist es möglich, mittels einer Konkordanz Alternativen zu finden. Aus dem vorliegenden Band ist zur Großen Rhetra (verfassungsähnliche Regelungen) in Sparta ein Text von Tyrtaios enthalten, der unter Q 35b als Tyrtaios Fr. 14GP bezeichnet wird; er erscheint bei Navicula Bacchi unter Tyrt. 3aD.

Es gibt bereits in der Antike Werke, in denen fleißig andere Autoren zitiert werden, die also einer Fragmentensammlung sehr nahe kommen. Am bekanntesten sind die *Deipnosophistai* des Athenaios. Ist also bei einem Fragment die Überlieferung durch Athenaios vermerkt, wie etwa bei Q 17, einem Fragment des Ion von Chios, dann gelangt man zum Original, indem man die entsprechende Stelle bei Athenaios aufsucht, hier Athen. 11,463.

Datenbanken zu anderen Quellengattungen

Inschriften

Der Zugang zu inschriftlichem Material orientiert sich an den großen Teilgebieten der griechischen und der lateinischen Epigraphik. Für die griechische Epigraphik ist umfangreiches Material in einer am Packard Humanities Institute (PHI) beheimateten Datenbank namens »Searchable Greek Inscriptions« verfügbar gemacht. Auf deren Eingangsseite gelangt man über: http://epigraphy.packhum.org/inscriptions/. Von dort aus ist die Hauptseite erreichbar, welche zu den Inschriften in derselben Folge weiterleitet, wie diese in den einschlägigen Corpora (auf Vollständigkeit angelegte Editionen) vorgelegt sind. Sie werden regional gegliedert präsentiert, genau so, wie das für das ganze Fach grundlegende Corpus der Inscriptiones Graecae (IG) organisiert ist. Innerhalb der Bände gibt es eine feinere Unterteilung, die lokal, dann sachlich und schließlich chronologisch aufgebaut ist. Um zu einer Inschrift zu gelangen, ist es am einfachsten, wenn man deren Nummer kennt. Wir gehen hier den Weg zu der oben als Beispiel herangezogenen Stele mit dem Eid des »Korinthischen Bundes«, IG II² 236, in diesem Band Q 119.

Ausgehend von der Hauptseite http://epigraphy.packhum.org/inscriptions/main klickt man auf »Attica (IG I–III)«, auf der dadurch erreichten Seite auf »IG II²« und gelangt zu einer Seite, auf der in aufsteigender Folge die Nummern der Inschriften meist in größeren Paketen, gelegentlich aber auch als einzelne aufgelistet werden. Hier muss man »1–278« anklicken, auf dem nächsten Schirm »221–240« und schließlich auf dem nächsten »236«. Nun hat man den Text der Inschrift erreicht: Er wird so präsentiert, wie er in der Edition gegeben ist. Bei korrekter Installation kann man durch einen Klick mit der linken Maustaste zwischen der zunächst angezeigten Version mit ergänztem Text und der auf dem Stein wirklich erhaltenen umschalten. Das ist für den Forscher wesentlich, um festzustellen, wie der tatsächliche Bestand ist; für den Laien ist auf diese Weise erkennbar, wie weitgehend es möglich sein kann, Lücken in Texten mit kritischer Herangehensweise sinnvoll zu ergänzen.

Searchable Greek Inscriptions

Bei diesem Projekt sind auch jüngere Funde enthalten, die nicht mehr in die Corpora aufgenommen werden konnten und z. B. über die regelmäßigen Berichte im SEG (Supplementum Epigraphicum Graecum = Nachtrag zur griechischen Epigraphik) erfasst sind. Man kann sie unter der entsprechenden Region finden, was nicht immer ganz leicht ist. Ein gesammelter Zugriff auf das gesamte SEG ist an Universitäten meist über die Seite http://reference works.brillonline.com/browse/supplementum-epigraphicum-graecum möglich.

Epigraphik-Datenbank Clauss – Slaby

Für den Forscher ist auch die Autopsie, also der eigene Blick auf die Inschriften, sehr wichtig. Einen nicht wirklich vollständigen Ersatz hierfür stellen Photographien dar. Diese sind für die griechischen Inschriften nicht systematisch an einer Stelle versammelt, auch wenn es Ansätze zu solchen Datenbanken gibt. Für die lateinischen Inschriften hingegen wird in der »Epigraphik-Datenbank Clauss – Slaby« (http://www.manfredclauss.de/) in einem Teil der Fälle ein Link zu einer Abbildung angeboten. Diese Datenbank ist darauf angelegt, das inschriftliche Material möglichst vollständig zu erfassen, sie hat derzeit einen Bestand von über 450 000 Inschriften. Für die hier betrachteten Anforderungen ist die über die Navigationsleiste links erreichbare »Ausgabe nach Corpora« sinnvoll, welche in einem neuen Tab öffnet (http://db.edcs.eu/epigr/epibeleg_de.php). Um etwa aus dem vorliegenden Band Q 282, eine Ehreninschrift für einen reichen Freigelassenen aus Puteoli aufzusuchen, gibt man dort im Suchfeld das Kürzel für das Corpus ein, gefolgt von der Bandangabe in zweistelligen arabischen Zahlen, denen nach einem Komma fünfstellig die betreffende Nummer folgt; zwischen den einzelnen Elementen jeweils eine Leerstelle. Bei Q 282 handelt es sich um Nr. 1881 aus Band X des CIL (Corpus Inscriptionum Latinarum), der Suchauftrag muss also lauten: »CIL 10, 01881«. Man gelangt auf eine Seite, auf welcher der Text der Inschrift in fachgerechter Form präsentiert wird; die auf insbesondere lateinischen Inschriften weithin gebräuchlichen Abkürzungen sind aufgelöst, was unter Verwendung eines bestimmten Systems (Leidener Klammersystem) im Detail erkennbar gemacht wird. Die Quellenangabe lautet »CIL 10, 01881 = D 06238«, in diesem Band steht bei Q 282: CIL X 1881 = ILS 6238. Abgesehen von der unterschiedlichen Form, in welcher die Zahlen notiert sind, ist im einen Fall von »ILS«, im anderen von »D« die Rede. Das leitet sich daher, dass die Inscriptiones Latinae Selectae (ILS, Ausgewählte lateinische Inschriften) von Hermann Dessau (D) zusammengestellt und herausgegeben wurden. Sollen in dieser Datenbank also Inschriften gesucht werden, welche im Quellenband mit ILS und einer Nummer benannt sind, muss entsprechend der Suchauftrag mit D beginnen; im vorliegenden Fall würde er »D 06238« lauten. Die aus unserer Suche resultierende Quellenangabe ist als Link gestaltet; der Klick darauf öffnet ein Pop-Up-Fenster, in welchem eine Abbildung des Steines gezeigt wird.

Keilschriftliche Zeugnisse

Eine Zwitterstellung nehmen die in diesem Quellenband enthaltenen keilschriftlichen Zeugnisse ein, etwa Q 57. Den Eindruck vom Original wird man am besten über Abbildungen des Stückes selbst und/oder Umzeichnungen des Keilschrifttextes bekommen, wie etwa auf der entsprechenden Wikipedia-Seite. In unser Schriftsystem ist der Text nur in Umschrift zu übertragen (s. http://www.livius.org/ct-cz/cyrus_I/cyrus_cylinder2.html). Gleiches gilt für die wichtigen Inschriften von Bisutun, bei denen eine Kombination aus inschriftlicher und bildlicher Selbstdarstellung gegeben ist; aus ihnen ist z. B. Q 59 genommen.

Papyri

Das Spezifikum des papyrologischen Materials ist sein stets prekärer Zustand. Nur unter besonders günstigen Bedingungen blieben aus der Antike bis heute Papyri erhalten und jeder Papyrus erfordert daher eine besondere Behandlung, um weitere Verluste zu vermeiden. Nur ein verschwindend geringer Teil ist vollständig, fast immer fehlen mehr oder weniger große Teile der Papyrusblätter. Deshalb sind Papyri vielfach nicht leicht zugänglich. Das uns erhaltene Material erfasst zum größten Teil Gegenstände und Vorgänge des Alltagslebens, worunter auch Verwaltungsangelegenheiten fallen. Von Seiten der Papyrologen gibt es eine ganze Reihe von Ansätzen, das vielfältige und umfangreiche Material, dessen Bestand derzeit noch ständig weiter wächst, handhabbar und zugänglich zu machen. Hier wird eine junge Zugriffsmöglichkeit aufgezeigt, neben der es noch andere gibt, beispielsweise http://papyri.info/ oder das »Heidelberger Gesamtverzeichnis der griechischen Papyrusurkunden Ägyptens« (http://www.rzuser.uni-heidelberg.de/~gv0/).

In der Datenbank des Trismegistos-Projekts (http://www.trismegistos.org), einem Portal zu den papyrologischen und epigraphischen Zeugnissen aus dem Niltal aus nachpharaonischer Zeit, sind unter dem Abschnitt »Texts« derzeit über 165 000 Datensätze zu erreichen. Der rasche Zugang gelingt über spezifische Kennziffern des Projektes oder über die Kombination aus Kürzel der Edition und der Nummer des entsprechenden Textes. Hier sei als Beispiel der Weg zu Q 288 gegangen. Die Quellenangabe hier lautet »Select Papyri 300 = Papyrus aus Oxyrhynchos 1202«. Select Papyri ist eine Auswahlsammlung, in welche der Papyrus Eingang gefunden hat, der im Fach mit P. Oxy. oder Pap. Oxy. 1202 richtig benannt ist. Um zum Text dieses Papyrus zu gelangen ist es am besten, auf der für die spezifische Suche eingerichteten Seite (http://www.trismegistos.org/tm/search.php, erreichbar durch Anklicken von »Advanced Search« unterhalb des links oben befindlichen Quicksearch-Feldes) in dem abgesetzten Kasten der Suchkriterien direkt rechts des ersten Feldes »lookup« anzuklicken. Ein neues Fenster mit der »List of Publications« öffnet sich, in dem man knapp drei Viertel der Seite nach unten scrollt (oder alternativ die Suchfunktion in dieser Liste nutzt und dort »oxy« eingibt), bis man auf den Eintrag »P. Oxy.« stößt, den man anklickt. Man wird ans Ende der Seite geleitet, wo in einer Suchmaske das Kürzel in das Feld für die Publikation übernommen wurde. Die Bandzahl überspringt man und trägt im Feld »No.:« die für Q 288 bekannte Nummer ein, also 1202. Mit Search wird die Suche in Auftrag gegeben, es wird genau ein Ergebnis angezeigt: »TM 21588 = P. Oxy. 9 1202« TM ist das Kürzel für das Trismegistos-Projekt, 21588 die laufende Nummer des Datensatzes. Außerdem gibt das Ergebnis noch darüber Auskunft, dass unser Papyrus im neunten Band der Edition der Papyri aus Oxyrhynchos publiziert ist. Die TM-Angabe ist als Link gestaltet. Der Klick darauf führt zum Text des Papyrus, der auf der folgenden Seite unterhalb der näheren Angaben zum Papyrus folgt. Zu einer neueren Edition sowie einer sehr guten, skalierbaren Abbildung gelangt man über die Schaltfläche PN.

Das Trismegistos-Projekt

Münzen

Numismatische Quellen sind in diesem Quellenband nicht enthalten, wohl aber zahlreich im Studienbuch eingesetzt. Deshalb sei hier auf einige wenige Seiten im Netz verwiesen. In diesem Feld wie auch dem der Archäologie ist es besonders wichtig, dass man gute Abbildungen bekommt. Eine Reihe von Institutionen haben begonnen, zielstrebig und in hoher Qualität ihr Material

Münzkabinett Berlin

in Bilddatenbanken verfügbar zu machen. Hier sei auf das Münzkabinett der Staatlichen Museen Berlin verwiesen (http://www.smb.museum/ikmk/), wo man am schnellsten über die Schaltfelder »Abteilung/Epoche« und dort »Antike« zu seinem Material finden kann. Der Bestand antiker Münzen ist der größte in der Sammlung. Hat man ihn gewählt, kann man weiter eingrenzen und über den Link rechts »Zur Ansicht« zu den Abbildungen der Stücke selbst gelangen, von denen eine Extraseite mit den weiteren Angaben zum Gegenstand und Vergrößerung seiner beiden Seiten aufgerufen wird, wenn man die wie Münztabletts präsentierten Abbildungen anklickt.

Ausgesprochen gute Abbildungen von Münzen bieten immer wieder Auktionshäuser an. Dort ist allerdings der Bestand naturgemäß stets wechselnd. Eine große numismatische Datenbank findet sich unter http://www.wildwinds.com/. Sie ist in der Hauptsache chronologisch geordnet und bietet unterschiedliche Zugriffsmöglichkeiten an. Dort werden Münzen aus ganz unterschiedlichen Quellen aufgenommen, oft auch von denselben Typen mehrere. Fast immer werden Abbildungen eingebunden, die allerdings stets von anderen übernommen werden und deshalb von sehr unterschiedlicher Qualität sein können.

Archäologie

Q1–Q9 in diesem Band sowie viele Abbildungen im Studienbuch gehören in das Feld der Archäologie. Oben wurde bereits auf den beim Perseus-Projekt direkt über den Reiter »Collections« erreichbaren Zweig dieser Datenbank hingewiesen, in dem archäologisches Material zusammengestellt ist (http://www.perseus.tufts.edu/hopper/artifactBrowser). Dort sind zahlreiche Abbildungen mit knappen Informationen gut strukturiert in einer Reihe von Untergruppen (Gebäude, Münzen, Gemmen, Plastik, Fundorte, Vasenmalerei) versammelt. Das archäologische Material ist jedoch insgesamt so vielgestaltig, dass eine wirklich umfassende Bilddatenbank vermutlich überhaupt nicht zu bewältigen ist. Es gibt unterschiedliche Ansätze, die jeweils bestimmten Interessen der Urheber folgen. Einzelne archäologische Institutionen versuchen nach eigenen Bedarfslagen und Gelegenheiten derartige Datenbanken aufzubauen (z. B. Arachne, die Datenbank des Deutschen Archäologischen Instituts und des Archäologischen Instituts der Universität zu Köln: http://arachne.uni-koeln.de/drupal/), zu denen man teilweise nur über ein Anmeldeverfahren Zugriff erhält. Am sinnvollsten ist für die Suche auf diesem Gebiet das Nutzen von allgemeinen Suchmaschinen, die alle eine Bildersuche anbieten. Auf jeden Fall ist man davon abhängig, in welcher Qualität das Bildmaterial vorliegt, ein Kriterium, das bei Texten so nicht gegeben ist.

Zum Schluss

Am Ende muss bei solchen Ausführungen stets der Hinweis stehen, dass das Internet keine fixe Größe ist. Erstens wird es ausgebaut, zweitens werden seine Strukturen verändert. Daher können die konkreten Adressangaben sich jederzeit ändern. Die hier verwendeten haben im Sommer 2013 sämtlich funktioniert. Sind Projekte bei Institutionen angesiedelt, so ist die Chance, dass eine Internet-Adresse dauerhaft besteht, höher. Das Perseus-Projekt hat kürzlich seine Adresse geändert, ist aber insgesamt auf Dauer angelegt; Trismegistos ist erst vor kurzer Zeit gestartet worden, aber auf lange Sicht konzipiert. Dasselbe gilt auch für die anderen hier und in der folgenden Aufstellung genannten Angebote im Netz.

Einige weitere Web-Adressen zu Quellen aus dem Bereich der Altertumswissenschaften

Die hier aufgeführten Adressen zu altertumswissenschaftlichen Projekten im Netz stellen lediglich eine kleine Auswahl dar. Vielfach wird auf den entsprechenden Seiten auch noch auf andere, ähnlich gelagerte Projekte hingewiesen. Wie zuvor wurden längerfristige Projekte bevorzugt aufgenommen.

Philologie
http://www.tlg.uci.edu/
Der *Thesaurus Linguae Graecae* bietet eine große Zahl von griechischen Texten aus der Antike (bis zum Ende des byzantinischen Reiches) an. Eine Auswahl davon ist frei zugänglich.

http://www.brepolis.net
Von den auf dieser Seite angebotenen Datenbanken ist insbesondere die *Library of Latin Texts* von Interesse. Sie bietet einen umfangreichen Zugang zu lateinischen Texten, aufgeteilt in zwei chronologisch aufeinanderfolgende Teile. Das Bewegen in den Texten ist etwas umständlich.

http://www.forumromanum.org/literature/
Corpus Scriptorum Latinorum ist eine wachsende Datenbank, die letztlich den Zugang zu allen Texten lateinischer Autoren eröffnen will. Diese sind in einer umfangreichen alphabetischen Liste aufgeführt; von einer großen Zahl von Autoren sind derzeit erst die Namen eingegeben. Die Texte werden von verschiedenen Stellen beigezogen, daher ist diese Datenbank in sich nicht einheitlich.

Epigraphik
http://pom.bbaw.de/ig/editionindex.html
Bei den *Inscriptiones Graecae* ist eine Datenbank im Aufbau, welche dem griechischen Text der Inschriften eine deutsche Übersetzung an die Seite stellt.

http://cil.bbaw.de/dateien/cil_baende.html
Das *Corpus Inscriptionum Latinarum* bietet von den älteren Bänden PDFs an. Die über die links gelegene Leiste ebenfalls erreichbare Datenbank gibt Auskunft über den Bestand in der Berliner Zentrale zu den einzelnen Stücken (Photos, Abklatsche, Scheden [zu einer Inschrift gehörende Notizen, z.B. aus den bei der Autopsie speziell hierzu geführten Reisetagebüchern]).

http://www.eagle-eagle.it/
Das *Electronic Archive of Greek and Latin Epigraphy* ist eine Datenbank, die derzeit im Aufbau ist. Sie ist im Eagle-Network verankert (http://www.eagle-network.eu/). Im Moment sind Institutionen aus Italien, Deutschland (http://edh-www.adw.uni-heidelberg.de/home – Epigraphische Datenbank Heidelberg) und Spanien beteiligt.

http://vindolanda.csad.ox.ac.uk/
Einen instruktiven Sonderfall bieten die Schriftzeugnisse aus Vindolanda (Nordengland), wo das Archiv eines römischen Forts ergraben worden ist. *Vindolanda Tablets Online* bietet sowohl das Material selbst als auch den Text der Stücke sowie jeweils meist umfangreiche Kommentare.

Keilschrifttexte

http://cdli.ucla.edu/

Die *Cuneiform Digital Library Initiative* stellt den Zugang zu einer wachsenden Zahl von Keilschriftzeugnissen zur Verfügung. Der einfachste Zugang erfolgt über den Reiter »Collections«, der direkt Zugang zu besonders wichtigen Sammlungen erlaubt (neuer Tab), die Seite Collections bietet noch weitere Internet-Seiten an. Die Abbildungen des Projekts sind qualitätvoll.

Numismatik

http://www.nbeonline.de/

Die *Eichstätter numismatische Bilddatenbank* bietet einen breiten Fundus an sehr gut erhaltenen Münzen in Abbildungen meist ausgezeichneter Qualität.

http://www.numismatics.org/Collections/CollectionDatabase

Die *American Numismatic Society* bietet umfangreiche Sammlungen auch griechischer (gut 90000) und römischer (knapp 72000) Münzen, allerdings nur zum Teil mit Abbildungen.

http://rpc.ashmus.ox.ac.uk/

Roman Provincial Coinage Online wendet sich einem besonderen Ausschnitt der Numismatik zu. Die Datenbank ist im Aufbau und hat derzeit ihren Schwerpunkt bei den Münzen der Antoninenzeit (138–192 n. Chr.). Hier sind die Prägungen außerhalb Roms fassbar inklusive der niedrigeren Nominale (Münzwert), also das Geld, mit dem »die Leute« tatsächlich umgegangen sind. Die enthaltenen Abbildungen sind sehr gut.

Archäologie

http://www.beazley.ox.ac.uk/index.htm

Das *Beazley Archive* hat sich zum Ziel gesetzt, mit Schwerpunkt auf der attischen die gesamte antike Vasenmalerei vorzustellen.

http://www.cvaonline.org/cva/default.htm

Im *Corpus Vasorum Antiquorum (CVA)* soll das antike Keramikmaterial vollständig erfasst werden. Die Datenbank erlaubt, die Tafeln der CVA-Bände in hochauflösenden Photos zu betrachten.

http://www.theoi.com/

Theoi. Greek Mythology wendet sich dem griechischen Götterhimmel zu, sowohl den olympischen Göttern wie auch den in der Hierarchie tiefer angesiedelten Halbgöttern und Heroen bis hin zu z.B. Nymphen. Das zu einzelnen Göttern etc. (nicht vollständig) zusammengestellte archäologische Material wird gezeigt, die passenden Texte liegen nur in Übersetzung vor.

Prosopographie (Personenkunde)

http://www.lgpn.ox.ac.uk/

Das *Lexicon of Greek Personal Names* erlaubt es, sämtliche Personen zu fassen, die in irgendeiner Weise Spuren hinterlassen haben (Grabsteine, Erwähnungen bei Autoren etc.).

http://www.pbw.kcl.ac.uk/

Prosopography of the Byzantine World unternimmt dasselbe für die Zeit des byzantinischen Reiches.

Lexikographie

http://www.stoa.org/sol/

Die Seite *Suda On Line: Byzantine Lexicography* bietet die Suda (früher auch gebräuchlich: Suidas), eines der wichtigsten Lexika, das aus der Antike auf uns gekommen ist, an. Das umfangreiche Lexikon ist gegen Ende des 10. Jh. in Konstantinopel entstanden. Die Datenbank ist durchsuchbar, die Ergebnisseiten bieten den Originaltext, eine englische Übersetzung, Anmerkungen und – so möglich – Referenzen.

Karten

http://awmc.unc.edu/wordpress/

Auf der Seite des *Ancient World Mapping Center* kann man zu bestimmten Themen und Zeitabschnitten topographische Karten finden.

http://referenceworks.brillonline.com/browse/brill-s-new-pauly-supplements-i-3

Der Neue Pauly bietet als dritten Supplementband einen *Historischen Atlas der antiken Welt* an, dessen englische Version in der Regel online bei den Bibliotheken eingesehen werden kann, welche den »Neuen Pauly Online« im Programm haben. Die Karten wurden 2007 neu erstellt.

QUELLENVERZEICHNIS

Die griechische Staatenwelt in klassischer Zeit (550–336 v. Chr.)

Rom von den Anfängen bis zum Ende der Republik (6. Jh.–30 v.Chr.)

Die Spätantike (284–565 n. Chr.)

DIE DARK AGES UND DAS ARCHAISCHE GRIECHENLAND

Karl-Joachim Hölkeskamp und Elke Stein-Hölkeskamp (Q 18–56), Josef Wiesehöfer (Q 1–17)

Q 1 Rekonstruktion eines Greifenkessels. Getriebene Bronze. Höhe ca. 3 m. Wiederhergestellt nach Fundstücken aus dem Heiligtum des Zeus in Olympia. 1. Hälfte 7. Jh. v.Chr.

Kommentar: Eine neue Leitform des monumentalen Weihgeschenks erobert im 7. Jh. v.Chr. das Zeus-Heiligtum von Olympia: ein Kesseltypus von rein orientalischer Form. An seiner Schulter sind ›herauswachsende‹ Köpfe von Schreckenswesen (Greif, Löwe), an seinem Rand Attaschen mit dem Bild des geflügelten Gottes Assur in der Sonnenscheibe befestigt. Bis heute ist unge-

klärt, ob die Kesselform samt (ergänztem) Untersatz *in toto* aus dem Orient
eingeführt, von wandernden Handwerkern aus Nordassyrien in Olympia
hergestellt oder aus importierten Einzelteilen in einer griechischen Werkstatt
des Heiligtums zusammengesetzt worden ist.

Q 2

Q 2 Ägyptische und griechische Männerstatue

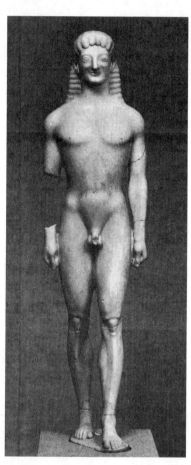

Q 2a   Statue des Anch-Userkaf. Bemalter Kalkstein. Höhe 1,06 m. Gefunden bei
              Abusir. Um 2430 v. Chr.
Q 2b   Statue eines Kouros (Jünglings). Parischer Marmor. Höhe 1,53 m. Gefunden
              bei Tenea (Peloponnes). Um 540 v. Chr.

Kommentar: Im 3. Jt. entwickelten ägyptische Künstler das Schema der stehenden männlichen Statue, die monolithisch mit einem stützenden Rücken-
pfeiler verbunden ist. Dabei sind die Arme gesenkt, die Beine durchgedrückt
sowie der eine Fuß vor- und der andere zurückgesetzt. Im 7. Jh. v. Chr. haben
griechische Künstler diese Haltungsmotive für die neue Marmorstatue des

Kouros übernommen. Dabei wurde das Vorbild entscheidend umformuliert. Im Gegensatz zu der ägyptischen Pfeilerfigur steht der Kouros selbständig. Er bedarf keiner Stütze, sondern ist an seinem schwächsten Punkt, der Knöchelzone, genau ausbalanciert. Typisch griechisch sind zudem der nackte Körper sowie die fortschreitende Differenzierung seiner Anatomie und seines formalen Aufbaus. Der Kouros war in Heiligtümern und Nekropolen aufgestellt. Sein schöner Körper und sein neues Lächeln bezeichneten hier die standesgemäße Anmut (*cháris*) im öffentlichen Auftreten des jungen Aristokraten, vor allem als Krieger und/oder Athlet.

Q 3 Unterlebensgroße Reiterstatue. Bemalter pentelischer Marmor. Höhe des Pferdes 1,12 m. Gefunden im Heiligtum der Athena auf der Akropolis von Athen. Um 510 v. Chr.

 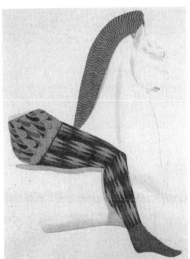

Kommentar: Das städtische Heiligtum Athens auf der Akropolis war bereits vor seiner Zerstörung durch die Perser um 480 v. Chr. reich mit Bildwerken geschmückt. Anspruchsvoll ist die unterlebensgroße Skulptur eines Reiters zu Pferd. Reste von farbig gemalten Mustern an den Beinen belegen, dass der Reiter lange Hosen trug: Es handelt sich also um die Reiterstatue einer Person in Orientalentracht. Sie tritt in ähnlicher Gewandung auf wie der trojanische Prinz Paris im Westgiebel des Tempels der Aphaia auf Aegina (siehe Q 6). Geradezu selbstverständlich ist der orientalisch gewandete Reiter im Heiligtum der Polis präsent.

Q 4

Q 4 Attisch-rotfigurige Trinkschale. Ton. Durchmesser 32 cm. Gefunden in Vulci (Etrurien). Um 490 v. Chr., dem Brygos-Maler zugeschrieben

Kommentar: Dargestellt ist der Kampf der Götter gegen die Giganten. Die Olympier können ihn nur mit Hilfe eines Sterblichen gewinnen. Allein Herakles stellt sich dieser furchtbaren Probe. Von der mythischen Erzählung zeigt das Bild einen ganz bestimmten Augenblick: das Viergespann des Zeus bei seiner Ausfahrt aus dem Olymp. Hinter den Pferden steht Herakles. Mit der Linken hält er den Bogen, mit der Rechten spannt er ihn. Das über den Kopf gezogene Löwenfell fällt über den Rücken des Helden. Darunter trägt Herakles, wie auf dem Bild der Trinkschale in London (siehe Q 5), die für ihn ungewöhnliche Orientaltracht. Der griechische Held im östlichen Gewand: vielleicht soll es ihn als unfehlbaren Bogenschützen auszeichnen. Denn er ist es, der die Schlacht zugunsten der Götter entscheidet.

Q 5

Q 5 Attisch-rotfigurige Trinkschale. Ton. Durchmesser ca. 30 cm. Gefunden in Capua. Um 490 v. Chr., von dem Brygos-Maler signiert

Kommentar: Von links stößt eine Rudel von vier ithyphallischen Satyrn auf eine Gruppe von drei Göttern: Vorne steht Hermes in unerschütterlicher Ruhe; hinter ihm flieht Hera nach rechts; von hinten eilt Herakles herbei. Der Held hält in der ausgestreckten Linken den Bogen, in der zurückgenommenen Rechten die Keule. Wieder trägt Herakles unter seinem Löwenfell die Hosen-Jacken-Tracht der Orientalen. Auch hier soll ihn das östliche Gewand vielleicht als den Bogenschützen charakterisieren, dessen Pfeile immer todsicher treffen.

Q 6 Rekonstruktion der unterlebensgroßen Statue eines orientalisch
gewandeten Bogenschützen. Bemalter parischer Marmor. Aus dem
Westgiebel des Tempels der Aphaia auf Aigina. Um 510 v.Chr.

Q 6

Kommentar: Die Giebelfiguren des Tempels der Aphaia zeigen den Kampf der Griechen gegen die Trojaner. Der kniende Bogenschütze lässt sich als der trojanische Prinz Paris identifizieren. Er ist als einziger der Trojaner bekleidet, ebenso wie sein griechischer Gegenspieler im Ostgiebel, der kniende Bogenschütze Herakles. Aufgrund einer genauen Analyse der Malreste konnten die farbige Fassung und die reichen Ornamente der ›trojanischen‹ Orientalentracht rekonstruiert werden. Beide, Paris und Herakles, treten im Bild als ebenbürtige Antagonisten auf.

Q 7

Q 7 Attisch-rotfigurige Trinkschale. Ton. Durchmesser 23,2 cm. Gefunden in Chiusi (Etrurien). Um 490 v.Chr., dem Douris-Maler zugeschrieben

Kommentar: Ein griechischer und orientalischer Krieger stürmen im vertrauten Gleichschritt nach links. Den Schild des griechischen Kriegers ziert ein achaimenidischer Löwenkopf. Die Bilder der attischen Luxuskeramik sind, neben archäologischen Funden aus dem Orient, unsere wichtigste Quelle für diesen Löwenkopftypus. Er war bei persischen und griechischen Adeligen gleichermaßen beliebt. Die achaimenidischen Löwenköpfe waren aus dünnem Goldblech gearbeitet und dienten vornehmlich als Schmuck von

Kleidung. Auf dem Innenbild der Trinkschale bedürfen sich Grieche und
Orientale gegenseitig: Sie verhalten sich konform.

**Q 8 Attisch-rotfiguriges Weinmischgefäß (Kolonettenkrater). Ton.
Gefunden bei Montesarchio. Um 390 v. Chr.**

Q 8

Kommentar: Dargestellt sind Orientalen beim griechischen Gelage (Sympo-
sion). Schöne Frauen bedienen sie. Bilder der attischen Luxuskeramik stilisie-
ren im ausgehenden 5. und beginnenden 4. Jh. v. Chr. den Orient zu einer Art
idealer Glückswelt. Attische Bilder von Orientalen bei der Jagd und, wie hier,
beim üppigen Gelage verbinden selbstverständlich griechische Lebensformen
mit Vorstellungen von orientalischem Luxus und fernöstlicher Fremdheit.

Q 9	**Q 9 Neuassyrische Könige und Funktionäre berichten über ihren Umgang mit den ›Ioniern‹ (Iamnaja)**
Q 9a	**Brief eines assyrischen Beamten (aus der Gegend um Tyros) an König Tiglatpilesar III. (um 730 v. Chr.)**
	Kontext: Erste Bezeugung der ›Ionier‹ und ihrer Taktik in assyrischen Quellen; offensichtlich sind sie den Assyrern bereits als Unruhefaktor bekannt.
Nimrud Letter 69	Die ›Ionier‹ sind aufgetaucht. Bei der Stadt Samsimuruna haben sie ein Gefecht geliefert, bei der Stadt Harisu, und bei der Stadt [...]. Ein Berittener kam nach Danabu (um mir alles mitzuteilen). Ich sammelte die regulären Truppen und Dienstverpflichteten und verfolgte sie. Gar nichts haben sie (die ›Ionier‹) mitgenommen. Sobald sie (nämlich) meine Soldaten sahen, suchten sie auf ihren Booten das Weite, (und) sie verschwanden in der Mitte des Meeres.
Q 9b	**Khorsabad-Annalen König Sargons II. (721–705 v. Chr.)**
	Kontext: Der König berichtet über seinen Feldzug gegen die ›Ionier‹, die die gesamte Küstenzone von Kilikien (Que) über Syrien (Hatti) bis an die ägyptische Grenze unsicher machen.
Z. 117–119	[Um die ›Ionier‹ zu unterwerfen, deren Wohnsitze] mitten [im] Meer liegen, die seit fernster [Vergangenheit] die Einwohner [der Stadt] Tyros (und) [des Landes] Que töteten und den Handelsverkehr unterbrachen, fuhr ich [mit Schiffen des Landes] Hatti gegen sie aufs Meer hinaus und streckte sie (allesamt), klein und groß, mit der Waffe nieder.
Q 9c	**Zylinderinschrift Sargons II. aus Khorsabad**
Z. 21	(Sargon), der Schlachterprobte, der mitten im Meer wie ein Fischer die ›Ionier‹ wie Fische fing und so dem Land Que und der Stadt Tyros Ruhe verschaffte.
Q 9d	**Inschrift König Asarhaddons (680–669)**
AsBbE 10f.	Alle Könige, die mitten im Meere wohnen, von Kypros und ›Ionien‹ bis nach Tarsis, unterwarfen sich meinen Füßen. Ihren schweren Tribut nahm ich in Empfang.
Q 9e	**König Sanherib (704–681) erwähnt ›ionische‹ Kriegsgefangene und ihre Fähigkeiten**
T 29 (Hist., Bull 4), Z. 57–62	›Hethiter‹ – Kriegsgefangene meines Bogens – siedelte ich in Ninive an. Kunstvoll bauten sie gewaltige Schiffe, Produkte ihres Landes. Seeleute – Tyrer, Sidonier und ›Io[n]ier‹ – meine eigenhändige Beute, ließ ich den Befehl ausfassen: ›In den Tigris mit ihnen (scil. den Schiffen)!‹ An die Flussufer, bis nach Opis ließ ich sie hinabgleiten.
Q 10	**Q 10 Parallelen zwischen altorientalischen und griechischen Epen**
Q 10a	**I. Gespräch zwischen dem Helden und dem Totengeist seines Freundes**
	Der Held Gilgamesch bittet die Götter um ein Gespräch mit dem Totengeist seines Gefährten Enkidu. Der Geist des Enkidu erscheint.
	Kontext: Die zwölfte und letzte Tafel des Gilgamesch-Epos bildet einen An-

hang, in dem dem eigentlichen Epos (Tafeln I–XI) die babylonische Übersetzung des zweiten Teils einer eigenständigen, sehr alten Gilgamesch-Erzählung
in sumerischer Sprache hinzugefügt ist.

Gilgamesch-Epos,
XII. Tafel

»Nergal, mannhafter Held, hör mich an:
Möchtest du doch ein Loch der Erde auftun,
Damit Enkidus Totengeist der Erde entfahren kann,
Dass er künde seinem Bruder die Ordnung der Erde!«

Nergal, der mannhafte Held, gehorchte
Und hatte kaum ein Loch der Erde aufgetan,
Als Enkidus Totengeist schon wie ein Wind aus der Erde entfuhr!
Da umarmten sie einander, setzten sich zusammen.
Zu ratschlagen hatten sie, quälten sich dabei:

»Sage mir, mein Freund, sage mir, mein Freund,
Sage mir die Ordnung der Erde, die du schautest!«

»Ich sag sie dir nicht, mein Freund, ich sag sie dir nicht!
Sag ich dir die Ordnung der Erde, die ich schaute —
Du müsstest dich setzen und weinen!« —

»So will ich mich setzen und weinen!« —
»Freund, meinen Leib, den du frohen Herzens berührtest,
Frisst Ungeziefer, wie ein altes Gewand!
Mein Leib, den du frohen Herzens berührtest,
Ist wie eine Erdspalte voll von Erdstaub.«
(Im Folgenden schildert Enkidu, wie es den Menschen nach ihrem Tode
ergeht.)

Der Geist (*psychē*) des Freundes Patroklos erscheint dem Achill.

Q 10b
Homer, Ilias 23, 65–107

Da kam heran die Seele des unglücklichen Patroklos,
Diesem ganz an Größe und schönen Augen gleichend
Und an Stimme, und mit solchen Kleidern angetan am Leibe.
Und sie trat ihm zu Häupten und sagte zu ihm die Rede:
»Du schläfst, aber mich hast du vergessen, Achilleus!
Nicht, da ich lebte, warst du um mich unbesorgt, doch nun ich tot bin!
Begrabe mich aufs schnellste, dass ich die Tore des Hades durchschreite!
Ausgeschlossen halten mich fern die Seelen, die Bilder der Ermatteten,
Und lassen mich noch nicht jenseits des Flusses zu ihnen kommen,
Sondern ich irre nur so umher an dem breittorigen Haus des Hades. —
Und gib mir die Hand, ich jammere! Denn nicht mehr wieder
Kehre ich aus dem Haus des Hades, wenn ihr mich dem Feuer übergeben.
Nicht mehr werden wir lebend, abseits von den eigenen Gefährten,
Sitzen, um Ratschlüsse zu beraten, sondern mich hat die Todesgöttin
Verschlungen, die verhasste, die mich bei der Geburt erloste.
Und auch dir selbst ist es bestimmt, den Göttern gleicher Achilleus,
Unter der Mauer der Troer, der gutbegüterten, umzukommen.«
[...]   Da antwortete und sagte zu ihm der fußschnelle Achilleus:
»Warum bist du mir, liebes Haupt, hierher gekommen
Und trägst mir dies alles auf? Ich aber werde

Dir alles gut erfüllen und gehorchen, wie du befiehlst.
Aber tritt näher zu mir! Und lass uns nur ein wenig
Einander umfassen und uns ergötzen an der verderblichen Klage!«
    Als er so gesprochen, griff er nach ihm mit seinen Händen,
Aber fasste ihn nicht, und die Seele ging unter die Erde
Wie ein Rauch, schwirrend. Und staunend sprang auf Achilleus,
Schlug die Hände zusammen und sprach das Wort mit Jammern:
    »Nein doch! So ist denn wirklich noch in des Hades Häusern
Irgendwie Seele und Bild, doch das Zwerchfell ist ganz und gar nicht darin!
Denn die ganze Nacht hat des unglücklichen Patroklos
Seele bei mir gestanden, klagend und jammernd,
Und trug mir jegliches auf, und glich wunderbar ihm selber!«

II. Der Held und die Göttin

Q 10c

Gilgamesch-Epos,
VI: Tafel, Vv. 80 ff.

Die Göttin Ischtar bietet sich dem Gilgamesch an, verspricht ihm märchenhaftes Glück, wird aber zurückgewiesen.
Als Ischtar dieses vernahm,
war Ischtar voll des Zornes und stieg zum Himmel hinauf.
Es ging die Ischtar. Dann weint sie vor Anum, ihrem Vater.
Vor Antum, ihrer Mutter, fließen ihre Tränen:

»Mein Vater, Gilgamesch hat mich ohne Unterlass beleidigt.
Gilgamesch zählte mir zum Schimpfe immer wieder Dinge auf,
mir zum Schimpf und mir zum Fluche!«

Anum öffnet seinen Mund und spricht,
er sagt zu der Fürstin Ischtar:
»Ach, warst nicht du es, die mit König Gilgamesch Streit anfing?
Denn (erst dann) zählte Gilgamesch Dinge dir zum Schimpfe auf,
dir zum Schimpf und dir zum Fluche.«

Q 10d

Homer, Ilias 5,
370–384.416–430

Aphrodite wird, als sie ihren Sohn Aineias schützen will, von Diomedes verwundet. Sie beschwert sich im Olymp.
Sie aber, die göttliche Aphrodite, fiel der Dione in den Schoß,
Ihrer Mutter, und sie nahm in die Arme ihre Tochter,
Streichelte sie mit der Hand, sprach das Wort und benannte es heraus:
»Wer hat dir solches angetan, liebes Kind, von den Uranionen,
Einfach so, als hättest du etwas Arges angestellt vor aller Augen?«
    Ihr antwortete darauf die gern lächelnde Aphrodite:
»Verwundet hat mich des Tydeus Sohn, der hochgemute Diomedes,
Weil ich meinen Sohn habe aus dem Kampf getragen,
Aineias, der mir der weit liebste ist von allen.
Denn nicht mehr ist es der Troer und Achaier schreckliches Kampfgewühl!
Nein, schon kämpfen die Danaer selbst mit Unsterblichen!«
    Ihr antwortete darauf Dione, die hehre unter den Göttinnen:
»Ertrage es, mein Kind! Und halte an dich, wenn auch bekümmert!
Denn schon viele von uns, die wir die olympischen Häuser haben,
Mussten es ertragen von Männern, die wir einander schwere Schmerzen
    schufen.«
    [...]
    Sprachs, und mit beiden Händen wischte sie ab von der Hand den
Ichor:

Heil wurde die Hand und gelindert die schweren Schmerzen.
Die aber wieder, als sie es sahen, Athenaia und Here,
Reizten mit stachelnden Worten Zeus, den Kroniden.
Und unter ihnen begann die Reden die Göttin, die helläugige Athene:
»Zeus, Vater! Ob du mir wohl zürnst, was immer ich sage?
Hat da doch wirklich Kypris [Aphrodite] eine von den Achaier-Frauen
    [Helena] verleitet,
Mit den Troern zu gehen, die sie jetzt über die Maßen lieb hat —
Hat eine gestreichelt von den gutgewandeten Achaier-Frauen
Und sich an goldener Nadel die Hand geritzt, die zarte!«
    So sprach sie. Da lächelte der Vater der Männer und der Götter,
Und rief sie zu sich und sprach zu der goldenen Aphrodite:
»Nicht dir, mein Kind, sind gegeben des Krieges Werke!
Sondern du gehe den lieblichen Werken der Hochzeit nach:
Alles das ist Sache des Ares, des schnellen, und der Athene.«

III. Die Dreiteilung des Kosmos
Anu, Enlil und Enki teilen den Kosmos unter sich auf.   *Q 10e*
Kontext: In diesem altbabylonischen Mythos steht der Sintflutheld Atrahasis
im Mittelpunkt. Die Geschichte der Menschheit wird von ihrer Erschaffung
(als Diener der Götter) bis zum Ende der Sintflut geschildert. Am Anfang
steht jedoch die Aufteilung der Welt unter die drei großen Götter (Anunna)
Anu, Enlil und Enki.

Als die Götter (auch noch) Menschen waren,   *Atrahasis, Tafel I, 1 ff.*
trugen sie die Mühsal, schleppten den Tragkorb.
Der Götter Tragkorb war groß,
die Mühsal schwer, viel Beschwerden gab es.
Die großen Anunnaku wollten die nur sieben
Igigu (allein) die Mühsal tragen lassen.
Anu, ihr Vater, der König,
ihr Ratgeber, der Kämpfer Enlil,
ihr Sesselträger Ninurta,
und ihr ... Ennugi:
Sie fassten die (Los-)Flasche an ihrem Hals,
warfen das Los, (und nun) teilten die Götter.
Anu stieg hinauf (fort) in den Himmel;
Es nimmt die Erde der ... [Enlil].
Die Riegel, die »Fallgrube« für das Meer,
wurden dem Fürst-Weisen Enki hingelegt.

Poseidon, Hades und Zeus teilen den Kosmos unter sich auf.   *Q 10f*
(Es spricht Poseidon)   *Homer, Ilias 15, 187 ff.*
Denn drei Brüder sind wir von Kronos her, die Rheia geboren:
Zeus und ich und als dritter Hades, der über die Unteren Herr ist.
Dreifach ist alles geteilt, und jeder erhielt seinen Teil an Ehre.
Ja, da erlangte ich, das graue Meer zu bewohnen immer,
Als wir losten, und Hades erlangte das neblige Dunkel,
Zeus aber erlangte den Himmel, den breiten, in Äther und Wolken.
Die Erde aber ist noch allen gemeinsam und der große Olympos.

Q 11 Griechische Söldner in ägyptischen Diensten 593/92 (?)

Kontext: Die Pharaonen aus der Saitendynastie verpflichten Karer und Griechen als Söldner.

Inschriften aus Abu-Simbel

(A) Als König Psammatichos nach Elephantina gekommen war, / schrieben dies (auf), die zusammen mit Psammatichos Sohn des Theokles / auf Schiffen fuhren und bis oberhalb von Kerkis kamen, soweit es der Fluss / zuließ. Die (Leute) fremder Zunge befehligte Potasimto, die Ägypter Amasis. / Geschrieben haben uns (= die Buchstaben) Archon Sohn des Amoibichos und Pelekos Sohn des Udamos (»Beil Sohn des Niemand«).
(B) Elesibios aus Teos.
(C) Telephos hat mich geschrieben, aus Ialysos.
(D) Python Sohn des Amoibichos.
(E) [---] und / Krithis haben mich geschrieben.
(F) Pabis aus Kolophon, / mit Psammata.
(G) Anaxanor [---] aus Ialysos, als der Kö/nig das Heer zum ersten Mal führte [---] Psamatichos.

Q 12

Q 12 Das Bild der Phoiniker in der *Ilias*

Q 12a

Kontext: Achilleus setzt für die Leichenspiele zu Ehren seines Freundes Patroklos Kampfpreise aus.

Homer, Ilias 23, 740–749

Doch der Pelide setzte sogleich für die Schnelligkeit andere Preise aus:
Einen silbernen Mischkrug, einen gefertigten, und sechs Maß
Fasste er, doch an Schönheit ragte er hervor auf der ganzen Erde
Bei weitem. Denn Sidonier, kunstreiche, hatten ihn gut gearbeitet,
Doch Phoinikische Männer brachten ihn über das dunstige Meer
Und legten im Hafen an und gaben ihn zum Geschenk dem Thoas;
Und für den Sohn des Priamos Lykaon gab ihn zum Kaufpreis
An Patroklos, den Helden, der Iason-Sohn Euneos.
Auch den setzte Achilleus als Kampfpreis, seinem Gefährten zu Ehren,
Wer da der Behendeste sein würde mit raschen Füßen.

Q 12b

Kontext: Der treue Schweinehirt Eumaios berichtet dem Odysseus über seine Versklavung.

Homer, Odyssee 15, 415–429

Dorthin (Syria, Heimat des Eumaios) kamen phoinikische Männer, Helden
    der Schiffahrt,
Gaunernde Leute mit zahllosem Tand in dem schwarzen Fahrzeug.
Nun war im Haus meines Vaters ein Weib aus dem Lande Phoinike,
Schön und groß und trefflich bewandert in herrlicher Arbeit.
Diese brachten phoinikische Strolche mit Schwatzen in Wirrnis.
Erstmals war es beim Waschen; da holte sie einer beim hohlen
Schiff aufs Lager der Liebe; das bringt ja bei fraulichen Weibern,
Sei eine noch so tüchtig, Verwirrung ins Denken. Und jener
Fragte sie schließlich, wer sie wohl sei und woher sie denn komme.
Gleich beschrieb sie den hochgedeckten Palast ihres Vaters:

»Ich bin aus Sidon, dem Lande des Erzes, und rühme mich dessen;
Arybas Tochter bin ich; sein Reichtum gleicht einem Strome.
Aber die Taphier griffen mich auf, diese Räuber; ich ging da
Eben vom Acker nachhause; sie brachten mich weg und verkauften
Hier mich ins Haus dieses Mannes; der gab einen achtbaren Kaufpreis.«

(Die Phoiniker überreden die Frau, mit ihnen zu kommen; sie zahlt als ›Fahr-
preis‹ mit Gold und dem kleinen Eumaios.)

Q 13 Eine mythologische Erklärung für die griechische Übernahme der phoinikischen Schrift

Q 13

Diese Phoiniker, die mit Kadmos gekommen waren, zu denen auch die Ge-
phyraier gehörten, führten, als sie sich in diesem Land niederließen, sonst
allerlei Wissensgut bei den Hellenen ein und so auch die Buchstaben, die es
vorher, soweit ich sehe, bei den Hellenen nicht gegeben hat. Und zuerst waren es die gleichen Buchstaben, deren alle Phoiniker sich bedienen; dann aber
im Laufe der Zeit änderten sie mit der Sprache auch die Formen ihrer Buchstaben. Ihre hellenischen Nachbarn waren in den meisten Gebieten zu dieser
Zeit Ionier, welche von den Phoinikern die Buchstaben lernten und übernahmen und sich ihrer bedienten, nachdem sie einiges davon etwas umgeformt
hatten. Und als sie sie in Gebrauch hatten, gewöhnten sie sich – ganz angemessen, wo doch die Phoiniker sie nach Hellas gebracht haben –, die Buchstaben »Phoiniker« zu nennen. Und die Bücher nennen die Ionier seit alters
Häute, weil sie früher, als Byblos noch selten war, Häute von Ziegen und
Schafen verwandten. Und noch jetzt zu meiner Zeit schreiben viele Barbaren
auf solchen Häuten. Kadmische Buchstaben habe ich selber gesehen in dem
Heiligtum des Apollon Ismenios im boiotischen Theben, auf drei Dreifüßen
eingeritzt und weitgehend den ionischen gleich.

*Herodot, Historien
5, 58 f.*

Q 14 Ägyptisches Erbe in Griechenland

Q 14

Herodot über das ägyptische Erbe der Hellenen: Osiris und Dionysos

Q 14a

Kontext: Der in Griechenland schon sehr lange verehrte Gott Dionysos wird
im 6. Jh. dem ägyptischen Osiris angeglichen; er wird in dieser Zeit auch –
wie Osiris – zum Mysteriengott, der das Glück der Verstorbenen im Jenseits
sichert. Herodot macht sich seine eigenen Vorstellungen von der Verwandtschaft beider Götter.

Wer nämlich bei den Hellenen Dionysos' Namen und Opferfest und seine
Phallos-Prozession mit den einzelnen Riten eingeführt hat, das war gewiss
Melampus; allerdings hat er die Kultgeschichte nicht ganz genau verstanden
und dargestellt, sondern kluge Leute, die nach ihm kamen, haben sie in wei-
terem Umfang dargestellt. Doch den Phallos, der Dionysos zu Ehren im
Festzug herumgeführt wird, den hat schon Melampus als Ritus eingeführt,
und von ihm haben die Hellenen gelernt zu tun, was sie tun. Und ich behaupte nun, Melampus ist ein gelehrter Mann gewesen und hat sich seine
eigene Seherlehre zurechtgelegt, und was er von Ägypten hörte, das lehrte er
die Hellenen, sonst allerlei und so auch die Dionysosdinge, und nur hier und
da hat er etwas abgeändert. Denn ich kann nicht zugeben, dass der Kult des

*Herodot, Historien
2, 49 f.*

Gottes in Ägypten und der bei den Hellenen ganz zufällig so ähnlich sind; dann wäre er doch wohl gleichartig mit andern hellenischen Riten und wäre auch früher eingeführt, als er es ist. Und auch das kann ich nicht zugeben, dass die Ägypter von den Hellenen einen Brauch übernommen haben, diesen nicht und auch sonst keinen. Ich meine vielmehr, Melampus hat von der Dionysosverehrung vor allem von Kadmos, dem Mann aus Tyros, gehört und von seiner Begleitung, die aus Phoinikien in das Land kamen, das jetzt Boiotien heißt.

Ja fast von allen Göttern sind die Namen und Gestalten aus Ägypten nach Hellas gekommen. Denn dass sie von Nichthellenen herkommen, ist Tatsache, wie ich bei meinem Nachforschen herausgefunden habe.

Q 14b   **Ägyptische und griechische Vorstellungen von der Weltschöpfung**
                         (›Welt-Ei‹)
Q 14b1   *Ägyptische Weltschöpfungskonzeption von Hermopolis Magna*

Kontext: Dieser Spruch soll dem Toten die Atemluft im Jenseits garantieren. Der »Große Schnatterer« ist der Erzeuger des Eis. Aber auch sein Kind ist ein Vogel. Das »Ei des Großen Schnatterers«, als welches sich der Tote bezeichnet, benötigt den göttlichen Windhauch. Es redet der Tote:

Ägyptisches Totenbuch   O ATUM, gib mir den erfrischenden Atem, der in deiner Nase ist,
54, 1–12   (denn) ich bin jenes Ei des Großen Schnatterers,
                          jener große Schützer, der GEB von der Erde trennte.
                          Wenn ich lebe, lebt er,
                          wenn ich jung werde, wird er jung,
                          wenn ich Luft atme, atmet er Luft.

                          Ich bin es, der den Zusammengefügten auseinandertrennt,
                          ich bin um sein Ei herumgelaufen,
                          ich bin geschwängert von der Kraft des HORUS und der Stärke des SETH.

Q 14b2   *Das windbefruchtete ›Welt-Ei‹ in der altorphischen Kosmogonie*

Aristophanes, Vögel,   In der Zeiten Beginn war Tartaros, Nacht und des Erebos Dunkel und
694–703   Chaos;
                          Luft, Himmel und Erde war nicht; da gebar und brütet' in Erebos' Schoße,
                          Dem weiten, die schattenbeflügelte Nacht das uranfängliche Windei;
                          Und diesem entkroch in der Zeit Umlauf der verlangenentzündende Eros,
                          An den Schultern von goldenen Flügeln umstrahlt und behend wie die
                              wirbelnde Windsbraut.
                          Mit dem Chaos, dem mächtigen Vogel, gepaart, hat der in des Tartaros
                              Tiefen
                          Uns ausgeheckt und heraufgeführt zu dem Lichte des Tages, die Vögel.
                          Noch war das Geschlecht der Unsterblichen nicht, eh nicht Eros alles
                              vermischte.
                          Wie sich eins mit dem andern dann paarte, da ward der Okeanos, Himmel
                              und Erde,
                          Die unsterblichen, seligen Götter all!

Q 15 Die Lyder in den Augen griechischer Dichter

Kontext: Xenophanes kritisiert die ›Lydermode‹ der zeitgenössischen griechischen Aristokraten

… doch da sie (griechische Aristokraten) Prunk und Putz gelernt, unnützen,
 von den Lydern,
solang sie frei noch waren von verhasster Tyrannei,
stolzierten zur Versammlung sie in Mänteln ganz aus Purpur,
nicht weniger als tausend Mann im Ganzen ungefähr,
von Stolz geschwellt, mit Locken prangend herrlich onduliert,
durch ausgesuchte Crèmes von Duft geradezu getränkt!

Hab' ein schönes Kind – den goldnen Blumen
Ähnlich ist ihr Wuchs: Kleïs, die vielgeliebte.
Gegen die würd' ich ganz Lydien nicht, das liebe
[<Lesbos auch nicht tauschen – niemals!> …]

Q 16 Griechen als Handwerker in Persien

Burgbauinschrift des Perserkönigs Dareios I. aus Susa

Dies (ist) der Palast, den ich in Susa erbaut habe; von gar weit her ist das (Baumaterial) (herbei)gebracht worden; in die Tiefe wurde die Erde ausgehoben, bis ich den (nackten) Fels in der Erde erreichte; als der Aushub zu Ende gebracht war, darnach wurde Schotter aufgeschüttet, teils (einmal) 40 Ellen hoch, teils (ein andermal) 20 Ellen hoch; auf diesen Schotter wurde der Palast errichtet.

Sowohl dass die Erde in die Tiefe ausgehoben wurde als dass auch Schotter aufgeschüttet wurde und dass (Lehm-)Ziegelwerk gestrichen wurde, – das babylonische Volk – das hat es gemacht.

Das Holz von dem Piniengewächs – das wurde – (es gibt da) ein Gebirge namens Libanon – von diesem (herbei)gebracht; das (as)syrische Volk – das hat es bis Babylon(ien) gebracht; von Babylon(ien) haben es Karer und Griechen nach Susa gebracht; das Jagh-Holz wurde von Gandara (herbei)gebracht und von Karmanien.

Das Gold wurde von Lydien und von Baktrien (herbei)gebracht, das hier verarbeitet worden ist; der graublaue Halbedelstein (Lapislazuli?) und der Karneol (?), der hier verarbeitet worden ist, – der wurde von Sogdien (herbei)gebracht; der dunkelblaue Halbedelstein (Türkis), – der wurde von Chorasmien (herbei)gebracht, der hier verarbeitet worden ist.

Silber und Ebenholz wurden von Ägypten (herbei)gebracht; das Farbmaterial, mit dem die Burgmauer geschmückt worden ist, – das wurde von Ionien (herbei)gebracht; das Elfenbein, das hier verarbeitet worden ist, (wurde) aus Kusch (Nubien) und aus Indien und aus Arachosien (herbei)gebracht.

Die steinernen Säulen, die hier bearbeitet (aufgestellt?) worden sind, – (es ist da) ein Ort namens Abiradusch in Elam – von dort wurden sie (herbei)gebracht.

Die Steinmetzen, die den Stein bearbeiteten, – die (waren) Ionier und Lyder; die Goldschmiede, die das Gold be-/verarbeiteten, – die (waren) Meder und Ägypter; die Männer, die das Holz bearbeiteten, – die (waren) Lyder und

Ägypter; die Männer, die das Ziegelwerk bearbeiteten, – die (waren) Babylonier; die Männer, die die Burgmauer schmückten, – die (waren) Meder und Ägypter.

Es kündet Dareios, der König: In Susa ist viel Wundervolles angeordnet worden, viel Wundervolles errichtet worden; mich soll Ahuramazda schützen und Hystaspes, der mein Vater (ist), und mein Land.

Q 17

Q 17 Ein Trinklied auf die im Perserreich lebenden spartanischen Demaratiden (5. Jh.)

Kontext: Ion von Chios (die Insel war Mitglied des Attischen Seebundes) muss – wie vermutlich auch andere Aristokraten aus athenischen Bündnerstädten – gute Kontakte zu griechischen Dynasten in persischen Diensten gehabt haben. Das Lied erweist die Grenze zwischen den Territorien des Seebundes und des Großkönigs als durchlässig.

Ion von Chios, Fragment 27 (= Athenaios 11, 463)

Glücklich sei unser Beherrscher, der Retter und Vater!
Mögen uns Diener den Trank schöpfen vom großen Krater,
den sie mischt in Gefäßen aus Silber! Der goldene aber
randvoll mit Wein [?] auf den Boden hinab.
Wenn sie nach heiliger Sitte sowohl Herakles wie Alkmene
opfern, Prokles und Perseus' Nachkommen, letztlich von Zeus,
dann lasst uns trinken und scherzen und singen die Nacht durch,
jedermann pflege den Tanz, leite zu Frohsinn uns an!
Wen aber eine entzückende Frau auf dem Lager erwartet,
jener soll nehmen den Trank freudiger als einer sonst!'

Q 18

Q 18 Ein frühes Zeugnis des Alphabets: homerische Anklänge in einem Graffito auf dem Nestorbecher

Fundkontext: Ostgriechischer geometrischer Skyphos aus einem Grab in Pithekussai auf Ischia, chalkidische Schrift, linksläufig, Verse, um 700 v. Chr.

Text und Kommentar: Meiggs/Lewis 1

Des Nestor Becher [bin ich?], aus dem sich gut trinken [lässt?]. Wer aus diesem Becher trinkt, den wird sogleich Verlangen ergreifen, [die Gabe] der schön bekränzten Aphrodite.

Q 19

Q 19 Die Beschreibung von Streitwagen, Eberzahnhelm und Schild als Beispiel für Archaisierung

Q 19a
Homer, Ilias 5, 720–732

Jene ging nun und schirrte die Pferde mit goldenem Stirnbande,
Hera, die würdige Göttin, die Tochter des großen Kronos.
Hebe fügt' an den Wagen alsbald die gerundeten Räder,
Die ehernen, achtspeichigen, an die eiserne Achse.
Golden jedoch ist der Radkranz und unvergänglich; darüber
Liegen die eisernen Reifen gefügt, ein Wunder zu schauen.
Silbern glänzen die kreisenden Naben auf beiden Seiten.
Und der Wagenkorb schwebt in goldenen und silbernen Riemen
Eingeflochten, umfasst von zwei gerundeten Rändern.

Silbern ragt die Deichsel hervor aus dem Wagen; ans Ende
Band sie das goldene prächtige Joch und hängte die schönen
Goldenen Gurte daran, und Hera führte die schnellfüßigen Pferde
Unter das Joch; sie lechzte nach Streit und lautem Kampfruf.

Aber Meriones gab dem Odysseus Bogen und Köcher
Und das Schwert und setzte ihm den Helm auf das Haupt,
Der aus Leder geformt und innen mit Riemengeflecht
Fest bespannt war; außen umsäumten ihn schimmernde Zähne
Eines Ebers mit weißlichen Hauern, auf allen Seiten,
Schön und kunstvoll gereiht, und ein Filz war drinnen befestigt.
Einst aus Eleon hatte Autolykos diesen erbeutet,
Als er die Festung des Ormeniden Amyntor erstürmte.

Q 19b
Homer, Ilias 10, 260–267

Darauf ergriff er den manndeckenden, herrlich verzierten,
Wuchtigen Schild, um welchen herum zehn Reifen aus Erz
Liefen; und ihn bedeckten zwanzig Buckel aus Zinn
Und weiß, der mittlere war aus schwarzem Blaufluss.
Auch die Gorgo mit schrecklichem Antlitz blickte vom Schilde
Drohend herab, umringt von Dämonen der Furcht und des Grauens.
Und an ihm war eine silberne Aufhängung und auf dieser
Wand sich eine Schlange aus Blaufluss und ihrer Köpfe waren drei,
Nach beiden Seiten gewendet, sie erwuchsen aus einem einzigen Hals.

Q 19c
Homer, Ilias 11, 32 40

Q 20 Die Bestattung des Patroklos als detaillierte exemplarische Beschreibung des homerischen Begräbnisrituals

Q 20

Während sie so den armen Toten beweinten, erhob sich
Eos mit rosigen Fingern. Da trieb der Fürst Agamemnon
Maultiere heraus und die Männer, um Holz ins Lager zu holen.
[...]
Diese wanderten nun, in den Händen die Holzfälleräxte
Und die geflochtenen Seile, und vor den Männern gingen die Maultiere,
Weit hinauf und hinab und hinüber, die Kreuz und die Quere.
Als sie die Schluchten erreicht des quellendurchflossenen Ida,
Fällten sie stracks mit langgeschliffenem Erze der Eichen
Hochgewipfelte Stämme; die stürzten mit mächtigem Krachen
Nieder. Das Holz zerspalteten rasch die Achaier,
Banden es fest auf die Maultiere; die trabten mit stampfenden Hufen
Über den Grund durch dichtes Gehölz, nach der Ebene strebend.
[...]
Reihweis warfen sie alles dann nieder am Strand, wo Achilleus
Wollte für Patroklos errichten das ragende Grab und für sich selber.
Als sie herum nun gelegt des Holzes unendlichen Vorrat,
Blieben sie dort und saßen geschart, indessen Achilleus
Gleich den Myrmidonen befahl, den kriegsgewohnten,
Umzugürten das Erz und ein jeder an die Wagen
Zu spannen die Pferde; da sprangen sie auf und ergriffen die Waffen,
Stiegen hinauf in die Wagen, die Kämpfenden neben die Lenker.
Vorn die Reisigen, hinten die Wolke der Streiter zu Fuße,
Zehntausende, in der Mitte aber Patroklos, von den Freunden getragen –

Homer, Ilias 23, 109–256

Ganz überhäuft von geschorenem Haar, das sie auf ihn geworfen –,
Aber dahinter hielt ihm das Haupt der edle Achilleus;
Trauernd gab er dem edelsten Freund das Geleite zum Hades.
Als sie den Ort nun erreicht, den ihnen bedeutet Achilleus,
Setzten sie nieder den Toten und schichteten Holz ihm in Fülle.
Anders besann sich indessen der herrliche schnelle Achilleus;
Abseits trat er vom Scheiterhaufen und schor sich vom Kopfe die Locken,
    die blonden,
Die er dem Strome Spercheios gepflegt und wachsen gelassen,
Und aufgebracht sprach er, gewandt zum dunklen Meere:
O Spercheios, umsonst gelobte dir Peleus, mein Vater,
Dass ich, wieder daheim im teuren Lande der Väter,
Scheren dir würde mein Haar und weihen die Festhekatombe;
Fünfzig unverschnittene Widder würd' ich dir opfern
Dort an den Quellen, wo steht dein Altar, umräuchert im Haine.
So gelobte der Greis; du erfülltest ihm nicht seine Bitte.
Jetzt aber, wo ich doch nie mehr kehre ins Land meiner Väter,
Lass mich dem Helden Patroklos geben das Haar, es zu tragen.
Also sprach er und legte sein Haar dem geliebten Gefährten
Gleich in die Hände und weckte in allen die leidvolle Sehnsucht.
Aber den Klagenden wäre wohl bald die Sonne untergegangen,
Hätte nicht gleich Achilleus an Atreus' Sohn sich gewendet:
O Agamemnon – es wird ja am ehesten das Volk der Achaier
Dir gehorchen aufs Wort – so lass es genug sein der Klage.
Heiße sie jetzt sich zerstreun von der Stätte des Brandes und die Mahlzeit
Bereiten. Das alles besorgen wir schon, denn wir haben das meiste
Recht auf den Toten; doch sollen mit uns die Führer noch bleiben.
Kaum, dass dieses vernommen der Herrscher des Heeres Agamemnon,
Ließ er sogleich das Volk sich zerstreun zu den schwebenden Schiffen;
Nur die Beteiligten blieben am Ort und häuften die Scheiter,
Bauten das Totengerüst, je hundert Fuß im Gevierte,
Legten die Leiche dann oben darauf, bekümmerten Herzens.
Viele gemästete Schafe und Rinder mit schleppendem Gang
Zogen sie ab und besorgten sie dort an der Stätte; von allen
Nahm er das Fett und bedeckte den Toten vom Kopf zu den Füßen,
Schichtete dann die gehäuteten Leiber, der stolze Achilleus.
Doppelhenklige Krüge, gefüllt mit Honig und Salböl
Lehnte er gegen das Lager, und vier starknackige Rosse
Warf er rasch in den Scheiterhaufen mit heftigem Stöhnen.
Hunde hatte der Herrscher neun am Tische gefüttert;
Auch von diesen warf er ein Paar auf den Haufen, geschlachtet,
Zwölf der edelsten Söhne dazu von den mutigen Troern,
Die er getötet mit dem Erz – so Böses ersann er im Herzen –,
Ließ des Feuers Gewalt, die eiserne, alles verzehren,
Jammerte dann und rief mit Namen den lieben Gefährten:
Sei mir, Patroklos, auch gegrüßt im Hause des Hades!
Alles wird dir nun wahrlich erfüllt, was ich früher versprochen.
[...]
Doch es brannte noch nicht des toten Patroklos Feuer.
Anders bedachte sich da der göttliche schnelle Achilleus,
Stellte sich fern vom Gerüst und rief beschwörend die Winde,
Beide, den Nord und den West, und gelobte geziemende Opfer,

Spendete reichlichen Wein aus goldenem Becher und flehte,
Rasch doch zu kommen, dass gleich das Feuer die Toten verbrenne
Und in Flammen entfachte das Holz.
[...] ... der schnelle Achilleus
Schöpfte die ganze Nacht, in der Hand den doppelten Becher,
Wein aus goldenem Krug und feuchtete gießend die Erde,
Immer wieder die Seele des armen Patroklos rufend.
So wie ein Vater wehklagt, die Gebeine des Sohnes verbrennend,
Der als Bräutigam starb zum Schmerze der leidenden Eltern:
So wehklagte Achill, die Gebeine des Freundes verbrennend,
Und umschlich die Stätte des Brandes mit unzähligen Seufzern.
Erst als der Morgenstern sich erhob, das Licht zu verkünden,
Eos dann über das Meer im Safrangewande sich breitete,
Da verlosch das Scheitergerüst, und es ruhte die Flamme.
Gleich aber eilten die Winde zurück, nach Hause zu kehren,
Über das thrakische Meer –: Es erbrauste in stürmender Brandung.
Und der Pelide wandte sich fort von der Stätte des Feuers,
Neigte sich matt und wurde von süßem Schlaf überwältigt.
Aber die Männer umringten den Sohn des Atreus in Scharen,
Und den Schlummernden weckte der Kommenden Lärm und Getöse.
Aufrecht saß er sogleich und sprach zu ihnen die Worte:
Atreus' Sohn und ihr anderen Edelsten aller Achaier,
Löschet mir zuerst die Stätte des Brandes mit funkelndem Weine
Überall dort, wo des Feuers Gewalt gewütet, und dann
Sammeln wir Patroklos' Totengebein, des Menoitiossohnes,
Es sorgsam unterscheidend – es ist gewiss sehr leicht zu erkennen –,
Denn er lag in der Mitte des Scheiterhaufens, und die andern verbrannten
Abseits am Rande, Männer und Pferde gemischt durcheinander.
Jenes nun lasst uns in goldener Urne und doppelter Fetthaut
Bergen, bis dass ich dann selbst im Reiche des Hades verschwinde.
Aber ich rate, nicht allzuhoch auftürmet den Grabhügel,
Sondern so nach Gebühr; dann später mögt ihr Achaier
Breit und hoch ihn errichten, soweit ihr, mich überlebend,
Hier zurück bei den rudergerüsteten Schiffen geblieben.
Also sprach er; da folgten die Männer dem schnellen Peliden,
Löschten den Scheiterhaufen zuerst mit funkelndem Weine,
Weit wie die Flamme gelangt – da fiel in die Tiefe die Asche –,
Bargen das bleiche Gebein des mildgesinnten Gefährten
Weinend in goldener Urne darauf und doppelter Fetthaut,
Setzten es nieder im Zelt und hüllten's in schmiegsames Leinen,
Maßen die Grenzen des Grabes und legten die Grundsteine
Rings um den Haufen und schütteten gleich die Erde darüber.

Q 21 Kriege als Beutezüge in der Welt des Odysseus

Q 21

Aus Kreta, dem weiten, bin ich und rühme mich meines Geschlechtes,
Bin eines reichen, begüterten Mannes Sohn; doch
Viele und andere Söhne wurden im Hause gezeugt und erzogen,
Echtbürtige Kinder der Ehefrau; aber mich gebar eine Mutter,
Die nur als Konkubine gekauft war; doch gleich wie die rechtbürtigen ehrte
   mich

Homer, Odyssee 14,
199–239

Kastor, Sohn des Hylakos; ich rühme mich stolz dieser Abkunft.
Im Volke der Kreter wurde er damals geehrt wie ein Gott
Durch Wohlstand, Reichtum und ruhmvolle Söhne.
Aber wahrhaftig, die Göttinnen des Todes kamen und trugen ihn
Fort in Hades' Haus. Die anderen verlosten und teilten
Alles, was da war zum Leben, die übermütigen Söhne.
Mir aber gaben sie den dürftigen Rest, nur ein Haus war mein Anteil.
Da nun nahm ich eine Frau aus den Kreisen von Menschen mit vielen
    Landlosen,
Dank meiner Tüchtigkeit (*aretê*). Denn ich war nicht aus der Art
    geschlagen,
Oder einer, der den Krieg scheut. Doch jetzt ist das alles vorüber.
[…]
Wahrlich, in Überfülle von Elend bin ich geraten!
Aber Ares und Athene hatten mir einst doch die Kräfte,
Feindliche Reihen zu durchbrechen, und Lust zum Wagnis verliehen.
Wenn ich für einen Überfall die besten Männer wählte, den Feinden zum
    Unheil,
Stellte mein mannhafter Mut den Tod mir niemals vor Augen;
Weitaus war ich der erste im Sprung und, wen ich erreichte,
Weil seine Füße versagten, der Feind verfiel meiner Lanze.
So einer war ich im Krieg. Die Arbeit aber lag mir schon gar nicht,
Auch nicht die Wirtschaft im Haus, das nur prächtige Kinder nährt.
Dafür waren mir immer Schiffe mit Rudern lieb,
Kriege, Pfeile und blinkende Speere; die traurigen Dinge,
Die anderen grausig sind.
Mir aber waren diese Dinge immer lieb; das legte mir wohl ein Gott in den
    Sinn:
Anderer Mann erfreut sich an anderen Werken, so heißt es.
Bevor nun die Söhne der Achaier die Troas betraten,
Führte ich neunmal Männer und Schiffe mit eiligstem Seegang
Gegen Menschen in fremden Landen, und gar vieles fiel mir zu.
Davon nahm ich für mich, was ich wünschte; durch Verlosung bekam ich
Viel noch dazu. Mein Haus wuchs rasch, und bald
War ich gewaltig und erlangte Achtung bei den Kretern.
Als aber Zeus, der weitblickende, jene grausige Kriegsfahrt
Wirklich beschloss, die so vielen Männern die Knie löste, mussten
Beide, der hochberühmte Idomeneus und ich selber,
Schiffe nach Ilion führen; es gab da gar keine Ausflucht,
Gar kein Verweigern; der schlechte Ruf im Volke hätte uns zu schwer
    belastet.

Q 22

Homer, Odyssee 14,
96–104

Q 22 Viehbesitz des Erichthonios

Ja, was zum Leben er hatte, ist gar nicht zu sagen; denn keiner
Hatte so viel, kein Held auf dem schwarzen Festland,
Keiner hier in Ithaka; zwanzig Männer sind nicht so reichlich begütert.
Hör mich: Ich zähle sie her. Zwölf Herden von Rindern sind es auf dem
    Festland
Und ebenso viele Herden von Schafen;
Ebenso viele Schweineherden und ebenso viele

Offene Herden von Ziegen mit fremden und eigenen Hirten.
Hier aber weiden zerstreute Ziegenherden, elf insgesamt,
Im fernsten Teil der Insel, und tüchtige Leute besorgen die Aufsicht.

Q 23 Der Palast des Phaiakenkönigs Alkinoos als Beispiel für Reichtum

Q 23

Odysseus ging aber nun zu den berühmten Häusern des Alkinoos.
Das Herz schlug ihm hoch, ehe er die eherne Schwelle betrat.
Denn wie von Sonne und Mond lag ein Glanz hinauf bis zur Decke
Über dem Hause des großherzigen Alkinoos.
Mit Erz verkleidete Wände stiegen allseits empor
Von der Schwelle bis in das Innere, der Sims rundum war aus blauem
    Glasfluss.
Goldene Türen verschlossen das feste Haus nach innen.
Silberne Pfeiler standen auf der ehernen Schwelle,
Ein silberner Türsturz darüber und golden war der Türring.
Goldene und silberne Hunde waren zu beiden Seiten der Tür,
Die Hephaistos mit kundigem Sinn gefertigt hatte,
Damit sie das Haus des hochherzigen Alkinoos bewachten;
Unsterblich waren sie und ohne Alter alle Tage.
Drinnen aber standen Stühle mit Lehnen entlang an den Wänden
Nebeneinander gereiht von der Schwelle bis in das Innere.
Darauf waren Decken gebreitet, feine, gutgewebte Werke der Frauen.
Dort pflegten der Phaiaken Führer (*hēgétores*) zu sitzen
Essend und trinkend, als gäb es für Jahre.
Goldene Jünglinge (*koúroi*) standen auf trefflich gebauten Sockeln,
Hielten brennende Fackeln in Händen, die des Nachts
Licht im Hause den Tafelnden gaben.
Fünfzig dienende Frauen waren im Hause; die einen
Mahlten auf der Mühle apfelfarbenes Korn; die anderen
Webten Gewänder und drehten die Spindeln.
[...] Draußen vor dem Hof
Nahe den Türen, vier Morgen groß, begann dann der Garten.
Auf allen Seiten war er umgeben von einem festen Zaun. Da wuchsen
Hohe Bäume und blühten und strotzten von glänzenden Früchten.
Birnen, Granaten und Äpfel trugen die Bäume, es gab auch
Feigen von hoher Süße; Oliven wuchsen und blühten.
[...] Traube hing neben Traube und Feige drängte sich an Feige.
Dort aber war ein fruchtüberladenes Rebengelände gepflanzt.
Ein Stück diente als ebener Boden zum Trocknen der Trauben;
Gewärmt von der Sonne; die anderen wurden geerntet,
Wieder andere gekeltert. [...]
Weiter dann neben der letzten Reihe wuchsen gepflegte
Beete mit allen Gemüsen und prangten über das ganze Jahr hin.
Zwei Quellen fanden sich dort: Die eine verteilte sich im Garten,
Die andere floß unter der Schwelle des Hofes
Zu dem hohen Haus. Aus ihr schöpften die Bürger ihr Wasser.
Also strahlte von Göttergeschenken Alkinoos' Wohnsitz.

Homer, Odyssee
7, 81–132

Q 24

Q 24 Epische Beschreibungen der Gastmahlszeremonie

Q 24a
Homer, Odyssee
4, 30.35–67

Es sprach der blonde Menelaos [...] spanne die Pferde der Fremden aus.
Dann aber führe die Gäste herbei, dass am Festmahl sie sich laben.
Sprachs, aber jener durcheilte geschäftig den Saal um den anderen
Hurtigen Dienern Befehl zu erteilen, ihm selber zu folgen.
Die aber spannten zuerst die schweißbedeckten Pferde vom Joche,
Banden sie fest an den Pferdekrippen und warfen als Futter
Spelt ihnen hin, den mit weißem Mehl von der Gerste sie mischten,
Schoben den Wagen sodann an eine der schimmernden Wände.
Schließlich führten ins göttliche Haus sie die Gäste. Verwundert
Sahen nun diese das Haus des Königs, des Götterkindes.
Lag doch ein Glanz wie von Sonne und Mond hinauf bis zur Decke
Überall hier im Hause des ruhmvollen Menelaos.
Aber als sie die Augen geweidet mit Sehen und Schauen,
Stiegen zum Bade sie ein in die trefflich gereinigten Wannen.
Mägde wuschen sie und salbten sie mit Ölen; dann legten sie ihnen
Wollene Mäntel an und jedem den Leibrock. Darauf
Setzten sie sich auf die Stühle neben den Atreussohn Menelaos.
Dann kam ein Mädchen und brachte Wasser zum Waschen; aus schönem
Goldenen Schöpfer goß sie es aus in ein silbernes Becken
Über die Hände und schob vor sie hin den gefegten Eßtisch.
Brot aber brachte die ehrbare Bedienerin, legte
Speisen in Menge dazu, gab gerne von allem, was da war.
Schließlich nahm der Verteiler Stücke verschiedenen Fleisches,
Stellte die Platten daneben und neben sie goldene Becher.
Nun begrüßte die beiden und sprach Menelaos der Blonde:
Nehmt von den Broten und freut euch! Und wenn ihr gesättigt vom Mahle
Aufsteht, will ich euch fragen, wer ihr wohl seid von den Männern;
Sicherlich geht eurer Eltern Geschlecht mit euch nicht zu Ende:
Männern, Szepter tragenden Königen, Götterkindern
Seid ihr verwandt; denn solche, wie ihr seid, zeugt wohl kein Schlechter.
Sprachs und gab mit den Händen, was ihm man zur Ehre gegeben:
Fette gebratene Stücke nahm er vom Rücken des Rindes.
Sie aber streckten die Hände aus nach den bereiten vorgesetzten Speisen.

Q 24b
Homer, Odyssee
1, 144–152

Jetzt betraten die mannhaften Freier die inneren Räume,
Ließen in Ordnung sich nieder auf hohen Lehnstühlen und Sesseln.
Ihnen nun gossen die Herolde Wasser über die Hände,
Brot aber schichteten hoch in den Körben die dienenden Mägde,
Randvoll füllten die Krüge zum Mischen des Weins die jüngeren Diener.
Sie aber streckten die Hände aus nach den bereiten vorgesetzten Speisen.
Aber sobald das Verlangen nach Trank und nach Speise verflogen,
Hatten die Freier schon anderes im Sinn: denn für Tänze und Lieder
Waren sie gerne zu haben; sie steigern ein Mahl ja zum Fest.

Q 24c
Homer, Odyssee
8, 97–130

Hört mich, Phaiaken! Führer und Pfleger: Nun sind die Gemüter
Satt vom richtig verteilten Mahl und den Klängen der Leier;
Diese gehört ja zusammen mit jeder üppigen Mahlzeit.
Jetzt aber gehn wir ins Freie! Versuchen uns an jeglichem Wettkampf!
Künden soll seinen Freunden der Fremde, kehrt er nach Hause,
Wie überlegen den andern wir sind mit unseren Fäusten

Oder im Ringen oder im Springen und gar auf den Füßen.
Also sprach er und ging voran und die anderen folgten.
Aber der Herold hing an den Nagel die klingende Leier,
Fasste die Hand des Demodokos, führte ihn weg aus dem Saale,
Machte mit ihm den nämlichen Weg wie die andern Phaiaken;
Denn ihre Besten wollten doch jeden der Kämpfe bewundern.
Alle drängten zum Markt, es folgte eine große Volksmenge,
Zehntausende, Junge und Edle, traten in Menge zum Kampf an.
Stürmisch erhoben sich Nauteus, Akroneos, Prymneus, Elatreus,
Ponteus, Okyalos, Proneus, Anchialos, Thoon, Eretmeus,
Anabesineos, schließlich der Sohn des Polyneos und Enkel
Tektons: Amphialos. Ähnlich dem mordenden Ares erhob sich
Auch noch Euryalos, Naubolos' Sohn; an Gestalt und an Aussehn
War er der beste von allen Phaiaken. Laodamas freilich
Hatte den Vorrang. Dieser und Halios und Klytoneos
Waren des untadeligen Königs Alkinoos Söhne.
Letzterer glich einem Gott. Sie erhoben zuerst sich zum Kampfe.
Alle indessen versuchten es erst mit den Füßen. Die Laufbahn
Streckte gerade sich hin, eine Schranke befand sich am Anfang.
Alle zusammen flogen so rasch, dass die Ebene staubte.
Weitaus der beste im Lauf war der treffliche Klytoneos.
Wie viel ein Maultierpaar in einem Zuge im Brachland
Umpflügt: Bei der Rückkehr war dies sein Vorsprung vor den Versagern.
Andere dagegen versuchten es dann mit dem schmerzlichen Ringkampf.
Hier übertraf wieder Euryalos auch die Besten (áristoi).
Aber Amphialos wurde vor allen der trefflichste Springer.
Hoch überlegen gewann Elatreus im Diskos. Im Faustkampf
Wurde Alkinoos' tüchtiger Sohn Laodamas Meister.

Q 25 Epische Beschreibungen des Gabentauschrituals

Q 25

Ihr aber hielt der verständige Telemachos wieder entgegen:
Gastfreund, ja! Von lieber Gesinnung zeugt deine Rede,
Sprichst wie ein Vater zum Sohn und niemals will ich es vergessen.
Komm denn und bleibe noch ein wenig, trotz all deiner Eile zu gehen,
Bade doch erst und erquicke dein liebes Herz; eine Gabe
Nimmst du noch mit; dann geh auf dein Schiff in freudiger Stimmung.
Wertvoll ist sie für dich, von mir ein herrliches Kleinod,
Wie es den Gastfreunden die Gastfreunde beim Abschied schenken.
Antwort gab ihm Athene, die Göttin mit Augen der Eule:
Halte mich nicht mehr zurück; jetzt drängt es mich, weiter zu ziehen.
Doch, was dein liebes Herz dich heißt mir zu schenken, das gib mir,
Kehre ich wieder zurück, damit ich nach Hause es bringe.
Wähle nur dein Allerschönstes aus, sein Wert wird beim Tausch dir
    vergolten.

Q 25a
Homer, Odyssee
1, 306–318

Aber der Hausherr stieg hinab in die duftende Kammer,
Nicht allein; es folgten ihm Helena und Megapenthes.
Als sie dann dorthin kamen, wo die kostbaren Schätze lagen,
Nahm der Atreussohn zuerst einen doppelhenkligen Becher;
Doch einen silbernen Mischkrug ließ er den Sohn Megapenthes

Q 25b
Homer, Odyssee
15, 99–129

Bringen, und Helena machte sich jetzt an die Truhen, in denen
Buntgemusterte Kleider lagen, die selber sie fleißig gefertigt.
Helena nahm davon eines heraus, die göttliche unter den Frauen,
Eben das größte und schönste an buntesten Stickereien;
Leuchtend hell wie ein Stern, es lag zuunterst unter den anderen.
Um Telemachos zu treffen, durchschritten dann beide die Räume,
Gingen voraus, und es sagte zu ihm Menelaos der Blonde:
Also gebe dir Zeus, der donnernde Gatte der Hera,
Wie du es dir wünschst, mein Telemachos! Glückliche Heimkehr!
Viele Geschenke liegen im Hause als kostbare Schätze;
Doch was mein Schönstes, mein Teuerstes ist, ich will es dir geben.
Also gebe ich dir einen kunstvoll gefertigten Mischkrug,
Reines Silber, jedoch am Rande mit Gold überzogen.
Meister Hephaistos hat ihn geschaffen, ein Held ihn gegeben:
Phaidimos war es, der König von Sidon; er hat auf der Rückfahrt
Dort mich beherbergt. Nun aber möge dich er begleiten.
Sprachs und gab ihm zu Händen den doppelhenkligen Becher,
Atreus' Sohn, der Held. Doch den silbernen, glänzenden Mischkrug
Brachte und stellte vor ihn der kräftige Megapenthes.
Helena trat dann hinzu, die Frau mit den herrlichen Wangen,
Hielt das Gewand in den Händen und sprach und sagte bedeutsam:
Ich auch bring ein Geschenk dir, hier ist es! An Helenas Hände
Soll es, geliebter Junge, erinnern! Und kommt einst der Vermählung
Ersehnte Stunde, dann soll es deine Gattin tragen. Bis dahin
Soll es in der Halle deiner lieben Mutter liegen. Du aber finde mir fröhlich
Wieder dein festgegründetes Haus und das Land deiner Heimat.

Q 25c
Homer, Odyssee
24, 266–279

Einst kam einer zu uns ins Haus in der lieben Heimat;
Gastlich empfing ich den Mann, kein anderer Sterblicher war mir
Jemals ein lieberer Gast aus der Ferne in meinem Palaste.
Rühmend sagte er mir, sein Geschlecht sei in Ithaka heimisch;
Aber sein Vater, ein Sohn des Arkeisias, heiße Laertes.
Gastlich nahm ich ihn auf und führte ihn gleich zu den Häusern,
Sorgte liebend für ihn, im Palaste war ja die Fülle.
Gastgeschenke brachte ich ihm, so wie es sich ziemte:
Ich gab ihm sieben Talente gut gearbeiteten Goldes,
Gab einen Mischkrug, reines Silber mit Blumen verziert,
Gab ihm ein Dutzend einfacher Mäntel aus Wolle, ein Dutzend
Herrlicher Tücher und Decken und Leibröcke dann auch noch ein Dutzend.
Obendrein und nach eigener Wahl erhielt er noch Frauen,
Vier von schönster Gestalt und bewandert in trefflichen Werken.

Q 26

Homer, Odyssee
24, 205–212

Q 26 Der Gutshof des Laertes

Jene indessen gingen herab aus der Stadt und erreichten
Eilig das schöne gepflegte Landgut, das Laertes gehörte.
Dies war sein eigner Besitz, er hatte ihn mühsam gewonnen.
Dort war sein Haus, von den Räumen zur Wirtschaft allseits umgeben;
Darin aßen und saßen und schliefen versklavte Leute,
Knechte, die Arbeit taten und so, wie ihm es beliebte.
Auch eine Alte war da, eine Frau aus Sizilien, die den Alten
Weit entfernt von der Stadt auf dem Lande tüchtig versorgte.

Q 27 Haus und Wirtschaft *(oíkos)* des Hesiod

Nicht nur ist eine Eris (Göttin des Streits) geboren, sondern auf Erden
Sind es zwei. Die eine kann jeder Verständige loben,
Abscheu verdient die andere. Verschieden sind sie geartet.
Nährt doch die eine nur böse Feindschaft und häßlichen Streit
Ungestüm, kein sterblicher Mensch liebt sie, sondern gezwungen
Nach der Unsterblichen Willen gibt man der drückenden Eris die Ehre.
Älter die andere, da die Nacht sie gebar, die finstere Göttin,
Und sie setzte der hohe, im Himmel hausende Kronide
Tief in die Wurzeln der Erde, den Männern zu größerem Segen.
Selbst noch den Trägen erweckt sie in gleicher Weise zur Arbeit,
Jeden ergreift ja die Lust zur Arbeit, wenn er des anderen
Reichtum sieht, schon eilt er zu pflügen, zu pflanzen
Und das Haus zu bestellen. Den Nachbarn stachelt der Nachbar an
In dem Streben nach Wohlstand; so nützt diese Eris den Menschen.
Töpfer eifert mit Töpfer, und Maurer eifert mit Maurer,
Und zwischen Bettler und Bettler ist Neid, zwischen Sänger und Sänger.

Du aber gedenke meiner Gebote zu allen Zeiten
Arbeite, hochgeborener Perses, damit dich der Hunger
Meidet voll Hass, doch dich gern hat Demeter, die Göttin mit herrlichem
   Kranze,
Würdig und erhaben, und fülle mit Nahrung deine Scheuer.
Denn der Hunger ist treuer Begleiter dem arbeitsscheuen Gesellen.
Dem verargen es Götter und Menschen, welcher in Trägheit
Hinbringt den Tag, wie die Drohnen, die stachellosen, es lieben,
Welche den Ertrag der fleißigen Bienen vertilgen in Trägheit,
Du aber mache dich gern an das Maß deiner Arbeit,
Dass dir der Jahreszeiten Ertrag ausfüllt deine Speicher.
Tätigkeit ist es, die die Männer an Herden reich macht und an Silber;
Und wer zufasst beim Werk, den Unsterblichen ist er viel lieber.
Arbeit, die ist nicht Schande, das Nichtstun jedoch, das ist Schande.
Bist du fleißig am Werk, wird rasch dich der Arbeitsscheue beneiden,
Wenn du dann reich bist. Den Reichtum begleitet Würde und Ansehen.

Ein Sohn, aber nur einer sei gezeugt, dass des Vaters Besitztum
Sicher besteht. So wird in den Kammern wachsen der Wohlstand.
Spät erst mögest du sterben, den Sohn hinterlassend als Nächsten.
Leicht kann auch mehreren Zeus verleihen unendlichen Segen.
Mehrere mehren die Sorge, doch ist auch größer der Zuwachs.

Und deine Knechte treib an, der Demeter heilige Feldfrucht
Auszudreschen, wenn erstmals sich zeigt der Riese Orion,
Auf dem windigen Platz der runden, ebenen Tenne.
Fülle mit dem Scheffel genau die Behälter. Aber sobald dann
All der Vorrat geborgen und drinnen im Hause verwahrt ist,
Wähle einen Tagelöhner dir ohne Hausstand, rate ich, und suche
Dir eine Magd ohne Kind; eine Magd mit Anhang ist nur lästig.
Nimm einen Hund auch mit scharfem Gebiss – und spar nicht am Futter! –
Dass nicht ein Mann, der den Tag durchschläft, deine Habe davonträgt.
Heu auch bringe ein und Spreu, genug dass es ausreicht

Für deine Rinder und Maultiere das Jahr über. Dann aber endlich
Gönne den Gliedern der Knechte die Rast und löse die Rinder.
Wenn dann Sirius schon und Orion mitten am Himmel
Stehn, und es sieht den Arktur die rosenfingrige Eos,
Perses, dann pflücke und bringe nach Hause die Trauben;
Breite sie aus in der Sonne noch zehn volle Tage und Nächte;
Fünf in den Schatten sie lege, am sechsten fülle die Krüge
Mit des freudreichen Dionysos Gaben. Aber sobald dann
Regengestirn und Plejaden mitsamt dem Riesen Orion
Untergehen, dann ist es so weit, aufs neue ans Pflügen zu denken.

Q 28

Hesiod, Werke und Tage
214–251.256–273

Q 28 Die »geschenkefressenden« Könige bei Hesiod

[...] Gewalttat (*hýbris*) bekommt nicht dem Niederen; doch auch ein Edler
Ist sie nicht mühlos zu tragen imstand, ihr Gewicht wird ihm lastend,
Stößt er mit Unheil zusammen. Die andere Weg geht sich
Besser, hin zum Rechten. Das Recht (*díkē*) besiegt die *hýbris*,
Setzt am Ende sich durch. Erlitt er es, merkt es auch der Dummkopf.
Sofort verfolgt Horkos, der Hüter des Eides, krumme Urteile.
Stört man den Lauf der Göttin des Rechts (*Díkē*), wenn Männer sie
    wegziehn
Gabenschluckend (*dōrophágoi*), mit krummem Urteil auslegen die Rechts-
    regeln (*thémistai*).
Sie bleibt nah, beklagend die Stadt (*pólis*) und die Heimat der Völker (*laoí*),
Hüllt in Nebel sich ein, und Verderben bringt sie den Menschen,
Die sie hinaus gejagt und sie nicht gerade verteilten.
Die aber gerechte Urteile Einheimischen geben und Fremden,
Gerade und schlicht, und weichen nicht ab auch nur etwas vom Rechten,
Denen gedeiht die *pólis*, und in ihr blühen die *laoí*.
Friede nährt die Jugend im Land, und niemals bei ihnen
Unglückseligen Krieg lässt entstehen Zeus, der Weitblickende.
Niemals wird den recht und gerade urteilenden Männern der Hunger zum
    Begleiter,
Niemals der Ruin, sie vollbringen ihr Werk für festliche Freuden.
Reichen Ertrag bringt denen die Erde, und auch auf den Bergen
Bringt die Eiche oben Früchte, unten Bienen.
Und die wolligen Schafe sind schwer von lastenden Flocken.
Und die Frauen gebären den Eltern gleichende Kinder.
Dauernd gedeihen sie an Gütern. Und niemals auf Schiffen
Fahren sie hinaus, Frucht bringt ihnen kornspendender Acker.
Doch denen *hýbris*, die verderbliche, gefällt und schändliche Taten,
Denen verhängt *díkē* der Kronide, Zeus der Weitblickende.
Oft schon trug eine *pólis* insgesamt eines schlechten Mannes Verschulden,
Der hinterging und betrog und schändliche Dinge erdachte;
Denen sandte vom Himmel herab viel Leiden Kronion,
Hunger und Seuche zugleich; es starben die *laoí*.
Und die Frauen gebären nicht mehr, es schrumpfen die Häuser (*oíkoi*)
Nach Zeus' Willen und Sinn, des Olympiers; andere Male hat er
Denen das stattliche Heer vernichtet ebenso wie die Mauer
Oder die Schiffe auf See versenkt, zur Strafe, der Kronide.
O ihr Könige (*basileís*), ach wolltet auch ihr selber bedenken

Solches Gericht (*díkē*). Denn nahe unter den Menschen verweilend,
Geben Unsterbliche acht, wenn Männer mit krummen Urteilen
Andere peinigen, der Götter Auge nicht scheuend. [...]
Und sie ist da, die Jungfrau *Díkē*, Zeus' eigene Tochter,
Geachtet und gerühmt bei den Göttern auf dem Olymp.
Verletzt sie ein Mensch und schmäht sie mit krummen Worten,
Setzt sie sogleich bei Zeus dem Vater sich hin, dem Sohn des Kronos,
Und erzählt von der ungerechten Menschen Gesinnung, damit das ganze
 Volk (*démos*)
Büße das frevelhafte Treiben der *basileís*, die verderblich gesonnen
Verbiegen die Urteile des Rechts, krumm sie fällend.
Darauf gebt Acht, *basileís*, fällt gerade die Sprüche,
dōrophágoi, schlagt ganz aus dem Sinn euch krumme Urteile.
Selber bereitet sich Schlimmes, wer andern Schlimmes bereitet;
Schlimmer Rat ist für den, der geraten, am schlimmsten.
Alles erblickt das Auge des Zeus und alles bemerkt es,
Und jetzt auch dies, sofern es nur will, bleibt ihm nicht verborgen,
Was für eine *díkē* nun die *pólis* im Innern beherbergt.
So wie es jetzt steht, will weder ich selbst gerecht unter den Menschen
Leben, noch mein eigener Sohn. Denn schlimm ist es, als Gerechter zu leben,
Wenn das größere Recht dem Ungerechteren zuteil wird.
Doch das lässt, so glaube ich, auf die Dauer nicht zu Zeus, schaltend und
 waltend.

Q 29 Die Stellung des *basileús*

Aber Antinoos, der Sohn des Eupeithes, sagte ihm wieder:
Telemachos gewiss lehrten dich die Götter selber
Ein großer Redner zu sein und kühn zu reden.
Trotzdem soll zum König (*basileús*) auf dem meerumgebenen Ithaka der
 Kronide
Nicht gerade dich erheben, welches dir nach Abkunft zukäme vom Vater.
Ihm aber hielt der gewandte Telemachos wieder entgegen:
Antinoos, magst du mir auch verargen, was ich sage:
Ja, ich übernähme gern auch dieses, wenn Zeus es gewährte,
Oder meinst du, dies sei das schlimmste unter den Menschen,
Es ist ja kein Übel, als König zu herrschen (*basileuémen*): schnell häufen
 sich
Güter im Haus und selbst wird er höher geachtet.
Aber viele und andere königliche Männer (*basileís*) gibt es,
Junge und alte, unter den Achaiern auf dem meerumwobenen Ithaka.
Mancher wohl kann es erreichen, wenn der göttliche Odysseus tot ist.
Ich aber will Herrscher (*ánax*) sein in unserem Haus und über die Sklaven,
Die der göttliche Odysseus für mich erbeutet.

Zwölf beim Volk (*démos*) angesehene Könige (*basileís*),
walten als Führer, der dreizehnte aber bin ich selbst.

Der Ruf (*kléos*) eines untadeligen Königs (*basileús*), der gottesfürchtig
Bei vielen und starken Männern herrscht *(anássōn)* und
Gutes Recht einhält; und dann trägt die schwarze Erde

Q 29

Q 29a
Homer, Odyssee
1, 383–398

Q 29b
Homer, Odyssee
8, 390–391

Q 29c
Homer, Odyssee
19, 109–114

Weizen und Gerste in Fülle; da biegen sich Bäume vor Früchten,
Es gebären ständig die Schafe und das Meer ist voll von Fischen.
Wegen der guten Führung ertüchtigt sich sein Volk (*laoí*) im Guten.

Q 30

**Q 30 Versammlungsszene im Rahmen der Beschreibung der Bilderwelt
auf dem Schild, den Hephaistos für Achilleus anfertigt**

Homer, Ilias 18, 490–508

Auf ihm (dem Schild) schuf er zwei Städte (*póleis*) von sterblichen
    Menschen,
Schöne; die eine von Hochzeitsfesten erfüllt und Gelagen.
Bräute führten sie fort aus den Kammern beim Scheine von Fackeln,
Rings durch die Stadt; vielfach ertönte das Brautlied.
Jünglinge drehten sich tanzend im Kreise, begleitet vom Schalle
Klingender Flöten und Harfen inmitten von ihnen; die Frauen
Schauten staunend, eine jede vor die Türen getreten.
Das Volk (*laoí*) drängte sich auf dem Versammlungsplatz (*agoré*). Dort hatte
    ein Streit
Sich erhoben, zwei Männer stritten um die Sühnung
Für einen getöteten Mann. Es beteuerte der eine dem Volk,
Alles habe er bezahlt, doch leugnete der andere die Zahlung.
{*oder:* Der eine erhob vor dem Volk Anspruch darauf, alles zu bezahlen,
Der andere aber weigerte sich, etwas anzunehmen}.
Beide wollten den Streit vor dem kundigen Richter beenden.
Beiden lärmte die Menge Beifall, geteilt sie begünstigend.
Herolde hielten indessen das Volk in Ordnung. Die Ältesten (*gérontes*)
Saßen umher im heiligen Kreis auf geglätteten Steinen,
Hatten in Händen die Szepter der luftdurchrufenden Herolde,
Sprangen mit ihnen dann auf und redeten wechselnd ihr Urteil.
Zwei Talente von Gold aber lagen inmitten des Kreises,
Demjenigen von den Männern bestimmt, der das Recht (*díkē*) am
    geradesten spräche.

Q 31

Q 31 Aufruhr in der Volksversammlung: Thersites

Homer, Ilias 2, 211–277

Alle setzten sich nun und hielten sich auf den Sitzen;
Nur Thersites schrie noch zügellos weiter;
Viele ungebührliche Worte hatte er im Sinn,
Um drauflos, und nicht nach der Ordnung (*ou katà kósmon*), mit den
    Königen zu streiten,
Wo ihm nur etwas erschien, das lächerlich vor den Argeiern
Wirkte; er war als der hässlichste Mann nach Troja gekommen:
Säbelbeinig und hinkend auf einem Fuß, die beiden Schultern
Bucklig, gegen die Brust zusammengebogen; darüber
Spitzte sich zu sein Kopf, spärlich wuchs darauf die Wolle.
Besonders verhasst war er zumal Achill und Odysseus;
Beide schmähte er dauernd. Doch jetzt mit schrillem Geschrei
Schalt er den göttlichen Agamemnon; doch rings die Achaier
Zürnten ihm heftig empört und grollten darob in der Seele.
Doch der Lästerer schalt mit lautem Geschrei Agamemnon:
Atreus' Sohn, was klagst du denn wieder und wonach begehrst du?

Reich mit Erz sind die Zelte gefüllt, und viele Frauen
Sitzen in deinen Zelten, ausgesuchte, die wir Achaier
Immer zuerst dir schenken, wenn wir eine Stadt erobern.
Fehlt es dir auch noch an Gold, das ein pferdebändigender Troer
Her aus Ilios bringt, als Lösegeld für einen Sohn,
Welchen ich selbst in Fesseln hergeführt oder ein anderer Achaier?
Oder eine neue Frau, damit du dich mit ihr vereinigst in Liebe,
Eine, die du selbst für dich gesondert zurückhältst? Nicht gehört es sich,
Dass einer, der ein Führer ist, ins Unglück bringt die Söhne der Achaier?
Elende Feiglinge ihr, und Weiber, nicht mehr Männer Achaias,
Lasst uns doch mit den Schiffen heimkehren und den da vor Troja
Hier an Ehrengeschenken sich sättigen, dass er klar erkenne,
Ob auch wir ihm zu helfen vermögen, oder so gar nicht!
Hat er doch gerade jetzt Achilleus, den weitaus besseren Helden,
Entehrt und behält das Ehrengeschenk, das er selbst ihm wegnahm!
Aber er hat keinen Zorn im Leibe, der schlaffe Achilleus!
Oder du hättest, Atride, das letzte Mal heute gefrevelt!
Also beschimpfte Thersites lästernd Agamemnon, den Hirten des Volkes,
Da trat schnell zu ihm der göttliche Odysseus,
Maß ihn von unten und fuhr ihn an mit scharfen Worten:
Thersites, Schwätzer wirrer Worte, wenn auch tönend als Redner,
Schweig und unterstehe dich, immer als einziger mit den Königen zu
    streiten!
Denn erbärmlicher als du, so sage ich, ist kaum ein anderer Sterblicher zu
    treffen
Unter denen, die mit den Atriden vor Ilion zogen!
Nie darum nenne dein Mund die Könige vor der Versammlung!
Wage nicht, sie zu beschimpfen und für die Heimfahrt einzutreten!
Denn noch wissen wir nicht genau, wie diese Dinge sich wenden:
Ob glücklich oder unglücklich nach Hause gelangen wir Söhne der Achaier.
Hockst du hier, den Atreussohn Agamemnon, den Hirten der Völker,
Immer zu schmähen bereit, nur weil ihm vieles gegeben die Helden der
    Danaer,
Und lästerst ihn vor der Versammlung?
Wahrlich ich sage dir jetzt, und das wird auch vollendet werden!
Erwische ich dich noch einmal solchen Unsinn redend wie eben,
Dann soll dem Odysseus der Kopf nicht mehr stehen auf den Schultern,
Und nicht mehr des Telemachos Vater soll ich dann genannt werden:
Wenn ich dich packe und dir die Kleider ausziehe
Den Mantel und das Untergewand, und was deine Scham umhüllt,
Und dich selbst heulend zu den schnellen Schiffen jage,
Geprügelt aus der Versammlung mit schmählichen Geißelhieben!
So sprach er und mit dem Szepter schlug er ihn auf Rücken und Schultern,
Dass er sich krümmte, und reichlich flossen ihm die Tränen.
Blutig erhob sich sofort eine Strieme am Rücken
Unter dem goldenen Szepter; er setzte sich hin und fürchtete sich,
Leidend und mit leerem Blick wischte er sich ab seine Tränen.
Die aber, so erzürnt sie waren, lachten doch herzlich über ihn,
Und zum Nachbar gewandt sagte so mancher:
Nein doch, wahrhaftig zehntausend treffliche Taten vollbrachte Odysseus,
Mit guten Ratschlägen hervortretend und den Krieg vorantreibend;
Jetzt aber hat er das weitaus Beste unter den Argeiern getan,

Dass er das Lästermaul, das schwätzende, so rasch zum Schweigen gebracht
   hat!
Schwerlich wird ihn sein Mannesmut von neuem anstacheln,
Zu schelten die Könige mit Schmähungen!

Q 32

**Q 32 Die Vorstellungen einer idealen Polis (und ihres Gegenbildes)
in der Odyssee**

Q 32a
Homer, Odyssee 6, 2–10

[...] Athene besuchte Volk (*dêmos*) und Stadt (*pólis*) der Phaiaken,
Die frühen Bewohner Hypereias mit weiten (Tanz-)Plätzen,
Nahe beim Land der Kyklopen, der übermächtigen Männer.
Diese schadeten ihnen und waren an Kraft überlegen.
Aber Nausithoos, der göttergleiche, ließ sie aufbrechen,
Ließ sie in Scheria siedeln weitab von erwerbenden Männern,
Ließ um die Stadt eine Mauer dann bauen und errichtete Häuser,
Und schuf Tempel der Götter und verteilte die Äcker.

Q 32b
*Homer, Odyssee
6, 262–272*

Aber wenn wir die Stadt betreten, um die eine Mauer ist,
eine hohe – der schöne Hafen umschließt die Stadt auf zwei Seiten,
Schmal ist der Zugang; doppelt geschweifte Schiffe umsäumen
Sichernd den Weg; denn für alle und jeden liegt dort ein Standplatz.
Weiter die Agora, beiderseits des schönen Poseidontempels,
Eingefasst mit Steinen im Boden, von weither geholten –
Dort halten sie das Zeug und Gerät für die schwarzen Schiffe instand
Tauwerk und Segel; dort werden die Ruder gesäubert.
Denn den Phaiaken liegt gar nichts an Bogen und Köcher;
Sie lieben Mastbaum, Ruder und richtiggehende Schiffe,
Auf denen stolz sie die grauen Meere befahren.

Q 37c
Homer, Odyssee 7, 43–45

[...] Odysseus (in der Stadt der Phaiaken)
Stand und bewunderte Häfen und richtiggehende Schiffe,
Versammlungsplätze (*agorai*) der Helden selbst und die langen Mauern,
Die hohen und auf Pfählen errichteten – ein Wunder anzuschauen.

Q 37d
Homer, Odyssee 8, 4–8

Führer von beiden zur Agora der Phaiaken, die neben den Schiffen erbaute,
Günstig für sie, war Alkinoos' heilige Gewalt.
Nahe zusammen setzten sie sich, als sie kamen, auf geglättete Steine.
Die Stadt entlang ging Pallas Athene,
Gab sich das Aussehn, als sei sie des klugen Alkinoos Herold...

Q 37e
*Homer, Odyssee
9, 105–115*

Weiter fuhren wir jetzt betrübten Herzens und kamen
Hin zum Land der Kyklopen, der übergewaltigen und gesetzlosen.
Keiner rührt eine Hand zum Pflanzen und Pflügen; sie überlassen
Alles den Göttern, den unsterblichen. Es wächst ja auch alles
Ganz ohne Säen oder Pflügen, der Weizen, die Gerste, die Reben,
Die den Wein spenden aus riesigen Trauben;
Und der Regen des Zeus lässt es wachsen.
Sie kennen weder ratspflegende Versammlungen noch rechtliche
   Regelungen.
Darum hausen sie auch auf den Gipfeln des hohen Gebirges
Nur in geräumigen Grotten, und jeder Einzelne gibt eigene Regeln
Dort Weibern und Kindern, und keiner sorgt für den andern.

Q 33 Drakons Gesetz über unvorsätzliche Tötung

Fundkontext: Volksbeschluss mit Wiederveröffentlichung von Drakons Gesetz über Tötungsdelikte, das allgemein in das Jahr 621/20 v.Chr. datiert wird; oberer Teil einer Marmorstele aus Athen, attische Schrift, *stoichedon* ab Z. 3 (Z. 1f., 10 und 56 hervorgehoben), stark zerstört; 409/8 v.Chr.

Diognetos aus (dem *démos* = Bezirk) Phrearrhioi amtierte als Schiftführer. Diokles war *árchon.* Beschlossen haben der Rat (der 500 = *boulé*) und die Volksversammlung (*démos*); (die Phyle) Akamantis hatte die Prytanie inne, Diognetos war Schriftführer, Euthydikos war *epistátes* (hatte den Vorsitz) [X?]e[noph?]anes stellte den Antrag: Das Gesetz (*nómos*) Drakons über Mord sollen aufschreiben lassen die *anagrapheís* (Aufschreiber), nachdem sie es sich haben aushändigen lassen vom (*árchon*) *basileús*, zusammen mit dem Schriftführer der *boulé* auf einer Stele aus Marmor und (sie) aufstellen lassen vor der Stoa Basileios (Amtssitz des *árchon basileús* an der Agora). Die *pōlētaí* (»Verkäufer«, Verwalter öffentlichen Besitzes) sollen den Auftrag vergeben entsprechend dem Gesetz; die *hellenotamíai* (Schatzmeister der Bundeskasse) sollen das Geld geben (die Kosten der Publikation übernehmen).

Erster *axon* (drehbare, vierseitig beschriebene Holztafel): Auch wenn jemand einen nicht vorsätzlich getötet hat, soll er in die Verbannung gehen. Für des Mordes schuldig sollen erklären die *basileís* (der *árchon basileús* und die Vorsteher der vier alten Phylen, die *phylobasileís* ?) den, der die Tat selbst ausgeführt hat oder (?) dazu angestiftet hat; die *ephétai* (»Zulasser«) sollen (die Rechtslage) feststellen. Sich aussöhnen sollen, wenn der Vater (noch) lebt oder der Bruder oder die Söhne, (diese) allesamt; andernfalls soll derjenige, der Einspruch erhebt, Vorrang haben. Wenn nicht (mehr) diese leben, (sollen die Verwandten sich aussöhnen) einschließlich der Neffen (zweiten Grades) und Vettern, wenn alle zur Aussöhnung bereit sind; Vorrang haben soll derjenige, der Einspruch erhebt. Wenn von diesen niemand (mehr) lebt und die Tötung unabsichtlich begangen wurde und die Einundfunfzig, die *ephétai* darauf erkannt haben, dass unabsichtlich die Tötung begangen wurde, sollen die *phrátores* (Mitglieder der Phratrie des Getöteten), zehn an der Zahl, (ihn) zulassen, wenn sie (dazu) willens sind. Diese sollen von den Einundfünfzig *aristínden* (nach Maßgabe ihres Ansehens und Ranges) gewählt werden. Auch diejenigen, welche früher eine Tötung begangen haben, sollen unter diese Satzung fallen. Erfolgen soll die öffentliche Ankündigung an denjenigen, der die Tötung begangen hat, auf der Agora (durch die Verwandten) einschließlich der Neffen (zweiten Grades) und Vettern; an der Verfolgung sollen sich beteiligen die Vettern, die Neffen zweiten Grades, die Schwiegersöhne, die Schwiegerväter und die *phrátores* [---] schuldig ist des Mordes [---] die Einundfünfzig [---] des Mordes überführen [---]. Wenn aber jemand den Mörder tötet oder dessen Tötung veranlasst hat, obwohl dieser sich fernhielt von der Agora an der Grenze und den Spielen und den Opfern der Amphiktyonie, soll er wie derjenige, der einen Athener getötet hat, unter dieselben Bestimmungen fallen; die Rechtslage feststellen sollen die *ephétai.* [---] den Urheber einer Gewalttat [---] den Gewalttäter tötet [– (Tatbestand und Regelung unklar)] die Rechtslage feststellen sollen die *ephétai* [---] ein Freier ist (?). Und wenn jemand denjenigen, der sich mit Gewalt und unrechtmäßig eines Zugriffs (auf Person oder/und Besitz) schuldig macht, unmittelbar (sofort) in Gegenwehr tötet, soll die Tötung ohne Buße bleiben. [--- (*17 Zeilen weitgehend zerstört*)]

Zweiter *axon*: (*weitere Spuren*)

Inscriptiones Graecae
(IG) I³ 104

Q 34

Q 34 Gesetz über die Iteration des *kósmos*-Amtes aus Dreros, Kreta

Fundkontext: Grauer Kalksteinblock (gebrochen, aber vollständig) aus der Wand des Apollon-Delphinios-Tempels in Dreros, kretische Schrift, Z. 1, 3, 4 links-, Z. 2 rechtsläufig, dorisch-kretischer Dialekt, ca. 650–600 v.Chr.

Meiggs/Lewis 2

Gott [---?]. So hat beschlossen die *pólis* (Versammlung): Wenn einer *kósmos* (Oberbeamter) gewesen ist, soll für zehn Jahre derselbe nicht (wieder) *kósmos* sein. Wenn er aber (doch) als *kósmos* amtiert: was auch immer er geurteilt hat, er soll (an Strafe) schulden ein Doppeltes, und er soll (nur für dieses Amt oder generell?) unbrauchbar (amtsunfähig) sein, solange er lebt, und was er als *kósmos* verfügt, soll nichtig sein. *vacat* Eidesleister sollen sein der *kósmos* (das Kollegium der *kósmoi*?) und die *dámioi* (für das »öffentliche Vermögen« zuständige Funktionsträger?) und die Zwanzig (der Rat?) der *pólis*. [vacat]

Q 35

Q 35 Regelungen der sogenannten Großen Rhetra

Q 35a
Plutarch, Lykurg 6

Gründe ein Heiligtum des Zeus Syllanios und der Athana Syllania, schaffe Phylen und Oben (Unterabteilungen der Bürgerschaft), bestimme einen Ältestenrat (*gerousía*) von dreißig mit den Königen (*archagétai*), halte von Zeit zu Zeit (regelmäßig) eine Volksversammlung (an einem bestimmten Platz) zwischen Babyka und Knakion. Dann schlägst du vor und lässt abtreten (der Versammlung Anträge vorlegen und sie nach der Abstimmung darüber auflösen). Entscheidung und Bestätigung soll dem Volke zustehen. ... *Archagétai* werden die Könige genannt, und versammeln heißt *apellázein*, weil man die Schaffung dieser Einrichtung auf den Pythischen Apollon zurückführte. Die Babyka heißt jetzt..., der Knakion Oinus. Nach Aristoteles war der Knakion ein Fluss und die Babyka eine Brücke. Zwischen diesen Örtlichkeiten hielten sie ihre Versammlungen, ... [...]
   Wenn aber das Volk (*dámos* in der Versammlung) einen schiefen Spruch (eine nach Meinung der Geronten und der Könige falsche Entscheidung) ausspricht, sollen die Ältesten und die *archagétai* Auflöser sein (die Versammlung ohne Beschluss entlassen).

Q 35b
Tyrtaios, Fragment 14GP

Denn so verkündete der silberbogige Apollon, Herrscher, Fernabdränger,
   mit goldenem Haar, aus glänzendem Tempelgemach:
Erste im Rate sollen die gottbegünstigten *basileís* sein,
   denen Sparta, die liebliche Stadt, obliegt,
und die altehrwürdigen Geronten; dann die Männer des Volkes
   Antwort geben mit korrekten Sprüchen (*rhêtrai*).
Sie sollen also mit Blick auf die Ordnung sprechen und alles gerecht ins Werk setzen,
   aber nicht etwas für diese Stadt Krummes beraten.
Dann wird dem ganzen Volk (oder: der Masse des Volkes) Sieg und Stärke (?) zuteil werden,
   denn Phoibos prophezeite darüber so der Stadt.

Q 36 Gesetz über Institutionen und Verfahren aus Chios

Fundkontext: unregelmäßig vierseitige Stele aus rötlichem Trachyt, gefunden bei Tholopotamoi auf Chios, westionischer Dialekt und ionische Schrift, *boustrophedon:* vertikal auf der vorderen großen Fläche (A) und den beiden Schmalseiten (B, D), horizontal auf der anderen Fläche (C), ca. 575–50 v. Chr.

(A) [Bezüglich dessen, was geweiht ist?] der Hestia, soll er (ein Beamter) die Satzungen des Volkes (*dēmo rhḗtras*) bewahren (beachten?) --- die anordnet: wenn einer, der als *dēmarchos* oder *basileús* im Amt ist, eine Bestechung annimmt --- der Hestia; es soll der, der als *dēmarchos* im Amt ist, Strafe zahlen; eintreiben soll sie der e[xetastḗs? – ein weiterer Funktionsträger] ---, wenn das Volk zusammengerufen ist. Tätliche Angriffe: (Strafe) vom doppelten Wert --- wie viel bei einem tätlichen Angriff (?) ---

(B) --- wenn der Berufungsprozess --- Wenn einer aber Unrecht erleidet vor dem *dēmarchos,* [soll dieser] --- Statere [(als Buße?) erlegen] ---

(C) Berufung soll er einlegen beim Volksrat (*bolēn tēn demosiēn*). Am dritten Tag nach den *hebdomaía* (dem 7. Tag des Monats) soll sich die *bolē demosiē* versammeln, die Strafgewalt hat und gewählt ist, nämlich 50 Männer je Phyle. Er soll die übrigen Angelegenheiten des Volkes betreiben und die Prozesse, (nämlich alle), die während des Monats als Berufungsprozesse angestrengt worden sind ---

(D) --- des (Monats) Artemision --- er soll Eid und Opfer leisten und [schwören?]--- den *basileís.*

Q 37 Aristoteles zu den frühen »Gesetzgebern« und »Verfassungsstiftern«

Von denen, die sich über Verfassungen (*politeíai*) geäußert haben, haben einige sich überhaupt niemals mit politischer Tätigkeit befasst, sondern blieben ihr ganzes Leben hindurch Privatleute [...]. Einige dagegen waren Gesetzgeber (*nomothétai*), teils in ihren eigenen Poleis, teils in fremden, und waren selbst politisch tätig. Einige von diesen haben nur Gesetze (*nómoi*) aufgestellt, andere auch ganze Verfassungen wie Lykurgos und Solon. Denn diese haben sowohl Gesetze wie auch Verfassungen geschaffen [...]. Von Solon wiederum meinen einige, er sei ein bedeutender Gesetzgeber gewesen: er habe die Oligarchie beseitigt, die allzu extrem gewesen war, habe das Volk (*dēmos*) von der Sklaverei befreit und die Demokratie der Väter geschaffen, indem er die Verfassung geschickt mischte. Denn der Rat auf dem Areopag sei oligarchisch, die Wählbarkeit der Beamten aristokratisch, die Gerichte demokratisch. Solon scheint allerdings einiges schon vorgefunden und nicht beseitigt zu haben, den Rat und die Wahl der Beamten; dagegen hat er die Demokratie geschaffen, indem er die Gerichte aus allen rekrutierte. Darum tadeln ihn auch einige: er habe die eine Hälfte der Verfassung aufgehoben, indem er die auf der Losung beruhenden Gerichte zu Herren über alle Angelegenheiten machte [...]. Solon ... scheint dem Volk nur die notwendigste Macht gegeben zu haben, die Beamten zu wählen und sie zu überprüfen (wenn nämlich das Volk nicht einmal darüber Herr wäre, wäre es ein Sklave und ein Feind), die Beamten holte er aber alle aus den Angesehenen und Reichen, den Fünfhundertschefflern (*pentakosiomédimnoi*), den Zeugiten und aus der dritten Vermögensklasse der sogenannten Ritter. Die vierte waren die Theten, die von allen Ämtern ausgeschlossen waren.

Gesetzgeber waren auch Zaleukos für das epizephyrische Lokroi und Charondas aus Katane für seine Mitbürger und für die anderen chalkidischen
Poleis in Italien und Sizilien. Einige versuchen nachzuweisen, dass Onomakri-
tos als erster in der Gesetzgebung (*nomothesía*) tüchtig gewesen sei; er habe
sich, als ein Lokrer, nach Kreta begeben und sich dort in der Kunst der Man-
tik ausgebildet. Sein Freund sei Thales gewesen, und dessen Schüler Lykurgos
und Zaleukos und der Schüler des Zaleukos Charondas. Aber das behaupten
sie, ohne sich die chronologischen Verhältnisse zu überlegen. Es war auch
Philolaos aus Korinth Gesetzgeber in Theben. Dieser Philolaos stammte aus
dem Geschlecht der Bakchiaden, [...] Philolaos wurde Gesetzgeber (der Thebaner) unter anderem auf dem Gebiet der Kinderzeugung, was jene Gesetze
zur Adoption (? *nómoi thetikoí*) nennen. Dies ist eine besondere Gesetzgebung von ihm, damit die Zahl der Landlose gewahrt bleiben könne. Bei
Charondas findet sich nichts Eigentümliches außer der Prozessordnung über
falsches Zeugnis (er ist der erste, der dies verfolgen ließ), doch in der Genauigkeit der Gesetze ist er sogar vollkommener als die gegenwärtigen Gesetzgeber. [...] Von Drakon gibt es Gesetze, aber er hat sie einer schon bestehenden
Verfassung gegeben. Eigentümlich und erwähnenswert ist an diesen Gesetzen
nichts außer ihrer Grausamkeit, weil die Strafen so hoch sind. Auch Pittakos
war Schöpfer (*dēmiourgós*) von Gesetzen, aber nicht einer Verfassung. Ein
ihm eigentümliches Gesetz ist, dass die Betrunkenen, wenn sie sich verfehlen,
eine größere Strafe erleiden sollen als die Nüchternen. Denn da mehr Betrun-
kene sich verfehlen als Nüchterne, so berücksichtigte er nicht, dass die Betrunkenen eher Verzeihung verdienen, sondern schaute nur auf das (für die
Allgemeinheit) Nützliche. Ferner war Androdamas von Rhegion Gesetzgeber
der Chalkidier in Thrakien mit Gesetzen über Totschlag und über die Erbtöchter; doch etwas Charakteristisches dürfte niemand bei ihm finden können.

Q 38 Leihen und Verschulden bei Hesiod

Q 38

Q 38a
Hesiod, Werke und Tage
345–360

Ein böser Nachbar ist ein Kreuz, so sehr wie ein guter ein Segen,
Dem ward Geltung zuteil, dem ein wackerer Nachbar zuteil ward.
Und kein Rind kommt abhanden, wenn nicht dein Nachbar ein Schelm ist.
Gutes Maß lass dir geben vom Nachbarn, gutes gib wieder,
Und in demselben Maß, auch reichlicher, wenn du es irgend kannst,
Dass du, wenn du es brauchst, ihn auch später gefällig noch findest.
Such keinen schlechten Gewinn; ein schlechter Gewinn ist einem Verlust
    gleich.
Zeig dich dem Freunde als Freund, und dem, der dir beisteht, steh du bei.
Gib, wenn einer dir gab, gib nicht, wenn einer dir nicht gab.
Gern gibt jeder dem Geber, dem Nichtgeber gab noch keiner.
Geben ist gut, Raub ist schlecht, er bringt Tod und Verderben.
Denn so ist es: gibt willig ein Mensch – und ein solcher gibt dann auch
    reichlich –,
Freut ihn die eigene Gabe, und froh ist er in seinem Herzen;
Nimmt einer sich selber jedoch, von Unverschämtheit geleitet,
Ist es auch noch so gering, so befällt Kummer das Herz des Betroffenen.

Q 38b
Hesiod, Werke und Tage
383–404

Wenn das Gestirn der Plejaden, der Atlasgeborenen, emporsteigt
Dann beginne mit dem Mähen, und pflüge, wenn sie versinken.

Vierzig Tage und Nächte waren vorher diese Sterne
Im Verborgenen, dann im Laufe des kreisenden Jahres
Treten sie wieder ans Licht, sobald das Eisen geschärft wird.
Dieses Gesetz gilt stets für den Feldbau, ob sie dem Meere
Eng benachbart wohnen, ob tief in waldigen Schluchten,
Fern von der wogenden See, die Menschen auf fruchtbarem Boden
Wohnen: nackt sollst du säen und nackt lenken die Rinder,
Nackt auch mähen, wenn du beizeiten die Werke Demeters
Alle dir einbringen willst: denn nur so wird dir beizeiten
Jedes gedeihen, dass ja nicht die Not später als Bettler
Dich herumdrücken lässt in den Höfen der anderen, und das noch
    vergebens!
So wie du jüngst zu mir kamst, doch geb ich dir nichts mehr,
nichts mehr mess ich dir zu, nein, arbeite, törichter Perses,
Arbeit wie sie den Menschen die ewigen Götter bestimmten,
Dass du nicht einst mit Frau und Kindern, Kummer im Herzen,
Bettelst um Brot bei den Nachbarn und diese deiner nicht achten.
Zweimal, dreimal gelingt es dir vielleicht, doch fällst du weiter lästig,
Richtest du nichts mehr aus und redest vieles vergeblich.
Unnütz bleibt der Schwall deiner Worte; so lasse dir raten:
Sieh du zu, dass die Schulden du zahlst und wehrest dem Hunger.

Q 39 Die Reformen Solons

Q 39

Q 39a
Solon, Fragment 3
(D=GP)

Unsere Stadt (*pólis*) wird niemals untergehen nach des Zeus
Fügung und der glückseligen Götter Willen, der unsterblichen.
Denn ebenso, mit großer Regung, Wächterin, Tochter des gewaltigen Vaters,
hält Pallas Athene ihre Hände darüber.
Selbst jedoch wollen sie lieber die mächtige Stadt durch ihr blindes Unver-
    mögen vernichten,
die Bewohner, weil sie dem Besitze gehorchen,
und der Führer des Volkes (*dēmou hēgemónes*) rechtlose Gesinnung, denen
    bestimmt ist,
infolge ihres großen Frevels (*hýbris*) der Schmerzen viele zu erdulden.
Denn sie kennen kein Genug und verstehen es nicht, die vorhandenen
Festesfreuden zu ordnen in der Ruhe des Festmahls.
*   *   *

Sie sind reich, weil sie rechtlosen Taten nachgehen
*   *   *

weder der Götter Güter noch die des Volkes
schonend stehlen sie wegraffend, ein jeder anderswoher,
und nicht achten sie Dikes ehrwürdige Grundsätze,
die es schweigend mitangesehen hat und weiß, was geschieht, und was
    vorher geschehen war,
und die mit der Zeit in jedem Fall kommt und Strafe bringt.
Dies kommt nun über die ganze Stadt als eine Wunde, eine unentrinnbare,
und schnell gerät sie da in schlimme Sklaverei,
die Zwist im Innern (*stásis*) und Krieg, den schlafenden, aufweckt,
der dann die liebliche Jugend vieler vernichtet;
denn von Feinden wird schnell die vielgeliebte Stadt
aufgezehrt durch Verschwörungen derer, die das Unrecht lieben (?).

Das sind die Übel, die im Volk umherziehen; von den Armen aber
gelangen viele in ein Land, ein fremdes,
verkauft und in Fesseln, schimpfliche, gebunden.

*   *   *   *   *   *

So kommt das Unglück des Volkes (*dēmósion kakón*) ins Haus einem jeden,
aufhalten will es nicht mehr das Hoftor,
über die hohe Umfriedung springt es und findet ihn in jedem Fall,
wenn auch sich einer flüchtend im Winkel des Schlafgemachs versteckt.
Das alles zu lehren die Athener befiehlt mir mein Sinn,
wie die größten Übel der Stadt Missordnung (*dysnomía*) bringen.
Wohlordnung (*eunomía*) jedoch bringt alles gut geordnet, klar und passend
     heraus,
und scharenweise legt sie den Ungerechten Fesseln an.
Rauhes glättet sie, macht der Gier ein Ende, Freveltat schwächt sie,
und lässt der Verblendung Blüten, die sprossenden, verdorren.
Gerade richtet sie die Rechtssprüche, die krummen, und hochfahrende
     Taten
besänftigt sie; sie endet die Taten der Zwietracht,
endet schmerzlichen Streites Bitterkeit, und es ist durch sie
alles unter den Menschen passend und vernünftig.

Q 39b
Solon, Fragment 5 (D)
= 7 (GP)

Denn dem Volk gab ich ein Ehrgeschenk (*géras*), wie es genug ist,
und nahm von seiner Ehre (*timé*) weder etwas fort noch tat ich etwas dazu.
Die aber Macht hatten und um ihres Besitzes willen bewundert waren,
auch für die war ich bedacht, dass sie nichts Ungebührliches erhielten.
Ich stellte mich hin und warf einen starken Schild über beide,
und siegen ließ ich keinen von beiden auf ungerechte Art.

Q 39c
Aristoteles, Staat der
Athener 2, 1–3

In der Folgezeit kam es dazu, dass sich die Vornehmen (*gnōrimoi*) und die
Menge (*pléthos*) über lange Zeit hinweg bekämpften. Denn ihre Staatsordnung (*politeía*) war auch in jeder anderen Hinsicht oligarchisch, und insbesondere lebten die Armen in sklavischer Abhängigkeit von den Reichen – sie
selbst, ihre Kinder und Frauen. Sie hießen Abhängige (*pelátai*) und Sechsteiler
(*hektémoroi*); denn für diese Pacht bestellten sie die Felder der Reichen. Das
gesamte Land war in den Händen weniger; und wenn sie ihre Pacht nicht
abführten, konnte auf sie selbst und ihre Kinder zugegriffen werden. Die
Darlehen wurden bis zu Solons Zeit an alle unter der Bedingung vergeben,
dass sie mit ihren Körpern dafür hafteten; dieser (Solon) wurde der erste
Führer (*prostátēs*) des Volkes (*dēmos*). Am schwersten und bittersten also
war für die Menge (*hoi polloí* = »die Vielen«) in dieser Staatsordnung die
sklavische Abhängigkeit. Freilich waren sie auch mit den übrigen Umständen
unzufrieden; denn sie hatten, sozusagen, an nichts Anteil.

Q 39d
Aristoteles, Staat der
Athener 5, 1–11, 2

Solchermaßen sah die Ordnung des Staates aus; insbesondere weil die Vielen
von den Wenigen (*olígoi*) versklavt waren, erhob sich das Volk gegen die
Vornehmen. Da der Bürgerkrieg (*stásis*) heftig war, wählten sie, nachdem die
Parteien (*stáseis* = Plural von *stásis*) sich lange Zeit bekämpft hatten, gemeinsam Solon zum Schiedsrichter und Archonten und übertrugen ihm die Staats-
gewalt. […]
     Nachdem Solon Herr über die Staatsangelegenheiten geworden war, be-
freite er das Volk für die Gegenwart und die Zukunft, indem er die Darlehen,
für die mit dem eigenen Körper gehaftet wurde, verbot; er gab Gesetze (*nó-*

moi) und verfügte einen Erlass der Schulden, sowohl der privaten als auch der öffentlichen; das wird Lastenabschüttelung (*seisáchtheia*) genannt, da man tatsächlich eine drückende Last abschüttelte. [...]

Eine Verfassung (*politeía*) richtete er ein und erließ andere Gesetze; die Satzungen (*thesmoí*) Drakons verwendete man nicht mehr, außer denen über Tötungsdelikte. Man schrieb die Gesetze auf drehbare Pfeiler (*kýrbeis*), stellte sie in der Stoa Basileia auf, und alle schworen, sie einzuhalten. Die neun Archonten nahmen in ihren Schwur vor dem Stein das Gelöbnis auf, ein goldenes Standbild zu weihen, wenn sie eines der Gesetze überträten; daher schwören sie auch jetzt noch in gleicher Weise. Er bestimmte, dass seine Gesetze hundert Jahre lang unverändert gelten sollten und ordnete das Staatswesen folgendermaßen: Auf der Grundlage einer Vermögensschätzung teilte er die Bürger in vier Klassen ein, wie sie auch vorher schon eingeteilt waren, nämlich in Fünfhundertscheffler (*pentakosiomédimnoi*), Hippeis, Zeugiten und Theten. Die Verwaltung der hohen Ämter, also die neun Archonten, die ›Schatzmeister‹ (*tamíai*), die ›Verkäufer‹ (*pōlētaí*), die ›Elfmänner‹ (*héndeka*) und die ›Kassenverwalter‹ (*kōlakrétai*), wies er den Klassen der Fünfhundertscheffler, der Hippeis und der Zeugiten zu, wobei er die Ämter auf die einzelnen Klassen entsprechend der abgestuften Vermögenseinteilung verteilte. Den Angehörigen der Thetenklasse aber gab er nur Anteil an der Volksversammlung (*ekklesía*) und den Gerichten (*dikastéria*). Zu den Fünfhundertschefflern musste gerechnet werden, wer aus seinem Eigentum zusammen fünfhundert Maß an trockenen und flüssigen Ernteprodukten erwirtschaftete; zu den Hippeis, wer dreihundert Maß einbrachte, beziehungsweise, wie einige behaupten, wer ein Pferd halten konnte. [...] Zur Klasse der Zeugiten gehörte, wer insgesamt zweihundert Maß erwirtschaftete. Die übrigen zählten zur Thetenklasse und durften kein Amt übernehmen; deshalb wird auch heute noch keiner, der als Kandidat bei der Auslosung eines Amtes gefragt wird, welcher Klasse er angehöre, die Klasse der Theten angeben.

Die Amtsträger ließ er aus vorher Gewählten auslosen, die jede Phyle vorher wählen sollte. Für die neun Archonten wählte jede Phyle zehn Kandidaten vor, und unter diesen loste man; deshalb haben es die Phylen bis heute beibehalten, dass jede von ihnen zehn Kandidaten erlost, um dann aus ihnen durch das Bohnenlos die Amtsträger zu bestimmen. Ein Beweis dafür, dass er nach den Vermögensklassen auslosen ließ, ist das Gesetz über die Schatzmeister, das man auch jetzt noch anwendet; denn es bestimmt, die Schatzmeister aus den Fünfhundertschefflern auszulosen. Auf diese Weise also erließ Solon Gesetze über die neun Archonten. In der alten Zeit hingegen benannte der Rat auf dem Areopag Kandidaten, beurteilte sie in eigener Verantwortung und setzte unter Vorgabe von Richtlinien für die Amtsführung in jedes Amt den dafür geeignet erscheinenden Bewerber auf ein Jahr ein. Wie früher gab es vier Phylen und vier Phylenvorsteher (*phylobasileís*). [...] Als Rat (*boulé*) setzte er vierhundert Männer ein, hundert aus jeder Phyle. Den Rat der Areopagiten beauftragte er mit der Überwachung der Gesetze, wie dieser auch früher schon die Aufsicht über das Staatswesen ausgeübt und auch sonst die meisten und wichtigsten Staatsangelegenheiten kontrolliert hatte; auch zog dieser Rat die Gesetzesbrecher zur Rechenschaft und hatte die Befugnis, Bußen und Strafen zu verhängen; [...]. Der Areopag saß auch über diejenigen zu Gericht, die sich zum Umsturz der Demokratie zusammentaten, denn Solon hatte ein Gesetz erlassen, das die Anklage (*eisangelía*) gegen solche Leute regelte. Weil er sah, dass die Stadt häufig durch Bürgerkrieg erschüttert wurde, während einige Bürger aus Leichtfertigkeit die Dinge lieber sich selbst überließen, erließ er gegen sie ein eigenes Gesetz: Wer nicht, wenn in der Stadt Bürgerkrieg herrschte, zugunsten einer Partei zu den Waffen greife, solle rechtlos (*átimos*) sein und keinen Anteil mehr an der Stadt haben. Mit den Ämtern verhielt es sich also in dieser Weise.

Nach allgemeiner Ansicht gelten folgende drei Maßnahmen der Staatsordnung Solons als die volksfreundlichsten. Die erste und wichtigste war die Abschaffung der Darlehen, für die mit dem eigenen Körper gehaftet werden musste; dann das Recht, dass jeder, der wollte, für diejenigen, die Unrecht erlitten hatten, Vergeltung fordern konnte; und drittens – wodurch, wie man sagt, die Menge am meisten gestärkt worden ist – die Überweisung von Rechtsverfahren an das Gericht. Denn wenn das Volk (im Gericht) Herr über den Stimmstein (*psêphos*) ist, wird es auch Herr über die Staatsordnung. Weil außerdem seine Gesetze nicht einfach und klar abgefasst waren, sondern so wie das über die Erbschaften und Erbtöchter, kam es mit Notwendigkeit dazu, dass viele Streitfälle entstanden und dass über alle Angelegenheiten, sowohl die öffentlichen als auch die privaten, das Gericht entschied. [...]

Nachdem er den Staat in der besagten Weise geordnet hatte, trat man an ihn heran und beschwerte sich über seine Gesetze. Als man die einen Bestimmungen ablehnte, nach anderen genau fragte, wollte er weder diese Dinge ändern noch durch seine Anwesenheit Hass auf sich ziehen, und unternahm daher eine Handels- und Bildungsreise nach Ägypten, nachdem er erklärt hatte, er werde innerhalb von zehn Jahren nicht zurückkehren; denn er glaube, es sei nicht gerecht, dass er bleibe und die Gesetze auslege; vielmehr solle jeder die schriftlich niedergelegten Bestimmungen befolgen. Zugleich ergab es sich auch, dass wegen seines Schuldenerlasses viele der Vornehmen eine feindliche Haltung gegen ihn eingenommen hatten und dass beide Parteien ihren Sinn geändert hatten, weil seine Regelung ihre Erwartungen nicht erfüllte. Denn das Volk hatte geglaubt, er werde alles neu verteilen, die Vornehmen hingegen, er werde die frühere Ordnung wiederherstellen oder doch nur wenig ändern. Solon aber widerstand beiden Parteien (*stáseis*) und anstatt sich auf eine davon, auf welche er wollte, zu stützen und als Tyrann zu herrschen, nahm er es lieber in Kauf, bei beiden verhasst zu werden, indem er das Vaterland rettete und als Gesetzgeber sein Bestes tat.

Q 40	**Q 40 Der aristokratische Lebensstil**
Q 40a	Nun ist rein der Boden und die Hände aller
Xenophanes, Fragment 1	und die Becher; geflochtene Blumenkränze legt einer uns um,
(D=GP)	ein anderer reicht in einer Schale duftende Myrrhen;
	ein Mischkrug steht da, randvoll mit Frohsinn,
	und anderer Wein ist bereit, der niemals auszugehen verheißt,
	mild, in irdenen Gefäßen, blumenduftend;
	in der Mitte verströmt Weihrauch göttlichen Duft;
	kühl ist das Wasser, süß und klar;
	bereit liegen goldgelbe Brote, und der festliche Tisch
	ist mit Käse und dickem Honig beladen;
	der Altar in der Mitte ist völlig mit Blumen bedeckt,
	Gesang erfüllt den Saal und festliche Freude.
	Zuerst aber müssen den Gott preisen frohgestimmte Männer
	mit ehrfurchtsvollen Erzählungen und reinen Worten,
	unter Spenden und mit der Bitte, das Rechte

tun zu können – das nämlich ist eher zur Hand,
ist nicht Vermessenheit; trinken aber so viel, dass jeder
ohne Begleiter nach Hause gelangt, außer den Greisen.
Von den Männern aber soll man den loben,
der nach dem Trunk Rechtes (zum Thema *aretê*?) vorträgt,
indem er nicht etwa von Kämpfen der Titanen, Giganten
und Kentauren, Fabeln der Vorfahren, erzählt
oder von heftigen Parteikämpfen (*stáseis*); daran ist nichts Nützliches.
Vor den Göttern aber soll man gute Ehrfurcht haben.

Die mich geboren hat (hat oft gesagt?),
dass man meinte, als sie jung war,
wenn ein Mädchen um seinen Kopf
eine purpurne Binde geschlungen trägt,
so sei diese ein stolzer Schmuck;
doch zu einer mit blondem Haar
gleich dem Licht einer Fackel – (?)
passe besser ein Kranz, der aus
blühenden Blumen geflochten ist.
Kürzlich (sah ich?) ein buntes Band,
das in Sardes gefertigt war (?).
Doch woher ich ein buntes Band
für dich, Kleïs, beschaffen kann,
weiß ich nicht [...].

Q 40b
Sappho, Fragment 98 LP

Sie, die nutzlosen Prunk und Putz gelernt hatten, von den Lydern,
solange sie noch frei waren von der verhassten Tyrannis,
gingen auf die Agora in Gewändern, ganz aus Purpur,
im Ganzen nicht weniger als tausend,
stolz, prunkend mit ihren Locken, herrlich onduliert,
durch künstlich bereitete Salben, von Duft getränkt.

Q 40c
Xenophanes, Fragment
3 D

Q 41 Ablauf, Chancen und Risiken von Fernhandelsgeschäften

Q 41

Packt dich die Sehnsucht jedoch nach der gefährlichen Seefahrt:
Wenn die Plejaden zuhauf vorm mächtigen Jäger Orion
Flüchtend hinab in das dunstverschleierte Meer sich stürzen,
Dann ist die Zeit, dann bläst es und stürmt es von hier und von dort;
Und nicht mehr befahre du dann mit Schiffen die purpurne Salzflut,
Sondern den Acker bebaue mit Bedacht; so wie ich es dir rate.
Ziehe das Schiff dann weit auf das Land und setze von Steinen
Rings einen Wall, als Schirm vor der Kraft feucht wehender Winde;
Nimm auch den Zapfen heraus, sonst lässt Zeus' Regen es faulen.
Alles bewegliche Gut und Gerät verwahre dann geordnet im Hause,
Falte schön sauber die Schwingen des meerdurchfurchenden Schiffes;
Aber das Steuer, geglättet und fest, häng hoch in den Rauchfang.
Selber harre der Zeit der Ausfahrt, bis sie schließlich herankommt.
Dann aber ziehe das Schiff, das flinke, ins Meer, drinnen die Fracht,
Passende Güter verstaue, damit du nach Hause Gewinn bringst.
So wie schon mein Vater und deiner, Narr, großer du, Perses,
Häufig zu Schiff unterwegs war, auf der Suche nach einem besseren Leben.

Q 41a
Hesiod, Werke und Tage
618–692

Auch hierher kam er einst, nachdem er viel Wasser befahren,
Verließ das aiolische Kyme und kam auf dunkelem Schiffe,
Nicht auf der Flucht vor dem Überfluss und nicht vor Reichtum und Segen,
Nein, vor der Armut, der bitteren, die Zeus schickt den sterblichen
    Menschen;
Ließ sich im elendsten Dorf am Helikon nieder, in Askra,
Übel im Winter, drückend im Sommer, und niemals angenehm.
Doch sei du, mein Perses, bedacht bei jeglicher Arbeit
Auf die rechte Zeit, bei der Seefahrt aber besonders,
Lenkst du wirklich dein Herz voll Leichtsinn hin auf die Kauffahrt,
Trachtend der Not zu entkommen und niederdrückendem Hunger.
Lobe zwar das bescheidene Schiff, doch das Gut in ein großes lade!
Größere Fracht wird größeren Gewinn zum Gewinne
Dir hinzufügen – wenn nur die Winde nicht widrig wehen oder stürmen.
[…]
Fünfzig Tage gerechnet vom Tag der Wende der Sonne,
Während ans Ende kommt die Zeit des ermüdenden Sommers,
Passt für die Menschen die Zeit zur Seefahrt. Weder zerbrichst du
Dann dein Schiff, noch verschlingt wohl das Meer die Männer,
Wenn nicht etwa mit Absicht der Erderschüttrer Poseidon
Oder Zeus, der König der Götter, wünscht die Vernichtung.
Liegt doch bei ihnen zugleich das Ende der Guten wie der Schlechten.
Dann weht es deutlich bestimmbar und stetig, und das Meer ist gefahrlos.
Ziehe dann das eilende Schiff, den ruhigen Winden vertrauend,
Ohne Bedenken ins Meer und gib hinein all dein Frachtgut;
Doch mach zu, dass so schnell wie du kannst du nach Hause zurückkehrst,
Warte den heurigen Wein nicht ab und den herbstlichen Regen,
Nahende Winterszeit und des Südwinds schreckliches Blasen,
Der nun die See aufwühlt und mitbringt Regen vom Himmel,
Wie er in Strömen im Herbst auf das Meer fällt und es gefährlich macht.
Ferner gibt es im Frühling die Fahrt zur See bei den Menschen.
Zu der Zeit, wenn zuerst so klein wie die schreitende Krähe
Spuren im Sand hinterließ, beim Hinschauen Blätter sich zeigen
Oben am äußersten Zweig, dann lässt das Meer sich befahren.
Das ist also die Seefahrt im Frühling. Ich aber selber
Lobe sie nicht; denn die will nicht meinem Herzen gefallen,
Hastig und dreist; nur mit Not entkämest du. Aber auch dieses
Unternehmen die Menschen im Unverstand ihres Herzens.
Denn das Geld ist wie das Leben so lieb den kläglichen Menschen.
Schrecklich, zu sterben inmitten der Wellen. Aber ich heiße dich,
Recht zu bedenken dies alles im Inneren, wie ich es sage,
Und nicht sämtliches Gut in den bauchigen Schiffen zu verstauen!
Lasse das meiste zurück, den kleineren Anteil nur verfrachte.
Schlimm nämlich ist es, in den Wellen der See ein Leid zu erfahren.

Q 41b
Herodot, Historien 4, 196

Nach den Erzählungen der Karchedonier (= Karthager) setzt sich das bewohnte Libyen noch über die Saulen des Herakles hinaus fort. Wenn die Karchedonier dorthin fahren, laden sie ihre Waren ab und legen sie am Strand nebeneinander aus. Dann steigen sie wieder in die Schiffe und geben ein Rauchsignal. Sobald die Eingeborenen den Rauch sehen, kommen sie ans Meer; dann legen sie Gold als Preis für die Waren hin und ziehen sich von den Waren wieder zurück. Dann gehen die Karchedonier wieder an Land und sehen nach. Entspricht das Gold nach ihrer Meinung dem Wert der Waren, so nehmen sie es an sich und fahren ab. Wenn es aber nicht genug ist, gehen sie wieder auf die Schiffe und warten dort. Die Eingeborenen aber nähern sich dann wieder den Waren und legen Gold hinzu, bis sie jene zufriedenstellen. Keiner fügt dem anderen Schaden zu. Die einen rühren das Gold nicht eher an, als bis es ihnen den Waren gleichwertig erscheint; die anderen rühren die Waren nicht eher an, bis die Karchedonier das Gold angenommen haben.

Q 42 Abstieg und Aufstieg: Aristokraten und Neureiche

Q 42

Q 42a
Theognis 39–68

Kyrnos, schwanger ist diese Polis, und sie wird, fürchte ich,
gebären den Rächer unseres schlimmen Übermuts.
Denn ihre Bewohner (*astoí*) sind zwar noch besonnen, aber die Führer
(*hēgemónes*)
haben sich schon großer Schlechtigkeit ergeben.
Niemals, Kyrnos, haben gute Männer (*agathoí*) eine Polis zugrunde
gerichtet,
doch wenn den Schlechten (*kakoí*) maßlos zu handeln einfällt,
sie den Demos verderben und das Recht den Ungerechten ausliefern,
um des eigenen Gewinnes und der eigenen Macht willen,
dann hoffe nicht, dass diese Polis noch lange unerschüttert bleibt,
selbst wenn sie jetzt in tiefer Ruhe liegt.
[…]
Denn daraus entstehen Bürgerkriege (*stáseis*), Blutvergießen unter den
eigenen Männern
und Alleinherrscher; unserer Polis soll das niemals gefallen.
Kyrnos, unsere Polis ist noch immer eine Polis, die Bewohner aber sind
andere;
die, die zuvor kein Recht und keine Sitten kannten,
die um ihre Hüften rauhe Ziegenfelle scheuern ließen
und wie Hirsche ihr Leben fristeten draußen vor der Polis.
Und jetzt sind sie die Guten, Sohn des Polypas, und, die früher Edle (*esthloí*)
waren,
sind jetzt die Gemeinen (*deiloí*). Wer könnte das ruhig mitansehen?
Sie betrügen einander, sie lachen dabei übereinander
und haben kein Wissen weder vom Schlechten noch vom Guten.
Keinen dieser Mitbewohner mach' dir zum Freund, Sohn des Polypas,
aus vollem Herzen, um irgendeines Vorteiles willen,
sondern erwecke beim Reden den Anschein, allen ein Freund zu sein,
und verbünde dich nicht mit einem von ihnen,
dann wirst du die Haltung dieser jämmerlichen Männer durchschauen,
dass nämlich auf ihre Handlungen überhaupt kein Verlass ist,
sondern wie sehr sie Listen, Betrug und Intrigen lieben
so wie Männer, die nicht mehr zu retten sind.

Q 42b
Theognis 183–192

Widder und Esel wollen wir, Kyrnos, und Pferde,
von guter Abstammung haben, und man wählt aus den Guten (*agathoí*)
für die Zucht, aber die schlechte Tochter eines schlechten Mannes (*kakós*)
zu heiraten
macht einem edlen Mann (*esthlós*) nichts aus, wenn sie ihm nur viel Besitz
bringt,

und auch eine Frau weigert sich nicht, eines schlechten Mannes Gattin zu werden,
der reich ist; den begüterten zieht sie dem guten vor.
Besitz ehren sie. Und aus schlechter Familie nimmt ein Edler eine Frau,
ebenso wie ein Schlechter eine aus guter: Reichtum vermischt Abstammung.
So wundere dich nicht, Sohn des Polypas, dass die Abstammung unserer Mitbewohner
immer schwächer wird; denn es mischt sich das Edle mit dem Schlechten.

Q 42c
Theognis 667–686

Wenn ich Besitz hätte, Simonides, wie ich ihn schon einmal hatte,
würde ich wohl nicht gekränkt, wenn ich mit den Guten zusammen bin.
Jetzt aber geht einer, den ich kenne, an mir vorüber, doch ich bin
stumm vor Armut […]. Kaum wird da einer
gerettet bei dem, was sie tun. Den edlen Steuermann haben sie
abgesetzt, der Wache hielt mit Bedacht.
Geld raffen sie mit Gewalt, die Ordnung (*kósmos*) ist verloren,
das Teilen geschieht nicht mehr gleich und gerecht in der Mitte.
Lastträger herrschen, die Schlechten überwinden die Guten.
[…]
Viele sind reich, aber dumm, und die das Gute (*tà kalá*)
suchen, werden zerrieben von böser Armut.
Ein Mangel hindert beide zu handeln,
den einen fehlen die Besitztümer, den anderen die Einsicht.

Q 43

Anakreon, Fragment 54D

Q 43 Der soziale Aufstieg des Artemon

Früher bedeckte er seine Blöße mit
dürftig zusammengehaltenen Lumpen,
trug in den Ohren hölzerne Würfel,
schlang um die Rippen ein kahlgewetztes Ochsenfell,
die elende Hülle eines verrotteten Schildes,
die er frisch gewaschen hatte,
er trieb es mit brotverschachernden Weibern und
geilen Huren, der elende Artemon,
der sein Leben durch Betrug fristete.
Oftmals hatte er seinen Nacken gebeugt,
bald in den Block und bald auf das Rad,
oftmals die Hiebe der ledernen Peitschen gespürt,
und Haar und Bart sich rupfen lassen.
Heutzutage besteigt er einen Kutschenwagen,
trägt goldenen Schmuck und Ohrringe, dieser Sprößling der Kyke,
und trägt einen Sonnenschirm aus Elfenbein, genau wie die Weiber.

Q 44

Q 44a
Alkaios, Fragment 24aD

Q 44 *Stásis* in Mytilene auf Lesbos

(?) Lesbier haben dieses große, weit sichtbare Heiligtum
gemeinsam einst errichtet am hohen Strand,
und Opferaltäre den unsterblichen Göttern.
Sie riefen Zeus, der widrigen Winden wehrt,
und Dich, aiolische ruhmreiche Göttin (Hera),

Ursprung von allem,
und als den dritten den Rohfleischessenden (Dionysos).
Schenkt auch heute mit gewogenem Sinn
meinem innigen Wunsch Gehör
und erlöst mich aus diesem Leid!
Nehmt von mir der Verbannung Elend!
Den Sohn des Hyrras aber erreiche bald
Erinnys (Rachegeist der Toten), wie wir es einst
schworen am Altar beim Opfer:
nie zu verlassen einen der Kampfgefährten,
lieber zu sterben, der Erde Sand zu decken
mit unseren Leibern,
noch besser: die Gegner zu erschlagen
und das Volk von der schweren Last zu erlösen!
Um all das schert sich der Dickwanst (Pittakos) nicht:
mit Füßen tritt er, was er einst selbst schwor,
der (jetzt) die Polis ausnimmt [...].

Karge Nahrung und Schutz suchend, so kam ich her,
lebe nach Bauernart auf dem Ackerlos.
Nur eins sehn ich herbei: den Heroldsruf
zur Agora zu hören,
wo mein Vater und meines Vaters Vater,
Rat pflegten mit diesen Bürgern, die einander nur Böses sinnen.
Mir ist das alles versagt. An den fernsten Strand
floh ich, einsam, verbannt. Hauste, wie der gehaust,
den ein reißender Wolf ansprang: man meidet ihn.
Dem Krieg bin ich entflohen (?).
Parteikampf gegen Mächtige hilft ja nicht.
Doch fand ich Zuflucht im Heiligtum der glückseligen Götter;
auf dunkler Erde traf ich mit ihnen zusammen.

Q 44b
Alkaios, Fragment 24cD

Q 45 Kritik am aristokratischen Lebensstil

Q 45

Weder erwähnen würd' ich einen Mann noch gar besingen,
der bester wär' im Laufen oder wegen seiner Fähigkeit im Ringkampf
(auch nicht, wenn er Zyklopen-Größe hätt' und -Stärke
und den thrakischen Boreas-Sturm besiegt' im Lauf);
ich tät's auch nicht, wenn einer schöner als Tithonos wäre,
ja reicher selbst als Midas und Kinyras gar;
auch nicht, wenn er königlicher (*basileúteros*) als der Tantalide Pelops wäre,
die Sprachgewalt Adrests besäße, honigsüß;
ja, auch nicht, wenn er jeden Ruhm hätt' – nur nicht starke Wehrkraft.
Denn kein Mann erweist sich ja als gut (*anèr agathós*) im Kampf,
wenn er nicht ausharrt auch beim Anblick blutigen Gemetzels
und nach den Feinden stößt aus allernächster Näh!
Das ist die Leistung (*areté*)! *Dieser* Preis ist auf der Welt der beste
und auch der schönste, den erringen kann ein junger Mann!
Ein allgemeines Gutes stellt es für die Stadt (*pólis*) und für das ganze Volk
    (*démos*) dar,
wenn mit gespreiztem Schritt der Mann unter den Vorkämpfern steht,

Tyrtaios, Fragment 9
(D=GP)

beharrlich, und an die schmähliche Flucht keinen Gedanken wendet,
sein Leben und sein kühnes Herz als Einsatz wagt
und Ansporn zuspricht seinem Nebenmann als Beistand:
ja – *dieser* Mann erweist sich als gut (*anèr agathós*) im Kampf!
Rasch hat zur Flucht er umgewandt die Reih'n der Feinde,
die starrenden – voll Kraft bringt er die Flut der Schlacht zum Stehn.
Und musst' er selbst, gefall'n im ersten Glied, sein Leben lassen,
der Stadt (*ásty*), dem (Volk als) Heer (*laoí*), dem Vater auch, zu schönstem
    Ruhm,
an vielen Stellen durch die Brust, den Buckel-Schutzschild
und durch den Harnisch – doch von vorn! – durchbohrt –
dann klagen über den die Jungen sowie die Alten,
in herbem Schmerze trauert tief die ganze Stadt (*pólis*),
sein Grab wie seine Kinder bleibt bei den Menschen bekannt
und seine Kindeskinder und der ganze künft'ge Stamm;
und weder geht sein guter Ruf (*kléos esthlón*) je unter noch sein Name,
und obwohl unter der Erde wird er unsterblich,
wenn ihn, als er sein Bestes gab (*aristeúonta*) im Ausharrn und im Kämpfen
um Land und Kinder, der stürmische Ares vernichtet hat.
Doch wenn er gar entkam dem Schmerzenslos des Todes
und siegend strahlenden Triumph im Lanzenkampf errang,
dann ehren alle ihn gleichermaßen, Junge wie Alte,
und er geht vielerfreut einst in den Hades ein.
Und alternd zeichnet er sich aus unter den Städtern (*astoí*) und keiner
will seinen Ruhm und sein Recht schmälern.
Alle miteinander auf den Ehrenplätzen, Junge wie Gleichaltrige,
machen ihm willig Platz – und auch die Älteren.
Das ist die Leistung (*aretḗ*), deren Gipfel einer zu erreichen
versuchen soll mit aller Kraft – und sei nicht schlaff im Kampf!

Q 46 Die Geschichte der griechischen Besiedlung von Sizilien

Q 46

*Thukydides, Der
Peloponnesische Krieg 6,
2–6*

Besiedelt wurde Sizilien ursprünglich so, und nachgenannte Völker nahmen
es alle in Besitz: [...] Nach (den mythischen Ureinwohnern) haben sich offenbar die Sikaner zuerst dort niedergelassen, ja nach ihrer eignen Aussage sogar
noch früher, als Erdgeborne (*autóchthones*), [...]. Nach ihnen wurde damals
die Insel Sikanien genannt, während sie vorher Trinakria hieß, und noch
heute bewohnen sie die westlichen Teile Siziliens. Nach der Einnahme von
Ilion gelangten einige der Troer, den Achaiern entronnen, zu Schiff nach Sizilien, siedelten in der Nachbarschaft der Sikaner und bekamen alle zusammen
den Namen Elymer, ihre Städte sind Eryx und Egesta. Gemeinsam mit ihnen
siedelten auch einige Phoker, die von Troia durch Stürme erst nach Libyen,
dann von dort nach Sizilien verschlagen wurden. Die Sikeler gelangten aus
Italien (denn dort wohnten sie) nach Sizilien hinüber, vor den Opikern weichend, nach wahrscheinlicher Überlieferung auf Flößen, wobei sie die Strö-
mung wahrnahmen bei einfallendem Wind, [...]. Es gibt auch heute noch in
Italien Sikeler, und das Land bekam von Italos, einem Sikelerkönig, der so
hieß, seinen Namen Italien. Nun nach Sizilien gelangt, ein starkes Heer, besiegten sie die Sikaner in einer Schlacht, drängten sie gegen die südlichen und
westlichen Teile – ihretwegen hieß nun die Insel statt Sikanien Sizilien – und
besetzten selbst die besten Gegenden, wo sie seit ihrem Übergang nahezu

300 Jahre wohnten, bis die Griechen nach Sizilien kamen; noch heute besitzen sie die Mitte und den Norden der Insel. Es wohnten auch Phoiniker rings um ganz Sizilien auf Vorgebirgen, die sie befestigt, und auf den vorgelagerten Inselchen des Handels wegen mit den Sikelern; als dann die Griechen zur See zahlreich einströmten, gaben sie das meiste auf und zogen zusammen nach Motye, Soloeis und Panormos nah bei den Elymern und wohnten dort, gestützt auf ihr Bündnis mit den Elymern und weil von dort die Fahrt von Karthago nach Sizilien am kürzesten ist. Das also sind die Barbaren, die alle Sizilien, und auf die Art, besiedelt haben. Von den Griechen aber gründeten zuerst die Chalkidier, die von Euboia herüberfuhren, Naxos – Thukles hieß der Gründer (*oikístēs*) – und bauten den Altar des Apollon Archegetes, der jetzt außerhalb der Polis ist, und an dem alle Festboten, die aus Sizilien abfahren, zuerst opfern. Syrakus gründete das Jahr darauf Archias, ein Heraklide aus Korinth – er verjagte zuerst die Sikeler von der Insel, die jetzt, nicht mehr rings umspült, die innere Polis trägt, später wurde mit der Zeit auch die äußere befestigt und einbezogen und wurde vollreich. Thukles und die Chalkidier legten von Naxos aus, vier Jahre nach der Gründung von Syrakus, Leontinoi an, nachdem sie im Krieg die Sikeler verjagt, und danach Katana; zu ihrem Gründer machten die Kataner selber den Euarchos. Um die gleiche Zeit kam auch Lamis aus Megara mit Siedlern nach Sizilien und gründete über dem Fluss Pantakyas einen Ort namens Trotilos, später kamen sie von dort nach Leontinoi, um da für kurze Zeit Mitbürger der Chalkidier zu werden, wurden wieder herausgeworfen, gründeten Thapsos, wo Lamis starb, die anderen gaben Thapsos wieder auf, um nach dem Rat des Sikelerkönigs Hyblon, der die Feldmark hergab, Megara anzulegen, das das hybläische genannt wurde. Nachdem sie dort 245 Jahre gewohnt, wurden sie von Gelon, dem Tyrannen von Syrakus, aus Polis und Umland vertrieben. Vor dieser Vertreibung, hundert Jahre nach ihrer eigenen Niederlassung, holten sie sich Pamillos und gründeten Selinus, er kam zu ihnen aus ihrer Mutterstadt Megara und half bei der Gründung. Gela gründeten Antiphemos aus Rhodos und Entimos aus Kreta gemeinsam, mit neuen Siedlern, 44 Jahre nach der Anlage von Syrakus. Die Stadt erhielt ihren Namen vom Fluss Gelas, aber die Stelle, wo die Polis jetzt steht und die zuerst befestigt wurde, heißt Lindioi; dorische Gesetze wurden ihr gegeben. Ziemlich genau 108 Jahre nach ihrer eigenen Gründung legten die Geloer Akragas an – den Namen gaben sie der Polis vom Fluss Akragas, zu Gründern machten sie Aristonus und Pystilos und gaben ihr die Gesetze von Gela. Zankle wurde ursprünglich gegründet von Kyme, einer chalkidischen Polis im Opikerland, wo Seeräuber hingekommen waren; später strömte auch von Chalkis und dem übrigen Euboia eine Menge dort zusammen und bebaute das Land gemeinsam; als ihre Gründer nannten sie Perieres und Krataimenes, jenen aus Kyme, diesen aus Chalkis. Es hieß zuerst Zankle, welchen Namen ihm die Sikeler gaben nach der sichelartigen Form des Ortes (die Sichel heißt auf sikelisch Zanklon), später wurden sie vertrieben von den Samiern und anderen Ioniern, die, von den Persern verdrängt, in Sizilien gelandet waren; diese Samier verjagte nicht viel später Anaxilas, der Tyrann von Rhegion, besiedelte die Polis selbst mit einer vermischten Bevölkerung und nannte sie nach seiner eigenen alten Heimat um in Messene. Auch Himera wurde von Zankle aus gegründet von Eukleides, Simos und Sakon, mit einer meist chalkidischen Siedlerschaft, es beteiligten sich aber auch Verbannte aus Syrakus, Besiegte eines Bürgerkriegs, die sogenannten Myletiden; die Sprache wurde eine Mischung aus chalkidisch und dorisch, aber die chalkidischen Gesetze drangen durch. Akrai und Kasmenai wurden von Syrakus

gegründet, Akrai siebzig Jahre nach Syrakus, Kasmenai etwa zwanzig Jahre nach Akrai, Kamarina wurde zuerst von Syrakus angelegt, ziemlich genau 135 Jahre nach der Gründung von Syrakus; Gründer waren Daskon und Menekolos; da aber die Kamariner in einem Krieg gegen Syrakus, von dem sie abgefallen, ihre Heimat verloren, übernahm später Hippokrates, der Tyrann von Gela, ihr Land von Syrakus als Lösegeld für syrakusische Gefangene und wurde selbst der Gründer einer neuen Siedlung Kamarina. Abermals entvölkert von Gelon, wurde sie ein drittes Mal von den Geloern neu gegründet.

Q 47

Q 47 Beschluss der Theraier über die Aussendung einer Kolonie und die Gründung Kyrenes

Fundkontext: Marmorstele aus Kyrene; Schrift des 4. Jh. v. Chr., Zeile 23 als Überschrift hervorgehoben. Der Text gibt sich als Wiederaufzeichnung eines Volksbeschlusses aus Thera und der ursprünglichen Eidesvereinbarung um 630 v. Chr., daher ist die Echtheit umstritten.

Meiggs/Lewis 5, Z. 23–51

Eidesvereinbarung der Siedler. Beschlossen hat die Versammlung (*ekklēsía*): Da Apollon aus eigenem Antrieb (= ohne befragt worden zu sein) dem Battos und den Theraiern das Orakel gegeben hat, Kyrene (als *apoikía*) zu besiedeln, legen die Theraier fest, dass man nach Libyen fortsende den Battos als Gründer-Führer (*archagétas*) und König; dass als Gefährten die Theraier mitziehen; dass sie gleichrangig und –berechtigt (= zu völlig gleichen Bedingungen) aus jedem Haus (*oíkos*) ziehen sollen; dass (je ein) Sohn ausgewählt werden soll aus jedem einzelnen *oíkos*; dass die Erwachsenen {oder: aus sämtlichen Ortschaften die Erwachsenen ziehen sollen: oder: dass von den Stadtbewohnern einhundert Erwachsene sollen ziehen}, und dass von den sonstigen Theraiern jeder freie (Mann) ziehen soll wer will. Wenn die Siedler die Ansiedlung behaupten können, dann soll jeder von den Familienangehörigen (oder: Mitbürger), der später nach Libyen fährt, sowohl am Bürgerrecht als auch an den Ehrenämtern teilhaben und ihm soll von dem herrenlosen (= noch nicht einem Besitzer zugewiesenen) Land ein Anteil zugelost werden. Wenn sie aber die Ansiedlung nicht behaupten können und die Theraier ihnen auch nicht zu Hilfe kommen können, sondern sie binnen fünf Jahren von Not verdrängt {oder: fünf Jahre lang von Not bedrängt} werden, sollen sie aus dem Land fortgehen ohne Nachteil nach Thera zu ihrem Besitz, und sollen dort Bürger sein. Wenn aber einer nicht ziehen will, obwohl die Stadt ihn fortschickt, soll er todgeweiht sein, und sein Besitz soll eingezogen werden. Wer ihn aber aufnimmt oder schützt, sei es ein Vater seinen Sohn oder ein Bruder seinen Bruder, wird dasselbe erleiden wie der, der nicht ziehen will. Unter diesen Bedingungen haben die Eideszeremonie durchgeführt die, die am Ort (= Thera) blieben und die, die um zu siedeln fortzogen; und sie sprachen Flüche aus gegen die, die das Beschworene verletzten und nicht daran festhielten, seien dies (Leute) von denen, die in Libyen siedelten, oder von denen, die hier blieben. Wächserne Figuren formten sie und verbrannten sie unter Fluchformeln, nachdem alle zusammengekommen waren, Männer, Frauen, Jungen und Mädchen: Wer nicht bei diesen Eidbestimmungen bleibe, sondern sie verletze, solle so zerschmelzen und zerrinnen wie die Figuren, er selbst, sein Geschlecht und sein Besitz; für die aber, die bei diesen Eidesbestimmungen blieben, sowohl die, die nach Libyen zögen als auch die, die in Thera blieben, solle es Vieles und Gutes geben, für sie selbst und ihr Geschlecht.

Q 48 Umgang mit den Indigenen: die Mariandynoi in Herakleia Pontos

Über die Mariandyner und die Kaukonen berichten nicht alle Autoren das Gleiche. Sie sagen nämlich zwar, Herakleia, eine Gründung der Milesier, liege im Gebiet der Mariandyner, aber was für Leute dies sind und woher sie stammen, das sagt keiner; weder in ihrer Sprache noch sonst irgendein ethnischer Unterschied zeigt sich bei ihnen, sondern sie sind den Bithynern ganz ähnlich. Demnach scheint es also, dass auch dieser Stamm thrakisch gewesen ist. Theopompos sagt, dass Mariandynos, der einen Teil Paphlagoniens beherrscht hatte […], das Gebiet der Bebryker in Besitz genommen und das Land, aus dem er weggezogen war, mit seinem Namen benannt zurückgelassen habe. Auch wird berichtet, dass die Milesier, als sie zuerst Herakleia gegründet hatten, die Mariandyner, die vorher im Besitz des Ortes gewesen waren, zu Heloten gemacht (= zum Knechtsdienst gezwungen) hätten – so dass sie sogar von ihnen verkauft wurden, aber nicht über die Grenze (das sei in einem Abkommen ausgemacht worden) –, ebenso wie bei den Kretern die Gemeinschaft der sogenannten *Mnoia* Knechtsdienste leistete und bei den Thessalern die *Penesten*.

Q 49 Aristoteles zu Entstehung und Verlauf von Tyrannenherrschaften

Die meisten der alten Tyrannen haben als Volksführer (*dēmagogós*) begonnen. Dass dies damals geschah, heute aber nicht mehr, hat seine Ursache darin, dass sich damals die Volksführer aus den Feldherren rekrutierten (denn die Redekunst war damals noch nicht ausgebildet); jetzt dagegen hat die Redekunst sich entwickelt, und wer sie beherrscht, führt das Volk; […]. Es gab früher überhaupt mehr Tyrannenherrschaften als jetzt, weil damals einzelnen Männern große Kompetenzen anvertraut wurden, wie etwa den Prytanen in Milet (denn der Prytane hatte viele und große Befugnisse). Außerdem, weil damals die Poleis noch nicht groß waren, sondern der Demos sich auf dem Lande aufhielt und mit der Landarbeit voll beschäftigt war. Da konnten sich denn die Vorsteher des Volkes (*prostátai toū dēmou*), falls sie kriegerisch waren, der Tyrannis bemächtigen. Alle taten dies als Vertrauensleute des Demos; dieses Vertrauen gründete sich auf den Hass gegen die Reichen, so wie bei den Athenern Peisistratos im Aufstand gegen die Großgrundbesitzer unterstützt wurde, und Theagenes von den Megarern, der sich der Herden der Wohlhabenden, die am Fluss weideten, bemächtigte und sie hinschlachtete.

Der Tyrann entsteht aus dem Kampf des Demos und der Menge gegen die Angesehenen, damit dem Demos durch diese nicht weiter Unrecht geschehe. Dies zeigt die Geschichte. Denn fast alle Tyrannen sind ursprünglich Volksführer (*dēmagogoí*) gewesen, denen man sich anvertraute, weil sie die Angesehenen bekämpften. Die einen Tyrannenherrschaften sind auf diese Weise entstanden, als die Poleis schon eine gewisse Größe hatten, die früheren dagegen dadurch, dass die Könige die Tradition verletzten und nach einer Despotenherrschaft strebten, andere wiederum durch Männer, die zu den höchsten Ämtern gewählt worden waren (denn in alten Zeiten bestellten die Bürgerschaften die politischen und sakralen Ämter auf lange Dauer), andere schließlich aus Oligarchien, die auf einen Einzelnen die höchsten Ämter vereinigten. In allen diesen Fällen war das Ziel leicht zu erreichen, wenn nur der

Wille da war; denn die Macht war schon vorhanden, teils durch die Königswürde, teils durch ein Amt. So wurden Pheidon in Argos und andere zu Tyrannen von einer Königsherrschaft her, die ionischen Tyrannen und Phalaris
durch eine Amtsstellung, [...], Kypselos in Korinth, Peisistratos in Athen, [...]
und andere als Volksführer.

Q 50

Q 50 Die Tyrannis in Korinth

Herodot, Historien 5, 92,
2β–3η;

Die Polis der Korinther war wie folgt eingerichtet: Es war eine Herrschaft
der Wenigen (*oligarchía*), und die sogenannten Bakchiaden verwalteten die
Polis, die nur untereinander heirateten. Amphion aber, der zu diesen Männern gehörte, hatte eine lahme Tochter namens Labda. Diese wollte keiner
von den Bakchiaden zur Frau nehmen; da nahm sie Eetion, der Sohn des
Echekrates, aus dem Dorf Petra zur Frau. [...] Aber weder diese Frau noch
irgendeine andere gebar ihm Kinder. Da reiste er nach Delphi, um (das Orakel) wegen seiner Nachkommenschaft zu befragen. Sogleich bei seinem Eintritt (in den Tempel) redete ihn die Pythia mit folgenden Versen an:
   Eetion, dich ehrt keiner, obwohl du viel Ehren verdient hast.
   Labda ist schwanger, sie wird dir gebären den rollenden Fels,
   Der auf die alleinherrschenden Männer stürzen wird und urteilen über
      Korinth.
Dieser Orakelspruch, der dem Eetion erteilt wurde, wurde auch den Bakchia-
den bekannt, denen ein schon früher über Korinth erteiltes Orakel unver-
ständlich geblieben war, das auf das gleiche hindeutete wie dasjenige an Ee-
tion und so lautete:
   Schwanger wird auf dem Felsen der Adler; er gebiert einen Löwen,
   Stark, blutgierig, der vieler (Männer) Glieder lösen wird.
   Das überlegt euch wohl, Korinther, die ihr rings
   Um die schöne Peirene wohnt und im hochgelegenen Korinth!
Dieses Orakel, das die Bakchiaden einst erhalten hatten, war dunkel; als sie
aber von dem Spruch hörten, der zuteil wurde, verstanden sie sofort auch
den früheren, der mit demjenigen für Eetion in Einklang stand. Zunächst
warteten sie in Ruhe ab; denn sie wollten das Kind, das dem Eetion geboren
werden sollte, vernichten. Sobald seine Frau niedergekommen war, schickten
sie zehn von ihnen in das Dorf, in dem Eetion wohnte, die das Kind töten
sollten. Als diese nach Petra kamen und den Hof des Eetion betraten, forderten sie das Kind. Labda wusste nichts von dem Zweck ihres Kommens und
glaubte, dass die Männer aus Freundschaft zum Vater um das Kind bäten; sie
brachte es und legte es einem von ihnen in den Arm. Unterwegs hatten sie
beschlossen, dass derjenige, der es zuerst aufnehme, das Kind zur Erde fallen
lassen solle. Als nun Labda es brachte, lachte das Kind, wie durch göttliche
Eingebung, den Mann an, der es hielt; der bemerkte es und brachte es nicht
mehr übers Herz, es zu töten, und gab es mitleidig dem zweiten und der dem
dritten; so ging es durch die Hände aller zehn Männer, und keiner wollte die
Tat begehen. Sie gaben das Kind der Mutter zurück und gingen hinaus; noch
während sie vor der Tür standen, beschimpften sie einander und insbesondere denjenigen, der das Kind zuerst gehalten hatte, dass er die getroffene
Vereinbarung nicht erfüllt hatte. Nach einiger Zeit beschlossen sie, noch
einmal zurückzukehren und den Mord gemeinsam zu begehen. Aber von
dem Spross des Eetion sollte Korinth nun einmal Unglück erwachsen. Labda
hatte nämlich das alles gehört, weil sie dicht hinter der Tür gestanden hatte.

Da sie nun fürchtete, dass die Männer sich anders besinnen und das Kind ein zweites Mal nehmen und dann töten könnten, trug sie es weg und versteckte es an dem geheimsten Ort, den sie kannte, nämlich in einer Truhe (*kypsélē*). Sie wusste, wenn jene (Männer) wiederkämen und nach ihm fragten, würden sie alles durchsuchen; so geschah es denn auch. Als sie kamen, (das Kind) suchten und (es) nicht fanden, beschlossen sie fortzugehen und ihren Auftraggebern zu sagen, dass sie alles, was ihnen aufgetragen worden war, ausgeführt hätten. Sie gingen also und berichteten so. Der Sohn des Eetion aber wuchs nachher heran und erhielt von jener Truhe, durch die er der Gefahr entronnen war, den Namen Kypselos. Als er erwachsen war und das Orakel befragte, empfing Kypselos in Delphi einen zweideutigen Spruch. Im Vertrauen darauf suchte er sich Korinths zu bemächtigen und wurde Herr der Stadt. Der Spruch lautete so:

Glücksbegünstigt is dieser Mann, der jetzt meine Wohnung betritt,
Kypselos, Sohn des Eetion, König des ruhmvollen Korinth;
er selbst und die Söhne, doch nicht mehr die Söhne der Söhne!

Das aber war der Orakelspruch. Als Kypselos Tyrann geworden war, wurde er zu einem Mann der folgenden Art: Viele Korinther verbannte er, viele beraubte er ihres Vermögens und weitaus mehr ihres Lebens. Nach dreißigjähriger Herrschaft starb er eines ruhigen Todes, und sein Nachfolger in der Tyrannis wurde sein Sohn Periandros. Er zeigte sich anfangs milder als sein Vater; aber als er durch Boten mit Thrasybulos, dem Tyrannen von Milet, in Kontakt getreten war, wurde er noch weit blutgieriger als Kypselos. Er schickte nämlich einen Boten zu Thrasybulos und ließ ihn fragen, wie er seine Angelegenheiten am besten einrichten und zugleich die Polis lenken könne. Thrasybulos führte den Boten des Periandros aus der Stadt, betrat ein Kornfeld und ging hindurch, während er den Boten immer wieder nach dem Zweck seines Kommens aus Korinth befragte; dabei riss er immer wieder eine Ähre ab, die er über die anderen herausragen sah, und warf sie dann fort, bis er schließlich den schönsten und dichtesten Teil des Feldes auf diese Weise verwüstet hatte. Nachdem er das Feld durchschritten hatte, schickte er den Boten fort, ohne ihm weiter eine Antwort zu geben. Als der Bote nach Korinth zurückkehrte, wollte Periandros begierig die Antwort des Thrasybulos erfahren. Der (Bote) aber erwiderte, dass Thrasybulos nichts gesagt habe, er wundere sich aber, was das für ein Mann sei, zu dem er geschickt worden sei; der sei ja verrückt und schädige sein eigenes Land. Dabei erzählte er, was er bei Thrasybulos gesehen hatte. Periandros aber verstand sein Tun und erriet, dass Thrasybulos ihm nahelegte, die hervorragenden Bürger zu ermorden. So griff er zu offenem Terror gegen die Bürger. Was Kypselos noch versäumt hatte bei Hinrichtung und Verbannung, holte er nach.

Q 51 Die Tyrannis in Megara

Q 51

Aristoteles, Politik 1305 a 15 ff.

Es entstanden früher mehr Tyrannenherrschaften als jetzt, weil (damals) einigen (einzelnen) Männern machtvolle Ämter (*archaí*) übertragen wurden, wie in Milet aus der Prytanie (denn der Prytane hatte viele und bedeutende Befugnisse). Weil außerdem damals die Poleis noch nicht groß waren, sondern das Volk (*dēmos*) auf dem Lande wohnte und mit der Landarbeit voll beschäftigt war, errichteten die Anführer des Volkes (*prostátai toū dēmou*), wenn sie kriegerisch waren, eine Tyrannis. Alle taten dies als Männer, denen der *dēmos* vertraute; dieses Vertrauen beruhte auf der Feindschaft gegen die

Reichen, so wie bei den Athenern, wo Peisistratos im Aufstand gegen die Grundbesitzer (*pediakoí* = die »Bewohner der Ebene«) unterstützt wurde, und im Falle des Theagenes von Megara, der sich der Herden der Wohlhabenden, die am Fluss weideten, bemächtigte und sie hinschlachtete.

Q 52

Thukydides, Der Peloponnesische Krieg 1, 126, 3–11

Q 52 Der Putsch des Kylon in Athen

Da war vor Zeiten (um 630 v. Chr.) ein Athener Kylon gewesen, ein Olympiasieger, altadlig und mächtig (*pálai eugenḗs te kaì dynatós*), der hatte die Tochter des Megarers Theagenes geheiratet, der damals als Tyrann über die Megarer herrschte. Diesem Kylon hatte in Delphi der Gott (Apollon) die Auskunft gegeben, er solle am Hauptfest des Zeus die Akropolis der Athener besetzen. Nun bot er bewaffnete Unterstützung von Theagenes und seine Freunde auf, und als die (Zeit der) Olympien auf der Peloponnes gekommen waren, besetzte er die Akropolis, um sich zum Tyrannen aufzuwerfen, und meinte, dies sei das größte Zeusfest und passe zu ihm, dem Olympiasieger. Ob aber nicht in Attika oder irgendwo sonst das größte Fest gemeint war, überlegte er nicht mehr, und der Götterspruch schwieg darüber [...]; er aber glaubte richtig zu verstehen und führte seinen Anschlag aus. Als die Athener das merkten, rückten sie mit dem ganzen Heeresaufgebot vom Lande her gegen sie an und schlossen sie ein (= belagerten die Akropolis). Nach einiger Zeit waren freilich die Athener dieser Belagerung müde, und viele zogen ab und gaben den neun Archonten Auftrag und Vollmacht, die Bewachung und alles nach bester Einsicht zu regeln – die meisten Angelegenheiten der Polis wurden damals von den neun Archonten besorgt. Aber Kylon und die mit ihm Belagerten waren übel dran vor Nahrungs- und Wassermangel. Kylon selbst und sein Bruder konnten entfliehen. Die anderen, die so in Bedrängnis kamen, dass einige sogar schon Hungers starben, setzten sich als Schutzflehende an den Altar (der Athene Polias?) auf der Akropolis. Als die mit der Wache beauftragten Athener sie in dem Heiligtum sterben sahen, sagten sie ihnen, dass sie ihnen nichts tun würden; dann führten sie sie weg und töteten sie. Einige hatten sich auch an die Altäre der ehrwürdigen Göttinnen (der Eumeniden?) gesetzt und wurden beim Abzug niedergemetzelt. Seither hießen die Schuldigen und ihr ganzes Geschlecht Frevler und Verfluchte der Göttin.

Q 53

Q 53a
Herodot, Historien 1, 59, 2 – 64, 2

Q 53 Die Tyrannis in Athen

Als die Küstenbevölkerung (*parálioi*) von Attika und die Bewohner der Ebene (*ek toú pedíon*) in Streit gerieten – Führer der Küstenbevölkerung war Megakles, der Sohn des Alkmaion; Führer der Bevölkerung der Ebene war Lykurgos, der Sohn des Aristolaïdes –, scharte Peisistratos mit dem Ziel, eine Tyrannis zu etablieren, eine dritte Partei um sich. Er sammelte Parteigänger (*stasiṓtai*) und nannte sich Führer der Leute aus den Bergen (*hyperákrioi*) und ersann diese List: Er verwundete sich selbst und seine Maultiere, fuhr dann mit dem Wagen auf die Agora und gab an, er sei mit Mühe seinen Feinden entkommen, die ihn bei der Fahrt aufs Land umbringen wollten. Er bat das Volk (*dḗmos* = Versammlung), ihm eine Leibwache zu stellen. Denn auch schon vorher hatte er sich als Feldherr gegen Megara ausgezeichnet, Nisaia erobert und andere große Taten vollbracht. Der Demos der Athener ließ sich von ihm überlisten und wählte für ihn eine Leibwache unter den

Städtern aus, die zwar nicht zu Lanzenträgern des Peisistratos, wohl aber zu
Keulenträgern wurden. Sie pflegten ihn nämlich mit Holzkeulen zu begleiten.
Mit ihnen machte Peisistratos einen Aufstand und besetzte die Akropolis.
Seitdem beherrschte er die Athener. Aber er schaffte die bestehenden Ämter
nicht ab und änderte auch die Gesetze nicht, sondern regierte die Polis nach
der bestehenden Ordnung auf anständige und gute Weise.

Bald danach verbanden sich die Parteigänger des Megakles und des Lykurgos und vertrieben Peisistratos. So gewann er die Tyrannis über Athen und
verlor sie wieder, weil sie noch nicht recht Wurzel gefasst hatte. Diejenigen
aber, die Peisistratos vertrieben hatten, gerieten aufs Neue untereinander in
Parteikämpfe: Megakles kam in Bedrängnis und ließ Peisistratos durch einen
Herold fragen, ob er seine Tochter zur Frau und dafür die Tyrannis nehmen
wolle. Peisistratos erklärte sich einverstanden [...]. Als Peisistratos [...] die
Tyrannis übernommen hatte, heiratete er der Vereinbarung mit Megakles
gemäß dessen Tochter. Da er aber bereits Söhne im Jugendalter hatte und die
Alkmeoniden angeblich noch unter einem Fluch standen, wollte er von seiner
neuen Frau keine Kinder und schlief mit ihr nicht nach dem Brauch. Anfangs
verheimlichte dies die Frau, aber dann – ich weiß nicht, ob sie danach fragte
– sagte sie es ihrer Mutter, die es ihrem Mann erzählte. Der war darüber
entrüstet, dass Peisistratos ihn so entehrte. Er versöhnte sich deshalb wieder
mit den anderen Parteiführern. Als Peisistratos erfuhr, was sich gegen ihn
zusammenbraute, floh er mit seinem ganzen Anhang aus dem Land, ging
nach Eretria und beriet sich dort mit seinen Söhnen. Hippias setzte sich mit
seiner Meinung durch, dass man die Tyrannis wiedergewinnen müsse. Nun
sammelten sie Spenden von den Poleis, die ihnen von früher her verpflichtet
waren. Von vielen Seiten kamen große Geldsummen zusammen, und die
Thebaner gaben am reichlichsten. Es dauerte, um es kurz zu machen, einige
Zeit, bis alles bereit zur Rückkehr war. Argivische Söldner kamen aus der
Peloponnes, und ein Freiwilliger aus Naxos mit Namen Lygdamis brachte in
größter Bereitwilligkeit sowohl Geld als auch Männer mit.

So brachen sie von Eretria auf und kehrten im elften Jahre ihrer Verbannung zurück. Den ersten Ort in Attika, den sie einnahmen, war Marathon.
Als sie dort lagerten, kamen die Parteigänger aus der Stadt zu ihnen, und
auch andere Leute aus den ländlichen Bezirken (*dêmoi*) eilten herbei, denen
die Tyrannis lieber war als die Freiheit. Diese alle lagerten sich zusammen
dort. Aber die Athener in der Stadt kümmerten sich während der Geldsamm-
lung des Peisistratos und auch, als er Marathon schon besetzt hatte, nicht um
ihn. Sobald sie aber erfuhren, dass er von Marathon aus gegen die Stadt
marschierte, rückten sie ihm entgegen. Peisistratos und seine Leute trafen auf
dem Vormarsch beim Tempel der Athene Pallene auf die Feinde. [...] Die
Athener aus der Stadt hatten sich gerade zum Mahle gesetzt; danach würfel-
ten die einen, die andern legten sich schlafen. Peisistratos griff mit seinen
Leuten die Athener an und schlug sie in die Flucht. Damit sie sich nach der
Flucht nicht wieder sammelten, sondern zerstreut blieben, ersann Peisistratos
einen klugen Plan: Er schickte seine Söhne zu Pferde voraus; sie erreichten die
Flüchtenden und sagten auf Befehl des Peisistratos, sie sollten zuversichtlich
sein, und jeder solle zu sich nach Hause gehen.

Die Athener ließen sich überreden, und so gewann Peisistratos zum dritten
Male Athen und sicherte seine Tyrannis durch viele Bundesgenossen und
durch Abgaben, die aus Attika und auch vom Fluss Strymon (in Thrakien)
einliefen. Er ließ sich Geiseln stellen, nämlich die Söhne jener Athener, die
dageblieben und nicht sofort geflohen waren; diese Geiseln schickte er nach

Naxos, das er ebenfalls im Krieg unterworfen und dem Lygdamis übergeben hatte.

Q 53b
*Aristoteles, Staat der
Athener 13, 4 – 16, 7*

Es gab drei Parteiungen (*stáseis*): als erste die Küstenbewohner (*parálioi*), die Megakles, der Sohn des Alkmeon, anführte und die am ehesten als Verfechter einer mittleren Verfassung (*politeía*) galten; als zweite die Bewohner der Ebene (*pediakoí*), die die Oligarchie anstrebten, ihr Führer war Lykurg; als dritte die Bewohner des Hügellandes (*diákrioi*), die Peisistratos folgten, der für den volksfreundlichsten (*dēmotikótatos*) gehalten wurde. Diesen hatten sich diejenigen angeschlossen, deren Schuldforderungen gestrichen worden waren, und zwar aufgrund ihrer Armut, und diejenigen, die nicht von reiner (bürgerlicher) Abstammung waren, aus Furcht; Beweis dafür ist, dass man nach dem Sturz der Tyrannen eine Überprüfung der Bürgerschaft vornahm, weil viele an der Bürgerschaft teilhatten, ohne dass ihnen das zustand. Alle Parteiungen hatten ihren Namen von den Gebieten, in denen sie ihr Land bebauten.

Peisistratos, der als der volksfreundlichste Führer galt und im Krieg gegen Megara großen Ruhm erlangt hatte, verwundete sich selbst und überredete das Volk (*dēmos* = Versammlung), ihm eine Leibwache zu geben, weil er die Verletzung von seinen Parteigegnern erlitten habe; Aristion brachte den Antrag ein. Als Peisistratos die sogenannten Keulenträger aufgestellt hatte, erhob er sich auf diese gestützt gegen das Volk und besetzte die Akropolis im zweiunddreißigsten Jahr nach dem Erlass der Gesetze, unter dem Archonten Komeas. [...] Peisistratos [...] verwaltete das Gemeinwesen mehr zum Nutzen der ganzen Polis als auf tyrannische Weise. Seine Herrschaft war noch nicht gefestigt, da vereinigten sich die Anhänger des Megakles und des Lykurg und vertrieben ihn im sechsten Jahr nach seiner ersten Machtergreifung, unter dem Archonten Hegesias. Im zwölften Jahr danach aber trug Megakles, durch den Bürgerkrieg in die Enge getrieben, dem Peisistratos durch Boten wieder ein Bündnis an unter der Bedingung, dass dieser seine Tochter heirate [...]. Dann, etwa im siebten Jahr nach seiner Rückkehr, wurde er zum zweiten Mal vertrieben; er hielt sich nämlich nicht lange, da er mit der Tochter des Megakles keinen Verkehr haben wollte, sondern floh außer Landes aus Furcht vor den beiden (anderen) Parteiungen. Zunächst beteiligte er sich an der Gründung eines Ortes namens Rhaikelos am Golf von Thermai; von dort siedelte er in die Gegend um das Pangaiongebirge über. Nachdem er sich Geld beschafft und Söldner angeworben hatte, ging er von dort aus nach Eretria und versuchte schließlich im elften Jahr, damals zum ersten Mal mit Gewalt, seine Herrschaft wiederzugewinnen. Dabei leisteten ihm viele andere bereitwillig Hilfe, am meisten die Thebaner und Lygdamis aus Naxos, außerdem die Reiterklasse (*hippeís*), die in Eretria die Macht in der Polis hatten. Nach seinem Sieg in der Schlacht beim Heiligtum der Athena Pallenis nahm er die Polis ein und beraubte den Demos aller Waffen, und dieses Mal bekam er die Tyrannis sicher in die Hand. Auch Naxos gewann er und setzte dort Lygdamis als Herrscher ein. [...] Peisistratos verwaltete, wie gesagt, die Polis maßvoll und mehr zu ihrem Nutzen als auf tyrannische Weise. Denn im Allgemeinen war er menschenfreundlich, mild und bereit zu vergeben, wenn jemand ein Unrecht begangen hatte; insbesondere lieh er den Armen Geld für ihre Tätigkeiten, damit sie auf Dauer vom Ackerbau leben konnten. Das tat er aus zwei Gründen, nämlich damit sie nicht in der Stadt herumlungerten, sondern über das Land verstreut blieben, und damit sie, in maßvollen Verhältnissen lebend und mit ihren Privatangelegenheiten beschäftigt, weder den

Wunsch noch die Zeit hätten, sich um das Gemeinwesen zu kümmern. Zugleich kam es ihm zugute, dass auch seine Einnahmen durch die extensive Bewirtschaftung des Landes höher wurden; denn von den Ernteerträgen zog er den Zehnten ein. Deshalb setzte er auch die Demenrichter ein und ging häufig selbst aufs Land hinaus, um nach dem Rechten zu sehen und Streitende auszusöhnen, damit sie nicht in die Stadt kämen und ihre Arbeit vernachlässigten. […] (Ansonsten) belastete er in seiner Herrschaftszeit die Menge (*pléthos*) in keiner Weise, sondern bewahrte immer den Frieden und sorgte für Ruhe. Deshalb hat man oft gesagt, die Tyrannis des Peisistratos sei das (goldene) Zeitalter unter Kronos. Denn später, als seine Söhne ihm nachgefolgt waren, wurde die Herrschaft viel härter.

Denn Aristogeitons und Harmodios' kühner Anschlag entstand aus einer Liebesgeschichte, die ich ausführlicher erzählen will, um zu beweisen, dass so wenig wie die anderen die Athener selbst über ihre eigenen Tyrannen und das wirkliche Ereignis etwas Genaues berichten. Nachdem nämlich Peisistratos als alter Mann gestorben war, ging die Tyrannis nicht auf Hipparchos über, wie viele meinen, sondern auf den älteren (Sohn) Hippias. In den jungen, schönen Harmodios aber verliebte sich Aristogeiton, ein Mann aus der Stadt und mittlerer Bürger, und wurde sein Liebhaber. Aber Harmodios wurde auch von Hipparchos, dem Sohn des Peisistratos, umworben, was jener zurückwies und dem Aristogeiton verriet. Dieser, aus rasender Eifersucht und aus Angst, dass Hipparchos mit der Gewalt seiner Macht auf jenen Zwang ausüben könnte, machte sofort Pläne, um trotz seiner unterlegenen Stellung die Tyrannis zu stürzen. Inzwischen hatte Hipparchos, der mit wiederholten Anträgen den Harmodios nicht hatte verführen können, zwar keine Gewalt anwenden wollen, aber auf irgendeine versteckte Art eine Demütigung für ihn geplant. Wie er ja überhaupt in seiner Herrschaft die Menge (*polloí*) nicht bedrückte und Ärger vermied; weit mehr als die meisten Tyrannen pflegten diese Güte und Einsicht; von den Athenern erhoben sie nur ein Zwanzigstel der Einkunfte, um ihre Polis schon auszubauen, die Kriege und die Opfer zu bestreiten. Im übrigen lebte die Polis selbst nach den früher geltenden Gesetzen, nur sorgten sie dafür, dass immer einer von ihnen in den Jahresämtern war. […]

Als nun Harmodios sich seinen Anträgen widersetzte, demütigte er ihn, wie er es geplant hatte. Sie erwählten seine Schwester, ein Mädchen, mit unter den Korbträgerinnen zu gehen bei einer Prozession, und als sie kam, jagten sie sie weg: Sie sagten, sie sei überhaupt nie erwählt worden, sie sei dessen nicht würdig. Das nahm Harmodios sehr übel, und seinetwegen wurde auch Aristogeiton noch viel entschlossener. Mit den anderen, die bei der Tat mittun sollten, waren sie sich einig, sie warteten aber noch die großen Panathenäen ab, den einzigen Tag, an dem es keinen Verdacht erregte, wenn die zur Prozession bestimmten Bürger alle Waffen trugen; sie sollten anfangen, die andern ihnen sofort beistehen gegen die Leibwächter. Es waren nicht viele Mitverschworene, wegen der Sicherheit: sie hofften, wenn nur einige wenige das Wagnis begönnen, würden auch die Nichteingeweihten aus dem Augenblick heraus, da sie ja Waffen hätten, zu ihrer eigenen Befreiung helfen wollen. Und als das Fest kam, ordnete Hippias draußen auf dem sogenannten Kerameikos mit seiner Leibwache die Prozession, wie die Gruppen sich folgen sollten, und Harmodios und Aristogeiton näherten sich schon mit ihren Dolchen, um die Tat auszuführen. Als sie aber einen ihrer Mitverschworenen vertraut mit Hippias reden sahen – er war leicht zugänglich für jedermann –,

Q 53c
Thukydides, Der
Peloponnesische Krieg 6,
54–59

erschraken sie und glaubten sich verraten, ja schon so gut wie gefangenge-
nommen. Da wollten sie doch an dem, der sie gekränkt hatte und dessentwegen sie das Ganze wagten, vorher noch, wenn es möglich wäre, ihre Rache
nehmen, und wie sie waren, stürmten sie zum Tor hinein, trafen Hipparchos
am sogenannten Leokoreion, und sofort ohne langes Zögern stürzten sie sich
auf ihn in der äußersten Wut – des Liebhabers der eine, des Gedemütigten der
andere –, stießen zu und töteten ihn. Der eine, nämlich Aristogeiton, kann
zunächst den Leibwächtern im Gedränge des Volkes entrinnen – er wurde
später gefangen und kam nicht glimpflich weg; Harmodios findet auf der
Stelle den Tod. Als Hippias auf dem Kerameikos die Meldung erhielt, begab
er sich nicht zum Ort der Tat, sondern sofort zur Prozession und den Bewaffneten, ehe sie aus der Entfernung etwas merkten, und mit der gekünstelten
Unbefangenheit des Auftretens nach einem solchem Unglück, befahl er ihnen,
sich an einer bestimmten Stelle, die er ihnen bezeichnete, ohne Waffen aufzustellen. Sie taten es in der Erwartung einer Ansprache, er aber wies seine
Gefolgsleute an, die Waffen wegzuschaffen, und suchte sofort heraus, wen er
für schuldig hielt und wer mit einem Dolch angetroffen wurde – denn sie
pflegten nur mit Schild und Speer zur Prozession zu kommen.

Auf diese Weise war bei Harmodios und Aristogeiton eine Liebesaffäre der
Ursprung des Anschlags [...]. Den Athenern wurde danach die Tyrannis nur
drückender, und Hippias ließ aus Furcht viele der Bürger hinrichten [...].
Hippias übte dann noch drei Jahre die Tyrannis über die Athener aus und
verlor sie im vierten durch die Lakedaimonier und die verbannten Alkmeoniden. Mit freiem Abzug begab er sich nach Sigeion und zu Aiantides nach
Lampsakos und von dort zu König Dareios, von wo aus er ja auch zwanzig
Jahre später als alter Mann den persischen Feldzug nach Marathon mit-
machte.

Q 53d
Aristoteles, Staat der
Athener 18, 1 – 19, 2

Herren über die Staatsangelegenheiten waren aufgrund ihres Ranges und
ihres Alters Hipparchos und Hippias; da Hippias der ältere sowie von Natur
aus politisch begabt und verständig war, übte er die Herrschaft aus. Hipparchos hingegen liebte Vergnügungen, Liebschaften und die Künste, und er war
es auch, der den Kreis um Anakreon und Simonides sowie die anderen Dichter (nach Athen) kommen ließ. Thettalos war viel jünger und in seiner Lebensweise anmaßend und übermütig; von ihm nahmen alle Übel, die ihnen
zustießen, ihren Ausgang. Als er sich nämlich in Harmodios verliebt hatte,
aber dessen Zuneigung nicht gewinnen konnte, beherrschte er seine Wut
nicht, sondern ließ sie bei einigen Gelegenheiten in scharfer Form zum Ausbruch kommen. Schließlich hinderte er die Schwester des Harmodios daran,
wie vorgesehen als Korbträgerin an den Panathenäen teilzunehmen und beschimpfte den Harmodios als Schwächling; das reizte Harmodios und Aristogeiton und veranlasste sie, ihre Tat unter Beteiligung vieler anderer zu begehen. Schon lauerten sie bei den Panathenäen (514/13) dem Hippias auf der
Akropolis auf – diesem war es nämlich zugefallen, die Prozession zu empfangen, dem Hipparchos, sie abzuschicken –, da sahen sie einen, der an dem
Anschlag beteiligt war, freundlich mit Hippias reden und glaubten, dass er
das Vorhaben verrate; da sie vor ihrer Ergreifung noch etwas tun wollten,
liefen sie hinab, stürmten vor den Priestern los und töteten Hipparchos, der
die Prozession am Leokoreion ordnete; damit verdarben sie aber den ganzen
Anschlag. Harmodios fand durch die Lanzenträger auf der Stelle den Tod,
Aristogeiton dagegen erst später, nachdem er ergriffen und lange Zeit gefoltert worden war. [...] Hierauf wurde die Tyrannis viel härter; denn weil er für

seinen Bruder Rache nahm und viele beseitigt oder vertrieben hatte, war Hippias gegen alle misstrauisch und verbittert. Ungefähr im vierten Jahr nach dem Tod des Hipparchos, als die Lage in der Stadt schlecht war, begann er damit, Munichia mit Mauern zu befestigen, um dorthin überzusiedeln. Während er damit befasst war, wurde er von Kleomenes, dem König der Lakedaimonier, aus dem Land getrieben [...].

Q 54 Die Phylenreform des Kleisthenes in Sikyon

Q 54

Herodot, Historien
5, 67, 1 – 5, 69, 1

Mit dieser Neuordnung ahmte Kleisthenes (der athenische Reformer), so scheint es mir, seinen Großvater mütterlicherseits nach, den Tyrannen Kleisthenes von Sikyon. Als dieser Kleisthenes mit den Argeiern Krieg führte, hatte er den Rhapsoden verboten, in Sikyon Wettkämpfe im Vortrag homerischer Epen zu veranstalten, weil nämlich überall in ihnen die Argeier und Argos besungen werden. Ferner wollte er den Kult des Adrastos, des Sohnes des Talaos, der auf der Agora der Sikyonier ein Heroon besaß und heute noch sein Eigentum nennt, aus dem Lande weisen, weil er ein Argeier war. Er ging nach Delphi und ließ sich ein Orakel geben, ob er Adrastos aus Sikyon verbannen solle. Die Pythia aber antwortete: Adrastos sei König der Sikyonier, er aber ihr Henker. Als also der Gott es nicht zuließ, überlegte er nach seiner Heimkehr, wie er den Adrastos selbst zur Auswanderung bewegen könnte. Als er ein Mittel gefunden zu haben glaubte, schickte er nach Theben in Boiotien und ließ sagen, er wolle Melanippos, den Sohn des Astakos, nach Sikyon überführen; die Thebaner willigten ein. Als Kleisthenes den Melanippos hatte herbringen lassen, wies er ihm einen heiligen Bezirk (témenos) nahe beim Prytaneion zu und erbaute ihm dort ein Heiligtum an der sichersten Stelle. Kleisthenes ließ den Melanippos – auch das muss man hier erzählen – deswegen zu sich holen, weil er der grimmigste Feind des Adrastos war, der ja seinen Bruder Mekistes und seinen Schwiegersohn Tydeus getötet hatte. Nach der Einrichtung des témenos entzog er dem Adrastos Opfer und Feste und übertrug sie auf Melanippos. Die Sikyonier hatten für Adrastos einen sehr reichen Kult entwickelt. Denn dieses Land gehörte einst dem Polybos; Adrastos war der Enkel des Polybos (durch seine Tochter). Da Polybos ohne männliche Nachkommen starb, übertrug er dem Adrastos die Herrschaft (arché). Zu anderen Ehren, die die Sikyonier dem Adrastos erwiesen, gehörte auch die Aufführung tragischer Chöre, die seine Leiden zum Gegenstand hatten. Statt des Dionysos ehrten sie also den Adrastos. Kleisthenes gab jetzt die Chöre dem Dionysos wieder zurück und den übrigen Kult dem Melanippos. So hatte er gegen Adrastos gehandelt. Weiter änderte er die Namen bei den Phylen der Dorier, damit bei den Sikyoniern und den Argeiern nicht die gleichen vorkämen. Dabei verspottete er die Sikyonier am meisten. Er wählte nämlich die neuen Benennungen von Schwein und Esel und fügte nur eine Endung daran, außer bei seiner eigenen Phyle. Dieser gab er den Namen nach seiner eigenen Herrschaft. So wurden die Angehörigen dieser Phyle *Archélaoi* genannt, die anderen hießen Hyaten, Oneaten beziehungsweise Choireaten. Diese Phylennamen gebrauchten die Sikyonier unter der Herrschaft des Kleisthenes und nach seinem Tod noch sechzig Jahre. Dann aber beschlossen sie, sie wieder in (die alten Phylennamen) Hylleer, Pamphyler und Dymanaten umzuwandeln; und sie fügten als vierten – nach dem Sohn des Adrastos, Aigialeus – *Aigialéoi* hinzu.

Q 55   Q 55 Die Phylenreform des Demonax in Kyrene

Herodot, Historien 4, 161   Der Sohn des Arkesilaos, Battos, übernahm die Königsherrschaft – er hinkte und hatte einen verkrüppelten Fuß. Die Kyrenaier sandten wegen ihres Unglücks Boten nach Delphi und fragten an, wie sie sich einrichten sollten, um möglichst glücklich zu leben. Die Pythia sagte, dass sie sich aus Mantinea in Arkadien einen Ordner (oder »Schiedsrichter«: *katartistḗr*) holen sollten. Die Kyrenaier baten also darum, und die Mantineer gaben ihnen den Angesehensten von den Bürgern namens Demonax. Dieser kam also nach Kyrene, und nachdem er sich von allem unterrichtet hatte, gliederte er zuerst die Einwohnerschaft in drei Phylen (*triphýlous epoíēse*), und so teilte er sie ein: Aus den Leuten von Thera und ihren Umwohnern (*períoikoi*) bildete er einen Teil (*mían moíran*), einen weiteren aus den Peloponnesiern und Kretern, den dritten aus allem Volk von den Inseln. Danach behielt er dem König Battos Landgüter vor und Priesterämter, alles übrige aber, was früher den Königen vorbehalten war, übertrug er dem Volk (*es méson tō dḗmō éthēke*).

Q 56   Q 56 Die Reformen des Kleisthenes

Q 56a
Herodot, Historien 5, 66   Athen war schon vorher eine große Stadt, wuchs aber nach der Befreiung von den Tyrannen noch mehr. Zwei Männer hielten in der Stadt die Macht in der Hand: Kleisthenes, der Alkmeonide, der damals die Pythia bestochen haben soll, und Isagoras, der Sohn des Teisandros, der aus angesehenem Hause stammte; seine Abkunft aber kann ich nicht angeben; [...]. Diese beiden Männer rangen miteinander um die Macht. Als Kleisthenes unterlag, versuchte er, den Demos auf seine Seite zu ziehen (*tón dḗmon proshetairízetai* = »den Demos in seine Hetairie aufzunehmen«). Danach teilte er die Athener in zehn Phylen ein; bisher hatten sie sich aus vier Stämmen zusammengesetzt, die nach den vier Söhnen des Ion benannt waren: Geleon, Aigikoreus, Argades und Hoples. Diese vier Benennungen schaffte er ab und wählte die Namen anderer einheimischer Heroen als Eponymen [...].

Q 56b
Herodot, Historien 5, 69, 2 – 5, 73, 1   So stand Kleisthenes, als er den Demos für sich gewonnen hatte, an Stärke weit über seinen Parteigegnern. Der seinerseits unterlegene Isagoras ersann etwas anderes gegen ihn: Er rief den Lakedaimonier Kleomenes herbei, der seit der Belagerung der Peisistratiden sein Gastfreund war. [...] Zunächst schickte nun Kleomenes einen Herold nach Athen und verlangte die Verbannung des Kleisthenes und mit ihm vieler anderer Athener, die er als »Fluchbeladene« bezeichnete. Diese Forderung ließ er auf Betreiben des Isagoras stellen. Denn die Alkmeoniden und ihre Parteianhänger trugen Schuld an jenem Mord (bei der Niederschlagung des kylonischen Putsches – vgl. Q 52).
As Kleomenes durch seine Gesandtschaft die Verbannung des Kleisthenes und der »Fluchbeladenen« forderte, entwich Kleisthenes selbst heimlich. Trotzdem erschien bald danach Kleomenes mit einer nicht sehr großen Streitmacht in Athen. Er vertrieb 700 athenische Familien, die ihm Isagoras genannt hatte. Darauf versuchte er als nächstes den Rat (*boulḗ*) in Athen aufzulösen und wollte dreihundert Parteigängern des Isagoras die Ämter übertragen. Als der Rat sich widersetzte und sich nicht fügen wollte, besetzten Kleomenes, Isagoras und seine Parteigänger die Akropolis. Von den übrigen gleichgesinnten Athenern wurden sie zwei Tage lang belagert. Am dritten Tag kam es zu einer Vereinbarung, wonach alle Lakedaimonier das Land verlas-

sen mussten. [...] Danach riefen die Athener Kleisthenes und die 700 Familien zurück, die von Kleomenes vertrieben worden waren, und schickten Boten nach Sardes, um ein Bündnis mit den Persern einzugehen. Sie waren davon überzeugt, dass sie mit den Lakedaimoniern und Kleomenes tödlich verfeindet seien.

Nach dem Sturz der Tyrannis lagen Isagoras, Sohn des Teisandros, der ein Freund der Tyrannen war, und Kleisthenes aus dem Geschlecht (*génos*) der Alkmeoniden miteinander im Parteienkampf. Als Kleisthenes den adligen Gefolgschaften (*hetaireíai*) unterlag, brachte er den Demos auf seine Seite, indem er die Herrschaft im Staat (*politeía*) auf die Menge (*pléthos*) übertrug. Weil Isagoras dadurch an Macht verlor, rief er wieder Kleomenes zu Hilfe, dessen Gastfreund er war, und gewann ihn dafür, den Fluch zu bannen; denn die Alkmeoniden, so glaubte man, waren Fluchbeladene. Kleisthenes entfloh, bevor Kleomenes mit geringer Streitmacht eintraf und 700 athenische Familien vertrieb. Im Anschluss an diese Maßnahme versuchte er, den Rat (*boulé*) aufzulösen und Isagoras mit dreihundert seiner Parteigänger als Herren über die Polis einzusetzen. Als aber der Rat Widerstand leistete und auch die Menge sich versammelte, flohen diejenigen, die zu Kleomenes und Isagoras gehörten, auf die Akropolis. Der Demos ließ sich zwei Tage lang davor nieder und belagerte sie; am dritten Tag ließen sie Kleomenes und alle seine Leute mit ihm im Schutze eines Waffenstillstands abziehen, Kleisthenes aber und die anderen Flüchtlinge riefen sie zurück. Der Demos errang also die Kontrolle über die öffentlichen Angelegenheiten, und Kleisthenes stand als Führer (*prostátes*) des Demos an seiner Spitze. [...] Als Anführer der Menge teilte Kleisthenes dann, im vierten Jahr nach der Entmachtung der Tyrannen, unter dem Archonten Isagoras, in einer ersten Maßnahme alle (Athener) in zehn Phylen statt der bisherigen vier ein, denn er wollte sie untereinander vermischen, damit mehr von ihnen an der politischen Ordnung (*politeía*) teilhaben könnten. [...] Als nächstes richtete er den Rat (*boulé*) der Fünfhundert statt der Vierhundert ein, fünfzig aus jeder Phyle; bis dahin waren es hundert pro Phyle. [...] Ferner teilte er das Land nach Demen in dreißig Teile auf, von denen zehn dem Stadtgebiet (*ásty*), zehn der Küste (*paralía*) und zehn dem Binnenland (*mesógeia*) zugehörten; diese nannte er Trittyen und loste jeder Phyle drei davon zu, damit jede Phyle an allen Gegenden Anteil habe. Auch verband er die in jedem Demos Wohnenden miteinander zu Demenmitgliedern, [...]; deshalb benennen die Athener sich nach den Demen (und benutzen nicht mehr den Vatersnamen). Er setzte auch Vorsteher der Demen (*démarchoi*) ein, [...]. Er verlieh den Demen Namen, die teils von ihrer Lage, teils von ihren Gründern abgeleitet waren; denn nicht mehr alle befanden sich noch an ihren ursprünglichen Orten. Er gestattete jedem Bürger, den Gene, den Phratrien und den Priesterschaften weiterhin dem Herkommen gemäß anzugehören. Den Phylen gab er Eponymoi, indem die Pythia aus hundert vorgeschlagenen Gründungsheroen zehn Namen auswählte. Infolge dieser Maßnahmen wurde die politische Ordnung viel demokratischer als die Solons.

Q 56c
Aristoteles, Staat der
Athener 20, 1 – 22, 1

DIE GRIECHISCHE STAATENWELT IN KLASSISCHER ZEIT (550–336 v. Chr.)

Peter Funke

Q 57 Kyros II. erobert Babylon

Fundkontext: Bauinschrift in Form eines Tonzylinders aus Babel; heute im Britischen Museum in London. Der in babylonischer Sprache abgefasste Keilschrifttext beschreibt die Umstände der Eroberung Babylons durch Kyros aus der Sicht der Marduk-Priesterschaft.

[---] Eine Nachahmung von Esagil stellte er (= der letzte babylonische König Nabonid) her [---] nach Ur und den übrigen Kultstädten. Eine Kultordnung, die sich für sie nicht ziemte [---] redete er Tag für Tag, und als Bosheit stellte er die festen Opfer ein [---] legte er in die Kultstädte. Die Verehrung Marduks, des Königs der Götter, tilgte er in seinem Gemüt. Er tat immer wieder, was für seine Stadt schlecht war. Tag für Tag [---] seine [Untertanen] richtete er allesamt durch ein Joch ohne Erleichterung zugrunde. Auf ihre Klage hin ergrimmte der Enlil der Götter heftig [---] ihr Gebiet. Die Götter, die in ihnen wohnten, verließen ihren Wohnsitz, er brachte sie trotz seines Zornes nach Babel hinein. Marduk [---]. Zu allen Orten, deren Wohnsitz verfallen war, und den Bewohnern von Sumer und Akkad, die gleich Leichen geworden waren, wandte er sein Gemüt zurück, er fasste Erbarmen. Alle Länder insgesamt musterte er, er prüfte (sie), er suchte einen gerechten Herrscher nach seinem Herzen, er fasste ihn mit seiner Hand: Kyros, den König von Anschan, berief er, zur Herrschaft über das gesamte All sprach er seinen Namen aus. Gutium und die Gesamtheit der Ummanmanda unterwarf er seinen Füßen. Die schwarzköpfigen Menschen, welche er seine Hände bezwingen ließ, hütete er in Recht und Gerechtigkeit. Marduk, der große Herr, der seine Leute pflegt, blickte freudig auf seine guten Taten und sein gerechtes Herz. Er befahl ihm, nach seiner Stadt Babel zu gehen, und er ließ ihn den Weg nach Babel einschlagen. Gleich einem Freunde und Genossen ging er an seiner Seite. Seine umfangreichen Truppen, deren Zahl gleich dem Wasser eines Flusses unermesslich war, marschierten waffengerüstet an seiner Seite. Ohne Kampf und Schlacht ließ er ihn in seine Stadt Babel einziehen. Babel rettete er aus der Bedrängnis. Nabonid, den König, der ihn nicht verehrte, überantwortete er ihm. Die Einwohner von Babel insgesamt, das ganze Land Sumer und Akkad, Fürsten und Statthalter knieten vor ihm nieder, küssten seine Füße, freuten sich über seine Königsherrschaft, es leuchtete ihr Antlitz. »Der Herr, der durch seine Hilfe die Toten lebendig gemacht hat, der in Not und Unheil allen wohlgetan hat« – so huldigten sie ihm freudig, sie verehrten seinen Namen. Ich, Kyros, der König des Weltreichs, der große König, der mächtige König, der König von Babel, der König von Sumer und Akkad, der König der vier Weltsektoren, Sohn des Kambyses, des großen Königs, des

Königs von Anschan, Enkel des Kyros, des großen Königs, des Königs von Anschan, Nachkomme des Teispes, des großen Königs, des Königs von Anschan, ewiger Same des Königtums, dessen Regierung Bel und Nebo liebgewannen und dessen Königsherrschaft sie zur Erfreuung ihres Herzens wünschten – als ich friedlich in Babel eingezogen war, schlug ich unter Jubel und Freude im Palast des Herrschers den Herrschaftssitz auf. Marduk, der große Herr, hat mich das weite Herz des [---] von Babel [---], Tag für Tag kümmerte ich mich um seine Verehrung. Meine umfangreichen Truppen marschierten friedlich durch Babel. Ich ließ dem ganzen Lande Sumer und Akkad keinen Störenfried aufkommen. Die Stadt Babel und alle ihre Kultstätten hütete ich in Wohlergehen. Die Einwohner von Babel, [welche] wider den Willen [der Götter] ein ihnen nicht ziemendes Joch [---], ließ ich in ihrer Erschöpfung zur Ruhe kommen, ihre Fron ließ ich lösen. Über meine [guten] Taten freute sich Marduk, der große Herr. Mich, Kyros, den König, der ihn verehrt, und Kambyses, meinen leiblichen Sohn, sowie alle meine Truppen segnete er gnädig. In Wohlergehen [wandeln] wir freudig vor ihm. [Auf seinen] [Befehl] brachten mir alle Könige, die auf Thronen sitzen, aus allen Weltsektoren, vom Oberen Meere bis zum Unteren Meere, welche [ferne Distrikte] bewohnen, alle Könige von Amurru, die in Zelten wohnen, ihren schweren Tribut, und sie küssten in Babel meine Füße. Von Ninive, Assur und Susa, Akkad, Eschnunnak, Zamban, Meturnu und Der bis zum Gebiet von Gutium, die Städte jenseits des Tigris, deren Wohnsitz von alters her verfallen war – die dort wohnenden Götter brachte ich an ihren Ort zurück und ließ sie eine ewige Wohnung beziehen. Alle ihre Leute versammelte ich und brachte sie zurück zu ihren Wohnorten. Und die Götter von Sumer und Akkad, welche Nabonid zum Zorn des Herrn der Götter nach Babel hineingebracht hatte, ließ ich auf Befehl Marduks, des großen Herrn, in Wohlergehen in ihren Heiligtümern einen Wohnsitz der Herzensfreude beziehen. Alle Götter, die ich in ihre Städte hineingebracht hatte, mögen Tag für Tag vor Bel und Nebeo Verlängerung meiner Lebenszeit befürworten, Worte zu meinen Gunsten äußern und zu Marduk, meinem Herrn, sprechen: »Für Kyros, den König, der dich verehrt, und Kambyses, seinen Sohn, [---] die Königsherrschaft.« Die Länder insgesamt ließ ich einen Wohnsitz der Ruhe beziehen. [---] Gans, 2 Enten und 10 Wildtauben über die Gans, die Enten und die Wildtauben hinaus [---] lieferte ich reichlich. Die Mauer Imgur-Enlil, die große Mauer von Babel [---] zu stärken, kümmerte ich mich. [---] Die Kaimauer aus Backstein am Ufer des Grabens, die ein früherer König gebaut hatte, ohne die Arbeit daran abzuschließen [---] nach außen hin, was kein früherer König getan hatte, seine Handwerker, das Aufgebot [---] in Babel [--- mit] Asphalt und Backsteinen baute ich neu und [schloss die Arbeit daran ab]. [---] mit Bronzeverkleidung, Türschwellen und Türzapfen [--- in] ihren [Toren] [--- Eine Inschrift] mit dem Namen Assurbanipals, eines mir voraufgehenden Königs [---] erblickte ich [---] Ewigkeit.

Q 58

Q 58 Kyros II. erlaubt den Juden die Heimkehr aus der »babylonischen Gefangenschaft« und den Wiederaufbau des Tempels in Jerusalem

Altes Testament, Buch Esra 1, 1–11; 4, 24 – 6, 12

(1) Im ersten Jahr des Königs Kyros von Persien sollte sich erfüllen, was der Herr durch Jeremia gesprochen hatte. Darum erweckte der Herr den Geist des Königs Kyros von Persien und Kyros ließ in seinem ganzen Reich mündlich und schriftlich den Befehl verkünden:

So spricht der König Kyros von Persien: Der Herr, der Gott des Himmels, hat mir alle Reiche der Erde verliehen. Er selbst hat mir aufgetragen, ihm in Jerusalem in Juda ein Haus zu bauen. Jeder unter euch, der zu seinem Volk gehört – sein Gott sei mit ihm –, der soll nach Jerusalem in Juda hinaufziehen und das Haus des Herrn, des Gottes Israels, aufbauen; denn er ist der Gott, der in Jerusalem wohnt. Und jeden, der irgendwo übrig geblieben ist, sollen die Leute des Ortes, in dem er ansässig war, unterstützen mit Silber und Gold, mit beweglicher Habe und Vieh, neben den freiwilligen Gaben für das Haus Gottes in Jerusalem.

Die Familienoberhäupter von Juda und Benjamin sowie die Priester und Leviten, kurz alle, deren Geist Gott erweckte, machten sich auf den Weg, um nach Jerusalem zu ziehen und dort das Haus des Herrn zu bauen. Alle ihre Nachbarn unterstützten sie in jeder Weise mit Silber und Gold mit beweglicher Habe und mit Vieh sowie mit wertvollen Dingen, abgesehen von dem, was jeder für den Tempel spendete. König Kyros gab auch die Geräte des Hauses des Herrn zurück, die Nebukadnezzar aus Jerusalem weggeschleppt und in das Haus seines Gottes gebracht hatte. König Kyros von Persien übergab sie dem Schatzmeister Mitredat und dieser zählte sie Scheschbazzar, dem Oberen von Juda, vor. Das war ihre Zahl: 30 goldene Opferschalen, 1000 silberne Opferschalen, 29 Räucherpfannen, 30 goldene Becher, 410 silberne Becher, 1000 sonstige Geräte. Insgesamt waren es 5400 Geräte aus Gold und Silber. All das brachte Scheschbazzar mit, als er mit den Verschleppten von Babel nach Jerusalem zurückkehrte. […]

(4, 24) So kam die Arbeit am Gotteshaus in Jerusalem zum Stillstand und ruhte bis zum zweiten Jahr der Herrschaft des Perserkönigs Dareios. (5) Damals treten Haggai, der Prophet, und Sacharja, der Sohn Iddos, auf und sprachen als Propheten zu den Juden in Juda und Jerusalem im Namen des Gottes Israels, der über ihnen wachte. Daraufhin machten sich Serubbabel, der Sohn Schealtiëls, und Jeschua, der Sohn des Jozadak, an die Arbeit und nahmen den Bau des Gotteshauses in Jerusalem wieder auf. Die Propheten Gottes standen ihnen bei und unterstützten sie. In dieser Zeit kamen Tattenai, der Statthalter des Gebiets jenseits des Stroms, und Schetar-Bosnai sowie ihre Amtsgenossen zu den Juden und fragten sie: Wer hat euch die Erlaubnis erteilt, dieses Haus wieder aufzubauen und das Holzwerk innen zu vollenden? Und sie fragten weiter: Wie heißen die Männer, die diesen Bau aufführen? Aber über die Ältesten der Juden wachte das Auge ihres Gottes; so ließ man sie weiterarbeiten, bis ein Bericht an Dareios abgegangen und die Antwort darauf zurückgekommen sei.

Das ist eine Abschrift des Briefes, den Tatenai, der Statthalter des Gebiets jenseits des Stroms, an den König Dareios sandten. Sie schickten ihm einen Bericht folgenden Inhalts: Dem König Dareios alles Gute! Dem König sei gemeldet, dass wir in der Provinz Juda das Haus des großen Gottes besichtigt haben. Die Leute bauen es mit Quadersteinen und belegen die Wände mit Holz. Sie betreiben diese Arbeit mit Eifer und sie geht unter ihren Händen gut voran. Wir befragten die Ältesten: Wer hat euch die Erlaubnis erteilt, dieses Haus wieder aufzubauen und das Holzwerk innen zu vollenden? Wir fragten sie auch nach ihren Namen, um sie dir zu melden. Was wir schreiben, sind die Namen der Männer, die an ihrer Spitze stehen. Sie gaben uns folgende Antwort: Wir verehren den Gott des Himmels und der Erde und bauen das Gotteshaus wieder auf, das einst viele Jahre lang hier stand: ein großer König von Israel hat es erbaut und vollendet. Unsere Väter aber erzürnten den Gott des Himmels; darum gab er sie in die Hand des Chaldäers Nebukadnezzar, des Königs von Babel. Er zerstörte dieses Haus und verschleppte das Volk nach Babel. Doch im ersten Jahr, als Kyros König von Babel war, gab König Kyros den Befehl, dieses Gotteshaus wieder aufzubauen. Nebukadnezzar hatte auch die goldenen und silbernen Geräte des Gotteshauses aus dem Tempel von Jerusalem weggenommen und in den Tempel von Babel gebracht. König Kyros ließ sie nun wieder aus dem Tempel von Babel holen und einem Mann namens Scheschbazzar übergeben, den er als Statthalter einsetzte. Er sagte zu ihm: Nimm diese Geräte, zieh heim und bring sie in den Tempel zu Jerusalem! Das Gotteshaus soll an seiner alten Stelle wieder aufgebaut werden. Darauf kam jener Scheschbazzar und legte die Fundamente für das Gotteshaus in Jerusalem. Seitdem baut man daran, bis jetzt; aber es ist noch nicht fertig. Wenn es dem König nun recht ist, so forsche man dort in Babel in den königlichen Schatzhäusern nach, ob wirklich von König Kyros ein Befehl vorliegt, jenes Gotteshaus in Jerusalem wieder aufzubauen. Seinen Entscheid in der Sache sende dann der König uns zu.

(6) Auf Befehl des Königs Dareios forschte man nun in den Schatzhäusern nach, dort, wo in Babel die Urkunden aufbewahrt wurden. In der Festung Ekbatana in der Provinz Medien fand man eine Schriftrolle, in der geschrieben war: Beurkundung: Im ersten Jahr des Königs Kyros hat König Kyros einen Befehl erlassen, der das Gotteshaus in Jerusalem betrifft. Das Haus soll wieder aufgebaut werden als Ort, an dem man Opfer darbringt. Seine Fundamente sollen erhalten bleiben. Seine Höhe soll sechzig Ellen betragen und seine Breite zwanzig Ellen. Auf drei Lagen Quadersteinen soll eine Lage Holz kommen. Die Kosten bestreitet der königliche Hof. Auch soll man die goldenen und silbernen Geräte des Gotteshauses zurückgeben, die Nebukadnezzar aus dem Tempel von Jerusalem weggenommen und nach Babel gebracht hat. Alles soll wieder an seinen alten Platz in den Tempel von Jerusalem kommen und in das Gotteshaus gebracht werden.

Darum, Tattenai, Statthalter des Gebiets jenseits des Stroms, Schetar-Bosnai und eure Amtsgenossen, die Beamten des Gebiets jenseits des Stroms: haltet euch aus der Sache dort heraus! Lasst die Arbeit an jenem Gotteshaus weitergehen! Der Statthalter der Juden und ihre Ältesten mögen das Gotteshaus an seiner früheren Stelle wieder aufbauen. Auch ordne ich an, wie ihr die Ältesten der Juden dort beim Bau jenes Gotteshauses unterstützen sollt: Aus den königlichen Einkünften, die das Gebiet jenseits des Stroms aufbringt, sollen jenen Männern pünktlich die Kosten bezahlt werden, damit sie nicht aufgehalten werden. Auch ist ihnen jeden Tag ohne Versäumnis zu liefern, was nach den Angaben der Priester von Jerusalem an Stieren, Widdern und Lämmern als Brandopfer für den Gott des Himmels benötigt wird, auch Weizen und Salz, Wein und Öl. So mögen sie dem Gott des Himmels wohlgefällige Opfer darbringen und auch für das Leben des Königs und seiner Söhne beten. Schließlich befehle ich: Jedem, der diesen Erlass missachtet, reiße man einen Balken aus seinem Haus und pfähle ihn auf diesem Balken; sein Haus soll wegen seines Vergehens zu einem Trümmerhaufen gemacht werden. Der Gott aber, der seinen Namen dort wohnen lässt, vernichte jeden König und jedes Volk, die sich unterfangen, den Erlass zu missachten und jenes Gotteshaus in Jerusalem zu zerstören. Ich Dareios, habe den Befehl gegeben; man befolge ihn genau.

Q 59 Dareios I. erlangt die persische Königsherrschaft

Fundkontext: Inschrift in elamischer, babylonischer und altpersischer Sprache an einer Felswand bei Bisutun in ca. 60 m Höhe oberhalb einer Passstraße 38 km östlich vom Kermanshah und 160 km westlich von Hamadan (das antike Ekbatana). Die Inschriften umrahmen ein ca. 3 x 5,5 m großes Felsrelief, das den König Dareios als Sieger über die Anführer der Aufstände gegen die persische Zentralmacht zeigt.

(1) Ich (bin) Darius, der Großkönig, König der Könige, König in Persien, König der Länder, des Hystaspes Sohn, des Arsames Enkel, ein Achämenide.

DB § 1–13

(2) Es kündet Darius der König: Mein Vater (ist) Hystaspes; des Hystaspes Vater (ist) Arsames; des Arsames Vater (war) Ariaramnes; des Ariaramnes Vater (war) Teispes; des Teispes Vater (war) Achämenes.

(3) Es kündet Darius der König: Deswegen werden wir Achämendien genannt. Seit alters sind wir adlig, seit alters war unser Geschlecht königlich.

(4) Es kündet Darius der König: Acht meines Geschlechtes waren vordem Könige. Ich bin der neunte. Neun sind wir in zwei Reihen Könige.

(5) Es kündet Darius der König: Nach dem Willen Ahuramazdas bin ich König. Ahuramazda hat mir die Königsherrschaft verliehen.

(6) Es kündet Darius der König: Dies sind die Länder, die mir zugekommen sind – nach dem Willen Ahuramazdas war ich ihr König: Persien, Elam, Babel, (As)syrien, Arabien, Ägypten, die Meerbewohner, Sardes, Ionien, Medien, Armenien, Kappadokien, Parthien, Drangiana, Areia, Chorasmien, Baktrien, Sogd, Gandhara, Skythien, Sattagydien, Arachosien, Maka, insgesamt 23 Länder

(7) Es kündet Darius der König: Diese Länder, die mir zugekommen sind – nach dem Willen Ahuramazdas wurden sie mir untertan. Sie brachten mir Tribut. Was ihnen von mir gesagt wurde, sei es bei Nacht oder bei Tage, das taten sie.

(8) Es kündet Darius der König: In diesen Ländern habe ich einen Mann, der treu war, reich belohnt; doch wer treulos war, den habe ich streng bestraft. Nach dem Willen Ahuramazdas haben diese Länder mein Gesetz befolgt. Wie ihnen von mir gesagt wurde, so taten sie.

(9) Es kündet Darius der König: Ahuramazda hat mir diese Königsherrschaft verliehen. Ahuramazda stand mir bei, bis ich diese Königsherrschaft erlangt hatte. Nach dem Willen Ahuramazdas habe ich diese Königsherrschaft inne.

(10) Es kündet Darius der König: Dies ist, was von mir getan worden ist, nachdem ich König geworden war. Ein Sohn des Kyros namens Kambyses, aus unserem Geschlecht, der war hier König. Dieser Kambyses hatte einen Bruder namens Smerdis, von derselben Mutter und demselben Vater wie Kambyses. Da erschlug Kambyses jenen Smerdis. Als Kambyses den Smerdis erschlagen hatte, wurde dem Volke nicht bekannt, dass Smerdis erschlagen worden war. Danach zog Kambyses nach Ägypten. Als Kambyses nach Ägypten gezogen war, da wurde das Volk treulos, und die Lüge nahm im Lande überhand, in Persien, in Medien und in den sonstigen Ländern.

(11) Es kündet Darius der König: Darauf war ein Mann, ein Magier namens Gaumata, der empörte sich von Paischyachvada aus, von einem Berge namens Arakadrisch: Im 12. Monat am 14. Tage (= 11. März 522) empörte er sich. Er belog das Volk so: »Ich bin Smerdis, der Sohn des Kyros, der Bruder des Kambyses.« Darauf fiel das ganze Volk von Kambyses ab, zu je-

nem ging es über, Persien wie auch Medien und die sonstigen Länder. Die Königsherrschaft ergriff er. Im 4. Monat am 9. Tage (= 1. Juli 522) ergriff er die Königsherrschaft. Danach starb Kambyses seines eigenen Todes.

(12) Es kündet Darius der König: Diese Königsherrschaft, die Gaumata der Magier dem Kambyses entrissen hatte, diese Königsherrschaft hatte seit alters unserem Geschlecht gehört. Dann hat Gaumata der Magier dem Kambyses sowohl Persien als auch Medien als auch die sonstigen Länder entrissen und sich angeeignet. Er wurde König.

(13) Es kündet Darius der König: Da war niemand, weder ein Perser noch ein Meder und auch keiner aus unserem Geschlecht, der jenem Gaumata dem Magier die Königsherrschaft entrissen hätte. Das Volk hatte gewaltig vor ihm Angst, weil er viele Leute umbrachte, die früher Smerdis gekannt hatten. Deshalb brachte er Leute um: »Sie sollen von mir nicht merken, dass ich nicht Smerdis bin, der Sohn des Kyros!« Keiner wagte etwas auszusagen über den Magier Gaumata, bis ich kam. Darauf betete ich zu Ahuramazda. Ahuramazda stand mir bei. Im 7. Monat am 10. Tage (= 29. September 522) habe ich mit wenigen Männern jenen Gaumata den Magier erschlagen samt seinen vornehmsten Anhängern. In einer Burg namens Sikayuvatisch, in einer Landschaft namens Nisaya in Medien; dort tötete ich ihn und entriss ihm die Königsherrschaft. Nach dem Willen des Ahuramazdas wurde ich König. Ahuramazda hat mir die Königsherrschaft übertragen.

Q 60

Q 60 Verfassungsdebatte zwischen den Führern des persischen Adels

Kontext: Nach der Niederschlagung des Aufstandes des Gaumata kam es Herodot zufolge zu einer Beratung der Vertreter der sieben führenden Adelshäuser über die künftige Ausgestaltung der Herrschaft im persischen Reich.

Herodot, Historien 3, 80–83, 1

(80) Als das Getümmel sich nun gelegt hatte und fünf Tage um waren, berieten die Sieben, die sich gegen die Mager erhoben hatten, über den Staat im Ganzen, und da wurden Reden gehalten, die einigen Hellenen unglaubwürdig scheinen, gehalten wurden sie aber doch.

Otanes schlug vor, man solle die Regierung den Persern insgesamt in die Hände legen, und sprach: »Ich bin der Meinung, ein einziger von uns sollte nicht wieder Alleinherrscher werden. Denn das ist weder erfreulich noch gut. Denn ihr kennt Kambyses' Überhebung, wie weit sie ging, und habt zu kosten bekommen die Überhebung des Magers (= Gaumata). Wie kann auch Alleinherrschaft eine wohlbestellte Ordnung sein, sie, der es erlaubt ist, ohne Rechenschaft zu tun, was ihr beliebt? Denn gelangte auch der Beste aller Menschen zu solcher Macht, sie stellte ihn außerhalb alles gewohnten Denkens. Denn in ihm wächst Überhebung, aus der Fülle, in der er steht, die Missgunst aber ist von Anbeginn dem Menschen eingepflanzt. Hat er aber diese zwei, hat er alles Schlimme miteinander. Denn nun, übersättigt und voll Überhebung, tut er vieles Entsetzliche, anderes aber aus Missgunst. Und doch sollte ein unbeschränkter Herr frei sein von Missgunst, wo er ja alles hat; aber grade das Gegenteil ist seine Wesensart den Mitbürgern gegenüber. Denn er missgönnt es den Besten, dass sie wohl und am Leben sind, und hat seinen Gefallen an den Schlechtesten im Volk, Verleumdungen aber zu glauben, darin ist er der Beste. Das Ungereimteste aber von allem: Lobst du ihn, aber mit Maßen, so wird er verstimmt und böse, dass er nicht kräftig genug gefeiert wird; feiert ihn aber wer kräftig, so wird er böse und verstimmt, weil man nur schmeichle. Das Schlimmste aber kommt noch! Ererbte Satzungen erschüttert er, tut den Frauen Gewalt an, tötet ohne Urteil und Recht. Herrscht aber die Gemeinde, trägt das erstens den schönsten aller Namen: gleiches Recht, und zweitens, alles was der Alleinherrscher tut, das tut sie nicht; nach dem Los besetzt sie die Ämter, ist Rechenschaft schuldig über die Leitung, und alle Beschlüsse bringt sie vor die Gemeinschaft. Darum ist meine Meinung, wir lassen von der Alleinherrschaft und stärken die Gemeinde. Denn im Vielen steckt das Ganze.«

(81) Otanes also trug diese Meinung, vor, Megabyzos aber schlug vor, man solle sich der Herrschaft Weniger anvertrauen, und sprach: »Was Otanes sagt, wir sollten keinen unumschränkten Herrn mehr haben, das mag für mich mit gelten, dass er aber empfiehlt, die Macht an das Volk zu geben, da hat er die beste Meinung nicht getroffen. Denn nichts ist unverständiger, nichts überheblicher als so ein unnützer Haufe. Sind wir der Anmaßung und Willkür eines Herrn eben entgangen, nur um der Willkür einer zügellosen Menge in die Hände zu fallen? Das wäre doch ganz unerträglich. Denn tut jener etwas, so weiß er wenigstens, was er will; der Menge aber fehlt selbst dieses Wissen. Wie sollte sie's denn auch wissen, wo sie im Rechten weder unterwiesen ist noch es von selbst aus eigner Kraft je sah, sondern sie fällt über die Angelegenheiten her und stößt sie vor sich her, ohne Verstand, einem Sturzbach im Unwetter gleich. Wer es also mit dem Persern schlecht meint, der setze auf das Volk, wir aber sollten eine Gruppe der besten Männer auswählen und die mit der Gewalt bekleiden; denn unter denen werden auch wir selber sein, und von den besten Männern sind gewiss die besten Entscheidungen zu erwarten.«

(82) Megabyzos also trug diese Meinung her, als dritter aber legte Dareios seine Meinung dar und sprach: »Ich meine, was Megabyzos sagte zu der Herrschaft der Menge, war gut gesprochen und richtig, das aber zur Herrschaft der Wenigen war es nicht. Denn von den drei Arten, die wir vor uns haben, und nehmen wir an, jede in ihrer vollkommensten Form, die beste Volksgemeinde, die beste Herrschaft Weniger, die beste Alleinherrschaft, von denen ragt, behaupte ich, die letzte weit heraus. Denn Besseres kann man nicht finden als den einen Mann, der das Beste ist. Denn er hat auch das beste Urteil und wird so für das Wohl des Volkes sorgen ohne Tadel, und was zu beschließen ist gegen Feinde, wird so am wenigsten verraten. Bei der Herrschaft Weniger aber, wo viele sich anstrengen, ihre Tüchtigkeit und ihr Verdienst für das Gemeinwohl zu zeigen, pflegen heftige Feindschaften unter den Einzelnen zu entstehen. Denn jeder will selber der Vorderste sein und siegen mit seiner Meinung, und darum geraten sie in große gegenseitige Feindschaften, und daraus entstehen rücksichtslose Parteiungen, aus den Parteiungen Mord, aus dem Mord aber kommt es gewöhnlich zur Herrschaft eines Einzelnen, und daran erweist sich, dass das weitaus das Beste ist. Wiederum, wenn das Volk regiert, so ist es gar nicht anders möglich, es muss das Schlechte sich eindrängen. Ist nun aber das Schlechte erst einmal eingedrungen in das Gemeinwesen, so bilden sich zwar keine Feindschaften unter den Schlechten, wohl aber feste Freundschaften; denn die das Gemeinwesen verderben, die stecken unter einer Decke bei ihrem Treiben. Auf die Art geht es so lange, bis endlich einer aus dem Volk hervortritt und diesen Kerlen das Handwerk legt. Darum aber wird der nun vom Volk bewundert, und wird er erst einmal bewundert, nicht lange und er steht da als Alleinherrscher; und damit beweist es auch der, Alleinherrschaft ist das stärkste. Mit einem Wort aber, alles zusammengefasst: Woher kam unsre herrliche Freiheit? Und wer gab sie? Etwa

vom Volk oder von der Oligarchie? Oder von einem Herrn allein? Ich halte
also fest an der Meinung, wir, die durch einen Mann freie Herren geworden
sind, sollen solche Art aufrechterhalten, und außerdem, wir wollen der Väter
Brauch nicht abschaffen, der gut ist und recht; denn das taugt nichts.«
(83) Diese drei Meinungen also standen zur Wahl, die andern vier aber von
den Sieben traten der letzten bei.

Q 61

*Herodot, Historien 6,
101, 1–3; 119, 1–4*

Q 61 Die Perser zerstören Eretria und deportieren die Bevölkerung

(101) Die Perser aber gingen mit ihren Schiffen auf dem Territorium von
Eretria vor Anker, bei Tamynai und Choireai und Aigilia, und als sie sich
dieser Orte versichert hatten, luden sie sogleich die Pferde aus und machten
sich bereit zur Schlacht mit dem Feind. Die Eretrier aber konnten sich nicht
entschließen, hinauszugehen und in offener Feldschlacht zu kämpfen. Ihre
Sorge war vielmehr, ob sie irgendwie die Mauern besser schützen könnten,
denn es hatte sich die Meinung durchgesetzt, die Stadt nicht zu verlassen. Bei
dem folgenden starken Angriff auf die Mauer fanden sechs Tage lang viele
auf beiden Seiten den Tod. Am siebten Tag aber lieferten zwei der führenden
Bürger, Euphorbos, Alkimachos' Sohn, und Philagros, Kyneas' Sohn, die
Stadt an die Perser aus. Und kaum waren diese in die Stadt eingedrungen, da
plünderten sie zuerst die Heiligtümer und zündeten sie an als Vergeltung für
die in Sardes niedergebrannten Heiligtümer, sodann machten sie auch alle
Menschen zu Sklaven, gemäß Dareios' Auftrag.
[...]
   (119) Die versklavten Eretrier verbrachten Datis und Artaphrenes nach
glücklicher Landung in Asien in das ferne Susa. Der König Dareios aber hatte
gegen die Eretrier, bevor sie zu Gefangenen wurden, eine große Erbitterung,
da doch die Eretrier zuerst mit dem Unrecht angefangen hätten; als er sie nun
aber sah, von ihrer Heimat zu ihm gebracht und in seiner Hand, tat er ihnen
weiter kein Leid an, sondern wies ihnen Wohnstatt an im Land Kissia auf
einem Landgut, das ihm selber gehörte und Arderikka heißt, von Susa 210
Stadien entfernt. [...] Da also wies König Dareios den Leuten aus Eretria ihren Wohnsitz an, welche noch zu meiner Zeit dort wohnten und ihre alte
Sprache bewahrten.

Q 62

*Herodot, Historien 6,
109–117, 1*

Q 62 Athener und Plataier besiegen die Perser in der Schlacht
bei Marathon

(109) Die Feldherren der Athener aber waren geteilt in ihrer Meinung: die
einen waren gegen eine Kampfentscheidung – denn sie seien zu wenig, um
den offenen Kampf mit dem Mederheer zu wagen –, die andern, dabei Miltiades, waren dafür. Als sie nun genau geteilt waren, und die schlechtere Meinung sich durchsetzte, da ging Miltiades, denn die elfte Stimme hatte derjenige, der durch das Bohnenlos das Amt des Polemarchen, Kriegsherrn der
Athener, erlost hatte – schon in alter Zeit hatten die Athener diesem Polemarchen die gleiche Stimme wie den Feldherren gegeben – und damals war
Kallimachos aus Aphidna Polemarch; zu diesem also ging Miltiades und
sagte: »Bei dir, Kallimachos, liegt es, Athen zu versklaven oder frei zu machen
und damit ein Andenken zu hinterlassen, solange Menschen leben, schöner
als das von Harmodios und Aristogeiton. Denn solange Athen steht, nie ist es

in größerer Gefahr gewesen, und wenn es sich duckt unter dem Meder, dann ist damit entschieden, was die Athener zu erwarten haben, zumal dem Hippias ausgeliefert; gewinnt aber diese Stadt den Sieg, dann ist sie in der Lage, die erste der hellenischen Städte zu werden. [...]« (110) Mit diesen Worten gewinnt Miltiades den Kallimachos. Als nun die Stimme des Polemarchen dazukam, war endgültig für die Schlacht entschieden. Darauf traten die Feldherren, die für den Kampf gesprochen hatten, die Oberleitung, wie sie ihnen der Reihe nach für einen Tag zufiel, jeweils an Miltiades ab. Der nahm das zwar an, doch die Schlacht schlug er nicht, bevor sein Tag der Führung kam.

(111) Als die Reihe aber an ihn kam, da erst stellten sich die Athener bereit zur Schlacht, in folgender Anordnung: Auf dem rechten Flügel führte der Polemarch Kallimachos; denn so war es damals noch Brauch in Athen, dass der rechte Flügel dem Polemarchen zustand. An ihn auf dem Ehrenplatz schlossen sich die Phylen an in ihrer festgelegten Reihenfolge, eine dicht neben der andern, und als letzte waren aufgestellt auf dem linken Flügel die Plataier. [...]
Die Frontlinie war gleich lang wie die medische, dadurch wurde ihre Mitte nur wenige Reihen tief, und hier war das Heer am schwächsten. Beide Flügel aber waren stark an Zahl.

(112) Als sie nun fertig aufgestellt waren und die Opfer günstig ausfielen, da gingen die Athener, nachdem das Angriffssignal ertönt war, im Laufschritt auf die Barbaren los. Und es waren nicht weniger als acht Stadien Zwischenraum zwischen beiden. Als die Perser die Athener im Laufschritt herankommen sahen, machten sie sich zu ihrem Empfang bereit, und beim Anblick ihrer geringen Anzahl und wie sie im Lauf heranstürmten, ohne durch Reiterei und Bogenschützen gedeckt zu sein, werteten sie das Verhalten der Athener als eine Wahnsinnstat, welche nur ihren Untergang zur Folge haben könne. Diesen Schluss zogen also die Barbaren. Als aber die Athener eng aufgeschlossen mit den Barbaren handgemein wurden, kämpften sie in einer Weise, die durchaus Erwähnung verdient, denn sie sind die ersten von allen Hellenen gewesen, soweit wir wissen, die den Laufschritt beim Ansturm gegen die Feinde anwendeten, die ersten auch, die dem Anblick medischer Tracht und der damit bekleideten Männer standhielten. Bis dahin war es für die Hellenen schon ein Schrecken, auch nur das Wort »Meder« zu hören.

(113) Die Schlacht in Marathon aber dauerte lange Zeit. Und in der Mitte des Heeres waren die Barbaren siegreich, wo die Perser selbst und die Saken aufgestellt waren. Da siegten also die Barbaren und brachen durch und führten die Verfolgung bis ins Hinterland, aber auf den beiden Flügeln siegten die Athener und die Plataier. Und die Siegenden ließen den geschlagenen Teil der Barbaren fliehen, zogen aber die beiden Flügel zusammen und kämpften mit denen, die in der Mitte durchgebrochen waren, und es siegten die Athener. Den fliehenden Persern eilten sie nach und schlugen auf sie ein, bis sie ans Meer kamen, wo sie nach Feuer riefen und Hand an die Schiffe legten. (114) Und bei diesem Getümmel findet erstens der Polemarch Kallimachos sein Ende, der sich als tapferer Mann bewährt hatte, und von den Feldherren Stesileos, Thrasyleos' Sohn; sodann fällt da auch Kynegeiros, Euphorions Sohn, dem, als er den Knauf eines Schiffes packte, der Arm mit einem Beil abgeschlagen wurde, und schließlich auch viele andere angesehene Athener. (115) Sieben von den Schiffen bekamen also die Athener auf diese Art in die Hand, mit den übrigen konnten die Barbaren von Land abstoßen, nahmen die Versklavten aus Eretria von der Insel auf, auf der sie sie zurückgelassen

hatten, und steuerten um Sunion herum, in der Absicht, noch vor den Athenern die Stadt zu erreichen. [...]

(116) Sie fuhren also um Sunion herum. Die Athener aber eilten, so schnell die Beine sie trugen, zur Hilfe in die Stadt (und) waren eher da als die Barbaren. [...] Als die Barbaren mit ihrer Flotte auf der Höhe des Phaleron erschienen – das war damals nämlich noch der Hafenplatz der Athener –, lagen sie dort eine Weile draußen vor Anker, dann fuhren sie ab, zurück nach Asien. (117) In dieser Schlacht bei Marathon sind von den Barbaren rund 6400 Mann umgekommen, von den Athenern 192. Das sind die Zahlen der Gefallenen auf beiden Seiten.

Q 63

Q 63 Weihung des (oder für den?) Polemarchen Kallimachos

Fundkontext: 8 auf der Athener Akropolis gefundene Fragmente einer stark zertrümmerten ionischen Marmorsäule, die mit der Statue einer geflügelten Nike bekrönt war; jetzt im Epigraphischen Museum in Athen. Die Ergänzung der ersten Zeile bleibt unsicher.

Inscriptiones Graecae (IG) I³ 784

[Kallimachos ? *oder* der Demos ?] von Aphidnai hat mich geweiht der
    Athena,
(mich, den) Boten der Unsterblichen, die ihre [Wohnstatt] auf dem Olymp
    haben.
[Kallimachos,] der Polemarch der Athener, der im Kampf
bei Marathon [den Sieg errungen hat ---]
den Söhnen der Athener [---].

Q 64

Q 64 Die Einführung des Ostrakismós als politisches Regulativ

Q 64a

Fundkontext: Notiz aus einer spätbyzantinischen Sammelhandschrift vermischten Inhalts aus unbekannten Quellen.

Vaticanus Graecus 1144, f. 222, Nr. 213 Sternbach

Kleisthenes hat das Ostrakismos-Gesetz in Athen eingeführt. Es hatte folgenden Inhalt: der Rat hatte regelmäßig an gewissen Tagen nach Prüfung der Lage denjenigen aus der Bürgerschaft, der verbannt werden sollte, auf Tonscherben aufzuschreiben und diese in die Umzäunung des Ratsgebäudes (im Bereich des Ratsgebäudes?) zu werfen. Der aber, gegen den sich mehr als zweihundert Scherben-Voten richteten, sollte auf zehn Jahre in die Verbannung gehen ungehindert in der Nutzung seines Besitzes. Später jedoch hat das Volk als gesetzliche Regelung festgelegt, dass mehr als sechstausend Scherben-Voten gegen den zu richten seien, der in die Verbannung geschickt werden sollte.

Q 64b
Fragmente der griechischen Historiker Nr. 328 (Philochoros, 4./3. Jh. v. Chr.), F 30

Mit dem Ostrakismos verhält es sich wie folgt: Das Volk stimmt vor der achten Prytanie ab, ob ein Ostrakismos durchgeführt werden soll. Wenn das beschlossen ist, wird die Agora mit einer Umzäunung umgeben; und zehn Eingänge werden belassen, durch die man, nach Phylen geordnet, hineingeht und die Ostraka abgibt, und zwar so, dass die Aufschrift verdeckt bleibt. Den Vorsitz führen die neun Archonten und der Rat. Sie zählen aus, wer die meisten Stimmen – aber nicht weniger als 6000 – erhalten hat; der (Ostrakisierte) muss die Strafe annehmen und seine privaten Angelegenheiten innerhalb von zehn Tagen regeln und die Stadt für zehn Jahre (später waren es fünf) verlassen; er darf sein Vermögen weiter nutzen; er darf allerdings (Athen) nicht näher kommen als bis zum Kap Geraistos auf Euboia.

Q 64c
Aristoteles, Staat der Athener 22, 1–6

Nachdem diese Reformen (des Kleisthenes) durchgeführt waren, wurde die Verfassung viel demokratischer als die solonische; denn es kam ja hinzu, dass die Tyrannis die Gesetze Solons beseitigt hatte, da sie diese nicht anwandte und dass Kleisthenes andere neue (Gesetze) erließ, wobei er auf die Gunst der Menge zielte; unter diesen wurde auch das Gesetz über das Scherbengericht (*ostrakismós*) erlassen. [...]

Im zwölften Jahre danach, unter dem Archonten Phainippos (490), gewannen sie die Schlacht bei Marathon. Sie ließen zwei Jahre nach dem Sieg verstreichen (488/87), und als das Volk endlich an Mut gewann, wandten sie dann zum ersten Mal das Gesetz über das Scherbengericht an, das wegen des Misstrauens gegen die Inhaber der Machtstellungen erlassen worden war, da sich Peisistratos vom Volksführer und Strategen zum Tyrannen gemacht hatte. Als erster wurde also einer seiner Verwandten, Hipparchos, Sohn des Charmos, aus der Gemeinde Kollytos, durch das Scherbengericht ostrakisiert, dessentwegen Kleisthenes auch vor allem das Gesetz erlassen hatte, da er ihn vertreiben wollte. Denn die Athener erlaubten es denjenigen Anhängern der Tyrannen, die sich in den politischen Unruhen nichts hatten zu Schulden kommen lassen, weiter in der Stadt zu wohnen. So übten sie die gewohnte Milde des Volkes. [...]

Gleich im nächsten Jahre, unter dem Archonten Telesinos (487/86), bestellten sie dann zum ersten Mal nach der Tyrannis durch das Bohnenlos die neun Archonten, je einen aus jeder Phyle, aus den 100 (Kandidaten), die die Gemeindemitglieder vorher gewählt hatten; die früheren (Archonten) waren alle gewählt worden. Auch wurde Megakles, Sohn des Hippokrates, aus der Gemeinde Alopeke, ostrakisiert. Während dreier Jahre ostrakisierten sie in der Tat die Anhänger der Tyrannen, derentwegen das Gesetz erlassen worden war, aber im vierten Jahre (485/84) fingen sie an, auch andere (Bürger), die ihnen allzu mächtig erschienen, zu beseitigen; und als erster von denjenigen, welche den Tyrannen fernstanden, wurde Xanthippos, Sohn des Ariphon, ostrakisiert.

Q 65 Das Flottenbauprogramm des Themistokles

Q 65

Q 65a
Herodot, Historien 7, 144

Auch ein anderer politischer Rat des Themistokles [...] hatte sich gerade zur rechten Zeit durchgesetzt, damals als die Athener, in deren Staatskasse sich das Geld häufte, das sie von den Bergwerken von Laureion einnahmen, dabei waren, das zu verteilen, wobei jeder Einzelne zehn Drachmen erhalten sollte. Damals bestimmte Themistokles die Athener, diese Verteilung einzustellen und mit diesen Mitteln zweihundert Schiffe für den Krieg zu bauen, womit er den gegen Aigina meinte. Der Ausbruch dieses Krieges nämlich hat damals Hellas gerettet dadurch, dass er die Athener zwang, eine Seemacht zu werden. Die Schiffe aber wurden dazu, wozu sie gebaut wurden, nicht gebraucht, dafür standen sie in der Stunde der Not Hellas zur Verfügung. Diese Schiffe also, die die Athener früher gebaut hatten, waren bereits vorhanden, weitere aber mussten noch gebaut werden. Und sie fassten [...] den Entschluss, dem gegen Hellas heranziehenden Barbaren mit dem ganzen Aufgebot auf den Schiffen zu begegnen, [...] vereint mit denjenigen Hellenen, die dazu gewillt waren.

Q 65b
Plutarch, Themistokles
3, 5 – 4, 5

Man glaubte ja auch ganz allgemein, mit der Niederlage der Perser bei Marathon habe der Krieg sein Ende gefunden, Themistokles jedoch sah in dieser Schlacht nur das Vorspiel zu größeren Kämpfen. Er ahnte lange voraus, was kommen werde, und bereitete zum Wohl von ganz Griechenland sich selber und seine Vaterstadt für den neuen Waffengang aufs beste vor. (4) Er fing damit an, dass er mit einem Vorschlag vor die Volksversammlung trat, wie ihn sonst niemand gewagt hätte: Die Athener sollten die Einkünfte aus den Silberbergwerken im Laureion nicht wie bisher unter sich verteilen, sondern diese Mittel zum Bau von Trieren für den Krieg gegen Aigina verwenden. Dieser wurde eben zu jener Zeit in Griechenland mit größter Heftigkeit geführt, und die Aigineten beherrschten mit ihrer mächtigen Flotte das Meer. So fiel es Themistokles nicht schwer, die Athener für den Plan zu gewinnen. Er drohte ihnen nicht mit dem Schreckgespenst des Dareios und der Perser, denn diese waren weit weg, und die Furcht, sie könnten wieder kommen, saß gar nicht tief; vielmehr benutzte er im richtigen Augenblick den Hass und die Eifersucht seiner Mitbürger gegen die Aigineten, um seine Rüstungspläne durchzuführen. Aus den Geldern wurden hundert Trieren gebaut, die dann auch im Kampf gegen Xerxes zum Einsatz kamen.
Von nun an führte Themistokles seine Vaterstadt Schritt für Schritt dem Meere zu. Er ließ sich dabei von der Überzeugung leiten, dass das Landheer nicht einmal den Grenznachbarn gewachsen sei, während Athen mit einer Seemacht die Barbaren im Schach halten und die Herrschaft über Griechenland erringen könnte. So machte er, wie Platon sagt, aus standfesten Hopliten Matrosen und Seeleute, was ihm den Vorwurf eintrug, er habe seinen Mitbürgern Schild und Speer aus der Hand genommen und das Athenervolk an die Ruderbank gefesselt. Nach Stesimbrotos' Bericht stemmte sich Miltiades der Vorlage entgegen, allein Themistokles trug den Sieg über ihn davon und konnte sich durchsetzen. Ob er mit seinem Vorgehen gegen den Sinn und Wortlaut der Verfassung verstieß, muss einer genaueren Untersuchung vorbehalten bleiben; dass aber das Meer den Griechen die Rettung brachte, dass jene Trieren Athen aus Schutt und Asche wieder aufrichteten; dafür ist Xerxes der beste Zeuge.

Q 66

Q 66 Die Gründung des Hellenenbundes

Q 66a
Herodot, Historien 7,
138–139; 145, 1

(138) Der Feldzug des Königs ging zwar dem Namen nach gegen Athen, doch war es auf ganz Hellas abgesehen. Das hatten die Hellenen schon vor geraumer Zeit in Erfahrung gebracht, nahmen es aber nicht alle auf die gleiche Weise auf. Die einen, die dem Perser Erde und Wasser gaben, waren voller Zuversicht, dass sie nichts Schlimmes von dem Barbaren zu befürchten hätten; die es aber nicht gaben, schwebten in großer Furcht; denn es waren in Hellas nicht genug kampftüchtige Schiffe vorhanden, um dem Angreifer die Stirn zu bieten, und die Mehrzahl der Staaten war nicht gewillt, den Krieg anzupacken, sondern hielt es beflissen mit dem Meder.

(139) An dieser Stelle sehe ich mich nun unausweichlich genötigt, offen eine Meinung darzulegen, welche zwar bei den meisten Leuten auf Ablehnung stoßen wird, welche ich aber dennoch, wie es mir der Wahrheit zu entsprechen scheint, nicht zurückhalten will. Hätten die Athener in Angst und Schrecken vor der nahenden Gefahr ihre Heimat verlassen oder hätten sie die auch nicht verlassen, sondern wären dageblieben und hätten sich dem Xerxes ergeben, dann hätte zur See niemand versucht, dem König Widerstand zu

leisten. Hätte nun niemand Xerxes zur See Widerstand geleistet, dann wäre
es auf dem Land gewiss etwa so gekommen: Mochten die Peloponnesier sich
auf dem Isthmos mit noch so vielen Mauern gepanzert haben, so wären die
Lakedaimonier doch von den Bundesgenossen im Stich gelassen worden,
nicht aus freien Stücken, sondern aus Zwang, da eine Stadt nach der andern
der Seemacht des Barbaren anheimgefallen wäre, und so wären sie schließlich
allein übrig geblieben; verlassen und allein aber hätten sie Großes vollbracht
und einen ehrenvollen Tod gefunden. Entweder wäre ihnen das widerfahren,
oder aber sie wären schon vorher, wenn sie sahen, wie auch die andern Hellenen zum Meder übergingen, zu einer Übereinkunft mit Xerxes gekommen.
Und so wäre in beiden Fällen Hellas unter persische Herrschaft gekommen.
Denn den Nutzen der Mauern, die über den Isthmos gezogen waren, kann ich
nicht ausmachen, worin der wohl bestanden haben soll, wenn der König die
See beherrschte. Wer nun also sagt, die Athener seien die Retter von Hellas
geworden, der wird das Wahre kaum verfehlen. Denn auf welche Seite die
sich schlugen, da musste die Waage sinken. Sie aber wählten Hellas' Überleben in Freiheit, und so sind sie es gewesen, die das ganze restliche Hellenen-
volk, soweit es noch nicht zum Meder stand, erweckten und den König,
nächst den Göttern, zurückstießen. Und auch die drohenden Orakelsprüche,
die aus Delphi kamen und sie in Angst und Schrecken setzten, konnten sie
nicht überreden, Hellas im Stich zu lassen, sondern sie blieben und wagten es,
sich mit dem, der gegen ihr Land heranzog, anzulegen. […]

(145) Als nun aber die Hellenen, die die bessere Gesinnung für Hellas
hatten, an einem Ort zusammentraten und einander ihr Wort und Treuege-
löbnis gaben, da kamen sie bei ihrer Beratung zu dem Beschluss, als erstes vor
allen anderen Dingen die Feindschaften und die Fehden, die sie untereinander
hatten, beizulegen. Es waren da mehrere solche Fehden im Gange, die größte
aber zwischen Athenern und Aigineten.

Fundkontext: Inschrift auf drei miteinander verschlungenen Schlangenleibern   *Q 66b*
aus Bronze, die Teil eines Weihegeschenks der Griechen für die Siege in den
Perserkriegen waren. Diese ursprünglich ca. 8 m (heute noch 5, 5 m) hohe
»Schlangensäule« wurde von Kaiser Konstantin I. (306–337) von Delphi zur
nach Konstantinopel (jetzt: Istanbul) verbracht, wo sie sich bis heute im Bereich des antiken Hippodroms (jetzt: Sultanahmet Meydani) befindet.

Diese führten den Krieg: *Sylloge Inscriptionum*
Lakedaimonier, Athener, Korinther,   *Graecarum³ (Syll³) 31*
Tegeaten, Sikyonier, Aigineten,
Megarer, Epidaurier, Orchomenier,
Phliusier, Troizenier, Hermioneer,
Tirynthier, Plataier, Thespier,
Mykener, Keier, Malier, Tenier,
Naxier, Eretrier, Chalkidier,
Styreer, Eleier, Potideiaten,
Leukadier, Anaktorier, Kythnier, Siphnier,
Ambrakioten, Lepreaten.

Q 67

Q 67 Themistokles beantragt die Evakuierung Athens

Fundkontext: Marmorstele aus Troizen in der Argolis (Peloponnes); den Buchstabenformen nach datiert die Inschrift aus der ersten Hälfte des 3. Jh. v. Chr.. Es bleibt umstritten, ob es sich bei diesem Dekret um die Wiederaufzeichnung eines authentischen athenischen Volksbeschlusses oder um eine Fälschung aus dem 4./3. Jh. v. Chr. handelt.

Meiggs/Lewis 23

Götter! Es beschlossen der Rat und das Volk, Themistokles, Sohn des Neokles, aus (dem Demos) Phearrhioi stellte den Antrag: Die Stadt soll man anvertrauen der Athena, die über Athen waltet, und den anderen Göttern allen, dass sie sie beschützen und den Barbaren zur Rettung des Landes abwehren. Die Athener alle und die Fremden, die in Athen wohnen, sollen die Kinder und die Frauen nach Troizen bringen, [in die Obhut des Theseus], des Archegetes des Landes. Die Alten aber und den Besitz sollen sie nach Salamis bringen. Die Schatzmeister aber und die Priesterinnen sollen auf der Akropolis bleiben, indem sie den Besitz der Götter bewachen. [Die übrigen Athener alle] und die Fremden im waffenfähigen Alter sollen an Bord der bereitgestellten zweihundert Schiffe gehen und [den Barbaren] abwehren, sowohl um ihrer eigenen Freiheit willen [als auch der der übrigen Griechen], zusammen mit Lakedaimoniern und Korinthern [und Aigineten] und den übrigen, die bereit sind, sich gemeinsam der Gefahr zu stellen. Bestimmen sollen auch Triearchen, [zweihundert an Zahl,] einen für jedes Schiff, die Strategen, beginnend mit dem morgigen Tag, aus denen, die Land und Haus in Athen besitzen und vollbürtige Kinder haben und nicht älter als fünfzig Jahre sind, und sie sollen ihnen die Schiffe durch das Los zuteilen. Und sie sollen zehn Soldaten [für jedes] Schiff ausheben aus denen, die über zwanzig Jahre und bis dreißig Jahre alt sind, und vier Bogenschützen. Auslosen sollen sie auch die Maate für die Schiffe, und zwar dann, wenn sie auch die Trierarchen auslosen. Aufschreiben sollen die Strategen auch die übrige Besatzung pro Schiff auf weiße Tafeln, und zwar die Athener aus den Bürgerlisten, die Fremden aus den Verzeichnissen beim Polemarchos. Aufschreiben sollen sie sie eingeteilt in Abteilungen, und zwar in zweihundert, mit jeweils hundert (Mann pro Abteilung), und eintragen über jeder Abteilung den Namen der Triere und des Trierarchen und der Maate, damit sie wissen, auf welche Triere sich die jeweilige Abteilung zu begeben hat. Sobald aber alle Abteilungen eingeteilt und den Trieren zugelost sind, sollen der Rat und die Strategen alle zweihundert Schiffe bemannen, nachdem sie ein Versöhnungsopfer dargebracht haben dem Zeus Pankrates und der Athene und der Nike und dem Poseidon Asphaleios (dem Beschützer). Sobald aber bemannt sind die Schiffe, sollen sie mit den einen hundert von ihnen zu Hilfe eilen zum Euboiischen Artemision und mit den anderen hundert von ihnen um Salamis und das übrige Attika vor Anker bleiben und bewachen das Land. Damit aber alle Athener einmütig den Barbaren abwehren, sollen diejenigen, die verbannt sind auf zehn Jahre, sich nach Salamis begeben und dort so lange bleiben, bis das Volk einen Beschluss über sie fasst. [---]

Q 68

Q 68 Der Kampf an den Thermopylen

Herodot, Historien 7, 175–228, 2

(175) Die Hellenen aber berieten, als sie wieder am Isthmos waren, mit dem Blick auf das, was Alexandros gesagt hatte, wo sie den Krieg aufnehmen

sollten und in welchem Gelände. Es setzte sich die Meinung durch, man solle
den Pass bei den Thermopylen decken. Denn er bot sich an, weil er enger war
als der nach Thessalien und der einzige dort und auch näher bei ihnen. Von
dem Vorhandensein des Pfades, durch den die Hellenen bei den Thermopylen
dann abgeschnitten und überwältigt wurden, wussten sie noch nichts, sondern erfuhren es erst von den Trachiniern, als sie bei den Thermopylen angekommen waren. Dieses Einfallstor also beschlossen sie zu decken und den
Barbaren nicht nach Hellas hineinzulassen, die Flotte aber sollte nach Artemision fahren im Land Histiaiotis. Denn dieses beides liegt nahe beieinander,
so dass jeder leicht erfahren kann, was beim andern geschieht. [...] (177)
Diese beiden Plätze schienen also den Hellenen geeignet. Denn wenn sie alles
ins Auge fassten und überschlugen, auf welche Weise die Barbaren weder von
der Masse ihres Fußvolks Gebrauch machen könnten noch von ihrer Reiterei, kamen sie zu dem Ergebnis, sich hier den gegen Hellas Anrückenden zu
stellen. Und als sie Nachricht hatten, dass der Perser in Pierien (nördlich von
Thessalien) stand, lösten sie die Versammlung auf und zogen vom Isthmos
ins Feld, ein Teil zu Fuß nach den Thermopylen, andere zur See nach Artemision. [...]

(201) König Xerxes schlug nun also das Lager im malischen Land im Gebiet von Trachis auf, die Hellenen aber in der Wegenge. Diese Stelle wird von
den meisten Hellenen Thermopylen, »heiße Tore«, genannt, von den Einheimischen und Umwohnern aber (nur) Pylai, »Tore«. Sie schlugen nun beide in
diesem Gelände ihr Lager auf, und der eine beherrschte alles, was gen Norden
liegt bis nach Trachis, die andern aber alles, was nach Süden und Mittag zu
liegt auf diesem Küstenstreifen. [...] (207) Die Hellenen an den Thermopylen
aber waren, als der Perser nah an die Enge heranrückte, voller Befürchtungen
und sprachen im Rat von Rückzug. Die übrigen Peloponnesier nun hielten es
für richtig, nach der Peloponnes zu gehen und den Isthmos zu halten. Leonidas aber stimmte, als Phoker und Lokrer aufgebracht waren über diese Meinung, dafür, dass man blieb und Boten zu den Städten sandte und sie drängte,
ihnen zu Hilfe zu kommen; denn sie seien zu wenige, um eine Streitmacht wie
die der Meder abzuwehren. [...]

(219) Den Hellenen aber, die bei den Thermopylen standen, verkündete
zuerst der Seher Megistias, als er die Opfer betrachtet hatte, dass am kommenden Morgen der Tod sie erwarte; dann kamen auch Überläufer, die ihnen
die Umgehung durch die Perser meldeten. Diese brachten die Nachricht noch
bei Nacht; als dritte aber kamen die Späher von den Bergen herabgelaufen,
als der Tag schon aufschien. Da berieten sich die Hellenen, und ihre Meinungen waren geteilt. Denn die einen bestanden darauf, dass man die Stellung
nicht verlassen dürfe, während die andern beharrlich widersprachen. Und
dann trennten sie sich, ein Teil zog ab und ging auseinander, und jede Abteilung wandte sich nach ihrer Stadt; die andern aber waren gewappnet, mit
Leonidas am Ort auszuharren.

(222) Die Bundesgenossen also, die fortgeschickt waren, machten sich eilig
auf den Weg und befolgten Leonidas' Weisung, die Thespier aber und Thebaner blieben allein bei den Lakedaimoniern. Von ihnen blieben die Thebaner
ungern und gegen ihren Willen, denn Leonidas hielt sie zurück und betrachtete sie als Geiseln, die Thespier aber sehr gern; sie weigerten sich abzuziehen
und Leonidas und die Seinen zu verlassen, nein, sie blieben und starben mit
ihnen. [...]

(223, 2) Und nun rückten also die Barbaren um Xerxes an, und die Hellenen um Leonidas gingen jetzt, wo sie zum Tode ausrückten, viel weiter vor

als zu Anfang, bis dahin, wo sich die Enge zum breiten Gelände öffnet. Denn die schützende Mauer war wie üblich nur von einer Besatzung gedeckt; sie selber aber waren an den früheren Tagen aus deren Schutz nur in die Enge vorgerückt und hatten dort gekämpft. Nun aber kamen sie außerhalb der Enge aneinander, und es fiel eine große Zahl Barbaren; denn hinten standen die Führer der Abteilungen, in der Hand die Geißel, schlugen auf jeden ein und trieben sie immer wieder voran. Viele von ihnen stürzten auch ins Meer und kamen dort um, noch viel mehr aber wurden lebendigen Leibes von andern zertrampelt. Das Ausmaß der Vernichtung übertraf jede Vorstellung. Denn weil die Hellenen wussten, dass der Tod ihnen gewiss war durch die, welche den Berg umgingen, rafften sie all ihre Kräfte zusammen und setzten sie gegen die Barbaren ein, schonungslos und wie rasend. (224) Und nun waren mit der Zeit den meisten ihre Lanzen schon zerbrochen, sie aber brachten die Perser mit den Schwertern um. Und Leonidas fällt in diesem Getümmel als ein Mann von höchster Tapferkeit und mit ihm weitere namhafte Spartiaten, deren Namen ich, da sie es verdienen, erkundet habe, und ich kenne auch die Namen von insgesamt allen Dreihundert. Ebenso von den Persern fallen da nun viele Träger eines guten Namens. [...] (225) [...] Über der Leiche des Leonidas gab es ein großes Gedränge von Persern und Lakedaimoniern, bis es den Hellenen schließlich durch ihre Tapferkeit gelang, ihn herauszuholen und zu bergen, wobei sie die Gegner viermal zurückschlugen. Das ging so lange fort, bis die andern mit Epialtes erschienen. Als aber die Hellenen deren Ankunft erfuhren, da gewann der Kampf ein anderes Gesicht; denn sie zogen sich wieder zurück nach hinten zu der Stelle, wo die Straße am engsten ist, und passierten die Mauer und setzten sich auf dem Hügel fest alle miteinander außer den Thebanern. Dieser Hügel aber liegt beim Eingang, da wo jetzt der steinerne Löwe Leonidas zu Ehren steht. An dieser Stelle wehrten sie sich mit ihren Schwertern, sofern sie die noch hatten, und mit Händen und Zähnen, und die Barbaren, die teils von vorn nachgedrängt und die schützende Mauer niedergerissen, teils sie umgangen und von allen Seiten umstellt hatten, begruben sie unter ihren Geschossen.

(228) Sie sind dort begraben, wo sie gefallen sind, und für sie und für die, die schon vorher gefallen waren, bevor die von Leonidas Fortgeschickten abzogen, ist eine Inschrift aufgestellt, die lautet:
»Gegen dreihundertmal zehntausend haben hier einstmals
Aus der Peloponnes viermal eintausend gekämpft.«
Diese Aufschrift ist also ihnen insgesamt gewidmet, den Spartiaten besonders aber die folgende:
»Wanderer, kommst du nach Sparta, verkündige dorten, du habest
Uns hier liegen gesehen, wie ihr Gebot es befahl.«
(Distichon des Simonides von Keos in der Nachdichtung Friedrich Schillers)

Q 69

Q 69 Die griechische Flotte besiegt die Perser bei Salamis.

Kontext: In seiner 472 v. Chr. aufgeführten Tragödie »Die Perser« lässt der Dichter Aischylos, der selbst an der Seeschlacht bei Salamis teilgenommen hatte, der Atossa, der Frau Dareios' I. und Mutter des Xerxes durch einen Boten über den Verlauf der Kämpfe berichten.

Aischylos, Die Perser, v. 350–477

(350) ATOSSA: Der Anfang zum Zusammenstoß, wie war er? Sag!
Und wer begann die Schlacht? War's der Hellenen Heer,

War es mein Sohn, zu sehr vertrauend der Schiffe Zahl?
BOTE: Anfing, o Herrin, all dies Leid – wer weiß, woher
Er kam – ein leidiger Dämon oder Rachegeist.
Ein Mann aus Hellas nämlich vom Athenerheer,
Der herkam, sagte deinem Sohne Xerxes dies:
Dass, wenn das Dunkel erst der Nacht gekommen sei,
Die Griechen nicht mehr bleiben, sondern aufs Verdeck
Der Schiffe springend, einer dorthin, einer hier,
(360) Ihr Leben retten würden auf verborgner Fahrt.
Und er, kaum dass er's hört – nichts ahnend von der List
Des Manns aus Hellas noch auch von der Götter Neid –
Tat all den Flottenführern kund dies sein Gebot:
Sobald sein flammend Licht der Sonnengott der Erde Entzogen,
Dunkel heiligen Äthers Raum erfasst:
Sollt' ordnen sich der Schiffe Schar dreifach in Reihen
Zur Hut der Aus- und Durchfahrt über salzige Flut
Und andere dicht umstellen Aiäs' Insel rings.
Denn wenn dem Todeslos entschlüpfe Hellas' Volk,
(370) Zu Schiff verborgen finde einen Pfad zur Flucht:
Dass alle zahlten mit dem Kopf, war sein Gebot.
So starke Worte sprach er, hochgemuten Sinns;
War doch, was drohte von den Göttern, ihm nicht kund.
Und die – nicht ohne Zucht, nein, folgsam ihrem Herrn –
Machten das Mahl zurecht; die Mannschaft jeden Schiffs
Schlang fest das Ruder um den Pflock, der wohl ihm dient.
Doch als der Glanz des Sonnengotts hinunterschwand
Und Nacht heraufkam: jeder, der das Ruder führt,
Zog da aufs Schiff wie der, dem Waffen anvertraut;
(380) Reih rief der Reih anfeuernd zu an Schlachtschiffs Bord;
Sie fahren jeder so, wie er sich eingereiht.
Die ganze Nacht nun stellten zu der Durchfahrt auf
Der Schiffe Führer das gesamte Flottenvolk.
Die Nacht verzog sich, ohne dass der Griechen Heer
Verborgne Ausfahrt irgendwo ins Werk gesetzt.
Sobald jedoch auf weißer Rosse Gespann der Tag
Die ganze Erd umfing mit leuchtend hellem Schein:
Da scholl zuerst Gebraus von den Hellenen her:
Sie huben frommen Sang an, und hellauf zugleich
(390) Hallt' all den Schall zurück von Eilands Felsgestein
Das Echo; Furcht erfasste all die Barbaren da,
In schwer getäuschter Hoffnung; nicht ja wie zur Flucht
Stimmte an den Glückruf da, den heiligen, Hellas' Heer,
Vielmehr: zur Schlacht entschlossen, kühnbeherzten Muts.
Trompetenruf entflammte all jenes brennend hell.
Sogleich ward Ruder um Ruder rauschend eingetaucht,
Sie schlugen der Salzflut Tiefe nach des Rufes Takt.
Und plötzlich waren alle hell und klar zu sehn.
(400) Der rechte Flügel, schön geordnet, nahm zuerst
Der Auffahrt Führung, danach folgt der ganze Zug
Nach links ihm nach, und hören konnte man zugleich
Den lauten Ruf: »Ihr Söhne der Hellenen, auf!
Befreiet unser Vaterland! Auf, auf, befreit

Die Kinder, Weiber, unsrer Stammesgötter Sitz,
Der Vorfahren Gräber; nun für alles gilt der Kampf!«
Und jetzt gellt auch von uns der Perserzunge Laut
Entgegnend Antwort; und mit Zaudern war's vorbei:
Flugs stieß da Schiff in Schiff den Schnabel, erzbewehrt,
Hinein. Anfing mit Rammen auf hellenischer Seite
(410) Ein Schiff, brach ganz herab eines Phöniziers Bug
Die Krönung; Kiel wider Kiel nahm gradewegs jetzt den Kurs.
Zu Anfang zwar hielt nun der Strom des Perserheers
Noch stand; doch als der Schiffe Menge in engem Meer
Sich staute: beistehen eins dem andern gab's da nicht.
Von ihrer eignen Schiffe ehernem Schnabelstoß
Durchbohrt, zerschlugen sie das ganze Ruderzeug.
Der Griechen Schiffe indes, mit nicht unklugem Plan,
Umringten, trafen sie; hintüber ward gekehrt
Der Schiffe Bauch; das Meer war nirgends mehr zu sehen,
(420) War von Schiffstrümmern voll und von der Männer Mord.
Mit Toten füllten Küsten, Klippen füllten sich.
Wild flieht, wie's kommt, ein jedes Schiff und rudert los,
So viel noch übrig war von unsrer Heeresmacht.
Die – wie beim Thunfisch- oder anderer Fische Fang –
Mit Ruderstücken, Splittern von der Schiffe Wrack
Schlugen und spießten sie, und Weheruf zugleich
Und Jammerschrei umfing die salzige Meeresflut,
Bis dann der Nacht, der dunklen, Auge ein Ende schuf.
Der Leiden Fülle – auch nicht, wenn der Tage zehn
(430) In einer Reihe ich spräche – erzählte ich völlig dir.
Denn wisse wohl, dass niemals noch an einem Tag
Solch eine zahllos große Menge Menschen starb.
ATOSSA: Weh, weh, des Unheils Sturmflut brach herein mit Macht
Auf Perser und auf der Barbaren ganzen Stamm!
BOTE: Damit du's weißt: noch nicht die Hälfte ist's der Not.
So hart kam über sie des Leidens Wehgeschick,
Dass es das vorher zwiefach lastend überwog.
ATOSSA: Und welches Verhängnis wäre noch grausiger als dies?
Sag an, welch Wehgeschick du meinst, das unser Heer
(440) Ankam, an Unheil lastender und schwerer noch?
BOTE: Die von den Persern in der Vollkraft ihres Leibs,
An Geist die Besten waren, adligsten Geblüts,
Dem Großherrn selbst in Treu als erste stets erprobt:
Die starben schmachvoll einen höchst ruhmlosen Tod.
ATOSSA: O weh mir Armen! Freunde, solchen Unheils Not!
Was für ein Tod hat jene – sag mir's! – fortgerafft?
BOTE: Ein Eiland liegt dort nah vor Salamis' Strandgebiet,
Klein, schlecht zum Landen, wo der reigenfrohe Fuß
Des Pan einhertritt auf umwogter Küste Land.
(450) Dorthin entsandte er sie, dass, wenn durchs Perserheer
Geschlagne Feinde sich zur Insel retteten,
Sie leichten Kampfes töten der Hellenen Schar;
Doch Freunde retten könnten aus der Salzflut Strom.
Schlecht sah er, was nun kam, voraus. Denn als ein Gott
Im Flottenkampf Ruhm den Hellenen gab und Sieg:

Am selben Tage noch, gehüllt in Erz den Leib
Und Waffen, sprangen sie vom Schiff, umschlossen drauf
Im Kreis die ganze Insel, dass kein Ausweg war,
Wohin entfliehen. Nun wurden jene massenhaft
(460) Mit Steinen überschüttet, von des Bogens Strang
Geschnellte Pfeile brachten schwirrend ihnen Tod.
Zum Schluss losbrechend dann in einem Angriffssturm,
Zerhauen sie, metzeln die Unseligen Glied um Glied,
Bis aller Leben sie von Grund aus ausgetilgt.
Xerxes stöhnte auf, als er den Abgrund sah des Leids;
Hatte er den Thron doch mit dem Blick aufs ganze Heer
Auf hohem Hügel nah der salzigen Flut des Meers.
Er reißt sein Kleid durch, jammert laut mit schrillem Schrei,
Und als des Fußvolks Heer er Weisung rasch getan,
(470) Stürzt er auf planlos wilde Flucht. So war's, was du
Zu früherem noch als Wehgeschick beseufzen magst.
ATOSSA: O finstrer Dämon, wie doch täuschtest du den Sinn
Der Perser! Bitter war die Rache, die mein Sohn
Fand bei Athen, der stolzen Stadt. War's nicht genug,
Was vormals Marathon an Barbaren niederschlug?
Hierfür Tribut zu fordern, hatte vor mein Sohn,
Und solche Last von Leid und Not lud er uns auf!

Q 70 Der Eid von Plataiai

Fundkontext: Eine jetzt in der École française d'Athènes aufbewahrte Marmorstele aus Acharnai bei Athen mit einer Inschrift aus der Mitte des 4. Jh.s v.Chr., auf der Eid der athenischen Epheben und der Eid, den die Athener vor der Schlacht bei Plataiai geschworen haben sollen, verzeichnet ist. Die Stele war eine Weihung an Ares und Athena Areia.

Götter! Der Priester des Ares und der Athena Areia, Dion, Sohn des Dion, aus (dem Demos) Acharnai hat (dies) geweiht.

Eid der Epheben von Alters her, den schwören müssen die Epheben: Ich werde nicht entbehren die heiligen Waffen und werde nicht verlassen meinen Kampfgenossen, wo immer ich aufgestellt sein werde. Ich werde kämpfen für den Schutz des Heiligen und Geheiligten und werde nicht geringer übergeben das Vaterland, sondern größer und besser, sowohl mit meinen (eigenen) Kräften als auch zusammen mit allen, und ich werde gehorchen denen, die jeweils herrschen, mit Bedacht, und den Satzungen, die eingesetzt sind, und denen, die künftig eingesetzt werden, mit Bedacht. Wenn jemand (sie) aufheben will, werde ich es nicht zulassen, sowohl mit meinen Kräften als auch zusammen mit allen, und werde ehren die traditionellen Heiligtümer. Zeugen: die Götter Aglauros, Hestia, Enyo, Enyalios, Ares und Athena Areia, Zeus, Thallo, Auxo, Hegemone, Herakles, (und) die Grenzen des Vaterlandes, (dessen) Weizen, Gerste, Weinberge, Oliven, Feigen. *vacat*

Der Eid, den die Athener schworen, als sie im Begriff waren, gegen die Barbaren zu kämpfen. »Ich werde kämpfen, solange ich lebe, und werde nicht höher achten zu leben als frei zu sein, und werde nicht im Stich lassen den Taxilochos (= Unterfeldherrn) und auch nicht den Enomotarchos (= Gruppenführer), weder als Lebenden noch als Toten, und werde nicht fortge-

Supplementum Epigraphicum Graecum (SEG) 21, Nr. 519

hen, wenn nicht die Hegemones (Oberbefehlshaber) uns wegführen, und werde tun, was immer die Strategoi (Heerführer) befehlen; und die Toten unter den Mitkämpfern werde ich bestatten auf demselben (Platz), und unbestattet werde ich keinen zurücklassen. Und siege ich im Kampf mit den Barbaren, werde ich den Zehnten weihen von der Stadt der Thebaner, und werde nicht entvölkern Athen oder Sparta oder Plataiai oder eine von den anderen Städten, die mitgekämpft haben; auch werde ich nicht zusehen, wie sie vom Hunger bedrängt werden, und werde sie nicht vom fließenden Wasser abschneiden, weder als Freunde noch als Feinde. Und wenn ich einhalte, was in dem Eid geschrieben ist, soll meine Stadt ohne Krankheit sein; wenn nicht, soll sie krank werden; und meine Stadt soll unzerstört sein; wenn nicht, soll sie zerstört werden; und mein (Land) soll (Frucht) tragen; wenn nicht, soll es unfruchtbar sein; und die Frauen sollen (Kinder) gebären, die den Eltern gleichen; wenn nicht, Missgeburten; und das Vieh soll (Junge) gebären, die dem Vieh gleichen; wenn nicht Missgeburten.« Als sie dies geschworen hatten, bedeckten sie die Schlachtopfer mit den Schilden, und unter Trompeten(schall) machten sie die Verfluchung, wenn sie etwas vom Beschworenen überträten und nicht einhielten, was in dem Eid geschrieben ist, solle sie selbst, die (diesen Eid) schwören, der Fluch treffen.

Q 71

Q 71 Gedenken und Nachruhm der Perserkriege

Q 71a

Ehrungen der in den Kämpfen gegen die Perser gefallenen Athener
Fundkontext: Zwei unterhalb des Nordosthangs der Akropolis gefundene Fragmente einer Marmorbasis (Stein A) enthalten Reste von zwei Epigrammen. Überreste einer Kopie aus dem 4. Jh. v. Chr. ermöglichen die Ergänzung des Epigramms I. Zwei weitere Inschriftenfragmente (Stein B und der mit diesem zusammenhängende, erst 1987 entdeckte Stein C) enthalten weitere Textfragmente, die wohl dem Epigramm II zuzuordnen sind. Stein A und B befinden sich heute im Athener Agora-Museum, Stein C im Epigraphischen Museum in Athen.

Inscriptiones Graecae (IG) I³ 503

A (I) Dieser Männer Tapferkeit [wird] ewig unverwelklicher [Ruhm zuteil, --- wie ihn] die Götter zuteilen. Denn sie bewirkten zu Fuß [und auf schnell fahrenden] Schiffen, dass ganz Hellas nicht den Tag der Knechtschaft sah.

A (II) Diesen war nämlich ein unbezwinglicher [Mut ---], als sie die Schlachtreihe aufstellten vor den Toren gegen [---, die] die am Meere gelegene Stadt niederbrennen [und --- wollten,] da sie mit Gewalt den [Heerbann] der Perser in die Flucht schlugen.

B (II) --- zu Fuß und --- für die Insel --- sie vertrieben.
C (II) Der Wall vorn --- der Pallas --- Ross ---; die --- die höchste Fülle des küheernährenden Landes haben, denen wendet sich zu allblühendes Glück.

Q 71b

Gedenken für die im Perserkrieg gefallenen Soldaten aus Megara
Fundkontext: Eine im 4./5. Jh. n. Chr. erfolgte Wiederaufzeichnung eines Epigramms des Simonides von Keos auf einer Kalksteinplatte, die in der Athanasios-Kirche in Paleochori bei Megara verbaut ist.

Das Epigramm für die, die im Perserkrieg fielen und die hier als Heroen lie- *W. Peek, Griechische* gen, das mit der Zeit untergegangen ist, hat Helladios, der Oberpriester, *Vers-Inschriften I. Nr. 9* aufschreiben lassen zur Ehre derer, die (hier) liegen, und der Stadt. Simonides hat (es) verfasst:

Hellas und den Megarern den Tag der Freiheit zu mehren bemüht haben wir des Todes Anteil empfangen: manche bei Euboia und Pelion, wo man nennt der reinen Artemis, der Bognerin, heiligen Bezirk, manche am Mykale- berg, manche vor Salamis, manche in der Boiotischen Ebene, die es wagten Hand anzulegen an Männer, die zu Pferde kämpften; Bürger haben uns diese (gemeinsame) Ehrengabe um den Altar (omphalos) auf dem volkreichen Markt der Nisaier gewährt.

Bis in unsere Tage opfert die Stadt (ihnen als Heroen) einen Stier.

Q 72 Aristoteles über die Ursachen von Bürgerkriegen

Aristoteles, Politik
1302a8–1303b19;
1307b19–24

(1302a8) Ungeachtet dessen ist die Demokratie doch stabiler und bleibt eher von politischen Auseinandersetzungen verschont als die Oligarchie. Denn in den Oligarchien gibt es zwei Formen politischer Auseinandersetzungen, die zwischen den Oligarchen untereinander und zusätzlich die mit dem Demos; in den Demokratien gibt es dagegen nur diejenige gegen die Oligarchie; bei dem Demos kommt es aber nicht zu Auseinandersetzungen innerhalb seiner eigenen Reihen (in einem Maße), das Erwähnung verdiente. Außerdem steht die Verfassung, die sich auf die Mittelklasse stützt, der Demokratie näher als die der Oligarchen, und diese (mittlere Verfassung) ist die stabilste unter den Verfassungen dieser Art.

Da wir untersuchen, was zu politischen Auseinandersetzungen und Verfas- sungswechseln führt, müssen wir zuerst in allgemeiner Form die Anlässe und Gründe dafür bestimmen. Man trifft so ziemlich das Richtige, wenn man ihre Zahl mit drei angibt; sie (alle) sollen zunächst für sich im Umriss näher be- stimmt werden. Denn man muss verstehen, aus was für einer Einstellung heraus und für welches Ziel man politische Auseinandersetzungen anzettelt, und drittens, was die Unruhen unter Bürgern und Kämpfe gegeneinander auslöst.

Man muss davon ausgehen, dass, allgemein gesprochen, der Grund, den wir schon erwähnt haben, am ehesten die bestimmte Einstellung prägt, die man zu Verfassungswechsel einnimmt; denn einige, die Gleichheit gewinnen wollen, zetteln politische Auseinandersetzungen an, wenn sie glauben be- nachteiligt zu sein, obwohl sie denen, die Vorrechte besitzen, gleich seien; dagegen tun diejenigen, die eine ungleiche und überlegene Stellung gewinnen wollen, dies, wenn sie glauben, dass sie als Ungleiche nicht eine überlegene, sondern nur eine gleiche oder gar eine unterlegene Stellung einnehmen. Beim Verfolgen ihrer Absichten können sie entweder im Recht oder im Unrecht sein: so zetteln z.B. Unterlegene politische Auseinandersetzungen an, um gleich zu sein, und Gleiche, um überlegen zu sein.

Damit ist erläutert, aus welcher Einstellung heraus man sich in innenpoli- tischen Auseinandersetzungen entzweit. Die Ziele, die man in solchen Ausein- andersetzungen verfolgt, sind materieller Gewinn und öffentliche Ehrenstel- lung – und deren Gegenteil: denn man beginnt Auseinandersetzungen in den Staaten, um Ehrlosigkeit und Benachteiligung für sich selber oder für seine Anhänger zu entkommen.

Es gibt in gewisser Weise sieben Ursachen und Anlässe, die dazu führen, dass (einige Bürger) selber eine Einstellung in der beschriebenen Weise und bezogen auf die genannten Ziele entwickeln, in gewisser Weise gibt es sie auch in größerer Zahl. Zwei von ihnen sind mit den vorher genannten identisch, aber sie (wirken) nicht in derselben Weise. Denn (Bürger) werden aufgrund von materiellem Gewinn und dem Ansehen in der Öffentlichkeit gegeneinander aufgebracht, aber nicht um diese für sich zu gewinnen, wie das vorher ausgeführt wurde, (1302b) sondern weil sie sehen, dass andere – einige zu Recht, andere zu Unrecht – mehr davon besitzen. Weiterhin (kommt es zu diesen Reaktionen) wegen Unrecht, das zugefügt wurde, um zu erniedrigen, aus Furcht, wegen einer überlegenen Stellung, wegen Verachtung und wegen Machtzuwachs, der die Verhältnisse sprengt; außerdem, in davon verschiedener Weise, wegen Amtserschleichung, Unaufmerksamkeit, Geringfügigkeit und mangelnder Homogenität. [...]

Denn Menschen zetteln politische Auseinandersetzungen an, sowohl wenn sie selber zurückgesetzt werden als auch wenn sie mitansehen, wie andere mit Ehrungen überhäuft werden – solche Verhältnisse herrschen dann zu Unrecht, wenn einige entgegen ihrem Wert Ehrungen empfangen oder ihres Ansehens beraubt werden, zurecht dagegen, wenn dies ihrem Wert entspricht.

Wegen einer überlegenen Stellung (kommt es) dagegen (zu Unruhen), wenn ein einziger oder eine größere Zahl zu mächtig im Verhältnis zum Staat oder der Macht seiner regierenden Körperschaft ist. Denn es kommt häufig vor, dass von solchen (Männern ein Umsturz zur) Monarchie oder Willkürherrschaft weniger Männer ausgeht. Deswegen pflegt man auch in einigen Staaten, wie in Argos und Athen, Verbannung durch Scherbengericht vorzunehmen. Es ist jedoch vorzuziehen, von Anfang dafür zu sorgen, dass sich Männer mit dieser Überlegenheit nicht (in der Bürgerschaft) finden, anstatt dies zuerst zuzulassen und danach (den Schaden) zu heilen versuchen.

Aus Furcht beginnen diejenigen politische Auseinandersetzungen, die unrecht gehandelt haben und dann Strafe fürchten, wie auch diejenigen, denen bevorsteht, Opfer von Unrecht zu sein, weil sie (mit dem Aufstand) dem drohenden Unrecht zuvorkommen wollen. [...] Aus Verachtung beginnen (Menschen) politische Auseinandersetzungen und unternehmen einen Angriff, z.B. in Oligarchien, wenn diejenigen, die von der Verfassung ausgeschlossen sind, die Mehrheit bilden – denn sie glauben, stärker zu sein; und in Demokratien beginnen die Begüterten aus Verachtung für das Fehlen von Ordnung und die Anarchie den inneren Krieg. [...] (1303a25) Anfällig für politische Auseinandersetzungen ist auch eine Bürgerschaft, die nicht aus einem Volksstamm gebildet ist, bis sie zu einer Einheit zusammengewachsen ist. Wie ein Staat nicht aus einer Menschenmenge von beliebiger Art gebildet wird, so auch nicht in einer beliebigen Frist; daher kam es dazu, dass die meisten derjenigen, die bei der Gründung Mitsiedler (aus einem anderen Staat beteiligten) oder (später) Ansiedler aufnahmen, sich in politischen Auseinandersetzungen entzweit haben. [...]

(1303b3) In Oligarchien zettelt die Menge politische Auseinandersetzungen aus dem Gefühl, ungerecht behandelt zu werden, an, da sie nicht an den gleichen (Rechten) teilhat, obwohl sie doch gleich sei, wie schon vorher dargelegt wurde; in den Demokratien (tun dies) die Vornehmen, weil sie (nur) gleiche Rechte haben, obwohl sie nicht gleich seien. Auch wegen ihrer geographischen Lage sind Staaten bisweilen in politische Auseinandersetzungen verstrickt, wenn ihr Territorium seiner Natur nach die Einheit des Staates nicht begünstigt. [...] Wie in kriegerischen Auseinandersetzungen das Überqueren von Gräben, mögen sie auch noch so schmal sein, die Kampfreihen auseinanderreißt, so scheint auch (im Staat) jeder Unterschied eine Spaltung zu verursachen. Der bedeutendste Gegensatz ist wohl der zwischen hervorragender und schlechter persönlicher Qualität, danach der zwischen reich und arm, und in entsprechender Weise (wirkt) der eine Gegensatz in stärkerem Maße als der andere, und der eben behandelte (der geographischen Lage) gehört hierzu.

Zu politischen Auseinandersetzungen kommt es nicht wegen unbedeutender Angelegenheiten, sondern aus geringfügigen Anlässen; aber es sind wichtige Belange, um die Menschen bei ihren politischen Auseinandersetzungen kämpfen. Selbst geringfügige Auseinandersetzungen haben sehr starke Auswirkungen, wenn sie unter einflussreichen Männern stattfinden. [...]

(1307b19) Alle Verfassungen werden aber entweder aus sich selber heraus gestürzt oder von außen – dies tritt dann ein, wenn (ein) benachbarter (Staat) oder ein entfernter, der jedoch mächtig ist, eine entgegengesetzte Verfassung hat. Solche (Verfassungswechsel) pflegten zur Zeit der athenischen und spartanischen Hegemonie stattzufinden, denn die Athener stürzten überall die Oligarchien, die Spartaner dagegen die Demokratien.

Q 73 Die Verwilderung der politischen Sitten in den Bürgerkriegen

Q 73

Kontext: Die Bürgerkriegswirren in Kerkyra im Sommer 427 bilden den Ausgangspunkt der thukydideischen Reflexionen über die Pathologie des Krieges.

(81, 2) Die Kerkyrer aber hatten kaum das Nahen der attischen und das Verschwinden der feindlichen Schiffe bemerkt, als sie heimlich die Messenier von ihrem Lager außerhalb in die Stadt hereinnahmen und den bemannten Schiffen befahlen, zum hylläischen Hafen herumzufahren; solange diese unterwegs waren, erschlugen sie jeden Gegner, dessen sie habhaft wurden; aus den Schiffen hießen sie alle, die sie hineingelockt hatten, aussteigen und erledigten sie; dann gingen sie ins Heraheiligtum und überredeten etwa fünfzig von den Schutzflehenden, sich einem Gericht zu stellen, das sie alsbald alle zum Tode verurteilte; die große Mehrzahl, die sich nicht darauf eingelassen hatten und nun sahen, was geschah, brachten im Heiligtum selbst sich gegenseitig um, manche erhängten sich an den Bäumen oder entleibten sich, wie jeder konnte. Sieben Tage lang seit der Ankunft Eurymedons und der sechzig (athenischen) Schiffe, solang er dablieb, mordeten die Kerkyrer jeden, den sie für ihren Gegner hielten; schuld gaben sie ihnen, dass sie die Volksherrschaft stürzen wollten, aber manche fielen auch als Opfer persönlicher Feindschaft, wieder andere, die Geld ausgeliehen hatten, von der Hand ihrer Schuldner. Der Tod zeigte sich da in jederlei Gestalt, wie es in solchen Zeiten zu gehen pflegt, nichts, was es nicht gegeben hätte und noch darüber hinaus. Erschlug doch der Vater den Sohn, manche wurden von den Altären weggezerrt oder dort selbst niedergehauen, einige auch eingemauert im Heiligtum des Dionysos, dass sie verhungerten.

(82) So ins Unmenschliche steigerte sich dieser Bürgerkrieg und wurde desto stärker so empfunden, als er der allererste dieser Art war. Später freilich ergriff das Fieber so ziemlich die ganze hellenische Welt, da in den zerrissenen Gemeinwesen allerorten die Volksführer sich um Athens Eingreifen bemühten und die Adligen um Spartas. Solang noch Friede war, mochte es wohl an Vorwänden fehlen, auch an Gelegenheit, sie zu Hilfe zu rufen; als aber der

Thukydides, Der Peloponnesische Krieg 3, 81, 2 – 84, 3

Krieg erklärt war und damit die Bündnisse beiden Seiten wichtig wurden, die Schwächung der gegnerischen und dadurch zugleich Neugewinn eigener, war für jeden geplanten Umsturz fremde Hilfe leicht zu erhalten. So brach in ständigem Aufruhr viel Schweres über die Städte herein, wie es zwar geschieht und immer wieder sein wird, solange die Menschen sich gleichbleiben, aber doch schlimmer oder harmloser und in immer wieder anderen Formen, wie es jeweils der Wechsel der Umstände mit sich bringt. Denn im Frieden und Wohlstand ist die Denkart der Menschen und der ganzen Völker besser, weil keine aufgezwungenen Notwendigkeiten sie bedrängen; aber der Krieg, der das leichte Leben des Alltags aufhebt, ist ein gewalttätiger Lehrer und stimmt die Leidenschaften der Menge nach dem Augenblick.

So tobten also Parteikämpfe in allen Städten, und die etwa erst später dahin kamen, die spornte die Kunde vom bereits Geschehenen erst recht zum Wettlauf im Erfinden immer der neusten Art ausgeklügelter Anschläge und unerhörter Rachen an. Und den bislang gültigen Gebrauch der Namen für die Dinge vertauschten sie nach ihrer Willkür: unbedachtes Losstürmen galt nun als Tapferkeit und gute Kameradschaft, aber vordenkendes Zögern als ausgeschmückte Feigheit, Sittlichkeit als Deckmantel einer ängstlichen Natur, Klugsein bei jedem Ding als Unfähigkeit zum handeln; tollkühnes Auftreten rechnete man zu Mannes Art, aber behutsames Weiterberaten nahm man als ein schönes Wort zur Verbrämung von Verweigerung. Wer schalt und eiferte, galt immer für glaubwürdig, wer ihm widersprach, für verdächtig. Tücke gegen andere, wenn erfolgreich, war ein Zeichen der Klugheit, sie zu durchschauen war erst recht groß, wer sich aber selber vorsah, um nichts damit zu tun zu haben, von dem hieß es, er zersetze den Zusammenhalt der Hetairie (= politische Vereinigung) und zittere vor den Gegnern. Kurz, bösem Plan mit bösem Tun zuvorzukommen brachte Lob, auch den noch Arglosen anzustiften. Dann entfremdeten sich die Verwandten über all den Hetairien, die so viel rascher bereit waren, ohne Zaudern zuzuschlagen. Denn das waren Vereine, die nicht den geltenden Gesetzen entsprechend zur gegenseitigen Hilfe existierten, sondern gegen die bestehende Ordnung zur Raffgier. Untereinander verbürgte ihnen die Treue weniger das göttliche Recht als gemeinsam begangenes Unrecht. Ein edelmütiger Vorschlag von den Gegnern fand Eingang aus zweckmäßiger Vorsicht, wenn diese überlegen waren, und nicht aus ehrlichem Vertrauen. Sich wiederzurächen am anderen war mehr wert, als selber verschont geblieben zu sein. Eide, falls noch irgendein Vergleich auf die Art bekräftigt wurde, wurden nur in der Not geleistet, wenn beide sich nicht mehr anders zu helfen wussten, und galten für den Augenblick; wer aber bei günstiger Gelegenheit zuerst wieder Mut fasste, wenn er eine Blöße entdeckte, der nahm seine Rache lieber durch Verrat als in offenem Kampf, einmal zu seiner Sicherheit und dann, weil der durch Betrug erlangte Triumph ihm noch den Siegespreis der Schlauheit hinzugewann. Denn im Allgemeinen heißt der Mensch lieber ein Bösewicht, aber gescheit, als ein Dummkopf, wenn auch anständig; des einen schämt er, mit dem andern brüstet er sich.

Die Ursache von dem allem war die Herrschsucht mit ihrer Habgier und ihrem Ehrgeiz und daraus dann, bei der entbrannten Kampfwut, noch die ungezügelte Leidenschaft. Denn die führenden Männer in den Städten, auf beiden Seiten mit einer bestechenden Parole, sie seien Verfechter staatlicher Gleichberechtigung der Menge oder einer gemäßigten Herrschaft der Besten, machten das Gemeingut, dem sie angeblich dienten, zu ihrer Beute, und in ihrem Ringen, mit allen Mitteln einander zu überwältigen, vollbrachten sie ohne Scheu die furchtbarsten Dinge und überboten sich dann noch in der

Rache; nicht, dass sie sich dafür eine Grenze gesteckt hätten beim Recht oder
beim Staatswohl – da war freie Bahn, soweit jede Partei gerade ihre Laune
trieb. Ob sie nun durch ungerechten Stimmstein oder mit der Faust sich zum
Herrn machten, es war alles recht, um nur die Kampfwut des Augenblicks zu
ersättigen. Frömmigkeit galt weder hüben noch drüben; man schaffte sich
vielmehr einen guten Namen, wenn es gelang, gerade durch den Schönklang
eines Wortes eine Tat des Hasses zu vollführen. Und die Mittelschicht der
Bürger wurde, weil sie nicht mitkämpfte oder aus Neid, dass sie davonkäme,
von beiden Seiten her ausgemordet.

(83) So kam in der hellenischen Welt durch die Bürgerkriege jede Art von
Sittenverderbnis auf, und die Einfalt, die mit edler Art so nah verwandt ist,
ging unter im Hohn; mit misstrauischer Gesinnung gegeneinander zu stehen
wurde das Herrschende. Denn um zu schlichten war kein Wort unumstößlich,
kein Eid fürchterlich genug, und da alle besser fuhren mit Berechnung, bei
keiner Hoffnung auf Verlass, suchten sie lieber jedem Schaden vorzubauen
und konnten nicht mehr vertrauen. Und die geistig Schwächeren vermochten
sich meist zu behaupten; denn in ihrer Furcht wegen des eigenen Mangels
und der Klugheit ihrer Gegner, denen sie sich im Wort nicht gewachsen fühlten, und um nicht unversehens einem verschlageneren Geist in die Falle zu
gehen, schritten sie verwegen zur Tat; die aber überlegen meinten, sie würden
es schon rechtzeitig merken und hätten nicht nötig, mit Gewalt zu holen, was
man mit Geist könne, waren viel wehrloser und kamen schneller ums Leben.

(84) In Kerkyra nun wurde das meiste davon vorab erprobt, was manche,
mit mehr Frevelsinn als Maß beherrscht, den zur Rache Gereiften heimzahl-
ten, andere, der gewohnten Armut überdrüssig, meist aus Leidenschaft, nach
fremdem Gute lüstern, gegen das Recht beschlossen oder auch gegen ihresgleichen, nicht zur Bereicherung, aber von ungezügeltem Zorn maßlos hinge-
rissen, fühllos und unerbittlich vollführten. Und bei der Verwirrung des Lebens im damaligen Staat, da kein Gesetz mehr band, konnte die menschliche
Natur, die auch gegen das Gesetz gern sündigt, unbekümmert zeigen, wie sie
des Zornes nicht Meister ist, des Rechtes Verächterin und Feindin jedes Hö-
hergestellten – sie hätten ja doch nicht die Rache über die fromme Scheu gesetzt und Gewinn über Rechtlichkeit, besäße nicht so verderbliche Kraft der
Neid. So pflegen die Menschen die allgemein hier gültigen Gesetze, auf die
sich aller Hoffnung gründet, auch bei eigenen Fehlschlägen sich noch zu retten, ihrer Rache an anderen zuliebe erst einmal zu brechen und sie nicht bestehen zu lassen, auch wenn jemand in Gefahr ihrer bedürftig sein könnte.

Q 74 Die Gründung des Delisch-Attischen Seebundes

(96) Auf diese Weise bekamen die Athener die Führung, mit Zustimmung der
Verbündeten, weil (der Spartaner) Pausanias verhasst war, und setzten nun
fest, welche Städte Geld gegen den Barbaren beisteuern sollten und welche
Schiffe – denn die Vorgabe war: Vergeltung erlittener Unbill durch Verwüs-
tungen des königlichen Landes. Damals setzten die Athener zuerst die Behörde der Hellenotamiai (= »Schatzmeister von Hellas«) ein, die den *phoros*
– so nannte man die Geldabgabe – in Empfang zu nehmen hatten. Der erste
phoros, der umgelegt wurde, betrug 460 Talente; als Schatzhaus (zur Aufbe-
wahrung des *phoros*) wählten sie Delos, und dort im Heiligtum waren auch
ihre Versammlungen.

Q 74

Q 74a
*Thukydides, Der
Peloponnesische Krieg
1, 96*

Q 74b
*Aristoteles, Staat der
Athener 23, 3 – 24, 2*

(23, 3) Die Fürsprecher des Volkes in dieser Zeit waren Aristeides, Sohn des Lysimachos, und Themistokles, Sohn des Neokles; der Letztere war für die Kriegsangelegenheiten zuständig und der Erstere galt als geschickter Politiker und als ein Mann, der unter seinen Zeitgenossen durch persönliche Gerechtigkeit hervorragte; daher verwendeten sie den einen als Strategen, den anderen als politischen Ratgeber. [...] Aristeides war es, der die Ionier zum Abfall von ihrem Bündnis mit den Spartanern anspornte, da er wahrgenommen hatte, dass die Spartaner wegen des Verhaltens des Pausanias heftig kritisiert worden waren. Deshalb war er es auch, der die ersten Beiträge für die Bundesstädte im dritten Jahre nach der Schlacht bei Salamis, unter dem Archonten Timosthenes (478/77), festsetzte; er leistete auch den Ioniern die Eide, dass es (für die Athener) dieselben Feinde und dieselben Freunde (wie für die Bundesgenossen) geben solle; zur Bekräftigung dessen versenkten sie die Eisengewichte im Meer.

(24) Danach, als die Stadt schließlich Selbstvertrauen gewann und eine große Geldsumme angesammelt worden war, riet er (Aristeides den Athenern), die führende Rolle (über die Bundesstädte) zu übernehmen, das Land zu verlassen und in der Stadt zu wohnen; denn es werde Unterhalt für alle geben, für einige auf Feldzügen, für andere im Besatzungsdienst und für andere bei der Staatsverwaltung, und auf solche Art würden sie ihre führende Position behalten. Sie ließen sich hierzu überreden, übernahmen die Kontrolle über ihr Reich und begannen, gegen ihre Bundesgenossen auf herrische Weise vorzugehen, mit Ausnahme der Chioten, Lesbier und Samier; diese benutzten sie als Bewacher ihres Reiches und erlaubten ihnen, ihre eigenen Verfassungen (zu behalten) und, welchen Besitz auch immer sie hatten, über diesen weiter zu herrschen.

Q 75

Q 75a
*Thukydides, Der
Peloponnesische Krieg 2,
65, 5–13*

Q 75 Perikles als Lenker der athenischen Politik

Denn solang er die Stadt leitete im Frieden, führte er sie mit Mäßigung und erhielt ihr ihre Sicherheit, und unter ihm wurde sie so groß, und als der Krieg ausbrach, da hatte er, wie sich zeigen lässt, auch hierfür die Kräfte richtig vorausberechnet. Er lebte dann noch zwei Jahre und sechs Monate, und nach seinem Tode wurde seine Voraussicht für den Krieg erst recht deutlich. Denn er hatte ihnen gesagt, sie sollten sich nicht zersplittern, die Flotte ausbauen, ihr Reich nicht vergrößern während des Krieges und die Stadt nicht aufs Spiel setzen, dann würden sie siegen. Sie aber taten von allem das Gegenteil und rissen außerdem aus persönlichem Ehrgeiz und zu persönlichem Gewinn den ganzen Staat in Unternehmungen, die mit dem Krieg ohne Zusammenhang schienen und die, falsch für Athen selbst und seinen Bund, solange es gut ging, eher einzelnen Bürgern Ehre und Vorteil brachten, im Fehlschlag aber die Stadt für den Krieg schwächten. Das kam daher, dass er, mächtig durch sein Ansehen und seine Einsicht und in Gelddingen völlig unbestechlich, die Masse in Freiheit bändigte, selber führend, nicht von ihr geführt, weil er nicht, um mit unsachlichen Mitteln die Macht zu erwerben, ihr zu Gefallen redete, sondern genug Ansehen hatte, ihr wohl auch im Zorn zu widersprechen. Sooft er wenigstens bemerkte, dass sie zur Unzeit sich in leichtfertiger Zuversicht überheblich zeigten, traf er sie mit seiner Rede so, dass sie ängstlich wurden, und aus unbegründeter Furcht hob er sie wiederum auf und machte ihnen Mut. Es war dem Namen nach eine Demokratie, in Wirklichkeit vollzog sich aber eine Herrschaft des Ersten Mannes.

Aber die Späteren, untereinander eher gleichen Ranges und nur bemüht, jeder der Erste zu werden, gingen sogar so weit, die Führung der Geschäfte den Launen des Volkes auszuliefern. Daher wurden immer wieder, bei der Größe der Stadt und ihrer Herrschaft, viele Fehler begangen, vor allem die Fahrt nach Sizilien, die eigentlich nicht falsch war im Plan gegenüber den Angegriffenen, nur dass die Daheimgebliebenen, statt dem ausgesandten Heer mit zweckmäßigen Beschlüssen weiterzuhelfen, durch das Ränkespiel der einzelnen Bürger, die um die Führerschaft im Volk buhlten, die Kraft des Auszugs im Feld sich abstumpfen ließen und in der Stadt die inneren Wirren anfingen. Und nachdem sie in Sizilien eine solche Streitmacht und vor allem den größten Teil der Flotte eingebüßt hatten und in der Stadt die Parteikämpfe nun ausgebrochen waren, behaupteten sie sich trotzdem noch zehn Jahre lang sowohl gegen ihre bisherigen Feinde wie gegen die neuen von Sizilien, dazu gegen ihre meistenteils abtrünnigen Verbündeten und schließlich sogar gegen Kyros, den Sohn des Großkönigs, der den Peloponnesiern Geld gab für ihre Flotte; und sie ergaben sich nicht eher, als bis sie in ihren eigenen Streitigkeiten über sich selber hergefallen und so zugrunde gegangen waren. Ein solcher Überschuss an Macht berechtigte damals Perikles zu der Voraussage, dass sie gegen die Peloponnesier allein sogar sehr leicht den Krieg gewinnen würden.

Q 75b
Plutarch, Perikles 16, 1–3

Während indes Thukydides die Machtstellung des Perikles in klarer, zuverlässiger Weise schildert, geben die Komödiendichter davon ein boshaft verzerrtes Bild. So nannten sie ihn und seine Anhänger »die neuen Peisistratiden« und forderten ihn auf, durch einen Eid allen Absichten auf die Tyrannis zu entsagen; seine überragende Stellung vertrage sich nicht mit der Demokratie und liege als schwere Last auf der Stadt. Die Athener, sagt Telekleides, übergaben ihm:
»Die Steuern der Städte und die Städte dazu, sie zu binden oder zu lösen, die steinernen Mauern, teils, sie zu erbauen, dann wieder, sie niederzureißen, Verträge und Frieden und Macht und Gewalt mitsamt dem Glück und dem Reichtum.«
Und dies war nicht etwa ein flüchtiger Augenblick, nicht der glanzvolle Höhepunkt einer für kurze Zeit blühenden Regierung, nein, vierzig Jahre lang behauptete er sich unter Männern wie Ephialtes, Leokrates, Myronides, Kimon, Tolmides und Thukydides (der Sohn des Melisias) an der Spitze des Staates, und nach des Letzteren Sturz und Verbannung blieb er als Stratege fünfzehn Jahre hindurch ununterbrochen im Besitz der höchsten Macht und Gewalt, obwohl dieses Amt sonst jährlich wechselte.

Q 76 Die Athener erzwingen 453/52 nach einem Abfallversuch den Wiedereintritt der kleinasiatischen Stadt Erythrai in den Seebund und führen dort eine demokratische Verfassung ein

Q 76

Fundkontext: Auf der Athener Akropolis in der Nähe des Erechtheions gefundene Marmorstele; heute verschollen.

[Beschluss von Rat und Volk. In der Prytanie der Phyle. ..., ...] führte den Vorsitz, L[... stellte den Antrag:]
Die Erythraier sollen Getreide zu den Großen Panathenäen mitbringen, im Wert von nicht weniger als drei Minen, und zuteilen soll man (davon) denje-

Inscriptiones Graecae
(IG) I³ 14, Z. 9–39

nigen von den Erythraiern, die anwesend sind, [---] der Opferpriester (*hiero-poíos*) [---] Wenn sie [weniger(?)] mitbringen [---] als im Wert von drei Minen, sollen sie [zum festgesetzten Preis] Getreide der Priester kaufen. Der Demos [---] Drachmen [---] vom Fleisch [---] für jeden, der will.

Von den Erythraiern soll durch Los ein Rat (*boulé*) von 120 Männern bestimmt sein. Den [Erlosten soll man überprüfen] im Rat und es soll [niemandem erlaubt] sein, dem Rat anzugehören, weder [---] noch wenn er jünger als dreißig Jahre alt ist. Gegen die Überprüften soll ein Gerichtsverfahren (*díoxis*) (möglich) sein. Innerhalb von vier Jahren soll niemand [ein zweites Mal] Ratsherr sein. Den jetzigen Rat auslosen und einsetzen sollen die Inspektoren (*epískopoi*) und der Garnisonskommandant (*phroúrarchos*), in Zukunft aber der Rat und der Garnisonskommandant, nicht weniger als dreißig Tage, bevor der Rat aus dem Amt scheidet.

Schwören sollen sie bei Zeus, Apollon und Demeter, indem sie die Meineidigen mit einem Fluch belegen [---] und auch ihre Kinder [---] auf Opfer [---] Der Rat soll nicht weniger an Brandopfern darbringen [---] wenn aber nicht, soll man [---] mit 1000 Drachmen bestrafen [---] das Volk (*dêmos*) soll nicht weniger an Brandopfern bringen.

Folgendes soll der Rat schwören: Ich werde als Ratsherr tätig sein, so gut ich kann und so gerecht wie möglich für das Volk (*pléthos*) der Erythraier und der Athener und der Bundesgenossen (*sýmmachoi*), und ich werde weder vom Volk der Athener abfallen noch von den Bundesgenossen der Athener, weder ich selbst noch werde ich einem anderen darin folgen, und [ich werde] nicht [---] weder ich selbst, noch werde ich einem anderen (darin) folgen. Von den Verbannten, die zu den Persern (*mêdoi*) geflohen sind, werde ich keinen einzigen aufnehmen, weder ich selbst, noch werde ich jemandem darin Folge leisten ohne Beschluss des Rates der Athener und des Volkes (*dêmos*) und von den (in Erythrai) Verbliebenen werde ich niemanden vertreiben ohne Beschluss des Rates der Athener und des Volkes.

Wenn ein Erythraier einen anderen Erythraier tötet, soll er sterben, wenn er (zum Tode) verurteilt wird; [wenn er aber zur Verbannung] verurteilt wird, soll er aus dem gesamten Gebiet des Bündnissystems (*symmachía*) der Athener verbannt sein und sein Vermögen soll an die Gemeinde der Erythraier fallen. Wenn jemand [---] den Tyrannen [---] der Erythraier [---] und [---] soll man ihn [straflos] töten dürfen.

(Die restlichen fragmentarischen Zeilen lassen sich nicht mehr sicher zu ergänzen.)

Q 77

Q 77 Die Athener zwingen 446/45 die Stadt Chalkis auf Euboia zum Wiedereintritt in den Seebund

Fundkontext: In der Südmauer der Athener Akropolis nachträglich verbaute Marmorstele; jetzt im Akropolis-Museum.

Inscriptiones Graecae (IG) I³ 40

Beschlossen haben der Rat und das Volk; (die Phyle) Antiochis hatte die Prytanie inne, Drakontides war Epistates, Diognetos stellte den Antrag: Folgendermaßen sollen den Eid schwören von den Athenern der Rat und die Richter.

»Nicht werde ich vertreiben die Chalkidier aus Chalkis noch die Stadt zerstören, werde über keine Einzelperson eine Ächtung (*atimía*) verhängen noch sie mit Verbannung bestrafen, werde sie weder ergreifen noch töten noch ihr Vermögen einziehen lassen ohne Verurteilung, die nicht unter Mitwirkung des Volkes der Athener ergangen ist. Auch werde ich keine Abstimmung ohne Vorankündigung veranlassen, weder gegen die Gesamtheit noch gegen irgendeine Einzelperson, und wenn eine Gesandtschaft eingetroffen ist, werde ich sie führen vor den Rat und vor das Volk binnen zehn Tagen, wenn ich Prytane bin, nach Kräften. Dies werde ich unverbrüchlich den Chalkidiern gegenüber einhalten, wenn sie Folge leisten dem Volk der Athener.«

Den Eid soll eine Gesandtschaft, wenn sie eingetroffen ist aus Chalkis, mit Unterstützung der Eideshelfer abnehmen den Athenern und (in einer Liste) eintragen die, welche geschworen haben. Dass alle schwören, dafür sollen Sorge tragen die Strategen.

Nachfolgendem (Wortlaut) sollen die Chalkidier schwören: »Nicht abfallen werde ich vom Volk der Athener, mit keinen Mitteln und keinerlei Machenschaft noch mit irgendeiner List, weder in Wort noch in Tat, und werde dem, der abfällt, nicht Folge leisten, und wenn jemand auf Abfall hinarbeitet, werde ich ihn den Athenern anzeigen. Und den Tribut werde ich zahlen den Athenern, zu dem ich die Athener überreden kann, und werde Bundesgenosse sein, nach Kräften der beste und pflichtbewussteste, und werde dem Volk der Athener zu Hilfe kommen und Beistand leisten, wenn jemand Unrecht zufügt dem Volk der Athener, und werde Folge leisten dem Volk der Athener.«

Schwören sollen von den Chalkidiern die Erwachsenen allesamt. Wer nicht schwört, soll selbst der Ächtung (*atimía*) verfallen sein; sein Vermögen soll eingezogen werden, und dem Zeus Olympios soll der zehnte Teil von dem Vermögen geweiht sein. Den Eid abnehmen soll eine Gesandtschaft der Athener, wenn sie eingetroffen ist in Chalkis, mit Unterstützung der Eideshelfer in Chalkis, und (in einer Liste) eintragen die Chalkidier, welche geschworen haben.

Antikles stellte den Antrag: Zum guten Glück der Athener! Leisten sollen die Athener und Chalkidier denselben Eid, wie ihn für die Eretrier beschlossen hat das Volk der Athener; dass dies so rasch wie möglich geschieht, dafür sollen die Strategen Sorge tragen. Als Beauftragte, die den Eid abnehmen, wenn sie eingetroffen sind in Chalkis, soll das Volk fünf Männer unverzüglich wählen. Was die Geiseln betrifft, soll man Bescheid geben den Chalkidiern, dass für jetzt die Athener es für gut befinden, es in der Weise zu belassen, wie durch Beschluss geregelt ist, dass sie aber, wenn es angebracht erscheint, nach Beratung ein Übereinkommen treffen in der Weise, wie es den Interessen der Athener und Chalkidier zu entsprechen scheint. Die Fremden in Chalkis, ausgenommen diejenigen, welche (dort) wohnhaft sind und ihre Abgaben nicht nach Athen entrichten, sowie wer sonst verliehen bekommen hat die Steuerfreiheit (*atéleia*) vom Volk der Athener, sollen alle ihre Abgaben nach Chalkis entrichten wie die anderen Chalkidier. Diesen Beschluss sowie den Eid soll aufschreiben lassen in Athen der Schriftführer des Rates auf einer Stele aus Marmor und sie aufstellen lassen auf der Akropolis auf Kosten der Chalkidier; in Chalkis soll im Heiligtum des Zeus Olympios der Rat der Chalkidier ihn aufschreiben und aufstellen lassen. Diese Maßnahmen soll man beschließen für die Chalkidier.

Die Opfer, die laut den Orakeln bezüglich Euboias zu vollziehen sind, sollen unverzüglich zusammen mit Hierokles drei Männer darbringen, welche der Rat aus seiner Mitte gewählt hat. Dass die Opfer so rasch wie möglich vollzogen werden, dafür sollen die Strategen mitverantwortlich sein und den Geldbetrag hierfür zur Verfügung stellen.

Archestratos stellte den Antrag: In allen Punkten Übereinstimmung mit Antikles, doch sollen die Strafen der eigenen Entscheidung der Chalkidier in Chalkis anheim gestellt sein so wie in Athen den Athenern, mit Ausnahme von Verbannung, Todesstrafe und Atimie; in diesen Fällen soll es Berufung geben nach Athen an die Heliaia der Thesmothetai gemäß dem Beschluss des Volks. Für den Schutz Euboias sollen die Strategen Sorge tragen nach besten Kräften, damit es für die Athener so gut wie möglich steht. Eid.

<table>
<tr><td>Q 78</td><td>

Q 78 Thukydides über die Anfänge des Peloponnesischen Krieges
</td></tr>
</table>

Q 78

Thukydides, Der Peloponnesische Krieg 1, 23

Q 78 Thukydides über die Anfänge des Peloponnesischen Krieges

Von allen früheren Taten war also die bedeutendste der Perserkrieg, und doch kam dieser in zwei Seeschlachten und zweien zu Lande rasch zur Entscheidung, während dieser Krieg schon der Dauer nach sich lang ausdehnte und so vielerlei Leiden damals über Hellas hereinbrachen wie sonst nie in gleicher Zeit. Nie wurden so viele Städte erobert und entvölkert, teils durch Barbaren, teils in gegenseitigen Kämpfen, manche bekamen sogar nach der Einnahme eine ganz neue Bevölkerung; nie gab es so viel Flüchtlinge, so viele Tote, durch den Krieg selbst und in den Parteikämpfen. Was man von früher immer sagen hörte, aber die Wirklichkeit so selten bestätigte, wurde glaubhaft: Erdbeben, die weiteste Länderstrecken zugleich mit ungewohnter Wucht heimsuchten, Sonnenfinsternisse, die dichter eintrafen, als je aus früherer Zeit überliefert, dazu manchenorts unerhörte Hitze und darauf folgend Hungersnot, und schließlich, nicht die geringste Plage, ja zum Teil Vernichterin, die Seuche: all dies fiel zugleich mit diesem Krieg über die Hellenen her. Es fing damit an, dass Athener und Peloponnesier den dreißigjährigen Vertrag aufhoben, den sie nach der Einnahme Euboias geschlossen hatten. Die Ursachen, warum sie ihn aufhoben, und die Streitpunkte schreibe ich vorweg, damit nicht später einer fragt, woher denn ein solcher Krieg in Hellas ausbrach. Den wahrsten Grund freilich, zugleich den meistbeschwiegenen, sehe ich im Wachstum Athens, das die erschreckten Spartaner zum Kriege zwang.

Q 79

Thukydides, Der Peloponnesische Krieg 1, 140–145

Q 79 Perikles fordert von den Athenern Unnachgiebigkeit gegenüber den Spartanern und ihren Verbündeten

(140) »An meiner Meinung, Athener, halte ich unverändert fest, den Peloponnesiern nicht nachzugeben, obwohl ich weiß, dass die Menschen die Stimmung, in der sie sich zu einem Krieg bestimmen lassen, nicht durchhalten in der Wirklichkeit des Handelns, sondern mit den Wechselfällen auch ihre Gedanken ändern. So sehe ich auch jetzt Anlass, meinen Rat gleich oder ähnlich zu wiederholen, und wer von euch meine Meinung annimmt, der sollte, finde ich, auch wenn wir einmal Unglück haben, zum gemeinsamen Beschluss stehen, oder aber auch bei Erfolgen sich am klugen Plan keinen Anteil beimessen. Denn es kommt vor, dass die Zufälle der Wirklichkeit ebenso sinnlose Wege gehen wie die Gedanken des Menschen – darum pflegen wir ja auch, sooft Dinge unsere Berechnungen kreuzen, dem Schicksal schuld zu geben.

Dass die Spartaner auf unser Verderben sinnen, war schon lange deutlich, und jetzt erst recht. Es war ausgemacht, dass wir bei gegenseitigen Streitigkeiten ein Schiedsverfahren anbieten und annehmen wollen, beide im Besitz dessen, was wir besitzen; trotzdem haben sie uns noch nie vorgeladen noch nehmen sie unser Angebot an, sondern wollen durch Krieg statt durchs Gespräch die Beschwerden beilegen; jetzt kommen sie schon nicht mehr mit Anklagen, sondern sie befehlen. Abzug des Heeres von Poteidaia verlangen sie, Gewährung der Unabhängigkeit an Aigina, Aufhebung des Megarerbeschlusses, und die letzten, die hier eintrafen, fordern die Selbständigkeit der Hellenen überhaupt. Ihr aber, glaubt nur nicht, wir würden Krieg führen um eine Kleinigkeit, wenn wir den Megarerbeschluss nicht aufheben; dahinter verschanzen sie sich jetzt: ihr müsstet ihn rückgängig machen, dann gäbe es keinen Krieg; aber in euch selbst müsst ihr jede Spur des Gedankens tilgen, als hättet ihr aus einem nichtigen Grunde Krieg begonnen. Denn diese Kleinigkeit bedeutet Prüfstein und Erhärtung eurer ganzen Gesinnung; gebt ihr hier nach, so empfangt ihr sofort einen neuen, schwereren Befehl – denn ihr habt ja aus Angst gehorcht. Bleibt ihr stark, so macht ihr ihnen deutlich, dass sie euch mehr von gleich zu gleich zu begegnen haben. (141) Dies ist also der Punkt der Entscheidung, ob wir uns fügen, ehe es uns schlecht geht, oder Krieg führen, wie es mir richtiger scheint, unnachgiebig bei kleinem ebenso wie bei großem Anlass, und um furchtlos zu besitzen, was wir haben. Denn die gleiche Unterjochung bedeutet die größte wie die geringste Forderung, die Gleichberechtigte ohne Richterspruch gegen andere erheben.

Dass wir aber für den Krieg und im Vergleich der vorhandenen Mittel nicht schwächer dastehen, sollt ihr erkennen, indem ihr Punkt für Punkt vernehmt: alles bei den Peloponnesiern ist für den Hausgebrauch, Geld haben sie weder für sich noch im Staat, und in langwierigen und überseeischen Kriegen fehlt ihnen die Erfahrung, weil sie in ihrer Armut immer nur kurz einander selbst bekriegen. Ein solches Volk aber vermag weder Schiffe zu bemannen noch Fußtruppen öfters auszusenden, wofür sie ja von ihren Gütern fern sein und zugleich aus denselben die Kosten bestreiten müssten, und wo ihnen zudem die See versperrt ist. Und ein Krieg lebt vom Überfluss, nicht aus gewaltsamen Umlagen; auch setzen Menschen, die alles selbst arbeiten, im Krieg lieber ihre Leiber ein als Geld: mit dem Leben haben sie ein Zutrauen, aus Gefahren doch noch davonzukommen, aber bei ihrem Hab und Gut keine Sicherheit, ob es nicht zu früh verbraucht sei, zumal wenn ihnen wider Erwarten, was doch wahrscheinlich ist, der Krieg länger dauert.

In einer einzigen Schlacht sind nämlich die Peloponnesier und ihre Verbündeten wohl imstande, es mit den gesamten Hellenen aufzunehmen; aber Krieg zu führen sind sie außerstande mit einer Gegenmacht von so fremder Art, sie, die ja nicht nach Beschluss einer einzigen Körperschaft im raschen Augenblick etwas durchführen, sondern, gleichen Stimmrechts, aber nicht gleichen Stammes, jeder sein eigenes Ziel verfolgen – dabei aber pflegen keine Taten zu gedeihen. Wollen doch die einen alles tun, ihre Rache zu befriedigen, die anderen nichts drangeben von ihrem Eigenen. Sind sie endlich versammelt, so erwägen sie kurze Zeit die gemeinsamen Anliegen, in der Hauptsache betreiben sie ihre Sondergeschäfte; jeder meint, seine eigene Sorglosigkeit schade nichts, es werde schon ein anderer sorgen an seiner Statt, dass etwas geschehe, so dass durch die gleiche allgemeine Auffassung jedes einzelnen unvermerkt die gemeinsame Sache ganz und gar verdirbt. (142) Und das Wichtigste, ihr Mangel an Geld wird sie behindern, wenn ihnen über mühsamer Beschaffung Zeit verloren geht – aber die guten Stunden im Kriege warten nicht. Auch ihr Festungsbau bei uns und ihre Flotte verdienen nicht, dass man sie fürchte. Beim einen wäre es selbst im Frieden schwierig, eine uns ebenbürtige Stadt anzulegen, geschweige in Feindesland, wo wir mindestens so gute Gegenmauern wider sie haben; und von einem Bollwerk aus könnten sie gewiss einen

Teil des Landes schädigen durch Streifzüge und Überläufereien, aber niemals wird das ausreichen, um uns zu hindern, dass wir nicht hinfahren und uns in ihrem Land verschanzen und uns, wo unsre Stärke liegt, mit unsern Schiffen wehren. Denn aus der Seefahrt bringen wir immer noch mehr Erfahrung mit für den Landkrieg, als sie aus dem Binnenleben für die Flotte. Zur See aber Sachverständnis erst zu erwerben wird ihnen nicht leicht fallen. Seid doch selbst ihr, mit eurer ständigen Übung schon seit der Perserzeit, noch lange nicht fertig. Wie sollten da Bauern vom Innern des Landes etwas Rechtes leisten, wenn wir zudem mit vielen Schiffen sie immer belauern und nicht zur Ausbildung kommen lassen? Bei einem Geschwader von wenigen Schiffen könnten sie ja einen Durchbruch wagen, wenn ihre Menge ihrer Unerfahrenheit Mut macht; wo aber viele ihnen die Ausfahrt sperren, werden sie still liegen, und je weniger sie sich üben, desto ungeschickter und drum auch zaghafter werden sie bleiben. Seefahrt ist eine Kunst wie eine andere und erlaubt nicht, dass man sie bei Gelegenheit als Nebenwerk betreibe, vielmehr hat neben ihr kein Nebenwerk sonst mehr Raum. (143) Sollten sie aber an den Schätzen in Olympia und Delphi sich vergreifen und versuchen, mit höherem Sold unsere geworbenen Seeleute zu sich herüberzuziehen, so wäre es doch eine Schande, wenn wir nicht selber gemeinsam mit unseren Metöken als unsere eignen Ruderer gegen sie aufkämen; das ist also immer möglich, und, was entscheidend ist, als Steuerleute haben wir Bürger – und auch für die übrige Mannschaft mehr und bessere Leute als das gesamte übrige Hellas. Ferner wird bei so viel Gefahr keiner der Söldner bereit sein, das eigene Land aufzugeben und, zudem mit der schwächeren Hoffnung, für wenige Tage hoher Soldzahlung drüben mitzukämpfen.

So also oder in der Art sehe ich die Aussichten der Peloponnesier, die unsrigen aber frei von den dort gerügten Mängeln, dafür aber haben wir andere, ungleich größere Vorzüge. Marschieren sie aber in unser Land ein, so fahren wir gegen das ihrige, und dann bedeutet es nicht mehr das Gleiche, ob vom Peloponnes ein Teil kahl gelegt wird oder selbst ganz Attika; denn sie werden sich kein Ersatzland schaffen können kampflos, während wir viel Land haben auf den Inseln und an den Küsten; es ist nämlich etwas Großes um die Beherrschung des Meeres. Denkt doch: bewohnten wir eine Insel, wer wäre wohl unangreifbarer? So aber müsst ihr euch dem so nah wie möglich denken, müsst Land und Gebäude preisgeben, aber Meer und Stadt verteidigen und nicht im Zorn um das Eure den Peloponnesiern mit ihrer Übermacht eine Schlacht liefern (denn ein Sieg bringt uns nur künftige Kämpfe mit noch größeren Scharen, und unterliegen wir, so gehen uns unsre Verbündeten, wo unsere Kraft liegt, mit verloren; sie werden ja nicht Ruhe halten, sobald wir nicht mehr stark genug sind, sie zu bekriegen). Bejammert also, wenn es sein muss, die Gefallenen, aber nicht Häuser und Land; denn diese sind nicht die Herren des Menschen, sondern der Mensch ist der Herr seines Besitzes. Ja, wenn ich glauben könnte, euch zu überreden, ich hieße euch selber ausziehen und alles verwüsten, um den Peloponnesiern zu zeigen, dass ihr euch solcher Dinge wegen nicht demütigt.

(144) Noch manche andere Hoffnung habe ich, dass wir gewinnen, wenn ihr euch entschließt, euer Reich nicht zu erweitern, solang ihr Krieg habt, und nicht freiwillig noch mehr Gefahren sucht. Fürchte ich doch weit mehr unsre eignen Fehler als die Anschläge unserer Gegner. Aber diese Dinge klarzulegen wird noch in einer spätern Rede Zeit sein, wenn wir erst im Kriege sind; jetzt aber wollen wir die Gesandten heimschicken mit der Antwort, die Megarer würden wir auf unsrem Markt, in unseren Häfen zulassen, wenn auch Sparta

auf die Fremdenausweisungen uns und unseren Verbündeten gegenüber verzichtet – der Vertrag verwehrt dieses so wenig wie jenes; den Städten würden
wir die Unabhängigkeit gewähren, wenn wir sie schon unabhängig hielten
beim Vertragsschluss, und wenn auch die Spartaner ihren Städten freistellten,
nicht auf Spartas Vorteil hin sich selbst zu bestimmen, sondern wie jede selber
wolle; einem Schiedsgericht seien wir bereit uns zu stellen nach der Übereinkunft; Krieg würden wir nicht anfangen, aber, angegriffen, uns wehren. Diese
Antwort wäre gerecht und unsrer Stadt zugleich würdig. Ihr müsst aber wissen, dass der Krieg notwendig ist, und je williger wir ihn annehmen, desto
weniger scharf werden unsre Gegner uns zusetzen, ferner, dass aus der größten Gefahr dem Staat wie dem einzelnen auch die größte Ehre zu wächst.
Wenigstens haben unsre Väter, die den Persern stand hielten und nicht so viel
einzusetzen hatten, wohl aber noch das, was sie hatten, im Stich ließen, mit
mehr Geist als Glück und größerem Mut als Macht den Barbaren zurückgeschlagen und uns auf solche Höhe geführt. Hinter ihnen zurückzubleiben,
wäre nicht recht, sondern unsere Feinde auf jede Weise ab zuwehren und
unseren Nachkommen – wenn irgend möglich – keine geringere Größe zu
vererben.«
(145) So sprach Perikles. Und die Athener anerkannten seinen Rat als den
besten, erhoben seinen Vorschlag zum Beschluss und antworteten den Spartanern in seinem Sinne, im Einzelnen, wie er angegeben, und im Ganzen, sie
würden keinem Befehl gehorchen, seien aber vor einem Gericht bereit nach
der Übereinkunft sich wegen der Beschwerden mit ihnen zu verständigen als
Gleichberechtigte. Damit zogen die Gesandten heimwärts und kamen später
nicht wieder.

Q 80 Kriegsstimmung in ganz Griechenland

Q 80

*Thukydides, Der
Peloponnesische Krieg
2, 7–8*

(7) Nach diesem Kampf in Plataiai, womit nun augenfällig der Vertrag gebrochen war, rüsteten sich die Athener zum Kriege, rüsteten auch die Spartaner mit ihren Verbündeten; sie bereiteten Gesandtschaften vor zum Großkönig und anderwärts zu den Barbaren, von wo beide sich durch irgendeine
Hilfe zu verstärken hofften, und schlossen Bündnisse mit den Städten, die
bisher außerhalb ihres Machtbereiches lagen. Für Sparta mussten seine italischen und sizilischen Parteigänger zu den schon im Peloponnes vorhandenen Schiffen noch 200 neue bauen, je nach der Größe jeder Stadt, damit eine
Gesamtzahl von 500 erreicht würde, ferner festgesetzte Summen aufbringen,
sich im Übrigen friedlich halten und sogar die Athener mit einem Schiff ein-
laufen lassen, bis alles bereit wäre. Athen überprüfte seinen ganzen Bund und
schickte Gesandte hauptsächlich in die Orte um den Peloponnes, nach
Kerkyra, Kephallenia und zu den Akarnanen und nach Zakynthos, um zu
sehen, ob diese ihnen zuverlässig ergeben seien, denn von ringsum wollten sie
den Peloponnes niederkämpfen.
(8) Kleinliche Pläne gab es weder hüben noch drüben, alle wollten für den
Krieg ihr Bestes geben – begreiflich: am Anfang packt jeder schärfer zu, und
damals war viel Jugend im Peloponnes, viel in Athen, die nicht ungern, da sie
ihn nicht kannte, den Krieg aufnahm. Das ganze übrige Hellas war in Spannung bei diesem Waffengang der ersten Städte; viele Göttersprüche gingen
um, viele Weissagungen sangen die Sänger in den Städten, die sich zum Kriege
anschickten, wie in den anderen. Dann hatte auch Delos kurz vorher gebebt,
das früher nie erschüttert war, seit Hellenen sich erinnern. Es hieß und fand

Glauben, das sei ein Vorzeichen des Bevorstehenden, und was sonst noch an Zufällen dieser Art vorkam, alles wurde hervorgezogen. Mit dem Herzen standen weitaus die meisten Menschen auf Seiten der Spartaner, zumal sie auch auftraten als die Befreier von Hellas. Kein Einzelner, keine Stadt, die nicht eifrig bemüht war, mit Wort oder Tat sie irgendwie zu fördern, und jeden deuchte der Gang der Dinge überall dort gelähmt, wo er nicht selbst dabei wäre. Solchen Hass hatten die meisten auf Athen, die einen im Wunsch, das Joch abzuschütteln, die andern in Furcht vor der Unterjochung.

Q 81

Aristoteles, *Staat der Athener* 28

Q 81 Neue Männer auf der politischen Bühne in Athen

Solange nun Perikles das Oberhaupt des Volkes war, stand es mit dem Staat ziemlich gut, aber nach seinem Tode (wurde es) viel schlimmer. Dann nämlich wählte das Volk zum ersten Mal einen Fürsprecher, der bei den besseren Leuten kein hohes Ansehen genoss; in den früheren Zeiten jedoch führten immer die besseren Leute das Volk.

Am Anfang nämlich und als erster wurde Solon Fürsprecher des Volkes, und als zweiter Peisistratos, während (Lykurg) die Wohlgeborenen und Adligen führte. Nachdem die Tyrannis gestürzt worden war, (folgte) Kleisthenes aus dem Geschlecht der Alkmaioniden, und ihm widersetzte sich niemand als Parteigegner, da die Anhänger des Isagoras außer Landes gegangen waren. Danach war Xanthippos Oberhaupt des Volkes, und Miltiades das der Adligen; (es folgten) dann Themistokles und Aristeides. Nach ihnen (war) Ephialtes (der Führer) des Volkes und Kimon, Sohn des Miltiades, (der) der Reichen; dann (war) Perikles (der Führer) des Volkes und Thukydides, der mit Kimon verschwägert war, (der) der anderen. Als Perikles gestorben war, war Nikias, der sein Ende in Sizilien fand, das Oberhaupt der Vornehmen, das des Volkes war Kleon, Sohn des Kleainetos, der nach allgemeiner Meinung vor allen anderen das Volk durch seine ungezügelten Emotionen verdarb; er war auch der erste, der auf der Rednertribüne schrie, schimpfte und in einem kurz gegürteten Mantel sprach, während die anderen in korrekter Haltung redeten. Dann, nach ihnen, (war) Theramenes, Sohn des Hagnon, (Führer) der Gegenpartei, und Kleophon, der Leiermacher, (Führer) des Volkes; dieser führte auch die Zweiobolenspende (*diobelía*) ein; und eine Zeitlang verteilte er sie auch, aber dann hob Kallikrates aus Paiania sie auf, der zunächst versprach, den zwei Obolen einen weiteren Obolos hinzuzufügen. Diese beiden nun verurteilte man später zum Tode; denn die Menge pflegt, selbst wenn sie sich hat irreführen lassen, später diejenigen zu hassen, die sie dazu verführt haben, irgendetwas Unwürdiges zu tun. Endlich, von Kleophon an, übernahmen in ununterbrochener Reihenfolge diejenigen die Führung des Volkes, die vor allem ihre Unverfrorenheit hervorkehren und dem Volke nach dem Munde reden wollten, wobei sie (tatsächlich nur) ihren momentanen Erfolg im Auge hatten.

Man ist allgemein der Ansicht, dass von den Staatsmännern Athens nach den Alten Nikias, Thukydides und Theramenes die besten gewesen seien. Über Nikias und Thukydides stimmen nun fast alle überein, dass sie nicht nur edle und tüchtige Männer gewesen seien, sondern auch fähige Staatsmänner und Männer, die der gesamten Stadt auf väterliche Weise dienten, aber bei Theramenes gibt es Zweifel in der Beurteilung, da es zu seiner Zeit geschah, dass die politische Ordnung durcheinandergeriet. Aber diejenigen, welche kein leichtfertiges Urteil fällen, glauben, anders als seine Verleumder, dass er nicht alle Regierungen bekämpft, sondern alle unterstützt habe, solange sie nichts Gesetzwidriges begingen. (Er handelte) in der Überzeugung, er könne an der Politik unter allen (Verfassungen) teilnehmen, was eben die Pflicht eines guten Bürgers ist, er duldete es aber nicht, wenn sie (die Regierungen) gegen die Gesetze verstießen; vielmehr war er bereit, sich (durch seinen Widerstand) unbeliebt zu machen.

Q 82 Die Athener debattieren 427 über die Behandlung der vom Seebund abgefallenen Stadt Mytilene

Q 82

Kontext: Nach der Rückeroberung Mytilenes hatte die athenische Volksversammlung auf Anraten des Politikers Kleon zunächst die Ausrottung der gesamten Bevölkerung beschlossen; dieser Beschluss wurde dann aber am nächsten Tag in einer zweiten Volksversammlung erneut zur Debatte gestellt. Das Urteil wurde schließlich dahin gehend abgeändert, dass »nur« 1000 »Hauptschuldige« hingerichtet, die Stadtbefestigung geschleift und die Flotte konfisziert wurde.

Als nun die Volksversammlung eröffnet war und die Meinungen hin und her gingen, da trat alsbald auch Kleon wieder auf, Kleainetos' Sohn, der schon am Vortage durchgedrungen war mit der Tötung und auch sonst der gewalttätigste Mann der Stadt war, damals aber weit vor allen andern das Vertrauen des Volkes genoss; der sprach:

Thukydides, Der Peloponnesische Krieg 3, 36, 6 – 47, 5 (in Auszügen)

(37) »Schon manches Mal ist mir klar geworden, auch früher schon, dass die Demokratie unfähig ist zur Herrschaft über andre Völker, vor allem aber jetzt bei eurer Reue wegen Mytilene. Denn bei eurer Furcht- und Harmlosigkeit untereinander im täglichen Leben seid ihr ebenso auch gegen eure Verbündeten, und wenn ihr euch durch ihre Reden zu Fehlern verleiten lasst oder eurem Mitleid nachgebt, bedenkt ihr nicht, dass diese Schwäche für euch selbst gefährlich ist und euch bei den Verbündeten doch keinen Dank erwirbt, und wollt nicht sehen, dass ihr eure Herrschaft ausübt als eine Tyrannis über hinterhältige und widerwillige Untertanen, deren Gehorsam nicht eine Folge der Wohltaten ist, die ihr zu eigenem Schaden ihnen erweist, sondern eurer Kraft – vielmehr als ihres guten Willens –, womit ihr sie meistert. Und das Allerärgste, wenn uns nichts Bestand haben soll, was wir einmal beschlossen haben, und wenn wir nicht einsehen wollen, dass ein Staat mit schlechteren, aber unverbrüchlichen Gesetzen stärker ist als mit einwandfreien, die nicht gelten, dass Einfalt mit Disziplin weiter hilft als noch so schlaue Zuchtlosigkeit, und dass schlichtere Menschen im Vergleich zu den gescheiteren im Allgemeinen ihren Staat besser regieren; denn die wollen immer klüger scheinen als die Gesetze, wollen bei allem, was zum Besten der Gemeinschaft vorgebracht wird, ihre Überlegenheit zeigen – denn welche bedeutendere Gelegenheit gäbe es, seinen Geist zu beweisen! –, und mit solchem Tun richten sie so oft den Staat zugrunde. [...]

(39) Von all dem muss ich versuchen euch zu heilen und behaupte, dass noch nie eine einzelne Stadt euch so schwer beleidigt hat wie Mytilene. Wenn nämlich eine Stadt eure Herrschaft nicht zu ertragen vermag oder auch von den Feinden zum Abfall gezwungen wird, das kann ich verzeihen; wo aber eine, sicher auf ihrer Insel und befestigt und zur See nur von unseren Feinden bedroht, gegen die sie durch eigenen Besitz von Langschiffen auch nicht wehrlos war, eine Stadt, die leben durfte nach ihren eigenen Gesetzen und

von uns aufs höchste geehrt war, wenn die solches tat, was ist das anderes als Tücke, und schon nicht mehr Abfall, sondern Aufruhr … und der Versuch, im Bund mit unseren Erbfeinden uns zu vernichten? Das ist doch weit schlimmer, als wenn sie sich selber eine Macht geschaffen und uns damit bekriegt hätten. Kein Beispiel war ihnen das Unglück der andern, die auch schon von uns abfielen und wieder unterworfen wurden, und in all ihrem Glück stieg ihnen kein Bedenken auf vor neuer Not und Gefahr – nein, zukunftsgewiss und mit Hoffnungen weit über ihre Kräfte – wenn auch lang nicht so weit wie ihre Wünsche – begannen sie Krieg und setzten bewusst Gewalt vor Recht: als es so aussah, als könnten sie gewinnen, da griffen sie uns an, ohne Grund zu haben zur Klage. […]

(40) Erwecken wir also ja keine Hoffnung, keine, die auf Redekunst baut, keine, die man für Geld kauft, als ob es hier für menschliche Schwäche Verzeihung gäbe. Denn ungewollt verletzt haben sie uns nicht, sondern wissentlich überfallen; verzeihlich aber ist das Ungewollte. Ich habe mich darum gleich anfangs und auch jetzt wieder dafür eingesetzt, dass ihr den ersten Beschluss nicht mit dem zweiten umstoßt und keine Fehler macht aus Mitleid, Freude an schönen Reden oder Nachgiebigkeit, den drei Erzlastern, wenn man herrschen will. Denn Gnade ist recht zwischen Ebenbürtigen, aber nicht wenn drüben erbarmungslose Feindschaft notwendig bestehen bleiben muss, und die Redner, deren Kunst ihr genießt, finden vielleicht anderwärts harmlosere Tummelplätze als hier, wo die ganze Stadt für kurze Lust schwer büßen muss, während ihnen selbst ihr gewandtes Reden mit Wohlleben belohnt wird; und Nachgiebigkeit gewährt man besser dem, dessen gute Freundschaft man damit auch für künftig zu gewinnen hofft, nicht dem, dessen Feindschaft einem ja trotz allem unvermindert bleibt. Mit einem Wort, folgt ihr mir, so handelt ihr gerecht an Mytilene und zugleich zu euerem Nutzen; entscheidet ihr anders, so macht ihr euch dort nicht beliebt, verurteilt aber euch selbst. Denn wenn sie ein Recht hatten, abzufallen, so seid ihr also wohl nicht befugt zu herrschen. Gedenkt ihr aber, auch wider Gebühr, dennoch Herren zu bleiben, so müssen auch, sie, grad oder ungrad, zu eurem Frommen büßen, oder ihr müsst auf euer Reich verzichten und aus sicherem Winkel Tugend üben. Nehmt euch das Recht, mit der gleichen Strafe zurückzuschlagen und als Gerettete genauso viel Empfindlichkeit zu zeigen wie sie, die euch überfielen; bedenkt, wie sie als eure Sieger wohl verfahren sein würden, zumal sie zuerst anfingen mit dem Unrecht. Grad wer ohne Grund über einen anderen herfällt, verfolgt ihn bis zur Vernichtung, in Voraussicht der Gefahr, wenn der Gegner übrigbliebe; denn der ohne Not Misshandelte ist, gerettet, erbitterterer als ein Hasser von alters her. Werdet also nicht zu Verrätern an euch selbst; je näher ihr innerlich dem Schlimmsten schon wart, und wie ihr alles drum gegeben hättet, sie zu überwältigen, so zahlt ihnen jetzt heim, ungerührt von der augenblicklichen Lage, und ohne die Gefahr, die damals über euch hing, zu vergessen. So straft sie, wie sie es verdient haben, und stellt für die andern Verbündeten ein klares Beispiel auf, dass auf Abfall der Tod steht. Wenn sie das merken, so könnt ihr euch wieder besser euren Feinden widmen, statt mit den eignen Verbündeten zu kämpfen.«

(41) So etwa sprach Kleon. Nach ihm trat Diodotos auf, Eukrates' Sohn, der schon in der vorigen Versammlung hauptsächlich gegen die Hinrichtung der Mytilener gesprochen hatte; diesmal sagte er:

(42) »Die Beamten, die den Meinungsstreit über Mytilene abermals eröffnet haben, kann ich nicht rügen und das Eifern gegen die mehrmalige Beratung wichtiger Fragen nicht gutheißen; mir scheint, die beiden größten Feinde

guten Rates sind Raschheit und Zorn, von denen das eine gern bei der Torheit weilt, das andere bei Unbildung und kurzen Gedanken. [...]

(44) Ich bin vor euch getreten weder zu einer Gegenrede wegen der Mytilener, noch sie anzuklagen. Denn für uns geht es, wenn wir es recht bedenken, nicht um ihr Recht oder Unrecht, sondern ob wir für uns den besten Rat finden. Wenn ich beweise, dass sie die ärgsten Verbrecher sind, so muss ich drum nicht auch auf ihren Tod antragen, es sei denn, das nütze uns, und ist an ihrem Tun etwas verzeihlich, so bin ich doch nicht für Gnade, wenn ich nicht Athens Vorteil dabei sähe. Ich meine aber, wir haben hier nicht über den vorliegenden Fall zu befinden, sondern über die Zukunft. Und was Kleon so nachdrücklich verficht, es werde uns für künftig nützen, die Verbündeten würden weniger abfallen, wenn wir mit dem Tod drohen, da muss ich, auch wegen unseres künftigen Wohles, ebenso steif die Gegenthese verfechten. [...]

(45, 7) So ist es schlechthin unmöglich und zeugt von viel Einfalt, wenn einer meint, wo die menschliche Natur mit aller Gewalt einem Ziele zudrängt, ließe sich das durch Kraft von Gesetzen oder sonst irgendein Schrecknis dämmen. (46) Also dürfen wir nicht die Todesstrafe als sichere Bürgschaft nehmen und in solcher Zuversicht einen bedenklichen Beschluss fassen, auch nicht abfallenden Städten jede Hoffnung rauben, als gäbe es keine Umkehr und kein schleuniges Gutmachen des Fehlers. Denn erwägt: wenn jetzt eine Stadt auch abgefallen ist und merkt, dass sie unterliegen wird, so kann sie sich ergeben und ist immer noch fähig, die Kosten zu zahlen und weiterhin Steuern zu leisten; auf die andere Art aber – welche Stadt, meint ihr, wird nicht besser als jetzt sich rüsten und bei einer Belagerung sich quälen bis zum Äußersten, wenn späte und rasche Ergebung das Gleiche bewirken? Und wäre das etwa für uns kein Schade, all die Kosten, wenn wir vor einer Stadt lange liegen müssen, weil keine Verständigung mehr ist? Und nehmen wir sie endlich ein, so finden wir sie zerstört, und die Einkünfte aus ihr sind uns von da an verloren, die uns doch allein Kraft geben gegen unsere Feinde. Wir haben also hier nicht zu richten über Fehlbare, unbestechlich zu unserem eignen Schaden; sehen wir vielmehr zu, dass wir uns für späterhin durch maßvolle Strafen die Städte für die Gelder, die wir erheben, bei Kräften halten, und bewahren wir sie uns, statt durch Schroffheit von Gesetzen, viel richtiger durch Sorgfalt der Behandlung. Das genaue Gegenteil davon tun wir jetzt: wenn freie Männer, die wir mit Gewalt beherrschen, begreiflicherweise sich auflehnen, um sich freizukämpfen, und wir unterwerfen sie wieder, so meinen wir das streng ahnden zu sollen. Richtig aber wäre, ein freies Volk nicht nach dem Abfall scharf zu züchtigen, sondern vorher scharf zu beobachten und vorzubauen, dass es nicht erst auf den Gedanken verfällt, und nach dem Sieg es die Schuld möglichst wenig entgelten zu lassen.

(47) Noch eins müsst ihr erwägen, warum es so falsch wäre, Kleon zu folgen: jetzt ist in allen Städten das Volk für euch und macht entweder nicht mit, wenn die Adligen abfallen, oder es ist den Anstiftern des Abfalls, wenn sie es zwingen, von Anfang an feind; wenn ihr zum Krieg auszieht, habt ihr in jeder gegnerischen Stadt die Masse zum Verbündeten. Vernichtet ihr aber das Volk von Mytilene, das gar keinen Teil hatte am Abfall und, sobald es Waffen in die Hand bekam, euch willig die Stadt übergab, so wäre erstens dieser Mord an euren Freunden ein Frevel, zweitens würdet ihr mit diesem Beispiel den Vermögenden in aller Welt den größten Gefallen tun. Denn sooft sie eine Stadt euch abwendig machen, werden sie alsbald das Volk auf ihrer Seite haben: ihr habt ja gezeigt, dass bei euch die gleiche Strafe die Fehlbaren

bedroht wie die Unschuldigen. Richtig aber wäre, selbst wenn sie gefehlt haben, still darüber wegzugehen, damit das einzige, was noch zu uns hält, uns nicht auch noch feind wird. Dies dünkt mich weit zweckmäßiger zur Erhaltung unserer Herrschaft, freiwillig auch ein Unrecht hinzunehmen, statt mit vollem Recht zu verderben, die man schonen sollte, und was Kleon seiner Rache nachrühmt, das Gerechte und zu gleicher Zeit Nützliche, das kann, wie sich hierbei zeigt, nicht miteinander bestehen.«

Q 83

Thukydides, Der Peloponnesische Krieg 5, 84–116

Q 83 Athenische Kapitulationsverhandlungen mit der Insel Melos im Jahr 416 (»Melier-Dialog«)

(84) Die Athener eröffneten auch gegen die Insel Melos den Krieg mit dreißig eigenen Schiffen, sechs aus Chios und zwei aus Lesbos. Sie führten an eigenen Truppen 1200 Hopliten, 300 Schützen und zwanzig berittene Schützen mit, hinzu kamen 1500 Hopliten von den Bundesgenossen und den Inseln. Die Melier bilden eine Kolonie, die von den Lakedaimoniern abstammt. Sie wollten nicht unter der Oberhoheit Athens stehen wie die Bewohner der anderen Inseln, sondern verhielten sich zunächst ruhig, ohne für eine Seite zu optieren; später, als die Athener sie durch Brandschatzung ihres Landes nötigen wollten, gerieten sie in offenen Krieg. Nun besetzten die Feldherren Kleomedes, Sohn des Lykomedes, und Teisias, Sohn des Teisimachos, mit ihrem Aufgebot das Land. Doch bevor dort irgendwelches Unrecht getan werden konnte, schickten sie Gesandte, um Verhandlungen zu führen. Die Melier brachten diese aber nicht mit der Versammlung der Bürger zusammen, sondern ließen sie den Regierungsbehörden und den vornehmen Vollbürgern vortragen. Daraufhin sagten die athenischen Gesandten:

(85) »Da wir nicht vor der Öffentlichkeit reden sollen, damit nicht in zusammenhängendem Vortrag das Volk akzeptabel klingende, doch durch die bloße Behauptung noch nicht bewiesene Dinge in einem Zuge von uns hört und auf diese Weise übervorteilt wird – denn wir merken wohl, dass das der Beweggrund war, uns vor die wenigen hier zu bringen –, solltet ihr, die ihr nun hier versammelt seid, umso vorsichtiger verfahren. Geht auf jede Einzelheit ein und antwortet nicht in einer pauschalen Stellungnahme, sondern macht sofort eure Einwände, wenn euch etwas nicht annehmbar erscheint. Und sagt jetzt gleich, ob ihr euch auf das, was wir vorschlagen, einlassen wollt.«

(86) Hierauf erwiderten die zur Unterhandlung zusammengetretenen Melier: »Gegen euren freundlichen Vorschlag, dass wir uns in aller Ruhe unterhalten, haben wir nichts einzuwenden. Allein, der militärische Aufwand, mit dem ihr bereits einen Tatbestand geschaffen habt und eben nicht mehr nur als Eventualität bereithaltet, stimmt damit offensichtlich nicht überein. In der Sache, die ja erst noch erörtert werden soll, tretet ihr als Richter auf. Wenn sich zum Schluss herausstellt, dass das Recht auf unserer Seite ist, und wir nicht davon abgehen, trägt uns das aller Wahrscheinlichkeit nach Krieg ein, geben wir aber nach, die Unterwerfung.«

(87) ATHENER: Ja, wenn ihr hier zusammengekommen seit, um argwöhnische Vermutungen über Zukünftiges anzustellen oder sonst was, anstatt ausgehend von den Gegebenheiten und dem, was ihr vor Augen habt, über die Rettung der Stadt nachzudenken, können wir das gleich beenden. Solltet ihr aber dazu bereit sein, können wir miteinander reden.

(88) MELIER: Verständlich und verzeihlich, dass wir in dieser bedrohlichen

Situation in Worten und Gedanken auf mancherlei verfallen. Natürlich, an der Zusammenkunft, die hier stattfindet, hängt unsere Rettung. Wenn ihr so zufrieden seid, mag das Gespräch nach dem von euch vorgeschlagenen Verfahren seinen Verlauf nehmen.

(89) ATHENER: Nun denn, wir haben nicht die Absicht, mit schönen Worten eine lange und wenig glaubwürdige Rede zu halten, wie etwa, dass wir als Sieger über die Perser zur Herrschaft berechtigt seien, oder dass wir kämen, um erlittenes Unrecht zu rächen. Und von euch möchten wir nicht annehmen, dass ihr euch einbildet, uns damit zu beeindrucken, dass ihr unsere Rechte in keiner Weise verletzt habt und auch nicht an der Seite der Lakedaimonier in den Krieg getreten seid, obgleich ihr von ihnen abstammt. Dagegen solltet ihr zu erreichen suchen, was nach beiderseitigem, aufrichtigem Dafürhalten zu erreichen möglich ist. Denn ihr wisst so gut wie wir, dass, wie es nun einmal bei den Menschen ist, das Recht nur unter Gleichstarken den Ausschlag gibt, sonst aber der Stärkere durchsetzt, was eben möglich ist, und der Schwächere sich fügt.

(90) MELIER: Wir meinen nun aber, dass es doch nützlich wäre – denn darauf muss man sich ja zwangläufig beziehen, da ihr hier statt auf das Recht nur auf den Nutzen sehen wollt – wenn ihr das, was allen zugute kommt, nicht außer Kraft setzt: dass nämlich, wer es auch sei, jedem, der in eine schwierige Lage geraten ist, das Seine geschieht, wie es ihm von Rechts wegen zukommt, und dies zu seinem Vorteil ist, auch wenn der strengste Maßstab angelegt sein sollte. [...]

(91) ATHENER: [...] Wir sind hergekommen, um unsere Machtsphäre zu erweitern, und führen dieses Gespräch zur Rettung eurer Stadt in der Absicht, euch einerseits mühelos in unsere Gewalt zu bekommen, doch darüber hinaus auch zu beiderseitigem Nutzen zu schonen.

(92) MELIER: Und wie sollte für uns die Unterwerfung so nützlich sein wie für euch die Herrschaft?

(93) ATHENER: Weil ihr, anstatt das Schlimmste zu erleiden, untertan werden konntet, während wir unseren Gewinn davon hätten, euch nicht zu vernichten.

(94) MELIER: Dass wir stillhalten, euch Freund statt Feind sind, aber niemandes Verbündeter, darauf könnt ihr euch nicht einlassen?

(95) ATHENER: Es ist nicht so sehr eure Feindschaft, die uns schaden könnte, als unverbindliche Freundschaft mit euch; sie könnte von denen, über die wir herrschen, als Zeichen der Schwäche ausgelegt werden, aber Hass, der uns entgegengebracht wird, ist ein Beweis unserer Stärke.

(96) MELIER: Sehen denn die von euch Unterworfenen es als erlaubt an, diejenigen, die mit euch nichts zu tun haben, gleichzusetzen mit den vielen, die als Kolonien von euch abstammen und, wofern sie einmal abgefallen waren, von euch wieder unter eure Vorherrschaft gebracht worden sind?

(97) ATHENER: Auf das Recht sich zu berufen, so meinen sie, hätten die einen wie die anderen Grund, und wer sich behaupten könne, verdanke das nur seiner Stärke sowie unserer Furchtsamkeit, wenn wir sie nicht angreifen. Eure Unterwerfung würde also außer der Erweiterung unserer Herrschaft auch deren Festigung dienen. Zumal da ihr als einer der schwächeren, gegen eine Seemacht eigentlich ohnehin nicht bestehen könnt. [...]

(101) Wägt die Sache vernünftig ab: Dies hier ist für euch keine Art sportlicher Wettkampf unter gleichen Bedingungen, in dem es um die Mannesehre geht, sondern ihr sitzt über euer Überleben zu Rate.

(102) MELIER: In Kriegen kann es aber doch durchaus so kommen, dass

die Wechselfälle des Schicksals mehr auf Ausgleich hin verteilt sind, als es nach dem Unterschied der von beiden Seiten aufgewandten Mittel zu erwarten gewesen wäre. Und schließlich würde ein Nachgeben für uns die Aufgabe jeder Hoffnung bedeuten, dagegen bliebe bei tatkräftigem Handeln noch die Hoffnung bestehen, sich auf das Recht gestützt zu behaupten.

(103) ATHENER: Nun ja, die Hoffnung, in Gefahren ein Trost, mag dem, der in überlegener Position auf sie vertraut, wohl einmal Schaden zufügen, richtet ihn aber nicht zugrunde. Wer jedoch alles, was er aufbieten kann, auf eine Karte setzt – und verschwenderisch ist Hoffen von Natur aus –, der gelangt zur Einsicht erst in dem Augenblick, da er zu Fall kommt, und er behält nichts zurück, um, aus dieser Einsicht klug geworden, ein nächstes Mal sich in acht zu nehmen. Seht zu, dass euch das nicht passiert, da ihr es euch bei euren geringen Mitteln nicht leisten könnt, dass etwas auch nur ein einziges Mal zu euren Ungunsten ausschlägt, und macht es nicht ähnlich wie so viele, die sich hätten retten können, wenn sie dem gesunden Menschenverstand gefolgt wären und von ihren Möglichkeiten Gebrauch gemacht hätten, die aber in dem Augenblick, da sie in die Enge getrieben waren und jede nahe Hoffnung ihnen schwand, zu zweifelhaften Dingen ihre Zuflucht nahmen, wie zu Prophezeiungen, Wahrsagerei und dergleichen mehr, was mit trügerischem Hoffen Unheil stiftet.

(104) MELIER: Es ist uns klar, und das wisst ihr gut, wie schlimm es für uns sein wird, gegen eure Macht und in dieser für euch günstigen Situation anzutreten, da die Chancen zu ungleich verteilt sind. Dennoch vertrauen wir darauf, dass wir in dieser Lage nicht gänzlich unterlegen dastehen, da wir auf Seiten der göttlichen Ordnung und gegen das Unrecht standhalten. Was uns an militärischem Potential fehlt, das wird der Beistand der Spartaner wettmachen; diese werden uns notwendigerweise, schon wegen unserer Abstammung und um die Schande zu vermeiden, zu Hilfe kommen. Wenn wir zuversichtlich sind, dann ist das also nicht in jeder Hinsicht unvernünftig.

(105) ATHENER: Wir meinen auf das Wohlwollen der Götter nicht verzichten zu müssen. Nichts von dem, was wir verlangen oder durchsetzen, bewegt sich außerhalb menschlicher Würdigung göttlichen Wesens und der Gepflogenheiten der Menschen untereinander. Und wir glauben, soweit man es vermuten darf, von den Göttern, ganz sicher aber von den Menschen, dass sie auf Grund naturgegebener Notwendigkeit über das herrschen, was sie an Kraft übertreffen. Dieses Gesetz haben wir weder aufgestellt, noch haben wir es als erste befolgt. Es galt schon, als wir es kennenlernten, es wird immer noch gelten, wenn wir seine Anwendung anderen überlassen müssen. Wenn wir uns daran halten, so wissen wir, dass auch ihr und jeder, der in unsere Machtstellung gelangt, ebenso handelt. Von den Göttern also haben wir, soweit sich das als wahrscheinlich ausmachen lässt, nichts Nachteiliges zu befürchten. Wenn ihr aber glaubt, die Spartaner würden euch zu Hilfe kommen, um keine Schande auf sich zu laden, dann können wir euch wegen eurer Naivität nur bewundern, beneiden euch aber nicht um eure Dummheit. Die Spartaner pflegen sich untereinander und im Interesse ihrer heimischen Ordnung der höchsten Tugenden zu befleißigen; wie sie sich aber gegenüber anderen benehmen, darüber ließe sich viel erzählen. Zusammenfassend kann man sagen, dass kein uns bekanntes Volk so ungeschminkt das Angenehme für schön und das Einträgliche für gerecht erklärt wie sie. Das aber zeigt doch jetzt nur, dass eure Hoffnung auf Rettung von dieser Seite her unsinnig ist.

(106) MELIER: Gerade deshalb setzen wir auf sie unser größtes Vertrauen: Schon um ihres eigenen Vorteils willen werden sie die von ihnen abstam-

menden Melier nicht preisgeben, damit sie nicht vor denen, die ihnen in Hellas wohlgesonnen sind, als treulos dastehen, aber ihren Feinden als nützlich.

(107) ATHENER: Ihr glaubt also nicht, dass Profit und Vorteil mit der Sicherheit zusammengehen, dass es aber umgekehrt gefährlich ist, für das Gerechte und Gute einzutreten. Bei den Spartanern ist es bestimmt am wenigsten Tradition, große Wagnisse einzugehen.

(108) MELIER: Wir meinen, dass sie für uns die Gefahr wohl schon auf sich nehmen werden, und dies umso zuverlässiger als bei anderen, da wir – was für die militärische Hilfeleistung wichtig ist – nahe an der Peloponnes liegen und in unserer Gesinnung als Blutsverwandte treuer sind als andere.

(109) ATHENER: Militärische Garantien erblickt ein Hilfeleistender aber weniger in der Gutwilligkeit der um Hilfe Bittenden als vielmehr in dem Vorhandensein tatsächlicher und bedeutender Macht. Darauf sehen gerade die Spartaner noch mehr als andere; sie setzen ja sogar in die Leistungsfähigkeit ihrer eigenen Streitkräfte so wenig Vertrauen, dass sie immer nur im Verein mit vielen Bundesgenossen ein Nachbarland überfallen. Es ist also sehr unwahrscheinlich, dass sie versuchen sollten, auf eine Insel überzusetzen, während wir die Seeherrschaft innehaben.

(110) MELIER: Da gäbe es aber noch andere in ihrem Machtbereich, die sie herüber schicken könnten. Und in den Weiten des kretischen Meeres ist es auch für den, der es beherrscht, schwieriger, jemanden abzufangen, als für einen anderen, heimlich durchzukommen. […]

(111) ATHENER: […] Uns fällt auf, dass ihr, obgleich ihr behauptet, über eure Rettung beraten zu wollen, in diesem Gespräch noch nichts vorgebracht habt, was Menschen vertrauenswürdig an ihre Rettung zu glauben erlaubte. Statt dessen bestehen eure stärksten Argumente aus Hoffnungen, die sich in der Zukunft Halt suchen; was aber in der Realität vorhanden ist, reicht nicht aus, um gegen eine sehr gegenwärtige Macht zu bestehen, mit der konfrontiert es bei eurer Schwäche nur ums Überleben gehen kann. So würdet ihr nur einen beträchtlichen Unverstand bei eurer Beschlussfassung beweisen, wenn ihr euch nicht, nachdem ihr uns nun entlasst, auf etwas anderes und einsichtigeres versteht. Denn ihr werdet euch doch jetzt nicht von der in unrühmlichen und selbstverschuldeten Gefahren die Menschen so oft ins Elend stürzenden Befürchtung bestimmen lassen, ihr könntet euch unehrenhaft verhalten. […] Ihr solltet nichts Herabsetzendes darin erblicken, euch einer so übermächtigen Stadt zu unterwerfen, zumal wenn sie so maßvolle Bedingungen stellt: ihr würdet Verbündete, verfügtet weiterhin über euer Territorium und zahltet Steuern; und da euch die Wahl überlassen ist zwischen Krieg und Sicherheit, besteht nicht so hartnäckig auf dem Schlechteren, eurem Untergang. Denn wer vor Gleichstarken nicht zurücksteckt, gegenüber den Mächtigen sich klug und gegen den Schwächeren sich maßvoll zeigt, der dürfte am ehesten auf dem richtigen Wege sein. Dies prüft wohl, während wir uns zurückziehen, und schärft euch immer wieder ein: ihr fällt die Entscheidung über eure Heimat; so, wie es für euch nur diese eine Heimat und auch nur einmal gibt, hängt nun alles von einem einzigen Beschluss ab: ihr könnt das Glückliche treffen oder aber euch falsch entscheiden.

(112) Damit beendeten die Athener das Gespräch. Die Melier aber bestätigten sich untereinander in der Beratung denselben Standpunkt, den sie schon zuvor in ihren Erwiderungen vertreten hatten und teilten anschließend Folgendes mit: »Nichts anderes will uns richtig erscheinen, Athener, als das anfangs für richtig befundene. Und wir werden nicht in einem einzigen Au-

genblick die Freiheit einer Stadt aufgeben, die nun schon seit 700 Jahren besteht, sondern indem wir, eingedenk der Götter, einem bis jetzt so lange glücklich bewahrenden Geschick und der Hilfe der Menschen, und zwar der Spartaner, vertrauen, wollen wir versuchen, uns zu behaupten. Wir schlagen vor, dass wir zu euch freundschaftliche Beziehungen unterhalten, keiner Seite feind sind, dass ihr von unserem Land abzieht und dass wir einen für beide brauchbaren Friedensvertrag abschließen.«

(113) So antworteten die Melier. Die Athener aber erklärten, indem sie jetzt endgültig das Gespräch beendeten: »Nun denn, ihr seid, nach diesen euren Beschlüssen zu urteilen, die einzigen, die das Künftige für zuverlässiger erachten als das, was sie vor Augen haben, und das nicht Erkennbare in ihrem Wunschdenken schon für Gegebenes nehmen. Doch da ihr im Vertrauen auf die Spartaner und das Schicksal und unsichere Hoffnungen alles aufs Spiel gesetzt habt, werdet ihr auch alles verlieren.« (114) Und die Gesandten der Athener begaben sich zurück zu ihrem Heer, die Feldherren aber, da sich die Melier nicht unterwerfen wollten, eröffneten sofort die Feindseligkeiten. [...]

(116, 3) (Im folgenden Winter) ergaben sich die Melier den Athenern auf Gnade und Ungnade. Diese ermordeten alle Melier, soweit sie erwachsen waren und in ihre Hände fielen, und verkauften die Kinder und Frauen in die Sklaverei. Den Ort aber besiedelten sie selber neu, indem sie später 500 Kolonisten hinschickten.

Q 84

Thukydides, Der Peloponnesische Krieg 6, 30 – 32, 2

Q 84 Der Aufbruch zur Sizilienexpedition im Jahr 415

(30) Danach, schon um die Mitte des Sommers, geschah die Ausfahrt nach Sizilien. [...] Die Athener selbst, und was an Verbündeten hier war, zogen am angesetzten Tag mit dem Morgenrot zum Piräus hinab und begannen die Schiffe zu füllen, um auszulaufen. Und der übrige Haufe zog mit hinab, alles sozusagen, was in der Stadt war, Städter und Fremde, die Ansässigen, um den Ihrigen das Geleit zu geben, der einem Freund, der einem Verwandten, der einem Sohn, mit Hoffnungen zugleich und Klagen, was sie alles erobern würden, ob sie sie je wiedersähen, wenn sie bedachten, welch ein Geschwader sie aus der Heimat entsandten. (31) In diesem Augenblick, da sie nun wirklich mit Gefahr einander verlassen sollten, überfiel sie das Schreckliche viel mehr, als da sie die Fahrt beschlossen, wogegen die hier versammelte Macht mit der Überfülle von allem, was sie im Einzelnen sahen, durch den Anblick ihren Mut wieder hob. Die Fremden aber und der übrige Haufe kamen schaulustig als zu einem denkwürdigen und unwahrscheinlichen Beginnen. Denn diese erste Streitmacht, die damals ausfuhr aus der Kraft einer einzigen Hellenenstadt, war so kostbar und so prachtvoll wie keine je bis zu jener Zeit. An Zahl der Schiffe und Gepanzerten war die, die unter Perikles nach Epidauros und nachher unter Hagnon nach Poteidaiai fuhr, nicht geringer gewesen – damals waren 4000 Hopliten aus Athen selbst, 300 Reiter, 100 Trieren und 50 aus Lesbos und Chios, dazu noch viele Hilfsvölker mitgefahren; aber die waren zu kurzer Fahrt und mit geringer Ausstattung aufgebrochen, während der jetzige Zug für lange Dauer und mit beidem, für jeden Bedarf, Schiffen und Fußvolk, voll ausgerüstet war: die Schiffe mit großem Aufwand der Stadt und der Schiffsherrn bis aufs letzte fertig, wobei der Staat eine Drachme täglich zahlte für jeden Mann der Besatzung und die leeren Schiffe stellte, 60 schnelle und 40 Truppenschiffe, und für diese erlesene Mannschaft, die

Schiffsherrn aber Zulagen zum Staatssold zahlten für die Ruderer der obersten Bänke und die Mannschaft und weiterhin für Abzeichen und Takelei nur das Teuerste verwendeten, und jeder Einzelne sich aufs äußerste anstrengte, dass sein eignes Schiff an Pracht alle andern überträfe und an Fahrschnelle; und das Fußvolk war durch sorgfältige Aushebungen ausgelesen und in wetteiferndem Bemühen um Waffen und die Leibesausstattung gerüstet. Das ging so weit, dass es unter ihnen selber ein Streiten gab – jeder, wofür er verantwortlich war – und dass es vor den anderen Hellenen mehr nach einer Vorführung von Macht und Reichtum aussah als nach einer Rüstung gegen Feinde. [...]

(32) Als nun die Schiffe bemannt und alles endlich eingeladen war, womit sie auslaufen wollten, ward durch eine Trompete Schweigen geboten, und die Gebete, die vorm Ankerlichten gebräuchlich sind, sprachen sie nicht für jedes Schiff einzeln, sondern ein Herold für alle zusammen, wozu sie in den Mischern Wein mischten der ganzen Flotte entlang und aus goldenen und silbernen Bechern die Krieger auf den Schiffen und die Befehlshaber die Spende opferten. Und in den Ruf stimmte der ganze übrige Haufe vom Lande mit ein, die Bürger und wer sonst dabei war und ihnen Gutes wünschte. Nach dem Hymnus und der Darbringung des Opfers lichteten sie die Anker und liefen zunächst in Linie aus, dann gab es eine Wettfahrt bis Aigina. So waren sie in eiliger Fahrt nach Kerkyra, wo noch die übrige Flotte der Verbündeten zusammenkam.

Q 85 Die Vernichtung des athenischen Heeres in Sizilien im Jahr 413

Q 85

Thukydides, Der Peloponnesische Krieg 7, 84 – 8, 1

(84) Als es Tag wurde, führte Nikias das Heer weiter, und die Syrakusaner und ihre Verbündeten setzten ihnen auf die gleiche Weise zu mit Schüssen von allen Seiten und mörderischen Speerwürfen. Die Athener eilten vorwärts an den Assinaros, teils gejagt von dem allseitigen Angriff vieler Reiter und des übrigen Haufens, sie merkten, es würde ihnen leichter werden, wenn sie erst über dem Fluss wären, teils auch wegen ihrer Ermattung und aus Begier zu trinken. Als sie hinkamen, stürzten sie sich hinein in aufgelöster Ordnung, ein jeder wollte selber der erste drüben sein, und die nachdrängenden Feinde machten den Übergang nachgerade schwierig. Dann zu geschlossenem Zug gezwungen, stürzten sie übereinander und traten sich nieder, wobei die einen wegen der Speere und des Gepäcks sofort umkamen, andere im Schlamm hängenblieben und weggeschwemmt wurden. Am anderen Ufer des Flusses stellten sich die Syrakuser auf – es war ein Steilhang – und schossen von oben auf die Athener, von denen die meisten begierig tranken und in der Krümmung des Flusses sich selber in die Quere kamen. Die Peloponnesier stiegen nieder, ihnen entgegen, und schlachteten die im Flusse fast alle hin. Das Wasser war auch sofort verdorben und wurde trotzdem getrunken, schlammig und blutig wie es war, und die Menge raufte sich darum. (85) Endlich, da schon viele Tote im Fluss übereinanderlagen und das Heer vernichtet war, teils im Fluss, teils auch, wenn etwas entronnen war, durch die Reiter, übergibt Nikias sich selbst dem (Spartaner) Gylippos, dem er mehr vertraute als den Syrakusanern: er und die Spartaner sollten mit ihm machen, was sie wollten, aber aufhören, die andern Soldaten zu morden. [...]

(87) Die in den Steinbrüchen behandelten die Syrakusaner in den ersten Zeiten sehr unglimpflich. In eingeschnittenem und engem Raum in großer Zahl zusammengepfercht, litten sie anfangs noch unter der Sonne und der

Hitze, wegen des fehlenden Schattens; und die darauf folgenden kalten Herbstnächte mit ihrem jähen Umschlag brachten Krankheiten, und da sie wegen der Enge alles am gleichen Ort taten und außerdem die Toten ebendort übereinander geschichtet wurden, die an den Wunden und wegen der schlimmen Wechselfälle und dergleichen gestorben waren, so waren die Gerüche unerträglich, und zugleich quälten sie Hunger und Durst – denn sie gaben einem jeden von ihnen acht Monate lang ein Maß Wasser und zwei Brote; und von allen Leiden, die an solchem Ort Menschen zu gewärtigen haben, war keines, das sie nicht betroffen hätte. Etwa siebzig Tage lebten sie so beieinander, dann wurden außer den Athenern und wenn aus Sizilien und Italien welche den Kriegszug mitgemacht hatten, alle übrigen verkauft. Wie viel im Ganzen gefangen waren, ist mit Genauigkeit schwer auszusagen, doch waren es nicht weniger als 7000. Man kann wohl sagen, dass dies Ereignis von allen in diesem Kriege das bedeutendste war, meines Erachtens sogar von allen, die wir aus der Überlieferung der Hellenen kennen, für die Sieger der größte Ruhm, für die Untergegangenen das größte Unglück: auf der ganzen Linie ganz besiegt und unter Leiden, von denen keines etwa klein war, hatten sie in buchstäblicher Vernichtung Fußvolk und Schiffe und überhaupt alles verloren, und nur wenige von so vielen kehrten nach Hause zurück. Dies waren die Ereignisse in Sizilien.

(8, 1) Als aber die Nachricht nach Athen kam, wollten sie es lange nicht glauben, sogar als richtige Soldaten, vom Schlachtfeld selbst entronnen, genauen Bericht brachten; es werde doch nicht die ganze Macht gar so vernichtet und vertilgt sein. Nachdem sie dann zur Erkenntnis kamen, waren sie ergrimmt gegen die Redner, die sich für die Ausfahrt eingesetzt hatten – als hätten sie sie nicht selbst beschlossen – und zürnten den Sehern und Orakeldeutern und allen, die ihnen mit Weissagungen damals Hoffnung gemacht auf die Eroberung Siziliens. Kummer über Kummer schmerzte sie, und rings um sie erhoben sich nach dem Geschehenen nichts als Angst, Entsetzen und Bestürzung. Beraubt war jeder Bürger und die ganze Stadt so vieler Hopliten und Reiter und einer Jugend, wie sie keine zweite mehr vorhanden wussten; dies drückte sie nieder, und dass sie nicht genug Schiffe in den Schiffshäusern sahen, kein Geld im Staatsschatz und keine Mannschaft für die Schiffe, so dass sie in ihrer Lage auf keine Rettung mehr hoffen konnten, wenn jetzt die Feinde aus Sizilien, wie sie meinten, ihnen sofort mit ihrer Flotte gegen den Piräus gefahren kämen, zumal bei ihrer großen Überlegenheit, und die hiesigen Feinde jetzt mit überall verdoppelter Macht sie kraftvoll zu Lande und von der See her angriffen mitsamt den abfallenden Verbündeten. Dennoch waren sie entschlossen, nach dem, was ihnen noch geblieben, nicht nachzugeben, sondern für eine Flotte zu sorgen [...], Geld aufzutreiben und alle Sicherungen bei den Verbündeten zu treffen, namentlich in Euboia, sich in der Stadt zur Sparsamkeit zu mäßigen und eine Behörde von älteren Männern zu wählen, die jeweils nach dem Gebot der Stunde die Dinge vorberaten sollten. So waren sie in der großen Angst des Augenblicks, wie das Volk pflegt, zu jeder Selbstzucht bereit. Und wie sie beschlossen, so taten sie auch. Damit endete der Sommer.

Q 86 Verkaufslisten des konfiszierten Besitzes des Alkibiades und der anderen wegen des Mysterien- und Hermenfrevels in Athen Verurteilten aus dem Jahr 414

Q 86

Fundkontext: Insgesamt zehn, aufgrund willkürlicher Zerstörung in zahllose, an verschiedensten Plätzen in Athen aufgefundene und jetzt im Athener Agora-Museum verwahrte Fragmente zersplitterte Marmorstelen, die ursprünglich auf der Athener Agora im Bereich des Eleusinions aufgestellt waren. Diese sogenannten »Stelae Atticae« (Attische Stelen) verzeichneten detailliert die konfiszierten und dann verkauften Besitztümer derer, die in den Hochverratsprozessen des Jahres 414 verurteilt worden waren. Die Listen sind in 3 Rubriken eingeteilt: 1. Verkaufssteuer, 2. Verkaufspreis, 3. Bezeichnung des Verkauften (ob = Obolen; dr = Drachmen). Die Kennzeichnung der Ergänzungen durch eckige Klammern macht den fragmentarischen Charakter der wahrscheinlich nach der Rehabilitation des Alkibiades (408) zerstörten Inschrift deutlich.

Inscriptiones Graecae (IG) I³ 421, col. I; 422, col. II (in Auszügen)

Von [Alkibiades,] dem Sohn des Kleinias, [aus Skambonidai] wurden folgende Gerätschaften verkauft:

IG I³ 421, col. I

--	--	---
--	--	1 [chyt]ra (Krug) aus Bronze.
--	--	1 [chyt]ra aus Bronze.
--	--	1 [chyt]ra aus Bronze.
--	--	---------- aus Bronze.
		Lücke
--	[-]10dr	-----
3ob	18dr	Ernteerträge aus Thria.
3ob	20dr	Ernteerträge aus Athmonon.
		Summe mitsamt der Steuer: 4723dr 5ob

(Aus dem Besitz) des Polystratos, Sohn des Dio[doros,] aus Ankyle:

2dr 1ob	202dr	Pistos, (Sklave).
[1dr]	42dr	Ernteerträge aus Ankyle.
		Summe mitsamt der Steuer: 247dr 1 ob.

(Aus dem Besitz) des Kephisodoros, Metöke im Piraios:

2dr	165dr	(Sklavin) aus Thrakien.
1dr 3ob	135dr	(Sklavin) aus Thrakien.
2dr	170dr	(Sklave) aus Thrakien.
2dr 3ob	240dr	(Sklave) aus Syrien.
[1dr] 3ob	105dr	(Sklave) aus Karien.
2dr	165dr	(Sklave) aus Illyrien.
2dr 3ob	220dr	(Sklavin) aus Thrakien.
1dr 3ob	115dr	(Sklave) aus Thrakien.
1dr 3ob	144dr	(Sklave) aus Skythien.
1dr 3ob	125dr	(Sklave) aue Illyrien.
2dr	153dr	(Sklave) aus der Kolchis.
2dr	174dr	(Sklaven)knabe aus Karien.
1dr	72dr	(Sklaven)kind aus Karien.

3dr 1ob	301dr	(Sklave) aus Syrien.
2dr	151dr	(Sklave oder Sklavin) aus Melite (in Kappadokien).
1dr	85dr ––1ob	(Sklavin) aus Lydien.

IG I³ 422, col. II

[1 Teigbotti]ch [aus T]on,
　　　Lücke
[1 di]ck[er Mantel],
[1 di]cker [Mantel],
1 dicker Mant[el],
1 dicker Mantel,
1 dicker Mantel,
1 dicker Ma[ntel],
1 dick[er Mantel]
　　　Lücke
　　　2 vv. zerstört
10 [me]dimnoi, [---],
1 lekos [---],
3 [st]amnoi [Wein]essig,
4 s[t]amnoi [O]liven,
2 [Wu]rfschaufeln, 4 drei[zi]nkige Gabeln,
[1]1 Eggen,
28 Brette[r],
von Dachunterziegeln
[---] 101 Paar,
3 Flechtmatten, 1 Wiesel[falle],
3 Hacken,
1 Bohrmeißel, [1 (?)] Kranzange,
1 Bremse und 1 Wagenachse,
1 Winzermesser,
5 Breithacken,
3 Breithacken, 2 Drell[bohrer],
6[---] Wurstspeile (aus Eisen),
2 Fleischzangen,
3[---] phormoi Feigen,
[---] Körbe Natron,
1 halber Sack
ungewaschener Sesam,
1 halber [Sack] Hirse,
1 halber S[ack] Hirse,

[...]

[Summ]e (der Besitztümer) des Adeim[antos: ---] 600dr 3ob.

		[(Aus dem Besitz) des Axiochos, Sohn] des Alkibiades, [aus Skambonid]ai: Sklaven:
4dr	3[61]dr	[A]rete, (Sklavin) aus Thrakien,
		[Gr]ylion, (Sklave) aus Thrakien,
		[Hab]rosyne, (Sklave) aus Thrakien.

| 2dr | 155dr | D[io]nysios, Kupfer-schmied, (Sklave) aus Skythien. |
| | 150dr | Pachteinkünfte aus dem Landgut in Tho[---]. |

Summe (der Besitztümer) des Ax[iochos]: 672dr.

Q 87 Die Kapitulation Athens

Q 87

Xenophon, Hellenika 2, 2, 19–23

Als Theramenes und seine Begleiter bei ihrer Ankunft in Sellasia, nach ihren Aufträgen befragt, zur Antwort gaben, sie hätten für Friedensverhandlungen unumschränkte Vollmacht, da endlich ließen die Ephoren sie vorladen. Nach ihrer Ankunft (in Sparta) wurde eine Versammlung veranstaltet, in welcher hauptsächlich die Korinther und Thebaner, aber auch viele andere Hellenen, gegen einen Vertrag mit den Athenern Einspruch erhoben und stattdessen deren Vernichtung forderten. Die Lakedaimonier aber lehnten es ab, eine hellenische Stadt zu versklaven, die Hellas einst, als es in äußerster Gefahr schwebte, einen großen Dienst erwiesen habe; sie waren vielmehr bereit, Frieden zu schließen unter folgenden Bedingungen: die Athener sollten die langen Mauern und die Befestigungen des Piräus niederreißen, ihre Flotte bis auf zwölf Schiffe ausliefern, die Verbannten zurückkommen lassen, und dann dieselben als Feinde und als Freunde betrachten wie die Lakedaimonier und diesen Folge leisten zu Lande und auf dem Meer, wohin immer sie sie führten. Theramenes und seine Mitgesandten brachten diese Beschlüsse zurück nach Athen. Als sie hereinkamen, wurden sie von einer großen Menschen-menge umringt, die fürchtete, sie kämen unverrichteter Dinge; denn es war unmöglich, noch länger zu warten angesichts der Menge derer, die bereits am Verhungern waren. Am Tage darauf erstatteten die Gesandten Bericht darü-ber, auf welche Bedingungen hin die Lakedaimonier zum Frieden bereit seien. Als erster von ihnen redete Theramenes und machte klar, dass man den La-kedaimoniern nachgeben und die Mauern schleifen müsse. Einige versuchten ihm noch zu widersprechen, weit mehr (Athener) aber waren sich in der Bil-ligung seiner Worte einig, und so wurde beschlossen, den Frieden anzuneh-men. Hierauf fuhr Lysander in den Piräus ein, die Verbannten kehrten zurück und man begann, die Mauern unter der Begleitmusik von Flötenspielerinnen mit vielem Eifer einzureißen in dem Glauben, jener Tag bedeute für Hellas den Anfang der Freiheit.

Q 88 Die Beendigung des athenischen Bürgerkriegs durch eine Amnestie und eine staatliche Teilung der Polis im Jahr 403

Q 88

Aristoteles, Staat der Athener, 38, 4 – 39, 6

(38, 4) Zum Abschluss brachte nämlich erst der Spartanerkönig Pausanias den Frieden und die Aussöhnung, unter Mitwirkung der zehn Schlichter, die er selbst aus Sparta hatte nachkommen lassen. Rhinon und seine Anhänger wurden für ihr freundliches Bemühen zugunsten des Volkes gelobt. Obwohl sie ihre Pflichten unter der Oligarchie übernommen hatten, legten sie ihre Rechenschaft unter der Demokratie ab, und niemand brachte gegen sie ir-gendeine Anklage vor, weder von denen, die in der Stadt geblieben, noch von denen, die aus Piräus zurückgekehrt waren, vielmehr wurde aus diesen Grün-den Rhinon sogar sofort zum Strategen gewählt.

(39) Die Versöhnung kam unter dem Archonten Eukleides nach folgender Vereinbarung zustande: »Von den Athenern, die in der Stadt geblieben sind, sollen sich diejenigen, welche auswandern wollen, in Eleusis niederlassen, mit vollem Bürgerrecht, Selbstbestimmungsrecht und der Erlaubnis, ihr Eigentum zu genießen. Das Heiligtum (der Demeter) soll beiden Parteien gemeinsam gehören, und die Keryken und die Eumolpiden sollen (es) gemäß dem altüberkommenen Brauch betreuen. Es soll aber weder den Bewohnern von Eleusis erlaubt sein, in die Stadt zu kommen, noch den Stadtbewohnern, nach Eleusis zu fahren, außer dass jede Partei (dies) während der Mysterien (tun darf). Sie (die Bewohner von Eleusis) sollen von ihren Einkünften Beiträge in die Bundeskasse zahlen genau wie die anderen Athener. Diejenigen der Ausgewanderten, die ein Haus in Eleusis erwerben wollen, müssen sich (darüber) mit dem (bisherigen) Besitzer einigen; aber wenn sie sich untereinander nicht einigen können, soll jeder drei Taxatoren wählen, und (der Besitzer) soll den Preis, den diese festsetzen, anerkennen. Diejenigen Eleusinier, welche sie (die neuen Besitzer) selbst (aufzunehmen) wünschen, sollen bei ihnen wohnen dürfen. Die Liste derjenigen, welche auswandern wollen, soll für die jetzt in der Stadt Anwesenden binnen zehn Tagen, nachdem man die Friedenseide geleistet hat, aufgestellt werden, und sie sollen binnen zwanzig Tagen auswandern; für die Abwesenden aber sollen nach ihrer Rückkehr dieselben Bedingungen gelten. Wer in Eleusis wohnt, darf kein Amt in der Stadt (Athen) innehaben, bis er sich wieder als Einwohner in der Stadt registrieren lässt.

Die Mordprozesse sollen nach altüberkommenem Brauch geführt werden, wenn einer eigenhändig einen (anderen) tödlich verwundet hat. In Bezug auf die Vergangenheit soll allgemeine Amnestie gelten, außer für die Dreißig, die Zehn, die Elf und die ehemaligen Verwalter des Piräus; und auch diese dürfen nicht verfolgt werden, sofern sie Rechenschaft ablegen. Rechenschaft ablegen sollen die Verwalter des Piräus vor denjenigen, die steuerpflichtigen Besitz in Piräus nachweisen können, und diejenigen, welche ein Amt in der Stadt innehatten, vor den steuerpflichtigen Bürgern in der Stadt. Dann dürfen diejenigen, die es wollen, unter diesen Bedingungen auswandern. Jede Partei soll das Geld, das sie für den Krieg geliehen hat, getrennt zurückzahlen.«

Q 89 Andokides plädiert im Jahr 392/91 für einen Friedensvertrag mit Sparta

Q 89

Kontext: Andokides hatte als Gesandter an den Friedensverhandlungen mit Sparta teilgenommen und verteidigte im Winterhalbjahr 392/91 die Ergebnisse vor der Volksversammlung, bei der auch Gesandtschaften der Spartaner, Korinther und Argiver anwesend waren. Der Vertrag wurde jedoch abgelehnt und die Gesandten wurden wegen Amtsmissbrauch (*parapresbeía*) vor Gericht gezogen. Andokides starb dann im Exil.

Andokides, Über den Frieden mit Sparta 1, 10 – 6, 37–41

(1) Dass es besser ist, einen gerechten Frieden abzuschließen, als (weiterhin) Krieg zu führen, das, Bürger von Athen, habt ihr alle erkannt. Dass aber die Politiker (*rhetores*/ die Redner) grundsätzlich zwar nichts gegen den Frieden einzuwenden haben, sie sich aber gegen die Mittel und Wege aussprechen, die zum Frieden führen, das haben allerdings nicht alle (von euch) bemerkt. Sie behaupten nämlich, dass für die Bürgerschaft (*démos*) die große Gefahr bestünde, dass die jetzt bestehende politische Verfassung umgestürzt würde, wenn der Friede erst einmal abgeschlossen sei. [...]

(10) Zunächst nun, ihr Bürger von Athen, ruft euch ins Gedächtnis, was ich euch schon von Anfang an dargelegt habe. Ist es denn nicht so, dass durch den Frieden noch nie die Bürgerschaft der Athener (= die Demokratie) zu Fall gebracht worden ist? So ist es doch dargelegt worden. Und keiner hat mir das Gegenteil bewiesen. (11) Allerdings habe ich auch einige sagen hören, dass als Folge unseres letzten Friedensschlusses mit Sparta (405/4) das Regime der Dreißig eingesetzt worden sei und viele Athener durch den Schierlingsbecher umgekommen seien, während sich andere wiederum ins Exil geflüchtet hätten. Diejenigen, die so reden, haben die Sache nicht richtig verstanden. Denn zwischen einem (wirklichen) Friedensschluss (*eiréne*) und einem (bloßen) Waffenstillstandsvertrag (*spondaí*) besteht ein großer Unterschied. Einen Frieden schließt man nämlich unter Gleichen und im gegenseitigen Einvernehmen über die bestehenden Differenzen. Einen Waffenstillstand hingegen, den diktieren die Stärkeren, wenn sie im Krieg gewonnen haben, den Unterlegenen – gerade so wie die Lakedaimonier, nachdem sie uns im Krieg besiegt hatten, uns auferlegten, die Stadtmauern zu schleifen, die Flotte auszuliefern und die Verbannten wieder aufzunehmen. (12) Damals kam auf Anordnung hin (nur) ein erzwungener Waffenstillstand zustande. Jetzt aber verhandelt ihr über einen Frieden. Prüft doch die Bestimmungen von beidem – sowohl diejenigen, die für uns (405/4) in Stein gemeißelt wurden, wie auch diejenigen, auf deren Grundlage nun der Frieden geschlossen werden kann. Dort (auf der Steinstele) steht geschrieben, dass wir die Stadtmauern schleifen sollen; unter diesen (neuen) Bedingungen aber können wir sie wiederaufbauen. Dort wird uns der Besitz von (nur) zwölf Schiffen zugestanden, während uns jetzt der Bau von so vielen Schiffen, wie wir wollen, erlaubt sein soll. Lemnos, Imbros und Skyros wurden damals den Besatzern zugesprochen, jetzt aber sollen sie (wieder) uns gehören. Auch werden wir jetzt nicht mehr gezwungen, die Verbannten wieder aufzunehmen; damals bestand dieser Zwang mit der Folge, dass die Demokratie gestürzt wurde. Wo gibt es also noch Ähnlichkeiten zwischen beiden (Vertragsbedingungen)? Für mich jedenfalls, ihr Bürger von Athen, liegen die Dinge klar auf der Hand: Frieden bedeutet Sicherheit und Stärke für die Demokratie (*démos*), Krieg hingegen führt zum Sturz der Demokratie (*démos*). So viel zu diesem Punkt. [...]

(13) [...] Weshalb aber kämpfen wir dann eigentlich noch? Damit unsere Stadt frei ist? (14) Aber das wird ihr doch schon zugestanden. Oder damit wir (wieder) die Stadtmauern errichten können? Aber auch dies gestattet uns der Friedensvertrag. Oder damit es uns erlaubt wird, neue Trieren zu bauen und die vorhandenen wieder instand zu setzen und in Besitz zu nehmen? Dies wird ebenfalls zugesichert, denn die Verträge garantieren die Unabhängigkeit einer jeden Polis. Oder auch um die Inseln – Lemnos, Imbros und Skyros – zurückzuerhalten? Ausdrücklich wird aber doch (im Friedensvertrag) festgelegt, dass diese den Athenern gehören sollen. [...]

(39) (Mit der Niederlage im Peloponnesischen Krieg) verloren wir alle diese Dinge, und die Stadtmauern wie auch die Schiffe wurden uns von den Spartanern als Pfänder genommen. Die (Schiffe) nahmen sie uns weg und die (Stadtmauern) zerstörten sie, um zu verhindern, dass wir sie für unsere Stadt zur Grundlage eines neuen Machtaufbaus nutzen. Da nun aber die Lakedaimonier (wieder) Zutrauen zu uns gefasst haben, sind jetzt Gesandte mit unumschränkter Handlungsvollmacht (aus Sparta zu uns) gekommen, um uns die Pfänder zurückzuerstatten, (den Bau der) Stadtmauern und Schiffe ebenso wieder zuzugestehen und wie den Besitz der Inseln. (40) Obwohl wir damit nun den gleichen Schlüssel zu Wohlstand und Macht in Händen halten wie

unsere Vorfahren, gibt es dennoch einige, die fordern, dass man den Friedensvertrag nicht akzeptieren dürfe. Diese Leute sollen vortreten und uns dann erklären –wir selbst haben Ihnen dies ermöglicht, indem Ihnen eine Frist von weiteren vierzig Tagen zur Diskussion eingeräumt wurde –, welche Vertragsbedingungen untauglich sind. Tilgungen sind nämlich möglich. Und wenn jemand etwas hinzufügen möchte, dann soll er uns davon überzeugen und dann soll es ergänzt werden. (41) Wenn ihr (dann) in alle Vertragsbedingungen einwilligt, dann könnt ihr in Frieden leben; wenn ihr aber nichts davon akzeptiert, dann bedeutet das Krieg. Die Entscheidung liegt ganz allein bei euch, ihr Bürger von Athen. Wählt, was ihr wollt. (Gesandte der) Argiver und Korinther sind hier, um euch zu zeigen, dass Krieg vorzuziehen sei, während die (Gesandten der) Lakedaimonier gekommen sind, euch vom Frieden zu überzeugen. Das letzte Wort in dieser Sache liegt aber bei euch, nicht bei den Lakedaimoniern, dank unserer Bemühungen. Wir, die Gesandten, machen nun euch alle zu Gesandten. Denn jeder von euch, der die Hand (zur Abstimmung) heben wird, der handelt wie ein Gesandter in Fragen von Krieg und Frieden, wie auch immer er sich entscheidet. Bedenkt also nun, Bürger von Athen, unsere Worte und stimmt so ab, dass ihr es niemals werdet bereuen müssen.

<table>
<tr><td>Q 90</td><td></td></tr>
</table>

Q 90

Q 90 Die Suche nach einer allgemeinen Friedensordnung (*koiné eiréne*): der »Königsfrieden«

Xenophon, Hellenika 5, 1, 29–36

Da nun die Athener angesichts der Übermacht der feindlichen Flotte fürchteten, sie könnten wie früher schon einmal vollständig niedergekämpft werden, zumal den Lakedaimoniern im Großkönig ein Bundesgenosse erstanden war und sie selbst auch unter der Blockade durch die Piraten aus Aigina litten, wurde aus allen diesen Gründen bei ihnen der Wunsch nach Frieden sehr stark. Auf der anderen Seite trugen auch die Lakedaimonier schwer an dem Kriege; denn sie hatten eine Mora (spartanische Einheit) als Besatzung in Lechaion (bei Korinth), eine Mora in Orchomenos (in Boiotien), weitere Wachmannschaften in den Städten, um, soweit sie ihnen vertrauen konnten, ihren Untergang, soweit sie ihnen misstrauen mussten, ihren Abfall zu verhindern; außerdem fühlten sie sich mit Korinth ebenso sehr selbst belästigt, wie sie den Korinthern lästig wurden. Was wieder die Argiver angeht, so waren diese, da sie wussten, dass ein Feldzug gegen sie vorbereitet war […], auch ihrerseits dem Frieden nicht mehr abgeneigt. So kam es, dass, als Tiribazos verkünden ließ, jeder der wolle, solle sich einfinden, um den Friedensbedingungen Gehör zu schenken, die ihnen der Großkönig herabsende, sich binnen kurzer Zeit alle (in Sardeis) einfanden. Als sie versammelt waren, wies Tiribazos ihnen das königliche Siegel vor und verlas dann das Schriftstück. Es hatte folgenden Wortlaut:

»Der König Artaxerxes hält es für gerecht, dass die Städte in Asien ihm gehören und von den Inseln Klazomenai und Kypros, und dass die übrigen griechischen Städte, kleine wie große, in Unabhängigkeit gelassen werden, ausgenommen Lemnos, Imbros und Skyros; diese sollen wie in der Vergangenheit den Athenern gehören. Wer aber diese Friedensbedingungen nicht annehmen will, gegen den werde ich Krieg führen mit denen zusammen, die diesen Frieden wollen, zu Lande und zu Wasser, mit meiner Flotte und meinem Gelde.«

Nachdem die Gesandten der Städte diese Bedingungen vernommen hatten, meldeten sie dieselben, ein jeder in seiner Stadt. Und alle beschworen, diese Bedingungen unverbrüchlich zu halten, nur die Thebaner beanspruchten, im Namen aller Boioter zu schwören. Agesilaos aber erklärte, er nehme ihren Eid nicht an, wenn sie nicht genau nach dem Text des königlichen Schriftstückes zu schwören bereit seien, jede Stadt, die kleine wie die große, in Unabhängigkeit zu lassen. Die thebanischen Gesandten erklärten hierauf, dazu seien sie nicht beauftragt. »Also geht«, sagte ihnen Agesilaos, »und fragt; aber meldet Euren Landsleuten gleich dazu, dass sie, falls sie sich weigern, aus dem Friedensvertrag ausgeschlossen werden.« [...]

Als auf diese Weise die Bestimmungen durchgeführt waren und die Städte sich durch den Eid verpflichtet hatten, den Friedensvertrag einzuhalten, dessen Bedingungen der Großkönig ihnen übersandt hatte, wurden nach diesem Zeitpunkt die Landstreitkräfte und ebenso auch die auf den Flotten stationierten Truppen aufgelöst. Für die Lakedaimonier, die Athener und die Bundesgenossen trat endlich nach dem auf die Schleifung der Mauern in Athen folgenden Kriege jetzt auf diese Weise zum ersten Male wieder Frieden ein. Und während im Kriege die Lakedaimonier ihren Gegnern eher ungefähr die Waage hielten, erwuchs ihnen nun aus dem Antalkidas-Frieden ein weit größeres Übergewicht an Autorität. Denn indem sie als die Schirmherren des Friedens, dessen Bedingungen der Großkönig ihnen übersandt hatte, es als ihre Aufgabe betrachteten, die Unabhängigkeit der Städte durchzusetzen, gewannen sie in Korinth einen neuen Bundesgenossen dazu, machten die boiotischen Städte von den Thebanern unabhängig, was schon lange ihr Wunsch war, und setzten dem Zustand, dass die Argiver sich Korinth angeeignet hatten, dadurch ein Ende, dass sie gegen diese, für den Fall, dass sie Korinthos nicht verließen, einen Kriegszug vorbereiteten.

Q 91 Aufforderung zum Beitritt in einen neuen attischen Seebund: die sog. »Gründungsurkunde des Zweiten Attischen Seebunds« aus dem Jahre 377

Q 91

Fundkontext: Eine in zwanzig Fragmente zerbrochene, aber gut rekonstruierbare Marmorstele von der Athener Agora; jetzt im Epigraphischen Museum in Athen.

Amtsjahr des Archon Nausinikos. Kallibios, Sohn des Kephisophon, aus (dem Demos) Paiania war Schriftführer. Die (Phyle) Hippothontis hatte die siebte Prytanie inne. Beschluss von Rat und Volk, Charinos aus (dem Demos) Athmonon hatte den Vorsitz; Aristoteles stellte den Antrag:

Inscriptiones Graecae (IG) II² 43

Zum guten Glück der Athener und der Bundesgenossen der Athener!

Damit die Lakedaimonier die Griechen in Freiheit und Autonomie ungestört lassen im unbestrittenen Besitz ihres gesamten Landes [(später getilgte, nur schwer lesbare Zeilen:) und damit gültig sei und bleibe auf alle Zeit der Allgemeine Friede, den beschworen haben die Hellenen und der König gemäß dem Vertrag,?] soll Beschluss sein des Volkes: Wenn einer wünscht von den Hellenen oder den Barbaren, die auf dem Festland wohnen oder von den Inselbewohnern, soweit sie nicht (Untertanen) des Königs sind, Bundesgenosse der Athener und ihrer Bundesgenossen zu sein, soll ihm dies erlaubt sein in Freiheit und Autonomie, indem er seine innere Ordnung einrichtet nach der Verfassung, die er will, und keine Besatzung aufnehmen und keine (fremdbestimmte) Obrigkeit dulden oder Tribut zahlen muss, vielmehr unter denselben

Bedingungen, unter denen die Chier und Thebaner und die anderen Bundesgenossen (mit uns im Bund stehen). Denen, die das Bündnis abgeschlossen haben mit den Athenern und ihren Bundesgenossen, soll das Volk überlassen alle privaten und staatlichen Besitzungen der Athener, die sich befinden im Land derer, die abschließen das Bündnis, und hierüber soll man ihnen Garantien geben. Falls aber betreffs einer der Städte, die das Bündnis abschließen mit den Athenern, inschriftliche Urkunden in Athen stehen zu ihren Ungunsten, soll der jeweils amtierende Rat das Recht haben, diese umzustürzen. Vom (laufenden) Amtsjahr des Archon Nausinikos an soll kein Athener – weder privat noch im Namen der Gemeinde – in den Gemarkungen der Bundesgenossen Haus oder Grundbesitz erwerben dürfen, weder durch Kauf noch durch Hypothek oder auf eine andere Weise. Falls aber jemand kauft oder erwirbt oder hypothekarischen Einfluss nimmt auf irgendeine Weise, soll jeder von den Bundesgenossen, der will, dies den *sýnhedroi* (Mitglieder des Bundesrates) der Bundesgenossen anzeigen; die *sýnhedroi* sollen (das betreffende Besitztum) verkaufen und die Hälfte (des Erlöses) dem Anzeiger geben, die andere Hälfte soll Gemeinbesitz sein der Bundesgenossen. Wenn aber jemand in feindlicher Absicht gegen diejenigen zieht, die abgeschlossen haben das Bündnis, sei es zu Land oder zu Wasser, sollen diesen zu Hilfe kommen die Athener und ihre Bundesgenossen zu Land und zu Wasser mit aller Kraft, so gut sie können. Wenn jemand einen Antrag vorbringt oder zur Abstimmung stellt, sei er Magistrat oder Privatmann, entgegen diesem Volksbeschluss, (des Inhalts,) man solle etwas unwirksam machen von dem in diesem Volksbeschluss Niedergelegten, soll er der Ächtung (*atimía*) verfallen sein und sein Vermögen soll (zugunsten der Stadt) eingezogen sein und der Göttin der Zehnte davon gehören, und er soll gerichtet werden bei den Athenern und den Bundesgenossen als einer, der auflösen will das Bündnis; bestrafen soll man ihn mit Tod oder Verbannung (aus allen Gebieten,) wo die Athener und ihre Bundesgenossen herrschen. Wenn er mit dem Tod bestraft wird, soll man ihn nicht begraben in Attika oder im Land der Bundesgenossen. Diesen Beschluss soll der Schriftführer des Rates aufschreiben lassen auf eine Marmorstele und diese aufstellen (lassen) bei (der Stoa des) Zeus Eleutherios (auf der Agora); das Geld für die Aufzeichnung der Stele, sechzig Drachmen, sollen aus den zehn Talenten geben die Schatzmeister der Göttin. Alsbald soll man aufschreiben die Namen der derzeit verbündeten Städte, und ebenso derer, die künftig Bundesgenossen werden. Dies soll man aufschreiben; wählen soll das Volk drei Gesandte auf der Stelle (und) nach Theben (schicken), die die Thebaner überreden sollen zu einer möglichst freundlichen Gesinnung. Folgende wurden gewählt: Aristoteles aus Marathon, Pyrrhandros aus Anaphlystos, Thrasybulos aus Kollyte.

Bundesgenossen der Athener sind folgende Städte: (Es folgt eine Liste der Städte, an die sich ein nur noch fragmentarisch erhaltener Text eines weiteren Antrags des Aristoteles anschließt. Die Städteliste wird dann auf der linken Schmalseite der Stele fortgesetzt.)

Q 92   Q 92 Plädoyer für eine neue Friedensordnung im Jahr 371

Kontext: Der athenische Politiker Kallistratos von Aphidnai sprach sich bei den Verhandlungen zwischen Athen und Sparta, die 371 zum Abschluss eines Friedensvertrages zwischen den beiden Mächten führten, entschieden für einen machtpolitischen Ausgleichs in der griechischen Staatenwelt aus, der aber letztlich am Widerstand der zur Großmacht aufstrebenden Thebaner scheiterte.

»Also, ihr Männer von Lakedaimon, dass keine Fehler begangen worden seien, von unserer Seite so wenig wie von eurer, kann ich, glaube ich, mit gutem Gewissen nicht behaupten. Hingegen ist es meine Ansicht durchaus nicht, dass man mit Menschen, die Fehler gemacht haben, überhaupt keinen weiteren Umgang mehr haben sollte. Denn ich sehe, dass es keinen Menschen auf der Welt gibt, der immer unfehlbar wäre. Ja, bisweilen scheinen mir die Menschen sogar durch ihre Fehler zugänglicher zu werden, besonders dann, wenn sie von ihren eigenen Fehlern gezüchtigt wurden, wie wir. […] Daher gebe ich mich jetzt der Hoffnung hin, die Lehre, die wir uns erteilen lassen mussten, dass Übergriffe in fremdes Recht und Eigentum keinen wirklichen Gewinn bringen, werde uns befähigen, wieder Maß zu halten in unserer gegenseitigen Freundschaft. Was aber die verleumderischen Behauptungen gewisser Leute betrifft, die einen Friedensabschluss hintertreiben wollen, nämlich, dass wir gar keine Freundschaft mit euch anstrebten, sondern dass der wahre Grund unseres Kommens nur die Besorgnis sei, Antalkidas könnte wieder mit Geld vom Perserkönig zurückkommen, so denket genau darüber nach (und ihr werdet sehen), dass dies unbegründetes Geschwätz ist. Bekanntlich hat doch der König in seinem Schreiben festgelegt, alle Städte in Hellas sollten selbständig sein; wenn wir also in Reden und Taten dasselbe Ziel verfolgen wie er, was sollten wir da den König fürchten? […] Es ist aber doch wohl deutlich, dass die Gesamtheit aller Städte geteilt ist in solche, die euch zuneigen, und solche, die uns zuneigen, und in jeder Stadt gibt es wiederum zwei Parteien, deren eine lakonisch, die andere attisch gesinnt ist. Wenn nun wir uns in Freundschaft zusammenschlössen, woher hätten wir vernünftigerweise noch irgendeine Gefahr zu erwarten? Denn wirklich, wer könnte unter der Voraussetzung, dass ihr unsere Freunde seid, zu Lande noch stark genug sein, um uns etwas anzuhaben? Und ebenso zur See, wer könnte da euch irgendeinen Schaden zufügen, wenn wir eure Gefährten sind? Freilich, dass es zu allen Zeiten Kriege gibt und dass sie auch wieder beigelegt werden, das wissen wir alle, und ebenso kann für uns kein Zweifel daran bestehen, dass wir alle, wenn nicht jetzt, dann eben irgendwann zu einer späteren Zeit, Frieden herbeisehnen werden. Wozu also sollen wir eben diese Zeit solange hinausschieben, bis wir unter der Häufung der Unglücksfälle zusammenbrechen, statt dass wir lieber so schnell wie möglich den Frieden herbeiführen, noch ehe etwas geschieht, das nicht wieder gutzumachen ist? Um aber meinen Standpunkt näher zu erläutern, so kann ich zum Beispiel nicht diejenigen loben, die sich, nachdem sie sich als Wettkämpfer betätigt und dabei schon mehrfach einen Sieg errungen und entsprechenden Ruhm erworben haben, von solchem Ehrgeiz treiben lassen, dass sie sich nicht eher zurückziehen, als bis eine Niederlage sie veranlasst, ihre athletischen Übungen ganz aufzugeben, und ebenso wenig kann ich solche Spieler loben, die, wenn ihnen einmal ein Treffer geglückt ist, beim zweiten Mal sogleich um den doppelten Einsatz würfeln, denn ich sehe, dass die Mehrzahl solcher Leute am Ende ihr gesamtes Vermögen vertan hat. Das müssen wir im Auge behalten, um einzusehen, dass auch wir uns niemals in einen Kampf dieser Art einlassen dürfen, an dessen Ende nur die zwei Möglichkeiten stehen, entweder alles zu gewinnen oder alles zu verlieren, sondern, dass wir vielmehr einander Freunde werden müssen, solange wir noch stark sind und in glücklichen Verhältnissen leben. Auf diese Weise nämlich könnten

Xenophon, Hellenika 6, 3, 10 – 17 (in Auszügen)

wir durch euch und könntet ihr durch uns eine noch höhere Stellung in Griechenland einnehmen, als dies in der Vergangenheit der Fall war.«

Q 93

Q 93 Grabepigramm auf den Sieg der Thebaner über die Spartaner bei Leuktra im Jahr 371

Fundkontext: Kalksteinbasis aus Theben-Pyri; jetzt im Archäologischen Museum in Theben.

Inscriptiones Graecae
(IG) VII 2462

Xenokrates, Theopompos, Mnasilaos.
Als Spartas Speer stark war, damals übernahm es
Xeinokrates, durch das Los bestimmt, dem Zeus ein Tropaion (Siegesmal)
    darzubringen,
ohne Furcht vor dem Heerzug vom Eurotas noch vor dem lakonischen
Schild. »Die Thebaner sind stärker im Krieg«,
verkündet in Leuktra dieses Siegeszeichen, siegbringend durch den Speer,
und in unserem Sturmlauf blieben wir nicht hinter Epameinondas zurück.

Q 94

Q 94 Xenophon über den Ausgang der Schlacht bei Mantineia 362

Xenophon, Hellenika 7,
5, 26–27

Mit dem Abschluss dieser Kämpfe war das Gegenteil von dem erfolgt, was alle Welt erwartet hatte. Denn da fast ganz Griechenland zusammengekommen und gegeneinander angetreten war, gab es keinen, der nicht geglaubt hätte, wenn eine Schlacht stattfinde, würden hernach die Sieger zur Herrschaft gelangen und die Besiegten ihnen untertan sein. Aber der Gott ließ es so geschehen, dass beide Parteien wie Sieger ein Siegeszeichen errichteten und keine von beiden die andere am Aufrichten desselben hinderte; die Toten gaben beide Parteien wie Sieger unter dem Schutze eines Vertrages heraus, und beide nahmen die ihrigen wie Besiegte unter dem Schutze des Vertrages in Empfang; und indem jede von beiden behauptete, gesiegt zu haben, besaß doch offenkundig keine von beiden, weder an Land noch an Städten noch an Macht auch nur das Geringste mehr als vor der Schlacht; aber Unordnung und Verwirrung wurden nach der Schlacht in Hellas noch größer als sie vorher waren. – Doch was mich betrifft, so sollen meine Aufzeichnungen bis hierher gehen. Was danach kommt, wird vielleicht einen anderen beschäftigen. (Schlusssatz der *Helleniká* des Xenophon.)

Q 95

Q 95 Mit oder gegen Makedonien: Athen im politischen Zwiespalt

Q 95a

Kontext: Aischines hatte einen Prozess gegen Ktesiphon angestrengt, der 338/37 die Verleihung eines Ehrenkranzes an Demosthenes wegen seiner Verdienste um Athen beantragt hatte. Als entschiedener Befürworter einer promakedonischen Politik suchte Aischines in diesem Prozess, der erst 330 verhandelt wurde, eine politische Abrechnung mit seinem makedonenfeindlichen Rivalen Demosthenes.

Aischines, Rede gegen
Ktesiphon 134; 140–157
(in Auszügen)

(134) Unser Staat aber, Zufluchtsstätte für alle Griechen, wohin früher aus Griechenland die Gesandtschaften kamen, um Staat für Staat bei uns Rettung

zu finden, der streitet sich jetzt nicht mehr um die Führerschaft in Griechenland, nein, sondern schon um den Boden des Vaterlandes. In diese Lage sind wir gekommen, seitdem Demosthenes in die Staatsleitung eingegriffen hat. [...] (140) Als Philipp [...] den Krieg, dessen Schauplatz er früher vom Lande der Thebaner wegverlegt hatte, durch Phokis in die Nähe von Theben selbst verlegen ließ, als er schließlich Elateia überrumpelte, befestigte und eine Besatzung hineinlegte, da erst, als Not am Mann war, schickten sie nach den Athenern. Und ihr zogt aus und rücktet mit Kriegsmacht in Theben ein, Reiterei und Fußvolk, ehe noch Demosthenes mit einer Silbe das Bündnis hatte beantragen können. (141) Euch führte nach Theben die Lage, der Schrecken, das Bedürfnis eines Bündnisses und nicht Demosthenes. [...]

(148) Philipp verachtete nämlich die Griechen nicht, wusste auch wohl – er war ja nicht unverständig –, dass er um die errungenen Vorteile in der kurzen Frist eines Tages den Entscheidungskampf zu bestehen habe; daher wollte er Frieden schließen und beabsichtigte die Absendung von Gesandtschaften. Auch die thebanischen Behörden fürchteten mit Recht die drohende Gefahr, hatte ihnen ja doch nicht ein Redner, der noch nie im Felde gestanden oder gar die Schlachtreihe verlassen hatte, den Kopf zurechtgesetzt, nein, aus dem zehnjährigen Phokischen Krieg (356 – 346) hatten sie eine unvergessliche Lehre gezogen. (149) Unter diesen Umständen, die Demosthenes wohl erkannte, argwöhnte er, die Boiotarchen wollten für sich Frieden schließen und ohne ihn von Philipp Geld annehmen. Er sollte bei einer Bestechung unberücksichtigt bleiben! Das war unerträglich für ihn. Er sprang also in der Volksversammlung auf und, ohne dass jemand ein Wort für oder gegen einen Friedensabschluss hätte fallen lassen, nur um den Boiotarchen sozusagen durch eine feierliche Verkündigung die Mahnung zuzustellen, ihm den Anteil an der Beute nicht vorzuenthalten, schwor er feierlich bei der Athene [...], (150) wenn einer von dem Abschluss eines Friedens mit Philipp rede, werde er ihn sicher bei den Haaren ins Gefängnis schleppen. [...] Als aber die thebanischen Behörden seine Versuche ganz übersahen und sogar eure Soldaten, die schon ausgerückt waren, zum Rückzug nötigten, damit ihr euch über den Frieden schlüssig werdet, (151) da geriet er ganz von Sinnen. Er betrat die Rednerbühne, nannte sie Verräter Griechenlands und erklärte – er, der niemals den Feinden ins Auge geschaut –, er werde einen Beschluss beantragen, Gesandte sollten nach Theben gehen und von den Thebanern Durchzug gegen Philipp beantragen. Die Behörden Thebens [...] standen nun, um nicht wirklich als Verräter Griechenlands angesehen zu werden, von den Friedensverhandlungen ab und rüsteten sich zum Kriege. (152) Hier muss man nun auch der tapferen Männer gedenken, die dieser Mensch, obwohl die Opfer nicht dargebracht und die Zeichen ungünstig waren, in die offene Gefahr hineingetrieben hat und der es dann wagte, mit seinen Füßen, mit denen er geflohen war und die Schlachtordnung verlassen hatte, das Grab der Gefallenen zu betreten, um ihren Kampfesmut (in einer Grabesrede) zu verherrlichen. Zu großen und mutigen Taten taugst du ja von allen Menschen am wenigsten; an Dreistigkeit im Reden bist du aber unübertroffen. Wirst Du es nun wagen, in diesem Augenblick, diesen ins Gesicht zu sagen, du müsstest bei den Unglücksschlägen, die den Staat getroffen haben, mit einem Kranz belohnt werden? Und wenn er es behauptet, werdet ihr es ertragen, und soll denn wirklich zugleich mit dem Leben der Gefallenen auch eure Erinnerung erlöschen? [...] (156) [...] Erinnert nicht die unglücklichen Thebaner an ihr unheilbares, unerträgliches Unglück. Habt ihr sie doch, die er in die Verbannung stieß, in eurer Stadt aufgenommen, sie, deren Heiligtümer, Mauern und

Gräber des Demosthenes Bestechlichkeit und des Perserkönigs Gold vernichtete. (157) Auch wenn ihr persönlich nicht zugegen wart, so blickt doch in Gedanken auf ihr Unglück. Stellt euch vor, ihr sähet die Erstürmung der Stadt, die Schleifung der Mauern, den Brand der Häuser, den Zug der Frauen und Kinder, die in die Sklaverei verschleppt werden, die alten Männer und Frauen, die so spät noch die Freiheit verlernen müssen. Sehet, wie sie unter Tränen euch anflehen, wie sie den Rächern nicht zürnen, sondern denen, die ihr Unglück verursacht haben; und wie sie euch beschwören, doch ja nicht den Mann zu bekränzen, der über Griechenland den Fluch brachte, sondern euch zu hüten vor dem bösen Verhängnis, das diesem Menschen auf Schritt und Tritt folgt!

Q 95b

Demosthenes, Rede für Ktesiphon über den Kranz 66–69; 169–173; 191–193

Kontext: In seiner Gerichtsrede für Ktesiphon gelang es Demosthenes, mit der erfolgreichen Verteidigung des Angeklagten zugleich auch nachdrückliche Bestätigung der von ihm verfochtenen Politik zu erhalten.

(66) Aber ich kehre zu meiner Frage zurück: Was sollte die Stadt, Aischines, tun, als sie sah, wie Philipp sich eine unumschränkte Herrschaft über Griechenland zu verschaffen suchte? Oder was sollte der verantwortliche Mann in Athen sagen oder beantragen (denn das ist ein entscheidender Punkt)? Ich war mir ja als solcher einerseits bewusst, dass von jeher bis auf den Tag, an dem meine eigene Laufbahn als Politiker begann, meine Vaterstadt allezeit um den höchsten Rang, um Ehre und Ruhm gerungen und für Ruhm und Ansehen sowie für die Gesamtinteressen mehr Gut und Blut geopfert hatte als jeder andere Griechenstaat für sich selbst. (67) Anderseits konnte ich beobachten, wie sich dieser Philipp, der unser Gegner war im Kampf, persönlich für sein Reich und seine Krone ein Auge hatte ausschlagen, das Schlüsselbein zerschmettern, die Hand, den Schenkel verstümmeln lassen, und wie er jedes Glied, welches das Schicksal seinem Leib entreißen wollte, dahingab, nur um mit dem übrigen in Ruhm und Ehre zu leben. (68) Nun wird aber wahrhaftig kaum jemand zu behaupten wagen, dass es in Ordnung gewesen wäre, wenn zwar der in Pella Aufgewachsene von so hochmütigem Streben beseelt war, dass er die Herrschaft über Griechenland begehrte und sich dies in den Kopf setzte, ihr dagegen, die ihr Athener seid und Tag für Tag in allem, was ihr hört und seht, Zeugnisse des tapferen Sinnes eurer Vorfahren vor Augen habt, eine solche Niedrigkeit der Gesinnung bewiesen hättet, die Freiheit spontan zu Philipps Gunsten preiszugeben. Auch nicht einer würde das wohl behaupten. (69) Es blieb euch also zwangsläufig nichts anderes übrig, als all seinen Handlungen, mit welchen er euch Unrecht zufügte, entgegenzutreten, und zwar mit gutem Recht. Dies habt ihr natürlich von Anfang an, wie es sich gehörte, getan, und entsprechende Anträge und Ratschläge kamen jeweils von meiner Seite in der Zeit meiner politischen Aktivität – zugegeben; indessen, was hätte ich denn tun sollen? [...]

(169) Abend war es, und es kam ein Bote mit der Nachricht zu den Prytanen, dass Elateia genommen sei. Da sprangen die einen sogleich mitten vom Mahle auf, ließen die Buden auf dem Markte räumen und steckten die Hürden in Brand; andere schickten nach den Strategen und riefen den Trompeter herbei. Die Stadt war voller Getümmel. Mit Anbruch des folgenden Tages beriefen die Prytanen den Rat ins Rathaus, ihr aber eiltet in die Volksversammlung, und noch ehe der Rat verhandelt und seinen Antrag ausgearbeitet hatte, saß das ganze Volk oben (auf der Pnyx). (170) Als hierauf der Rat erschienen war und die Prytanen die ihnen zugekommene Nachricht kundgetan

und deren Überbringer vorgeführt hatten und dieser gesprochen hatte, fragte der Herold: »Wer meldet sich zu Wort?« Aber niemand trat vor. Und auch als der Herold seine Frage des öfteren wiederholte, stand doch niemand auf, obschon alle Strategen anwesend waren und alle Redner, und das Vaterland nach einem Sprecher für seine Rettung rief; denn die Stimme, die der Herold von Gesetzes wegen ertönen lässt, darf mit Recht für die öffentliche Stimme des Vaterlandes gelten. (171) Und doch, wenn es, um als Redner aufzutreten, auf den bloßen Wunsch angekommen wäre, dass die Stadt gerettet würde, so wäret ihr und die übrigen Athener alle aufgestanden und zur Rednerbühne geeilt (denn natürlich wünschet ihr alle die Rettung der Stadt). [...] (172) Indessen, jene Umstände (und jener Tag) riefen anscheinend nach einem Mann, der nicht nur wohlgesinnt und wohlhabend war, sondern auch den Gang der Dinge von Anfang an verfolgt und sich daraus richtig zusammen-gereimt hatte, weshalb Philipp so handelte und in welcher Absicht. Denn wer das nicht wusste und nicht seit langem sorgfältig erforscht hatte, der konnte, auch wenn er ein guter Patriot, auch wenn er reich war, darum nicht eher wissen, was zu tun sei, noch was er euch zu raten habe. (173) Als dieser Mann nun erschien an jenem Tage – ich; ich ging zur Bühne und wandte mich an euch, und wenn ich jetzt wiederhole, was ich gesagt habe, so hört mich – aus zweifachem Grunde – aufmerksam an. Erstens nämlich sollt ihr wissen, dass von den Rednern und Politikern ich allein den Posten eines wahren Pa-trioten in der Gefahr nicht verlassen habe, sondern als ein Mann befunden wurde, der mitten in den Schrecknissen für euch das Notwendige sagte und beantragte; zum andern werdet ihr, mit einem geringen Zeitaufwand, für die Zukunft viel an allgemeiner politischer Erfahrung gewinnen. [...]

(191) Nun, Aischines, dies habe ich getan, als der Herold fragte: »Wer meldet sich zu Wort?« – nicht etwa: »Wer will über das Vergangene Klage führen?« und auch nicht: »Wer will sich für das Kommende verbürgen?« Während du zu jener Zeit stumm in den Volksversammlungen saßest, bin ich jeweils aufgetreten und habe gesprochen. Nachdem du es aber damals unter-lassen hast, gib dafür heute Bescheid! Gib an, welcher Gedanke, auf den man hätte kommen müssen, von mir übersehen, welche Gelegenheit, im Interesse der Stadt zu handeln, von mir versäumt worden ist; nenne das Bündnis, nenne das Unternehmen, zu dem ich diese Männer hier eher hätte veranlassen sol-len. (192) [...] Damals nun war, wie es schien, die Gefahr teils noch im Ver-zug, teils war sie schon gegenwärtig; in dieser Sicht prüfe mein politisches Konzept, anstatt mir in boshafter Weise den Ausgang zum Vorwurf zu ma-chen. Denn das Ende ist bei allen Dingen so, wie es die Gottheit will; die Zielsetzung aber ist es, welche die Gesinnung des Ratgebers offenbart. (193) Rechne es also nicht mir als Vergehen an, wenn es Philipp zufiel, in der Schlacht zu siegen; denn Ziel und Ende lag in des Gottes Hand, nicht in der meinen. Dass ich hingegen nicht alles, was nach menschlichem Ermessen möglich war, unternommen und das Unternommene nicht mit rechtlichen Mitteln und mit Sorgfalt ausgeführt hätte und mit einer Hingabe, die über meine Kräfte zu gehen drohte, oder dass die politischen Maßnahmen, die ich traf, nicht ehrenvoll und der Stadt würdig und dazu unumgänglich waren, das beweise mir, und dann erst klage mich an!

Q 96

Demosthenes, Rede für
Ktesiphon über den Kranz
289

(= W. Peek, Griechische
Versinschriften I. Nr. 29)

Q 96 Grabepigramm für die im Jahr 338 bei Chaironeia gefallenen Athener

Die hier ruhen, ergriffen das Schwert zum Schutze der Heimat,
Mannhaft wehrten sie ab frevelnder Feinde Gewalt.
Furchtlos kämpfend haben sie nicht ihr Leben gerettet,
Denn des Kampfes Entscheid stellten dem Tod sie anheim.
Hellas wollten sie retten, dass nicht den Nacken es beugend
Unter der Knechtschaft Joch Schande erleide und Schimpf.
Heimische Erde umhüllt das Gebein der gefallenen Helden.
Denn für die Sterblichen steht fest die Entscheidung des Zeus:
Stets und unfehlbar das Ziel zu erreichen im Leben,
Steht bei den Göttern, und nie weicht dem Verhängnis man aus.

Q 97

Q 97 Athenischer Volksbeschluss zum Schutz der demokratischen Verfassung aus dem Jahr 336

Fundkontext: Marmorstele von der Athener Agora; nicht am ursprünglichen Aufstellungsort, sondern in einer in das 3. Jh. n. Chr. zu datierenden Verfüllung im Nordosten der Agora aufgefunden; jetzt im Athener Agora-Museum. Im Giebelfeld der Stele oberhalb der Inschrift befindet sich ein Relief, das die personifizierte *Demokratía* zeigt, die den sitzenden bärtigen *Démos* (die personifizierte Bürgergemeinde Athens) bekränzt.

Supplementum Epigraphicum Graecum (SEG) 12,
Nr. 87

Im Jahr, da Phrynichos Archon war, als die Phyle Leontis die neunte Prytanie innehatte, für die Chairestratos, der Sohn des Ameinias aus (dem Demos) Acharnai Schriftführer war; von den *próhedroi* leitete die Abstimmung Menestratos aus (dem Demos) Aixone; Eukrates, Sohn des Aristotimos, aus (dem Demos) Peiraieus (= Piräus) stellte den Antrag:
    Zum guten Glück des Volkes der Athener! Die Gesetzgeber (*nomothétai*) mögen beschließen: Wenn jemand sich gegen das Volk erhebt mit dem Ziel der Tyrannis oder die Tyrannis mit einrichtet oder das Volk der Athener oder die Demokratie in Athen stürzt, wer den, der davon etwas tut, tötet, soll entsühnt sein. Nicht erlaubt soll es sein einem der Ratsherren des Rates vom Areopag, wenn gestürzt ist das Volk oder die Demokratie in Athen, hinaufzugehen auf den Areopag oder teilzunehmen an der Sitzung und zu beraten, nicht einmal über eine einzige Angelegenheit. Wenn aber, falls das Volk oder die Demokratie in Athen gestürzt ist, einer von den Ratsherren vom Areopag auf den Areopag hinaufsteigt oder an der Sitzung teilnimmt oder über irgendetwas berät, soll er der Ächtung (*atimía*) verfallen sein, er selbst und seine Nachkommenschaft, und seine Habe soll konfisziert sein und der Göttin soll der Zehnte zufallen.
    Der Schriftführer des Rates soll dieses Gesetz auf zwei Marmorstelen aufschreiben und dort aufstellen lassen, die eine bei dem Eingang zum Areopag, dort wo man in den Ratssaal hineingeht, die andere in der Volksversammlung. Für die Aufzeichnung auf den Stelen soll der Schatzmeister des Volkes 20 Drachmen geben aus den für Volksbeschlusse vom Volk bestimmten Geldern.

Q 98 Was einen Bürger ausmacht

Ein Staat gehört aber zur Klasse der Dinge, die zusammengesetzt sind, genauso wie ein anderes Gebilde, das zwar ein Ganzes darstellt, jedoch aus vielen Teilen zusammengesetzt ist; daher muss offensichtlich vorher untersucht werden, was ein Bürger ist, denn der Staat ist eine bestimmte Anzahl von Bürgern. Aus diesem Grunde soll bestimmt werden, wen man als Bürger bezeichnen darf und was der Bürger ist. Denn auch darüber, wer als Bürger zu gelten hat, ist man häufig uneins; nicht alle sind nämlich einer Meinung darüber, dass ein und derselbe Mann Bürger sei. Jemand, der in der Demokratie Bürger ist, ist ja häufig in der Oligarchie nicht Bürger. Diejenigen, die auf sonst eine Weise diesen Titel Bürger bekamen, wie diejenigen, die durch einen besonderen Akt zu Bürgern gemacht wurden, sollen hier beiseite bleiben.

Aristoteles, Politik 1274b39–1275a26

Der Bürger hat diesen Status nicht, weil er irgendwo ansässig ist – denn auch Metöken und Sklaven teilen (mit den Bürgern) den Wohnsitz –, auch nicht weil sie an den Rechten in der Weise teilhaben, dass sie sich einem Rechtsverfahren stellen oder einen Prozess anstrengen können, denn dies gilt auch für die Mitglieder fremder Staaten, die aufgrund von zwischenstaatlichen Vereinbarungen an diesen Rechten teilhaben; denn diese Möglichkeit besteht für sie. Häufig haben die Metöken nicht einmal uneingeschränkt an (diesen Rechten) teil, sondern sie müssen einen Vertreter bestellen, so dass sie nur unvollkommen Mitglieder dieser (Rechts-) Gemeinschaft sind, vielmehr wie bei Minderjährigen, die wegen ihres Alters noch nicht (in das Bürgerverzeichnis) eingetragen wurden, und Alten, die von ihren Bürgerpflichten entbunden sind, muss man zwar anerkennen, dass sie zwar in einer gewissen Beziehung Bürger sind, aber nicht unbedingt schlechthin, sondern mit dem Zusatz »noch unvollständig« bei den einen, »wegen Alters entpflichtet« bei den anderen oder mit sonst einem Ausdruck dieser Art; welche Bezeichnung man wählt, ist dabei nicht von Bedeutung, da der Sinn dieser Bemerkung klar ist. Denn wir suchen den Bürger schlechthin, dem nicht eine solche negative Einschränkung hinzugesetzt ist, die dann eine Korrektur (wie im Falle von Kindern oder sehr Alten) nötig macht. Solche Fragen lassen sich auch über Leute, denen das Bürgerrecht entzogen wurde, und Verbannte aufwerfen und beantworten.

Ein Bürger im eigentlichen Sinne wird nun aber durch kein anderes Recht mehr bestimmt als das der Teilhabe an der Entscheidung und der Bekleidung eines Staatsamtes. (Die Bekleidung von) Staatsämtern unterliegt aber entweder zeitlichen Beschränkungen, so dass ein und derselbe Mann einige überhaupt nicht zweimal innehaben darf oder sie nur nach Ablauf bestimmter festgelegter Fristen (wieder bekleiden darf); oder der Amtsinhaber unterliegt nicht solchen Beschränkungen, wie z.B. der Richter oder das Mitglied der Volksversammlung.

Q 99 Finanzielle Verpflichtungen eines Bürgers

Kritobulos sprach daraufhin etwa folgendermaßen: »[...] wenn du mir raten wolltest, was ich tun müsste, um mein Hauswesen zu vermehren; also rate mir getrost, was du Nützliches weißt! Oder bist du der Ansicht, Sokrates, dass wir genügend reich sind, und scheinen wir dir keiner Güter mehr zu bedürfen?«

Xenophon, Über die Leitung eines Hauses 2, 2–8

»Ich für meinen Teil, entgegnete Sokrates, wenn du auch von mir redest, glaube allerdings, keiner Güter mehr zu bedürfen, sondern genügend reich zu sein; du freilich, mein lieber Kritobulos, scheinst mir durchaus arm zu sein, und manchmal, beim Zeus, bemitleide ich dich sogar sehr.«

Da lachte Kritobulos und sagte: »Und wie viel, bei den Göttern, glaubst du, Sokrates, würde dein Besitz einbringen, wenn er verkauft würde, wie viel dagegen der meine?«

»Ich glaube«, antwortete Sokrates, »wenn ich einen guten Käufer fände, dass er mir mit dem Haus und dem gesamten Vermögen sehr leicht fünf Minen einbrächte; ich weiß allerdings genau, dass der deine mehr als das Hundertfache davon bringen würde.«

»Und doch, obwohl du dieser Ansicht bist, glaubst du, keiner Güter mehr zu bedürfen, mich aber bemitleidest du wegen meiner Armut?«

»Ja, denn das Meinige ist hinreichend, mir mein Auskommen zu gewähren; für den Aufwand aber, mit dem du dich umgibst, und für deine (gesellschaftliche) Stellung scheint mir auch das Dreifache von dem, was du jetzt besitzt, trotzdem für dich nicht hinreichend zu sein.«

»Wie in aller Welt meinst du das?«, fragte Kritobulos.

Sokrates gab folgende Erklärung: »Erstens sehe ich, dass für dich die Notwendigkeit besteht, viele und große Opfer zu bringen, oder – so glaube ich – weder Götter noch Menschen würden dich ruhig gewähren lassen; zweitens obliegt es dir, viele Gäste aufzunehmen, und zwar so, wie es einem angesehenen Manne zukommt; schließlich bist du verpflichtet, Bürger zu bewirten und ihnen gefällig zu sein oder ohne Verbündete zu leben; überdies höre ich, dass dir auch der Staat schon jetzt aufträgt, große Leistungen zu erbringen, Bereitstellung von Pferden, Chorausstattungen, Ausrichtung sportlicher Wettkämpfe und die Übernahme öffentlicher Ämter; wenn es erst zum Krieg kommen sollte, so weiß ich, dass sie dir Schiffsausrüstungen und Abgaben in solcher Höhe auferlegen, wie du sie nicht leicht aufbringen wirst. Wo immer du aber den Anschein erweckst, etwas von den genannten Dingen unzureichend auszuführen, da weiß ich, dass die Athener dich bestrafen werden, nicht weniger, als wenn sie dich bei einem Diebstahl an ihrem Eigentum ertappten. Außerdem sehe ich, dass du dir einbildest, reich zu sein, und dich nachlässig verhältst im Hinblick auf den Erwerb von Vermögen, du vielmehr deinen Hobbys nachgehst, so als ob du es dir erlauben könntest. Daher bemitleide ich dich, (aus Furcht,) dass dir ein unheilbares Übel widerfährt und du in tiefe Not gerätst. Und mir stehen, wenn ich noch etwas brauchen sollte, wie auch du sicher bemerkst, Freunde zur Verfügung, die mir so helfen würden, dass sie – gäben sie auch noch so wenig – meine Lebensbedürfnisse mit Überfluss überschütteten; deine Freunde aber haben für ihre Einrichtung viel eher ein genügendes Auskommen als du für die deine – und dennoch blicken sie auf dich, als ob sie von dir Unterstützung erhalten müssten.«

Q 100

Xenophon, Über die Leitung eines Hauses 7, 3–43

Q 100 Die Fürsorge der Frau für den Haushalt

Als ich ihn nun einmal in der Halle des Zeus Eleutherios (auf der Agora) sitzen sah, ging ich, da es mir so schien, als habe er nichts zu tun, zu ihm hin, setzte mich neben ihn und sagte: »Wie kommt es, Ischomachos, dass du hier herumsitzt, obwohl es doch gar nicht deine Gewohnheit ist, nichts zu tun? Denn meistens sehe ich dich etwas arbeiten oder doch nicht ganz untätig auf dem Markt.« »Auch jetzt, Sokrates«, sagte Ischomachos, »würdest du mich

nicht sehen, wenn ich nicht vereinbart hätte, hier auf Freunde zu warten.«
»Wenn du aber etwas Derartiges nicht vorhast, bei den Göttern«, fragte ich,
»wo verbringst du deine Zeit und was machst du? Ich möchte nämlich gern
von dir erfahren, was du eigentlich tust, dass du den Namen »*kalós kai agathós*« (»schön und gut«) hast, da du dich doch nicht ständig zu Hause auf-
hältst und auch die Haltung deines Körpers nicht danach aussieht.« […]

»In der Tat verbringe ich meine Zeit keineswegs zu Hause, Sokrates; denn
die inneren Angelegenheiten meines Hauses zu verwalten, ist die Frau auch
ganz allein imstande.« »Auch dies«, sagte ich, »möchte ich allerdings sehr
gern von dir erfahren, Ischomachos, ob du deine Frau selbst unterwiesen
hast, damit sie so sei, wie sie sein soll, oder ob du sie von ihrem Vater und
ihrer Mutter schon verständig (genug), die ihr zufallenden Dinge zu verwalten, bekommen hast.« »Und wie«, entgegnete er, »Sokrates, hätte ich sie als
eine bereits verständige (Frau) übernehmen sollen, die sie mit nicht einmal
fünfzehn Jahren zu mir kam, in der vorhergehenden Zeit aber unter einer
Aufsicht lebte, die ganz darauf ausging, sie möglichst wenig sehen, möglichst
wenig hören und möglichst wenig fragen zu lassen! Du gibst dich nämlich
sicher nicht damit zufrieden, wenn sie lediglich mit der Kenntnis (zu mir)
kam, Wolle entgegenzunehmen und dann ein Stück Kleidung vorzuweisen,
und wenn sie gesehen hatte, wie den Mägden ihre Wollarbeiten zugeteilt
werden? Denn auch was die Dinge um den Magen angeht, war sie recht gut
unterwiesen, als sie kam; und das scheint mir wenigstens für Mann und Frau
ein sehr bedeutsamer Gegenstand der Erziehung zu sein.« »Im Übrigen jedoch«, sagte ich, »Ischomachos, hast du sie selbst unterwiesen, dass sie imstande sei, sich das angelegen sein zu lassen, was auf sie zukommt?« »Nein,
beim Zeus«, entgegnete Ischomachos, »nicht bevor ich geopfert und gebetet
hatte, dass wir – ich als Lehrender und sie als Lernende – das Beste für uns
beide erreichen.« »Opferte also«, fragte ich, »auch deine Frau mit dir und
betete für eben dasselbe?« »Ganz gewiss«, gab er zur Antwort, »denn viel
versprach sie vor den Göttern, um zu werden, wie eine Frau sein soll, und sie
war offenbar bemüht, das Gelernte nicht zu vernachlässigen.« »Bei den Göttern«, rief ich, »Ischomachos, berichte mir: Was war das erste, worin du sie
zu unterrichten begannst! Denn davon möchte ich dich lieber erzählen hören
als von einem noch so schönen Wettkampf oder Pferderennen.«

Und Ischomachos antwortete: »Was war es, Sokrates? Als sie sich schon an
mich gewöhnt und ihre Scheu insoweit überwunden hatte, dass man mit ihr
in ein Gespräch kommen konnte, fragte ich sie etwa so: ›Sage mir, Frau, hast
du schon darüber nachgedacht, weswegen ich dich eigentlich genommen und
deine Eltern dich mir gegeben haben? Dass nämlich kein Mangel bestand,
hätten wir mit einem anderen schlafen wollen, dies ist, wie ich weiß, auch dir
klar. Bei der Überlegung aber, die ich für mich und deine Eltern für dich an-
stellten, wen wir als besten Partner für Haus und Kinder nähmen, habe ich
dich und deine Eltern, wie es scheint, aus den Vorhandenen mich ausgewählt.
Wenn Gott nun einmal gibt, dass uns Kinder geschenkt werden, dann wollen
wir ihretwegen beraten, wie wir sie am besten erziehen können; denn auch
das ist für uns ein gemeinsames Gut, möglichst tüchtige Helfer und Pfleger für
das Alter zu bekommen. Schon jetzt aber ist uns dieses Haus hier gemeinsam:
Denn ich überweise alles, was ich habe, in die gemeinsame Kasse, und auch
du hast alles, was du mitgebracht, zum gemeinsamen Vermögen gemacht.
Und wir dürfen nicht dies in Betracht ziehen, wer von uns beiden nun mehr
an Wert beigesteuert hat, sondern wir müssen genau erkennen: Wer von uns
beiden der tüchtigere Partner ist, der trägt den wertvolleren Teil dazu bei.‹

Darauf antwortete mir, Sokrates, meine Frau: ›Was aber könnte ich dir helfen? Was steht in meiner Macht? Es liegt vielmehr alles bei dir, und meine Aufgabe ist es, wie mir die Mutter sagte, verständig und bescheiden zu sein.‹ ›Beim Zeus‹, erwiderte ich, ›Frau, das sagte auch mein Vater zu mir. Aber es ist doch gerade Sache der Verständigen, ob Mann oder Frau, so zu handeln, dass sowohl das Vorhandene bestmöglich erhalten wird als auch möglichst viel neuer Besitz auf ehrliche und gerechte Weise hinzukommt.‹ ›Und was siehst du‹, sagte meine Frau, ›was ich tun könnte, um das Hauswesen zu vermehren?‹ ›Beim Zeus‹, entgegnete ich, ›wozu die Götter dich aufgrund deiner Natur befähigten und was auch die Sitte zulässt, dies versuche so gut wie möglich zu tun.‹ ›Was aber ist denn das?‹, fragte sie zurück. ›Nach meiner Auffassung jedenfalls‹, sagte ich, ›nicht das Geringste, es sei denn, dass auch im Bienenstock die Königin den geringsten Arbeiten vorsteht. Mir scheinen nämlich, Frau, [...] die Götter dieses Paar, das ›Mann und Frau‹ genannt wird, mit besonderer Umsicht zusammengefügt zu haben, damit es im Hinblick auf die eheliche Partnerschaft so nutzbringend wie möglich sei. Zunächst einmal ist dieses Paar nämlich dazu bestimmt, miteinander Kinder zu zeugen, um die Arten der Lebewesen nicht aussterben zu lassen, sodann wird infolge dieser Verbindung – zumindest für die Menschen – die Möglichkeit geboten, Pfleger für das eigene Alter zu haben; ferner leben die Menschen nicht wie die Tiere unter freiem Himmel, sondern sie benötigen offensichtlich Behausungen. Wenn nun aber die Menschen etwas haben wollen, das sie unter Dach und Fach bringen können, benötigen sie die Arbeitskraft, die (ihnen) die Feldarbeit verrichtet; denn die Aufbereitung des Ackers, das Säen, das Pflanzen, auch das Weiden sind Beschäftigungen im Freien. Aus ihnen aber gewinnen wir den Lebensunterhalt.

Wenn das nun unter Dach ist, dann ist wiederum jemand erforderlich, der es verwahrt und der solche Arbeiten verrichtet, die innerhalb des Hauses anfallen. Auf das Haus angewiesen ist aber zunächst die Versorgung der neugeborenen Kinder, sodann die Zubereitung der Speisen aus den Früchten des Feldes, ebenso die Herstellung der Kleidung aus der Wolle. Da nun aber diese beiden Tätigkeiten, diejenigen innerhalb und diejenigen außerhalb des Hauses, sowohl der Ausführung als auch der Beaufsichtigung bedürfen, hat Gott [...] von vornherein die Natur danach ausgestattet, und zwar, wie es mir scheint, die der Frau für die Arbeiten und Besorgungen im Hause, die des Mannes dagegen für das, was draußen getan werden muss. Denn Kälte und Hitze, ebenso lange Märsche und Feldzüge besser ertragen zu können, dazu richtete er Körper und Seele des Mannes ein; deshalb übertrug er ihm die Angelegenheiten draußen. Der Frau gab Gott dazu einen weniger geeigneten Körper, und folglich [...] ordnete er nach meiner Ansicht ihr die Aufgaben im Hause zu. In dem Bewusstsein aber, der Frau das Aufziehen der neugeborenen Kinder in ihrer Natur zugewiesen zu haben, hat er ihr auch mehr Liebe zu den Säuglingen zugeteilt als dem Mann. Da Gott aber auch die Überwachung der eingebrachten Vorräte der Frau zugeordnet hatte, [...] gab er der Frau auch von der ängstlichen Sorge einen größeren Anteil als dem Mann.

In dem Wissen um die Notwendigkeit, dass derjenige, der die Arbeiten draußen verrichtet, schützend eingreifen muss, wenn jemand ein Unrecht begeht, teilte er diesem wiederum einen größeren Teil an Mut zu. Da aber beide geben und empfangen müssen, stattete er beide zu gleichen Teilen mit Gedächtnis und Sorgfalt aus; daher dürfte es nicht möglich sein zu unterscheiden, welches Geschlecht, das weibliche oder das männliche, darin im Vorteil ist. Auch Selbstbeherrschung zu üben, wo es nötig ist, gab er beiden gleichermaßen die Möglichkeit; zugleich erlaubte Gott, dass derjenige, der von beiden der bessere ist, sei es Mann oder Frau, den größeren Anteil von diesem Gut davontrage. Durch die Tatsache aber, dass beider Natur nicht für alles gleich gut begabt ist, eben deshalb bedürfen sie einander noch mehr, und deswegen ist ihre Verbindung noch nützlicher für sie: Was dem einen Partner fehlt, das bietet der andere. Da wir nun, Frau, das kennen, was jedem von uns durch Gott zugewiesen ist, [...] ist es erforderlich, dass jeder von uns versucht, das ihm Zufallende bestmöglich zu erfüllen. Es billigt dies [...] aber auch das Gesetz, das Mann und Frau verbindet; und wie Gott sie zu Partnern machte bei der Zeugung von Kindern, so bestellt das Gesetz sie als Partner in der Verwaltung des Hauswesens. Ebenso tut das Gesetz dar, dass es angemessen ist, wenn jeder von beiden sich dort mehr hervortut, wozu Gott ihm die Veranlagung gab. Denn für die Frau ist es besser, im Haus zu bleiben, als auf das Feld zu gehen, für den Mann dagegen ist im Haus zu bleiben schimpflicher als sich um die Arbeiten draußen zu kümmern.

Wenn aber jemand dem, was Gott veranlagte, zuwiderhandelt, indem er sich etwa auch dem Gesetz entzieht, dann bleibt er vor den Göttern nicht verborgen und er zahlt Strafe, weil er seine eigenen Arbeiten vernachlässigt oder die Tätigkeiten der Frau versieht. Mir scheint [...] auch die Königin der Bienen solche ihr von Gott zugewiesenen Arbeiten mit Eifer zu verrichten. ›Und welche Arbeiten‹, fragte sie, ›hat die Bienenkönigin, die mit der Beschäftigung, die ich ausüben muss, vergleichbar sind?‹ ›Dass sie‹, antwortete ich, ›im Stock bleibt und nicht zulässt, dass die Bienen faul sind, sondern diejenigen, die draußen arbeiten müssen, hinausschickt an ihre Arbeit und auch weiß, was jede von ihnen heimbringt es entgegennimmt und dies (dann) aufbewahrt, bis es tatsächlich gebraucht wird. Wenn aber der Zeitpunkt des Gebrauches gekommen ist, teilt sie einer jeden das ihr Gebührende zu. Ferner hat sie die Aufsicht über den Wabenbau im Innern (des Stockes), dass er gut und schnell ausgeführt wird, auch kümmert sie sich um die junge Brut, damit sie aufgezogen wird; wenn aber die jungen Bienen herangewachsen sind und arbeitsfähig werden, dann schickt sie diese Nachkommenschaft mit einer Führerin aus dem Stock, damit sie sich an einem andern Ort ansiedeln.‹ ›Und ich werde also auch‹, fragte die Frau, ›dieses tun müssen?‹ ›Du wirst allerdings‹, entgegnete ich, ›im Hause bleiben und zugleich diejenigen der Angestellten, deren Arbeit draußen ist, hinausschicken müssen; über diejenigen aber, die ihre Arbeit im Innern des Hauses zu verrichten haben, musst du die Aufsicht führen, ferner das in Empfang nehmen, was ins Haus gebracht wird, und das, was dann sofort verbraucht werden soll, verteilen, was aber übrig bleiben muss, hast du vorher zu bedenken und (anschließend) darüber zu wachen, dass nicht der für das ganze Jahr eingelagerte Vorrat innerhalb eines Monats vertan wird. Auch musst du dafür sorgen, dass dann, wenn Wolle eingebracht wird, all diejenigen Kleider erhalten, die sie nötig haben; ebenso auch dafür, dass die trockenen Früchte zum Essen trefflich zubereitet werden. Eine freilich von den dir zukommenden Aufgaben [...] wird vielleicht weniger erfreulich scheinen: Wer auch immer von den Angestellten erkrankt ist, du musst für sie alle Sorge tragen, damit sie behandelt werden.‹ ›Beim Zeus‹, entgegnete die Frau, ›eine besonders angenehme (Aufgabe) ist es, wenn die glücklich Geheilten es wenigstens dankbar anerkennen wollen und anhänglicher sind als vorher.‹ Und ich«, berichtete Ischomachos, »bewunderte ihre Antwort und sagte: ›Sind denn nicht, Frau, wegen solcher Fürsorge, die auch die Königin im Bienenstock übt, die Bienen ihr gegenüber in eben dieser Lage, so dass keine der Bienen glaubt, wenn jene den Stock verlässt, zurückbleiben zu dürfen, sondern alle (ihr) folgen?‹ Darauf gab mir meine Frau zur Antwort: ›Ich würde mich wundern, wenn die Aufgaben der Bienenkönigin nicht mehr zu dir als zu mir führten. Meine Aufsicht nämlich über die Dinge im Haus und die (ganze) Verteilung erwiesen sich, wie ich meine, als ziemlich lächerlich, wenn nicht du in deiner Person dafür sorgtest, dass von außen etwas eingebracht wird.‹ ›Lächerlich wiederum‹, entgegnete ich, ›dürfte mein Einbringen erscheinen, wenn niemand da wäre, der das Eingebrachte verwahrte. [...] Es gibt in der Tat, Frau, noch andere häusliche Besorgungen, die angenehm für dich sind: wenn du eine antriffst, die noch unerfahren ist, in der Arbeit mit Wolle, und du sie darin verständig machst, und sie für dich den doppelten Wert erhält; ebenso, wenn du eine übernimmst, die sich noch nicht versteht auf Haushaltung und Bedienung, und du sie einsichtig, zuverlässig und diensteifrig gemacht hast und sie in jeder Hinsicht für brauchbar hältst; ferner, wenn es dir möglich ist, die verständigen und für dein Hauswesen nützlichen (Angestellten) zu belohnen, falls aber einer sich als böswillig erweist, es dir erlaubt ist, ihn zu bestrafen. Das Erfreulichste von allem jedoch wird sein, wenn du (eines Tages) angesehener dastehst als ich und auch mich zu deinem Diener gemacht hast und du nicht mehr befürchten musst, bei fortschreitendem Alter im Haus weniger geachtet zu werden, sondern du darauf vertrauen kannst, dass du – älter geworden – in dem Maße an Achtung gewinnst im Hause, wie du für mich eine wertvollere Partnerin und für die Kinder eine tüchtigere Sachwalterin der Haushaltung wirst. Denn das ›Schöne und Gute‹ (›*kalá kai agathá*‹) [...] wird dem Menschen für die Dauer seines Lebens nicht durch die jugendlichen Reize, sondern durch die Tugenden mehr und mehr zuteil.‹«

Q 101

Aristoteles, Politik
1253b1–4.14–33.
1254a9–17

Q 101 Sklaven als beseelter Besitz

Da nun klar ist, aus welchen Teilen der staatliche Verband gebildet ist, ist es notwendig, zuerst die Führung eines Haushalts zu behandeln, denn jeder Staat besteht aus Haushalten. Die Teilbereiche der Führung eines Haushalts entsprechen den Teilen, aus denen der Haushalt seinerseits besteht: ein vollständiger Haushalt wird aus Sklaven und Freien gebildet. [...]

   Zuerst wollen wir aber über (das Verhältnis von) Herr und Sklave reden. Wir verfolgen dabei die Absicht, die Mittel zur (Sicherung des) notwendigen Bedarfs zu untersuchen und (zu sehen), ob wir für die Kenntnis dieser Dinge nicht einiges zutreffender erfassen, als es dem Stand der jetzt vertretenen Meinungen entspricht. Denn für manche ist das Gebieten des Herrn über Sklaven eine bestimmte Art von Wissen, und zwar gilt ihnen die Führung eines Haushalts und das Gebieten über die Sklaven und die politische und königliche Herrschaft als ein und dasselbe Wissen, wie wir zu Beginn darlegten. Andere halten dagegen das Gebieten über Sklaven für naturwidrig, denn nur aufgrund des positiven Rechtes sei der eine Sklave, der andere Freier, der Natur nach bestehe aber kein Unterschied zwischen ihnen; deswegen sei das Gebieten über Sklaven auch nicht gerecht, es gründe sich nämlich auf Gewalt.

   Nun ist aber der Besitz ein Teil des Haushalts und die Fähigkeit, Besitz zu erwerben, ein Teil der Führung des Haushalts, denn ohne die notwendigen Mittel ist es ausgeschlossen, sein Leben zu fristen und in vollkommener Weise zu leben. Wie aber bei den Arbeiten von Fachleuten mit fest umrissenem Tätigkeitsbereich die passenden Werkzeuge zur Verfügung stehen müssen, wenn ihre Aufgabe erfüllt werden soll, so auch bei dem Leiter eines Haushalts. Werkzeuge sind nun entweder leblos oder beseelt; für den Steuermann ist z. B. das Steuerruder ein lebloses, dagegen der Untersteuermann auf dem Vorderschiff ein lebendes (Werkzeug), denn der Gehilfe vertritt in den Tätigkeiten von Fachleuten das Werkzeug. In dieser Weise ist auch der Besitz ein Werkzeug zum Leben – Besitz ist eine Vielzahl von Werkzeugen – und der Sklave ist ein beseeltes Stück Besitz. [...]

Von einem Stück Besitz spricht man aber in der gleichen Weise wie von einem Teil; denn ein Teil ist nicht nur der Teil eines anderen, sondern gehört völlig dem anderen an – in gleicher Weise gilt das auch von einem Objekt, das jemand besitzt. Deswegen ist der Herr nur Herr des Sklaven, gehört aber jenem nicht. Der Sklave ist dagegen nicht nur der Sklave des Herrn, sondern gehört ihm völlig. Was nun die Natur und Aufgabe des Sklaven ist, ist hiernach klar: Wer von Natur nicht sich selbst, sondern als Mensch einem anderen gehört, der ist von Natur Sklave. Ein Mensch gehört aber einem anderen, wenn er als Mensch Besitz eines anderen ist, ein Stück Besitz ist aber ein physisch losgelöstes Werkzeug für das Handeln.

Q 102 Über die Bedeutung der Rohstoffgewinnung

Q 102

Xenophon, Über die Staatseinkünfte 4, 1–12

Wenn die Silberbergwerke den Erfordernissen entsprechend ausgebaut werden sollten, dann dürfte daraus, so glaube ich, auch wenn man die anderen Einnahmen nicht mitrechnet, sehr viel Geld einkommen. Auch für die, die das nicht wissen, will ich ihre Bedeutung aufzeigen. Denn wenn ihr sie kennt, könnt ihr auch besser beschließen, wie man die Bergwerke nutzen soll. Dass sie sehr lange in Betrieb sind, ist allen bekannt. Keiner macht auch nur den Versuch anzugeben, von welchem Zeitpunkt an mit ihrer Ausbeutung begonnen wurde. Und obwohl schon so lange nach Silbererz gegraben und (Silber) gefördert wird, überlegt einmal, was für einen Bruchteil der in ihrer Natur erhaltenen silberhaltigen Hügel die bisher aufgeworfenen Halden darstellen. Es ist auch offensichtlich, dass das Gebiet, in dem Silbererz gefördert wird, nicht auf eine kleinere Fläche zusammenschrumpft, sondern immer weiter ausgedehnt wird. Selbst in der Zeit, als die größte Anzahl von Menschen in den Silberminen beschäftigt war, fehlte es nie jemand an Arbeit, sondern immer gab es mehr Arbeit als Arbeiter. Aber auch heute vermindert keiner von denen, die Sklaven in den Bergwerken besitzen, deren Anzahl, sondern jeder kauft so viele wie nur möglich hinzu. Solange aber nur wenige graben und suchen, wird auch nur, glaube ich, wenig Silber gefunden; wenn es aber viele tun, dann findet man Silbererz in vielfacher Menge.

Unter allen Tätigkeiten, die ich kenne, ist es daher auch diese allein, bei der niemand auf die anderen neidisch ist, wenn sie ihr zusätzlich nachgehen. Ferner können wohl alle Besitzer von Ackerland angeben, wie viel Gespanne und Arbeitskräfte zur Bearbeitung des Landes ausreichend sind. Wenn aber jemand mehr als die dafür ausreichenden Arbeitskräfte einsetzt, rechnet man dies als Verlust. Bei den Silberbergwerken behauptet man dagegen, dass alle (noch) Arbeitskräfte brauchen können. Denn hier ist es nicht so wie (in den anderen Gewerben): Wenn nämlich die Zahl der Kupferschmiede (zu) groß wird, geben sie, da ihre Erzeugnisse aus Kupfer (zu) billig werden, ihr Gewerbe auf, und die Eisenschmiede genauso. Und immer wenn Getreide und Wein in großen Mengen vorhanden sind, wird die Landarbeit wegen des niedrigen Preises der Agrargüter unrentabel, so dass viele den Ackerbau aufgeben und sich dem Groß- und Kleinhandel und dem Geldverleih zuwenden. Je mehr Silbererz hingegen entdeckt und je mehr Silber gewonnen wird, desto mehr Leute wenden sich dieser Tätigkeit zu. Und sicher kauft sich niemand noch Hausgerät hinzu, wenn er sich schon genug für sein Haus angeschafft hat. Aber keiner erwarb je so viel Silber, dass er keines mehr brauchte. Sofern man aber eine große Menge davon hat, freut man sich nicht weniger daran, wenn man das im Überfluss vorhandene vergräbt, als wenn man es benutzt. Und wenn die Städte eine Blüte erleben, herrscht bei den Menschen eine besonders große Nachfrage nach Silber. Denn die Männer wollen es für schöne Waffen, gute Pferde, Häuser und prächtige Ausstattung ausgeben, die Frauen aber richten ihren Sinn auf kostbare Kleidung und goldenen Schmuck. Und wenn dagegen die Städte infolge von Missernten oder eines Krieges daniederliegen, dann brauchen sie für Lebensmittel, wenn die Erde unbearbeitet bleibt, und für Hilfstruppen noch viel mehr Geld.

· Wenn aber jemand behaupten sollte, dass auch Gold nicht weniger nützlich sei als Silber, so will ich dem zwar nicht widersprechen, jedoch weiß ich sehr wohl, dass auch Gold, wenn viel davon gefördert wird, selber an Wert verliert, dafür aber den Wert des Silbers steigert. Dieses habe ich deshalb dargelegt, damit wir voller Zuversicht möglichst viele Menschen in die Silberbergwerke schicken und diese ausbauen voller Zuversicht, dass der Vorrat an Silbererz unerschöpflich ist und Silber in seinem Wert niemals sinkt. Dies scheint auch die Stadt vor mir erkannt zu haben; sie ermöglicht nämlich sogar jedem Fremden, unter gleichen Pachtbedingungen in den Bergwerken tätig zu sein.

Q 103

Q 103 Athenisches Gesetz zur Überprüfung des Münzgeldes und Kontrolle des Geldumlaufs aus dem Jahr 375/74

Fundkontext: Marmorstele von der Athener Agora, die später in der Kanalisation vor der Stoa Basileios verbaut wurde; jetzt im Athener Agora-Museum.

Supplementum Epigraphicum Graecum (SEG) 26, 72

Beschluss der Nomotheten, in dem Jahr, da Hippodamas Archon war. Nikophon stellte den Antrag: Das attische Silbergeld ist anzunehmen, wenn nachgewiesen wird, dass es Silber ist und den staatlichen Prägestempel trägt. Der staatliche Prüfer, der seinen Sitzplatz zwischen den (Wechsler-) Tischen hat, hat nach den hier ergehenden Bestimmungen täglich zu prüfen, außer wenn Geldeinzahlungen (= öffentliche Einnahmen) erfolgen; an diesen Tagen hat er im Rathaus zu amtieren. Wenn jemand ausländisches [Silbergeld (?)] vorlegt, das denselben Stempel trägt wie das attische; (und) wenn es [rein ist *oder:* dasselbe Gewicht hat,] soll er es dem zurückgeben, der es vorgelegt hat; wenn es aber einen Kern [aus Bronze] oder aus Blei hat oder (sonstwie) gefälscht ist, soll er es [unverzüglich (?)] mit einer (entwertenden) Schrägkerbe versehen lassen, und (das Geld) soll Eigentum der Göttermutter sein und er soll es deponieren beim Rat. Wenn der Prüfer nicht an seinem Platz sitzt oder die Prüfung nicht nach dem Gesetz vornimmt, sollen ihm die Konfiskationsbeamten (*syllogeís*) des Volkes fünfzig Schläge [mit der Peitsche] verabreichen lassen. Wenn jemand das Geld nicht annimmt, das der Prüfer geprüft hat, soll beschlagnahmt werden, was er zum Verkauf anbietet an diesem Tag. Anzeigen (von Verstößen) im Getreide(handel) sind an die Getreideinspektoren (*sitophýlakes*) zu richten, (von Verstößen) auf der Agora und im übrigen Stadtgebiet an die *syllogeís* des Volkes, (von Verstößen) auf dem Emporion und im Piräus bei den Aufsehern des Emporion, mit Ausnahme der (Verstöße) im Getreide(handel); die (Verstöße) im Getreide(handel) (sind anzuzeigen) bei den *sitophýlakes*. Bei den Anzeigen, deren Streitwert bis zu zehn Drachmen beträgt, sollen die Behörden ermächtigt sein, ein Urteil zu fällen; bei denen über [zehn Drachmen] sollen sie ein Verfahren vor dem Gerichtshof einleiten. Die Thesmotheten haben ihnen durch Losverfahren einen Gerichtshof auszuwählen, sobald sie (= die zuständigen Behörden) dazu auffordern; widrigenfalls sind sie mit einer Buße von [---] Drachmen zu belegen. Der Anzeiger soll als Anteil die Hälfte erhalten, wenn er beweist [---]; wenn der Verkäufer ein Sklave oder eine Sklavin ist, sollen [ihm (bzw. ihr)] fünfzig Schläge mit der Peitsche verabreicht werden von den Behörden, die jeweils zuständig sind. Wenn einer der Magistrate nicht nach den (hier) schriftlich niedergelegten Bestimmungen handelt, soll ein Verfahren herbeiführen (können) gegen ihn beim Rat jeder Athener, der es wünscht und der dazu berechtigt ist; wenn er überführt wird, soll er seines Amtes enthoben werden, und der Rat soll ihm obendrein eine Geldbuße von bis zu [500 Drachmen] auferlegen. Damit auch im Piräus ein Münzprüfer zur Verfügung steht für die Schiffseigner und die Handelsherren und alle übrigen, soll der Rat aus der Reihe der Gemeindesklaven einen bestimmen, falls [ein (Geeigneter) vorhanden ist (?)] oder einen ankaufen; den Kaufpreis sollen die Einnehmer (*apodéktai*) anweisen. Die Aufseher des Emporion haben dafür zu sorgen, dass er in der Nähe der Poseidonstele sitzt, und sie haben das Gesetz in der gleichen Weise anzuwenden, wie es hinsichtlich des in der Stadt tätigen Prüfers geregelt ist. Aufzeichnen lassen soll man auf einer Stele aus Marmor dieses Gesetz und sie aufstellen in der Stadt inmitten der Wechslertische, im Piräus vor der Poseidonstele. Der Schriftführer des Rats hat die (amtlichen) Verkäufer (*polétai*) zur Verdingung (des Auftrags) anzuweisen; die *polétai* haben beim Rat den Antrag zu stellen. Die Besoldung des Münzprüfers, der im Emporion (tätig ist,) hat im Amtsjahr des Archon Hippodamas (375/74) zu beginnen mit dem Zeitpunkt seiner Einsetzung; die *apodéktai* haben dafür den gleichen Betrag anzuweisen wie für den Prüfer in der Stadt; in Zukunft soll aber seine Besoldung aus derselben Kasse erfolgen wie die der Münzarbeiter. Falls irgendwo auf einer Stele ein Beschluss aufgezeichnet wird, der diesem Gesetz zuwiderläuft, soll der Schriftführer des Rates (die Stele) umstürzen.

Q 104 Handelswaren aus aller Welt

Q 104

Kontext: Fragment aus der nicht mehr erhaltenen, wohl in den ersten Jahren des Peloponnesischen Krieges aufgeführten Komödie *Phormophóroi* (»Die Lastkorbträgerinnen«), in der Hermippos ein Bild der reichen Importe der athenischen Seemacht entwirft.

Singt mir jetzt, ihr Musen, Bewohner Olympischer Höhen,
Woher kam Schiffsgott Dionysos übers dunkele Meer und
was für Güter brachte er im schwärzlichen Schiffe den Menschen?
Aus Kyrene zunächst Rindsleder und Silphionschäfte,
vom Hellespont die Makrelen und Salzfische jeglicher Sorte,
Rippenstücke vom Rind aus Thessalien, ebenso Graupen.
Und von Sitalkes die Krätze als Mitbringsel für die Spartaner,

*Hermippos, Phormo-
phoroi F 63 (Poetae
Comici Graeci)
(= Athenaios 1, 27e–28a)*

und von Perdikkas Lügen auf Lügen in Massentransporten!
Doch Syrakus, das lieferte Schweine sowie Parmesankäse.
Aber die Leute aus Korfu auf den gebogenen Schiffen
möge Poseidon vernichten, dieweil sie zwiefachen Sinnes!
Nun aber weiter: es schickt uns Ägypten Tauwerk und Segel,
aber auch Bücher. Den Weihrauch beziehen wir aus Syrien, und aus
Kreta, der Inselschönen, Zypressenholz für die Götter.
Libyen aber verkauft uns, was wir an Elfenbein brauchen,
Rhodos Rosinen und Feigen, die Spender der lieblichen Träume.
Aber Euboia liefert die Birnen und nahrhafte Äpfel,
Phrygien Sklaven in Menge, Arkadien Helfer im Kriege.
Aber aus Pagasai kommt ein Knechts- und Verbrechergesindel!
Nahrhafte Mandeln, so reich an Ölen, die Zierde des Mahles,
führt Paphlagonien aus und Kronions heilige Eicheln,
Cypern dagegen Früchte der Dattelpalme und feinstes
Weißmehl, Teppiche endlich Karthago und bunte Kissen.

<table>
<tr><td>

Q 105

Q 105a
Pausanias, Beschreibung
Griechenlands 10, 4, 1

</td><td>

Q 105 Was eine Polis ausmacht

Von Chaironeia sind es zwanzig Stadien nach Panopeus, einer phokischen Stadt, wenn man auch einen solchen Ort eine Stadt (*pólis*) nennen darf, der weder Amtsgebäude noch ein Gymnasion noch ein Theater noch einen Markt besitzt, nicht einmal Wasser, das in einen Brunnen fließt, sondern wo man in Behausungen etwa wie den Hütten in den Bergen an einer Schlucht wohnt. Und doch haben auch sie ihre Landesgrenzen gegen die Nachbarn und schicken ebenfalls Vertreter in die Bundesversammlung der Phoker.

</td></tr>
</table>

Q 105b

Fundkontext: Brief des Kaisers Hadrian aus der Zeit zwischen Dezember 137 und Juli 138 an die Bürger der ostlokrischen Stadt Naryka aufgezeichnet auf dem oberen Teil einer Giebelstele; in der Mitte des Giebelfeldes befindet sich eine Reliefbüste des Kaisers Hadrain; aus dem Kunsthandel, seit 1999 im Louvre.

Supplementum Epigraphi-
cum Graecum (SEG) 51,
Nr. 641

Zum besten Gelingen! Imperator Caesar, Sohn des göttlichen Traianus Parthicus, Enkel des göttlichen Nerva, Traianus Hadrianus Augustus, Pontifex Maximus, mit der Macht des Volkstribuns zum 22. Mal ausgestattet, Imperator zum 2. Mal, Konsul zum 3. Mal, Vater des Vaterlandes, an die Narykier. Grüße.

Ich glaube nicht, dass irgendjemand bestreiten wird, dass ihr eine Polis seid und die Rechte einer Polis habt, da man (doch) sieht, dass ihr zum Bund der (delphischen) Amphiktyonen ebenso gehört wie zum Bund der Boioter, dass ihr einen Boiotarchen stellt, einen Panhellenen (Gesandter für das Panhellenion in Athen) wählt, einen Theekolos (Festgesandter) entsendet und dass ihr ein Ratsgremium, Magistrate, Priester und griechische Phylen (als Einteilung der Bürgerschaft) habt und die Gesetze der Opuntier anwendet, und dass ihr eure Steuern zusammen mit den Achaiern entrichtet. Darüber hinaus haben euch einige der berühmtesten Dichter, römische wie griechische, als »Narykier« bezeichnet; und sie haben auch einige der Heroen erwähnt, die von eurer Polis ausgezogen sind. Aus diesen Gründen, auch wenn ihr es versäumt habt, an die Kaiser zu schreiben [---]

Q 106 Gleiche und Ungleiche in Sparta: die Verschwörung des Kinadon im Jahr 399

Noch kein volles Jahr war Agesilaos König, als ihm bei einem der offiziellen Opfer, die er im Namen der Stadt darzubringen hatte, der Seher sagte, die Götter enthüllten ihm eine Verschwörung der furchtbarsten Art. Nach einem neuen Opfer sagte er, die Opferzeichen erschienen noch schlimmer. Beim dritten Opfer aber sprach er: »Agesilaos, als wären wir inmitten der Feinde selbst, so deuten sich mir die Zeichen.«

Daraufhin opferten sie den Gottheiten der Abwehr von Unheil und den Gottheiten der Errettung aus Gefahr und hörten erst auf, nachdem sie mit Mühe günstige Opferzeichen erlangt hatten. Innerhalb von fünf Tagen nach Beendigung des Opfers zeigte jemand bei den Ephoren eine Verschwörung an und nannte auch den Namen des Urhebers der ganzen Sache: Kinadon. Dies war ein junger Mann von stattlichem Körperbau und kraftvollem Geiste, aber er gehörte nicht zu der Gruppe der ›Gleichberechtigten‹ (*hómoioi* = spartanische Vollbürger). Als nun die Ephoren den Denunzianten nach dem mutmaßlichen Verlauf der geplanten Verschwörung fragten, berichtete der, Kinadon habe ihn einmal an den Rand des Marktplatzes geführt und aufgefordert, zu zählen, wie viele Spartiaten (= spartanische Vollbürger) dort versammelt seien. »Und ich«, sagte er, »fragte ihn, als ich den König, die Ephoren, die Geronten und die übrigen gezählt hatte und auf etwa vierzig gekommen war: ›warum hießest Du mich gerade diese zählen, Kinadon?‹ Da antwortete der: ›Diese betrachte als deine Feinde, alle übrigen jedoch, die du auf dem Markt siehst, als deine Verbündeten, und das sind mehr als viertausend.‹« Er habe ihm dann noch, erzählte er, auf den Straßen hie und da mal einen, mal zweie, denen sie begegneten, als Feinde bezeichnet, die übrigen alle als Verbündete, und habe hinzugefügt, unter den Spartiaten, die sich auf den Landgütern befänden, gebe es jeweils einen Feind, nämlich den Gutsherrn, Verbündete dagegen in großer Zahl.

Als ihn die Ephoren noch befragten, wie groß er die Zahl der Mitwisser dieses Plans angebe, antwortete er, nach der Auskunft des Kinadon auch hierüber hätten sie, die Anführer der Verschwörung, nur ganz wenige, aber vertrauenswürdige Leute in ihren Plan eingeweiht; diese Gruppe behaupte aber, dass sie selbst sich mit sämtlichen Heloten, Neodamoden, Minderberechtigten und Perioiken im Einverständnis wüssten. Wo nämlich unter diesen die Rede gerade auf die Spartiaten komme, da könne keiner verbergen, dass er sie wohl am liebsten roh auffräße! Die Ephoren fragten nun wiederum: »Was haben sie aber gesagt, wo sie Waffen hernehmen wollen?« »Für diejenigen unter uns«, habe Kinadon gesagt, »die ohnehin zum Heeresdienst eingeteilt sind, gilt: wir besitzen ja bereits Waffen so viel wir brauchen«, und was die große Masse angehe, so habe Kinadon ihn, wie er erzählte, zum Eisenwarenmarkt geführt und ihm da viele Dolche, viele Schwerter, viele Spieße, viele Beile und Äxte, viele Sicheln gezeigt. Dabei habe er gesagt, auch all' dieses seien Waffen, nämlich für alle diejenigen, die Erde, Holz und Steine bearbeiteten, und auch die meisten der übrigen Handwerker hätten Werkzeuge, welche gut als Waffen dienen könnten […]. Schließlich noch über den möglichen Zeitpunkt befragt, zu dem der Anschlag ausgeführt werden solle, gab er zur Auskunft, er habe die Anweisung, in der Stadt in Bereitschaft zu bleiben. Als die Ephoren das hörten, kamen sie zu der Meinung, der Verräter habe sie von einem gut überlegten Plane unterrichtet, und waren dementsprechend tief bestürzt, so dass sie nicht einmal die sogenannte Kleine Volksversammlung einberiefen, sondern Mitglieder des Ältestenrates einzeln an verschiedenen Orten zusammenkamen. [… / Kinadon wird unter einem Vorwand nach Aulon entsandt.]

Innerhalb der Stadt wollten sie ihn aus dem Grunde nicht ergreifen, weil sie das Ausmaß der Verschwörung nicht kannten, und deshalb beabsichtigten, erst von Kinadon zu erfahren, welche Leute alle mit ihm unter einer Decke steckten, bevor diese ihrerseits merkten, dass sie angezeigt seien, damit sie auf diese Weise an der rechtzeitigen Flucht gehindert werden könnten. Die mit seiner Festnahme Beauftragten sollten ihn in Gewahrsam halten, in einem Verhör seine Mitwisser feststellen und eine Liste ihrer Namen auf schnellstem Wege den Ephoren übersenden. So ernst nahmen die Ephoren die Angelegenheit, dass sie den nach Aulon Abgesandten sogar noch eine Abteilung Reiter zur Unterstützung schickten. Als nach der Ergreifung des Mannes ein Reiter eintraf mit der Liste der Namen, die Kinadon zu Protokoll gegeben hatte, ließen die Ephoren auf der Stelle sowohl den Seher Teisamenos wie auch die einflussreichsten übrigen Mitverschworenen festsetzen. Als dann Kinadon hergebracht und seines Vergehens überführt wurde, darauf auch alles eingestand und seine Mitwisser nannte, stellten sie ihm zuletzt die Frage, was er denn im Sinne gehabt habe mit dieser seiner Handlungsweise. Da gab er zur Antwort, er habe hinter niemandem zurückstehen wollen in Lakedaimon. Darauf wurden ihm sofort Handschellen und ein Halseisen angelegt, und dann trieb man ihn und seine Genossen unter Peitschenhieben und Stichen durch die ganze Stadt. Und so empfingen diese die ihnen gebührende Strafe.

Q 107   **Q 107 Die athenische Demokratie in unterschiedlichen Perspektiven**

Q 107a   *Kontext:* Auszug aus der Rede des Perikles auf die athenischen Gefallenen des ersten Kriegsjahres des Peloponnesischen Krieges 431

Thukydides, Der Peloponnesische Krieg 2, 37, 1 – 41, 2

(37) Die Verfassung, nach der wir leben, vergleicht sich mit keiner der fremden; viel eher sind wir für sonst jemand ein Vorbild als Nachahmer anderer. Mit Namen heißt sie, weil der Staat nicht auf wenige Bürger, sondern auf eine größere Zahl gestellt ist, Volksherrschaft (*demokratía*). Nach dem Gesetz haben in dem, was jeden Einzelnen angeht, alle gleichen Anteil; der Geltung nach aber hat im öffentlichen Wesen den Vorzug, wer sich irgendwie Ansehen erworben hat, nicht nach irgendeiner Zugehörigkeit, sondern nach seinem Verdienst; und ebenso wird keiner aus Armut, wenn er für die Stadt etwas leisten könnte, durch die Unscheinbarkeit seines Namens verhindert. Sondern frei leben wir miteinander im Staat und im gegenseitigen Geltenlassen des alltäglichen Treibens, ohne dem lieben Nachbar zu grollen, wenn er einmal seiner Laune lebt, und ohne jenes Ärgernis zu nehmen, das zwar keine Strafe, aber doch kränkend anzusehen ist. Bei so viel Nachsicht im Umgang von Mensch zu Mensch erlauben wir uns doch im Staat, schon aus Furcht, keine Rechtsverletzung, im Gehorsam gegen die jährlichen Beamten und gegen die Gesetze, vornehmlich die, welche zu Nutz und Frommen der Verfolgten bestehen, und gegen die ungeschriebnen, die nach allgemeinem Urteil Schande bringen. (38) Dann haben wir uns bei unsrer Denkweise auch von der Arbeit die meisten Erholungen geschaffen: Wettspiele und Opfer, die jahraus, jahrein bei uns Brauch sind, und die schönsten häuslichen Einrichtungen, deren tägliche Lust das Bittere verscheucht. Und es kommt wegen der Größe der Stadt aus aller Welt alles zu uns herein. So können wir von uns

sagen, wir ernten zu grad so vertrautem Genuss wie die Güter, die hier gedeihen, auch die der übrigen Menschen. (39) Anders als unsre Gegner sorgen
wir auch in Kriegssachen. Unsere Stadt verwehren wir keinem, und durch
keine Fremdenvertreibungen missgönnen wir jemandem eine Kenntnis oder
einen Anblick, dessen unversteckte Schau einem Feind vielleicht nützen
könnte; denn wir trauen weniger auf die Zurüstungen und Täuschungen als
auf unsern eigenen, tatenfrohen Mut. Und in der Erziehung bemühen sich die
andern mit angestrengter Übung als Kinder schon um Mannheit, wir aber
mit unsrer ungebundenen Lebensweise wagen uns trotz allem in ebenbürtige
Gefahren. [...]
(40) Wir lieben das Schöne und bleiben schlicht, wir lieben den Geist und
werden nicht schlaff. Reichtum dient bei uns der wirksamen Tat, nicht der
Prahlerei, und seine Armut einzugestehen ist nicht verächtlich, aber sie nicht
tätig zu überwinden, das ist verächtlicher. Wir vereinigen in uns die Sorge um
unser Haus zugleich und unsre Stadt, und den verschiedenen Tätigkeiten
zugewandt, ist doch auch in staatlichen Dingen keiner ohne Urteil. Denn nur
bei uns heißt einer, der daran gar keinen Teil nimmt, nicht ein stiller Bürger,
sondern ein schlechter, und nur wir entscheiden in den Staatsgeschäften selber oder denken sie doch richtig durch. Denn wir sehen nicht im Wort eine
Gefahr fürs Tun, wohl aber darin, sich nicht durch Reden zuerst zu belehren,
ehe man zur nötigen Tat schreitet. Denn auch darin sind wir wohl besonders,
dass wir am meisten wagen und doch auch, was wir anpacken wollen, erwägen, indes die andern Unverstand verwegen und Vernunft bedenklich macht.
Die größte innere Kraft aber wird man denen mit Recht zusprechen, die die
Schrecken und Freuden am klarsten erkennen und darum den Gefahren nicht
ausweichen. Auch im Edelmut und der Treue ist ein Gegensatz zwischen uns
und den meisten. Denn nicht mit Bitten und Empfangen, sondern durch Gewähren gewinnen wir uns unsre Freunde. Zuverlässiger ist aber der Wohltäter, da er durch Freundschaft sich den, dem er gab, verpflichtet erhält – der
Schuldner ist stumpfer, weiß er doch, er zahlt seine Leistung nicht zu Dank,
sondern als Schuld. Und wir sind die einzigen, die nicht so sehr aus Berechnung des Vorteils wie aus sicherer Freiheit furchtlos andern Gutes tun. (41)
Zusammenfassend sage ich, dass insgesamt unsre Stadt die Schule von Hellas
sei.

Kontext: Die früher fälschlicherweise dem Xenophon zugeschriebene Schrift,
die aus den 30er oder frühen 20er Jahren des 5. Jh.s v.Chr. datiert, ist die
älteste erhaltene verfassungsrechtliche Abhandlung der griechischen Literatur und bietet eine zeitgenössische kritische Innenansicht der athenischen
Demokratie.

Q 107b

Was die Staatsform der Athener anlangt, kann ich es freilich nicht billigen,
dass sie gerade für diese Art der Staatsform sich entschieden haben; denn
hiermit haben sie sich zugleich dafür entschieden, dass es die Gemeinen besser haben als die Edlen; aus diesem Grunde kann ich das nicht billigen. Dass
sie aber, nachdem sie das nun einmal dergestalt beschlossen haben, zweckmäßig ihre Staatsform sich zu wahren und alles andere sich einzurichten
wissen, worin sie nach Ansicht der anderen Griechen fehlgreifen, das will ich
jetzt beweisen.
    Zunächst muss ich es aussprechen, dass mit Recht daselbst die Armen und
das Volk berechtigt sind, den Vorzug vor den Vornehmen und den Reichen zu
haben, und zwar deshalb, weil nur das Volk es ist, das die Schiffe treibt und

*Pseudo-Xenophon, Staat
der Athener 1, 1–8*

dadurch der Stadt ihre Machtstellung verschafft, und die Steuerleute, die Rudervögte, die Unterabteilungs-Kommandanten, die Vorderdeckwarte und die Schiffbauer, alle diese nur es sind, die der Stadt ihre Machtstellung verschaffen, wenigstens viel eher als das schwere Fußvolk und die Vornehmen und überhaupt die Edlen. Unter diesen Umständen erscheint es nur gerecht, dass allen sowohl bei der jetzt üblichen Losung wie auch bei der Wahl die Ämter offen stehen und dass es jedem von den Bürgern, wer da will, freisteht, öffentlich zu reden. Alle Ämter ferner, die der Gesamtheit des Volkes Segen bringen, wenn sie in guten Händen sind, und Gefahr, wenn in schlechten, die verlangt sich das Volk nicht im mindesten offenzuhalten [...]; denn sehr wohl versteht es das Volk, dass es größeren Nutzen davon hat, dass es nicht selber diese Ämter verwaltet, sondern die Vermögensten sie verwalten lässt. Alle Ämter aber, die dazu da sind, Sold zu tragen und Nutzen ins Haus zu bringen, um die bewirbt sich das Volk. [...]

Es gilt aber auch wirklich für jedes Land, dass das bessere Element Gegner der Volksherrschaft ist; denn bei den Besseren ist Zuchtlosigkeit und Ungerechtigkeit am geringsten, gewissenhafter Eifer für das Gute und Edle am größten, beim Volke aber Mangel an Bildung und Selbstzucht am größten und Gemeinheit; denn sowohl die Armut verleitet sie viel eher zur Schlechtigkeit als auch der Mangel an Erziehung und Bildung – seinerseits bedingt dadurch, dass es einigen der Leutchen an Mitteln gebricht. Daraus aber könnte einer folgern, dass es geboten wäre, sie nicht alle ohne Unterschied reden und am Rate teilnehmen zu lassen, sondern nur die tüchtigsten und besten Männer. Sie aber sind auch in diesem Punkte ausgezeichnet beraten, indem sie auch den gemeinen Mann reden lassen; denn wenn nur die Edlen redeten und sich berieten, so wäre es ganz unleugbar für ihresgleichen selbst vorteilhaft, für die Volkspartei jedoch nicht gerade vorteilhaft; so aber, da jeder, wer da will, zu Worte kommt, wenn er sich nur erhebt, macht irgendein gemeiner Mensch ausfindig, was für ihn wie auch für seinesgleichen vorteilhaft ist. Da könnte einer einwenden: was kann denn ein solcher Mensch für sich und das Volk Vorteilhaftes ersinnen? Sie aber verstehen sehr wohl, dass der Mangel an Bildung und die Gemeinheit dieses Mannes gepaart mit Zuneigung eher lohnt als die Gediegenheit und Einsicht des Edlen gepaart mit Abneigung. Mag nun ein Staatswesen zwar nicht infolge solcher Einrichtungen des öffentlichen Lebens den Anspruch erheben können, das politische Ideal zu sein, so mag doch die Volksherrschaft am ehesten auf diese Weise erhalten werden. Das Volk hat es ja darauf abgesehen, nicht etwa in einem wohlgeordneten Staatswesen selbst geknechtet zu sein, sondern frei zu sein und zu herrschen, die Missordnung aber kümmert es wenig, denn was du als das gerade Gegenteil eines wohlgeordneten Zustandes ansiehst, daraus schöpft das Volk seine Kraft und seine Freiheit.

Q 107c
Aristoteles, Politik
1317a40–1318a9

Freiheit ist das Grundprinzip der demokratischen Verfassung; diese Auffassung vertritt man ja dauernd, so als könnten nur in dieser Verfassung (die Bürger) an der Freiheit teilhaben; denn man sagt, dass danach jede Demokratie strebe. Ein Aspekt von Freiheit ist, dass man sich im Wechsel beherrschen lässt und herrscht; denn das demokratische Verständnis von Recht enthält die Forderung, dass (die Bürger) der Zahl und nicht dem Verdienst nach Gleichheit besitzen. Aus diesem Rechtsverständnis folgt notwendigerweise, dass die Menge alle Macht innehat und dass der Beschluss der Mehrheit, wie immer er ausfällt, oberste Gültigkeit besitzt und die Rechtsnorm bildet; denn (die Anhänger der Demokratie) sagen, dass jeder Bürger Gleiches besitzen muss. So ergibt sich, dass in den Demokratien die Armen größere Macht ausüben als die Begüterten; denn jene bilden die Mehrheit, der Beschluss der Mehrheit hat aber absolute Gültigkeit.

Dies ist das eine Kennzeichen der Demokratie, das alle demokratisch Gesinnten als bestimmendes Merkmal dieser Verfassung angeben. Das zweite ist, dass man lebt, wie man will; denn man sagt, dass Freiheit dies gewährleiste, wenn es denn zutrifft, dass es für einen Sklaven charakteristisch ist, nicht leben zu können, wie er möchte. Damit haben wir das zweite Merkmal der Demokratie beschrieben. Als eine Folge (dieses Verständnisses von Freiheit) kam es dazu, dass man es nicht hinnimmt, sich beherrschen zu lassen, am besten von gar niemand, oder wenn schon, dann (nur) im Wechsel, und auf diese Weise unterstützt diese (Einstellung) den (ersten) Aspekt von Freiheit, der die Verwirklichung der Gleichheit der Zahl nach zum Ziel hat.

Von dieser Grundlage und diesem Prinzip (der Demokratie) her ergibt sich, dass folgende Einrichtungen als demokratisch zu gelten haben: die Gesamtheit wählt die (Inhaber der) Ämter aus der Gesamtheit; die Gesamtheit regiert über jeden einzelnen, jeder Einzelne aber im Wechsel über die Gesamtheit; die Ämter werden durch Los besetzt – entweder alle oder wenigstens die, für die man keine Erfahrung oder Sachkenntnis braucht; der Zugang zu den Ämtern hängt nicht von einer Vermögensqualifikation oder nur der allerniedrigsten ab; ein und derselbe Mann kann kein Amt zweimal bekleiden oder nur wenige Male oder nur wenige Ämter mit der Ausnahme der militärischen; alle Ämter werden nur für eine kurze Zeitspanne bekleidet oder wenigstens die, bei denen das möglich ist; die Gesamtheit oder (eher) ein aus der Gesamtheit bestelltes Gericht entscheidet über sämtliche (Rechtsfälle) oder doch über die meisten und schwerwiegendsten oder die, die von, höchster Bedeutung sind, wie z.B. über Rechenschaftsablegungen, (Vergehen gegen die) Verfassung und private Vereinbarungen; die Volksversammlung hat souveräne Befugnis in allen oder den wichtigsten Angelegenheiten, während kein Amt eine definitive Entscheidung in irgendeiner Sache trifft oder höchstens in ganz wenigen.[...]

Da aber die Oligarchie durch die Merkmale: vornehme Abkunft, Reichtum und Bildung bestimmt ist, scheinen die diesen entgegengesetzten Eigenschaften: niedrige Abkunft, Armut und geistige Beschränktheit körperlich Arbeitender zur Demokratie zu gehören; ferner die Regelung, dass kein Amt auf unbegrenzte Dauer bekleidet wird; um wenn ein solches eine frühere Verfassungsänderung überdauerte, (so gehört zur Demokratie,) dass man seine Macht einschränkt und (seine Inhaber) durch Los anstelle von Wahl besetzt.

Dies sind nun die Merkmale, die Demokratien gemeinsam haben Das Rechtsverständnis, das übereinstimmend als demokratisch angesehen wird – es besteht darin, dass alle der Zahl nach Gleichheit besitzen – führt zur Demokratie, die am ehesten als diese Verfassung gilt, und (zur Herrschaft des) Demos. Denn es (gilt als) ein Gebot der Gleichheit, dass die Armen nicht in höherem Maße Herrschaft ausüben als die Reichen und sie nicht allein die Macht innehaben, sondern alle in gleicher Weise entsprechend der Zahl. Wenn dies erreicht wird, können sie ja wohl annehmen, dass die Verfassung Gleichheit und Freiheit verwirklicht.

Q 108

Q 108 Die kleinasiatische Stadt Erythrai verleiht dem Athener Konon im Jahr 394 die Proxenie

Fundkontext: Teil einer heute verschollenen Stele, die in der Theotokos-Kirche bei Erythrai (nördl. vom heutigen Çeşme) verbaut worden war.

Sylloge Inscriptionum Graecarum³ (Syll³) 126
(= Rhodes/Osborne, Greek Historical Inscriptions, Nr. 8)

Beschluss von Rat und Volk: Konon soll man eintragen als Wohltäter (*euergétes*) und *próxenos* der Erythraier, und es soll ihm ein Ehrensitz (*prohedría*) zustehen in Erythrai und Abgabenfreiheit (*atéleia*) für alle Waren, sowohl bei der Einfuhr wie auch bei der Ausfuhr im Krieg wie im Frieden; und er soll Erythraier sein, wenn er es will. Gelten soll dies sowohl für ihn wie auch für seine Nachfahren. Man soll ein Standbild von ihm aus Bronze herstellen, [(und zwar) vergoldet], und man soll es aufstellen, wo Konon es möchte. [---]

Q 109

Q 109 Bündnisvertrag zwischen Sparta und den aitolischen Erxadieis aus dem 5. Jh. (500–470?)

Fundkontext: Kalksteinstele von der Akropolis in Sparta; jetzt im Archäologischen Museum in Sparta

Supplementum Epigraphicum Graecum (SEG) 28, Nr. 408

Abkommen mit den aitolischen Erxadieis: [Freundschaft] und Frieden sollen sie haben [auf ewig und ohne Trug], und Bündnis [mit (allen) anderen mit Ausnahme] allein der Mantineer, indem sie folgen, wohin auch immer die Lakedaimonier führen, sowohl zu Lande als auch zur See, und denselben zum Freund und denselben zum Feind haben wie die Lakedaimonier. Keine [Beilegung (des Kriegs)] sollen sie betreiben ohne die (Einwilligung der) Lakedaimonier, mit niemandem, doch einstellen sollen sie den Kampf gegen denselben, gegen den die Lakedaimonier (einstellen). Flüchtlinge [sollen sie nicht aufnehmen, die] sich beteiligt haben an Vergehen. Wenn jemand gegen das Gebiet der Erxadieis zieht in kriegerischer Absicht, sollen Beistand leisten die Lakedaimonier mit aller Kraft und [so gut sie es vermögen;] wenn aber jemand gegen das Lakedaimonier-Gebiet zieht [in kriegerischer Absicht,] sollen die Erxadieis Beistand leisten [mit aller Kraft und so gut sie es vermögen ---]

Q 110

Q 110 Eingemeindungsvertrag (Sympolitie) zwischen Mantineia und Helisson aus dem frühen 4. Jahrhundert

Fundkontext: Oberer Teil einer Stele, die später in einer römischen Therme in Mantineia verbaut wurde; jetzt im Archäologischen Museum von Tripolis (Peloponnes).

Supplementum Epigraphicum Graecum (SEG) 37, Nr. 340

Gott! Gutes Glück!
    Vertrag für die Mantineer und die Heliswasier auf alle Zeit. Die Mantineer und die Heliswasier haben beschlossen:
    Die Heliswasier sollen gleichberechtigte und ebenbürtige Mantineer sein und an allem Anteil haben wie die Mantineer; sie sollen ihr Land (*chóra*) und ihre Stadt (*pólis*) in Mantinea und in den Gesetzesbereich der Mantineer einbringen, wobei die Stadt (*pólis*) der Heliswasier, wie sie jetzt ist, auf alle

Zeit bestehen bleiben soll und die Heliswasier ein Dorf (*kóme*) der Mantineer
sein sollen. Ein Festgesandter (*thearós*) soll aus Helison so wie aus den anderen Städten (*póleis*) (entsandt) sein. Die Opfer in Helison soll man darbringen
und die Festgesandtschaften empfangen gemäß dem Brauch. Die Klagen sollen die Heliswasier und die Mantineer gegeneinander nach den Gesetzen der
Mantineer erheben von dem Zeitpunkt an, ab dem die Heliswasier Mantineer
geworden sind, in der folgenden (Zeit); das frühere aber soll nicht mehr ein-
klagbar sei. Was immer die Heliswasier an Verträgen untereinander hatten,
bevor sie Mantineer wurden, das soll zwischen ihnen gültig sein gemäß den
Gesetzen, die sie selbst hatten, als sie zu Mantinea kamen. Die Heliswasier
sollen sich alle bei den (zuständigen) Verwaltern (*epimeletaí*) mit ihrem Vatersnamen dem Alter nach registrieren lassen innerhalb von zehn Tagen,
wenn diejenigen, die die Aufzeichnungen auf den Stelen vornehmen (*stalográ-
phoi*), kommen. Die Verwalter (*epimeletaí*) sollen die (Liste der) Registrierten
nach Mantinea bringen und diese bei den Gesetzesbewahrern (*thesmotóaroi*)
unter dem leitenden Beamten (*damiorgós*) Nikes registrieren; die *thesmotóaroi* sollen sie auf geweißte Holztafeln schreiben und dann beim Ratsgebäude
anschlagen lassen. Wenn aber einer der Registrierten sagt, dass jemand kein
Heliswasier sei, soll es ihm erlaubt sein, es den *thesmotóaroi* in dem darauf
folgenden Jahr, nachdem Nikes *damiorgós* war, anzuzeigen; der Angezeigte
aber soll gegen ihn vor den Dreihundert (*triakasíoi*) dort einen Prozess führen
im [Monat ---], nachdem er angezeigt wurde, und wenn er siegt, soll er Mantineer sein, wenn aber nicht, soll er der Gottheit schulden [---]

Q 111 Die bundesstaatlichen Strukturen des Chalkidischen Städtebundes
   im frühen 4. Jahrhundert v. Chr.

Q 111

Kontext: Auszug aus der Rede des Kleigenes aus Akanthos (Chalkidike) vor
der spartanischen Volksversammlung im Jahr 383/82, in der er um Unterstützung gegen den unter der Führung der Stadt Olynth expandierenden
Chalkidischen Bund bittet.

Lakedaimonier und Bundesgenossen! Wir glauben, es ist Euch verborgen geblieben, dass etwas Großes im Entstehen ist in Griechenland: Dass unter den
gegen Thrakien zu gelegenen Städten Olynthos die bedeutendste ist, wisst Ihr
fast alle. Die Bewohner dieser Stadt brachten mit der Zeit verschiedene andere
Städte soweit, dass sie sich ihren Gesetzen und ihrem Bürgerrecht anschlossen, und schließlich gewannen die Olynthier sogar einige der größeren Städte
hinzu. [...] Wir aber, Ihr Lakedaimonier, wünschen nach den von den Vätern
überkommenen Gesetzen zu leben und Bürger einer freien Stadt zu sein. Wenn
allerdings niemand uns Hilfe bringt, gibt es auch für uns keine andere Möglichkeit, als uns ihnen anzuschließen. [...] Legt Euch auch noch folgende
Frage vor: ob es wohl vernünftig ist, dass Ihr einerseits damit beschäftigt seid,
in Boiotien die staatliche Einheit zu verhindern, während ihr gar nicht beachtet, wie sich auf der anderen Seite eine weit größere Macht ansammelt, die
noch dazu nicht nur auf dem Lande, sondern auch zur See im Erstarken ist.
[...] Freilich müsst Ihr dazu auch noch wissen, dass diese Macht, die wir groß
genannt haben, noch nicht unangreifbar ist. Solche Städte nämlich, die dem
einheitlichen Bundesstaat nur gezwungen beigetreten sind, solche werden,
wenn sie irgendwo ein Gegengewicht erkennen, schnell bereit sein, abzufallen;
sind sie allerdings erst einmal durch das Recht auf gegenseitige Heiraten (*epi-*

*Xenophon, Hellenika 5,
2, 12–19*

gamía) und gegenseitigen Landerwerb (*énktesis*), für das sie ja abgestimmt haben, eng miteinander verbunden, und haben sie erst einmal wahrgenommen, dass es für sie von Vorteil ist, den Mächtigen Gefolgschaft zu leisten, – gleichwie die Arkader immer, wenn sie mit Euch ziehen, mit dem Raub fremder Güter zugleich ihre eigenen schonen – so wird wahrscheinlich dieser Staatsverband nicht mehr genauso leicht aufzulösen sein.

Q 112

Q 112 Die Verfassung des Boiotischen Bundes im frühen 4. Jahrhundert v. Chr.

Hellenika von Oxyrhynchos 19, 2–4, 373–405 (Chambers)

Zu diesem Zeitpunkt (395) bestand aber folgende politische Ordnung in Boiotien: In jeder einzelnen Polis waren damals vier Ratsabteilungen eingerichtet, denen nicht sämtliche Bürger angehören durften, sondern nur die, die ein bestimmtes Vermögen besaßen, und von diesen Ratsabteilungen hatte reihum immer jeweils eine den Vorsitz und die Geschäftsführung und legte nach Vorberatung der politischen Anliegen ihre Beschlussvorlagen den anderen frei Abteilungen vor. Was dann von allen Abteilungen gebilligt worden war, wurde zum bindenden Beschluss erhoben.

Nach diesem Modus regelten sie ihre einzelstaatlichen Angelegenheiten, für den boiotischen Bund aber bestand folgende Organisation: Sämtliche Einwohner des Landes waren nach elf Anteilen aufgeteilt worden. Und jeder Teil stellte einen Boiotarchen, und zwar nach folgendem Schlüssel: Die Thebaner stellten vier, zwei für ihre eigene Polis und zwei für die Plataier sowie für Skolos, Erythrai, Skaphai und die übrigen Ortschaften, die früher mit Plataiai eine staatliche Gemeinschaft gebildet hatten, damals aber mit Theben verbunden waren. Zwei Boiotarchen stellten die Orchomenier und Hysiaier (Verwechslung mit den Bewohnern von Hyettos), zwei die Thespier mit Eutresis und Thisbai, einen die Tanagraier, und wieder einen die Haliartier, Lebadeier und Koronier, den reihum eine jede dieser Polis abwechselnd entsandte, und nach demselben Modus kam ein Boiotarch aus Akraiphnion, Kopai und Chaironeia.

Nach diesem Schlüssel stellten die Teile die Mitglieder des Regierungskollegiums; ferner stellten sie sechzig Ratsherren pro Boiotarch, und diesen zahlten sie auch Tagegelder; und jeder Teil hatte auch ein Heereskontingent von rund 1000 Hopliten und 100 Reitern beizutragen. Kurz gesagt, nach dem Schlüssel für die Regierungsmitglieder teilten sie sich in die Bundeseinkünfte und leisteten sie ihre Steuerbeiträge, bestellten so die (Bundes)-Richter und hatten überhaupt gleichmäßig an allem ihren Anteil, an den Verlust und den Gewinnen. Diese Verfassungsordnung bestand für den Bund im Ganzen, und die Sitzungen der Bundesrats-Abteilungen der Boioter fanden auf der Kadmeia (= Akropolis von Theben) statt.

Q 113

Q 113 Der Bau des Erechtheions auf der Akropolis von Athen

Q 113a

Bauaufnahme der Tempelvorsteher über den Zustand des Erechtheions im Jahr 409/8
Fundkontext: Eine in sieben Teile fragmentierte Marmorstele von der Athener Akropolis, von der sich ein Teil – das größte Fragment – im Britischen Museum in London und die übrigen Teile im Epigraphischen Museum in Athen befinden. Die Anordnung in Kolumnen ist beibehalten.

Die Vorsteher des Tempels auf der (Akro)polis, in dem das alte Kultbild
    steht, Brosyni-
des aus Kephisia, Chariades aus Agryle, Diodes aus Kephisia, der Architekt
Philokles aus Acharnai, der Sekretär Etearchos aus Kydathenaion,
verzeichneten die folgenden Werkteile am Tempel, wie sie sie antrafen,
    gemäß dem Volks-
beschluss, den Epigenes einbrachte, die ausgearbeiteten und die halbferti-
    gen, unter dem
Archon Diokles, als die Kekropis die erste Prytanie innehatte, unter dem
    Rat,
in dem Nikophanes aus Marathon erster Sekretär war.

*Inscriptiones Graecae
(IG) I³ 474, Z. 1–32;
54–92*

Wir trafen die folgenden (Teile) des Tempels halbfertig an:
An der Ecke zum Kekropion hin:

    4 ungesetzte Blöcke, Länge vier Fuß,
       Höhe zwei Fuß, Stärke
       drei Halbfuß.
    1 Kragstein, Länge vier
       Fuß, Höhe 3 Fuß, Stärke
       drei Halbfuß.
    5 Kopfsteine, Länge vier Fuß,
       Höhe drei Fuß, Stärke
       drei Halbfuß.
    1 Eckblock, Länge sieben Fuß,
       Höhe vier Fuß, Stärke
       drei Halbfuß.
    1 ungesetzter »gewundener« Stein, der ent-
       spricht den Kopfsteinen, Länge
       zehn Fuß, Stärke
       drei Halbfuß.
    2 Blöcke, die entsprechen den Epistylen,
       Länge vier Fuß, Breite
       fünf Hand.
    1 ungesetztes Kapitell (»Säulenkopf«) für das
       Metopon im Innern, Länge drei
       Fuß, Höhe drei Halbfuß, Stärke
       drei Halbfuß.
       [...]
       Folgendes ist ungeglättet und
       unkanneliert:
       Die Mauer gegen den Süd-
       wind hin ist ungeglättet
       mit Ausnahme der (Mauer) in der Vor-
       halle beim Kekropion.
       Die Orthostatblöcke sind un-
       geglättet von außen insgesamt
       außer der (Wand) in der Vorhalle
       beim Kekropion.
       Alle Säulenbasen sind
       unkanneliert am Oberteil.
       Die Säulen sind alle unkanneliert
       außer denen an der Mauer. Die Reihe Basisblöcke

ist rings ingesamt ungeglättet.
Von der Mauer innen ist ungeglättet:
Vom ›gewundenen‹ Stein 8 Vier-Fuß-Abschnitte.
Von der (Wand) im Korridor
12 Vier-Fuß-Abschnitte.
Von der Parastas (Ante?)
7 Vier-Fuß-Abschnitte.
Von der (Wand) beim Kultbild
2 Vier-Fuß-Abschnitte.
In der Halle bei der
Tür (= Nordhalle) ist
der Altar des Opferpriesters
nicht gesetzt.
Von dem Dachstuhl sind die Balken
und Pfetten nicht gesetzt.
An der Halle beim
Kekropion (= Korenhalle) sind noch die
3 Dachquader für die
Koren auszuarbei-
ten von oben her, Länge drei-
zehn Fuß, Höhe fünf
Fuß.
Die Rosetten für die Epi-
stylien sind noch auszuarbei-
ten.
[...]

Q 113b   **Abrechnung der Tempelvorsteher über den Bau des Erechtheions für das Jahr 408/7**

Fundkontext: Eine aus zahlreichen Fragmenten wieder zusammengesetzte Marmorstele von der Athener Akropolis; jetzt im Epigraphischen Museum in Athen. Die Anordnung in Kolumnen ist beibehalten (ob = Obolen; dr = Drachmen).

Inscriptiones Graecae (IG) I³ 476, Z. 183–221

[...]
unter der
achten Prytanie der Pandi-
onis: Einnahmen von *tamíai* der
Göttin (Athene), von Aresaichmos aus Agryle
und Kollegen: 1239 dr [1 ob]
Ausgaben: (An)käufe: für zwei (mit Gips überzogene)
Bretter, auf die wir die Abrechnungen
schreiben, bei (einem Preis) von einer Drachme je
[Brett], 2 dr. – Summe der (Ausgaben für) Käufe:
[2 dr]. – (Für) Steinmetzarbeiten: (Für) das Kannelieren der
Säulen der östlichen [Vorhalle]bis zum
Altar: (Für) die dritte (Säule) vom Altar
der Dione, (an) Ameiniades,
wohnhaft in Koile: 18 dr; (an) Aischines: 18 dr; (an) Lysanias: 18 dr; (an)
Somenes, (Sklave) des Ameiniades: 18 dr; (an) Ti-
mokrates; 18 dr. – (Für) die folgende

[Säule]; (an) Simias, wohnhaft in Alopeke: [1]3 dr; (an) Kerdon: 12 dr 5 ob; (an) Sin-
dron,(Sklave) des Simias: 12 dr 5 ob; (an) Sokles,(Sklave) des
Axiopeithes: 12 dr 5 ob; (an) Sannion, (Sklave) des Simias: 1[2 dr 5 ob; (an) Epieikes, (Sklave) des Simias:
1[2 dr] 5 ob; (an) Sosandros, (Sklave) des Simias: 12 dr 5 ob
(Für) die folgende (Säule), (an) Onesi-
mos, (Sklave) des Nikostratos: 16 dr 4 ob; (an) Eudo-
xos, wohnhaft in Alopeke: 16 dr
[4 ob]; (an) Kleon: 16 dr 4 ob; (an) Simon, wohnhaft
in Agryle: 16 dr 4 ob; (an) Antidotos,
(Sklave) des Glaukos: 16 dr 4 ob; (an) Eudikos: 16 dr
[4 ob.] – (Für) die folgende Säule (an) Theu-
genes aus Peiraieus: [15 dr]; (an) Kephisoge-
nes aus Peiraieus: [15 dr]; (an) Teukros, wohnhaft
in Kydathenaion: 15 dr; (an) Kephisodoros, wohnhaft in Skambonidai:
15 dr, (an) Niko[stratos]: 15 dr; (an) Theugei-
ton aus Peiraieus: 15 dr. – (Für) die Glättung
der Orthostat-Blöcke am Altar des
Oberpriesters, (an) Polykles aus Laki-
adai: 35 dr
[…]

Q 114 Tragödie versus Komödie

Q 114

Kontext: Fragment aus einer Komödie des Antiphanes, einem Vertreter der
»Mittleren Komödie« (4. Jh.)

[…] Wie glücklich dran in all und jedem ist

Antiphanes F101 (Poetae
Comici Graeci)

Doch die Tragödiendichtung! Denn da ist zunächst
Der Stoff dem Publikum längst vertraut, ehe einer noch
Etwas gesprochen hat. Der Dichter braucht nichts tun,
Als die Erinnerung wecken. Sag' ich »Ödipus«,
Schon weiß man alles andre auch: dass Laios
Der Vater, Mutter Iokaste war; man kennt
Die Töchter, Söhne; weiß, was er erdulden wird,
Was er getan. Nennt einer uns »Alkmeon« – selbst
Ein Kind erzählte alles gleich: dass der im Wahn
Die Mutter erschlug; Adrast im Zorn erscheinen wird;
Der Mörder flieht und hier- und dorthin irren muss.
Wenn der Tragödiendichter nicht mehr weiter weiß
Und ganz versagt in seinem Stück, dann lässt er – so
Wie man den Finger hebt – den Aufzug drehen, darauf
Ein Gott erscheint: und das genügt dem Publikum.
So gut hat es unsereiner nicht, da alles wir
Erfinden müssen: neue Namen, neuen Stoff
Und neue Reden; das, was vor dem Stück geschah,
Und was in ihm passiert; dass gut der Ausgang sei,
Wie es der Eingang war. Verfehlte etwas nur

Ein »Chremes« oder »Pheidon«, pfiffe man ihn aus!
Dem »Peleus« oder »Teukros« sähe man es nach.

Q 115

Q 115 Wissen gegen Bezahlung?

Q 115a

*Diogenes Laertios, Leben
der Philosophen 9, 51–55*

Protagoras von Abdera

(51) Als erster behauptete er (Protagoras), dass es zu jeder Sachlage zwei Einschätzungen gebe, die einander entgegengesetzt seien: Mit diesen baute er eine Fragenkette auf, und er war der erste, der solches tat. Er begann indessen eine Schrift auf diese Weise: »Aller Dinge Maß ist der Mensch, derer die sind, dass sie sind, derer die nicht sind, dass sie nicht sind.« Er sagte, dass die Seele nichts über die Wahrnehmung hinaus sei, wie es auch Platon im *Theaitet* formuliert, und dass alles (durch die Wahrnehmung Vermittelte) wahr, sei. In einer anderen Schrift begann er folgendermaßen: »Über die Götter kann ich weder sagen, dass sie sind, noch auch, dass sie nicht sind, vieles nämlich steht dem Wissen hindernd im Wege: Die Undeutlichkeit der Sachlage und dass das Menschenleben kurz ist.« (52) Wegen dieses Anfangs der Schrift wurde er von den Athenern nicht mehr geduldet, sie verbrannten seine Bücher auf dem Markt, nachdem sie diese durch einen Boten von jedem, der sie erworben hatte, eingesammelt hatten.

Dieser erhob als erster einen Lohn von 100 Minen und als erster unterschied er die Zeiten des Verbums und betonte die Bedeutung des rechten Augenblicks, richtete Debattierclubs ein und gab streitenden Parteien argumentative Tricks an die Hand. Indem er den intendierten Sinn ausblendete, disputierte er nach dem bloßen Wort und erzeugte so das jetzt so beliebte eristische Treiben, und hier äußert sich auch Timon (B7 Diels) über ihn: »Protagoras, der sich mit beredtem Streiten überall einmischt.«

(53) Dieser führte auch als erster die sokratische Form des Prosadialoges ein; auch die These des Antisthenes (Fragment 42 Decleva), der versuchte zu beweisen, dass es nicht möglich ist, zu widersprechen, diskutierte er als erster, wie Platon im *Euthydemos* (286 c) sagt. Und er als erster zeigte die dialektischen Angriffsmöglichkeiten von allgemeinen Behauptungen auf, wie der Dialektiker Artemiodor in seiner Schrift gegen Chrysippos behauptet. [...] (54) [...] Die erste öffentliche Lesung seiner Werke war das Werk *Über die Götter*, dessen Anfang wir oben gebracht haben. [...] (55) Es gibt folgende Bücher, die sich von ihm erhalten haben: *Über Streitreden, Über das Ringen, Über Mathematik, Über die Verfassung, Über den Ehrgeiz, Über Tugenden, Über den Urzustand, Über die Unterwelt, Über das vom Menschen nicht recht Getane*, ein Buch über Anweisungen, Gerichtsreden gegen Honorar, zwei Bücher über einander entgegengesetzte Argumente. Das also sind seine Bücher. Es gibt einen Platonischen Dialog über ihn.

Q 115b

*Platon, Protagoras
313a–314b*

Platon
Kontext: Gespräch zwischen Sokrates und Hippokrates vor dem eigentlichen Dialog zwischen Sokrates und Protagoras

»Bist du dir darüber im Klaren, mit welchem Risiko du drauf und dran bist, deine Seele aufs Spiel zu setzen? Verhält es sich nicht vielmehr so: Wenn es für dich darum ginge, jemandem deinen Körper anzuvertrauen, und dies zwangsläufig mit dem Risiko verbunden wäre, dass davon sein gutes oder schlechtes Befinden abhinge, dann stelltest du zahlreiche Überlegungen an,

ob du dich darauf einlassen solltest oder nicht, und zögest deine Freunde und
Verwandten zur Beratung hinzu, tagelang kritisch abwägend. Was du aber
für mehr wert hältst als deinen Körper – deine Seele – und wovon dein ganzes Wohl und Wehe abhängt, je nachdem, ob es in einen guten oder schlechten Zustand gerät, darüber hast du dich weder mit deinem Vater noch mit
deinem Bruder noch mit einem von uns Freunden beraten, ob du diesem
hergelaufenen Fremden (Protagoras) deine Seele anvertrauen sollst oder auch
nicht. Vielmehr hast du gestern Abend (von seiner Ankunft) gehört, wie du
sagst, bist frühmorgens schon hier und bereit, ohne jegliche Überlegung und
Beratung darüber, ob du dich ihm anvertrauen sollst oder nicht, dein Vermögen und das deiner Freunde aufzuwenden, als ob deine Entscheidung schon
feststünde, unter allen Umständen Schüler des Protagoras zu werden, mit
dem du weder bekannt bist, wie du sagst, noch dich jemals unterhalten hast.
Trotzdem nennst du ihn einen Sophisten, was aber Sophist eigentlich bedeutet, weißt du offensichtlich nicht. Und so jemandem willst du dich anvertrauen?« – Und der sagte daraufhin: »So sieht es aus, Sokrates, nach dem,
was du sagst.«

»Ist denn nicht, Hippokrates, der Sophist in Wirklichkeit eine Art Han-
delsreisender oder Markthändler mit Gütern, von denen sich die Seele ernährt? Er scheint mir nämlich etwas Derartiges zu sein.« – »Wovon, Sokrates,
ernährt sich die Seele?« – »Doch wohl von Gegenständen des Wissens«, sagte
ich. »Und dass der Sophist, mein Freund, uns nur nicht, wenn er seine Ware
anpreist, betrügt wie diejenigen, die mit der Nahrung für den Körper zu tun
haben, nämlich Handelsreisende und Markthändler. Denn auch diese wissen,
so ist anzunehmen, weder selbst, welches von den Gütern, die sie herbeibrin-
gen, jeweils gut oder schlecht für den Körper ist, preisen aber beim Verkauf
alles an, noch wissen es ihre Kunden, es sei denn, einer ist gerade Turnlehrer
oder Arzt. So verhält es sich aber auch mit denen, die Wissensgüter von Stadt
zu Stadt bringen und sie jedem, der sie haben will, zum Kauf anbieten und
verhökern: Sie preisen zwar ihre sämtlichen Waren an, vielleicht, mein Bester,
wissen aber auch von diesen einige nicht, welche ihrer Waren gut oder
schlecht für die Seele ist; ebenso wenig auch ihre Kunden, es sei denn, einer
ist gerade Arzt für die Seele. Wenn du nun das Glück hast, dich darin auszu-
kennen, was von diesen Dingen gut und was schlecht ist, kannst du gefahrlos
Wissensgüter von Protagoras und jedem beliebigen anderen kaufen; andernfalls, mein Lieber, sieh zu, dass du nicht bei dem, was dir am meisten am
Herzen liegt, ein Risiko wie beim Würfelspiel eingehst.

Denn tatsächlich ist das Risiko beim Einkauf von Wissensgütern noch viel
größer als bei demjenigen von Nahrungsmitteln. Wenn man nämlich Speisen
und Getränke beim Krämer oder Handelsreisenden gekauft hat, kann man
sie in anderen Gefäßen mitnehmen und, bevor man sie essend und trinkend
zu sich nimmt, kann man sie zu Hause deponieren und sich unter Hinzuziehung eines einschlägigen Sachverständigen beraten lassen, was man essen
oder trinken soll und was nicht und wie viel und wann; daher ist das Risiko
beim Kauf nicht groß. Wissensgüter dagegen kann man nicht in einem anderen Gefäß mitnehmen; vielmehr muss man den Kaufpreis entrichten und das
Wissensgut in der Seele selbst durch Lernen aufnehmen, bevor man weggeht;
und da ist der Schaden oder der Nutzen bereits eingetreten.«

Isokrates

Q 115c
Isokrates, Helena 1–11

(1) Manche Leute sind sehr stolz darauf, wenn sie sich ein ausgefallenes,
seltsames Thema ausgesucht haben und darüber einigermaßen gefällig reden

können – und sie sind darüber alt geworden: die einen mit ihrer These, es sei nicht möglich, etwas Unwahres zu behaupten oder zu erwidern, noch sei es möglich, zwei sich widersprechende Reden über ein und denselben Gegenstand zu verfassen; die anderen sind darüber alt geworden mit ihren Ausführungen, dass Tapferkeit, Weisheit und Gerechtigkeit dasselbe seien und wir von Natur keine dieser Tugenden besäßen, dass es aber von allem nur eine einzige Wissenschaft gebe; wieder andere wenden ihre Zeit für Streitgespräche auf, die keinerlei Nutzen bringen, ihren Schülern aber Schwierigkeiten bereiten können. (2) Wenn ich sähe, dass diese überflüssige Diskutiererei im Bereich der Rhetorik erst in jüngster Zeit aufgekommen ist und dass diese Leute sich etwas auf die Neuheit ihrer Erfindungen zugute halten, dann würde ich mich über sie nicht so sehr wundern. Wer aber ist so wenig informiert, dass er nicht wüsste: Protagoras und die anderen Sophisten, die zu seiner Zeit lebten, hinterließen uns solche Schriften und noch viel gekünsteltere als diese. (3) Wie könnte nämlich jemand den Gorgias übertrumpfen, der zu behaupten wagte, es gebe nichts der seienden Dinge, oder Zenon, der versuchte, das Gleiche als möglich und unmöglich aufzuzeigen, oder Melissos, der trotz der unendlichen Vielzahl der existierenden Dinge Beweise zu finden suchte dafür, dass das Ganze eins sei? (4) Obwohl jene also zeigten, dass es leicht ist, sich über alles, was man sich zum Thema wählt, eine der Wahrheit widersprechende Rede auszudenken, beschäftigen sich einige heute noch mit diesem Gebiet. Sie hätten allerdings diese Art von Spitzfindigkeiten aufgeben müssen, womit der Anspruch erhoben wird, in Worten etwas beweisen zu können, während es durch die Realität schon längst widerlegt ist; sie hätten sich an die Wahrheit halten sollen (5) und ihre Schüler in den Geschäften ausbilden und in der Erfahrung darin üben müssen, denen wir als Bürger nachgehen, und zwar aus der Überlegung heraus, dass es weit besser ist, über nützliche Dinge richtige Vermutungen zu haben als über unnütze genau Bescheid zu wissen, und in wichtigen Angelegenheiten nur ein klein wenig mehr zu wissen als sich in unbedeutenden und für das Leben unnützen besonders hervorzutun.

(6) Diesen Leuten liegt freilich nur daran, sich auf Kosten jüngerer Menschen zu bereichern. Das nämlich kann die Wissenschaft, die sich mit Eristik beschäftigt, tatsächlich bewerkstelligen. Leute, die sich weder um private noch um öffentliche Belange kümmern, finden am meisten Vergnügen an den Diskussionen, die zu nichts nütze sind. (7) Gegenüber den jüngeren muss man nachsichtig sein, wenn sie diese Einstellung haben. Sie fühlen sich ja bei allem, was sie tun, immer zu Außergewöhnlichem und zu Spielereien hingezogen. Wer aber den Anspruch erhebt, erziehen zu wollen, dem muss man Vorwürfe machen, weil er einerseits Leute kritisiert, die bei privaten Abmachungen betrügen und in ihren Worten nicht aufrichtig sind, selbst aber noch weit Schlimmeres als jene Leute tut. Während jene nämlich irgendwelchen anderen Menschen Schaden zugefügt haben, schadet dieser am meisten gerade seinen eigenen Schülern. (8) Das Treiben dieser Leute hat jedoch zu einer solchen Zunahme von falschen Aussagen geführt, dass manche, wenn sie sehen, wie derartige Leute einen Gewinn aus ihren falschen Aussagen erzielen, zu schreiben wagen, das Leben von Bettlern und Verbannten sei beneidenswerter als das aller übrigen Menschen, und dass sie als Beweis dafür anführen, dass sie auch über vortreffliche Dinge gut reden können, wenn sie über schlechte Dinge etwas zu sagen haben. (9) Am allerlächerlichsten jedoch scheint mir ihr Versuch zu sein, mit Hilfe solcher Worte davon zu überzeugen, sie besäßen ein Wissen in Staatsangelegenheiten, obwohl es möglich wäre für

ihre Versprechungen auch einen Beweis ihres Könnens zu liefern. Wer nämlich Anspruch erhebt, denken zu können und behauptet, Fachmann zu sein,
der muss sich hervortun und besser sein als Laien – und zwar nicht auf einem
Gebiet, das von allen vernachlässigt wird, sondern dort, wo alle miteinander
wetteifern. (10) Jetzt aber handeln sie ganz ähnlich, wie wenn einer den An-
spruch erhebt, der stärkste unter den Athleten zu sein, indem er dort als
Athlet auftritt, wo wohl kein anderer kämpfen wollte. Welcher vernünftige
Mensch dürfte es sich nämlich zur Aufgabe machen, das Unglück zu preisen?
Es ist jedoch offensichtlich, dass sie aus Schwäche ihre Zuflucht zu solchen
Themen nehmen. (11) Für derartige Schriften gibt es nämlich eine einzige
Methode, die zu finden, zu lernen und nachzuahmen nicht schwierig ist. Die
gemeinnützigen, glaubwürdigen und diesen ähnlichen Reden werden jedoch
durch Verwendung vieler schwer erlernbarer Motive und des jeweils Passenden entworfen und verfasst und sind in ihrer Komposition umso schwieriger, je mühsamer das Ernstsein ist als das Spotten und je mühsamer inten-
sives Arbeiten als nur spielerisches Herumgeplänkel ist.

Q 116 Die Freiheit der Philosophie

Q 116

Aristoteles, Metaphysik
982b12–28

Denn weil sie staunen, beginnen die Menschen jetzt und begannen sie anfänglich zu philosophieren, wobei sie zu Beginn über die naheliegenden
Merkwürdigkeiten staunten, dann allmählich so voranschritten und bei den
bedeutenderen Dingen Schwierigkeiten sahen, z. B. bei dem, was dem Mond
widerfährt und was mit der Sonne geschieht und den Sternen und hinsichtlich der Entstehung des Alls. Wer aber in einer Schwierigkeit steckt und sich
wundert, der ist der Meinung, dass er unwissend ist. Daher ist auch der Liebhaber der Mythen in gewissem Sinne philosophisch: denn der Mythos besteht
aus Wunderlichkeiten. Damit ist also klar, dass – wenn sie Philosophie betrieben, um der Unwissenheit zu entgehen –, sie das Verstehen um des Wissens
willen verfolgten und nicht wegen eines Nutzens. Das bezeugt auch das, was
wirklich eintrat: als so ziemlich alles Notwendige und zur Erleichterung des
Lebens und zur Gestaltung der Freizeit Dienende vorhanden war, begann
man diese Art von Einsicht zu suchen. Es ist also klar, dass wir sie nicht um
irgendeines anderen Nutzens willen suchen, sondern wie wir sagen, dass ein
Mensch frei ist, der um seiner selbst, nicht eines anderen willen lebt, so sagen
wir auch, dass diese die einzige freie unter den Wissenschaften ist; denn allein
diese besteht um ihrer selbst willen.

Q 117 Grundlegungen der Geschichtsschreibung

Q 117

Hekataios

Q 117a

Kontext: Einleitungssatz aus dem nicht mehr erhaltenen Geschichtswerk
Genealogíai (auch als *Historíai* oder *Heroología* zitiert):

Hekataios von Milet teilt Folgendes mit: Dieses schreibe ich, wie es mir wahr
zu sein scheint. Denn die Erzählungen der Griechen sind viele und lächer-
liche, wie sie mir erscheinen.

*Fragmente der
griechischen Historiker
Nr. 1 (Hekataios), F 1*

Herodotos

Q 117b
*Herodot, Historien
1, 1, 1; 5, 3 –4;*

(1) Dies ist die Darlegung der Erkundung des Herodot aus Halikarnassos,
auf dass, was von Menschen geschehen, nicht mit der Zeit verblasse, noch

Taten, groß und des Staunens wert, vorgewiesen von Hellenen wie von Barbaren, ihres Ruhmes verlustig gehen – manches andere und so auch, warum sie Krieg miteinander geführt haben. [...] (5) [...] Das also bringen sie vor, die Perser dies und die Phoiniker das. Ich aber will mich bei diesen Dingen nicht hinstellen und sagen, das ist so oder vielleicht so gekommen; doch den Mann, von dem ich selber weiß, dass er den Anfang gemacht hat mit Unrecht und Gewalt gegen die Hellenen, auf den will ich zeigen und dann weiterschreiten in der Erzählung und dabei der Menschen Stätten besuchen, kleine und große, beide. Denn die vor Zeiten groß waren, von denen sind die meisten klein geworden; und die groß sind zu meiner Zeit, waren früher klein. Und da ich nun weiß, dass der Menschen Glück nie stille steht, werde ich beider gedenken in gleicher Weise.

Q 117c

Thukydides, Der Peloponnesische Krieg 1, 1, 1–2; 20, 1 – 22, 4

Thukydides

(1) Thukydides von Athen hat den Krieg der Peloponnesier und Athener, den sie gegeneinander führten, aufgezeichnet. Er begann damit gleich beim Ausbruch, in der Erwartung, der Krieg werde bedeutend werden und denkwürdiger als alle früheren; das erschloss er daraus, dass beide auf der vollen Höhe ihrer Entfaltung in den Kampf eintraten und dass er das ganze übrige Hellenentum Partei ergreifen sah, teils sofort, teils nach einigem Zögern. Es war bei weitem die gewaltigste Erschütterung für die Hellenen und einen Teil der Barbaren, ja sozusagen unter den Menschen überhaupt. Denn was davor war und noch früher, das war zwar wegen der Länge der Zeit unmöglich genau zu erforschen; aber aus Zeichen, die sich mir bei der Prüfung im großen ganzen als verlässlich erwiesen, glaube ich, dass es nicht erheblich war, weder in Kriegen noch sonst. [...]

(20) So also fand ich die Vorzeit, in mühsamer Untersuchung, da nicht jedem ersten besten Zeugnis zu trauen war. Denn die Menschen nehmen alle Nachrichten von Früherem, auch was im eigenen Lande geschah, gleich ungeprüft voneinander an. [...] So unbemüht sind die meisten in der Erforschung der Wahrheit und bleiben lieber bei den herkömmlichen Meinungen. (21) Wer sich aber nach den genannten Zeichen die Dinge doch etwa so vorstellt, wie ich sie geschildert habe, wird nicht fehlgehen und wird nicht verführt von den Dichtern, die sie in hymnischer Überhöhung ausgeschmückt haben, noch von den Geschichtenschreibern, die alles bieten, was die Hörlust lockt, nur keine Wahrheit – meistenteils unglaubhafte, durch die Zeit sagenartig eingewurzelte Unbeweisbarkeiten; vielmehr wird man sie nach den augenfälligsten Anzeichen für ihr Altertum zur Genüge aufgehellt finden. Und obgleich die Menschen den Krieg, den sie gegenwärtig gerade führen, immer für den größten halten, um nach seinem Ende das Frühere höher zu bewundern, so wird doch dieser Krieg (= der Peloponnesische Krieg) sich dem, der auf das wirklich Geschehene merkt, als das größte aller bisherigen Ereignisse erweisen.

(22) Was nun in Reden hüben und drüben vorgebracht wurde, während sie sich zum Kriege anschickten, und als sie schon drin waren, davon die wörtliche Genauigkeit wiederzugeben war schwierig sowohl für mich, wo ich selber zuhörte, wie auch für meine Gewährsleute von anderwärts; nur wie meiner Meinung nach ein jeder in seiner Lage sprechen musste, so stehen die Reden da, in möglichst engem Anschluss an den Gesamtsinn des in Wirklichkeit Gesagten. Was aber tatsächlich geschah in dem Kriege, erlaubte ich mir nicht nach den Auskünften des ersten besten aufzuschreiben, auch nicht »nach meinem Dafürhalten«, sondern bin Selbsterlebtem und Nachrichten

von andern mit aller erreichbaren Genauigkeit bis ins einzelne nachgegangen.
Mühsam war diese Forschung, weil die Zeugen der einzelnen Ereignisse nicht
dasselbe über dasselbe aussagten, sondern je nach Gunst oder Gedächtnis.
Zum Zuhören wird vielleicht diese undichterische Darstellung minder er-
götzlich scheinen; wer aber das Gewesene klar erkennen will und damit auch
das Künftige, das wieder einmal, nach der menschlichen Natur, gleich oder
ähnlich sein wird, der mag es für nützlich halten, und das soll mir genug sein:
zum dauernden Besitz, nicht als Prunkstück fürs einmalige Hören ist es aufgeschrieben.

HELLENISMUS
(336–30 v. Chr.)

Hans-Joachim Gehrke

Q 118 Alexander erinnert an die Leistungen seines Vaters

Kontext: Als Alexander im Sommer 324 in Opis am Tigris zahlreiche makedonische Soldaten in den Ruhestand entlassen will, kommt es zu einer Meuterei seiner Truppen, auf die er zunächst mit einer Rede reagiert.

Makedonen! Folgendes spreche ich nicht zu euch in der Absicht, euch von eurem Drang nach Hause abzuhalten, denn von mir aus könnt ihr nunmehr hingehen, wohin ihr wollt. Aber ich will, dass ihr wenigstens wisst, wie wir euch gegenüber gewesen sind und was aus euch geworden ist, wenn ihr nun abzieht. Wie recht und billig, will ich dabei mit Philipp, meinem Vater, beginnen.

Arrian, Der Alexanderzug 7, 9, 1–5

Als dieser die Regierung bei euch übernahm, habt ihr euch noch ohne feste Wohnsitze und in Armut herumgetrieben; die meisten von euch haben, in Felle gekleidet, auf den Bergen ihre paar Schafe gehütet und sich schlecht und recht gegen Illyrer, Triballer und benachbarte Thraker gewehrt, um jene zu behalten. Er aber hat euch Gewänder anstelle von Ziegenfellen zu tragen gegeben, hat euch aus den Bergen in die Ebene geführt und zu gleichwertigen Gegnern für die benachbarten Barbaren gemacht, so dass ihr euch nicht mehr so sehr auf die Sicherheit fester Plätze zu verlassen brauchtet als auf eure Tapferkeit, um euer Leben zu fristen. Er war es, der euch zu Bewohnern von Städten machte und euer Leben durch Gesetze und brauchbare Einrichtungen geregelt hat. Über die gleichen Barbaren, die euch und eure Habe vordem nach Herzenslust ausplünderten, hat er euch, ihre einstigen unterdrückten Sklaven, zu Herren gesetzt, hat fast ganz Thrakien Makedonien zugefügt, die günstigsten Küstenplätze in Besitz genommen und so das Land dem Handel erschlossen. Er hat es ermöglicht, dass ihr ohne Furcht die Bergwerke ausbeuten konntet. Durch ihn seid ihr Herren über die Thessaler geworden, vor denen ihr aus Angst früher fast gestorben seid. Er hat den Stamm der Phoker gedemütigt und so den Zugang nach Griechenland für euch breit und bequem gemacht, der euch früher eng und verschlossen war. Er war es – und an dem Kampf waren wir schon beteiligt –, der die Macht der Athener und Thebaner, die bisher stets die Faust im Nacken Makedoniens hielten, so brach, dass es, nachdem wir früher den Athenern Steuern zahlten und den Thebanern gehorchen mussten, nunmehr umgekehrt in unserer Hand liegt, ob wir deren Sicherheit weiterhin garantieren wollen oder nicht. Er ist in die Peloponnes gezogen und hat auch dort Ordnung geschaffen. Und durch seine Wahl zu dem mit allen Vollmachten ausgestatteten Führer (*hegemón autokrátor*) des ganzen übrigen Griechenlands für den Feldzug gegen den Perserkönig hat er nicht so sehr sich selbst wie der ganzen Gemeinschaft (*koinón*) der Makedonen Ruhm verschafft.

Q 119

Q 119 Der Eid auf den Korinthischen Bund

Fundkontext: Zwei Fragmente (a, b) einer Inschriftenstele von der Athener Akropolis

Inscriptiones Graecae (IG) II² 236 = II³ 318

(a) Eid. Ich schwöre bei Zeus, Ge, Helios, Poseidon, Athena, Ares (und) allen Göttern und Göttinnen: Ich werde festhalten am Frieden (*eiréne*) {oder: am Bündnis (*symmachía*); oder: am Vertrag (*synthékai*)}, und ich werde nicht brechen den Vertrag (*synthékai*), der mit Philipp dem Makedonen (besteht), und ich werde nicht die Waffen erheben in feindlicher Absicht gegen irgendeinen von denen, die festhalten an den Eiden (?), weder zu Lande noch zu Wasser, und ich werde nicht die Stadt (*polis*) oder eine Festung besetzen oder einen Hafen in kriegerischer Absicht von irgendeinem derer, die am Frieden (?) beteiligt sind, mit keinen Mitteln (*téchne*) und keiner Machenschaft (*mechané*), und ich werde nicht die Königsherrschaft Philipps und seiner Nachkommen beseitigen noch die Verfassungen (*politeiai*), welche bestanden bei einem jeden, als sie die Eide über den Frieden schwuren, und weder werde ich selbst irgendetwas gegen diesen Vertrag tun noch werde ich es einem anderen gestatten nach meinen Möglichkeiten. Wenn aber einer etwas Vertragswidriges tut gegen den Vertrag, werde ich helfen, so wie diejenigen (dazu) auffordern, die rechtswidrig behandelt wurden {oder: die Synhedroi}, und ich werde Krieg führen gegen den, der den Allgemeinen Frieden (*koiné eiréne*) {oder: diesen Vertrag} übertritt, so wie es beschließen wird das gemeinsame Synhedrion und der Hegemon aufruft, und ich werde nicht verlassen [---]

(b) [---]: 5, [--- von den Thes]salern: 10, [--- von den ---]: 2, [--- von den ---]iotai: 1, [--- von den Samothrakern (?) und] Thasiern: 2, [--- von den ---]: 2, von den Ambrakiot[en: 1 (?)], [---]von Thrakien und [---:], von den Phokern: 3, von den Lokrern: 3, [--- von den Oit]aiern und Maliern und [Ainianen --- und Ag]raiern und Dolopern: 5, [--- von den Pe]rrhaibern: 2, [--- von Zakyntho]s und Kephallenia: 3.

Q 120

Q 120 Aus der Erziehung Alexanders

Plutarch, Alexander 7, 1f.; 8, 1f.

Als er (Philipp II.) ferner bemerkte, dass Alexanders Eigenart nicht leicht zu beugen war und sich gegen jeden Zwang zur Wehr setzte, sich aber durch vernünftige Einsicht leicht zum Rechten führen ließ, versuchte er es selber mehr mit Überzeugen als mit Befehlen, und weil er den Lehrern in der geistigen und allgemeinen Bildung die Beaufsichtigung und die rechte Leistung des Sohnes nicht so ganz zutraute – als eine Aufgabe größeren Zuschnitts und Sache eines, der, mit Sophokles zu reden, »mit vielen Zügeln und Steuerrudern zugleich« erfahren wäre –, so ließ er den berühmtesten und gelehrtesten Philosophen (Aristoteles) kommen und zahlte ihm ein hohes und ihm angemessenes Lehrgeld.
[...]
   Auch die Neigung zur Medizin, scheint es mir, hat mehr als andere Aristoteles auf Alexander übertragen. Denn er liebte nicht nur die theoretische Beschäftigung mit ihr, sondern leistete auch seinen Freunden, wenn sie krank waren, ärztlichen Beistand, verordnete Therapien und gab Diätvorschriften, wie aus seinen Briefen zu entnehmen ist. Er war auch von Natur gelehrig, wissensdurstig und las gern. Die Ilias, die er als Handbuch militärischen

Könnens betrachtete und so nannte, hatte er in einem von Aristoteles berich-
tigten Exemplar mitgenommen – man nennt es »das aus dem Kästchen« – und
hatte es immer neben seinem Schwert unter dem Kopfkissen liegen, wie One-
sikritos berichtet hat.

Q 121 Ein idealer Held, nach Aristoteles' Lobgedicht auf Hermeias von Atarneus

Aretá (Tüchtigkeit, Tugend), mühselig erreichbar dem sterblichen
   Geschlecht,
Schönste Jagdbeute im Leben,
Deiner Gestalt zuliebe, Jungfrau,
Sogar zu sterben ist in Hellas nachahmenswertes Schicksal,
Und Mühsale zu tragen, vernichtende, unablässige.
Solche Frucht spendest du dem Herzen,
Unsterbliche, besser als Gold
Und Eltern und sanftäugiger Schlaf.
Um deinetwillen haben auch der göttliche
Herakles und Ledas Söhne
Viel erduldet bei ihren Taten,
Deiner Macht nachjagend;
Aus Verlangen (*póthos*) nach dir drangen Achill
Und Aias in das Haus des Hades;
Um deiner freundschaftlichen Gestalt willen hat der Spross
Von Atarneus sich dem Glanz der Sonne entzogen.
So wird er denn besungen sein für seine Taten,
Und zur Unsterblichkeit werden ihn die Musen erheben,
Die Töchter der Mnemosyne,
Verherrlichend die Würde des Zeus, des Schützers des Gastrechts,
Und die Ehrengabe unerschütterlicher Freundschaft.

Aristoteles, Fragment 675
Rose = 842 PMG

Q 122 Alexander ritualisiert den Übergang nach Asien am Hellespont und in Troia

Kontext: Alexander bricht im Frühjahr 334 v.Chr. zum Asienfeldzug auf und
marschiert zunächst durch Makedonien und Thrakien bis zu der griechischen
Stadt Maroneia.

Danach kam man an den Hebros und überschritt auch diesen ohne Mühe.
Von dort aus gelangte man durch die Paitike zum Fluss Melas. Nach dessen
Überquerung kam man nach Sestos. Das alles dauerte insgesamt 20 Tage,
vom Abmarsch an gerechnet. In Elaius aber brachte Alexander dem Protesilaos an dessen Grabmal ein Opfer dar, denn dieser galt von den Griechen,
die zusammen mit Agamemnon gegen Ilion gezogen waren, als der erste, der
Asiens Boden betrat. Der Gedanke, der dem Opfer zugrunde lag, war der, die
Landung möge ihm selbst mehr Glück bringen als Protesilaos.
   Parmenion hatte den Auftrag, die Hauptmasse der Infanterie und die Reiterei von Sestos nach Abydos übersetzen zu lassen, wobei die Überfahrt mittels 160 Trieren und einer großen Zahl anderer Transportfahrzeuge bewerk-
stelligt wurde. Alexander hingegen fuhr, wie die Mehrzahl der Quellen be-

Arrian, Der Alexanderzug
1, 11, 5 – 1, 12, 1

richtet, von Elaius zum Achaierhafen hinüber und steuerte das Flaggschiff selbst. Und als man den halben Weg der Überfahrt über den Hellespont zurückgelegt hatte, da habe er dem Poseidon sowie den Nereiden einen Stier geschlachtet und aus goldener Schale ins Meer ein Trankopfer dargebracht. Auch soll er als erster in voller Rüstung vom Schiff aus den Boden Asiens betreten haben. Am Abfahrtsplatz in Europa wie auch am Landeplatz in Asien habe er Zeus Apobaterios (dem Beschützer der Landenden), Athena und Herakles Altäre errichtet. Nach Ilion hinaufgezogen, habe er der Athena von Ilion geopfert und in deren Tempel seine komplette Rüstung als Weihgeschenk niedergelegt. An deren Stelle habe er einige der heiligen Waffen aus dem Tempel mitgenommen, die dort noch vom Troianischen Krieg her aufbewahrt wurden. Wie berichtet wird, pflegten die Hypaspisten diese vor ihm herzutragen, wenn es in die Schlacht ging. Geopfert soll er auch dem Priamos auf dem Altar des Zeus Herkeios (Beschützer des Hauses) haben, um dadurch den Zorn des Priamos gegen das Geschlecht des Neoptolemos abzuwenden, das ja bis auf ihn herabreichte.

12. Auf seinem Zuge nach Ilion legte ihm Menoitios, der Steuermann, einen goldenen Kranz ums Haupt. Und in gleicher Absicht kam auch Chares, der Athener, aus Sigeion, zusammen mit anderen, Griechen wie Einheimischen [Lücke im Text]. Andere berichten, dass Alexander auch das Grab des Achilleus bekränzte, und von Hephaistion heißt es, er habe das Gleiche am Grabe des Patroklos getan. Berichten zufolge aber hat Alexander Achill gepriesen, weil er Homer als Verkünder seines Ruhmes bei der Nachwelt bekommen habe.

Q 123

Diodor, Historische Bibliothek 17, 17, 1–5

Q 123 Alexander und sein Heer beim Übergang nach Asien (334 v. Chr.)

Als in Athen Ktesikles Archon war, setzten die Römer als Konsuln Caius Sulpicius und Lucius Papirius ein. Alexander aber war mit seiner Streitmacht an den Hellespont gezogen und ließ sie von Europa nach Asien übersetzen. Er selbst aber fuhr mit sechzig Kriegsschiffen zur Troas und warf als erster von den Makedonen vom Schiff aus seinen Speer, so dass er in der Erde steckenblieb. Dann sprang er vom Schiff herunter und erklärte, er empfange Asien von den Göttern als speererworbenes (*doríktēton*) Land. Er ehrte auch die Gräber des Achilleus und des Aias und der anderen Heroen durch Totenopfer und die sonst übliche Reverenz und vollzog dann genau die Musterung der Streitmacht, die ihm folgte.

Im Fußvolk befanden sich 12 000 Makedonen, 7000 Mann Alliierte und 5000 Söldner. Das Kommando über sie hatte Parmenion. Hinzu kamen noch Odrysen, Triballer und Illyrier, 7000 an der Zahl, sowie 1000 Bogenschützen von den sogenannten Agrianern, so dass die Gesamtzahl des Fußvolks 32 000 betrug. An Reitern waren es 1800 Makedonen unter der Führung des Philotas, Parmenions Sohn, 1200 Thessaler, die Kallas, Sohn des Harpalos, kommandierte, von den übrigen Griechen 600 unter dem Befehl des Erigyios sowie 900 Mann thrakische Aufklärungsreiter und Paionen, die Kassandros als Kommandeur hatten, so dass die Gesamtzahl der Reiterei 4500 betrug. Die mit Alexander nach Asien zogen waren also so viele. Die für Europa zurückgelassenen Truppen, über die Antipatros das Kommando hatte, bestanden aus 12 000 Mann Fußvolk und 1500 Reitern.

Q 124 Alexander fördert griechische Städte in Kleinasien

Fundkontext: Marmorblock (A) und 16 Fragmente (B) von der Süd-Ante des Athena-Tempels in Priene

(A) König Alexander hat den Tempel geweiht der Athena Polias (der Stadtgöttin).

(B) Von König Alexander. Die in Naulochos Niedergelassenen (*katoikoúntes*), soweit sie Prieneer sind, sollen autonom sein und frei im Besitz ihres gesamten Bodens und aller ihrer Häuser in der Stadt und im Umland, wie die Prieneer selber [Zeile mit nicht mehr deutbaren Spuren] [---] und das Land der Myrs[eloi (?) u]nd der P[edieis (?) sowie das umliegende] Land erkläre ich als mein eigen. Die Niedergelassenen in diesen Dörfern sollen die Tribute entrichten; von dem Beitrag (*sýntaxis*) befreie ich die Stadt der Prieneer, und die Besatzung zu [– hin]einführe[n --- der Rest ist nicht mehr zu ergänzen]

Q 125 Alexander lehnt das Angebot einer Reichsteilung ab

Kontext: Nach Alexanders Sieg bei Issos (333 v. Chr.), nach dem auch Familienmitglieder des persischen Großkönigs Dareios III. in makedonische Hand geraten waren, kommt es während der Belagerung von Tyros zu Verhandlungen zwischen diesem und Alexander. Ein erstes Angebot (Bündnis und Freundschaftsvertrag sowie wahrscheinlich Gebietsabtretungen in Kleinasien) lehnte Alexander ab.

Als Alexander noch mit der Belagerung von Tyros beschäftigt war, kamen zu ihm Gesandte von Dareios mit dem Auftrag zu melden, dieser biete ihm für die Mutter, die Frau und die Kinder 10 000 Talente. Darüber hinaus solle Alexander alles Land westlich des Euphrat gehören bis zum griechischen Meere hin, ferner solle Alexander, nach Heirat einer seiner Töchter, Freund und Bundesgenosse des Dareios sein. Als man dies im Rate der Freunde bekannt gab, soll Parmenion Alexander gegenüber geäußert haben, dass er, wenn er Alexander wäre, sich damit zufriedengeben, den Krieg beenden und keine weiteren Gefahren auf sich nehmen würde. Alexander aber habe dem Parmenion geantwortet, dass auch er, wenn er Parmenion wäre, so handeln würde; aber da er nun einmal Alexander sei, werde er Dareios antworten, so wie er ihm dann auch antwortete. Er ließ ihm nämlich sagen, er brauche von einem Dareios weder Geld, noch gedenke er einen Teil des Landes anstelle des Ganzen zu nehmen. Denn er habe ja bereits beides in seinem Besitz, das gesamte Geld wie das ganze Land. Er werde im Übrigen, falls er dies wolle, die Tochter des Dareios heiraten, und werde dies auch tun, ohne dass Dareios sie ihm gäbe. Und er forderte ihn, Dareios, auf zu ihm zu kommen, wenn er von ihm eine Freundschaftsgeste erwarte. Als Dareios diese Antwort vernommen hatte, gab er die Aussicht auf eine gütlichen Beilegung des Konfliktes mit Alexander auf und widmete sich erneut den Kriegsrüstungen.

Q 126

*Strabon, Geographika 17,
1, 43*

Q 126 Alexander in der Oase Siwa

Da wir bereits viel von Ammon gesprochen haben, wollen wir nur noch so
viel hinzufügen, dass bei den Alten nicht nur die Wahrsagekunst insgesamt,
sondern auch die Orakel in höherem Ansehen standen; heute sind sie großer
Geringschätzung anheimgefallen, da die Römer sich mit den Sprüchen der
Sibylle und den Etruskischen Prophezeiungen durch Eingeweide, Vogelschau
und Himmelszeichen begnügen. Daher ist auch das Orakel in Ammon fast
verlassen, während es früher in Ehren stand. Das zeigen vor allem die Autoren, die die Taten Alexanders aufgezeichnet haben; sie fügen zwar auch viel
obligate Schmeichelei hinzu, lassen aber doch auch manches Glaubwürdige
erkennen. Kallisthenes jedenfalls (Fragmente der Griechischen Historiker
124 F 14) sagt, Alexander habe besonderen Ehrgeiz gehabt, das Orakel aufzusuchen, weil er hörte, dass auch Perseus und Herakles früher dorthin gezogen seien. Er sei aus Paraitonion aufgebrochen, habe, obwohl Südwinde
hereinbrachen, den Marsch durchgesetzt und sei, als er durch den Sandsturm
vom Weg abgekommen war, dadurch gerettet worden, dass Regengüsse nie-
dergingen und zwei Raben ihm den Weg wiesen – das ist bereits schmeichle-
risches Gerede. Ebenso auch die Fortsetzung: nur dem König nämlich habe
der Priester erlaubt, den Tempel in seiner gewöhnlichen Kleidung zu betreten
(die Übrigen hätten die Kleidung gewechselt), und alle außer Alexander hätten die Orakelverkündung draußen angehört, er aber drinnen. Die Orakel
würden nicht wie in Delphi und Branchidai durch Worte, sondern hauptsächlich durch Winke und Zeichen gegeben, wie auch bei Homer (Il. 1, 528)
   »Also sprach und winkte mit schwärzlichen Brauen Kronion«,
indem der Orakelpriester die Rolle des Zeus spiele; dies jedoch habe der
Mann wörtlich zu dem König gesagt, dass er Sohn des Zeus sei. Dem fügt
Kallisthenes noch eine nach Tragödie schmeckende Geschichte hinzu: Obwohl Apollon das Orakel in Branchidai verlassen hatte, seitdem das Heiligtum von den Branchiden geplündert worden war, die zu Xerxes' Zeit mit den
Persern kollaboriert hatten, und auch der Brunnen versiegt war, sei damals
der Brunnen aufgesprudelt und hätten auch die Gesandten der Milesier viele
Orakelsprüche nach Memphis gebracht, die von Alexanders Erzeugung
durch Zeus, von dem künftigen Sieg bei Arbela, dem Tod des Dareios und
den Aufständen in Sparta sprachen; über die hohe Abstammung, sagt er, habe
auch die Erythräische Athenaïs ein Orakel verkündet (diese sei ja der alten
Erythräischen Sibylle ähnlich gewesen). Soweit also die Geschichtsschreiber.

Q 127

Q 127 Die Verbindung der makedonischen und iranischen Eliten
und Truppen

Kontext: Im Frühjahr 324 v. Chr. ist Alexander nach langwierigen Kämpfen
in Zentralasien und Indien ins Zentrum seines neuen Reiches zurückgekehrt.

*Arrian, Der Alexanderzug
7, 4, 1–8*

Um diese Zeit nach Susa gekommen, schickte Alexander Atropates in seine
Satrapie zurück, Abulites hingegen sowie dessen Sohn Oxathres ließ er ver-
haften und töten, weil er die Satrapie von Susa schlecht verwaltet hatte. Die
Würdenträger in den Ländern, welche Alexander im Kriege erobert hatte,
hatten sich ja viele Übergriffe erlaubt an Heiligtümern, Gräbern und auch an
den Untertanen selbst; denn der Zug nach Indien hatte allzulange für den

König gedauert, und man konnte sich nicht vorstellen, dass er je wieder zurückkehren werde von so vielen Völkern und so vielen Elefanten, aufgerieben jenseits von Indus, Hydaspes, Akesines und Hyphasis. Und auch das Unglück, das ihm in Gedrosien (auf dem Rückmarsch aus Indien) zugestoßen war, veranlasste die Satrapen im Westen noch mehr, daran zu zweifeln, dass er überhaupt nach Hause zurückkehren werde. Allerdings soll auch Alexander jetzt wesentlich rascher geneigt gewesen sein, Anschuldigungen zu glauben, so als ob diese auf jeden Fall der Wahrheit entsprächen, und Täter nach Überführung auch kleiner Verbrechen mit Strafen für große büßen zu lassen, weil er der Ansicht war, sie seien bei entsprechender Gesinnung imstande, auch schwere Verbrechen zu begehen.

In Susa feierte Alexander auch Hochzeit, die eigene und die seiner Freunde. Er selbst heiratete Barsine, die älteste der Töchter des Dareios, und dazu noch, wie Aristobul berichtet, eine weitere Frau, Parysatis, die jüngste Tochter des Artaxerxes Ochos. Überdies war er bereits mit Rhoxane, der Tochter des Baktrers Oxyartes vermählt. Drypetis, ebenfalls eine Tochter des Dareios und Schwester der eigenen Gattin, gab er Hephaistion; denn er wollte, dass die Söhne des Hephaistion Vettern seiner eigenen Söhne seien. Dem Krateros gab er Amastrine, die Tochter von Dareios' Bruder Oxyatros, dem Perdikkas die Tochter des Atropates, des Satrapen von Medien. Ptolemaios, der Somatophylax, und Eumenes, der Sekretär des Königs, bekamen die Töchter des Artabazos, der eine Artakame, der andere Artonis, Nearchos die Tochter Mentors und Barsines, Seleukos die Tochter des Baktrers Spitamenes; darüber hinaus gab er auch seinen anderen Hetairen Töchter der vornehmsten Perser und Meder, rund achtzig an der Zahl. Die Hochzeiten selbst fanden nach persischem Zeremoniell statt: Für die heiratenden Männer waren der Reihe nach Thronsessel aufgestellt, nach dem Trinkgelage kamen die Bräute und setzten sich jede neben ihren Bräutigam; diese aber hießen sie willkommen und küssten sie. Der König selbst machte dabei den Anfang, denn die gleiche Zeremonie galt für alle – das Ganze ein Zeichen für das Verhältnis Alexanders zu seinen Freunden und zugleich Geste von einer Volkstümlichkeit wie kaum eine andere. Dann führte jeder seine Gattin heim. Die Mitgift für sämtliche Frauen stiftete Alexander. Darüber hinaus befahl der König allen seinen Makedonen, die Frauen aus Asien geheiratet hatten, sich eintragen zu lassen. Es waren über 10000. Auch sie erhielten von ihm Hochzeitsgeschenke.

Q 128 Der Abschied der Soldaten und der Tod Alexanders

Q 128

Plutarch, Alexander 76, 1–9

In den königlichen Tagebüchern steht ... folgender Krankheitsbericht. Am Achtzehnten des Monats Daisios (makedonischer Monat, ca. Mitte Mai bis Mitte Juni) schlief er im Bad wegen des Fiebers. Am folgenden Tage zog er nach dem Bade ins Schlafzimmer und verbrachte ihn beim Würfelspiel mit Medios. Dann nahm er abends noch ein Bad, brachte den Göttern die Opfer, aß etwas und bekam nachts wieder Fieber. Am Zwanzigsten nahm er ein Bad, brachte wieder das gewohnte Opfer, legte sich im Bade nieder und verbrachte die Zeit mit Nearchos, indem er sich von seiner Fahrt und dem großen Meere erzählen ließ. Am Einundzwanzigsten tat er dasselbe, wurde noch heißer, hatte eine schlechte Nacht und fieberte den folgenden Tag über stark. Er ließ sich wegbringen und lag an dem großen Schwimmbecken. Jetzt sprach er mit den Kommandeuren (*hegemónes*) über die offenen Offiziersposten, dass sie sie nach den Verdiensten besetzen sollten. Am Vierundzwanzigsten hatte er hohes Fieber, ließ sich aber wegbringen, um die Opfer zu vollziehen, und befahl, dass die höchsten Kommandeure sich am Hofe aufhalten und die Taxiarchen und Pentakosiarchen draußen übernachten sollten. Er ließ sich in den jenseitigen Palast bringen und schlief am Fünfundzwanzigsten ein wenig, aber das Fieber ging nicht zurück. Als die Kommandeure kamen, konnte er nicht sprechen, ebenso am Sechsundzwanzigsten. Daher glaubten die Makedonen, er sei gestorben, kamen mit Geschrei an die Türen und drohten den Hetairen, bis sie ihren Willen durchsetzten. Die Türen wurden ihnen geöffnet, und sie zogen einer nach dem andern im Untergewand (*chitón*) an dem Krankenbett vorbei. Am selben Tage wurden Python und Seleukos in den Serapistempel geschickt, um zu fragen, ob sie Alexander dorthin bringen sollten. Aber der Gott gab den Bescheid, sie sollten ihn an Ort und Stelle lassen. Am Achtundzwanzigsten gegen Abend starb er.

Q 129

Q 129 Machttrieb und Peripetien: Das Gesicht der Diadochenkriege

Kontext: Nach dem Tode des Antipatros (319 v. Chr.), der bei den anderen Diadochen kraft Rang und Alter sehr hohe Anerkennung genoss, brach der Konflikt unter diesen erneut aus. Der wichtigste Akteur war dabei Antigonos Monophthalmos (»der Einäugige«), der sich gegen den von Antipatros als ›Reichsverweser‹ eingesetzten Polyperchon stellte.

Diodor, Historische Bibliothek 18, 52, 7 – 18, 54, 4

Antigonos nahm Ephesos mit Hilfe einiger Parteigänger aus der Stadt mit dem ersten Angriff ein. Als darauf Aischylos aus Rhodos in Ephesos landete und von Kilikien auf vier Schiffen 600 Silbertalente mitbrachte, die für die Könige in Makedonien bestimmt waren, nahm ihm Antigonos das Geld ab mit der Begründung, er brauche es zur Bezahlung der Söldner. Mit diesem Vorgehen gab Antigonos deutlich zu erkennen, dass er seine eigene Politik verfolgte und sich gegen die Könige stellte. Er bestürmte hierauf <Kyme (?)> [Lücke im Text] und griff eine Stadt nach der andern an, wobei er die einen gewaltsam bezwang, die anderen durch gütliche Überredung an sich brachte.

(53) Wir aber wollen jetzt, nachdem wir die Unternehmungen des Antigonos durchgegangen sind, unseren Bericht auf die Ereignisse um Eumenes lenken. Denn dieser Mann musste gewaltige und unerwartete Wendungen des Schicksals hinnehmen und ständig unverhofft Gutes wie Schlechtes erfahren. Vor diesen Ereignissen hatte er gemeinsam mit Perdikkas und den Königen gekämpft und dafür die Satrapie Kappadokien sowie die angrenzenden Gebiete erhalten. Dabei brachten ihm als Herrn über große Streitkräfte und reiche Geldmittel seine glücklichen Erfolge viel Ruhm ein. Den Krateros und Neoptolemos nämlich, namhafte Feldherren, die über die unbesiegten makedonischen Streitkräfte geboten, besiegte er in einer Feldschlacht und tötete sie auf dem Schlachtfeld. Obwohl er unüberwindbar schien, musste er jedoch eine solche Schicksalswende erfahren, dass er von Antigonos in einer großen Schlacht besiegt wurde und sich genötigt sah, mit wenigen Freunden in einer winzigen Festung Zuflucht zu suchen. Darin eingeschlossen und von den Feinden mit einer doppelten Mauer umgeben, fand er niemanden, der ihm in seinem Unglück Hilfe leistete. Ein Jahr dauerte die Belagerung, und man hatte jede Hoffnung auf Rettung aufgegeben, als sich plötzlich und unerwartet ein Ausweg aus dem Unglück zeigte. Denn Antigonos, der Eumenes belagerte und ihn vernichten wollte, änderte seine Haltung, forderte ihn zu ge-

meinsamem Handeln auf und befreite ihn nach eidlichen Zusicherungen aus der Belagerung. So wurde Eumenes nach einiger Zeit wider Erwarten gerettet und hielt sich damals in Kappadokien auf, wo er seine einstigen Freunde und seine im Land umherschweifenden ehemaligen Kriegskameraden um sich sammelte. Außergewöhnlich beliebt wie er war, fand er rasch viele Leute, die die gleichen Erwartungen hatten und sich für den Feldzug unter seiner Führung meldeten. Schließlich hatte er innerhalb weniger Tage neben den 500 Freunden, die mit ihm zusammen in der Festung belagert worden waren, an freiwillig dienenden Soldaten mehr als 2000 um sich geschart. Da ihm das Glück zur Seite stand, mehrte sich seine Macht derart, dass er die königlichen Streitkräfte übernehmen und sich für die Könige gegen jene einsetzen konnte, die sich erdreistet hatten, ihre Herrschaft zu beseitigen. Doch darüber wollen wir erst ein wenig später bei der passenden Gelegenheiten genauer berichten.

(54) Da wir nun hinreichend über die Ereignisse in Asien gesprochen haben, wollen wir zum Geschehen in Europa übergehen. Kassandros hatte zwar die Herrschaft über Makedonien nicht erreicht, ließ sich deshalb jedoch nicht entmutigen, sondern war entschlossen, an diesem Ziele festzuhalten. In seinen Augen war es nämlich eine Schande, dass die Herrschaft seines Vaters von anderen ausgeübt wurde. Da er aber sah, dass sich die Gunst der Makedonen dem Polyperchon zuneigte, führte er mit den Freunden, denen er vertraute, ein geheimes Gespräch und entsandte sie dann, ohne Verdacht zu erwecken, an den Hellespont. Er selbst aber verbrachte einige Tage in Muße auf dem Land und veranstaltete eine Jagd, wodurch er von sich den Eindruck erweckte, als strebe er gar nicht nach der Herrschaft. Als aber dann alle Vorbereitungen für seine Abreise getroffen waren, entfernte er sich heimlich aus Makedonien. Er begab sich auf die Chersonnes und gelangte auf der Weiterreise von dort zum Hellespont. Nachdem er zu Antigonos nach Asien übergesetzt war, bat er ihn um seine Hilfe und erklärte, dass auch Ptolemaios seine militärische Unterstützung zugesagt habe. Antigonos nahm Kassandros bereitwillig auf und versprach, mit ihm gerne in allem zusammenzuarbeiten und ihm sogleich eine Streitmacht zu Wasser wie zu Lande zu überlassen. Diese Hilfe leistete Antigonos angeblich aus Freundschaft für Antipatros, in Wahrheit aber ging es ihm darum, Polyperchon und seine Leute in viele schwere Konflikte zu bringen, um selbst ungefährdet Asien mit Krieg überziehen und sich die Herrschaft über alles sichern zu können.

Q 130 Die Proklamation von Tyros (314 v. Chr.): Strategien der Legitimierung

Q 130

Kontext: Mittlerweile hat Antigonos Eumenes besiegt und die asiatischen Gebiete des Reiches weitestgehend unter seine Kontrolle gebracht. Nachdem sich die mächtigsten anderen Diadochen, Kassandros, Lysimachos und Ptolemaios gegen ihn verbündet haben, beginnt er die Belagerung der wichtigen Hafenstadt Tyros.

Nach der Ankunft Alexanders, des Sohnes Polyperchons, schloss Antigonos mit ihm einen Freundschaftspakt. Dann berief er eine allgemeine Versammlung seiner Soldaten und der übrigen dort Anwesenden ein und klagte Kassandros, wobei er ihm die Ermordung der Olympias und die schlechte Behandlung Roxanes und des Königs vorwarf. Ferner erklärte er, Kassandros

*Diodor, Historische
Bibliothek 19, 61, 1–4*

habe Thessalonike (eine Tochter Philipps II. und Halbschwester Alexanders) zur Ehe gezwungen, wolle offensichtlich die makedonische Königswürde an sich bringen und habe überdies die Olynthier, größte Feinde der Makedonen, in einer nach ihm benannten Stadt wieder angesiedelt sowie Theben, das die Makedonen zerstört hatten, wieder erstehen lassen. Die Massen teilten Antigonos' Zorn, und so formulierte er eine Proklamation (*dógma*), wonach Kassandros Feind sein solle, falls er die genannten Städte nicht wieder zerstöre, ferner den König und seine Mutter Roxane nicht aus der Gefangenschaft entlasse und den Makedonen zurückgebe und überhaupt falls er nicht dem Antigonos als dem rechtmäßig eingesetzten Feldherrn, der die vormundschaftliche Regierung über das Königreich übertragen erhalten habe, Gehorsam leiste. Außerdem sollten alle Griechen frei, keinen Besatzungen unterworfen und unabhängig sein. Nachdem die Soldaten diesen Erklärungen zugestimmt hatten, schickte Antigonos Boten in alle Richtungen, die den Beschluss überbringen sollten. Er glaubte nämlich, er werde in den Griechen wegen deren Hoffnung auf Freiheit bereitwillige Mitstreiter für den Krieg haben. Außerdem würden die Strategen und Satrapen in den oberen Satrapien, die Antigonos im Verdacht hatten, er sei entschlossen, die von Alexander abstammende Königslinie zu beseitigen, da er offensichtlich für ihre Sache in den Krieg eintrete, insgesamt ihre Meinung ändern und bereitwillig seinen Weisungen nachkommen.

Q 131

Q 131 Brief des Antigonos Monophthalmos an die Stadt Skepsis und deren Ehrenbeschluss für ihn: Der neue Herrscher und die griechische Polis

Fundkontext: Inschriftenstelen aus Skepsis in der Landschaft Troas; Hintergrund ist der Frieden von 311, der den mit den Vorgängen um Tyros (s. Q 130) beginnenden 3. Diadochenkrieg beendet. Es handelt sich um einen Brief des Königs (A) und einen daraufhin ergangenen Volksbeschluss (B).

Orientis Graecae Inscriptiones Selectae (OGIS) 5f.

(A) [– Eifer] haben wir an den Tag gelegt für die Freiheit der Griechen; und hierfür haben wir nicht geringe Zugeständnisse gemacht und zusätzlich Geld aufgewendet (?). Wegen dieser Angelegenheiten haben wir zusammen mit Demarchos (?) den Aischylos abgesandt. Solange Einverständnis bestand hierüber, haben wir die Konferenz am Hellespont abgehalten; und wären nicht gewisse Verzögerer aufgetreten, wäre das damals zu Ende gebracht worden. Jetzt haben Kassandros und Ptolemaios sich über eine Beeendigung des Krieges verständigt, und Prepelaos und Aristodemos sind wegen dieser Fragen zu uns gekommen. Wir sahen nun zwar, dass einiges, was Kassandros forderte, reichlich belastend war, haben es aber dennoch, weil hinsichtlich der (Punkte) über die Griechen Einverständnis herrschte, für notwendig gehalten, darüber hinwegzusehen, damit die ganze Angelegenheit so schnell wie möglich zu Ende gebracht werde; denn wir hätten es sehr gut gefunden, wenn alles so für die Griechen geregelt würde, wie wir es wünschten. Da sich dies aber in die Länge gezogen hätte, bei einem Aufschub aber gelegentlich viel Unerwartetes passiert, und da wir unseren Ehrgeiz darein setzen, dass noch in unserer Zeit die Angelegenheiten der Griechen geregelt werden, hielten wir es für erforderlich, dass nicht Detailfragen das Gelingen des Gesamtwerkes in Frage stellten. Mit welchem Eifer wir uns diesen Dingen gewidmet haben, wird, glaube ich, euch und allen anderen aus den Regelungen selbst deutlich werden: Als wir die Vereinbarung mit Kassander und Lysimachos abgeschlossen hatten […], schickte Ptolemaios Gesandte mit dem Wunsch zu uns, dass auch mit ihm der Kampf beendet und dies in dasselbe Vertragsinstrument geschrieben werde. Wir sahen zwar, dass es keine Kleinigkeit sei, etwas von dem Ziel aufzugeben, dessentwegen wir nicht geringe Schwierigkeiten hatten und viel Geld aufgewendet hatten, und dies, nachdem die Probleme mit Kassandros und Lysimachos für uns geregelt waren und die restliche Aufgabe leichter war. Indessen, in der Annahme, dass, wenn auch mit ihm ein Abschluss erzielt wäre, mit Polyperchon schneller eine Regelung gefunden würde, wenn niemand mehr in eidlichem Bündnis mit ihm stünde, und wegen der engen Beziehung, die uns mit ihm verbindet, und da wir zugleich sahen, dass ihr und die anderen Bundesgenossen durch den Krieg und die (damit verbundenen) Ausgaben belastet werdet, hielten wir es für richtig, nachzugeben und auch mit ihm den Vertrag über Kriegsbeendigung abzuschließen. Mit dem Auftrag, die Vereinbarung abzuschließen, sandten wir Aristodemos, Aischylos und Hegesias. Diese haben die Verpflichtungen entgegengenommen und sind nun zurück, und von Ptolemaios ist Aristobulos mit seinen Leuten gekommen, um sie von uns entgegenzunehmen. Wisset nun, dass der Vertrag abgeschlossen und der Friede eingetreten ist. Wir haben aber in der Vereinbarung schriftlich festgesetzt, »schwören sollen alle Griechen, einander bewahren zu helfen die Freiheit und die Selbstbestimmung (*autonomía*)«, in der Annahme, zu unseren Lebzeiten würde nach menschlicher Erwartung dies gewahrt werden, für die Zukunft aber könne, wenn alle Griechen und die an der Macht Befindlichen eidlich verbunden seien, den Griechen die Freiheit eher und sicherer erhalten bleiben. Sich zusätzlich eidlich zu verpflichten, das mitzubewahren, was wir miteinander vereinbart haben, sehen wir als weder unrühmlich noch unvorteilhaft für die Griechen an. Daher halte ich es für gut, dass ihr den Eid schwört, den wir geschickt haben. Wir werden versuchen, auch künftig euch und den anderen Griechen an Vorteilhaftem zu verschaffen, was in unserer Macht steht. Hierüber schien es mir gut sowohl zu schreiben als auch Akios zu senden, der mundlich berichten wird. Er bringt euch auch Abschriften von der Vereinbarung, die wir getroffen haben, und vom Eid. Lebt wohl!

(B) [--- hat er (Antigonos) abgeschickt] den Akios, der unserer Stadt in höchstem Maß gewogen ist und (ihr) die freundliche Gesinnung allzeit bewahrt, und er fordert auf, diesem aufzuzeigen, wessen die Stadt bedarf. Abgeschickt hat er auch die Vereinbarung, die er mit Kassandros Ptolemaios und Lysimachos abgeschlossen hat, und Abschriften von den Eiden sowie das, was hinsichtlich des Friedens der Griechen und ihrer Selbstbestimmung erreicht ist. Beschluss des Volkes: Da Antigonos sowohl unserer Stadt wie auch den anderen Griechen große Vorteile verschafft hat, soll man Antigonos loben und beglückwünschen wegen des Erreichten. Beglückwünschen soll die Stadt auch die Griechen, weil sie künftig frei und selbständig in Frieden leben werden. Damit Antigonos würdig des Erreichten geehrt werde und damit sichtbar werde, dass das Volk Dank abstattet für die Wohltaten, die es zuvor empfangen hat, soll man ihm ein Temenos (heiliger Bezirk) abstecken, einen Altar setzen und ein Götterbild aufstellen so schön wie möglich. Das Opfer, der Agon, das Kranztragen und das übrige Fest sollen ihm vollzogen werden jedes Jahr, so wie es schon bisher vollzogen worden ist. Bekränzen soll man ihn mit einem goldenen Kranz (im Wert) von hundert Goldstateren. Bekränzen soll man auch Demetrios und Philippos (seine Söhne), einen jeden von ihnen (im Wert von) fünfzig Gold(stateren). Verkünden soll man die Kränze beim Fest. Opfern soll ferner für die gute Botschaft die Stadt anlässlich der von Antigonos zugesandten (Nachrichten). Kränze sollen auch die Bürger alle tragen. Die Ausgaben hierfür soll der Schatzmeister finanzieren. Senden soll man auch ihm (Antigonos) Gastgeschenke. Die Vereinbarung und die Briefe von Antigonos sowie die Eide, die er geschickt hat, soll man aufschreiben auf eine Stele, so wie Antigonos geschrieben hat, und sie aufstellen im Heiligtum der Athena. Veranlassen soll dies der Schriftführer. Finanzieren soll auch hierfür die Ausgaben der Schatzmeister. Schwören sollen die Bürger allesamt den Eid, den zugesandten, so wie Antigonos es geschrieben hat: Die Gewählten [---]

Q 132

Q 132 Das Jahr der Könige (306/5 v. Chr.) aus unterschiedlicher Sicht

Q 132a

Kontext: Während eines Krieges zwischen den Diadochen Antigonos Monophthalmos und Ptolemaios hat Antigonos' Sohn Demetrios bei Zypern in einer Seeschlacht einen großen Erfolg errungen (306).

Diodor, Historische Bibliothek 20, 53, 1–4

Danach betrachtete Ptolemaios die Lage auf Zypern als aussichtslos und brach wieder nach Ägypten auf. Demetrios aber übernahm alle Städte der Insel sowie die dort als Besatzungen stationierten Truppen, die er in die eigenen Verbände eingliederte, insgesamt 16000 Mann zu Fuß und 600 Reiter. In Eile schiffte er auf dem größten seiner Schiffe Boten ein, die seinem Vater über den Erfolg berichten sollten, und schickte sie ab. Auf die Kunde von dem errungenen Siege und von der Größe des Erfolgs emporgetragen, legte Antigonos jetzt das Diadem um und agierte von nun an unter dem Titel eines Königs. Er gestand auch Demetrios zu, dieselbe Bezeichnung und Würde anzunehmen. Durch die Niederlage keineswegs entmutigt, nahm Ptolemaios jetzt ebenfalls das Diadem und nannte sich gegenüber allen fortan stets in seinen Schreiben König. Und auf ähnliche Weise nannten sich in wechselseitiger Eifersucht auch die übrigen Machthaber Könige, nämlich Seleukos, der vor kurzem die oberen Satrapien seiner Herrschaft hinzugefügt hatte, Lysimachos und Kassandros, die die Gebiete zu behaupten suchten, welche ihnen von Anfang an zugekommen waren.

Q 132b
Plutarch, Demetrios 18, 1–7

Daraufhin rief die Menge zum erstenmal Antigonos und Demetrios zu Königen aus. Dem Antigonos banden die Freunde sogleich ein Diadem um, dem Demetrios schickte der Vater eine Königsbinde (*diádema*) und redete ihn in dem Brief, den er dazu schrieb, als König an. In Ägypten rief man, als diese Nachricht anlangte, den Ptolemaios ebenfalls selber zum König aus, damit nicht der Eindruck entstünde, als habe man wegen der Niederlage den Mut verloren, und aufgrund der Rivalität griff das auch auf die anderen Diadochen über. Lysimachos begann ein Diadem zu tragen und Seleukos nun auch im Verkehr mit den Griechen, nachdem er mit den Barbaren schon vorher als König verhandelt hatte. Kassandros hingegen fuhr fort, selbst seine Briefe in der gewohnten Form zu schreiben, obwohl ihn die anderen im schriftlichen wie im mündlichen Verkehr als König titulierten.

Dies bedeutete indes nicht nur den Zusatz eines Wortes und einen Wandel der äußeren Form, sondern es wandelte auch den Sinn der Männer und erhöhte ihr Selbstgefühl, und in ihre Lebensführung und ihren Verkehr mit den Untertanen brachte es Pomp und Bombast, indem sie wie tragische Schauspieler mit dem Kostüm zugleich auch den Gang, den Ton und die Art, sich zu Tisch zu legen und mit den Menschen zu reden, vertauschten. Danach wurden sie auch in ihren Forderungen gewaltsamer, indem sie das Verhehlen ihrer Machtvollkommenheit, das sie in vielem bisher den Untertanen leichter erträglich und nachgiebig hatte erscheinen lassen, nunmehr fallen ließen.

Antigonos, der Sohn des Philippos (= Antigonos Monophthalmos) nannte sich selbst König, in der Überzeugung, er werde die anderen in den Machtpositionen Befindlichen leicht beseitigen, selbst aber über die gesamte bewohnte Erde (*oikuménē*) herrschen und wie Alexander die Angelegenheiten an sich bringen [Lücke von ca. 14 Zeilen] ...Sie redeten ihn (Ptolemaios) als König an, bevor sie an das Volk (*dēmos*) schrieben...gegen die Rhodier und die anderen, sondern indem sie auf die von jedem verfassten Schreiben reagierten. Deswegen beunruhigte er (Ptolemaios) den Antigonos, dem Volk aber war er nützlich. Denn nachdem Ptolemaios empfangen hatte, was zusätzlich in den Schreiben festgehalten war, nahm er die königliche Würde an [die folgenden 8 Zeilen sind nicht mehr zu rekonstruieren] Die Freunde aber, darunter auch die Rhodier, würdigten ihn der Anrede als König, weil sie erwarteten, dass der Machtgewinn des Antigonos drückend sein werde, und andererseits von Ptolemaios annahmen, er werde in der Stellung eines Hegemon verbleiben und sich, jedenfalls gegenüber ihnen, (das Folgende ist ungesichert) nicht als Herrscher aufspielen.

Q 132c
P. Köln VI Nr. 247, col. I
18–27; col. II 6–19.
28–40

Q 133 Eine Definition des neuen Königtums

Stichwort *Basileía* (Königtum, Königswürde, Königsherrschaft): Weder die Natur noch gerechtes Verhalten verleiht den Menschen die Königswürde, sondern die Fähigkeit, ein Heer zu führen und die politischen Geschäfte vernünftig zu handhaben. Ein Beispiel dafür waren Philipp und die Nachfolger (*diádochoi*) Alexanders: Denn dem Sohn von Natur aus nutzte die Verwandtschaft gar nichts wegen seiner Geistesschwäche. Die aber in keiner Weise verwandt waren, wurden Könige fast der gesamten bewohnten Welt (*oikoumḕnè*).

Lexikon Suda, B 247

Q 134 Ehrenbeschluss eines athenischen Elitekorps für Demetrios Poliorketes

Q 134

Fundkontext: Fragment einer Inschriftenstele aus der Nähe der platonischen Akademie in Athen

Beschluss der freiwilligen »Auserlesenen« (*epílektoi*): Da (schon) früher Demetrios der Große gekommen ist nach Griechenland mit See- und Landstreitmacht und die Gegner der Demokratie vertrieben und das Land der Athener und der meisten anderen Griechen befreit hat, und da er jetzt erschienen ist, um mit einer noch größeren Macht zu Hilfe zu kommen, und da er der Feinde Herr geworden ist und schon viele griechische Städte seinem Königreich zugeführt hat, wobei er jede Gefahr und Mühe auf sich nimmt und diejenigen, die bei ihm sind, ehrt und ihr Wohl aufs höchste schätzt, und da er, als diese ihn auch darum baten, sich zum Führer der [gemeinsamen Freiheit und des (gemeinsamen) Wohls zu machen und sich der] Angelegenheiten der Peloponnes anzunehmen, sogleich mit den freiwilligen »Auserlesenen«

Athenische Mitteilungen
66, 1941, 221 ff.

die Gegner aus dem Land vertrieben hat, mögen also, zum guten Glück, die freiwilligen »Auserlesenen« beschließen: Belobigen soll man um seiner Tüchtigkeit und seines Wohlwollens willen Demetrios, Sohn des Antigonos, König und Königssohn, und aufstellen ein Standbild von ihm zu Pferde auf der Agora neben (dem Standbild) der Demokratia. Aufrufen sollen die Athener auch die anderen Griechen, dem Demetrios Altäre und Kultbezirke zu errichten. Die Beauftragten für die Opfer, die vollzogen werden für (das Wohlergehen des) Königs Demetrios, sollen auch dem Demetrios Soter (Retter) opfern [… und an den Altären beten] in der feierlichsten und prächtigsten Weise, und verkünden sollen sie die Ehrungen, die von den freiwilligen »Auserlesenen« dem König erwiesen worden sind, damit so, wie sie auf eigene Kosten ihre Wohltäter geehrt haben, auch andere sie mit glänzenden Ehren feiern, wobei sie folgen [dem Beispiel (?) ---]

Q 135

Athenaios,
Das Gelehrtenmahl 6,
253 d–f

Q 135 Ein Hymnos auf Demetrios Poliorketes

Wie sind die größten unter den Göttern und die liebsten
In der Stadt gegenwärtig!
Denn hierher führte Demeter und Demetrios
Zusammen der glückliche Augenblick.
Und sie kommt, um die erhabenen Mysterien der Kore
Zu feiern.
Er aber ist heiter, wie es der Gott sein muss, schön
Und lachend gegenwärtig.
Als etwas Erhabenes erscheint er, seine Freunde alle im Kreis,
In der Mitte er selbst,
Ähnlich als wären die Freunde die Sterne,
Die Sonne aber jener.
O du, des stärksten Gottes Poseidon Sohn
Und der Aphrodite, sei gegrüßt!
Andere Götter sind nämlich entweder weit entfernt
Oder haben keine Ohren
Oder existieren nicht oder beachten uns nicht, auch nicht ein einziges Mal.
Dich aber sehen wir gegenwärtig anwesend,
Nicht aus Holz, auch nicht aus Stein, sondern echt.
So beten wir denn zu dir:
Zunächst schaffe Frieden, Liebster,
Der Herr bist ja du;
Aber die nicht nur über Theben, sondern über ganz Griechenland
Herrschende Sphinx
(Ein Aitoler, der, auf dem Felsen sitzend
Wie die Uralte,
Alle unsere Leiber raubt und fortträgt,
Und ich vermag nicht zu kämpfen;
Denn Aitolerart ist es, die Habe der Nachbarn zu rauben,
Jetzt aber auch das Fernliegende):
Am besten züchtige sie selbst; andernfalls
Finde einen Oidipus,
Der diese Sphinx entweder vom Felsen stürzen
Oder zu Staub machen kann.

Q 136 Ehrenbeschluss des Nesiotenbundes für Ptolemaios II. und Anerkennung der Ptolemaia in Alexandreia

Fundkontext: Inschriftenstele von der Kykladen-Insel Nikuria (bei Amorgos)

Beschluss der Synhedroi (Mitglieder des Bundesrats) der Nesioten: Bezüglich der Angelegenheiten, in denen Philokles, der König der Sidonier, sowie Bakchon, der Nesiarch (Oberbeamter des Nesiotenbundes) an die Städte geschrieben haben (mit der Aufforderung), sie sollten Synhedroi nach Samos entsenden, welche beratschlagen sollten über das Opfer, die Theoren (Festgesandten) und den Agon, den König Ptolemaios als einen dem olympischen (Agon) gleichrangigen in Alexandreia zu Ehren seines Vaters ausrichtet, und worüber nun mit den aus den Städten eingetroffenen Synhedroi Philokles und Bakchon Verhandlungen geführt haben, soll es Beschluss der Versammlung (*koinón*) der Synhedroi sein: Da König Ptolemaios Soter (I.) Urheber vieler bedeutender Wohltaten (wörtl.: Glücksgüter) war sowohl bei den Nesioten als auch bei den übrigen Griechen, indem er die Städte befreite, (ihnen) ihre Gesetze zurückgab, bei allen die traditionelle Verfassung einrichtete und Erleichterungen von Kontributionen gewährte, und da nun König Ptolemaios (II.), nach der Übernahme der Königsherrschaft von seinem Vater, stets dasselbe Wohlwollen und dieselbe Fürsorge sowohl den Nesioten als auch den anderen Griechen erweist, für seinen Vater ein Opfer darbringt und einen (mit dem Agon in) Olympia gleichrangigen gymnischen (athletischen), musischen und hippischen (in Reitdisziplinen) Agon ausrichtet und so den Göttern gegenüber seine Frömmigkeit beibehält und gegenüber seinen Vorfahren sein Wohlwollen, und da er die Nesioten und die übrigen Griechen aufruft zu beschließen, dass der Agon im Rang dem olympischen gleichgestellt sei, so gebührt es sich für alle Nesioten, die als erste Ptolemaios Soter mit gottgleichen Ehrungen geehrt haben sowohl aufgrund seiner allgemein allen (erwiesenen) Wohltaten als auch aufgrund seiner Einzelnen (gewährten) Hilfe, König Ptolemaios (II.) anlässlich seines Aufrufs in allen sonstigen Belangen zu unterstützen und nun entsprechend seinem Vorhaben mit aller Bereitwilligkeit zu beschließen [---] gebührende Ehren zu verleihen [---] ihrer Loyalität, das Opfer anzuerkennen und die Theoren zu entsenden auf alle Zeit zu den angemessenen Zeitpunkten, so wie der König (im Schreiben) mitgeteilt hat, und (zu beschließen,) dass der Agon mit dem olympischen gleichrangig sei, dass es für die Sieger, soweit sie Nesioten sind, dieselben Ehrungen geben soll, welche bei den Nesioten jeweils gesetzlich für die Olympiasieger vorgesehen sind; dass man ferner König Ptolemaios, den Sohn des Königs Ptolemaios Soter, als Auszeichnung mit einem Goldkranz im Wert von tausend Stateren bekränze, wegen seiner Tüchtigkeit und seines Wohlwollens gegenüber den Nesioten; und dass die Synhedroi diesen Beschluss auf einer Marmorstele aufzeichnen und (diese) aufstellen lassen in Delos neben dem Altar des Ptolemaios Soter. In der gleichen Weise sollen diesen Beschluss auch die Städte fassen, die Mitglieder des Synhedrion sind, und (ihn) aufzeichnen lassen auf Marmorstelen und (diese) aufstellen lassen in den Heiligtümern, in denen auch die sonstigen Ehrungen jeweils aufgezeichnet sind. Wählen sollen die Synhedroi drei Theoren, welche nach ihrer Ankunft in Alexandreia im Namen des Koinon der Nesioten dem Ptolemaios Soter opfern und den Kranz dem König überreichen sollen. Den für den Kranz, die Wegzehrung und die Reise (erforderlichen) Geldbetrag sollen die Städte den

Inscriptiones Graecae (IG) XII 7, 506

Theoren beisteuern, jede entsprechend dem auf sie entfallenden Anteil, und dem aushändigen, den Bakchon benennt. Als Theoren wurden gewählt: Glaukon aus Kyth[nos, ...]as aus Naxos und Kleokritos aus Andros.

Q 137

Q 137 Kallixeinos von Rhodos berichtet über die große Prozession Ptolemaios II. in Alexandreia (279/75?).

Athenaios,
Das Gelehrtenmahl 6,
196a. 197c–203b

Über die vom allerbesten König Ptolemaios Philadelphos in Alexandreia ausgerichtete Prozession (*pompé*) berichtet Kallixeinos von Rhodos im 4. Buch seines Werkes ›Über Alexandreia‹: » [...] Nachdem wir die Ausstattung des Festzeltes dargelegt haben, wollen wir auch eine Beschreibung der Prozession geben. Sie führte nämlich durch das Stadion der Stadt. Zuerst kam die »Abteilung des Morgensterns«. Denn der Zug nahm seinen Anfang zu der Zeit, da der erwähnte Stern aufgeht. Dann folgte die nach den Eltern des Königspaares benannte Abteilung, anschließend die Abteilungen aller Götter mit einer eigenen Darstellung der Geschichte für jeden einzelnen von ihnen. Den Schluss bildete die »Abteilung des Abendsterns«, da die Jahreszeit den Zug zu dessen Aufgang enden ließ. [...]

An der Spitze des dionysischen Festzuges schritten Silene, die die Masse zurückdrängten, gekleidet in purpurne Mäntel, einige in rote. Diesen folgten Satyrn, für jeden Teil des Stadions zwanzig. Sie trugen goldene Leuchter in Form von Efeu. Nach ihnen kamen Niken mit goldenen Flügeln. Diese trugen Weihrauchgefäße von sechs Ellen Höhe, geschmückt mit goldenen Efeuzweigen, waren selbst bekleidet mit Gewändern, die mit Figuren bestickt waren, und trugen an sich viel goldenen Schmuck. Ihnen folgte ein Doppelaltar von sechs Ellen, der mit goldenem Efeulaub reich bedeckt war, mit einem goldenen Kranz aus Weinlaub, der mit weißgestreiften Bändern durchwirkt war. Diesem folgten einhundertundzwanzig Knaben in Purpurgewändern, die Weihrauch, Myrrhe und Safran auf goldenen Tabletts trugen. Nach ihnen kamen vierzig Satyrn mit goldenen Efeukränzen. Ihre Körper waren teils mit Purpurfarbe, teils mit Zinnober und anderen Farben eingerieben. Auch diese trugen goldene Kränze, die aus Weinlaub und Efeu gewunden waren. Nach ihnen kamen zwei Silene in Purpurmänteln und weißen Stiefeln. Der eine von ihnen trug einen Reisehut und einen goldenen Heroldstab, der andere eine Trompete. Zwischen diesen schritt ein Mann, der größer als vier Ellen war, in Kostüm und Maske eines tragischen Schauspielers; er trug ein goldenes Füllhorn. Dieser wurde mit Eniautós (»Jahr«) bezeichnet. Ihm folgte eine in ihrer Stattlichkeit besonders schöne Frau, die mit viel Gold und <einem> glänzende <Gewand> geschmückt war. Sie trug in der einen Hand einen Blütenkranz, in der anderen einen Palmzweig. Sie hieß Penterís (»Jahrfünft«). Dieser folgten die vier Jahreszeiten, unterschiedlich gekleidet und mit ihren spezifischen Früchten. Daran schlossen sich zwei Weihrauchbecken mit Efeuzweigen aus Gold an, sechs Ellen hoch, und zwischen ihnen ein goldener viereckiger Altar. Dann wieder Satyrn mit goldenen Efeukränzen und in rote Gewänder gehüllt. Die einen trugen goldene Weinkannen, die anderen Trinkbecher. Hinter diesen schritten der Dichter Philiskos (er war Priester des Dionysos) und alle Theaterschauspieler (wörtlich: Künstler [technîtai] des Dionysos). Anschließend daran wurden delphische Dreifüße getragen – Preise für die Betreuer der Athleten; der für den der Knaben neun Ellen, der für den der Männer zwölf Ellen hoch.

Nach diesen kam ein vierrädriger Wagen von vierzehn Ellen Länge und acht Ellen Breite. Er wurde von einhundertachtzig Männern gezogen. Auf diesem stand ein zehn Ellen hohes Kultbild des Dionysos, wie es aus einem goldenen Becher ein Trankopfer darbrachte, mit einem Purpurhemd, das bis zu den Füßen reichte, und einem durchsichtigen safranfarbigen Obergewand darüber; gehüllt war es in einen golddurchwirkten Purpurmantel. Vor ihm standen ein goldener lakonischer Weinkrug von fünfzehn Metreten und ein goldener Dreifuß, auf dem sich ein goldenes Weihrauchgefäß und zwei goldene Schalen, gefüllt mit Zimt und Safran, befanden. Darüber erstreckte sich ein Baldachin, der mit Efeu, Weinlaub und anderen Früchten bestückt war; an ihm hingen Kränze, Girlanden, Thyrsosstäbe, Handpauken (*týmpana*), Stirnbinden und Masken von Satyrspielen, Komödien und Tragödien. Dem Wagen aber <folgten> Priester, Priesterinnen, Kultgewandverwalter, Kultvereine aller Art und Frauen, die Opferkörbe trugen. Nach diesen kamen makedonische Bacchantinnen, und zwar die sogenannten Mimallones, Bassarai und Lydai, mit aufgelöstem Haar und einige mit Schlangen bekränzt, andere mit Efeu, Weinlaub und Efeu. In den Händen hielten die einen kleine Dolche, die anderen Schlangen.

Nach diesen wurde von sechzig Männern ein vierrädriger Wagen von acht Ellen Breite gezogen, auf dem sich eine Sitzstatue der Nysa (Amme des Dionysos) von acht Ellen Höhe befand. Sie war mit einem gelben, goldbestickten Gewand bekleidet und in einen lakonischen Umhang gehüllt. Dieses Standbild erhob sich mit Hilfe einer mechanischen Einrichtung, ohne dass jemand Hand anlegte, goss aus einer goldenen Schale Milch als Trankopfer aus und setzte sie sich dann wieder hin. In der Linken hatte sie einen Thyrsos, der mit Binden geschmückt war. Sie selbst war bekränzt mit goldenem Efeu und Trauben aus kostbaren Edelsteinen. Sie hielt einen Baldachin, und an den Ecken des Wagens waren vier goldene Fackeln angebracht. Danach kam ein weiterer Wagen, zwanzig Ellen lang und dreizehn Ellen breit, von dreihundert Männern gezogen. Auf ihm war eine Weinpresse aufgestellt, vierundzwanzig Ellen hoch und fünfzehn breit, voll von Weintrauben. Diese stampften sechzig Satyrn, die zur Flöte ein Kelterlied sangen. Ein Silen hatte die Aufsicht über sie. Auf dem ganzen Weg sprudelte Most hervor.

Dahinter fuhr ein vierrädriger Wagen mit einer Länge von fünfundzwanzig und einer Breite von vierzehn Ellen. Er wurde von sechshundert Männern gezogen. Auf diesem lag ein Weinschlauch, der dreitausend Metreten fasste und aus Leopardenhäuten zusammengenäht war. Auch aus diesem sprudelte es auf der gesamten Wegstrecke, da er ein wenig offen gelassen war. Ihm folgten einhundertundzwanzig bekränzte Satyrn und Silene, die einen mit Weinkrügen, die anderen mit Trinkschalen, wieder andere aber auch mit großen Bechern, alles aus reinem Gold. Anschließend kam ein silberner Mischkrug, der sechshundert Metreten fasste, auf einem Wagen, der von sechshundert Männern gezogen wurde. Er hatte um den Rand, die Schulter und den Fuß eingravierte Figuren und war um die Mitte mit einem goldenen und edelsteinbesetzten Kranz geschmückt. Als nächstes wurden zwei silberne Gefäßständer von zwölf Ellen Länge und sechs Ellen Höhe getragen. Diese hatten oben Verzierungen (*akrotéria*) und am mittleren Teil rundherum und an den Füßen eine Menge figürlicher Darstellungen, anderthalb und eine Elle groß. Ferner gab es zehn große Waschbecken und sechzehn Mischkrüge, von denen die größeren dreißig Metreten fassten, die kleinsten fünf. Dann kamen vierundzwanzig Kessel mit Metallbuckeln, alle auf Ständern, und zwei silberne Weinpressen, auf denen sich vierundzwanzig Krüge befanden, ein zwölf Ellen langer Tisch aus reinem Silber und weitere dreißig von sechs Ellen

Länge. Außerdem vier Dreifüße, von denen einer einen Umfang von sechzehn Ellen hatte, ganz versilbert. Die drei kleineren waren in der Mitte mit Edelsteinen besetzt. Hinter diesen wurden achtzig silberne delphische Dreifüße getragen, kleiner als die vorher beschriebenen, deren Ecken <verziert waren>, mit vier Metreten Fassungsvermögen, ferner sechsundzwanzig Wasserkessel, sechzehn panathenäische Amphoren und einhundertundsechzig Kühlgefäße. Das größte von diesen fasste sechs Metreten, das kleinste zwei. Diese alle waren aus Silber.

An diese anschließend zogen diejenigen, die die Goldgegenstände trugen; vier lakonische Mischgefäße mit Kränzen aus Weinlaub [...], zwei aus korinthischen Werkstätten – diese hatten oben wunderbar ausgearbeitete Sitzfiguren und am Hals und am Bauch sorgfältig gearbeitete Reliefs. Jedes fasste acht Metreten – auf Ständern [... (in den folgenden zwölf Zeilen werden weitere entsprechende Gefäße aufgeführt)]. Danach schritten eintausendsechshundert Knaben, in weiße Gewänder gekleidet, die einen mit Efeu bekränzt, die anderen mit Pinienzweigen. Zweihundertundfünfzig von diesen hatten goldene Kannen, vierhundert hatten silberne, weitere dreihundertzwanzig trugen goldene Kühlgefäße, andere wiederum silberne. Hinter diesen trugen andere Knaben Krüge für Süßigkeiten, von denen zwanzig aus Gold, fünfzig aus Silber und dreihundert in allen möglichen Farben mit Wachszeichnungen überzogen waren. Und da in den Wasserkesseln und Fässern der Wein gemischt worden war, ergriff die Leute im Stadion alle ein richtiges Wohlgefühl.«

In der weiteren Abfolge zählt er Tische von vier Ellen Länge auf ...; auf denen waren viele sehenswerte und prächtig ausgearbeitete Szenen dargestellt. Darunter auch das Brautzimmer der Semele (Mutter des Dionysos), in dem sich einige Frauen befanden, die golddurchwirkte und mit wertvollsten Edelsteinen besetzte Gewänder trugen. Es wäre nicht recht, wenn man das Folgende überginge, »den vierrädrigen Wagen mit einer Länge von zweiundzwanzig und einer Breite von vierzehn Ellen, der von fünfhundert Männern gezogen wurde. Auf diesem befand sich eine tiefe Höhle, die in Überfülle mit Efeu und Eibe überwuchert war. Aus dieser flogen Haus- und Ringel- sowie Turteltauben während der ganzen Wegstrecke heraus. Sie waren mit Schlingen an den Füßen gefesselt, damit sie leicht von den Zuschauern eingefangen werden konnten. Aus der Höhle sprudelten auch zwei Quellen hervor, die eine mit Milch, der andere mit Wein. Alle Nymphen um das Dionysoskind herum trugen goldene Kränze, Hermes aber auch einen goldenen Heroldstab und wertvolle Kleider.

Auf einem anderen Wagen, auf dem die Rückkehr des Dionysos aus dem Lande der Inder dargestellt war, saß Dionysos, zwölf Ellen groß, auf einem Elefanten, in Purpur gekleidet mit einem goldenen Kranz und Efeu und Weinlaub. Er hielt in den Händen eine goldene Thyrsoslanze und hatte goldbestickte Schuhe an. Vor ihm saß auf dem Nacken des Elefanten ein junger Satyr von fünf Ellen, mit einem goldenen Kranz aus Pinienzweigen geschmückt, der mit einem goldenen Ziegenhorn in der rechten Hand Signale blies. Der Elefant hatte goldenes Zaumzeug und um den Hals einen Goldkranz aus Efeu. Diesem folgten fünfhundert Mädchen mit purpurnen Gewändern und mit goldenen Gürteln. Einhundertundzwanzig, die an der Spitze gingen, waren mit goldenen Pinienkränzen geschmückt. Ihnen folgten einhundertundzwanzig Satyrn, teils mit silbernen, teils mit bronzenen Rüstungen. Nach diesen kamen fünf Schwadronen Esel, auf denen bekränzte Silene und Satyrn ritten.

Von den Eseln hatten die einen goldene, die anderen silberne Stirnplatten und Zaumzeug.

Nach diesen wurden vierundzwanzig Streitwagen mit Elefanten und sechzig Bocksgespanne losgeschickt, zwölf mit Rentieren, sieben mit Gazellen, fünfzehn mit Kuhantilopen, acht Gespanne mit Straußen, sieben mit Säbelantilopen, vier mit Wildeseln und vier Streitwagen mit Pferden. Auf all diesen saßen Knaben in der Kleidung von Wagenlenkern und mit Reisehüten; daneben standen Mädchen, die mit kleinen Schilden und Thyrsoslanzen ausgerüstet und mit Gewändern und Goldstücken geschmückt waren. Die jungen Wagenlenker waren mit Pinienzweigen, die Mädchen mit Efeu bekränzt. Dazu kamen noch sechs Kamelgespanne, drei an jeder Seite. Auf diese folgten Wagen, die von Mauleseln gezogen wurden. Sie hatten fremdländische Zelte, bei denen indische und andere Frauen in Kriegsgefangenenkleidung saßen. Kamele trugen dreihundert Minen Weihrauch, dreihundert Minen Myrrhe, zweihundert Minen Safran, Zimt, Cinnamom, Iris und andere Gewürze. Diesen schlossen sich Aithiopen als Überbringer von Abgaben an, von denen die einen sechshundert Stoßzähne, die anderen zweitausend Stämme von Ebenholz, wieder andere sechzig Mischkrüge mit Gold- und Silbermünzen sowie Goldstaub trugen. Hinter diesen zogen Jäger mit vergoldeten Jagdspießen. Es wurden auch zweitausendvierhundert Hunde mitgeführt: indische, darüber hinaus hyrkanische, molossische und andere Rassen. [... (Es folgen weitere vor allem exotische Tiere)].

Anschließend kam auf einem vierrädrigen Wagen Dionysos, wie er an einem Altar der Rhea Zuflucht suchte, als er von Hera verfolgt wurde. Er trug einen goldenen Kranz, neben ihm stand Priapos und war mit goldenem Efeulaub bekränzt. Das Standbild der Hera hatte einen goldenen Kranz. Die Statuen von Alexandros und Ptolemaios waren mit Efeukränzen aus Gold geschmückt. Das Standbild der Areté (Tüchtigkeit, Tugend, vgl. Q 121), das sich neben Ptolemaios befand, hatte einen Kranz von goldenen Olivenzweigen. Priapos war auch bei ihnen mit einem Efeukranz aus Gold. Die Stadt Korinthos, die neben Ptolemaios stand, war mit einem goldenen Diadem bekränzt. Neben all diesem befand sich ein Regal für Becher voll goldener Gefäße und ein goldenes Mischgefäß von fünf Metreten.

Diesem Wagen folgten Frauen in wertvollen Kleidern und Schmuck. Sie waren als Städte bezeichnet, die unter der Herrschaft der Perser gewesen waren, sowohl in Ionien als auch im übrigen Asien und auf den Inseln. Sie alle trugen goldene Kränze. [...]

Von der bunten Fülle der Prozession, von der berichtet wird, haben wir nur das ausgewählt, wo Gold und Silber vorkamen. Es waren ja viele Einzelheiten bemerkenswert, sowohl die Mengen von wilden Tieren und Pferden wie auch vierundzwanzig riesige Löwen. Es gab aber auch noch andere Wagen, nicht nur solche, die Bilder von Königen trugen, sondern auch viele mit Götterbildern. Nach diesen zog ein Chor von sechshundert Männern. Von diesen spielten dreihundert auf der Kithara. Ihre Instrumente waren ganz und gar vergoldet, und sie trugen goldene Kränze. Hinter ihnen zogen zweitausend Stiere in gleicher Farbe und mit vergoldeten Hörnern, goldenen Stirnplatten und Kränzen zwischen den Hörnern sowie Ketten und Metallplatten vor der Brust. All das aber war aus Gold.

Danach kam ein Teil des Zuges, der Zeus und vielen anderen Göttern gewidmet war, und nach ihnen allen einer für Alexandros, dessen goldenes Standbild auf einem Wagen mit echten Elefanten gefahren wurde. Zu seinen Seiten hatte er Nike und Athene. Es wurden auch viele Throne, die aus Elfenbein und Gold gefertigt waren, mitgeführt. Auf einem von diesen lag ein goldener Reif, auf einem anderen ein goldenes Doppelhorn, wieder auf einem anderen ein goldener Kranz und schließlich auf einem weiteren ein Horn ganz aus Gold. Auf dem Thron des Ptolemaios Soter lag ein Kranz, der aus unzähligen Goldteilen zusammengesetzt war. [... (Es folgt die Beschreibung zahlreicher weiterer Wertgegenstände und Personengruppen)].

Zu allem kamen im Zuge hinzu die Streitkräfte zu Pferde und zu Fuß, alle bewunderungswürdig ausgerüstet. Das Fußvolk belief sich auf ungefähr 57 600 Mann, die Reiterei auf 23 200. [...]«

Kallixeinos hat <auch> eine Aufstellung <der Ehrungen> gegeben: »Beim Wettkampf (*agōn*) wurden mit goldenen Kränzen und Standbildern ausgezeichnet: Ptolemaios als erster und dann Berenike mit drei Standbildern auf goldenen Wagen und mit heiligen Bezirken im Heiligtum von Dodona. Der Geldwert davon betrug 2239 Talente und fünfzig Minen. [...] Ihr Sohn Ptolemaios Philadelphos wurde mit zwei goldenen Standbildern auf goldenen Wagen geehrt, ferner mit solchen auf Säulen, von denen eine sechs Ellen hoch war, fünf eine Höhe von fünf und sechs eine Höhe von vier Ellen hatten.«

Q 138

Q 138 Aus einem königliches Bulletin aus der Anfangszeit des 3. Syrischen Krieges

Fundkontext: Papyrus aus Gurob im Faijum

Fragmente der Griechischen Historiker Nr. 160

Als wir die Angelegenheiten mit den Schiffen geregelt hatten, bemannten wir zu Beginn der ersten Wache so viele Einheiten, wie der Hafen von Seleukeia aufnehmen konnte, und fuhren entlang der Küste zu der Posideon genannten Festung, wo wir um die achte Stunde des Tages landeten. Frühmorgens lichteten wir die Anker und gelangten von dort nach Seleukeia. Die Priester, Beamten und Bürger sowie die Kommandeure und Soldaten hatten sich bekränzt und kamen uns zum Hafen entgegen [... der folgende Text ist nur teilweise sicher zu ergänzen]. Danach zogen wir nach Antiocheia, wo wir eine solche Vorbereitung fanden, dass wir erstaunt waren. Denn außerhalb des Tores *kamen* uns die Satrapen, die anderen Kommandeure, die Soldaten, die Priester, die Beamtenkollegien, alle jungen Männer vom Gymnasion und das übrige Volk entgegen, bekränzt; und die Opfergeräte hatten sie herausgebracht. Die einen begrüßten uns mit Handschlag, die anderen mit Applaus und Zuruf [Lücke von 12 Zeilen]. [Die Bürger] hatten bei jedem Haus [vor den Türen Altäre] aufgestellt und [opferten] unentwegt. Und obwohl es viele waren, die uns zubeteten, freuten wir uns über nichts so sehr wie über deren Einsatz. Und als wir die von [den Amtsträgern] wie von den Privatleuten bereitgestellten Opfer durch Libation geweiht hatten, gingen wir, als die Sonne schon unterging, geradewegs zu unserer Schwester. Danach waren wir mit nützlichen Angelegenheiten beschäftigt, indem wir mit den Kommandeuren, den Soldaten und den anderen für das Land Zuständigen verhandelten und über die gesamte Lage berieten.

Q 139 Brief eines hohen Würdenträgers Ptolemaios' III. an die Stadt Kildara in Karien im Kontext des 3. Syrischen Krieges

Q 139

Fundkontext: Vier Marmorfragmente (A-D) aus Kildara / Kuzyaka

(A + B) Tlepolemos entbietet dem Volk der Killareer seinen Gruß. Zu uns sind Iatrokles, Uliades, Pindaros und Ischyrias als Gesandte gekommen, haben den Beschluss des Volkes und die Gastgeschenke übergeben und selbst Vortrag gehalten, [wie es im Beschluss schriftlich festgehalten war.] Wir haben mit Wohlwollen zur Kenntnis genommen, dass ihr euch der Sache (*prágmata*) des Königs Ptolemaios und seiner Schwester, Königin Berenike, und des Königs Antiochos, des Sohnes des Königs Antiochos und der Königin Berenike, angeschlossen habt, und sind den Gesandten freundlich begegnet. Und alle Anliegen, die ihr vorgebracht [habt ---]

(C) [---] und zu den Opfern, die dargebracht werden für den König Ptolemaios und seine Schwester, Königin Berenike und die anderen [Götter (?) ---] von dem von euch entrichteten [Beitrag (?)] {*oder*: von dem (Tag) an, von dem an ihr entrichtet als [Beitrag] – jähr]lich Drachmen a[cht-]

(D) [... mehrere schlecht erhaltene Zeilen] Gut werdet ihr daran tun, wenn ihr auch eurerseits bei der Einstellung gegenüber König Ptolemaios und gegenüber seiner Schwester, Königin Berenike und ihrem Sohn König Antiochos, dem Sohn des Königs Antiochos, bleibt und [---] ihnen Bereitwilligkeit entgegenbringt. [---] werdet ihr auch von jenen die Vorteile haben. Wir aber werden [---] sein, damit euch Fürsorge von unserer Seite zuteil wird [---] aufgetragen haben wir auch den Gesandten über [das, was --- ich euch brieflich] geantwortet habe. [Lebt wohl. (?)]

Supplementum Epigraphicum Graecum 42, Nr. 994

Q 140 Ein Tatenbericht des Königs Ptolemaios III. aus dem 3. Syrischen Krieg

Q 140

Fundkontext: Inschrift auf einer Basalttafel, im 6. Jh. in Adulis am Roten Meer abgeschrieben, heute verschollen

Großkönig Ptolemaios, Sohn des Königs Ptolemaios und der Königin Arsinoe, der Geschwistergottheiten, der Kinder des Königs Ptolemaios und der Königin Berenike, der Rettergottheiten, in väterlicher Linie Abkömmling des Herakles, Sohnes des Zeus, in mütterlicher Linie des Dionysos, Sohnes des Zeus, zog, nachdem er vom Vater die Königsherrschaft über Ägypten, Libyen, Syrien, Phoinikien, Zypern, Lykien, Karien und die kykladischen Inseln übernommen hatte, nach Asien, mit Streitkräften zu Fuß und zu Pferde, einer Flotte sowie troglodytischen und äthiopischen Elefanten, welche sein Vater und er selbst als erste in diesen Ländern gejagt und nach ihrer Überführung nach Ägypten zum militärischen Gebrauch abgerichtet hatten. Nachdem er sich es Landes diesseits des Euphrats insgesamt, ferner Kilikiens, Pamphyliens, Ioniens, des Hellesponts und Thrakiens sowie der Streitkräfte in diesen Ländern insgesamt und indischer Elefanten bemächtigt und die Dynasten in den dortigen Plätzen alle in seine Botmäßigkeit gebracht hatte, überschritt er den Euphrat, und nachdem er Mesopotamien, Babylonien, die Susiana, die Persis, Medien und das übrige Gebiet bis Baktrien unterworfen und die von den Persern aus Ägypten verschleppten heiligen Gegenstände aufgespürt und mit den übrigen Schätzen von diesen Orten nach Ägypten geschafft hatte,

Orientis Graecae Inscriptiones Selectae (OGIS) 54

schickte er Streitkräfte durch die Kanäle [hier bricht der überlieferte Text ab]

Q 141

Q 141 Ehrungen des Königs Ptolemaios IV. durch die ägyptischen Priester aufgrund seiner Taten im 4. Syrischen Krieg (sog. Rhaphiadekret), demotische Version

Thissen, Rhaphiadekret 11–25

Im Jahre 6, am 1. Artemisios, welcher der ägyptische Monat Paophi ist (15. November 217), (I) des jugendlichen Horos, des starken, den sein Vater als König gekrönt hat, (II) des Herrn der Uräusschlange, dessen Macht groß ist, dessen Herz gegen die Götter fromm ist, um die Menschen zu schützen, (III) der über seinen Feinden ist, der Ägypten Heil gibt, indem er die Tempel erleuchtet, der die Gesetze befestigt, die Thot, der zweimal Große, verkündet hat, des Herrn der [Festjubiläen] wie Ptah der Große, König wie Phre, (IV) König der oberen und der unteren Gebiete, des Sohnes der Götter Wohltäter, den Ptah ausgewählt hat, dem Phre die Stärke gegeben hat, das lebende Abbild [des Amun], (V) des Königs Ptolemaios, ewig lebend, von Isis geliebt – als Priester des Alexandros und der Götter Brüder und der Götter Wohltäter Ptolemaios, der Sohn des Aeropos, war, als Rhode, die Tochter des Philon, Korbträgerin vor Arsinoe, der Bruderliebenden war. An diesem Tage Erlass:

Die Lesonispriester und die Propheten und die Priester, welche in das Allerheiligste gehen, um die Götter zu bekleiden und die Schreiber des Gottesbuches (*pterophóroi*) und die Schreiber des Lebenshauses (*hierogrammáteis*) und die anderen Priester, welche aus den Tempeln Ägyptens nach Memphis gekommen sind, um vor dem König zu stehen zu der Zeit, da er nach Ägypten (zurück)kam, um ihm die Stabsträuße zu geben und die Talismane […] und um die Opfer, die Brandopfer und die Spenden und die übrigen Dinge zu machen, wie es üblich ist, sie zu machen für die Art dieses Festes – sie haben sich in dem Tempel von Memphis versammelt, indem sie sprachen:

Da es geschah, dass die Wohltätigkeit des Königs Ptolemaios, des Sohnes des Ptolemaios und der Königin Berenike, der Götter Wohltäter, Sorge trug für die Angelegenheiten der Götter zugleich mit der Fürsorge, die er zu jeder Zeit für ihre Ehre tut, so geschah es, dass alle Götter von Ägypten mit ihren Göttinnen vor ihm waren, indem sie ihm den Weg wiesen, indem sie ihn schirmten zu der Zeit, da er gegen das Gebiet des Assyrers (Syrien) und das Gebiet des Chorlandes (Phoinikien) zog. Sie offenbarten es ihm und verkündeten ihm und gaben ihm ein Orakel durch Traum, indem sie sagten, dass er seine Feinde besiegen würde, und dass sie nicht von ihm fern sein würden zu irgendeiner Zeit, die er verbringen würde, gegen sein Unheil, (sondern) dass sie bei ihm sein würden als Schutz, um ihn zu bewahren.

Es geschah im Jahre 5 am 1. Pachons (13. Juni 217), da zog er aus Pelusion und kämpfte mit König Antiochos (Antiochos III.) in einer Stadt, die man Raphia nennt, nahe dem Grenzfelde Ägyptens, das im Osten von Bethelea und Pasanfr liegt. Am 10. des genannten Monats (22. Juni) besiegte er ihn in ruhmvoller Weise. Die unter seinen Feinden, die in dieser Schlacht bis in seine Nähe vordrangen, die tötete er vor sich, wie Harsiesis (Horus, Sohn der Isis) vordem seine Feinde geschlachtet hat. Er setzte Antiochos in Schrecken, (dieser) warf das Diadem und seinen Mantel weg. Der floh mit seiner Frau, indem nur wenige bei ihm blieben, in elender, verächtlicher Weise nach der Niederlage. Die Mehrzahl seiner Truppen litt große Not. Er sah seine vortrefflichsten

Höflinge elend zugrunde gehen. Er litt Hunger und Durst. (Denn) man hatte alles geplündert, was hinter ihm war. Seinen Ort (Antiocheia) konnte er nur in großer Trauer wieder erreichen. Da erbeutete der König viele Leute und alle Elephanten. Er machte sich zum Herrn von vielem Gold und Silber und den übrigen Kostbarkeiten, die man in den Städten gefunden hatte, deren sich Antiochos bemächtigt hatte, von dem, was man ihm aus seinem Reich gebracht hatte. Er ließ sie alle nach Ägypten bringen.

Er durchzog die übrigen Orte, die in seinem Reiche waren. Er ging in die Tempel, die dort waren. Er machte Brandopfer und Trankopfer, indem alle Menschen, die in den Städten waren, ihn empfingen, indem ihr Herz froh war, indem sie ein Fest feierten, indem sie herauskamen ihm entgegen mit den Schreinen der Götter, in deren Herzen die Macht ist, indem sie ein Brandopfer machten und ein Speiseopfer machten. Manche gaben ihm einen Goldkranz, indem sie verkündeten (versprachen), ihm eine Königsstatue aufzustellen und ihm einen Tempel zu bauen. Es geschah, dass der König auf dem Wege eines Gottesmannes war.

Die Bilder der Götter, die in den Tempeln waren, die Antiochos beschädigt hatte, er befahl, sie durch andere zu ersetzen und sie (wieder) an ihren (alten) Platz zu setzen. Er verwandte viel Gold, Silber und Edelsteine für sie und ebenso für die Geräte, welche in den Tempeln waren, welche jene Leute weggenommen hatten. Er trug Sorge, sie zu ersetzen. Die Dinge (das Vermögen), welche man den Tempeln gegeben hatte, die vermindert worden waren, die befahl er wieder in ihren früheren Zustand zu setzen, damit nichts von dem fehlte, was man für die Götter zu tun pflegt. Da er ferner gehört hatte, dass man den Bildern der ägyptischen Götter viel Schaden getan hatte, so erließ er einen schönen Befehl an die Gebiete, die er außerhalb Ägyptens beherrschte, dass man sie nicht weiter beschädigte, indem er wünschte, dass alle Völker die Größe der Sorge erführen, die in seinem Herzen für die Götter Ägyptens bestand. Diejenigen, deren Leichen gefunden wurden, die ließ er nach Ägypten überführen, ließ ihnen eine reiche, ehrenvolle Bestattung machen und ließ sie in ihrem Grab beisetzen. Ebenso die, welche verletzt gefunden wurden, die ließ er in ehrenvoller Weise nach Ägypten (zurück)bringen und ließ sie in ihre Tempel geleiten. Er trug jede Sorge für die Götterbilder, die aus Ägypten fortgenommen worden waren in das Gebiet des Assyrers (Syrien) und das Gebiet der Choriter (Phoinikien) in der Zeit, da die Meder die Tempel Ägyptens beschädigten. Er befahl, sorgfältig nach ihnen zu suchen. Diejenigen, welche man fand außer denen, welche (schon) sein Vater (wieder) nach Ägypten gebracht hatte, die ließ er nach Ägypten zurückbringen, indem er ein Fest feierte und ein Brandopfer vor ihnen darbrachte. Er ließ sie (wieder) in ihre Tempel holen, aus denen man sie vordem herausgeholt hatte.

Danach geschah es, dass er in die Gebiete seiner Feinde zog und dass er ein befestigtes Lager für seine Truppen machen ließ, (und) er war darin. Als ihn (nun) die wünschten, welche sich um seine Interessen kümmerten, dass er käme, um mit ihm zu kämpfen, da verbrachte er viele Tage außerhalb des genannten Platzes. Als sie nicht wiederkamen, da zog er seine Truppen zusammen. Sie plünderten ihre Städte, da sie ihre Gebiete nicht schützen konnten, indem sie sie vernichteten. Und er offenbarte allen Menschen, dass dieses die Macht der Götter sei und dass es nicht gut sei, mit ihm zu kämpfen. Er kam aus jenen Plätzen heraus, nachdem er sich in 21 Tagen zum Herrn aller seiner Gebiete gemacht hatte. Nach den Treulosigkeiten, welche die Truppenführer verübt hatten, vertraute er auf Antiochos nach Verlauf von zwei Jahren (und) zwei Monaten.

Er gelangte (wieder) nach Ägypten an dem Lampenfest der Geburt des Horos nach vier Monaten. Die Bewohner Ägyptens empfingen ihn, indem sie sich sehr freuten, weil er die Tempel bewahrt und auch alle Menschen in Ägypten gerettet hatte. Sie taten alle Dinge, die zu seinem Empfang nötig waren, reichlich und ehrenvoll indem sie seinen Heldentaten entsprachen. Er fuhr zu Schiff durch Ägypten. Die Tempelinsassen kamen heraus ihm entgegen an die Landungsplätze mit der Zurüstung und den übrigen Dingen, die man (zu) einer solchen Fahrt zu bringen pflegt, indem sie bekränzt waren und ein Fest feierten und Brandopfer machten und Trankopfer und viele Opfer machten. Er ging in den Tempel und machte ein Brandopfer. Er gab viele Einkünfte außer denen, die er früher gegeben hatte. Die Götterbilder, die seit langer Zeit fehlten unter denen, die im Allerheiligsten waren und ebenso die, an denen etwas Hässliches war, ließ er wieder an ihrem Platz erscheinen, wie sie früher waren. Er gab viel Geld und Edelsteine für sie aus und (für) alle übrigen Dinge, die man brauchte. Er ließ sehr viel Tempelgerät aus Gold und Silber verfertigen, nachdem er bereits eine große Aufwendung für jenen Feldzug gemacht hatte, nachdem er 300 000 Goldstücke als Kranz(geld) an sein Heer gegeben hatte. Er erwies den Priestern, den Tempelinsassen und den übrigen Leuten, die in ganz Ägypten sind, viele Wohltaten, indem er den Göttern dafür dankte, dass sie alles erfüllt hatten, was sie ihm verkündet hatten. –

Mit dem guten Glück! Es ist in das Herz der Priester der Tempel Ägyptens gelangt, die Ehren, welche bei dem König Ptolemaios, dem ewig lebenden, von Isis geliebten, und seiner Schwester, der Königin Arsinoe, den vaterliebenden Göttern, in den Tempeln sind, und denen, welche bei den Göttern Wohltätern sind, die sie erzeugt haben und denen, welche bei den Göttern Geschwistern und den rettenden Göttern, ihren Vätern (Vorfahren) sind, zu vermehren. Und man soll eine Statue des Königs Ptolemaios, des ewig lebenden, von Isis geliebten, aufstellen, die man »Ptolemaios Horos, der seinen Vater schützt, dessen Sieg schön ist« nennt, und eine Statue seiner Schwester Arsinoe, der vaterliebenden Götter, in den Tempeln Ägyptens in jedem einzelnen Tempel an dem sichtbarsten Platz des Tempels, indem sie gemacht sind in ägyptischer Arbeit. Und sie sollen eine Statue des städtischen Gottes in den Tempeln erscheinen lassen und sie aufstellen auf der Estrade, auf der die Statue des Königs steht, indem man ihm ein Siegesschwert gibt. Die Priester, welche in den Tempeln sind, sollen den Statuen dreimal täglich dienen und das Tempelgerät vor sie legen und ihnen die übrigen Dinge tun, die zu tun sich ziemt, wie man es für die übrigen Götter tut, an ihren Festen und Prozessionen und den genannten Tagen. Die Figur des Königs soll gezeichnet sein auf die Stele und gezeichnet sein ihr gegenüber zu Pferde, indem ein Panzer auf ihm ist, indem er mit dem Diadem des Königs erscheint [und man soll ihn machen] in der Weise, die diesem gleicht, wie er eine Figur schlachtet, die Lanze in seiner Hand, die wie die ist, welche der siegreiche König in der Schlacht hatte.

Und sie sollen die Feste und Prozessionen in den Tempeln und in ganz Ägypten feiern für den König Ptole[maios, den ewig lebenden, von Isis gelieb-ten vom 10. Pachons an, dem Tage, da der König sein Unheil besiegt hat, fünf Tage lang alljährlich, indem sie bekränzt sind und Brandopfer und Trankopfer machen [und] die übrigen Dinge, die zu tun sich ziemt, und sie sollen ...... [in den] Tempeln, welche [im Land sind] die Schreine der vaterliebenden Götter an diesem Tage erscheinen lassen, und sie sollen einen Blumenstrauß vor den König bringen bei den Zeremonien und Bräuchen ihm zu Ehren. Da es geschah, dass der König Ptolemaios, der ewig lebende, von Isis geliebte, der Sohn der Götter Wohltäter und der Götter Brüder und der Götter, welche retten, siegte an jenem Tage, den er besonders ehrte und der offenbar hervorgehoben wurde, möge man den 10. Tag der ersten Dekade in jedem Monat als Fest feiern in den Tempeln und ein Brandopfer und ein Trankopfer machen [und die übrigen Dinge, die zu tun sich ziemt an den anderen Festen] an diesem Tage in jedem Monat. Das, was für die Opfer vorbereitet ist, soll man verteilen auf alle, die im Dienst des Tempels sind. Und es soll geschehen unter den Priestern und den Schreibern und den übrigen [Leuten in] allen [der Tempel], dass sie Brandopfer und Trankopfer machen und die übrigen Dinge, die zu tun üblich ist anlässlich eines Festes. Man wird es nennen »Gott-König Ptolemaios Horos, Rächer seines Vaters, dessen Sieg schön ist« und man soll den Tag feiern wie die Tage der anderen Götter, damit es offenbar werde, dass alle, welche in Ägypten sind, die vaterliebenden Götter ehren [...]

Q 142 Die Entwicklung des Achäischen Bundes im 3. Jahrhundert

Q 142

Polybios, Historien 2,
43, 1 – 2, 46, 6

In den ersten fünfundzwanzig Jahren, in denen die oben (2, 41, 12 ff.) genannten Städte (Dyme, Patrai, Tritaia, Pharai, Aigion, Bura, Karyneia) miteinander einen Bund bildeten (*sympoliteúesthai*), wählten sie im Wechsel einen gemeinschaftlichen Sekretär (*grammateús*) und zwei Strategen. Dann wiederum beschlossen sie, nur einen einzusetzen und diesem die Leitung des Ganzen anzuvertrauen. Als erster erlangte diese Ehre Margos aus Karyneia. Im vierten Jahre nach dessen Strategie befreite Arat von Sikyon (251/50), damals zwanzig Jahre alt, durch seine Tüchtigkeit und seinen Wagemut seine Vaterstadt von der Tyrannenherrschaft und führte sie dem Achäischen Bund zu, für dessen politische Ziele er gleich von Anfang an begeistert gewesen war. Im achten Jahre darauf wiederum, zum zweiten Mal zum Strategen gewählt, brachte er durch einen Handstreich Akrokorinth, das sich in der Hand des Antigonos (Gonatas) befand, in seine Gewalt und erlöste durch die Einnahme der Festung nicht nur die Einwohner des Peloponnes von großer Furcht, sondern befreite auch die Korinther und brachte sie in den Achäischen Bund (*Achaiōn politeía*). In demselben Amtsjahr brachte er auch den Anschluss von Megara zustande (242) [...] Nachdem er in kurzer Zeit so große Fortschritte auf dem eingeschlagenen Wege gemacht hatte, stand er fortan ununterbrochen an der Spitze des Achäischen Bundes (*Achaiōn éthnos*), bei allen Plänen und Unternehmungen nur ein einziges Ziel vor Augen, nämlich die Makedonen aus der Peloponnes zu vertreiben, die Alleinherrschaften zu stürzen und jedem Staat die gemeinsame, von den Vätern ererbte Freiheit zu sichern. Solange Antigonos Gonatas lebte, trat er unablässig dessen Aktivismus und der Machtgier der Aitoler entgegen, mit politischem Geschick, obwohl beide ruchlos und dreist genug waren, einen Vertrag miteinander zu schließen mit dem Ziel, den Achäischen Bund (*éthnos*) zu zerschlagen.

(44) Als aber nach Antigonos' Tod (240/39) die Achaier ein Bündnis mit den Aitolern geschlossen und sie im Kampf gegen Demetrios edelmütig unterstützt hatten, da war fürs erste die Entfremdung und Zwietracht aus der Welt geschafft, und es bildete sich zwischen ihnen ein Verhältnis des Einvernehmens und der Freundschaft. Als Demetrios nach nur zehnjähriger Herrschaft zur Zeit des ersten Übergangs der Römer nach Illyrien starb, traten für den seit jeher verfolgten Plan der Achaier die günstigsten Verhältnisse ein. Denn die Tyrannen auf der Peloponnes verloren den Mut, da einer-

seits Demetrios, der sozusagen ihr Versorger und Geldgeber gewesen war, gestorben war, andererseits Arat sie bedrängte und die Forderung an sie stellte, die Tyrannis niederzulegen, denen, die sich überzeugen ließen, große Geschenke und Ehren in Aussicht stellte, die, welche sich weigerten, mit noch größerer Furcht und Gefährdung von Seiten der Achaier bedrohte. Sie entschlossen sich daher, aus eigenen Stücken die Tyrannenherrschaften niederzulegen, ihren Städten die Freiheit zu geben und sich dem Achäischen Bund (*politeía*) anzuschließen. Lydiadas von Megalopolis nun hatte schon bei Lebzeiten des Demetrios aus eigenem Entschluss, da er polisch klug und einsichtig genug war, das Kommende vorauszusehen, auf die Tyrannis verzichtet und war dem Bund (*ethniké sympoliteía*) beigetreten. Jetzt legten Aristomachos, der Tyrann von Argos, Xenon, der von Hermione, und Kleonymos, der von Phlius, die Alleinherrschaft nieder und beteiligten sich an der Demokratie der Achäer.

(45) Da somit der Bund (*éthnos*) bedeutende Fortschritte gemacht hatte und mächtig gewachsen war, wurden die Aitoler infolge ihrer angeborenen Gesetzlosigkeit und Machtgier von Neid erfüllt, mehr noch, sie machten sich Hoffnung, die Städte aufzuteilen, so wie sie sich früher die der Akarnanen mit Alexander (von Epirus) geteilt und im Hinblick auf die der Achäer dasselbe mit Antigonos Gonatas geplant hatten. Auch damals also von ähnlichen Hoffnungen getragen, waren sie dreist genug, mit Antigonos (Doson), der um diese Zeit Makedonien regierte und Vormund für den noch jungen Philipp (V.) war, und mit Kleomenes, dem König der Lakedaimonier, gemeinsame Sache zu machen und beiden zugleich die Hand zu reichen. Da sie nämlich sahen, dass Antigonos unangefochten über Makedonien herrschte, wegen des gelungenen Handstreichs auf Akrokorinth aber eingestandenermaßen und offenkundig ein Feind der Achaier war, glaubten sie, wenn sie auch noch die Spartaner zur Teilnahme an ihren Plänen gewännen und zu diesem Zweck vorher mit dem Bunde (*éthnos*) verfeindeten, leicht die Achaier niederringen zu können, sofern sie sie zur rechten Zeit gemeinsam angriffen und von allen Seiten über sie herfielen. Und wahrscheinlich hätten sie dies gemäß ihrer Berechnung auch schnell vollbracht, wenn sie dabei nicht das Wichtigste übersehen hätten. Denn sie hatten nicht bedacht, dass sie bei ihrem Vorhaben Arat zum Gegner haben würden, einen Mann, der jede Lage zu meistern imstande war. Als sie daher Händel zu stiften und mit Übergriffen den Streit vom Zaun zu brechen suchten, erreichten sie nicht nur keine ihrer Absichten, sondern stärkten im Gegenteil die Macht sowohl des Arat, der damals an der Spitze stand, wie die des Bundes (*éthnos*), da jener in umsichtiger Weise ihre Pläne durchkreuzte und vereitelte. Wie er dies alles erreicht hat, wird durch unsere folgende Erzählung klar werden.

(46) Da er nämlich sah, dass die Aitoler sich zwar schämten, offen gegen die Achaier den Krieg anzufangen, weil deren Verdienste um sie im Kriege gegen Demetrios noch allzu frisch im Gedächtnis waren, dagegen mit den Spartanern konspirierten und gegenüber den Achaiern solchen Neid hegten, dass sie, als Kleomenes sie verräterisch angriff und ihnen durch Handstreich Tegea, Mantinea und Orchomenos wegnahm, Städte, die nicht nur mit den Aitolern verbündet, sondern damals sogar Mitglieder ihres Bundes waren (*sympoliteúesthai*), darüber nicht nur nicht empört waren, sondern diese Erwerbung offiziell anerkannten, – als Arat also sah, wie die Aitoler, die früher gegen Leute, die ihnen nichts zuleide getan hatten, aus reiner Machtgier jeden nur einigermaßen hinlänglichen Vorwand zum Kriege ergriffen hatten, sich jetzt die Verletzung der Verträge ohne weiteres gefallen ließen und frei-

willig die bedeutendsten Städte preisgaben, nur um Kleomenes zu einem den Achaiern gewachsenen Gegner werden zu sehen, beschlossen er und mit ihm alle, die an der Spitze des Achäischen Bundes (*políteuma*) standen, Krieg zwar gegen niemanden zuerst anzufangen, wohl aber den Plänen der Spartaner entgegenzutreten. Zuerst blieb es bei diesem Beschluss. Als sie jedoch in der Folgezeit Kleomenes ungescheut das sogenannte Athenaion im Gebiet von Megalopolis gegen sie befestigen und sich als ihren offenen und erbitterten Feind erweisen sahen, da versammelten sie die Achaier und fassten gemeinsam mit dem Bundesrat (*boulé*) den Beschluss, offen die Feindseligkeiten gegen die Lakedaimonier aufzunehmen (229).

Q 143 Rom schließt einen Bund mit den Aitolern, den sog. Raubvertrag (212/11 v.Chr.)

Q 143

Fundkontext: Fragment einer Kalksteinstele aus Tyrrheion (Akarnanien)

Q 143a

[--- ge]gen diese alle [--- die Ar]chonten der Aitoler sollen handeln {*oder:* eintreiben}, wie er (?) wünscht, dass gehandelt sein solle. Wenn aber die Römer irgendwelche Städte (*póleis*) von diesen Stämmen (oder Bünden) (*éthnē*) mit Gewalt nehmen, sollen diese Städte und ihre Territorien, soweit es das Volk (*dâmos*) der Römer angeht (wörtl.: des Volks der Römer wegen), dem Volk der Aitoler gehören dürfen. Was aber außer der Stadt und des Territoriums die Römer nehmen, das sollen die Römer besitzen. Wenn aber die Römer und die Aitoler einige dieser Städte gemeinsam nehmen, sollen diese Städte und ihre Territorien, soweit es das Volk <der Römer> angeht, den Aitolern gehören dürfen; was sie aber außer der Stadt nehmen, soll gemeinsam beiden gehören. Wenn aber einige dieser Städte zu den Römern oder zu den Aitolern übertreten oder übergehen, sollen die Aitoler diese Menschen, die Städte und die Territorien, soweit es das Volk der Römer angeht, in ihren Bund (*políteuma*) aufnehmen dürfen; diese sollen aber alle autonom [sein (?) ---] des von den Rö[mern (?) ---] den Fried[en ---]

Inscriptiones Graecae (IG) IX 1² 241

Um dieselbe Zeit traf Marcus Valerius Laevinus ... zu einer Bundesversammlung (*concilium*) der Aitoler ein, die gerade in dieser Absicht einberufen worden war; denn vorher hatte er in geheimen Unterredungen die Einstellung ihrer führenden Männer erkunden lassen. Hier zeigte er, um das Waffenglück der Römer in Sizilien und Italien glaubhaft zu machen, die Eroberung von Syrakus und Capua als Erfolg auf und fügte hinzu, es sei bei den Römern ein schon von ihren Vorfahren überlieferter Brauch, ihre Bundesgenossen in Ehren zu halten. Den einen von ihnen hätten sie sogar das Bürgerrecht verliehen und sie in gleiche Rechte, die sie selbst hatten, aufgenommen; die anderen hätten sie in eine so glückliche Lage versetzt, dass sie lieber Roms Bundesgenossen bleiben als Bürger werden wollten. Die Aitoler hätten noch viel größere Achtung zu erwarten, weil sie als erstes der Völker (*gentes*) jenseits des Meeres Freundschaft geschlossen hätten. Philipp (V.) und die Makedonen seien für sie drückende Nachbarn. Er, Laevinus, habe aber ihre Macht und ihren Stolz bereits jetzt gebrochen, und er werde sie noch so niederhalten, dass sie nicht nur die den Aitolern gewaltsam abgenommenen Städte wieder räumen, sondern Makedonien selbst für gefährdet halten würden. Auch die Akarnanen, deren Trennung von ihrem Staatsgefüge (*corpus*) die Aitoler schmerzlich empfänden, wolle er in die alte Ordnung des aitolischen Rechts

Q 143b
Livius, Römische Geschichte 26, 24, 1–13

und zur Abhängigkeit von ihnen zurückführen. Diese Ausführungen und Versprechungen des römischen Feldherrn bekräftigten Skopas, der damalige Stratege des Bundes (*gens*), und Dorimachus, ein führender Mann der Aitoler, durch ihre Autorität und hoben mit weniger Zurückhaltung und größerer Vertrauenswürdigkeit die Macht und Hoheit des römischen Volkes hervor. Am meisten bewegte sie die Hoffnung, Akarnanien zu erhalten. So wurden die Bedingungen aufgeschrieben, unter denen sie Freundschaft und Bündnis mit dem römischen Volk schließen wollten; hinzugesetzt wurde, wenn man damit einverstanden sei und jene selbst es wünschten, sollten auch die Eleer und die Spartaner, ferner Attalos, Pleuratos und Skerdilaidas gleiches Freundschaftsrecht erhalten. Attalos war König in Asien (von Pergamon), die beiden letzten Könige der Thraker und Illyrier. Den Krieg gegen Philipp sollten die Aitoler sofort auf dem Lande führen; die Römer sollten sie mit einer Flotte von nicht weniger als 25 Fünfruderern unterstützen. Von den Städten zwischen Aitolien und Korkyra sollten Grund und Boden, Gebäude, Mauern und Territorien den Aitolern, alle übrige Beute dem römischen Volk gehören. Die Römer sollten sich darum bemühen, dass die Aitoler Akarnanien erhielten. Falls die Aitoler mit Philipp Frieden schließen sollten, sollten sie in den Vertrag aufnehmen, der Friede könne nur dann gültig sein, wenn sich Philipp aller Angriffe auf die Römer, ihre Bundesgenossen und alle, die von ihnen abhängig seien, enthalte. Ebenso sollte das römische Volk, wenn es sich durch einen Vertrag mit dem König verbinde, dafür eintreten, dass der König kein Recht habe, die Aitoler und ihre Bundesgenossen mit Krieg zu überziehen. Auf diese Punkte einigte man sich; sie wurden aufgeschrieben und zwei Jahre später von den Aitolern in Olympia, von den Römern auf dem Kapitol hinterlegt, damit sie durch geweihte Denkmäler bezeugt wurden.

Q 144

Livius, Römische Geschichte 31, 1, 6 – 2, 4; 3, 1–6; 5, 1 – 6, 6

Q 144 Der Ausbruch des 2. Makedonischen Krieges im Jahre 200 v. Chr.

An den Frieden mit Karthago (201 v. Chr.) schloss sich unmittelbar der Makedonische Krieg an, keineswegs zu vergleichen hinsichtlich der Gefährlichkeit, der Tüchtigkeit des Feldherrn und der Kampfkraft der Soldaten, aber fast noch ehrwürdiger durch die Berühmtheit der alten Könige, den traditionellen Ruf des Volkes und die Ausdehnung seiner Macht, mit der sie einst viel von Europa und den größten Teil Asiens aufgrund ihrer Waffentaten in ihrer Gewalt gehabt hatten. Im übrigen war der ungefähr zehn Jahre zuvor begonnene Krieg gegen Philipp drei Jahre vorher beigelegt worden, wobei die Aitoler sowohl zum Ausbruch des Krieges wie zum Abschluss des Friedens Anlass gegeben hatten (vgl. Q 143). Jetzt hatten die Römer durch den Frieden mit Karthago die Hände frei, und gegen Philipp waren sie aufgebracht, zum einen, weil er den Friedensvertrag gegenüber den Aitolern und den anderen Bundesgenossen in diesem Gebiet nicht eingehalten hatte, zum anderen und vor allem aber, weil er Hannibal und den Karthagern vor kurzem Hilfstruppen mit Geld nach Afrika geschickt hatte; die Bitten der Athener, die Philipp nach der völligen Verwüstung ihres Landes in der Stadt zusammengetrieben hatte, brachten die Römer dann dazu, den Krieg wieder aufzunehmen.

(2) Etwa um dieselbe Zeit kamen von König Attalos (Attalos I. von Pergamon; vgl. Q 143) und von den Rhodiern Gesandte, die berichteten, auch die kleinasiatischen Städte würden in Unruhe versetzt. Diesen Gesandtschaften wurde geantwortet, der Senat werde sich der Sache annehmen. Die Beratung über den Krieg gegen Makedonien wurde ohne weitere Befassung an die

Konsuln (des Amtsjahres 201 v. Chr.) verwiesen, die damals in ihren Amtsbereichen (*provinciae*) waren. Unterdessen wurden zu Ptolemaios, dem König von Ägypten (Ptolemaios V. Epiphanḗs), drei Gesandte (*legati*) geschickt, C. Claudius Nero, M. Aemilius Lepidus und P. Sempronius Tuditanus; sie sollten Mitteilung machen, dass Hannibal und die Karthager besiegt seien, dem König den Dank dafür aussprechen, dass er in der Stunde der Not, als sogar die benachbarten Bundesgenossen die Römer im Stich ließen, die Treue bewahrt habe, und ihn bitten, an seiner alten Gesinnung gegen das römische Volk festzuhalten, wenn sie, gezwungen durch die Ungerechtigkeiten Philipps, den Krieg gegen ihn auf sich nähmen. [...]

(3) Sobald er (der Konsul P. Aelius, der in Oberitalien gegen Gallier gekämpft hatte und nun nach Rom zurückgekehrt war) die Senatssitzung einberufen hatte, forderten alle, er solle über keinen Gegenstand eher verhandeln lassen als über Philipp und die Klagen der Bundesgenossen. So wurde dieser Punkt unverzüglich auf die Tagesordnung gesetzt. Der zahlreich versammelte Senat beschloss, der Konsul P. Aelius solle einen, der ihm dafür geeignet scheine, mit voller Befehlsgewalt schicken, der die Flotte, die Cn. Octavius aus Sizilien zurückbrachte, übernehmen und nach Makedonien übersetzen solle. M. Valerius Laevinus wurde als Proprätor geschickt, übernahm im Gebiet von Vibo 38 Schiffe von Cn. Octavius und setzte mit ihnen nach Makedonien über. Dort kam der Legat M. Aurelius zu ihm und belehrte ihn genau darüber, wie starke Heere und wie viele Schiffe der König gerüstet habe und wie er rundum nicht nur in allen Städten des Festlandes, sondern auch auf den Inseln, teils persönlich, teils durch seine Abgesandten, die Menschen zu den Waffen rufe. Die Römer müssten sich energischer diesem Kriege zuwenden, damit nicht, wenn sie zögerten, Philipp wage, was zuvor Pyrrhos von einem erheblich kleineren Königreich aus gewagt habe. M. Valerius hielt es für richtig, dass Aurelius genau dasselbe den Konsuln und dem Senat schrieb. [...]

(5) Im 551. Jahr nach Gründung der Stadt, als P. Sulpicius Galba und C. Aurelius Konsuln waren (200 v. Chr.), trat man in den Krieg mit König Philipp ein, wenige Monate nach dem Abschluss des Friedens mit den Karthagern. An den Iden des März, dem Tag, an dem man damals das Konsulat antrat, setzte der Konsul P. Sulpicius zuallererst diesen Punkt auf die Tagesordnung, und der Senat beschloss, die Konsuln sollten den Göttern, bei denen es ihnen richtig scheine, voll ausgewachsene Tiere zum Opfer darbringen, mit folgendem Gebet: »Was der Senat und das Volk von Rom im Interesse des Staates und im Hinblick auf den Beginn eines neuen Krieges im Sinn haben, das möge für das römische Volk, die Bundesgenossen und die Latiner gut und glücklich ausgehen.« Nach dem Opfer und dem Gebet sollten sie den Senat wegen der allgemeinen Lage und wegen der Provinzen befragen. In diesen Tagen traf – günstig als Anreiz zum Krieg – das Schreiben des Legaten M. Aurelius und des Proprätors M. Valerius Laevinus ein, und von den Athenern kam eine neue Gesandtschaft, die melden sollte, der König nähere sich ihrem Gebiet und in Kürze werde nicht nur ihr Territorium, sondern sogar ihre Stadt unter seiner Herrschaft stehen, wenn sie nicht bei den Römern etwas Hilfe fänden. Als die Konsuln verkündet hatten, das Opfer sei ordnungsgemäß dargebracht worden und die Haruspices erklärten, die Götter hätten das Gebet angenommen, die Eingeweide hätten Glück verheißen und Vergrößerung des Gebietes, Sieg und Triumph würden in Aussicht gestellt, wurde das Schreiben von Valerius und Aurelius vorgelesen, und die Gesandten der Athener wurden angehört. Daraufhin wurde ein Senatsbeschluss gefasst, den

Bundesgenossen solle gedankt werden, dass sie trotz der langen Beunruhigung nicht einmal aus Furcht vor einer Belagerung von der Treue gelassen hätten; wegen der Entsendung von Hilfe solle erst dann eine Antwort erteilt werden, wenn die Konsuln über die Amtsbereiche gelost hätten und der Konsul, der Makedonien als Amtsbereich erhielte, den Antrag vor das Volk gebracht hätte, dass Philipp, dem König der Makedonen, der Krieg erklärt werden solle.

(6) P. Sulpicius erhielt durch das Los Makedonien als Amtsbereich, und er veröffentlichte durch Aushang seinen Antrag an das Volk, sie sollten festsetzen und befehlen, dass König Philipp und den Makedonen, die unter seiner Herrschaft ständen, wegen der Ungerechtigkeiten und der bewaffneten Übergriffe auf Bundesgenossen des römischen Volkes der Krieg erklärt werde. [...] Der Antrag über den makedonischen Krieg wurde bei der ersten Abstimmung von fast allen Zenturien abgelehnt. Das hatten die Menschen, weil sie durch die Länge und die Schwere des Krieges ermattet waren, aus Überdruss vor den Gefahren und Mühen von sich aus getan; dazu hatte auch noch der Volkstribun Q. Baebius den alten Weg beschritten, die Senatoren zu beschuldigen, und den Vorwurf erhoben, man reihe Kriege an Kriege, damit das Volk nie den Frieden genießen könne. Die Senatoren waren hierüber aufgebracht, und der Volkstribun wurde im Senat mit Vorwürfen überschüttet, und jeder forderte für seine Person den Konsul auf, eine neue Abstimmung zur Entscheidung über seinen Antrag anzusetzen und mit der Gleichgültigkeit des Volkes ins Gericht zu gehen und ihm in aller Deutlichkeit klarzumachen, welchen Schaden und welche Schande solcher Aufschub des Krieges bringe. (Dieser hält eine flammende Rede [31, 7]) (8) Nach dieser Rede direkt zur Abstimmung geschickt, beschlossen sie den Krieg wie beantragt.

Q 145

Q 145 Freiheitsbeteuerungen und der Kampf um die Sympathien der griechischen Poleis: Antiochos III. und die Römer, vor und in dem Syrischen Krieg (nach 195 [a] und 190/89 v. Chr. [b])

Q 145a

Fundkontext: Fragmentarische Marmorstelen aus Iasos in Karien (I–III)

I. v. Iasos 4

Iasos (Karien): Brief der Königin Laodike an die Stadt; Ehrenbeschluss für Antiochos III. (um 196)

(I) In dem Jahr, da Kydios, Sohn des Hierokles, Stephanephor war. Brief, am 14. des (Monats) Elaphebolion: Königin Laodike entbietet dem Rat und dem Volk der Iaseer ihren Gruß. Ich habe oft von meinem Bruder gehört, welche Hilfe er seinen Freunden und Bundesgenossen unaufhörlich angedeihen lässt und dass er nach der Wiedergewinnung eurer Stadt, die von unerwarteten Katastrophen heimgesucht war, euch die Freiheit und die Gesetze zurückgegeben hat und dass er auch sonst den Vorsatz hat, zur Förderung des Gemeinwesens beizutragen und es in einen besseren Zustand zu führen. (Daher) habe auch ich mir vorgenommen, entsprechend seinem Bemühen und Engagement zu handeln und deswegen eine wohltätige Stiftung zu errichten für die (wirtschaftlich) Schwachen unter den Bürgern, die zugleich einen gemeinsamen Nutzen für das ganze Volk erbringen soll. So habe ich an Struthion, den Dioiketés (Finanzverwalter), geschrieben, er solle zehn Jahre lang jährlich tausend attische Medimnoi Weizen in die Stadt liefern und den vom Volk Beauftragten übergeben lassen. Ihr werdet nun gut daran tun, die Schatzmeister zu beauftragen, es zu übernehmen und dafür eine festgesetzte Summe einzuhandeln, und die Prostatai (Vorsteher) und wen ihr sonst dafür bestimmt zu beauftragen, die hieraus erlöste Summe für Mitgiftzahlungen an die Töchter der wirtschaftlich schwachen Bürger zu deponieren, wobei sie jeder Braut höchstens vierhundert Antiochos-Drachmen geben sollen. Wenn ihr euch gegenüber meinem Bruder und überhaupt gegenüber unserem Hause so verhaltet, wie es sich gehört, und euch aller unserer Wohltaten dankbar erinnert, werde ich versuchen, euch auch anderes, was ich erdenken kann, mitzuverschaffen, da ich auf jede Weise in Übereinstimmung mit dem Willen meines Bruders handeln möchte. Denn ich weiß, dass ihm sehr viel an dem Wiederaufbau eurer Stadt liegt. Lebt wohl!

In dem Jahr, da Kydios Sohn des Hierokles Stephanephor war, im (Monat) Elaphebolion; als die Prytanen die Volksversammlung einberiefen am Dreißigsten, beschloss das Volk; Menoitios Sohn des Hierokles hatte den Vorsitz inne; Beschlussvorlage der Prytanen Hermokrates, Sohn des Theodotos, Astiades, Sohn des Hekatonymos, Hermias, Sohn des Artemidoros, Hekataios, Sohn des Diopeithes, Menoitios, Sohn des Hierokles, Menoitios, Sohn des Menedemos, Pindaros, Sohn des Sostratos, durch dessen Rechtsvertreter Dionysios, Sohn des Menekleis: Da der Großkönig Antiochos die Haltung seiner Vorfahren gegenüber allen Griechen fortsetzt und den einen den Frieden verschafft, vielen, die Unheil erlitten haben, hilft, sowohl einzelnen wie Gemeinden, manche aus Sklaven zu Freien gemacht und es sich überhaupt zum Grundsatz gemacht hat, dass das Königtum zur Wohltat [---] für die Menschen sei, und da er unsere Stadt zunächst aus der Knechtschaft erlöst und frei gemacht hat [---] die Besatzungssoldaten und die [---] uns berechtigt [---]

(II) [die Demokr]atie und Selbständigkeit (*autonomia*) zu bewahren, hat er oftmals hierüber an das Volk geschrieben, wobei er entsprechend der ihm von den Vorfahren überkommenen Wohltätigkeit gegen die Griechen handelte, und der göttliche Stammvater der Dynastie der Könige (Apollon) hat sich mit seinem Zeugnis auf die Seite des Königs gestellt, indem er dazu aufrief, unser Gemeinwesen in Eintracht zu führen; das Volk (von Iasos) aber, das (ohnehin) diese Einstellung hat, pflegt umso mehr eine Politik der Eintracht, seitdem es im Besitz der größten Wohltaten von seiten des Königs ist, und wahrt diese. Damit nun sowohl dem König wie allen anderen deutlich sichtbar werde, welche Einstellung das Volk hegt erstens gegenüber dem Großkönig Antiochos, der Königin Laodike und ihren Kindern, zweitens [---]

(III) (Der folgende Text ist sehr bruchstückhaft erhalten. Es war noch die Rede von Opfern für Antiochos III., seine Vorfahren und »die gemeinsamen Götter der Stadt« [Z. 71 ff.]. Ferner werden Ehrungen für Laodike beschlossen, die jährlich erfolgende Wahl »einer jungfräulichen Priesterin der Königin Aphrodite Laodike« [Z. 76 ff.] und die Feier ihres Geburtstags im Monat Aphrodision, an dem sich auch die Brautpaare beteiligen sollen [Z. 83 ff.] und an dem der Königin geopfert wird).

Fundkontext: Marmorblock von der Süd-Ante des Athena-Tempels von Herakleia am Latmos, bei Milet (Paris, Louvre)

[Lucius Cornelius Scipio], Consul der Römer [und Publius Scipio, sein Bruder], entbieten dem Rat und dem Volk der Herakleoten ihren Gruß. Vor uns

Q 145b

Sylloge Inscriptionum Graecarum [3]618 (Sherk, *Documents*, Nr. 35)

sind erschienen eure Gesandten Dias, Dies, Diony[sios, ---]am[an]dros, [Eu]demos, Moschos, Aristeides, Menes, hervorragende Männer, die den Volksbeschluss übergeben und selbst Ausführungen gemacht haben in Übereinstimmung mit dem in dem Beschluss Festgelegten, wobei sie nichts fehlen ließen an Eifer. Wir sind allen Griechen wohlgesonnen und werden versuchen, nachdem ihr eingetreten seid in unsere [Garantie (*fides*)], (für euch) angemessene Vorsorge zu treffen und stets etwas Gutes zu bewirken. Wir gewähren euch die Freiheit, so wie auch den anderen Poleis, die uns die Entscheidung über sich übertragen haben (= *deditio*), so dass ihr die Möglichkeit habt, in eigener Hoheit alle eure gemeindlichen Fragen zu regeln nach euren Gesetzen, und in anderen Fragen werden wir versuchen, euch hilfreich zu sein und stets etwas Gutes zu bewirken. Wir nehmen eure Gefälligkeiten und [Sicherheiten] entgegen und werden unsererseits versuchen, in unserer Dankesbezeugung in nichts zurückzustehen. Abgesandt haben wir an euch den Lucius Orbius, verantwortlich zu sorgen für die Stadt und ihe Territorium, damit niemand euch schadet. Lebt wohl!

Q 146 Der Friede von Apameia zwischen Antiochos III. und Rom (188 v. Chr.)

Polybios, Historien 21, 43, 1–27 (Lücken ergänzt nach Livius 38, 38)

Die Bestimmungen waren im Einzelnen folgende: Es solle Freundschaft bestehen zwischen Antiochos und den Römern auf alle Zeit, wenn er sich an die Verträge halte. König Antiochos und seine Untertanen sollen keinem Feind den Durchzug durch ihr Land gegen die Römer und ihre Bundesgenossen gestatten noch ihnen etwas liefern; ebenso wenig die Römer und ihre Bundesgenossen gegen Antiochos und seine Untertanen. Antiochos soll keinen Krieg beginnen gegen die Bewohner der Inseln und Europas. Er soll alle Städte, Territorien, <Dörfer und Festungen diesseits (= nördlich) des Tauros und bis zum (= westlich des) Halys und von dem Tal an, das den Tauros durchschneidet, bis zu dem Kamm, wo er gegen Lykaonien abfällt, abtreten. Aus diesen Städten, Territorien und Festungen> soll er nichts mit herausnehmen außer den Waffen, die die Soldaten tragen. Wenn sie aber doch etwas mitgenommen haben, sollen sie es den Städten zurückgeben. Sie sollen aus dem Reich des Königs Eumenes (von Pergamon) weder Soldaten noch sonst jemanden bei sich aufnehmen. Wenn sich Personen aus den Städten, die jetzt an die Römer fallen, im Heer des Antiochos befinden, sollen diese entlassen und nach Apameia gebracht werden. Dagegen sollen diejenigen <aus dem Königreich des Antiochos>, die sich bei den Römern oder ihren Bundesgenossen befinden, die Erlaubnis haben, entweder zu bleiben, wenn sie wollen, oder zurückzukehren. Antiochos und seine Untertanen sollen die Sklaven der Römer und ihrer Bundesgenossen, die Kriegsgefangenen und Überläufer, und wenn sie sonst jemanden von irgendwoher in ihre Gewalt bekommen haben, ausliefern. Antiochos soll, wenn es ihm möglich ist, Hannibal, den Sohn des Hamilkar aus Karthago, den Akarnanen Mnasilochos, den Aitoler <Thoas>, die Chalkidier Eubulidas und Philon und alle Aitoler, die öffentliche Ämter bekleidet haben, ausliefern, ferner alle Elefanten, und er soll keine mehr halten. Er soll seine Kriegsschiffe mit ihrer vollen Ausrüstung ausliefern und hinfort nicht mehr als zehn Schiffe mit Verdeck haben noch auch <größere Schiffe mit mehr als> dreißig Rudern, noch soll er Eindecker für einen Krieg bauen, <den> er selbst anfängt. Seine Schiffe sollen nicht über den Kalykadnos <und das Sarpedonische> Vorgebirge hinausfahren, es sei denn sie bringen Tribute, Gesandte oder Geiseln. Antiochos soll es nicht gestattet sein, im von den Römern beherrschten Gebiet Söldner anzuwerben noch Flüchtlinge von dort aufzunehmen. Alle Häuser der Rhodier und ihrer Bundesgenossen im vom König Antiochos beherrschten Gebiet sollen weiterhin ebenso wie vor dem Ausbruch <des Krieges> rhodisches Eigentum sein. Ebenso sollen die Rhodier auch alle Schulden eintreiben dürfen. Und wenn ihnen etwas weggenommen worden ist, soll man es suchen und ihnen zurückgeben. Die Rhodier sollen ebenso <wie> vor dem Krieg Zollfreiheit besitzen. Wenn Antiochos irgendwelche Städte, die er abtreten muss, anderen gegeben hat, soll er auch aus diesen die Besatzungen und die Mannschaften abziehen. Und wenn irgendwelche Städte später zu ihm übergehen wollen, soll er sie nicht annehmen. An barem Geld soll Antiochos den Römern in bestem attischen Silber zwölftausend Talente in zwölf Jahren zahlen, tausend in jedem Jahr – wobei das Talent nicht weniger wiegen darf als achtzig römische Pfund (*litrá; pondus* bei Livius 38, 38, 13). Außerdem soll er neunzigtausend Scheffel Getreide liefern. <Dem König Eumenes soll er> dreihundertfünfzig <Talente geben> in den ersten fünf Jahren, jedes Jahr <siebzig>, zum selben Zeitpunkt, an dem er auch an die Römer zahlt, und statt des Getreides, gemäß der Schätzung des Königs Antiochos, 127 Talente und 1208 Drachmen, eine Summe, die Eumenes anzunehmen sich bereit erklärt hat und durch die er seine Ansprüche als befriedigt ansieht. Geiseln soll Antiochos <zwanzig> stellen und sie alle drei Jahre durch andere ersetzen, nicht jünger als achtzehn und nicht älter als 45 Jahre. Wenn bei der Ablieferung des Geldes etwas nicht stimmt, soll die Differenz im nächsten Jahr ausgeglichen werden. Wenn Städte (*póleis*) oder Stämme (*éthnē*), gegen die Krieg zu führen Antiochos vertraglich verboten ist, ihrerseits Krieg gegen ihn beginnen, soll es ihm erlaubt sein, die Feindseligkeiten zu erwidern. Aber über diese Stämme und Städte soll er nicht selbst die Entscheidung haben und sie nicht in seine Freundschaft aufnehmen. Wegen der Übergriffe, die sie gegenseitig verüben, sollen sie sich einem Schiedsgericht unterwerfen. Wenn beide Teile durch gemeinsamen Beschluss den Wunsch aussprechen, dass etwas zu den Verträgen hinzugefügt oder aus ihnen gestrichen wird, soll dies gestattet sein.

Q 147 Der Tag von Eleusis: Rom düpiert den König Antiochos IV. (168 v.Chr.)

Q 147

Kontext: Während sich die Römer mit König Perseus von Makedonien auseinandersetzen (3. Makedonischer Krieg, 171–168), versucht der seleukidische König Antiochos IV., Ägypten unter seine Kontrolle zu bringen.

Als Antiochos gegen Ptolemaios heranzog, um Pelusion zu besetzen, <kam ihm> der römische Gesandte <C.> Popilius <Laenas entgegen>. Der König begrüßte ihn schon von weitem durch lauten Zuruf und streckte die Hand aus. Popilius aber reichte ihm die Schreibtafel, die er bereit hielt und auf der der Senatsbeschluss verzeichnet war, und befahl dem Antiochos, zuerst das Schriftstück zu lesen, wie mir scheint, weil er ihm den Gruß als Zeichen der Freundschaft nicht eher zu entbieten wünschte, als er sich von der Gesinnung des Begrüßenden überzeugt hatte, ob er Freund oder Feind sei. Als der König gelesen hatte, erklärte er, er wolle seinen Freunden das Schreiben mitteilen und sich mit ihnen über die neue Lage beraten. Darauf tat Popilius etwas, was man nicht anders als hart und vollkommen anmaßend bezeichnen kann:

Polybios, Historien 29, 27, 1–7

Er zog nämlich mit einem Weinrebenstab, der ihm gerade zur Hand war, einen Kreis um Antiochos und befahl ihm, in diesem Kreis seine Antwort auf den Senatsbeschluss zu erteilen. Der König, obwohl befremdet über diesen Vorgang und die Überheblichkeit des römischen Gesandten, zögerte doch nur kurze Zeit und erwiderte dann, er werde alles tun, was die Römer von ihm verlangten. Jetzt ergriffen Popilius und dessen Mitgesandten seine Hand und begrüßten ihn auf das herzlichste. In dem Schreiben hatte gestanden, er solle auf der Stelle den Krieg gegen Ptolemaios beenden. Infolgedessen führte er innerhalb der ihm gesetzten Frist sein Heer nach Syrien zurück, mit Ingrimm und Widerstreben, jedoch für jetzt der Not gehorchend. Popilius und seine Mitgesandten ordneten die Verhältnisse in Alexandria, ermahnten die Könige (Ptolemaios VI. und seinen jüngeren Bruder Ptolemaios VIII.) zur Eintracht, befahlen ihnen, den Polyaratos nach Rom zu schicken, und fuhren dann nach Zypern weiter, um auch die dort stehenden Truppen des Antiochos schleunigst von der Insel zu vertreiben. Die Lage, die sie bei ihrer Ankunft vorfanden, war die, dass die Feldherren des Ptolemaios in einer Schlacht besiegt worden waren und dass auf der Insel alles darüber und darunter ging (?). Sie veranlassten sofort den Abzug des Heeres und blieben im Lande, bis die Truppen nach Syrien abgefahren waren. In dieser Weise also retteten die Römer das Ptolemäerreich, das schon unmittelbar vor der völligen Vernichtung gestanden hatte, da die Tyche es so gefügt hatte, dass der Krieg gegen Perseus und die Makedonen rechtzeitig zu Ende ging, um Alexandria und ganz Ägypten, die schon fast völlig am Boden lagen, sich wieder erheben zu lassen. Dies hatte daran gehangen, dass vorher die Entscheidung gegen Perseus fiel. Wäre das nicht geschehen und hätte sich Antiochos nicht von dem römischen Sieg überzeugen müssen, so hätte er schwerlich dem Befehl des Popilius gehorcht.

Q 148

Q 148 Der Konflikt zwischen Antiochos IV. und den Juden: Zwischen Hellenisierung und Glaubenstreue

Q 148a
1. Makkabäerbuch 1,
10–24

Aus ihnen ging ein sündhafter Spross hervor, Antiochos (IV.) Epiphanes, ein Sohn des Königs Antiochos (III.), der als Geisel in Rom gewesen war. Er wurde König im 137. Jahr der Herrschaft der Griechen (Zählung nach der Seleukidenära, beginnend 312/11 v.Chr.). In jenen Tagen entsprossen aus Israel gegen das Gesetz frevelnde Söhne. Sie überredeten viele, indem sie sagten: »Lasst uns hingehen und mit den Völkern, die rings um uns sind, einen Bund machen, denn seitdem wir uns von ihnen abgesondert haben, traf uns viel Unheil.« Dieser Vorschlag fand Beifall vor ihren Augen, und einige aus dem Volk erklärten sich bereit und gingen zum König; der erteilte ihnen Vollmacht, das Recht der Heiden (wörtl.: Völker [*éthnē*]) einzuführen. Da erbauten sie ein Gymnasion in Jerusalem nach der Sitte der Heiden. Und sie machten sich Vorhäute und fielen (so) vom heiligen Bund ab, verbanden sich mit den Heiden und verkauften sich dazu, das Üble zu tun.

In den Augen des Antiochos war sein Reich gefestigt, und so sann er darauf, Ägyptenland zu beherrschen, damit er über die beiden Reiche herrsche. Er drang mit einem gewaltigen Heer in Ägypten ein, mit Streitwagen, Elefanten, Reitern und mit einer großen Flotte, und er führte Krieg gegen Ptolemaios, den König von Ägypten. Ptolemaios aber wandte sich vor ihm zur Flucht und entkam, doch viele Verwundete fielen. (Die Truppen des Antiochos) eroberten die Festungen in Ägypten, und er plünderte Ägyptenland aus.

Nachdem er Ägypten geschlagen hatte, kehrte Antiochos im 143. Jahr (s. o.) zurück und zog mit einem gewaltigen Heer gegen Israel und Jerusalem. Voller Hochmut drang er in das Heiligtum ein und nahm den goldenen Rauchopferaltar und den Leuchter samt allen seinen Geräten weg, ferner den Tisch für die Schaubrote, die Trankopfergefäße und die Opferschalen, die goldenen Räuchergefäße, den Vorhang, die Kränze und die goldene Verzierung von der Vorderseite des Tempels – alles riss er ab. Er nahm das Silber und das Gold sowie die kostbaren Geräte, und er nahm die verborgenen Schätze, die er fand. Nachdem er alles an sich genommen hatte, zog er in sein Land zurück.

Zu dieser Zeit aber schickte Antiochos sich zu seinem zweiten Angriff auf Ägypten an. Und es geschah, dass man in der ganzen Stadt (Jerusalem) fast vierzig Tage lang Reiter in golddurchwirkten Rüstungen durch die Luft galoppierenen sah, ferner Scharen von verschieden bewaffneten Lanzenträgern, gezückte Schwerter und Kavallerieschwadronen in Schlachtordnung sowie Angreifen und Anrennen der einen wie der anderen Seite, Bewegungen der Schilde, eine Menge von Speeren, geschleuderte Geschosse, das Funkeln goldenen Zierats und mannigfache Panzerungen. Daher beteten alle, die Himmelserscheinung möge von guter Vorbedeutung sein. Als aber das falsche Gerede aufkam, Antiochos sei gestorben, da zog Jason (der ehemalige Hohepriester) nicht weniger als 1000 Mann zum plötzlichen Angriff auf die Stadt zusammen. Als die Verteidiger auf der Mauer in die Enge getrieben waren und schließlich die Stadt schon eingenommen war, flüchtete sich Menelaos auf die Burg (*akrópolis*). Jason aber richtete unter seinen Mitbürgern gnadenlos ein Blutbad an, denn es kam ihm nicht in den Sinn, dass Waffenglück gegenüber den Blutsverwandten das größte Unglück ist, sondern er erweckte den Eindruck, er errichte Siegeszeichen über Feinde und nicht über Stammverwandte. Der Herrschaft aber konnte er sich nicht bemächtigen, und schließlich entkam er, mit der Schande des Anschlags bedeckt, wieder als ein Flüchtling in die Ammanitis (Gebiet um Amman, Jordanien) [...]

(11) Als aber zum König Kunde von den Geschehnissen gelangte, fasste er sie als Abfall Judäas auf. Bei seiner Rückkehr aus Ägypten nahm er daher mit tierischer Wut die Stadt gewaltsam ein. Und er befahl den Soldaten, die ihnen Begegnenden gnadenlos niederzumachen und die auf ihre Häuser Zurückweichenden abzuschlachten. Da war nun ein Morden jüngerer und älterer Männer, ein Auslöschen von Jugendlichen, Frauen und Kindern, ein Gemetzel an Jungfrauen und Säuglingen. In nur drei Tagen gingen 80 000 Menschen zugrunde, 40 000 durch tätliche Gewalt, und mindestens ebenso viele wie die Abgeschlachteten wurden in die Sklaverei verkauft. Hiermit noch nicht zufrieden, wagte er es, den heiligsten Tempel der ganzen Erde zu betreten, wobei er Menelaos (den Hohepriester) als Führer hatte, der zum Verräter an den Gesetzen und an seinem Vaterland geworden war. Und mit seinen befleckten Händen riss er die heiligen Geräte an sich, und was von anderen Königen zur Erhöhung, zum Ruhm und zur Ehre des Platzes geweiht war, raffte er mit seinen unreinen Händen zusammen. Und Antiochos überhob sich in seinem Sinn, denn er verstand nicht, dass wegen der Verfehlungen derer, die die Stadt bewohnten, der Herr für eine kurze Weile zürnte und deshalb nicht auf den Ort achtete.

Q 148b
2. Makkabäerbuch 5, 1–7;
11–17

Q 149   **Q 149 Alexandreia: Hauptstadt der Ptolemäer und antike Metropole**

Strabon, Geographika 17,   Die Einzelheiten (über Ägypten) und die Vorzüge des Landes werden wir
1, 6–10; 13   jetzt behandeln. Da den größten und wichtigsten Teil dieser Aufgabe Alexan-
                               dreia und seine Umgebung bilden, müssen wir dort anfangen. Die Küste nun
                               misst von Pelusion, wenn man nach Westen fährt, bis zur Kanobischen Mün-
                               dung (des Nil) etwa 1300 Stadien: das Stück, das wir auch die Grundlinie
                               des Deltas genannt haben (17, 1, 4); von dort sind es zur Insel Pharos noch
                               einmal 150 Stadien. Pharos ist eine kleine längliche Insel ganz nah am Fest-
                               land, die mit ihm einen Hafen mit zwei Mündungen bildet. Es ist hier näm-
                               lich eine ausgebuchtete Küste, die zwei Landspitzen ins Meer vorstreckt, und
                               zwischen diesen liegt die Insel, die somit die Bucht abschließt, denn sie ist ihr
                               der der Länge nach vorgelagert. Von den Enden von Pharos ist das östliche
                               dem Festland und der ihm gegenüberliegenden Landspitze näher – die Land-
                               spitze heißt Lochiás – und macht, dass der Hafen eine schmale Mündung
                               hat; abgesehen von der Enge des dazwischen liegenden Fahrwassers gibt es
                               auch noch Felsen, teils unter Wasser, teils auch darüber hinausragend, die
                               unausgesetzt die vom Meer anlaufenden Wellen branden lassen. Auch das
                               Ende der Insel selber ist ein umspülter Felsen; er trägt einen Turm, der wun-
                               derbar aus weißem Marmor hergestellt ist, viele Stockwerke hat und densel-
                               ben Namen trägt wie die Insel. Diesen hat Sostratos aus Knidos, ein Freund
                               der Könige, zum Heil der Seefahrenden geweiht, wie die Inschrift sagt. Da
                               nämlich die Küste zu beiden Seiten hafenlos und flach ist und außerdem
                               Riffe und Untiefen hat, bedurfte es eines hohen und auffälligen Zeichens für
                               die vom Meer Kommenden, damit sie die Hafeneinfahrt richtig ansteuern
                               konnten.
                                   Auch die westliche Mündung ist nicht leicht zu befahren, bedarf aber nicht
                               so großer Vorsicht. Auch sie schafft einen – zusätzlichen – Hafen, den soge-
                               nannten Hafen des Eunostos; er liegt vor dem gegrabenen und abschließbaren
                               Hafen. Der Hafen nämlich, der von dem besagten Turm von Pharos aus die
                               Einfahrt hat, ist der Große Hafen, und die zuvor erwähnten Häfen liegen im
                               Inneren an ihn anschließend, durch den »Heptastadion« genannten Damm
                               von ihm getrennt, daneben. Der Damm bildet eine Brücke vom Festland zu
                               der Insel, und zwar in Richtung auf ihren westlichen Teil, und lässt nur zwei
                               ebenfalls überbrückte Durchfahrten zu dem Eunostos-Hafen frei. Dieser Bau
                               war nicht nur eine Brücke zu der Insel, sondern auch eine Wasserleitung, als
                               diese noch bewohnt war; jetzt hat Gott Caesar (*Theós Kaîsar* = *Divus Iulius*)
                               sie in dem Krieg gegen die Alexandriner verwüstet, als die sich auf die Seite
                               des Königshauses geschlagen hatten, und so wohnen nur noch wenige See-
                               leute bei dem Turm. Der Große Hafen indessen ist nicht nur durch den Damm
                               und durch die Natur gut abgeschlossen, sondern auch bis ans Ufer tief – so
                               dass auch das größte Schiff mit einer Leiter anlegen kann – und teilt sich in
                               mehrere Hafenbecken.
                                   [...] Als Alexander kam (331 v. Chr.) und die günstige Lage sah, beschloss
                               er, an dem Hafen die Stadt zu erbauen. Auf den späteren Wohlstand der Stadt
                               soll, so berichtet man, etwas gedeutet haben, was sich beim Abstecken des
                               Grundrisses zutrug: Als nämlich die Baumeister dabei waren, die Linie der
                               Umfassungsmauer mit weißer Erde zu bezeichnen, ging ihnen die Erde aus,
                               als gerade der König kam; da stellten die Proviantmeister einen Teil des für
                               die Arbeiter bereiteten Gerstenmehls zur Verfügung, womit dann auch die
                               meisten Straßen gezogen wurden; das sollen sie als günstiges Vorzeichen ge-
                               deutet haben.

(7) Die Gunst der Lage ist vielfältig: Zunächst ist der Ort von zwei Meeren umspült, einem im Norden, dem sogenannten Ägyptischen, und einem im Süden, dem Mareia-See, der auch Mareotis genannt wird. Letzteren füllt der Nil durch viele Kanäle, sowohl von oberhalb als von der Seite her; die über sie herangebrachte Einfuhr übertrifft bei weitem die von Übersee, so dass der Hafen am See reicher war als der am Meer; daher kommt es auch, dass die Ausfuhr aus Alexandreia größer ist als die Einfuhr – man könnte das feststellen, wenn man in Alexandreia und Dikaiarcheia (lat. Puteoli; heute Pozzuoli, westlich von Neapel) die Frachter bei der Ankunft und der Abfahrt beobachtete und sähe, wie viel schwerer und leichter sie hin und her fahren. Außer dem Reichtum der auf beiden Seiten, dem Hafen am Meer und dem am See, eingefahrenen Waren ist auch das gute Klima bemerkenswert, das ebenfalls eine Folge der beiderseitigen Bespülung und des günstigen Zeitpunkts der Nilschwelle ist. Denn die anderen an Seen gelegenen Städte haben während der Sommerhitze drückende und stickige Luft; an den Ufern nämlich werden die Seen durch die von der Sonnenstrahlung bewirkte Verdunstung sumpfig, und durch das Emporsteigen einer solchen Menge morastigen Dunstes wird daher die Luft, die man einatmet, ungesund und verursacht Seuchenkrankheiten. In Alexandreia dagegen füllt der sich am Sommeranfang füllende Nil auch den See und lässt nichts Sumpfiges entstehen, das schlechte Ausdünstung verursachen könnte; zu der Zeit wehen außerdem die Etesien aus dem Norden und von einer so weiten Meeresfläche; daher verbringen die Alexandriner den Sommer höchst angenehm.

(8) Der Grundriss der Stadt ist chlamysförmig. Die Längsseiten sind die umspülten – was einen Durchmesser von etwa dreißig Stadien macht –, die Breitseiten sind die Landengen, jede sieben oder acht Stadien, auf der einen Seite vom Meer, auf der anderen vom See eingeschnürt. Die Stadt ist ganz von Straßen durchzogen, die mit Pferden und Wagen zu befahren sind; zwei davon sind besonders breit – ihre Weite beträgt mehr als ein Plethron – und schneiden sich gegenseitig im rechten Winkel. Die Stadt hat nicht nur sehr schöne öffentliche Heiligtümer, sondern auch die königlichen Paläste, die ein Viertel oder sogar ein Drittel ihres Gesamtumfangs ausmachen. Jeder einzelne König nämlich hat, ebenso wie er aus Prachtliebe die öffentlichen Bauten um irgendeinen Schmuck verschönerte, so auch privat sich eine Wohnstatt neben den bereits bestehenden zugelegt, so dass heute, mit dem Dichter (Homer, Odyssee 17, 266) zu reden, »eines sich reiht an das andre«; doch steht alles in Berührung nicht nur miteinander, sondern auch mit dem Hafen und dem außerhalb von ihm Gelegenen. Einen Teil der Paläste bildet auch das Museion, mit einer Wandelhalle (*perípatos*), einer Exedra und einem großen Gebäude, in dem sich der Speisesaal der am Museion beteiligten Gelehrten (*philólogoi ándres*) befindet; diese Vereinigung hat gemeinsame Einkünfte, und zu ihr gehört der Priester des Museion, seinerzeit von den Königen, heute von Caesar ernannt.

Einen Teil der Paläste bildet auch das sogenannte Grabmal (*sēma*), das ein eingefasster Bezirk war, in dem die Gräber der Könige und Alexanders lagen. Ptolemaios, der Sohn des Lagos, war nämlich dem Perdikkas zuvorgekommen und hatte ihm Alexanders Leichnam abgenommen, als er den aus Babylon wegführte; er war aus Machtgier hierher abgebogen, um Ägypten an sich zu bringen; so fand er denn auch sein Ende, getötet von seinen Soldaten, als Ptolemaios herangezogen war und ihn auf einer einsamen Insel eingeschlossen hatte. Jener also fand den Tod, [...] und die königliche Familie – Arridaios, die Kinder Alexanders und seine Frau Roxane – segelten nach Makedonien ab; den Leichnam Alexanders aber brachte Ptolemaios nach Alexandreia und bestattete ihn dort, wo er noch heute liegt. [...]

(9) An dem Großen Hafen liegt bei der Einfahrt rechts die Insel und der Turm Pharos, auf der anderen Seite die Riffe und die Landspitze Lochias, auf der Paläste stehen. Ist man hineingefahren, dann sind links, zusammenhängend mit denen auf Lochias, die inneren Paläste mit vielen und vielgestaltigen Wohnbereichen und Parks. Unterhalb von ihnen liegt der gegrabene und abschließbare Hafen – privat für die königliche Familie – und Antirrhodos, eine dem gegrabenen Hafen vorgelagerte kleine Insel mit einem Palast und zudem einem kleinen Hafen; man hat sie so genannt, weil sie es angeblich mit Rhodos aufnehmen konnte; über ihr liegt das Theater. Dann kommt das Posideion, eine Landzunge, die von dem sogenannten Emporion (Handelshafen) vorspringt und ein Poseidonheiligtum trägt; ihr hat Antonius einen noch weiter zur Hafenmitte hinausragenden Damm angefügt, an dessen Ende er einen königlichen Wohnbereich anlegte, den er Timoneion nannte. Das war das letzte, was er getan hat, als er, nach dem Debakel in Aktion von seinen Freunden im Stich gelassen, nach Alexandreia gesegelt war und den Rest seines Lebens, den er von so vielen Freunden verlassen verbringen würde, als ein Timon-Leben für sich betrachtete. Dann kommen das Kaisareion (Kaisertempel), das Emporion und Lagerhäuser und danach die Schiffswerften bis zum Heptastadion. Das ist die Umgebung des Großen Hafens.

(10) Anschließend kommt nach dem Heptastadion der Eunostos-Hafen und oberhalb von ihm der gegrabene, den man auch Kibotós nennt und der ebenfalls Schiffswerften hat. Weiter innerhalb ist ein schiffbarer Kanal, der sich bis zum Mareotis-See erstreckt. Jenseits des Kanals bleibt nur noch wenig von der Stadt, dann kommt die Totenstadt (*nēkrópolis*), ein Vorort, in dem es zahlreiche Gärten, Gräber und Unterkünfte für die Einbalsamierung der Leichen gibt. Diesseits des Kanals liegen das Sarapeion und andere alte Heiligtümer, die ziemlich verlassen sind durch die Anlage der neuen in Nikopolis; dort ist ja auch ein Amphitheater und ein Stadion und werden die vierjährlichen Wettkämpfe abgehalten, während das Alte vernachlässigt wird.

Zusammenfassend gesagt ist die Stadt voll von öffentlichen Bauten und Heiligtümern; am schönsten ist das Gymnasion – mit Säulenhallen, die mehr als ein Stadion lang sind – und im Stadtzentrum der Gerichtshof und die Parks. Es gibt auch ein Panheiligtum, eine von Menschenhand errichtete kegelförmige Anhöhe, die einem felsigen Hügel ähnlich sieht und über einen schneckenförmigen Aufgang zu ersteigen ist; von ihrer Spitze kann man die ganze Stadt übersehen, die ihr an allen Seiten zu Füßen liegt.

Von der Totenstadt an geht die in der Längsrichtung laufende Hauptstraße an dem Gymnasion vorbei bis zum Kanobischen Tor (im Osten). Dann kommt das sogenannte Hippodrom und die an ihm liegenden ... (Text unklar) bis zum Kanobischen Kanal. Geht man durch das Hippodrom hindurch, dann kommt Nikopolis mit einer Siedlung am Meer, die einer Stadt nicht nachsteht – es sind dreißig Stadien von Alexandreia; diesen Ort hat Caesar Augustus geehrt, weil er dort in einer Schlacht die mit Antonius gegen ihn zu Felde Gezogenen besiegt hatte; darauf nahm er die Stadt im Handstreich, zwang Antonius, sich das Leben zu nehmen, und Kleopatra, sich ihm lebend zu ergeben; wenig später tötete auch sie sich in der Gefangenschaft, heimlich, durch den Biss einer Viper oder durch Einreiben mit Gift – beides wird berichtet. Und so kam die Herrschaft der Lagiden, die viele Jahre gedauert hatte, zu ihrem Ende. [...]

(13) Das Bedeutendste an der guten Lage der Stadt ist der Umstand, dass dieser Platz als einziger von ganz Ägypten für beides geschaffen ist, für die Waren von Übersee wegen des guten Hafens und für die Güter aus dem Land, weil der Fluss alles leicht an einen solchen Ort transportiert und zusammenbringt, der der größte Handelsplatz (*empórion*) der bewohnten Erde ist. [...] Zu den Einkünften Ägyptens macht Cicero in einer Rede Angaben, indem er sagt, dass dem Auletes (Ptolemaios XII.), dem Vater der Kleopatra, jährlich Abgaben in Höhe von 12500 Talenten zugeflossen seien. Wenn also der, welcher das Reich am schlechtesten und sorglosesten regierte, solche Einkünfte hatte, wie hoch soll man sich dann das jetzt dank solcher Sorgfalt Erwirtschaftete vorstellen, wo doch auch der Indien- und der Afrika-Handel einen solchen Aufschwung genommen haben? Wagten doch früher nicht einmal zwanzig Schiffe, durch den Arabischen Golf hindurch über die Meerengen hinaus zu fahren, während jetzt große Flotten bis nach Indien und zu den äthiopischen Vorgebirgen geschickt werden. Aus diesen Gegenden wird wertvollste Fracht nach Ägypten gebracht und von dort wiederum in andere Gegenden verfrachtet, so dass doppelter Zoll anfällt, sowohl für die Einfuhr als auch für die Ausfuhr; und für hochwertige Waren ist auch der Zoll hoch. Außerdem besitzt die Stadt Handelsmonopole; denn Alexandreia ist im großen ganzen der einzige Ort, der solche Waren aufnimmt und nach außen liefert.

Q 150 Die Organisation des ägyptischen Territoriums (*chōra*) und die Aufgaben eines Königlichen Verwalters (*oikonómos*) im Bezirk (*nomós*)

Q 150

Kontext: Es handelt sich um Anweisungen des höchsten Finanzbeamten, des Dioiketés, an einen Oikonómos (Ende 3. Jh. v. Chr.).

[Du musst achten ...] auf die Wasserleitungen, die durch die Felder gehen und aus denen die Bauern gewöhnlich das Wasser auf das von ihnen bearbeitete Feld leiten, und musst sehen, ob die Wasserzuführungen die vorgeschriebene Tiefe haben und ob sie genügend fassen können; und ebenso bei den besagten Zweigstellen, von denen die Wasserzuführungen in die oben genannten Wasserleitungen führen, ob sie fest gebaut sind und ob die Stellen, an denen der Fluss in sie mündet, sorgfältig gereinigt sind, und ob sie auch sonst in gutem Zustand sind. Suche bei deinen Besichtigungsfahrten alle einzeln auf und strebe danach, alle aufzumuntern und in bessere Stimmung zu versetzen; und das soll nicht allein mit Worten geschehen, sondern, wenn sich jemand von ihnen über den Schreiber (*kōmogrammateús*) oder den Schulzen (*kōmárchēs*) des Dorfes beklagt in Fragen, die den Ackerbau betreffen, dann gehe dem nach und versuche, das nach Möglichkeit abzustellen. Wenn die Aussaat beendet ist, wäre es nicht schlecht, wenn du sie sorgsam nachprüfst; denn dann wirst du klar übersehen, wie alles wächst, und genau wissen, wo schlecht und wo überhaupt nicht gesät worden ist. So wirst du die ermitteln, die nachlässig waren, und es wird dir bekannt werden, ob irgendjemand das Saatgut zu andern Zwecken verwendet hat. Deine besondere Aufmerksamkeit richte darauf, dass im Bezirk (*nomós*) die Aussaat erfolgt, wie es im Saatplan vorgeschrieben ist. Lass es nicht unbeachtet, wenn irgendjemand unter den Pachtzahlungen schwer zu leiden hat oder gar völlig zugrunde gerichtet ist. Mache eine Aufstellung des für Feldarbeiten verwandten

Papyrus Tebtunis I 703

Viehs, und zwar das aus dem Besitz des Königs und das aus Privatbesitz, und
sorge besonders dafür, dass der Nachwuchs des Königsviehs, wenn er alt genug ist, um Grünzeug zu fressen, in Kälberpferche gebracht wird.

Lass es dir auch angelegen sein, dass das Korn in den Bezirken mit Ausnahme dessen, das zur Saat ausgegeben wird, und dessen, das nicht auf dem
Wasserwege befördert werden kann, hinuntergebracht wird (nämlich in die
Speicher oder direkt nach Alexandreia). [...] Sorge auch dafür, dass die vorgeschriebenen Getreidelieferungen (*agoraí*), worüber ich dir ein Verzeichnis
übersende, termingemäß in Alexandria eintreffen, nicht nur in der richtigen
Menge, sondern auch nach Überprüfung ihrer Qualität und ihrer Eignung für
den Gebrauch.

Besuche auch die Webwerkstätten, in denen das Leinen gewebt wird, und
tue dein äußerstes, dass möglichst viele Webstühle arbeiten und die Weber
auch in der für den Bezirk vorgeschriebenen Art und Menge produzieren.
[...] Lass alle Webstühle, an denen nicht gearbeitet wird, in die Hauptstadt
(*mētrópolis*) des Bezirks bringen, im Lager aufbewahren und versiegeln.

Prüfe die Aufstellung der Einkünfte, wenn möglich Dorf für Dorf, und ich
glaube, dass das sehr wohl möglich ist, wenn du diese Angelegenheit energisch betreibst; andernfalls prüfe sie nach Unterbezirken (*toparchía*). Erkenne
bei der Überprüfung nur solche Geldabgaben an, die der Bank gezahlt werden, und bei Getreide und Ölprodukten nur, was den Getreideverwaltern
(*sitológoi*) vorgemessen wurde. Wenn sich aber dabei ein Fehlbetrag herausstellt, veranlasse die Vorsteher des Unterbezirks (*topárchai*) und die Steuerpächter (vgl. Q 151) an die Banken zu zahlen, und zwar bei geschuldetem
Getreide den Wert entsprechend dem offiziell festgelegten Preis, bei Ölprodukten entsprechend der Menge Flüssigkeit, die man aus jeder Sorte erhalten
kann.

Es ist notwendig, dass du alle in dieser Verfügung aufgeführten Punkte
beachtest, vor allem aber die, die Ölwerkstätten betreffen. Denn wenn du sie
befolgst, kannst du die Veräußerung im Gau nicht wenig steigern, und die
Unterschlagungen werden aufhören. Dies kann geschehen, wenn du bei jeder
Gelegenheit die Werkstätten an Ort und Stelle überprüfst und die Lagerbe-
stände an trockenen und flüssigen Produkten versiegelt hältst. Vergewissere
dich, dass der Rohstoff, der den Ölherstellern geliefert wird, das nicht übersteigt, was sie mit den Pressen in den Werkstätten zu verarbeiten imstande
sind. Sorge dafür, dass nach Möglichkeit alle Pressen arbeiten, zumindest
aber doch die meisten. Die übrigen behalte genauestens im Auge. [...]

Auch die Einnahmen von der Weide sind besonders wichtig; sie lassen sich
leicht erhöhen, wenn du die Registrierung des Viehs auf optimale Weise
durchführst. Die beste Zeit dafür ist etwa von Ende Juli bis Ende August
(ägyptischer Monat Mesoré); denn dann ist das [ganze] Land mit Wasser
bedeckt, und die Viehzüchter schicken ihre Herden auf die höchsten Plätze,
weil sie keine Möglichkeit haben, sie an anderen Stellen zerstreut zu halten.

Sieh auch darauf, dass die Waren nicht zu einem höheren Preis als vorgeschrieben verkauft werden. Überprüfe gerade auch die Waren sorgfältig, für
die keine festen Preise bestehen und für die darum der Händler die Preise
nehmen kann, wie er will. [...] Überprüfe auch die Kälberpferche und triff
alle Maßnahmen, dass dort bis zur Zeit des Grünfutters genügend Korn da
ist, und dass die Kälber täglich die vorgeschriebene Menge erhalten. [...]

Sorge auch dafür, dass die Setzlinge der einheimischen Bäume zur rechten
Zeit gepflanzt werden, Weiden und Maulbeerbäume und von Ende November bis Ende Dezember (ägyptischer Monat Choiák) Akazien und Tamaris-

ken. Von diesen Bäumen müssen die übrigen auf den Königsdeichen gepflanzt werden, die [jungen] aber in Beeten, damit alles für das Gießen Erforderliche beachtet werden kann. Falls es notwendig und die geeignete Zeit zum Pflanzen gekommen ist, soll man sie auf die Königsdeiche umsetzen. [...] Bei deinen weiteren Reisen achte auch darauf, ob sich auf den Deichen oder Feldern gefällte Bäume befinden, und stelle von diesen ein Verzeichnis auf. Mache auch eine Liste der königlichen Gebäude und Parks und füge hinzu, wie jeder gepflegt werden muss, und bringe dies zu unserer Kenntnis.

Sorge auch dafür, dass alle Fragen, die die einheimischen Krieger betreffen, gemäß der Verfügung ausgeführt werden, die wir hinsichtlich der Leute aufgestellt haben, die ihre Arbeit verlassen haben und ... Seeleute ... (Text lückenhaft) Alle diese Leute, die in deine Hände fallen, soll man zusammenhalten, bis sie nach Alexandreia geschickt werden. Achte besonders darauf, dass keinerlei Übergriffe stattfinden und kein Unrecht geschieht. Jeder, der im Lande wohnt, muss genau wissen und davon überzeugt sein, dass Handlungen solcher Art abgestellt sind und dass die Bevölkerung befreit ist von den früheren Übeln. Niemand hat ein Recht zu tun, wie es ihm beliebt, alles wird bestens verwaltet. Und so wirst du dem Lande die Sicherheit verschaffen und die Einnahmen nicht unwesentlich [erhöhen].

Alles Nötige zu umfassen und dir in dieser Verfügung zu überreichen, ist nicht leicht unter den komplizierten Verhältnissen unserer Zeit... Achte darauf, dass möglichst nichts von dem, was ich in der Verfügung dargelegt habe, deiner Aufmerksamkeit [entgeht], und gleicherweise berichte mir von allen Zufälligkeiten ... (Text lückenhaft) Wenn du so handelst, wirst du deine Verwalterpflicht erfüllen, und andererseits wird dann deine Sicherheit gewährleistet sein. Aber genug jetzt von diesen Dingen. Ich hielt es für gut, in dieser Verfügung all das niederzuschreiben, worüber ich mit dir sprach, als ich dich in den Bezirk schickte. ... (Text lückenhaft) Meine zweite Forderung ist, dass du in deinem Gebiet diszipliniert auftrittst, unbeugsam bist, dich von schlechter Gesellschaft fernhältst und jede Vereinigung meidest, die auf Schlechtes aus ist, in der Gewissheit, dass du, wenn du dich in all diesem tadellos zeigst, größerer Aufgaben für würdig gehalten wirst. Behalte die Verfügungen bei dir und berichte über alles, wie befohlen.

Q 151 Aus einem Konvolut von Vorschriften zur Arbeit der Steuerpächter: Unternehmer im Rahmen der königlichen Wirtschaft Ägyptens (262–258 v. Chr.)

Q 151

Kontext: Der Passus aus einer längeren Sammlung von Erlassen stammt aus dem Abschnitt über eine Steuer auf Wein und Obst, die »Sechste« (*héktē*), zugleich eine Sonderabgabe (*apómoira*) für den Kult der Königin Arsinoe.

Die Königsschreiber (*basilikoí grammateîs*) sollen den Steuerpächtern (*priámenoi tēn ōnēn*) zehn Tage vor der Bekanntmachung der Auktion schriftlich erklären, wie viele Weingärten oder Obstplantagen sich in jedem Bezirk (*nomós*) befinden, wie viel Aruren (Flächenmaß) sie umfassen und wie viele Weinberge und Obstplantagen von denen auf der Steuerliste vor dem 21. Jahr (der Regierungszeit Ptolemaios' II. = 264/63) den Heiligtümern gegenüber abgabenpflichtig waren. Wenn sie diese Erklärung gar nicht oder offensichtlich fehlerhaft abgeben, dann sollen sie in einem Prozess verurteilt werden und sollen für jedes der nachgewiesenen Vergehen den Steuerpächtern

Papyrus »Revenue Laws«, col. 33, 9 – 34, 21

600 Drachmen zahlen sowie das Doppelte des entstandenen Verlustes. [...]
[Lücke von etwa 5 Zeilen im Text]

Die Steuerpächter sollen innerhalb von 30 Tagen nach Ersteigerung der Steuer Bürgen für einen Betrag benennen, der um den 20. Teil größer ist als die bei der Auktion vereinbarte Summe. Die Zahlungen (?) der Beträge sollen sie in monatlichen Raten vornehmen, beginnend mit dem Dios (erster Monat des makedonischen Kalenders, etwa September) bis... [Lücke]. Der Wert des Weines, der von den Steuerpächtern für den königlichen Haushalt eingenommen wurde, wird auf diese Zahlungen angerechnet.

(34, 9) BILANZIERUNG: Wenn alle Frucht, die Gegenstand der Verpachtung war, verkauft ist, soll der Oikonomos den Steuerpächter, seine Partner und den Kontrolleur (*antigrapheús*, wörtlich: Gegenschreiber) hinzuziehen und mit dem Hauptpächter und seinen Partnern abrechnen. Wenn ein Überschuss besteht, soll er dem Hauptpächter und seinen Partnern den ihnen jeweils zustehenden Anteil des Überschusses durch die königliche Bank auszahlen lassen. Wenn es ein Defizit gibt, soll er vom Hauptpächter, den Partnern und den Bürgen den jeweils auf sie entfallenden Anteil einfordern. Dessen Zahlung ist innerhalb der ersten drei Monaten des folgenden Jahres fällig.

Q 152

Q 152 Ptolemäische Rechtspflege auf dem Lande (221 v. Chr.)

Papyrus Enteuxeis 83

Dem König Ptolemaios Gruß von Thamunis aus dem Herakleopolitis-Bezirk. [Mir wird Unrecht zugefügt] von Thothortais, Einwohnerin von Oxyrhyncha im Arsinoites-Bezirk. Als ich nämlich im Hathyr des 1. Jahres (Ptolemaios' IV.) in Oxyrhyncha zu Gast war und das Bad aufgesucht hatte, versuchte mich die Beschuldigte aus dem Badebecken zu werfen, als sie hinzukam und mich beim Waschen im Becken in dem Frauenschwitzraum antraf. Als ich nicht nachgab, verabreichte sie mir voll Verachtung, weil ich fremd sei, Schläge und zwar viele, welchen Teil meines Körpers sie auch gerade traf, und den Halsschmuck aus Edelsteinketten nahm sie mir weg. Ich beschwerte mich danach bei dem Dorfschulzen (*kōmárchēs*) Petosiris deswegen, die Thothortais wurde vorgeladen und erzählte, was sie wollte; der Dorfschulze machte mit ihr gemeinsame Sache, warf mich ins Gefängnis und hielt mich vier Tage fest, bis er mir das angelegte Kleid – 30 Drachmen wert – abpresste, welches nun die Beschuldigte besitzt, und so wurde ich entlassen.

Ich bitte Dich nun, o König, beauftrage den Strategen Diophanes, er möge dem Vorsteher (*epistátēs*) Moschion schreiben, dass dieser ihm die Thothortais überstelle und, wenn es wahr ist, sie zwinge, mir das Kleid zurückzugeben oder als Preis die 30 Drachmen, und über die mir widerfahrene Untat soll Diophanes entscheiden, damit ich durch Dich, o König, mein Recht bekommen werde. Gehab Dich wohl. (2. Schreiberhand) Dem Moschion. Vor allem versöhne sie; wenn nicht, überstelle sie, damit über sie vor den Laokriten (Gerichtshof für ägyptische Untertanen) entschieden werde. Im 1. Jahr am 28. Gorpiaios = 12. Tybi. (Rückseite) Im 1. Jahr am 28. Gorpiaios = 12. Tybi. Thamunis gegen Thothortais wegen eines Gewandes.

Q 153 Dokumente aus dem Archiv der jüdischen Gemeinde *(políteuma)* in Herakleopolis

Q 153

An den Gemeindevorsteher *(politárchēs)* Alexandros und das Politeuma von Andronikos, einem Angehörigen des Politeuma. Am 12. des gegenwärtigen Monats fing Nikarchos, aus der Gruppe der Hafenbewohner, absichtlich auf der Straße mit mir einen Streit an. Er beschimpfte mich lange und unflätig, dann beschuldigte er mich auch grundlos in Anwesenheit einiger Personen, sowohl von Mitgliedern des Politeuma *(polítai)* als auch von Andersstämmigen *(allóphyloi* = Nichtjuden). Daher bitte ich, ihn vorzuladen und eine Entscheidung gegen ihn zu treffen. [Lebt wohl.]
(2. Hand) Im 36. Jahr, am 12. Thoth im [Hafen?] (7. Oktober 135 v. Chr.)
Rückseite:
Im 36. Jahr, am 12. Thoth. Andronikos gegen Nikarchos.

Q 153a
Cowey/Maresch, P. Polit.
Iud. Nr. 1

36. Jahr, 19. Choiak (12. Januar 134 v. Chr.) Über eine Ehe. Wir haben angeordnet, vorzuladen.
An den Gemeindevorstand *(árchontes)* von Philotas, Sohn des Philotas, einem Angehörigen des Politeuma. Im laufenden Jahr warb ich um Nikaia, die Tochter des Lysimachos. Ihr eben genannter Vater schwor, mir sie und die im Hinblick auf sie festgesetzte Mitgift, mit der ich einverstanden war, zu geben. Da nun auf diese Weise nicht nur Vereinbarungen gemeinsam eingegangen waren, sondern auch die nach dem Gesetz vorgeschriebene ... [Lücke], haben wir uns auf dieser Grundlage getrennt. Nach kurzer Zeit jedoch verband Lysimachos Nikaia ohne Begründung einem anderen Mann, bevor er von mir die übliche Scheidungserklärung *(apostasíou byblíon)* erhalten hatte. Daher bitte ich, wenn es euch gerecht erscheint, anzuordnen, den Juden im Dorf zu schreiben, den Lysimachos aufzufordern, zu euch zu kommen, damit, wenn es so ist, wie ich schreibe, über ihn nach dem Gesetz entschieden werde, ihn aber zu zwingen, mir ...
Rückseite:
36. Jahr 19. Choiak. Philotas gegen Lysimachos.

Q 153b
Cowey/Maresch, P. Polit.
Iud. Nr. 4

Q 154 Seleukos I. als Städtegründer

Q 154

Seleukos wurde gleich nach Alexanders Tod Kommandeur der Hetairenreiterei, die unter Alexander Hephaistion und nach Hephaistion Perdikkas befehligt hatten, nach diesem Kommando Satrap von Babylon und nach der Satrapie König. Wegen seines großen Kriegsglücks erhielt er den Beinamen Nikator (»Sieger«) [...]. Er war von kräftigem und großem Körperbau; bei einem Opfer Alexanders trat er einmal einem wilden Stier, der sich von den Fesseln losgemacht hatte, allein entgegen und bezwang ihn nur mit den Händen. Deshalb werden ihm auf seinen Standbildern Hörner hinzugefügt. Städte gründete er in seinem gesamten Herrschaftsgebiet, und zwar sechzehn Antiocheias nach dem Namen des Vaters, fünf Laodikeias nach dem der Mutter, neun nach ihm selbst benannte, vier nach seinen Frauen, nämlich drei Apameias und ein Stratonikeia; von diesen sind heute die bedeutendsten das Seleukeia am Meer und das am Tigris, Laodikeia in Phoinikien, Antiocheia unterhalb des Libanon und Apameia in Syrien. Die anderen benannte er nach Griechenland oder Makedonien, nach bestimmten eigenen Taten oder zu Ehren des Königs Alexander. Daher gibt es in Syrien und in den Gebieten der

*Appian, Römische
Geschichte. Syrischer Teil,
57, 292 – 58, 308*

oberhalb davon lebenden Barbaren viele Namen griechischer und makedo-
nischer Siedlungen: Berrhoia, Edessa, Perinthos, Maroneia, Kallipolis, Achaia,
Pella, Oropos, Amphipolis, Arethusa, Astakos, Tegea, Chalkis, Larissa,
Heraia, Apollonia, in Parthien Soteira, Kalliope, Charis, Hekatompolis,
Achaia, in Indien Alexandropolis, in Skythien Alexandreschata. Und nach
den eigenen Siegen des Seleukos sind Nikephorion in Mesopotamien und
Nikopolis in Armenien benannt [...].

(58) Man sagt, dass bei der Gründung der Seleukeias für dasjenige am
Meer ihn ein Götterzeichen in Gestalt eines Blitzes leitete und er deswegen
den Einwohnern als Gottheit den Blitz gab – und noch heute verehren und
preisen sie den Blitz. Bei dem Seleukeia am Tigris sei den Magiern befohlen
worden, einen Tag festzulegen und die Stunde des Tages, zu der man mit dem
Graben der Fundamente beginnen müsse. Sie hätten aber bezüglich der
Stunde gelogen, weil sie nicht wollten, dass ein solches Bollwerk gegen sie
entstehe. Seleukos also erwartete in seinem Zelt die angegebene Stunde, und
das zur Arbeit bereite Heer harrte ruhig, bis Seleukos das Zeichen gebe – da
glaubten sie plötzlich zu einer günstigeren Stunde, dass ihnen jemand den
Befehl gebe, und sprangen empor, so dass sie auch keiner der ihnen entgegen-
tretenden Herolde noch zurückhalten konnte. Die Arbeit wurde vollbracht.
Den Seleukos jedoch, der beunruhigt war und die Magier erneut wegen der
Stadt fragte, baten die Magier um Straflosigkeit und erklärten: »König, das
vorbestimmte Schicksal eines Menschen oder einer Stadt – sei es ein schlech-
teres oder ein besseres – kann man nicht ändern; auch Städte haben ja ein
Schicksal wie Menschen. Die Götter haben beschlossen, dass diese Stadt äußerst langlebig werde, wenn sie mit der Stunde beginne, zu der sie entstand.
In der Befürchtung, sie werde ein Bollwerk gegen uns sein, haben wir jedoch
das Vorbestimmte unbeachtet gelassen. Das aber war stärker als übelwol-
lende Magier und ein ahnungsloser König. Daher also hat das Göttliche das
Günstigere dem Heer angeordnet. Dies zu erkennen ist dir auf folgende Weise
möglich, damit du uns nicht mehr verdächtigst, wir würden auch jetzt noch
List anwenden: Du selbst, der König, hast beim Heer gesessen und selbst den
Befehl zum Abwarten gegeben. Dieses Heer aber, das dir in Gefahren und
Strapazen immer ganz gehorsam war, hat jetzt nicht die Beendigung des Be-
fehls abgewartet, sondern ist nicht nach und nach, sondern auf einmal und
mitsamt den Vorgesetzten aufgesprungen und hat gemeint, den Befehl erhalten zu haben. Und es war ihm ja auch befohlen worden. Deshalb gehorchten
sie nicht einmal mehr dir, als du sie zurückhalten wolltest. Was nun ist bei den
Menschen mächtiger als ein König, es sei denn ein Gott? Der also hat sich
deines Entschlusses bemächtigt und für dich die Stadtgründung anstelle von
uns angeführt, weil er uns und dem ganzen umwohnenden Geschlecht zürnte.
Denn wo werden unsere Angelegenheiten noch stark sein, wenn ein mäch-
tigeres Geschlecht dazu angesiedelt wird? Die Stadt also ist dir mit Glück
entstanden, sie wird sehr groß werden und langlebig sein. Du aber bestätige
uns, die wir aus Furcht vor der Wegnahme unseres eigenen Guts gefehlt haben, dein Verzeihen.« Als die Magier das gesagt hatten, freute sich der König
und verzieh.

Q 155 Kulthandlungen und Gebet des Königs Antiochos' I. Soter in Bezug auf das Nabu-Heiligtum von Borsippa

Q 155

Weißbach, Keilinschriften der Achämeniden, Anhang II, 132–135

Antiochos, der große König, der mächtige König, König des Alls, König von Babylon, König der Länder, Ausschmücker von Esagila und Ezida, erstgeborener Sohn des Seleukos, des Königs, des Makedonen, Königs von Babylon, (bin) ich.

Nachdem zum Aufbau von Esagila und Ezida ich mein Herz angetrieben, die Ziegel Esagilas und Ezidas im Lande Hatti mit meinen reinen Händen mit Öl des Rustu(baumes) geformt und zum Legen des Fundamentes von Esagila und Ezida hingebracht hatte (?), legte ich am 20. Addaru des Jahres 43 (28. März 268 v. Chr.) das Fundament von Ezida, des wahren Tempels, des Hauses Nabus, der in Borsippa (Barsip) (steht).

Nabu, hehrer Sohn, weise(ste)r der Götter, Mächtiger, zum Ruhme Geschaffener, edelster Sohn Marduks, Spross der Erūa, der Königin, die die Zeugung bewirkt, blicke freundlich her und mit deinem hehren Worte, das nicht geändert wird, wirf nieder die Länder meiner Feinde! Erlangung meines Sieges über die Gegner, Bestehenbleiben in Macht, ein Königtum der Gerechtigkeit, eine Dynastie der Stärke, Jahre des Wohlbefindens des Herzens, Sättigung mit Kraft sei die Mitgift des Königtums des Antiochos und des Königs Seleukos, seines Sohnes, für ewig.

Fürstliches Kind, Nabu, Sohn von Esagila, Allererstgeborner Marduks, Spross der Erūa, der Königin, wenn du in Freude und Jubel einziehst in Ezida, das ewige Haus, den Tempel deiner Himmlischkeit, die Wohnung, die dein Herz erfreut, mögen auf dein beständiges Geheiß, das nicht gehemmt wird, lang sein meine Tage, zahlreich sein meine Jahre, feststehen mein Thron, alt werden meine Dynastie mit deinem hehren Szepter, das festsetzt die Grenzen von Himmel und Erde. In deinem reinen Munde wohne Wohlwollen gegen mich. Die Länder vom Aufgang der Sonne bis zum Untergang der Sonne mögen gewinnen meine Hände. Ihren Tribut will ich aufhäufen und zur Vollendung von Esagila und Ezida darbringen.

Nabu, erstgeborener Sohn, bei deinem Einzug in Ezida, das ewige Haus, möge Wohlwollen gegen Antiochos, den König der Länder, Wohlwollen gegen Seleukos, den König, seinen Sohn, (und) Stratonike, seine Gemahlin, die Königin, wohnen in deinem Munde.

Q 156 Wirtschaftliche Zustände im Seleukidenreich

Q 156

[Aristoteles], Oikonomiká 2, 1, 1–6

Wer etwas angemessen verwalten will, der darf nicht unerfahren sein im Hinblick auf das Umfeld, in dem er tätig sein will, er muss sowohl von Natur aus dazu veranlagt als auch von seiner Einstellung her diszipliniert und gerecht sein. Denn wenn eine dieser Voraussetzungen nicht erfüllt ist, wird er bei der Tätigkeit, die er betreibt, viele Fehler machen.

Es gibt aber vier Arten der Finanzverwaltung, um es einmal dem Typus nach zu umreißen (wir werden nämlich sehen, dass alle übrigen hierauf zurückgehen): die durch einen König, die durch einen Satrapen, die durch eine Polis und die durch einen Privatmann.

Von diesen nun ist die größte und einfachste die durch einen König ... [Lücke], die vielseitigste und leichteste die durch die Polis, die geringfügigste und vielseitigste die durch einen Privatmann. Notwendigerweise haben sie vieles miteinander gemeinsam. Was aber am meisten jeweils für eine jede einzelne zutrifft, das haben wir zu untersuchen.

Zuerst wollen wir deshalb die durch einen König betrachten. Sie ist diejenige, die zwar allgemeine Machtbefugnis besitzt, aber vier Bereiche aufweist: Münzwesen, Ausgänge, Eingänge, Ausgaben. Davon aber nun ein jedes im Einzelnen. Was das Münzwesen betrifft, so handelt es sich um die Entscheidung, welche Art von Münzen geprägt werden müssen und wann, und ob sie hochwertig oder billig gemacht werden sollen. Bei den Aus- und Eingängen geht es darum, wann und was der König von den Eingängen, die gemäß der festgelegten Abgabe von den Satrapen kommen, herausnehmen soll, um nutzbringend darüber zu verfügen. Bei den Ausgaben aber handelt es sich darum, wo gespart werden muss und wann und ob Münzgeld für die Aufwendungen ausgegeben werden oder in Naturalien gezahlt werden soll.

Zweitens die durch einen Satrapen. Diese hat sechs Arten der Einkünfte: von der Erde, von speziellen Landesprodukten, vom Handel, von Steuern und Zöllen, von der Viehzucht, von sonstigem. Von allen diesen ist die erste und bedeutendste die Einkunft von der Erde: Das ist aber diejenige, die manche »Ertragssteuer« (*ekphórion*), manche »den Zehnten« nennen. Die zweite ist die von den Spezialprodukten, mancherorts Gold, manchmal Silber, anderswo wiederum Erz, oder was dort gerade vorhanden ist; an dritter Stelle steht die von den Handelsplätzen, an vierter die aus den Boden- und Marktsteuern, an fünfter die von der Viehzucht, die »Ertragsabgabe« (*epikarpía*) und »Zehnter« genannt wird, an sechster Stelle aber die von dem Sonstigen, bezeichnet als »Kopf-« und »Gewerbesteuer«.

Drittens die Verwaltung durch die Polis. Ihre bedeutendste Einnahme stammt aus den Spezialprodukten des Landes. Ferner hat sie Einkünfte vom Handel und von Durchgangszöllen, schließlich von den regelmäßigen Spezialabgaben. Viertens und zum Schluss die durch einen Privatmann. Diese ist aber unregelmäßig, weil man nicht nur auf ein einziges Ziel hin wirtschaften soll, und sie ist die unbedeutendste, weil sowohl die Einkünfte als auch die Ausgaben nur geringfügig sind. Für diese ist das wichtigste Einkommen das aus der Landwirtschaft, an zweiter Stelle steht das aus den sonstigen Erwerbstätigkeiten, an dritter das vom Geld. Abgesehen davon gibt es noch eines, das in allen Wirtschaftsarten beachtet werden muss, und zwar nicht nur nebenbei, besonders aber in dieser privaten, nämlich darauf zu achten, dass die Ausgaben nicht größer werden als die Einnahmen.

Q 157

Q 157 Der König und das Wohlergehen der Städte: Zwei Briefe Philipps V. an Larisa (Thessalien) (219 und 214 v. Chr.)

Kontext: Marmorstele aus Larisa, auf der zwei Beschlüsse der Polis und zwei Briefe König Philipps V. von Makedonien verzeichnet sind. Auslöser war eine Gesandtschaft der Polis.

Inscriptiones Graecae (IG) IX 2, 517 (Auszug)

1. Brief: König Philipp (entbietet) den Tagoi (Oberbeamte) und der Stadt (*pólis*) der Larisaier seinen Gruß. Petraios, Anankippos und Aristonus haben mir nach der Rückkehr von ihrer Gesandtschaft(sreise) dargelegt, dass auch eure Stadt infolge der Kriege zusätzlichen Bedarf an mehr Bewohnern hat. Bevor wir nun an andere denken, die eurer Bürgergemeinschaft (*políteuma*) würdig sind, entscheide ich für die derzeitige Situation, dass ihr einen Beschluss fasst, dass den bei euch wohnhaften Thessalern oder anderen Grie-

chen das Bürgerrecht (*politeía*) gegeben werde. Denn wenn dies vollzogen wird und alle infolge der gewährten Vorteile zusammenbleiben, bin ich überzeugt, dass sich noch viele andere positive Folgen für mich wie für eure Stadt ergeben werden und dass das Land stärker bebaut wird. Jahr 2, am 21. Hyperberetaios (etwa Sept. 219).

(Die Polis Larisa fasst einen entsprechenden Beschluss.)

2. Brief: König Philipp entbietet den Tagoi und der Stadt der Larisaier seinen Gruß. Ich erfahre, dass die (Namen derer,) die entsprechend meinem Brief und eurem Beschluss eingebürgert und auf die Stelen aufgeschrieben wurden, (wieder) ausgemeißelt sind. Falls dies sich so verhält, haben die, die euch dazu rieten, sowohl gegen die Interessen eurer Vaterstadt wie gegen meine Entscheidung verstoßen. Denn dass es das Allerbeste ist, wenn möglichst viele an der Bürgergemeinschaft (*politeuma*) teilhaben und dadurch die Stadt stark ist und das Land nicht wie jetzt auf hässliche Weise brach liegt, würde doch, meine ich, auch von euch keiner bestreiten. Man kann es aber auch an den anderen beobachten, die sich ähnlicher Einbürgerungen bedienen, unter denen auch die Römer sind, die sogar ihre Sklaven, wenn sie sie freilassen, in die Bürgergemeinschaft aufnehmen und ihnen Zugang zu der Bekleidung von Ämtern gewähren und auf solche Weise nicht nur ihre eigene Vaterstadt groß gemacht, sondern sogar Kolonien (*apoikíai*) an nahezu siebzig Orte entsandt haben. Indessen ermahne ich euch auch jetzt noch, unparteiisch diese Angelegenheit anzugehen und die von den Bürgern Ausgewählten ins Bürgerrecht zurückzuversetzen; wenn einige etwas Unverzeihliches gegen das Königtum oder gegen die Stadt verbrochen haben oder aus einem anderen Grund nicht würdig sind, einbezogen zu sein in diese Stele, (ermahne ich euch) über diese [die Entscheidung] zu verschieben, bis ich nach meiner Rückkehr vom Feldzug (die Fälle) anhören kann. Indessen warnt vorab die, welche gegen jene Anklagen vorbringen wollen, damit es nicht erkennbar wird, dass sie aus Parteilichkeit dies tun. Jahr 7, am 13. Gorpiaios (= Juli/August 214).

(Es folgt ein entsprechender Beschluss und eine Liste mit den Namen.)

Q 158 Rhodos – Musterbild einer hellenistischen Polis

Q 158

Die Stadt der Rhodier liegt auf dem östlichen Vorgebirge (der Insel Rhodos) und zeichnet sich durch Häfen, Straßen, Mauern und die sonstige Ausstattung so sehr vor den übrigen aus, dass wir keine andere nennen können, die dieser Stadt auch nur gleichkäme, geschweige denn sie überträfe. Bewundernswert ist auch ihre gute Gesetzesordnung und ihre Sorge für die übrigen politischen Angelegenheiten, besonders für die Flotte, wodurch die Stadt lange Zeit die Seeherrschaft besaß, die Seeräuber ausschaltete und Freund der Römer und der römer- und griechenfreundlichen Könige wurde. Dadurch blieb sie unabhängig und wurde mit vielen Weihgeschenken geschmückt, von denen die meisten im Dionysosheiligtum und im Gymnasion, manche auch an anderen Orten stehen. Die vortrefflichsten sind erstens der Koloss des Helios, von dem der Dichter des iambischen Verses sagt, ihn habe »siebenmal zehn Ellen groß gemacht Chares der Lindier (aus der Stadt Lindos auf Rhodos)«; er liegt jetzt infolge eines Erdbebens am Boden, abgebrochen bei den Knien. Man hat ihn aufgrund eines Orakels nicht wieder aufgerichtet. Dies also ist das bedeutendste unter den Weihgeschenken; es gilt jedenfalls allgemein als eines der Sieben Weltwunder. Ferner sind die Gemälde des Proto-

Q 158a
Strabon, Geographika 14,
2, 5

genes zu nennen, der Ialysos (legendärer Gründer der gleichnamigen Stadt auf Rhodos) und der neben einer Säule stehende Satyr. Auf der Säule stand ein Rebhuhn, an dem die Leute, als das Gemälde gerade aufgestellt worden war, sich, wie es scheint, so vergafften, dass sie nur das Huhn bewunderten und den Satyr übersahen, obwohl er überaus wohlgelungen war. Das Aufsehen wurde noch gesteigert von den Rebhuhnzüchtern, die zahme Exemplare brachten und vor das Gemälde stellten. Die Rebhühner gackerten nämlich das Gemälde an und zogen eine große Menschenmenge herbei. Als Protogenes sah, dass das eigentliche Werk zur Nebensache geworden war, bat er die Leiter des Heiligtums, ihm zu erlauben, den Vogel eigenhändig auszuwischen, was er dann auch tat.

Die Rhodier sind fürsorglich gegenüber dem Volk, obwohl sie keine demokratische Verfassung haben. Trotzdem wollen sie die Masse der Armen unterhalten, und so wird das Volk mit Getreide versehen, unterstützen die Wohlhabenden nach einem traditionellen Brauch die Bedürftigen und gibt es bestimmte Leiturgien für die Versorgung, so dass zugleich der Arme seinen Lebensunterhalt hat und andererseits die Polis ihre Bedürfnisse, besonders für Expeditionen über See, befriedigen kann. Von den Schiffsstationen waren manche sogar versteckt und ihr Zutritt dem Publikum verboten; auf Spionieren oder Eindringen stand die Todesstrafe. Auch hier wird, wie in Massilia und Kyzikos, alles, was mit Bauen, Herstellung von Geräten, Waffenarsenalen usw. zu tun hat, besonders energisch betrieben und sogar mehr noch als bei Anderen.

Q 158b
Anthologia Graeca 6, 171
(Epigramm zum Koloss
von Rhodos)

Bis zum Olympos empor, o Helios, türmte dir preisend
    Rhodos' dorisches Volk diesen Koloss aus Erz,
als es endlich die Wogen des grimmigen Krieges beschwichtigt
    und das heimische Land prächtig mit Beute geschmückt.
Fest auf der Erde erbaute es ihn und hoch überm Meere,
    dass er ein herrliches Licht unversklavter Freiheit ihm sei.
Ist es das Recht doch der Männer vom Blute des Herakles, dass sie
    herrschen zu Lande und Meer, wie es die Väter getan.

Q 159

Q 159 Griechische Bürger schwören auf das Wohl ihrer Polis.

Fundkontext: Text auf einer in zwei Teile zerbrochenen Marmorstele aus Chersonesos auf der Krim, vom Anfang des 3. Jh. v. Chr.

Sylloge Inscriptionum
Graecarum (Syll.³) 360

Ich schwöre bei Zeus, Ga, Halios, der Parthenos, den olympischen Göttern und Göttinnen und den Heroen, die Stadt und Land und Mauern der Chersonasiten innehaben: Ich werde Eintracht halten im Interesse des Wohls und der Freiheit der Stadt und der Bürger, und ich werde nicht verraten Chersonasos noch Kerkonitis (von Chersonesos kontrollierte Stadt mit ihrem Gebiet) noch den Schönen Hafen noch die anderen befestigten Plätze noch die sonstigen Ländereien, welche die Chersonasiten besitzen oder besaßen, und zwar an niemanden, sei er Grieche oder Barbar, sondern ich werde sie bewahren für das Volk der Chersonasiten. Ich werde auch nicht die Demokratie stürzen, noch werde ich einem, der verrät oder (die Demokratie) stürzt, dies gestatten oder ihm bei der Verheimlichung helfen, sondern ich werde ihn den Damiurgen (hohe Beamte der Polis) melden, die für die Stadt (zuständig sind). Und ich werde dem Feind sein, der konspiriert und verrät oder zum

Abfall bringen will Chersonasos, Kerkinitis, den Schönen Hafen, die befestigten Plätze oder das Land der Chersonasiten. Und wenn ich Damiurg oder Ratsherr sein werde, werde ich diese Ämter auf die beste und gerechteste Weise für Stadt und Bürger ausüben und den SASTER (unbekanntes Wort) werde ich für das Volk bewahren und werde nichts ausplaudern von den Geheimsachen, weder gegenüber einem Griechen noch gegenüber einem Barbaren, was der Stadt schaden könnte. Und ein Geschenk werde ich nicht geben noch annehmen zum Schaden von Stadt und Bürgern. Und ich werde auf keine unrechte Tat sinnen gegen keinen der Bürger, die nicht abgefallen sind, und wenn einer auf solches sinnt, werde ich es nicht [zulassen und ihm nicht bei der Verheimlichung helfen,] sondern ich werde es anzeigen und darüber richten mit meiner Stimme gemäß den Gesetzen. Und ich werde mich an keiner Verschwörung beteiligen, weder gegen die Gemeinschaft (*koinón*) der Chersonasiten noch gegen irgendeinen der Bürger, der nicht als Feind des Volkes gebrandmarkt ist; wenn ich mich aber mit jemandem verschworen habe und gegenüber jemandem gebunden bin durch Eid oder Gelübde, dann soll es mir, wenn ich (diese Bindung) löse, zum Vorteil ausschlagen, mir selbst und meiner Habe, wenn ich aber an ihr festhalte, zum Gegenteil; und wenn ich bemerke, dass eine Verschwörung besteht oder entsteht, werde ich es den Damiurgen melden. Und ich werde kein Getreide aus der Ebene zur Ausfuhr verkaufen noch (selbst) anderswohin aus der Ebene ausführen als nach Chersonasos. Zeus und Ga und Halios und Parthenos und olympische Gottheiten, wenn ich (am Schwur) festhalte, möge es mir gut ergehen, mir selbst und meiner Sippe und meiner Habe; wenn ich nicht an ihm festhalte, (möge es mir) schlecht (ergehen), mir selbst und meiner Sippe und meiner Habe, und weder Land noch Meer sollen mir Ertrag bringen, noch sollen die Frauen gesunden Nachwuchs gebären, noch [---] Tod [---]

Q 160 Wohltaten für die Polis und Ehrung durch die Polis: Das System des Euergetismus

Kontext: Im Jahre 270/69 wird Kallias von Sphettos für seine Verdienste um Athen geehrt; der Text befindet sich auf einer Marmorstele.

Das Volk (ehrte) Kallias, Sohn des Thymochares, aus (dem Demos) Sphettos.

Supplementum Epigraphicum Graecum 28, 60

    Im Amtsjahr des Archon Sosistratos, als (die Phyle) Pandionis als sechste die Prytanie inne hatte, für die Athenodoros, Sohn des Gorgippos, aus (dem Demos) Acharnai Schriftführer war, am achtzehnten des (Monats) Posideon, dem einundzwanzigsten der Prytanie; Haupt-Volksversammlung; von den Prohedroi (»Vorsitzenden«) leiteten Epichares, Sohn des Pheidostratos, aus (dem Demos) Erchia und die mit (ihm) amtierenden Prohedroi die Abstimmung. Beschluss von Rat und Volk; Euchares, Sohn des Euarchos, aus (dem Demos) Konthyle stellte den Antrag:

    Da Kallias, als das Volk sich gegen die erhob, die die Stadt besetzt hielten, und die in der Stadt selbst befindlichen Truppen vertrieb, während die Festung auf dem Musenhügel (*mouseíon*) noch besetzt gehalten wurde und das Landgebiet sich mit den Truppen vom Piräus im Krieg befand und, als Demetrios (Poliorketes) mit seinem Heer von der Peloponnes vor die Stadt kam, Kallias auf die Nachricht von der Gefahr, welche die Stadt bedrohte, mit einer Auswahl von tausend mit ihm in Andros stationierter Soldaten nach Auszahlung von Sold und Proviant unverzüglich in der Stadt eintraf, um dem Volk zu helfen, wobei er sich in seinem Handeln mit König Ptolemaios' (I.) Wohlwollen gegenüber dem Volk in Übereinstimmung befand, und durch sein Ausrücken mit seinen Truppen auf das Land der Getreideernte (militärischen) Schutz gab unter Anwendung aller erdenklichen Mühe, auf dass möglichst viel Getreide in die Stadt geschafft werde;

und da Kallias, als Demetrios eintraf, die Stadt einschloss und belagerte, den Kampf aufnahm für das Volk, einen Ausfall mit den Truppen machte, die er mitgebracht hatte, und er trotz seiner Verwundung zu keinem einzigen Augenblick irgendein Risiko scheute für die Rettung des Volkes; und da er, als König Ptolemaios Sostratos entsandte, der gemäß den Interessen der Stadt handeln sollte, und Sostratos eine Gesandtschaft zu sich in den Piräus kommen ließ, um mit ihr Vereinbarungen zu treffen bezüglich des im Namen der Stadt mit Demetrios (zu schließenden) Friedens, hierin den Bitten der Strategen und des Rats nachkam, für das Volk als Gesandter fungierte und sich in jeder Hinsicht für die Interessen der Stadt einsetzte, und da er in der Stadt blieb mit seinen Truppen, bis der Frieden geschlossen war, und er nach seiner Rückkehr zu König Ptolemaios die vom Volk geschickten Gesandtschaften in jeder Hinsicht unterstützte und die Interessen der Stadt mit förderte;

und da Kallias, als er nach der Übernahme der Königsherrschaft durch König Ptolemaios den Jüngeren sich in der Stadt aufhielt und die Strategen ihn (zu sich) riefen, ihn informierten über die Situation, in der die Stadt sich befand, und an ihn appellierten, sich bei König Ptolemaios für die Stadt einzusetzen, auf dass die Stadt so rasch wie möglich Hilfe erhalte durch Getreide- und Geld(zuwendungen), auf eigene Kosten nach Zypern reiste, sich dort engagiert an den König wandte im Interesse der Stadt und für das Volk fünfzig Talente Silber und zwanzigtausend Medimnen (»Scheffel«) Weizen als Geschenke erhielt, die von Delos aus denjenigen zugeteilt wurden, die vom Volk entsandt worden waren;

und da Kallias, als der König zum ersten Mal die Ptolemaia veranstaltete, das Opfer und die Agone zu Ehren seines Vaters (vgl. Q 136), und als das Volk beschloss, eine Festgesandtschaft zu entsenden, und den Kallias um sein Einverständnis bat, als Architheoros (»Ober-Festgesandter«) im Namen des Volkes die Festgesandtschaft anzuführen, sich mit allem Eifer damit einverstanden erklärte, auf die ihm durch Beschluss vom Volk für die Leitung der Festgesandtschaft bewilligten fünfzig Minen verzichtete und sie dem Volk stiftete, die Festgesandtschaft auf eigene Kosten schön und in einer des Volks würdigen Weise leitete und sich namens der Stadt um das Opfer und alle anderen Angelegenheiten kümmerte, gemeinsam mit den (anderen) Theoren;

und da Kallias, als das Volk damals zum ersten Mal nach Wiedergewinnung der Stadt wieder die Panathenäen zu Ehren der Archegetis (»Stadtgründerin«= Athena) veranstalten wollte, mit dem König wegen der Takelage verhandelte, die man für den (am Panathenäenschiff anzubringenden) Peplos vorzubereiten hatte, und sich, als der König (diese) der Stadt stiftete, dafür einsetzte, dass sie in möglichst guter Qualität für die Göttin angefertigt wurde und die Gesandten, die mit ihm zusammen gewählt worden waren, die Takelage unverzüglich hierher brachten;

und (da) Kallias sich nun, nach seiner Einsetzung in Halikarnassos durch König Ptolemaios, unentwegt für die Gesandtschaften engagiert und für die Festdelegationen verwendet, die vom Volk zu König Ptolemaios entsandt werden, und er privat jedem einzelnen der Bürger, die zu ihm kommen, jede erdenkliche Fürsorge angedeihen lässt, wie auch den Soldaten, die dort mit ihm stationiert sind, wobei ihm der Nutzen und allgemein das Wohlbefinden der Stadt besonders am Herzen liegen

[---] in (?) seiner Vaterstadt Kallias niemals akzeptierte [---], als das Volk (= die Demokratie) gestürzt war, sondern sogar sich darein fand, dass sein eigenes Vermögen hergeschenkt wurde während der Oligarchie, dergestalt, dass er nichts tat, was im Gegensatz zu den Gesetzen und zur Demokratie stand, die von allen Athenern ausgeht;

damit (deshalb) nun all diejenigen, welche bereit sind, sich für die Stadt engagiert einzusetzen, wissen, dass das Volk sich stets seiner Wohltäter erinnert und ihnen jeweils den schuldigen Dank erweist, soll es – zu gutem Glück! – Beschluss des Rats sein, dass die Prohedroi, welche durch Los den Vorsitz in der gesetzmäßig vorgesehenen Volksversammlung führen, diese Angelegenheiten behandeln lassen und dem Volk eine Beschlussvorlage des Rats vorlegen (des Inhalts), dass der Rat für gut befindet, dass man Kallias, Sohn des Thymochares, aus (dem Demos) Sphettos belobigt in Würdigung seines Verdienstes und seines Wohlwollens, das er unentwegt dem Volk von Athen erweist, (und) ihn mit einem goldenen Kranz nach Maßgabe des Gesetzes bekränzt und den Kranz proklamiert bei den Großen Dionysien beim neuen Agon der Tragödie; dass für die Anfertigung des Kranzes und die Proklamation die mit der Verwaltung Beauftragten verantwortlich sind; dass das Volk von ihm eine Bronzestatue auf der Agora errichten lässt; dass er ferner den Ehrensitz innehaben soll bei allen Agonen, welche die Stadt veranstaltet, und dass der für Kultangelegenheiten gewählte Architekt ihm den Ehrensitz zuweist; dass das Volk unverzüglich drei Männer aus der Reihe aller Athener wählt, die verantwortlich sein sollen für die Anfertigung der Statue und ihre Aufstellung; dass die Thesmotheten das Überprüfungsverfahren bezüglich des ihm bewilligten Privilegs vor dem Gericht einleiten sollen, wenn die vom Gesetz vorgeschriebenen Tage verstrichen sind; und dass, damit auch in Zukunft die Erinnerung an die von Kallias dem Volk erwiesenen Großzügigkeiten erhalten bleibt, der Schriftführer der Prytanie diesen Beschluss auf einer Marmorstele aufzeichnen und sie neben der Statue aufstellen lassen soll, und dass für die Aufzeichnung sowie die (Anfertigung der) Stele die mit der Verwaltung Beauftragten den entstandenen Kostenbetrag anweisen sollen.

Q 161 Eine phoinikische Stadt ehrt einen Mitbürger für einen Sieg in einem griechischen Agon

Q 161

Fundkontext: Marmorbasis aus dem antiken Sidon in Phoinikien. Die Teile A und B befinden sich oben links bzw. rechts, das Epigramm (C) darunter links. Der Text gehört wahrscheinlich in das letzte Viertel des 3. Jh. v. Chr.

(A) Die Stadt der Sidonier (ehrte) Diotimos, den Sohn des Dionysios, Richter (= Sufet, das traditionell höchste Amt in phoinikischen Städten), den Sieger bei den Nemëischen Spielen im Rennen mit dem Viergespann.

(B) Timocharis aus Eleutherna hat <diese Statue> angefertigt.

(C) Als in Argos' [Tälern] (Nemea gehörte zu Argos) alle Lenker [die schnellen Pferde] von den Wagen aus in den Wettkampf trieben, da [verlieh] dir, Diotimos, das phoronische Volk (die Argiver) herrlichen Ruhm und empfingst du unvergessliche Kränze. Hast du doch als erster von den Bürgern <dieser Stadt> aus Griechenland hippischen Ruhm (Ruhm eines Rennsiegs) ins Haus der edlen Agenoriden gebracht. Es jubelt auch Theben, des Kadmos

G. Kaibel, Epigrammata Graeca ex lapidibus conlecta, 1878, Nr. 932

heilige Stadt, beim Anblick der durch Siege zu Ruhm gelangten Mutterstadt. Für deinen Vater Dionysios erfüllt sich sein Wunsch für den Wettkampf, denn Griechenland ließ laut [den Ruf] ertönen: »Nicht nur mit deinen Schiffen erwirbst du dir, [Sidon, einen hervorragenden] Platz, sondern auch mit Kampfpreis [erringenden Wagen]gespannen.«

Q 162

Q 162 Bestätigung der Asylie (»Unverletzlichkeit«) des Asklepios-Heiligtums von Kos durch die Polis Kassandreia in Makedonien (242 v. Chr.)

Fundkontext: Der Text befindet sich, zusammen mit entsprechenden Beschlüssen von Amphipolis und Philippi, auf einer Stele aus dem Asklepios-Heiligtum.

Supplementum Epigraphicum Graecum 12, 273

Von den Kassandreern. Die Strategen und die Nomophylakes (die höchsten Beamten der Stadt) stellten den Antrag: Da Theoren (Festgesandte) von der Stadt der Koer gekommen sind mit der Ankündigung der Asklepieia (Fest für Asklepios) und der Agone, die dabei veranstaltet werden, und des Festfriedens (*ekecheiría*), und da sie die loyale Gesinnung betonen, die ihre Stadt gegenüber dem König Antigonos, der Stadt der Kassandreer und gegenüber den übrigen Makedonen allen ständig hegt, und da sie darum ersuchen, dass das bei ihnen befindliche Heiligtum des Asklepios unverletzlich (*ásylos*) sein möge, so soll vom Rat – zu gutem Gelingen! – beschlossen sein: Annehmen soll man die Ankündigung der Asklepieia, der Agone und des Festfriedens, und das Heiligtum des Asklepios soll unverletzlich sein gemäß dem Willen des Königs. Belobigen soll man die Stadt der Koer, weil sie allzeit dafür Sorge trägt, dass die Kulthandlungen für die Götter trefflich und ruhmvoll vollzogen werden, und weil sie die vorhandene loyale Gesinnung gegenüber dem König Antigonos, unserer Stadt und allen Makedonen bewahrt. Der Schatzmeister soll den anwesenden Gesandten als Gastgeschenk auszahlen, was gesetzlich vorgeschrieben ist. Man soll sie ferner in das Archegeteion (Kultgebäude für den Stadtgründer) einladen. Die Kosten hierfür soll der Schatzmeister anweisen. Folgende Theoren haben das Fest angekündigt: Aristolochos, Sohn des Zmendron, Architheoros (»Obertheore«), Makareus, Sohn des Aratos, Theoros. Das Fest findet statt zum achten Mond (= in 8 Monaten).

Q 163

Q 163 Die Organisation des Koinón der Lykier als Beispiel für eine bundesstaatliche Ordnung

Strabon, Geographika 14, 3, 3

Es sind dreiundzwanzig stimmberechtigte Poleis, und aus jeder Polis kommen sie zu gemeinsamer Versammlung (*synhédrion*) in der Stadt zusammen, die sie jeweils nach Gutdünken auswählen. Von den Poleis verfügen die größten über je drei Stimmen, die mittelgroßen über zwei, die übrigen über eine; und in demselben Verhältnis bringen sie auch ihre Steuerbeiträge und übrigen öffentlichen Leistungen auf. Als die sechs größten hat Artemidor (ein antiker Geograph) Xanthos, Patara, Pinara, Olympos, Myra und Tlos, das bei dem Pass nach Kibyra liegt, genannt. In der Versammlung wird zuerst ein Lykiarch (der höchste Repräsentant des Bundes) gewählt, dann die übrigen Amtsträger des Bundes (*sýstema*); ferner werden gemeinsam Gerichtshöfe eingesetzt; auch über Krieg und Frieden und Militärbündnisse berieten sie einst, heute aber ist das nicht mehr zu erwarten, sondern liegen diese Entscheidungen notwendigerweise bei den Römern, außer wenn diese selber sie ihnen überlassen, falls es ihnen nützlich sein sollte. Ebenso werden auch Richter und hohe Beamte aus jeder Stadt im Verhältnis zu den Stimmen abgeordnet. Da sie in so wohlgesetzlichen Verhältnissen lebten, hatten sie das Glück, unter den Römern frei und im Genuss ihrer altererbten Ordnung zu bleiben.

Q 164 Regelungen des Akarnaischen Bundes für das Heiligtum des Apollon von Aktion (um 216 v. Chr.)

Inscriptiones Graecae (IG) IX 1², 2, 583

Q 164

Zu gutem Gelingen! Stratege der Akarnanen war Diogenes, Sohn des Leon, Hipparch war Echedamos, Sohn des Mnasilochos, Nauarch war Athenogenes, Sohn des Diogenes, alle aus Leukas, Ratsschreiber war Simon, Sohn des Euarchos, aus Phokreai, Schreiber des Beamtenkollegiums war Phaiax, Sohn des Echemenes, aus Leukas, Promnamon (Beamter mit unklarer Funktion) war Nikias, Sohn des Mnason, aus Koronta.

Als der Stratege Diogenes und seine Mitbeamten erschienen waren und dargelegt hatten, dass die Stadt der Anaktorier der Umstände wegen außerstande gewesen sei, die aktischen Festspiele zu veranstalten, weil sie im Verlauf der vergangenen Jahre in misslicher Lage gewesen war, als große Kriege Akarnanien rings umgaben, dass es aber für den Bund (*éthnos*) nützlich und überaus rühmlich sei, nun, da die Dinge sich zum Besten gewandt hätten, die Verehrung der Gottheit noch viel mehr zu steigern und zu prüfen, auf welche Weise, wenn das Heiligtum des aktischen Apollon ein gemeinsames Heiligtum wird, dem Gott alle Ehren gezollt werden können, beschlossen die Akarnanen, als Gesandte wegen des Heiligtums von Aktion die Bundesbeamten zur Stadt (*pólis*) der Anaktorier zu entsenden und mit ihnen Sotion, Sohn des Alexandros, Agapanor, Sohn des Pyrrichos, Aischrion, Sohn des Kleonymos, Charopidas, Sohn des Nikandros, Glaukinos, Sohn des Diophantos, alle aus Thyrreion, Epistratos, Sohn des Philistos, Bianor, Sohn des Thalon, beide aus Leukas, Mnasitheos, Sohn des Hippias, Chremas, Sohn des Drakon, Aischinas, Sohn des Telestas, alle aus Medion, und Aristomenes, Sohn des Menneias, aus Alyzeia.

Und als diese gemäß den ihnen erteilten Weisungen die Anaktorier ersuchten, doch zuzugestehen, dass das Heiligtum ein gemeinsames Heiligtum aller Akarnanen sei, damit ihm die geziemende Fürsorge zuteil werde, wenn die Wettkämpfe (*agónes*) und das Fest (*panāgyris*) nach väterlichem Brauch begangen werden, da willigten die Anaktorier unter folgenden Bedingungen ein: dass die Akarnanen das Heiligtum instandsetzen und das aufwenden, was für die Wettkämpfe, die Opfer und für das Fest jeweils vonnöten ist, wobei sie in nichts hinter dem zurückbleiben, was früher von der Stadt dafür bereitgestellt wurde. Hinsichtlich des Engagements der Flötenspieler soll geschehen, wie die Akarnanen beschließen. Von dem Fünfzigsten (*pentēkostā*) und von allen übrigen beim Fest einkommenden Abgaben und von den anderen Einkünften aus dem Verkauf der Sklaven soll die Hälfte den Akarnanen, die andere Hälfte der Stadt der Anaktorier gehören. Pentekostologen sollen von beiden Seiten vier sein und ebenso viele Schreiber, Agornanomen aber von den Akarnanen einer, von der Stadt einer. Was die Anaktorier an heiligem Geld des aktischen Apollon oder an Weihgeschenken vor der Aufzeichnung des Vertrages besaßen, das soll ihnen verbleiben, was aber in der Zeit danach geweiht ist, soll den Akarnanen gehören. Das Heleneion und die …, die in dem Hain (?) errichtet sind, sollen der Stadt der Anaktorier gehören und die Lagerplätze den Städten und Landsmannschaften (*éthnē*) verbleiben so wie von alters her. An der Spitze der Prozession soll der [Rat, danach der …] gehen …von Anaktorion und die … sollen den [Kranz?] tragen, wie es der Hierapolos anordnet … und das Haar wachsen lassen. Die Anaktorier sollen Herren der Hafenabgaben und aller übrigen Einkünfte sein mit Ausnahme der während des Festes selbst aus der Aktias einkommenden Gebühren. Es soll aber der Bund (*koinón*) der Akarnanen die Wettkämpfe in Aktion in jedem Jahr abhalten, sofern das nicht aufgrund eines Krieges oder wegen eines (dort stehenden) befreundeten Heeres unmöglich ist. Wenn aber etwas dieser Art geschehen sollte oder auch irgendwie anders es den Akarnanen und der Stadt der Anaktorier nach Beratung unmöglich zu sein scheint, dann soll das Fest in Anaktorion gefeiert werden, wie es auch die Anaktorier taten. Wenn aber die Akarnanen das nicht erfüllen sollten, wie es geschrieben steht, so soll das Heiligtum der Stadt der Anaktorier gehören so wie von alters her und das geweihte Gut dem Gott verbleiben.

Daraufhin haben Rat und Bundesversammlung (*koinón*) der Akarnanen beschlossen: die Stadt der Anaktorier zu belobigen und das Heiligtum des aktischen Apollon auszubauen, so wie es die Beamten erbeten haben und die Stadt es gewährt hat, indem sie so Dank abstatten für die dem Bund (*éthnos*) widerfahrenen Glücksfälle, damit man sehe, dass das Volk (*pléthos*) der Akarnanen zu jeder Zeit den Dienst an den Göttern fromm versieht, aber auch geziemend und der Vorfahren würdig sich zu den Stammesverwandten und Freunden verhält. Die für die Wiederherstellung des Heiligtums bestimmten Gelder sollen weder die Schatzmeister noch die Beamten für irgendetwas anderes verbrauchen als für die Instandsetzung des Heiligtums und für Weihgeschenke an den Gott. Es ist aber auf Stelen aufzuschreiben der Beschluss und die ihm eingefügte Übereinkunft in der von den Gewählten gemeinsam festgesetzten Form, und zwar von den Akarnanen Diogenes, Echedamos, Athenogenes, Phaiax, Epistratos, alle aus Leukas, Simon aus Phokreai, Sotion, Eualkos, Glaukinos, alle aus Thyrreion, und Aristomenes aus Alyzeia, von der Stadt der Anaktorier aber Hippon, Eudamos, Ptolemaios, Hellanikos und Sotion, und die eine Stele ist in Aktion aufzustellen, die andere in Olympia; die Mittel hierfür sind aus der Bundeskasse zu geben. Für die Wettkämpfe aber und für das Fest und überhaupt für alles, was die aktischen Spiele betrifft, sollen die Akarnanen die heiligen Gesetze, die die Stadt der Anaktorier angenommen hat, so anwenden, wie die Vertreter beider Seiten sie revidiert haben. Gültig sein soll das auf der Stele Verzeichnete und weder durch Gesetz noch durch Beschluss soll irgendetwas von dem Geschriebenen aufgehoben werden. Wenn aber einer versuchen sollte, einen derartigen Beschluss oder ein solches Gesetz einzubringen oder sonst irgendwie die Vereinbarung umzustoßen, so soll, wenn es eine Stadt ist, sie fünfhundert Minen Buße zahlen, wenn aber ein Privatmann, so soll er nach dem Urteil des Gerichts sterben, und Gesetz und Beschluss sollen ungültig sein. Es soll aber erlaubt sein, die heiligen Gesetze zu revidieren, wenn der Tag der Gesetzgebung kommt, jedoch ohne etwas entgegen dem Inhalt der Stele aufzuschreiben.

Q 165　König Antiochos III. verleiht den Juden Privilegien.

Kontext: Nach seinem Sieg über die Ptolemäer im 5. Syrischen Krieg (200 v. Chr.) übernimmt Antiochos III. auch die Herrschaft über den jüdischen Tempelstaat und regelt die Beziehungen zu den Juden in einem Schreiben an seinen Statthalter Ptolemaios

König Antiochos entbietet dem Ptolemaios seinen Gruß. Sowie wir das Land der Juden betraten, haben sie sogleich ihren Eifer uns gegenüber bewiesen, uns beim Einzug in die Stadt unter Beteiligung des Ältestenrates (*gerousía*) glänzend empfangen, die Soldaten und Elefanten reichlich mit Lebensmitteln versorgt und uns bei der Vertreibung der ägyptischen Besatzung aus der Burg geholfen. Wir haben es deshalb für billig gehalten, uns ihnen hierfür erkenntlich zu zeigen und zunächst ihre von den kriegerischen Ereignissen heimgesuchte Stadt wiederherzustellen und durch Zurückberufung der zerstreuten Bewohner wieder zu bevölkern. Vorläufig haben wir beschlossen, ihnen wegen ihrer Gottesfurcht den Bedarf für die Opfer zu liefern, nämlich Opfertiere, Wein, Öl und Weihrauch im Wert von zwanzigtausend Silberstücken (wohl Drachmen), ? (Zahl ist nicht erhalten) Artaben heiligen Weizenmehls nach dem Gesetz ihres Landes, 1460 Scheffel Weizen und 375 Scheffel Salz. Ich will, dass dies alles ihnen genau übergeben wird, wie ich befehle; desgleichen sollen auch die Arbeiten am Tempel, an den Säulenhallen und wo sonst Bauten nötig sind, in Angriff genommen werden. Das Holz dazu soll aus Judäa selbst, von den anderen Völkern (*éthnē*) und vom Libanon geholt werden, ohne dass irgend eine Abgabe dafür erhoben werden darf. Dasselbe bestimme ich hinsichtlich aller übrigen Arbeiten, die zur Verschönerung des Tempels notwendig sind. Allen Angehörigen des Volkes soll gestattet sein, nach den Gesetzen ihrer Väter zu leben, und es sollen der Ältestenrat, die Priester, die Tempelschreiber und die Sänger von der Kopfsteuer, der Abgabe für die Krone und der Salzsteuer befreit sein. Damit nun die Stadt desto eher wieder bevölkert werde, bewillige ich ihren Bewohnern und allen, die bis zum Monat Hyperberetaios dorthin zurückkehren, Steuerfreiheit für drei Jahre. Wir erlassen ihnen auch für die Zukunft den dritten Teil der Abgaben, damit sie ihren Schaden ausgleichen können. Ferner setzen wir hiermit alle, die aus der Stadt in die Sklaverei verschleppt worden sind, samt ihren Kindern in Freiheit und befehlen, dass ihnen ihr Vermögen zurückgegeben werde.

Flavius Josephus, Jüdische Altertümer 12, 138–144

Q 166　Ein Ehevertrag aus Ägypten (311/10 v. Chr.)

Im 7. Königsjahr Alexanders, des Sohnes des Alexander (des Großen), im 14. Satrapenjahr des Ptolemaios (311/10 v. Chr.) im Monat Dios. Heiratsvertrag (*syngraphḗ synoikisías*) des Herakleides und der Demetria. Es nimmt Herakleides Demetria aus Kos zur rechtmäßigen Gattin von ihrem Vater Leptines aus Kos und ihrer Mutter Philotis, als freier Mann eine freie Frau, die Kleidung und Schmuck mitbringt im Wert von 1000 Drachmen. Herakleides aber soll Demetria alles bieten, was einer freien Frau zukommt. Wir sollen dort zusammen wohnen, wo es Leptines und Herakleides in gemeinsamer Beratung am besten scheint. Wenn aber Demetria bei irgendeiner böswilligen Handlung zur Schande ihres Mannes Herakleides betroffen wird, dann soll sie alles, was sie mitgebracht hat, verlieren. Herakleides soll die Vorwürfe

Papyrus Elephantine 1

gegen Demetria vor drei Männern, die beide anzuerkennen haben, nachweisen. Herakleides soll nicht erlaubt sein, eine andere Frau ins Haus führen zur Entehrung Demetrias, noch mit einem anderen Weibe Kinder zu zeugen; auch soll Herakleides unter keinerlei Vorwand irgend eine böswillige Handlung gegen Demetria unternehmen. Wird Herakleides betroffen, wenn er davon etwas tut, und führt Demetria vor drei Männern, die beide anzuerkennen haben, den Beweis, so soll Herakleides Demetria die Mitgift, die sie brachte, wieder zurückgeben im Wert von 1000 Drachmen und dazu noch als Buße 1000 Drachmen Alexandergeld bezahlen. Die Vollstreckung soll nach dem gesetzlich geltenden Recht für Demetria und ihre Rechtsbeistände von Herakleides selbst aus allem, was Herakleides zu Wasser und zu Land besitzt, erfolgen. Dieser Vertrag soll überall in jeder Weise gültig sein, wie wenn der Vertrag immer dort geschlossen wäre, wo ihn Herakleides gegen Demetria oder Demetria und ihre Rechtsbeistände gegen Herakleides geltend machen. Herakleides und Demetria sollen selbständig sein, wenn sie ihre eigenen Verträge aufbewahren und wenn sie dieselben gegeneinander geltend machen. Zeugen sind Kleon aus Gela, Antikrates aus Temnos, Lysis aus Temnos, Dionysios aus Temnos, Aristomachos aus Kyrene und Aristodikos aus Kos.

Q 167

Q 167 Sakrale Topographie und Erinnerungsorte in einer hellenistischen Polis, am Beispiel von Messene auf der Peloponnes

Pausanias, Beschreibung Griechenlands 4, 31, 9–32, 3

In Messene ist auch ein Tempel der Eileithyia mit einer Kultstatue aus Marmor errichtet und in der Nähe eine Halle der Koureten, wo sie alle Tiere in gleicher Weise opfern; denn angefangen von den Rindern und Ziegen, gehen sie bis zu den Vögeln, die sie ins Feuer werfen. Es gibt auch ein ehrwürdiges Heiligtum der Demeter in Messene und Kultstatuen der Dioskuren, die die Leukippostöchter tragen. Auch das habe ich früher bereits gesagt, dass die Messenier den Lakedaimoniern bestreiten, dass die Tyndariden (= die Dioskuren) zu ihnen gehören. Aber die meisten und sehenswertesten Statuen bietet das Asklepiosheiligtum. Denn außer der des Gottes sind da Kultstatuen seiner Söhne, ferner des Apollon, der Musen und des Herakles sowie die Stadt Theben und Epameinondas, der Sohn des Kleommis, und Tyche und Artemis Phosphoros. Die Marmorstatuen sind Arbeiten des Damophon […]. Das Standbild des Epameinondas aber ist aus Eisen und von jemand anderem, nicht von diesem. Es gibt auch einen Tempel der Messene, der Tochter des Triopas, mit einer Kultstatue aus Gold und parischem Marmor, und im rückwärtigen Teil des Tempels sind Gemälde der Könige von Messenien aus der Zeit vor der Ankunft des Heerzugs der Dorier in die Peloponnes, Aphareus und seine Söhne, und von den zurückgekehrten Herakliden Kresphontes, auch dieser ein Führer des dorischen Heeres, und von den Bewohnern von Pylos Nestor sowie Thrasymedes und Antilochos, die durch ihr Alter besonders bevorzugten Söhne Nestors, die auch an dem Zug gegen Troia teilgenommen hatten. Dargestellt sind auch Leukippos, der Bruder des Aphareus, sowie Hilaeira und Phoibe und mit ihnen Arsinoë. Auch Asklepios ist da gemalt, der nach der messenischen Sage ein Sohn der Arsinoë ist, und Machaon und Podaleirios, weil auch diese am Zuge gegen Ilion teilgenommen haben. Diese Bilder malte Omphalion, ein Schüler des Nikias, des Sohnes des Nikomedes. […]

Das bei den Messeniern so genannte Hierothesion hat Kultstatuen der Götter, die bei den Griechen als solche gelten; es hat auch ein Bronzestandbild des Epameinondas. Es stehen dort auch alte Dreifüße, die Homer »nicht am Feuer gebraucht« nennt. Die Kultstatuen im Gymnasion sind Werke von Ägyptern, Hermes, Herakles und Theseus. Es ist bei allen Griechen und auch schon bei vielen Barbaren Brauch geworden, diese in Gymnasien und Palaistren zu ehren. [...] Auch ein Grabmal des Aristomenes ist hier, und das Grabmal soll nicht leer sein, wie sie sagen. Auf meine Frage aber, wie und woher sie die Gebeine des Aristomenes bekommen hätten, sagten sie, sie hätten sie aus Rhodos geholt, und es sei der Gott in Delphi, der ihnen das befohlen habe. Dazu erklärten sie mir auch, was sie an dem Grabe tun. Den Stier, den sie opfern wollen, führen sie an das Grab und binden ihn an die Säule, die auf dem Grabe steht. Der aber, wild und der Fesseln ungewohnt, will nicht bleiben. Und wenn sich die Säule durch sein Toben und Springen bewegt, ist das ein gutes Zeichen für die Messenier; wenn sie sich nicht bewegt, bedeutet das Zeichen Unheil.

Q 168 Anrufung und Lobpreis der Göttin Isis

Q 168

Fundkontext: Es handelt sich um den ersten von vier auf Papyrus erhaltenen metrischen Gebetshymnen auf die Göttin Isis, die von einem gewissen Isidoros (!) stammen (2./1. Jh. v. Chr.)

1. Hymnus des Isidoros

Verleiherin des Reichtums, Königin der Götter, Hermuthis, Herrin, Allmächtige, Gutes Glück (*Týché Agathé*), hochberühmte Isis, Deo (= Demeter), Höchste, Erfinderin allen Lebens! Vielfältige Werke lagen Dir am Herzen, auf dass Du den Menschen Lebensunterhalt brächtest und wohlgesetzliche Ordnung für alle. Du machtest Regeln bekannt, damit eine gute Gerechtigkeit herrsche. Künste gabst Du, damit das Leben wohlgestaltet sei. Du erfandest die blühend sprießende Natur aller Früchte. Dank Dir ist der Himmel geordnet und die ganze Erde und das Hauchen der Winde und die süß leuchtende Sonne. Durch Deine Kraft werden alle Kanäle des Nils gefüllt, zur Zeit der Reife, und das tosende Wasser ergießt sich über das gesamte Land, damit die Frucht nicht ausgehe. Alle Sterblichen, die auf der grenzenlosen Erde leben, Thraker, Griechen und Barbaren, rufen Deinen schönen Namen, bei allen hochgeehrt, jeder in seiner eigenen Sprache, in seinem eigenen Land: Astarte, Artemis, Nanaia rufen Dich die Syrer; die lykischen Stämme nennen Dich Leto, die Herrscherin; auch die Thraker rufen Dich Mutter der Götter, und die Griechen Hera auf dem hohen Thron, Aphrodite, Hestia, die Gute, Rheia und Demeter; die Ägypter aber nennen Dich Thiouis, weil Du allein alle anderen Göttinnen bist, die von den Völkern angerufen werden. Herrin, ich werde nicht aufhören, Deine große Macht zu besingen, unsterbliche Retterin, vielnamige, größte Isis. Vor dem Krieg bewahrst Du die Städte und alle ihre Bürger, sie selbst, ihre Frauen, Besitztümer und Kinder. Wie viele auch in Todesbanden und im Gefängnis gehalten werden, wie viele auch in langen Nächten unter Schmerzen schlaflos liegen, und welche auch immer im fremden Land herumirren und welche auf dem großen Meere fahren, im Winter, wenn Männer zugrunde gehen und Schiffe zerbrechen – alle diese werden gerettet, wenn sie beten, Du mögest ihnen Beistand leisten. Höre meine Gebete, Du, deren Namen großmächtig ist. Sei mir gnädig und ende alle meinen Kummer. Isidoros hat das geschrieben.

Q 169

Q 169 Cicero thematisiert zentrale Orientierungen der hellenistischen Philosophie

Kontext: In fiktiven Gesprächen (im Stil aristotelischer Dialoge) in Ciceros Villa in Tusculum werden unterschiedliche ethische Positionen diskutiert. Die Schrift ist Ciceros Freund Brutus, dem Caesarmörder gewidmet, der als Vertreter der stoischen Richtung galt.

Cicero, Gespräche in Tusculum 5, 1 f.

Der fünfte Tag jetzt, Brutus, wird das Ende der Gespräche in Tusculum bringen. An diesem Tag haben wir über die Dinge diskutiert, die du unter allen am meisten gutheißt. Dass du nämlich ganz der Überzeugung bist, dass die sittliche Haltung (*virtus*) in sich selbst genug sei, um glücklich zu leben, habe ich an dem Buche gemerkt, das du aufs sorgfältigste verfasst und mir geschickt hast, und auch aus vielen Gesprächen mit dir. Wenn das auch schwer zu beweisen ist wegen so vielfältiger und zahlreicher Qualen des Schicksals, ist es doch so, dass man sich anstrengen muss, damit es umso leichter bewiesen werde. Denn nichts von allem, was in der Philosophie behandelt wird, wird bedeutender und großartiger gesagt. Denn da dies der Grund war, der diejenigen, die sich zuerst dem Bemühen um die Philosophie zugewandt haben, dazu trieb, dass sie alle Dinge hintansetzten und sich ganz auf die Suche nach dem besten Zustand des Lebens begaben, haben sie wirklich in der Hoffnung, glücklich zu leben, so gewaltige Sorge und Mühe auf dieses Streben verwandt. Wenn aber von ihnen die Vollkommenheit der sittlichen Persönlichkeit gefunden und entwickelt wurde und wenn wir zum glücklichen Leben Rückhalt genug in der sittlichen Haltung haben, wen gibt es da, der nicht glaubte, dass es rühmlich war, dass sie die Mühe des Philosophierens begründet und wir sie aufgenommen haben? Wenn aber die sittliche Haltung, den wechselnden und ungewissen Zufällen ausgesetzt, dem Zufall dient und nicht so viel Kräfte besitzt, dass sie sich selbst schützt, dann fürchte ich, dass wir uns hinsichtlich der Hoffnung auf ein glückliches Leben nicht so sehr auf das Vertrauen in die sittliche Haltung stützen als vielmehr Gebete an die Götter richten sollten.

Q 170

Q 170 Eratosthenes berechnet auf astronomischer Grundlage den Erdumfang

Kleomedes, Theorie über die Kreisbewegung der Gestirne

Gehen wir erstens und im Folgenden davon aus, dass Syene (= Assuan) und Alexandria auf demselben Meridian liegen; zweitens, dass die Entfernung zwischen diesen Städten 5000 Stadien beträgt, und drittens, dass die von verschiedenen Teilen der Sonne auf verschiedene Teile der Erde treffenden Strahlen parallel sind. Dass dies so ist, nehmen die Mathematiker (*geométrai*) als Grundsatz an. Gehen wir viertens davon aus – was die Mathematiker bewiesen haben –, dass Geraden, die auf parallele Linien treffen, die Wechselwinkel gleich bilden. Fünftens, dass die Kreisbögen, die auf gleichen Winkeln beruhen, ähnlich sind, d. h. dass sie im Hinblick auf die entsprechenden Kreise die gleiche Proportion und das gleiche Verhältnis besitzen. Denn wenn Kreisbögen auf gleichen Winkeln beruhen, wenn beispielsweise einer ein Zehntel eines Kreises darstellt, dann stellen auch alle übrigen ein Zehntel der entsprechenden Kreise dar.

Für den, der dies begriffen hat, ist es wohl nicht schwer, die folgende Vorgehensweise des Eratosthenes nachzuvollziehen. Er behauptet, dass Syene und Alexandria auf demselben Meridian liegen. Da die Meridiane die größten in der Welt vorhandenen Kreise sind, müssen notwendigerweise auch die Kreise unter diesen (Meridianen) die größten Kreise der Erde sein. Daher ist der Erdkreis, der durch Syene und Alexandria läuft und den auch dieser Beweisgang aufzeigt, genauso groß wie der größte Erdkreis. Er sagt also – und so verhält es sich auch –, dass Syene auf dem sommerlichen Wendekreis liegt. Sobald also die Sonne im Krebs steht, ihre Sommerwende macht und ihren mittäglichen Höhepunkt erreicht, werfen die Zeiger (*gnómones*) der Sonnenuhr notwendigerweise keinen Schatten mehr, da die Sonne exakt lotrecht darüber steht. [...] In Alexandria aber werfen zur gleichen Zeit die Zeiger der Sonnenuhr einen Schatten, weil diese Stadt nördlicher als Syene liegt. Wenn nun die beiden Städte unter demselben Meridian und dem größten Kreis liegen und wenn wir einen Kreisbogen von der Spitze des Schattens bis genau zur Basis des Schattenzeigers (Gnomons) der Sonnenuhr in Alexandria ziehen, dann wird dieser Kreisbogen ein Abschnitt des größten Kreises in der »Schüssel« (*skáphe*) sein, weil die »Schüssel« des Stundenzählers unter dem größten Kreis liegt.

Wenn wir nun als nächstes in Gedanken Geraden projizieren, die von den beiden Schattenzeigern durch die Erde gehen, dann werden sie im Mittelpunkt der Erde zusammentreffen. Da der Stundenzähler in Syene lotrecht unter der Sonne liegt, wird es – wenn wir uns noch zusätzlich eine Gerade vorstellen, die von der Sonne bis zur Spitze der Sonnenuhr läuft – eine Gerade geben, die von der Sonne bis zum Mittelpunkt der Erde läuft. Wenn wir uns nun eine zweite Gerade vorstellen, die von der Schattenspitze der Sonnenuhr in Alexandria über die Spitze von deren Zeiger bis zur Sonne führt, wären diese Gerade und die bereits genannte Gerade Parallelen, da sie von unterschiedlichen Teilen der Sonne auf unterschiedliche Teile der Erde treffen. Die Gerade, die vom Erdmittelpunkt zum Zeiger in Alexandria führt, schneidet nun diese beiden Parallelen so, dass sie gleiche Wechselwinkel bildet. Der eine dieser Winkel liegt am Mittelpunkt der Erde, dort, wo sich die Geraden treffen, die von den Stundenuhren zum Mittelpunkt der Erde gezogen sind; der andere Winkel liegt dort, wo sich die Spitze des Zeigers in Alexandria und die Linie treffen, die von der Spitze seines Schattens bis zur Sonne durch den Berührungspunkt mit dem Zeiger gezogen ist. Auf diesem Winkel liegt ein Kreisbogen, der von der Spitze des Zeigerschattens zur Zeigerbasis gezogen ist, während auf dem Winkel beim Erdmittelpunkt der Kreisbogen von Syene nach Alexandria läuft. Diese beiden Kreisbögen sind sich ähnlich, da sie auf gleichen Winkeln verlaufen. Denn der Kreisbogen in der Sonnenuhr hat zum entsprechenden Umfang dasselbe Verhältnis wie der Kreisbogen, der von Syene nach Alexandria läuft. Man misst nun, dass der Kreisbogen in der Sonnenuhr der fünfzigste Teil des entsprechenden Kreises ist. Notwendigerweise muss also auch die Entfernung von Syene nach Alexandria der fünfzigste Teil des größten Kreises der Erde sein. Und diese Entfernung beträgt 5000 Stadien. Der gesamte Kreis misst also 250 000 Stadien. Dies ist die Vorgehensweise des Eratosthenes.

ROM VON DEN ANFÄNGEN BIS ZUM ENDE DER REPUBLIK (6. Jh. bis 30 v. Chr.)

Helmuth Schneider

Q 171 Die Geschichte der römischen Republik

Kontext: In einem Exkurs gibt Tacitus einen kurzen Überblick über die Geschichte der römischen Republik; der Text zeigt, wie ein römischer Historiker der Principatszeit die Entwicklung der Republik akzentuiert und bewertet hat.

Die ältesten Menschen lebten, da sie noch keinen Trieb zum Bösen hatten, ohne Schuld und Verbrechen und damit ohne Strafe oder Zwangsmittel. [...] Als aber die Gleichheit verschwand und an die Stelle von Bescheidenheit und Scham dann Ehrgeiz und Gewalt traten, da entstanden Herrschaften und haben sich bei vielen Völkern dauernd behauptet. Einige Völker wollten sofort, oder nachdem sie der Könige überdrüssig geworden waren, lieber Gesetze haben, die zuerst angesichts der rohen Gesinnung der Menschen von einfacher Art waren; am meisten wurden die Gesetze gerühmt, die Minos den Kretern, die Lykurgus den Spartanern und die später Solon in präzise formulierter Form und in größerer Zahl den Athenern gegeben hat. Über uns hatte Romulus nach Belieben geherrscht; danach verpflichtete Numa das Volk durch Religion und göttliches Recht zum Gehorsam, einige Vorschriften wurden auch von Tullus und Ancus ersonnen; vor allen anderen war aber Servius Tullius der Stifter von Gesetzen, denen auch die Könige gehorchen sollten.

Tacitus, Annales 3, 26–28

Nach der Vertreibung des Tarquinius traf das Volk gegen die Parteiungen der Patrizier viele Maßnahmen, um die Freiheit zu schützen und die Eintracht zu festigen; man wählte Decemvirn und stellte, nachdem man zusammengeholt hatte, was sich irgendwo an ausgezeichneten Gesetzen fand, die Vorschriften der Zwölf Tafeln zusammen, die auch das Ende eines für alle in gleicher Weise geltenden Rechtes bedeuteten. Denn die folgenden Gesetze wurden zwar bisweilen gegen Übeltäter aufgrund ihres Vergehens erlassen, sie sind öfter jedoch aufgrund von Konflikten zwischen den Ständen und mit dem Ziel, in unerlaubter Weise Ämter zu erlangen oder herausragende Männer zu verbannen, oder aus anderen verwerflichen Beweggründen mit Gewalt durchgesetzt worden. Als Folge dieser Zustände traten Männer wie die Gracchen und Saturninus als Aufwiegler der Plebs hervor, und nicht weniger freigebig, wenngleich im Namen des Senats, Drusus; die Bundesgenossen wurden durch Hoffnung verführt oder die Intercession (der Volkstribunen) getäuscht, und nicht einmal im Italischen Krieg und später im Bürgerkrieg unterließ man es, viele sich widersprechende Gesetze zu beschließen, bis der Dictator L. Sulla die früheren Gesetze aufhob oder abänderte und in größerer Zahl neue schuf; damit leitete er eine Phase der Ruhe in der Gesetzgebung ein, eine Phase, die aber nicht lange dauerte, da nur wenig später Lepidus umstürzlerische Gesetzesanträge einbrachte und man nach einiger Zeit den Volkstribunen wiederum die unbeschränkte Freiheit gab, nach ihrem Belieben das Volk aufzuwiegeln. Und schon wurden nicht nur allgemein geltende Gesetze, sondern gegen einzelne Persönlichkeiten gerichtete Gesetzesanträge eingebracht; als die *res publica* in höchstem Maße zerrüttet war, existierten die meisten Gesetze.

Dann wurde Cn. Pompeius zum dritten Mal zum Consul mit dem Auftrag, die Sitten zu bessern, gewählt; seine Reformen waren drückender als die vorhergehenden Missstände. Er war zugleich Urheber und Zerstörer seiner Gesetze, und er verlor durch Waffengewalt das, was er durch Waffengewalt zu schützen versuchte. Von diesem Zeitpunkt an bestand zwanzig Jahre lang ununterbrochen Zwietracht; nicht Sitte galt, nicht Recht; die schrecklichsten Taten blieben ungestraft, und viele ehrenhafte Handlungen brachten Verderben. Im sechsten Consulat hob Caesar Augustus schließlich, seiner Macht sicher, wieder auf, was er während des Triumvirats angeordnet hatte, und schuf neues Recht, aufgrund dessen wir in Frieden und unter einem Princeps leben sollten.

Q 172   Q 172 Die Quellen zur frühen römischen Geschichte

Kommentar: Die Quellenlage zur Geschichte Roms ist für die Zeit bis zum 3. Jh. v.Chr. und insbesondere bis zum Beginn des 1. Punischen Krieges schwierig, da für die Frühzeit Roms keine direkte historiographische Überlieferung existiert und auch sonstige schriftliche Zeugnisse weitestgehend fehlen. Schon Livius und Cicero habe gesehen, dass eine überzeugende Darstellung der frühen Geschichte Roms deswegen kaum möglich ist.

Q 172a
Livius, Römische
Geschichte 2, 21, 4

So viele Irrtümer in den Zeitangaben verwirren, wenn bei verschiedenen Autoren eine unterschiedliche Reihenfolge der Magistrate angegeben wird, so dass man bei so weit zurückliegenden Ereignissen und aufgrund des Alters der Autoren weder die Reihenfolge der Consuln noch das Geschehen in jedem einzelnen Jahr genau bestimmen kann.

Q 172b
Livius, Römische
Geschichte 6, 1

Die Geschichte der Römer von der Gründung der Stadt bis zu ihrer Einnahme, zunächst unter Königen, dann unter Consuln, Dictatoren, Decemvirn und Consulartribunen, die Kriege draußen sowie die Konflikte im Inneren, habe ich in fünf Büchern dargestellt. Diese Ereignisse sind schon durch ihr allzu hohes Alter in Dunkel gehüllt – gleichsam wie solche Gegenstände, die man aus großer räumlicher Entfernung kaum erkennen kann – und vor allem aber auch deswegen, weil in diesen Zeiten nur selten etwas schriftlich aufgezeichnet worden ist, was doch allein eine zuverlässige Bewahrung der Erinnerung an vergangenes Geschehen gewährleistet, und weil solche Aufzeichnungen, falls es sie in den *commentarii* der Pontifices oder in anderen öffentlichen oder privaten Dokumenten gegeben hat, bei dem Brand der Stadt vernichtet worden sind. Klarer und sicherer werden die Ereignisse in Rom und die militärischen Vorgänge im Felde von der zweiten Gründung der Stadt ab dargestellt werden können, nachdem diese gleichsam aus den Wurzeln üppiger und fruchtbarer wiedergeboren worden war.

Q 173 Die Aufzeichnungen der Pontifices

Es gefällt mir nicht, das zu schreiben, was auf der Tafel des Pontifex maximus verzeichnet ist, wie oft das Getreide teuer war, wie oft dem Licht des Mondes oder der Sonne Finsternis oder sonst etwas entgegenstand.

Cato, Origines,
Fragment 77

Q 174 Cicero über die Verfälschung der frühen römischen Geschichte

Und beim Hercules, gerade diese (Lobreden auf Verstorbene) existieren noch: Die Familien selbst bewahren sie als Pracht- und Erinnerungsstücke, sei es zum Gebrauch, falls jemand aus dem Geschlecht sterben sollte, sei es zur Erinnerung an die Verdienste ihres Hauses, sei es zur demonstrativen Darstellung ihrer Zugehörigkeit zur Nobilität. Gleichwohl ist unsere Geschichtsschreibung durch diese Lobreden verfälscht worden. Vieles nämlich ist in ihnen aufgeschrieben, was nie geschehen ist: falsche Triumphe, zahlreichere Consulate, ja sogar falsche Genealogien und Übertritte in den Plebeierstand, indem Männer von niedriger Abstammung sich in ein fremdes Geschlecht desselben Namens eindrängten.

Cicero, Brutus 62

Q 175 Die Zeitrechnung in der römischen Frühzeit

Es existiert ein altes Gesetz, das in altertümlichen Buchstaben und Wörtern aufgezeichnet ist, dass derjenige, der *praetor maximus* ist, an den Iden des September (13. September) einen Nagel einschlagen solle. Er wurde öffentlich eingeschlagen an der rechten Seite des Heiligtums des Iuppiter Optimus Maximus, an der Stelle, wo sich der Tempel der Minerva befindet. Man behauptet, dieser Nagel sei, weil in diesen Zeiten schriftliche Aufzeichnungen selten waren, ein Merkzeichen für die Zahl der Jahre gewesen und das Gesetz sei dem Tempel der Minerva geweiht gewesen, da die Zahl von Minerva erfunden sei.

Livius, Römische
Geschichte 7, 3, 5 – vgl.
Plinius, Naturkunde 33,
19–20

Q 176 Die Städte Latiums in der römischen Frühzeit

Kontext: Die Städte Latiums bildeten in der Zeit vor 340 v. Chr. einen Bund, hatten gemeinsame Magistrate und gemeinsame Heiligtümer.

Den Hain der Diana im Wald von Aricia hat Egerius Laevius aus Tusculum geweiht, der Dictator Latinus, diese Völker haben (den Hain) gemeinsam: das von Tusculum, von Aricia, Lanuvium, Laurentum, Cora, Tibur, Pometia, die Rutuler aus Ardea.

Cato, Origines,
Fragment 53

Q 177 Rom und seine Verbündeten. Die Neuordnung nach dem Latinerkrieg im Jahr 338 v. Chr. in der Sicht des Livius

Kontext: Nach dem Krieg zwischen Rom und den Städten Latiums kam es zu einer Neuordnung der Beziehungen in Italien: Rom nahm einige Städte in seine eigene Bürgerschaft auf und schloss bilaterale Verträge mit den anderen Städten und Völkerschaften. Aus derartigen Verträgen ging das römische Bündnissystem hervor.

Livius, Römische
Geschichte 8, 14

Den Bewohnern von Lanuvium wurde das Bürgerrecht gegeben, und ihre Heiligtümer wurden ihnen zurückgegeben mit der Einschränkung, dass der Tempel und der Hain der Iuno Sospita den Bürgern des Municipiums Lanuvium und dem römischen Volk gemeinsam gehören solle. Die Bewohner von Aricia und Nomentum sowie von Pedum wurden mit denselben Rechten wie die Lanuviner in die Bürgerschaft aufgenommen. Die Tusculaner behielten das Bürgerrecht, das sie besaßen, und das Verbrechen der Rebellion rechnete man nicht mehr dem Betrug aller Bürger, sondern nur wenigen Urhebern zu. Gegen die Bewohner von Velitrae, seit langem römische Bürger, wurden schwere Strafen verhängt, weil sie so oft abgefallen waren; ihre Mauern wurden geschleift, ihr Senat wurde weggeführt und angewiesen, jenseits des Tiber zu wohnen. [...] In Antium wurde eine neue Kolonie gegründet, wobei den Antiaten erlaubt wurde, sich auch selbst als Siedler einschreiben zu lassen, wenn sie wollten. Ihre Kriegsschiffe wurden ihnen weggenommen und dem Volk von Antium wurde untersagt, das Meer zu befahren; es erhielt das Bürgerrecht. Die Tiburtiner und Praenestiner mussten zur Strafe Land abtreten, nicht nur wegen des vor kurzem gemeinsam mit den Latinern begangenen Vergehens der Rebellion, sondern weil sie aus Widerwillen gegen die römische Herrschaft einstmals mit den Galliern, einem wilden Volk, ein Waffenbündnis geschlossen hatten. Den übrigen Latinern nahm man das Recht, untereinander Ehen zu schließen, miteinander Handel zu treiben und gemeinsame Versammlungen abzuhalten. Den Bewohnern von Capua gab man zu Ehren der Reiter, weil diese nicht mit den Latinern hatten abfallen wollen, ebenso den Bewohnern von Fundi und Formiae, weil der Weg durch ihr Gebiet immer sicher und ungefährdet war, das Bürgerrecht ohne Stimmrecht (*civitas sine suffragio*). Es wurde der Beschluss gefasst, dass die Bewohner von Cumae und Suessula denselben Rechtsstatus haben sollten wie Capua.

Q 178

Q 178 Inschriften aus dem Grab der Scipionen

Kontext: Die Inschriften sind wertvolle Zeugnisse zur Mentalität und zur Selbstauffassung der römischen Senatoren in der Zeit der frühen Republik.

Q 178a

ILS 1

Grabinschrift des L. Cornelius Scipio Barbatus, Consul 298 v.Chr. (spätes 3. Jh. v.Chr.)
Cornelius Lucius Scipio Barbatus, vom Vater Gnaeus abstammend, ein tapferer und weiser Mann, dessen gute Gestalt seiner Tugend gleichkam, der Consul, Censor, Aedil bei Euch gewesen ist. Er nahm Taurasia und Cisauna in Samnium ein. Er unterwarf ganz Lucania und führte Geiseln von dort fort.

Q 178b

ILS 2; 3

Grabinschrift für L. Cornelius Scipio, Consul 259 v.Chr. mit dem späteren Elogium (ca. 230 v.Chr.)
L. Cornelius, Sohn des Lucius, Scipio, Aedil, Consul, Censor.
Dieser eine Mann, darin stimmen die meisten überein, war in Rom der beste aller guten Männer, nämlich Lucius Scipio. Der Sohn des Barbatus war Consul, Censor, Aedil bei euch. Er eroberte Corsica und die Stadt Aleria. Den Gottheiten der Stürme errichtete er für erwiesene Gunst einen Tempel.

Q 179 Die Wertvorstellungen der römischen Nobilität

Kontext: Der Text des Plinius gibt in knapper Form den Inhalt der Leichenrede auf Lucius Caecilius Metellus, Consul 251 und 247 v.Chr., wieder und zeigt, von welchen Wertvorstellungen das Handeln der römischen Nobilität geprägt war.

Quintus Metellus hat in der Rede, die er bei der letzten Ehrung seines Vaters L. Metellus hielt, der Pontifex, zweimal Consul, Dictator, Befehlshaber der Reiterei und einer der zur Verteilung von Land erwählten Fünfzehnmänner war und der nach dem 1. Punischen Krieg als Erster Elefanten im Triumph mitführte, schriftlich überliefert, dieser habe die zehn höchsten und besten Dinge, deren Erlangung die Weisen ihr Leben widmeten, in sich vereinigt: Er wollte nämlich der erste Krieger, der beste Redner, der tapferste Feldherr sein, weiterhin wollte er, dass unter seinem Oberbefehl die wichtigsten Taten vollbracht würden, dass er die höchsten Ehrenstellen erreiche, die größte Weisheit besitze, als bedeutendster Senator gelte, ein großes Vermögen auf rechte Weise erwerbe, viele Kinder hinterlasse und der Angesehenste in der Bürgerschaft sei. Dies alles sei ihm geglückt und sonst keinem anderen nach der Gründung Roms.

Plinius, Naturkunde 7, 139–140

Q 180 Der erste Vertrag zwischen Rom und Karthago

Kontext: Nach Polybios handelt es sich um die Wiedergabe eines alten lateinischen Textes, den er auf das Jahr 509 v.Chr. datiert. Diese Datierung ist in der Forschung viel diskutiert worden.

Der erste Vertrag also zwischen Römern und Karthagern wurde abgeschlossen unter Lucius Iunius Brutus und M. Horatius, den ersten Consuln nach Vertreibung der Könige, von denen auch der Iuppitertempel auf dem Capitol geweiht worden ist, das heißt 28 Jahre vor dem Übergang des Xerxes nach Griechenland. Wir geben diesen Vertrag, den wir so genau wie möglich übersetzen, im Folgenden wieder. Der Unterschied zwischen der jetzigen Sprache der Römer und der früher gebräuchlichen Sprache ist so beträchtlich, dass auch die Gelehrtesten trotz eingehender Beschäftigung einiges nur mit Mühe verstehen. Der Vertrag lautet etwa folgendermaßen:
»Unter folgenden Bedingungen soll Freundschaft bestehen zwischen den Römern sowie den Bundesgenossen der Römer und den Karthagern sowie den Bundesgenossen der Karthager. Die Römer und die Bundesgenossen der Römer sollen nicht über das schöne Vorgebirge hinausfahren, es sei denn, dass sie durch Sturm oder Feinde dazu gezwungen werden. Wenn aber einer durch die Umstände dort festgehalten wird, soll es ihm nicht gestattet sein, auf dem Markt etwas zu kaufen oder zu nehmen, außer was zur Ausbesserung des Schiffs oder für Opfer nötig ist, und innerhalb von fünf Tagen soll er wieder auslaufen. Diejenigen aber, die des Handels wegen kommen, sollen kein Geschäft rechtskräftig abschließen, es sei denn unter Aufsicht eines Herolds oder eines Schreibers. Was aber in deren Gegenwart verkauft wird, dafür soll dem Verkäufer öffentlich gebürgt werden, soweit es in Libyen oder auf Sardinien verkauft wird. Wenn ein Römer nach Sizilien kommt, soweit es die Karthager beherrschen, sollen die Römer in allem die gleichen Rechte haben.

Polybios, Historien 3, 22

Die Karthager aber sollen kein Unrecht tun dem Volk der Ardeaten, dem der Antiaten, der Laurentiner, der Kirkaiiten, der Tarrakiniten, noch sonst irgendeinem Volk der Latiner, soweit sie (den Römern) unterworfen sind. Wenn aber irgendwelche Latiner keine Untertanen sind, sollen sie (die Karthager) sich von deren Städten fernhalten. Wenn sie aber eine einnehmen, sollen sie diese den Römern unzerstört übergeben. Einen festen Platz sollen sie in Latium nicht errichten. Und wenn sie als Feinde in das Land kommen, sollen sie nicht in dem Lande übernachten.«

Q 181

Q 181 Der römisch-karthagische Friedensvertrag 241 v. Chr.

Kontext: Die erste Phase der außeritalischen Expansion war geprägt von den Kriegen zwischen Rom und Karthago. Schrittweise wurde Karthago aus Sizilien, Sardinien, Korsika und zuletzt von der Iberischen Halbinsel verdrängt. Ein Meilenstein in dieser Entwicklung ist der Friedensvertrag nach dem 1. Punischen Krieg.

Polybios, Historien 3, 27

Als nun der Krieg um Sizilien beendet war, schlossen sie einen neuen Vertrag, der folgende Bestimmungen hatte: Die Karthager sollen Sizilien und alle Inseln zwischen Italien und Sizilien räumen. Sicherheit soll von beiden Seiten für die Verbündeten beider Seiten bestehen. Keiner von beiden soll im Territorium des anderen Anordnungen treffen, öffentliche Gebäude errichten, Truppen anwerben oder die Verbündeten des anderen in seine Freundschaft aufnehmen.

Die Karthager sollen innerhalb von zehn Jahren 2200 Talente, sofort 1000 bezahlen. Die Karthager sollen den Römern alle Kriegsgefangenen ohne Lösegeld ausliefern. Danach wiederum, nach Beendigung des Libyschen Krieges, schlossen die Römer, die schon den Karthagern den Krieg erklärt hatten, einen Vertrag mit folgender Bestimmung ab: Die Karthager sollen Sardinien räumen und weitere 1200 Talente entrichten, wie wir bereits erzählt haben. Zu den genannten Verträgen kam zuletzt die Vereinbarung in Iberien mit Hasdrubal, wonach die Karthager nicht in kriegerischer Absicht den Ebro überschreiten sollten.

Q 182

Q 182 Das Senatus Consultum de Bacchanalibus 186 v. Chr.

Kontext: Diese Inschrift auf einer Bronzetafel, heute im Kunsthistorischen Museum in Wien, ist ein außerordentlich wertvolles Dokument, denn sie enthält den originalen Text eines Senatsbeschlusses. Es wird deutlich, dass Rom in die inneren Angelegenheiten der Verbündeten in Italien eingriff. Der Senatsbeschluss reagierte auf Vorgänge vor allem in Süditalien, wo bei Mysterien angeblich Menschen umgekommen waren. Vgl. Livius 39, 8–18.

ILS 18

Die Consuln Quintus Marcius, Sohn des Lucius, und Spurius Postumius, Sohn des Lucius, leiteten die Senatssitzung an den Nonen des October (7. 10. 186 v. Chr.) im Tempel der Bellona. Für die schriftliche Aufzeichnung anwesend waren Marcus Claudius, Sohn des Marcus, Lucius Valerius, Sohn des Publius, Quintus Minucius, Sohn des Gaius.

Hinsichtlich der Bacchanalia fassten die Senatoren den Beschluss, dass denen, die verbündet sind, Folgendes mitgeteilt wird:

Niemand von ihnen soll einen Raum für ein Bacchanal haben. Wenn es aber Personen gibt, die erklären, dass es für sie notwendig ist, einen Raum für ein Bacchanal zu haben, sollen diese zum *praetor urbanus* nach Rom kommen, und über diese Angelegenheit soll unser Senat, sobald sie angehört worden sind, entscheiden, wobei nicht weniger als 100 Senatoren bei der Beratung anwesend sein sollen. Unter den Bacchen darf sich kein Mann aufhalten, weder irgendein römischer Bürger noch ein Bürger latinischen Rechtes (ein Bürger, der das privilegierte Recht der latinischen Städte besitzt), noch ein Verbündeter, außer wenn sie den *praetor urbanus* aufsuchen und dieser es zulässt aufgrund eines Senatsbeschlusses, wobei nicht weniger als 100 Senatoren bei der Beratung anwesend sein sollen. Dies haben sie beschlossen.

Kein Mann darf Priester sein. Weder ein Mann noch eine Frau darf Magister (Vorsteher) sein. Keiner von ihnen darf eine gemeinsame Kasse haben. Niemand, weder ein Mann noch eine Frau, darf einen Magistrat (geschäftsführenden Vereinsvorsteher) oder einen Stellvertreter ernennen.

Nach diesem Zeitpunkt dürfen sie untereinander keinen gemeinsamen Eid, kein Gelöbnis ablegen, keine Versprechen abgeben und keine Übereinkunft treffen, und sie dürfen auch nicht ein Treuebündnis eingehen. Die heiligen Riten (*sacra*) darf niemand vollziehen, und niemand darf dies im öffentlichen oder im privaten Bereich oder außerhalb der Stadt Rom tun, außer wenn er den *praetor urbanus* aufsucht und dieser es zulässt aufgrund eines Senatsbeschlusses, wobei nicht weniger als 100 Senatoren bei der Beratung anwesend sein sollen. Dies haben sie beschlossen.

Mehr als fünf Menschen, Männer und Frauen, dürfen die heiligen Riten nicht vollziehen, noch dürfen dabei mehr als zwei Männer oder drei Frauen anwesend sein, wenn nicht aufgrund eines Beschlusses von *praetor urbanus* und Senat, wie oben beschrieben ist.

Dies sollt ihr in einer öffentlichen Versammlung verkünden an nicht weniger als drei Markttagen, und ihr sollt Kenntnis vom Senatsbeschluss haben. Der Senatsbeschluss hat diesen Inhalt: Wenn es irgendwelche Personen gibt, die dem zuwiderhandeln, was oben geschrieben steht, soll ihnen ein Kapitalprozess gemacht werden. Dies haben sie beschlossen. Dies sollt ihr auf eine Bronzetafel eingravieren – so hielt es der Senat für angemessen – und diese dort anbringen lassen, wo sie leicht wahrgenommen werden kann. Die Räumlichkeiten für die Bacchanalia sollen, falls es welche gibt – außer wenn dem ein religiöses Hindernis entgegensteht – wie oben geschrieben ist, in einer Frist von zehn Tagen, nachdem euch die Tafeln übergeben worden sind, beseitigt werden.

Q 183 Provinzen und römische Kriegführung

Q 183

Kontext: Die ersten römischen Provinzen wurden auf den Gebieten eingerichtet, die man den Karthagern genommen hatte; bei der rechtlichen Neuordnung hielten die Römer sich in hohem Maße an die Gegebenheiten, die sie vorfanden. Sizilien ist dafür ein wichtiges Beispiel. In den spanischen Provinzen waren die Römer an der Ausbeutung der Edelmetallvorkommen interessiert.

Der Rechtsstatus der Städte in der römischen Provinz Sicilia

Q 183 a
Cicero, Reden gegen
Verres 2, 3, 12

Zwischen Sizilien und den übrigen Provinzen, ihr Richter, besteht ein Unterschied in der Bemessung der Grundsteuern, denn den übrigen Provinzen ist entweder eine Steuer auferlegt, die eine festgesetzte Höhe hat und *stipendiarium* genannt wird, wie den Spaniern und den meisten Puniern, gleichsam als Lohn für den Sieg und Strafe für den Krieg, oder man hat eine Verpachtung durch die Censoren eingerichtet, so wie in (der Provinz) Asia durch die *lex Sempronia*. Die sizilischen Gemeinden aber haben wir in der Weise in unsere Freundschaft und in ein Treuebündnis aufgenommen, dass sie ihre frühere Rechtsstellung behalten und dass sie dem römischen Volke zu denselben Bedingungen gehorchen sollten, zu denen sie vorher ihren Herrschern gehorcht haben. Sehr wenige Gemeinden Siziliens sind von unseren Vorfahren im Krieg unterworfen worden. Obgleich ihr Land zum öffentlichen Eigentum des römischen Volkes erklärt worden war, wurde es ihnen dennoch zurückgegeben. Dieses Land pflegt von den Censoren verpachtet zu werden. Es gibt zwei verbündete Gemeinden, deren Zehnten sie nicht zu verpachten pflegen, nämlich Mamertina und Tauromenium, außerdem fünf, die ohne Bündnis abgabenfrei und frei (*immunes ac liberae*) sind, nämlich Centuripae, Halaesa, Segesta, Halicyae und Panormus. Alles übrige Land der Städte Siziliens ist abgabenpflichtig, und so verhielt es sich auch vor der Herrschaft des römischen Volkes nach dem Willen und den Einrichtungen der sizilischen Bevölkerung.

Erkennt nun die Klugheit unserer Vorfahren: Als diese Sizilien mit seinen so nützlichen Ressourcen für Krieg und Frieden der Republik angliederten, wollten sie die Bevölkerung mit so großer Fürsorge schützen und erhalten, dass sie ihren Ländereien nicht nur keine neue Steuer auferlegten, sondern nicht einmal das Gesetz über die Verpachtung des Zehnten und auch nicht Zeitpunkt und Ort der Verpachtung änderten. Sie verpachteten den Zehnten in einer bestimmten Jahreszeit ebendort in Sizilien nach dem Gesetz Hierons.

Q 183b
Strabon, Geographika
3, 2, 10

Polybios über die römischen Bergwerke in Spanien

Polybios aber sagt in dem Abschnitt über die Silberbergwerke bei Carthago Nova, diese seien sehr groß, etwa 20 Stadien von der Stadt entfernt und hätten etwa die Ausdehnung eines Kreises von 400 Stadien Umfang. Dort lebten 40000 arbeitende Menschen, die damals für das römische Volk jeden Tag 25000 Drachmen förderten. Die sonstigen Methoden des Bergbaus übergehe ich hier, denn es handelt sich um umfangreiche Ausführungen; Polybios berichtet aber, dass die silberhaltige Erde, die vom Fluss angespült wird, kleingestampft und im Wasser gesiebt wird. Das Material, das sich abgesetzt hat, wird noch einmal zerstoßen, noch einmal gesiebt und, wenn das Wasser abgegossen ist, wiederum kleingestampft. Der Rückstand beim fünften Mal wird geschmolzen, und nach Abgießen des Bleis wird reines Silber gewonnen.

Q 183c
Plutarch, Aemilius 29

Die römische Kriegführung in Epirus 168 v.Chr.

Als er alles wohl geordnet hatte, verabschiedete sich Aemilius von den Griechen, ermahnte die Makedonen, auf die ihnen von den Römern gewährte Freiheit achtzugeben, indem sie diese durch Beachtung der Gesetze und Eintracht bewahrten, und brach dann nach Epirus auf, da er vom Senat die Weisung erhalten hatte, die Soldaten, die unter ihm die Schlacht gegen Perseus geschlagen hatten, die dortigen Städte plündern zu lassen. In der Absicht nun, alle zugleich und ohne dass jemand etwas ahnte, ganz plötzlich zu überfallen, ließ er die ersten zehn Männer aus jeder Stadt zu sich kommen und befahl ihnen, alles Gold und Silber, das sich in Häusern und Heiligtümern befände, an einem bestimmten Tage abzuliefern. Jeder Abordnung gab er, angeblich zu eben diesem Zweck, eine Abteilung Soldaten und einen Befehlshaber mit unter dem Vorwand, dass sie das Gold aufspüren und in Empfang nehmen sollten. Als dann der Tag gekommen war, begannen sie alle zum selben Zeitpunkt, die Städte einzunehmen und zu plündern, so dass in einer Stunde hundertfünfzigtausend Menschen zu Sklaven gemacht und siebzig Städte verwüstet wurden. Das Ergebnis einer solchen Vernichtung und Zerstörung war nur eine Gabe von nicht mehr als elf Drachmen für jeden Soldaten, und alle Menschen waren entsetzt über dieses Kriegsende, bei dem für einen so geringen Gewinn und Vorteil für den Einzelnen der Besitz eines ganzen Volkes vollständig vernichtet wurde.

Q 184 Der Ausbau der Infrastruktur in Italien

Q 184

Kontext: Seit dem späten 1. Jh. haben die Römer begonnen, die Infrastruktur – vor allem Straßen und Häfen sowie Wasserleitungen für die Trinkwasserversorgung von Rom – auszubauen. Für den Straßenbau standen militärische Interessen im Vordergrund: Die militärische Macht der Römer hing auch davon ab, dass die Legionen möglichst schnell die Kriegsschauplätze in Italien und später in den Provinzen erreichen konnten. Viele öffentliche Baumaßnahmen – gerade in Rom selbst – dienten allerdings vornehmlich zivilen Zwecken.

Der Bau der Aqua Appia im Jahr 312 v. Chr.

Q 184a
Frontinus, Über die
Wasserleitungen Roms 5

Im Consulatsjahr des M. Valerius Maximus und P. Decius Mus (312 v. Chr.), dreißig Jahre nach Beginn des Samnitenkrieges, wurde die Aqua Appia von dem Censor Appius Claudius Crassus, der später den Beinamen Caecus (der Blinde) erhielt und auch die Via Appia von der Porta Capena bis zur Stadt Capua anlegen ließ, in die Stadt geleitet. Sein Kollege war C. Plautius, dem man den Beinamen Venox (der Adersüchtige) gab, weil er die Quellen für diese Leitung aufspürte. Weil Plautius, dem sein Kollege vortäuschte, er werde dasselbe tun, nach einem Jahr und sechs Monaten das Amt des Censors niederlegte, wurde Appius die Ehre zuteil, der Wasserleitung den Namen zu geben. Appius soll, wie berichtet wird, seine Amtszeit als Censor durch viele Ausflüchte so lange hinausgezögert haben, bis er sowohl die Via Appia als auch die Wasserleitung fertiggestellt hatte.

Krieg und Straßenbau in Norditalien

Q 184b
Livius, Römische
Geschichte 39, 2, 5–11

Der Consul (C. Flaminius) verschaffte durch seinen Sieg über diese Stämme (die ligurischen Apuani in Norditalien) deren Nachbarn Frieden. Und weil er erreicht hatte, dass die Provinz Ruhe vor dem Krieg hatte, legte er eine Straße von Bononia (Bologna) nach Arretium (Arezzo) an, damit die Soldaten nicht unbeschäftigt blieben.

   M. Aemilius, der andere Consul, ließ die Felder und die Dörfer der Ligurer in der Ebene oder in den Tälern niederbrennen und verwüsten. [...] Nach der Unterwerfung der Ligurer führte er sein Heer in das gallische Gebiet und legte eine Straße von Placentia (Piacenza) nach Ariminum (Rimini) an, um eine Verbindung mit der Via Flaminia (von Rimini nach Rom) herzustellen.

Q 184c

Livius, Römische Geschichte 40, 51

Baumaßnahmen der Censoren M. Aemilius Lepidus und M. Fulvius Flaccus im Jahr 179 v. Chr.

(Die Censoren) ließen von dem ihnen zugewiesenen und untereinander geteilten Geld folgende öffentliche Arbeiten ausführen: Lepidus eine Hafenmole bei Tarracina, eine Arbeit, die ihm Kritik einbrachte, weil er dort Güter besaß und dort private Aufwendungen und öffentliche Ausgaben miteinander vermischt hatte. Er gab den Auftrag für die Errichtung eines Theaters mit Zuschauerraum und Bühnengebäude am Apollotempel und für die Glättung der Säulen am Iuppitertempel auf dem Capitol. Er ließ an diesen Säulen die Standbilder entfernen, die unpassend angebracht zu sein schienen, und die Rundschilde und die Feldzeichen jeder Art, die an den Säulen befestigt waren, abnehmen.

M. Fulvius gab den Auftrag für mehr Bauten und für solche, die einen größeren Nutzen hatten, für einen Hafen und für die Pfeiler einer Brücke über den Tiber, auf die nach einigen Jahren die Censoren P. Scipio Africanus und L. Mummius die Bögen setzen ließen, für eine Basilica hinter den Neuen Wechselstuben und für das Forum der Fischverkäufer mit Läden ringsum, die er an Privatleute verkaufte, und für eine Säulenhalle vor der Porta Trigemina und für eine andere hinter den Werften am Heiligtum des Herkules und hinter dem Tempel der Spes am Tiber und beim Tempel des Apollo Medicus.

Sie hatten außerdem auch einen gemeinsamen Geldbetrag zur Verfügung: Mit diesem Geld gaben sie gemeinsam den Auftrag für eine Wasserleitung und für den Bau der Bögen. Diesen Bau verhinderte M. Licinius Crassus, der nicht dulden wollte, dass die Wasserleitung durch sein Landgut geführt wurde.

Q 184d

Plutarch, C. Gracchus 7

Die Aktivitäten des Gaius Gracchus im Straßenbau

Die eifrigste Tätigkeit aber entfaltete er im Straßenbau, wobei er neben dem Nutzen auch auf Eleganz und Schönheit bedacht war. Schnurgerade zogen die Straßen durch das Land, teils mit behauenen Steinen gepflastert, teils mit aufgeschüttetem Sand bedeckt, der festgestampft wurde. Vertiefungen füllte man aus und baute Brücken, wo Gießbäche oder Schluchten das Gelände durchschnitten; da die Straße auf beiden Seiten gleich hoch war, gewann das ganze Werk ein ebenmäßiges und schönes Aussehen. Jede Wegstrecke war nach Meilen vermessen (eine Meile entspricht nicht ganz acht Stadien), und zur Angabe der Distanzen waren von Meile zu Meile steinerne Säulen aufgestellt. Andere Steine setzte er in geringerem Abstand zu beiden Seiten der Straße, damit Berittene von ihnen aus leicht und ohne Hilfe eines Reitknechtes ihr Pferd besteigen könnten.

Q 184e

Der Meilenstein von Polla (Forum Popillii in Lucania, Süditalien)
Kontext: Die nur fragmentarisch erhaltene Inschrift aus der zweiten Hälfte des 2. Jh. v. Chr. ist ein Dokument für den Straßenbau in Süditalien und ein Zeugnis für die Raumauffassung der Römer. Der Name des Magistrats, der die Straße bauen ließ, ist leider verloren.

ILS 23

Die Straße von Rhegium nach Capua habe ich gebaut und für diese Straße alle Brücken, die Meilensteine und die Tafeln errichtet. Von hier sind es 51 Meilen nach Nuceria, 84 nach Capua, 74 nach Muranum, 123 nach Consentia, 180 nach Valentia, 231 zur Statue an der Meerenge, 237 nach Rhegium. In der Summe von Capua nach Rhegium 321. Und als Praetor habe ich in Sizilien die geflohenen Sklaven der Italiker aufgespürt und zurückgegeben,

917 Menschen. Und in gleicher Weise erreichte ich als Erster, dass die Hirten sich vom öffentlichen Land (*ager publicus*) vor den Bauern zurückzogen. Ich errichtete hier das Forum und die öffentlichen Gebäude.

Die Inschrift am Pons Fabricius in Rom 62 v.Chr.

Q 184 f
ILS 5892

Lucius Fabricius, Sohn des Gaius, *curator viarum* (Straßenaufseher), sorgte für die Errichtung.

Q 185 Das politische System der römischen Republik in der Sicht des Polybios

Q 185

Kontext: Der griechische Historiker Polybios lebte seit 168 v.Chr. in Rom und hatte enge Kontakte zu führenden römischen Senatoren. Er analysierte das politische System Roms mit den Kategorien der griechischen politischen Theorie.

Polybios, Historien
6, 11–18

Es gab also, wie ich oben gesagt habe, drei Teile, die im politischen System der Republik Macht hatten. So gerecht und angemessen aber war alles geordnet, waren die Rollen verteilt und wurden in diesem Zusammenspiel die politischen Aufgaben gelöst, dass auch von den Einheimischen niemand mit Bestimmtheit hätte sagen können, ob das Gemeinwesen aristokratisch, demokratisch oder monarchisch war. Und dies musste natürlich jedem so ergehen. Denn wenn man seinen Blick auf die Amtsgewalt der Consuln richtete, erschien das Gemeinwesen vollkommen monarchisch und königlich, wenn auf die des Senats, wiederum aristokratisch, und wenn man auf die Machtfülle der Menge sah, schien sie unzweifelhaft demokratisch. Die Bereiche des Gemeinwesens, in denen jedes dieser drei Elemente den bestimmenden Einfluss hatte, waren damals und sind auch jetzt noch mit geringen Ausnahmen die folgenden:

Die Consuln haben, bevor sie das Heer ins Feld führen, in Rom die Entscheidungsgewalt über alle öffentlichen Angelegenheiten. Denn alle übrigen Magistrate – mit Ausnahme der Volkstribunen – sind ihnen unterstellt und zum Gehorsam verpflichtet. Sie führen die Gesandtschaften in den Senat ein; ferner berichten sie über alle dringlichen Angelegenheiten an den Senat und führen dessen Beschlüsse aus. Bei allen politischen Fragen, die durch das Volk entschieden werden, haben sie das Notwendige zu veranlassen, die Volksversammlung einzuberufen, Anträge einzubringen und für die Ausführung der Beschlüsse der Mehrheit zu sorgen. Bei der Vorbereitung für einen Krieg und in der gesamten Führung des Heeres besitzen sie eine fast unumschränkte Gewalt. Sie können nach ihrem Ermessen von den Verbündeten die Stellung von Truppen fordern, die Kriegstribunen ernennen, die Soldaten mustern und die Tauglichen für das Heer auswählen. Ferner sind sie befugt, im Felde jeden ihrer Untergebenen zu bestrafen. Sie haben das Recht, aus öffentlichen Mitteln Ausgaben in der Höhe zu machen, die ihnen notwendig scheint; ihnen zugeordnet ist ein Quaestor, der bereitwillig jeden Befehl ausführt. Wenn man daher auf diesen Teil des politischen Systems sieht, kann man mit Recht sagen, es sei ein rein monarchisches und königliches Gemeinwesen. [...]

Der Senat sodann hat zunächst die Kompetenz, über die Finanzen zu entscheiden. Er bestimmt über die Einnahmen und ebenso über die Ausgaben. Denn in keiner Angelegenheit können die Quaestoren Zahlungen leisten ohne einen entsprechenden Senatsbeschluss, mit Ausnahme der Zahlungen an die

Consuln. Ebenso hat der Senat die Entscheidung über die bei Weitem wichtigsten und größten Ausgaben, die von den Censoren alle vier Jahre für die Reparaturen und den Neubau öffentlicher Bauten getätigt werden, und er bewilligt den Censoren das Geld. Alle Verbrechen ferner in Italien, die eine öffentliche Untersuchung notwendig machen, zum Beispiel Verrat, Verschwörungen, Giftmord und Meuchelmord, unterliegen der Jurisdiktion des Senats. Wenn eine Privatperson oder eine Stadt in Italien der Schlichtung von Streitigkeiten, der Rüge, des Beistandes oder Schutzes bedarf, hat der Senat dafür Sorge zu tragen. Wenn es ferner notwendig wird, an irgendwelche Gemeinwesen oder Völker außerhalb Italiens eine Gesandtschaft zu schicken, um Streitigkeiten zu schlichten, Bitten zu überbringen oder Forderungen zu stellen, die Unterwerfung anzunehmen oder Krieg zu erklären, dann ist der Senat dafür zuständig. Ebenso bestimmt er, wie die Gesandtschaften, die nach Rom kommen, empfangen werden und welche Antwort ihnen gegeben wird. Alle diese Angelegenheiten fallen in die Kompetenz des Senates, während das Volk hierüber nicht zu bestimmen hat. Wenn man sich infolgedessen in Abwesenheit der Consuln in Rom aufhält, scheint die Verfassung rein aristokratisch zu sein. Dies ist die Überzeugung vieler Griechen und vieler Könige, denn über fast sämtliche ihrer Angelegenheiten entscheidet der Senat.

Mit gutem Grund kann man danach fragen, welcher Anteil innerhalb des Gemeinwesens noch für das Volk übrig bleibt, da doch der Senat für alle genannten Angelegenheiten zuständig ist, vor allem aber über die Einkünfte und Ausgaben bestimmt, die Consuln wiederum eine uneingeschränkte Macht bei den Rüstungen für einen Krieg und in der Kriegführung selbst haben. Nun, es bleibt immer noch ein Anteil, und ein äußerst wichtiger. Denn allein das Volk entscheidet im Gemeinwesen über Ehrung und Bestrafung, worauf allein Herrschaften und Gemeinwesen und überhaupt das gesamte menschliche Leben beruhen. Denn dort, wo man den Unterschied zwischen beiden nicht kennt, oder wenn man ihn kennt, beide schlecht gebraucht, ist es nicht möglich, alles vernünftig zu verwalten. Wie wäre das auch zu erwarten, wenn die Guten wie die Schlechten dasselbe Ansehen besitzen? Das Volk verhängt also oft eine Geldstrafe, wenn dies der Schwere des Vergehens entspricht, vor allem auch gegen Männer, die die höchsten Ämter bekleidet haben. Das Todesurteil aber kann es allein aussprechen. [...] Aber auch die Ämter vergibt das Volk an diejenigen, die würdig sind, und dies ist der schönste Preis in einem Gemeinwesen für Tugend und Leistung. Es entscheidet ferner über Annahme oder Ablehnung von Gesetzen, und, was das Wichtigste ist, es berät über Krieg und Frieden. Es bestätigt schließlich oder verwirft Bündnisse, Friedensverträge oder andere Abkommen und gibt ihnen Rechtskraft. Nach all dem könnte man daher mit gutem Grund erklären, dass der Anteil des Volkes der größte ist und dass eine demokratische Verfassung vorliegt.

Damit habe ich dargelegt, wie die politischen Kompetenzen auf die jeweiligen Teile des Gemeinwesens verteilt sind. Nun werde ich zeigen, in welcher Weise sie wiederum, wenn sie wollen, gegeneinander arbeiten oder aber kooperieren können. Wenn der Consul im Besitz der erwähnten Machtstellung mit dem Heer ins Feld zieht, scheint er unumschränkte Gewalt zur Durchführung seiner Pläne zu haben, er bleibt jedoch auf Volk und Senat angewiesen und ist ohne diese nicht in der Lage, seine Operationen erfolgreich abzuschließen. Denn selbstverständlich benötigt das Heer dauernde Versorgung; ohne einen Senatsbeschluss kann dem Heer weder Getreide noch Kleidung noch Sold geliefert werden, so dass die Planungen der Feldherren nicht mehr durchführbar sind, wenn der Senat sie behindern oder vereiteln will. Und es hängt vom Senat ab, ob ein Feldherr seine Pläne und Unternehmungen vollenden kann, denn er hat die Macht, ihm nach Ablauf seines Amtsjahres einen Nachfolger zu schicken oder ihm das Kommando zu verlängern. Ebenso hat er die Möglichkeit, die Erfolge der Feldherren prunkvoll zu feiern und zu verherrlichen oder umgekehrt sie zu verdunkeln und herabzusetzen. Denn die Triumphe, wie die Römer diese Festzüge nennen, durch die Feldherren den Bürgern eine klare Vorstellung von ihren Taten vermitteln, können sie nicht in würdiger Weise begehen, manchmal überhaupt nicht durchführen, wenn der Senat sie nicht genehmigt und die Mittel dafür bewilligt. Außerdem ist es für sie in höchstem Maße notwendig, die Gunst des Volkes zu gewinnen, auch wenn sie noch so weit von der Heimat entfernt sind. Denn das Volk hat, wie gesagt, alle Abkommen und Friedensverträge zu bestätigen oder abzulehnen. Vor allem aber muss der Consul bei der Niederlegung des Amtes vor dem Volk Rechenschaft über seine Handlungen ablegen. Es ist daher in jeder Hinsicht für die Feldherren gefährlich, das Wohlwollen von Senat und Volk gering zu schätzen.

Der Senat wiederum, der doch so große Macht hat, ist in allen politischen Angelegenheiten gezwungen, auf die Stimmung der Menge zu achten und das Volk zu berücksichtigen. Er kann die Untersuchung und Bestrafung der schwersten Verbrechen gegen das Gemeinwesen, die mit dem Tode bestraft werden, nicht durchführen, wenn das Volk nicht den Senatsbeschluss bestätigt. Ebenso verhält es sich auch mit dem, was den Senat selbst betrifft. Wenn nämlich jemand ein Gesetz einbringt, das dem Senat irgendein ihm nach dem Herkommen zustehendes Recht entzieht, zum Beispiel Ehrenplätze im Theater oder andere Vorrechte aberkennt oder sogar eine Verringerung des Vermögens herbeiführt, so hat das Volk auch in diesem Fall die Entscheidung, solche Anträge anzunehmen oder abzulehnen. Vor allem aber, wenn nur ein einziger Volkstribun sein Veto einlegt, kann der Senat weder eine Beratung zu Ende führen noch auch nur zusammenkommen und eine Sitzung abhalten; die Volkstribunen aber sind stets verpflichtet zu tun, was das Volk will, und seine Wünsche zu beachten. Aus allen diesen Gründen fürchtet der Senat die Menge und muss auf das Volk Rücksicht nehmen.

Ebenso ist wiederum das Volk vom Senat abhängig und muss sich im öffentlichen wie im privaten Leben nach ihm richten. Alle öffentlichen Arbeiten, die in ganz Italien von den Censoren vergeben werden zur Wiederherstellung oder Neuerrichtung von Bauten – es wäre nicht leicht, sie alle aufzuzählen – und ferner alle Pachtungen von Zöllen an Flüssen und Häfen, von Gärten, Bergwerken, Ländereien, kurz alles, was der römischen Herrschaft untersteht, wird von der breiten Masse des Volkes besorgt, und man kann sagen, dass fast alle an diesen Pachtverträgen und Arbeiten beteiligt sind. Die einen erstehen selbst die Pachten von den Censoren, die anderen treten als Teilhaber ins Geschäft, andere leisten dafür Bürgschaft, wieder andere zahlen aus ihrem Vermögen in die öffentliche Kasse. Die Entscheidung aber über all diese Angelegenheiten liegt beim Senat. Er kann Zahlungsaufschub bewilligen, bei einem Unglück Nachlass gewähren, oder wenn ein Hindernis die Ausführung der Arbeit gänzlich unmöglich macht, von den Verpflichtungen aus dem Werkvertrag ganz entbinden. So hat der Senat vielerlei Möglichkeiten und Gelegenheiten, den Unternehmern großen Schaden zuzufügen und bedeutende Vorteile zuzuwenden. Denn in all diesen Dingen muss man sich an ihn wenden. Was aber die Hauptsache ist: aus den Reihen der Senatoren werden die Richter gewählt für fast alle öffentlichen und privaten Prozesse, soweit es sich um schwerwiegendere Fälle handelt. Da also alle Bürger sich der richterlichen Entscheidung der Senatoren anvertrauen müssen und angesichts der Ungewissheit des Ausgangs in Furcht leben, hüten sie sich wohl, den Wünschen des Senats Widerstand zu leisten und entgegenzuwirken. Ebenso finden sie sich nicht leicht bereit, den Plänen der Consuln Hindernisse in den Weg zu legen, weil jeder Einzelne und alle insgesamt im Felde ihrer Befehlsgewalt unterstehen.

Obwohl jeder der drei Teile solche Macht hat, einander zu schaden oder zu helfen, so besitzen sie doch in allen kritischen Situationen eine solche Übereinstimmung, dass man unmöglich ein besseres politisches System finden kann. Denn wenn eine von außen her sie alle gemeinsam bedrohende Gefahr zum gemeinsamen Handeln und zur Zusammenarbeit zwingt, dann entfaltet dieses Gemeinwesen eine solche Kraft, dass weder eine notwendige Maßnahme versäumt wird, denn alle wetteifern miteinander, Mittel zu ersinnen, um das Unheil abzuwehren, noch die Ausführung eines Beschlusses zu spät kommt, da alle zusammen und jeder Einzelne Hand anlegt, um das Beabsichtigte durchzuführen. Daher ist dieses Gemeinwesen dank seiner eigentümlichen Verfassung unwiderstehlich, und es erreicht alles, was es sich vorgesetzt hat. Wenn sie dann aber nach Abwendung der äußeren Gefahren im Genuss des Reichtums, den ihre Erfolge ihnen eingebracht haben, im Überfluss leben und, von Schmeichlern oder durch eigene Sorglosigkeit verführt, hochmütig und stolz werden, wie dies so zu geschehen pflegt, da kann man erst richtig erkennen, wie diese Verfassung durch sich selbst ein Heilmittel dagegen findet. Denn wenn einer der drei Teile die ihm gezogenen Grenzen überschreitet und sich eine größere Macht anmaßt, als ihm zusteht, dann erweist sich der Vorteil dessen, dass keiner der Teile für sich besteht, sondern von den anderen zurückgehalten und in seinen Plänen gehindert werden kann und ein Gegengewicht hat; keiner der Teile kann in seiner Macht zu sehr wachsen, keiner kann die anderen Teile verachten. Alle bleiben in dem gewohnten Zustand, und jedes aggressive Vorgehen wird gehindert, und von Beginn an fürchtet der eine den Widerstand der anderen.

Q 186

Q 186 Die römische Centurienordnung

Livius, Römische
Geschichte 1, 42

Er (der römische König Servius Tullius) richtete den Census, eine Einrichtung, die sich für das in Zukunft so große Imperium als sehr segensreich erweisen sollte, so ein, dass die Leistungen im Krieg und im Frieden nicht mehr wie zuvor von jedem Mann gleichmäßig, sondern entsprechend den Vermögensverhältnissen erbracht werden. Dann schuf er die Vermögensklassen und Centurien und damit auf der Grundlage des Census diese für Krieg und Frieden passende Ordnung.

Aus den Bürgern, die 100 000 As oder einen höheren Census hatten, bildete er achtzig Centurien, je vierzig von den Älteren (*seniores*) und von den Jüngeren (*iuniores*); alle zusammen wurden sie als erste Klasse bezeichnet. Die Älteren sollten für den Schutz der Stadt zur Verfügung stehen, die Jüngeren draußen die Kriege führen. Als Schutzwaffen wurden für sie ein Helm, ein Rundschild, Beinschienen und ein Brustpanzer vorgeschrieben, alles aus Bronze – diese Waffen sollten zum Schutz des Körpers dienen; Angriffswaffen gegen den Feind waren Lanze und Schwert. Dieser Klasse wurden zwei Centurien von Handwerkern beigegeben, die ohne Waffen Kriegsdienst leisten sollten; ihre Aufgabe war die Herstellung der Belagerungsgeräte im Krieg.

Die zweite Klasse wurde für die Bürger mit einem Vermögen von weniger als 100 000, aber mindestens 75 000 As eingerichtet. Aus ihnen, den Älteren und den Jüngeren, wurden zwanzig Centurien aufgestellt. Als Waffen wurden für sie vorgeschrieben ein Langschild statt des Rundschildes und – abgesehen vom Brustpanzer – alles sonst wie bei der ersten Klasse.

Für die dritte Klasse setzte er ein Vermögen von 50 000 As voraus; es wurden genauso viele Centurien gebildet, und wieder mit der gleichen Unterscheidung nach dem Alter. Auch an den Waffen änderte sich nichts, nur die Beinschienen fielen weg.

In der vierten Klasse lag der Census bei 25 000 As; es wurden genauso viele Centurien gebildet. Die Bewaffnung dagegen war anders: sie erhielten nur Lanze und kurzen Wurfspieß.

Die fünfte Klasse wurde erweitert; es wurden dreißig Centurien gebildet. Sie führten Schleudern und Schleudersteine mit sich. Sie wurden durch die Hornisten und Trompeter verstärkt, die auf zwei Centurien verteilt waren. Für diese Klasse war ein Vermögen von 11 000 As angesetzt.

Alle mit einem geringeren Census zählten zum Rest der Bevölkerung. Aus ihnen wurde eine einzige Centurie gebildet, die nicht zum Kriegsdienst verpflichtet war.

Nachdem Servius so Ausrüstung und Gliederung der Fußsoldaten bestimmt hatte, stellte er aus den angesehensten Bürgern zwölf Centurien der Reiter (*equites*) auf. Ebenso bildete er sechs andere Centurien, während Romulus drei eingerichtet hatte, mit denselben Namen, unter denen sie eingeführt worden waren. Zum Kauf der Pferde wurden jedem 10 000 As aus öffentlichen Mitteln gegeben; denen, die ein Pferd zu unterhalten hatten, wurden alleinstehende Frauen benannt, die dafür jedes Jahr 2000 As zu zahlen hatten. Alle diese Lasten wurden von den Armen auf die Reichen abgewälzt.

Diese erhielten dann besondere Ehren; denn das Stimmrecht wurde nicht mehr, wie es von Romulus her überliefert war und wie es die übrigen Könige beibehalten hatten, Mann für Mann mit derselben Wirkung und demselben Recht allen Bürgern ohne Unterschied gewährt, sondern es wurden Abstufungen eingeführt. Es sollte nicht der Eindruck entstehen, dass irgendein Bürger vom Stimmrecht ausgeschlossen war, aber der entscheidende Einfluss sollte doch bei den angesehensten Bürgern liegen. Die Reiter nämlich wurden als erste zur Abstimmung aufgerufen, danach die achtzig Centurien der ersten Klasse, und, wenn dabei nicht einheitlich abgestimmt wurde – was selten vorkam – die Centurien der zweiten Klasse; und dabei geschah es fast niemals, dass sie auf diese Weise weiter verfahren mussten und so die untersten Klassen berücksichtigt wurden.

Q 187 Das Leichenbegängnis in Rom

Q 187

Wenn in Rom ein angesehener Mann stirbt, wird er im Leichenzug in seinem ganzen Schmuck nach dem Markt zu den sogenannten *rostra*, der Rednertribüne, geführt, meist stehend, so dass ihn alle sehen können, nur selten sitzend. Während das ganze Volk ringsherum steht, betritt entweder, wenn ein erwachsener Sohn vorhanden und anwesend ist, dieser, sonst ein anderer aus dem Geschlecht die Rednertribüne und hält eine Rede über die Tugenden des Verstorbenen und über die Taten, die er während seines Lebens vollbracht hat. Diese Rede weckt in der Menge, die durch sie an die Ereignisse erinnert wird und sie wieder vor Augen gestellt bekommt, und zwar nicht nur bei den

Polybios, Historien 6, 53

Mitkämpfern, sondern auch bei den nicht unmittelbar Beteiligten, ein solches Mitgefühl, dass der Todesfall nicht als ein persönlicher Verlust für die Leidtragenden, sondern als ein Verlust für das Volk im Ganzen erscheint. Wenn sie ihn dann begraben und ihm die letzten Ehren erwiesen haben, stellen sie das Bild des Verstorbenen an der Stelle des Hauses, wo es am besten zu sehen ist, in einem hölzernen Schrein auf. Das Bild ist eine Maske, die mit erstaunlicher Treue die Gesichtszüge und das Aussehen wiedergibt. Diese Schreine öffnen sie bei den großen Festen und schmücken die Bilder, so schön sie können, und wenn ein angesehenes Glied der Familie stirbt, führen sie diese im Trauerzug mit und setzen sie Personen auf, die an Größe und Gestalt den Verstorbenen möglichst ähnlich sind. Diese tragen dann, wenn der betreffende Consul oder Praetor gewesen ist, Kleider mit einem Purpursaum, wenn Censor, ganz aus Purpur, wenn er aber einen Triumph gefeiert und dementsprechende Taten vollbracht hat, goldgestickte. Sie fahren auf Wagen, denen Rutenbündel und Beile und die anderen Insignien des Amtes, je nach der Würde und dem Rang, den ein jeder in seinem Leben bekleidet hat, vorangetragen werden, und wenn sie zu der Rednertribüne gekommen sind, nehmen alle in einer Reihe auf elfenbeinernen Stühlen Platz. Man kann sich nicht leicht ein großartigeres Schauspiel denken für einen Jüngling, der den Ruhm und die Tugend liebt. Denn die Bilder der wegen ihrer Taten hochgepriesenen Männer dort alle versammelt zu sehen, als wären sie noch am Leben und beseelt, wem sollte das nicht einen tiefen Eindruck machen? Welches Schauspiel könnte großartiger sein? Wenn nun der Redner über den, den sie zu Grabe tragen, gesprochen hat, geht er zu den anderen über, die da versammelt sind, und berichtet, mit dem Ältesten beginnend, von den Erfolgen und Taten eines jeden. Da auf diese Weise die Erinnerung an die Verdienste der hervorragenden Männer immer wieder erneuert wird, ist der Ruhm derer, die etwas Großes vollbracht haben, unsterblich, zudem wird das Ansehen derer, die sich um das Vaterland verdient gemacht haben, dem Volk bekannt und den kommenden Generationen überliefert. Am wichtigsten aber ist es, dass die jungen Männer angespornt werden, alles für das Gemeinwesen zu ertragen, um ebenfalls den Ruhm, der den verdienten Männern zuteil wird, zu erlangen.

<table>
<tr><td>Q 188</td><td></td></tr>
</table>

Q 188 Politik und Religion in der römischen Republik

Kontext: In der römischen Republik bestand ein enger Zusammenhang zwischen dem politischen System und den religiösen Institutionen. Hochrangige Senatoren waren Mitglieder der bedeutenden Priesterkollegien und konnten über die Entscheidungen dieser Kollegien einen erheblichen Einfluss auf die Politik nehmen. Polybios und Cicero haben diese Zusammenhänge in ihren Texten reflektiert.

Polybios, Historien 6, 56   Der größte Vorzug des römischen Gemeinwesens aber scheint mir in seiner Ansicht von den Göttern zu liegen; was bei anderen Völkern ein Vorwurf ist, eben dies scheint die Grundlage der römischen Politik zu bilden: eine beinahe abergläubische Götterfurcht. Dies wird pomphaft gefeiert und spielt dort im privaten wie im öffentlichen Leben eine solche Rolle, wie sie nicht überboten werden kann. Vielen dürfte das wie ein Wunder vorkommen, ich glaube indessen, dass dies um der Menge willen so eingerichtet worden ist. Wenn man eine Bürgerschaft aus weisen Männern bilden könnte, wäre eine solche Einrichtung nicht notwendig; da jedoch jede Menge leichtfertig und voller ge-

setzwidriger Begierden ist, eine Neigung zu sinnlosem Zorn besitzt und aus
dem Affekt heraus Gewalttaten begeht, bleibt nichts übrig, als die Massen
durch unbestimmte Angstvorstellungen und feierliche Rituale in Schranken
zu halten. Aus diesem Grund scheinen mir die Alten die Vorstellungen über
die Götter und die Unterwelt nicht unüberlegt und zufällig den Massen nahe-
gebracht zu haben, vielmehr scheinen mir die Menschen der Gegenwart diese
Vorstellungen unbedacht und unverständig zu verwerfen.

Q 189 Cicero über die politische Rolle eines Priesterkollegiums der Auguren

Q 189

Von größter Bedeutung und Vortrefflichkeit im Gemeinwesen ist das Recht
der Auguren, das mit besonderer Autorität (*auctoritas*) verbunden ist. Ich
empfinde dies nicht deshalb so, weil ich selbst Augur bin, sondern weil wir
notwendigerweise so eingeschätzt werden müssen. Denn was hat eine größere Bedeutung, wenn wir das Recht untersuchen, als die Macht zu haben,
die von den Inhabern der höchsten Befehlsgewalt (*imperium*) oder der größten Machtbefugnisse einberufenen Volksversammlungen und Versammlungen
der Plebs entweder nach ihrer Einberufung wieder aufzulösen oder für
rechtswidrig zu erklären, wenn man sie bereits abgehalten hatte? Was wiegt
schwerer als die Unterbrechung eines bereits laufenden Verfahrens, wenn nur
ein einziger Augur sagt: »An einem anderen Tag«? Was ist großartiger, als
entscheiden zu können, dass die Consuln ihr Amt niederlegen. Was ruft größere religiöse Scheu hervor als die Kompetenz, das Recht, mit dem Volk, mit
der Plebs zu verhandeln, entweder zu gewähren oder nicht zu gewähren?
Was, ein Gesetz, das nicht rechtmäßig eingebracht wurde, wiederaufzuheben,
wie etwa das Gesetz des Titius durch ein Dekret des Kollegiums der Auguren,
oder die Gesetze des Livius auf Rat des Consuls und Augurs Philippus?
Nichts, was im Inneren, nichts, was im Kriege von den Magistraten getan
wird, kann ohne die Autorität der Auguren Billigung finden.

Cicero, Über die Gesetze
2, 31

Q 190 Das römische Militärwesen

Q 190

Kontext: Die römische Expansion beruhte auch auf den militärischen Erfolgen der Römer; es ist daher nicht ohne Grund, dass der griechische Historiker Polybios längere Ausführungen im 6. Buch seines Geschichtswerkes dem
römischen Militärwesen gewidmet hat; es handelt sich um die älteste Beschreibung des römisches Heeres und der Prinzipien römischer Heeresfüh-
rung.

Aushebungen und Militärdienst

Nachdem sie die Consuln gewählt haben, ernennen sie die Kriegstribunen,
vierzehn aus denen, die fünf Jahre lang, zehn aus denen, die zehn Jahre lang
im Felde gestanden haben. Von den Übrigen müssen die Reiter zehn, die
Fußsoldaten sechzehn Jahre lang bis zur Erreichung des sechsundvierzigsten
Lebensjahres Militärdienst leisten, mit Ausnahme derer, deren Census unter
vierhundert Drachmen liegt. Diese stellen sie zum Dienst auf der Flotte ab.
Im Fall dringender Gefahr müssen die Fußsoldaten zwanzig Jahre lang dienen. Ein öffentliches Amt kann nur erhalten, wer zehn Jahre lang Militärdienst geleistet hat. Wenn die Consuln Aushebungen vornehmen wollen,

Q 190 a
Polybios, Historien
6, 19; 6, 21

dann geben sie in einer Volksversammlung einen Tag an, an dem sich alle Römer im waffenfähigen Alter einzufinden haben, und dies geschieht jedes Jahr. [...] Zur selben Zeit senden die Consuln Befehle an die Magistrate der verbündeten Städte in Italien, die Truppen für den Feldzug stellen sollen, mit Angabe der Zahl, des Tages und des Ortes, an dem sich die Aufgebotenen einzufinden haben. Die Städte nehmen die Aushebung und Vereidigung in ähnlicher Weise vor und schicken dann die Leute ins Feld, nachdem sie einen Befehlshaber und einen Zahlmeister bestimmt haben.

Q 190b
Polybios, Historien 6, 39

Der Sold der römischen Soldaten
An Sold erhalten die Fußsoldaten täglich zwei Obolen, die Centurionen das Doppelte, die Reiter eine Drachme, an Verpflegung jene im Monat etwa zwei Drittel eines attischen Medimnos Weizen (ca. 26 kg), die Reiter sieben Medimnoi Gerste, zwei Weizen, bei den Verbündeten die Fußsoldaten dieselbe Menge, die Reiter ein und ein Drittel Medimnoi Weizen und fünf Medimnoi Gerste. Die Verbündeten bekommen das als Geschenk, den Römern dagegen zieht der Quaestor für Getreide, Kleidung oder eine Waffe, wenn sie zusätzlich verlangt wird, den festgesetzten Preis vom Sold ab.

Q 190c

Die militärischen Ressourcen der römischen Republik unmittelbar vor dem 2. Punischen Krieg
Kontext: Im Jahr 225 v. Chr. drohte ein Angriff gallischer Stämme, die sich durch die wachsende Präsenz der Römer in Norditalien bedroht sahen. In diesem Zusammenhang beschreibt Polybios die Rüstungsanstrengungen der Römer und ihrer Verbündeten und nennt für die einzelnen Truppenkontingente Zahlen. Mit diesem militärischen Potential vergleicht Polybios dann das Heer Hannibals.

Polybios, Historien 2, 24

Damit aber aus den Tatsachen selbst deutlich wird, wie groß die Macht war, die Hannibal nicht lange danach anzugreifen wagte, wie gewaltig die Herrschaft war, der er kühn entgegentrat – wobei er seinem Ziel so nahe kam, dass er den Römern die schwersten Niederlagen beibrachte –, will ich über das militärische Potential (der Römer) und die Größe der Streitkräfte, über die sie verfügen konnten, sprechen.

Mit den Consuln also waren vier römische Legionen ins Feld gerückt, jede 5200 Mann zu Fuß und 300 Reiter stark. An Bundesgenossen waren bei beiden konsularischen Heeren zusammen 30 000 Mann zu Fuß und 2000 Reiter. Die Stärke der Sabiner und Etrusker, die zur Hilfe in der Not nach Rom gekommen waren, belief sich auf gegen 4000 Reiter und mehr als 50 000 Mann zu Fuß. Diese verlegten sie, als sie zusammen gekommen waren, zum Schutz an die Grenze Etruriens unter dem Kommando eines Praetors. Die den Apennin bewohnenden Umbrer und Sarsinaten stellten gegen 20 000 Mann, die Veneter und Cenomanen weitere 20 000. Diese beorderten sie an die Grenzen des Gallierlandes, um einen Einfall in das Gebiet der Boier zu machen, falls diese ausrückten, und sie zur Umkehr zu nötigen.

Dies waren die Truppen, die zum Schutz des Landes im Felde standen. In Rom wurden als Reserve für die Wechselfälle des Krieges von den Römern selbst 20 000 Mann zu Fuß und 1500 Reiter, von den Bundesgenossen 30 000 Mann zu Fuß und 2000 Reiter in Bereitschaft gehalten. Die eingesandten Listen ergaben außerdem an Latinern 80 000 Mann zu Fuß und 5000 Reiter, an Samniten 70 000 Mann zu Fuß und 7000 Reiter, an Iapygen und Messapiern zusammen 50 000 Mann zu Fuß und 16 000 Reiter, an Lukanern 30 000

Mann zu Fuß und 3000 Reiter, Marser, Marruciner, Frentaner und Vestiner 20 000 Mann zu Fuß und 4000 Reiter. Ferner standen in Sizilien und Tarent zwei Legionen als Besatzung, von denen jede 4200 Mann zu Fuß und 200 Reiter zählte. Die Gesamtzahl der Römer und Kampaner betrug nach den Listen an 250 000 Mann zu Fuß und 23 000 Reiter. Die Summe der zur Verteidigung Roms im Felde stehenden Truppen belief sich also auf über 150 000 Mann zu Fuß und an 6000 Reiter, die ganze Masse der waffenfähigen Mannschaft aber der Römer und ihrer Bundesgenossen auf über 700 000 Mann zu Fuß und gegen 70 000 Reiter. Gegen diese unternahm Hannibal seinen Einfall in Italien mit weniger als 20 000 Mann.

Livius über den Militärdienst eines Centurio

Q 190 d

Kontext: Bei der Aufstellung der Legionen für den Feldzug gegen den Makedonenkönig Perseus weigerten sich mehrere Bürger, die als Centurionen benannt waren, Militärdienst zu leisten. In dieser Situation trat der ehemalige Centurio Spurius Ligustinus auf und berichtete über seinen Militärdienst. Aus dieser Rede geht die Belastung der Bauern durch den lang dauernden Militärdienst gut hervor.

Ich bin Spurius Ligustinus aus der Tribus Crustumina und stamme aus Sabinum. Mein Vater hinterließ mir ein Morgen Land und eine kleine Hütte, in der ich selbst geboren und aufgezogen worden bin, und heute wohne ich dort. Als ich in das Erwachsenenalter kam, gab mir mein Vater die Tochter seines Bruders zur Frau, die nichts mit sich brachte als ihre freie Geburt und ihre Keuschheit, und außerdem eine Fruchtbarkeit, die für eine reiche Familie ausgereicht hätte. Wir haben sechs Söhne und zwei Töchter, die beide verheiratet sind. Vier unserer Söhne haben bereits die *toga virilis* angelegt (sind volljährig), zwei sind noch im Knabenalter. Soldat wurde ich unter den Consuln Publius Sulpicius (Galba) und Gaius Aurelius (Cotta; 200 v. Chr.). In dem Heer, das nach Makedonien übergesetzt worden ist, diente ich zwei Jahre als einfacher Soldat im Krieg gegen König Philipp (V.). Im dritten Jahr machte mich Titus Quinctius Flamininus meiner Tapferkeit wegen zum Centurio der zehnten Manipel der *hastati* (der ersten Schlachtreihe); nach der Niederlage Philipps und der Makedonen, nach der Rückkehr nach Italien und der Entlassung ging ich als Freiwilliger (*miles voluntarius*) mit dem Consul Marcus Porcius (Cato) nach Spanien. [...] Dieser Imperator hielt mich für würdig, dass mir die Stelle eines Centurio der ersten Centurie der *hastati* gegeben wurde. Das dritte Mal leistete ich Heeresdienst, wiederum als Freiwilliger, in dem Heer, das gegen die Aetoler und gegen den König Antiochus eingesetzt wurde (191 v. Chr.). Unter Manius Acilius erhielt ich die Stelle des Centurio der ersten Centurie der *principes* (des Kerns der Kampftruppen). Als der König Antiochus (aus Griechenland) vertrieben worden war und die Aetoler geschlagen worden waren, wurden wir nach Italien zurückgeführt. Danach leistete ich zweimal Militärdienst, wobei die Legionen jeweils ein Jahr kämpften. Zweimal kämpfte ich in Spanien, einmal unter Quintus Fulvius Flaccus, dann unter dem Praetor Tiberius Sempronius Gracchus. Von Flaccus wurde ich zusammen mit denen, die er ihrer Tapferkeit wegen aus der Provinz zum Triumph (nach Rom) führte, (nach Italien) zurückgebracht. Von Tiberius Gracchus wurde ich zweimal für den Dienst in der Provinz angefordert. Viermal bekleidete ich innerhalb weniger Jahre die Stellung eines ranghöchsten Centurio (*primus pilus*). Vierunddreißigmal wurde ich von den Feldherren wegen meiner Tapferkeit ausgezeichnet; sechsmal erhielt ich die

Livius, Römische Geschichte 42, 34

corona civica (Auszeichnung für die Rettung eines Bürgers). Über zweiundzwanzig Jahre habe ich im Heer gedient, und ich bin jetzt über fünfzig Jahre alt. Aber auch wenn ich noch nicht alle meine Dienstjahre abgeleistet hätte und aufgrund meines Alters vom Militärdienst befreit wäre, sollte es dennoch billig sein, Publius Licinius, mich von einem neuen Militärdienst zu befreien, da ich vier Soldaten für mich stelle. Ich möchte, dass ihr das, was ich in meiner Sache gesagt habe, hört, aber ich selbst werde niemals, solange irgendein Feldherr, der eine Armee aufstellt, mich für einen geeigneten Soldaten hält, mich mit einer Entschuldigung dem Militärdienst zu entziehen suchen. Für welchen Rang die Militärtribunen mich für geeignet halten, liegt in ihrer Kompetenz; ich werde mich bemühen, dass mich keiner im Heer an Tapferkeit übertrifft. Ich habe immer so gehandelt, und dafür sind sowohl meine Feldherren (*imperatores*) als auch die Soldaten, die mit mir dienten, Zeugen. Kameraden, auch wenn ihr für euch das Recht in Anspruch nehmt, Widerspruch gegen die Einberufung einzulegen, ist es nur billig, dass ihr, die ihr in eurer Jugend nichts gegen die Autorität (*auctoritas*) der Magistrate und des Senates unternommen habt, nun auch jetzt die Kompetenz (*potestas*) der Consuln und des Senates anerkennt und jeden Platz, an dem ihr das Gemeinwesen verteidigt, für ehrenvoll haltet.

<table>
<tr><td>

Q 191

</td><td>

Q 191 Die römische Landwirtschaft

Kontext: Eine außerordentlich wichtige Quelle zur Geschichte der römischen Landwirtschaft ist Catos in der ersten Hälfte des 2. Jh. v. Chr. verfasste Schrift *Über die Landwirtschaft* (*de agri cultura*). In dem Text werden unterschiedliche Aspekte der römischen Gutswirtschaft beschrieben, die auch für die städtischen Märkte produzierte.

</td></tr>
<tr><td>

Q 191 a
Cato, Über die Landwirtschaft, praefatio

</td><td>

Cato über die Einkünfte aus landwirtschaftlichen Besitzungen

Es mag bisweilen besser sein, durch Handel nach Vermögen zu streben, wenn es nicht so gefährlich wäre, und ebenso, Geld gegen Zins zu verleihen, wenn es ehrenhaft wäre. Unsere Vorfahren haben es so gehalten und so in den Gesetzen festgesetzt, dass ein Dieb ums Doppelte, der Geldverleiher ums Vierfache gestraft werde. Für einen wie viel schlechteren Bürger sie den Geldverleiher hielten als den Dieb, das lässt sich hieraus ermessen. Und wenn sie einen guten Mann lobten, dann lobten sie ihn so: als guten Bauern und guten Landwirt. Man glaubte, dass der am höchsten gelobt werde, der so gelobt wurde.

Den Kaufmann aber halte ich für einen tüchtigen und auf Erwerb eines Vermögens bedachten Mann, doch ist er, wie ich oben sagte, der Gefahr und dem Unglück ausgesetzt. Aber aus den Bauern gehen die tapfersten Männer und die tüchtigsten Soldaten hervor, und am ehesten folgt daraus ein ehrlicher und sehr dauerhafter und am wenigsten dem Neid ausgesetzter Gewinn, und am wenigsten schlechte Gedanken haben die, welche mit dieser Arbeit beschäftigt sind.

</td></tr>
<tr><td>

Q 191 b
Cato, Über die Landwirtschaft 1

</td><td>

Das ideale Landgut

Wenn du ein Landgut zu kaufen beabsichtigst, musst du dies im Sinn behalten: dass du nicht übereifrig kaufst und dass du keine Mühe sparst, es genau zu besichtigen, und es auch nicht für genug hältst, nur einmal herumzugehen. Wie oft du gehst, so oft wird dir umso besser das gefallen, was gut ist. Achte darauf, in welcher Weise die Nachbarn zu Wohlstand gelangen. In einer gu-

</td></tr>
</table>

ten Gegend muss es ihnen gut gehen. Und geh so hinein und schau dich so um, dass du (ohne das Gut zu kaufen) dort wieder weggehen kannst. Achte darauf, dass es dort gutes Wetter gibt und keine verheerenden Unwetter. Durch guten Boden, durch eigene Vorzüge soll es wertvoll sein. Wenn es möglich ist, soll es am Fuße eines Berges liegen, soll nach Süden hin ausgerichtet sein und in einer gesunden Gegend liegen. Es soll eine genügende Zahl von Arbeitern geben, gutes Trinkwasser, und eine prosperierende Stadt soll in der Nähe sein, möglichst auch das Meer oder ein Fluss, auf dem Schiffe fahren, oder eine gute und viel befahrene Straße. Es soll in solchen Ländereien liegen, die nicht oft die Herren wechseln: Wer in diesen Ländereien Güter verkauft hat, den soll es reuen, verkauft zu haben. Achte darauf, dass es mit guten Gebäuden versehen ist. Hüte dich davor, die Wirtschaftsführung anderer ohne Grund zu missachten! Von einem guten Herrn und Landwirt und einem guten Bauherrn wird man besser kaufen. Wenn du zu den Hofgebäuden kommst, schau nach, ob viele Keltern und Tonfässer vorhanden sind: wo nicht viele sind, da wisse, dass der Ertrag entsprechend ist. Es sollen nicht viele Geräte vorhanden sein, vielmehr soll das Gut in einer guten Gegend liegen. Achte darauf, dass das Gut möglichst wenig Ausstattung braucht und das Feld keinen großen Aufwand benötigt. Du musst wissen, dass ein Acker wie ein Mensch ist; er mag noch so viel einbringen, aber wenn er viel Aufwand braucht, bleibt nicht viel übrig. Wenn du mich fragst, welches Gut das beste ist, dann sage ich so: Hundert Morgen Land von allen Böden und in bester Lage; eine Weinpflanzung ist das Erste, besonders wenn sie viel Wein trägt; an zweiter Stelle ein gut bewässerter Garten; an dritter eine Pflanzung von Weidenbäumen, an vierter eine Pflanzung von Olivenbäumen, an fünfter Wiesenland, an sechster ein Getreidefeld, an siebenter schlagbarer Wald, an achter ein Baumgarten, an neunter der Eichelnwald.

Cato über die Aufgaben des Gutsbesitzers

Q 191 c
Cato, Über die Landwirtschaft 2, 1–6

Sobald der Hausherr (*pater familias*) auf dem Landgut angekommen ist, sobald er dem Hausgott seine Aufwartung gemacht hat, gehe er noch am selben Tage, wenn er kann, über die Felder, wenn nicht am selben Tage, so doch am nächsten Tag. Sobald er gesehen hat, wie das Land bestellt ist und welche Arbeiten getan und nicht getan sind, rufe er am Tag nach diesem Tag den Verwalter (*vilicus*) und frage ihn, welche Arbeit getan sei, was noch bleibt, ob die Arbeiten zeitig genug erledigt wurden, ob er erledigen kann, was übrig ist, und was an Wein, Getreide und allen anderen Früchten eingebracht ist. Sobald er dies festgestellt hat, muss er zur Aufstellung der Arbeiten und der Tage übergehen. Scheint ihm die Arbeit nicht genügend, sagt der Verwalter, er habe fleißig gearbeitet, aber Sklaven seien nicht gesund gewesen, es habe schlechtes Wetter gegeben, Sklaven seien entlaufen, man habe öffentliche Arbeiten ausführen müssen. Sobald er diese und viele andere Gründe vorgebracht hat, rufe den Verwalter zur Aufstellung der Arbeiten und der Tagewerke zurück. Wenn Regenwetter gewesen sei, [sage,] welche Arbeiten während des Regens hätten geschehen können: Tonfässer auswaschen und pichen, den Hof reinigen, Korn umschaufeln, Mist zum Tor hinausschaffen, den Misthaufen anlegen, Saatgut reinigen, Seile ausbessern und neue machen, Decken und Kapuzen hätte das Gesinde für sich ausbessern sollen; während der Feiertage konnte man die alten Wassergräben säubern, die öffentliche Straße ausbessern, Dornsträucher zurückschneiden, den Garten umgraben, das Wiesenland reinigen, Ruten bündeln, Disteln ausstechen, Dinkel ausstampfen, alles sauber machen. Wenn die Sklaven krank waren, wäre es nicht notwendig gewesen, so viele Lebensmittel auszugeben. Sobald dies in aller Ruhe festgestellt ist, ist dafür zu sorgen, dass die ausstehenden Arbeiten erledigt werden. Die Rechnungen sind zu prüfen über Geld, Getreide, Ausgaben für Futter, die Wein- und Ölrechnung, was verkauft ist, was eingenommen ist, was noch aussteht, was noch verkäuflich ist. Wo eine Sicherheit für eine Schuld zu nehmen ist, soll die Sicherheit angenommen werden. Die übrigen Vorräte müssen überprüft werden. Wenn für das laufende Jahr etwas fehlt, werde es gekauft; wenn etwas übrig ist, werde es verkauft. [...]

Q 191 d
Cato, Über die Landwirtschaft 2, 7

Cato über den Verkauf
Er soll eine Versteigerung (*auctio*) durchführen: er verkaufe Öl, wenn es einen hohen Preis hat; den Überschuß an Wein und Getreide verkaufe er; alte Ochsen, Kälber, Lämmer, Wolle, Häute, den alten Wagen, altes Eisengerät, einen alten Sklaven, einen kränklichen Sklaven und was sonst überflüssig ist, verkaufe er. Ein Hausvater (*pater familias*) muss ein Verkäufer, nicht ein Käufer sein.

Q 191 e
Cato, Über die Landwirtschaft 3, 2

Die Wirtschaftsgebäude. Verkauf zu hohem Preis
Es ist nützlich, wenn der Hausvater ein gut gebautes Wirtschaftsgebäude hat, einen Ölkeller, einen Weinkeller und viele Tonfässer, damit er in Ruhe die Zeit großer Nachfrage abwarten kann: Das wird für das Vermögen, die Tüchtigkeit und den Ruf gut sein.

Q 191 f
Cato, Über die Landwirtschaft 5

Cato über die Pflichten des Gutsverwalters
(1) Folgendes werden die Pflichten des Verwalters (*vilicus*) sein: Er halte gute Zucht. Die Feiertage sollen beachtet werden. Von fremdem Gut halte er die Hand fern, das Seine wahre er sorgsam. Streitigkeiten unter den Sklaven soll er beilegen. Wenn irgendeiner ein Delikt begangen hat, so soll er ihn in angemessener Weise entsprechend der Schuld bestrafen. Der *familia* (den Sklaven) soll es nicht schlecht gehen, sie soll nicht frieren, nicht hungern; der Verwalter soll sie tüchtig mit Arbeit beschäftigen, dann wird er sie leichter von böser Tat und fremdem Gut fernhalten. Wenn der Verwalter nicht will, dass sie Unrecht tut, wird sie das auch nicht tun; wenn er es zulässt, darf der Herr es nicht unbestraft lassen. Gutes Verhalten soll er belohnen, damit auch die anderen veranlasst werden, die Arbeit richtig zu tun. Der Verwalter sei kein Herumtreiber, er soll stets nüchtern sein und er soll zum Mahl nicht ausgehen. Die *familia* soll er beschäftigen, und er soll darauf sehen, dass getan wird, was der Herr befiehlt. Und er soll sich nicht für klüger als der Herr halten. [...] Als Erster soll er vom Schlaf aufstehen, als Letzter schlafen gehen; vorher sehe er zu, dass das Haus geschlossen ist, das jeder an seinem Platze liegt und die Arbeitstiere ihr Futter haben.

Q 191 g
Cato, Über die Landwirtschaft 56 und 58

Die Rationen für die Sklaven
Nahrungsmittel für die *familia*: Die, welche die Arbeit tun: im Winter 4 *modii* Weizen, im Sommer $4^{1}/_{2}$ *modii*; für den Verwalter, die Verwalterin, den Aufseher, den Schafhirten 3 *modii*; für die Gefesselten im Winter 4 Pfd. Brot; wenn sie das Weinland umzugraben anfangen, 5 Pfd., bis die Feigen reif sind, danach gehe auf 4 Pfd. zurück.

Zukost für die *familia*: Von gefallenen Oliven mache möglichst viel ein; dann die reifen Oliven, aus denen das wenigste Öl gemacht werden kann, die mache ein; sei sparsam, damit sie möglichst lange ausreichen. Wenn die Oliven aufgegessen sind, gib eingelegte Fische und Essig. Öl gib im Monat jedem 1 *sextarius*; an Salz ist für jeden im Jahr ein *modius* genug.

Q 192 Plutarch über Catos Wirtschaftsführung

Kontext: Die Ausführungen von Plutarch über Catos wirtschaftliche Interessen ergänzen die Aussagen der Schrift Catos.

Er erwarb viele Sklaven, und zwar kaufte er vor allem Kriegsgefangene, die noch sehr jung und wie junge Hunde oder Füllen noch für Zucht und Erziehung empfänglich waren. Keiner von ihnen durfte ein anderes Haus betreten, außer wenn Cato selbst oder seine Frau ihn schickte. Wurde er gefragt, was Cato mache, so durfte er nichts antworten als, er wisse es nicht. Der Sklave hatte entweder eine der notwendigen Arbeiten im Hause zu verrichten oder zu schlafen, und er war sehr zufrieden, wenn sie schliefen, weil er glaubte, dass sie gutmütiger wären als diejenigen, die wach blieben, und dass die Ausgeschlafenen besser zu allerlei Arbeit zu brauchen seien als die der Ruhe Bedürftigen. Da er ferner glaubte, dass die Sklaven um des Liebesgenusses willen zu den größten Dummheiten fähig wären, ordnete er an, dass sie für ein bestimmtes Geld mit Sklavinnen Umgang haben dürften, aber mit keiner andern Frau.

Anfangs, als er noch in ärmlichen Verhältnissen lebte und Militärdienst leistete, ärgerte er sich niemals wegen des Essens, sondern erklärte es für die größte Schande, wegen des Bauches mit einem Diener zu zanken. Wenn er aber später, bei wachsendem Vermögen, Freunde und Amtskollegen zu Tische hatte, bestrafte er gleich nach der Mahlzeit diejenigen, die beim Aufwarten oder Zubereiten etwas versehen hatten, mit Peitschenhieben. Auch suchte er durch Tricks zu erreichen, dass die Sklaven immer Streit und Meinungsverschiedenheiten untereinander hatten, weil er ihre Eintracht beargwöhnte und fürchtete. Über diejenigen, die ein todeswürdiges Verbrechen begangen hatten, ließ er alle Sklaven zu Gericht sitzen und sie erst, wenn sie dort verurteilt wurden, hinrichten.

Als er sich ernstlicher auf den Gelderwerb zu legen begann, fand er, dass die Landwirtschaft mehr ein Zeitvertreib als eine ergiebige Geldquelle sei. Er legte darum sein Geld in sicheren, risikofreien Objekten an, er kaufte Teiche, warme Quellen, freie Plätze für Walker, Einrichtungen für die Erzeugung von Pech, natürliche Weiden und Wälder, woraus ihm reicher Gewinn zufloss und denen, wie er selbst sagte, sogar Iuppiter (das Wetter) nichts anhaben konnte. Auch die anrüchigste Form des Geldverleihs, die gegen Seezins, verschmähte er nicht und verfuhr dabei folgendermaßen. Er veranlasste diejenigen, die Geld leihen wollten, eine Gesellschaft zu gründen. Waren deren fünfzig und ebenso viele Schiffe zusammen, so übernahm er selbst einen Anteil durch seinen Freigelassenen Quintio, der dann die Geschäftsführung der Schuldner beaufsichtigte und mitreiste. So erstreckte sich sein Risiko nicht auf das Ganze, sondern nur auf einen kleinen Teil bei großem Zinsgewinn. Er gab auch denen von seinen Sklaven, die das wollten, Geld. Sie kauften dann Kinder, bildeten sie auf Catos Kosten aus und verkauften sie wieder nach einem Jahr. Viele behielt Cato auch unter Anrechnung des Preises, den der Meistbietende zu geben bereit war. Zu solchem Verfahren hielt er auch seinen Sohn an und sagte ihm, sich sein Vermögen abnehmen zu lassen sei nicht Sache eines Mannes, sondern einer Witwe. Ein noch stärkeres Stück Catos aber ist es, wenn er zu sagen wagte, der müsse als ein bewundernswerter und göttlicher Mann gelten, aus dessen Büchern es sich erweise, dass er mehr Hinzuerworbenes als Ererbtes hinterlasse.

Q 193

Q 193 Freihandelshafen Delos

Kontext: Nach dem 3. Makedonischen Krieg wurde Delos von den Römern zum Freihandelshafen erklärt; damit wurde Delos zu einem der bedeutenden Handelszentren im östlichen Mittelmeerraum, das insbesondere im Sklavenhandel eine große Rolle gespielt hat. In Delos waren auch Händler aus Italien präsent.

Q 193a
Strabon, Geographika
10, 5, 4

Nun wurde Delos berühmt und vermehrte noch seinen Ruhm, nachdem Korinth von den Römern zerstört worden war. Denn die Kaufleute, die im Fernhandel tätig waren, gingen nach Delos, weil die Steuerfreiheit des Tempels und die vorteilhafte Lage des Hafens sie anzog. Denn er liegt sehr günstig für diejenigen, die von Italien oder Griechenland nach Asien segeln. Die Festversammlung dient auch dem Handel, und unter allen anderen Völkern waren die Römer am meisten dort präsent, und zwar bereits damals, als Korinth noch existierte. Als die Athener die Insel übernahmen, sorgten sie sich in gleicher Weise für das Heiligtum und für die Händler.

Q 193b
Strabon, Geographika
14, 5, 2

Tryphon war zusammen mit den unfähigen Königen, die nacheinander Syrien und Kilikien beherrschten, die Ursache dafür, dass die Kilikier sich zu Piratenflotten zusammenschlossen. [...] Die Ausfuhr der Sklaven veranlasste sie dazu, sich in diesem schlimmen Handel zu engagieren, der außerordentlich hohe Gewinne einbrachte. Die Menschen wurden nämlich nicht nur leicht gefangen genommen, sondern es lag auch ein großer und prosperierender Handelsplatz in unmittelbarer Nähe, Delos, wo es möglich war, an einem Tag zehntausend Sklaven aufzunehmen und wegzuschicken. So konnte das Sprichwort entstehen: »Kaufmann, komm mit deinem Schiff hierher, lade aus, und alles ist verkauft.« Ursache hierfür war die Tatsache, dass die Römer, die nach der Zerstörung von Karthago und Korinth reich geworden waren, viele Sklaven benötigten. Die Piraten aber sahen diesen Überfluss, und so kam es zu einer Blüte der Piraterie. Sie waren aber nicht allein im Seeraub engagiert, sondern auch im Sklavenhandel. Sie agierten in Übereinstimmung mit den Königen von Zypern und Ägypten, die Feinde der syrischen Könige waren. Und auch die Rhodier waren nicht Freunde (der Syrer), so dass sie keine Hilfe (gegen die Piraterie) leisteten. Die Piraten übten aber unter dem Vorwand des Sklavenhandels ungehindert ihre schlechte Tätigkeit weiter aus.

Q 194

Q 194 Ehreninschriften aus Delos und Argos

Q 194a
ILS 89 61 a–b

Ehreninschrift aus Delos, um 100 v. Chr.
Für Lucius Munatius Plancus, Sohn des Gaius, die Italiker und die Griechen, die in Delos Handel treiben.

Q 194b

ILS 865

Für L. Licinius Lucullus, Sohn des Lucius, pro quaestore, das Volk von Athen und die Italiker und die Griechen, die auf der Insel Handel treiben.

Ehreninschrift aus Argos, nach 68 v. Chr.

Q 194c

ILS 867

Für Q. Caecilius Metellus, Sohn des Gaius, des Imperators, die Italiker, die in Argos Handel treiben.

Q 195 Das soziale Ansehen der Berufe

Q 195

Kontext: In seiner letzten philosophischen Schrift *Über die Pflichten* (*de officiis*) gibt Cicero einen beachtenswerten Überblick über die sozialen Anschauungen der römischen Oberschicht. Zu den grundlegenden Überzeugungen gehört die Annahme, dass den verschiedenen Berufen unterschiedliches soziales Ansehen zukommt.

Was nun die Künste und Gewerbe anbetrifft, welche als freie bezeichnet werden, welche schmutzig sind, darüber haben wir etwa Folgendes vernommen. Zuerst finden die Gewerbezweige Missbilligung, die sich den Hass der Menschen zuziehen, wie das Gewerbe der Zöllner oder das der Geldverleiher. Eines Freien aber nicht würdig und schmutzig ist der Erwerb aller Tagelöhner, deren Arbeitsleistung, nicht deren handwerkliche Fertigkeiten gekauft werden. In ihrem Fall ist der Lohn der Preis für die Sklavenarbeit. Als schmutzig müssen auch die angesehen werden, die von den Kaufleuten Ware einhandeln, um sie sofort wieder zu verkaufen. Sie würden nämlich nichts verdienen, wenn sie nicht ausgiebig lügen würden. Nichts ist aber schimpflicher als Lügenhaftigkeit. Und alle Handwerker betätigen sich in einer schmutzigen Kunst, denn eine Werkstatt kann nichts Freies haben. Am wenigsten sind die Künste zu billigen, die Dienerinnen der leiblichen Begierden sind, »Fischhändler, Fleischer, Köche, Geflügelhändler, Fischer«, wie Terenz sagt. Füge noch hinzu, wenn du Lust hast, Parfümverkäufer, Tänzer und alles, was mit dem Würfelspiel zusammenhängt.

Die Künste (*artes*) aber, in denen eine größere Klugheit am Werke ist oder ein größerer Nutzen erstrebt wird, wie die Heilkunst, die Baukunst, wie die Wissenschaft von ehrenvollen Dingen, die sind für diejenigen, deren Stand sie zukommen, ehrenhaft. Der Handel aber hat, wenn er klein ist, als schmutzig zu gelten. Wenn er aber groß ist und Mittel hat, vieles von allen Seiten herbeischafft und ohne Lügen zuteilt, ist er wohl nicht zu tadeln. Und auch wenn er sich, vom Erwerb gesättigt oder, besser, zufrieden, wie oft von hoher See in den Hafen, so sich aus dem Hafen selber aufs Land und auf die Besitzungen begeben hat, scheint er mit dem besten Recht gelobt werden zu können. Von allen Dingen aber, aus denen irgendein Erwerb gezogen wird, ist nichts besser als der Landbau, nichts ergiebiger, nichts angenehmer, nichts eines Menschen, nichts eines Freien würdiger.

Cicero, Über die Pflichten 1, 150–151

Q 196 Das Vermögen von M. Licinius Crassus

Q 196

Kontext: Seit dem 2. Jh. v. Chr. kam es zu einer starken Differenzierung der Vermögen innerhalb der senatorischen Führungsschicht. Beispiel eines sehr reichen Römers ist M. Licinius Crassus, Consul 70 und 55 v. Chr.

Plutarch, Crassus 2

Die Römer sagen nun, dass die vielen guten Eigenschaften des Crassus durch sein einziges Laster, die Habsucht, verdunkelt worden seien; es scheint aber vielmehr, dass dieses Laster, welches das hervorstechendste von allen war, seine anderen Laster verdeckt hat. Als stärkste Beweise seiner Habsucht führt man die Art der Erwerbung und die Größe seines Vermögens an. Denn nachdem er anfänglich nicht mehr als 300 Talente (7, 2 Mio. Sesterzen) besessen hatte, dann während seines Consulates dem Hercules den Zehnten geopfert, das Volk bewirtet und drei Monate lang jedem Römer aus seinem Vermögen Geld für den Lebensunterhalt gespendet hatte, so fand er doch, als er vor dem Feldzug gegen die Parther eine Bilanz seines Vermögens aufstellte, einen Vermögenswert von 7100 Talenten (170, 4 Mio. Sesterzen) vor. Den größten Teil davon hatte er, wenn man zu seiner Schande die Wahrheit sagen soll, durch Feuer und Krieg zusammengebracht, indem er das allgemeine Unglück zur ergiebigsten Einnahmequelle für sich machte.

Denn als Sulla die Stadt eingenommen hatte und die Güter der von ihm Getöteten versteigern ließ – Güter, die er als seine Beute ansah und auch so nannte – mit der Absicht, möglichst viele und mächtige Männer zu Mitverantwortlichen an diesem fluchwürdigen Tun zu machen, da lehnte Crassus es weder ab zu empfangen noch zu kaufen. Da er ferner die der Stadt Rom eigentümlichen und gewohnten Unglücksfälle wahrnahm, nämlich die Brände und Einstürze von Häusern infolge ihrer Größe und Schwere, so kaufte er Sklaven, die Architekten und Bauhandwerker waren. Als er über 500 dieser Handwerker besaß, kaufte er die brennenden und die den brennenden benachbarten Gebäude auf, welche die Eigentümer aus Furcht und wegen der Ungewissheit um einen geringen Preis hergaben, so dass der größte Teil Roms in seine Hand kam. Aber obwohl er so viele Handwerker besaß, baute er selbst nichts als sein eigenes Wohnhaus und pflegte zu sagen, das die Baulustigen sich ohne Zutun ihrer Feinde selber ruinierten. Und obschon er zahlreiche Silberbergwerke, wertvolle Ländereien und die Leute besaß, die sie bebauten, so hätte man doch das alles für nichts achten können, gemessen an dem Wert seiner Sklaven. Eine so große Anzahl und von so hoher Qualität besaß er: Vorleser, Schreiber, Münzprüfer, Hausverwalter, Diener für die Bedienung beim Mahl, und er überwachte ihre Ausbildung, hatte sein Augenmerk auf sie, unterwies sie selbst und war überhaupt der Meinung, die erste Pflicht des Hausherrn sei die Sorge für die Sklaven als die beseelten Werkzeuge der Haushaltung.

Q 197

Q 197 Die Häuser der Senatoren

Kontext: Der Aufwand für das Haus und dessen Ausstattung trug erheblich zum Prestige eines Senators bei; der Luxus besaß damit den Charakter eines demonstrativen Konsums.

Cicero, Über die Pflichten 1, 138–140

Und da wir ja alles genau behandeln, jedenfalls es wenigstens wollen, muss auch darüber gesprochen werden, wie das Haus eines angesehenen und führenden Mannes beschaffen sein soll. Seine Bestimmung ist die Nutzung, auf die der Bauplan auszurichten ist, und gleichzeitig muss Sorgfalt auf Bequemlichkeit und Würde (*dignitas*) gelegt werden. Wie wir vernommen haben, hat man es Gnaeus Octavius, der als Erster aus jener Familie Consul wurde, zur Ehre angerechnet, dass er sich auf dem Palatin ein prächtiges und würdevolles Haus gebaut hatte, das nach allgemeiner Ansicht, da es von allen gese-

hen wurde, seinem Herrn, einem *homo novus* (»neuer Mann«, Angehöriger
einer Familie, die noch keine Senatoren gestellt hatte), zum Consulat verhol-
fen haben soll. Dieses ließ (M. Aemilius) Scaurus abreißen und noch einen
Anbau an die Gebäude anfügen. Und so brachte jener als Erster das Consulat
in sein Haus, dieser, der Sohn eines großen und hochberühmten Mannes,
brachte in sein vergrößertes Haus nicht nur eine Zurückweisung heim, sondern auch Schande und Unglück.

Die Würde nämlich ist mit einem großen Haus zu schmücken, nicht ganz
durch ein großes Haus zu erwerben; der Herr aber erhält Glanz nicht durch
das Haus, sondern das Haus durch den Herrn, und wie man auch sonst nicht
nur auf sich, sondern auch auf andere Rücksicht zu nehmen hat, so ist beim
Haus eines berühmten Mannes, in das viele Gäste aufgenommen und zahlreiche Menschen jeder Art hereingelassen werden müssen, für Weiträumigkeit
Sorge zu tragen. Sonst ist ein weites Haus oft für den Herrn kompromittie-
rend, wenn in ihm Einsamkeit herrscht, und besonders, wenn es einst zur Zeit
eines anderen Herrn häufig besucht zu werden pflegte.

Q 198 Die Ausstattung von Privathäusern

Q 198

Vitruv,
Über Architektur 6, 5

Wenn die Räume des Hauses so auf die Himmelsrichtungen ausgerichtet
sind, dann muss darauf geachtet werden, in welcher Weise in Privatgebäuden
die Räumlichkeiten, die allein dem Hausherrn gehören, und die, die auch
nicht zur Familie gehörenden Leuten zugänglich sind, gebaut werden müssen.
Denn in die Privaträume haben nicht alle Zutritt, sondern nur geladene
Gäste, z.B. in die Schlafräume, Speisezimmer, Baderäume und die übrigen
Räume, die gleichen Zwecken dienen. Allgemein zugängliche Räume aber
sind die, in die auch uneingeladen Leute aus dem Volk mit Fug und Recht
kommen können, das sind die Vorhallen, Höfe, Säulenhallen und solche
Räume, die in derselben Weise benutzt werden können. Daher sind für Leute
mit einem nur durchschnittlichen Vermögen großartige Vorhallen, Empfangs-
säle und Atrien nicht notwendig, weil sie andere besuchen, um ihnen ihre
Aufwartung zu machen, aber nicht von anderen besucht werden. [...]

Für Angehörige der Nobilität aber, die politische Ämter bekleiden und
daher den Bürgern gegenüber Verpflichtungen erfüllen müssen, sind königliche, hohe Vorhallen und weiträumige Atrien und Säulenhallen zu errichten,
ferner Parkanlagen und geräumige Spazierwege, die der Würde angemessen
angelegt sind, außerdem Bibliotheken, Räume für Gemäldesammlungen und
Hallen, die einer Basilika ähneln, die in ähnlicher Weise prunkvoll ausgestattet sind wie die öffentlichen Gebäude, weil in den Häusern dieser Männer
öfter politische Beratungen abgehalten sowie Urteile und Entscheidungen in
privaten Angelegenheiten gefällt werden.

Q 199 Der Aufwand für private Bauten

Q 199

Plinius,
Naturkunde 36, 109

Wie bei den sorgfältigsten Schriftstellern feststeht, gab es unter dem Consulat
des Marcus Lepidus und Quintus Catulus (78 v. Chr.) in Rom kein schöneres
Haus als das des Lepidus selbst; doch nahm es, beim Herkules, 35 Jahre
später nicht (einmal) die hundertste Stelle ein. Angesichts dieser Einschätzung
mag, wer will, die Masse an Marmor, die Werke der Maler und den königlichen Aufwand berechnen und an die mit dem schönsten und berühmtesten

Hause wetteifernden hundert Häuser denken, die wiederum später von unzähligen anderen bis auf diesen Tag übertroffen wurden.

Q 200

Q 200 Die Situation der Frauen in Rom

Kontext: In vorindustriellen Gesellschaften besaßen Frauen generell nicht dieselben Rechte wie Männer; es gab aber unterschiedliche Ausprägungen in der rechtlichen und sozialen Situation der Frauen; die folgenden Texte verdeutlichen die Lebenswelten von Frauen im republikanischen Rom.

Q 200a
Valerius Maximus
6, 3, 7–11

Exemplarische Fälle der Bestrafung von Frauen

Mit ähnlicher Härte beauftragte später der Senat die Consuln Spurius Postumius Albinus und Quintus Marcius Philippus (186 v. Chr.), Ermittlungen gegen die Frauen durchzuführen, die sich bei den Bacchanalia unkeusch verhalten hatten. Viele von ihnen wurden verurteilt, und die Verwandten bestraften sie innerhalb des Hauses. Die weit bekannt gewordene Entehrung durch diese Schande wurde wieder ausgeglichen durch die Härte der Hinrichtung, denn so viel Schande die Frauen durch ihr unsittliches Verhalten unserem Gemeinwesen bereitet hatten, so viel Lob erhielten sie durch die strenge Bestrafung.

Publicia aber, die ihren Mann, den Consul Postumius Albinus durch Gift umgebracht hatte, und Licinia, die ihren Mann Claudius Asellus ebenso getötet hatte, wurden auf Beschluss der Verwandten durch Strangulieren hingerichtet. Denn diese außerordentlich strengen Männer glaubten, sie müssten bei einem so offensichtlichen Verbrechen nicht die Zeit einer langen gerichtlichen Untersuchung abwarten. Während sie, falls die Frauen unschuldig gewesen wären, ihre Verteidiger geworden wären, traten sie für eine schnelle Bestrafung der Schuldigen ein.

Die Strenge dieser Männer steigerte sich bei der Bestrafung bis zu einem schändlichen Verbrechen, so im Fall des Egnatius Mecennius bei einem geringfügigen Anlass: Er ließ seine Frau zu Tode peitschen, weil sie Wein getrunken hatte. Diese Tat führte nicht zu einer Anklage und wurde nicht einmal getadelt, sondern es bestand die einhellige Meinung, die wegen verletzter Nüchternheit verhängte Strafe sei ein ausgezeichnetes Exempel. Und es ist in der Tat so, dass eine Frau, die über die Maßen Wein trinkt, allen Tugenden die Tür verschließt und sie allen Lastern öffnet.

Schrecklich war auch die eheliche Strenge des Gaius Sulpicius Galus. Er trennte sich von seiner Frau, weil er erfuhr, sie sei mit unbedecktem Kopf ausgegangen. Diese Entscheidung war schroff, aber dennoch von irgendeiner Überlegung hervorgerufen, denn er sagte: »Die Sitte beschränkt die Wahrnehmung deiner Schönheit auf meine Augen. Für diese lege die Instrumente der Kosmetik bereit, für diese sei attraktiv, und vertraue deren Nähe. Jeder weitere Blick, der durch einen überflüssigen Reiz provoziert ist, führt notwendig zu Verdacht und Vergehen.«

Nicht anders empfand Quintus Antistius Vetus, als er seine Frau davonschickte, weil er sie an einem öffentlichen Ort in einem vertrauten Gespräch mit einer schlecht beleumdeten Frau gesehen hatte. [...]

Zu nennen ist außerdem Publius Sempronius Sophus, der seiner Frau den Schimpf der Scheidung aus keinem anderen Grund zufügte, dass sie es wagte, ohne sein Wissen den Spielen zuzuschauen. Damals also, als sie in dieser Weise kontrolliert wurden, haben die Frauen sich von allen Lastern ferngehalten.

Das öffentliche Auftreten der Aemilia, Frau von Scipio Africanus

Aemilia – dies war der Name der Frau – pflegte jedesmal, wenn die Frauen bei festlichen Anlässen in der Öffentlichkeit erschienen, großen Prunk zu entfalten, da sie an dem Leben und der hohen Stellung Scipios teilgehabt hatte. Abgesehen von dem persönlichen Schmuck und dem ihres Wagens waren auch die Körbe, die Trinkbecher und das übrige Opfergerät, das ihr bei den feierlichen Prozessionen nachgetragen wurde, entweder aus Silber oder aus Gold. Entsprechend groß war die Zahl der Sklavinnen und Sklaven, die ihr folgten.

Cornelia, Mutter der Gracchen

Nach dem Tode Scipios, der Hannibal besiegt hatte, wurde ihm (Tiberius Sempronius Gracchus, Consul 177 und 163) die Ehre zuteil, dessen Tochter Cornelia heimzuführen, wiewohl er kein Freund von ihrem Vater gewesen war, sondern es zwischen beiden Männern zu Meinungsverschiedenheiten gekommen war. Einmal, so wird erzählt, fing er auf seinem Lager ein Schlangenpaar. Die Seher, die das Zeichen prüften, verwehrten ihm, beide Tiere zu töten oder freizulassen; er müsse sich für eine der Schlangen entscheiden, der Tod des Männchens bedeute Tod für Tiberius, der Tod des Weibchens für Cornelia. Tiberius liebte seine Frau und sagte sich, dass es ihm als dem Älteren gezieme, in den Tod zu gehen, denn Cornelia war noch jung. So tötete er das Männchen, das Weibchen ließ er entkommen. Nicht viel später starb er und hinterließ zwölf Kinder, die ihm Cornelia geboren hatte.

Cornelia übernahm die Erziehung der Kinder und die Führung des Hauses und zeigte dabei so viel Klugheit, Mutterliebe und Seelengröße, dass sich nun herausstellte, wie gut Tiberius beraten war, als er an Stelle einer solchen Frau den Tod gewählt hatte. König Ptolemaios bot ihr Krone und Hand an, doch wies sie ihn zurück. Als Witwe verlor sie alle ihre Kinder, nur eine Tochter blieb am Leben, welche den jüngeren Scipio heiratete, und die zwei Söhne [...] Tiberius und Gaius. Ihre ganze Sorgfalt verwandte sie nun darauf, die Kinder gut zu erziehen. So bekam man den Eindruck, mehr als die Naturanlage habe die Erziehung die beiden Söhne, die allgemein als die begabtesten unter allen Römern galten, zu tugendhaften Männern gemacht.

Sempronia, eine Frau im Umfeld der Catilinarier

Zu diesem Zeitpunkt soll Catilina sehr viele Menschen jeder Art an sich gezogen haben, darunter einige Frauen, die zuerst ihren ungeheuren Aufwand durch Preisgabe ihres Körpers finanziert hatten, dann aber, als ihr Alter ihrem Erwerb, nicht aber ihrem Aufwand ein Maß setzte, ungeheure Schulden aufgehäuft hatten.[...]

Zu diesen Frauen gehörte auch Sempronia, die mit männlicher Kühnheit viele Schandtaten begangen hatte. Sie war durch familiäre Herkunft und Aussehen, außerdem durch Mann und Kinder in einer recht glücklichen Lebenslage. Sie kannte die griechische und lateinische Literatur und konnte eleganter zur Laute singen und tanzen als es für eine anständige Frau notwendig ist, und sie beherrschte vieles andere, was zu einem luxuriösen Lebensstil gehört. Von jeher war ihr aber alles lieber als Schicklichkeit und Keuschheit. Ob sie ihr Geld oder ihren guten Ruf weniger schonte, war schwer zu entscheiden; ihr sexuelles Verlangen war so stark, dass sie häufiger Männer aufsuchte, als dass sie von ihnen aufgesucht wurde. Auch hatte sie früher schon oft verbindliche Zusagen nicht eingehalten, ein Darlehen abgeschworen, von einem Mord gewusst. Durch ihren luxuriösen Lebenswandel und ihre schlechte finanzielle Situation war sie tief gesunken. Dabei war sie geistig nicht unbegabt: Sie verstand Verse zu machen, Scherz zu treiben, ganz nach Belieben eine ehrbare, gelassene oder erotische Unterhaltung zu führen; kurz, sie besaß viel Witz und Anmut.

Q 201

Q 201 Bildung und Philosophie bei Griechen und Römern

Kontext: Die kulturelle Entwicklung in Rom kann wesentlich als Rezeptionsprozess bestimmt werden. Aus Griechenland wurden literarische Gattungen, die Philosophie und die Rhetorik übernommen. Diese Entwicklung hat Cicero in seinen philosophischen Schriften reflektiert.

Cicero, Gespräche in Tusculum 1, 1–5

[...] und da nun das System und die Methode aller jener Wissenschaften, die es mit dem rechten Weg des Lebens zu tun haben, im Studium der Weisheit, die man Philosophie nennt, eingeschlossen sind, so hielt ich es für meine Aufgabe, eben dies in lateinischer Sprache darzustellen, nicht etwa weil die Philosophie aus griechischen Büchern und bei griechischen Lehrern nicht gelernt werden könnte – aber ich bin immer der Überzeugung gewesen, dass unsere Römer seit jeher teils selbständig Besseres geleistet haben als die Griechen, teils verbessert haben, was sie von ihnen übernommen hatten, jedenfalls soweit sie es der Mühe für wert hielten, sich mit den Dingen zu beschäftigen.

Denn unsere Sitten, Lebensformen sowie die Ordnung unserer häuslichen und familiären Angelegenheiten halten wir sicherlich für besser und vornehmer, und was das Gemeinwesen betrifft, so haben unsere Vorfahren es ohne Zweifel mit besseren Einrichtungen und Gesetzen versehen. Was soll ich vom Kriegswesen sagen, in welchem die Unsrigen durch Tapferkeit Großes zustande gebracht haben, dann aber noch Größeres durch ihr theoretisches Wissen? Was sie durch ihre natürliche Begabung, nicht durch Lernen erreicht haben, das lässt sich weder mit den Griechen noch mit irgendeinem anderen Volk vergleichen. Denn gab es irgendwo sonst so viel Würde, Standhaftigkeit, Seelengröße, Redlichkeit und Treue, eine in jeder Hinsicht so hervorragende Tüchtigkeit, dass sie mit der unserer Vorfahren verglichen werden könnte?

In der Gelehrsamkeit freilich und in jeder Art von Literatur war uns Griechenland überlegen – was nicht schwer war, da wir ihnen den Vorrang gar nicht streitig machten. Während nämlich bei den Griechen die Bildung mit den Dichtern beginnt und Homer und Hesiod, wie es heißt, vor der Gründung Roms gelebt haben, Archilochos in der Regierungszeit des Romulus, haben wir die Dichtkunst erst später übernommen. Denn ungefähr 510 Jahre nach der Gründung Roms unter dem Consulat des Gaius Claudius, des Sohnes von (Appius Claudius) Caecus, und des Marcus Tuditanus (240 v. Chr.) hat Livius (Andronicus) ein Theaterstück aufführen lassen, ein Jahr vor der Geburt des Ennius. Er war auch älter als Plautus und Naevius. Spät haben also die Unsrigen die Dichtkunst kennengelernt oder übernommen. [...] Je weniger man die Dichter nun ehrte, desto weniger bemühte man sich auch um die Dichtkunst; soweit indessen trotzdem große Begabungen auf diesem Feld tätig waren, ließen sie sich neben dem Ruhm der Griechen sehr wohl sehen.

Oder wollen wir nicht annehmen, dass es auch bei uns zahlreiche Maler vom Range des Polykleitos und des Parrhasios gegeben hätte, falls es dem Fabius (Pictor), der aus einer Nobilitätsfamilie stammte, zum Lobe angerechnet worden wäre, dass er malte? Die Ehre nährt die Kunst, der Ruhm treibt alle zur Arbeit an, und wo eine Kunst missbilligt wird, da wird sie ohne Bedeutung sein. Die höchste Bildung erblickten die Griechen in der Kunst des Saitenspiels und des Gesangs. So soll auch Epameinondas, nach meinem Urteil der bedeutendste unter den Griechen, vortrefflich zur Kithara gesungen haben, und als einige Zeit früher Themistokles bei einem Gastmahl sich weigerte, die Lyra zu spielen, galt dies als ein Mangel an Bildung. So blühte denn in Griechenland die Musik, alle lernten sie und wer nichts von ihr verstand, galt als ein Mann, dessen Erziehung vernachlässigt worden war.

In höchster Ehre stand bei ihnen weiterhin die Geometrie, und folglich gab es auch nichts Angeseheneres als die Mathematiker. Wir dagegen haben uns bei dieser Kunst auf das beschränkt, was für das Messen und Rechnen nützlich ist.

Hingegen haben wir uns die Redekunst rasch angeeignet. Unsere ersten Redner waren noch nicht gelehrt, aber sie hatten die Fähigkeit zu reden; später kam auch die Bildung hinzu. Denn Galba, Scipio Africanus, Laelius sind, wie überliefert wird, gebildete Männer gewesen, und schon Cato, der älter war als sie, interessierte sich für diese Dinge. Nachher kamen Lepidus, Carbo, die Gracchen und von da an bis auf unsere Zeit so bedeutende Redner, dass der Vorsprung der Griechen nahezu oder vollständig eingeholt ist.

Die Philosophie ist bis zu unserer Zeit vernachlässigt worden und in lateinischer Sprache überhaupt nicht hervorgetreten. Es ist also unsere Aufgabe, ihr Ansehen und Leben zu geben, um unseren Mitbürgern, denen wir in unserer politischen Tätigkeit vielleicht etwas genützt haben, auch in der Muße (*otium*) zu dienen, soweit wir können.

Q 202 Die Krise der römischen Republik

Q 202

Kontext: Sowohl Sallust als auch Cicero haben sich intensiv mit der Frage nach den Ursachen der Krise der römischen Republik auseinandergesetzt. Während Cicero dieses Problem in einzelnen Reden und in seinen Schriften zur politischen Theorie erörtert, stellt Sallust seine Sicht in mehreren Exkursen seiner historiographischen Monographien dar. Beide Autoren sehen die Krise mit einer ausgeprägten inneren Polarisierung verbunden. Cicero versucht darüber hinaus, grundsätzlich die Problematik einer Verteilungspolitik theoretisch zu erfassen.

Als das Gemeinwesen (*res publica*) aber durch Anstrengung und Rechtlichkeit gewachsen war, als mächtige Könige im Krieg bezwungen, wilde Stämme und große Völker gewaltsam unterworfen waren, Karthago, die Rivalin des Imperium Romanum, gänzlich vernichtet und der Zugang zu allen Meeren und Ländern offen war, da begann das Schicksal zu wüten und alles in Aufruhr zu bringen.

Denselben Männern, die Anstrengungen, Gefahren, unsichere und schwierige Situationen leicht ertragen hatten, wurden nun Ruhe (*otium*) und Reichtum, sonst erstrebenswerte Dinge, zu einer Last und zum Verhängnis. So wuchs zuerst die Gier nach Geld, dann nach Macht; und beides war die Ursache aller Übel. Denn die Habsucht untergrub alles Vertrauen, alle Redlichkeit und alle anderen guten Eigenschaften; dafür lehrte sie Stolz und Grausamkeit, sie lehrte, die Götter zu vernachlässigen und alles für käuflich zu halten. Der Ehrgeiz ließ viele Menschen falsch werden, gewöhnte sie daran,

Sallust, Die Verschwörung des Catilina 10–13

anders zu denken als offen zu sprechen, Freundschaften und Feindschaften nicht nach ihrem Wesen, sondern nach ihrem Nutzen zu beurteilen und lieber ein gutes Aussehen als eine gute Gesinnung zu haben. All das fand anfangs nur langsam Verbreitung, bisweilen schritt man noch dagegen ein; als dann aber das schlechte Beispiel wie eine Seuche um sich griff, da veränderte sich die Bürgerschaft und das gerechteste und beste Imperium wandelte sich in ein grausames und unerträgliches Imperium.

Zuerst freilich quälte die Menschen der Ehrgeiz mehr als die Habsucht, der zwar auch ein Fehler war, aber immerhin der Tugend noch nahe stand. Denn Ruhm, ein öffentliches Amt und politische Macht wünschen sich der Tüchtige und der Träge in gleicher Weise, nur sucht jener sie auf dem rechten Weg zu erreichen, während dieser mit List und Täuschung kämpft, weil ihm gute Fähigkeiten fehlen. Die Habsucht erweckt die Begierde nach Geld, das doch kein weiser Mensch begehrt; sie führt, als ob sie von schlimmen Giften erfüllt ist, dazu, dass der Körper und der männliche Charakter effeminiert werden, immer ist sie grenzenlos und unersättlich, und sie wird weder durch Überfluss noch durch Mangel geschwächt.

Nachdem aber Lucius Sulla mit Waffengewalt die Macht im Gemeinwesen (*res publica*) an sich gerissen und trotz guter Anfänge ein schlimmes Ende gehabt hatte, da raubten und plünderten alle; der eine begehrte ein Haus, Felder der andere, die Sieger kannten weder Maß noch Mäßigung und begingen abscheuliche und grausame Verbrechen gegen ihre Mitbürger. Hinzu kam, dass Lucius Sulla das Heer, das er in Kleinasien befehligt hatte, gegen die Sitte der Vorfahren (*mos maiorum*) sehr nachsichtig bei Ausschweifungen und allzu großzügig behandelte, um die Soldaten sich zu verpflichten. Die schöne und reizvolle Landschaft verweichlichte während der Ruhe (nach dem Ende der Kampfhandlungen) schnell die wilden Gemüter der Soldaten. Hier gewöhnte sich das Heer des römischen Volkes erstmals daran, zu lieben und zu trinken, Standbilder, Gemälde und verzierte Gefäße zu bewundern, sie aus privatem und öffentlichem Besitz zu rauben, Heiligtümer auszuplündern und alles Heilige und Profane zu entweihen. So ließen diese Soldaten nach dem Sieg den Besiegten nichts mehr übrig. Da ja günstige Umstände sogar weisen Menschen Schwierigkeiten bereiten, wie hätten sich da jene angesichts ihrer sittlichen Verderbtheit im Sieg maßvoll verhalten sollen?

Als der Reichtum begann, Ehre einzubringen, und er Ruhm, politische Macht (*imperium*) und Einfluss nach sich zog, da begann auch die Tugend schwächer zu werden, Armut galt als Schande und Rechtschaffenheit sah man als Missgunst an. Infolge des Reichtums verbreiteten sich dann auch in der Jugend ein luxuriöser Lebensstil, Habsucht und Arroganz; man raubte, verschwendete, schätzte den eigenen Besitz gering, begehrte fremden, hielt Schamgefühl und Sittsamkeit, göttliche und menschliche Ordnung für belanglos, sie hatten keine Maßstäbe und keine Bescheidenheit mehr. Es lohnt sich, wenn man die Stadthäuser und die Villen auf dem Lande, die im Stil von Städten errichtet wurden, kennengelernt hat, auch die Göttertempel anzusehen, die unsere Vorfahren, diese tiefreligiösen Menschen, geschaffen haben. Sie freilich schmückten die Heiligtümer der Götter mit ihrer Frömmigkeit, die eigenen Häuser mit ihrem Ruhm, und den Besiegten nahmen sie nichts außer der Möglichkeit, Unrecht zu begehen. Anders dagegen haben unsere unfähigen Zeitgenossen in höchst verbrecherischer Weise den Verbündeten all das weggenommen, was ihnen die heldenhaften Sieger einst gelassen hatten – geradeso als ob Unrecht das sei, was die Ausübung von Herrschaft überhaupt erst ausmache.

Wozu soll ich denn noch die Dinge erwähnen, die keiner glauben kann, wenn er sie nicht selbst gesehen hat: dass mehrere Privatleute sogar Berge abtragen und Meere überbauen ließen? Reichtum scheint mir ihnen nur ein Spielzeug gewesen zu sein, denn sie beeilten sich, den Reichtum, den sie ehrenvoll hätten verwenden können, auf schändliche Weise zu missbrauchen.

Q 203 Die politischen Gruppierungen in Rom

Q 203

Sallust, Über den Krieg gegen Iugurtha 41–42

Übrigens ist die Gewohnheit politischer Gruppenbildungen (*partes*) und Parteiungen (*factiones*) und dann aller weiteren schlechten Verhaltensweisen erst vor wenigen Jahren in Rom infolge der Ruhe (*otium*) und des Überflusses an solchen Gütern entstanden, die die Menschen für die wichtigsten halten. Denn vor der Zerstörung Karthagos verwalteten das römische Volk und der Senat ruhig und besonnen gemeinsam das Gemeinwesen (*res publica*), und es gab unter den Bürgern keinen Streit um Ruhm oder Herrschaft: Die Furcht vor dem Feind hatte zur Folge, dass die Bürgerschaft ihre guten Eigenschaften beibehielt. Sobald dieses Schreckbild aber aus dem Bewusstsein verschwunden war, da trat verständlicherweise das auf, was glückliche Umstände gern mit sich bringen: Laszivität und Arroganz. So wurde die Friedensruhe (*otium*), die sie in schwierigen Zeiten ersehnt hatten, recht traurig und grausam, als man sie erlangt hatte. Denn nun begann die Nobilität ihr Prestige (*dignitas*), das Volk seine Freiheit in Willkür zu verkehren: jeder erbeutete, plünderte und raubte zu seinem Vorteil. So wurde alles in zwei Gruppierungen auseinandergerissen, das Gemeinwesen (*res publica*), das in der Mitte stand, wurde zerrissen. Im Übrigen richtete die Nobilität durch ihre Gruppenbildung aber mehr aus, der Einfluss der Plebs, auf die Menge verteilt und zersplittert, vermochte weniger. Nach dem Willen weniger wurde in Krieg und Frieden entschieden, in der Verfügungsgewalt derselben Leute waren die öffentliche Kasse (*aerarium*), die Provinzen, die politischen Ämter, die Ehrungen und Triumphe; das Volk wurde von Kriegsdienst und Armut bedrängt. Die Kriegsbeute rissen die Feldherren mit einigen wenigen an sich; unterdessen wurden die Eltern oder die kleinen Kinder der Soldaten von ihren Höfen vertrieben, wenn sie Nachbarn eines Mächtigeren waren.

So drang mit der Macht auch Habsucht ohne Maß und Mäßigung ein, sie entweihte und verwüstete alles, achtete nichts als wichtig oder heilig, bis sie sich selber zu Fall brachte. Sobald sich nämlich in der Nobilität Männer fanden, die den wahren Ruhm einer ungerechten Machtposition vorzogen, geriet die Bürgerschaft allmählich in Bewegung, und es entstand ein politischer Dissens, gleichsam ein chaotisches Durcheinander der Welt.

Denn als Tiberius und Gaius Gracchus, deren Vorfahren im Punischen Krieg und in anderen Kriegen viel für das Gemeinwesen (*res publica*) geleistet hatten, begannen, sich für die Freiheit der Plebs einzusetzen und die Verbrechen der ›Wenigen‹ aufzudecken, da trat die schuldige und schwer getroffene Nobilität bald mit Unterstützung der Verbündeten und der Bürger der latinischen Städte, bisweilen auch der römischen Reiter (*equites*), die die Hoffnung auf ein Bündnis (mit der Nobilität) von der Plebs getrennt hatte, den Aktivitäten der Gracchen entgegen. Zuerst hatte sie Tiberius, dann einige Jahre später Gaius, als er denselben Weg beschritt, – den einen als Tribun, den anderen als Mitglied des Dreierausschusses zur Gründung neuer Ansiedlungen – zusammen mit Marcus Fulvius Flaccus mit dem Schwert getötet. Gewiss waren die Gracchen bei ihrem Streben nach einem Sieg nicht maßvoll genug gewesen. Aber für einen Guten ist es besser, selbst besiegt zu werden als auf verwerfliche Art das Unrecht (anderer) zu besiegen. Diesen Sieg hat die Nobilität in ihrer Willkür ausgenutzt und viele Menschen durch das Schwert oder durch die Verbannung aus dem Weg geräumt und damit für die folgende Zeit mehr Furcht als Macht erworben. Ein solches Handeln richtet sehr oft große Gemeinwesen zugrunde, solange die eine Seite die andere auf jede Weise besiegen und sich an den Besiegten allzu bitter rächen will.

Q 204

Cicero, Über die Pflichten 2, 72–77

Q 204 Grundfragen der Politik

Da aber nun über die Art Wohltaten (*beneficia*) gesprochen worden ist, die sich auf die Einzelnen beziehen, müssen im Folgenden die Wohltaten, welche sich auf alle insgesamt und die sich auf das Gemeinwesen (*res publica*) erstrecken, erörtert werden. Unter diesen aber ist ein Teil derart, dass sie die Bürger insgesamt, ein Teil derart, dass sie die einzelnen Bürger betreffen; diese sind noch erwünschter. Bemühen muss man sich aufs Ganze gesehen, wenn es möglich ist, dass man für beide Teile, aber nicht weniger, dass man auch für den Einzelnen sorgt, aber in der Weise, dass diese Handlungsweise entweder dem Gemeinwesen nützt oder wenigstens nicht schadet. Das Frumentargesetz des Gaius Gracchus war eine bedeutende Schenkung, es erschöpfte demgemäß die Staatskasse. Das gemäßigte (Gesetz) des Marcus Octavius war für das Gemeinwesen erträglich und für die Plebs notwendig, also für Bürger und Gemeinwesen heilsam.

Vor allem aber wird der, der das Gemeinwesen leitet, darauf achten müssen, dass jeder das Seine behält und dass nicht durch Politik veranlasst eine Minderung der Güter von Privatleuten eintritt. Verderblich nämlich äußerte sich (Lucius Marcius) Philippus in seinem Tribunat, als er das Ackergesetz einbrachte – das ließ er freilich leicht fallen und zeigte sich dabei sehr gemäßigt; aber als er in popularem Stil politisch agiert hat, sprach er in übler Weise davon, dass es in der Bürgerschaft nicht zweitausend Menschen gäbe, die Vermögen hätten. Eine verderbliche Rede ist das, die auf eine gleichmäßige Verteilung der Vermögen zielt, und was kann schlimmer sein als dieses Unglück? Denn vor allem aus dem Grunde, dass jeder sein Eigentum behalten könne, wurden Gemeinwesen und Bürgerschaften gegründet. Denn wenn auch die Menschen unter Leitung der Natur zusammenkamen, so suchten sie doch in der Hoffnung, ihr Eigentum zu bewahren, den Schutz der Städte.

Man muss sich auch bemühen, dass nicht – was bei unseren Vorfahren wegen der schwierigen Lage der öffentlichen Finanzen und wegen der dauernden Kriege häufig vorkam – eine Steuer (*tributum*) aufgebracht werden muss, und damit dieser Fall gar nicht erst eintritt, muss man lange vorher Vorsorge treffen. Wenn aber die Notwendigkeit einer solchen Abgabe in irgendeinem Gemeinwesen eintritt – diese Formulierung ziehe ich vor, um nicht über die Zukunft unseres Gemeinwesens eine ungünstige Aussage zu machen, freilich spreche ich auch nicht nur von unserem Gemeinwesen, sondern ganz allgemein von jedem Gemeinwesen –, dann wird man sich bemühen müssen, dass alle erkennen, dass sie, wollen sie keinen Schaden erleiden, der Notwendigkeit gehorchen müssen. Und alle, die das Gemeinwesen leiten, werden sich auch darum sorgen müssen, dass die zum Leben notwendigen Dinge reichlich vorhanden sind. Wie sie normalerweise beschafft werden und zu beschaffen sind, braucht hier nicht erörtert zu werden, denn es ist für alle offensichtlich. Soweit war dieses Thema zu berühren.

Die Hauptsache aber bei jeder Wahrnehmung öffentlicher Aufgaben und
Führung öffentlicher Ämter ist es, dass auch der geringste Verdacht der Habsucht vermieden wird. [...]

Kein Laster ist also schändlicher [...] als die Habsucht, vor allem bei den
führenden Senatoren (*principes*) und den Lenkern des Gemeinwesens. Zur
Erwerbsquelle nämlich das Gemeinwesen zu machen, ist nicht nur schänd-
lich, sondern sogar verbrecherisch und frevelhaft. Wenn der pythische Apollo
das Orakel gab, Sparta werde durch nichts anderes als durch Habsucht zugrunde gehen, so scheint das nicht nur den Lacedaemoniern, sondern allen
reichen Völkern vorausgesagt zu sein. Durch nichts anderes aber können die,
welche an der Spitze des Gemeinwesens stehen, das Wohlwollen der Menge
leichter gewinnen als durch Enthaltsamkeit und Selbstbeherrschung.

Q 205 Die Polarisierung der römischen Politik. Optimaten und Popularen

Q 205

Cicero, Rede für Sestius
96–103

Seit jeher hat es in dieser Bürgerschaft zwei Gruppen unter den Menschen
gegeben, die danach strebten, politisch aktiv zu sein und sich politisch auszu-
zeichnen; von diesen beiden Gruppen wollten die einen für Popularen, die
anderen für Optimaten gehalten werden und es auch sein. Diejenigen, die in
dem, was sie taten und sagten, der Menge angenehm sein wollten, wurden
für Popularen, diejenigen aber, die sich so verhielten, dass ihren Vorschlägen
die Billigung aller Guten und Wohlhabenden (*boni*) zuteil wurde, für Optimaten gehalten. [...]

Was ist nun das Ziel dieser Lenker unseres Gemeinwesens, das sie im Auge
haben und auf das sie ihre Fahrt richten müssen? Es ist das, was allen Vernünftigen, Rechtschaffenen und Wohlhabenden höchster Wert und Wunsch
ist: der mit Würde gewahrte Frieden (*cum dignitate otium*). Die dieses Ziel
gutheißen, sind alles Optimaten; die es durchsetzen, gelten als die bedeutendsten Männer und Bewahrer des Gemeinwesens. Denn in der Politik darf
man sich weder so stark von der Würde bestimmen lassen, dass man nicht
Vorsorge für den Frieden trifft, noch sich an einen Frieden klammern, der der
Würde widerspricht. Dieser die Würde achtende Frieden hat folgende Grundlagen und Elemente, deren Schutz und Verteidigung den führenden Senatoren
selbst unter Einsatz des Lebens obliegt: die Kulte (*religiones*), Auspizien, die
Befugnisse der Beamten (*potestates magistratuum*), die Autorität des Senats
(*senatus auctoritas*), die Gesetze (*leges*), die Sitte der Vorfahren (*mos maiorum*), die Gerichte, die Rechtsprechung, der Kredit (*fides*), die Provinzen, die
Bundesgenossen, der Ruhm unserer Herrschaft (*imperii laus*), das Heer und
die öffentlichen Finanzen.

Verteidiger und Schirmherr (*patronus*) dieser zahlreichen und bedeutenden
Institutionen zu sein, erfordert großen Mut, großes Können und große Festigkeit. Denn bei einer so großen Zahl von Bürgern ist die Menge derer beträchtlich, die entweder aus Furcht vor Strafe und im Bewusstsein ihrer Vergehen auf Veränderungen und Umwälzungen des Gemeinwesens aus sind
oder die sich aufgrund ihres angeborenen schlechten Charakters an Zwietracht und Aufruhr (*seditio*) weiden oder wegen ihrer verworrenen Vermö-
gensverhältnisse lieber in einer allgemeinen Feuersbrunst untergehen wollen
als in ihrer eigenen. Sobald diese Leute Sachwalter und Verfechter ihrer verwerflichen Absichten gefunden haben, werden im Gemeinwesen Stürme erzeugt; daher müssen diejenigen, die das Steuerruder des Vaterlandes für sich
beansprucht haben, wachsam sein und sich mit allem Wissen und aller Sorg-

falt darum bemühen, die Institutionen, die ich soeben als Grundlagen und Elemente bezeichnet habe, zu bewahren, fest auf das Ziel zuzusteuern und den Hafen des Friedens und der Würde zu erreichen. [...]

Diese Art und Weise, Politik zu treiben, war übrigens früher gefährlicher, als in vielen Fragen der Wunsch der Menge und der Vorteil des Volkes nicht mit dem Gemeinwohl (*utilitas rei publicae*) übereinstimmten. Eine *lex tabellaria* (Gesetz über die geheime Abstimmung) wurde von Lucius Cassius eingebracht. Das Volk glaubte, es gehe um seine Freiheit; die führenden Senatoren (*principes*) waren dagegen, weil sie sich im Hinblick auf die Sicherheit der Optimaten vor der Unbesonnenheit der Menge und der zur Willkür einladenden geheimen Abstimmung fürchteten. Tiberius Gracchus brachte ein Agrargesetz ein: Es war dem Volk erwünscht, weil es schien, als würden dadurch die Ärmeren ein Vermögen erhalten; die Optimaten kämpften dagegen an, weil sie in dem Gesetz eine Ursache innerer Zwietracht sahen und weil sie glaubten, dass das Gemeinwesen seine Beschützer verliere, wenn man die Reichen von ihren Besitzungen, die ihnen seit langem gehören, vertreibe. Gaius Gracchus brachte ein Getreidegesetz ein: Die Sache war der Plebs angenehm, da sie Lebensmittel erhielt, ohne dafür arbeiten zu müssen. Die guten Bürger bekämpften das Gesetz, weil sie glaubten, dass die Plebs der Arbeit entwöhnt und zum Müßiggang verleitet würde, und weil sie sahen, dass die öffentlichen Finanzen in zu hohem Maß beansprucht würden.

Q 206

Q 206 Ciceros Kritik an der Politik der Popularen. Die Problematik verteilungspolitischer Maßnahmen

Cicero, Über die Pflichten 2, 78–79

Die aber Popularen sein wollen und aus diesem Grunde entweder Agrarreformen in Angriff nehmen, so dass die Besitzer aus ihren Wohnsitzen vertrieben werden, oder meinen, verliehene Gelder müssten den Schuldnern geschenkt werden, die richten die Grundlagen des Gemeinwesens zugrunde, die Eintracht zuerst, die nicht bestehen kann, wenn den einen Geld weggenommen, den anderen geschenkt wird, dann die Gerechtigkeit, die ganz beseitigt wird, wenn nicht einem jeden das Seine zu behalten möglich ist. Denn dies ist, wie ich oben sagte, charakteristisch für ein Gemeinwesen und eine Stadt, dass die Bewahrung des Eigentums frei und nicht mit Angst verbunden ist.

Und bei diesem Verderben des Gemeinwesens erlangen sie nicht einmal, wie sie glauben, Dankbarkeit, denn wem sein Vermögen entrissen worden ist, der ist Feind. Wem es gegeben worden ist, leugnet noch, dass er es hat annehmen wollen, und besonders bei Schulden verheimlicht er seine Freude, damit es nicht den Anschein hat, er sei zahlungsunfähig gewesen. Aber jener, der Unrecht erfahren hat, erinnert sich daran und zeigt seinen Schmerz offen, und auch wenn jene mehr sind, denen in unbilliger Weise gegeben worden ist, als jene, denen ungerecht genommen worden ist, so haben sie deshalb auch nicht mehr Einfluss. Denn der Einfluss wird nicht nach der Zahl beurteilt, sondern nach dem Ansehen. Was aber ist das für eine Gerechtigkeit, dass derjenige, der keine Ländereien hatte, nun Ländereien besitzt, die viele Jahre oder auch Menschenalter vorher in Besitz anderer waren, dass derjenige aber, der die Ländereien gehabt hat, diese verliert?

Q 207 Das Agrargesetz des Tiberius Gracchus

Kontext: Die Krise der römischen Republik begann 133 v. Chr. mit dem Volkstribunat des Tiberius Gracchus und seiner Agrargesetzgebung. Ausführliche Darstellungen sind nur in relativ späten, erst im 2. Jh. n. Chr. verfassten Geschichtswerken überliefert.

Die Römer pflegten das Land, das sie ihren Nachbarn im Kriege abnahmen, zum einen Teil zu verkaufen, zum andern in öffentliches Land umzuwandeln und dann besitzlosen und bedürftigen Bürgern gegen eine geringe Abgabe an die Staatskasse zur Nutzung zu überlassen. Als jedoch die Reichen anfingen, die Abgabe in die Höhe zu treiben und die Armen von ihren Höfen zu verdrängen, wurde ein Gesetz erlassen, welches bestimmte, dass niemand mehr als fünfhundert Morgen Land besitzen dürfe. Für kurze Zeit tat diese Vorschrift der Habgier Einhalt und half den Armen, die auf dem gepachteten Land blieben und die Ländereien bewirtschafteten, die sie seit langem in Besitz hatten. Später aber brachten die reichen Nachbarn durch vorgeschobene Mittelsmänner die Pachtverträge in ihre Hände und nahmen schließlich das meiste ganz offen in ihren Besitz. Von ihren Ländereien vertrieben, leisteten die Armen nicht mehr bereitwillig den Militärdienst und unterließen es, Kinder aufzuziehen, so dass in kurzer Zeit die freie Bevölkerung in ganz Italien zurückging, während überall im Land Unterkünfte gefesselter Barbaren entstanden, die nunmehr die Ländereien bestellten, aus denen die Reichen ihre Mitbürger vertrieben hatten. Schon Scipios Freund Gaius Laelius unternahm den Versuch, eine Verbesserung der Verhältnisse zu erreichen. Als die Mächtigen aber sich heftig widersetzten, gab er aus Furcht vor Unruhen den Plan auf und erhielt dafür den Beinamen ›der Weise‹ oder ›der Kluge‹, denn beides scheint das lateinische Wort *sapiens* zu bedeuten.

Als Tiberius zum Volkstribun gewählt war, nahm er sogleich diese Aufgabe in Angriff. Wie die meisten Autoren sagen, ermutigten ihn dazu der Redner Diophanes und der Philosoph Blossius. Diophanes war ein Flüchtling aus Mytilene, Blossius stammte aus Kyme in Unteritalien; in Rom war er befreundet mit Antipatros von Tarsos, der ihn durch die Widmung philosophischer Schriften ehrte. Einige geben auch seiner Mutter Cornelia eine Mitschuld, denn sie warf ihren Söhnen oft vor, dass die Römer sie »Schwiegermutter Scipios«, aber nicht »Mutter der Gracchen« nannten. Andere behaupten, Ursache für die Politik des Tiberius sei ein gewisser Spurius Postumius gewesen, der gleichaltrig war und mit Tiberius um Ansehen als Gerichtsredner wetteiferte. Als Tiberius vom Feldzug (in Spanien) zurückkehrte und sah, dass Spurius ihn an Ansehen und Einfluss weit überholt hatte und viel bewundert wurde, wollte er ihn, wie es scheint, übertreffen und begann ein gefährliches politisches Vorhaben, das ihm aber großen Ruhm einbringen sollte. Sein Bruder Gaius aber berichtet in einer Schrift, Tiberius habe, als er auf dem Weg nach Numantia durch Etrurien kam, gesehen, dass das Land von Menschen verlassen sei und dass eingeführte Sklaven und Barbaren die Felder bestellten und das Vieh weideten. Da zuerst sei ihm der Gedanke zu jener Politik gekommen, die beiden Brüdern so viele Leiden bringen sollte. Am meisten jedoch gab das Volk selbst den Anstoß zu leidenschaftlichem Ehrgeiz, indem es ihn durch Inschriften an öffentlichen Hallen, an Wänden und Denkmälern aufrief, den Armen das Gemeindeland zurückzugewinnen.

Er arbeitete das Gesetz freilich nicht allein aus, sondern zog die tüchtigsten und angesehensten Bürger als Ratgeber hinzu, neben anderen den Pontifex

Plutarch, Tiberius Gracchus 8–13, 1

maximus Crassus, den Rechtsgelehrten Mucius Scaevola, der damals Consul war, und seinen Schwiegervater Appius Claudius. Und es ist wohl nie ein Gesetz, das sich gegen ein solches Unrecht und gegen solche Habgier wandte, in eine mildere, schonendere Form gefasst worden. Denn diejenigen, die für ihren Ungehorsam Strafe verdient hätten und das Land, aus dem sie widersetzlich Nutzen zogen, hätten herausgeben und dazu eine Geldstrafe zahlen sollen, mussten lediglich – so lautete die Bestimmung – gegen eine Entschädigung abtreten, was sie sich widerrechtlich angeeignet hatten, um bedürftigen Bürgern Platz zu machen. Obgleich diese Verbesserung der Verhältnisse so viel Rücksicht nahm, gab das Volk sich gleichwohl zufrieden. Es ließ das Vergangene ruhen, in der Erwartung, dass in Zukunft das Unrecht ein Ende hätte. Die reichen Besitzer hingegen hassten aus Habgier das Gesetz, aus Zorn und Eifersucht den Gesetzgeber und versuchten, das Volk umzustimmen. Die Verteilung des Landes sei für Tiberius nur ein Vorwand, das Gemeinwesen zu zerrütten und einen allgemeinen Umsturz herbeizuführen.

Aber sie erreichten nichts, denn Tiberius, der für eine schöne und gerechte Idee mit einer Redegewandtheit kämpfte, die eine schlechtere Sache hätte adeln können, war geschickt und unüberwindlich, wenn er, umdrängt vom Volk, auf der Rednerbühne stand und von den Armen sprach: »Die wilden Tiere, welche in Italien hausen, haben ihre Höhle und ihr Lager, um sich dort hinzulegen oder zu verkriechen – die Männer aber, die für Italien kämpfen und sterben, sie haben nichts außer Luft und Licht. Ohne Behausung und unstet irren sie mit Weib und Kind durch das Land. Die Feldherren lügen, wenn sie in der Schlacht die Soldaten aufrufen, für ihre Gräber und Heiligtümer die Feinde abzuwehren, denn von all diesen Römern besitzt keiner einen Altar, den er vom Vater ererbt, keiner ein Grab, in dem seine Vorfahren ruhen, vielmehr kämpfen und sterben sie für anderer Wohlleben und Reichtum. Herren der Welt werden sie genannt und haben nicht eine Scholle Landes zu eigen.«

Diese Worte, die einem großen Herzen und wahren Mitgefühl entströmten, rissen das Volk zu hoher Begeisterung hin, so dass keiner der Gegner einen Widerspruch wagte. Sie verzichteten darauf, ihm in öffentlicher Rede entgegenzutreten, wandten sich aber an den Volkstribunen Marcus Octavius, einen jungen Mann von ernstem, gefestigtem Charakter, der mit Tiberius eng befreundet war. Deshalb sträubte er sich anfänglich gegen ihr Ansinnen, denn er wollte Tiberius nicht verletzen. Als aber viele einflussreiche Männer ihn unablässig mit Bitten bestürmten, ließ er sich – gleichsam der Gewalt weichend – auf die Seite der Gegner ziehen und legte gegen das Gesetz sein Veto ein. Nun verfügt unter den Volkstribunen derjenige, welcher Einspruch erhebt, über die entscheidende Macht, denn auch der Wille der Mehrheit vermag nichts, wenn ein Einziger sich widersetzt. Darüber erbittert, zog Tiberius das milde Gesetz zurück und legte einen Antrag vor, der angenehmer für die Menge war und schärfer gegen die unrechtmäßigen Grundbesitzer vorging: Es verfügte, dass sie unverzüglich das Land, das sie sich entgegen den früheren Gesetzen angeeignet hatten, abtreten sollten. [...]

Als aber Tiberius bemerkte, dass Octavius als Besitzer weiterer Ländereien auf dem öffentlichen Land selber von dem Gesetz betroffen war, bat er ihn, von dem Streit abzulassen, und versprach, den Wert der Ländereien ihm aus eigenen Mitteln zu erstatten, obschon es um sein Vermögen nicht glänzend bestellt war. Da Octavius auch diesen Vorschlag zurückwies, erließ Tiberius ein Edikt, das sämtlichen Magistraten verwehrte, ihre Geschäfte weiterzuführen, bevor das Gesetz zur Abstimmung gebracht sei. An dem Tempel des Saturn brachte er sein eigenes Siegel an, damit die Quaestoren nichts herausnehmen oder hineinbringen könnten, und den Praetoren, die sich nicht fügten, drohte er Bestrafung an, so dass alle eingeschüchtert ihre Tätigkeit niederlegten. Da zogen die Besitzenden Trauerkleider an und gingen klagend und niedergedrückt auf dem Markt herum, heimlich aber stellten sie Tiberius nach und setzten Meuchelmörder ein. Deshalb trug Tiberius, wie jedermann wusste, ebenfalls eine Waffe mit sich. Es war ein Dolch, wie ihn die Räuber führen, ein sogenannter ›Dolon‹.

Als der Tag gekommen war und Tiberius das Volk zur Abstimmung rufen wollte, hatten die Reichen die Stimmurnen entwendet. Ein großer Tumult brach los. Die Anhänger des Tiberius hätten dank ihrer Überzahl zur Gewalt greifen können und rotteten sich auch schon zusammen, da stürzten zwei ehemalige Consuln, Manlius und Fulvius, auf Tiberius zu, fassten seine Hände und beschworen ihn unter Tränen, das Äußerste zu verhüten. Ihm ging es durch den Sinn, welche Folgen aus diesen noch harmlosen Anfängen erwachsen könnten, und ehrerbietig fragte er die Männer, was er tun solle. Sie sagten, dass es ihnen nicht zustehe, ihm in einer so bedeutenden Frage einen Rat zu erteilen, und forderten ihn auf, sich an den Senat zu wenden. Tiberius fügte sich ihrer Bitte.

Als aber der Senat, in dem die Reichen den größten Einfluss hatten, nichts zustande brachte, entschloss Tiberius sich zu einer ungesetzlichen und ungeeigneten Maßnahme, der Amtsenthebung des Octavius, da er keinen andern Weg mehr sah, das Gesetz zu Abstimmung zu bringen. Zunächst jedoch bat er ihn in aller Öffentlichkeit mit freundlichen Worten, wobei er auch seine Hände ergriff, er möge doch nachgeben und dem Volke diesen Gefallen erweisen; gerecht sei, was es fordere, und was es erreichen werde, gering im Vergleich zu dem, was es gelitten und an Gefahren ausgestanden habe. Da Octavius auch diese Bitte zurückwies, machte ihm Tiberius klar, dass, da beide mit dem Tribunat und denselben Befugnissen ausgestattet sich in einer so wichtigen Sache nicht einigen könnten, es unmöglich wäre, ihre Amtszeit zu beenden, ohne dass es zwischen ihnen zum Krieg kommen werde. Er sehe nur ein Heilmittel in diesem Konflikt: Einer von ihnen müsse auf sein Amt verzichten. Er forderte Octavius auf, das Volk zuerst über ihn, Tiberius, abstimmen zu lassen. Er werde ohne Verzug als Privatmann von der Rednerbühne herabsteigen, wenn dies der Wille der Bürger sein sollte. Da Octavius auch dies nicht wollte, erklärte Tiberius, er werde nun über ihn abstimmen lassen, es sei denn, er ändere seine Meinung.

Darauf löste er die Versammlung auf. Als das Volk am nächsten Tage wieder zusammentrat, bestieg Tiberius die Rednerbühne und versuchte aufs Neue, Octavius zu überzeugen. Da dieser nicht umzustimmen war, legte Tiberius einen Gesetzesantrag vor, der jenen des Tribunats für verlustig erklärte, und rief die Bürger sogleich zur Abstimmung auf. Schon hatten von den fünfunddreißig Tribus siebzehn ihre Stimme abgegeben; kam noch eine einzige hinzu, musste Octavius sein Amt niederlegen. In diesem Augenblick gebot Tiberius Einhalt und verlegte sich noch einmal aufs Bitten. Er umarmte und küsste Octavius vor allem Volk und flehte ihn an, eine derartige Schande doch nicht gleichgültig hinzunehmen und ihm nicht die Verantwortung für eine so schwere und harte Maßnahme aufzubürden.

Octavius vermochte es nicht, ungerührt und unbewegt diese Bitten anzuhören. Seine Augen, so wird erzählt, füllten sich mit Tränen, und lange Zeit stand er schweigend da. Wie aber sein Blick auf die geschlossene Schar der reichen Grundbesitzer fiel, überkam ihn Scham und Furcht, er werde ihre

Achtung verlieren. So nahm er tapfer alle Unbill hin und forderte Tiberius auf, nach seinem Gutdünken mit ihm zu verfahren. Nun wurde der Antrag zum Beschluss erhoben, und Tiberius gab einem seiner Freigelassenen Befehl, Octavius von der Rednerbühne herunterzuholen; denn er verwendete seine eigenen Freigelassenen als Amtsdiener. Es war ein jammervoller Anblick, wie Octavius mit Schimpf und Schande herabgezerrt wurde. Das Volk drang drohend auf ihn ein, und obschon die Reichen herbeieilten und ihn mit eigenen Händen zu decken versuchten, gelang es nur mit Mühe, ihn dem erregten Haufen zu entreißen. Er konnte sich in Sicherheit bringen, einem treuen Sklaven aber, der sich schützend vor ihn hingestellt hatte, wurden die Augen ausgeschlagen. Dies hatte Tiberius nicht gewollt, und als er merkte, was vor sich ging, stürzte er sich hastig in das Getümmel, um zur Ruhe zu mahnen.

Danach wurde das Agrargesetz angenommen und zur Untersuchung der Besitzverhältnisse und zur Landverteilung eine Kommission von drei Männern gewählt, Tiberius selbst, sein Schwiegervater Appius Claudius und sein Bruder Gaius.

Q 208

Q 208 Die Proskriptionen Sullas

Kontext: Die Eskalation der politischen und sozialen Konflikte nach 133 v. Chr. führte in Rom zu Bürgerkriegen und Exzessen der Gewalt. Höhepunkt dieser Entwicklung waren die sogenannten Proskriptionen Sullas nach seinem Sieg im Bürgerkrieg 82 v. Chr.

Plutarch, Sulla 31–33

Als Sulla nun mit dem Morden begann und die Stadt mit Mord ohne Zahl und ohne Maß erfüllte, wurden auch viele, die mit Sulla nichts zu tun hatten, aufgrund persönlicher Feindschaften umgebracht, weil er es seinen Anhängern gestattete oder ihnen auch einen Gefallen erweisen wollte. Da wagte ein junger Mann, Gaius Metellus, im Senat Sulla zu fragen, wann ein Ende der Leiden käme und wie weit er noch gehen werde, bis man ein Ende des Geschehens erwarten dürfe. »Denn«, sagte er, »wir bitten nicht darum, diejenigen, die du zu töten beschlossen hast, von der Strafe auszunehmen, sondern diejenigen, die du zu schonen beschlossen hast, von der Ungewissheit zu befreien.« Als Sulla darauf entgegnete, er wisse noch nicht, wen er begnadigen wolle, nahm Metellus wieder das Wort und sagte: »Dann gib wenigstens bekannt, wen du bestrafen willst.« Das versprach Sulla zu tun. Einige sagen übrigens, nicht Metellus, sondern ein gewisser Fufidius, einer der Schmeichler Sullas, habe die zuletzt erwähnten Worte gesagt. Sulla proskribierte nun sofort achtzig Bürger durch öffentlichen Aushang, ohne sich mit irgendeinem der Magistrate zu beraten. Obwohl sich alle darüber entrüsteten, ließ er doch nur einen Tag verstreichen und proskribierte weitere zweihundertzwanzig und dann am dritten Tage eine nicht geringere Zahl. Obendrein erklärte er in einer Rede vor dem Volk, er proskribiere jetzt diejenigen, an die er sich gerade erinnere; diejenigen, die er jetzt vergessen habe, werde er später proskribieren. Er proskribierte auch diejenigen, die einen Proskribierten aufnahmen und retteten, und setzte so den Tod als Strafe für die Menschlichkeit fest, wobei er keine Ausnahme für Bruder, Sohn oder Eltern zuließ. Derjenige aber, der einen Proskribierten tötete, erhielt zwei Talente als Lohn für den Mord, selbst wenn ein Sklave den Herrn oder ein Sohn den Vater tötete. Das größte Unrecht von allen aber schien darin zu liegen, dass er sowohl den Söhnen als auch den Enkeln der Geächteten das Bürgerrecht aberkannte und das Vermögen von allen (Proskribierten) konfiszierte. Solche Proskriptionen fanden nicht allein in Rom statt, sondern in jeder Stadt Italiens, und kein Tempel der Götter, kein gastlicher Herd, kein Vaterhaus, blieb unbefleckt vom Makel des Mordens; im Beisein ihrer Ehefrauen wurden Männer, im Beisein der Mütter die Söhne hingeschlachtet, und die aus Hass und Feindschaft umgebracht wurden, waren nur wenige im Vergleich mit denen, die wegen Geldes ermordet wurden; es kam sogar soweit, dass die Mörder davon sprachen, dem einen habe sein großes Haus den Tod bereitet, dem anderen sein Garten, wiederum einem anderen sein Warmbad.

Q 209 Bau eines überdachten Theaters in Pompeii

Q 209

C. Quinctius Valgus, Sohn des Gaius, M. Porcius, Sohn des Marcus, Duoviri, ließen auf Beschluss der Decurionen ein gedecktes Theater errichten, sie vergaben den Auftrag und nahmen (den fertigen Bau) ab.

Bauinschrift aus Pompeii
ILS 5636

Q 210 Ciceros Anklage gegen Verres wegen unrechtmäßiger Bereicherung in der Provinz Sizilien

Q 210

Kontext: Die steigenden Ausgaben der Senatoren einerseits für ihre politische Karriere, andererseits für den von ihnen erwarteten luxuriösen Lebensstil führten zu Verschuldung und steigender Ausplünderung der römischen Provinzen; Statthalter versuchten auf diese Weise, ihre Finanzen zu sanieren. Ein durch die Anklage Ciceros besonders berühmt gewordner Fall ist der des C. Verres, der 74-71 als Praetor Sizilien verwaltet hatte.

Doch von allen seinen Lastern hat er (Verres) die meisten und größten Denkmäler und Wahrzeichen in der Provinz Sizilien errichtet, die er in einem Zeitraum von drei Jahren so schlimm heimsuchte und verwüstete, dass sie den alten Zustand überhaupt nicht mehr zu erreichen vermag, ja dass es scheint, sie werde sich in vielen Jahren und unter redlichen Statthaltern (*praetores*) kaum einmal wieder einigermaßen erholen. Unter diesem Praetor konnten die Sizilier weder ihre eigenen Gesetze noch unsere Senatsbeschlüsse noch die allgemeinen Rechtsgrundsätze geltend machen: In Sizilien hat ein jeder nur das, was dem habgierigsten und zügellosesten aller Menschen versehentlich entging oder aus Überdruss zu viel wurde. Keine Sache hat man drei Jahre lang vor Gericht anders entschieden als auf seinen Wink hin; kein Besitz, und mochte er vom Vater oder Großvater stammen, war jemandem so sicher, dass er ihm nicht auf Befehl des Verres aberkannt werden konnte. Unzählbare Geldbeträge hat er aus den Besitzungen der Landwirte durch ein neues, schändliches Verfahren erpresst, er hat die treuesten Bundesgenossen wie Feinde behandelt, römische Bürger wie Sklaven kreuzigen und töten lassen, Gerichtsverfahren gegen Schuldige gegen eine Geldzahlung eingestellt, die ehrenhaftesten und untadeligsten Männer in Abwesenheit angeklagt, ohne rechtliches Gehör verurteilt und verbannt, die sichersten Häfen, die größten und am besten befestigten Städte Seeräubern und Wegelagerern übergeben, sizilische Matrosen und Soldaten, unsere Verbündeten und Freunde, des Hungertodes sterben lassen, die besten und brauchbarsten Flotten zur großen Schande des römischen Volkes verloren und zugrunde gerichtet.

Q 210a
Cicero, Reden gegen Verres 1, 12-14

Eben dieser Praetor hat noch so alte Kunstdenkmäler – sie stammen teils von den sehr reichen Königen her, die ihre Städte damit schmücken wollten, teils auch von unseren Feldherren, die sie als Sieger den sizilischen Gemeinden übergaben oder zurückgaben – geraubt und alles geplündert. Und das tat er nicht nur mit öffentlichen Bildwerken und Schmuckstücken, er raubte auch sämtliche durch die heiligsten Kulte geweihten Tempel aus; schließlich ließ er den Siziliern kein einziges Götterbild übrig, das ihm meisterhaft und mit alter Kunstfertigkeit gearbeitet zu sein schien.

Q 210b
Cicero, Reden gegen Verres 1, 56

Die Anklage in dieser ersten Verhandlung lautet folgendermaßen: Wir behaupten, dass Gaius Verres viele willkürliche, viele grausame Handlungen gegen römische Bürger und gegen Bundesgenossen sowie viele Frevel gegen Götter und Menschen verübt und sich überdies vierzig Millionen Sesterzen widerrechtlich in Sizilien angeeignet hat. Das werden wir durch Zeugen, durch private Dokumente und öffentliche Urkunden so zwingend beweisen, dass ihr feststellen müsst: Es hätte selbst dann, wenn wir zur Genüge über Redezeit und freie Tage geboten hätten, keines ausführlichen Vortrages bedurft. Ich habe gesprochen.

Q 211

Cicero, Rede für Fonteius 11–15

Q 211 Die Verwaltung der Provinz Gallia Transalpina durch den Praetor Marcus Fonteius

(Die Provinz) Gallia (Transalpina) ist gedrängt voll von Händlern (*negotiatores*), voll von römischen Bürgern. Kein Gallier tätigt ohne Mitwirkung eines römischen Bürgers ein Geschäft, keine Münze wechselt in Gallien den Besitzer ohne die Rechnungsbücher römischer Bürger. Seht, worauf ich mich einlassen will, ihr Richter, wie weit ich mich von meiner gewohnten Vorsicht und Gewissenhaftigkeit zu entfernen scheine: Man lege ein einziges Rechnungsbuch vor, worin auch nur eine Spur auf Geld deutet, das an M. Fonteius gezahlt worden sei; man bringe aus einer so großen Zahl von Händlern, Siedlern, Steuerpächtern, Landwirten und Viehzüchtern einen einzigen Zeugen bei, und ich will zugeben, dass die Anklage der Wahrheit entspricht.

Bei den unsterblichen Göttern! Was ist das für ein Fall, was für eine Verteidigung? M. Fonteius war Statthalter der Provinz Gallia, die aber aus Stämmen und Völkerschaften folgender Art besteht: Teils führten sie in unserer Zeit (um längst Vergangenes nicht zu erwähnen) erbitterte und langjährige Kriege mit dem römischen Volke, teils wurden sie bald von unseren Feldherren unterworfen, bald im Krieg bezwungen, bald durch unsere Triumphzüge und Siegesdenkmäler gedemütigt, bald vom Senat durch die Einziehung von Ackerland und Städten bestraft; teils ließen sie sich auf bewaffnete Kämpfe mit M. Fonteius selbst ein und kamen – was ihn viel Schweiß und Mühen kostete – unter die Befehlsgewalt und Botmäßigkeit des römischen Volkes. In eben dieser Provinz liegt Narbo Martius, eine Ansiedlung (*colonia*) unserer Bürger, ein Vorposten des römischen Volkes und ein Bollwerk, das man vor eben diese Völker geschoben und ihnen entgegengestellt hat; dort liegt gleichfalls die schon erwähnte Stadt Massilia, bewohnt von den tapfersten und treuesten Bundesgenossen, die für die Gefahren in den Kriegen gegen die Gallier Wohlstand und Belohnungen des römischen Volkes eintauschten; außerdem lebt dort eine sehr große Zahl römischer Bürger und hochangesehener Menschen.

An der Spitze dieser Provinz, die sich aus einem derartigen Gemisch von Menschen (mit unterschiedlichem Rechtsstatus und von unterschiedlicher Herkunft) zusammensetzt, stand, wie bemerkt, M. Fonteius; die noch Feinde waren, unterwarf er; die es in allerjüngster Zeit zuvor gewesen waren, zwang er, das strafweise eingezogene Ackerland zu verlassen; den Übrigen, die oft in schweren Kriegen überwunden worden waren, um sie für immer der Herrschaft des römischen Volkes zu unterwerfen, befahl er, große Kontingente an Reitertruppen für die Kriege zu stellen, die das römische Volk damals im ganzen Erdkreis geführt hat, sowie hohe Geldbeträge zu deren Besoldung und eine sehr beträchtliche Menge Getreides zum Unterhalt (der Legionen) für den spanischen Krieg zu beschaffen.

Q 212 Die Provinz Asia und ihre Bedeutung für die römischen Finanzgeschäfte (66 v. Chr.)

Q 212

Cicero, Rede für die lex Manilia 14–19

Wenn unsere Vorfahren, ohne selbst durch ein Unrecht herausgefordert zu sein, um ihrer Bundesgenossen willen gegen Antiochos, gegen Philipp, gegen die Aetoler, gegen die Karthager Krieg geführt haben, mit welch großem Eifer solltet dann ihr, die man durch Rechtsbrüche provoziert hat, für das Wohlergehen der Bundesgenossen und zugleich für die Würde eures Reiches eintreten, insbesondere da es sich ja auch um eure größten Steuereinkünfte handelt? Denn die Steuereinnahmen aus den übrigen Provinzen sind so gering, Quiriten, dass sie uns kaum für den Schutz dieser Provinzen selbst genügen können. (Die Provinz) Asia dagegen ist so reich und fruchtbar, dass sie durch die Erträge ihrer Felder, die Vielfalt ihrer Früchte, die Größe ihrer Weideplätze und die Menge der für die Ausfuhr bestimmten Waren mühelos alle anderen Länder übertrifft. Wenn ihr das, was im Krieg von Nutzen und im Frieden würdevoll ist, für euch erhalten wollt, Quiriten, dann müsst ihr diese Provinz nicht nur vor einem Unglück bewahren, sondern sogar vor der Furcht, ein Unglück zu erleiden. Denn in anderen Fällen hat man den Schaden erst, wenn das Unglück eintritt; doch im Fall der Steuereinkünfte bringt nicht erst der Eintritt eines Unglücks, sondern schon die bloße Furcht davor, Verluste mit sich. Denn wenn die feindlichen Truppen nicht weit entfernt sind, aber noch kein Einfall stattgefunden hat, dann werden die Viehherden verlassen, wird die Feldarbeit eingestellt und ruht die Handelsschifffahrt. So lassen sich weder aus dem Hafenzoll noch aus dem Zehnten oder aus dem Weidegeld Einnahmen erzielen; daher gehen oft die Einkünfte eines ganzen Jahres durch das bloße Gerücht einer Gefahr oder durch die Furcht vor einem Krieg verloren. Wie stellt ihr euch demnach die Stimmung derer vor, die uns die Steuern zahlen, oder derer, die sie verwalten und eintreiben, wenn sich zwei Könige mit riesigen Heeren in unmittelbarer Nähe befinden, wenn ein Angriff der Reiterei in kürzester Zeit das Steueraufkommen eines ganzen Jahres wegraffen kann, wenn die Steuerpächter glauben, dass ihr zahlreiches Personal, das in den Salinen, in den ländlichen Gebieten, in den Häfen und Zollstationen tätig ist, sich in großer Gefahr befindet? Glaubt ihr, aus alledem noch Nutzen ziehen zu können, es sei denn, ihr befreit diejenigen, die euch von Nutzen sind, nicht allein vom Unheil, sondern, wie ich schon sagte, auch von der Furcht vor einem Unheil?

Und auch den Punkt solltet ihr nicht vernachlässigen, den ich mir an letzter Stelle vorgenommen hatte, als ich über die Beschaffenheit des Krieges zu sprechen begann: er betrifft das Vermögen zahlreicher römischer Bürger.

Darüber solltet ihr, so vernünftig wie ihr seid, Quiriten, sorgfältig Überlegungen anstellen. Denn erstens haben die Steuerpächter (*publicani*), sehr ehrenwerte und hoch angesehene Leute, ihre Gelder und Mittel in dieser Provinz angelegt. Für deren Vermögen und Verhältnisse müsst ihr um ihrer selbst willen Sorge tragen. Denn wenn wir stets gemeint haben, die Steuereinnahmen seien der Nerv des Gemeinwesens, dann dürfen wir mit Recht auch behaupten, dass der Stand (*ordo*), der sie verwaltet, die Stütze der übrigen Stände ist. Da sind zweitens Angehörige der übrigen Stände, tüchtige und fleißige Leute; sie treiben zum Teil selbst in Asia Handel, und ihr müsst in ihrer Abwesenheit für sie sorgen; zum Teil haben sie beträchtliche Geldbeträge in dieser Provinz angelegt. Ihr seid es demnach eurer Menschlichkeit schuldig, eine große Zahl von Bürgern vor dem Unglück zu bewahren, und eurer Klugheit, einzusehen, dass das Unglück vieler Bürger Auswirkungen auf das Gemeinwesen haben wird.

Denn einmal bedeutet es wenig, dass nach einem Sieg wieder die Möglichkeit besteht, die Steuern einzuziehen, wenn dann die (Gesellschaften der) Publicani nicht mehr existieren; den bisherigen Steuerpächtern werden nämlich wegen ihrer Verluste die Mittel zur Pacht und den anderen aus Furcht die Bereitschaft (zur Übernahme der Steuerpacht) fehlen. Schließlich müssen wir das, was uns dasselbe Asia und eben dieser Mithridates zu Beginn des asiatischen Krieges gelehrt haben, durch Schaden klug geworden, jetzt unbedingt in Erinnerung behalten. Denn wir wissen, dass damals, als in Asia sehr viele Menschen große Vermögen verloren, in Rom die Zahlungen stockten und der Kredit (*fides*) zusammenbrach. Es ist unmöglich, dass in einem Gemeinwesen viele Menschen Geld und Vermögen verlieren und nicht noch mehr andere mit in den Ruin ziehen. Vor dieser Gefahr müsst ihr das Gemeinwesen schützen; und glaubt mir das, was ihr selbst seht: Es besteht ein enger Zusammenhang zwischen dem Kredit- und Geldwesen, das in Rom, auf dem Forum sein Zentrum hat, und jenem in der Provinz Asia angelegten Geld; jene Vermögen können nicht zusammenbrechen, ohne dass es hier aufgrund dieser Erschütterung auch zum Ruin kommt. Seht daher zu, ob ihr zögern dürft, mit allem Nachdruck den Krieg zu betreiben, bei dem es die Ehre eures Namens, das Wohl der Bundesgenossen, die größten Steuereinkünfte, das Vermögen zahlreicher Bürger und damit verbunden auch das Gemeinwesen zu verteidigen gilt.

Q 213

Q 213

Cicero, An den Bruder
Quintus 1, 1, 24–28

Q 213 Die Verwaltung der Provinz Asia (60/59 v. Chr.) – Denkschrift Ciceros an den Bruder Quintus

Wie mir scheint, sollten diejenigen, die über andere gestellt sind, dies zum Maßstab ihres Handelns nehmen, dass die Menschen, die ihrem Befehl unterstehen, möglichst glücklich sind. Dass dir dies das Wichtigste ist und von Anfang an war, seit du in der Provinz Asia eingetroffen bist, ist stets in der öffentlichen Meinung und von allen im Gespräch gerühmt worden. Es hat jedoch nicht nur der, der Bundesgenossen und Bürgern, sondern auch der, der Sklaven, sogar dem stummen Vieh vorsteht, die Aufgabe, den Vorteil und Nutzen derer, denen er vorsteht, zu dienen. Wie ich sehe, sind sich alle darüber einig, dass du darin mit größter Umsicht verfährst. Die Städte nehmen keine neuen Schulden auf, viele Städte sind durch dich von lange bestehenden, großen und drückenden Zahlungsverpflichtungen befreit worden, mehrere zerstörte und nahezu verlassene Städte, darunter eine hochberühmte in

Ionia, eine zweite in Caria, Samus und Halicarnassus, sind durch dich wiederbelebt worden, es gibt in den Städten keine Aufstände und keine inneren Konflikte, du sorgst dafür, dass die Städte von den Optimaten verwaltet werden, die Räuberbanden in Mysien sind unterdrückt, in vielen Orten ist dem Morden Einhalt geboten, Frieden ist in der ganzen Provinz hergestellt, der Raub ist nicht allein auf den Straßen und in den ländlichen Gegenden beseitigt, sondern auch die größeren Raubzüge gegen Städte und Heiligtümer sind unterbunden, der Ruf, das Vermögen und die Ruhe der Besitzenden ist gegen die schlimmste Dienerin der Habsucht der Praetoren, die Verleumdung, geschützt; die Ausgaben und Steuern der Städte werden von allen, die im Territorium dieser Städte Landbesitz haben, in gleicher Weise getragen; du bist für jeden zugänglich, hast ein offenes Ohr für die Klagen aller, niemandem ist wegen seiner Armut und Hilflosigkeit der Zutritt zu deinen öffentlichen Audienzen und zu deinem Tribunal, ja, nicht einmal zu deinem Hause, zu deinem Schlafgemach verwehrt: In deinem ganzen Herrschaftsbereich (*imperium*) gibt es keine Hartherzigkeit, keine Grausamkeit, überall herrschen Milde, Gelassenheit und Menschlichkeit.

Wie groß ist nun aber erst deine Wohltat (*beneficium*), dass du Asia von den unberechtigten, drückenden Abgaben für die Aedilen befreit hast, womit wir uns allerdings schwere Anfeindungen zugezogen haben! Wenn schon ein einzelner Mann aus der Nobilität sich öffentlich darüber beklagt, ihm seien infolge deines Erlasses, dass keine Gelder für die Spiele bewilligt werden dürften, 200 000 Sesterzen entgangen, welche gewaltige Summe hätte die Provinz dann aufbringen müssen, wenn – was schon fast eingeführt war – im Namen all derer, die in Rom Spiele veranstalteten, Geld (von der Provinz) gefordert werden würde! [...]

Darum befolge mit ganzer Seele und allem Eifer weiterhin den Grundsatz, den du bisher beachtet hast, dass du alle, die Senat und Volk von Rom dir, deiner Pflichttreue und deiner Macht übergeben und anvertraut haben, achtest und dich bemühst, sie auf jede Weise zu schützen und sie so glücklich wie möglich zu machen. Hätte dich das Los an die Spitze von Afrikanern, Spaniern oder Galliern, von wilden und barbarischen Völkerschaften, berufen, dann würde dich dennoch deine Menschenfreundlichkeit dazu verpflichten, für ihren Vorteil zu sorgen und ihrem Nutzen und Wohlergehen zu dienen. Nun sind wir aber über solche Menschen gesetzt, die nicht nur selbst Kultur besitzen, sondern diese auch, wie allgemein anerkannt wird, anderen vermittelt haben; gerade denen gegenüber müssen wir Kultur beweisen, von denen wir sie empfangen haben.

Q 214 Die Steuerpächter in der Provinz Asia

Q 214

*Cicero, An den Bruder
Quintus 1, 1, 32–34*

Deinem guten Willen und deiner Aufmerksamkeit machten nur die Steuerpächter (*publicani*) große Schwierigkeiten: Wenn wir ihnen entgegentreten, dann werden wir den Stand, der große Verdienste um mich hat und den ich für das Gemeinwesen gewonnen habe, uns und dem Gemeinwesen entfremden; wenn wir ihnen aber in allen Dingen nachgeben, lassen wir zu, dass diejenigen völlig zugrunde gehen, für deren Wohlergehen und Nutzen wir sorgen müssen. Das ist aber auch, wenn wir es recht bedenken, die einzige Schwierigkeit in deiner gesamten Statthalterschaft. Denn selbst uneigennützig zu sein, alle Begierden zu beherrschen, bei den eigenen Untergebenen Disziplin durchzusetzen, unparteiisch Recht zu sprechen, freundlich bei gerichtlichen Untersuchungen, Vernehmungen und Audienzen zu sein, das alles gilt zwar als ausgezeichnet, ist aber nicht gerade schwer, denn dazu bedarf es keiner besonderen Anstrengung, sondern nur der Neigung und des Willens.

Welche Härte das Verhalten der Steuerpächter (*publicani*) den Verbündeten (der Provinzbevölkerung) verursacht, habe ich von (römischen) Bürgern erfahren, die sich kürzlich, als es um die Aufhebung der Hafenzölle in Italien ging, nicht so sehr über den Hafenzoll als vielmehr über die zahlreichen Übergriffe der Zollpächter beschwerten. Deswegen ist mir klar, wie es den Verbündeten in den entlegensten Ländern geht, wenn ich schon hier in Italien die Klagen der Bürger vernehme. Sich in dieser Frage so zu verhalten, dass man die Steuerpächter (*publicani*) zufrieden stellt, zumal sie bei der Verpachtung zu hoch geboten haben, und zugleich nicht zulässt, dass die Verbündeten ruiniert werden, dass scheint geradezu eine göttliche Vernunft zu erfordern, das heißt Deine Vernunft. Und den Griechen sollte das, was besonders hart ist, nämlich die Steuern, nicht gerade als Härte erscheinen, weil (die Steuerpflicht) auch vor der römischen Herrschaft aufgrund ihrer eigenen Einrichtungen schon bestand. [...]

Dass aber die Griechen bei der Eintreibung von Steuern nicht sanfter verfahren als unsere Steuerpächter (*publicani*), ist klar einzusehen, denn neulich nahmen die Caunier und alle Bewohner der Inseln, die Sulla den Rhodiern übergeben hatte, ihre Zuflucht zum Senat, um lieber uns als den Rhodiern steuerpflichtig zu sein. [...] Zugleich sollte Asia auch bedenken, dass ihm das Unglück auswärtiger Kriege und innerer Konflikte nicht erspart geblieben wäre, wenn wir es nicht unter unserer Herrschaft hielten. Da diese Herrschaft aber ohne Abgaben auf keine Weise aufrechterhalten werden kann, so sollte es auch gelassen den andauernden Frieden und die Muße mit einem Teil seiner Produkte bezahlen.

Q 215

Cicero, An Atticus
5, 16, 2–3

Q 215 Die Lage der Provinz Cilicia 51/50 v.Chr.

Ich bin also, mit hochgespannten Hoffnungen erwartet, am Vortag der Kalendae des Sextilis (31. Juli 51) in der ruinierten, für alle Zeiten völlig zugrunde gerichteten Provinz angelangt. Drei Tage hielt ich mich in Laodicea, drei in Apamea und ebenso lange in Synnada auf. Wir haben immer wieder dasselbe gehört: Es sei unmöglich, die befohlene Kopfsteuer zu zahlen: Verkauf aller Habe, Wehklagen der Städte, lautes Weinen, Ungeheuerlichkeiten, wie sie kein Mensch, höchstens ein wildes Untier begehen kann. [...] Die Menschen sind ihres Lebens überdrüssig. Indessen wird das Los der verelendeten Städte erleichtert, weil kein Aufwand für mich, meine Legaten, den Quaestor oder sonst jemanden gefordert wird. Nicht einmal Heu und was mir sonst nach der *lex Iulia* (*de repetundis*; 59 v.Chr.) zusteht, nehme ich an, ja nicht einmal Holz, überhaupt nichts außer vier Lagerstätten und ein Dach, in manchen Orten auch das nicht, und wir bleiben meist im Zelt. Es gibt aus allen Gegenden, aus den Dörfern und allen kleinen Ortschaften einen riesigen Zulauf. Kaum zu glauben, wie sie da von den Feldern, aus den Dörfern, aus allen Städten zusammenströmen. Wahrhaftig, schon bei meinem Kommen leben sie wieder auf, da sie von der Gerechtigkeit, Selbstbeherrschung und Milde deines Cicero gehört haben, die aller Erwartungen übertrifft.

(Mitte August 51 v.Chr.)

Q 216 Die Revolte des Spartacus in der Sicht der römischen Geschichtsschreibung

Kontext: Die Sklavenkriege in Sizilien und der Spartacusaufstand 73-71 v.Chr. waren Resultat einer Agrarentwicklung, die zu einem massenhaften Einsatz von Sklaven führte. Sklaven, die in der Landwirtschaft eingesetzt wurden, waren in der Zeit der Republik weitestgehend rechtlos; damit kann erklärt werden, weshalb sich derart viele Sklaven Spartacus angeschlossen haben.

Man erträgt auch die Schande eines Krieges gegen Sklaven, denn wenn diese auch durch Fortuna jeder Behandlung unterworfen sind, so sind sie doch gleichsam eine zweite Klasse von Menschen (*quasi secundum hominum genus*) und können das Gut der Freiheit erhalten. Ich weiß aber nicht, wie ich den Krieg, der unter der Führung von Spartacus entfesselt worden ist, bezeichnen soll; denn Sklaven kämpften in diesem Krieg, Gladiatoren hatten die Befehlsgewalt inne, die einen waren die niedrigsten, die anderen die schlechtesten Menschen, und so fügten sie dem Unglück, das Rom erlitt, noch den Hohn hinzu.

Florus, Römische Geschichte 2, 8

Spartacus, Crixus und Oenomaus brachen mit dreißig oder mehr Mann, die ihr Schicksal teilten, aus der Gladiatorenschule des Lentulus aus und flohen aus Capua. Nachdem sie Sklaven zu ihren Standarten gerufen hatten, kamen sogleich mehr als 10 000 Menschen zusammen, Menschen, die zuerst damit zufrieden waren, geflohen zu sein, bald aber auch sich rächen wollten. Als erste Stellung wählten sie wie wilde Tiere das Bergmassiv des Vesuv. Als sie hier von Clodius Glabrio belagert wurden, konnten sie sich mit Hilfe von Stricken aus Weinlaub durch die Schluchten im Inneren des Gebirges herablassen, zum Fuß des Berges herabsteigen und aus einer unsichtbaren Passage heraus durch einen plötzlichen Angriff, den der römische Feldherr nicht erwartet hatte, das Lager erobern. Danach griffen sie auch andere Lager an, das des Varenius und das des Thoranus, und sie durchstreiften schließlich ganz Campania. Sie beschränkten sich nicht auf die Verwüstung von Villen und Dörfern, sondern sie richteten in Nola und Nuceria sowie in Thurii und Metapontum furchtbare Zerstörungen an. Durch den Zuzug großer Menschenscharen wurden die Trupps der Sklaven ein regelrechtes Heer; sie stellten aus Flechtwerk und Tierhäuten einfache Schilde her und schmiedeten aus Eisen, das sie in den Sklavengefängnissen eingeschmolzen hatten, Schwerter und Spitzen von Wurfgeschossen. Damit nichts mehr an einem richtigen Heer fehlte, wurde auch eine Reiterei aufgestellt, indem sie Pferde aus Herden in der Umgebung zähmten, und zugleich übergaben sie die eroberten Feldzeichen und Fasces der römischen Praetoren ihrem Führer. Und diese lehnte jener Mann nicht ab, der zuerst thrakischer Söldner war, dann römischer Soldat und vom Soldaten zum Deserteur wurde, danach Räuber und schließlich aufgrund seiner Körperkräfte Gladiator war. Er veranstaltete für seine im Gefecht gefallenen Heerführer ein feierliches Begräbnis wie für einen römischen Imperator, die Gefangenen ließ er dabei rings um den Scheiterhaufen mit Waffen um ihr Leben kämpfen, als ob er gleichsam alle vergangene Schande auslöschen könnte, wenn er es vom Gladiator zum Veranstalter von Gladiatorenkämpfen brächte. Danach griff er schon von Consularen geführte Heere an und vernichtete in den Apenninen die Armee des Lentulus und zerstörte bei Mutina das Lager des Publius Crassus. Durch diese Siege hochmütig geworden, dachte er – was uns genug zur Schande gereicht – bereits daran, in die Stadt Rom einzudringen. Endlich aber wurden alle Kräfte des Imperiums gegen den Gladiator aufgeboten, und Licinius Crassus stellte die römische Ehre wieder her. Von diesem vertrieben und in die Flucht geschlagen, zogen sich die Feinde – ich schäme mich, sie so zu nennen – in die abgelegensten Gebiete Italiens zurück. Als sie in den äußersten Winkel von Bruttium eingeschlossen die Flucht nach Sizilien vorbereiteten, aber keine Boote erhielten, versuchten sie mit Flößen, die sie aus Balken, Tonkrügen und Buschwerk zusammengefügt hatten, die reißende Meerenge zu überqueren. Als dies gescheitert war, wagten sie einen Ausfall und gingen einem Tod entgegen, der Männern würdig war; sie kämpften, wie es sich (für Soldaten) unter der Führung eines Gladiators gehört, auf Leben und Tod. Spartacus selbst, der in der ersten Schlachtreihe sehr tapfer gekämpft hatte, wurde wie ein Imperator getötet.

Q 217

Q 217 Quintus Cicero über die Bewerbung seines Bruders um das Amt des Consuls im Jahr 64 v. Chr.

Kontext: Die Reformen Sullas haben zu einer erheblichen Verschärfung des Wahlkampfes bei den Consulatswahlen beigetragen, da die Zahl der Praetoren auf acht erhöht worden war und so mehr gewesene Praetoren sich um das höchste Amt, den Consulat, bewerben konnten. Unter diesen Umständen hatten gerade die römischen Bürger, deren Familien bislang keine Senatoren gestellt hatten, nur sehr geringe Chancen. Die Situation wird in einer Denkschrift von Quintus Tullius Cicero eindrucksvoll beleuchtet.

Q 217 a
*Quintus Cicero,
Denkschrift für die
Bewerbung 2–6*

Bedenke, um welche Bürgerschaft es sich handelt, worum du dich bewirbst und wer du bist. Jeden Tag musst du dir, wenn du zum Forum hinuntergehst, dies klarmachen: »Ich bin ein Neuling (*novus*); ich bewerbe mich um den Consulat, es handelt sich um Rom.«

Die Neuheit deines Namens wirst du am ehesten durch deinen Ruhm als Redner ausgleichen. Schon immer hat die Beredsamkeit eine besondere Würde verliehen; wer für würdig befunden wird, Consulare vor Gericht zu verteidigen, kann nicht für unwürdig gehalten werden, selbst Consul zu werden. Weil also dieser Ruhm die Grundlage deiner Bewerbung darstellt und du alles, was du bist, durch ihn geworden bist, geh immer so gut vorbereitet zu einer Rede, als ob das zukünftige Urteil über dein ganzes Talent von diesem einzigen Auftritt abhinge! Sorge dafür, dass dir die Hilfsmittel deines Talentes, die du, wie ich weiß, in Bereitschaft hältst, immer zur Verfügung stehen, und erinnere dich immer daran, was Demetrius über den Eifer und die Übungen des Demosthenes geschrieben hat!

Ferner achte darauf, dass die große Zahl deiner Freunde und ihr Rang in Erscheinung tritt; du hast auf deiner Seite, was auf nur wenige *homines novi* zutraf: alle Steuerpächter (*publicani*), fast den gesamten *ordo equester*, zahlreiche dir ergebene Landstädte, viele Menschen jeden Standes, die du verteidigt hast, eine Reihe von *collegia*, dazu sehr viele Jünglinge, die mit dir durch das Studium der Redekunst verbunden sind; Tag für Tag sind die Freunde in großer Zahl präsent. Dies alles musst du festhalten, indem du ermahnst und bittest und auf jede Weise erreichst, dass sie einsehen, dass es keine andere Gelegenheit mehr geben wird für diejenigen, die dir verpflichtet sind, Dank abzustatten, und für diejenigen, die etwas für dich tun wollen, um dich zu verpflichten.

Auch dürfte einem *homo novus* das Wohlwollen der Nobiles und am meisten das der Consulare helfen; es ist nützlich, gerade von denen der Stellung und des Ranges für wert gehalten zu werden, deren Stellung und Rang du erlangen willst. Sie alle muss man aufmerksam bitten, sich ihnen nähern und sie überzeugen, dass wir stets die politischen Ansichten der Optimaten geteilt haben und keineswegs Popularen gewesen sind; wenn es scheint, als seien wir einmal in einer Rede für eine populare Sache eingetreten, dann sei dies in der Absicht geschehen, dass wir uns Gnaeus Pompeius anschließen wollten, um ihn, der einen sehr großen Einfluss besitzt, bei unserer Bewerbung zum Freund und jedenfalls nicht zum Feind zu haben.

Außerdem musst du dich um die Jünglinge aus der Nobilität bemühen, um sie für dich zu gewinnen oder um sie zu halten, wenn sie dir bereits gewogen sind; auf diese Weise wird deine Würde erheblich gefördert werden. Sehr viele hast du bereits auf deiner Seite; erreiche vor allem, dass sie wissen, welchen Wert du auf sie legst! Wenn es dir gelingt, auch diejenigen, die dir an sich nicht abgeneigt sind, heranzuholen, werden auch sie dir von großem Nutzen sein.

Sehr hilfreich ist für dich angesichts deiner Herkunft aus einer Familie ohne Vorfahren im Senat überdies der Umstand, dass unter den Nobiles, die sich mit dir bewerben, keiner zu behaupten wagt, es sei geradezu selbstverständlich, dass ihnen die Zugehörigkeit zur Nobilität mehr nützen solle als dir deine Fähigkeiten. Wer könnte glauben, dass Publius Galba und Lucius Cassius, die aus vornehmster Familie stammen, sich um den Consulat bewerben? Du siehst also, Männer aus den angesehensten Familien sind dir nicht gewachsen, weil sie ohne Energie sind.

Q 217b
*Quintus Cicero,
Denkschrift für die
Bewerbung 13*

Jetzt werde ich über die Bedeutung deiner Bewerbung sprechen. Du bewirbst dich um den Consulat. Es gibt niemanden, der glaubt, du seiest nicht würdig dieses Amtes, aber es gibt viele, die dir es neiden; denn als Mann, der aus dem Stand der *equites* (Reiter) stammt, erstrebst du die höchste Stellung im Gemeinwesen, und es ist gerade insofern die höchste Stellung, als dieses Amt einem tapferen, redegewandten, unbescholtenen Mann viel mehr Ansehen einbringt als jedem andern. Glaube nur nicht, dass diejenigen, die dieses Amt selbst innehatten, nicht wüssten, welchen Rang du einnehmen wirst, wenn du dasselbe erreichst! Und gerade diejenigen, die aus consularischen Familien stammen, die aber die Stellung ihrer Vorfahren nicht erreicht haben, beneiden dich, wie ich vermute, es sei denn, es besitzt der eine oder andere eine große Wertschätzung für dich. Auch die *homines novi* unter den Praetoriern, soweit sie dir nicht durch eine von dir erwiesene Wohltat verpflichtet sind, wollen nicht, glaube ich, dass du sie an Ehre übertriffst.

Q 217c
*Quintus Cicero,
Denkschrift für die
Bewerbung 53*

Auch ist bei dieser Bewerbung am meisten darauf zu achten, dass die Hoffnung der Republik (*res publica*) auf dir ruht und eine ehrenvolle Meinung von dir besteht. Allerdings solltest du während deiner Bewerbung weder im Senat noch in der Volksversammlung zur Lage der Republik Stellung nehmen, du solltest vielmehr Folgendes im Gedächtnis behalten: Der Senat muss aufgrund deiner Lebensführung glauben, dass du für seine Autorität eintreten wirst, die *equites* (Reiter) sowie die guten und reichen Bürger müssen angesichts deines bisherigen Lebens glauben, dass du dich um Ruhe (*otium*) und friedliche Verhältnisse bemühen wirst, die Menge (*multitudo*) muss aufgrund der Tatsache, dass du in deinen Äußerungen in den Volksversammlungen (*contiones*) und vor Gericht als popularer Politiker aufgetreten bist, annehmen, du stündest ihren Interessen nicht ablehnend gegenüber.

Q 218

Q 218 Die politische Haltung der Plebs und die populare Agitation nach 70 v. Chr.

Kontext: In der Monographie über die Catilinarische Verschwörung geht Sallust auf die politische Haltung der besitzlosen Plebs in Rom ein.

Sallust, Die Verschwörung des Catilina 36–39

In dieser Zeit scheint mir das Imperium des römischen Volkes in einer äußerst beklagenswerten Lage gewesen zu sein. Vom Osten bis zum Westen gehorchten alle Länder, die im Krieg unterworfen worden waren, im Inneren breiteten sich Ruhe und Reichtum aus – was für die Menschen das Wichtigste ist, es gab dennoch Bürger, die hartnäckig bestrebt waren, sich und das Gemeinwesen (*res publica*) zugrunde zu richten. Trotz der zwei Senatsbeschlüsse nämlich hatte sich aus der so großen Menge kein Einziger durch die ausgesetzte Belohnung dazu bringen lassen, die Verschwörung zu verraten oder Catilinas Kriegslager zu verlassen. So heftig war die Kraft der Krankheit, und wie eine Seuche hatte sie die Gesinnung der meisten Bürger befallen.

Doch nicht nur die Mitwisser der Verschwörung hatten befremdliche Auffassungen, sondern überhaupt die ganze Plebs billigte in ihrem Streben nach einer Veränderung des Bestehenden das Vorhaben Catilinas. Sie scheint ihrer Gesinnung entsprechend gehandelt zu haben, denn in einer Bürgerschaft beneiden diejenigen, die keinen Besitz haben, von jeher die Vermögenden, sie rühmen die Schlechten, hassen das Althergebrachte, wünschen das Neue herbei, streben aus Unzufriedenheit über ihre eigene Situation nach einem allgemeinen Umbruch, im Tumult und im Aufstand steigen sie ohne Auftrag empor, denn die Armut hat es leicht, sie hat keinen Verlust zu befürchten. Die Plebs in Rom aber war aus vielen Gründen ganz erregt: Als erster Grund ist anzuführen, dass alle, die sich durch Schandtaten und Frechheit besonders hervortaten, ebenso andere, die auf schändliche Weise ihr väterliches Erbe durchgebracht hatten, und schließlich alle, die wegen ihrer Schandtaten und Verbrechen aus ihrer Heimat vertrieben worden waren, in Rom gleichsam wie in einer Kloake (*sentina*) zusammenströmten. Ferner erinnerten sich viele an die Siege Sullas; weil sie sahen, dass aus einfachen Soldaten Senatoren geworden waren und andere so reich, dass sie eine königliche Lebensweise annahmen und eine entsprechende Pracht entfalteten, erhoffte sich jeder, wenn er sich bewaffne, Ähnliches von einem Sieg. Außerdem hatten die jungen Leute, die auf dem Lande mit Hilfe des Lohns für ihre körperliche Arbeit ihre Armut ertragen hatten, durch private und öffentliche Zuwendungen angezogen die Muße in der Stadt der undankbaren Feldarbeit vorgezogen. Sie und alle anderen lebten von den öffentlichen Missständen. Umso weniger darf man sich darüber wundern, dass Besitzlose mit schlechten Sitten und überspannten Erwartungen für das Gemeinwesen ebenso wenig Sorge trugen wie für sich selbst. Überdies erwarteten diejenigen, deren Eltern nach Sullas Sieg geächtet, denen die Besitzungen weggenommen und deren Bürgerrechte beschränkt worden waren, gewiss in derselben Gesinnung den Ausgang des Krieges. Schließlich zogen alle, die Anhänger einer anderen Parteiung als der des Senates waren, den Ruin des Gemeinwesens einem Verlust des eigenen Einflusses vor. So war gerade dieses Übel damit nach vielen Jahren in die Bürgerschaft zurückgekehrt.

Nachdem unter dem Consulat des Gnaeus Pompeius und Marcus Crassus (70 v. Chr.) nämlich die Amtsgewalt der Volkstribunen (*tribunicia potestas*) wiederhergestellt worden war, begannen junge Männer, die sich größte Macht verschafft hatten und die entsprechend ihrem Alter und ihrer Gesinnung rücksichtslos waren, durch Angriffe auf den Senat die Plebs aufzuwiegeln, sie hierauf durch Schenkungen und Versprechungen noch mehr aufzuhetzen, sie selbst erwarben sich so Ansehen und Macht. Gegen sie ging der größte Teil Nobilität mit aller Kraft vor, scheinbar für den Senat, tatsächlich aber für die eigene Machtstellung. Denn, um mit wenigen Worten die Wahrheit auszusprechen, alle, die sich seit jener Zeit politisch betätigten, gebrauchten ehrenhafte Parolen – die einen, als wollten sie die Rechte des Volkes verteidigen, die anderen, um die Autorität des Senates (*senatus auctoritas*) zu stärken – sie gaben vor, dass es ihnen um das Allgemeinwohl ginge (*bonum publicum*), kämpften aber wirklich nur um die eigene Macht. Im inneren Konflikt kannten sie weder Mäßigung noch Maß, auf grausame Weise suchte jede der beiden Gruppierung ihren Sieg auszunutzen.

Als dann Gnaeus Pompeius in den Krieg gegen die Seeräuber (67 v. Chr.) und in den gegen Mithridates (66 v. Chr.) entsandt worden war, schwand der Einfluss der Plebs und wuchs die Macht der Wenigen. Diese hatten die politischen Ämter, die Provinzen und alles andere in ihrer Hand. Unangefochten und in glänzenden Verhältnissen lebten sie ohne Furcht und setzten die anderen durch Prozesse in Schrecken, damit sie selbst in ihrer Amtsführung die Plebs umso ruhiger lenken könnten. Sobald sich aber bei unsicherer Lage die Hoffnung auf politische Veränderungen bot, da versetzte der alte Streit ihre Gemüter wieder in Spannung.

Q 219 Die Anhänger Catilinas

Kontext: Eine grundlegende Forderung Catilinas war der Schuldenerlass (*tabulae novae*); unter dieser Voraussetzung geht Cicero sowohl in seinen Reden gegen Catilina als auch in späteren Schriften auf die Problematik der Verschuldung ein.

Cicero, Reden gegen Catilina 2, 18–21

Die erste Gruppe bilden diejenigen, die bei hohen Schulden noch größere Besitzungen haben und so sehr an ihrem Besitz hängen, dass sie sich von ihm auf keine Weise trennen können. Nach außen sind das ganz ehrenwerte Leute – sie sind ja begütert – ihre Gesinnung aber, ihre Grundsätze sind schamlos. Du hast Äcker, Häuser, Silbergeschirr, Dienerschaft, mit allem reichlich versehen und zögerst noch, etwas von deinem Besitz abzugeben, an Kredit (*fides*) zu gewinnen? Was erwartest du denn? Krieg? Nun, glaubst du, bei der allgemeinen Verwüstung werden deine Besitzungen unangetastet bleiben? Oder auf einen Schuldenerlass (*tabulae novae*)? Wer den von Catilina erwartet, täuscht sich; meiner Gefälligkeit wird man neue Schuldbücher verdanken, jedoch auf dem Weg der Zwangsversteigerung, denn nur so können diese Leute, die noch Eigentum besitzen, zu gesunden Verhältnissen kommen. [...]
Zur zweiten Gruppe gehören die, die trotz drückender Schulden auf eine Gewaltherrschaft warten, alles in die Hand bekommen wollen und glauben, sie könnten die politischen Ämter, auf die sie unter ruhigen Verhältnissen vergebens hoffen, bei inneren Wirren erreichen. Denen muss man wohl klarmachen, und zwar dasselbe wie allen anderen, dass sie die Hoffnung darauf aufgeben sollen, ihre Ziele zu erreichen. Erstens bin ich selbst wachsam, bin

anwesend, schütze das Gemeinwesen; zweitens sind die wohlhabenden Bürger (*boni*) zu allem entschlossen und stehen einträchtig zusammen; zudem haben wir genug Soldaten. [...]

Die dritte Gruppe ist schon ein wenig erschöpft vom Alter, aber immerhin infolge ihre Trainings noch kräftig. Zu ihr gehört dieser Manlius, dem nun Catilina im Kommando nachfolgt. Das sind Leute aus den von Sulla errichteten Ansiedlungen (*coloniae*). Ich weiß wohl, dass diese aus besten Bürgern und sehr tapferen Männern bestehen; aber es gibt in diesen Ansiedlungen (*coloniae*) auch Bürger, die mit dem unerwarteten und überrraschenden Geld reichlich verschwenderisch und überheblich umgingen. Während sie wie reiche Leute bauten, sich an ausgesuchten Landgütern, einer großen Zahl an Sklaven und üppigen Gelagen erfreuten, gerieten sie so tief in die Schulden, dass sie Sulla aus der Unterwelt zurückrufen müssten, wollten sie wieder schuldenfrei werden. Sie haben auch auf dem Lande einige arme Leute von niedriger Herkunft zur Hoffnung auf die alten Raubzüge verleitet. [...]

Die vierte Gruppe ist eine gar mannigfaltige, buntgemischte, verworrene Gesellschaft; Leute, die schon längst in Bedrängnis sind, sich niemals wieder heraufarbeiten, die wegen ihrer Trägheit oder der schlechten Führung ihrer Geschäfte wegen, zum Teil auch wegen ihres aufwändigen Lebensstils, den sie trotz ihrer alten Schulden pflegen, sich in einer schwierigen Lage befinden, die sich, durch Gerichtstermine, Gerichtsurteile und Zwangsverkauf ihrer Güter mürbe gemacht, angeblich in großer Zahl aus Stadt und Land im Lager dort zusammenfinden. Das sind, meine ich, nicht energische Soldaten, sondern eher schlaffe Menschen, die Ausflüchte zu machen pflegen.

Q 220 Die Problematik der Verschuldung und die Agitation für Schuldentilgungen im Jahr 63 v. Chr.

Q 220

Cicero, Über die Pflichten 2, 84–85

Schuldentilgungen gar, was haben sie für einen Sinn, als dass du mit meinem Geld ein Landgut kaufst, du es besitzt, ich aber das Geld nicht habe? Aus diesem Grund muss man dafür sorgen, dass es keine Schulden gibt, die dem Gemeinwesen schaden können, wogegen man mit vielen Mitteln Maßnahmen ergreifen kann, damit nicht der Fall eintritt, dass die Begüterten das Ihre verlieren, während die Schuldner von fremdem Geld profitieren. Nichts nämlich hält das Gemeinwesen fester zusammen als der Kredit (*fides*), der nicht bestehen kann, wenn die Zahlung geschuldeten Vermögens nicht notwendig ist. Nie wurde heftiger als während meines Consulates darum gekämpft, dass nicht gezahlt werden sollte. Mit Waffen und Kriegslager wurde dies von Menschen jeder Art und jeden Standes in Angriff genommen. Ihnen habe ich solchen Widerstand geleistet, dass dieses ganze Übel aus dem Gemeinwesen beseitigt wurde. Nie gab es größere Schulden, und nie sind sie besser und leichter gezahlt worden. Als nämlich die Hoffnung auf Betrug beseitigt war, folgte die Notwendigkeit zu zahlen. Aber dieser (Caesar), jetzt Sieger, damals besiegt, hat, was er ausgedacht hatte, als es für ihn wichtig war, dann durchgesetzt, als es für ihn nicht mehr wichtig war: So groß war in ihm das Verlangen, sich zu vergehen, dass ihm gerade dies Freude machte, sich zu vergehen, auch wenn kein Grund dazu vorlag.

Von dieser Art der Schenkungen, dass den einen gegeben, den andern genommen wird, werden die Abstand nehmen, die das Gemeinwesen schützen wollen, und vorzüglich werden sie darauf hinarbeiten, dass durch Gleichheit des Rechts und der Gerichte ein jeder das Seine behält und weder die Schwächeren wegen ihrer Niedrigkeit umworben werden noch der Neid die Reichen daran hindert, ihr Eigentum zu behalten oder wiederzuerlangen.

Q 221 Der Versuch, im Jahr 60 v. Chr. ein Agrargesetz durchzusetzen

Q 221

Kontext: Auch nach dem Scheitern der gracchischen Agrargesetzgebung blieb die Agrarfrage in der römischen Politik umstritten. Nach der Rückkehr des Pompeius aus dem Osten wurde im Jahr 60 v. Chr. über Maßnahmen in diesem Bereich intensiv diskutiert. Es ging dabei primär um die Frage einer Ansiedlung von Veteranen der Legionen des Pompeius. Auch die Konflikte im Jahr 59 v. Chr., im Consulat Caesars, standen in engem Zusammenhang mit der Agrargesetzgebung.

Mit den politischen Vorgängen in der Stadt sieht es so aus: Für das Agrargesetz (*agraria lex*) wird vom Volkstribunen Flavius vehement geworben; Urheber des Gesetzes ist Pompeius. Die Sache hat nichts populares an sich außer ihrem Urheber. Aus diesem Gesetz suche ich unter Zustimmung der Volksversammlung alle Bestimmungen zu beseitigen, die für die Privatleute nachteilig sind; ich suche das Ackerland, das unter dem Consulat von Publius Mucius und Lucius Calpurnius (133 v. Chr.) noch *ager publicus* gewesen ist, freizustellen, die Besitzungen der Sullaner zu bestätigen und ebenso den Volterranern und Arretinern, deren Gebiet Sulla konfisziert, aber nicht aufgeteilt hat, ihren Besitz zu erhalten; nur eine Bestimmung weise ich nicht zurück, dass das Ackerland mit den von außen kommenden Geldern gekauft wird, die in den nächsten fünf Jahren aus den neuen Tributen eingenommen werden. Der Senat tritt dieser ganzen Agrargesetzgebung entgegen in dem Argwohn, man erstrebe damit nur eine neue Machtstellung für Pompeius; der aber hat sich darauf festgelegt, das Gesetz durchzusetzen. Ich versuche, die Besitzungen aller Privatleute zu schützen und erhalte dafür den Dank der Agrarier (*agrarii*) – wie du sicher weißt, sind die reichen Leute meine Truppen. Das Volk ebenso wie Pompeius suche ich – auch das ist meine Absicht – zufriedenzustellen durch den Ankauf von Ländereien, der, gewissenhaft getätigt, es vielleicht ermöglicht, die Kloake Roms (*sentina urbis*) auszuschöpfen und die öden Landstrecken Italiens zu besiedeln.

Cicero, An Atticus 1, 19, 4

Q 222 Die politische Situation während des Consulats Caesars 59 v. Chr. (Rom, im Juni 59)

Q 222

Ich habe einige Briefe von dir erhalten, aus denen ich ersehe, wie ängstlich und aufgeregt du auf Nachricht über die neuesten Ereignisse wartest. Wir werden vollkommen niedergehalten und weigern uns nicht mehr zu gehorchen, nur Tod und Verbannung fürchten wir als etwas noch Schlimmeres, obwohl sie bei Weitem nicht so schlimm sind. Und diesen Zustand, über den alle einmütig stöhnen, kann niemand mehr durch eine Tat oder ein Wort erleichtern. Ich vermute, das Ziel jener Machthaber (Caesar, Pompeius und Crassus) ist es, niemandem mehr die Möglichkeit von Schenkungen (*largitio*) zu hinterlassen. Als einziger äußert sich der junge Curio und erhebt öffentlich Widerspruch. Er erhält großen Beifall, eine ehrenvolle Begrüßung auf dem Forum, und außerdem werden ihm viele Zeichen des Wohlwollens von Seiten der Wohlhabenden erwiesen. Fufius verfolgen sie mit Lärm, Schmährufen

Cicero, An Atticus 2, 18

und Pfiffen. Aus diesen Dingen entsteht aber noch keine Hoffnung, sondern es wächst die Erbitterung, wenn du die freien Willensbekundungen der Bürgerschaft siehst, aber auch, dass ihre politische Aktivität unterbunden ist. Frage nicht nach den genauen Einzelheiten; die ganze politische Lage ist an dem Punkt angelangt, dass keine Hoffnung mehr besteht, die Privatleute (*privati*), geschweige denn die Magistrate bekämen jemals ihre Handlungsfreiheit wieder. Doch trotz dieser Unterdrückung spricht man wenigstens in privaten Kreisen und bei Gastmählern sich freier aus als ehedem. Allmählich siegt die Erbitterung über die Angst, so jedoch, dass alle tief verzweifelt sind. Das Gesetz über Campanien (*Campana lex*) hat auch die Bestimmung, dass die Amtsbewerber bei ihrem Wahlauftritt (*contio*) verpflichtet sind, eine Verfluchung auszusprechen für den Fall, dass sie einen Vorschlag machen, der darauf abzielt, dem Landbesitz eine andere Rechtsgrundlage zu geben als die Iulischen Gesetze (Gesetze Caesars). Es wird nicht daran gezweifelt, dass die Übrigen den Eid leisten, man glaubt aber, Laterensis habe anständig gehandelt, als er auf seine Bewerbung um den Tribunat verzichtet habe, um den Eid nicht leisten zu müssen.

Q 223

Cicero, Rede für Flaccus 66

Q 223 Die Juden in Rom 59 v. Chr.

Es folgt der Vorwurf hinsichtlich des jüdischen Goldes. Dies ist ohne Zweifel der Grund dafür, dass der Prozess nicht weit entfernt von der aurelischen Treppe stattfindet. Du hast diesen Ort, Laelius, und damit auch diese Menge dieses Anklagepunktes wegen gewählt. Du weißt, wie groß diese Gruppe von Menschen ist, welchen Zusammenhalt sie hat und wie einflussreich sie in öffentlichen Versammlungen (*contiones*) ist. Ich werde jetzt mit leiser Stimme sprechen, damit mich allein die Richter hören können. Es gibt nämlich Leute, die diese Menschen gegen mich und gegen jeden rechtschaffenen Bürger aufzuhetzen versuchen. Diesen werde ich nicht helfen, ihr Ziel umso leichter zu erreichen. Es ist üblich, dass jedes Jahr Gold im Auftrag der Juden aus Italien und allen unseren Provinzen nach Jerusalem geschickt wird; Flaccus hat in seinem Edikt erklärt, dass es nicht gestattet sei, es aus der Provinz Asia auszuführen. Wer, ihr Richter, wird diese Maßnahme nicht billigen? Dass es nicht zulässig sei, das Gold auszuführen, hat der Senat früher oft mit Nachdruck beschlossen, zuletzt in meinem Consulat. Diesem barbarischen Aberglauben zu widerstehen, war ein Akt politischer Konsequenz, die erregte Menge der Juden in den Volksversammlungen (*contiones*) um der Republik willen zu übergehen, war ein Akt höchster politischer Würde.

Q 224

Q 224 Die politische Situation in Rom Anfang November 57 v. Chr.

Kontext: Die innenpolitische Situation in Rom war nach 59 v. Chr. äußerst gespannt; ein einflussreicher Politiker war P. Clodius, im Jahr 58 v. Chr. Volkstribun, ein entschiedener Verfechter der popularen Politik und Gegner Ciceros. Letzterer kam nach anderthalbjähriger Verbannung 57 v. Chr. zurück nach Rom.

Cicero, An Atticus 4, 3

Am dritten Tag vor den Nonen des November (3. November 57) haben bewaffnete Banden die Handwerker von meinem Grundstück vertrieben und die Säulenhalle des Catulus zerstört, deren Bau auf Senatsbeschluss von den

Consuln in Auftrag gegeben worden war und die beinahe bis zum Dach fertiggestellt war; das Haus meines Bruders wurde zunächst durch Steinwürfe von meinem Grundstück aus beschädigt, dann auf Befehl des Clodius in Brand gesteckt, und die ganze Stadt war Zeuge, wie die Feuerbrände geschleudert wurden, unter lautem Klagen und Seufzen nicht etwa nur der guten Bürger – von denen ich nicht einmal weiß, ob es sie überhaupt noch gibt – sondern geradezu aller Leute. Dieser Verrückte tobte; nach dieser Wahnsinnsstat denkt er an nichts anderes als an die Ermordung seiner Feinde, läuft von Gasse zu Gasse und spiegelt den Sklaven ganz offen die Hoffnung auf Freiheit vor. [...]

So überfiel er mich am dritten Tag vor den Iden des November (11. November) mit seinen Banden, als ich die Heilige Straße hinunterging. Unvorhergesehen kam es zu Geschrei, Steinwürfen, Knüppelhieben und zum Ziehen der Schwerter. Ich zog mich in das Vestibül des Tettius Damio zurück, und meine Begleitung versperrte mit wenig Mühe den Zugang. [...]

Am Tag vor den Iden des November (12. November) wagte er es, Milos Haus, das am Cermalus, zu stürmen und in Brand zu stecken, indem er gegen Mittag schildbewehrte Männer mit gezücktem Schwert, andere mit brennenden Fackeln heranführte. Er hatte das Haus von P. Sulla als Feldlager für die Leitung des Angriffs gewählt. Da führte Q. Flaccus aus Milos Haus der Annii entschlossene Leute heran und tötete die bekanntesten Gestalten aus der ganzen Räuberbande des Clodius.

Q 225 Wahlkämpfe und Korruption im Jahr 54 v. Chr.

Q 225

Kontext: Eine Ursache für den politischen Niedergang der römischen Republik war die wachsende Korruption. Da Politiker für ihre Karrieren und den Aufwand für einen repräsentativen Lebensstil immer größere Summen ausgaben, wurde es für sie geradezu notwendig, sich Ämter und damit lukrative Imperien in den Provinzen zu sichern.

Nun folge mir auf das Marsfeld! Der Wahlkampf ist voll entbrannt. »Ein Zeichen will ich dir sagen« (Homer, Ilias 23, 326): Der Zinsfuß ist an den Iden des Quintilis (15. Juli) von vier auf acht Prozent gestiegen. Du wirst sagen: »Das bedaure ich keineswegs.« O Mann! O Bürger! Caesars ganzer Einfluss stützt Memmius. Zwischen ihm und (Gnaeus) Domitius (Calvinus, einem anderen Kandidaten) haben die Consuln eine Verbindung hergestellt, unter welchen Bedingungen, wage ich dem Brief nicht anzuvertrauen. Pompeius ist empört und beschwert sich, er setzt sich für Scaurus ein, ob zum Schein oder ernsthaft, ist nicht klar. Hervorragend ist keiner der Kandidaten. Das Geld macht sie alle gleich würdig. (Marcus Valerius) Messalla ist kraftlos, nicht weil ihm Mut oder Freunde fehlen, aber das Zusammengehen der Consuln sowie Pompeius sind ihm im Wege. Wahrscheinlich kommt es zu einer Verschiebung der Wahlen.

Cicero, An Atticus 4, 15, 7

Die Consuln sind völlig in Verruf geraten, denn der Bewerber Gaius Memmius hat die Vereinbarung, die er selbst und sein Mitbewerber Domitius mit den Consuln abgeschlossen hatten, im Senat vorgelesen: Falls sie zu Consuln gewählt würden, wollten sie beide den jetzigen Consuln 4 Millionen Sesterzen geben, wenn sie ihnen nicht drei Auguren stellten, die versicherten, bei der Verabschiedung des Curiatgesetzes (das notwendig war, um eine Statthal-

Cicero, An Atticus 4, 17, 2

terschaft in der Provinz antreten zu können) zugegen gewesen zu sein, obwohl es gar nicht eingebracht worden sei, dazu zwei Consulare, die aussagen würden, sie seien als Protokollzeugen bei der Ausstattung der Provinzen anwesend gewesen, obwohl überhaupt keine Senatssitzung stattgefunden habe. Da diese Vereinbarung, wie es hieß, nicht nur mündlich, sondern unter Eintragung der Schuldposten in den Rechnungsbüchern abgeschlossen war, konnte Memmius sie auf Veranlassung von Pompeius tatsächlich vorlegen, wobei die Namen gestrichen waren. Appius (Claudius Pulcher, Consul 54 v. Chr.) rührt das nicht, er hat ja auch nichts mehr zu verlieren. Der andere ist völlig zusammengebrochen und restlos ruiniert. Memmius aber hat, nachdem diese Vereinbarung gegen den Willen des (Domitius) Calvinus vereitelt ist, überhaupt keine Aussicht mehr; dies gilt umso mehr, als wir schon erkannt haben, dass Caesar über seine Aussage äußerst aufgebracht ist. Unser Messalla und sein Mitbewerber Domitius sind sehr freigebig gegen das Volk gewesen; nichts ist erwünschter, und so war ihre Wahl so gut wie sicher (beide wurden tatsächlich gewählt und waren 53 Consuln).

Q 226   Die Ermordung des Clodius. Die Unruhen in Rom 52 v. Chr.

Q 226

Appian, Römische
Geschichte, Bürgerkriege
2, 21–22

Clodius, der von seinen eigenen Ländereien zu Pferd zurückkehrte, begegnete ihm (T. Annius Milo) bei Bovillae; zunächst blickten sie sich nur feindselig an und zogen aneinander vorbei, bis einer der Gefolgsleute des Milo Clodius angriff, entweder weil es ihm befohlen worden war oder weil er ihn als den Feind seines Herrn töten wollte, und verletzte ihn mit dem Schwert am Rücken. Ein Pferdeknecht des Clodius brachte den Blutenden in eine nahegelegene Schenke, Milo aber kam mit seinem Gefolge und erschlug Clodius, wobei es nicht sicher ist, ob er überhaupt noch lebte oder bereits schon tot war. Dabei erklärte er, er habe die Mordtat nicht gewollt und auch nicht befohlen; da ihm nach allem aber eine Anklage drohte, wollte er die Tat nicht unvollendet lassen. Nachdem die Nachricht von dem Vorfall in Rom überall verbreitet worden war, verbrachte das Volk die Nacht auf dem Forum, und einige stellten den Leichnam des Clodius bei Morgengrauen auf der Rednerbühne öffentlich zur Schau; einige der Volkstribunen, die Freunde des Clodius und zusammen mit ihnen das Volk nahmen den Leichnam und brachten ihn in die Curia (Senatsgebäude), sei es als eine Ehre, da er aus einer Familie von Senatoren stammte, sei es als Schmach für den Senat, weil er die Tat geduldet habe. Die Leichtfertigen unter der Menge trugen die Bänke und Ehrensitze der Senatoren zusammen und zündeten sie als Scheiterhaufen für Clodius an. Die Curia und viele der nahegelegenen Häuser fingen Feuer und verbrannten mit dem Leichnam.

Milo hatte aber noch so viel Mut, dass er sich nicht so sehr wegen des Mordes fürchtete als vielmehr aufgebracht war wegen der Ehre, die Clodius durch diese Leichenfeier erwiesen worden war. Er sammelte also eine Schar von Sklaven und Menschen vom Lande, ließ Geld an das Volk verteilen, kaufte den Volkstribunen Marcus Caelius und begab sich mutig in die Stadt. Caelius aber brachte ihn sofort nach seiner Ankunft zum Forum zu der von Milo bestochenen Menge, als ob es eine Volksversammlung wäre. Hier täuschte Milo vor, zornig zu sein und keinen Aufschub für ein Verfahren zuzulassen, in der Hoffnung, dass ein wirkliches Gerichtsverfahren nicht zustande kommen werde, wenn die Menge ihm Verzeihung gewähre. In seiner Rede erklärte Milo, er habe die Tat nicht gewollt, (und dies könne man daraus ersehen), dass niemand mit Gepäck und Ehefrau zu einem solchen Vorhaben aufbrechen würde. Der Rest der Rede war gegen Clodius gerichtet, der selbst verwegen und frech gewesen sei und ein Freund jener Frechen, die das Senatsgebäude für ihn angezündet hatten. Noch während seiner Rede stürmten die übrigen Volkstribunen und das nicht bestochene Volk in Waffen das Forum. Caelius und Milo konnten als Sklaven verkleidet fliehen, viele ihrer Anhänger aber wurden ermordet.

Man suchte überall die Freunde Milos und tötete jeden, mit dem man zufällig zusammentraf, Bürger und Fremde, und am ehesten solche, die sich durch ihre Kleidung oder durch goldenen Ringe (von der Menge) unterschieden. Da im Gemeinwesen keine Ordnung mehr herrschte, ging die Menge, die meist aus Sklaven bestand und bewaffnet gegen Unbewaffnete vorging, aus Erbitterung und unter dem Vorwand des Aufstandes zu Raub und Plünderung über. Vor keiner Tat schreckten diese Menschen zurück, sondern sie brachen in die Häuser ein, sie gingen herum und suchten in den Häusern in Wirklichkeit nach Dingen, die sie wegtragen konnten, vorgeblich aber die Freunde Milos. Milo war für sie der Vorwand, um viele Tage lang Feuer zu legen, Steine zu werfen und für alle anderen Taten.

Q 227 Die politische Theorie Ciceros

Q 227

Kontext: Um den Jahreswechsel 52/51 veröffentlichte Cicero *de re publica* (Über den Staat), eine Schrift zur politischen Theorie; die römische Republik wird als ein ideales Gemeinwesen gesehen und in Anlehnung an die griechische Philosophie als »Mischverfassung« interpretiert. Cicero hat seinen Ausführungen die Form eines Dialoges gegeben; im Jahr 129 v. Chr. führt Scipio Aemilianus mit einer Reihe von Freunden Gespräche über die *res publica*, wobei die Situation von der durch die Agrargesetzgebung des Tiberius Gracchus ausgelösten politischen Krise überschattet wird. Zur Resonanz der Schrift in Rom vgl. Cicero, An seine Freunde 8, 1, 4. Grundlegende Fragen der Politik hat Cicero zudem in *de legibus* (Über die Gesetze) erörtert.

Ciceros Definition des Gemeinwesens

Q 227a
Cicero, Über den Staat
1, 39

»Es ist also«, sagte Africanus, »das Gemeinwesen die Sache des Volkes (*res publica res populi*), ein Volk ist aber nicht jede Versammlung von Menschen, auf welche Art und Weise sie auch immer vereinigt wurde, sondern die Versammlung einer Menge, die durch eine Übereinstimmung im Recht und durch eine Gemeinsamkeit des Nutzens miteinander verbunden ist. Ihr erster Beweggrund aber zusammenzukommen, ist nicht so sehr die Schwäche als eine natürliche Geselligkeit der Menschen.«

Cicero über die gemischte Verfassung

Q 227b
Cicero, Über den Staat
1, 69

Weil dies sich so verhält, ist unter den drei ersten Arten (der Verfassungen) meiner Meinung nach bei Weitem die königliche die vorzüglichste, vorzüglicher als die königliche aber selbst wird die sein, die ausgeglichen und maßvoll gemischt ist aus den drei ersten Formen des Gemeinwesens. Es scheint nämlich richtig, dass es im Gemeinwesen etwas an der Spitze Stehendes und Königliches gibt, dass anderes dem Einfluss der vornehmsten Männer zugeteilt und zugewiesen ist und dass bestimmte Dinge dem Urteil und dem Willen der Menge vorbehalten sind. Diese Verfassung hat erstens eine gewisse Gleichheit aufzuweisen, die freie Männer kaum länger entbehren können, dann Stabilität, weil jene ursprünglichen (Verfassungen) leicht in die entgegengesetzten Fehler umschlagen, derart, dass aus dem König ein unumschränkter Herrscher (*dominus*), aus den Optimaten die Herrschaft einer Clique (*factio*), aus der (Herrschaft des) Volkes Unruhe und Unordnung hervorgehen, und weil die einzelnen Verfassungen selbst oft mit neuen Verfassungen abwechseln; dies aber kommt in dieser zusammengefügten und maßvoll gemischten Verfassung des Gemeinwesens fast nicht ohne große Mängel der führenden Männer vor.

Q 227c
Cicero, Über den Staat
2, 39–40

Cicero über die Centurienordnung

(Der Text ist nur fragmentatrisch überliefert und beginnt mit einer Lücke) ... achtzehn mit dem größten Vermögen. Als er die große Zahl der Reiter (*equites*) von der Gesamtsumme des Volkes getrennt hatte, teilte er darauf das übrige Volk in fünf Klassen ein, trennte die Älteren von den Jüngeren und verteilte sie so, dass die Abstimmungen nicht in der Macht der Menge, sondern in der der Reichen wären, und sorgte so dafür, was in jedem Gemeinwesen beizubehalten ist, dass die meisten nicht am meisten Macht hätten. Wenn diese Einteilung euch unbekannt wäre, würde ich sie darlegen. Wie ihr seht, ist das zahlenmäßige Verhältnis so gestaltet, dass die Centurien der Equites mit den sechs zusätzlichen Centurien und die erste Klasse (*prima classis*), unter Hinzufügung der Centurie, die zum größten Nutzen für die Stadt den Zimmerleuten gegeben wurde, neunundachtzig Centurien ausmachen; wenn von den einhundertvier Centurien – soviel nämlich sind übrig – nur acht hinzukommen, ist die Gesamtgewalt des Volkes geschaffen. Die übrige, viel größere Menge der sechsundneunzig Centurien wird von der Abstimmung nicht ausgeschlossen, damit (das Abstimmungsverfahren) nicht despotisch ist, und sie haben nicht allzu viel Macht, damit es nicht gefährlich ist. [...] In einer Centurie aber von jenen sechsundneunzig Centurien wurden damals jedenfalls bei dem Census mehr Bürger eingetragen als fast in der gesamten ersten Klasse. So wurde keiner vom Recht der Abstimmung ausgeschlossen, und doch hatte der bei der Abstimmung das meiste Gewicht, der das meiste Interesse daran hatte, dass das Gemeinwesen im besten Zustand sei.

Q 227d
Cicero, Über den Staat
3, 35

Die Auffassung vom gerechten Krieg

Ungerechte Kriege sind diejenigen, die ohne Grund unternommen werden. Denn ohne den Grund, sich zu rächen oder aber die Feinde zurückzuschlagen, kann kein gerechter Krieg (*bellum iustum*) geführt werden.

Kein Krieg kann als gerecht gelten, wenn er nicht angesagt und erklärt worden ist und wenn nicht die Forderung auf Rückgabe des Eigentums erhoben worden ist.

Q 227e

Der Traum Scipios: Die Legitimierung politischen Handelns durch den Hinweis auf die Belohnungen im Jenseits

Kontext: Die Schrift endet mit der berühmten Erzählung vom Traum Scipios (*somnium Scipionis*), der im Jenseits von dem älteren Scipio Africanus angesprochen wird.

Cicero, Über den Staat
6, 13

Aber damit du umso entschlossener bist, Africanus, das Gemeinwesen zu schützen, sollst du dieses glauben: Allen, die das Vaterland bewahrt, ihm geholfen, es vergrößert haben, ist ein fester Platz im Himmel (*in caelo definitum locum*) bestimmt, wo sie selig ein ewiges Leben genießen. Nichts ist nämlich jenem höchsten Gott, der die ganze Welt lenkt, von dem, was auf Erden geschieht, willkommener als die Versammlungen von Menschen, die durch Recht geeint sind, und die Gemeinschaften, die man Gemeinwesen (*civitas*) nennt; ihre Lenker und Bewahrer kehren, nachdem sie von hier aufgebrochen sind, hierher zurück.

Q 228 Das Amt der Volkstribunen

Marcus: Aber jetzt folgt das Gesetz, das die Amtsgewalt der Volkstribunen bestätigt, die in unserem Gemeinwesen existiert. Darüber brauchen wir uns nicht mehr zu unterhalten.

Q 228

*Cicero, Über die Gesetze
3, 19–24*

Quintus: Doch, beim Herkules, ich frage dich, mein Bruder, wie du diese Amtsgewalt beurteilst. Denn mir wenigstens scheint sie unheilvoll zu sein, weil sie ja im Aufstand und für den Aufstand (*in seditione et ad seditionem*) geschaffen wurde. Wenn wir uns an ihren Ursprung erinnern wollen, sehen wir, dass sie im Bürgerkrieg nach der Besetzung und Belagerung von öffentlichen Plätzen der Stadt ins Leben gerufen wurde. Als dann das auffallend missgebildete Kind aufgrund der Bestimmungen der Zwölftafelgesetze schnell getötet worden war, wurde es kurze Zeit später auf unerklärliche Weise wieder ins Leben zurückgerufen und noch viel hässlicher und scheußlicher neu geboren. Was hat es nämlich nicht hervorgebracht? Wie es zu einem ruchlosen Kind passt, entriss es zuerst den Vätern (den Senatoren) alle Ehre, machte das Niedrigste dem Höchsten vollständig gleich, brachte alles in Unordnung und vermischte es. Obwohl es die Würde der führenden Männer in den Schmutz getreten hatte, gab es dennoch niemals Ruhe. Gaius Flaminius und die Ereignisse, die schon lange zurückliegen, lasse ich hier aufgrund des großen zeitlichen Abstands beiseite; welche Rechte aber hat der Tribunat des Tiberius Gracchus den guten Männern noch gelassen? Fünf Jahre zuvor hatte die Consuln Decimus Brutus und Publius Scipio – was waren das für bedeutende Männer – der allerniedrigste und schmutzigste Mensch, der Volkstribun Gaius Curiatius, ins Gefängnis geworfen, was vorher nie geschehen war. Aber hat nicht Gaius Gracchus mit seinen Zerstörungen und mit den Dolchen, die er nach seinen eigenen Worten auf das Forum geworfen hatte, damit die Bürger sich gegenseitig auf Leben und Tod bekämpften, den Zustand des Gemeinwesens (*res publica*) vollkommen verändert? Was soll ich noch über Saturninus, Sulpicius und die Übrigen sagen? Diese konnte das Gemeinwesen nicht einmal ohne Waffengewalt aus dem Amt entfernen. [...]

Darum stimme ich wenigsten in diesem Punkt Sulla mit Nachdruck zu, der den Tribunen durch sein Gesetz die Möglichkeit nahm, Unrecht zu tun, ihnen aber weiterhin gestattete, Hilfe zu leisten. Unseren Pompeius bedenke ich in allen anderen Dingen stets mit dem höchsten Lob, aber über die (Wiederherstellung der) Amtsgewalt der Tribunen (*tribunicia potestas*) schweige ich. Ich möchte ihm nämlich keine Vorwürfe machen, aber loben kann ich ihn auch nicht.

Marcus: Du durchschaust die Mängel des Tribunats zwar sehr genau, Quintus, aber immer wenn man etwas beklagt, ist es ungerecht, das Gute zu übergehen, nur das Schlechte aufzuzählen und die Mängel hervorzuheben. Denn auf diese Weise kann sogar der Consulat getadelt werden, wenn du die Fehler der Consuln, die ich nicht aufzählen will, zusammenstellst. Ich gebe nämlich zu, dass gerade in dieser Amtsgewalt (des Tribunen) etwas Schlechtes steckt, aber das Gute, das man mit dem Amt zu erreichen suchte, hätten wir nicht ohne diese schlechten Seiten. »Die Macht der Volkstribune ist zu groß.«

Wer bestreitet das? Doch die Gewalttätigkeit des Volkes wäre sonst viel wilder und viel heftiger; wenn es einen Führer hat, ist es bisweilen ruhiger als ohne diesen. Denn der Führer denkt daran, dass er auf seine eigene Gefahr handelt; das Volk aber beachtet in seiner Leidenschaft nicht die ihm drohende Gefahr. »Aber manchmal wird es aufgehetzt.« Und oft wird es aber auch beruhigt. Welches Kollegium (der Volkstribunen) befindet sich denn schon in einem so hoffnungslosen Zustand, dass dort keiner der zehn (Tribunen) mehr bei Vernunft ist? Tiberius Gracchus hat ein Amtskollege, den er nicht nur übergangen hat, sondern sogar absetzen ließ, durch sein Veto zu Fall gebracht. Was hat jenen denn sonst zugrunde gerichtet, wenn nicht die Tatsache, dass er den Kollegen, der gegen ihn Einspruch erhob, absetzen ließ? Sieh dir lieber die Weisheit unserer Vorfahren in jener Sache an: Nachdem die Senatoren dem Volk dieses Amt zugestanden hatten, wurden die Waffen niedergelegt, der Aufstand wurde erstickt, man fand eine maßvolle Lösung, so dass die Menschen niederen Standes glaubten, sie seien mit den führenden Persönlichkeiten (*principes*) gleichgestellt, und darin lag das Wohlergehen der Bürgerschaft. »Aber es gab da die beiden Gracchen.« Und außer diesen kannst du auch noch viele andere aufzählen: Wenn zehn Männer gewählt werden, wirst du zu jeder Zeit einige Tribune finden, die Unheil anrichten, auch verantwortungslose, nicht rechtschaffene, vielleicht sogar mehr als andere. Allerdings ist jetzt der höchste Stand (der Senatorenstand) nicht mehr das Ziel von Neid, und die Plebs trägt keine gefährlichen Kämpfe mehr um sein Rechte aus.

Q 229 Die politische Lage vor Ausbruch des Bürgerkrieges

Q 229

Kontext: Die letzte Phase der innenpolitischen Konflikte wurde wiederum vom Bürgerkrieg bestimmt; Caesar überschritt den Rubicon, nachdem einflussreiche Kreise im Senat versucht hatten, ihm das Imperium in Gallien zu nehmen. Die politische Lage vor Ausbruch des Bürgerkrieges beschreibt Cicero in Briefen an Atticus, Caesar hat seine Sicht in seinem Bericht über den Bürgerkrieg (*de bello civili*) dargestellt. Nach der Ermordung Caesars erwies es sich allerdings als unmöglich, die Republik wiederherzustellen. Die Erben Caesars, einerseits der Consul Antonius, den Cicero in den Philippischen Reden scharf angriff, andererseits der Adoptivsohn des Dictators, der erst neunzehnjährige Gaius Iulius Caesar, mit dem Cicero ein Bündnis einging, das aber letztlich scheiterte, bestimmten die weitere politische Entwicklung. Ihr Triumvirat, dann der Krieg zwischen Caesar und Antonius schufen die Voraussetzungen für den Principat des Augustus.

Cicero, An Atticus 7, 3, 4–5

Zur Zeit kämpfen die beiden Männer um ihre eigene Machtstellung, zum Schaden unseres Gemeinwesens. Denn handelte es sich um die Verteidigung des Gemeinwesens, warum hat man es nicht verteidigt, als dieser Mann (Caesar) Consul war? Warum hat man mich, mit dessen Person die Erhaltung des Gemeinwesens verknüpft war, im folgenden Jahr nicht verteidigt? Warum ist diesem Mann das Imperium überhaupt oder in dieser Form verlängert worden? Warum hat man sich so dafür eingesetzt, dass die zehn Volkstribunen den Antrag einbringen sollten, diesem Mann die Bewerbung in absentia zu gestatten? Durch diese Vorgänge ist er so stark geworden, dass die Hoffnung, sich behaupten zu können, nun auf einem einzigen Manne ruht. Hätte dieser ihm doch nur nicht so viele Machtmittel überlassen, dann würde er jetzt auch nicht einen so starken Gegner zu bekämpfen haben. Aber die Sache ist nun einmal verfahren, und da frage ich nicht, um mich deiner Worte zu bedienen: »Wo ist das Schiff der Atriden?« (Euripides, Troerinnen 455). Für mich gibt es nur ein Schiff, und das steuert Pompeius! [...] Doch will ich Pompeius unter vier Augen ermahnen, zu einer Verständigung zu kommen. Denn das fühle ich deutlich, für das Gemeinwesen besteht höchste Gefahr. Natürlich wisst ihr, die ihr in Rom seid, mehr; indessen sehe ich auch, dass wir es mit einem furchtlosen, hochgerüsteten Mann zu tun haben; alle Verurteilten, alle durch Schande Gebrandmarkten, alle, die Verurteilung und Schande verdienen, stehen auf seiner Seite, fast die gesamte Jugend, die ganze verkommene Plebs in Rom, einflussreiche Tribunen, darunter Quintus Cassius, alle die durch ihre Schulden in Bedrängnis geraten sind, insgesamt mehr als ich gedacht hätte. Einzig die Parole fehlt seiner Sache, alles andere hat er im Überfluss. Hier setzen alle alles daran, einen Waffengang zu vermeiden, dessen Ausgang immer unsicher ist, der in diesem Fall, wie zu befürchten ist, aber wahrscheinlich zugunsten der anderen Seite ausfallen wird.

Q 230 Cicero über ein Treffen mit Pompeius am 27. Dezember 50 v.Chr.

Q 230

Cicero, An Atticus
7, 8, 4–5

Du dachtest, ehe ich dorthin komme, würde ich Pompeius sehen; in der Tat, so ist es auch gewesen. Am 6. Tag vor den Kalenden (27. Dezember) ist er nach Lavernium gekommen, zusammen reisten wir nach Formiae und hatten eine geheime Unterredung vom Nachmittag bis zum Abend. Du möchtest wissen, ob noch irgendeine Hoffnung auf eine Bewahrung des Friedens besteht. Soviel ich aus den bis ins Einzelne gehenden Ausführungen des Pompeius entnommen habe, ist nicht einmal der Wille dazu vorhanden. Er glaubt nämlich, dass es zu einem Zusammenbruch des Gemeinwesens kommen werde, falls jener (Caesar) selbst nach Entlassung seines Heeres Consul werden würde. Er nimmt außerdem an, dass Caesar, wenn er hört, gegen ihn werde ernsthaft gerüstet, für dieses Jahr auf den Consulat verzichten und lieber Heer und Provinz behalten werde. Sollte Caesar aber zu einer Wahnsinnstat schreiten, so schätzt er jenen nachdrücklich sehr gering ein und vertraut auf seine Truppen und die der Republik. Du fragst? Gewiss, gar oft muss ich an »Für alle gleich ist der Kriegsgott« (Homer, Ilias 18, 309) denken, aber ich war doch erleichtert, als ich diesen entschlossenen, erfahrenen, einflussreichen Mann politisch so klug die Gefahren eines Scheinfriedens erörtern sah. Wir sprachen auch von der öffentlichen Versammlung (*contio*) am 23. Dezember unter der Leitung des Antonius, auf der man Beschuldigungen gegen Pompeius, angefangen von seiner Jugendzeit, erhob und über die Verurteilungen klagte und mit dem Schreckbild des Krieges drohte. Zu diesen Vorgängen sagte Pompeius: »Was glaubst du, wird er wohl selbst tun, wenn er das Gemeinwesen in die Hand bekommt, wenn schon sein Quaestor, der doch politisch schwach und machtlos ist, so zu reden wagt?« Warum noch vieles sagen? Er scheint diesen Frieden nicht zu wünschen, sondern ihn eher zu fürchten.[...]

Für mich ist das Lästigste, dass ich meine Schulden bei Caesar bezahlen und dafür das Geld für meinen Triumph verwenden muss; es ist doch inakzeptabel, wenn man beim politischen Gegner Schulden hat.

Q 231

Q 231 Der Bericht Caesars über den Ausbruch des Bürgerkrieges 49 v. Chr.

Q 231 a
Caesar, Über den
Bürgerkrieg 1, 1–5

Die Ereignisse Anfang Januar 49 v. Chr.

Als Gaius Caesars Brief den Consuln übergeben war, setzte man bei diesen nur mit Mühe und stärkstem Druck der Volkstribunen durch, dass er im Senat verlesen wurde. Dass man aber über den Brief im Senat diskutierte, war nicht zu erreichen. Die Consuln erstatten einen Bericht über die politische Lage. Der Consul Lucius Lentulus verspricht, er werde Senat und Republik nicht im Stich lassen, wenn der Senat nur furchtlose und entschiedene Anträge stelle; sollten sie jedoch auf Caesar schauen und wie in früheren Zeiten danach trachten, seine Gunst zu erhalten, werde er für sich allein Beschlüsse fassen und sich dem Willen des Senates nicht beugen; auch er könne in die Gunst und Freundschaft Caesars aufgenommen werden. Dieselbe Meinung äußerte Scipio: Pompeius wolle den Staat nicht im Stich lassen, wenn der Senat hinter ihm stehe; zögere der Senat und handele ohne Entschiedenheit, dann werde er Pompeius später, wenn er sich dann dazu entschließen werde, vergeblich um Hilfe bitten.

Diese Rede Scipios schien, da man die Sitzung in Rom abhielt und Pompeius sich in der Nähe aufhielt, aus dessen eigenem Munde zu kommen. Mancher hatte auch gemäßigter gesprochen, so zuerst Marcus Marcellus, der seine Rede mit der Feststellung begann, man dürfe die Frage erst dann im Senat behandeln, wenn in ganz Italien Musterungen durchgeführt und Heere ausgehoben seien, in deren Schutz der Senat es wagen werde, das sicher und frei zu beschließen, was er wolle; so auch Marcus Calidius, der verlangte, Pompeius solle in seine Provinzen gehen, damit kein Kriegsgrund vorliege; Caesar fürchte, Pompeius könne die beiden Legionen, die er ihm entzogen habe, zum Einsatz gegen ihn aufsparen und in der Nähe von Rom zurückhalten; ebenso Marcus Rufus, der dem Antrag des Calidius mit nur geringfügigen Änderungen folgte. Sie alle wurden durch Schmähungen des Consuls Lucius Lentulus zurechtgewiesen und heftig angegriffen. Lentulus weigerte sich entschieden, den Antrag des Calidius zur Abstimmung zu bringen, und Marcellus zog, durch die Vorwürfe eingeschüchtert, seinen Antrag zurück. Durch die Reden des Consuls, die Furcht vor dem in der Nähe stationierten Heer und die Drohungen der Anhänger (*amici*) des Pompeius unter Druck gesetzt, stimmten die meisten Senatoren gegen ihren Willen und gezwungenermaßen für Scipios Antrag: Caesar habe bis zu einem bestimmten Termin sein Heer zu entlassen; wenn er dies nicht tue, scheint er damit gegen die Republik (*res publica*) zu handeln. Die Volkstribunen Marcus Antonius und Quintus Cassius erheben Einspruch. Sogleich wird über ihr Veto verhandelt. Sehr harte Meinungen werden vorgetragen, und je schärfer und schonungsloser einer sprach, desto mehr Lob fand er bei Caesars Gegnern.

Nach Ende der Senatssitzung, gegen Abend, lässt Pompeius alle Senatoren zu sich kommen. Pompeius lobt und ermutigt sie für die Zukunft, die Unentschiedenen weist er zurecht und spornt sie an. Überall lassen sich viele Veteranen des Pompeius in der Hoffnung auf Belohnung und Beförderung anwerben, viele holt man auch aus den beiden Legionen, die Caesar abgetreten hatte. Die Stadt und sogar das Comitium füllen sich mit Tribunen, Centurionen, Veteranen. Alle Anhänger der Consuln, die Parteigänger des Pompeius und die alten Feinde Caesars ruft man in den Senat. Durch deren Geschrei und massenhaftes Auftreten werden die Zaghafteren eingeschüchtert, die Schwankenden ermutigt, den meisten aber wird die Möglichkeit freier Entscheidung genommen. Der Censor Lucius Piso bietet an, Caesar aufzusuchen, ebenso der Praetor Lucius Roscius, um ihn über diese Vorgänge zu unterrichten; sie verlangen dafür eine Frist von sechs Tagen. Einige schlagen auch vor, man solle Gesandte an Caesar schicken, die ihm den Willen des Senates darlegen sollten.

All diese Vorschläge werden abgelehnt, und der Consul, Scipio und Cato sprechen sich gegen sie aus. Für Cato sind die alte Feindschaft mit Caesar und die Erbitterung über die Wahlniederlage Beweggrund; die Motive des Lentulus sind die Höhe seiner Schulden, die Hoffnung auf ein Heer und Provinzen sowie die Geschenke, die er bei der Verleihung von Königstiteln erwartete; er prahlte auch im Kreise seiner Freunde, er werde ein zweiter Sulla sein, auf den alle Macht übergehe. Scipio treibt dieselbe Hoffnung auf eine Provinz und auf Truppen, die er aufgrund seiner Verwandtschaft mit Pompeius zu teilen gedachte, zugleich die Angst vor Prozessen, seine Prahlerei und die Schmeichelei den Mächtigen gegenüber, die damals in Politik und Rechtsprechung den größten Einfluss hatten. Pompeius selbst war von Caesars Gegnern aufgehetzt; weil er nicht wollte, dass jemand ihm in der Würde gleichkam, hatte er ganz mit Caesar gebrochen und sich mit den gemeinsamen Feinden ausgesöhnt, von denen er selbst Caesar die meisten eingebracht hatte – und zwar zu der Zeit, als er mit ihm durch seine Ehe (mit Caesars Tochter) besonders eng verbunden war. Zugleich war Pompeius wegen der üblen Nachrede besorgt, die wegen der beiden Legionen entstanden war, die er vom Marsch nach Asien und Syrien zurückgehalten und zur Stärkung seiner eigenen Machtposition verwendet hatte, und so suchte er die Entscheidung mit den Waffen.

Unter diesen Umständen ging nun alles in großer Eile und planlos vor sich. Weder bekamen Caesars Anhänger genügend Zeit, ihn zu unterrichten, noch wurde den Volkstribunen die Möglichkeit gegeben, die ihnen drohende Gefahr abzuwenden oder sich durch das Veto, das bedeutendste ihrer Rechte, das ihnen sogar Lucius Sulla gelassen hatte, zu behaupten. Bereits nach sechs Tagen mussten sie um ihre Sicherheit bangen, um die selbst die aufrührerischen Volkstribunen früherer Zeiten sich erst nach acht Monaten vielfältiger politischer Aktionen zu sorgen und zu fürchten hatten. Man schritt zu jenem äußersten und letzten Senatsbeschluss (*ultimum senatus consultum*), für den man sich vormals immer nur entschieden hatte, wenn Rom selbst beinahe in Flammen stand und die Verwegenheit von Antragstellern den allgemeinen Untergang befürchten ließ: Die Consuln, Praetoren und Volkstribunen sowie die Proconsuln, die sich in der Nähe von Rom aufhielten, sollen dafür sorgen, dass der Republik (*res publica*) kein Schaden erwachse. Dieser Senatsbeschluss wurde am siebten Tag vor den Iden des Ianuar (7. 1. 49 v. Chr.) protokolliert. So fasste man in den ersten fünf Tagen, in denen seit Amtsantritt des Consuls Lentulus Senatssitzungen stattfinden konnten – die zwei Comitientage abgerechnet –, über den Oberbefehl Caesars und über so bedeutende Männer wie die Volkstribunen höchst schwerwiegende und grausame Beschlüsse. Sofort flohen die Volkstribunen aus Rom und begaben sich zu Caesar. Dieser stand damals in Ravenna und erwartete Antwort auf seine höchst maßvollen Forderungen, in der Hoffnung, der Streit lasse sich bei einiger Mäßigung der Beteiligten friedlich beilegen.

Caesars Rechtfertigung seiner Politik im Januar 49 v. Chr.

Als Caesar dies erfuhr, hielt er eine Rede an seine Soldaten. Er erinnerte an das Unrecht, das seine Gegner ihm in der ganzen Zeit zugefügt hätten; von diesen sei, wie er beklagte, Pompeius durch den Neid und die Eifersucht auf

Q 231 b
Caesar, Über den
Bürgerkrieg 1, 7

seinen Ruhm verleitet und verführt worden, während er selbst immer dessen Ehre und Ansehen begünstigt und gefördert habe. Auch beklagte er den im politischen Leben völlig neuen Präzedenzfall, dass das Veto der Tribunen mit Waffengewalt unterdrückt werde, welches erst vor einigen Jahren ohne Waffengewalt wiederhergestellt worden sei. Sulla, der die Volkstribunen jeder Macht entkleidet habe, habe indes ihr Vetorecht nicht angetastet; Pompeius, der die verlorenen Rechte (der Volkstribunen) angeblich wiederhergestellt habe, habe ihnen sogar die früheren Befugnisse entrissen. Wann immer der Beschluss erging, die Magistrate sollten Sorge tragen, dass der Republik kein Schaden erwachse – durch diese Formel und diesen Senatsbeschluss wurde das römische Volk zu den Waffen gerufen –, sei dies geschehen, wenn verderbliche Gesetze eingebracht wurden, wenn Volkstribunen Gewalt anwendeten, wenn es zu einem Aufstand des Volkes kam oder zu einer Besetzung von Tempeln und höher gelegenen Plätzen. Wie in früheren Zeiten solche Vorfälle gesühnt wurden, zeigen der Tod des Saturninus und der Untergang der Gracchen. Nichts von solchen Dingen jener Zeit sei geschehen, ja nicht einmal gedacht worden. Kein Gesetz sei eingebracht worden, es habe keine Verhandlung mit dem Volk stattgefunden, kein Aufruhr getobt. Er ermahnte sie, sie sollten das Ansehen und die Würde ihres Feldherrn vor seinen Feinden schützen, des Feldherrn, unter dessen Führung sie neun Jahre lang der Republik mit höchstem Erfolg gedient, zahllose Siege errungen und ganz Gallien sowie Germanien überwunden hätten. Die Soldaten der 13. Legion, die zur Stelle war – Caesar hatte sie bei Beginn der Feindseligkeiten aufgeboten, die Übrigen waren noch nicht versammelt –, riefen laut, sie seien bereit, ihren Feldherrn und die Volkstribunen vor Unrecht zu schützen.

Q 231 c

Caesar, Über den Bürgerkrieg 1, 22, 5

Caesar über seine Motive im Gespräch mit P. Cornelius Lentulus Spinther (Consul 57 v.Chr.)

Dessen Rede unterbricht Caesar: Er habe seine Provinz nicht in feindseliger Absicht verlassen, sondern um sich gegen die Schmähungen seiner Feinde zu verteidigen, um die Würde der wegen dieser Angelegenheit aus der Bürgerschaft vertriebenen Volkstribunen wiederherzustellen und um dem römischen Volk, das durch eine Gruppierung weniger (*factio paucorum*) unterdrückt werde, die Freiheit zurückzugeben.

Q 232

Cicero, An Atticus 9, 8 C (Anfang März 49 v.Chr.)

Q 232 Caesar über seine Politik im Bürgerkrieg

Caesar grüßt Oppius und Cornelius.

Es freut mich, beim Hercules, dass ihr mir in eurem Schreiben mitteilt, wie sehr ihr das billigt, was in Corfinium geschehen ist. Euren Rat befolge ich gern und umso lieber, weil ich aus eigenem Antrieb schon entschlossen war, mich sehr milde zu zeigen und mich um eine Versöhnung mit Pompeius zu bemühen. So wollen wir versuchen, ob wir auf diese Weise das allgemeine Wohlwollen erlangen und einen dauerhaften Sieg erringen können. Alle anderen konnten ja wegen ihrer Grausamkeit dem Hass nicht entgehen und ihren Sieg nicht allzu lange behaupten, abgesehen von dem einen Sulla, den ich nicht nachahmen werde. Das wird die neue Art zu siegen sein, dass wir uns durch Barmherzigkeit und Großmut (*misericordia et liberalitate*) uns sichern. Wie dies geschehen kann, darüber habe ich mir schon einige Gedanken gemacht, und sicher lässt sich vieles noch finden. Über diese Fragen einmal nachzudenken bitte ich euch.

N. Magius, einen Präfekten des Pompeius, habe ich gefangen genommen. Natürlich habe ich meinen Grundsätzen entsprechend gehandelt und ihn sogleich freigelassen. Schon zwei andere Präfekten waren in meiner Gewalt, und ich habe beide freigelassen. Wenn sie sich dankbar erweisen wollen, müssen sie Pompeius ermahnen, dass er lieber mein Freund als der jener Personen sein will, die ihm und mir gegenüber immer sehr feindlich eingestellt waren und durch deren Intrigen erreicht wurde, dass das Gemeinwesen sich in dieser Notlage befindet.

Q 233 Ciceros Abrechnung mit der Politik des M. Antonius

Q 233

Kontext: Nach der Ermordung Caesars am 15. März 44 v. Chr. richtete sich die Stimmung in Rom gegen die Caesarmörder, weswegen Brutus und Cassius gezwungen waren, in den Osten zu gehen. Cicero versuchte 44 und 43 v. Chr. vor allem, M. Antonius politisch auszuschalten; um dies zu erreichen, ging er ein Bündnis mit dem Adoptivsohn Caesars, Caesar Octavianus, ein. Der junge Caesar führte allerdings 43 v. Chr. eine Verständigung mit Antonius herbei, es wurde das Triumvirat zwischen dem jungen Caesar, Antonius und M. Aemilius Lepidus gebildet. Die Triumvirn setzten sich 42 v. Chr. in der Schlacht bei Philippi gegen die Caesarmörder durch, aus den Konflikten zwischen den Triumvirn ging 31/30 v. Chr. schließlich der junge Caesar, der spätere Augustus, als Sieger hervor. Die Reden Ciceros und seine Korrespondenz bieten einen Einblick in die Diskussionen der Monate nach März 44 v. Chr.

Cicero, Philippika 2, 88–91

Damit bin ich bei der Zeit angelangt, die wichtiger ist als alles das, was ich bisher in meiner Rede behandelt habe. Welch eine Flucht, welch eine Furcht an jenem herrlichen Tage, welch eine Todesangst im Bewusstsein deiner Verbrechen, als du nach jener Flucht durch die Gefälligkeit derer, die dich schonen wollten, falls du vernünftig wärest, dich heimlich in dein Haus zurückziehen konntest! Wie vergeblich waren meine Voraussagen, die sich als so wahr erwiesen haben! Als sie mich zu dir schicken wollten, damit ich dich ermahnte, die Republik (*res publica*) zu verteidigen, sagte ich jenen unseren Befreiern auf dem Capitol, du würdest alles versprechen, solange du nur Angst hättest, sobald du aber aufhören würdest, dich zu fürchten, würdest du dich wiederum wie zuvor verhalten. Als die übrigen Consulare bei dir aus- und eingingen, blieb ich bei meiner Entscheidung: Weder an jenem Tage noch zu einem späteren Zeitpunkt habe ich dich aufgesucht, und ich habe nicht geglaubt, dass irgendeine Zusammenarbeit zwischen den besten Bürgern (*optimi cives*) und dem unverschämtesten Feind (*hostis*) durch irgendeine Übereinkunft vereinbart werden könne. Am dritten Tag (17. März 44) ging ich dann zum Tellustempel, allerdings ungern, denn alle Zugänge waren von Bewaffneten besetzt. Was war das für ein Tag für dich, Antonius? Obwohl du dann schnell mein Feind geworden bist, tut es mir dennoch leid, dass du dir selbst so geschadet hast. Was für ein Mann, unsterbliche Götter, hättest du sein können, welche Größe hättest du erlangen können, wenn du die Gesinnung jenes Tages hättest bewahren können. Wir hätten den Frieden, der damals durch die Geiselhaft eines Jungen aus der Nobilität, des Enkels von M. Bambalio (Vater von Fulvia, der Frau des M. Antonius), besiegelt worden ist. Allerdings machte dich die Angst zu einem guten Bürger, die freilich nur für eine kurze Frist Lehrmeisterin der Pflicht ist, zu einem schlechten

Bürger machte dich dann wieder die Eigenschaft, die, solange du keine Furcht empfindest, nicht von dir weicht, nämlich deine Unverschämtheit (*audacia*). Damals, als manche dich für einen besten Bürger hielten – eine Meinung, der ich jedoch nicht zustimmte –, hast du die Begräbnisfeierlichkeiten des Tyrannen, wenn es überhaupt ein Begräbnis war, auf die abscheulichste Weise organisiert. Du hast eine schöne Grabrede gehalten, hast dein Mitgefühl zum Ausdruck gebracht, hast die Menschen ermahnt, du – du, sage ich – hast jene Fackeln entzündet, die, mit denen jener halb verbrannt wurde, genauso wie die, mit denen das Haus des Lucius Bellienus angezündet und niedergebrannt wurde. Du hast jenen Sturm der verworfensten Menschen, zumeist Sklaven, auf unsere Häuser losgelassen, einen Angriff, den wir gewaltsam zurückgeschlagen haben. Dennoch hast du – nachdem du dir den Ruß gleichsam abgewischt hattest – an den folgenden Tagen großartige Senatsbeschlüsse herbeigeführt, die untersagten, dass nach den Iden des März noch Privilegien (*immunitates*) oder Vergünstigungen (*beneficia*) bewilligt werden sollten. Du erinnerst dich selbst daran, was du über die Verbannten, du weißt, was du über die Immunitäten gesagt hast. Das Beste von allem war, dass du den Begriff der Dictatur aus dem öffentlichen Recht beseitigt hast, eine Tat, die zu zeigen schien, dass dich ein solcher Hass gegen das Königtum erfasst hatte, dass du angesichts der noch vor kurzem empfundenen Angst vor dem Dictator das Wort selbst beseitigt hast.

Q 234 Die politische Lage im Jahr 43 v. Chr.

Cicero, An Brutus 5, 1–2 (16. April 43)

Mein Ziel in den wichtigsten Fragen der Politik, Brutus, ist stets dasselbe gewesen wie das deinige, meine politische Strategie in manchen Fällen – gewiss nicht in allen – war vielleicht ein wenig entschiedener. Wie du weißt, war ich immer der Meinung, das Gemeinwesen müsse nicht nur von dem Tyrannen (*rex*), sondern auch von der Tyrannei (*regnum*) befreit werden. Du hast milder gehandelt und dir dafür gewiss unsterblichen Ruhm erworben; aber was besser gewesen wäre, das haben wir mit tiefem Schmerz erfahren und erfahren es jetzt in großer Gefahr. In jener noch nicht lange zurückliegenden Zeit dachtest du einzig an Frieden, der aber durch Reden nicht hergestellt werden konnte, ich einzig an die Freiheit, die es ohne Frieden nicht gibt. Ich glaubte, der Frieden selbst könne nur durch Krieg und Waffengewalt herbeigeführt werden. Es fehlte nicht an Männern, die mit Nachdruck stürmisch nach Waffen riefen, aber wir haben ihren Eifer beschwichtigt und ihre Begeisterung gemäßigt. So war das Gemeinwesen an dem Punkt angelangt, dass es, wenn nicht ein Gott Caesar Octavianus mit einer solchen Gesinnung erfüllt hätte, in die Gewalt des nichtswürdigsten und schändlichsten Menschen, des Marcus Antonius, hätte geraten müssen, mit dem wir, wie du siehst, gerade jetzt einen so schweren Kampf zu bestehen haben. Dazu wäre es erst gar nicht gekommen, wenn man Antonius damals (bei der Ermordung Caesars) nicht verschont hätte.

Aber ich übergehe das jetzt, denn deine denkwürdige, nahezu göttliche Tat verdient keine Anschuldigungen, kann sie doch kaum mit hinreichendem Lob bedacht werden! Neulich bist du mit einer strengen Miene aufgetreten, hast dir in kurzer Zeit eigenständig ein Heer, Truppen, leistungsfähige Legionen verschafft. Unsterbliche Götter! Was war das für eine Botschaft, für ein Schreiben, welche Freude im Senat, welche Begeisterung in der Bürgerschaft! Niemals habe ich es erlebt, dass etwas mit Zustimmung aller so gelobt wurde.

Es bestand eine große Spannung, was mit den übrig gebliebenen Truppen des Antonius geschehen würde, der die Reiterei und die Legionen zum größten Teil an dich verloren hatte. Das alles endete in wünschenswerter Weise, denn dein Schreiben, das im Senat verlesen wurde, berichtete von der Tapferkeit des Feldherrn und seiner Soldaten und von der Energie deiner Umgebung, darunter auch meines Cicero (der Sohn Ciceros).

Q 235 Brutus an Marcus Cicero, Juli 43 v.Chr.

Q 235

*Cicero, An Brutus
24, 8–9*

Ich aber – um darauf noch einmal zurückzukommen – bin nicht bereit, irgendeinen demütig anzuflehen, sondern gewillt, jeden, der fordert, man solle ihn anflehen, in die Schranken zu weisen, oder aber ich werde mich von diesen Sklavennaturen weit entfernen und werde erklären, Rom sei überall dort, wo es erlaubt ist, frei zu sein. [...] Aber ich werde mich sicher nicht denen unterwerfen, die sich selbst unterwerfen, und ich werde mich nicht von denen besiegen lassen, die selbst besiegt werden wollen, ich werde versuchen und alles erproben und nicht nachlassen, um unsere Bürgerschaft der Versklavung zu entreißen. Wenn Fortuna mir folgt, was sie eigentlich tun muss, werden wir alle uns freuen, wenn aber nicht, werde ich dennoch Freude empfinden, denn mit welchen Taten und Gedanken kann ich besser mein Leben zubringen als mit denen, die der Befreiung meiner Mitbürger galten?

Q 236 Brutus in einem Brief an Atticus (Juni 43?) über Ciceros Politik im Jahr 43 v.Chr.

Q 236

Cicero, An Brutus 25, 2

Mir gegenüber rühmt sich unser Cicero, er habe in der Toga (ohne militärisches Kommando) den Krieg gegen Antonius ausgehalten. Was nützt mir das, wenn als Lohn für die Ausschaltung des Antonius die Position des Antonius gefordert wird, und wenn derjenige, der Verteidiger war gegen ein Übel, nun als Urheber eines anderen Übels auftritt, das ein festes Fundament und tiefere Wurzeln haben wird, wenn wir dies zulassen? Man kann bereits zweifeln, ob er (Cicero) so handelt aus Furcht vor einer Gewaltherrschaft (*dominatio*) allgemein oder nur aus Furcht davor, dass Antonius Herr (*dominus*) wird. Ich jedenfalls fühle mich nicht zur Dankbarkeit verpflichtet, wenn jemand die Sache selbst (die Gewaltherrschaft) nicht zu verhindern sucht, solange er nur nicht dem dienen muss, der zornig auf ihn ist. Im Gegenteil, der Triumph, die Soldzahlungen und die Ermutigung durch Ehrenbeschlüsse, nur damit er (Caesar Octavianus) nicht die Stellung dessen für sich beansprucht, dessen Namen er angenommen hat, ist das alles eines Consulars, eines Cicero würdig?

DIE RÖMISCHE KAISERZEIT
(30 v. Chr. bis 284 n. Chr.)

Peter Herz

Q 237 Entstehung des Principats: Augustus

Tatenbericht des Augustus *(Res gestae divi Augusti)*

Kontext: Bei seinem Tod hinterließ Augustus einen Tatenbericht, von dem eine lateinisch-griechische Fassung an den Wänden eines Tempels in Ankara gefunden wurde. Er liefert darin seine Version seiner politischen Karriere.

(1) Im Alter von neunzehn Jahren habe ich als Privatmann aus eigenem Entschluss und aus eigenen Mitteln ein Heer aufgestellt, durch das ich den durch die Willkürherrschaft einer bestimmten Gruppe versklavten Staat befreite. Daher hat mich der Senat mit ehrenvollen Beschlüssen im Consulat des Gaius Pansa und Aulus Hirtius in seine Reihen aufgenommen, wobei er mir für die Abstimmungen einen Platz unter den gewesenen Consuln zuteilte und mir die militärische Befehlsgewalt gab. Zur gleichen Zeit befahl er mir im Range eines Propraetors zusammen mit den Consuln Sorge dafür zu tragen, dass der Staat keinen Schaden nehme. Das Volk wählte mich aber im selben Jahr zum Consul, nachdem beide Consuln im Krieg gefallen waren, und zum Triumvirn für die Neuordnung des Staates.

Augustus, Res gestae 1–5

(2) Die meinen Vater ermordet haben, trieb ich ins Exil, und rächte so ihre Tat aufgrund gesetzmäßiger Urteile. Als sie später den Krieg gegen den Staat eröffneten, habe ich sie zweimal in offener Feldschlacht besiegt.

(3) Kriege zu Wasser und zu Lande, gegen innere und äußere Feinde, habe ich oft auf dem ganzen Erdkreis geführt und als Sieger alle römischen Bürger, die um Gnade baten, geschont. Auswärtige Völker, denen unbesorgt verziehen werden konnte, habe ich lieber erhalten als vernichten wollen. [...]

(5) Die Dictatur, die mir in Abwesenheit und Gegenwart sowohl vom Volk als auch vom Senat unter dem Consulat von Marcus Marcellus und Lucius Arruntius (22 v. Chr.) angetragen wurde, habe ich nicht angenommen. Nicht abgelehnt habe ich aber, als größter Mangel an Getreide herrschte, die Aufsicht über die Lebensmittelversorgung, derer ich mich so annahm, dass ich innerhalb weniger Tage durch meine Aufwendungen und meine Fürsorge die ganze Stadt vor Furcht und der bereits spürbaren Gefahr befreien konnte. Auch den damals mir angetragenen jährlichen Consulat habe ich nicht angenommen.

Die andere, kritische Sicht des Historikers Tacitus

(1) In der Stadt Rom regierten anfangs Könige. L. Brutus brachte die Freiheit und führte den Consulat ein. Wenn man zu Dictaturen griff, dann geschah dies nur auf Zeit. Auch die Amtsgewalt der Decemviri dauerte nicht länger als zwei Jahre, wie auch die konsularische Befugnis der Militärtribunen nur von kurzer Dauer war. Nicht Cinnas, nicht Sullas Gewaltherrschaft erstreckte sich auf einen längeren Zeitraum, des Pompeius und des Crassus Macht ging

rasch auf Caesar, des Lepidus und des Antonius militärische Macht auf Augustus über, der die ganze durch den bürgerlichen Hader erschöpfte Welt unter dem Namen eines Princeps seiner Herrschaft unterstellte. Doch des alten römischen Volkes glückliche oder auch unglückliche Geschichte haben ja berühmte Schriftsteller dargestellt, und auch bei der Schilderung der augusteischen Zeiten haben es rühmliche Talente so lange nicht an sich fehlen lassen, bis sie sich durch das überhandnehmende Kriechertum abschrecken ließen. Des Tiberius, des Gaius, des Claudius und des Nero Regierung fanden während ihrer Lebenszeit, weil man sie fürchtete, eine verfälschte und nach ihrem Tode eine noch die frischen Hassgefühle atmende Darstellung. Daher habe ich mich entschlossen, kurz über Augustus, und zwar über seine letzten Lebensjahre zu berichten, dann den Principat des Tiberius und alles Weitere darzulegen ohne Abneigung und Zuneigung, wozu ich entfernt keinen Grund habe.

(2) Nachdem Brutus und Cassius getötet worden waren, gab es schon keine öffentlichen Waffen mehr. Pompeius wurde bei Sizilien unterdrückt. Nachdem Lepidus herausgedrängt und Antonius getötet worden war, blieb selbst in der Partei der Iuliusanhänger nur Caesar als Führer zurück. Nachdem er den Namen des Triumvir abgelegt hatte, trat er als Consul auf und gab sich zum Schutz der Plebs mit dem tribunizischen Recht zufrieden. Sobald er den Soldaten durch Geschenke, das Volk durch die Getreideversorgung, alle aber durch die Süßigkeit der Ruhe verführt hatte, stieg er allmählich auf. Er zog die Aufgaben des Senates, der Magistrate und der Gesetze an sich, wobei ihm keiner Widerstand leistete, da die wildesten bereits durch die Kriege und die Proskription gestorben waren, die Übrigen der Nobiles, je nachdem einer zum Knechtsdienst bereiter war, wurden durch Reichtümer und Ehren hervorgehoben, und gefördert durch die neuen Dinge wollten sie lieber die sichere Gegenwart als das Alte und Gefährliche. Auch die Provinzen lehnten diesen Zustand der Dinge nicht ab, weil sie der Herrschaft von Senat und Volk misstrauten wegen der Kämpfe der Mächtigen und der Gier der Magistrate. Denn die Hilfe der Gesetze war kraftlos, denn sie wurden durch Gewalt und Ehrgeiz, schließlich durch Geld in Unordnung gebracht.

(3) Im Übrigen förderte Augustus als Hilfe für seine Vormacht Claudius Marcellus, den Sohn seiner Schwester, obwohl er noch ein Jüngling war mit dem Pontificat und der kurulischen Aedilität, den Marcus Agrippa, der hinsichtlich seiner Herkunft unbedeutend war, der aber ein guter Soldat und Genosse seines Sieges war, durch zwei Consulate. Diesen wählte er nach dem Tod des Marcellus als seinen Schwiegersohn. Tiberius Nero und Claudius Nero, seine Stiefsöhne, förderte er mit dem Titel von Imperatoren. Damals war auch sein Haus noch ungeschädigt. Denn er hatte Gaius und Lucius, die von Agrippa abstammten, in die Familie der Caesaren eingeführt. Sie hatten noch nicht das Purpurgewand der Jugendlichen abgelegt, da ließ er es zu, dass sie Führer der Jungmannschaft genannt und zu Consuln vorbestimmt wurden, was er sich hinter der Maske des Ablehnenden auf das Heftigste gewünscht hatte. Wie aber Agrippa starb und der Tod, durch das Schicksal oder die Hinterlist der Stiefmutter Livia befördert, den Lucius Caesar auf dem Weg zu den spanischen Heeren und den durch eine Wunde geschwächten Gaius auf dem Rückweg aus Armenien hinwegraffte – Drusus war bereits gestorben –, da blieb Nero als einziger der Stiefsöhne zurück. Zu diesem wandte sich alles hin. Er wurde als Sohn, Kollege in der Herrschaft, Teilhaber der tribunizischen Gewalt angenommen und allen Heeren präsentiert, nicht

wie zuvor durch dunkle Künste seiner Mutter, sondern öffentliche Aufforderung. Denn sie überzeugte den greisen Augustus so sehr, dass er seinen einzigen Enkel Agrippa Postumus auf die Insel Pandateria verbannte. Gewiss war dieser grob, ohne Besitz guter Begabungen und wild wegen der brutalen Kraft seiner Körpers, aber unschuldig irgendeines Verbrechens. Aber überraschend setzte er Germanicus, der von Drusus abstammte, an die Spitze der acht Legionen am Rhein und befahl, dass er durch Adoption von Tiberius angenommen wurde, obwohl es im Hause des Tiberius bereits einen jugendlichen Sohn gab, weil er auf mehreren Sicherungen (seiner Herrschaft) bestand.

Zu dieser Zeit war nur der Krieg gegen die Germanen übrig geblieben, mehr wegen der schändlichen Schmach eines Heeres, das man zusammen mit Quinctilius Varus verloren hatte, als wegen des Bestrebens, das Imperium auszudehnen oder weil es wegen des Gewinns würdig gewesen wäre. Zu Hause war alles ruhig, die Magistraturen trugen dieselben Namen. Die jungen Männer waren nach dem Sieg von Actium, auch die meisten Greise waren in der Zeit der Bürgerkriege geboren worden. Wie viele waren noch übrig, die die Republik gesehen hatten?

(4) So hatte sich denn die Staatsform gewandelt, und nirgends hatte diese Wandlung eine Spur der alten Sittenreinheit hinterlassen. Die Gleichheit der Staatsbürger war beseitigt, und alle schauten nur noch auf die Befehle des Princeps, ohne dass für den Augenblick Anlass für Befürchtungen gewesen wäre. Denn Augustus stand noch im rüstigen Alter und erhielt sich und sein Haus und damit den Frieden aufrecht. Als er dann in vorgerücktem Alter stand, Krankheit ihn körperlich schwächte und sein nahes Ende neue Hoffnungen erweckte, da fand sich eine Minderheit, die sich in leerem Gerede über das Gut der Freiheit erging. Die Mehrzahl zitterte vor einem Krieg, die anderen wünschten ihn. Der weitaus größere Teil stellte in allem möglichen Gerede Vermutungen über die kommenden Herren an. Brutal sei Agrippa und erbittert über die entehrende Behandlung, die ihm zuteil geworden sei. Weder nach seinem Alter noch nach seiner Lebenserfahrung sei er einer so schweren Aufgabe gewachsen. Tiberius Nero sei zwar reif an Jahren und kriegserprobt, aber in ihm lebe der alte, der claudischen Familie angeborene Hochmut, und sein grausames Wesen künde sich in vielfacher Form an. Zwar werde es jetzt noch unterdrückt, aber eines Tages werde es plötzlich hervorbrechen. Auch sei er von frühester Kindheit in einem Herrscherhaus aufgewachsen, in seinen Jugendjahren habe man ihn mit Consulaten, Triumphen überhäuft, und auch in den Jahren, die er unter dem Schein freiwilliger Zurückgezogenheit, in Wirklichkeit als Verbannter, in Rhodos zugebracht habe, sei sein Sinn lediglich auf Rache, Verstellung und Befriedigung geheimer Sinneslust gerichtet gewesen. Dazu komme noch seine Mutter mit ihrer weiblichen Unbeherrschtheit. Man müsse den Sklaven einer Frau und obendrein noch zweier Jünglinge spielen, die für das Gemeinwesen einstweilen noch eine drückende Last bildeten, es später aber einmal in Stücke reißen würden.

Die eher unkritische Sicht des Historikers Velleius Paterculus

Als aber Caesar (Augustus) nach Italien und in die Stadt zurückkehrte, mit welchem Aufgebot, mit welcher Gunst aller Menschen, Altersstufen und Stände wurde er empfangen, was für eine Pracht hatten seine Triumphe und seine Spiele, (so) dass man das Material in keinem echten Geschichtswerk, geschweige denn in diesem so beschränkten Werk würdig darstellen kann.

Q 237 c
Velleius Paterculus,
Römische Geschichte
2, 89

Danach konnten die Menschen nichts von den Göttern wünschen, die Götter den Menschen nichts darbieten, nichts durch ein Gelübde erbitten, nichts unter glücklichen Umständen verzehrt werden, was nicht Augustus nach seiner Rückkehr in die Stadt dem römischen Staat, dem römischen Volk und dem Erdkreis vorstellte. Im zwanzigsten Jahre waren die Bürgerkriege beendet, die äußeren Kriege waren begraben, der Friede war zurückgerufen, überall die Wut der Waffen zur Ruhe gelegt worden, den Gesetzen war die Kraft zurückgegeben, die Autorität den Urteilen (Gerichten), dem Senat sein Ansehen, die Amtsgewalt auf das altehrwürdige Maß zurückgeführt. Schließlich wurden zu den acht Praetoren zwei hinzugewählt. Nachdem diese ehrwürdige und alte Gestalt des Staates zurückgerufen worden war, kehrte die Bestellung der Äcker zurück, Ehre für die Opfer (Götter), für die Menschen Sicherheit, für jeden Sicherheit seines Besitzes. Die Gesetze wurden nützlich verbessert, heilsame eingebracht. Der Senat wurde ohne Härte, aber dennoch mit Strenge überprüft. Die führenden Männer, sowohl diejenigen, die Triumphe gefeiert hatten, als auch die, die die höchsten Ämter bekleidet hatten, wurden auf Aufforderung des Princeps zum Schmuck der Stadt hineingewählt. Den Consulat bekleidete er nur bis zu seiner elften [Amtszeit]. Er hätte ihn fortführen können, denn obwohl er sich des Öfteren mit aller Macht dagegen sträubte, hätte er ihn erlangen können. Denn die Dictatur hat er ebenso beständig abgelehnt, wie ihm das Volk dieses Amt hartnäckig anbot. Die Kriege, die unter diesem Herrscher geführt wurden, der Erdkreis, der durch Siege befriedet wurde, so viele Dinge, die außerhalb Italiens und in Italien geschahen, die ganze Zeitspanne seiner Regierungszeit, die drohend über diesem einzigen Werk schwebt, lassen (uns) keine Ruhe. Denn wir, die wir uns an das Bekenntnis erinnern, unterwerfen den Augen und dem Verstand das Bild seiner Herrschaft.

Q 238

Q 238 Das Verfassen von Geschichtswerken unter einer absoluten Monarchie

Tacitus, Annales 4, 32–33

(32) Sehr vieles von dem, was ich berichtet habe und noch berichten werde, wird vielleicht kleinlich und der Erwähnung unwert erscheinen. Ich bin mir dessen wohl bewusst. Aber niemand wird meine Jahrbücher mit den Schriften derer vergleichen, die die alte Geschichte des römischen Volkes vorgestellt haben. Jene haben gewaltige Kriege, die Eroberung von Städten, die Gefangennahme und Besiegung von Königen oder, wenn sie es einmal vorzogen, sich der Schilderung der inneren Verhältnisse zuzuwenden, die Auseinandersetzungen zwischen den Consuln und den Tribunen, Acker- und Getreidegesetze, die Kämpfe zwischen Plebs und Optimaten geschildert und konnten sich dabei auf freiem Feld ergehen. Mein Bereich ist eng begrenzt, und meine Arbeit bringt keinen Ruhm. Es herrschte ein stetiger oder nur unbedeutend gestörter Friede, die Zustände in der Hauptstadt boten ein Bild des Jammers, und dem Princeps war nicht daran gelegen, die Grenzen des Reiches weiter vorzuschieben. Doch wird es nicht ohne Nutzen sein, einen tieferen Einblick in jene Vorfälle zu gewinnen, die beim ersten Blick unbedeutend erscheinen, die aber den bewegenden Ausgangspunkt von großen Ereignissen bilden.

(33) Alle Völker und Städte haben entweder eine demokratische oder aristokratische oder monarchische Staatsform. Eine Form des Gemeinwesens, die die wesentlichen Vorzüge dieser drei verschmilzt, kann man leichter loben als verwirklichen, oder wenn es verwirklicht wird, kann sie nicht von Dauer sein.

Wie es daher einst, als die Macht in den Händen der Plebs war oder als die Väter den bestimmenden Einfluss ausübten, darauf ankam, das Wesen der großen Masse kennenzulernen und die Mittel, mit denen sie maßvoll gelenkt würde, und diejenigen, die sich mit der Denkungsart des Senates und der Optimaten am gründlichsten vertraut gemacht hatten, für gute Kenner der Zeitverhältnisse und für weise Männer galten, so dürfte jetzt, da sich die Staatsform gewandelt hat und das römische Gemeinwesen nichts anderes repräsentiert als eine Alleinherrschaft, die Sammlung und Überlieferung solcher Vorgänge angebracht sein. Denn es sind nur wenige, die aus eigener Einsicht das sittlich Gute von dem Verwerflichen, das Nützliche vom Schädlichen zu unterscheiden vermögen. Die meisten lassen sich erst durch die Erfahrung der anderen belehren. Indessen, so nützlich dies auch sein mag, so wenig dient es der angenehmen Unterhaltung. Denn Beschreibungen von Ländern und Völkern, wechselvolle Kämpfe, das ruhmvolle Ende von Feldherren, dies alles fesselt und erfrischt den Sinn des Lesers. Ich (hingegen) reihe grausame Befehle, unaufhörliche Anklagen, heuchlerische Freundschaften, den Sturz von Unschuldigen und Prozesse, die immer wieder den gleichen Ausgang nehmen, aneinander, wobei mir die Gleichförmigkeit des Geschehens bis zum Überdruss entgegensteht. Dazu kommt, dass sich gegen die alten Schriftsteller nur selten eine missgünstige Stimme erhebt. Auch kümmert sich niemand darum, ob man die punischen oder römischen Heere mit Vorliebe verherrlicht. Dagegen leben heute noch die Nachfahren vieler Leute, die unter der Regierung des Tiberius Strafe oder Entehrung erlitten haben, und mögen die Familien selbst ausgestorben sein, werden sich doch manche finden, die ähnlicher Lebensart sind und daher glauben, Übeltaten, die man anderen vorwirft, bedeuten auch für sie einen Vorwurf. Auch gegen Ruhm und Tugend sind sie feindlich eingestellt. Mit einer allzu nah gerückten Darstellung glauben sie, beleuchte man ihr Gegenbild. Aber ich greife mein Beginnen wieder auf.

Q 239 Verzeichnis der Festtage für Augustus

Kontext: Lokales Verzeichnis der Festtage für Augustus und seine Familie aus Cumae in Campanien, das sogenannte Feriale Cumanum. Augustus findet sich in der Regel unter der Bezeichnung »Caesar« verzeichnet.

[19. August: An diesem Tag trat Caesar] seinen ersten Consulat an. [Dankopfer für ...]

[Unbekanntes Datum nach dem 3. September: An diesem Tag. Das Heer] des Lepidus liefert sich Caesar aus. Dankopfer (unbekannt, an wen).

[23. September: G]eburtstag Caesars. Opfer für Caesar, Opfertier, Dankopfer.

7. Oktober: Geburtstag des Drusus Caesar. Dankopfer für Vesta.

18. Oktober: An diesem Tag legte Caesar die Männertoga an. Dankopfer für Spes und Iuventus.

16. November: Geburtstag des Tiberius Caesar. Dankopfer für Vesta.

15. Dezember: An diesem Tag wurde der Altar der Fortuna Redux geweiht, die Caesar A[ugustus aus dem überseeisch]en Provinzen zurück[führte]. Dankopfer für Fortuna Redux.

7. Januar: An [diesem Tag hat Caesar] erstmals die *fasces* übernommen. Dankopfer für Iuppiter sempiternus.

Inscriptiones Italiae XIII, 2, 279

16. Januar: Verleihung des Augustus-Titels. Supplicatio Augusto.
[30. Januar: An diesem Tag ist der Altar der Pax Augusta geweiht] worden. Ein Dankopfer für die Herrschaft des Caesar Augustus, des Wächters über die römischen Bürger und den Erdkreis.
[6. März: An diesem Tag ist Caesar zum Pontifex ma]ximus gewählt worden. Dankopfer für Vesta, die öffentlichen Gottheiten des römischen Volkes der Quiriten.
[14. April: An diesem Tag siegte Caesar zum ersten Mal. Dank]opfer für Victoria Augusta.
[15. April: An diesem Tag ist Caesar erstmals als Imperator ak]klamiert worden. Dankopfer für die Felicitas des Imperiums.
[12. Mai: An diesem Tag ist der Tempel des Mars geweiht worden. Dankopf]er für die Moles des Mars.
[24. Mai: Geburtstag des Germanicus Caesar. Dankopfer] für Vesta.
[12. Juli: Geburtstag des vergöttlichten Iulius. Dankopfer für Iuppiter ?], Mars Ultor, Venus [Genetrix].
[--- Dank]opfer für Iuppiter [---].

Q 240

Q 240 Die Akzeptanz des Principates in der Bevölkerung

Kontext: Der Historiker Suetonius berichtet für das Jahr 14 n. Chr. von einer Episode, die für die breite Akzeptanz des Principats in der Bevölkerung aufschlussreich ist.

Sueton, Augustus 98, 2

Als er (Augustus) zufällig am Golf von Puteoli vorbeifuhr, begrüßten ihn die Passagiere und Seeleute von einem Schiff aus Alexandria. Sobald das Schiff im Hafen lag, strömten sie in weißer (Festtags-)Kleidung und bekränzt herbei, brachten mit Weihrauch Opfer dar und riefen Glückwünsche und überschwängliche Lobsprüche: durch ihn würden sie leben, durch ihn könnten sie zur See fahren, durch ihn könnten sie die Freiheit und das Glück genießen.

Q 241

Q 241 Konfrontation zwischen Princeps und Senat

Kontext: Tacitus berichtet aus der Regierungszeit Kaiser Neros (54–68), wie mangelnde Konformität von Senatoren als Widerstand gegen die Kaiser interpretiert und verfolgt wurde.

Tacitus, Annales 16, 21–22

Nach der Ermordung so vieler herausragender Männer gelüstete es Nero schließlich, durch die Ermordung von Thrasea Paetus und Barea Soranus die Tugend selbst auszurotten. Schon seit Langem war er über die beiden erbost. Bei Thrasea kamen noch besondere Gründe hinzu. Er hatte ja, wie berichtet, bei der Verhandlung über Agrippina die Senatssitzung verlassen und bei den Juvenalienspielen zu wenig sichtbare Anteilnahme gezeigt. Nero fühlte sich dadurch umso mehr getroffen, eben weil dieser Thrasea in seiner Heimatstadt Patavium an den von dem Trojaner Antenor gestifteten Fischerspielen in der Rolle eines tragischen Schauspielers gesungen hatte. Auch an dem Tag, an dem der Praetor Antistius wegen der Schmähgedichte auf Nero zum Tode verurteilt wurde, hatte er ein milderes Urteil beantragt und auch durchgesetzt. Als die göttlichen Ehren für die (diva) Poppaea beschlossen wurden, sei er aus eigenem Willen abwesend gewesen, und er habe nicht an dem Begräbnis teilgenommen. Diese Vorfälle ließ Capito Cossutianus nicht in Vergessenheit geraten. Er war ein Mann, der schon wesensmäßig zu Verbrechen neigte. Außerdem hasste er Thrasea, weil er durch dessen Einfluss zu Fall gekommen war, als Thrasea die Gesandten der Kilikier bei ihrer Klage gegen Capito wegen Erpressung unterstützte.

(22) Ja, er warf ihm auch wiederholt das Folgende vor. Am Anfang des Jahres vermeide Thrasea die feierliche Eidablegung (1. Januar), er sei bei der Ablegung der Gelübde nicht anwesend (3. Januar), obwohl er mit dem Priesteramt eines *quindecimvir* ausgezeichnet worden sei. Er habe niemals für das Heil des Kaisers oder seine göttliche Stimme Opfer dargebracht. Während er früher immer bei den Sitzungen anwesend gewesen sei und unermüdlich auch bei unwichtigen Beschlüssen der Väter sein Für und Wider darlegte, habe er während eines Zeitraumes von drei Jahren nicht mehr die Kurie betreten. Erst vor kurzer Zeit, als alles um die Wette herbeirannte, um Silanus und Vetus zu bestrafen, habe er es vorgezogen, sich mit den privaten Angelegenheiten seiner Klienten zu beschäftigen. Bereits dies bedeute ein Sichabsondern, die Bildung einer Partei und, wenn sich eine größere Zahl zu der gleichen Haltung erdreiste, Krieg. »Wie einst die nach Zwietracht strebende Bürgerschaft«, so fuhr er fort, »von Gaius Caesar und Cato sprach, so spricht sie jetzt von dir, Nero, und Thrasea. Und jetzt schon hat er Parteigänger oder besser gesagt, Trabanten, die zwar noch nicht sein stures Verhalten bei den Abstimmungen, aber sein Gehabe und seine Miene nachmachen, also unzugänglich und unfreundlich sind, nur um dir zügellose Lebensweise vorwerfen zu können. Er ist der Einzige, der sich nicht um dein Wohlergehen kümmert, deinen Künsten kein Ehrerbieten zollt. Was dem Princeps frommt, lehnt er ab. Vermögen ihn auch dessen Leiden und Schmerz nicht zufriedenzustellen? Desselben Geistes sei es auch, nicht zu glauben, dass Poppaea eine Göttin sei, nicht auf die Verordnungen des vergöttlichten Augustus oder des vergöttlichten Iulius zu schwören. Er verachtet die religiösen Verpflichtungen, er hebt die Gesetze auf. Die Staatszeitung des römischen Volkes wird in den Provinzen und bei den Heeren nur deswegen sorgfältiger gelesen, weil man erfahren will, was Thrasea nicht getan hat. Entweder lasst uns zu diesen Grundsätzen übergehen, sofern sie die besseren sind, oder es soll all denen, die einen Staatsstreich herbeiwünschen, der Führer und der Kopf genommen werden. Diese Sekte hat Leute wie Tubero und Favonius hervorgebracht, Namen, an denen schon die alte Republik keine Freude gehabt hat. Um die Regierung zu stürzen, erheben sie die Flagge der Freiheit. Haben sie erst diese gestürzt, dann werden sie die Freiheit selbst angreifen. Vergeblich war es, dass du Cassius beseitigt hast, wenn du es duldest, dass Leute, die dem Brutus nacheifern, an Zahl zunehmen und an Macht gewinnen. Also: gib nicht selbst schriftliche Anweisungen über Thrasea, überlasse dem Senat die Entscheidung über uns beide!« Nero lobte den im Zorn aufbrausenden Cossutianus und stellte ihm in Marcellus Eprius einen mitreißenden Redner zur Seite.

Q 242 Lobrede des Plinius auf Kaiser Traian

Kontext: In seiner Lobrede (*panegyricus*) auf Kaiser Traianus hebt Plinius der Jüngere an Beispielen hervor, wie sehr sich dieser Herrscher von seinem (in der Regel nicht ausdrücklich genannten) Vorgänger Domitianus unterscheidet: Erstens fühlt er sich an die Gesetze des Imperium Romanum gebunden, obwohl er sich als Kaiser auch anders hätte verhalten können (Q 242 a);

zweitens ist er im Gegensatz zu Domitianus kein militärischer Amateur, sondern ein erfahrener Soldat (Q 242 b).

Q 242 a
Plinius, Panegyricus 65

(1) Auf der Rednertribüne hast du dich selbst mit demselben (religiösen) Eifer den Gesetzen unterworfen, Gesetzen, Caesar, die niemand einem Kaiser (vor)geschrieben hat. Du aber wolltest nicht mehr Rechte haben wie wir. So kommt es, dass wir für dich (noch) mehr wünschen. Daher höre ich jetzt zum ersten Mal, jetzt erfahre ich zum ersten Mal, dass der Kaiser nicht über dem Gesetz steht, sondern die Gesetze über dem Kaiser, und dass für den Kaiser als Consul dieselben Beschränkungen wie für die Übrigen gelten. (2) Er schwört auf die Gesetze in Gegenwart der Götter (denn bei wem sollten sie mehr als beim Kaiser anwesend sein?), er schwört, während die ihn beobachten, die dasselbe beschwören müssen. Ganz im Wissen, dass es für niemand wichtiger ist, das, was er beschworen hat, zu bewahren als für den, in dessen größtem Interesse es liegt, dass ihm kein Meineid geschworen wird. Deswegen hast du, als du im Begriff warst aus dem Consulat zu scheiden, geschworen, dass du nichts gegen die Gesetze gemacht hast. Es war eine große Sache, als du den Schwur abgelegt hast. Noch größer war es, nachdem du es erfüllt hattest. (3) So oft auf die Rostra gestiegen zu sein und diesen Platz zu besetzen, den der Hochmut der Principes nicht betrat, hier Ämter in Empfang zu nehmen und niederzulegen, wie würdig für dich und wie verschieden von der Gewohnheit jener (Herrscher), die den bekleideten Consulat nach ganz wenigen Tagen, den in Wirklichkeit nicht bekleideten Consulat durch ein Edikt niederlegten. [...]

Q 242 b
Plinius, Panegyricus 12–13

(1) Aber jetzt ist für alle der Schrecken und die Furcht und der Wunsch zurückgekehrt, Befehle auszuführen. Denn sie sehen einen römischen Führer, einen von jenen ganz alten, denen von Gefallenen bedeckte Felder und von Siegen befleckte Meere den Namen ›Imperator‹ gaben. (2) Daher nehmen wir Geiseln in Empfang, wir kaufen sie nicht. Wir verhandeln nicht mit ungeheuren Kosten und riesigen Geschenken, damit wir siegen. Sie bitten, sie flehen, wir gewähren, wir verweigern, beides entsprechend der Würde des Imperium. Wer etwas erreicht hat, stattet uns Dank ab. Wem etwas verweigert wurde, wagt es nicht, sich zu beklagen. (3) Würden die es wagen, die wissen, dass du im Angesicht der wildesten Völker zu der Zeit gelagert hast, die für sie die freundlichste, für uns aber die schwierigste ist, wenn die Donau ihre Ufer durch den Frost verbindet und durch Eis gehärtet auf ihrem Rücken ungeheure Kriege transportiert, wenn wilde Völker sich nicht mit Waffen, sondern mehr mit ihrem Himmel und ihrem Klima rüsten. [...]
(5): Nachdem aber die Beschäftigung mit Waffen von den Händen zu den Augen, von der Mühe zum Vergnügen übertragen worden war, nachdem bei unseren Übungen nicht einer der Veteranen, geschmückt mit einer Maueroder Bürgerkrone, stand, sondern ein kleiner griechischer Lehrer, wie groß ist es, dass einer unter allen sich an der Sitte und am Mut der Vorfahren freute und ohne Rivalen und ohne Vorbild nur mit sich kämpfte und mit sich selbst wetteiferte und so wie er als Einziger regiert, der Einzige ist, der es verdient zu regieren.

Q 243 Gesetz zum Imperium des Vespasian

Kontext: lex de imperio Vespasiani. Text eines Senatsbeschlusses, der auf mehreren Bronzetafeln aufgezeichnet war, von dem die letzte Tafel noch im Original erhalten ist. Im Text werden Einzelkompetenzen des künftigen Kaisers beschrieben.

»Gestattet sei [---] oder ein Bündnis, mit wem er es wolle, abzuschließen, so wie es dem vergöttlichten Augustus, Tiberius Iulius Caesar Augustus und Tiberius Claudius Caesar Augustus Germanicus gestattet war.

CIL VI 930 = ILS 244

Dass es ihm gestattet sei, den Senat einzuberufen, einen Antrag zu stellen, einen Antrag zurückzuweisen, Senatsbeschlüsse durch einen Antrag und eine Abstimmung herbeizuführen, so wie es dem vergöttlichten Augustus, Tiberius Iulius Caesar Augustus und Tiberius Claudius Caesar Augustus Germanicus gestattet war.

Dass, wenn dank seines Willens oder seiner Ermächtigung oder auf seinen Befehl hin oder in seinem Auftrag oder in seiner Gegenwart eine Senatssitzung abgehalten wird, deren Beschluss in allen Dingen ebenso als Recht angesehen und eingehalten werden soll, wie wenn diese Senatssitzung entsprechend dem Gesetz einberufen und gehalten würde.

Dass die Personen, die sich um ein Amt oder eine zivile oder militärische Amtsgewalt oder die Verwaltung eines Bereiches bewerben und die er dem Senat oder dem römischen Volk offiziell empfiehlt und denen er eine mündliche Empfehlung gibt oder zuspricht, bei allen Wahlversammlungen außer der Reihe berücksichtigt werden sollen.

Dass es ihm gestattet sei, die Grenzen des Pomerium auszudehnen und vorzuschieben, wenn es nach seiner Ansicht im Interesse des Staates liege, so wie es dem Tiberius Claudius Caesar Augustus Germanicus gestattet war.

Dass er das Recht und die Vollmacht haben solle, alle Maßnahmen, die nach seiner Ansicht im Interesse des Staates liegen und der Erhabenheit der göttlichen, menschlichen, staatlichen und privaten Dinge angemessen sind, einzuleiten und zu treffen, so wie es dem vergöttlichten Augustus, Tiberius Iulius Caesar Augustus und Tiberius Claudius Caesar Augustus Germanicus gestattet war.

Dass er von der (Beachtung) der Gesetze und Plebiszite, an die, wie schriftlich festgelegt, der vergöttlichte Augustus oder Tiberius Iulius Caesar Augustus und Tiberius Claudius Caesar Augustus Germanicus nicht gebunden waren, der Imperator Caesar Vespasianus entbunden sein solle und dass alles, was kraft eines Gesetzes oder Gesetzesantrages der vergöttlichte Augustus oder Tiberius Iulius Caesar Augustus oder Tiberius Claudius Caesar Augustus Germanicus tun durften, dass dies alles dem Imperator Caesar Vespasianus Augustus erlaubt sein solle.

Dass alle Entscheidungen, die vor diesem Gesetzesantrag erfolgt, ausgeführt, beschlossen oder anbefohlen wurden von Imperator Caesar Vepasianus Augustus oder auf seinen Befehl oder in seinem Auftrag von irgendjemand, dass diese rechtens und gültig sein sollen, wie wenn sie auf Befehl des Volkes oder der Plebs erfolgt seien.

Strafandrohung: Wenn jemand wegen dieses Gesetzes gegen die Gesetze, Gesetzesanträge, Plebiszite oder Senatsbeschlüsse verstößt oder verstoßen hat oder wenn er etwas, was kraft eines Gesetzes, eines Gesetzesantrages, eines Plebiszites oder eines Senatsbeschlusses tun müsste, gemäß diesem (vorliegenden) Gesetz nicht getan hat, dann soll ihm nicht dies als Böswilligkeit angerechnet werden, und er soll deswegen kein Strafgeld an das Volk zahlen, noch soll jemandem diesbezüglich ein Klagerecht noch ein Untersuchungsrecht zustehen, noch soll jemand zulassen, dass eine Anklage vor ihm erfolgt.«

Q 244

Q 244 Rede des Claudius über die Rechte der Gallier

Kontext: Zusätzlich sind Teile dieser Rede auf einer Bronzetafel überliefert worden, die man im Heiligtum der Tres Galliae in Lyon fand (ILS 212).

Tacitus, Annales
11, 23–24

Als unter dem Consulat des A. Vitellius und L. Vipstanus über die Ergänzung des Senates verhandelt wurde und die führenden Männer aus der sogenannten Gallia comata, die schon längst im Vertragsverhältnis zu Rom standen und das römische Bürgerrecht erlangt hatten, um das Recht nachsuchten, in der Hauptstadt Ehrenämter zu erlangen, wurde über diese Frage viel hin und her geredet. Auch vor dem Princeps ereiferte man sich darüber in gegensätzlichen Auffassungen. Die einen behaupteten, noch sei Italien nicht so heruntergekommen, dass es nicht seiner Hauptstadt einen Senat zur Verfügung stellen könne. Einst seien blutverwandte Völker damit einverstanden gewesen, dass der Senat aus geborenen Römern bestand, und mit dem alten Gemeinwesen brauche man nicht unzufrieden sein. Ja, noch immer erzähle man von den Taten ruhmvollen Mannestums, die unter den alten Sitten römisches Wesen vollbracht habe. Oder genüge es denn nicht, dass Veneter und Insubrer in die Kurie eingedrungen seien? Sollten wir uns aber noch durch einen Haufen von Ausländern gleichsam zu deren Gefangenen machen? Wo bleibe da noch eine Ehrenstelle für die Reste des Adels übrig, oder welcher unbemittelte Mann aus Latium würde da noch Senator werden? Alles würden jene Reiche beschlagnahmen, deren Väter und Großväter als Führer feindlicher Völkerschaften unsere Heere mit Waffengewalt niedermachten, den vergöttlichten Iulius bei Alesia eingeschlossen hätten. Soviel nur aus der neueren Zeit! Und was wäre erst, wenn wieder die Erinnerung an die auflebe, die von dem Capitol und der römischen Burg die den Göttern geweihte Beute zu rauben versuchten? Mögen sie immerhin sich an dem Wort ›Bürgerrecht‹ erfreuen! Nur sollten sie nicht die Abzeichen der Väter und die Auszeichnungen der Staatsbeamten gemein machen!

(24) Durch diese und ähnliche Vorstellungen ließ sich der Princeps nicht beeindrucken. Er legte sofort seine entgegengesetzte Meinung dar, berief dann den Senat und begann also: »Meine Vorfahren, deren ältester, Clausus, von sabinischer Abstammung, zugleich in die römische Bürgerschaft und in die patrizischen Familien aufgenommen worden ist, ermahnen mich, dass ich das Gemeinwesen nach gleichen Grundsätzen lenke, indem ich hierher alles übernehme, was sich irgendwo als trefflich erwiesen hat. Denn ich weiß wohl, dass die Iulier von Alba, die Coruncanier von Cumerium, die Porcier von Tusculum und, um nicht nur die alte Vergangenheit zu durchforschen, von Etrurien, Lucanien und ganz Italien Männer in den Senat berufen wurden, dass zuletzt Italien selbst bis an die Alpen ausgedehnt wurde, so dass nicht nur einzelne Personen, sondern ganze Landschaften und Völkerschaften unter unserem Namen zu einer Gemeinschaft zusammengewachsen sind. Damals herrschte im Inneren fest gegründete Ruhe, und nach außen standen wir blühend da, als die Transpadaner das Bürgerrecht erhielten, als unsere Legionen scheinbar auf der ganzen Welt ansässig gemacht wurden und durch die

Hinzufügung der stärksten Kräfte der Provinzialen dem erschöpften Reiche unter die Arme gegriffen wurde. Hat man es denn zu bereuen, dass die Balber aus Spanien und nicht minder hervorragende Männer aus dem narbonensischen Gallien herübergekommen sind? Noch leben ihre Nachfahren und stehen uns in Liebe zu dieser Vaterstadt nicht nach. Was sonst brachte den Lakedaimoniern und Athenern trotz ihrer Waffenübermacht das Verderben, als dass sie die besiegten wie Andersstämmige ausschlossen. Unser Stifter Romulus dagegen verfügte über soviel Weisheit, dass er die meisten Völkerschaften an dem gleichen Tage erst zu Feinden und dann zu Mitbürgern hatte. Fremdlinge haben die Königsherrschaft über uns ausgeübt. Söhne von Freigelassenen erhielten Staatsämter, und zwar nicht, wie so viele sich einbilden, erst kürzlich, sondern nach einem schon früher von dem Volk geübten Brauch. »Aber wir haben doch mit den Senonen gekämpft!« Allerdings, die Volsker und Aequer haben uns ja niemals in einer Schlacht gegenüberstanden. »Erobert wurde von den Galliern unsere Stadt.« Nun, wir haben auch den Tuscern Geiseln gegeben und haben uns unter das Joch der Samniten gebeugt. Und doch, wenn man alle unsere Kriege durchmustert, so ist keiner in kürzerer Zeit beendigt worden, als der mit den Galliern, und von da an herrschte ein stetiger und aufrichtiger Friede. Nun mögen sie, durch ihre Sitten, ihre Bildung und ihre Verwandtschaft mit uns vermischt, ihr Gold und ihren Reichtum lieber zu uns bringen, als für sich zu besitzen. Alles, versammelte Väter, was man jetzt als uralt betrachtet, ist einmal neu gewesen. Plebeische Beamte kamen nach den patrizischen, latinische nach den plebeischen, die der übrigen Völker Italiens nach den latinischen. Auch dies wird veralten, und wofür wir heute unter Berufung auf Beispiele eintreten, das wird einmal selbst als Beispiel dienen.«

Q 245 Kaiser Galbas (68–69 n. Chr.) Rede zur ideologischen Rechtfertigung des Adoptivkaisertums

Q 245

Tacitus, Historien
1, 15–16

(15, 1) Galba fasste also Piso an der Hand und begann, wie man berichtet, folgendermaßen zu sprechen: »Wenn ich dich als Privatmann nach dem Kuriatsgesetz vor den Pontifices, wie es Brauch ist, adoptiert hätte, so hätte es ebenso für mich eine Ehre bedeutet, einen Nachkommen des Gnaeus Pompeius und Marcus Crassus in meine Familie aufzunehmen, wie für dich eine Auszeichnung, deinem Adel die ruhmvolle Ahnenreihe der *gens* Sulpicia und *gens* Lutatia hinzuzufügen. Da ich aber nun mit Zustimmung der Götter und Menschen zur Herrschaft berufen worden bin, haben mich dein vortrefflicher Charakter und deine Vaterlandsliebe bewogen, dir den Principat, um den unsere Vorfahren mit Waffengewalt kämpften, nunmehr, da ich selbst ihn in einem Krieg errungen habe, in Friedenszeiten anzutragen – nach dem Beispiel des divus Augustus, der Marcellus, den Sohn seiner Schwester, dann seinen Schwiegersohn Agrippa, hierauf seine Enkel und schließlich seinen Stiefsohn Tiberius auf die nach ihm höchste Stufe der Würde erhoben hat. (2) Aber Augustus suchte in seinem eigenen Haus einen Nachfolger, ich im Gemeinwesen, nicht etwa, weil ich keine Verwandten oder Kriegskameraden hätte; vielmehr habe ich selbst die Herrschaft ohne persönlichen Ehrgeiz übernommen und Beweis für mein klares Urteil sollen nicht nur meine verwandtschaftlichen Beziehungen sein, die ich deinetwegen zurückgestellt habe, sondern auch die deinen. Du hast einen Bruder gleichen Adels, älter an Jahren, würdig dieser hohen Stellung, wenn du nicht den Vorzug verdientest. (3) Du stehst in einem Alter, das über die Leidenschaft der Jugend bereits hinaus ist; dein Leben ist aber so, dass du nichts, was geschehen ist, zu entschuldigen brauchst. Du hast bisher nur ein widriges Schicksal ertragen; günstige Zeiten aber erproben unsere Herzen mit härteren Prüfungen. Denn Elend ist zu ertragen, durch das Glück werden wir korrumpiert. (4) Treue, Freimut, Freundschaft – die vorzüglichsten Güter des menschlichen Herzens – wirst du zwar mit gleicher Charakterstärke wie bisher bewahren, aber andere werden sie durch ihre Unterwürfigkeit beeinträchtigen. Eindringen werden Kriechertum und Schmeichelei und das gefährlichste Gift für wahre Gesinnung, der persönliche Eigennutz. Auch wenn wir beide, du und ich, heute ganz offen miteinander reden, so werden die anderen das lieber mit unserer hohen Stellung als mit uns selbst tun. Denn einem Fürsten zu raten, was nottut, bedeutet viel Mühe; Ja sagen vor jedem beliebigen Fürsten, das bringt man ohne innere Anteilnahme zustande.

(16, 1) Wenn der unermessliche Reichsorganismus bestehen und sich ohne Regenten im Gleichgewicht halten könnte, wäre ich der Würdigste, mit dem die Republik (wieder) beginnen könnte. Nun aber ist es schon längst zu einer solchen Zwangslage gekommen, dass weder mein Alter dem römischen Volk mehr bieten könnte als einen guten Nachfolger, deine Jugend mehr als einen guten Herrscher. Unter Tiberius, Gaius und Claudius waren wir gewissermaßen einer einzigen Familie Erbgut. Als Ersatz für die Freiheit wird es gelten, dass mit uns die Wahl eingesetzt hat, und nach dem Aussterben des Hauses der Iulier und Claudier wird jeweils den Besten die Adoption herausfinden. (2) Denn Abstammung und Geburt Herrschern zu verdanken ist Zufall, und es wird auch nicht anders bewertet. Bei der Adoption ist das Urteil ungetrübt, und wenn man jemand erwählen will, liegt der Beweis in der allgemeinen Zustimmung. Es stehe vor unseren Augen Nero: ihn, den die lange Reihe der Caesaren mit Stolz aufgebläht hatte, haben nicht Vindex mit seiner waffenlosen Provinz oder ich mit einer einzigen Legion, sondern seine eigene Ungeheuerlichkeit, seine eigenen Ausschweifungen vom Nacken des Staates herabgeworfen – und es hatte bis dahin kein Beispiel der Verurteilung eines Herrschers gegeben. (3) Wir – durch Krieg und von Leuten mit Urteil berufen – werden, wenn auch noch so überragend, immer von Missgunst begleitet sein. Nicht jedoch lass dich erschrecken, wenn zwei Legionen in dieser von Aufruhr geschüttelten Welt noch nicht zur Ruhe gekommen sind. Auch ich habe die Regierung nicht in ruhigen Zeiten angetreten, und wenn man von der Adoption gehört hat, werde ich nicht mehr als Greis betrachtet werden, was allein man mir jetzt vorwirft. Nero werden stets die übelsten Elemente zurückwünschen; du und ich, wir müssen vorsorgen, dass ihn nicht auch die Gutgesinnten zurückwünschen. (4) Für längere Ermahnungen ist dies nicht die Stunde, und erfüllt hat sich all mein Planen, wenn ich dich zu Recht erwählt habe. Die brauchbarste und zugleich kürzeste Entscheidung zwischen Gut und Böse liegt darin, zu überlegen, was man selbst unter einem anderen Herrscher gebilligt oder abgelehnt hätte. Denn hier gibt es nicht wie bei Völkern, die von Königen regiert werden, ein bestimmtes Herrscherhaus und sonst nur Sklaven. Nein, du wirst über Menschen gebieten, die weder die volle Knechtschaft ertragen können noch die volle Freiheit.« Galba also sprach Solches und Ähnliches, als ob er ihn zum Herrscher erwählen wolle, die anderen aber sprachen mit ihm, als ob er schon erwählt wäre.

Q 246 Brief des Statthalters Plinius an Kaiser Traianus

Kontext: Plinius der Jüngere berichtet von den Feierlichkeiten zum Jubiläum des Regierungsantritts Traians. Der folgende Brief (Q 246 b) bestätigt den Eingang dieser Vollzugsmeldung.

Den Tag, Herr, an dem du das Reich rettetest, indem du es (in deinen Schutz) übernahmst, haben wir mit der Freude gefeiert, die du verdienst, indem wir die Götter baten, dass sie dich für das Menschengeschlecht, dessen Fürsorge und Sicherheit in deinem Heil begründet ist, unversehrt und kraftvoll bewahren mögen. Ich bin den Soldaten bei der feierlichen Ablegung des Eides vorangegangen, wobei die Provinzbewohner mit derselben Inbrunst danach drängten, den Eid abzulegen.

Mit welchem Glauben und mit welcher Freude die Soldaten zusammen mit den Provinzbewohnern unter deiner (persönlichen) Leitung den Tag meines Regierungsantritts freudig gefeiert haben, mein liebster Secundus, habe ich deinem Brief entnommen.

Q 247 Öffentliche Selbstdarstellung der Kaiser

Bauinschriften, die die Sorge unterschiedlicher Kaiser für die Wasserversorgung Roms dokumentieren

Tiberius Claudius, der Sohn des Drusus, Caesar Augustus Germanicus, der Pontifex maximus, im 12. Jahr seiner tribunizischen Gewalt, fünfmal Consul, siebenundzwanzigmal zum Imperator akklamiert, Vater des Vaterlandes, hat dafür gesorgt, dass auf seine Kosten die claudische Wasserleitung von den Quellen mit Namen Caeruleus und Curtius vom 45. Meilenstein ebenso wie die Anio nova vom 62. Meilenstein in die Stadt geleitet wurden.

Imperator Caesar Vespasianus Augustus, der Pontifex maximus, im 2. Jahr seiner tribunizischen Gewalt, sechsmal zum Imperator akklamiert, dreimal Consul, zum 4. Consulat gewählt, Vater des Vaterlandes, hat die aqua Curtia und die aqua Caerulea, die vom vergöttlichten Claudius [in die Stadt hineingeführt wurden] und später unterbrochen und neun Jahre lang liegengelassen wurden, auf seine Kosten für die Stadt wiederhergestellt.

Imperator Titus Caesar, Sohn des Vergöttlichten, Vespasianus Augustus, der Pontifex maximus, im 10. Jahr seiner tribunizischen Gewalt, siebzehnmal zum Imperator akklamiert, der Vater des Vaterlandes, Censor, achtmal Consul, hat auf seine Kosten dafür gesorgt, dass die aqua Curtia und die aqua Caerulea, die vom vergöttlichten Claudius (in die Stadt) hineingeführt und später vom vergöttlichten Vespasianus, seinem Vater, für die Stadt wiederhergestellt worden waren, da sie vom Beginn der Wasserleitung an durch das Alter von Grund auf eingestürzt waren, in neuer Form zurückgeführt wurden (d. h. wieder arbeitsfähig gemacht wurden).

Inschrift vom Triumphbogen des Titus aus Rom

Senat und Volk der Römer dem vergöttlichten Titus Vespasianus Augustus, dem Sohn des vergöttlichten Vespasianus.

Q 247 c
CIL VI 960 = ILS 294

Bauinschrift vom Traiansforum
Senat und Volk der Römer dem Imperator Caesar, dem Sohn des vergöttlichten Nerva, Nerva Traianus Augustus, Sieger über Germanen, Sieger über
Daker, dem Pontifex maximus, im 17. Jahr seiner tribunizischen Gewalt,
sechsmal zum Imperator akklamiert, sechsmal Consul, Vater des Vaterlandes,
um zu zeigen, wie hoch der Berg war und welch große Arbeitsleistungen
dieser Platz benötigte.

Q 247 d
CIL IX 1558 = ILS 296

Inschrift vom Bogen des Traianus in Benevent
Dem Imperator Caesar, Sohn des vergöttlichten Nerva, Nerva Traianus, dem
Allerbesten, Augustus, Sieger über Germanen, Sieger über Daker, dem Pontifex maximus, im 18. Jahr seiner tribunizischen Gewalt, sechsmal Consul,
dem Vater des Vaterlandes, dem allertapfersten Herrscher, Senat und Volk
der Römer.

Q 247 e

**Inschrift von einem Bogen in Ancona, der nach dem Abschluss der Bau-
arbeiten im Hafen errichtet wurde**

CIL IX 5894 = ILS 298

Dem Imperator Caesar, Sohn des vergöttlichten Nerva, Nerva Traianus, dem
Allerbesten, Augustus, Sieger über Germanen, Sieger über Daker, dem Pontifex maximus, im 19. Jahr seiner tribunizischen Gewalt, neunmal zum Imperator akklamiert, sechsmal Consul, dem Vater des Vaterlandes, dem allervor-
ausschauenden Herrscher, Senat und Volk der Römer, weil er den Zugang
nach Italien, indem er auch diesen Hafen mit seinem eigenen Geld hinzugefügt hat, den Seefahrern noch sicherer zurückgegeben hat.
   Links neben dem Haupttext: Der Plotina Augusta, der Ehefrau des Kaisers.
   Rechts neben dem Haupttext: Der vergöttlichten Marciana, der Schwester
des Kaisers.

Q 247 f

**Inschrift des Triumphbogens für Septimius Severus und seinen Sohn
Caracalla. Der Name des zweiten Sohnes Geta wurde im Jahr 211/12
ausgemeißelt und durch einen neuen Text <> ersetzt**

CIL VI 1033 = ILS 425

Dem Imperator Caesar Lucius Septimius, dem Sohn des Marcus, Severus
Pius Pertinax Augustus, dem Vater des Vaterlandes, dem Parthersieger sowohl über Araber als auch Adiabener, dem Pontifex maximus, im 9. Jahr
seiner tribunizischen Gewalt, elfmal zum Imperator akklamiert, dreimal
Consul, Proconsul und dem Imperator Caesar Marcus Aurelius, dem Sohn
des Lucius, Antoninus Augustus Pius Felix, im 6. Jahr seiner tribunizischen
Gewalt, Consul und Proconsul, <dem Vater des Vaterlandes, den besten und
tapfersten Herrschern> wegen der Wiederherstellung des Staates und der
Ausdehnung der Herrschaft des römischen Volkes dank ihrer herausragenden
Tugenden, die sie zu Hause und außerhalb Roms bewiesen haben. Senat und
Volk der Römer.

Q 248

Q 248 Geldleistungen (*congiaria*) des Augustus an das Volk von Rom

Augustus, Res gestae 15

Der Bevölkerung von Rom habe ich pro Kopf 300 Sesterzen aufgrund des
Testamentes meines Vaters zuteilen lassen, und in meinem Namen in meinem
fünften Consulat (29 v. Chr.) je 400 Sesterzen aus Mitteln der Kriegsbeute
gegeben; ein zweites Mal habe ich während meines zehnten Consulates
(24 v. Chr.) aus meinem Erbgut pro Kopf 400 Sesterzen ausbezahlt, und in

meinem elften Consulat (23 v.Chr.) zwölf Getreidespenden zuweisen lassen, wobei das Getreide aus meinen eigenen Mitteln aufgekauft worden war; im zwölften Jahr meiner tribunizischen Gewalt (12 v.Chr.) nun habe ich zum dritten Mal 400 Sesterzen pro Kopf gegeben. Diese meine Geldspenden kamen niemals weniger Menschen zugute als 250 000. Als ich die tribunizische Gewalt zum achtzehnten Mal innehatte, im meinem zwölften Consulat (5 v.Chr.), habe ich 320 000 der Stadtbevölkerung pro Kopf 60 Denare gegeben. Den Ansiedlern unter den Soldaten habe ich in meinem fünften Consulat (29 v.Chr.) aus der Kriegsbeute pro Mann je 1000 Sesterzen gegeben; diese aus Anlass des Triumphes ausgezahlte Geldspende haben in den einzelnen Städten etwa 120 000 Menschen empfangen. Im meinem dreizehnten Consulat (2 v.Chr.) habe ich je 60 Denare den Leuten geben lassen, die damals zu den Empfängern des staatlichen Getreides gehörten. Es waren dies ein wenig mehr als 200 000.

Q 249 Verehrung des Kaiserhauses in den Wohnbezirken

Q 249

Kontext: Die städtische Bevölkerung Roms ist entsprechend ihrer Wohnbezirke (*vici*) in eine Organisation zur Verehrung des Kaiserhauses eingebunden. Freigelassene amtieren als *magistri* (Q 249 a), während Sklaven als Amtsdiener (*ministri*) eingesetzt werden (Q 249 b).

Den Laren des Kaiserhauses. Unter den Consuln Caesar Augustus zum dreizehnten Mal und Marcus Plautius Silvanus (2 v.Chr.). Decimus Oppius Iaso, Freigelassener des Gaius. Decimus Lucilius Salvius, Freigelassener des Decimus. Lucius Brinnius Princeps, Freigelassener des Gaius. Lucius Furius Salvius, Freigelassener des Lucius. Die Magistri des Vicus Sandalarius.

Q 249 a
CIL VI 448

Den Laren des Kaiserhauses, die Diener, die am 1. August [7. v.Chr.] als Erste das Amt antraten: Antigonus, Sklave des Marcus Iunius Eros, Anteros, Sklave des Decimus Poblicius Barna, Eros, Sklave des Aulus Poblicius Dama, Iucundus, Sklave des Marcus Plotius Anteros.

Q 249 b
CIL VI 446 = ILS 3612

Q 250 Magistrate kontrollieren die lokalen Kulte

Q 250

Kontext: Die lokale Kultorganisation der *magistri vici* stand unter der Rechtsaufsicht römischer Magistrate, die jede Amtshandlung gestatten mussten.

Den kaiserlichen Laren und den Schutzgöttern der Kaiser, dem Imperator Caesar, dem Sohn des vergöttlichten Nerva, dem Nerva Traianus Augustus, dem Germanensieger, Pontifex maximus, im 4. Jahr seiner tribunizischen Gewalt, dreimal Consul, gewählt für den 4. Consulat, mit Zustimmung des Gaius Cassius Interamnanus Pisibanus Priscus haben die Vorsteher des 106. Jahres des Vicus Censorius in der 14. Region das durch sein Alter eingestürzte Tempelchen mit ihrem Geld wiederhergestellt. Derselbe Praetor hat es abgenommen: Lucius Cercenius Hermes, Freigelassener des Lucius, Marcus Livius Donax, Freigelassener einer Frau, Publius Rutilius Priscus, Sohn des Publius, Lucius Coranius Euaristus, Freigelassener des Lucius. Geweiht am 4. Tag vor den Kalenden des Januar [29. Dezember] unter den Consuln Lucius Roscius Aelianus und Tiberius Claudius Sacerdos.

CIL VI 451 = ILS 3619

Q 251

Q 251 Trauerbekundung und -beschluss einer *colonia*

Kontext: Die Bevölkerung der *colonia* von Pisa reagiert auf die Nachricht, dass Gaius Caesar, der ältere der beiden Adoptivsöhne des Augustus, überraschend verstorben ist, und beschließt die entsprechenden Ehrungen

ILS 139

[... in Pisa auf dem Marktplatz im Augusteum?] führten beim Protokoll Aufsicht: Q. Sertorius Q.f. Atilius Tacitus, P. Rasinius L.f. Bassus, L. Lappius L.f. Gallus, Q. Sertorius Q.f. Alpius Pica, C. Vettius L.f. Virgula, M. Herius M.f. Priscus, A. Albius A.f. Gutta, Ti. Petronius Ti.f. Pollio, L. Fabius L.f. Bassus, Sex. Aponius Sex.f. Creticus, C. Canius C.f. Saturninus, L. Otacilius Q.f. Panthera.

Was das betrifft, dass [eine Erörterung stattfand], da es in unserer Kolonie wegen der Auseinandersetzung der Kandidaten keine Magistrate gab und die unten angegeben Vorgänge behandelt wurden: Am 4. Tag vor den Nonen des April (2.4. 4 n. Chr.) erreichte uns die Nachricht, dass Gaius Caesar, der Sohn des Augustus, des Vaters des Vaterlandes, des Pontifex maximus, des Beschützers des Römischen Reiches und des Schutzherrn des gesamten Erdkreises, Enkel eines Vergöttlichten, sei nach dem Consulat, den er glücklich zu Ende führte, während er gleichzeitig jenseits der äußersten Gebiete des römischen Volkes Krieg führte, nachdem er den Staat gut verwaltet und die kriegerischsten und größten Völker besiegt oder in das Schutzverhältnis des römischen Volkes aufgenommen hatte und nachdem er selbst Wunden für den Staat erlitten hatte, aufgrund dieses Unglückes durch das grausame Geschick dem römischen Volk entrissen worden, er, der schon zum gerechtesten und den Tugenden seiner Vaters sehr ähnlichen Princeps designiert war und der einzige Schutz unserer Kolonie war.

Da diese Nachricht, zumal die Trauerzeit noch nicht vorüber war, zu der sich infolge des Ablebens des L. Caesar, seines Bruders, des designierten Consuls, Augurs, unseres Patrons und Princeps der Jugend, die gesamte Kolonie verpflichtet hatte, (da diese Nachricht) die Trauer aller, sowohl der Einzelnen als auch der Gesamtheit, erneuert und vergrößert hat, deshalb kamen alle Dekurionen und die Bürger der Gemeinde überein, da es zur Zeit dieses Unglücksfalles in der Kolonie weder Duoviri noch Präfekten gab noch jemand mit der Rechtsprechung beauftragt war:

Angesichts der Größe eines so schweren und unvorhergesehenen Unglücks sollen alle vom Tag, an dem sein Ableben gemeldet wurde, bis zu dem Tag, an dem seine Gebeine heimgeführt, bestattet und die Begräbniszeremonien für seine Totengeister vollzogen sind, Trauerkleider anziehen, die Tempel der unsterblichen Götter, die öffentlichen Bäder und alle Geschäfte sollen geschlossen bleiben, alle sollen auf Gastmähler verzichten, und die Ehefrauen in unserer Kolonie sollen trauern. Der Tag, an dem C. Caesar starb, nämlich der 9. Tag vor den Kalenden des März (21.2.), soll als Trauertag in die Geschichte eingehen vergleichbar dem Unglückstag an der Allia, und man soll ihn als solchen in der Gegenwart nach dem Auftrag und dem Wunsch aller kennzeichnen. Man soll dafür Sorge tragen, dass weder ein öffentliches Opfer noch Bittgebete noch Hochzeitsfeiern noch öffentliche Gastmähler später für diesen Tag oder an diesem Tag, nämlich dem 9. Tag vor den Kalenden des März, stattfinden, geplant und angezeigt werden, noch dass Theater- und Zirkusvorstellungen abgehalten oder besucht werden. Alljährlich soll an diesem Tag seinen Totengeistern durch die Beamten oder die Personen, die in Pisa die Rechtsprechung ausüben werden, an eben demselben Platz und auf eben dieselbe Weise ein Totenopfer dargebracht werden, wie man es für L. Caesar beschloss. An dem meist besuchten Platz unserer Kolonie soll ein Bogen errichtet werden, und er soll geschmückt werden mit den Beutestücken der von ihm besiegten und in ein Schutzverhältnis aufgenommenen Völker. Auf diesem Bogen soll eine Statue, die ihn in stehender Haltung zeigt, in der Tracht des Triumphators aufgestellt werden, und um diese zwei vergoldete Reiterstatuen von Gaius und Lucius Caesar. Sobald wir gemäß dem Gesetz der Kolonie die Duoviri wählen und haben können, sollen die beiden Duoviri, die als erste gewählt werden, diesen Beschluss der Dekurionen und aller Bürger der Kolonie den Dekurionen vorlegen. Wenn ihre öffentliche Bestätigung vorliegt, soll der Beschluss Gesetzeskraft erhalten und er soll auf ihre Veranlassung in das Stadtarchiv gebracht werden: in der Zwischenzeit soll man den T. Statulenus Iuncus, den Flamen des Augustus, Pontifex minor der öffentlichen Kulte des römischen Volkes, bitten, er möge zusammen mit Gesandten vor Imperator Caesar Augustus, dem Vater des Vaterlandes, Pontifex maximus, (im Besitz der) tribunizischen Gewalt zum 26. Mal, die gegenwärtige Notlage der Kolonie entschuldigen und diesem den Auftrag der Stadt und den Willen aller durch Übergabe eines Schreibens anzeigen.

Und da T. Statulenus Iuncus, der Erste in unserer Kolonie, Flamen des Augustus und Pontifex minor der öffentlichen Kulte des römischen Volkes, dies getan hat, indem er das Schreiben wie angegeben dem Imperator Caesar Augustus, Pontifex maximus, (im Besitz der) tribunizischen Gewalt zum 26. Mal, dem Vater des Vaterlandes, übergab, beschlossen die Beigeordneten, dass alles, was am 4. Tag vor den Kalenden des April (2.4.) unter den Consuln Sex. Aelius Cato und C. Sentius Saturninus durch einhelligen Beschluss aller Stände getan, ausgeführt und beschlossen wurde, dass alle diese Maßnahmen getan, ausgeführt, vorgenommen und eingehalten werden sollen von L. Titius A.f. und T. Allius T.f. Rufus, den Duoviri, und von den Personen, welche auch immer danach in unserer Kolonie Duoviri, Praefekten oder andere Amtsträger sein werden, und dass alle diese Maßnahmen in Zukunft so getan, ausgeführt, vorgenommen und eingehalten werden. Ferner dass L. Titius A.f. und T. Allius T.f. Rufus, die Duoviri, alle oben angegebenen Bestimmungen gemäß unserem Beschluss in Beisein der Proquaestoren durch den Stadtschreiber bei der nächsten Gelegenheit in das Stadtarchiv eintragen lassen. Angenommen.

Q 252 Einrichtung eines Kultes für Kaiser Augustus

Q 252

Kontext: Die Bevölkerung der *colonia* Narbo beschließt die Einrichtung eines Kultes, um Kaiser Augustus für die Schlichtung eines Streites zwischen Plebs und Rat der Gemeinde zu danken.

Unter den Consuln T. Statilius Taurus und L. Cassius Longinus am 10. Tag vor den Kalenden des Oktober (22.9.) wurde für die göttliche Macht des Augustus ein Gelübde von der Plebs der Narbonensier für alle Zeiten eingegangen.

CIL XII 4333 = ILS 112

Dies möge gut, günstig und glückverheißend sein für den Imperator Caesar Augustus, Sohn des Vergöttlichten, den Vater des Vaterlandes, den Pontifex maximus, Inhaber der tribunizischen Gewalt zum 34. Mal, für seine Gattin und seine Kinder und sein Geschlecht, den Senat und das römische Volk und die Kolonisten und Einwohner der *colonia* Paterna Narbo Martius, die sich zur Verehrung seiner göttlichen Macht auf alle Ewigkeit verpflichtet haben!

Die Plebs der Narbonensier ließ den Altar in Narbo auf dem Forum aufstellen, damit auf ihm alljährlich am 9. Tag vor den Kalenden des Oktober (23.9.), an dem Tag, an dem das Glück dieser Zeit ihn dem Erdkreis als Lenker gebar, drei römische Ritter aus der Plebs und drei Freigelassene je ein Opfertier darbringen und den Kolonisten und Einwohnern für Bittgebete an seine göttliche Macht Weihrauch und Wein aus eigenen Mitteln an diesem Tag geben sollen; und am 8. Tag vor den Kalenden des Oktober (24.9.) sollen sie ebenfalls Weihrauch und Wein den Kolonisten und Einwohnern geben; auch an den Kalenden des Januar sollen sie Weihrauch und Wein den Kolonisten und Einwohnern geben; auch am 7. Tag vor den Iden des Januar (7.1.), an dem Tag, an dem er zum ersten Mal das Imperium über den Erdkreis erhielt, sollen sie mit Weihrauch und Wein Bittgebete verrichten und je ein Opfertier darbringen und den Kolonisten und Einwohnern Weihrauch und Wein geben; am Tag vor den Kalenden des Juni (31.5.), weil er an diesem Tag unter den Consuln T. Statilius Taurus und M'. Aemilius Lepidus die Ansichten des Plebs mit denen der Dekurionen aussöhnte, sollen sie je ein Opfertier darbringen und Weihrauch und Wein den Kolonisten und Einwohnern geben. Von den drei römischen Rittern [oder drei] *liberti* soll einer ...

[Die Pleb]s von Narbo weihte den Altar der göttlichen Macht des Augustus [....] unter den unten angegebenen Satzungen:

O göttliche Macht des Caesar Augustus, des Vaters des Vaterlandes! Da ich dir heute diesen Altar gebe und weihe, werde ich ihn unter der Satzung geben und weihen, die ich hier heute in aller Öffentlichkeit ausspreche, und mit den Grenzen, wie sie das Fundament dieses Altars und der Inschriften darstellt. Wenn jemand den Altar säubern, schmücken oder reparieren will und dies aus Dankbarkeit tut, soll es rechtens und erlaubt sein. Wenn jemand ein Tier opfert, ohne dabei die Eingeweide darzubringen, dann soll dies als richtig getan gelten. Wenn jemand diesem Altar eine Gabe geben und sein Ansehen vergrößern will, soll es erlaubt sein, und dieselbe Satzung soll für diese Weihegabe gelten wie für den Altar; die übrigen Satzungen für diesen Altar und seine Inschriften sollen dieselben sein wie für den Altar der Diana auf dem Aventin. Unter diesen Satzungen und mit diesen Grenzen, so wie ich sie ausgesprochen habe, für den Imperator Caesar Augustus, den Vater des Vaterlandes, den Pontifex maximus, den Inhaber der tribunizischen Gewalt zum 35. Mal, für seine Gattin, seine Kinder und sein Geschlecht, den Senat und das römische Volk und die Kolonisten und Einwohner der *colonia* Paterna Narbo Martius, die sich verpflichtet haben, seine göttliche Macht auf alle Ewigkeit zu verehren, gebe und weihe ich diesen Altar, damit du wohlwollend und günstig gestimmt bist.

Q 253	**Q 253 Ehrungen für den toten Germanicus**

Kontext: Nach dem Tod des präsumptiven Thronfolgers Germanicus am 10. Oktober 19 n. Chr. wurden in Rom umfängliche Ehrungen für ihn beschlossen, die man lange Zeit nur durch den Bericht des Tacitus kannte (Q 253a). Erst in den 1980er Jahren wurden in Spanien Teile des umfangreichen Senatsbeschlusses gefunden, den man auf Bronzetafeln aufgezeichnet hatte (Tabula Siarensis, Q 253b).

Q 253a *Tacitus, Annalen 2, 83*	(1) Ehren wurden gefunden und beschlossen, entsprechend der Liebe, die einer für Germanicus hegte, oder weil er einfallsreich war. Dass sein Name im

Lied der Salier gesungen werde, dass curulische Sessel an den Plätzen der *sodales Augustales* und auf ihnen Eichenkränze aufgestellt werden sollten, dass den Zirkusspielen sein Elfenbeinbild vorangehe; und dass kein *flamen* oder *augur* für die Stelle des Germanicus gewählt werde, wenn er nicht aus der *gens* Iulia stammte. (2) Bögen wurden hinzugefügt in Rom und am Ufer des Rheines und auf dem Berg Amanus in Syrien mit einer Inschrift seiner Taten und dass er für die res publica den Tod gefunden habe. Ein Grab in Antiochia, wo er verbrannt, ein *tribunal* in Daphne, an dem Ort, wo er gestorben war. Bei den Statuen und Orten, an denen er verehrt werden sollte, ist es nicht einfach, wenn einer die Zahl nennen will. (3) Als <aber> ein durch Gold und seine Größe herausragender Ehrenschild unter den Rednern (*auctores eloquentiae*) beschlossen wurde, gab Tiberius den Bescheid, man solle einen üblichen und den Übrigen gleichen <Schild> weihen. Denn die Beredsamkeit werde nicht durch das Schicksal zuerkannt, und es sei ausreichend herausragend, wenn man ihn unter die alten Schriftsteller zähle. (4) Der Ritterstand benannte eine Abteilung (*cuneus* als *turma*) als die des Germanicus, die als <eine> der *iuniores* bezeichnet wurde, und bestimmte, dass die Turmen an den Iden des Juli seinem Bild folgen sollten. Einiges gaben sie sofort auf oder das Alter hat es ausgelöscht.

... und die Erinnerung an Germanicus Caesar zu bewahren, der niemals hätte sterben dürfen [---] verabschiedete der Senat einen Senatsbeschluss über die verdienten Ehren des Germanicus Caesar [---] und so gefiel es, dass in dieser Sache nach dem Ratschlag des Tiberius Caesar Augustus, unseres Princeps, gehandelt werde und dass eine Schrift (*libellus*) mit der Menge der Vorschläge für ihn angefertigt werde und dieser mit seiner gewohnten Großzügigkeit unter all diesen Ehrungen, von denen der Senat der Meinung war, dass man sie realisieren (*habendos*) solle, diejenigen auswähle, [die Tiberius Caesar Augustus und] die Augusta, seine Mutter, und Drusus Caesar und die Mutter des Germanicus Caesar und seine Ehefrau Agrippina und nach einer von diesen abgehaltenen Beratung, für ausreichend angemessen hielten, dass sie realisiert (*haberi*) würden. Über diese Sache fassten sie den folgenden Beschluss:

Es gefalle, dass im Circus Flaminius mit öffentlichen Geld ein marmorner Bogen gebaut werde, an der Stelle platziert, wo schon von C. Norbanus Flaccus Statuen des vergöttlichten Augustus und des Kaiserhauses geweiht worden seien. An der Stirnseite (solle man eine Inschrift mit dem Text anbringen), dass Senat und römisches Volk dieses marmorne Monument dem Andenken an Germanicus Caesar geweiht haben, weil dieser die Germanen in Krieg überwunden und dann von Gallien ferngehalten habe. Nachdem er militärische Feldzeichen in Empfang genommen habe und nachdem die verräterische Niederlage eines Heeres des römischen Volkes gerächt und der Zustand Galliens geordnet worden war, sei er als Proconsul in die Provinzen Asiens jenseits des Meeres gesandt worden. Bei ihrer Reorganisation (*in confirmandis iis*) und auch der Königreiche in diesem Gebiet, wobei er auf Anweisung des Tiberius Caesar Augustus handelte (*ex mandatis Ti. Caesaris Augusti*), und nachdem er Armenien einen König gegeben habe (*imposito rege Armeniae*), habe er keine Mühe gescheut, bis ihm aufgrund eines Senatsbeschlusses eine *ovatio* zuerkannt wurde. Bei der Erfüllung seiner Aufgabe habe er dann für den Staat den Tod erlitten.

Auf diesem Bogen solle eine Statue des Germanicus Caesar aufgestellt werden in einem Triumphwagen und auf seinen Seiten Standbilder seines

Q 253 b
Tabula Siarensis

Vaters Drusus Germanicus, des natürlichen Bruders des Tiberius Caesar Augustus, und seiner Mutter Antonia und seiner Ehefrau Agrippina und des Drusus, des Sohnes des Tiberius Germanicus, seines Bruders, und seiner Söhne und Töchter.

Ein anderer Bogen solle auf der Passhöhe des Amanus-Gebirges gebaut werden, die sich in der Provinz Syrien befindet, oder irgendwo sonst, wenn ein anderer Ort unserem Princeps Tiberius Caesar Augustus passender scheinen sollte, in den Gebieten, die aus der *auctoritas* des Tiberius Caesar Augustus in die Aufsicht und Fürsorge des Germanicus Caesar gelangten. Ebenso solle eine Statue aufgestellt werden und eine angemessene Inschrift mit den Taten des Germanicus Caesar eingemeißelt werden. Der dritte Bogen [...] solle am Ufer des Rheines aufgestellt werden in der Nähe des Grabmals, den das Heer des römischen Volkes sehr schnell für Drusus, den Bruder unseres Princeps Tiberius Caesar Augustus begonnen und dann mit der Erlaubnis des vergöttlichten Augustus fertiggestellt habe. Ebenso solle ein Ehrengrab des Germanicus Caesar errichtet werden, der dort die *supplicationes* von den Germanen empfangen solle, und zwar vor allem von den Galliern und Germanen, die diesseits des Rheines leben. Deren Gemeinden hätten schon vom vergöttlichten Augustus den Befehl erhalten, am Grab des Drusus Opfer darzubringen. Und sie sollten jedes Jahr, an dem Tag, an dem Germanicus Caesar verstorben sei, für sein Angedenken ein [...] Opfer darbringen. ---

Ebenso gefalle es, dass ein marmornes Grab zur Erinnerung für Germanicus Caesar in Antiochia auf dem Markt errichtet werde, [wo der Körper des Germanicus Caesar verbrannt wurde --- ebenso in Daphne, wo Germanicus Caesar verschieden sei, ein Tribunal errichtet werde.]

II col a Dass alljährlich am 10. Oktober bei dem Altar, der vor dem Grab des Germanicus Caesar ist, zu seinem Angedenken öffentlich für seine Totengeister Opfer dargebracht werden von den Führern der *sodales Augustales*, angetan mit Trauerkleidung, die von ihnen, die ansonsten das Recht und die Verpflichtung haben, an diesem Tag eine Toga mit Farben anzulegen. Und zwar sollen Totenopfer nach demselben Opferritus öffentlich dargebracht werden wie bei den Totengeistern des Gaius und Lucius Caesar, und es soll gleichermaßen eine bronzene Stele bei diesem Grab des Germanicus Caesar aufgestellt werden, damit man dort die Senatsbeschlüsse einschreibe, die sich auf seine Ehren beziehen: Dass es an diesem Tage den Magistraten mit der Macht zur Rechtsprechung in einem *municipium* oder einer *colonia* römischer Bürger oder latinischer Bürger nicht erlaubt sei, etwas mit ernsthaftem Charakter öffentlich zu machen, und dass in Zukunft keine öffentlichen Gastmahle oder Hochzeiten oder Verlöbnisse römischer Bürger stattfänden oder dass niemand geschuldetes Geld in Empfang nehme oder jemanden gäbe und dass keine Spiele veranstaltet oder gesehen oder irgendetwas für Spiele herangebracht werde. Und dass die augustalischen Bühnenspiele (*ludi Augustales scaenici*), die am 10. Oktober zum Angedenken an den divus Augustus veranstaltet zu werden pflegen, am 27. Oktober abgehalten würden, damit durch die Verschiebung um diese zwei Wochen nach dem Tag, an dem Germanicus Caesar gestorben sei, nicht [die Abhaltung der Bühnenspiele] durch die Trauerfeierlichkeiten beeinträchtigt würden.

Q 254 Ein Festverzeichnis zum Gebrauch römischer Truppen

Kontext: Das sogenannte Feriale Duranum ist ein Verzeichnis für die offiziell zu beachtenden Feste, das für den Gebrauch der römischen Truppen in dem Lager von Dura-Europos in Mesopotamien bestimmt war (ca. 225–227 n. Chr.).

[1. Januar ---] Neujahrstag [---]

3. Januar: Weil Gelübde eingelöst und abgelegt werden für das Wohlergehen unseres Herrn Marcus Aurelius Severus Alexander Augustus und die Ewigkeit des Reiches des römischen Volkes, dem Iuppiter Optimus Maximus einen Ochsen, der Iuno Regina eine Kuh, der Minerva eine Kuh, dem Iuppiter Victor einen Ochsen, der Iuno Sospes (?) eine Kuh, [---], dem Mars Pater einen Stier, der Victoria eine Kuh.

7. Januar: [Weil die Männer, die ihre Zeit abgeleistet haben, ehrenvoll mit dem Genuss von Privilegien entlassen werden, dem Iuppiter Optimus Maximus einen Ochsen, der Iuno Regina eine Kuh, der Minerva] eine Kuh, der Salus eine Kuh, dem Mars Pater einen Stier.

8. Januar: Wegen des Geburtstages der vergöttlichten [---], der vergöttlichten [---] ein Dankopfer.

[9.–23. Januar]: Wegen des Geburtstages des Lucius [---] Caesar, dem Lucius [---] Caesar.

24. Januar: Wegen des Geburtstages [des vergöttlichten Hadrianus, dem vergöttlichten Hadrianus einen Ochsen].

28. Januar: Wegen des größten Sieges [über die Parther ---] des vergöttlichten Severus und wegen [des Regierungsantritts des vergöttlichten Traianus, der Victoria] Parthica eine Kuh, dem vergöttlichten Traianus [einen Ochsen].

4. Februar: Wegen des Regierungsantritts [des vergöttlichten Antoninus Magnus] ein Dankopfer, dem vergöttlichten Antoninus Magnus einen Ochsen.

1. März: Wegen der Geburtstagsfeierlichkeiten [für Mars Pater Victor dem Mars] Pater Victor einen Stier.

7. März: Wegen des Regierungsantritts [des vergöttlichten Marcus Antoninus und des vergöttlichten Lucius Verus], dem vergöttlichten Marcus Antoninus einen Ochsen, [dem vergöttlichten Lucius Verus] einen Ochsen.

13. März: [Weil] der Kaiser [Caesar Marcus Aurelius Severus Alexander] zum Kaiser ausgerufen wurde, dem Iuppiter einen Ochsen, [der Iuno eine Kuh, der Minerva eine Kuh ---], für Mars einen Ochsen; [weil] Alexander unser Augustus [zum ersten Mal] von den Soldaten [des Kaisers Marcus Aurelius Severus Alexander] als Imperator akklamiert wurde, [ein Dankopfer ---].

[14. März]: Weil Alexander unser [Augustus] zum [Augustus und Vater des Vaterlandes und] Pontifex maximus ernannt wurde, [dem Genius unseres Herrn] Alexander [Augustus einen Stier ---].

19. März: Wegen des Tages der Quinquatria ein Dankopfer, bis zum 23. März Dankopfer.

4. April: Wegen des Geburtstages des vergöttlichten Antoninus Magnus, dem vergöttlichten Antoninus Magnus einen Ochsen.

9. April: Wegen des Regierungsantritts des vergöttlichten Pius Severus, dem vergöttlichten Pius Severus einen Ochsen.

11. April: Wegen des Geburtstages des vergöttlichten Pius Severus, dem vergöttlichten Pius Severus einen Ochsen.

Fink 117 = P. Dura 54

21. April: Wegen des Geburtstages der ewigen Stadt Rom, [der ewigen Stadt Rom eine Kuh].

26. April: Wegen des Geburtstages des vergöttlichten Marcus Antoninus, dem [vergöttlichten Marcus] Antoninus [einen Ochsen].

7. Mai: Wegen des Geburtstages der vergöttlichten Iulia Maesa, der [vergöttlichten] Maesa [ein Dankopfer].

[9.–11. Mai]: Wegen des Rosenfestes der Feldzeichen, ein Dankopfer.

12. Mai: Wegen der Zirkus-Rennen zu Ehren des Mars, dem Mars Pater Ultor einen Stier.

21. Mai: Weil der vergöttlichte Severus von den [---] als Imperator begrüßt wurde, für den vergöttlichten Severus [---].

24. Mai: Wegen des Geburtstages des Germanicus Caesar, ein Dankopfer für das Andenken des Germanicus Caesar.

31. Mai: Wegen des Rosenfestes der Feldzeichen, ein Dankopfer.

[9.] Juni: Wegen der Vestalia, der Vesta Mater ein Dankopfer.

[26.] Juni: Weil unser Herr Marcus Aurelius Severus Alexander zum Caesar ernannt wurde und die Männertoga anlegte, dem Genius des Severus Alexander einen Stier.

[1.] Juli: Weil Alexander, unser Augustus, erstmals als Consul designiert wurde, ein Dankopfer.

[2.–5.] Juli: Wegen des Geburtstages der vergöttlichten Matidia, der vergöttlichten Matidia ein Dankopfer.

[10.] Juli: Wegen des Regierungsantritts des vergöttlichten Antoninus Pius, dem vergöttlichten Antoninus Pius einen Ochsen.

[12.] Juli: Wegen des Geburtstages des vergöttlichen Iulius, dem vergöttlichten Iulius einen Ochsen

[23.] Juli: Wegen des Tages der Neptunalia, ein Dankopfer [und] ein Opfer (also ein Opfertier).

[1. August]: Wegen des Geburtstages des vergöttlichten Claudius und des vergöttlichten Pertinax, dem vergöttlichten Claudius einen Ochsen, dem vergöttlichten Pertinax einen Ochsen.

[5. August]: Wegen der [Wagen-Rennen] zu Ehren von Salus, der Salus [eine Kuh].

[14.–29.] August: Wegen des Geburtstages der Mamaea [Augusta], der Mutter unseres Kaisers, der Iuno der Mamaea Augusta [eine Kuh].

[Kein brauchbarer Text]

[15.–30.] August: Wegen des Geburtstages der vergöttlichten Marciana, [der vergöttlichten] Marciana [ein Dankopfer].

31. [August]: [Wegen] des Geburtstages [des vergöttlichten Commodus, dem vergöttlichten] Commodus [einen Ochsen].

[7. ?] September: [Text nicht lesbar].

[18.] September: Wegen [des Geburtstages des vergöttlichten Traianus und des Regierungsantritts des vergöttlichten Nerva, dem vergöttlichten Traianus einen Ochsen, dem vergöttlichten Nerva einen Ochsen].

[19.] September: Wegen [des Geburtstages des vergöttlichten] Antoninus [Pius, dem vergöttlichten Antoninus Pius einen Ochsen].

[20.–22.] September: Wegen des Geburtstages der vergöttlichten Faustina, der vergöttlichten Faustina ein Dankopfer.

[23.] September: Wegen des Geburtstages des vergöttlichten [Augustus], dem vergöttlichten Augustus [einen Ochsen].

[Der Text bricht ab]

Q 255 Kaiserehrung beim Morgenappell

Kontext: Römische Soldaten werden jeden Tag beim Morgenappell zur Treue für den regierenden Kaiser angehalten. Einige von ihnen werden zur Ehrenwache bei den Feldzeichen und den Kaiserbildern eingeteilt.

Es befinden sich im Lager der *cohors XX* der Palmyrener mit dem Beinamen Gordiana 781 Soldaten, darunter 6 Centurionen, 8 Männer mit doppeltem Sold, 1 Mann mit anderthalbfachem Sold, 36 (?) Kamelreiter, [Reiter?] unter ihnen 4 Dekurionen, 6 mit doppeltem Sold, 2 mit anderthalbfachem Sold.

    Gesamt für die *cohors XX* der Palmyrener mit dem Beinamen Gordiana. Keine Veränderung in der Stärke.

    [---], Legionscenturio, diensthabender Kommandeur im Lager der *cohors XX* der Palmyrener, schickte die Parole ›Sicherheit‹.

    Aurelius Germanus, der 1. Centurio, verkündete die Tagesbefehle. Wir werden ausführen, was auch immer befohlen wird, und werden für jeden Befehl bereit sein. Es wachen bei den Fahnen unseres Herrn des Kaisers Marcus Antonius Gordianus Pius Felix Invictus Augustus: Centurio Aurelius Germanus, Fahnenträger Ulpius Marcellus, Trompeter Aurelius Priscus, Priester Themes, Sohn des Mocimus, Ordonnanz Aurelius Mocimus [] Ulpius Silvanus, Fahnenträger 2 Flavius Demetrius, Fahnenträger 3 Aurelius Malchus, Vermesser in Ausbildung (?) [].

Q 256 Kaiserehrung des Heers am Neujahrstag

Kontext: An jedem Neujahrstag sollen die römischen Soldaten ihre Treue zum Kaiser durch eine Eidleistung im Angesicht der Feldzeichen und der Kaiserbilder bestätigen. Dazu treten die Einheiten auf dem Appellplatz an.

(1) Dennoch ließen sich die Legionen Untergermaniens zu dem am 1. Januar üblichen Eid auf Galba verpflichten – freilich nach langem Zögern und unter spärlichem Zulauf aus den ersten Reihen, die Übrigen warteten schweigend auf einen kühnen Entschluss ihrer Nebenleute. Es ist ja dem Menschen die Eigenschaft angeboren, eilends nachzufolgen, wo man sich scheut, anzufangen. (2) Bei den einzelnen Legionen herrschten verschiedene Stimmungen: die Soldaten der 1. und 5. Legion waren so erregt, dass einige Steine auf die Statuen Galbas warfen; die 15. und 16. Legion wagten nichts weiter als drohendes Murren und warteten auf das Zeichen zum Losschlagen. (3) Im obergermanischen Heer zerschlugen die 4. und 22. Legion, die im selben Winterquartier lagen, gerade am 1. Januar die Statuen Galbas. Die 4. Legion entschlossener, die 22. zögernd, bald aber in voller Eintracht. (4) Damit es aber nicht so aussehe, als verleugneten sie die Ehrfurcht vor dem Reich, riefen sie bei ihrem Eid die längst vergessenen Namen ›Senat und Volk von Rom‹. Kein Einziger der Legaten und Tribunen setzte sich für Galba ein, vielmehr schürten einige, wie bei einem Tumult üblich, besonders auffallend den Aufruhr, und niemand sprach wie bei einer Heeresversammlung oder vom Tribunal aus. Es gab ja noch niemanden, den man sich dadurch zu Dank verpflichten konnte.

    56 (1) Der Consularlegat Hordeonius Flaccus stand bei diesem Skandal als Zuschauer da. Er wagte es nicht, die Rasenden zu bändigen, die Schwankenden zurückzuhalten, die Gutgesinnten zu ermutigen – er war untätig, zaghaft

und schuldlos nur aus Stumpfheit. Als vier Centurionen der 22. Legion – Nonius Receptus, Donatius Vacens, Romilius Marcellus und Calpurnius Repentinus – die Statuen Galbas schützen wollten, wurden sie von den Soldaten ungestüm weggerissen und gefesselt. Und niemand mehr wahrte Treue und Erinnerung an den früheren Eid, und wie es bei Meutereien geschieht: dort, wo die Mehrheit ist, standen alle.

Q 257

Tertullian, Vom Kranz des Soldaten 1

Q 257 Ein christlicher Soldat widersetzt sich dem Kaiserkult

Es ist erst kürzlich geschehen. Im Lager wurde die Sonderzahlung (*donativum*, *liberalitas*) der hervorragendsten Kaiser verteilt, die Soldaten traten mit Lorbeer bekränzt heran. Es fand sich auch einer ein, der mehr ein Soldat Gottes und standhafter war als die übrigen Brüder, die meinten, sie könnten zwei Herren dienen. Als Einziger hatte er ein freies Haupt, er hielt den Kranz unbenutzt in der Hand. Als man ihn durch dieses Benehmen als Christ erkannt hatte, begann er in aller Augen hell zu erstrahlen. Schließlich deuteten einige auf ihn, verhöhnten ihn von ferne, knirschten zornig aus der Nähe. Das Gemurre geht weiter: man meldet dem Tribun <seinen Namen> und seinen Rang. Schon ist einer der Centurionen hinzugetreten. Sofort fragt der Tribun: »Warum ein so abweichender Aufzug?« Er sagt, er dürfe nicht dasselbe tun wie die anderen. Nach den Gründen gefragt, antwortet er: »Ich bin Christ«.

Q 258

CIL VIII 217 = ILS 2658

Q 258 Eine Soldatenkarriere im 2./3. Jh. n. Chr. – Inschrift vom Familiengrab

... er leistete 50 Jahre Militärdienst, 4 bei der *legio III Augusta* als Schreiber, Ordonanz, Feldwebel, Fahnenträger. Durch die Entscheidung des *legatus Augusti* der *legio III Augusta* wurde er zum Centurio gemacht. Er diente als Centurio bei der *legio II Italica*, der *legio VII* [---], der *legio I Minervia*, der *legio X Gemina*, der *legio II* [---], *der legio III Augusta*, der *legio III Gallica*, der *legio XXX Ulpia*, der *legio VI Victrix*, *der legio III Cyrenaica*, der *legio XV Apollinaris*, der *legio II Parthica*, der *legio I Adiutrix*. Wegen seiner Tapferkeit wurde er während des Partherfeldzuges mit einer Mauer- und einer Wallkrone, mit Halsringen und Schmuckscheiben ausgezeichnet. Zu dem Zeitpunkt, an dem das Werk vollendet wurde, zählt er 80 Jahre. Für sich und seine allerliebste Ehefrau Claudia Marcia Capitolina, die zu dem Zeitpunkt, an dem das Werk vollendet wurde, 75 Jahre zählt, und den Sohn Marcus Petronius Fortunatus, der 6 Jahre Militärdienst geleistet hat, Centurio bei der *legio XXII Primigenia* und der *legio II Augusta* war und 35 Jahre alt wurde. Diesem allerliebsten (Sohn) haben die Eltern Fortunatus und Marcia dies zum Andenken gemacht.

Q 259

CIL VIII 2634 = ILS 2296

Q 259 Dedikation des ersten Centurio einer Legion vor dem Feldzeichen der Einheit

Dem Gott Mars, der in militärischen Dingen mächtig ist, hat zu Ehren der *legio III Augusta*, die die Beinamen Valeriana Galliena Valeriana trägt, aufgrund eines Gelübdes eine Statue geweiht der erste Centurio (*primus pilus*)

Sattonius Iucundus, der als Erster nach der Wiederherstellung der Legion beim Adler seine Rute ablegte. Die Weihung führte durch Veturius Veturianus, der hochberühmte Mann, der Statthalter der drei Kaiser im Range eines Praetor.

Q 260 Kollektive Weihung einer Kohorte der Feuerwehr Roms zu Ehren von Kaiser Caracalla

Kontext: Die Feuerwehr der Stadt Rom (*vigiles*) war zur Zeit des Principats militärisch organisiert.

Dem Imperator Caesar Marcus Aurelius Antoninus Pius Felix Augustus (Caracalla), im 13. Jahr der tribunizischen Gewalt, zweimal Imperator, dreimal Consul, Proconsul, Sohn des Imperators Caesar Lucius Septimius Severus Pius Pertinax Augustus, die *cohors* V der Feuerwehr, die sich seiner göttlichen Kraft und Majestät geweiht hat.

Dem Präfekt Gaius Iulius Quintilianus, dem Unterpräfekt Marcus Firmius Amyntianus, dem Tribun Lucius Speratius Iustus.

Die Centuriones Gaius Antonius Antullus, Sohn des Gaius, aus Beroia, Tiberius Claudius Rufinus, Sohn des Tiberius, aus Savaria, Marcus Antonius Valens, Sohn des Marcus aus der Tribus Papiria, aus Ratiaria, Marcus Mummius Verinus, Sohn des Marcus aus der Tribus Papiria, aus Poetovio, Publius Aelius Romulus, Sohn des Publius aus der Tribus Aelia Septimia, aus Aquincum, [---] Severus aus Caesareia, Iulius Sohemus, Gaius Rasinius Ianuarius, Bürochef (*cornicularius*) des Präfekten, Publius Decimius Macrinus, *cornicularius* des Präfekten, Marcus Claudius Verecundus, *cornicularius* des Unterpräfekten.

Geweiht an den Nonen des Juli im Consulat des Iulius Faustinus und des Rufinus. Mit der Durchführung waren betraut der Centurio C. Antonius Antullus und der Fahnenträger Marcus Minicius Honoratus.

Auf der Seite: Die Ärzte C. Runnius Hilaris, C. Iulius Hermes, Q. Fabius Pollux, S. Lutatius Ecarpus.

(Auf den Seiten der Basis verteilt folgen die Namen von fast 1000 Soldaten.)

Q 261 Urkunde für einen ehrenvoll entlassenen Angehörigen der Hilfstruppen

Kontext: Die Urkunde bestätigt, dass der Soldat das römische Bürgerrecht und das Recht, eine vollgültige Ehe einzugehen, erhalten hat. Der Text steht auf einer Bronzetafel und ist eine Kopie der Originalurkunde, die sich in Rom befindet.

Imperator Caesar Titus Aelius Hadrianus Antoninus Augustus Pius, Sohn des vergöttlichten Hadrian, Enkel des vergöttlichten Traianus, des Parthersiegers, Urenkel des vergöttlichten Nerva, Pontifex maximus, im 19. Jahr der tribunizischen Gewalt, zweimal Imperator, viermal Consul, Vater des Vaterlandes den Reitern und Fußsoldaten, die Militärdienst leisteten in den 5 Reiterregimentern, die den Namen haben (1) I der Thraker *veterana* der Bogenschützen und (2) I der römischen Bürger und (3) I praetorische der römischen Bürger und (4) I Flavia Augusta britannische mit tausend Mann und (5) I Augusta der Ituraeer und den 13 Kohorten (1) I berittene der Alpini und (2) III der Bataver und (3) I der Thraker, der germanischen und (4) I der Alpini zu Fuß und (5) I der Noriker und (6) III der Lusitanier und (7) II der Asturer und Gallaecier und (8) VII der Breuker und (9) I der Lusitanier und (10) II kaiserliche der Thraker und (11) I der Montani und (12) I der freiwilligen Campaner und (13) I der Thraker, der römischen Bürger, und sich in Pannonia inferior unter dem Legaten Iallius Bassus befinden, die 25 Jahre, ebenso wie den Flottensoldaten, die 26 Jahre gedient haben und ehrenvoll entlassen wurden, und deren Namen unten aufgeschrieben sind, und die dieses (noch) nicht haben, das römische Bürgerrecht und das Eherecht mit den Frauen, die sie zu dem Zeitpunkt hatten, als ihnen das Bürgerrecht gegeben wurde, oder denen, die sie später heiraten sollten, vorausgesetzt, es ist jeweils eine.

Am 5. Februar im Consulat des M. Civica Barbarus und M. Metilius Regulus.

Aus der *cohors I* der Thraker, der germanischen, die C. Turpilius Verecundus kommandiert, dem ehemaligen Fußsoldaten Monnus, Sohn des Tessimarus, einem Eravisker, und Nicia, Tochter des Tricanus, seiner Ehefrau, einer Canac[..?..]. Abgeschrieben und überprüft an der Bronzetafel, die in Rom an der Mauer hinter dem Tempel des vergöttlichten Augustus bei der Minerva angebracht ist. Zeugen: M. Servilius Geta, L. Pullius Chresimus, M. Sentilius Iasus, Ti. Iulius Felix, C. Bellius Urbanus, C. Pomponius Statianus, P. Ocilius Priscus.

Q 262

Q 262 Das Schicksal des britannischen Fürsten Caratacus

Kontext: Caratacus hatte lange Zeit gegen die römische Eroberung gekämpft und war dann in Gefangenschaft geraten, wie Tacitus schildert.

Tacitus, Annales 12, 36–37

(36) Er selbst wurde – wie man denn in der Regel sich im Unglück auf niemand stützen kann –, als er bei Cartimandua, der Königin der Briganten, Schutz suchte, gefesselt den Siegern ausgeliefert, im neunten Jahr nach dem Kriegsbeginn in Britannien. Dadurch wurde sein Name über die Insel hinaus bei den nächstgelegenen Provinzen bekannt und auch in Italien berühmt. Man wollte den Mann sehen, der so viele Jahre hindurch unsere Macht verachtet habe. Auch in Rom stand der Name Caratacus in Ehren, und indem der Caesar seinen eigenen Glanz erhöhte, trug er zum Ruhm des Besiegten bei. Denn das Volk wurde wie zu einem besonderen Schauspiel gerufen. In voller Rüstung standen die prätorianischen Kohorten auf dem freien Platz vor der Kaserne angetreten. Dann zogen die Vasallen des Königs vorbei, der Brustschmuck, die Halsketten und alle Beute, die er bei auswärtigen Kriegen gemacht hatte, wurde vorgeführt. Darauf wurden die Brüder, die Gattin, die Tochter und schließlich er selbst zur Schau gestellt. Die Übrigen ließen sich aus Furcht zu entwürdigenden Bitten bewegen. Nur Caratacus suchte weder mit demütiger Miene noch mit Worten Mitleid zu erregen. Als er vor dem Tribunal stand, sprach er folgendermaßen:

(37) »Wenn meiner hohe Herkunft und Stellung das Maßhalten in glücklichen Tagen entsprochen hätte, wäre ich als Freund und nicht als Gefangener in diese Stadt gekommen. Und du hättest es nicht als unter deiner Würde betrachtet, den Spross berühmter Ahnen, den Herrscher über viele Völkerschaften in ein Friedensbündnis aufzunehmen. Nunmehr bedeutet mein au-

genblickliches Los für mich Erniedrigung wie für dich Erhöhung. Ich habe
Pferde und Männer, Waffen und Reichtum gehabt. Was Wunder, wenn ich
mich dagegen wehrte, dies alles zu verlieren. Denn wenn ihr schon über alle
herrschen wolltet, folgt denn daraus, dass alle sich unter das Joch der Knechtschaft beugen? Hätte ich mich sofort ergeben und würde fortgeschleppt,
wäre weder mein Schicksal noch dein Ruhm gepriesen worden. Auch würde
meine Hinrichtung bald der Vergessenheit anheimfallen. Wenn du mir hingegen das Leben schenkst, werde ich für immer ein Zeugnis deiner Milde sein.«
Darauf ließ der Caesar ihm selbst, seiner Gemahlin und seinen Brüdern
Gnade widerfahren. Die Fesseln wurden ihnen abgenommen, und sie erwiesen auch Agrippina, die nicht weit entfernt auf einer anderen Tribüne die
Blicke auf sich zog, ebenso wie dem Princeps, lobend und dankend ihre Verehrung. Dies war allerdings etwas Neues und gegenüber den alten Sitten
Fremdes, dass eine Frau römische Truppen kommandierte. Sie selbst gab sich
damit als Teilhaberin der Herrschaft aus, die ihre Vorfahren errungen hatten.

Q 263 Rede des römischen Feldherrn an die Bataver

Q 263

Kontext: Während des Bataver-Aufstandes (69/70 n. Chr.) zeigte sich bei den
gallischen Stämmen eine weitverbreitete Unzufriedenheit mit der Praxis der
römischen Herrschaft. Der römische Feldherr Petilius Cerialis reagierte darauf mit einer Versammlung.

(73, 1) Dann berief er die Treverer und Lingonen zu einer Versammlung und
sprach sie folgendermaßen an: »Ich für meine Person habe mich nie mit der
Beredsamkeit abgegeben, und für den Mannesmut des römischen Volkes
habe ich durch Waffentaten den Beweis geliefert. Aber da bei euch Worte am
meisten wirken und Gut und Böse nicht nach seinem Wesen, sondern nach
den Reden von Aufrührern gemessen werden, habe ich mich entschlossen,
kurz darzulegen, was jetzt, da der Krieg niedergeschlagen ist, für euch zu
hören nützlicher ist als für mich, es zu sagen. (2) Euer Land und das der übrigen Gallier haben römische Feldherren und Imperatoren betreten, nicht aus
Eigennutz, sondern auf Hilfegesuche eurer Vorfahren, die der innere Hader
bis an den Rand des Untergangs trieb, während die zur Hilfe gerufenen Germanen ihren Bundesgenossen so, als wären sie Feinde, das Joch der Knechtschaft auferlegt hatten. In wie vielen Schlachten wir gegen Kimbern und
Teutonen gekämpft, unter welchen Strapazen für unsere Heere und mit welchem Erfolg wir die Kriege gegen Germanien geführt haben, ist hinlänglich
bekannt. Und nicht deshalb haben wir den Rhein besetzt, um Italien zu
schützen, sondern damit kein zweiter Ariovist die Zwingherrschaft über
Gallien an sich reiße. (3) Oder glaubt ihr etwa, dem Civilis und seinen Bata-
vern sowie den rechtsrheinischen Germanen teurer zu sein, als es ihren Vorfahren eure Väter und Großväter gewesen sind? Die Germanen haben immer
die gleiche Ursache, nach Gallien hinüberzukommen: Willkür, Habsucht und
Lust, ihre Wohnsitze zu wechseln, um ihre Sümpfe und Einöden zu verlassen
und diesen so fruchtbaren Boden, und damit euch selbst in Besitz zu nehmen.
Allerdings, Freiheit und andere prächtige Namen dienen als Vorwand. Denn
noch nie hat jemand anderer Völker Knechtung und Herrschaft für sich an-
gestrebt, ohne gerade diese Worte zu gebrauchen.
    (74, 1) Zwingherrschaften und Kriege hat es in Gallien immer gegeben, bis

*Tacitus, Historien
4, 73–74*

ihr unserer Rechtsordnung beigetreten seid. Wir haben, obwohl so oft herausgefordert, euch nach Siegesrecht nur das auferlegt, womit wir den Frieden schützen können. Denn Ruhe unter den Völkern kann man nicht ohne Waffen haben, Waffen nicht ohne Sold, Sold nicht ohne Tribute; alles Übrige habt ihr mit uns gemeinsam. Ihr selbst kommandiert in vielen Fällen unsere Legionen, ihr selbst verwaltet diese oder andere Provinzen; nichts ist euch vorenthalten oder versperrt. (2) Und von lobenswerten Fürsten habt ihr in gleicher Weise Nutzen, obwohl ihr so weit entfernt lebt. Die grausamen Herrscher fallen über ihre nächste Umgebung her. Wie Dürre, unmäßige Regenfälle und andere Naturkatastrophen, so erträgt auch Ausschweifungen und Habgier der Herrschenden. Last wird es geben, solange Menschen leben – aber sie sind kein Dauerzustand und werden durch das Dazwischentreten besserer Zeiten aufgewogen. Es sei denn, ihr erhofft unter den Despoten Civilis und Classicus eine mildere Herrschaft, oder dass mit weniger Abgaben als jetzt Heere aufgestellt werden, mit denen man Germanen und Britanner abwehren kann. (3) Denn sollten, was die Götter verhindern mögen, die Römer aus dem Land getrieben werden, was wird dann anderes entstehen als Krieg aller Völker gegeneinander? Im Laufe von 800 Jahren haben Glück und Manneszucht dieses Staatsgefüge errichtet, das nicht zerstört werden kann ohne Verderben der Zerstörer: aber euch droht die größte Gefahr, die ihr Gold und Reichtum besitzt: die wichtigsten Kriegsgründe. (4) Daher liebt und ehrt den Frieden und die Stadt, an der wir, Besiegte und Sieger, gleichen Rechtsanteil haben. Mahnen mögen euch Beispiele für die zwei Formen der Schicksalsmacht, damit ihr nicht Trotz, verbunden mit Untergang, dem Gehorsam, verbunden mit Sicherheit, vorzieht.« Mit solcher Rede beruhigte und ermutigte er die Leute, die Ärgeres befürchtet hatten.

Q 264   Q 264 Ausweisung der Ägypter aus Alexandria durch ein Edikt Kaiser Caracallas

Papyrus Giessensis 40 II 16–29

Alle Ägypter, die sich in Alexandria aufhalten, vor allem das Landvolk, das aus anderen (Landes-)Teilen geflohen ist und leicht entdeckt werden kann, sollen mit allen möglichen Mitteln ausgetrieben werden, allerdings mit der Ausnahme von Schweinehändlern und Seeleuten von Flussschiffen und den Männern, die Schilf für die Heizung der Bäder bringen. Aber weist alle anderen aus, denn durch die Zahl ihrer Art und ihre Nutzlosigkeit bringen sie Unruhe in die Stadt. Ich bin informiert worden, dass Ägypter die Gewohnheit haben, zum Fest des Sarapis und zu anderen Festtagen Bullen und andere Tiere für das Opfer herunterzubringen, und sogar an anderen Tagen; dafür sollen sie nicht mit einem Verbot belegt werden. Die Personen, die abgehalten werden sollten, sind diejenigen, die aus ihren eigenen Regionen fliehen, um der Arbeit auf dem Land zu entgehen, hingegen nicht die, die sich hier sammeln, um die ruhmreiche Stadt Alexandria zu besichtigen, oder hinunterkommen, um ein zivilisierteres Leben zu genießen, oder für gelegentliche Geschäfte.

[...] Denn echte Ägypter lassen sich unter den Leinenwebern leicht durch ihre Sprache entdecken, welche beweist, dass sie die Erscheinung und die Kleidung einer anderen Klasse angenommen haben. Darüber hinaus enthüllt ihre Lebensart, die von zivilisiertem Benehmen weit entfernt ist, dass sie ägyptisches Landvolk sind.

Q 265 Der Statthalter der Provinz Galatien erlässt ein Edikt zur Regelung der Gespannverpflichtungen (*angareia*)

Q 265

Q 265 a
AE 1976, 653

Sextus Sotidius Strabo Libuscidianus, Legat des Tiberius Caesar Augustus im Range eines Praetor, ordnet an:

Vor allen Dingen freilich ist dies für mich sehr ungerecht, dass ich durch mein Edikt das verbindlich machen muss, wofür zwei Kaiser, von denen der eine der größte unter den Göttern, der andere der größte der Principes ist, (bereits) sehr sorgfältig Anordnungen getroffen haben, dass (nämlich) keiner unentgeltlich Fahrzeuge benutzt. Da aber die Willkür gewisser Personen eine sofortige Strafe erfordert, habe ich in den einzelnen Städten und Gemeinden eine Aufstellung der Dienste anschlagen lassen, die nach meinem Urteil geleistet werden müssen, und ich werde auf deren Einhaltung achten oder werde, wenn es nicht beachtet wird, ihre Einhaltung erzwingen, nicht nur durch meine Amtsgewalt, sondern durch die Majestät des besten Princeps, von dem ich gerade dies unter den Anweisungen erhalten habe.

Die Bewohner von Sagalassos müssen einen Dienst von zehn Wagen und ebenso vielen Maultieren bereithalten zum notwendigen Gebrauch der Personen, die auf der Durchreise sind, und sollen pro Wagen und pro Schoinos von den Benutzern zehn As erhalten, aber pro Maultier und pro Schoinos vier As. Wenn sie es aber vorziehen, Esel zu stellen, sollen sie zu demselben Preis zwei Esel für ein Maultier stellen. Oder, wenn sie es vorziehen, sollen sie pro Maultier und pro Wagen das, was sie erhalten würden, wenn sie selbst diesen Dienst leisteten, den Bewohnern einer anderen Stadt oder eines anderen Dorfes zahlen, damit diese den gleichen Dienst leisten.

Sie sollen Fahrzeuge stellen bis nach Cormasa und Conana. Indessen steht das Recht, diesen Dienst zu benutzen, nicht allen zu, sondern es steht dem Procurator des besten Princeps und dessen Sohn zu. Sie dürfen bis zu zehn Wagen oder pro Wagen drei Maultiere oder pro Maultier zwei Esel zur selben Zeit benutzen und sollen den von mir festgelegten Preis bezahlen. Außerdem steht das Recht Personen im kaiserlichen Auftrag zu, sowohl den Leuten, die ein Diplom haben, als denjenigen, die aus anderen Provinzen im Militärdienst auf der Durchreise sind. Und zwar sollen einem Senator des römischen Volkes nicht mehr als zehn Wagen oder pro Wagen drei Maulesel oder pro Maulesel zwei Esel gestellt werden, und er soll den von mir festgesetzten Preis bezahlen. Einem römischen Ritter, dessen Dienste der beste Princeps benutzt, sollen drei Wagen oder pro Wagen drei Maultiere oder pro Maultier zwei Esel gestellt werden unter denselben Bedingungen.

Aber wenn jemand mehr verlangt, so soll er es mieten zu einem Preis, den der Vermieter festsetzt. Einem Centurio sollen ein Wagen oder drei Maultiere oder sechs Esel unter denselben Bedingungen gestellt werden. Ich wünsche nicht, dass Personen, die Getreide oder irgendetwas entweder des eigenen Gewinns oder des Eigenverbrauchs wegen transportieren, etwas zur Verfügung gestellt wird, oder dass irgendjemandem etwas zur Verfügung gestellt wird für das eigene Zugtier oder das seiner Freigelassenen oder seiner Sklaven. Gastliche Aufnahme muss allen Personen aus unserem Gefolge, den Personen im kaiserlichen Auftrag aus allen Provinzen, den Freigelassenen und Sklaven des besten Princeps und deren Zugtieren unentgeltlich geleistet werden, jedoch mit der Einschränkung, dass sie von ihnen nicht unentgeltlich andere Dienstleistungen gegen deren Willen fordern.

Q 265 b

*Orientis Graecae
Inscriptiones Selectae
(OGIS) 519*

(Wie solche Edikte in der Realität befolgt wurden, lässt sich in folgender Inschrift fassen.)

Glückauf! Imperator Caesar M. Iulius Philippus Pius Felix Augustus und M. Iulius Philippus, alleredelster Caesar, an M. Aurelius Eglectus, durch Didymus, einen *frumentarius* im Rang eines *centenarius*: Der sehr ehrenwerte Proconsul wird nach Prüfung der Glaubwürdigkeit der von euch vorgebrachten Klagen sich der Angelegenheit annehmen, wenn es sich um ein ungerechtes Vorgehen handelt.

An den Imperator Caesar M. Iulius Philippus Pius Felix Augustus und M. Iulius Philippus, den edelsten Caesar: Petition des Aurelius Eglectus hinsichtlich des Verbandes der euch gehörenden Bewohner und Bauern von Aragua im Gebiet von Appia und im vereinigten Demos der Totteaner und Soener in der Landschaft Phrygien, vermittelt durch den Soldaten T. Ulpius Didymos. Während alle in euren glücklichsten Zeiten, gnädigste und rechtschaffendste aller Kaiser, die es je gab, ruhig und friedlich ihr Leben führen können, da jede Schlechtigkeit und Erpressung beseitigt sind, erleiden allein wir Bedrängnisse, die im Widerspruch zu euren allerglücklichsten Zeiten stehen, und bringen euch deshalb diese Bittschrift vor. Der Inhalt der Bitte besteht in Folgendem: Wir sind ein euch gehöriges Dorf, göttlichste Kaiser, eine ganze Gemeinde, die zu euch ihre Zuflucht nimmt und zu Bittstellern gegenüber eurer Göttlichkeit geworden ist. Wir werden wider alle Vernunft erpresst und Requisitionen ausgesetzt von Seiten derer, die doch zum Schutze des öffentlichen Wohles verpflichtet wären. Obwohl wir auf dem flachen Lande wohnen und nicht im Bereich militärischer Kommandostellen, erleiden wir Bedrückungen, die nicht im Einklang stehen mit euren allerglücklichsten Zeiten. Denn Kommandeure und Soldaten, dazu hochgestellte Personen aus der Stadt sowie eure Caesariani, die den Distrikt von Appia passieren, verlassen die Hauptstraßen, dringen bei uns ein, halten uns von der Arbeit ab, beschlagnahmen unsere Pflugochsen, kurz: setzen uns Erpressungen aus, zu denen sie kein Recht haben. Aufgrund dessen erleiden wir in extremer Weise Unrecht und sind Erpressungen ausgesetzt. Schon einmal haben wir, o Kaiser, uns an deine Autorität gewandt, als du die Präfektenstelle innehattest, und haben dich über die Vorfälle informiert. Und dass deine göttliche Seele dadurch bewegt wurde, verdeutlicht dein hier beigefügtes Schreiben: »Wir haben die in ihrer Bittschrift enthaltenen Beschwerdepunkte an den Proconsul weitergeleitet. Er wird sich darum kümmern, dass nicht länger Anlass zu Klagen besteht.« Von der damaligen Beschwerde haben wir aber keinen Nutzen gehabt. Wir sind vielmehr weiterhin in unserer landwirtschaftlichen Tätigkeit unberechtigten Requirierungen ausgesetzt, indem Leute bei uns eindringen, uns gegen jedes Recht misshandeln, ebenso erleiden wir auch von den Caesariani in ungewöhnlichem Maße Erpressungen und müssen unser Vermögen für sie aufwenden, das Land wird entvölkert und schwer geschädigt, obwohl wir auf dem flachen Lande wohnen und nicht an einer Straße [Rest verloren].

Q 266

Feissel/Gascou, 548

Q 266 Einblick in die Alltagsgeschäfte eines römischen Statthalters

Unter dem Consulat des Imperator Caesar Marcus Iulius Philippus Augustus und des Messius Titianus, am 5. Tag vor den Kalenden des September, im Jahre 293 (von Antiochia), am 28. Tag des Monats Lôos (28. August 245), in Antiochia, der Kolonie und Metropole, in den Thermen des Hadrian.

An Iulius Priscus, den sehr vollkommenen Präfekt von Mesopotamien, der die *hypateia* (Statthalterschaft von Syrien) verwaltet, von Archodes, Sohn des Phallaios, Philotas, Sohn des Nisraiabos, Ouorodes, Sohn des Sumisbarachos, und Abedsautas, Sohn des Abediardas, aus dem kaiserlichen Dorf Beth Phrouraia aus dem Gebiet von Appadana. Herr, da wir einen Streit mit unseren Dorfgenossen wegen eines Landstückes und aus anderen Gründen haben, waren wir hierher gekommen, um vor deiner Güte Klage zu führen und, nach 8 Monaten Wartens vor deinem Richterstuhl, ist unser Fall eingeführt worden, wie es deiner Größe gefiel, am 24. August 245. Und du, unser Wohltäter, hast angeordnet, nachdem du einen Teil des Falles gehört hattest, dass die Angelegenheit reguliert werden solle, wenn du dich mit Glück in dieser Gegend befinden werdest. Da aber die Angelegenheit bis jetzt noch nicht entschieden ist und unsere Dorfgenossen versuchen, uns von dem Land, auf dem wir uns befinden, zu vertreiben und Gewalt anzutun, bevor das Urteil gefällt ist, und da die kaiserlichen Anordnungen, die du kennst und mehr als jeder verehrst, befehlen, dass die Leute, die sich im Besitz einer Sache befinden, diejenigen sein sollen, die bis zum Urteil dort bleiben sollen, sind wir aus diesem Grund zu dir zurückgekommen und bitten dich, durch deine Unterschrift Claudius Ariston, dem ausgezeichneten Mann, dem Procurator, der in Appadana residiert und von dem der Gerichtsbezirk abhängt, zu befehlen, dass alles im gegenwärtigen Stand verbleibt und die Gewalttätigkeit unterdrückt wird bis zu dem Besuch, den du mit Glück in diesen Gegenden machen wirst, in der Art, dass wir, falls unserer Bitte entsprochen wird, eine unaufhörliche Dankbarkeit gegenüber deinem Genius haben werden.

Ich, Aurelius Archodes, Sohn des Phallaios, habe (diese Bittschrift, *libellus*) auch im Namen der anderen eingereicht.

Unterschrift des Iulius Priscus, des äußerst vollkommenen Präfekten von Mesopotamien, der die *hypateia* verwaltet: Ariston, der ausgezeichnete Mann, wird deinen Antrag untersuchen.

(Unterschrift des Priscus): (in lateinischer Sprache: *legi*) ich habe es gelesen, Nr. 209.

(Kanzleivermerk): Bittschrift des Archodes, Sohn des Phallaios, und des Philotas, Sohn des Nisraiabos.

Q 267 Beschluss einer Gemeinde, einen römischen Senator um Übernahme des Patronats zu ersuchen

Q 267

Unter den Consuln L. Arruntius Stella und L. Iulius Marinus am 14. Tag vor den Kalenden des November (19. Oktober 101). M'. Acilius Placidus, L. Petronius Fronto, *quattuorviri* mit dem Recht zur Rechtsprechung. Der Senat beschloss. In Ferentinum bei einer Senatssitzung im Tempel des Mercurius, für das Protokoll waren verantwortlich Q. Segiarnus Maecianus und T. Munnius Nomantinus. Dieses sagten alle: T. Pomponius Bassus, der allerberühmteste Mann (Ehrentitel für einen Senator), habe vom allergnädigsten Imperator Caesar Nerva Traianus Augustus Germanicus die Aufsicht erbeten, durch die er für die Ewigkeit seines Italiens sorgte, um es entsprechend seiner Freigebigkeit so zu ordnen, dass die ganze Zeit ihm zu Recht für seine Aufsicht Dank abstatten müsse, und damit es auch zukünftig so sei, dass ein Mann von solcher Tugend unserer Gemeinde zur Hilfe kommen werde. Was in dieser Angelegenheit geschehen solle, darüber haben sie so beschlossen: Es gefalle den Ratsherren (den in der Senatsliste eingeschriebenen Personen),

CIL VI 1492 = *ILS* 6106

Gesandte aus diesem Rat zu T. Pomponius Bassus, dem allerberühmtesten Mann, zu schicken, die von ihm erbitten sollten, dass er sich dazu herablasse, unsere Gemeinde in die *clientela* seines allerhöchsten Hauses aufzunehmen, und gestattet, dass er als Patronus cooptiert werde und in seinem Haus eine Gastfreundschaftstafel, auf der dieser Beschluss aufgeschrieben ist, aufgestellt wird. So beschlossen sie. Als Gesandte handelten: A. Caecilius, der Sohn des Aulus, Quirinalis und Quirinalis.

Q 268

CIL XIV 375 = ILS 6147

Q 268 Ehreninschrift für einen Mitbürger der Gemeinde Ostia

Für Publius Lucilius Gamala, Sohn des Publius, Enkel des Publius, Urenkel des Publius, Aedil der heiligen Gebäude des Volkanus, Aedil, auf Beschluss der Ratsherren kostenlos als Ratsherr hinzugewählt, Pontifex, dem Duumvir (Bürgermeister) in einem fünften Jahr, der in der Volksversammlung mit censorischer Gewalt gewählt wurde, dem Verwalter der öffentlichen Gelder, sowohl beim Eintreiben als auch zum Zuteilen. Als er die Spiele übernommen hatte, sandte er die staatlichen Zuschüsse zurück und zahlte die Ausstattung mit seinem eigenen Geld.

Derselbe ließ mit seinem Geld die Straße mit Stein pflastern, die an das Forum angeschlossen ist, und zwar vom Boden bis an den Bogen.

Derselbe gab den Bürgern ein Gastmahl auf 218 Triklinien.

Derselbe gab den Bürgern von Ostia zweimal auf seine Kosten ein Frühstück.

Derselbe hat den Tempel des Volcanus mit seinem Geld wiederhergestellt.

Derselbe hat den Tempel der Venus mit seinem Geld hergestellt.

Derselbe hat den Tempel der Fortuna mit seinem Geld hergestellt.

Derselbe hat den Tempel der Ceres mit seinem Geld hergestellt.

Derselbe hat zusammen mit Marcus Turranius die Gewichte für den Markt angefertigt.

Derselbe hat den Tempel der Spes mit seinem Geld hergestellt.

Derselbe baute ein Marmortribunal auf dem Forum.

Diesem wurde eine vergoldete Statue auf Beschluss des Stadtrates und mit öffentlichen Geldern errichtet, ebenso wurde ihm auf Beschluss des Stadtrates und mit öffentlichen Geldern eine Bronzestatue neben dem *tribunal* des Quaestors errichtet, weil er der Gemeinde, als sie wegen der Verpflichtung für den Seekrieg ihre Güter verkaufen musste, 150 200 Sesterzen schenkte.

Die Ratsherren fassten den Beschluss, er solle in einem Staatsbegräbnis beigesetzt werden.

Q 269

CIL VIII 993 = ILS 4433

Q 269 Ehreninschrift für eine Kaiserpriesterin aus Carpitanum in Nordafrika

Das Gebäude, das Cassia Maximula, die Priesterin der vergöttlichten Plotina, der himmlischen Göttin gelobt hatte, das haben die Sextilii Martiales – ihr Ehemann, der Gemeindepriester, der alle Ämter (in der Gemeinde) bekleidet hat, und ihr Sohn Martialis, Priester auf Lebenszeit und Aedil – auf ihre Kosten von Grund auf gebaut und und geschenkt. Sie schmückten es mit Marmor und Mosaiken und einer Statue der kaiserlichen Keuschheit und einem Brustschmuck für die himmlische (Göttin) mit dem Beinamen die Kaiserliche und gaben den Ratsherren am Tag der Einweihung Geldgeschenke.

Q 270 Eine Gemeindeordnung in Spanien

Kontext: Die *lex Irnitana* liefert einen fast vollständigen Text der seit den Flaviern gültigen Gemeindeordnung in Spanien.

24. Über den Präfekten des Imperator Caesar Domitianus Augustus. Wenn die Ratsherren dieser Gemeinde oder die Hinzugeschriebenen oder die Bürger dem Imperator Caesar Domitianus Caesar Augustus, dem Vater des Vaterlandes, den Duumvirat im gemeinsamen Namen der Bürger dieser Gemeinde antragen, und der Imperator Caesar Domitianus Augustus, der Vater des Vaterlandes, diesen Duumvirat annimmt und befiehlt, dass jemand an seiner Stelle Präfekt sein soll, dann soll dieser Präfekt unter dem Recht sein, unter dem er wäre, wenn man ihn nach diesem Gesetz zum alleinigen Duumvir hätte wählen dürfen und er nach diesem Gesetz als alleiniger Duumvir mit der Kompetenz zur Rechtsprechung gewählt worden wäre.

J. González, JRS 76,
1986, 147–243

Q 271 Der Statthalter Gaius Plinius Secundus im Dialog mit Kaiser Traian über Probleme in den Gemeinden seiner Provinz

Q 271

Gaius Plinius an Kaiser Traianus. (1) O Herr, die Bürger von Nicomedeia haben für eine Wasserleitung 3, 318 Millionen Sesterzen ausgegeben. Das Bauwerk ist bis heute nicht vollendet, sondern eingestellt, ja sogar abgerissen worden. Für eine andere Leitung hat man erneut 200 000 Sesterzen aufgewendet. Da auch dieser Bau aufgegeben wurde, muss erneut Geld beschafft werden, damit die Leute, die so viel Geld unnütz vergeudet haben, jetzt endlich Wasser bekommen. (2) Ich habe persönlich die Quelle aufgesucht – sie ist äußerst rein –, von der aus man meiner Meinung nach das Wasser in die Stadt leiten sollte. Dies müsste allerdings mit einem Aquädukt geschehen, so wie man es auch anfangs versucht hat, damit das Wasser nicht nur in die ebenen und tiefergelegenen Teile der Stadt gelangt. Es stehen noch sehr wenige Bögen. Einige können aus behauenen Steinen errichtet werden, die man aus dem Vorgängerbau nimmt. Einen anderen Teil könnte man, was ich für das Beste halte, aus Ziegeln errichten, denn das ist einfacher und billiger. (3) Vor allem ist es aber notwendig, dass du mir einen Wasserbautechniker oder einen Architkten schickst, damit es nicht wieder so geht wie schon einmal. Eines kann ich aber mit Sicherheit sagen: ein solcher Bau wäre hinsichtlich seines Nutzens und seiner Schönheit deiner Regierung sehr würdig.

Q 271 a
Plinius, Briefe 10, 37

Traianus an Plinius. Man muss dafür sorgen, dass Wasser in die Stadt Nicomedeia geleitet wird. Ich bin davon überzeugt, dass du diese Aufgabe mit der nötigen Umsicht in Angriff nehmen wirst. Aber es gehört auch weiß Gott zu deinem umsichtigen Verhalten, dass du untersuchst, durch wessen Schuld die Leute von Nicomedeia bis heute eine solche Summe verschwendet haben. Denn sonst fangen sie wieder an, einen Aquädukt zu bauen, lassen ihn liegen, während einer vom anderen das Geld einkassiert. Lass mich daher wissen, was du herausgefunden hast.

Q 271 b
Plinius, Briefe 10, 38

Gaius Plinius an Kaiser Traianus. Amastris, o Herr, eine elegante und ausgeschmückte Gemeinde, besitzt unter ihren herausragenden Bauwerken auch eine sehr schöne und lange gepflasterte Straße. Auf ihrer einen Seite erstreckt sich in voller Länge ein Gewässer, dem Namen nach ein Fluss, in Wirklichkeit

Q 271 c
Plinius, Briefe 10, 98

aber eine äußerst ekelhafte Kloake, ebenso hässlich durch ihren unappetit-
lichen Anblick wie gesundheitsschädlich durch ihren abscheulichen Gestank.
(2) Daher wird es sowohl für die Gesundheit als auch für die Zierde nützlich
sein, wenn man sie abdeckt. Das wird geschehen, wenn du die Erlaubnis
gibst, wobei ich dafür Sorge tragen werde, dass es auch nicht am Geld für
eine ebenso große wie notwendige Aufgabe fehlen wird.

Q 271 d
Plinius, Briefe 10, 99

Traianus an Plinius. Mein lieber Secundus, es ist ein vernünftiger Plan, dieses
Gewässer, das durch die Gemeinde von Amastris fließt, abzudecken, wenn es
in offenem Zustand die Gesundheit gefährdet. Dass es für dieses Vorhaben
nicht an Geld fehlt, dafür wirst du – da bin ich sicher – schon entsprechend
deiner gewohnten Sorgfalt sorgen.

Q 272

Q 272 Unruhen in Städten und das Eingreifen der Kaiser

Kontext: Die Kaiser greifen regelmäßig in den Städten ein, wenn die lokalen
Autoritäten nicht mehr in der Lage sind, etwa Unruhen in den Griff zu bekommen. Solche Unruhen sind für Pompeii (Q 727 a), Pollentia (Q 272 b)
und Puteoli (Q 272 c) nachgewiesen.

Q 272 a
Tacitus, Annales 14, 17

Etwa zu dieser Zeit ereignete sich aus kleinen Streitigkeiten zwischen den
Bürgern von Nuceria und Pompeii ein schreckliches Gemetzel, und zwar bei
einem Gladiatorenspiel, das Livineius Regulus, von dem ich berichtet habe,
dass er aus dem Senat entfernt worden war, gab. Weil die städtische Unbeherrschtheit sich gegenseitig anheizte, griffen sie (erst) zu Beschimpfungen,
dann zu Steinen, dann zu Waffen, wobei die Plebs der Pompeianer, bei denen
dieses Schauspiel veranstaltet wurde, die Oberhand behielt. Daher sind viele
von den Nucerinern, deren Körper durch Wunden entstellt waren, in die
Stadt (Rom) gebracht worden, und viele beweinten den Tod ihrer Kinder
oder Eltern. Das Urteil in dieser Sache überließ der Kaiser dem Senat, der
Senat den Consuln. Und diese berichteten wiederum dem Senat. Den Pom-
peianern wurden auf zehn Jahre öffentliche Zusammenkünfte dieser Art untersagt, und es wurden die Vereine aufgelöst, die sie gegen die Gesetze eingerichtet hatten. Livineius und die anderen, die diesen Aufstand angezettelt
hatten, wurden mit der Exilierung bestraft.

Q 272 b
Sueton, Tiberius 37, 3

Als einmal die Volksmasse von Pollentia nicht zugelassen hatte, dass sich der
Leichenzug für einen Primipilar eher vom Marktplatz in Gang setzen konnte,
bis sie den Erben durch die Androhung von Gewalt Geld zur Veranstaltung
eines Gladiatorenspiels abgetrotzt hatten, ließ er (Tiberius) eine Kohorte von
Rom aus, eine weitere aus dem Königreich des Cottius losmarschieren, ohne
den Grund für den Marsch zu offenbaren. Plötzlich ließ er sie in voller
Kampfbewaffnung und mit Signalen, die zum Angriff bliesen, durch die Tore
in die Stadt einmarschieren. Einen großen Teil der Volksmasse und der Ge-
meinderäte ließ er auf Lebenszeit ins Gefängnis werfen.

Q 272 c
Tacitus, Annales 13, 48

Unter denselben Consuln wurden Gesandtschaften der Puteolani gehört, die
Rat und Volk getrennt zum Senat entsandt hatten. Jene beklagten die Gewalt
der Masse, diese die Habgier der Magistrate und der ersten (Bürger). Damit
sich dieser Aufstand, der sich schon zum Steinewerfen und zur Drohung,
Feuer zu legen, fortentwickelt hatte, nicht Mord und Totschlag hervorrufe,

wurde C. Cassius ausgewählt, um Heilung zu bringen. Weil sie aber seine Strenge nicht ertragen konnten und weil er selbst darum bat, wurde diese Aufgabe auf die Brüder Scribonius übertragen. Diesen wurde eine Prätorianerkohorte mitgegeben. Durch die Furcht vor dieser und die Hinrichtung von einigen wenigen Leuten wurde den Stadtbürgern die Eintracht wiedergegeben.

Q 273 Der Statthalter der Provinz Galatien sichert die Getreideversorgung per Edikt

Q 273

Kontext: Der Statthalter der Provinz Galatien greift mit einem Edikt in der *colonia* von Antiochia in Pisidien ein, da die Getreideversorgung der Gemeinde offensichtlich durch Spekulation gefährdet ist und die zuständigen Gremien nicht in der Lage sind, Abhilfe zu schaffen

AE 1925, 126

L. Antistius Rusticus, der Legat des Imperators Caesar Domitianus Aug(ustus) Germanicus im Range eines Praetor, lässt bekannt machen: Da die Bürgermeister (*duoviri*) und Ratsherren (*decuriones*) der sehr glanzvollen *colonia* der Antiochener mir geschrieben haben, die Getreidepreise seien wegen des sehr strengen Winters enorm gestiegen, und da sie mich gebeten haben, (dafür zu sorgen), dass die Plebs eine Möglichkeit zu kaufen habe, (ordne ich) zum guten [Gelingen] (an), dass alle Kolonisten der *colonia* der Ant(iochener) oder Nichtbürger, die hier wohnen, vor den Bürgermeistern der *colonia* der Ant(iochener) innerhalb von 30 Tagen nach Anschlag meines Ediktes angeben, wie viel Getreide ein jeder hat und wo er es hat, und wie viel er zur Aussaat und als Nahrung für seine *familia* für ein Jahr abzieht. Das gesamte übrige Getreide soll er den Käufern der *colonia* der Ant(iochener) anbieten. Als Endtermin für den Verkauf setze ich die nächsten Kalenden des August fest.

Wenn aber jemand dem nicht nachkommt, so soll er wissen, dass ich alles, was gegen meinen Willen zurückgehalten wird, konfiszieren werde; dabei wurde für Personen, die solches anzeigen, als Belohnung der achte Teil festgesetzt. Da man mir aber die Versicherung gab, vor diesem strengen und langen Winter habe der *modius* acht oder neun Asse in der *colonia* gekostet, und es sehr ungerecht ist, dass jemand aus dem Hunger seiner Mitbürger Gewinn zieht, verbiete ich, dass der Getreidepreis einen Denar (16 Asse) pro *modius* übersteigt.

Q 274 Verbot von Kauf oder Pacht öffentlicher Einkünfte für Magistrate

Q 274

Kontext: Das flavische Gemeindegesetz für Spanien (*lex Irnitana*, vgl. Q 270) untersagt, dass Bürgermeister, Ratsherren, öffentlich Bedienstete oder ihre Verwandten sich bei Pacht oder Kauf öffentlicher Einkünfte beteiligen.

J. González, JRS 76, 1986, 147–243

Wer nicht ›pachten‹ oder ›kaufen‹ darf oder Partner sein darf, wenn öffentliche Kontrakte zur Pacht angeboten werden oder verkauft werden.

Wenn immer öffentliche Einkünfte oder Verträge oder irgendetwas sonst im *municipium* Flavium Irnitanum ›zur Pacht angeboten‹ oder ›verkauft‹ wird, soll kein Duumvir oder Aedil oder Quaestor oder Sohn oder Enkel oder Vater oder Großvater oder Bruder oder Schreiber oder Amtsgehilfe irgendeines von ihnen oder irgendetwas ›pachten‹ oder ›kaufen‹, noch soll er ein Partner bei einem solchen Verfahren sein, noch soll er einen Anteil an irgendeinem solchen Geschäft haben, noch mit Bezug dazu oder in Rechnung dazu, noch soll er irgendetwas mit Wissen und böser Absicht tun, damit er anschließend Nutzen von irgendeinem solchen Geschäft hat, weder in Bezug zu diesem Geschäft oder in Rechnung dazu. Wenn irgendjemand etwas entgegen dieser Vorschriften macht, so soll er, sooft er dagegen verstoßen hat, dieses Geld und noch einmal den Betrag in die öffentliche Kasse der *municipium Flavium Irnitanum* als Strafe zahlen. Das Recht zur Anklage, Forderung und Verfolgung für dieses Geld und über dieses Geld soll jeder Bürger (*municeps*) des *municipium* Flavium Irnitanum haben, der es will und dem es durch dieses Gesetz erlaubt ist.

Q 275

Q 275 Die Arbeit des Staatskommissars für Finanzen

Kontext: Die oft chaotische Finanzwirtschaft vieler Gemeinden führte zur Einsetzung eines Staatskommissars (*curator rei publicae*) durch die Kaiser. Der Jurist Ulpianus liefert in seiner Schrift *Über das Amt des curator rei publicae* Einzelheiten zu seiner Arbeit.

Digesten 50, 12, 1 pr.

Wenn es jemanden geben sollte, der versprochen hat, dass er für die Gemeinde ein Werk schaffen oder Geld geben werde, so entsteht daraus keine Verpflichtung für Zinsen. Wenn er aber beginnt, die Leistung herauszuzögern, dann kommen Zinsen hinzu, wie unser Kaiser (Caracalla) zusammen mit seinem vergöttlichten Vater zurückschrieb.

Q 276

Q 276 Zins als städtische Einnahme

Kontext: Ein großer Teil der städtischen Einnahmen bestand aus Zinsleistungen, die durch Kredite generiert wurden, die man an Privatpersonen vergeben hatte.

Digesten 22, 1, 33

Wenn die öffentlichen Gelder gut angelegt sind, so sollen die Schuldner (Kreditnehmer) nicht beunruhigt werden und dies vor allem, wenn sie die Zinsen zahlen. Wenn sie nicht zahlen, dann soll der Provinzstatthalter für die Sicherheit der Gemeinde sorgen, vorausgesetzt dass er sich nicht als unerbittlicher oder herabwürdigender Eintreiber präsentiert, sondern als ein gemäßigter, der sowohl mit Wirksamkeit freundlich als auch mit (freundlichem) Nachdruck menschlich ist. Denn es gibt viel zwischen unbedachter Übertreibung und einer nicht ehrgeizigen Sorgfalt. (1) Im Übrigen soll er sich darum kümmern, dass keine öffentlichen Gelder vergeben werden ohne geeignete Pfänder oder Hypotheken.

Q 277

Q 277 Inspektion von Gebäuden durch die Proconsuln

Kontext: Die Provinzstatthalter hatten bei ihren Reisen durch die Provinz auch das Recht, den Bauzustand öffentlicher Gebäude in den Gemeinden zu inspizieren. Ulpianus gibt dazu im 2. Buch *Über das Amt des Provinzstatthalters* (*De officio proconsulis*) die folgende Information.

Er soll um die heiligen Gebäude und die öffentlichen Bauten herumgehen, um zu inspizieren, ob sie in gutem Bauzustand sind oder bereits seit Längerem einer Reparatur bedürfen, und soll dafür sorgen, falls man mit dem Bau von Gebäuden angefangen hat, dass sie vollendet werden, soweit es die Kräfte der Gemeinde zulassen, und er soll auch feierlich verlässliche Beauftragte für die Arbeiten an die Spitze stellen und soll auch, wenn dies nötig sein sollte, die Arbeitsleistung von Soldaten zur Unterstützung der curatores geben.

Digesten 1, 17, 7, 1

Q 278 Mäzenatentum der Magistrate

Q 278

Kontext: Von den städtischen Beamten und Ratsherren wurde erwartet, dass sie ihre Heimat durch großzügige Geldgeschenke oder Leistungen wie Spiele oder die Errichtung von Gebäuden unterstützten. Dazu ein Beispiel aus der italischen Gemeinde Allifae.

Dem Lucius Fadius Pierus, dem Duumvir, dem allergroßzügigsten Mitbürger, der wegen der Ehre des Ratsherrenstandes, in dem Jahr, in dem er dazu gemacht wurde, 30 Paare von Gladiatoren und eine Tierhetze mit afrikanischen Tieren und wenige Monate später während seiner Bürgermeisterschaft mit 13 000 Sesterzen, die er von der Gemeinde erhielt, vollständige Tierhetzen und 21 Paare von Gladiatoren gab, ebenso gab er ein Jahr später Bühnenspiele mit seinem eigenen Geld, die Augustales. Der Platz (für die Ehrenstatue) wurde aufgrund eines Stadtratsbeschlusses zugeteilt.

CIL IX 2350 = ILS 5059

Q 279 Ehrung für einen Mäzenaten in Lykien

Q 279

Kontext: Der reiche Lykier Opramoas überträgt dem Bund der lykischen Gemeinden Ackerland, aus dessen Erträgen die Ratsherren des Bundes jedes Jahr einen Ehrensold erhalten sollen

Das Koinon der Lykier ehrt Opramoas, Sohn des Apollonios, Enkel des Apollonios, Urenkel des Kalliados, den Bürger von Rhodiapolis und Myra und Patara und Tlos und Xanthos und Telmessos und Limyra, der in allen Städten Lykiens das Bürgerrecht hat, der Erzpriester des Kaisers gewesen ist und auch Schreiber der Lykier, der jeder der Städte aus seinem eigenen Geld größte Gunst erwies. Er hat dem Ethnos (Bund der Lykier) Äcker überschrieben, die jedes Jahr einen Ertrag von 20 000 Denaren erwirtschaften, damit jedem der *koinobouloi* zehn Denare erhalten soll.

*Fouilles de Xanthos
VII Nr. 66*

Q 280 Verhindertes Mäzenatentum

Q 280

Kontext: Der Jurist Pomponius behandelt in *Briefe und verschiedene Lesungen* den Fall, dass jemand einer Gemeinde versprochen hat, Leistungen zu erbringen, dieses Versprechen aber nicht einhält.

Wenn jemand wegen seiner eigenen Ehre oder der eines Fremden versprochen hat, in einer Gemeinde ein Werk zu erbringen, so ist sowohl er selbst als auch sein Erbe aufgrund einer Bestimmung des vergöttlichten Traianus verpflichtet, dieses Werk zu vollenden. Aber wenn einer wegen der Ehre versprochen

Digesten 50, 12, 14

hat, in einer Gemeinde ein Werk zu erbringen, und es begonnen hat und verstarb, bevor er es vollendet hat, (dann gilt Folgendes). Wenn es ein von außen kommender Erbe ist, dann unterliegt er der Notwendigkeit, es entweder zu vollenden, falls er dies lieber will, oder den fünften Teil des Vermögens, das ihm von dem, der festgelegt hat, dieses Werk zu erbringen, hinterlassen wurde, der Gemeinde, in der man begonnen hat, dieses Werk zu erstellen, zu geben. Der aber, der aus der Zahl der Kinder (dieses Verstorbenen) stammt, wenn er Erbe ist, wird (mit der Verpflichtung) belastet, nicht den fünften Teil, sondern den zehnten Teil aufzugeben. Und dieses hat der vergöttlichte Antoninus festgelegt.

Q 281

Q 281 Staatliche Kredite

Kontext: Kaiser Traianus versuchte die italischen Bauern durch staatliche Kredite zu unterstützen, die mit günstigen Zinskonditionen ausgeliehen wurden. Die Zinserträge waren für die Alimentierung von Kindern aus der jeweiligen Gemeinde bestimmt. Die Kreditnehmer verpfändeten als Sicherheit Immobilien, deren Namen zusammen mit ihrer Lage, ihrem Wert, der vergebenen Kreditsumme und den zu zahlenden Zinsen auf einer Bronzetafel verzeichnet wurden. Daraus ein Auszug.

Criniti, 1991

Belastung von Ländereien für 1 404 000 Sesterzen, damit von der Großzügigkeit des besten und größten Imperators Caesar Nerva Traianus Augustus, Siegers über Germanen und Daker, Knaben und Mädchen Unterstützung empfangen können.

Ehelich geborene Jungen: 245. Für jeden 16 Sesterzen in jedem Monat. Dies macht 47 040 Sesterzen.

Ehelich geborene Mädchen: 34. Für jede 12 Sesterzen in jedem Monat. Dies macht 4896 Sesterzen.

Uneheliche Jungen: einer mit 144 Sesterzen

Uneheliche Mädchen: eine mit 120 Sesterzen.

Insgesamt 52 200 Sesterzen. Dies entspricht einem Zins von 5 % auf das zuvor genannte Kapital.

Gaius Volumnius Memor und Volumnia Alce geben durch ihren Freigelassenen Volumnius Diadumenus den *fundus* Quintiacus Aurelianus und den Hügel Muletatis mit den Wäldern an, die sich im Gau Ambitrebius von Veleia befinden. Nachbarn sind M. Mommeius Persicus, Satrius Severus und das Volk, Wert 108 000 Sesterzen. Sie empfangen 8692 Sesterzen und verpfänden die oben genannten Liegenschaft.

Marcus Virius Nepos gibt Landgüter an, die nach Abzug der Abgaben einen Wert von 310 545 Sesterzen haben. Er soll 25 353 Sesterzen empfangen und (dafür) verpfänden: das Landgut Planianus, das sich im Gebiet von Veleii im Gau Iunonius befindet, Nachbar Priscus Palameno und Velleius Severus und das Volk, für das er 14 000 Sesterzen angegeben hat, und das Landgut Suigianus mit 3 Häusern im oben genannten Gau, Nachbarn Gaius Calidius und Velleius Proculus und das Volk, für das er 20 000 Sesterzen angegeben hat, und das Landgut Petronianus, Gau und Nachbarn wie oben genannt, für das er 4000 Sesterzen angegeben hat, und das Landgut Manlianus Hostilianus mit einem Haus, oben genannter Gau, Nachbarn Coelius Verus und Baebius Verus und das Volk, für das er 11 000 Sesterzen angegeben hat. Für 3353 Sesterzen.

Ebenso das Landgut Manlianus Storacianus Calpurnianus, im oben genannten Gau, Nachbarn die Gebrüder Ulvii Stolicini und die Gebrüder Vettii, für das er 20 000 Sesterzen angegeben hat, und das Landgut Munatius Attianus mit 3 Häusern <zu zwei Drittel>, im oben genannten Gau, Nachbarn Valerius Adulescens und Baebius Verus und das Volk, für das er 28 000 Sesterzen angegeben hat, und das Landgut Munatius Attianus mit Häusern <zu einem Drittel>, im oben genannten Gau, Nachbarn die Gebrüder Naevii und die Gebrüder Ayllaeli, für das er 14 000 Sesterzen angegeben hat. Für 5000 Sesterzen.

Ebenso das Landgut Arsuniacus mit Häusern, zu zehn Zwölftel, im oben genannten Gau, Nachbarn die Gebrüder Coelii und das Volk, für das er 84 333 Sesterzen angegeben hat. Für 6000 Sesterzen.

Ebenso das Landgut Propertianus, im oben genannten Gau, Nachbar Atilius Palaemon und die Gebrüder Aiasii und das Volk, für das er 21 410 Sesterzen angegeben hat, und das Landgut Messianus Allelianus, zu einem Viertel, das sich im Gebiet von Veleii im Gau Domitius befindet, Nachbarn sind Volumnius Crescens und die Brüder Novelli und das Volk, für das er 14 000 Sesterzen angegeben hat, und das Landgut Licinianus Virianus zur Hälfte, das sich im Gebiet von Veleii im Gau Iunonius befindet, Nachbarn sind Palamenus Priscus und Pullienus Priscus, für das er 7600 Sesterzen angegeben hat. Für 3000 Sesterzen.

Ebenso die Landgüter oder Landstrecken mit Namen Nariani Catusiani, zur drei Viertel, die im Gebiet von Veleii im Gau Iunonius sind, Nachbarn Gaius Coelius Verus und Dellius Proculus, für die er 74 000 Sesterzen angab. Für 4000 Sesterzen.

Ebenso das Landgut Munatianus Praestanus Vibianus Vaculeianus, im oben genannten Gau, Nachbarn sind die Gebrüder Stoniceli und das Volk, für das er 14 000 Sesterzen angegeben hat, und das Landgut Cornelianus Collacterianus Flacelliacus mit der Siedlung Munatiana Artefigia, zur Hälfte, und die Siedlung Vettiana Corneliana, zu einem Viertel, im oben genannten Gau, Nachbarn Coelius Verus und Catunius Pupillus und das Volk, für das er 26 300 Sesterzen angegeben hat, ebenso das Landgut Acilianus Albonianus Caninianus, zur Hälfte, im oben genannten Gau, Nachbarn Dellius Proculus und die Gebrüder Aebutii und das Volk, für das er 10 432 Sesterzen angab. Für 4000 Sesterzen.

Q 282 Ehreninschrift für einen reichen Freigelassenen aus Puteoli

Q 282

Dem Lucius Licinius Primitivus, der mit den Ehrenzeichen des Ratsherrenstandes geehrt worden war, dem Geschäftsführer der Augustales auf Lebenszeit, die vereinten Augustales wegen seiner immerdauernden und vielfältigen Großzügigkeit und weil er ihr Vermögen und ihre Geschäfte unbestechlich verwaltete. Aus Anlass dieser Einweihung gab er jedem der Ratsherren 12 Sesterzen, jedem Augustales 8 Sesterzen, den freigeborenen (Bürgern) und den in einem Verein organisierten Veteranen 6 Sesterzen, den Einwohnern 4 Sesterzen und ein Festessen für die Ratsherren und die Augustales, ebenso gab er am 12. Februar, dem Tag der Nachtwache des heimatlichen Gottes, ein zweites ebenso großes (Essen). Der Platz (für die Statue) wurde auf Beschluss des Stadtrates zugeteilt. Geweiht am 30. Juli unter den Consuln Pudens und Orfitus. L. Laecanius Primitivus (hatte die Aufsicht).

CIL X 1881 = ILS 6328

Q 283

Q 283 Senatsbeschluss contra Immobilienspekulation

Kontext: Ein ursprünglich auf einer Bronzetafel aufgezeichneter Senatsbeschluss, der auf Initiative von Kaiser Claudius erlassen wurde, verbietet, Immobilien in spekulativer Absicht zu erwerben, um sie anschließend auszuplündern. Er ist nach dem ersten der beiden amtierenden Consuln (Hosidius Geta) *Senatus consultum Hosidianum* benannt.

Q 283 a
FIRA I p. 288 Nr. 44 =
CIL X 1401 = ILS 6043

Unter den Consuln Gnaeus Hosidius Geta und Lucius Vagellius am 10. Tag vor den Kalenden des Oktober (22. September). Der Senat beschloss:
Da der beste Princeps in seiner Weitsicht auch für die Häuser unserer Stadt und für die Unvergänglichkeit ganz Italiens Vorsorge traf, um ihnen nicht nur durch seine erlauchteste Vorschrift, sondern auch durch sein Beispiel zu nützen, und da es zu dem Glück des bevorstehenden Jahrhunderts passt, nach Maßgabe der öffentlichen Gebäude auch Privatgebäude zu erhalten, und da sich alle dieser sehr grausamen Art der Spekulation enthalten und nicht einen unserer friedvollen Zeit sehr nachteiligen Anblick heraufführen sollen, ergeht folgender Beschluss: Wenn jemand aus Spekulationsabsicht ein Haus kauft, um durch dessen Abriss einen höheren Preis zu erhalten, als er beim Kauf gezahlt hat, dann muss der doppelte Kaufpreis in das Aerarium abgeführt werden, und es muss nichtsdestoweniger dem Senat Bericht erstattet werden. Und da der Verkauf nach einem üblen Vorgange ebenso wenig statthaft ist wie der Kauf, und damit auch die Käufer, die absichtlich in betrügerischer Absicht dem Willen des Senates zuwider einen Verkauf betätigen, zur Ordnung gerufen werden, ergeht der Beschluss: solche Verkäufe werden ungültig. Im Übrigen versichert der Senat, dass für die Eigentümer nichts festgesetzt wird, die als künftige Eigentümer einige Teile ihrer Besitzungen verändern, sofern dies nicht aus Spekulationsabsichten geschieht. Sie stimmten darüber ab. Im Senat waren 383 Mitglieder anwesend.

Q 283 b

Ausnahmegenehmigung
Kontext: Der Senat erteilt eine Ausnahmegenehmigung für Alliatoria Celsilla, die so von den Strafandrohungen des *Senatus consultum Hosidianum* befreit wird. Dieser Text war auf derselben Bronzetafel aufgezeichnet.

FIRA I p. 288 Nr. 44 =
CIL X 1401 = ILS 6043

Unter den Consuln Quintus Volusius und Publius Cornelius am 6. Tag vor den Nonen des März (6. März). Der Senat beschloss:
Was das betrifft, dass Q(uintus) Volusius und P(ublius) Cornelius das Wort ergriffen bezüglich der Forderungen der Verwandten der Alliatoria Celsilla, fassten sie, was diesbezüglich geschehen soll, folgenden Beschluss: Durch Senatsbeschluss, der unter dem Consulat von Hosidius Geta und L(ucius) Vagellius, ihrer Exzellenzen, am 10. Tag vor den Kalenden des Oktober auf Veranlassung des vergöttlichten Claudius erging, war verfügt worden, keiner solle sein Haus oder ein Landhaus abreißen, um größeren Gewinn für sich zu erzielen, und keiner solle aus Spekulationsabsichten solche Immobilien kaufen oder verkaufen. Als Strafe gegen den Käufer, der diesem Senatsbeschluss zuwiderhandelt, war festgesetzt worden, dass der Käufer gezwungen wird, die doppelte Summe an das Aerarium abzuführen, und dass der Kauf desjenigen, der verkauft, ungültig werde. Bezüglich der Besitzer, die in Zukunft irgendwelche Teile ihres Besitzes verändern wollten, wenn sie dieses nur nicht aus Spekulationsabsichten taten, wurde keine neue Maßnahme getroffen. Und als daher die Verwandten der Alliatoria Celsilla, der Ehefrau des Atilius

Lupercus, eines vortrefflichen Mannes, dieser Körperschaft erklärten, ihr
Vater, Alliatorius Celsus, habe Grundstücke mit Gebäuden im Gebiet von
Mutina mit dem Flurnamen ›Campi Macri‹ gekauft – auf ihnen habe man in
früheren Jahren gewöhnlich Markt abgehalten, aber schon seit mehreren
Jahren habe man aufgehört, Markt abzuhalten – und diese Gebäude befänden sich infolge ihres hohen Alters in Einsturzgefahr und würden auch im
Falle ihrer Wiederherstellung unbenutzbar bleiben, da niemand in ihnen
wohne und niemand in diese verlassenen und vom Einsturz bedrohten Gebäude einziehen wolle, daher solle für die Celsilla es nicht als böswillige
Täuschung ausgelegt, noch solle sie bestraft werden, wenn diese Gebäude,
über die in der Körperschaft verhandelt wurde, entweder abgerissen würden,
oder wenn sie diese Gebäude allein oder mit dem Lande umher unter der
Bestimmung verkaufe, dass der Käufer diese ohne böse Absicht seinerseits
abreißen und beseitigen dürfe. Für die Zukunft aber sollen die Übrigen daran
erinnert werden, sich so hässlicher Art von Spekulationsgeschäften zu enthalten, zumal in diesem Jahrhundert, in dem es sich eher zieme, Neubauten zu
errichten und alle Bauten zu verschönern, so dass dadurch die glückliche Zeit
des Erdkreises hervorleuchte, als durch den Abriss von Gebäuden irgendeinen
Teil Italiens zu verschandeln und jetzt noch an [der Sorglosigkeit] früherer
Zeiten festzuhalten, [die der Allgemeinheit Schaden brachte], so dass man
behauptet, es sei infolge hohen Alters geschehen [...]. Angenommen. Im Senat
[waren anwesend ...].

Q 284 Iuvenal über die Zustände in römischen Mietskasernen (*insulae*)

Q 284

Q 284a
*Iuvenalis, Satiren
3, 193 ff.*

Doch wir bewohnen ja Rom, zum größten Teile mit schwachen Pfeilern gestützt; denn so beugt jedem Verfalle der Hauswart vor, und hat er den Spalt
der veralteten Ritze verkleistert, mahnt er, sicher zu ruhn, auch wenn dem
Hause der Einsturz droht. Dort, wo es niemals einen Brand gibt, dort lasst
uns leben, wo es keine nächtliche Angst gibt. Schon ruft nach Wasser und
rettet das bisschen Ucalegon, schon dringt der Rauch zur dritten Etage: Du
weißt nichts. Denn, läuft man hinweg von den untersten Stufen, fasset den
letzten der Brand, den oben allein vor dem Regen schützet das Dach, wo ihr
Ei hinlegen die zärtlichen Täubchen.

Q 284b
*Iuvenalis, Satiren
3, 268–277*

Richte den Blick jetzt auf weitere unterschiedliche Gefahren in der Nacht:
welche Höhe die aufragenden Häuser haben, von denen aus eine Scherbe das
Hirn trifft, wie oft fallen lecke und zerbrochene Gefäße aus den Fenstern, mit
welcher Wucht schlagen sie auf das Pflaster, zeichnen und beschädigen es. Als
nachlässig kannst du gelten und nicht auf einen plötzlichen Schicksalsschlag
gefasst, wenn du zum Abendessen gehst, ohne vorher dein Testament gemacht zu haben. Denn wirklich drohen so viele Tode, wie viel in jener Nacht
Fenster wachend offen stehen, wenn du vorübergehst. Folglich sollst du
darum beten und den kläglichen Wunsch bei dir hegen, dass sie sich damit
begnügen, geräumige Wannen von oben zu entleeren.

Q 285 Haftung und Schadensersatz

Q 285

Kontext: Der Jurist Ulpianus behandelt in Buch 23 seines Kommentars zum
praetorischen Edikt die Frage der Haftung, wenn jemand durch aus dem

Fenster auf die Straße geworfene Dinge verletzt oder geschädigt wurde; der Jurist Gaius behandelt in seinem 6. Buch zum Provinzedikt die Frage von Schadensersatzleistungen in solchen Fällen (vgl. Q 284 b).

Q 285 a
Digesten 9, 3, 5, 1–2

Wenn aber mehrere Personen eine unter sich aufgeteilte Wohnung (*cenaculum*) bewohnen, wird einer Klage nur gegen die Person stattgegeben, die den Teil bewohnt, aus dem etwas ausgeschüttet wurde. (1) Wenn einer seinen eigenen Freigelassenen oder Klienten oder denen seiner Ehefrau kostenlose Wohnungen gegeben hat, so haftet er nach Meinung des (Juristen) Trebatius für sie, was richtig ist. Dasselbe muss gesagt werden, wenn jemand seinen Freunden eine bescheidene Wohnung (*modica hospitiola*) zugeteilt hat. Denn wenn einer eine Wohnung (*cenaculum*) hat und selbst den größten Teil bewohnt, dann haftet er als Einziger. Aber wenn jemand eine Wohnung gemietet hat und sich selbst nur einen kleinen Teil reserviert hat, während er den Rest an mehrere Personen (unter-)vermietet hat, dann haften alle (gewissermaßen) gemeinsam als Leute, die in der Wohnung leben, aus der etwas heruntergeworfen oder ausgeschüttet wurde. Manchmal aber ist es angemessen, weil es ohne Haftung des *actor* geschieht, dass der Richter aus Gründen der Gleichheit eine Klage gegen die Person zulässt, aus deren Schlafraum (*cubiculum*) oder Wohnraum (*exedra*) etwas herabgeworfen wurde, selbst wenn mehrere Leute in der gleichen Wohnung wohnen. Wenn aber etwas aus dem Flur (*medianum*) herabgeworfen wurde, dann ist es gerechter, wenn alle (Bewohner) haften.

Q 285 b
Digesten. 9, 3, 7

Wenn der Körper eines freien Menschen durch das, was herabgeworfen oder ausgegossen wird, verletzt werden wird, dann berechnet der Richter die geleisteten Zahlungen für die Ärzte und die übrigen Ausgaben, die bei der Heilung entstanden sind, außerdem die Lohneinkünfte (*operae*), die ihm entgangen sind oder entgehen werden, weil er arbeitsunfähig gemacht wurde (*inutilis*). Für Narben oder Entstellungen gibt es keine Bewertung (des Schadens), weil der freie Körper keine Bewertung erhält.

Q 286

Q 286 Behördliche Erlaubnis zum Markttag

Kontext: Gaius Cacilius Secundus Servilianus, der Statthalter der Provinz Asia, erlaubt dem Dorf Mandragoreis jeden Monat an drei Tagen einen Markt abzuhalten. Erlaubnis und der begleitende Schriftwechsel sind auf einer Inschriftenstele festgehalten worden.

Nollé 1982, 11 ff.

[...] weil ja von dir und den Proconsuln vor dir auch schon andere Dörfer gleichfalls das Marktrecht erlangt haben. Unter diesen hat auch Attukleis, das Nachbardorf, das Recht, an drei Tagen pro Monat je einen Tag lang Markt abzuhalten, und zwar am 8., 18. und 29. eines jeden Monats. Von Attukleis ziehen die Händler dann zur Stadt selbst, dem hochprächtigen Magnesia, weiter. Ein Tag liegt zwischen dem Markttag in Attukleis und dem städtischen Markttag, und der Weg der Händler führt unumgänglich durch das Dorf Mandragoreis.

Diese dazwischen liegenden und noch freien Tage, mein Gebieter, zwischen den Markttagen, die in Attukleis stattfinden, und den Markttagen, die in der Stadt abgehalten werden, erbitte ich als Markttage für Mandragoreis zugebilligt zu erhalten, und zwar den 9., 19. und 30. eines jeden Monats. Daraus entsteht weder der Stadt noch dem hochheiligen Fiscus ein Nachteil. Ich wünsche dir, mein Herr, Gesundheit und Wohlfahrt.

Abgeschrieben und überprüft an der Papyrus-Sammelrolle der Edikte im Archiv von Magnesia – in dem Monimus, der Sohn des Zosimos, Antigrapheus ist – ist das folgende Edikt: C(aius) Cacil(ius) Secundus Servilianus, Proconsul, hat verkündet: Ich wurde vorn auf dem Tribunal von Leuten, die für das Dorf Mandragoreis Sorge tragen, angesprochen. Sie baten mich, dem Ort das sogenannte ›dreimalige Marktrecht‹ für jeden Monat zu verleihen, und zwar für den 9. zu Anfang des Monats, für den 19. und 30. Sie versicherten, dass dieses Begehren niemanden Schaden brächte und auch nicht die Termine der in anderen Orten abgehaltenen Märkte beeinträchtigt würden. Weil ich auf die Fortuna unserer hochheiligen Herrscher achte, die ja wollen, dass ihr ganzer Erdkreis noch weiter gefördert wird, tue ich mit diesem meinem Edikt kund, dass ich die vorhin genannten Tage zur Abhaltung von Markt und Handelstagen in Mandragoreis gewährt habe. Zum Aushang! Es ist mein Wille.

Ich, Dionysios, Sohn des Dionysios, Bürger von Magnesia, habe das Edikt am 16. Tag vor den Kalenden des April (17. 3.) im Consulatsjahr des Aurelius Pompeianus und des Lol(l)i(anus) Avitus (209 n. Chr.) überbracht. Ich Tib(erius) Iul(ius) Marcellus, Erzpriester und Sekretär der sehr prächtigen Stadt Magnesia, habe (das Edikt) im Consulatjahr des L(ucius) Aurelius Pompeianus und Lollianus Gentianus Avitus am 24. des Monats Poseideion im Archiv niedergelegt. Ich, Monimus, Sohn des Zosimus, Antigrapheus, habe die Abschrift herausgegeben. Es haben gesiegelt: M. Aur. Hermogenes, M. Aur. Tatianus, M. Sossius Ammianus, Aelius Demonicus, C. Flavius Leucius, M. Plotius Melito, Cl. Pollio.

Der erlauchte Legat der Asia Albinus hat (den Markt) eröffnet, als Athenagoras, Sohn des Ammios, Pytheas, Sohn des Pytheas, und Aristides, Sohn des Apellas, Sekretäre des Dorfes der Mandragoriten waren.

Q 287 Eine Schenkung für die Augustales

Q 287

Kontext: Der Freigelassene Vesbinus schenkt den Augustales einen Raum für ihre Versammlungen, den er von der Gemeinde von Caere erhalten hat. Auf der Inschrift werden die Beschlüsse der Gemeinde zusammen mit der Zustimmung des für Caere verantwortlichen *curator rei publicae* verzeichnet (vgl. Q 275 f.).

Vesbinus, kaiserlicher Freigelassener, ließ einen Versammlungsort für die Augustales der Gemeinde Caere, nachdem er den Platz von der Stadt erhalten hatte, auf eigene Kosten mit allem ausstaffieren und schenkte ihnen diesen Raum.

CIL XI 3614
= ILS 5918 a

Abgeschrieben und überprüft in der Vorhalle des Marstempels nach dem Amtstagebuch, das Cuperius Hostilianus durch den Schreiber T. Rustius Lysiponus vorbringen ließ. Darin stand das unten Angegebene: Unter dem Consulat von L. Publius Celsus iterum und C. Clodius Crispinus an den Iden des April (13. 4. 113), unter der Dictatur des M. Pontius Celsus, unter dem Aedilen C. Suetonius Claudianus, der mit der Rechtsprechung beauftragt und Stadtkämmerer war.

Aus dem tageweise geführten Amtstagebuch des Municipium Caere, daraus Seite 27, Absatz 6: »M. Pontius Celsus, der Dictator, und C. Suetonius

Claudianus ließen die Dekurionen in den Tempel der vergöttlichten Kaiser einladen. Dort stellte Vesbinus, der kaiserliche Freigelassene, den Antrag, man möge ihm auf Kosten des Stadt einen Platz in der Säulenhalle der Basilica Sulpiciana geben, damit er für die Augustales an diesem Platz einen Versammlungsraum erbaue. Dort wurde ihm nach übereinstimmendem Beschluss der Dekurionen der Platz, den er gewünscht hatte, gegeben und alle beschlossen, diesbezüglich einen Brief an den Curator Curiatius Cosanus zu schicken. In der Kurie waren anwesend: Pontius Celsus, der Dictator, Suetonius Claudianus, der mit der Rechtsprechung beauftragt ist, M. Lepidius Nepos, der Aedil, der für die Getreideversorgung zuständig ist, Pollius Blandus, Pescennius Flavianus, Pescennius Niger, Pollius Callimus, Petronius Innocens, Sergius Proculus.«

Daraus aus der nächsten Seite, Abschnitt 1: »Die Beamten und Dekurionen grüßen Curiatius Cosanus. An den Iden des August. Als Ulpius Vesbinus von uns eine Sitzung wünschte, ließen wir die Dekurionen zusammenrufen. Von ihnen erbat er, man möge ihm auf Kosten der Stadt einen Platz in der Ecke der Säulenhalle der Basilika geben, weil er versprochen habe, er werde den Augustales einen Versammlungsraum im öffentlichen Interesse ausschmücken entsprechend der Würde des Municipium. Von allen wurde ihm Dank gesagt; dennoch beschloss man, dir zu schreiben, ob du auch diesem Beschluss zustimmen würdest. Dieser Platz der Stadt ist nicht im Gebrauch und kann keine Einkünfte abwerfen.«

Daraus aus der Seite 9, Abschnitt 1: »Curiatius Cosanus grüßt Beamte und Dekurionen von Caere. Ich muss nicht nur eurem Wunsch zustimmen, sondern auch Dank sagen, wenn jemand unsere Stadt herausgeputzt hat. Daher stimme ich eurem Votum bei, nicht gleichsam in meiner Eigenschaft als Kurator, sondern gleichsam als einer aus dem Stadtrat, da so ehrenvolle Beispiele auch durch eine so ehrenvolle Ausstattung herausgefordert werden sollen. Abgesandt am Tag vor den Iden des September zu Ameria.« Verhandelt an den Iden des Juni unter den Consuln Q. Ninnius Hasta und P. Manilius Vopiscus. Eingeweiht an den Kalenden des August unter denselben Consuln (1. August 114).

<table>
<tr><td>

Q 288

</td><td>

Q 288 Bittschrift an eine höhere Instanz

Kontext: Bittschrift des Aurelius Ptolemaios an eine höhere Instanz, um einen ungünstigen Beschluss auf Ebene seiner Heimatgemeinde korrigieren zu lassen.

</td></tr>
<tr><td>

Select Papyri 300 = Papyrus aus Oxyrhynchos 1202

</td><td>

An seine Exzellenz Aurelius Severus, den stellvertretenden Epistrategen, von Aurelius Ptolemaios, dem Sohn des Sempronius, dem Sohn des Lucius, dessen Mutter Thaesis war, aus Oxyrhynchos. Es war der Brauch, seit wir die Einrichtung des Wettkampfs für die Epheben als Geschenk von unseren Herren Severus und dem großen Antoninus erhielten, dass die jeweils amtierenden Distriktschreiber der Stadt, sobald sich jedes Jahr die Zeit für den Agon nähert, eine Liste derjenigen einreichen und veröffentlichen, die im Begriff sind, Epheben zu werden, damit jeder den Status eines Epheben in der zutreffenden Saison übernehmen kann. Da aber der gegenwärtige Distriktschreiber Aurelius Serapion in der Liste, die kürzlich von ihm publiziert wurde, unter denen, die im Begriff sind, unter guten Umständen Epheben zu werden, möglicherweise aus Unkenntnis meinen Sohn Aurelius Polydeukes vergessen hat, der

</td></tr>
</table>

im 25. Jahr das Alter von vierzehn Jahren erreicht und die Prüfung hinsichtlich seines Alters und seiner Abstammung passiert hat, um für die Mitgliedschaft im Gymnasion in ebendiesem 25. Jahr zugelassen zu werden, bin ich
gezwungen, Zuflucht zu dir zu nehmen und zu bitten, dass mein Sohn ebenfalls auf die Liste der Epheben wie seine Gefährten eingetragen wird, damit
ich Erlösung empfange. Lebe wohl.
(Unterschrift). Ich, Aurelius Ptolemaios, habe diese Bittschrift überreicht.

Q 289 Organisation eines regionalen Festes   *Q 289*

Kontext: Auszug aus einer Inschrift aus der lykischen Gemeinde Oinoanda,
in der die Organisation eines lokalen Festes geregelt wird. Im Anschluss die
Partien, in denen u. a. festgelegt wird, wer wie viele Tiere für die Opfer bereitstellen muss. Daneben der Zeitplan der Wettkämpfe zusammen mit der Liste
der Preisgelder.

Es sollen in Prozession durch das Theater führen und gemeinsam an den Ta *Wörrle 1988 (Vestigia 39)*
gen des Festes opfern, wie der Agonothet durch schriftliche Bekanntmachung
jede Opfergemeinschaft aufstellt: der Agonothet selbst 1 Rind, der städtische
Kaiserpriester und die Kaiserpriesterin 1 Rind, der Priester des Zeus 1 Rind,
3 Panegyriarchen 1 Rind, Ratssekretär und 5 Prytanen 2 Rinder, 2 städtische
Agoranomoi 1 Rind, 2 Gymnasiarchen 1 Rind, 4 Tamiai 1 Rind, 2 Paraphylakes 1 Rind, Ephebarch 1 Rind, Paidonomos 1 Rind, Beauftragter für die
öffentlichen Bauten 1 Rind; von den Dörfern, Thersenos mit Armadu und
Arissos und Merlakanda und Mega Oros und [--]lai und Kirbu und Euporoi
und Oroata und [---]rake und Ualo und (H?)yskaphaioi mit den dazugehörigen Einöden 2 Rinder, Orpenna Sielia mit den dazugehörigen Einöden 1
Rind, OCARSAN[--]AKG mit Lakistanunda und Kakasboi Killu und den
dazugehörigen Einöden [---] Rind(er), [.]yrneiai mit den dazugehörigen Einöden 1 Rind, Elbessos mit den dazugehörigen Einöden 1 Rind, Nigyrassos
mit den dazugehörigen Einöden 1 Rind, Uauta Marakanda mit den dazugehörigen Einöden 1 Rind, Milgeipotamos Uedasa mit den dazugehörigen
Einöden 1 Rind, Prinolithos KOLABG[--] mit den dazugehörigen Einöden 1
Rind, Kerdebota Palangeimanake mit den dazugehörigen Einöden 1 Rind,
Ninaünda PAN[--]SUGRA mit den dazugehörigen Einöden, Ornessos Aetu
Nossia Korapsa mit den dazugehörigen Einöden 1 Rind, [--]a Sapondoanda
mit den dazugehörigen Einöden 1 Rind, wobei niemand berechtigt ist, auf
diese Opfer eine Steuer zu erheben.
Am Augustustag des Artemisios [] Wettkampf der Trompeter und Herolde,
von denen den Siegern als Kampfpreis je 50 Denare gegeben werden sollen,
danach nach den Ratssitzungen und der Volksversammlung am 5. Wettkampftag den Verfassern von Prosaenkomien, von denen dem Sieger 75 Denare gegeben werden sollen, der 6. wird ausgelassen wegen des an ihm
stattfindenden Marktes, am 7. Wettkampf der Dichter, von denen dem Sieger
75 Denare gegeben werden sollen, am 8. und 9. Wettkampf der Oboisten mit
Chor, denen gegeben werden sollen als 1. Preis 125 Denare, als 2. Preis 75
Denare, am 10. und 11. Wettkampf der Komöden, denen gegeben werden
sollen als 1. Preis 200 Denare, als 2. Preis 100 Denare, am 12. Opfer für den
Apollon der Ahnen, am 13. und 14. Agon der Tragöden, denen gegeben werden sollen als 1. Preis 250 Denare, als 2. Preis 125 Denare. Am 15. das zweite
Opfer für den Apollon der Ahnen, am 16. und 17. Wettkampf der Kitharö

den, denen gegeben werden sollen als 1. Preis 300 Denare, als 2. Preis 150 Denare, am 18. (der Wettkampf) *dia panton*, und es sollen dabei gegeben werden als 1. Preis 150 Denare, als 2. Preis 100 Denare, als 3. Preis 50 Denare [-] es sollen auch dem, der die Bühnenausstattung zur Verfügung stellt, 25 Denare gegeben werden [-], am 19., 20. und 21. bezahlte Darstellungen, zu denen gehören sollen Mimen und Bühnenkünstler und Schaustellungen, für die keine Preise ausgesetzt sind, wobei in diese Tage auch die anderen Bühnenkünstler aufgenommen werden, die der Stadt gefallen, wofür 600 Denare ausgewendet werden sollen, am 22. Tag gymnische Zusatzagone von Bürgern, für die ausgegeben werden sollen 150 Denare.

Q 290

Q 290 Effektive Verwaltung von Landgütern

Plinius, Briefe 9, 37

Gaius Plinius grüßt seinen Paulinus.
(1) Es passt nicht zu deinem Charakter, von deinen vertrauten Freunden gegen ihre eigene Bequemlichkeit diese üblichen, sozusagen offiziellen Besuche zu fordern; und meine Liebe zu dir ist zu beständig, als dass ich fürchten müsste, du könntest es anders, als ich es möchte, auffassen, wenn ich dir als Consul nicht sofort am 1. Januar meine Besuch abstattete. Jedoch mich hält die Notwendigkeit, die Verpachtung meiner Güter für mehrere Jahre zu regeln, hier fest, wobei ich neue Überlegungen anstellen muss. (2) Denn in den letzten 5 Jahren sind die Rückstände meiner Pächter trotz großer Nachlässe angewachsen. Daher bemühen sich die meisten überhaupt nicht mehr darum, ihre Schulden zu vermindern, weil sie daran zweifeln, sie jemals vollständig abzahlen zu können. Sie raffen auch zusammen und verbrauchen, was auf den Feldern wächst, denn sie meinen, es doch nicht für sich zu sparen. (3) Man muss also den zunehmenden Missständen entgegentreten und Abhilfe schaffen. Es gibt nur ein Mittel zur Abhilfe, wenn ich nicht gegen Zahlungen einer Geldsumme, sondern gegen einen Teil des Ertrages verpachte und dann einige von meinen Leuten als Aufseher für die Arbeiten und als Wächter über die Ernte einsetze. Überhaupt gibt es keine gerechtere Art von Einkünften als die, die Erde, Wetter und die Jahreszeit hervorbringen. (4) Aber das erfordert große Gewissenhaftigkeit, wachsame Augen und zahlreiche Hände. Doch man muss es versuchen, und wie bei einer hartnäckigen Krankheit muss jedes Mittel, das eine Veränderung bringen könnte, ausprobiert werden. (5) Du siehst, dass mich ein nicht willkommener Anlass davon abhält, den ersten Tag deines Consulates festlich zu begehen. Doch ich werde ihn auch hier, als wäre ich dort anwesend, mit Gelübden, Freude und Glückwünschen feiern. Lebe wohl!

Q 291

Q 291 Columella für eine Professionalisierung des Ackerbaus

Kontext: In der Einleitung zu seinem Werk *Über den Ackerbau* beklagt Columella, dass die Landwirtschaft trotz ihrer hohen Bedeutung für das menschliche Leben keine wissenschaftliche Ausbildung kennt.

Columella, Über den Ackerbau 1, praefatio 1–10

(1) Immer wieder höre ich aus dem Mund unserer führenden Politiker den Vorwurf bald gegen unser Land, dass es so wenig fruchtbar sei, bald gegen unser Klima, dass es seit langer Zeit den Ackerbau so wenig begünstige. Der eine oder andere fügt dann diesen Klagen, scheinbar mit guter Überlegung,

versöhnlich die Feststellung an, dass der Boden, der eben in den vergangenen Zeiten sich durch übermäßige Üppigkeit erschöpft und verzehrt habe, gar nicht mehr in der Lage sein, den Menschen mit der ursprünglichen Freigebigkeit ihre Nahrung zu bieten.

(2) Nun weiß ich aber sicher, mein lieber Publius Silvinus, dass diese Leute einem Irrtum erliegen. Denn erstens haben wir kein Recht zu glauben, die Natur, die einst der Schöpfer dieser Welt mit ewiger Fruchtbarkeit begabt hat, sei sozusagen an Sterilität erkrankt. Zum Zweiten ist es auch nicht klug zu meinen, die Erde, die man als Trägerin göttlicher und nie alternder Jugend als die gemeinsame Allmutter bezeichnet hat, weil sie jederzeit alles hervorgebracht hat und im Ablauf der Zeiten hervorbringen wird, sei wie ein Mensch gealtert.

(3) Darüber hinaus bin ich der Meinung, dass uns dies nicht durch die Ungunst des Klimas, sondern eher durch unser eigenes Versagen widerfährt, dass wir die Bodenbewirtschaftung, deren sich bei unseren Vorfahren gerade die besten Männer mit größter Kunst und Liebe angenommen haben, den miserabelsten Sklaven wie Henkern zur Misshandlung des Bodens übergeben haben. Und über eines kann ich mich nicht genug verwundern. Jeder, der Redner werden möchte, sucht sich einen Redelehrer, um dessen Kunst nachzuahmen. Wer sich in die Wissenschaft der Maße und Zahlen vertieft, folgt einem Lehrer der von ihnen bevorzugten Kunst. Die Tanzkunst- und Musikstudenten suchen sich ihren Stimmbildner, Gesangslehrer und Bewegungsmeister aufs Peinlichste aus.

(4) Will einer bauen, nimmt er Handwerker und Architekten zuhilfe. Will er Schiffe der See anvertrauen, erfahrene Steuerleute, will er Kriege führen, Meister des Kriegs- und Waffenhandwerks. Kurz, um mich nicht ins Einzelne zu verlieren: ein jeder zieht zu dem Metier, das er betreiben will, den, der am meisten davon versteht, als verantwortlicher Leiter hinzu. Schließlich holt sich ja auch jedermann seinen wissenschaftlichen Lehrer und sittlichen Erzieher aus den Reihen der Weisen. Nur die Landwirtschaft, die doch zweifellos die nächste Nachbarin und Blutsverwandte der Weisheit ist, steht ohne Schüler und ohne Lehrer da.

(5) Denn dass es bis jetzt, wie gesagt, Schulen für Rhetorik, Geometrie, Musik, ja sogar – und das viel verwunderlicher – Lehrstätten der verworfensten Lasterhaftigkeit, der noch raffinierteren Würzung von Speisen, des noch üppigeren Servierens von Gerichten, und dass es Lehrmeister des Kopfputzes und Haarkräuselns gibt, habe ich nicht nur gehört, sondern selbst gesehen. Aber mir ist noch niemand begegnet, der sich als Lehrer oder Schüler der Landwirtschaft bezeichnet hätte.

(6) Indessen, wenn der Bürgerschaft Fachkräfte der genannten Sparten fehlen, könnte der Staat doch wie in alten Zeiten blühen und gedeihen. Denn die Gemeinden waren damals ohne all die läppischen Künsteleien, ja selbst ohne Advokaten recht glücklich und würden es auch in Zukunft sein. Dass aber die Menschen ohne Landwirte weder existieren noch sich ernähren könnten, ist ohne weiteres klar.

(7) Deshalb kommt es einem fast wie ein Wunder vor, dass der Gegenstand, der am unmittelbarsten unseres Leibes und Lebens Notdurft dient, bis zum heutigen Tag die geringste Vervollkommnung erfahren hat und dass gerade diejenige Form der Erweiterung und Vererbung des Vermögens unbeachtet geblieben ist, an der keinerlei sittlicher Makel haftet. Denn alle übrigen Formen, unter sich verschieden und gewissermaßen einander entgegengesetzt, stehen mit dem Rechtsempfinden nicht im Einklang. Es sei denn, man hielte

es für rechtlicher, Beute aus dem Kriegsdienst heimzuschleppen, der uns doch nichts ohne Blut und Unglück fremder Menschen schenkt.

(8) Oder könnte es denen, die den Krieg verabscheuen, wünschenswerter scheinen, sich dem Glücksspiel der Seefahrt und des Handels auszusetzen, bei dem das landgeborene Wesen Mensch entgegen allen natürlichen Bedingungen der Wut von Wind und Wasser preisgegeben, den Wellen ausgeliefert, wie die Vögel fremd an fernen Gestaden eine unbekannte Welt durchirrt? Oder sollte man eher den Geldverleih auf Zinsen schätzen, der selbst denen verhasst erscheint, denen er scheinbar aushilft?

(9) Doch auch jener ›Hundeeifer‹, wie die Alten sagten, der darin besteht, gegen jeden, der etwas besitzt, zu bellen, gegen Unschuldige und zugunsten Schuldiger, ist nicht besser. Schon unsere Vorfahren haben nicht darauf geachtet, aber heute ist dieses Raubwesen innerhalb der Stadtmauern und mitten auf dem Markt geradezu erlaubt! Oder soll ich die verlogene Gewinnfängerei eines bezahlten Guten-Morgen-Wünschers, der um die Schwellen der Männer von Einfluss schwirrt und den Schlaf seines Großmächtigen aus gerüchten zu erahnen sucht, etwa für ehrenvoller einzuschätzen. Denn wenn er fragt, was drinnen im Haus geschieht, dann halten es die Sklaven nicht einmal der Mühe wert, ihm eine Antwort zu geben.

(10) Oder soll ich es als höheres Glück erachten, wenn einer, hundertmal vom Kettenhund verjagt, noch in tiefer Nacht vor den Häusern wartet, die er hasst, und sich in erbärmlicher Unterwürfigkeit mit Unehre die Ehre und Macht eines hohen Amtes erkauft und gleichwohl sein Vermögen ruiniert? Denn nicht durch bloße Dienstbereitschaft, sondern nur durch Geschenke bezahlt man eine Ehrenstellung. Wenn also Menschen edler Art dieses und Ähnliches meiden müssen, dann bleibt, wie schon gesagt, nur eine redliche und menschenwürdige Art der Mehrung des Besitzes übrig, eben die, die dem Landbau entspringt.

Q 292

Q 292   Renditeträchtiger Weinbau

Kontext: Columella hebt bei den Ertragsmöglichkeiten der Landwirtschaft hervor, dass der Weinbau die höchsten Renditen bringen kann. Eine der wenigen Quellen zur römischen Wirtschaftsgeschichte, in der konkrete Zahlen genannt werden.

Columella, Über den Ackerbau 3, 3, 3–11

(3) In unserer eigenen Zeit ist jedenfalls das Gebiet von Nomentum durch höchsten Ruhm ausgezeichnet, und namentlich die Ländereien, die Seneca besitzt, ein Mann von ausgezeichneter Geisteskraft und Bildung, in dessen Weingärten bekanntlich jedes *iugerum* Land normalerweise 8 *cullei* gebracht hat. Denn was sich bei uns auf dem Boden von Caere zugetragen hat, ist wohl ganz ungewöhnlich: dass nämlich bei dir eine bestimmte Rebe mehr als 2000 Trauben getragen hat und bei mir je 800 Stöcke innerhalb von zwei Jahren nach dem Auspflanzen 7 *cullei* Wein brachten, dass die besten Wingerte 100 Amphoren pro *iugerum* ergaben, während man von Wiesen, Weiden und Wäldern schon meint, sie würfen ihrem Besitzer einen glänzenden Gewinn ab, wenn sie sich pro Jahr mit 100 Sesterzen rentieren. Ganz zu schweigen vom Getreideland, denn ich könnte mich kaum entsinnen, wann dieses in einem größeren Teil Italiens sich jemals mit dem vierten Teil rentiert hätte.

(4) Weshalb also steht der Weinbau in einem so schlechten Ruf? Schuld

daran ist er nicht selbst, sondern die Leute, meint Graecinus. Einmal weil niemand genug Sorgfalt auf das Aussuchen der Stecklinge verwendet und deshalb die meisten Bauern Wingerte von schlechter Qualität anlegen. Zweitens versorgen sie die Pflanzen nicht in der Weise, dass sie kräftig werden und austreiben, bevor sie austrocknen. Aber selbst wenn sie heranwachsen, pflegen sie die Bauern nicht sorgsam genug.

(5) Auch meinen sie von vornherein, es komme gar nicht darauf an, welchen Boden sie besetzen. Viemehr wählen sie den miserabelsten Teil ihrer Äcker als Standort aus, als ob ausgerechnet für diese Pflanze ein Boden geeignet wäre, der sonst nichts hergibt. Aber auch für das Pflanzen kennen sie entweder das rechte Verfahren nicht, oder wenn sie es kennen, wenden sie es trotzdem nicht an. Außerdem stellen sie nur selten die ›Ausstattung‹ für die Rebäcker, d.h. die Geräte, vorher bereit, obwohl dies, wenn es unterlassen wird, sehr viel Arbeitsleistung kostet und jedesmal den Geldbeutel des Besitzers erschöpft.

(6) Die meisten wollen aber sofort den höchstmöglichen Fruchtertrag haben und sorgen nicht für die Zukunft, sondern als ob sie nur für den Tag lebten, verlangen sie ihren Reben so viel ab und belasten sie mit so vielen Trieben, dass sie auf die kommende Zeit keine Rücksicht nehmen. Haben sie dies alles oder das meiste davon getan, dann fällt ihnen nichts schwerer als die eigene Schuld zuzugeben, oder sie beklagen sich darüber, dass die Wingerte ihnen nichts einbringen, die sie entweder aus Raffgier oder aus Unwissenheit und Faulheit verdorben haben.

(7) Wenn dagegen Leute, die Fleiß mit Sachkunde verbinden, nicht, wie ich meine, 300, oder wenigstens 200, sondern, wie Graecinus – natürlich mit einem Minimalansatz – behauptet, nur 20 Amphoren von jedem *iugerum* Land einbringen, werden sie all jene, die sich auf ihr Heu oder Gemüse versteifen, an Vermögenszuwachs leicht übertreffen. Auch darin hat Graecinus nicht Unrecht, dass er meint, dieser landwirtschaftliche Zweig mehre das Vermögen am meisten, wie ja jeder einigermaßen genaue Kalkulator bei der Berechnung feststellen kann.

(8) Denn wenn auch Weinpflanzungen umfangreiche Investitionen fordern, so verlangen doch sieben *iugera* nicht mehr als die Arbeitskraft eines einzigen Winzers. Den halten die meisten Leute für einen billigen Mann und meinen, es genüge, einen Gauner von Steinblock zu diesem Zweck zu kaufen. Ich bin aber im Gegensatz zur großen Masse der Meinung, ein Winzer sei besonders wertvoll. Angenommen, er sei für 8000 Sesterzen erworben; angenommen ferner, die 7 *iugera* Grund seien für ebenso viel Tausend Sesterzen gekauft. Setzt man außerdem die Einrichtung der Weingärten samt der Ausstattung, d.h. mit Stützen und Bindematerial, mit 2000 Sesterzen pro *iugerum* an, so belaufen sich die Kosten, alles in allem gerechnet, doch nur auf 29 000 Sesterzen.

(9) Dazu kommt bei einer sechsprozentigen Verzinsung für die zwei Jahre, in der der Wingert wegen seines sozusagen kindlichen Alters noch keine Frucht trägt. Das ergibt zusammen an Kapital und Zinsen 32 480 Sesterzen. Wenn nur der Bauer seinen Weinpflanzungen eine solche Schuldrechnung, um es so zu sagen, aufmacht wie ein Gläubiger seinem Schuldner, derart dass er von dieser Summe eine auf ewig garantierte sechsprozentige Rendite festlegt, dann müsste er jedes Jahr 1950 Sesterzen einnehmen. Nach dieser Berechnung wird aber der finanzielle Ertrag selbst nach der Meinung des Graecinus das Zinsaufkommen von 32 480 Sesterzen übertreffen.

(10) Denn selbst wenn es sich um Weinpflanzungen minderwertigster

Qualität handelt, wird doch bei hinreichender Pflege jedes *iugerum* Land ein *culleus* Wein bringen. Wird dieses, d.h. 40 Urnen, zu je 300 Sesterzen verkauft, was der niedrigste Marktpreis ist, so machen 7 *cullei* immerhin 2100 Sesterzen aus. Dieser Ertrag übersteigt demnach einen Zins in Höhe von 6%.

(11) Doch diese Berechnung geht vom Ansatz des Graecinus aus. Ich bin dagegen der Meinung, man solle Weinpflanzungen, die auf das *iugerum* weniger als 3 *cullei* Wein liefern, ausreißen. Gleichwohl habe ich bisher so gerechnet, als gebe es keine Ableger, die man dem bebauten Land entnimmt, während doch allein diese schon den ganzen Preis für das Grundstück durch ihren Ertrag auffangen, vorausgesetzt, es handelt sich nicht um Land in den Provinzen, sondern in Italien.

Q 293	**Q 293 Grabinschriften für Händler**

Q 293 a
CIL XIII 1966 = ILS 7028 (Lyon)

Den Unterweltsgöttern und dem ewigen Andenken des Marcus Primius Secundianus, dem *sevir Augustalis* der *colonia* Claudia Copia Augusta der Lugudunenser, dem Geschäftsführer derselben Vereinigung, dem Rhôneschiffer, der auch auf der Sâone fuhr, dem Mitglied der Bauhandwerker, die sich in Lyon aufhalten, dem Händler mit gesalzenen Produkten. Der Sohn und Erbe Marcus Primius Augustus hat dies für seinen allerliebsten Vater errichten lassen und es unter die Axt geweiht.

Q 293 b
Krier 1981, Nr. 7 = CIL XIII 1911 (Lyon)

Dem Gaius Apronius Raptor, dem Sohn des Apronius Blandus, dem Treverer, dem Ratsherren dieser Gemeinde, dem Schiffer auf der Sâone, dem Patron derselben Vereinigung. Die Weinhändler, die sich in Lyon aufhalten, für ihren Patron, der sich um sie verdient gemacht hat. Bei der Weihe seiner Ehrenstatue gab er jedem Händler ein Geldgeschenk von 10 Denaren.

Q 293 c
Krier 1981, Nr. 8 = CIL XIII 11179

Für die Totengeister des Gaius Apronius Raptors, des Treverers, dem Ratsherr dieser Gemeinde, dem Weinhändler in den Canabae, dem Sâone-Schiffer, dem Schutzherren der beiden Vereinigungen und sich selbst zu Lebzeiten haben Apronia Bellica und Apronia Apra dafür gesorgt, dass es (das Grabmal) errichtet wurde und haben es unter die Axt geweiht.

Q 294	**Q 294 Reisebedingungen**

Q 294 a
Gnomon des Idioslogos 64

Ausreiseberechtigung aus Ägypten
Das Verfahren gegen die, die ohne Paß ausfahren, ist jetzt der Entscheidung des Statthalters anheimgestellt worden.

Q 294 b
Papyros aus Oxyrhynchos 1271

Antrag auf Erteilung einer Ausreisegehmigung aus Ägypten (246 n. Chr.)
An Aurelius Firmus, *praefectus* von Ägypten, von Aurelia Maeciana aus Side. Ich wünsche, mein Herr, über Pharos hinauszufahren (mit einem Schiff). Ich bitte dich dem Procurator von Pharos zu schreiben, dass er mir die Abfahrt erlaubt, entsprechend der üblichen Praktiken. 1. Pachon. Lebe wohl.

Q 294 c
OGIS 674

Gebührentafel von Koptos für die Straße von Koptos zum Roten Meer
Auf Befehl [des Mettius Rufus, des *praefectus* von Ägypten]. Wie viel Geld die Pächter der Straßengebühr in Koptos, für die der Arabarchos die Verant-

wortung hat, eintreiben sollen gemäß der Richtlinien, wurde auf dieser Stele
durch Lucius Antistius Adventus, den *praefectus* des Berges Berenike, eingra-
viert:

für einen Steuermann auf dem Roten Meer Drachmen 8
für einen Oberbootsmann Dr. 10
für einen Wachoffizier Dr. 5
für einen Matrosen Dr. 5
für einen Diener des Schiffszimmermanns Dr. 5
für einen Handwerker Dr. 8
für Prostituierte Dr. 108
für Frauen, die einreisen (?) Dr. 20
für Soldatenfrauen Dr. 20
für die Gebühr für Kamele Obole 1
für ein Siegel auf die Gebühr Ob. 2
für jede Gebühr für einen Mann, der von einer Reise kommt Dr. 1
für alle Frauen je Dr. 4
für einen Esel Ob. 2
für einen Wagen mit Plane Dr. 4
für einen Mastbaum Dr. 20
für eine Segelstange Dr. 4
für eine Bestattung (Hin- und Rückreise) Dr. 1, Ob. 4

Q 295 Bedingungen für die Freilassung von Sklaven

Q 295

Kontext: Die *lex Fufia Caninia* und die *lex Aelia Sentia* wurden unter Augustus erlassen, um vor allem für die Freilassung von Sklaven Kontrollen zu
etablieren. Die Vorschriften sind durch das juristische Lehrbuch (*Institutiones*) des Juristen Gaius aus dem 2. Jh. n.Chr. bekannt.

(13) Ebenso wird durch die *lex Aelia Sentia* festgelegt, dass die Sklaven, die
von ihren Herren als Strafe in Ketten geworfen wurden, denen ein Brand-
zeichen aufgebrannt wurde, die wegen eines Vergehens (*ob noxam*) unter der
Folter verhört wurden und wegen dieses Vergehens verurteilt wurden, die
übergeben wurden, damit sie (als Gladiatoren) mit der Waffe oder mit wilden
Tieren kämpften, die in eine Gladiatorenschule oder ein Gewahrsam übergeben wurden und später von demselben oder einem anderen Herrn freigelassen wurden, die sollen unter derselben Rechtsbedingung frei sein wie die
fremden *dediticii*.
(14) Fremde *dediticii* werden aber die genannt, die einst die Waffen aufnahmen, gegen das römische Volk kämpften und sich dann besiegt (bedin-
gungslos) ergaben. (15) Wir verstehen aber, dass Sklaven von dieser Verdor-
benheit (*turpitudo*), egal auf welche Art oder in welchem Alter sie freigelassen
werden, auch wenn sie unter dem uneingeschränkten Recht ihrer Herren
waren, niemals römische Bürger oder Latiner werden können, sondern auf
jeden Fall in die Zahl der *dediticii* aufgenommen werden. (16) Wenn aber der
Sklave in keiner solchen Schlechtigkeit war, dann sagen wir, dass er als Freigelassener römischer Bürger oder Latiner werden kann. (17) Wenn diese drei
Bedingungen bei einer Person zusammentreffen, dass er älter als 30 Jahre ist,
in einem Eigentumsverhältnis nach römischem Recht stand und in einer gerechten und gesetzeskonformen Freilassung freigelassen wurde, d.h. vor
einem Magistraten, durch Aufnahme in die Zensuslisten oder durch ein Tes-

Institutiones 1, 13–44

tament (*vindicta aut censu aut testamento*), wird er römischer Bürger, wenn aber irgendetwas davon fehlt, dann wird er Latiner.

(18) Was aber hinsichtlich des Alters eines Sklaven gefordert wird, das wurde durch die *lex Aelia Sentia* eingeführt. Denn dieses Gesetz wollte, dass freigelassene Sklaven, die jünger als 30 Jahre sind, nicht auf anderem Wege römische Bürger werden können als durch die Freilassung vor einem Magistraten, nachdem bei einem *consilium* bestätigt wurde, dass ein gerechter Grund für die Freilassung vorliegt. (19) Ein gerechter Grund für eine Freilassung liegt aber vor, wenn jemand seinen Sohn oder seine Tochter oder seinen natürlichen Bruder oder seine natürliche Schwester oder sein Pflegekind oder seinen Erzieher oder einen Sklaven, der sein Vermögensverwalter (*procurator*) sein soll, oder eine Sklavin, die er heiraten will, vor dem *consilium* freilässt.

(20) Es wird aber in der Stadt Rom ein *consilium* von 5 römischen Senatoren und fünf erwachsenen römischen Rittern herangezogen. In den Provinzen aber ein Consilium von 20 römischen Bürgern, die Rekuperatoren sind, und dies geschieht am letzten Tag der Gerichtstage. In Rom aber wird an festgesetzten Tagen vor dem *consilium* freigelassen. Unsere Vorfahren hatten aber die Gewohnheit, dass die Sklaven immer freigelassen wurden, so sehr, dass sie gewissermaßen im Vorübergehen freigelassen wurden, wenn etwa der Praetor oder der Proconsul auf dem Weg ins Bad oder ins Theater war.

(22) [...] diese Menschen werden Latini Iuniani genannt. Latini aus dem Grunde, da sie den Latinern in Kolonien angeglichen sind, Iuniani in der Hinsicht, weil sie durch dieses Gesetz ihre Freiheit erhalten, während sie einstmals nur Sklaven zu sein schienen. (23) Die *lex Iunia* gestattet diesen aber nicht die Abfassung eines Testamentes, die Annahme von Dingen aus einem fremden Testament oder durch ein Testament zum Vormund bestellt zu werden. (24) Wenn wir aber sagen ›sie können nichts aus einem fremden Testament annehmen‹, dann verstehen wir dies wie folgt: Wir sagen, dass sie nicht als unmittelbare Erben oder unter dem Namen eines Vermächtnisses etwas erben können, aber sie können etwas als Treuhänder in Empfang nehmen.

(25) Die aber, die sich in der Zahl der *dediticii* befinden, können auf keinen Fall etwas aus einem Testament empfangen, nicht anders wie irgendein Fremder (*peregrinus*). Sie können auch selbst kein Testament machen entsprechend wie es ihnen am ehesten gefällt. (26) Daher haben die, die in der Zahl der *dediticii* sind, die schlechteste Form der Freiheit, denn es gibt für sie weder durch ein Gesetz noch durch einen Senatsbeschluss noch durch eine Entscheidung des Kaisers irgendeinen Weg zum römischen Bürgerrecht. (27) Es wird ihnen sogar untersagt, sich in der Stadt Rom oder innerhalb des 100. Meilensteines um die Stadt Rom aufzuhalten. Wenn sie dagegen verstoßen, dann werden sie und ihre Habe unter der Bedingung verkauft, dass sie keine Sklaven in der Stadt Rom oder innerhalb des 100. Meilensteines um die Stadt Rom sind und niemals freigelassen werden. Wenn sie aber freigelassen werden, dann wird angeordnet, dass sie Sklaven des römischen Volkes sein sollen. Und das ist so in der *lex Aelia Sentia* festgelegt.

(28) Latiner können aber auf vielfältige Art zum römischen Bürgerrecht gelangen. (29) Sofort nämlich, wenn Leute, die weniger als 30 Jahre zählen, nach der *lex Aelia Sentia* freigelassen wurden und Latiner geworden sind, wenn sie entweder eine römische Bürgerin oder eine latinische Kolonistin oder jemanden, der in derselben rechtlichen Lage ist wie sie selbst, zur Frau nehmen und dies unter Hinzuziehung von nicht weniger als 7 erwachsenen

römischen Bürgern beschwören und ein Kind hervorgebracht haben. Wenn dieses Kind ein Jahr alt ist (*anniculus*), dann wird ihnen durch dieses Gesetz die Berechtigung gegeben, sich in Rom an den Praetor oder in den Provinzen an den Statthalter zu wenden und zu erklären, sie hätten auf der Grundlage der *lex Aelia Sentia* eine Frau geheiratet und von dieser ein einjähriges Kind. Wenn dies bei diesem (Praetor, Statthalter) nachgewiesen wird und dieser verkündet, dass es sich so verhält, dann wird befohlen, dass der Latiner selbst und seine Frau, wenn auch sie sich in diesem Rechtszustand befindet, römische Bürger sein sollen.

(30) Wir fügen aber *bei* dieser Person ›wenn sie sich in diesem Rechtszustand befindet‹ hinzu, weil, wenn die Ehefrau des Latinus eine römische Bürgerin ist, das Kind, das von ihr geboren wird, aufgrund eines neuen Senatsbeschlusses, der auf Initiative des vergöttlichten Hadrian beschlossen wurde, als römischer Bürger geboren wird. (31) Obwohl dieses Recht zum Erwerb des römischen Bürgerrechtes (zunächst) nur denen zustand, die bei ihrer Freilassung jünger als 30 Jahre waren und aufgrund der *lex Aelia Sentia* zu Latinern gemacht wurden, wurde dennoch später durch den Senatsbeschluss, der unter den Consuln Pegasus und Pusio erlassen wurde, dieses Recht auch denen zugestanden, die als Freigelassene von mehr als 30 Lebensjahren zu Latinern gemacht wurden. (32) Im Übrigen kann, selbst wenn der Latinus verstorben ist, bevor er nachgewiesen hat, dass er einen *anniculus* hat, seine Mutter diesen Fall beweisen, und so wird sie selbst zur römischen Bürgerin, wenn sie (vorher) eine Latinerin war.

(32 b) Das bedeutet, sie werden römische Bürger, wenn sie in Rom bei den *vigiles* (Feuerwehr) sechs Jahre lang gedient haben. Später heißt es, sei ein Senatsbeschluss erlassen worden, durch den diesen das römische Bürgerrecht gegeben wurde, wenn drei Jahre ihrer Dienstzeit abgelaufen waren. (32 c) Ebenso erlangten Latiner durch ein Edikt des Claudius das Recht der Quiriten, wenn sie ein seetüchtiges Schiff erbaut hatten, das nicht weniger als 10 000 Scheffel Getreide fassen konnte, und dieses Schiff oder das, das an seine Stelle zum Ersatz gestellt wurde, sechs Jahre lang Getreide nach Rom gebracht hatte. (33) Daneben wurde von Nero festgelegt (nach dem Brand von Rom), dass ein Latiner, falls er ein Vermögen von 200 000 Sesterzen oder mehr haben würde und in der Stadt Rom ein Haus erbaute, in das er nicht weniger als die Hälfte seines Vermögens investiert hatte, das römische Bürgerrecht erlangte. (34) Schließlich hat Traianus festgelegt, dass ein Latiner, der in der Stadt Rom drei Jahre lang eine Bäckerei betrieben hat, in der er an jedem Tag nicht weniger als 100 Scheffel Getreide mahlen lässt, das römische Bürgerrecht erhält.

(36) Dennoch ist es nicht jedem, der die Absicht hat, gestattet, freizulassen. (37) Denn der, der freilässt, um seine Kreditgeber oder seinen Patron zu betrügen, der bewirkt nichts, weil die *lex Aelia Sentia* die Freiheit behindert. (38) Ebenso wird durch dasselbe Gesetz einem Herrn, der weniger als 20 Lebensjahre zählt, nicht anders gestattet freizulassen als durch die *vindicta* vor einem *consilium*, nachdem der gerechte Grund für die Freilassung bestätigt wurde. (39) Gerechte Gründe für eine Freilassung sind aber etwa diese, wenn jemand seinen Vater oder seine Mutter oder seinen Erzieher oder seinen Milchbruder freilässt. Aber auch die Gründe, die wir zuvor bei der Behandlung der Leute, die weniger als 30 Lebensjahre zählen, dargelegt haben, können bei dem Fall, den wir hier besprechen, herangezogen werden.

(40) Ebenso können wechselseitig die Gründe, die wir bei dem Herrn, der weniger als 20 Jahre alt ist, auch für den Sklaven, der weniger als 30 Jahre alt

ist, herangezogen werden. (41) Da also durch die *lex Aelia Sentia* ein bestimmtes Maß den Herren, die weniger als 20 Jahre alt sind, auferlegt wurde, ergibt sich daraus, dass es jemanden, der 14 Lebensjahre abgeschlossen hat, (zwar) gestattet ist, ein Testament zu machen, in diesem für sich einen Erben einzusetzen und Legate zu hinterlassen, aber er kann nicht einem Sklaven die Freiheit geben, falls er bis dahin jünger als 20 Jahre ist. (42) Und selbst wenn der Herr, der jünger als 20 Jahre ist, (seinen Sklaven nur) zu einem Latiner machen will, muss er dennoch trotzdem den Grund bei einem *consilium* darlegen und ihn später in Gegenwart von Freunden (*inter amicos*) freilassen.

(42) Daneben ist durch die *lex Fufia Caninia* ein gewisses Maß für die durch ein Testament freizulassenden Sklaven eingeführt worden. (43) Denn der, der mehr als zwei und nicht mehr als 10 Sklaven besitzt, der darf bis zur Hälfte dieser Zahl freilassen. Dem aber, der mehr als 10 und nicht mehr als 30 Sklaven besitzt, dem wird gestattet, bis zu einem Drittel dieser Zahl freizulassen. Aber dem, der mehr als 30 und nicht mehr als 100 Sklaven hat, dem wird die Erlaubnis gegeben, bis zu einem Viertel freizulassen. Zuletzt wird dem, der mehr als 100 und nicht mehr als 500 Sklaven hat, gestattet, nicht mehr als ein Fünftel freizulassen. [zerstörter Text] aber das Gesetz schreibt vor, dass es keinem auf keinen Fall gestattet ist, mehr als [..?..] freizulassen.

(44) Aber dieses Gesetz erstreckt sich auf keinen Fall auf die, die ohne ein Testament freilassen. Daher dürfen die, die die Freilassung (des Typus) vor dem Magistraten oder durch Zensusliste oder vor den Freunden praktizieren, ihre gesamte Familie freilassen, vorausgesetzt, dass kein anderer Grund die Freiheit behindert.

Q 296	**Q 296 Vorgehen gegen Sklaven**
	Kontext: Ein Gemeindesklave, dem wahrscheinlich die Freilassung verweigert worden war, hatte den gesamten Stadtrat verflucht. Dieses Vorhaben wurde verraten, und der Sklave wurde hingerichtet. Inschrift aus Tuder.
Q 296 a *CIL XI 4639 = ILS 3001*	Für das Wohlergehen der Kolonie und des Ratsherrenstandes und des Volkes von Tuder dem mächtigsten und größten Iuppiter, dem Wächter und Bewahrer, weil er das nichtswürdige Verbrechen des allerverbrecherischsten Gemeindesklaven, der die Namen (der Mitglieder) des Ratsherrenstandes an den Gräbern angebracht hatte (d. h. er hatte sie den Unterweltsgöttern empfohlen = verflucht), durch seine göttliche Kraft aufdeckte und rächte und die Kolonie und ihre Bürger von der Furcht vor Gefahren befreite. Lucius Cancrius *Primigenius*, der Sklave des Clemens, *sevir Augustalis* und *Flavialis*, der als Erster überhaupt mit diesen Ehren vom Stadtrat beschenkt wurde, hat sein Gelübde eingelöst.
Q 296 b *Tacitus, Annales* *15, 42–45*	(42) Nicht wenig später ermordete sein eigener Sklave den Stadtpräfekten Pedanius Secundus, mag er nun die Freiheit nicht erhalten haben, für die er bereits den Preis ausgehandelt hatte, oder weil er, in Liebe zu einem Buhlknaben entbrannt, nicht seinen Herrn als Nebenbuhler geduldet haben. Da nun nach altem Brauch das ganze unter dem gleichen Dach wohnende Gesinde hingerichtet werden sollte, rottete sich die Plebs zusammen, die so viele Unschuldige schützen wollte, und es kam zu einem Aufruhr. Im Senat selbst (zu dem die Plebs die Zugänge versperrte) lehnte ein Teil allzu große

Strenge ab, die Mehrheit stimmte jedoch gegen jede Gesetzesänderung. Zu diesen gehörte Gaius Cassius, der sich bei der Stimmabgabe wie folgt äußerte:

(43) »Oft schon, versammelte Väter, bin ich in diesem hohen Hause gewesen, wenn gegen Verodnungen und Gesetze der Vorfahren neue Senatsbeschlüsse gefordert wurden. Und ich habe mich nicht gegen solche gewandt, nicht etwa, weil ich daran gezweifelt hätte, dass über alle diese Angelegenheiten einst bessere und richtigere Anordnungen getroffen worden sind und jegliche Umgestaltung eine Veränderung zum Schlechteren bedeutet, sondern weil ich nicht den Eindruck erwecken wollte, als ob ich durch übertriebene Liebe für die alte Sitte mein Studium der Rechtswissenschaft hervorheben wolle. Ich war auch der Meinung, ich sollte das Ansehen, das ich hierin genieße, nicht durch häufige Widerrede untergraben, damit dieses unangetastet für den Fall erhalten bliebe, dass einmal das Gemeinwesen meiner Ratschläge bedürfe. Dieser Fall ist heute eingetreten: ein Consular ist in seinem Hause heimtückisch von seinem Sklaven ermordet worden, niemand hat dies verhindert oder verraten, obgleich der Senatsbeschluss noch unerschütterlich in Kraft ist, der die Hinrichtung des gesamten Gesindes androhte. Erkennet meinetwegen auf Straflosigkeit! Aber wen wird künftig seine Würde schützen, wenn sie dem Stadtpräfekten nichts genützt hat? Wem wird die Zahl seiner Sklaven Sicherheit geben, wenn den Pedanius Secundus seine vierhundert Sklaven nicht geschützt haben? Wem wird sein Gesinde Hilfe leisten, wenn nicht einmal die Furcht sie veranlasst, auf Gefahren, die uns bedrohen, zu achten. Oder hat der Mörder – manche schämen sich nicht, dies uns vorzumachen – ihm zugefügtes Unrecht gerächt, weil er etwa über sein väterliches Vermögen einen Vertrag abgeschlossen hatte oder gar ein vom Großvater ererbter Kaufsklave ihm genommen wurde?

(44) Sprechen wir es doch ganz offen aus: Der Herr scheint mit Recht ermordet worden zu sein. Will man etwa Begründungen zusammensuchen in einer Sache, über die sich weisere Männer bereits den Kopf zerbrochen haben? Jedoch, hätten wir erst heute erstmals einen Beschluss zu fassen, glaubt ihr denn, ein Sklave hätte den Mut zur Ermordung seines Herrn aufgebracht, ohne eine Drohung fallen zu lassen, ohne unbesonnen etwas auszuschwatzen? Mag er immerhin seinen Plan verheimlicht, seine Mordwaffe bereitgelegt haben, ohne dass es die anderen wussten. Konnte er etwa die Wachen passieren, die Tür zum Schlafzimmer aufschließen, das Licht hineintragen, den Mord ausführen – und niemand hätte davon etwas gemerkt? Ein Verbrechen kündigt sich durch viele Vorzeichen an. Nur wenn die Sklaven sterben müssen, die ihren Herren nichts verraten, dann können wir als Einzelpersonen unter einer größeren Zahl leben, in Sicherheit unter solchen, die Angst haben, schließlich nicht ungerächt unter denen weilen, die sich schuldig machen. Unsere Vorfahren waren misstrauisch gegenüber dem Charakter von Sklaven, auch wenn diese in demselben Landgut oder Stadthaus geboren wurden und von Anfang an die Anhänglichkeit an ihre Herren in sich aufnahmen. Seitdem wir aber in unserem Gesinde Angehörige von Volksstämmen haben, die abweichende Gebräuche, einen fremden Glauben oder überhaupt keinen haben, kann man dieses zusammengelaufene Gesindel nur durch Furcht bändigen. ›Aber manche werden unschuldig sterben!‹ Wenn von einem geschlagenen Heer jeder zehnte Mann mit dem Knüppel totgeschlagen wird, dann trifft das Los auch Tüchtige. Irgendetwas Ungerechtes hat jedes Exempel großen Formats an sich. Der Einzelne leidet darunter, aber das wird durch den Nutzen für die Allgemeinheit aufgewogen.«

(45) Gegen die Meinung des Cassius wagte kein Einzelner aufzutreten, jedoch konnte man aus dem Stimmengewirr entgegengesetzte Äußerungen heraushören, die Mitleid mit der Anzahl, dem Alter und dem Geschlecht und der unbezweifelbaren Unschuld des größten Teils bekundeten. Dennoch hatte die Partei das Übergewicht, die sich für die Hinrichtung entschied. Aber man konnte den Beschluss nicht durchführen, da sich eine Menschenmenge zusammengerottet hatte, die mit Steinwürfen und Brandstiftung drohte. Jetzt tadelte der Caesar das Volk in einem Erlass und ließ den ganzen Weg entlang, auf dem die Verurteilten zur Hinrichtung geführt wurden, Truppen aufmarschieren. Cingonius Varus hatte beantragt, auch die Freigelassenen, die unter dem gleichen Dach gewohnt hätten, aus Italien auszuweisen. Doch dagegen erhob der Kaiser Einspruch, damit nicht die althergebrachte Sitte, gegen die das Mitleid nichts vermocht hatte, eine grausame Verschärfung erfahre.

Q 296 c
FIRA II 361

Rechtssprüche des Paulus aus dem 4. Jh. zur Bestrafung von Sklaven
(3, 5, 3) Wenn der Herr ermordet wird, dann soll über die Sklavenfamilie (oder besser, den Teil der Familie) eine gerichtliche Untersuchung (*quaestio*) abgehalten werden, wer sich im Hause befand (*intra tectum*) bzw. wer sich gesichert zu der Zeit mit dem Herrn außerhalb des Hauses befand (*extra tectum*), in dem er ermordet wurde.

(3, 5, 6) Sklaven, die sich unter demselben Dach befanden, wo der Herr nachweislich ermordet wurde, werden sowohl gefoltert als auch hingerichtet, selbst wenn sie im Testament freigelassen wurden. Aber auch diejenigen werden gefoltert, die sich zusammen mit dem Ermordeten auf einer Reise befanden.

(3, 5, 7) Sklaven, die sich in der Nähe befanden und den Lärm hörten, aber ihrem Herrn nicht zu Hilfe eilten, obwohl sie es gekonnt hätten, werden bestraft, d.h. hingerichtet.

(3, 5, 8) Sklaven, die auf einer Reise ihren Herrn, der von Räubern umringt war, durch Flucht im Stich ließen, sollen nach ihrer Festnahme sowohl gefoltert als auch hingerichtet werden.

Q 296 d

Kontext: Ausschnitte aus einer großen Inschrift, die in Puteoli gefunden wurde. Die Gemeinde hatte sowohl die Abfallentsorgung als auch die Hinrichtung von Sklaven privatisiert, wobei die Vertragsbedingungen in diesem Text festgehalten wurden.

Hinard/Dumont 2003,
II 3–14

(II 3–7) Bezüglich der Aufgaben (= Sklaven), die dazu vorbereitet sein sollen. Sie sollen nicht innerhalb des Turmes wohnen, wo heute der Hain der Libitina ist, oder sich von der ersten Nachtstunde ab waschen oder in die Stadt kommen, wenn nicht zu dem Zweck, einen Toten aufzuheben oder zu bestatten oder ein Todesurteil durchzuführen. Wenn also einer von ihnen kommen sollte, dann soll er, sooft einer von ihnen die Stadt betritt oder sich in der Stadt aufhalten wird, einen farbigen Hut auf dem Kopf tragen, und keiner von ihnen soll älter als 50 Jahre oder jünger als 20 Jahre sein, keiner von ihnen soll Geschwüre haben, einäugig sein, verstümmelt, hinkend, blind oder mit Brandmalen beschrieben sein, und der Pächter soll nicht weniger als 32 Aufgaben (Sklaven) haben.

(II 8–10) Wenn ein Privatmann die Todesstrafe an einem Sklaven oder einer Sklavin vollstrecken will, dann soll der, der dies will, die Todesstrafe wie folgt vollziehen: Wenn er (den Sklaven) ans Kreuz und den Pfahl hängen will, so muss der Pächter die Stangen, die Fesseln und die Stricke für die Schläger sowie die Schläger selbst bereitstellen und wer auch immer die Hinrichtung wünscht, der soll für die einzelnen Arbeitsleistungen – wer den Pfahl trägt, die Schläger und auch dem Henker – jeweils 4 Sesterzen geben.

(II 11–14) Sooft ein Magistrat öffentlich Hinrichtungen durchzuführen wünscht und es so befiehlt, so soll der Pächter, sooft dies befohlen werden wird, zur Hand sein, um das Todesurteil zu vollstrecken und er soll kostenlos die Kreuze aufstellen und Nägel, Pech, Wachs, Fackeln und was auch sonst in dieser Sache notwendig sein wird, bereitstellen. Ebenso wenn ihm der Befehl erteilt wird, einen Kadaver, am Haken (aus der Stadt) zu ziehen, so sollen dies rotgekleidete Sklaven machen, wenn es mehrere Kadaver sind, so soll er (sie) (unter dem Läuten) einer Schelle hinausziehen.

Q 297 Die Rolle der reichen Freigelassenen (*liberti*)

Q 297

Ehreninschrift für einen großzügigen Freigelassenen in der Stadt Ostia

Q 297a

Kontext: Später wurde der Text der Inschrift durch Nachträge <> aktualisiert, wodurch wir den gesellschaftlichen Aufstieg und die wirtschaftlichen Interessen seiner Familie nachzeichnen können.

Dem Marcus Licinius Privatus, <dem mit den Ehrenzeichen des Ratsherrenstandes geehrten>, dessen Ehrenstuhl (*bisellium*) unter den ersten aufgestellt wurde, weil er fünfzigtausend Sesterzen in die Gemeindekasse gezahlt hatte, <dem Quaestor und *quinquennalis* der Vereinigung der Bäcker von Ostia und Portus>, dem *magister quinquennalis* der Vereinigung der Bauhandwerker während des 29. Lustrum und Decurio derselben Vereinigung mit 16 Decurien, dem Schreiber der Decuria, dem Archivar, dem Angehörigen der Tribus Claudia, <dem Vater und Großvater von Ratsherren>, dem Schutzherren auch freier Klienten, <dem Vater römischer Ritter>. Die gesamte Zahl der einfachen Mitglieder der Vereinigung der Bauhandwerker von Ostia ihrem Magister wegen seiner Liebe und seinen Verdiensten. Der Platz (für diese Ehrenstatue) wurde öffentlich aufgrund eines Beschlusses der Ratsherren gegeben.

ILS 6165 = CIL XIV 374
(Ostia)

Grabinschrift für die Familie eines Freigelassenen aus Rom

Q 297b

Kontext: Der Sohn des *libertus* ist bereits römischer Ritter. Der Text liefert Beweise für zwei rechtliche Bestimmungen, die bei Gaius erwähnt werden (vgl. Q 295).

Persicus, der Freigelassene, der in einem *consilium* bei Domitianus Caesar in seinem 2. Consulat (73 n.Chr.) unter der Klausel für Procuratores freigelassen wurde. Er hat Dienst in zwei Dekurien geleistet, in der der Amtsboten und der Liktoren der Consuln. Für Gaius Cornelius Persicus, seinen Sohn, der das Staatspferd hat, seine Mutter Cornelia Zosima, die dank eines Gnadenerweises des Kaisers das Recht der vier Kinder hat, den Freigelassenen beiderlei Geschlechtes und ihren Nachkommen, sowohl seinen (des Sohnes) und ihren.

CIL VI 1877 = ILS
1910c

Ehrenstatue für einen *sevir Augustalis*

Dem Publius Horatius Chryseros, dem *sevir Augustalis* und gleichzeitig *quinquennalis* und *immunis* der Laren des Kaisers, die aufgrund eines Senatsbeschlusses existieren.

Q 297c
CIL XIV 367

Die *seviri Augustales* haben beschlossen, ihm eine Ehrenstatue zu errichten, weil er ihrer Kasse 50 000 Sesterzen gegeben hat. Von dieser Summe 10 000 Sesterzen wegen der Ehre der Geschäftsführung des Sextus Horatius Chryserotianus (wahrscheinlich der Sohn des Chryseros) und die übrigen 40 000 Sesterzen unter der Bedingung (*stipulatio*), dass die Zinsen des zu 6 % angelegten Geldes und [...] der oben erwähnten Summe jedes Jahr an den Iden des März (15. 3.), an seinem Geburtstag, zur zweiten Stunde unter den Anwesenden bis zum As verteilt werden, nachdem die Kosten für den Schmuck der Statue und 100 Sesterzen für die Sklavenfamilie der Augustales abgezogen wurden.

Wenn dies nicht so gemacht werden wird, dann sollen diese 40 000 Sesterzen der Gemeinde von Ostia unter denselben Bedingungen, wie sie oben geschrieben wurden, gegeben werden.

Wegen der Einweihung (der Statue) gab er den Ratsherren jeweils 5 Denare und den Augustales jeweils 5 Denare und er gab, wegen der ihm erteilten Ehre, die Kosten für die Statue dem Stand der Augustales zurück.

Q 297 d | **Petronius über reiche Freigelassene**
Kontext: Der Schriftsteller Petronius mokiert sich in seiner Schrift Satyrikon über die Parvenus unter den reichen *liberti*, für deren Verhalten der exzentrische Trimalchio typisch ist.

Petronius, Satyricon 71 | Trimalchio geriet über diesen Eifer aus dem Häuschen und verkündete: »Freunde, auch Sklaven sind Menschen und haben genauso die gleiche Milch wie wir getrunken, auch wenn sie ihr Unglück geduckt hat. Doch sie sollen, solange ich noch am Leben bin, bald das Wasser der Freiheit kosten. Kurzum, ich lasse sie alle in meinem Testament frei. Dem Philargyrus vermache ich dazu ein Gütchen und seine Freundin; und Cario bekommt ein Mietshaus, die fünf Prozent und ein komplettes Bett. Meine Fortunata bestimme ich nämlich als Haupterbin und lege sie jetzt schon all meinen Freunden ans Herz. Und all dies gebe ich deshalb bekannt, damit meine Leute mich schon jetzt so lieben wie nach meinem Tod.«

Alle begannen, ihrem Herrn für die Gnade zu danken, als er wirklich Ernst machte, eine Abschrift des Testamentes holen und den ganzen Text von A bis Z unter dem Geschluchze der Sklaven vorlesen ließ. Dann sah er Habinnas an und fragte: »Wie steht es, bester Freund? Baust du mir das Grabmal, wie ich es dir auftrug? Ich bitte dich sehr, bilde zu Füßen meiner Statue das Schoßhündchen ab, auch Kränze und Salbfläschchen und alle Kämpfe des Petraites, so dass ich durch deinen Freundesdienst auch nach dem Tod richtig lebe. Ferner lass es an der Front 100, in der Tiefe 200 Fuß haben. Ich wünsche nämlich alle Arten von Obstbäumen um meine Asche und reichlich Weinpflanzungen. Es ist doch grundverkehrt, bei Lebzeiten ein gepflegtes Haus zu führen, sich aber nicht um das zu kümmern, wo man viel länger leben muss. Und deshalb will ich vor allem den Zusatz: ›Dieses Grabmal soll nicht auf den Erben übergehen.‹ Übrigens werde ich im Testament dafür sorgen, dass ich als Toter nicht belästigt werde. Ich bestimme nämlich einen meiner Freigelassenen als Wächter für mein Grab, damit nicht der Pöbel zum Kacken zu meinem Grabmal rennt. Lass bitte auch die Schiffe auf meinem Grab mit vollen Segeln fahren, und zeige, wie ich in der Toga mit Purpurstreifen auf der Ehrentribüne sitze mit meinen fünf goldenen Ringen und wie ich auf offener Straße Geld aus dem Beutel schütte. Du weißt ja, dass ich eine Volksbewirtung gab, zwei Denare pro Mann. Wenn du meinst, könnte man auch Esstische darstellen. Zeige auch das ganze Volk, wie es sich gütlich tut. Zu meiner Rechten stellst du das Standbild meiner Fortunata mit einer Taube in der Hand; sie soll auch ihr Hündchen am Gürtel angeleint führen. Auch meinen kleinen Liebling, und recht bauchige Amphoren, aber gut vergipst, damit sie den Wein nicht auslaufen lassen. Auch kannst du eine zerbrochene Amphore meißeln und darüber gebeugt einen weinenden Knaben. In die Mitte muss eine Sonnenuhr, damit jeder, der nach der Stunde sieht, meinen Namen liest, ob er will oder nicht. Und erwäge genau, ob dir diese Inschrift passend genug scheint: ›Hier ruht Gaius Pompeius Trimalchio Maecenatianus. Ihm wurde in Abwesenheit ein Sitz im Sechserrat zuerkannt. In Rom hätte er zu allen Dekurien Zutritt gehabt, wollte aber nicht. Pflichtbewusst, bieder und treu, fing klein an, arbeitete sich hoch, hinterließ dreißig Millionen Sesterzen und hat nie einen Philosophen gehört.‹ Lebe wohl! Dank, gleichfalls!«

Regelungen für den Grabkult eines reichen Freigelassenen aus Misenum

Kontext: Die beiden folgenden Inschriften zeigen, dass die im Testament des Trimalchio erwähnten Einzelheiten nicht fiktiv, sondern durchaus an der Realität orientiert sind. – Aufgezeichnet auf einer Inschrift, die im Vereinshaus der Augustales gefunden wurde.

Q 297 e

Dem Q. Cominius Abascantus, dem mit den Ehrenzeichen der Dekurionen geehrten Mann, dem Geschäftsführer der Augustales auf Lebenszeit. Dieser hat zwei Statuen des Genius der Gemeinde und des Schutzes der Flotte auf dem Forum aufgestellt, bei deren Einweihung er den Dekurionen jeweils 20 Sesterzen, den im Verein organisierten Augustales 12 Sesterzen, denen, die nicht im Verein sind, 8 Sesterzen, den freigeborenen Vereinsmitgliedern 6 Sesterzen, den Bürgern 4 Sesterzen gab. Daneben gab er 110 000 Sesterzen an die Dekurionen für die Bereitstellung von süßem Wein für sie und das Volk am 16. Tag vor den Kalenden des Januar (17. Dezember), seinem Geburtstag. Ebenso gab er den im Verein organisierten Augustales 20 000 Sesterzen, damit aus dem Ertrag dieser Summen jedes Jahre an dem oben erwähnten Tag eine Verteilung stattfinde nach der vorgegebenen Vorschrift. Und zusätzlich gab er als Geschenk 10 000 Sesterzen denselben Augustales zur Beschaffung von Wein. Nymphidia Monime ihrem allerbesten Ehemann, die bei der Einweihung den im Verein organisierten Augustales Mann für Mann 8 Sesterzen und ein Essen gab.

Der Verein der Augustales, wenn er das Erbe annimmt, soll darauf achten, dass es diesen meinen Willen in Zukunft beachtet, und das unten aufgeführte Geld nicht zu einem anderen Zweck ausgibt oder überträgt und jedes Jahr aus den Erträgen des Geldes bezahlt, wie es unten geschrieben ist: zum Reinigen und Salben der Bilder des Genius der Gemeinde und des Schutzes der Flotte [...] auch 4 Sesterzen. Ebenso zur Ausschmückung mit Veilchen 16 Sesterzen, ebenso zum Schmuck mit Rosen 16 Sesterzen und für meinen Grabgarten jedes Jahr am Tag der Parentalia für zehn Paare von Ringern. Für jeden Sieger 8 Sesterzen, für jeden Verlierer 4 Sesterzen, (Salb-) Öl für 16 Sesterzen, für die hausgeborenen Sklaven 60 Sesterzen, für den Lieferanten des Sandes 8 Sesterzen. Zum Schmuck des Grabes mit Veilchen 16 Sesterzen, ebenso mit Rosen 16 Sesterzen. Und über meine Überreste soll Nardenöl ausgeschüttet werden, zum Pfundpreis von 24 Sesterzen. Und ich will, dass die dann im Amt befindlichen Magistrate an diesem Tag in dem Triclinium speisen, das sich über dem Grab befindet, und die *curatores* der Augustales, die dann im Amt sind, und dafür 100 Sesterzen ausgegeben werden und dass

D'Arms, JRS 90, 2000, 126–144

an diesem Tag für das mir darzubringende Opfer 60 Sesterzen ausgegeben werden und die übrigen 140 Sesterzen sollen zur Wiederherstellung desselben Grabgartens verwendet werden, sooft es notwendig ist. Unter diesen Bedingungen will ich dem Verein der Augustales 10 000 Sesterzen geben.

Q 297 f

CIL XIII 5708
= ILS 8379

Auszug aus dem sogenannten Testament des Lingonen aus dem Gebiet von Langres

Ich will, dass die Cella, die ich für mein Andenken gebaut habe, vollendet wird entsprechend dem Vorbild, das ich gegeben habe, und zwar so, dass sich eine Exedra an dem Platz befindet, an dem eine marmorne Sitzstatue aufgestellt werden soll aus möglichst gutem überseeischem Stein oder eine bronzene (Statue) aus möglichst guter Bronze, so wie man sie für Inschriftentafeln verwendet, nicht kleiner als 5 Fuß. Unter der Exedra soll ein Ruhebett sein und auf den beiden Seiten zwei Hocker aus überseeischem Stein.

Es sollen dort Matratzen sein, die an den Tagen ausgebreitet werden, an denen die Cella für mein Andenken geöffnet wird, und zwei laodikenische Decken und Kopfkissen, zwei Paar Tischkleider, zwei Reisemäntel und eine Tunica. Es soll ein Altar vor dem Gebäude aufgestellt werden aus möglichst gutem lunensischen Stein, der möglichst gut gemeißelt ist, in dem meine Knochen beigesetzt werden sollen. Dieses Gebäude soll mit lunensischen Stein so geschlossen werden, dass es leicht geöffnet und von Neuem geschlossen werden kann. Dieses Gebäude und diese Obstgärten und der See sollen gehütet werden nach dem Ermessen meiner Freigelassenen Philadelphus und Verus, und es sollen Gelder bereitgestellt werden zum Reparieren und Wiederherstellen, wenn irgendetwas von diesen fehlerhaft oder verdorben werden sollte. Es soll gehütet werden von drei Landschaftsgärtnern und ihren Lehrlingen, und wenn einer von diesen sterben oder abgezogen werden sollte, soll als Ausgleich ein anderer eingesetzt werden. Jeder Einzelne von diesen dreien soll für jedes Jahr 60 Scheffel Weizen erhalten und als Kleidergeld 20 Denare.

Q 298

Q 298 Der Sophist Antonius Polemon von Laodikeia

Kontext: Der angesehene Sophist Antonius Polemon von Laodikeia, der vor allem in Smyrna lebte, wird in Philostratos' Sophistenbiographien beschrieben, wobei vor allem seine persönlichen Beziehungen zu den Kaisern angesprochen werden.

Q 298 a
Philostratos, Sophisten-
biographien, 532 ff.

Biographische Würdigung des Antonius Polemon

Die folgenden (Dinge) wurden ihm von den Kaisern gewährt. Kaiser Traian gab ihm das Recht, kostenlos zu Land und zu Wasser zu fahren. Kaiser Hadrian dehnte dies auf alle seine Nachkommen aus, schrieb ihn im Kreis des Museions ein und gab ihm das ägyptische Recht auf ein freies Mahl (?). Als er in Rom war, forderte er 250 000 Drachmen, er gab ihm dieses Geld, ohne dass Polemon gesagt hatte, wozu er das Geld benötige, oder der Kaiser vorher gesagt hatte, er werde es ihm geben. Als ihn die Leute von Smyrna beschuldigten, er habe einen großen Teil des Geldes, das der Kaiser ihnen für sie gegeben habe, für sein eigenes Vergnügen ausgegeben, schickte der Kaiser einen Brief mit folgendem Inhalt: »Polemon hat mir eine Abrechnung für das Geld gegeben, das euch von mir gegeben wurde.« [...]

Außerdem versöhnte der Kaiser (Hadrian) seinen Sohn Antoninus mit ihm zu der Zeit, als er sein Zepter übergab und von einem Sterblichen zu einem

Gott wurde. Wie dies geschah, muss ich erzählen. Antoninus regierte ganz Asien ohne Unterschied (Proconsul der Provinz Asia) und nahm Quartier im Hause des Polemon, denn es war das beste im Smyrna und gehörte dem besten Manne. In der Nacht kehrte Polemon von einer Reise zurück, protestierte vor der Tür, man misshandele ihn, indem man ihn von seinem Haus ausschließe, und zwang Antoninus in ein anderes Haus umzuziehen. Der Kaiser wurde davon informiert, begann aber keine Untersuchung, um nicht wieder die Wunde zu öffnen. Aber weil er bedachte, was nach seinem Tod geschehen würde, und weil selbst geduldige Charaktere von zu aggressiven und aufreizenden Leuten gereizt werden, war er wegen Polemon besorgt. Daher schrieb er in seinen Verfügungen hinsichtlich der Herrschaft: »Polemon der Sophist hat mir geraten, diese Verfügung zu treffen.« [...]

Als Polemon nach Rom kam, umarmte ihn Antoninus und sagte: »Gebt Polemon eine Unterkunft und lasst nicht zu, dass ihn einer hinauswirft.« Und als einmal ein Tragödienschauspieler, der bei den olympischen Spielen von Asia aufgetreten war, deren Vorsitz Polemon hatte, gegen ihn prozessieren wollte, weil ihn Polemon zu Beginn des Dramas herausgeworfen hatte, fragte der Kaiser den Schauspieler, zu welcher Zeit es gewesen sei, als er von der Bühne vertrieben wurde. Als er antwortete, es sei um die Mittagszeit gewesen, machte der Kaiser diese witzige Bemerkung: »Mich aber hat er mitten in der Nacht aus seinem Haus geworfen, und ich habe ihn nicht angeklagt.«

Das soll reichen, um zu zeigen, wie mild ein Kaiser sein kann und wie arrogant ein einfacher Mann. Denn in der Tat war Polemon so arrogant, dass er Städte als Unterlegene behandelte, Kaiser nicht als über ihm stehend, und mit Göttern wie mit seinesgleichen umging.

Inschrift aus Smyrna, die die Leistungen des Bürgers Antonius Polemon für die Gemeinde festhält

Q 298 b

[...] und dieses erlangten wir von dem Herrn Caesar Hadrianus durch (die Hilfe des) Antonius Polemon: einen zweiten Beschluss des Senates, durch den wir zweifacher Tempelhüter (Sitz eines Tempels des Kaiserkultes der Provinz Asia) wurden, einen heiligen Agon, Steuerfreiheit, Prediger, Sänger, 1, 5 Millionen Sesterzen, 72 Säulen aus Synnada für das Aleipterion (Platz zum Einölen oder Schwitzbad), 20 numidische Säulen, 6 aus Porphyr.

CIG 3148 = IGRR IV 1431, Z. 35–42

Q 299 Die Ehrbarkeit von Athleten und Künstlern

Q 299

Sabinus und Cassius antworteten, dass Athleten überhaupt keine gewinnorientierte Kunst (*ars ludicra*) betrieben, denn sie würden es der Tugend wegen tun. Und generell waren alle dieser Meinung, und es scheint nützlich, dass weder die *thymelici* (Mitglieder der Künstlervereinigung) noch die *xystici* (Mitglieder der Athletenvereinigung) noch die Wagenlenker noch diejenigen, die die Pferde mit Wasser besprtizen und die anderen Tätigkeiten dieser (Leute), die den heiligen Spielen dienen, als ehrenrührig angesehen werden.

Digesten 3, 2, 4 pr (Ulpian)

Q 300 Ehrung des berühmten Künstlers Eutyches

Q 300

Die Gemeinschaft der hinzugewählten Mimen für Lucius Acilius Eutyches, den Sohn des Lucius aus der Tribus Pomptina, den edlen Erzmimen, sein hinzugewähltes (Mitglied), den täglichen Tischgenossen des Apollon, den

CIL XIV 2408 = ILS 5196

tragischen und komischen Schauspieler, und den von allen Gemeinschaften bei den Bühnen geehrten (Mann). Dem Ratsherren von Bovillae, den sie als Ersten von allen hinzugewählten Mitgliedern ›Vater‹ nannten. Die Hinzugewählten der Bühnenleute aus gesammeltem Geld wegen seiner Leistungen und seiner Verlässlichkeit ihnen gegenüber. Wegen dieser Weihung gab er als Geldgeschenk den Hinzugewählten einzeln 25 Denare, den Ratsherren von Bovillae einzeln 5 Denare, den Augustales einzeln 3 Denare, den ehrbaren Frauen und dem Volk einzeln einen Denar. Geweiht am dritten Tag vor den Iden des August unter den Consuln Sossius Priscus und Coelius Apollinaris. Aufsicht führte Quintus Sosius Augustianus.

Auf der Seite: Die Vereinigung der Hinzugewählten [es folgen 60 Namen]

<table>
<tr><td>

Q 301

Roueché 1992, Nr. 50

</td><td>

Q 301 Überprüfung von Privatstiftungen

Mit gutem Glück. Marcus Ulpius Aurelius Eurykles, der zum zweiten Mal als Oberpriester von Asia für die Tempel in Smyrna designiert ist, grüßt Magistrate, Rat und Volk der Aphrodisianer. Da es euer Wunsch war, dass ich mich auch um die Fonds kümmern solle, die sich auf die Agone beziehen, wegen eurer Pietas gegenüber dem sehr großen Kaiser Marcus Aurelius Commodus Antoninus Augustus und wegen des Andenkens an die, die sie hinterlassen haben, und wegen des guten Namens der Stadt, und auch weil mich Vertreter der Vereinigung (der Künstler) schon bei vielen Gelegenheiten angesprochen haben. Deswegen habe ich es nicht versäumt, auch diesen Bereich zu prüfen, wobei ich dieselbe Ordnung und dieselbe Aufmerksamkeit aufwandte wie bei meiner Zeit als *curator* (*rei publicae*). Der Wettkampf hingegen, der aufgrund des Testamentes des Flavius Lysimachos stattfinden soll, hat eine totale Stiftungssumme von 120 000 Denaren erreicht, so dass es hinsichtlich der Summe möglich ist, dass der musikalische Wettbewerb alle vier Jahre so stattfindet wie der Erblasser es wünschte. Das über die 120 000 Denare hinausgehende Geld, das ausgeliehen ist, und die Zinsen, die zusätzlich bis zum Anfang des Jahres hinzukommen, belaufen sich auf eine Gesamtsumme von 31 839 Denare. Ihr könnt daher mit gutem Glück den Wettkampf zu Beginn des Jahres stattfinden lassen, mit Geldpreisen, die ein Talent betragen, und Wettbewerben von einer Art, die so etwas verdienen. Der Termin für das folgende Ereignis und die nächste nach vier Jahren stattfindende Feier wird im Zeitraum zwischen der Feier der Barbilleia in Ephesos und [den Provinzspielen?] von Asia sein. Lebt wohl.

</td></tr>
<tr><td>

Q 302

Roueché 1992, Nr. 91

</td><td>

Q 302 Die Gemeinde Aphrodisias ehrt einen erfolgreichen Pankratiasten (um 165 n. Chr.)

Der Rat und das Volk ehren mit den schönsten und größten Ehren T. Aelius Aurelius Menander, der als Athlet mit Auszeichnung kämpfte, vielfacher Sieger, Pankratiast, Paradoxos, Xystarch, aus einer ehrbaren und führenden Familie, der als erster und einziger Mann seit allen Zeiten drei Jahre lang in den drei Kategorien kämpfte, als Knabe und als junger Mann und als Mann, und der heilige Spiele und Geldspiele für ein Talent und viele andere Wettkämpfe gewann.

(Er gewann in) Neapel bei den Sebasta den Pankration der claudischen Knaben, bei den Nemea den Pankration der Knaben, bei den Isthmia den

</td></tr>
</table>

Pankration der jungen Männer, in Ephesos bei den Barbilleia den Pankration der jungen Männer – ein Wettbewerb ohne klaren Sieger –, in Pergamon beim Koinon von Asien den Pankration der Männer, in Ephesos bei den Barbilleia den Pankration der Männer, in Smyrna beim Koinon von Asien den Pankration der Männer, in Athen die Panathenaia bei der siebenten Feier der Panathenaia den Pankration der Männer, als Erster aus Aphrodisias, bei den Nemeia den Pankration der Männer und bei den folgenden Nemeia – ein Wettbewerb ohne klaren Sieger –, bei den Olympia in Athen den Pankration der Männer, als Erster aus Aphrodisias, bei den Pythia den Pankration der Männer, in Rom bei den Capitolia Olympia den Pankration der Männer, als Erster aus Aphrodisias, [---- den Pankration der Männer], als Erster aus Aphrodisias, [----] beim Koinon von Asia den Pankration der Männer, in Mitylene den Pankration der Männer, in Adramyttion den Pankration der Männer, [---] den Pankration der Männer, [in Nikomed]eia den Pankration der Männer, in Nikaia den Pankration der Männer, in Prusias den Pankration der Männer, in Claudiopolis den Pankration der Männer (zweimal), in Ankyra in Galatien den Pankration der Männer, in Pessinos den Pankration der Männer, in Damaskos mit zwei Siegen den Pankration der Männer, in Berytos den Pankration der Männer, in Tyros den Pankration der Männer, in Caesarea/Stratonsturm den Pankration der Männer, in Neapolis in Samaria (Nablus) den Pankration der Männer, in Skythopolis den Pankration der Männer, in Gaza den Pankration der Männer, in Caesarea Paneas (Caesarea Philippi) den Pankration der Männer, in Hierapolis den Pankration der Männer, in Anazarbos den Pankration der Männer, in Mopsuestia den Pankration der Männer, in Tripolis in Syrien den Pankration der Männer, in Philadelpheia in Arabien (Amman) den Pankration der Männer, in Zeugma am Euphrat den Pankration der Männer, in Kibyra den Pankration der Männer.

Q 303 Ehrung durch städtische Pensionszahlung

Q 303

Kontext: Die ägyptische Stadt Hermopolis hat Mitbürgern, die Siege in heiligen Spielen errungen haben, eine Pension in Aussicht gestellt, auf die ein Aurelius Leukadios jetzt Anspruch erhebt (267 n.Chr.).

An den ausgezeichneten Rat von Hermopolis, der großen, alten, höchst verehrenswürdigen und höchst berühmten Stadt, von Aurelius Leukadios, Bürger von Hermopolis, Sieger in heiligen Spielen und Pankratiast, durch Aurelius Appianos, der auch Demetrios genannt wird, Bürger von Hermopolis, der als sein Vormund (*epitropos*) bestimmt ist. Ich fordere, dass eine Anordnung gegeben wird, dass mir von der städtischen Kasse meine Pension (*opsonion*) gezahlt wird.

C.P. Herm. 52–56
= Select Papyri 306

(Und zwar) für den Sieg, für den ich bei den heiligen eiselastischen Spielen bekränzt wurde, für die 48 Monate vom Phamenoth des 10. Jahres bis zum 30. Mecheir des 14. Jahres, einen Betrag von 180 Drachmen pro Monat, (insgesamt) 1 Talent 2630 Drachmen, und für den ersten Sieg, bei dem ich bekränzt wurde, bei den heiligen eiselastischen oikumenischen purpurnen (*periporphyros*) isolympischen Spielen in der *colonia* von Sidon, für die 35 Monate und 25 Tage vom 6. Phamenoth des 11. Jahres bis einschließlich den (Monat) Mecheir des 14. Jahres, einen Betrag von 180 Drachmen pro Monat, (insgesamt) 1 Talent 450 Drachmen, was einen Gesamtanspruch ergibt von zwei Talenten, dreitausend und neunzig Silberdrachmen, (in Zahlen) 2 Talente, 3090 Silberdrachmen ohne Beeinträchtigung irgendeines Rechtes, das die Stadt und der Rat besitzen. Im 14. Jahr des Imperators Caesar Publius Licinius Gallienus Germanicus maximus, Persicus maximus, Pius Felix Augustus, Monat Phamenoth.

Q 304

Q 304 Leistungen erfolgreicher Wagenlenker

Q 304 a
CIL VI 10051
= ILS 5283 (Roma)

Carisia Nesis, Freigelassene einer Frau, Scirtus, Wagenlenker der weißen Rennpartei.

Im Consulat des L. Munatius und des Gaius Silius (13 n. Chr.): Er errang mit der Quadriga 1 Sieg, 1 zweiten Platz, 1 dritten Platz.

Im Consulat des Sextus Pompeius und des Sextus Appuleius (14 n. Chr.): 1 Sieg, 1 zweiter Platz, 2 dritte Plätze.

Im Consulat des Drusus Caesar und des Gaius Norbanus (15 n. Chr.): 1 Sieg, 2 zweite Plätze, 5 dritte Plätze.

Im Consulat des Sisenna Statilius und Lucius Scribonianus (16 n. Chr.): 2 Siege, einmal zurückgerufen, 5 zweite Plätze, 5 dritte Plätze.

Im Consulat des Gaius Caelius und des Lucius Pomponius (17 n. Chr.): 2 Siege, einmal zurückgerufen, 8 zweite Plätze, 6 dritte Plätze.

Im 3. Consulat des Tiberius Caesar und im 2. des Germanicus Caesar (18 n. Chr.): 7 zweite Plätze, 12 dritte Plätze.

Im Consulat des Marcus Silanus und des Lucius Norbanus (19 n. Chr.): einmal zurückgerufen, 5 zweite Plätze, 5 dritte Plätze.

Im Consulat des Marcus Valerius und des Marcus Aurelius (20 n. Chr.): 3 zweite Plätze, 4 dritte Plätze.

Im 4. Consulat des Tiberius Caesar und dem 2. des Drusus Caesar (21 n. Chr.): 2 zweite Plätze, 5 dritte Plätze.

Im Consulat des Decimus Haterius Agrippa und des Sulpicius (22 n. Chr.): 2 zweite Plätze. 5 dritte Plätze.

Im Consulat des Gaius Asinius und des Gaius Antistius Vetus (23 n. Chr.): einmal zurückgerufen, 1 zweiter Platz, 5 dritte Plätze.

Im Consulat des Servius Cornelius Cethegus und des L. Visellius (24 n. Chr.): 1 zweiter Platz, 4 dritte Plätze.

Im Consulat des Cossus Cornelius Lentulus und des Cornelius Lentulus (25 n. Chr.): 2 dritte Plätze.

Insgesamt 7 Siege mit der Quadriga, viermal zurückgerufen, 39 zweite Plätze, 60 dritte Plätze, einmal ›iustiale‹ (unbekannter Sinn, möglich: unentschiedenes Rennen), 2 Siege mit dem Sechsergespann.

Q 304 b
CIL VI 10047
= ILS 5288

Ich, Publius Aelius Gutta Calpurnianus, Sohn des Marius Rogatus, habe mit diesen Pferden in der blauen Rennpartei gewonnen: Germinator, schwarz, Afrikaner, 92 (Siege), Silvanus, rot, Afrikaner, 105 (Siege), Nitidus, honiggelb, Afrikaner, 52 (Siege), Saxo, schwarz, Afrikaner, 92 (Siege), und habe Siegesprämien errungen: 50000 Sesterzen einmal, 40000 Sesterzen neunmal, 30000 Sesterzen siebzehnmal.

Ich, Publius Aelius Gutta Calpurnianus, Sohn des Marius Rogatus, habe meine 1000 Siege vollendet in der grünen Rennpartei mit diesen Pferden: Danaus, kastanienfarbig, Afrikaner, mit 19 Siegen, Oceanus, schwarz, mit 209 Siegen, Victor, rot, mit 429 Siegen, Vindex, kastanienfarbig, mit 157 Siegen, und habe an größeren Preisen gewonnen: 40000 Sesterzen dreimal,

30 000 Sesterzen dreimal. Aus der Zahl der oben genannten Siegespalmen habe ich 1127 gewonnen.

Bei der weißen Rennpartei habe ich 102 Siege errungen, zweimal wurde ich zurückgeschickt, einen Sieg für 30 000 Sesterzen, einen für 40 000 Sesterzen, im 1. Rennen (des Tages) 4 Siege, einen mit unangeschirrten Pferden (d. h. Pferde nur mit dem Zügel gelenkt), 83 Siege mit einem Renngespann, 7 Siege mit zwei Renngespannen, 2 mit drei Renngespannen.

Bei der roten Rennpartei habe ich 78 Siege errungen, einmal wurde ich zurückgeschickt, ein Sieg für 30 000 Sesterzen, 42 bei Rennen mit einem Gespann, 32 bei Rennen mit zwei Gespannen, 3 bei Rennen mit drei Gespannen, einen bei Rennen mit vier Gespannen.

Bei der blauen Rennpartei habe ich 583 Siege errungen, davon 17 für 30 000 Sesterzen, einen mit einem Sechsergespann, 9 für 40 000 Sesterzen, einen für 50 000 Sesterzen, 9 mit einem Dreiergespann für 10 000 Sesterzen, einen mit einem Dreiergespann für 25 000 Sesterzen, einen mit unangeschirrten Pferden (d. h. Pferde nur mit dem Zügel gelenkt), einen ›heiligen‹ Sieg bei einem Spiel, das alle fünf Jahre stattfindet (Sieg bei den *ludi Capitolini* in Rom), 334 bei Rennen mit einem Gespann, 184 bei Rennen mit zwei Gespannen, 65 bei Rennen mit drei Gespannen.

Bei der grünen Rennpartei habe ich 364 Siege errungen, einen Sieg für 30 000 Sesterzen, 2 Siege für 40 000 Sesterzen, einen Sieg ›mit den Füßen bei der Quadriga‹ für 60 000 Sesterzen (d. h. beim Startsignal musste der Fahrer erst auf den Wagen springen), im ersten Rennen 6, 116 bei Rennen mit einem Gespann, 184 bei Rennen mit zwei Gespannen, 64 bei Rennen mit drei Gespannen. Dieses Grabmonument ließ ich zu meinen Lebzeiten errichten.

Q 304 c
CIL VI 10 048
= ILS 5287

Gaius Appuleius Diocles, Wagenlenker der roten Rennpartei, von Herkunft ein Spanier aus Lusitanien, 42 Jahre, 7 Monate, 23 Tage.

Erstmals ging er ins Rennen in der weißen Rennpartei im Consulat des Acilius Aviola und des Corellius Pansa (122 n. Chr.). Erstmals hat er in ebendieser Rennpartei gewonnen im Consulat des Manius Acilius Glabrio und des Gaius Bellicius Torquatus (124 n. Chr.). Erstmals ging er ins Rennen in der grünen Rennpartei im Consulat des Torquatus Asprenas und Annius Libo (128 n. Chr.). Erstmals siegte er in der roten Rennpartei im Consulat des Laenas Pontianus und des Antonius Rufinus (131 n. Chr.).

Summe: er hat die Quadriga gelenkt während 24 Jahren, er hatte 4257 Starts, er hatte 1412 Siege, davon in einem ersten Rennen 110. Einzelrennen (nur ein Starter pro Rennpartei) gewann er 1064, davon gewann er 92 größere Gewinne, 32 zu 30 000 Sesterzen, davon dreimal mit einem Sechsergespann, 28 für 40 000 Sesterzen, davon 2 Sechsergespanne, 29 für 50 000 Sesterzen, davon eines mit dem Siebengespann, 3 für 60 000 Sesterzen. Von den Rennen mit zwei Gespannen pro Partei gewann er 347, dabei gewann er 4 Rennen mit dem Dreigespannen für 15 000 Sesterzen. Bei den Rennen mit drei Gespannen pro Partei gewann er 51. Auf einen Ehrenplatz kam er bei [---], zweite Plätze errang er 861, dritte Plätze errang er 576, vierte Plätze für 1000 Sesterzen errang er einen, vergeblich startete er bei 1351 Rennen.

Für die Blauen errang er 10 Siege, für die Weißen 91, davon 2 Siege für 30 000 Sesterzen. Er brachte die Gewinnsumme von 35 Millionen 862 120 Sesterzen ein. Daneben gewann er mit dem Zweigespann 3 Rennen zu 1000 Sesterzen, eines für die Weißen, 2 für die Grünen. Er nahm beim Start die Spitze und siegte bei 815 Rennen, er folgte und siegte bei 67 Rennen, er ließ (den Gegner) vorbei und siegte bei 36 Rennen, in verschiedenen Kategorien siegte er bei 42 Rennen, er entriss (dem Gegner die Führung) und siegte bei 503 Rennen, für die Grünen bei 216 Rennen, für die Blauen bei 205 Rennen, für die Weißen bei 81 Rennen.

Er hat neun Pferde zu *centenarii* (100 Siege) und eines zu einem *ducenarius* (200 Siege) gemacht.

Q 305

Q 305 Bestimmungen für den Kaiserkult

Kontext: In einem unvollständig erhalten Dekret aus Gytheion auf der Peloponnes werden für die Feierlichkeiten des Kaiserkultes Anweisungen erlassen.

SEG XI 922–3 = AE 1929, 99–100

I. [...der Agoranomos ... und] soll aufstellen ... [auf der ersten Basis die Statue des vergöttlichten Augustus Caesa]r, seines Vaters. Zur Rechten davon auf der [zweiten die der Iulia Augu]sta, auf der dritten (zur Linken) die des Imperators Tiberius Ca[esar] Augustus, wobei ihm die Stadt die Statuen stellt. [Und] ein Tisch soll vor ihm in der Mitte des Theaters aufgestellt werden, und ein Räuchergefäß soll darauf stehen. Und die Synedroi und die Beamtenschaft insgesamt sollen darauf für das Wohl unseres Princeps opfern, bevor die Schauspieler eintreten. Am ersten Tag soll er die Feier zu Ehren des vergöttlichten Caesar, des vergöttlichten Augustus, des Retters und Befreiers, halten, am zweiten zu Ehren des Imperators [Ti]berius Caesar Augustus, des Vaters des Vaterlandes, am dritten Tag zu Ehren des Iulia Augusta, der holden Glücksgöttin unseres Volkes und unserer Stadt, am vierten zu Ehren des Victoria des Germanicus Caesar, am sechsten zu Ehre der Aphrodite des Drusus Caesar, am sechsten zu Ehren des Titus Quinctius Flaminius, und er soll sich auch um das gute Verhalten der Wettkämpfer kümmern. Er soll auch Rechenschaft über die gesamte Entlohnung der Schauspieler und die Verwaltung der heiligen Gelder vor der Stadt ablegen in der ersten Volksversammlung nach dem Wettkampf. Falls man herausfindet, dass er Unterschlagungen oder falsche Eintragungen begangen hat und er überführt wird, darf er kein weiteres Amt bekleiden, und sein Vermögen soll konfisziert werden. Die Güter, die verstaatlicht wurden, sollen heilig sein und von den Archonten zu zusätzlichen Ausschmückungen benutzt werden. Jedem Bürger von Gytheion, der betreffs der heiligen Gelder Klage erheben will, soll es erlaubt sein, ohne dass ihm daraus Schaden erwächst.

Nach der Beendigung der Feiertage zu Ehren der Götter und Herrscher soll der Agoranomos die Schauspieler an zwei weiteren Tagen in Theaterwettbewerben auftreten lassen, an einem Tag zum Gedächtnis an Gaius Iulius Eurykles, der sich bei vielen Gelegenheiten als Wohltäter des Volkes und der Stadt erwiesen hat, am zweiten Tag zu Ehren des Gaius Iulius Laco, der die Sicherheit und das Wohl unseres Volkes und unserer Stadt verteidigt. Er soll die Wettspiele an den Tagen, an denen es möglich ist, nach denen der Göttin abhalten. Wenn er aus seinem Amt ausscheidet, soll er dem Agoranomos, der sein Amt übernimmt, in einem öffentlichen Akt die Opfertiere für die Spiele übergeben, und die Stadt soll die Bestätigung mit Unterschrift vom Empfänger erhalten. Jedesmal wenn der Agoranomos die Theaterspiele abhält, soll er einen Festzug abschicken vom Heiligtum des Asklepios und der Hygieia. Dabei sollen die Epheben, die jüngeren Leute und die anderen Bürger mit Lorbeerkränzen bekränzt und in weißen Gewändern den Festzug begleiten.

Auch die heiligen Jungfrauen und die Frauen sollen in geweihten Gewändern den Festzug mitbegleiten. Wenn der Festzug an dem Caesareum ankommt, sollen die Epheben einen Stier für das Wohl der Principes und der Götter opfern sowie für die ewige Dauer ihres Principates. Nach dem Opfer sollen sie veranlassen, dass die Tischgemeinschaften und die Beamtenkollegien auf dem Marktplatz Opfer darbringen. Wenn sie entweder den Festzug nicht veranstalten oder nicht opfern oder nach dem Opfer nicht veranlassen, dass die Tischgemeinschaften und die Beamtenkollegien auf dem Marktplatz Opfer bringen, sollen sie 2000 Drachmen bezahlen, die den Göttern heilig sind. Die Anklage soll jedem Bürger von Gytheion erlaubt sein.

Die Ephoren unter dem Vorsitz des Terentius Biades in dem Jahr, als Chairon Stratege und Priester des vergöttlichten Augustus Caesar war, sollen drei gemalte Bilder des vergöttlichten Augustus und der Iulia Augusta und des Tiberius Caesar Augustus liefern und Bühnen im Theater für den Chor, vier Kulissen für die Schauspieler und Fußbänke für das Orchester. Sie sollen auch eine Stele aus Stein aufstellen lassen und auf ihr das heilige Gesetz einmeißeln lassen, und sie sollen eine Abschrift des heiligen Gesetzes ins Staatsarchiv bringen lassen, damit das Gesetz in der Öffentlichkeit und unter freiem Himmel und allen gut sichtbar fortwährend die Dankbarkeit des Volkes von Gytheion gegenüber den Principes allen Menschen zeigen. Wenn sie aber dieses Gesetz nicht einmeißeln oder die Stele nicht vor dem Tempel aufstellen lassen oder keine Abschrift anfertigen lassen, [...].

Q 306 Spenden der Priester an die Bevölkerung

Q 306

Kontext: Eine Liste aus der galatischen Hauptstadt Ankyra registriert die Leistungen der Provinzialpriester während ihrer einjährigen Amtszeit. Dabei werden wahrscheinlich nur die außerordentlichen Leistungen festgehalten.

Die galatischen Priester des vergöttlichten Augustus und der Göttin Roma.   *Bosch 1967, Nr. 51*
(Unter ......)
1.) ----
2.) [Kas]tor, der Sohn des Königs Brigatos. Er gab eine Volksspeisung, stiftete vier Monate lang Öl, gab Schauspiele und Gladiatorenkämpfe von 30 Paaren und veranstaltete Schaujagden auf Stiere und wilde Bestien.
3.) Rufius. Er gab eine Volksspeisung, Schauspiele und eine Schaujagd.
Unter Metilius
4.) Pylaimenes, der Sohn des Königs Amyntas. Er gab zwei Volksspeisungen und zweimal Schauspiele; er veranstaltete einen gymnischen Agon und ein Rennen von Wagen und Pferden, gleicherweise einen Stierkampf und eine Schaujagd, er spendete der Stadt Salböl und schenkte Grundstücke, wo das Augusteum ist und wo die Festversammlung stattfindet und das Wagenrennen.
5.) Albiorix, der Sohn des Ateporix. Er gab eine Volksspeisung und stiftete die Standbilder des Kaesar und der Iulia Augusta.
6.) Amyntas, der Sohn des Gaizatodiastos. Er gab zweimal Volksspeisungen, opferte eine Hekatombe, er gab Schauspiele und eine Getreidespende von 5 *modii* pro Kopf (ca. 40 kg).
7.) [....]eias, der Sohn des Diognetos.
6.) Albiorix, der Sohn des Ateporix, zum zweiten Male. Er gab eine Volksspeisung.

Unter Fronto

9.) Metrodoros, der Sohn des Menemachos, der geborene Sohn des Dorylaos. Er gab eine Volksspeisung und stiftete vier Monate hindurch Salböl.

10.) Musanos, der Sohn des Artiknos. Er gab eine Volksspeisung.

11.) [....], der Sohn des Seleukos. Er gab eine Volksspeisung und spendete vier Monate lang Salböl.

12.) Pylaimenes, der Sohn des Königs Amyntas. Er gab eine Volksspeisung für die drei Völker, dem (Volk) in Ankara opferte er eine Hekatombe, gab er Schauspiele und eine Pompe (Festprozession) sowie einen Stierkampf, Stierfänge und Gladiatorenkämpfe von 50 Paaren. Während des ganzen Jahres spendierte er den drei Völkern Salböl. Er gab einen Tierkampf.

Unter Silvanus

13.) [Ga]llios. Er gab eine Volksspeisung in Pessinus, Gladiatorenkämpfe von 25 Paaren und in Pessinus von 10 (Paaren), er spendete den beiden Völkern Salböl das ganze Jahr hindurch und stiftete ein Kultbild in Pessinus.

14.) Seleukos, der Sohn des Philodamos. Er gab den beiden Städten zweimal Volksspeisungen, spendete den beiden Völkern Salböl während des ganzen Jahres und gab Schauspiele.

15.) Iulius Pontikus. Er gab eine Volksspeisung, opferte eine Hekatombe und spendete Salböl während des ganzen Jahres.

16.) Aristokles, der Sohn des Albiorix. Er gab eine Volksspeisung und spendete Salböl während des ganzen Jahres.

Unter Basila

17.) Quintus Gallius Pulcher. Er gab zweimal Volksspeisungen und opferte in Pessinus eine Hekatombe, er spendete den beiden Völkern Salböl während des ganzen Jahres.

18.) Philonides, Sohn des Philonides. Er gab eine Volksspeisungen, opferte eine Hekatombe und spendete Öl während des ganzen Jahres.

19.) ....

20.) ...

21.) ....

22.) [....] stiftete den Altar für die Opfer.

23.) Pylaimenes, der Sohn des Menas. Er gab eine Volksspeisung für beide Völker, opferte eine Hekatombe, gab Gladiatorenkämpfe von 30 Paaren und spendete Salböl während des ganzen Jahres.

24.) Sempronius, der Sohn des Aquila. Er gab .... für beide Völker, ... spendete Salböl ... während des ganzen Jahres; er gab .....; ferner ....

Q 307

Q 307 Eide auf den Kaiser

Q 307a
CIL II 172 = ILS 190

Eid für Caligula aus Aritium in Lusitanien
Unter Gaius Durmius Quadratus, dem Legaten des Gaius Caesar Germanicus Imperator im Range eines Praetors. Eid der Aritenses:

(Ich schwöre) nach bestem Gewissen, dass ich ein unversöhnlicher Feind der Personen sein werde, von denen ich festgestellt habe, dass sie Feinde des Gaius Caesar Germanicus sein werden. Und wenn irgendjemand ihn oder sein Wohlergehen gefährdet oder in Zukunft gefährden sollte, dann werde ich nicht ablassen, ihn mit Waffengewalt und in einem Krieg, der bis zur Vernichtung geführt wird, zu Wasser und zu Land zu verfolgen, bis er dann dafür bestraft wurde. Ich werde weder mein eigenes Leben noch das meiner Kinder für wertvoller halten als sein Leben. Ich werde die Leute, die ihm feindlich gesinnt sind, als meine (persönlichen) Feinde betrachten. Wenn ich wissentlich einen falschen Eid schwöre oder schwören sollte, dann sollen mich und meine Kinder Iuppiter Optimus Maximus und der vergöttlichte Augustus und all die übrigen unsterblichen Götter meiner Heimat, meiner Gesundheit und meines Vermögens berauben.

Am 5. Tag vor den Kalenden des Mai im Consulat des Gnaeus Acerronius Proculus und des Gaius Petronius Pontius Nigrinus in der alten Stadt. Vegetus, der Sohn des Tallicus, [...]ibius, der Sohn des [....]arionius, waren Magistrate.

Eid für Kaiser Augustus aus Gangra in Pamphylien

Q 307b
ILS 8781 = OGIS 532
= IGRR III 137

Im dritten Jahr nach dem zwölften Consulat des Imperators Caesar Augustus, des Sohnes eines Gottes, wurde am Tag vor den Nonen des März (6.3. 3 v.Chr.) in Gangra auf [dem Markt] von den Bewohnern Paphlagoniens und den [Römern], die bei ihnen Handel treiben, folgender Eid geleistet: »Ich schwöre bei Zeus, bei der (Mutter) Erde, bei der Sonne, allen Göttern insgesamt und bei Augustus selbst, dass ich dem [Cae]sar Augustus und seinen Kindern und seinen Enkeln die ganze Zeit meines Lebens hindurch in Wort, Werk und Absicht wohlgesinnt sein werde, dass ich die für meine Freunde halten werde, die auch jene dafür halten, dass ich die für meine Feinde [halte], die auch sie so beurteilen, dass ich für ihre Interessen weder meinen Leib noch meine Seele noch mein Leben noch das meiner Kinder schonen werde, sondern dass ich auf jede Art und Weise jede Gefahr auf mich nehmen werde, so weit es jene betrifft. Dass, wenn ich wahrnehme oder höre, dass etwas Gegenteiliges gesprochen, beraten oder getan wird, ich dies zur Anzeige bringen werde und ich dem feindlich gesinnt sein werde, der etwas Derartiges sagt, rät oder tut. Dass ich diejenigen, die sie als Feinde beurteilen, zu Land und zu Wasser mit Waffen und Schwert verfolgen und bekämpfen werde. Falls ich gegen meinen Schwur handeln werde oder nicht entsprechend, wie ich geschworen habe, so werde ich mich selbst verfluchen, meinen Leib, meine Seele, mein Leben und das meiner Kinder und meines Geschlechtes, und dass es völligen Untergang bis zu meiner und meiner Kinder Nachkommen bringt, und weder meine Gebeine noch die meiner Kinder die Erde oder das Meer aufnehmen soll noch dass sie [ihnen] Früchte bringt.« Auf dieselbe Weise leisteten sie den Eid alle auf [dem Lande] in den Augustusheiligtümern [der Regionen] vor den Altären des [Augustus]. In gleicher Weise [schworen] die Bewohner von Phazimon, die [das heutige Nea]polis bewohnen, alle vor dem [Altar des] Augustus im Augustustempel.

Q 308 Mysterienreligionen und orientalische Kulte

Q 308

Apuleius schildert Anhänger der Göttin Kybele

Q 308a
Apuleius, Der goldene
Esel 8, 27–29

(27) Am nächsten Tag ziehen sie los, mit einem buntfarbigen Überwurf bekleidet, jeder zur Missgestalt geformt, das Gesicht mit dreckigem Farbstoff beschmiert, um die Augen malerisch Linien gezogen, mit Kopfbinden und safranfarbigen Gewändern aus Musselin und Seide bekleidet, manche in weißen Hemden, die mit lanzenartigen, nach allen Richtungen gehenden Purpurstreifen bemalt waren, durch einen Gürtel hochgeschürzt, die Füße in goldgelben Schuhen steckend. Die Göttin, die in einen seidenen Mantel gehüllt war, setzten sie mir zum Tragen auf den Rücken, und die Arme bis zur Schulter entblößt, mächtige Schwerter und Beile hochhaltend, so springen sie

jauchzend in die Höhe, während der Klang der Flöte sie zum wahnsinnigen Tanz antreibt. So hatten sie schon eine Reihe kleiner Höfe durchstreift, da kommen sie zum Landsitz eines reichen Besitzers. Gleich beim ersten Eintritt fliegen sie rasend umher, ein misstönendes Geheul ausstoßend, und mit gesenktem Haupt winden sie lange die Nacken in schlüpfrigen Bewegungen, schütteln die herabhängenden Haare im Kreise, fallen manchmal mit Beißen über die eigenen Muskeln her und schneiden sich schließlich mit dem zweischneidigen Eisen, das sie trugen, jeder in die eigenen Arme. Indessen gerät einer von ihnen noch toller in Schwärmerei. Aus tiefer Brust wiederholt aufseufzend spiegelte er, wie vom himmlischen Hauch einer Gottheit erfüllt, einen krankhaften Wahnsinn vor, gerade als würden die Menschen durch die Anwesenheit der Götter gewöhnlich schwach und krank gemacht und nicht vielmehr besser als sie vorher waren.

(28) Man beachte schließlich, welchen Lohn er dank der göttlichen Fürsorge davontrug. Er beginnt mit lärmender Ankündigung, sich selbst mit einer ausgetüftelten Lüge aufs Heftigste anzuklagen, als hätte er etwas gegen das Gebot der heiligen Religion angestiftet, und fährt fort, auch noch eine gerechte Bestrafung der Sünde an der eigenen Person von seinen Händen zu fordern. Er ergreift also die Geißel, die diese Hämlinge als eigenes Anzeichen mit sich führen, aus geflochtenen Bändern von wolligem Vlies, reichlich mit Fransen und zahlreichen Schafknöcheln versehen. Damit peitschte er sich und schlägt immerzu mit den Knoten, gegen den Schmerz von den Hieben durch die eigene Einbildungskraft wunderbar gefeit. Da konnte man von dem Schnitt der Schwerter und dem Schlagen der Geißeln den Bodem im Unflat des Blutes dieses Weiblings schwimmen sehen. Das erweckte bei mir eine nicht geringe Besorgnis, als ich sah, dass das Blut aus so viel Wunden reichlich vergossen wurde, es möchte vielleicht der Magen der fremden Göttin, wie der mancher Menschen nach Eselsmilch, so sie nach Eselsblut Verlangen tragen. Aber sobald sie endlich müde geworden oder jedenfalls, der eigenen Zerfleischung satt, mit der Schinderei ein Ende machen, bringt man ihnen um die Wette Kupfer-, ja Silbermünzen als Almosen. Sie nehmen sie in dem ausgebreiteten Bausch ihres Gewandes in Empfang, ebenso auch einen Krug Wein, Milch, Käse und etwas an Spelt und Weizen, auch Gerste, welche einige für die Träger der Göttin schenkten. Gierigen Sinnes raffen sie alles zusammen und stopfen es in die Säcke, die sie zu diesem Erwerb mit Fleiß vorbereitet hatten. Dann packen sie es auf meinen Rücken, so dass ich nun, da ja mit dem Gewicht der doppelten Last beladen, zugleich als Speicher und Tempel dienend, einherschritt. (29) Auf diese Weise plünderten sie umherstreifend diese ganze Gegend aus.

Q 308 b
Apuleius, Der goldene
Esel 11, 9–11

Apuleius schildert ein Fest des Isis-Kultes aus Kenchrai bei Korinth
(9) Unter diesen spaßigen Belustigungen der Bevölkerung, die sich allenthalben zeigten, setzte sich schon der eigentliche Festzug der göttlichen Retterin in Bewegung. Frauen, schimmernd in weißer Gewandung, prunkend mit mancherlei Ausstattung, prangend in Frühlingsbekränzung, die aus ihrem Schoße auf dem Weg, den der heilige Zug dahinschritt, den Boden mit Blüten bestreuten, andere, die mit glänzenden, nach hinten gewandten Spiegeln der nachkommenden Göttin ihre gefällige Dienstbeflissenheit zeigten und die, elfenbeinerne Kämme in den Händen, durch Gebärden mit den Armen und Bewegungen mit den Fingern das Schmücken und Kämmen des königlichen Haares nachahmten, auch solche, die mit sonstigen Salben wie auch mit festlichem Balsam, der tropfenweise ausgeschüttet wurde, die Straße be-

sprengten. Eine große Zahl beiderlei Geschlechts außerdem, die mit Lampen, Fackeln, Kerzen und künstlichem Licht anderer Art dem Urspross der himmlischen Gestirne huldigten. Dann liebliche Weisen: Pfeifen und Flöten erklangen in süßer Melodie. Ihnen folgte ein reizender Chor erlesener Jugend im schneeweisen Staatskleid strahlend, immer wieder ein anmutiges Lied singend, das mit gnädiger Hilfe der Musen ein begabter Dichter in Töne gesetzt und eingeübt hatte. Den Inhalt bildete einstweilen ein Vorgesang für die feierlichen Gebete. Es zogen auch die dem großen Sarapis geweihten Flötenspieler einher, welche nach dem rechten Ohr zu die Querpfeife hielten und darauf eine dem Tempel und dem Gott vertraute Weise bliesen, und die Vielen, die geboten, dem heiligen Zug Platz zu machen.

(10) Dann strömten die in den Dienst der Göttin eingeweihten Scharen heran, Männer und Frauen jedes Standes und jedes Alters, leuchtend im reinen Weiß des Leinenkleides, diese das salbenfeuchte Haar mit lichtem Tuche verhüllt, die Männer das Haar geschoren bis auf die Haut, mit glänzendem Scheitel, irdische Sterne der erhabenen Religion, mit ehernen und silbernen, ja, mit goldenen Klappern ein helles Klingeln weckend, und die vornehmen Priester des Kultes, die mit einem um die Brust eng anliegenden Gewand aus weißem Leinen bis zu den Füßen angetan, die herrlichen Sinnbilder der mächtigen Götter trugen. Der Erste von ihnen hielt eine mit hellem Licht leuchtende Lampe, nicht eben ähnlich der unseren, die das abendliche Mahl beleuchten, sondern ein goldenes Schifflein, das aus einer Öffnung in seiner Mitte eine stärkere Flamme emporsandte. Der Zweite war zwar an Kleidung ähnlich, aber er trug in beiden Händen Altäre. d.h. die ›Hilfen‹, denen die hehre Göttin helfende Fürsorge den eigenen Namen gegeben hat. Es kam ein Dritter, der eine zierlich mit Goldblättern versehene Palme trug und einen Hermesstab. Der Vierte wies das Zeichen der Gerechtigkeit, eine nachgebildete linke Hand mit ausgestreckter Handfläche; da diese eine angeborene Schwerfälligkeit, aber keine Gewandtheit, keine Geschicklichkeit zeigt, schien sie passender für die Gerechtigkeit als die Rechte. Derselbe führte auch ein goldenes Gefäß mit, rundgeformt wie eine Frauenbrust, aus dem er Milch spendete. Der Fünfte trug eine goldene Getreideschwinge, mit Lorbeerzweigen ganz gefüllt, und ein anderer einen Krug (Amphore).

(11) Unmittelbar darauf schreiten die Götter, die sich herablassen, mit Menschenfüßen einherzuwandeln. Hier der schauerliche Bote der Überirdischen und der Unterwelt, der bald ein schwarzes, bald ein goldenes Antlitz weist, den Hundenacken hoch erhebend, Anubis, in der Linken den Heroldsstab tragend, in der Rechten einen grünen Palmzweig schüttelnd. Seiner Spur folgte anschließend ein Rind in aufrechter Haltung, ein Rind, der allgebärenden Göttin fruchtbares Abbild, das einer aus der Dienerschaft in seligem Dahinschreiten mit allerlei Gebärden auf seiner Schulter trug. Von einem anderen wurde die Truhe getragen, die Verborgenes fasste und in der Tiefe die geheimen Kultgegenstände der erhabenen Religion umschloss. Ein anderer hielt in seinem beglückten Schoße der hohen Gottheit ehrwürdiges Bildnis; dies war nicht einem Herdentier noch Vogel noch Wild oder selbst einem Menschen ähnlich, sondern wegen der tiefsinnigen Erfindung schon infolge seiner Seltsamkeit anbetenswert, jedenfalls inniger, mit strengstem Schweigen zu umgebender Gottesverehrung unaussprechlich heiliges Symbol; aber geformt war es aus leuchtendem Golde ganz in folgender Weise. Es war ein kunstvoll gehöhlter kleiner Krug mit möglichst rundem Boden, außen mit wunderbaren Götterbildern der Ägypter figürlich geschmückt; das Mund-

stück, nicht wesentlich hoch ragend, lief in einer Tülle mit langer Röhre aus; auf der anderen Seite aber war ein Henkel daran, der in beträchtlicher Breite weit auslud. Darauf saß in zusammengerolltem Knoten eine Schlange, die sich mit aufgeblähtem Nacken voll streifiger Schuppen emporreckte.

Q 308 c   **Rechtsaufsicht über orientalische Kulte**
Kontext: Schriftwechsel zwischen der Gemeinde Cumae und den *quindecim- viri sacris faciundis* in Rom, denen die Rechtsaufsicht über die orientalischen Kulte zukommt, wegen der Bestimmung eines neuen Priesters der Göttermut- ter.

ILS 4175 = CIL X 3698   Im Consulat des Marcus Magrius Bassus und des Lucius Ragonius Quintia- nus an den Kalenden des Juni, in Cumae im Tempel des vergöttlichten Vespa- sianus bei der Sitzung der Ratsherren, den die Praetoren Marcus Mallonius Undanus und Quintus Claudius Acilianus zusammenriefen. Zum Schreiben waren durch das Los bestimmt anwesend Caelius Pannychus, Curtius Voti- vos, Considius Felicianus. Die Praetoren berichteten über die Bestimmung eines Priesters der Dea Mater von Baiae anstelle des verstorbenen Priesters Restitutus. Es gefiel allen, dass Licinius Secundus zum Priester gemacht würde.

Die 15 Männer zur Durchführung von Opfern grüßen die Praetoren und Beamten von Cumae. Da wir durch euren Brief erfahren haben, dass ihr Lici- nius Secundus anstelle des verstorbenen Claudius Restitutus zum Priester der Göttermutter gewählt habt, erlauben wir ihm entsprechend eures Willens Armreif und Krone zu verwenden, vorausgesetzt, dass dies nur innerhalb der Grenzen eurer Kolonie geschieht. Ich wünsche, dass es euch gut geht. Ich, Pontius Gavius Maximus, der stellvertretende Magister, habe unterschrieben am 16. Tag vor den Kalenden des September im Consulat des Marcus Um- brius Primus und des Titus Flavius Coelianus.

Q 309   **Q 309 Anfänge des Christentums und Christenverfolgung**

Q 309 a   **Lactantius über die Christen und ihre Feinde**
Kontext: Der christliche Autor Lactantius gibt in seinem Werk zum Schicksal der Christenverfolger eine sehr individuelle Sicht der Anfänge des Christen- tums und der Verfolgung unter Nero.

Lactantius,   (1) Gegen Ende der Regierungszeit des Kaisers Tiberius wurde, wie wir
Über die Todesarten   geschrieben lesen, unser Herr Jesus Christus von den Juden gekreuzigt am 23.
der Verfolger 2   März unter dem Consulat der beiden Gemini. (2) Als er am dritten Tage wiederauferstanden war, versammelte er seine Jünger, welche die Furcht vor seiner Gefangennahme hatte fliehen lassen, verweilte 40 Tage bei ihnen, öff- nete dabei ihre Herzen und erklärte ihnen die Schriften, die bis zu diesem Zeitpunkt dunkel und nur schwer verständlich waren. Er setzte sie in ihr Amt ein und gab Anweisungen zur Verkündigung seiner wahren Lehre, indem er die feierliche Kunde des Neuen Bundes darlegte. (3) Nach der Erfüllung die- ser Aufgabe umhüllte ihn eine Sturmwolke, entzog ihn den Augen der Men- schen und entrückte ihn in den Himmel. (4) Darauf zerstreuten sich seine Jünger, damals elf an der Zahl, nachdem sie anstelle des Verräters Judas den Mathias hinzugenommen hatten, über die ganze Erde, um die frohe Botschaft zu verkünden, wie es ihnen ihr Herr und Meister aufgetragen hatte, und legten 25 Jahre lang, bis zum Beginn der Herrschaft Neros, in allen Provinzen

und Städten die Grundfesten der Kirche. (5) Als Nero dann schon herrschte, kam Petrus nach Rom, wirkte einige Wunder, die er dank der Kraft Gottes, der ihm selbst die Macht dazu gegeben hatte, vollbrachte, bekehrte viele zur Gerechtigkeit und errichtete Gott einen dauerhaften und beständigen Tempel. (6) Nachdem dies Nero berichtet worden war und er feststellen musste, dass nicht nur in Rom, sondern überall Tag für Tag eine große Menge vom Götzendienst abfiel, die alte Religion verurteilte und sich der neuen anschloss, da sprang der verfluchte, ruchlose Tyrann, der er war, auf, um den himmlischen Tempel zu zerstören und die Gerechtigkeit zu vernichten, und ließ als allererster Verfolger der Diener Gottes Petrus ans Kreuz schlagen, Paulus hinrichten. (7) Dies ging ihm jedoch nicht ohne Strafe durch. Es schaute nämlich Gott auf die Drangsal seines Volkes. Herabgeschleudert also vom Gipfel der Macht und von der Spitze gestürzt, war der ohnmächtige Tyrann plötzlich nirgends mehr zu sehen, so dass sich nicht einmal eine Grabstätte des so bösen, wilden Tieres auf der Erde fand.

(8) Daher glauben einige Wirrköpfe, er sei entrückt und am Leben erhalten worden gemäß dem Spruch der Sibylle, der Muttermörder werde auf der Flucht von den Grenzen der Erde kommen, damit der Mann, der als Erster verfolgte, ebenso als Letzter verfolge und der Ankunft des Antichrist vorangehe. (9) Das darf man aber nicht glauben. Wie einige von uns verkünden, zwei Propheten seien lebend entrückt worden bis zu den letzten Zeiten vor der heiligen, immerwährenden Herrschaft Christi, dann nämlich, wenn er sich anschickt herabzusteigen, um der Vorläufer und Wegbereiter des Teufels zu sein, der komme zur Verwüstung der Erde und zur Vernichtung des Menschengeschlechtes.

Plinius im Dialog mit Kaiser Traianus über die rechtmäßige Behandlung der Christen

Kontext: Der jüngere Plinius, der als kaiserlicher Sonderbeauftragter die Provinz Bithynien und Pontus verwaltet, richtet eine Anfrage an Kaiser Traianus, wie er sich bei den Christenprozessen in seinem Amtsbereich verhalten soll.

Q 309 b

Gaius Plinius an Kaiser Traianus. Es ist meine Gewohnheit, Herr, alle Dinge, bei denen ich Zweifel habe, dir vorzutragen. Denn wer kann meine Unentschlossenheit besser lenken oder meine Unwissenheit belehren?

Plinius, Briefe 10, 96

Ich habe noch nie an Gerichtsverfahren gegen Christen teilgenommen. Daher weiß ich nicht, was und inwiefern man zu bestrafen und zu untersuchen pflegt. Ich habe nicht wenig geschwankt, ob das Alter irgendeinen Unterschied macht oder ob bei der Behandlung junger Leute und Erwachsener kein Unterschied gemacht wird, ob bei Reue Gnade gewährt werden soll, oder ob es demjenigen, der einmal Christ gewesen ist, nicht hilft, dass er es nicht mehr ist, ob der Name allein, wenn es an Verbrechen fehlt, oder ob nur die mit dem Namen verbundenen Verbrechen bestraft werden sollen.

In der Zwischenzeit habe ich bei denen, die mir als Christen angezeigt worden sind, die folgende Vorgehensweise angewandt: Ich habe sie gefragt, ob sie Christen seien. Die es bejahten, die habe ich ein zweites und drittes Mal gefragt, wobei ich ihnen die Todesstrafe androhte, die (dann noch) dabei blieben, habe ich befohlen abzuführen. Denn ich zweifle nicht, dass, was sie auch immer vorbringen mochten, sicherlich Hartnäckigkeit und unbeugsame Halsstarrigkeit bestraft werden müssten. Es gab andere, die in dem gleichen Wahn befangen waren, die ich, weil sie römische Bürger waren, vorgemerkt habe, damit sie nach Rom überführt würden. Bald, als sich das Verbrechen während der Untersuchung, wie es so zu geschehen pflegt, ausbreitete, ergaben sich verschiedene Fälle.

Ein Denunzierungsschreiben ohne Autor wurde mir vorgelegt, das die Namen vieler Leute enthielt. Diejenigen, die abstritten, Christen zu sein oder gewesen zu sein, glaubte ich freilassen zu müssen, da sie die Götter mit den von mir vorgesprochenen Worten anriefen und deinem Bild, das ich zu diesem Zwecke zusammen mit den Bildern der Götter hatte heranbringen lassen, ein Opfer mit Weihrauch und Wein darbrachten. Außerdem schmähten sie Christus, alles Dinge, zu denen man, wie man sagt, wirkliche Christen nicht bringen kann.

Andere, die in der Anklage genannt worden waren, sagten, sie seien Christen, und widerriefen es bald danach. Sie seien es zwar gewesen, hätten es aber aufgegeben, manche vor drei Jahren, manche vor noch mehr Jahren, einige sogar vor zwanzig Jahren. Auch diese haben alle dein Bild und die Bilder der Götter angebetet und Christus verflucht.

Sie bekräftigten aber, dass ihre ganze Schuld oder ihr ganzer Irrtum daraus bestanden habe, dass sie sich an einem bestimmten Tage vor Sonnenaufgang zu versammeln pflegten, für Christus als ihrem Gott einen Wechselgesang sangen und sich durch einen Eid verpflichteten, nicht irgendein Verbrechen, sondern im Gegenteil keinen Diebstahl, Raub oder Ehebruch zu begehen, kein gegebenes Wort zu brechen und anvertrautes Gut, wenn es herausgegeben werden sollte, nicht zu verweigern. Danach hätten sie den Brauch gehabt, auseinanderzugehen und später wieder zusammenzukommen, um ein Mahl einzunehmen, allerdings ein ganz gewöhnliches und unschuldiges. Sie hätten aber damit nach meinem Edikt aufgehört, in dem ich entsprechend deiner Anweisungen Hetairien verboten hatte. Daher war ich der Meinung, es sei umso notwendiger, von zwei Sklavinnen, die Dienerinnen genannt wurden, zu erfahren, was wahr sei, und sie unter der Folter zu befragen. Ich habe nichts anderes gefunden als einen verworrenen und maßlosen Aberglauben.

Aus diesem Grund habe ich die Untersuchung unterbrochen und mich entschlossen, dich um Rat zu fragen. Die Sache scheint mir nämlich einer Befragung bedürftig zu sein. Dies vor allem wegen der großen Zahl der Angeklagten, denn vielen jeden Alters, jeden Standes, auch beider Geschlechter wird der Prozess gemacht und wird es noch gemacht werden. Die Seuche dieses Aberglaubens hat sich nicht nur über Städte, sondern auch über Dörfer und das flache Land ausgebreitet. Es scheint (aber), dass man sie aufhalten und heilen kann. Jedenfalls ist es ziemlich sicher, dass die beinahe schon verlassenen Opfer wieder aufgenommen werden und überall wieder das Fleisch von Opfertieren verkauft wird, für das sich bisher kaum ein Käufer fand. Daraus lässt sich leicht erkennen, was für eine Masse von Menschen gebessert werden kann, wenn es eine Möglichkeit für Reue gibt.

Q 309 c
Plinius, Briefe 10, 97

Antwortschreiben des Kaisers Traianus

Mein (lieber) Secundus, du hast bei der Untersuchung der Fälle der Personen, die bei dir als Christen angeklagt worden sind, das korrekte Verfahren angewandt. Denn es lässt sich ganz allgemein nicht irgendetwas festlegen, was gewissermaßen eine klare Form haben würde. Man soll nicht nach ihnen fahnden; wenn sie (aber) angezeigt und überführt werden, sollen sie bestraft werden. Dies soll jedoch so geschehen, dass, wer leugnet, Christ zu sein, und dies durch die Tat beweist, das heißt, indem er unseren Göttern ein Opfer darbringt, so soll er, selbst wenn er bezüglich seiner Vergangenheit verdächtig bleibt, aufgrund seiner Reue Gnade finden. Anklageschriften, die anonym eingereicht werden, sollen aber bei keiner Anklage Berücksichtigung finden. Denn dies wäre ein äußerst schlechtes Beispiel und entspricht nicht unserer Regierung (*nec nostri saeculi est*).

Verurteilung des Kaiserkults aus christlicher Perspektive

Q 309 d

Kontext: Der christliche Autor Tertullianus versucht seine Mitchristen dazu zu bringen, sich nicht an öffentlichen Feierlichkeiten zu Ehren des Kaisers zu beteiligen.

Es scheint ein großer Ehrendienst zu sein, Öfen und Ruhebetten in die Öffentlichkeit zu tragen, in den Nachbarschaften gemeinsam zu speisen, die Stadt durch das Gehabe eines Wirtshauses zu verunstalten, mit Wein den Lehmboden zu mischen, in Horden zu den Ungerechtigkeiten, den Unklugheiten, den verführerischen Lüsten zu rennen. Wird etwa die öffentliche Freude durch öffentliche Schande ausgedrückt? Gehört sich etwa für Feiertage der Kaiser, was sich für andere Tage nicht ziemt? (3) Verlassen diejenigen, die sonst wegen des Respektes vor dem Kaiser die Ordnung befolgen, sie auch wegen des Kaisers? Ungezügeltheit in schlechten Dingen wird als Pietät verstanden, die Gelegenheit zur Ausschweifung wird zum Gottesdienst. (4) Ganz zu Recht sind wir zu bestrafen. Warum denn feiern wir die Gelübde und Freuden der Kaiser keusch und nüchtern und ehrbar? Warum schmücken wir an einem Festtag unsere Türpfosten nicht mit Lorbeer und trüben den Tag mit Lampen. Es ist wirklich eine ehrbare Sache, wenn eine öffentliche Feier es fordert, deinem Haus das Aussehen eines neuen Bordells zu geben.

Tertullian, Verteidigung des Christentums 35, 2–4

Q 310 Viehdiebstahl und mangelnde Sicherheit auf dem Land

Q 310

Zur Bestrafung der Viehdiebe antwortete der vergöttlichte Hadrian dem Landtag der Baetica: Wenn Viehdiebe sehr streng bestraft werden, dann pflegen sie zum Tode verurteilt zu werden. Sie werden allerdings nicht überall sehr streng bestraft, sondern dort, wo diese Art des Verbrechens häufiger auftritt. An anderen Orten werden sie zur Zwangsarbeit und manchmal auf Zeit überstellt. Als Viehdiebe im eigentlichen Sinne werden die betrachtet, die Vieh von den Weiden oder aus den Gespannen entfernen und gewissermaßen plündern, und die Beschäftigung mit Viehdiebstahl wie einen Beruf betreiben indem sie Pferde aus den Herden und Ochsen aus den Gespannen entführen. Wer im Übrigen ein herumirrendes Rind oder Pferde, die in der Einsamkeit zurückgelassen wurden, entführt, ist kein Viehdieb, sondern eher ein Dieb. Auch derjenige, der eine Sau oder eine Ziege oder einen Hammel entführt, pflegt nicht so schwer bestraft zu werden wie diejenigen, die größere Tiere entführen. Aber obwohl Hadrian die Strafe des Bergwerkes, ebenso Zwangsarbeit oder sogar den Tod festsetzte, dürfen Leute, die als ehrbarere geboren wurden, so nicht bestraft werden, sondern sie sind entweder zu relegieren oder aus ihrem Stand zu entfernen. Im Übrigen werden die, die mit Waffengewalt Viehdiebstahl begehen, nicht ohne Berechtigung den wilden Tieren vorgeworfen. Wer Vieh entführt, über dessen Besitz er streitet, ist, wie ein gewisser Saturninus schreibt, einer zivilen Untersuchung zu überstellen.

Digesten 47, 14, 1 (Ulpianus)

Q 311 Bekämpfung von Räubern

Q 311

Kontext: Kaiser Commodus beglückwünscht die Gemeinde Bubon in Lykien wegen ihrer Leistungen im Kampf gegen nicht genauer beschriebene Räuber.

AE 1979, 624

Imperator Caesar Marcus Aurelius Commodus Antoninus Pius Felix, Sarmatensieger, größter Germanensieger, Britanniersieger, Sohn des vergöttlichten Marcus Antoninus Pius, Germanen- und Sarmatensieger, Enkel des vergöttlichten Pius, Urenkel des vergöttlichten Hadrianus, Nachkomme des vergöttlichten Traianus, des Parthersiegers, und des vergöttlichten Nerva, Pontifex maximus, im 15. Jahr der tribunizischen Gewalt, zum achten Mal Imperator, zum sechsten Mal Consul, Vater des Vaterlandes, grüßt die Magistrate, den Rat und das Volk der Leute von Bubon:

Ich habe euch wegen eures Mutes und eurer Tapferkeit gelobt und habe den gemeinsamen Beschluss des lykischen Volkes akzeptiert, dass ihr mit einem solchen Mut aufgebrochen seid, um die Räuber (*latrones*) zu ergreifen, sie besiegt und zum Teil getötet, den anderen Teil lebend gefangen habt. In diesem Punkt hat euch der Landtag der Lykier zu Recht die passende Ehrung dekretiert, indem man euch eine (weitere) Stimme zuerkannte, wodurch ihr noch berühmter werden solltet, und es hat auch die anderen zu solchen Heldentaten noch mutiger gemacht. Daher habe ich auch dem Antrag des gemeinsamen Dekretes zugestimmt und erlaube euch, in Zukunft unter die Städte mit drei Stimmen gezählt zu werden.

Die Gesandtschaft hatte Meleager, Sohn des Meleager, Enkel des Artemon, übernommen. Lebt wohl.

Q 312 Grenzverkehr an der Donau

Q 312

Kontext: Während des Markomannenkrieges legt Kaiser Marcus Aurelius die Bedingungen für den künftigen Grenzverkehr mit den Völkern jenseits der Donau fest.

Q 312 a
Cassius Dio, Römische Geschichte 71 (72), 11, 3

Es wurde ihnen (den Quaden) aber nicht gestattet, die Märkte (der Römer) zu besuchen, damit weder die Markomannen noch die Jazygen, die sie weder aufzunehmen noch durchziehen zu lassen geschworen hatten, sich unter sie mischten und sich als Quaden ausgäben, um die römischen Stellungen auszukundschaften und Lebensmittel einzukaufen.

Q 312 b
Cassius Dio, Römische Geschichte 71 (72), 15

Er gab ihnen (den Markomannen) die Hälfte der neutralen Zone zurück, so dass sie in einem Abstand von 38 Stadien zur Donau siedeln konnten, und legte die Plätze und Tage für den Handel fest, denn diese waren vorher nicht bestimmt gewesen [...].

Q 312 c
Cassius Dio, Römische Geschichte 71 (72), 16

Und sie legten (für die Iazygen) dieselben Bedingungen wie für die Quaden und Markomannen fest, abgesehen davon, dass sie in der doppelten Entfernung von der Donau wie diese Stämme siedeln sollten.

Q 312 d
Cassius Dio, Römische Geschichte 71 (72), 19

(Die Iazygen werden von einigen Bedingungen befreit,) von allen abgesehen von denen, die ihre Versammlungen und den Handel zusammen betrafen, und den Bedingungen, dass sie keine eigenen Boote benutzten und sich von den Donauinseln fernhielten. Und er gestattete ihnen, durch Dakien zu ziehen, um sich mit den Rhoxolanen zu treffen, so oft es ihnen der Statthalter von Dakien erlaube.

Q 313 Beispiel für die Laufbahn eines Karriereoffiziers

Kontext: Ehrung für einen Offizier, der während der Markomannenkriege des Marcus Aurelius eine Reihe von Spezialkommandos übernommen hatte.

Q 313

Dem Marcus Valerius Maximianus, dem Sohn des Marcus Valerius Maximianus, des Bürgermeisters in einem fünften Jahr und Priesters, dem Pontifex der *colonia* von Poetovio, ausgezeichnet mit dem Ritterpferd, dem Präfekt der *cohors I* der Thraker, dem Tribun der *cohors I* der Hamii, der römischen Bürger, dem Kommandeur der Küste im Gebiet der Völker des Pontus Polemonius, während des Partherkrieges mit Ehrenzeichen ausgezeichnet. Von Kaiser Marcus Antoninus Augustus ausgewählt und während des germanischen Feldzuges als Offizier losgeschickt, um das heranzubringen, was sie auf der Donau für die Versorgung der Heeres der beiden pannonischen Provinzen auf Schiffen herabfuhren. Dazu war er Kommandeur von Detachements der praetorianischen Flotte von Misenum, ebenso der Flotte von Ravenna und der britannischen Flotte, ebenso von afrikanischen und maurischen Reitern, die als Aufklärer für Pannonien ausgewählt worden waren. Als Praefekt der *ala Araucorum* wurde er während des germanischen Krieges öffentlich vom Kaiser Antoninus gelobt und mit Pferd, Schmuckscheiben und Waffen beschenkt, weil er mit eigener Hand Valao, den Führer der Naristen, getötet hatte, in derselben *ala* erlangte er die Ehre der 4. *militia* (Militärkommando). Dem Präfekt der *ala contariorum*, der im Krieg gegen Germanen und Sarmaten mit Ehrenzeichen ausgezeichnet wurde. Dem Führer von Reitern der Völker der Markomannen, Naristen und Quaden auf ihrem Weg zur Unterdrückung des Aufstandes im Orient. Geehrt mit dem erhöhten Sold einer Stelle mit 100 000 Sesterzen Jahresgehalt, übernahm er die Position eines Procurators für Moesia inferior, gleichzeitig war er Kommandeur von Detachements und bekämpfte die Schar der Räuber vom Stamme der Brisei im Grenzgebiet zwischen Makedonien und Thrakien. Er wurde vom Kaiser als Procurator nach Moesia superior und in die Provinz Dacia Porolissensis entsandt. Von den allerheiligsten Kaisern wurde er in den allerhöchsten Stand (= Senat) in die Gruppe der gewesenen Praetoren aufgenommen. Bald danach wurde er Legat der *legio I Adiutrix*, ebenso der *legio II Adiutrix*. Er war Kommandeur der Detachements, die in Leugaricio überwinterten. Ebenso war er Legat der *legio V Macedonica*, der *legio I Italica*, der *legio XIII Gemina*. Er war Legat der Kaiser für die *legio III Augusta* mit der Kompetenz eines gewesenen Praetors. Mit Ehrenzeichen ausgezeichnet von dem alleredelsten Princeps Marcus Aurelius Commodus Augustus während des 2. germanischen Feldzuges.

Der allerstrahlendste Stadtrat der Gemeinde Diana Veteranorum mit gesammeltem Geld.

AE 1956, 124:
Diana Veteranorum

Q 314

Q 314 Ein Treffen zwischen dem armenischen Klientelkönig Tiridates und dem kaiserlichen Legaten Domitius Corbulo

Tacitus, Annales
15, 29–31

(29) Dann wurden nach Ablauf von wenigen Tagen unter großem Gepränge beiderseits dort die Reiterei in Geschwadern mit ihren landesüblichen Feldzeichen, hier die Kolonnen der Legionen mit funkelnden Adlern, Feldzeichen und Götterbildern, wie in einem Tempelbezirk, aufgestellt. In der Mitte befand sich ein Tribunal, auf dem eine kurulische Sella mit dem Bild Neros aufgestellt war. Zu diesem trat Tiridates heran. Nachdem der Sitte entsprechend Opfertiere geschlachtet worden waren, nahm er das Diadem von seinem Kopf und legte es vor dem Bild nieder unter allgemeiner tiefer Bewegung, die noch durch das noch immer vor Augen stehende Bild der erschlagenen oder eingeschlossenen römischen Heere verstärkt wurde. Doch wie hatte sich jetzt die Lage geändert. Die Reise des Tiridates würde für die ganze Welt ein Schauspiel sein. Wie gering sei der Unterschied zwischen ihm und einem Gefangenen!

(30) Diesem ruhmvollen Akt ließ Corbulo in höflicher Weise ein Gastmahl folgen. Als der König bei allem, was ihm bisher unbekannt war und das er bemerkte, nachfragte, was es damit für eine Bewandnis habe, z. B. dass durch einen Centurio das Aufziehen der Nachtwache gemeldet wurde, dass der Schluss des Essens durch einen Trompetenstoß angezeigt und der vor dem Feldherrenzelt aufgebaute Altar durch eine Fackel in Brand gesteckt wurde, gab er dem allem eine übertriebene Bedeutung und versetzte ihn in Erstaunen über den althergebrachten Brauch. Am folgenden Tag bat ihn Tiridates um Aufschub, um vor Antritt einer so weiten Reise noch vorher seine Brüder und seine Mutter zu besuchen. Inzwischen übergab er seine Tochter als Geisel und einen unterwürfigen Brief an Nero.

(31) Nach seiner Abreise traf er mit Pakoros in Medien, in Ekbatana mit Vologaises zusammen, der nicht ohne Sorge um seinen Bruder war. Er hatte nämlich von sich aus durch Boten Corbulo gebeten, Tiridates nicht einmal dem Schein einer Unterwerfung auszusetzen, ihn auch nicht seine Waffe ablegen zu lassen, ihn auch nicht von der Begrüßung durch die Statthalter der Provinzen auszuschließen oder ihn vor ihren Türen warten zu lassen. In Rom sollten ihm dieselben hohen Ehren wie den Consuln erwiesen werden. Offensichtlich hatte er, der an ausländischen Hochmut gewöhnt war, keine Kenntnis davon, dass bei uns nur wirkliche Herrschermacht Geltung hat und eitles Getue übergangen wird.

Q 315

Q 315 Ehreninschrift für den Senator Plautius Silvanus

Kontext: Plautius Silvanus war unter Kaiser Nero als Statthalter in Moesien an der unteren Donau eingesetzt. Der Text liefert wichtige Details für die römische Grenzpolitik im Schwarzmeergebiet.

CIL XIV 36 = ILS 986

Für Tiberius Plautius Silvanus Aelianus, dem Sohn des Marcus, aus der Tribus Aniensis, dem Pontifex, dem *sodalis Augustalis*, dem Angehörigen der Dreimänner zum Schmelzen und Prägen von Erz, Silber und Gold (d. h. zuständig für die Münzherstellung), dem Quaestor des Tiberius Caesar, dem Legaten der *legio* V in Germanien, dem Praetor für die Stadt Rom, dem Legaten und Gefährten des Claudius Caesar in Britannien, dem Consul, dem Proconsul von Asien, dem Legaten im Range eines Praetor für Moesien. In dieser (Provinz) hat er mehr als einhunderttausend Leute aus der Zahl der Transdanubiani mit ihren Ehefrauen und Kindern und auch ihren Fürsten oder Königen (auf das römische Ufer) hinübergeführt, damit sie Tribute entrichten. Einen Aufstand der Sarmaten unterdrückte er (bereits) im Entstehen, obwohl ein großer Teil des Heeres auf einen Feldzug nach Armenien geschickt worden war. Könige, die zuvor unbekannt waren oder dem römischen Volk zürnten, führte er zu dem Ufer, das er verteidigte, damit sie die römischen Feldzeichen anbeteten. Den Königen der Bastarner und Rhoxolanen gab er die Söhne, (dem König) der Daker seinen Bruder zurück, die gefangen gewesen waren oder den Feinden entrissen wurden. Von einigen von diesen empfing er auch Geiseln. Dadurch sicherte er für die Provinz den Frieden und dehnte sie (noch) aus, nachdem er den König der Skythen gezwungen hatte, die Belagerung von Cherrones, das jenseits des Borysthenes liegt, aufzugeben. Als Erster verbesserte er mit einer großen Menge Weizen aus dieser Provinz die Lebensmittelversorgung des römischen Volkes. Als er als Legat nach Spanien geschickt wurde, rief man ihn für die Stadtpräfektur zurück. In diesem Amt ehrte ihn der Senat mit den Triumphalinsignien auf Antrag des Imperators Caesar Augustus Vespasianus. Auszug aus seiner Rede: »Er hat Moesien so verwaltet, dass seine Ehrung durch die Verleihung der Triumphalinsignien nicht bis in meine Zeit hätte aufgeschoben werden dürfen, es sei denn, dass ihm durch diese Verzögerung die größere Ehre als Stadtpräfekt zuteil wurde.« In derselben Stadtpräfektur ernannte Imperator Caesar Augustus Vespasianus ihn zum zweiten Mal zum Consul.

Q 316 Ehreninschrift für Gargilius Martialis

Q 316

Kontext: Der Offizier Gargilius Martialis ist ein einflussreicher Bürger aus Auzia (h. Algerien), der ein Sonderkommando gegen rebellische Berber führte.

Für Quintus Gargilius Martialis, den Sohn des Quintus aus der Tribus Quirina, den römischen Ritter, den Präfekt der Kohorte der Asturer in der Provinz Britannien, den Tribun der Kohorte der Spanier in der Provinz Mauretania Caesariensis, den Führer der Kohorte der ausgewählten Soldaten und der Sondereinheit der Reiter von den Mauren, die sich im Territorium von Auzia aufhalten, dem Ratsherren der beiden Kolonien von Auzia und Rusgunia und dem Patron der Provinz, wegen seiner bemerkenswerten Liebe zu seinen (Mit-)Bürgern und seiner einzigartigen Zuneigung zu seinem Vaterland und weil durch seine Tapferkeit und Wachsamkeit Farax samt seiner rebellischen Gefolgsleute gefangen und getötet wurde. Der Stadtrat der Kolonie von Auzia machte dies mit öffentlichem Geld für ihn, der in einem Hinterhalt der Bavaren getötet wurde. Geweiht am 8. Tag vor den Kalenden des April (25. März) im 221. Jahr der Provinz [Mauretania] (260).

CIL VIII 9047 = ILS 2767

Q 317 Ein Altar zum Sieg über ein Germanenheer

Q 317

Kontext: Altar, der in Augsburg gefunden wurde und von einem Sieg über Germanen berichtet, die sich mit ihrer Beute auf dem Rückweg aus Italien befanden. Der Name des Statthalters und die Namen der Consuln wurden später ausgemeißelt, da sich die Provinz Raetien zwischenzeitlich dem Aufstand gegen Kaiser Gallienus angeschlossen hatte.

Bakker 1993, 369–386

Der heiligen Göttin Victoria wegen der Barbaren vom Stamm der Semnonen oder auch der Juthungen, die am 8. und 7. Tag vor den Kalenden des Mai (24. und 25. April) niedergemacht und in die Flucht geschlagen wurden von den Soldaten der Provinz Raetia, aber auch den Germaniciani, ebenso den Angehörigen des Volkes (*populares*), wobei viele Tausend gefangene Italer herausgehauen wurden, eingedenk ihrer Gelübde, Marcus Simplicius Genialis, der äußerst vollkommene Mann, der anstelle des Provinzstatthalters amtiert, mit demselben Heer, hat es freudig und gebührend errichtet. Geweiht am 11. September im Consulat unseres Herrn des Kaisers Postumus Augustus und des Honoratianus.

Q 318

Q 318 Sonderkommandos des 3. Jahrhunderts n. Chr.

Q 318 a

Kontext: Die Inschrift aus Misenum beschreibt den Aufgabenbereich eines hochrangigen Offiziers.

NdS 1909, 210
= ILS 9221

Für Gaius Iulius Alexander, den Sohn des Gaius, aus der Tribus Claudia, dem Geschwaderführer der praetorianischen Flotte von Misenum mit den Beinamen ›treue, rächende, philippianische‹, gefördert durch die Entscheidungen des vergöttlichten Alexander Augustus und der übrigen Kaiser, dem Führer der rückwärtigen Dienste der praetorianischen Flotten von Misenum und Ravenna mit den Beinamen ›treu, rächend‹ während des orientalischen Feldzuges, dem hinzugewählten in den Stand der Ratsherren der äußerst prächtigen Gemeinde der Misenenses und der äußerst prächtigen Kolonie der Antiochener (in Syrien) und der äußerst prächtigen Kolonie der Mallotarer (Mallos in Kilikien), dem Schutzherren der Gemeinde der Chiliokometen (Chiliokome in Kilikien), dem sehr wahrhaftigen Mann. Gaius Iulius Aprilis, ein Veteran der Kaiser (d. h. er diente zuvor in einer Einheit in der Hauptstadt). Auf der Seite der Basis: Geweiht an den Iden des März unter den Consuln Praesens und Albinus (15. März 246).

Q 318 b

Kontext: Die Inschrift für den späteren *praefectus praetorio* Timesitheus belegt eine Reihe von administrativen Sonderlösungen, die ein Resultat der gesteigerten militärischen Anforderungen des Reiches sind.

CIL XIII 1807
(Lugudunum)

Dem Gaius Furius Sabinus Aquila Timesitheus, dem Procurator der Provinzen Lugdunensis und Aquitania, dem Procurator der Provinz Asia, der zugleich anstelle des Procurators der *vicesima* (5 % Erbschaftssteuer) und der *quadragesima* (2,5 % Provinzialzoll) und anstelle des Proconsul amtierte, dem Procurators der Provinzen Bithynia, Pontus und Paphlagonia sowohl des Staatsbesitzes als auch des kaiserlichen Privatbesitzes, wobei er auch anstelle des Procurators der *quadragesima* amtierte, ebenso stellvertretender Procurator des Staatsbesitzes der Provinzen Belgica und der beiden Germanien und dort auch Stellvertreter des Statthalters der Provinz Germania inferior, dem Procurator der Provinz Syria Palaestina, dort auch Beitreiber der Restbestände für die Versorgung des heiligen (d. h. kaiserlichen) Feldzuges, dem Procurator in Rom, dem Chef der *vicesima*, dort auch Kassenführer der Theatergelder, dem Procurator der Provinz Arabia, der dort zweimal als

Stellvertreter des Statthalters amtierte, dem Procurator der kaiserlichen Privatkasse für die Belgica und die beiden Germanien, dem *praefectus* der *cohors I Gallica* in Spanien. C. Atilius Marullus vom Stamm der Arverner und C. Sacconius Adnatus vom Stamm der Mediomatricer für ihren allerbesten Schutzherren.

DIE SPÄTANTIKE
(284–565 n. Chr.)

Jens-Uwe Krause

Q 319 Christliche Polemik gegen Diocletianus

Q 319

*Lactantius, Über
die Todesarten der
Verfolger 7*

(1) Diocletianus, der ein Erfinder von Verbrechen und Urheber von Übeln war, konnte, da er alles zugrunde richtete, seine Hände nicht einmal von Gott zurückhalten. (2) Er richtete die Welt gleichzeitig durch seine Habgier und Ängstlichkeit zugrunde. Denn er machte drei Männer zu Teilhabern seiner Herrschaft und teilte die Erde in vier Teile auf und vervielfachte die Armeen, da jeder Einzelne unter ihnen danach strebte, eine weit größere Anzahl von Soldaten zu haben, als sie die früheren Kaiser gehabt hatten, während sie den Staat allein verwalteten. (3) Die Zahl der Empfangsberechtigten fing an, um so viel größer zu werden als die Zahl der Steuerpflichtigen, dass die Ressourcen der Bauern durch die enormen Steuerforderungen verzehrt wurden und die Äcker aufgegeben wurden und landwirtschaftlich genutzes Land sich in Wälder verwandelte. (4) Und damit alles mit Schrecken erfüllt werde, wurden auch die Provinzen in kleine Teile zerschlagen, viele Statthalter und noch mehr Büros bedrückten die einzelnen Regionen und beinahe schon Stadtgemeinden, und hierzu kamen viele Finanzbeamte (*rationales*), Kontrolleure (*magistri*) und Stellvertreter (*vicarii*) der Präfekten: Die Aktivitäten all dieser Leute waren nur selten zivil; es gab stattdessen Verurteilungen und zahlreiche Konfiskationen, die nicht häufige, sondern ununterbrochene Eintreibung zahlreicher Naturalien und bei den Eintreibungen nicht zu ertragendes Unrecht. (5) Auch die Regelungen, die die Rekrutierung von Soldaten betreffen, sind unerträglich. Diocletianus wollte in seiner unersättlichen Habgier nicht, dass seine Kassen sich jemals leerten, sondern immer trug er außerordentliche Mittel und Schenkungen (*largitiones*) zusammen, so dass er das, was er zurücklegte, immer völlig unversehrt und intakt bewahrte. (6) Da er durch seine verschiedenen Ungerechtigkeiten eine ungeheure Teuerung herbeigeführt hatte, versuchte er durch Gesetz die Preise für die Dinge, die zum Kauf standen, festzusetzen. (7) Darauf wurde wegen kleiner und wertloser Dinge viel Blut vergossen, und aus allgemeiner Furcht wurde nichts mehr zum Kauf angeboten und die Inflation wurde noch viel schlimmer, bis das Gesetz nach vieler Leute Tod notgedrungen zurückgenommen wurde. (8) Dazu kam noch eine nahezu grenzenlose Bausucht, eine nicht geringere Belastung der Provinzen bei der Bereitstellung von Bauarbeitern, Handwerkern, Transportwagen und allem, was für die Errichtung öffentlicher Bauten erforderlich ist. (9) Hier wurden Basiliken, hier ein Circus, hier eine Münze, hier eine Waffenfabrik, hier ein Palast für die Ehefrau, für die Tochter erbaut. Plötzlich wurde ein großer Teil der Stadt (Nicomedia) zerstört. Alle zogen mitsamt Frau und Kindern fort, als ob die Stadt von Feinden eingenommen worden wäre. (10) Und wenn dies vollendet war (und die Provinzen dabei zugrunde gerichtet worden waren), erklärte er: »Es ist nicht richtig gemacht worden, es soll anders gemacht werden.« Es musste alles wieder eingerissen und neu gestaltet werden, um vielleicht erneut eingerissen zu werden. So manifestierte sich immer sein Wahnsinn, indem er Nicomedia Rom gleich

machen wollte. (11) Das will ich übergehen, wie viele Personen wegen ihrer Besitzungen bzw. ihres Reichtums ums Leben kamen. Denn dies war üblich und nahezu erlaubt, da man sich an das Unrecht schon gewöhnt hatte. (12) Aber dies stach bei ihm ganz besonders heraus, dass, sobald er ein Landgut besser bestellt oder ein Gebäude feiner ausgeschmückt sah, dem Eigentümer schon eine falsche Anklage ins Haus stand und die Todesstrafe, als ob es ihm nicht möglich gewesen wäre, fremde Habe auch ohne Blutvergießen zu rauben.

Q 320

Aurelius Victor,
Die römischen Kaiser 39

Q 320 Eine ausgewogenere Sicht des Diocletianus

(1) [...] nach Beratung der Offiziere (*duces*) und Tribunen wurde Valerius Diocletianus, der Kommandeur der kaiserlichen Leibwache (*domestici*), wegen seiner Weisheit zum Kaiser gewählt; ein großer Mann, aber von folgendem Charakter: (2) war er doch der Erste, der goldbestickte Kleidung suchte und seidene, purpurne und edelsteinbesetzte Fußbekleidung begehrte. (3) Wenngleich dies auch mehr war, als es einer bürgerlichen Einstellung entspricht, und von einer aufgeblasenen und verschwenderischen Gesinnung zeugte, so war es doch geringfügig im Vergleich mit dem Übrigen. (4) Denn er ließ sich als Erster nach Caligula und Domitianus öffentlich mit *dominus* anreden und wie einen Gott verehren und anrufen. [...] (8) Aber diese Fehler wurden bei Diocletianus durch seine sonstigen Vorzüge aufgewogen: und dadurch selbst, dass er sich als *dominus* anreden ließ, zeigte er sich als Vater seiner Untertanen [...]. (16) Was soll ich erwähnen, dass er, um das römische Recht zu schützen und seinen Geltungsbereich zu erweitern, viele Männer, die mit ihm nicht verwandt waren, zu Teilhabern seiner Herrschaft bestellte? (17) Denn als er erfuhr, dass nach dem Ende des Carinus in Gallien Helianus und Amandus eine Schar von Bauern und Räubern aufgewiegelt hatten, die die Einheimischen Bagauden nennen, und weit und breit die Äcker verwüsteten und zahlreiche Städte zu erobern versuchten, ernannte er sogleich Maximianus, einen ihm treu ergebenen Freund, einen zwar halbbäurischen, jedoch kriegserprobten und begabten Mann zum Kaiser. (18) Dieser erhielt später, wegen seiner Verehrung des Gottes, den Beinamen Herculius so wie Diocletianus den Beinamen Iovius. [...] (19) Herculius aber brach nach Gallien auf, schlug die Feinde in die Flucht oder nahm ihre Kapitulation an und stellte so binnen kurzer Zeit die allgemeine Ruhe wieder her. [...] (22) Zur selben Zeit erschütterten die Perser den Osten, Africa Iulianus und die Stämme der Quinquegentani. (23) Im ägyptischen Alexandria hatte noch dazu ein Mann namens Achilleus die Herrschaftsinsignien angelegt. (24) Deshalb ernannten sie (d. h. Diocletianus und Maximianus) Iulius Constantius und Galerius Maximianus, der den Beinamen Armentarius trug, zu Caesaren und verbanden sich mit ihnen durch Ehebande. (25) Der Erstgenannte erhielt die Stieftochter des Maximianus, der andere die Tochter des Diocletianus zur Frau; die schon bestehenden Ehen wurden aufgelöst [...]. (26) Sie alle stammten aus dem Illyricum; trotz ihrer geringen Bildung waren sie doch, da sie mit den Mühsalen des Landlebens und des Kriegsdienstes vertraut waren, recht vortreffliche Herrscher [...]. (30) Und da die Last der Kriege, die ich schon oben erwähnt habe, immer drückender wurde, wurde das Reich in vier Teile geteilt und alles, was jenseits der Alpen zu Gallien gehört, Constantius anvertraut, Africa und Italien dem Herculius; die Küsten Illyricums bis an die Meerengen des Schwarzen Meeres dem Galerius, alles Übrige behielt Diocle-

tianus für sich zurück. (31) Von dieser Zeit ab wurde der Region Italien eine ungeheure Steuerbelastung aufgebürdet [...]. (32) Die Steuerbelastung war zu jener Zeit noch erträglich und nahm in diesen Zeiten (d. h. der Zeit des Autors) verderbliche Ausmaße an. [...] (44) Mit nicht geringerem Eifer nahmen sich die Kaiser ihrer zivilen Pflichten an: durch überaus gerechte Gesetze und dadurch, dass sie die verderbliche Truppe der *frumentarii* abschafften; ihnen entsprechen heute die *agentes in rebus*. (45) Während diese zunächst augenscheinlich zur Aufspürung und Anzeige von etwaigen Unruhen in den Provinzen eingesetzt waren, so plünderten sie jetzt alles in schändlicher Weise aus, indem sie frevelhaft Anschuldigungen ersannen und überall Angst verbreiteten, zumal bei denen, die in weit entfernten Regionen lebten. Gleichzeitig kümmerten sich die Kaiser angelegentlich um die Getreideversorgung der Hauptstadt und das Wohlergehen der Steuerpflichtigen, und dadurch, dass die ehrbaren Leute gefördert und im Gegenzug die Verbrecher bestraft wurden, bemühte man sich in größerem Maße um ein tugendhaftes Verhalten. Die alten Religionsgebräuche wurden auf das Gewissenhafteste eingehalten, und in bewundernswerter Weise wurden die Hügel Roms und die übrigen Städte, insbesondere Karthago, Mailand und Nicomedia, mit neuen und prächtig ausgestatteten öffentlichen Gebäuden geschmückt. [...] (48) [...] nachdem Diocletianus das zwanzigste Jahr seiner Regierung gefeiert hatte, legte er, noch ziemlich rüstig, die Leitung des Staates nieder, während er Herculius nur mit großer Mühe zu demselben Entschluss hatte bringen können [...].

Q 321 Auszüge aus dem diocletianischen Höchstpreisedikt

Q 321

ILS 642

Imperator Caesar C. Aurel. Val. Diocletianus [...] und Imperator Caesar M. Aurel. Val. Maximianus [...] und Fla. Val. Constantius [...] Caesar und C. Val. Maximianus [...] Caesar verkünden: Die öffentliche Ehrbarkeit und die Würde und Majestät des römischen Volkers verlangen danach, dass das Glück unseres Staatswesens, über das wir uns gemäß dem Willen der unsterblichen Götter freuen dürfen im Gedenken an die Kriege, die wir mit Glück geführt haben – da die Welt sich im Frieden befindet und in den Schoß allergrößter Ruhe versetzt wurde –, auch durch die Vorzüge des Friedens, um dessen willen in langer Mühe gearbeitet wurde, zuverlässig geordnet und in geziemender Weise ausgeschmückt werde, so dass wir, die wir dank des gütigen Wohlwollens der Götter uns abmühend in der Vergangenheit die Räubereien barbarischer Völker durch die Niederlage der betreffenden Stämme selbst unterbunden haben, den auf ewig begründeten Frieden durch das Bollwerk der Gerechtigkeit umhegen. [...] Denn wer ist so abgestumpft und dem Gefühl der Menschlichkeit entfremdet, dass er nicht wissen könnte, ja nicht einmal gemerkt hätte, dass sich bei den Waren, die zum Verkauf stehen und die entweder im Fernhandel verkauft oder im täglichen Handelsverkehr in den Städten umgesetzt werden, eine solche Willkür in den Preisen breit gemacht hat, dass die zügellose Begierde, Profite zu machen, weder durch den Überfluss an Gütern noch durch die Fruchtbarkeit des Jahres gemildert wird? [...] Und diejenigen, deren Bestreben immer dahin geht, auch die Wohltaten der Götter zum persönlichen Profit zu wenden und den Überfluss des öffentlichen Glückes zu beschneiden und wiederum aufgrund der Unfruchtbarkeit des Jahres [...] Geschäfte zu machen, Personen, die jeweils im allergrößten Wohlstand stehen, der auch für ganze Völker im Übermaß hätte reichen können, und die weiteres Vermögen erwerben und zerstörerische Zinsen eintreiben: dass deren Habgier ein Maß gesetzt werde, empfiehlt, Bewohner unserer Provinzen, die Überlegung der allgemeinen Menschlichkeit. [...] Da wir durch als dies, was wir oben zusammengestellt haben, mit vollstem Recht bewegt wurden, da ja schon die Menschlichkeit selbst uns zu bitten schien, haben wir beschlossen, dass zwar keine festen Preise für die Waren, die zum Verkauf stehen, festgesetzt werden – denn dass dies geschehe, hielten wir nicht für gerecht, da bisweilen zahlreiche Provinzen sich des Glückes erwünschter niedriger Preise und gleichsam des Privilegs des Überflusses rühmen –, aber doch, dass den Preisen ein Maß gesetzt werde, so dass, wenn die Gewalt einer Teuerung auftritt – die Götter mögen dies abwenden! –, die Habgier, die wie auf sich ungeheuer weit erstreckenden Flächen nicht in Schranken gehalten werden konnte, durch die Grenzen unseres Statuts und die Schranken eines mäßigenden Gesetzes gezügelt werde. Wir ordnen also an, dass die Preise, die die unten angefügte Liste aufführt, in unserem ganzen Reich beachtet werden, und zwar so, dass alle wissen, dass ihnen die Freiheit, die Preise zu überschreiten, genommen ist; wobei in keiner Weise in den Regionen, wo, wie man sieht, Überfluss an Waren besteht, das Glück niedriger Preise behindert werde, für das in besonderem Maße gesorgt wird, indem die oben benannte Habgier bezähmt wird. [...] Weil also auch bei unseren Vorfahren bekanntlich beim Einbringen von Gesetzen diese Praxis bestand, dass die Kühnheit durch Androhung von Strafen bezähmt wurde – weil es ziemlich selten ist, dass die menschliche Natur von sich aus als gut angetroffen wird und immer der im höchsten Maße gerechte Lehrer der Furcht als Lenker der Pflichten gefunden wird –, beschließen wir, dass, wenn sich jemand entgegen der Ordnung dieses Statuts auf seine Dreistigkeit stützt, ihm die Todesstrafe drohen soll. Und niemand soll dies für hart halten, da es ja ganz leicht ist, der Gefahr zu entgehen, nämlich durch die Beachtung der Bescheidenheit. Derselben Gefahr soll auch jener unterworfen sein, der aus Kauflust der Habgier des Verkäufers entgegen dem Erlass zugestimmt hat. Von einer solchen Strafe wird auch der nicht verschont bleiben, der im Besitz von Waren, die zum Lebensunterhalt und Verbrauch notwendig sind, glaubt, diese nach der Regelung durch dieses Statut dem Handel entziehen zu dürfen; da die Strafe für den, der Mangel herbeiführt, wohl noch schwerer sein muss als für den, der ihn entgegen den Statuten ausnützt. Wir ermahnen also die Hingabe aller, dass die Dinge, die zum allgemeinen Wohl festgesetzt wurden, mit wohlwollendem Gehorsam und geschuldeter Scheu beachtet werden, insbesondere da durch ein solches Statut offenbar nicht nur für die einzelnen Stadtgemeinden und Völker und Provinzen, sondern für den gesamten Erdkreis gesorgt wird, zu dessen Verderben, wie man erkannt hat, ziemlich wenige gewütet haben, deren Habgier weder die Ausdehnung der Zeit noch der Reichtum, um den sie sich, wie man sieht, bemüht haben, mäßigen oder sättigen konnten.

Q 322

Zosimos, Neue Geschichte 2, 29–39

Q 322 Constantinus in der Sicht des heidnischen Historikers Zosimos

(29, 1) Als nun die gesamte Macht in Constantinus' Hände gefallen war, verbarg er fürderhin nicht mehr die ihm von Natur aus innewohnende Schlechtigkeit, sondern nahm sich die Freiheit heraus, in allen Bereichen nach seinem Willen zu verfahren. Er hielt noch an den von den Vorfahren ererbten religiösen Riten fest, freilich nicht aus Respekt vor ihnen als vielmehr aus Zweckmäßigkeit. Deshalb hörte er auch auf die Wahrsager, da er erfahren hatte, dass sie ihm bei all dem, was ihm geglückt war, die Wahrheit prophezeit hatten. Als er aber voller Prahlsucht in Rom eingetroffen war, glaubte er, mit seiner Gottlosigkeit in seinem eigenen Haushalt anfangen zu müssen. (2) Denn er ließ Crispus, seinen Sohn, den er, wie bereits erwähnt, der Würde eines Caesars für wert erachtet hatte und der in den Verdacht geraten war, mit seiner Stiefmutter Fausta Geschlechtsverkehr gehabt zu haben, ohne Rücksicht auf die Rechtssatzungen der Natur zu nehmen, töten. Da Helena, Constantinus' Mutter, über eine solche Gewalttat verärgert war und die Ermordung des Jünglings nicht hinnehmen wollte, da wollte Constantinus sie gleichsam trösten und heilte das Übel mit einem noch größeren: Denn er befahl, ein Bad übermäßig zu heizen, und ließ Fausta dorthin bringen; nachdem sie gestorben war, ließ er sie heraustragen. (3) Da er sich dieser Verbrechen und noch dazu der Missachtung von Eiden bewusst war, wandte er sich an die Priester und verlangte Sühneopfer für seine Untaten. Als diese aber erklärten, es gebe keine Sühnungsart, welche solche Gottlosigkeiten sühnen könne, kam ein Ägypter aus Spanien nach Rom und wurde ein Vertrauter der Frauen am Kaiserhof. Er traf Constantinus und versicherte ihm, die Lehre der Christen reinige von jeder Sünde und verspreche, dass die Gottlosen, die sich zu ihr bekehrten, auf der Stelle von jeder Schuld befreit würden. (4) Aufs Willfährigste machte sich Constantinus diese Reden zu eigen, ließ von den väterlichen Riten ab und nahm an, was ihm der Ägypter mitteilte. Den Anfang seiner Gottlosigkeit aber machte er damit, dass er die Wahrsagerei verdächtigte; denn da ihm durch sie viele Erfolge vorausgesagt worden waren und sich verwirklicht hatten, fürchtete er, dass einmal auch anderen, die etwas zu seinem Nachteil erfragen wollten, die Zukunft vorausgesagt werde. Aufgrund dieser Annahme entschloss er sich, dem ein Ende zu bereiten. (5) Als jedoch das traditionelle Fest kam, während dessen das Heer zum Capitol hinaufsteigen und die traditionellen Riten erfüllen musste, da beteiligte sich Constantinus aus Angst vor den Soldaten an der Feierlichkeit. Als ihm aber der Ägypter eine Erscheinung mitteilen ließ, die die Besteigung des Capitols ohne jede Einschränkung rügte, hielt sich der Kaiser von der heiligen Handlung fern und erregte so den Hass des Senates und des Volkes gegen sich. (30, 1) Da Constantinus es nicht ertrug, gewissermaßen von allen geschmäht zu werden, suchte er nach einer Stadt, die Rom gleichrangig war, in der er einen Kaiserpalast errichten musste. Als er sich zwischen dem troischen Sigeion und dem alten Ilion aufhielt und einen Platz fand, der für die Gründung einer Stadt geeignet war, legte er die Fundamente und führte einen Teil der Stadtmauer bis zu einer gewissen Höhe empor, die diejenigen, die zum Hellespont fahren, noch heute sehen können. Er besann sich aber eines anderen, ließ das Unternehmen unvollendet und ging nach Byzantion. (2) Da er die Lage der Stadt bewunderte, entschloss er sich, sie möglichst zu erweitern und ihr eine Ausdehnung zu geben, die einer kaiserlichen Residenz entspricht. [...] (4) Dies war die Ausdehnung der Stadt in der Vergangenheit. Nun legte er dort, wo früher das Tor gestanden hatte, ein kreisförmiges Forum an, umgab es ringsum mit doppelgeschossigen Säulenhallen und schuf, einander gegenüber stehend, zwei sehr große, gewölbte Durchgänge aus prokonnesischem Marmor, durch die man die Säulenhallen des Septimius Severus betreten und die Altstadt verlassen kann. Er wollte die Stadt erheblich vergrößern und umgab sie daher in einem Abstand von fünfzehn Stadien zur alten Mauer mit einer neuen Mauer, welche den gesamten Isthmus von einem Meer zum anderen abriegelte. (31, 1) Als er auf diese Weise die Stadt im Vergleich zu ihrer bisherigen Ausdehnung beträchtlich erweitert hatte, erbaute er auch einen Kaiserpalast, der nicht viel kleiner als der in Rom war. Auch den Hippodrom schmückte er in jeder Hinsicht aus, indem er das Heiligtum der Dioskuren darin einbezog, deren Statuen man auch jetzt noch auf den Säulenhallen des Hippodroms stehend sehen kann. Er ließ in einem Teil des Hippodroms auch den Dreifuß des Apollon von Delphi aufstellen, der sogar eine figürliche Darstellung des Gottes selber trägt. (2) In Byzantion gab es eine sehr große Agora, die auf vier Seiten von Säulenhallen umschlossen ist. An den Enden einer dieser Säulenhallen, zu der nicht wenige Stufen emporführen, erbaute er zwei Tempel; darinnen ließ er Götterbilder aufstellen: in dem einen das der Göttermutter Rhea [...]. (3) [...] Im anderen Tempel stellte er eine Tyche von Rom auf. Er ließ auch Häuser für einige Senatoren, die ihm gefolgt waren, bauen. Im weiteren führte er keinen Krieg mehr mit Erfolg. [...] (32, 1) Er führte keine Kriege mehr und gab sich dem Luxus hin. An das Volk von Byzantion aber ließ er Staatsgetreide verteilen; hiervon profitiert es bis auf den heutigen Tag. Er gab öffentliche Gelder für sehr zahlreiche zwecklose Bauten aus und errichtete einige, die kurze Zeit später einstürzten, weil sie in der Eile nicht fest genug ausgeführt waren. Er brachte auch die seit alter Zeit bestehenden Staatsämter in Unordnung. (2) Denn es gab zwei *praefecti praetorio*, und sie verwalteten ihr Amt gemeinsam. Ihrer Fürsorge und Gewalt waren nicht allein die Truppen am Hof unterstellt, sondern auch die Abteilungen, denen der Schutz der Stadt oblag, und die Streitkräfte, welche an allen Grenzen stationiert waren. Das Amt der *praefecti praetorio* galt nämlich als das zweithöchste nach dem des Kaisers; es führte die Verteilung der Lebensmittel durch und war für die angemessene Bestrafung von Vergehen gegen die Militärdisziplin zuständig. (33, 1) Constantinus änderte, was gut eingerichtet war, und teilte das Amt, das ein Einzelamt war, in vier auf [...]. (3) Als er so das Amt der *praefecti praetorio* zerteilt hatte, bemühte er sich, es noch auf andere Weise zu schwächen; denn während den Soldaten überall nicht nur Centurionen und Tribunen, sondern auch die sogenannten *duces*, die in jeder Garnison die Funktion von Generälen hatten, vorstanden, schuf er noch die *magistri*, den *magister equitum* und den *magister peditum*, und übertrug ihnen die Befugnis, die Soldaten für die Schlacht aufzustellen und die Straftäter zu bestrafen. Den *praefecti praetorio* nahm er auch diese Kompetenzen. (4) Welchen Schaden dies in Kriegs- und Friedenszeiten anrichtete, werde ich sofort sagen: Da die *praefecti praetorio* überall die Steuern durch die ihnen Untergebenen eintrieben und die Aufwendungen für das Heer aus dieser Quelle bestritten und da sie die Soldaten in ihrer Gewalt hatten, insoweit diese für ihre Vergehen nach ihrem (der Prätorianerpräfekten) Gutdünken bestraft wurden, hatten die Soldaten natürlich im Sinn, dass derjenige, der ihnen den Lebensunterhalt gewährte, auch die Schuldigen bestrafte, und sie wagten es daher nicht, ihre Pflichten zu verletzen, aus Angst, der Lebensmittel beraubt und auf der Stelle bestraft zu werden. (5) Nun aber ist der eine für die Verpflegung der Soldaten zuständig, der andere ist Herr der militärischen Ausbildung; und so handeln sie (die Soldaten) in jeder Hinsicht nach eigenem Gutdünken; es kommt hinzu, dass der größere Teil der Verpflegung auch noch für die persönliche Bereicherung des Generals und seiner Untergebenen dient. (34, 1) Constantinus traf auch noch eine andere Maßnahme, die es den Barbaren erlaubte, ungehindert in das den Römern untertänige Land einzudringen. Da nämlich dank Diocletianus' Vorsorge das Römische Reich überall an seinen Grenzen auf die von mir bereits erwähnte Weise mit Städten, Verteidigungsanlagen und Türmen versehen war und das gesamte Heer dort stationiert war, war für die Bar-

baren ein Eindringen auf römisches Gebiet unmöglich, da überall eine Streit-
macht den Angreifern entgegentreten und sie zurückschlagen konnte. (2)
Auch diese Sicherung richtete Constantinus zugrunde und zog den größeren
Teil der Soldaten von den Grenzen ab und stationierte sie in den Städten, die
eines Schutzes nicht bedurften. Er beraubte die von den Barbaren bedrängte
Bevölkerung des Schutzes und lastete den friedlichen Städten die von den
Soldaten ausgehende Unordnung auf. Darum sind sehr viele nunmehr ver-
ödet. Die Soldaten, die sich dem Theaterbesuch und dem Luxus hingaben,
verweichlichte er und, kurz und gut, er war es, der den Anfang und den Samen legte für das Verderben des Staatswesens, unter dem wir heute noch zu
leiden haben. (35, 1) Nachdem er schon seinen Sohn Constantinus zum
Caesar erhoben hatte und mit ihm zusammen auch seine Söhne Constantius
und Constans zu Caesaren ernannt hatte, vergrößerte er Konstantinopel, so
dass es eine riesenhafte Stadt wurde, so dass auch die Mehrzahl unter den
Kaisern hernach sich für das Leben in ihr entschieden und in ihr über den
Bedarf hinaus eine große Bevölkerung zusammenbrachten, denn von überall
auf der Erde strömten Leute herbei, wegen ihres Kriegsdienstes, des Handels
oder sonstiger Aktivitäten. (2) Deshalb umgaben sie die Stadt auch mit einer
anderen, weitaus größeren Stadtmauer als derjenigen, die Constantinus erbaut hatte, und gestatteten, dass die Wohnhäuser so dicht nebeneinander
standen, dass ihre Einwohner, sowohl diejenigen, die sich daheim aufhielten,
wie diejenigen, die auf den Straßen verweilten, sich eingeengt fühlten und
nur unter Lebensgefahr ausgehen konnten wegen der großen Zahl von Menschen und Tieren. Es wurde auch ein nicht geringer Teil des Meeres ringsum
in Festland verwandelt, indem Pfähle im Kreise in den Boden gerammt und
darauf Gebäude gesetzt wurden, was an sich schon reichen würde, eine große
Stadt zu füllen. [...] (38, 1) Nachdem Constantinus dies vollbracht hatte, fuhr
er fort, die Steuereinkünfte durch Schenkungen zu vergeuden, nicht dort, wo
es nötig gewesen wäre, sondern an unwürdige und nutzlose Menschen. So
wurde er den Steuerzahlern eine Last und bereicherte die Menschen, die von
keinem Nutzen waren; denn er hielt die Verschwendung für eine Ehrensache.
(2) Er führte auch die Gold- und Silbersteuer (*chrysargyron*) ein für alle, die
überall auf der Erde Handel trieben, und für die, die in den Städten Waren
jeglicher Art feilboten, bis hin zu den billigsten. Und er ließ nicht einmal die
unglücklichen Prostituierten von dieser Steuer unbehelligt, so dass man,
wenn der vierjährige Termin nahte, an dem diese Abgabe geleistet werden
musste, in jeder Stadt Wehklagen und Jammern sehen konnte und, wenn der
Termin da war, Peitschenhiebe und Folterungen, welche den Körpern derer
zugefügt wurden, die wegen äußerster Armut eine Geldbuße nicht zahlen
konnten. (3) Schon verkauften auch Mütter ihre Kinder und gaben Väter ihre
Töchter in das Bordell, und sie wurden gezwungen, aus deren Arbeit das
Geld denjenigen, die das Chrysargyron eintrieben, zu entrichten. Da er auch
für die Personen in glänzender Stellung etwas Schädliches ersinnen wollte,
berief er einen jeden zur Würde eines Praetors und verlangte unter dem Vorwand der Auszeichnung eine beträchtliche Geldsumme. (4) Wenn diejenigen,
die mit der Ausführung dieser Maßnahme betraut waren, in den Städten
weilten, konnte man also eine Flucht aller und Aufenthalt in fremden Ländern sehen, aus Angst, unter Verlust des Vermögens diese Würde zu erlangen;
er ließ die Vermögen der Senatoren verzeichnen und belastete sie mit einer
Abgabe, der er selbst den Namen »follis« gab. Auch mit solchen Steuern
minderte er den Wohlstand der Städte; denn da diese Forderung auch nach
Constantinus für lange Zeit Bestand hatte, wurde innerhalb kurzer Zeit der

Wohlstand der Städte vergeudet, und die meisten unter ihnen haben ihre Einwohner verloren. (39, 1) Nachdem Constantinus auf alle diese Weise dem Staat Schaden zugefügt hatte, starb er an einer Krankheit; die Herrschaft übernahmen seine drei Söhne (diese waren nicht von Fausta, der Tochter des Maximianus Herculius zur Welt gebracht worden, sondern von einer anderen Frau, die er des Ehebruches bezichtigt und getötet hatte); sie leiteten den Staat, wobei sie eher den Neigungen ihrer Jugend folgten als dem Nutzen der Gemeinschaft. (2) Zuerst nämlich teilten sie die Provinzen auf, und Constantinus, der Älteste, erhielt zusammen mit dem jüngsten Sohn, Constans, alles Gebiet jenseits der Alpen, Italien und Illyrien noch dazu, außerdem noch die Gebiete um das Schwarze Meer herum und Africa, soweit es von Karthago aus verwaltet wird. Constantius waren die kleinasiatischen Gebiete, der Osten und Ägypten anvertraut. In gewisser Hinsicht waren mit ihnen zusammen an der Herrschaft beteiligt Dalmatius, der von Constantinus als Caesar eingesetzt worden war, dann auch noch Constantius, sein Bruder, und Hannibalianus. Sie trugen purpurgefärbte und rings mit Gold besetzte Kleidung und hatten von Constantinus selbst aus Achtung der Verwandtschaftsbeziehung die Würde des sogenannten Nobilissimats erhalten.

Q 323

Q 323 Die Germanen überschreiten den Rhein (406/7)

Hieronymus,
Brief 123, 15

Kontext: Hieronymus über die von den Germanen nach dem Rheinübergang 406/7 in Gallien angerichteten Verheerungen.

[...] Ich will einige wenige der gegenwärtigen Misshelligkeiten durchgehen. Dass wir in geringer Zahl bis jetzt noch unsere Ruhe haben, ist nicht unserem Verdienst, sondern dem Mitleid des Herrn zu verdanken. Zahllose Völkerschaften von äußerster Wildheit haben ganz Gallien in Besitz genommen. Alles, was zwischen Alpen und Pyrenäen liegt, was vom Ozean und Rhein umschlossen wird, haben die Quaden, Vandalen, Sarmaten, Alanen, Gepiden, Heruler, Sachsen, Burgunder, Alamannen und – o beklagenswerter Staat! – unsere pannonischen Feinde (die Hunnen) verwüstet. [...] Mainz, ehemals eine herausragende Stadt, ist eingenommen und zerstört worden, und in der Kirche sind viele Tausende niedergemetzelt worden. Worms liegt nach langer Belagerung darnieder. Reims, eine mächtige Stadt, Amiens, Arras, die Morini, ›die am weitesten entfernt lebenden Menschen‹, Tournai, Speyer, Straßburg sind germanisches Gebiet geworden. Die aquitanischen Provinzen, die Novempopulania, die Lugdunensis und die Narbonensis sind mit Ausnahme weniger Städte ganz verwüstet worden; und was diese Städte selbst anbelangt, so verheert sie von draußen das Schwert, im Inneren die Hungersnot. Ich kann nicht ohne Tränen Toulouse erwähnen. Dass die Stadt bis jetzt noch nicht gefallen ist, hat sie den Verdiensten des heiligen Bischofs Exuperius zu verdanken. Selbst die spanischen Provinzen, die schon kurz vor dem Untergang stehen, zittern jeden Tag in der Erinnerung an die Einfälle der Kimbern, und was andere einmal erlitten haben, das erleiden jene ständig in ihrer Angst.

Q 324 Die Einnahme Roms durch Alarich (410)

(155) Als die Goten ihn (Stilicho und sein Heer) unerwarteterweise erblickten, waren sie zuerst erschreckt, aber bald fassten sie wieder Mut und wurden, wie es bei ihnen üblich ist, durch Ermahnungen angestachelt, vernichteten nahezu das gesamte Heer Stilichos, das sich in die Flucht gewandt hatte, und verließen rasenden Sinnes die in Angriff genommene Route und kehrten nach Ligurien, das in ihrem Rücken lag, von wo sie nach Italien einmarschiert waren, zurück. Und nachdem sie viel Beute gemacht hatten, verwüsteten sie in gleicher Weise die Aemilia und, indem sie auf der *via Flaminia* zwischen Picenum und Etrurien bis nach Rom eilten, plünderten sie alles, was sich zu beiden Seiten befand. (156) Schließlich marschierten sie in Rom ein und plünderten auf Befehl Alarichs die Stadt lediglich, legten aber nicht, wie es die Barbarenvölker gewöhnlich tun, Feuer an sie und ließen auch ganz und gar nicht zu, dass den Stätten der Heiligen in irgendeiner Hinsicht Unrecht widerfahre. Sie zogen von dort durch Kampanien wieder ab und fügten Lucanien ähnlichen Schaden zu. Darauf kamen sie nach Bruttium. Dort lagerten sie lange und überlegten, nach Sizilien und von dort aus nach Africa überzusetzen. [...]

Q 325 Die Vandalen erobern Nordafrica

[...] (4) Aber kurze Zeit später geschah es durch göttlichen Willen und Macht, dass eine riesige, mit unterschiedlichen Waffen ausgerüstete und im Krieg erprobte Schar von Vandalen und Alanen, furchtbaren Feinden, eine Truppe, die unter sich Goten und Personen anderer Völker hatte, aus dem jenseits des Meeres gelegenen Spanien mit Schiffen in Africa einströmte und einbrach; (5) und, überhaupt, sie zog durch Mauretanien auch in andere Provinzen und Regionen, den unsrigen. Sie wütete mit jeder Brutalität und Grausamkeit und verheerte alles, was sie konnte: mit Verwüstung, Mord und unterschiedlichen Foltern, mit Brandstiftungen und anderen zahllosen und unsagbaren Übeln, ohne dass sie auf das Geschlecht, das Alter und nicht einmal auf die Priester und Diener Gottes Rücksicht nahm, und auch nicht auf den Schmuck und das Gerät der Kirchen und die Gebäude. [...]

[...] (3) Sie fanden also eine friedliche und ruhige Provinz vor, eine Zier der gesamten blühenden Erde, und fielen überall mit ihren gottlosen Scharen ein, indem sie verwüsteten und verheerten, alles mit Brand und Mord auslöschten. Aber nicht einmal die Früchte tragenden Baumkulturen schonten sie, damit nicht etwa Personen, die sich in den Höhlen der Berge oder in Abgründen in der Erde oder an anderen abgeschiedenen Örtlichkeiten versteckt hatten, nach ihrem Durchmarsch sich von jenen Nahrungsmitteln ernährten [...]. (4) Vor allem in den Kirchen und Märtyrerbasiliken, in den Friedhöfen und Klöstern wüteten sie noch verbrecherischer, so dass sie mit größeren Bränden die Häuser des Gebets als ganze Städte und Siedlungen niederbrannten. [...]. (5) Wie viele herausragende Bischöfe und vornehme Priester sind damals von ihnen durch verschiedenartige Arten von Strafen getötet worden, nur damit sie herausgäben, wenn sie etwas an Gold oder Silber als Privat- oder Kirchenbesitz hätten. [...]

Q 325 c
Prokopios, Vandalenkrieg
1, 5, 11–15

(11) Wenn sich aber unter den Libyern ein herausragendes und durch Wohl-stand kenntliches Besitztum fand, so übergab er (der Vandalenkönig Geise-rich) die Eigentümer mitsamt ihren Ländereien und ihrer gesamten Habe als Sklaven seinen Söhnen Hunerich und Genzon. [...] (12) Den anderen Libyern aber nahm er die Äcker, die die zahlreichsten und besten waren, und verteilte sie unter das Volk der Vandalen. Und von daher werden diese Grundstücke bis auf den heutigen Tag ›Vandalenlose‹ genannt. (13) Und für diejenigen, die seit alters diese Grundstücke besessen hatten, folgte, dass sie in äußerste Ar-mut gerieten und gleichzeitig frei waren. Denn sie hatten die Möglichkeit, wohin sie wollten, wegzugehen. (14) Und Geiserich ordnete an, dass alle Grundstücke, die er seinen Söhnen und den anderen Vandalen übergeben hatte, keiner Steuer unterworfen waren. (15) All das Land aber, das ihm nicht gut zu sein schien, beließ er den früheren Besitzern, wobei er ihnen aber von diesem Land so viel in die Staatskasse zu zahlen befahl, dass denen, die ihr eigenes Land in Besitz hatten, auch nicht das Geringste übrigblieb. Viele wurden in die Verbannung geschickt oder getötet.

Q 326

Prosper Tiro 1375
(Chronik zum Jahr 455)
(MGH AA IX 484)

Q 326 Die Vandalen nehmen Rom ein (455)

[...] Nach dieser Ermordung des Maximus folgte sogleich die viele Tränen verdienende Kriegsgefangenschaft Roms, und Geiserich nahm die Stadt, die ohne jeden Schutz war, ein. Vor den Toren der Stadt trat ihm der heilige Bi-schof Leo entgegen, dessen Bitten ihn dank Gottes Hilfe insoweit besänf-tigten, dass er sich, obwohl alles seiner Gewalt ausgeliefert war, gleichwohl der Brandschatzung, des Mordens und der Hinrichtungen enthielt. Während 14 Tagen also wurde Rom ungestört und ungehindert durchsucht und aller seiner Reichtümer beraubt, und viele Tausend Kriegsgefangene, wie ein jeder aufgrund seines Alters oder seiner Fähigkeiten Gefallen gefunden hatte, wurden mitsamt der Kaiserin und ihren Töchtern nach Karthago wegge-führt.

Q 327

Ambrosius, Nabutha 1, 1

Q 327 Reich und Arm

[...] Wer unter den Reichen begehrt nicht täglich fremden Besitz? Wer unter den Vermögenden strebt nicht danach, den Armen von seinem Land zu ver-drängen und den Mittellosen von dem ererbten Gut zu vertreiben? Wer ist mit seinem Besitz zufrieden? [...] Mehr gibt es, die rauben, als die, die ihren Besitz verlieren. [...] Täglich wird der Arme getötet. [...]

Q 328

Ammianus Marcellinus,
Römische Geschichte
14, 6, 7–26

Q 328 Die Stadt Rom: Senat und Plebs

(7) Aber dieser strahlende Glanz ihrer Versammlungen (des Senats) wird durch den ungezügelten Leichtsinn einiger Weniger verdunkelt, die nicht bedenken, wo sie zur Welt gekommen sind, sondern, als ob den Lastern alle Freiheit eingeräumt sei, auf Abwege geraten und in Zügellosigkeit fallen. [...]. (8) Einige unter ihnen glauben, sie könnten dem ewigen Gedenken durch Statuen empfohlen werden, und verlangen glühend nach ihnen, gleich-sam als ob sie mehr Lohn von bronzenen Bildern, die keine Sinne haben, erlangen würden als aus dem Bewusstsein ehrenwerter und rechter Taten

[...]. (9) Andere setzen ihre höchste Auszeichnung in den Besitz von Wagen, die höher als üblich sind, und den aufwendigen Schmuck ihrer Kleidung und schwitzen unter dem Gewicht ihrer Mäntel [...]. (10) Andere setzen, ohne dass sie jemand gefragt hätte, eine ernste Miene auf und erheben, ohne dass sie einer dazu aufgefordert hätte, ihre Besitzungen ins Unermessliche, indem sie die jährlichen Erträge ihrer, wie sie glauben, wohlkultivierten Felder vervielfachen, die sie, wie sie prahlen, im Übermaß von Ost bis West besitzen, ohne sich offensichtlich darüber im Klaren zu sein, dass ihre Vorfahren, dank derer sich die Größe Roms so weit erstreckt, sich nicht durch Reichtum hervorgetan haben, sondern durch schrecklichste Kriege, wobei sie sich weder hinsichtlich ihres Vermögens noch ihrer Ernährung, noch ihrer billigen Kleidung von den gemeinen Soldaten unterschieden, und dass sie das, was sich ihnen entgegenstellte, durch ihre Tapferkeit überwunden haben. [...] (16) Ich übergehe nämlich ihre unersättlichen Gelage und die vielerlei Verlockungen zum Genuss, um nicht allzu weit abzuschweifen, um darauf zu sprechen zu kommen, dass manche auf den breiten Straßen der Stadt und über die aufgewühlten Kieselsteine der Straßen ohne Angst vor Gefahr dahineilen und ihre Pferde, als handelte es sich um solche der Staatspost, wie man sagt, mit Fersen aus Feuer antreiben, wobei sie ganze Scharen von Gesinde, gleich Räuberhorden, hinter sich herschleppen [...]. Einige vornehme Frauen ahmen sie nach und eilen verhüllten Hauptes und in geschlossenen Sänften durch alle Stadtviertel. (17) Und wie schlachterfahrene Feldherren die dichtgedrängten Haufen der tapfersten Soldaten in die erste Linie stellen, dahinter die Leichtbewaffneten, dann die Schleuderer und zum Schluss die Reservetruppen, die, wenn es erforderlich werden sollte, zum Einsatz kommen, so erledigen die Leute, die in den städtischen Haushalten die Aufsicht über die Sklaven haben, kenntlich an den Stäben in ihrer Rechten, aufgeregt ihre Aufgabe: wie wenn im Kriegslager eine Parole ausgegeben worden wäre, marschieren vorn am Wagen alle Sklaven, die mit den Textilarbeiten befasst sind, es schließen sich an die Sklaven aus der Küche, ganz schwarz von Rauch, und dann, ohne weitere Unterscheidung, die ganze übrige Sklavenschar, mit den müßigen Plebeiern aus der Nachbarschaft vermischt; am Ende schließt sich die Schar der Entmannten an, vom Greise herab bis zum Knaben, leichenblass und entstellt durch verzerrte Gesichtszüge [...]. (18) Unter diesen Umständen sind die wenigen Häuser, die früher berühmt waren für die ernsthafte Pflege wissenschaftlicher Studien, jetzt im Überfluss erfüllt von den Amusements träger Untätigkeit, und sie hallen wider von Gesang und rauschendem Saitenklange. Endlich holt man sich statt des Philosophen den Sänger und statt des Rhetors den Lehrer der Schauspielkünste; und, während die Bibliotheken wie Grabkammern für immer geschlossen sind, lässt man Wasserorgeln anfertigen und Leiern, die so groß sind wie Reisewagen, Flöten und schweres Gerät für die Schauspieler. (19) Schließlich ist man bis zu diesem Grad der Schande gekommen: während die Fremden vor nicht allzu langer Zeit aus Angst vor einer Hungersnot aus der Stadt vertrieben wurden und sehr wenige Personen, die sich den eines Freien angemessenen Studien widmeten, aus der Stadt gejagt wurden, ohne dass man ihnen Zeit zu atmen gegeben hatte, hielt man demgegenüber diejenigen, die tatsächlich zum Gefolge der Schauspielerinnen zählten und die dies nur angesichts der Zeitumstände vorgaben, in der Stadt, und dreitausend Tänzerinnen wurden nicht einmal befragt und blieben zusammen mit ihren Chören und einer ebenso großen Zahl an Lehrern. (20) Und man kann, wohin man auch die Augen richtet, in hinlänglich großer Zahl Frauen mit gekräuselten Haaren sehen, die nach ihrem Alter, wenn sie denn geheiratet hätten, schon dreimal hätten Kinder in die Welt setzen können und die bis zum Überdruss mit ihren Füßen den Fußboden abwischen und in Kreisen wie im Fluge umherwirbeln, indem sie die unzähligen Figuren nachahmen, die die Theaterstücke erdacht haben. [...] (25) Und aus der Masse derer, die niedrigsten sozialen Ranges sind und in Armut leben, verbringen einige ihre Nächte in den Weinschenken; manche suchen Unterschlupf im Schatten der Sonnensegel der Amphitheater [...] oder sie streiten sich beim Würfelspiel, wobei sie mit hässlichem Geräusch den Atem in ihre schnaubenden Nasen zurückziehen; oder – was ihre Hauptbeschäftigung darstellt – sie lassen sich von Sonnenaufgang bis -untergang von Sonne und Regen erschöpfen, indem sie bis ins Detail die Vorzüge oder Fehler der Wagenlenker und Rennpferde erforschen. (26) Und es ist schon recht merkwürdig, zu beobachten, wie eine ungezählte Volksmenge, während ihr Verstand gewissermaßen von einer glühenden Leidenschaft befallen ist, so ganz vom Ausgang der Wagenrennen abhängig ist. Dies und Ähnliches lässt in Rom nie etwas Bemerkenswertes oder Ernsthaftes geschehen.

Q 329 Der Senatorenstand

Q 329

Q 329 a
Ammianus Marcellinus, Römische Geschichte 27, 11, 1–4

Porträt des Petronius Probus

(1) In dieser Zeit wurde, nachdem Vulcacius Rufinus im Amt aus dem Leben geschieden war, zur Übernahme der Prätorianerpräfektur Probus aus der Stadt berufen, ein Mann, der aufgrund seiner vornehmen Abstammung, seiner Macht und der Größe seines Vermögens in der gesamten römischen Welt bekannt war, in der er beinahe in allen Regionen verstreut Besitzungen hatte, ob zu Recht erworben oder nicht, das kommt nicht unserem Urteil zu. (2) Ihn trug gleichsam, wie es uns die Dichter schildern, eine zweigestaltige Fortuna mit ihren schnellen Flügeln und zeigte ihn bald wohlwollend, wie er seine Freunde höher erhob, mitunter als schrecklichen Intriganten, der durch blutige Feindschaften Schuld auf sich lud. [...] (3) Und wie die Fische, aus ihrem Element vertrieben, auf der Erde nicht lange atmen, so welkte er dahin, wenn er keine Präfektur bekleidete, die er in einem fort anzustreben durch die Zügellosigkeit seiner Abhängigen genötigt wurde, die in ihren maßlosen Begierden niemals schuldlos waren, und, um vieles straflos zu verüben, ihren Herrn in die Politik trieben. (4) Denn man muss einräumen: Niemals hat dieser so großmütige Mann einem Klienten oder Sklaven etwas Unerlaubtes zu tun befohlen, aber wenn er erfahren hatte, dass einer unter ihnen eine Straftat begangen hatte, so verteidigte er ihn, selbst wenn sich Iustitia widersetzte, ohne dass er über die Angelegenheit Erkundigungen eingeholt hätte und ohne Rücksicht auf das Gute und die Ehre. [...]

Q 329 b
Olympiodor, Fragment 41, 1 (Blockley)

Hausbesitz

Ein jedes der großen Häuser in Rom hatte, wie er sagt, in sich alles, was eine Stadt von mittlerer Größe haben konnte, ein Hippodrom, Fora, Tempel, Quellen und verschiedene Arten von Bädern. Deshalb rief der Schriftsteller auch aus: »Ein Haus ist eine Stadt, die Stadt birgt in sich 10 000 Städte.« Es gab auch sehr große öffentliche Bäder. Die sogenannten antoninischen Bäder hatten für den Gebrauch der Badenden 1600 aus geglättetem Marmor hergestellte Sitzplätze, die diocletianischen annähernd doppelt so viele. Die Stadtmauer Roms wurde von dem Landvermesser Ammon zur Zeit, als die Goten

ihren ersten Angriff auf die Stadt durchführten, gemessen; es zeigte sich, dass
sie eine Ausdehnung von 21 Meilen hatte.

Vermögen von Senatoren

Viele römische Häuser hatten jährliche Einkünfte aus ihren Grundbesitzungen von 4000 Pfund Gold, ohne das Getreide, den Wein und die anderen
Naturalien, die sich, wenn sie verkauft würden, auf ein Drittel der Geldein-
nahmen beliefen. Die Einkünfte der Häuser Roms in der zweiten Gruppe
nach der ersten betrugen 1500 Pfund Gold. Und als Probus, der Sohn des
Olybrius, in der Zeit des Usurpators Johannes (423–25) seine eigene Praetur
feierte, wandte er 1200 Pfund Gold auf. Symmachus aber, der Redner, ein
Senator von mittlerem Vermögen, gab, bevor Rom eingenommen wurde, als
sein Sohn Symmachus die Praetur feierte, 2000 Pfund aus. Maximus aber,
einer der vermögenden Senatoren, wandte für die Praetur seines Sohnes 4000
Pfund auf. Die Praetoren gaben ihre Spiele während sieben Tagen.

Libanios gegen den Standesdünkel

Kontext: Der antiochenische Rhetor Libanios setzt sich für Thalassius, der
die Aufnahme in den Senat von Konstantinopel anstrebt, ein; Thalassius war
seine angebliche Herkunft aus einer Handwerkerfamilie zum Vorwurf gemacht worden.

(21) Und er erwähnte irgendwelche Schwerter und heftete Thalassios die
Bezeichnung ›Messerfabrikant‹ an und versuchte dadurch seinen Hinauswurf
aus dem Senat zu erreichen. Er aber hat noch niemals Schwerter hergestellt
und hat das Handwerk auch nicht gelernt und kannte es auch nicht, und
auch bei seinem Vater war beides nicht der Fall. Er hatte Sklaven, die dieses
verstanden, genau wie Demosthenes, der Vater des (Redners) Demosthenes.
Und in keiner Weise hinderte Demosthenes, den Sohn des Demosthenes, die
Tatsache, dass sie solche Sklaven hatten, daran, Führer der griechischen Sache zu sein, Städte zu retten, sich der Macht und dem Glück Philipps entge-
genzustellen und dafür verantwortlich zu sein, dass seine Stadt Kränze und
Dankadressen empfing. Ich könnte unter den Athenern, die Macht erlangten,
nicht nur Herren von Sklaven, die im Handwerk tätig waren, nennen, sondern auch solche, die aus dem Handwerk kamen. (22) Aber lassen wir, wenn
es euch recht scheint, das athenische Volk, die Pnyx, die Rednertribüne und
Solon beiseite, sondern die aktuellen Zustände sollen überprüft werden.
Würde es wohl jemand wagen zu behaupten, dass der ganze Senat aus Aristokraten in der vierten Generation besteht und noch weiter von Vorfahren,
die Ämter bekleidet, als Gesandte gedient, Liturgien versehen und alles
durchlaufen haben, was ihnen Ruhm bringen kann? Optatus soll den Senat
überreden, eine solche Untersuchung zu akzeptieren! Aber er wird ihn nicht
überreden. [...] (23) [...] Tychamenes, der für die Bauten (*epistátēs tōn érgōn*:
nicht sicher zu identifizierendes Amt) verantwortlich war, der Kreter, war der
Sohn eines Schmiedes. Freilich, wer weiß nicht, wie groß der Einfluss des
Tychamenes im Senat war? Ablabius, der von derselben Insel stammte, diente
zunächst den Amtsdienern des kretischen Statthalters. Er stach von dort in
See und betete während der Schifffahrt zu den Göttern des Meeres um ein
paar Obolen. Als er aber hier angekommen war, fing er an, über den Herrscher zu herrschen, und wenn er in den Senat kam, war er unter den Menschen ein Gott. (24) Was ist mit Philippos? Was mit Datianus? Machte nicht
der Vater des einen Würste, bewachte nicht derjenige des Datianus die Kleider

der Badenden? Von wem stammte Taurus ab? Von wem Helpidius? Von wem Domitianus, der zwar ungerechterweise gelyncht wurde, aber ebenfalls von einem Vater abstammte, der von seiner Hände Arbeit lebte. Es gab im Senat auch einen gewissen Dulcitius, der das Gold nicht weniger liebte als Midas, der die Freunde des Silbers als unglücklich bezeichnete. Dieser hatte seinen Vater in einer Walkerei zurückgelassen und war selbst der beste Walker in Phrygien. Als er Mitglied des Senates geworden war, bekleidete er die Statthalterschaft von Phrygien, und keiner stand auf und sagte: »Bei Herakles, eine Walkerei kommt zu uns herein. Wie wäre es da nicht besser, dass der Senat beseitigt wird.«

Q 330

Q 330 Die Städte

Q 330 a
Codex Theodosianus
15, 1, 2 (321 n. Chr.)

Erhaltung des Baubestandes
Derselbe Augustus (Constantinus) an Menander. Wegen der Nachlässigkeit der Statthalter, die die Ausführung kaiserlicher Erlasse aufschieben, haben wir verschiedene Beauftragte in verschiedene Provinzen entsandt, die uns davon in Kenntnis setzen sollen, was sie mit Sorgfalt vorangetrieben gesehen haben und was durch Nachlässigkeit verdorben ist und von ihnen missbilligt wurde. Die Provinzstatthalter aber, die öffentliche Bauten erneuern müssen, sind zu ermahnen, dass sie uns eher über ausgeführte als in Angriff genommene Baumaßnahmen Bericht erstatten, wenn denn nicht aufgrund billiger Überlegung zu verlangen ist, dass Geldmittel für die Aufwendungen, wenn sie denn etwa gefehlt haben, zur Verfügung gestellt werden. Sie müssen aber unseren Rat über die wichtigen und belangvollsten Angelegenheiten, nicht die Unbedeutendsten einholen. Ausgegeben am 11. April in Sirmium im zweiten Konulatsjahr der Caesaren Crispus und Constantinus.

Q 330 b
Codex Theodosianus
15, 1, 3 (326 n. Chr.)

Aufsicht des Provinzstatthalters über öffentliche Gebäude
Derselbe Augustus an den Prätorianerpräfekten Secundus. Wir ordnen an, die Provinzstatthalter zu ermahnen, sie sollen einsehen, dass sie kein neues Bauwerk anordnen dürfen, bevor sie nicht das ausgeführt haben, was von ihren Vorgängern angefangen wurde, mit Ausnahme allenfalls des Baus von Kirchen. Ausgegeben am 29. Juni im siebten Consulat von Constantinus Augustus und im Consulat des Caesar Constantius.

Q 331

Q 331 Städtische Kultur: Schauspiele

Q 331 a
Codex Theodosianus 15,
7, 3 (376 n. Chr.)

Die Kaiser und Augusti Valens, Gratianus und Valentinianus an den Proconsul von Africa, Hesperius. Wir missgönnen nicht, sondern ermuntern eher den erfreulichen Eifer eines glücklichen Volkes, auf dass Schauspiele von sportlichen Wettkämpfen wiederhergestellt werden. Aber da die führenden Bürger sich den Neigungen und Vergnügungen des Volkes gefällig erweisen wollen, gestatten wir sie noch bereitwilliger, damit das Vergnügen vollkommen ist, das dank der Aufwendungen der Mitbürger, die ihr Geld freiwillig spenden, gefeiert wird. Ausgegeben am 10. März in Trier im fünften Consulat der Augusti Valens und Valentinianus.

Q 331 b
Codex Theodosianus
15, 5, 1 (372 n. Chr.)

Die Kaiser und Augusti Valentinianus, Valens und Gratianus an den Prätorianerpräfekten Probus. Die Veranstaltung von Spielen durch städtische Be-

amte und Priester, die in ihren Heimatgemeinden oder zumindest in den Orten, die seit alters hierfür bestimmt sind, gefordert werden muss, soll nicht
der Kontrolle der Provinzstatthalter unterworfen sein, die sehr häufig, indem
sie den Beifall des Volkes auf Kosten anderer erhaschen, das, was sorgfältige
Planung am richtigen Ort vorbereitete, in eine andere Stadt zu verlegen anordnen, sondern die Spiele sollten unter der Kontrolle derer bleiben, auf deren Kosten und mit deren Mitteln sie zu organisieren sind. Ausgegeben am
25. April in Trier im Consulat des Modestus und Arinthaeus.

Anhaltende Begeisterung für das Theater

Q 331 c
*Augustinus, Predigten
301 A, 7–9*

(7) [...] Passenderweise schien es mir, dass eure Liebe, ausgehend vom Schauspiel, das die heiligen Makkabäer boten, deren Sieges wir heute gedenken, an
die Schauspiele im Theater erinnert werden sollte. O Brüder und Bürger von
Bulla, ringsherum verstummte beinahe in allen euren Nachbarstädten die
gottlose Ausgelassenheit. Schämt ihr euch nicht, weil bei euch allein die
Schande käuflich blieb? Oder freut es euch, unter dem Getreide, dem Wein,
dem Öl, den Tieren, dem Vieh, und was immer auf römischen Märkten verkauft wird, auch die Schande zu kaufen und zu verkaufen? Und es kommen
vielleicht zu solchem Handel Fremde hierher, und man sagt: »Was suchst du?
Schauspieler? Prostituierte? In Bulla findest du sie.« Ihr haltet es für einen
Ruhmestitel? Ich weiß nicht, ob es eine größere Schande gibt. Ich sage es
ganz und gar aus meinem Schmerz heraus, Brüder: Die Nachbarschaft der
anderen Städte verurteilt euch vor den Augen der Menschen und vor dem
Gericht Gottes. Wer einen Schlechten nachahmen will, hat euch vor Augen.
Nach unserem Hippo (der Gemeinde Augustins), wo solches beinahe schon
verschwunden ist, werden aus Eurer Stadt diese schändlichen Personen gebracht. Aber vielleicht sagt Ihr: »Wir gleichen Karthago.« Wie es in Karthago
ein heiliges und frommes Volk gibt, so ist in einer großen Stadt die Volksmenge so groß, dass sich alle einer nach dem anderen entschuldigen. In
Karthago kann gesagt werden »Es tun die Heiden, es tun die Juden.« Hier
tun es, wer immer es tut, Christen. Unter großem Schmerz sagen wir euch
dies: Wenn doch endlich einmal durch eure Besserung die Wunde meines
Herzens geheilt würde! [...] (8) Aber ich sehe euch in geringer Zahl. Siehe, es
wird der Tag der Passion Christi, es wird Ostern kommen, und diese Räumlichkeiten werden eure Menge nicht fassen. Also werdet ihr selbst diesen Ort
füllen, die ihr gerade das Theater gefüllt habt? Vergleicht zumindest die Örtlichkeiten, und schlagt eure Brust. Ihr sagt vielleicht: »Es ist gut, dass ihr
Euch dessen enthaltet, die ihr Kleriker seid, die ihr Bischöfe seid, nicht aber
wir Laien.« Scheint euch dieses Wort so gerecht zu sein? Denn was sind wir,
wenn ihr zugrunde geht? Das eine ist, was wir unseretwegen sind, das andere,
was wir euretwegen sind. Christen sind wir unseretwegen, Kleriker und Bischöfe nur euretwegen. [...] Und unsere Christen lieben nicht nur Prostituierte, sondern unterweisen sie auch? Sie lieben nicht nur diejenigen, die es
schon gab, sondern machen auch noch die zu Prostituierten, die es nicht
waren; als ob sie nicht auch Seelen hätten, als ob nicht auch für sie das Blut
Christi geflossen ist, als ob nicht gesagt wurde: »Die Prostituierten und die
Zöllner gehen vor euch in das Himmelreich ein.« [...] (9) Ich wage es zu
sagen: Ahmt eure Nachbarstadt nach, ahmt die Nachbarstadt Simittu nach.
Nichts anderes sage ich euch. Im Namen unseres Herrn Jesus Christus sage
ich es euch klarer: Niemand betritt dort das Theater, keine schändliche Person blieb dort zurück. Der Legat wollte dort solche schändlichen Spiele veranstalten; kein *principalis* (führender Curiale), kein Plebeier betrat das Thea-

ter, kein Jude betrat es. Sind das keine ehrenwerten Personen? Ist es keine Stadtgemeinde? Ist es keine Kolonie, umso respektabler, wie sie von diesen Dingen freier ist? Dies würden wir euch nicht sagen, wenn wir Gutes über euch hörten, wenn wir aber schweigen, fürchte ich, dass wir zusammen mit euch verurteilt werden. Gott wollte also, meine Brüder, dass ich hier vorbeikam: Mein Bruder (der Bischofskollege) hielt mich zurück, er befahl, er bat, er drängte, zu euch zu reden [...]

Q 331 d
Salvianus, Über
die Regierung Gottes
6, 38–39

Kritik eines christlichen Schriftstellers noch Mitte des 5. Jahrhunderts
(38) Es ist ganz unzweifelhaft, dass wir dies mehr lieben, was wir vorziehen. An jedem Tag, an dem die verderblichen Spiele veranstaltet werden, um welchen kirchlichen Festtag es sich auch handeln mag, kommen nicht nur nicht diejenigen nicht zur Kirche, die von sich sagen, sie seien Christen, sondern wenn zufällig welche gekommen sind, die nicht auf dem Laufenden sind, so verlassen sie, wenn sie, während sie schon in der Kirche sind, hören, dass Spiele veranstaltet werden, die Kirche. Man missachtet den Tempel Gottes, um ins Theater zu laufen! Es leert sich die Kirche, der Circus füllt sich! Christus lassen wir am Altar zurück, um unsere Augen, die mit dem unreinsten Blick Ehebruch treiben, mit der Unzucht schändlicher Spiele zu nähren. [...] (39) Aber vielleicht kann geantwortet werden, dass sie nicht in allen römischen Städten veranstaltet werden. – Es ist wahr; und ich füge noch hinzu, dass sie jetzt nicht einmal dort veranstaltet werden, wo sie früher immer veranstaltet wurden. Denn sie werden nicht mehr in Mainz veranstaltet, aber nur deswegen, weil die Stadt völlig zerstört ist; sie werden nicht mehr in Köln veranstaltet, aber nur deswegen, weil die Stadt voller Feinde ist. Sie werden nicht mehr in der sehr herausragenden Stadt Trier veranstaltet, aber nur deswegen, weil sie nach viermaliger Verwüstung am Boden liegt. Sie werden schließlich nicht mehr in den meisten Städten Galliens und Hispaniens veranstaltet.

Q 332

Q 332 Euergetismus

Q 332 a
Ambrosius, Über die
Pflichten der Kleriker
2, 21, 109–111

Christliche Kritik am Euergetismus
(109) Es gibt nämlich zwei Formen der Großzügigkeit (*largitas*): die eine besteht in Freigebigkeit (*liberalitas*), die andere in überfließender Verschwendung (*prodiga effusio*). Freigebig ist es, einen Gastfreund aufzunehmen, den Nackten zu bekleiden, Kriegsgefangene freizukaufen, die Bedürftigen mit Geld zu unterstützen. Verschwenderisch ist es, sein Geld für aufwändige Gastmähler und viel Wein auszugeben, weswegen man liest: »Wein ist verschwenderisch und die Trunkenheit schmählich.« Verschwenderisch ist es, um der Gunst des Volkes willen das eigene Vermögen auszugeben; dies tun diejenigen, die für die Veranstaltung von Circusspielen, Theateraufführungen, Gladiatorenspielen oder auch Tierhetzen ihr Vermögen vergeuden, um den Ruhm der Vorgänger (in der Veranstaltung der Spiele) zu übertreffen, da all dies nichtig ist, was sie tun, da es sich nicht einmal gehört, maßlos im Aufwand für gute Werke zu sein. (110) Schöne Freigebigkeit ist es, auch gegenüber den Armen selbst Maß zu halten, so dass man für mehr Leute Mittel zur Verfügung hat, nicht aber, um sich Popularität zu erwerben, über das rechte Maß hinauszugehen. Alles, was aus reiner und aufrechter Gesinnung kommt, ist schön, nicht überflüssige Baumaßnahmen in Angriff zu nehmen und nicht notwendige außer Acht zu lassen. (111) Und dies ziemt sich ganz besonders für einen Priester, den Tempel Gottes mit angemessenem Zierat auszustatten,

so dass auch durch diesen Schmuck der Palast Gottes glänzt, Aufwendungen, die dem Mitleid entsprechen, zu leisten, so viel wie erforderlich ist, den Fremden zu schenken, nicht mehr als erforderlich, sondern angemessen; nicht im Überfluss, sondern so viel, wie der Menschlichkeit entspricht, dass er (der Bischof) sich nicht durch das für die Armen bestimmte Geld Gunst bei Fremden suche und sich nicht gegenüber den Klerikern als allzu restriktiv oder allzu gefällig erweise. Das eine nämlich ist unmenschlich, das andere verschwenderisch, wenn für die Behebung der Not derer, die man von der schmutzigen Jagd nach Geschäften zurückhalten müsste, die Mittel fehlen oder wenn für ihre Annehmlichkeiten Mittel im Überfluss zur Verfügung stehen.

Gegenüberstellung Euergetismus – christliche *caritas*

[...] Es ist viel zu wenig, ›Christ‹ genannt zu werden. Wie viel schenkt ihr den Schauspielern? Wie viel schenkt ihr denen, die bei Tierhetzen auftreten? Wie viel schändlichen Personen? Ihr schenkt denen, die euch töten. Denn gerade durch die Darbietung dieser Schauspiele töten sie eure Seelen. Und ihr wetteifert voller Wahnsinn, wer mehr schenkt. Wenn euer Wahnsinn sich darauf bezöge, wer mehr für sich bewahrt, so wäret ihr nicht zu ertragen. Darin wahnsinnig zu sein, wer mehr bewahrt, ist ein Zeichen der Habgier. Darin wahnsinnig zu sein, wer mehr gibt, ist ein Zeichen der Verschwendung. Gott will dich nicht habgierig und nicht verschwenderisch. Er will, dass du anlegst, was zu hast, nicht dass du es fortwirfst. Ihr wetteifert darin, wer im Schlechteren siegt, ihr gebt euch keine Mühe, wer besser ist. Und wenn ihr euch doch nicht bemühtet, wer schlechter ist. Und ihr sagt: »Wir sind Christen.« Für die Gunst des Volkes werft ihr euer Vermögen fort, gegen die Anweisungen (Almosen zu spenden) behaltet ihr euren Besitz. Sieh, Christus befiehlt nicht, Christus bittet, Christus leidet Not. »Ich hungerte«, sagt Christus, »und ihr habt mir nicht zu Essen gegeben.« Er wollte deinetwegen Not leiden, damit du über die Möglichkeit verfügst, die irdischen Güter zu säen, die er dir gab, und das ewige Leben erntest. Ihr sollt nicht träge sein und zu eurem Schaden sorglos [...].

Q 332 b
*Augustinus, Predigten
9, 21*

Gib mir einen Menschen aus der Welt, er soll Gott um Reichtum bitten, er soll ihm gegeben werden; und sieh, wie unzählige Stricke, die zu seinem Tod führen, die Folge sind: Er underdrückt damit die Armen, es erhebt sich ein sterblicher Mensch über seine Mitmenschen, die ihm gleich sind, er sucht von den Menschen eitle Ämter. Um sie aber zu erlangen, gibt er ihnen Spiele der Nichtsnutzigkeit, Spiele böser Begierde. Er gibt Geld für Spiele aus und kauft Bären (für die Tierhetzen), er schenkt sein Geld den Tierhütern, während Christus in den Armen hungert [...].

Q 332 c
*Augustinus, Predigten
32, 20*

[...] Denn es gibt niemanden, der den Ruhm nicht liebt. Aber der Ruhm der Törichten, jener, der der Ruhm des ›Volkes‹ genannt wird, hat Lockungen, die betrügen, so dass ein Mann, der sich von dem Lob eitler Menschen beeinflussen lässt, so leben will, dass er von irgendwelchen Menschen gelobt wird, wie auch immer. Daher verfallen die Menschen in den Wahnsinn und sind von Hochmut geschwollen, eitel innen, nach außen hin aufgeblasen, und sie sind sogar bereit, ihr eigenes Vermögen einzubüßen, indem sie es den Leuten vom Theater, den Schauspielern, den Menschen, die in der Arena gegen wilde Tiere kämpfen, den Wagenlenkern schenken. Wie viel schenken sie! Wie viel wenden sie auf! Sie vergeuden die Kräfte, nicht nur ihres Vermögens, sondern

Q 332 d
*Augustinus,
Psalmenerläuterung
149, 10*

auch ihres Geistes. Daher empfinden sie Überdruss über den Armen, weil das Volk nicht schreit, dass der Arme Geld bekommt. Es schreit aber das Volk, dass der Mann, der mit wilden Tieren kämpft, bekommt. Jene wollen also dort, wo nicht zu ihnen geschrieen wird, kein Geld ausgeben, wo von Wahnsinnigen geschrieen wird, da sind auch sie wahnsinnig, und es werden alle wahnsinnig, sowohl der, dem man zuschaut, als auch der, der zuschaut, als auch der, der sein Geld hierfür gibt. [...] Dieser wahnsinnige Ruhm wird vom Herrn getadelt, er wird vor den Augen des Allmächtigen missbilligt. Und dennoch, meine Brüder, macht Christus den Seinen in folgender Weise Vorwürfe und sagt: »Ich habe von euch nicht so viel erhalten, wie die Tierkämpfer erhalten haben, und um jenen zu schenken, habt ihr von dem Meinen geschenkt; ich aber war nackt, und ihr habt mich nicht bekleidet.« Und jene: »Und wann haben wir dich nackt gesehen und haben dich nicht bekleidet?« Und jener: »Wenn ihr es einem von den Geringsten unter den Meinen nicht getan habt, habt ihr es auch mir nicht getan.« Aber du willst den bekleiden, der dir gefällt: Worin missfällt dir Christus? Du willst den Tierkämpfer bekleiden, nach dessen Niederlage du vielleicht errötest. Christus wird niemals besiegt, und er hat den Teufel besiegt, und er hat an deiner Stelle gesiegt, und er hat für dich gesiegt, und er hat in dir gesiegt. Einen solchen Sieger willst du nicht bekleiden? Warum? Weil weniger geschrieen wird, weil weniger Wahnsinn entfaltet wird. Deshalb haben diese Leute, die sich an solchem Ruhm erfreuen, in ihrem Bewusstsein nichts. Wie Sie ihre Kassen leeren, um Kleider zu schicken, so leeren sie ihr Gewissen, so dass sie nichts Wertvolles darinnen haben.

Q 333	**Q 333 Städtische Selbstverwaltung: Einführung des Amtes des *defensor civitatis***
Codex Theodosianus 1, 29, 1 (364 oder 368 n. Chr.)	Die Kaiser und Augusti Valentinianus und Valens an den Prätorianerpräfekten Probus. In recht nützlicher Weise ordnen wir an, dass die gesamte Plebs im Illyricum durch die Dienste von Patroni gegen das von den Mächtigen (*potentes*) verübte Unrecht geschützt werde. Deine Aufrichtigkeit soll dafür Sorge tragen, über die einzelnen Stadtgemeinden der genannten Diözese Personen mit geeignetem Charakter, deren vorheriger Lebenswandel gelobt wird, für diese Aufgabe auszuwählen, Personen, die entweder an der Spitze von Provinzen standen oder die als Advokaten tätig waren oder die unter den *agentes in rebus* und Hofbeamten (*palatini*) gedient haben. Den Decurionen soll sie dies nicht anvertrauen; auch denen, die einmal in dem Büro deiner Eminenz gedient oder irgendwelchen Provinzstatthaltern gehorcht haben, soll sie diese Aufgabe nicht übertragen; es soll uns aber darüber Bericht erstattet werden, welche Personen in einer jeden Stadt eingesetzt wurden. Ausgegeben am 27. April im Consulat des vergöttlichten Iovianus und des Varronianus.
Q 334	**Q 334 Curiale**
Q 334a Codex Theodosianus 12, 1, 22 (336 n. Chr.)	**Aufstiegschancen für Curiale** Derselbe Augustus (d. h. Constantinus) an den Prätorianerpräfekten Euagrius. Wenn Curiale und Söhne von Curialen und deren Nachkommen in verschiedene Sektoren des Staatsdienstes fliehen, so befehlen wir, dass sie, in welchen Behörden sie auch dienen, aus dem Staatsdienst entlassen und den

Curien zurückgegeben werden, mit Ausnahme derer, die bereits in den Büros unseres Palastes beschäftigt sind. Ausgegeben am 22. August in Konstantinopel im Consulat des Nepotianus und des Facundus.

Gegen den Ämterkauf

Derselbe Augustus (d.h. Constantius). Da kein Zweifel besteht, dass sich unter dem Vorwand gekaufter staatlicher Würden die Curien geleert haben, haben wir beschlossen, dass alle, die durch Ämterkauf (*suffragium*) die Insignien staatlicher Würden erlangt haben, den Glanz ihres unverdienten Amtes einbüßen und die gewohnten städtischen Leistungen (*munera*) erbringen sollen. Wir wollen freilich, dass die Würden derer völlig unangetastet bleiben, die durch das Urteil ihrer Provinzen zum Dienst in einer Gesandtschaft bestimmt wurden oder die mit ehrenwerten Zeugnissen als Unterstützung sich anstrengend die Privilegien und Insignien solcher Würden verdient haben. Ausgegeben am 28. Oktober in Emesa unter dem Consulat des Ursus und des Polemius.

Q 334b
Codex Theodosianus
12, 1, 25 (338 n. Chr.)

Maßnahmen gegen Untätigkeit im Amt

Dieselben Augusti (d.h. Constantius und Constans) an die Curie der Stadt Cirta. Deine Würde soll veranlassen, dass städtische Beamte, die ihr Amt im Stich lassen, zu dieser Notwendigkeit ihres Ranges gedrängt werden, so dass sie, welche Ausgaben ihre Heimatstadt auch immer für sie vorgestreckt hat, sie sogleich zurückzuzahlen und zu erstatten gezwungen werden; und danach wird sie hartnäckig darauf achten, dass niemand, nachdem er die Curie verlassen hat, in den Senatorenstand aufgenommen wird, bevor er nicht alle Leistungen für die städtischen Ämter erbracht hat. Ausgegeben am 19. Januar in Naissus unter dem Consulat des Acindynus und des Proculus.

Q 334c
Codex Theodosianus
12, 1, 29 (340 n. Chr.)

Erbringung von Dienstleistungen (*munera*)

Die Kaiser und Augusti Valentinianus und Valens an den Prätorianerpräfekten Mamertinus. Niemand soll als Senator vor Erbringung sämtlicher städtischer Dienstleistungen (*munera*) in den Senatorenstand aufgenommen werden. Wenn er aber alle *munera* ausgeführt hat und seinen Dienst für die Heimatstadt absolviert hat, dann wird ihn der Senatorenstand so umfassen und aufnehmen, dass ihn keine Forderung seiner Mitbürger, die ihn zurückverlangen, belästigen soll. Die aber, die unser Gesetz missachtet haben, sollen von der Liste der Senatoren gestrichen und, solange sie den städtischen Verpflichtungen nachkommen, keine Beförderung eines nichtigen Amtes erlangen. Denn diejenigen, die eine Beförderung in ihrer Ämterkarriere erlangen wollen, müssen bei den Akten des ordentlichen Provinzstatthalters nachweisen, dass sie die *munera* absolviert haben; wobei selbstverständlich ihre Söhne an ihre Stelle nachrücken, wenn nachgewiesen wird, dass das Familienerbe sie zur Erfüllung alles des von unserem Gesetz Intendierten in die Lage setzt. Ausgegeben am 7. Mai unter dem Consulat des vergöttlichten Iovianus und des Varronianus.

Q 334d
Codex Theodosianus
12, 1, 57 (364 n. Chr.)

Libanios über die *curiales* von Antiochia

(133) Und zunächst wollen wir uns den Rat (die Curie) anschauen, denn die ganze Gestalt der Stadt ruht auf ihm wie auf einer Wurzel. Von allen Stadträten überall ist dieser allein der größte und beste, da seine Mitglieder Väter, Großväter, Urgroßväter und noch weiter zurück auflisten können, die demselben Stand angehörten. Sie haben ihre Eltern als Lehrer für das Wohlwollen der Heimatstadt gegenüber, und ein jeder hat zusammen mit seiner Habe

Q 334e
Libanios, Reden
11, 133–149

übernommen, dass man seine Habe für das allgemeine Wohl nutzen muss. (134) Denn sie haben aus Glück das väterliche Vermögen ererbt, aus dem Bestreben, Ehre zu erlangen, das meiste ausgegeben, aus Fleiß vieles erworben. Sie haben einen untadeligen Anfang ihres Reichtums, verwenden ihn mit allem Glanz für die Liturgien, durch Voraussicht entgehen sie der Armut, mit größerer Freude geben sie für die Stadt Geld aus als andere Gewinne erzielen, so freigebig machen sie sich an das Geldausgeben, dass schon die Furcht besteht, sie könnten in Armut geraten, sie machen ihre Aufwendungen in vielen Bereichen: indem sie bald die Volksmenge in Notsituationen ernähren und durch ihre Geschenke unzureichende Ernteerträge ausgleichen, immer aber der gesamten Stadt durch den Genuss von Bädern und die Freuden von Schauspielen nützen und sie ablenken. Noch zu ihren eigenen Lebzeiten führen sie ihre Söhne an die Liturgien heran, die ihnen durch Gesetz gewährte Immunität (d. h. die Befreiung von den Liturgien bzw. *munera*) führen sie durch ihre Großmut zur Übernahme von Liturgien, heiterer sehen diejenigen aus, die ihren Besitz hierfür ausgegeben hatten, als diejenigen, die noch keine Liturgien übernommen hatten. (135) Denn was anderswo dem Profit folgt, das ist hier mit dem Geldausgeben verbunden, und jemand würde sich in größerem Maße schämen, wenn er dadurch, dass er den Liturgien entgeht, vermögend ist, als wenn er seine Habe durch Liturgien schmälert. Da sie gewissermaßen einen Gott als Bürgen dafür haben, dass doppelt so viel, wie sie gegeben haben, von der Tyche zu ihnen zurückkommen wird, geben sie ihr Geld freigebig für die Veranstaltung von Pferde- und athletischen Wettkämpfen aus, die einen entsprechend ihrem Vermögen, die anderen in größerem Maße, als es ihr Vermögen gestattet. (136) Und für einen jeden, der eine Liturgie übernimmt, ist es ein Wettkampf, den Vorgänger zu übertreffen, dem Nachfolger den Wettstreit unmöglich zu machen und das, was immer getan wird, besser zu machen, dem Gewohnten aber Neues hinzuzufügen. (137) Bei uns allein ist der Wettbewerb größer, Liturgien zu übernehmen, als bei anderen, ihnen zu entkommen. Und viele haben sich oftmals durch Aufwendungen um den Weg, der dorthin führt, beworben, indem sie Ausgaben an Ausgaben anschlossen und durch die erste zur zweiten kamen. Und sie haben nicht mit wenig Aufwendungen die Flucht vor größeren erkauft, sondern sich durch viel Geld die Möglichkeit erworben, noch mehr Geld auszugeben. [...] (139) An der Weisheit aber nun und der Redekraft hat der Rat in einem solchen Maße Anteil, dass man ihn als einen Chor von Sophisten bezeichnen könnte, die in den Amtsstellungen die Lebenskunst vorführen. So scharf ist ihr Geist, so wohl gerundet ihre Rede und unermüdlich ihre Stimme, dass viele derer, die gerne zuhören, in den Gerichtssälen zusammenlaufen wie zu den Hörsälen der Erzieher, um die Prozesse vor den Statthaltern zu hören, die sie improvisiert sicherer vollenden, als wenn sie sie vorbereitet haben. (140) Diese Fähigkeit zwingt die Provinzstatthalter ihren Namen zu bestätigen (*archon* = der Anführer), aber nicht auf die Nachahmung von Tyrannen zu verfallen. Was heißt das? Wo der Rat unwissend und sprachlos ist, auch wenn er sehr wohlhabend ist, ist es für die Statthalter leicht, Unrecht zu tun, sie aber müssen es schweigend erdulden. Denn diejenigen, die nicht durch ihre Rede Gerechtigkeit erlangen können, die sind dazu bestimmt, Unrecht zu erleiden, und sie führen den Namen ›Rat‹, haben aber das Ungemach von Sklaven. [...] (143) Denn in den anderen Städten wird man, wenn man den Ansturm des Provinzstatthalters ertragen hat und nicht gänzlich überschwemmt wurde, bei Sinnen sein können; die Statthalter aber, die bei uns Ansehen erlangt haben, glauben den Sieges-

kranz für ihre Tugend davongetragen zu haben, da sie ja nicht über Unfolg-
same geherrscht, sondern das Lob von Menschen freier Sinnesart erlangt
hätten. (144) Während sich der Rat in dieser Weise gegenüber den staatlichen Amtsträgern verhält, könnte man nicht sagen, dass sie nicht untereinander wetteifern, sondern sie tun dies ganz und gar zum allgemeinen Wohl.
Denn der Rat ist in drei Abteilungen untergliedert und hat die Leitung in
einer jeden den Besten übergeben, die Übrigen folgen ihren Feldherren, die
es verstehen, sich für ihren Teil abzumühen. (145) Es ist nicht so, dass in der
Versammlung zu reden den einen erlaubt, den anderen untersagt ist, sondern
die Redefreiheit gilt für alle, die Dabeistehenden freuen sich, wenn einer etwas Nützliches sagt, die Jugendlichen melden sich zu Wort, und die Alten
sind darüber nicht verärgert, ganz im Gegenteil, sie ermuntern und treiben
sie an und befördern sie, Mut zu haben, wie die Adler ihre Jungen zum
Fliegen anfeuern. (146) So weit geht seine Ehrwürdigkeit, dass er, sobald er
nur in Erscheinung tritt, von den Statthaltern schon, was er will, erreicht
hat. Und dem Schenkenden ist es die größte Freude, geschenkt zu haben.
Denn er weiß, dass er tüchtigen und redekundigen Leuten eine Gunst erwiesen hat [...]. (147) Und wozu muss man von den Statthaltern reden, da ja
auch die Kaiser den Rat ehren, wenn er Eingaben macht und sich über Gesandtschaften vor dem Thron mit ihm unterhält. In den Staatsgeschäften hat
sich dem Herrscher die Einsicht des Rates gezeigt, vom Kaiser wurden seinen
Mitgliedern zur Auszeichnung Provinzstatthalterschaften verliehen. (148)
Die Liebe zu der Heimatstadt aber hielt einige im Rat zurück, und die, bei
denen dieses der Fall war, wurden in doppelter Weise ausgezeichnet, dadurch, dass sie zu jenem (nämlich den Staatsämtern) berufen wurden und
sich für dieses (die Mitgliedschaft im Rat) entschieden haben. Denn durch
das eine haben sie gezeigt, dass sie fähig sind zu herrschen, durch das andere,
dass sie es für etwas Größeres hielten, beherrscht zu werden und für die
Heimatstadt zu leben als diese im Stich zu lassen und über andere zu herrschen. (149) So halten sie es für eine Freude, nicht eine Last, sich für die
Heimatstadt abzumühen, und sie nehmen die Befreiung von den Mühen
nicht an, sind damit zufrieden, in ihnen zu verharren, und die einen sind
dadurch ausgezeichnet, dass sie die staatlichen Ämter meiden, die anderen,
dass sie sie unter Achtung der Gesetze bekleiden.

Kritik an den *curiales* in Gallien in der Mitte des 5. Jahrhunderts

Q 334f
*Salvianus, Über die
Regierung Gottes
5, 17–18*

(17) Aber wie beschaffen ist dies nun, wie grausam, wie leitet es sich direkt
aus der oben erwähnten Gottlosigkeit her, wie fremd ist es den Barbaren, wie
vertraut den Römern, dass sie einander wechselseitig durch die Steuereintreibung des Vermögens berauben! Nein, vielmehr nicht wechselseitig: Denn dies
wäre erträglicher, wenn ein jeder erdulden würde, was er einem anderen zugefügt hat. Dies ist schwerwiegender, dass die große Masse von wenigen, die
die Steuereintreibung für den Staat als Beute, die ihnen gehört, betrachten,
die die fiskalischen Schuldtitel zu ihrem privaten Gewinn machen, ihres Vermögens beraubt wird. Und dies tun nicht nur die höchsten Beamten, sondern
beinahe auch die niedersten, nicht nur die Provinzstatthalter, sondern auch
diejenigen, die bei den Provinzstatthaltern im Dienst stehen. (18) Denn welche Ortschaften, und zwar nicht nur Städte, sondern auch Municipien und
Dörfer, gibt es, wo die Zahl der Tyrannen nicht ebenso groß ist wie die der
Curialen? Obgleich sie sich vielleicht über diesen Namen (Tyrann) noch beglückwünschen, weil er mächtig und ehrenvoll zu sein scheint. Denn auch
beinahe alle Räuber freuen und rühmen sich, wenn sie für noch grausamer

gelten, als sie es tatsächlich sind. Welchen Ort also, wie ich ja bereits gesagt habe, gibt es, wo von den führenden Bürgern (*principales*) der Stadtgemeinden nicht die Eingeweide der Witwen und Waisen verzehrt werden, und mit ihnen fast die aller Heiligen? Denn auch diese stellen sie gleichsam den Witwen und Waisen gleich, weil sie sich aufgrund des Eifers für ihr Gelübde nicht schützen wollen oder es angesichts ihrer Unschuld und Niedrigkeit nicht können. Niemand also ist vor diesen sicher, und so ziemlich niemand außer den ganz oben Stehenden ist frei von ihren verheerenden Raubzügen, es sei denn die, die den Räubern selbst gleichen. In diese Lage, vielmehr in dieses Verbrechen ist man gekommen, dass niemand wohlbehalten sein kann, es sei denn, er wäre böse gewesen.

Q 335

Q 335a
Codex Theodosianus 5, 17, 1 (332 n. Chr.)

Q 335b
Codex Theodosianus 5, 17, 2 (386 n. Chr.)

Q 335c
Codex Iustinianus 11, 52 (51), 1

Q 335d
Codex Theodosianus 5, 18, 1 (419 n. Chr.)

Q 335 Kolonat

Der Kaiser und Augustus Constantinus an die Provinzbewohner. Bei wem immer ein Landpächter (*colonus*), der fremdem Recht untersteht, gefunden wird, so soll dieser ihn nicht nur wieder seiner Heimat (*origo*) überstellen, sondern auch für ihn die Kopfsteuer für diese Zeit übernehmen. (1) Die Kolonen selbst aber, die die Flucht planen, ziemt es sich nach Art von Sklaven in eiserne Fesseln zu legen, damit sie durch eine Sklaven zukommende Verurteilung gezwungen werden, die Pflichten, die Freien entsprechen, zu erfüllen. Ausgegeben am 29. Oktober im Consulat des Pacatianus und Hilarianus.

Die Kaiser und Augusti Gratianus, Valentinianus und Theodosius an den Prätorianerpräfekten Cynegius. Wer einen Kolonen, der fremdem Recht untersteht, entweder aufgrund eigener Anstiftung bei sich aufgenommen oder ihn bei sich verborgen hat, soll für ihn, wenn er einem Privatmann gehört, sechs Unzen Gold, wenn er von kaiserlichem Grundbesitz stammt, ein Pfund Gold zu zahlen gezwungen werden. Ausgegeben am 25. Oktober in Konstantinopel unter dem Consulat des Honorius und des Euodius.

Die Kaiser und Augusti Theodosius, Arcadius und Honorius an den Prätorianerpräfekten Rufinus. In der ganzen thrakischen Diözese soll für immer die Steuer auf die menschliche Arbeitskraft beseitigt und lediglich die Bodensteuer bezahlt werden. (1) Und damit nicht etwa die Kolonen den Eindruck haben, ihnen sei, nachdem sie von den Banden der Steuerpflicht gelöst wurden, die Freiheit eingeräumt, herumzuschweifen und, wohin es ihnen beliebt, wegzugehen, sollen sie selbst nach dem Recht des Ursprungs (*origo*) festgehalten werden und, auch wenn sie hinsichtlich ihrer personenrechtlichen Stellung Freigeborene zu sein scheinen, dennoch als Sklaven des Landes, für das sie geboren sind, gelten und nicht die Möglichkeit haben, wegzugehen, wohin sie wollen, und ihren Wohnsitz zu wechseln, sondern der Grundbesitzer nutze das Recht über sie mit der Sorge eines Patronus und der Macht eines Herrn. (2) Wenn aber jemand glaubt, einen fremden Kolonen aufnehmen oder zurückbehalten zu sollen, soll er gezwungen werden, jeweils zwei Pfund Gold dem zu zahlen, dessen Äcker der Überläufer von seiner Arbeitskraft entblößte, so dass er denselben zusammen mit seinem gesamten Eigenbesitz (*peculium*) und seiner Nachkommenschaft restituiert.

Die Kaiser und Augusti Honorius und Theodosius an den Prätorianerpräfekten Palladius. Wenn ein Kolone oder ein *inquilinus*, der an seine *origo* (=

Herkunft) gebunden ist, vor mehr als dreißig Jahren sich von dem Landgut entfernt hat und infolge eines fortdauernden Schweigens nicht an den Grund und Boden, wo er geboren wurde, zurückgebracht wurde, soll jede böswillige Klage gegen ihn oder die Person, die sich jetzt in seinem Besitz befindet, ganz und gar ausgeschlossen werden, eine Frist von Jahren, von der wir wollen, dass sie auch in der Zukunft beachtet werde. (1) Wenn nun ein Kolone sich innerhalb dieser dreißig Jahre von dem Landgut entfernt hat, sei es, dass er geflohen ist, sei es, dass er aus eigenem Antrieb oder durch Abwerbung auf ein anderes Landgut überführt wurde, und wenn es über seine personenrechtliche Stellung keine Zweifel gibt, so soll er ohne jeden Widerspruch und ohne jede Verzögerung zusammen mit seiner Nachkommenschaft in den Stand, in den er geboren ist, zurückgeführt werden. (2) Wenn nun der, über dessen Eigentum gestritten wird, vielleicht selbst durch ein unglückliches Geschick ums Leben gekommen ist, so befehlen wir, dass seine Nachkommen in schneller Ausführung mit ihrem gesamten Eigenvermögen (*peculium*) und dem Lohn, den sie bezogen haben, dem Landgut, das an ihnen Rechte hat, zurückgegeben werden, als ob der, der gestorben ist, noch am Leben wäre. (3) Bei den Frauen wünschen wir, dass die Praxis eine andere sei. Deshalb soll im Falle von Frauen, die nachweislich Pächterinnen (*originariae*) gewesen sind, wenn sie sich vor mehr als zwanzig Jahren von dem Land, dem sie geschuldet wurden, entfernt haben, jede Rückforderung aufhören. Die Möglichkeit der Rückforderung von Frauen aber, deren Weggang innerhalb der genannten Frist nachgewiesen wird und über deren personenrechtliche Stellung es keinen Zweifel gibt, lassen wir die Herren nicht einbüßen; unter Beachtung freilich der Bestimmung, dass sie eine Stellvertreterin mit dem dritten Teil des Nachwuchses, der von einem fremden Kolonen gezeugt wurde, nicht verweigern, so dass anstelle der Kinder auch Stellvertreter geleistet werden. (4) Wenn sie sich nun nicht auf ein fremdes Landgut begeben hat, sondern sich mit einem freien Mann, der voll geschäftsfähig (*sui iuris*) ist, verbunden hat und sich in der Stadt oder an irgendeinem Ort niedergelassen hat, um hier zu leben, so wird es, wenn sie nur innerhalb der vorher festgesetzten Zeit zurückgefordert wird, angemessen sein, dass ihre gesamte Nachkommenschaft gemäß den alten Beschlüssen zurückgerufen wird. (5) Wir bestimmen aber, dass Prozesse, die anhängig gemacht wurden, wenn denn jemand nachweislich unter Beachtung der Rechtsförmlichkeiten vor Gericht geladen wurde, für diejenigen, die einen Kolonen zurückfordern, gültig sein sollen. Ausgegeben am 26. Juni in Ravenna im Consulat des Monaxius und des Plinta.

Q 336 Klagen über die Not der Landbevölkerung in Gallien in der Mitte des 5. Jahrhunderts

Q 336

Salvianus, Über
die Regierung Gottes
5, 38–44

(38) Und ich könnte mich vielleicht wundern, dass dies nicht überhaupt alle steuerpflichtigen Armen und Bedürftigen tun (zu den Barbaren zu fliehen), wenn es nicht einen einzigen Grund gäbe, es nicht zu tun, weil sie nämlich dorthin (zu den Barbaren) ihre kümmerliche Habe und ihre Wohnungen und die Hausangehörigen nicht mitnehmen können. Denn da sehr viele ihre Äcker und Hütten aufgeben, um der Gewalt der Steuereintreibung zu entkommen, wie sollten sie nicht das, was sie gezwungen werden zu verlassen, mit sich nehmen wollen, wenn es eine Möglichkeit zuließe? Weil sie also das nicht können, was sie vielleicht lieber wollten, tun sie das, was sie allein können:

Sie unterstellen sich dem Schutz der Großen, machen sich zu Abhängigen der Reichen und gehen gleichsam in deren Rechts- und Befehlsgewalt über. (39) Und ich würde dies doch nicht für schwerwiegend oder unwürdig halten, vielmehr würde ich mich eher über diese Größe der Mächtigen freuen, denen sich die Amen anheim geben, wenn sie diesen Schutz nicht verkauften, wenn sie es der Menschlichkeit, nicht der Begierde erwiesen, dass sie erklären, die Niedrigen zu verteidigen. Belastend und überaus bitter ist, dass sie die Armen unter dieser Bedingung zu schützen scheinen, dass sie sie berauben, dass sie die Unglücklichen unter dieser Bedingung verteidigen, dass sie sie, indem sie sie verteidigen, noch unglücklicher machen. Denn alle die, die verteidigt zu werden scheinen, übereignen ihren Beschützern, bevor sie verteidigt werden, beinahe ihren gesamten Besitz; und so verlieren die Kinder, damit ihre Väter Schutz genießen, ihre Erbschaft. Der Schutz der Eltern wird mit der Bettelarmut der Kinder erkauft. (40) Das ist die Hilfe und der Schutz (_patrocinium_) der Großen: nichts geben sie denen, die sie in ihren Schutz genommen haben, sondern nur sich. Unter der Bedingung nämlich wird den Eltern auf Zeit etwas gewährt, damit den Kindern in der Zukunft alles genommen wird. Manche Große verkaufen also all das, was sie gewähren, und zwar verkaufen sie es zum teuersten Preis. Und wenn ich sagte ›sie verkaufen‹: Wenn sie doch nur nach gewöhnlicher und allgemeiner Sitte verkauften! Es würde vielleicht den Käufern etwas bleiben. Freilich, dies ist eine neue Art von Verkauf und Kauf. (41) Der Verkäufer übergibt nichts und empfängt alles; der Käufer empfängt nichts und verliert ganz und gar alles. Und während beinahe alle Verträge dies beinhalten, dass man den Käufer beneidet, die Not aber beim Verkäufer zu sein scheint, weil der Käufer zu dem Zweck kauft, um sein Vermögen zu mehren, der Verkäufer dazu verkauft, um es zu mindern, ist diese Form des Handels unerhört: den Verkäufern (des Patrociniums) wächst das Vermögen, den Käufern bleibt nichts zurück außer der Bettelarmut. Denn wie unerträglich und monströs ist dies, was der menschliche Sinn, ich will nicht sagen ertragen, sondern kaum zu hören vermöchte: (42) dass die meisten Armen und Unglücklichen, ihrer Habe beraubt und von ihren Äckern vertrieben, nachdem sie ihren Besitz eingebüßt haben, dennoch die Steuern für den Besitz, den sie eingebüßt haben, ertragen! Während der Besitz sie verlassen hat, bleibt die Steuer erhalten! Sie haben nicht mehr das Eigentum und werden von den Steuern erdrückt! (43) Wer könnte dieses Unheil würdigen? Eindringlinge bemächtigen sich ihrer Habe, und die Unglücklichen zahlen die Steuern für die Eindringlinge! Nach dem Tod des Vaters haben die Söhne keinen Landbesitz mehr, der ihrer Verfügungsgewalt untersteht, und werden von den auf den Äckern lastenden Steuern umgebracht! Und was geschieht mit so großen Verbrechen anderes, als dass diejenigen, die durch privaten Übergriff ihrer Habe eingebüßt haben, durch öffentlichen Druck zugrunde gehen, und dass diejenigen, denen der Raub den Besitz nahm, die Steuereintreibung das Leben nimmt? Und so suchen einige derer, von denen wir reden, die entweder vernünftiger sind oder die die Not vernünftig machte, wenn sie ihren Wohnsitz und ihre Äckerchen durch Landraub verlieren oder sie von den Steuereintreibern in die Flucht gejagt verlassen, weil sie sie nicht halten können, die Landgüter der Großen auf und werden Pächter (_coloni_) der Reichen. (44) Und wie es die machen, die, von dem Schrecken, den die Feinde verbreiten, getrieben, sich in die Kastelle begeben oder die, nachdem sie den Status eines Freien verloren haben, sich in Verzweiflung in irgendein Asyl flüchten, so unterwerfen sich auch diese, weil sie ihr Heim oder die personenrechtliche Stellung, die sie von Geburt her haben, nicht länger bewahren können, dem Joch der verachtenswerten Abhängigkeit der *inquilini* (einer Art von *coloni*), in diese Zwangslage gebracht, dass sie vertrieben nicht nur aus ihrer Habe, sondern auch aus ihrem Status (*condicio*) und in die Verbannung getrieben nicht nur von ihrem Besitz, sondern auch von sich selbst und all ihren Besitz zusammen mit sich selbst verlierend die Eigentumsrechte an ihrem Besitz einbüßen und das Recht der Freiheit verlieren.

Q 337 Sklaverei

Q 337

Christliche Akzeptanz der Sklaverei

Q 337a
Augustinus, Psalmenerläuterung 124, 7

[...] Die erste und alltägliche Gewalt des Menschen über den Menschen ist die des Herrn über seinen Sklaven. Beinahe alle Haushalte haben eine solche Gewalt. Es gibt Herren, es gibt auch Sklaven [...].

Rekrutierung von Sklaven: Kindesaussetzung

Q 337b
Codex Theodosianus 5, 9, 1 (331 n. Chr.)

Der Kaiser und Augustus Constantinus an den Prätorianerpräfekten Abla vius. Wer einen Knaben oder ein Mädchen, die mit Willen und Kenntnis ihres Vaters bzw. Eigentümers aus ihrem Heim geworfen wurden, aufgenommen und durch den von ihm finanzierten Unterhalt ins Erwachsenenalter geführt hat, der soll das Kind in derselben personenrechtlichen Stellung behalten, die es, nachdem er es bei sich aufgenommen hatte, nach seinem Willen hat haben sollen, das heißt, ob er es lieber als Sohn oder als Sklaven hat haben wollen. Jede Beunruhigung, die sich aus einer Rückforderung seitens derer ergibt, die wissentlich und mit eigenem Willen ihre neugeborenen Sklaven oder Kinder aus dem Haus geworfen haben, soll ganz und gar ausgeschlossen werden. Ausgegeben am 17. April in Konstantinopel im Consulat des Bassus und des Ablavius.

Züchtigung von Sklaven

Q 337c
Codex Theodosianus 9, 12, 1 (319 n. Chr.)

Der Kaiser und Augustus Constantinus an Bassus. Wenn ein Herr seinen Sklaven mit Ruten oder Riemen geschlagen oder, um ihn zu bewachen, in Fesseln gelegt hat, soll er nach dem Tod des Sklaven ohne Berücksichtigung der (zwischen Züchtigung und Tod) verflossenen Zeit und ohne juristische Ausdeutung keine Furcht vor Anklage haben. Er soll aber nicht maßlos von seinem Recht Gebrauch machen, sondern soll dann wegen Totschlages angeklagt werden, wenn er ihn willentlich durch den Schlag mit einem Stock oder einen Stein getötet oder ihm sicher doch unter Verwendung einer Waffe eine tödliche Wunde beigebracht oder angeordnet hat, dass er mit einem Strick gehenkt werde, oder mit schändlichem Befehl aufgetragen hat, dass er hinabgestürzt werde, oder ihm einen Gifttrank eingeflößt oder in öffentlicher Bestrafung seinen Körper zerfleischt hat, indem er seine Flanken mit den Krallen von wilden Tieren zerschnitten oder unter Heranführung von Feuer seine Glieder verbrannt hat, oder wenn er mit der Grausamkeit wilder Barbaren es dahin gebracht hat, dass das Leben seine von schwarzem Blut vergehenden und von sich darunter mischendem Eiter zerfließenden Glieder beinahe während der Folter selbst verlässt. Ausgegeben am 11. Mai in Rom im fünften Consulat des Augustus Constantinus und des Caesar Licinius.

Menschenraub in Nordafrika und Versklavung Freier

Q 337d
Augustinus, Brief 10*

Augustinus übersendet folgendes Memorandum seinem heiligen Bruder Alypius. (1, 1) Als unsere heiligen Brüder und Mitbeschöfe zurückkehrten, wurde ich, obwohl ich sie nicht gesehen habe, dennoch durch ihre Briefe daran erinnert, wenn ich etwas deiner Heiligkeit schreiben wolle, dies nach Karthago zu schicken, und so habe ich Folgendes diktiert. [...] (2, 1) Ich füge noch anderes hinzu. Die Zahl derer, die allgemein als *mangones* (= Sklavenhändler) bezeichnet werden, ist so groß in Africa, dass sie die Region zum großen Teil von menschlicher Bevölkerung entblößen, indem sie die Leute, die sie kaufen, und zwar beinahe allesamt Freie, in die Provinzen jenseits des Meeres transportieren. (2) Denn es finden sich ganz wenige, die von ihren Eltern verkauft wurden, von denen diese da jedoch nicht, wie es die römischen Gesetze gestatten, die Arbeitskraft für einen Zeitraum von 25 Jahren kaufen, sondern, kurz und gut, sie kaufen sie als Sklaven und verkaufen sie jenseits des Meeres als Sklaven; tatsächliche Sklaven aber kaufen sie von ihren Herren nur ganz selten. (3) Ferner nahm infolge dieser Menge an Händlern die Menge der Personen, die Freie verführen und rauben, so sehr zu, dass sie scharenweise heulend in schrecklicher – militärischer oder barbarischer – Kleidung in gewisse abgelegene ländliche Regionen eindringen, wo es nur wenige Menschen gibt, und sie mit Gewalt wegführen, die sie diesen Händlern verkaufen. (3, 1) Ich übergehe, was uns vor ganz kurzer Zeit gerüchteweise gemeldet wurde, dass in einem Landhaus durch solche Angriffe die Männer getötet und die Frauen und Kinder entführt wurden, um verkauft zu werden; aber wo dies geschah, wenn es denn überhaupt geschah, wurde nicht gesagt. (2) Aber als ich selbst unter diesen, als sie durch unsere Kirche aus jener beklagenswerten Gefangenschaft befreit wurden, ein Mädchen fragte, wie sie den Sklavenhändlern verkauft wurde, erklärte sie, sie sei aus dem Haus ihrer Eltern entführt worden; (3) darauf fragte ich, ob sie dort allein gefunden worden sei; sie antwortete, es sei in Anwesenheit ihrer Eltern und Brüder geschehen. (4) Es war auch ihr Bruder anwesend, der gekommen war, um sie zurückzuholen, und, weil sie klein war, legte er selbst uns dar, wie es geschehen sei. Nachts nämlich, sagte er, seien Räuber eingebrochen, vor denen sie sich eher, wie sie es nur konnten, versteckt hätten, als dass sie ihnen Widerstand zu leisten gewagt hätten; denn sie hielten sie für Barbaren. (5) Wenn es aber keine Händler gäbe, würden auch solche Dinge nicht geschehen. Und ich glaube gewiss nicht, dass die Kunde von diesem afrikanischen Übel nicht auch bis dort, wo ihr euch aufhaltet, gedrungen ist; es war aber früher unvergleichlich weniger gravierend, als Kaiser Honorius ein Gesetz an den Präfekten Hadrianus ausgab und solchen Handel einschränkte und anordnete, dass solch gottlose Händler mit Bleipeitschen zu bestrafen, ihre Habe zu konfiszieren und sie in die lebenslängliche Verbannung zu schicken seien. (6) Und er redet in diesem Gesetz nicht über diejenigen, die Freie, die in eine Falle gelockt und geraubt wurden, kaufen, was diese beinahe ausschließlich tun, sondern ganz allgemein über alle die, die Sklavengesinde zum Verkauf in die überseeischen Provinzen transportieren [...]. (4, 1) Dieses Gesetz habe ich meinem Memorandum beigefügt, obgleich es in Rom vielleicht leichter hätte gefunden werden können; es ist nämlich nützlich und könnte uns von dieser Pest heilen, aber wir haben angefangen, es nur insoweit zu nutzen, wie es hinreicht, um Menschen zu befreien, nicht damit jene Händler, wegen derer so viele so große Verbrechen begangen werden, auf diese Weise bestraft werden. (2) Wir erschrecken nämlich, wenn wir können, mit diesem Gesetz und bestrafen sie nicht, ja fürchten sogar, dass vielleicht andere diese Menschen, so verabscheuungswürdig und verurteilenswert sie auch sein mögen, nachdem sie von uns überführt wurden, der durch dieses Gesetz geschuldeten Strafe zuführen. (3) Daher schreibe ich dieses deiner Seligkeit eher zu diesem Zweck, dass, wenn es denn möglich ist, von den überaus frommen und christlichen Kaisern beschlossen werde, dass diese Personen, wenn Menschen durch die Kirche von ihnen befreit werden, nicht in die Gefahr der Bestrafung geraten, die durch dieses Gesetz vorgesehen ist, und insbesondere die Züchtigung mit der Bleipeitsche, woran die Menschen leicht sterben. (4) Und um diese Leute zu bändigen, ist es vielleicht notwendig, dass dieses Gesetz veröffentlicht wird, damit nicht, während wir säumen, indem wir dies befürchten, unglückliche Menschen in dauernde Sklaverei abtransportiert werden; denn wenn wir nichts für sie tun, wer kann dann leicht gefunden werden, der ihnen nicht, wenn er an den Küsten über irgendeine Amtsgewalt verfügt, eher die grausamen Schifffahrten verkauft (d.h. sich von den *mangones*, den Sklavenhändlern, bestechen lässt) als einen der Unglücklichen mit christlichem bzw. menschlichem Mitleid vom Schiff holt oder gar nicht erst zulässt, dass er auf das Schiff gebracht wird? (5, 1) Welchen Beamten aber oder welchen Dienststellen die Ausführung dieses Gesetzes, oder wenn ein anderes Gesetz zu diesem Problem erlassen wurde, zukommt, so dass Africa nicht weiter von seinem Bewohnern entblößt wird und nicht scharen- und haufenweise gleichsam in einem ununterbrochenen Strom eine so große Menschenmenge beiderlei Geschlechts schlimmer als in der Kriegsgefangenschaft bei den Barbaren die eigene Freiheit einbüßt, das sollen sie selbst sehen. (2) Von den Barbaren werden nämlich sehr viele freigekauft, diejenigen, die in die Provinzen jenseits des Meeres transportiert werden, finden nicht einmal Hilfe im Freikauf; und den Barbaren leistet man Widerstand, wenn die römische Armee gut und glücklich geführt wird, damit keine Römer in der Kriegsgefangenschaft bei den Barbaren gehalten werden. (3) Diesen Händlern aber nicht von irgendwelchen Tieren, sondern von Menschen, und nicht von irgendwelchen Barbaren, sondern von Römern, die in den Provinzen leben, diesen Händlern, die überall verstreut sind, so dass die mit Gewalt Geraubten oder durch einen Hinterhalt Getäuschten wo und von wo auch immer in ihre Gewalt gebracht werden, indem sie einen Kaufpreis versprechen, wer leistet ihnen für die römische Freiheit, ich will nicht sagen die gemeinsame, sondern die eigene, Widerstand? (6, 1) Ja, es kann gar nicht hinreichend gesagt werden, wie viele durch eine wundersame Verblendung ihrer Begierde und gewissermaßen durch eine Ansteckung an dieser Krankheit in diesen frevelhaften Gelderwerb hineingeraten sind. (2) Wer möchte glauben, dass man eine Frau gefunden hat, und dies bei uns in Hippo, die Frauen aus Gidda, als ob sie Holz kaufen wollte, in einen Hinterhalt zu legen, einzuschließen, zu schlagen und zu verkaufen pflegte? (3) Wer könnte glauben, dass ein recht vermögender Pächter (*colonus*) unserer Kirche seine Ehefrau und gleichzeitig die Mutter seiner Kinder, ohne eine Schuld von ihrer Seite und allein angetrieben von der Hitze dieser Pest, verkauft hat? (4) Ein junger Mann von kaum zwanzig Jahren, ein Buchhalter und Schreiber, ein intelligenter Mann, ist aus unserem Kloster entführt und verkauft worden; und er konnte nur mit Mühe durch die Kirche wieder befreit werden. (7, 1) Wenn ich solche Verbrechen, von denen nur wir Kenntnis erlangt haben, aufzählen wollte, so könnte ich es auf keine Weise. Vernimm nur noch einen Beleg, woraus du alles erschließen kannst, was in ganz Africa und an allen seinen Küsten verübt wird. (2) Vier Monate ungefähr, bevor ich dies schrieb, sind aus verschiedenen Regionen und insbesondere aus Numidien Leute von galatischen Händlern – diese nämlich widmen sich allein oder doch ganz besonders gierig diesem Gelderwerb – zusammengetrieben und herbeigebracht worden, um von der Küste von Hippo abtransportiert zu werden. (3)

Es fehlte nicht an einem Gläubigen, der unsere Gewohnheit bei der Vergabe von Almosen in solchen Fällen kannte und der dies der Kirche meldete. Sogleich wurden teils vom Schiff, auf das sie geladen worden waren, teils von einem abgelegenen Ort, an dem sie verborgen worden waren, um auf das Schiff gebracht zu werden, ungefähr 120 Personen von unseren Leuten befreit, während ich abwesend war. Unter diesen wurden kaum fünf oder sechs gefunden, die von ihren Eltern verkauft worden waren; wenn man die verschiedenen Unglücksfälle der Übrigen hört, durch die sie durch die Entführer und Räuber zu den Galatern gelangten, so wird kaum jemand die Tränen zurückhalten können. (8, 1) Deine heilige Klugheit mag sich nun vorstellen, wie umfangreich der Transport der unglücklichen Seelen an den übrigen Küsten ist, wenn in Hippo Regius, wo dank Gottes Mitleid die Sorgfalt der Kirche wacht, durch die die unglücklichen Menschen aus solcher Gefangenschaft befreit werden und die Händler mit solcher Ware mit zwar viel geringerer Strenge als derjenigen dieses Gesetzes, aber immerhin doch durch den Verlust des Kaufpreises bestraft werden, die Begierde so entfacht ist, die Ungeheuerlichkeit der Galater sich so viel zutraut. (2) Bei der christlichen Liebe flehe ich, ich möge dies deiner Liebe nicht umsonst geschrieben haben. Denn die Galater haben ihre Patrone, durch die sie von uns diejenigen zurückfordern, die der Herr durch die Kirche befreite, und zwar auch diejenigen, die wir ihren Familienangehörigen, die schon auf der Suche nach ihnen waren und die deswegen mit den Empfehlungsbriefen ihrer Bischöfe zu uns kamen, zurückgegeben haben. (3) Einige Gläubige aber, unsere Söhne, bei denen einige von ihnen auf unsere Empfehlung hin damals blieben – denn die Kirche verfügt nicht über genügend Mittel, alle, die sie befreit, zu ernähren – fingen sie schon an zu beunruhigen, als wir dies diktiert haben [...] und sie haben doch nicht von dieser Rückforderung Abstand genommen. [...]

Q 337 e
Augustinus, Brief 24*

Verkauf Freier in die Sklaverei
Augustinus an seinen herausragenden Herrn und mit Recht geehrten Sohn, der sehr vermisst wird, Eustochius, im Herrn Gruß. (1, 1) Wenn du allen, die dich um Rat fragen, wahre Antworten zuverlässig schuldest, um wie viel mehr uns, den Dienern Christi [...] (2) Da der Apostel also vorgeschrieben hat, dass, wenn Christen untereinander Prozesse in weltlichen Angelegenheiten haben, diese nicht auf dem Forum (d.h. vor einem weltlichen Gericht), sondern in der Kirche stattfinden, weswegen wir solche Streitsachen von Personen, die miteinander im Streit liegen, erdulden müssen, Streitsachen, bei denen wir uns auch über das irdische Recht informieren müssen, insbesondere wenn es um die personenrechtliche Stellung der Menschen geht, weil wir gemäß der Vorschrift des Apostels Sklaven vorschreiben können, dass sie ihren Herren untertan sind, nicht aber Freien das Joch der Sklaverei auferlegen, daher also bitte ich deine überaus aufrechte Liebe, dass du mich belehren mögest, was hinsichtlich derer zu beachten ist, die von einer freien Frau und einem Sklaven abstammen. (3) Denn dass von einer Sklavin und einem Freien Sklaven gezeugt werden, das weiß ich schon. Was gilt auch für die, deren Väter ihre Dienste für eine festgesetzte Zahl von Jahren verkauft haben? (4) Ich frage nämlich, ob sie nach dem Tod der Väter, die sie verkauft haben, dieselbe Zahl von Jahren zu erfüllen gezwungen werden oder ob sie durch den Tod derer, von denen sie verkauft oder vielmehr gewissermaßen vermietet wurden, befreit werden, da sie ja schon anfangen, *sui iuris* (geschäftsfähig), wie man sagt, zu sein. (5) Ich frage auch, ob freie Väter ihre Kinder in dauerhafte Sklaverei und ob Mütter zumindest die Dienste ihrer Kinder ver-

kaufen können. (6) Ebenso frage ich, wenn ein Pächter (*colonus*) seinen Sohn verkauft hat, wie er von seinem Vater verkauft werden darf, ob dann der Käufer mehr Rechte an dem, der verkauft wird, hat als der Eigentümer des Landgutes, woher der Kolone seinen Ursprung (*origo*) herleitet, und ob der Grundbesitzer seine *coloni* oder die Söhne seiner *coloni* zu Sklaven machen darf. (2, 1) Ich frage auch, was eindeutig durch Recht oder Gesetze hinsichtlich der Gutsverwalter bestimmt wurde, denn es scheint mir sehr hart, dass ein frei Geborener einen Nachteil erleide, und dies aufgrund einer von ihm erbrachten Wohltat. (2) Denn oft verlangt man von freigeborenen Menschen, dass sie die Stellung eines Verwalters übernehmen, und sie glauben, eine Wohltat zu erweisen, wenn sie tun, was von ihnen verlangt wird, und tatsächlich erweisen sie eine Wohltat, und zwar so sehr, dass der, der um sie bat, auch Dank sagt, wenn er sie zu erlangen verdiente; (3) wenn durch diese von ihm erbrachte Wohltat ein Freier zum Sklaven wird, so würde er es keineswegs tun, wenn er dies wüsste, und niemand würde dies von ihm, wenn er es wüsste, zu erbitten wagen. (4) Ich bin jedoch durch einige kaiserliche Erlasse verwirrt, die mir gezeigt wurden, als vor unserem Gericht ein solcher Prozess über die Kinder eines Mannes geführt wurde, von dem vielleicht der Nachweis erbracht werden wird, dass er Verwalter gewesen ist. Aber ich will den Ankläger nicht zwingen, den Beweis zu erbringen, wenn ich nicht vorher weiß, welcher Richtschnur ich folgen soll, wenn er etwa den Beweis liefert. (5) Demzufolge habe ich diese Kaisererlasse deiner Exzellenz zur Untersuchung geschickt; zwei von ihnen beziehen sich, wie ich sehe, auf die Frage, die Übrigen verstehe ich entweder nicht, oder aber sie beziehen sich überhaupt nicht auf das, was untersucht wird. (6) Ich bitte dich, mir zu helfen, auch wenn ich entfernt bin, wie du mir, wenn ich anwesend bin, zu helfen pflegst.

Q 338 Städtische Unruhen

Unruhen der Plebs in Rom

(1) [...] Leontius, der die ewige Stadt lenkte, gab viele Beweise dafür, dass er ein erprobter Richter war, er hörte die Rechtsfälle recht schnell, war in seinen Entscheidungen überaus gerecht, von Natur aus wohlwollend, wenngleich er, um seine Autorität zu wahren, manchen streng erschien und allzu geneigt zu verurteilen. (2) Der erste Grund, gegen ihn einen Aufruhr zu erregen, war überaus unbedeutend und geringfügig. Es war nämlich angeordnet worden, den Wagenlenker Philoromus zu inhaftieren. Die gesamte Plebs folgte ihm, wie um ein eigenes Familienmitglied zu verteidigen, und ging mit gewaltigem Elan gegen den Präfekten vor, den sie für ängstlich hielt. Aber er, standhaft und aufrecht, schickte seine Amtsdiener (*apparitores*) in die Menge, ließ einige ergreifen und foltern, ohne dass jemand protestierte oder Widerstand leistete, und bestrafte sie mit der Verbannung auf eine Insel. (3) Als sich die Plebs einige Tage später auf dieselbe Weise in der *gewohnten* Leidenschaft in Unruhe befand – sie gab den Weinmangel als Grund an – und zum Septemzodium zusammengeströmt war, einem viel frequentierten Ort, [...], begab sich der Präfekt mit großer Entschlossenheit dorthin. Er wurde von seinem gesamten zivilen Apparat und den Amtsdienern (*apparitores*) inständig gebeten, sich nicht in eine anmaßende und drohende Menge hineinzubegeben, die noch vom letzten Aufruhr her grollte. Der Angst nicht zugänglich, begab er sich geradewegs in die Menge, so dass ihn ein Teil seiner Begleiter im Stich

ließ, obgleich er sich in große Gefahr begab. (4) Während er auf seinem Wagen sitzend mit sichtbarem Selbsvertrauen und scharfen Augen die Gesichtszüge der Banden betrachtete, die sich von allen Seiten wie Schlangen bewegten, und dabei vieles zu erdulden hatte, was wiederzugeben ich mich schäme, erkannte er einen Mann wieder, der unter den anderen herausragte, einen Mann von großem Körperwuchs und mit rotem Haar. Er fragte ihn, ob er, wie er gehört hatte, Petrus Valvomeres sei. Und als er dies in unverschämtem Ton bejaht hatte, ließ er ihn als Anführer der Aufrührer, der ihm schon lange bekannt sei, obwohl viele protestierten, mit auf den Rücken gebundenen Händen aufhängen, um ihn auspeitschen zu lassen. (5) Als man ihn hoch oben sah und er die Unterstützung seiner Gefährten vergeblich erflehte, zerstreute sich die ganze Menge, die kurz davor noch dichtgedrängt war, über die verschiedenen Viertel der Stadt und verschwand, so dass der schärfste Urheber der Unruhen, nachdem sein Rücken wie in den inneren Gemächern des Gerichts (*secretarium*) zerschlagen worden war, nach Picenum verbannt wurde, wo er später, als er einer Jungfrau aus vornehmer Familie die Keuschheit zu entreißen versuchte, auf Urteil des Statthalters Patruinus mit dem Tod bestraft wurde.

Q 338 b
Ammianus Marcellinus,
Römische Geschichte
19, 10, 1–4

(1) [...] Die ewige Stadt befürchtete die Schwierigkeiten eines bevorstehenden Getreidemangels, und Tertullus, zu dieser Zeit Stadtpräfekt, hatte wiederholt unter der Gewalt der äußerst drohenden Plebs zu leiden, die eine Hungersnot als äußerstes aller Übel erwartete, ganz ohne Zweifel wider alle Vernunft, denn es hatte nicht an ihm gelegen, dass die Nahrungsmittel nicht zum angemessenen Zeitpunkt zu Schiff nach Rom transportiert wurden. Eine rauere See als gewöhnlich und Winde, die in die entgegengesetzte Richtung bliesen, hatten die Schiffe in nahegelegene Buchten getragen und sie aufgrund der Größe der Gefahren daran gehindert, in den Augustushafen einzulaufen. (2) Deswegen wurde der erwähnte Präfekt oft durch gewalttätige Demonstrationen beunruhigt und, da die Plebs schon schrecklicher wütete, weil sie das bevorstehende Ende befürchtete, hatte er, wie er glaubte, alle Hoffnung, sein Leben zu retten, verloren. Daher hielt er der gewaltsam demonstrierenden Volksmenge, die aber doch gewöhnt ist, zufällige Begebenheiten zu berücksichtigen, klug seine kleinen Kinder entgegen und sagte unter Tränen: (3) »Seht, das sind eure Mitbürger – die himmlischen Götter mögen dieses Vorzeichen abwenden! – die dasselbe erdulden werden wie ihr, wenn uns nicht ein besseres Geschick zulächelt. Wenn ihr also glaubt, dass euch nach ihrem Tod nichts Betrübliches passieren kann, so sind sie in eurer Gewalt.« Durch dieses Bitten um Mitleid wurde die Menge, die von Natur aus zur Milde neigt, besänftigt und verstummte und erwartete gleichmütig das bevorstehende Geschick. (4) Und bald darauf ließ durch den Willen des göttlichen Wesens (*numen*), das von seiner Entstehung an Rom hat groß werden lassen, und versprach, die Stadt werde ewig sein, durch eine Windstille das Meer ruhig werden, während Tertullus in Ostia im Tempel der Dioskuren opferte. Der Wind wurde zu einem ruhigen Südwind, und mit vollen Segeln liefen die Schiffe in den Hafen ein und füllten die Speicher mit Getreide.

Q 338 c
Prokopios, Perserkrieg
1, 24

Der Nika-Aufstand 532 in Konstantinopel

(1) Während derselben Zeit kam es in Byzantion im Volk unerwarteterweise zu einer Erhebung, die sich wider Erwarten zu einer sehr großen Revolte entwickelte und sich für Volk und Senat auf folgende Weise zu einem großen Unheil auswuchs: (2) Die Faktionen (*demoi*) sind seit alters in einer jeden

Stadt in die Blauen und die Grünen gespalten; es ist aber nicht lange Zeit her, dass sie um dieser Namen und der Sitzplätze willen, die sie als Zuschauer einnehmen, ihr Geld ausgeben und ihre Körper den bittersten Misshandlungen aussetzen und es nicht für unbillig halten, den schimpflichsten Tod zu erleiden. (3) Sie kämpfen mit ihren Widersachern, nicht wissend, weswegen sie die Gefahr auf sich nehmen, und im sicheren Wissen, dass, wenn sie auch in der Schlacht über ihre Gegner die Überhand gewinnen, es auf sie warten wird, sofort in das Gefängnis abgeführt und, aufs Äußerste misshandelt, dann hingerichtet zu werden. [...] (7) Damals ließ die Behörde, welche in Byzantion dem Volk vorstand (= die Stadtpräfektur), einige von den Unruhestiftern zur Hinrichtung abführen. Die beiden Parteien einigten sich und schlossen einen Waffenstillstand. Sie ergriffen diejenigen, die zur Hinrichtung geführt wurden, drangen sogleich in das Gefängnis ein und ließen alle frei, die wegen Unruhestiftung oder einer anderen Straftat inhaftiert waren und in Fesseln lagen. (8) Und die Amtsdiener, die bei der Stadtpräfektur in Diensten standen, wurden ohne Grund getötet; wenn es unter den Bürgern Unbescholtene gab, so flohen sie auf das gegenüberliegende Festland, und in der Stadt wurde Feuer gelegt, als ob sie in die Gewalt von Kriegsfeinden geraten wäre. [...] (10) Der Kaiser, seine Gattin und einige Senatoren schlossen sich im Kaiserpalast ein und blieben ruhig. Als Parole gaben sich die Faktionen (*demoi*) einander das Wort »Nika« (Siege!), und nach diesem Wort wird der Aufruhr bis zur heutigen Zeit benannt. [...]

Q 339 Ländliche Revolten

Q 339

Gewalttaten der Circumcellionen in Nordafrika (Mitte 4. Jahrhundert)

Q 339a
Optatus von Mileve 3, 4

(1) Du sieht also, Bruder Parmenianus, wem alle Akte der Gewalt, die bei der Wiederherstellung der Kircheneinheit verübt worden sein konnten, angelastet werden müssen. Von uns Katholiken seien Soldaten angefordert worden, sagt ihr. Wenn dem so ist, warum hat damals in der proconsularischen Provinz niemand einen bewaffneten Soldaten gesehen? Es kamen Paulus und Macarius (kaiserliche Abgesandte), die überall die Armen unterstützen und die Einzelnen zur Einheit ermahnen sollten. (2) Und als sie sich der Stadt Bagai näherten, da wollte der andere Donatus, wie oben erwähnt, Bischof derselben Stadt, der Kircheneinheit ein Hindernis entgegensetzen und den oben Erwähnten, wenn sie kämen, einen Riegel vorschieben und schickte deshalb Herolde in alle benachbarten Ortschaften und über alle Märkte aus, rief die Circumcellionen, die *agonistici*, auf und lud sie ein, an dem vorher genannten Ort zusammenzuströmen. (3) Und zu jener Zeit ist verlangt worden, dass sich Personen versammeln, deren Wahnsinn kurz zuvor von den Bischöfen selbst in gottloser Weise angestachelt worden war. Denn als diese Leute vor der Wiederherstellung der Einheit in der ganzen Gegend herumzogen, als Axido und Fasir von den Wahnsinnigen selbst als »Führer der Heiligen« bezeichnet wurden, da konnte sich niemand sorglos auf seinen Landgütern aufhalten. (4) Die Schuldscheine der Schuldner hatten ihre Kraft eingebüßt, kein Gläubiger hatte damals die Freiheit, seine Forderungen einzutreiben, es wurden alle durch Briefe derer in Schrecken gesetzt, die damit prahlten, »Führer der Heiligen« gewesen zu sein, und wenn damit gesäumt wurde, ihren Anordnungen Folge zu leisten, stürmte plötzlich eine Menge von Wahnsinnigen herbei, und es wurden – mit vorausgehendem Schrecken – die Gläubiger rings von Gefahren umgeben, so dass diejenigen, die für die von

ihnen gewährten Darlehen verdient hätten, dass man Bitten an sie richtete, aus Angst vor dem Tod demütig zu bitten gezwungen wurden. (5) Ein jeder eilte, auch größte Schuldtitel zu verlieren, und es wurde als Gewinn gerechnet, ihren Gewalttaten entkommen zu sein. Auch die Straßen konnten nicht sehr sicher sein, weil die Herren aus ihren Wagen herausgezerrt wurden und vor ihren Sklaven, die auf den Sitzen der Herren saßen, nach Art von Sklaven daherliefen. Gemäß ihrem Urteil und Befehl wurde die Stellung von Herren und Sklaven vertauscht. Als sich daher damals der Groll gegen die Bischöfe eurer Gruppe erhob, sollen sie dem damaligen _comes_ Taurinus geschrieben haben, dass solche Leute in der Kirche nicht gebessert werden könnten. (6) Sie baten darum, sie sollten von dem oben erwähnten _comes_ bestraft werden. Auf ihre Briefe hin befahl darauf Taurinus, dass bewaffnete Soldaten zu den Märkten gingen, wo die Raserei der Circumcellionen zu grassieren gepflegt hatte. In Octava wurden zahlreiche Menschen getötet und viele geköpft, deren Leichen bis auf den heutigen Tag mittels geweißter Altäre oder Tische gezählt werden konnten. (7) Als man anfing, einige aus ihrer Gruppe in den Basiliken zu bestatten, wurde der Presbyter Clarus im Ort Subbula von seinem Bischof gezwungen, die Bestattung wieder rückgängig zu machen. [...] Später hatte ihre Zahl wieder zugenommen. (8) So fand Donatus von Bagai die Mittel, gegen Macarius eine Schar von Wahnsinnigen zusammenzubringen. Zu ihrer Gruppe gehörten Leute, die sich im Streben nach einem falschen Martyrium Mörder zu ihrem eigenen Verderben gedungen haben. Zu dieser Gruppe gehörten auch jene, die von den Gipfeln hoher Berge aus ihr billiges Leben wegwarfen und sich hinabstürzten. Sieh, aus welcher Schar sich der andere Bischof Donatus seine Kohorten rekrutiert hatte! (9) Aus Furcht hiervor verfielen jene, die die Gelder mit sich trugen, die sie unter die Armen verteilen sollten, in dieser großen Zwangslage auf den Plan, vom _comes_ Silvester bewaffnete Soldaten zu verlangen, nicht um mit ihrer Hilfe irgendjemandem Gewalt zuzufügen, sondern um sich vor den vom oben erwähnten Bischof Donatus geplanten Gewalttaten zu schützen. Auf diese Weise geschah es, dass man bewaffnete Soldaten sah. Nun seht, wem die Verantwortung für das, was folgte, zugeschrieben werden muss bzw. kann. (10) Sie hatten dort eine große Zahl von Leuten, die sie zusammengerufen hatten, und es steht fest, dass hinreichende Getreidevorräte angelegt worden waren; aus der Kirche hatten sie gewissermaßen einen öffentlichen Speicher gemacht, in der Erwartung, dass die Leute kämen, gegen die sie ihre Raserei richten konnten; und sie hätten getan, was immer ihnen ihr Wahnsinn diktiert hätte, wenn sie nicht die Präsenz bewaffneter Soldaten gehindert hätte. Denn als Kundschafter vor den im Anmarsch begriffenen Soldaten ausgeschickt wurden, wie es zu geschehen pflegt, wurden sie entgegen den Vorschriften des Apostels nicht angemessen aufgenommen, der sagt: »Ehre, wem Ehre gebührt, Steuern, wem Steuern, Tribute, wem Tribute; bleibt niemandem etwas schuldig.« (11) Diejenigen, die mit ihren Pferden geschickt worden waren, wurden zusammengeschlagen von diesen, deren Namen ihr mit dem Fächer des Hasses in der Luft schwenkt. Sie waren selbst die Lehrmeister der Gewalt, die sie erleiden sollten, und was sie erdulden könnten, haben sie selbst mit der vorher von ihnen zugefügten Gewalt gelehrt. Die malträtierten Soldaten kehrten zu ihren Einheiten zurück, und über das, was zwei oder drei erduldet hatten, empfanden sie in ihrer Gesamtheit Schmerz. Alle waren aufgewühlt, auch ihre Vorgesetzten konnten die zornigen Soldaten nicht zurückhalten. So wurde verübt, was, wie du erwähnt hast, dem Ansehen der Kircheneinheit abträglich war. (12) Dies und weitere Ereignisse, die euch betreffen, haben ihre Gründe und die schuldigen Personen, die ich aufgezeigt habe. Dies haben wir zwar nicht gesehen, aber wir haben es zusammen mit euch gehört. [...] Der Reihe nach klagt ihr darüber, dass unter Leontius, unter Ursacius sehr zahlreichen Menschen Gewalt angetan, unter Paulus und Macarius einige getötet, von ihren Nachfolgern einige auf Zeit in die Verbannung geschickt worden seien. (13) Was geht dies uns, was die katholische Kirche an? [...]

Gewalttaten der Circumcellionen gegen katholische Kleriker (zur Zeit des Augustinus)

Q 339b

Possidius, Lebens-
beschreibung Augustins
10

(1) Dieselben Donatisten hatten in beinahe allen ihren Kirchen einen unerhörten, perversen und gewalttätigen Menschenschlag, Personen, die als angebliche Asketen umherzogen und Circumcellionen genannt wurden, und sie existierten in ungeheurer Zahl und Masse beinahe in allen Regionen Africas. (2) Sie wurden von schlechten Lehrern unterwiesen und schonten in hochmütigem Wagemut und ungesetzlicher Verwegenheit weder ihre eigenen Leute noch Fremde, wobei sie sich entgegen menschlichem und göttlichem Recht in Streitigkeiten unter ihren Mitmenschen einschmischten – und wenn sie nicht gehorchten, wurde ihnen schwerer Schaden und Mord zugefügt –, mit unterschiedlichen Waffen ausgerüstet, über die Äcker und Landgüter rasend und ohne Angst, bis zum Blutvergießen zu gehen. (3) Aber während das Wort Gottes eifrig gepredigt wurde und mit denen, die den Frieden hassten, auf friedliche Weise verfahren wurde, bekriegten sie ohne Grund die Personen, die so sprachen. (4) Und als gegen ihre Lehre die Wahrheit bekannt wurde, rissen sich diejenigen, die es wollten und konnten, von dort los oder trennten sich heimlich von ihr und schlossen sich zusammen mit ihren Leuten, mit denen sie es konnten, dem Frieden und der Eintracht der Kirche an. (5) Als jene sahen, dass infolgedessen die Vereinigungen ihrer irrtümlichen Religion kleiner wurden, und sie der Kirche ihren Zuwachs missgönnten, entflammten sie in schwerstem Zorn und führten unerträgliche Verfolgungen gegen diejenigen durch, die sich der Einheit der Kirche angeschlossen hatten, und sie griffen die katholischen Priester und Kleriker bei Tag und bei Nacht an und raubten ihre Habe aus. (6) Denn sie schwächten viele Diener Gottes mit Schlägen, einigen gossen sie sogar Kalk mit Essig vermengt in die Augen und andere töteten sie. Daher wurden eben diese Donatisten, die die Wiedertaufe vollzogen, sogar ihren eigenen Leuten verhasst.

Bagauden in Gallien in der Mitte des 5. Jahrhunderts

Q 339c
Salvianus, Über
die Regierung Gottes
5, 24–26

(24) Ich rede nun über die Bagauden, die durch schlechte und blutige Richter beraubt, bedrückt, getötet, nachdem sie das Recht auf die römische Freiheit verloren hatten, auch die Ehre, den römischen Namen zu tragen, eingebüßt haben. Und es wird ihnen ihr Unglück angelastet, wir lasten ihnen einen Namen (nämlich den der Bagauden) an, der von ihrem Unglück zeugt, wir lasten ihnen den Namen an, den wir selbst geschaffen haben! Wir nennen sie Rebellen, wir nennen sie Missetäter, die wir dazu gebracht haben, Kriminelle zu sein. (25) Wodurch denn sonst sind sie Bagauden geworden, wenn nicht durch unsere Ungerechtigkeiten, durch die Schlechtigkeit der Richter, durch die Konfiskationen und Räubereien derer, die die Bezeichnung »staatliche Steuereintreibung« zum Vorteil privaten Gewinns gewendet und die Steuereintreibungen zu ihrer eigenen Beute gemacht haben, die ähnlich wie schreckliche Bestien die ihnen Anvertrauten nicht geleitet, sondern sie verschlungen haben, die sich nicht nur mit dem, was sie ihren Mitmenschen abgenommen haben, wie es die meisten Räuber zu tun pflegen, sondern auch noch mit ih-

rem Fleisch und gewissermaßen ihrem Blut nährten. (26) Und so ist es gekommen, dass die Menschen, die durch die Räubereien der Richter stranguliert und getötet wurden, anfingen, gewissermaßen Barbaren zu sein, weil es ihnen nicht erlaubt wurde, Römer zu sein. Denn sie haben sich damit abgefunden, zu sein, was sie nicht waren, weil es ihnen nicht erlaubt wurde, zu sein, was sie gewesen waren, und sie wurden gezwungen, wenigstens ihr Leben zu verteidigen, weil sie sahen, dass sie ihre Freiheit schon ganz und gar verloren hatten. Oder was geschieht auch jetzt noch anderes, als was in der Vergangenheit geschah, d. h. dass diejenigen, die noch keine Bagauden sind, gezwungen werden, es zu sein? [...]

Q 340

Q 340 a
Lactantius, Über die Todesarten der Verfolger 12–15

Q 340 Die letzte Christenverfolgung unter Diocletianus

(12, 1) Man sucht nach einem geeigneten und Glück verheißenden Termin für die Durchführung der Angelegenheit (die Christenverfolgung), und die Wahl fällt bevorzugt auf die Terminalia, die auf den 23. Februar fallen, damit dieser Religion gleichsam ein Ende gesetzt werde. »Dies war der erste Tag des Todes und der erste des Übels«, das ihnen selbst (den Christen) und der Welt widerfuhr. (2) Als dieser Tag angebrochen war, in dem Jahr, als die beiden Greise (Diocletianus und Maximianus) zum achten bzw. siebten Mal das Consulat bekleideten, kam plötzlich noch im Dämmerlicht der Präfekt mit den Militärführern (*duces*) und Tribunen und Rechnungsbeamten (*rationales*) zur Kirche; und nachdem die Tore aufgebrochen worden waren, suchte man nach dem Götterbild; die Schriften, die man fand, wurden verbrannt, allen wurde Beute gegeben, es wurde geraubt, man zitterte und lief ängstlich in alle Richtungen. (3) Sie selbst (die beiden Kaiser) aber stritten von ihrer Warte aus – denn die Kirche befand sich auf einer Anhöhe und konnte vom Palast aus gesehen werden – lange untereinander, ob eher Feuer an die Kirche gelegt werden müsse. (4) Diocletianus setzte sich mit seiner Ansicht durch; denn er sorgte sich, dass ein Teil der Stadt in Flammen aufgehe, wenn ein großes Feuer gelegt werde. Denn viele große Häuser umgaben die Kirche auf allen Seiten. (5) Es kamen also die Prätorianer in Schlachtformation mit Beilen und anderen Eisenwerkzeugen. Sie gingen von allen Seiten aus vor und machten diese sehr hohe Kirche in wenigen Stunden dem Erdboden gleich. (13, 1) Am folgenden Tag wurde ein Edikt publiziert, in dem angeordnet wurde, dass die Menschen, die jener Religion (dem Christentum) anhingen, jedes Amt und Rang einbüßten, den Foltern unterworfen seien, aus welchem sozialen Stand und Rang sie auch stammten, dass gegen sie jegliche Klage gültig sei, sie selbst aber nicht wegen erlittenen Unrechts, nicht wegen Ehebruchs, nicht wegen Diebstahls klagen könnten, dass sie schließlich ihre Freiheit und die Möglichkeit, sich zu äußern, verlieren sollten. (2) Dieses Edikt riss jemand zwar nicht mit Recht, aber doch mit großem Mut ab und zerriss es, wobei er voller Spott äußerte, dass Siege von Goten und Sarmaten bekannt gemacht worden seien. (3) Und sogleich wurde er festgenommen und nicht nur gefoltert, sondern auch nach gesetzmäßigem Verfahren unter bewundernswerter Ausdauer gekocht. Und zum Schluss wurde er bei lebendigem Leibe verbrannt. (14, 1) Aber der Caesar (Galerius) war nicht zufrieden mit den Bestimmungen des Edikts und machte sich daran, Diocletianus auf andere Weise anzugehen. (2) Denn um ihn zum Plan einer wirklich grausamen Verfolgung zu bewegen, legte er mit Hilfe von Geheimagenten Feuer an den Kaiserpalast. Und als ein Teil niedergebrannt war, wurden die Christen als angebliche Staatsfeinde beschuldigt, und unter ungeheurem Hass ging gleichzeitig mit dem Palast der Name der Christen in Flammen auf. Sie hätten sich mit den Eunuchen zusammengetan und an die Tötung der Kaiser gedacht; zwei Kaiser seien in ihrem Heim beinahe bei lebendigem Leibe verbrannt worden. (3) Diocletianus aber, der immer schlau und intelligent erscheinen wollte, konnte nichts argwöhnen; sondern voller Zorn fing er sogleich an, alle seine Palastangehörigen zu foltern. (4) Er saß selbst zu Gericht und folterte Unschudlige mit Feuer; ebenso erhielten alle Richter, schließlich alle *magistri*, die sich im Palast aufhielten, die Vollmacht und folterten. (5) Sie wetteiferten darin, wer als Erster etwas finde; nichts wurde irgendwo gefunden, da ja niemand die Sklaven des Galerius folterte. Er war selbst zugegen und drängte und ließ den Zorn des unbesonnenen Greises nicht abklingen. (6) Aber nach 15 Tagen legte er wieder einen anderen Brand. Aber er wurde schneller bemerkt, doch der Urheber wurde nicht gefunden. (7) Darauf bereitete der Caesar mitten im Winter den Aufbruch vor und stürzte noch am selben Tag davon, dabei erklärte er, er fliehe, um nicht bei lebendigem Leibe verbrannt zu werden. (15, 1) Der Kaiser raste also nicht mehr nur gegen die Angehörigen seines Haushaltes, sondern gegen alle. Und als Erste zwang er seine Tochter Valeria und seine Frau Prisca, sich durch ein heidnisches Opfer zu besudeln. (2) Die einst mächtigsten Eunuchen, auf denen der Palast und er selbst vorher geruht hatten, wurden getötet, Presbyter und Kleriker wurden inhaftiert und ohne jeden Beweis oder Geständnis verurteilt und mit all ihren Angehörigen abgeführt. (3) Menschen jeden Geschlechts und Alters wurden zum Feuertod fortgerissen, und sie wurden nicht einzeln, da die Menge so groß war, verbrannt, sondern haufenweise, indem man das Feuer rings um sie legte. Mitglieder des kaiserlichen Haushaltes wurden ins Meer geworfen, nachdem man Mühlsteine um ihre Hälse gebunden hatte. (4) Und nicht weniger heftig wirkte sich die Verfolgung auf den Rest der Bevölkerung aus. Denn die Richter waren über alle Tempel verteilt und zwangen alle zu heidnischen Opfern. (5) Die Gefängnisse waren voll, unerhörte Arten von Foltern wurden ersonnen, und damit nicht jemandem unbesonnen Recht gesprochen wurde, wurden Altäre in den Gerichtssälen und vor dem Richtertribunal aufgestellt, damit die Prozessierenden vorher opferten und so ihre Rechtsfälle vertraten, damit man so also an die Richter herantrete, als ob es sich um Götter handelte. (6) Briefe waren auch an Maximianus und Constantius gegangen, dass sie dasselbe täten; deren Ansicht hatte man in so wichtigen Angelegenheiten nicht berücksichtigt. Und der alte Maximianus gehorchte gerne in Italien, ein Mann, der nicht sonderlich milde war. (7) Denn Constantius ließ, um nicht den Anschein zu erwecken, mit den Anordnungen der Vorgesetzten im Widerspruch zu stehen, zu, dass die Versammlungshäuser, d.h. die Wände, die wiederhergestellt werden konnten, eingerissen werden, bewahrte aber den Tempel Gottes, der in den Menschen ist, unversehrt.

Toleranzedikt des Galerius

(1) Unter dem Übrigen, was wir immer für das Wohl und den Nutzen des Staates anordnen, hatten wir früher gemäß den alten Gesetzen und der öffentlichen Disziplin der Römer alles bessern und dafür Sorge tragen gewollt, dass auch die Christen, die die Lebensweise ihrer Vorväter im Stich gelassen hatten, zu einer vernünftigen Geisteshaltung zurückkehren sollten, (2) da in gewisser Weise ein so starker Wille die Christen befallen und eine so große Dummheit sie in Besitz genommen hatte, dass sie nicht jenen Einrichtungen der Vorväter folgten, die vielleicht deren Väter zuerst begründet hatten, son-

Q 340 b
Lactantius,
Über die Todesarten
der Verfolger 34

dern nach ihrem eigenen Willen und, wie es ihnen beliebte, sich selbst ihre Gesetze, die sie beachten wollten, machten und in verschiedenen Gegenden unterschiedliche Gruppen um sich scharten. (3) Als also unser Befehl publik gemacht wurde, sich zu den Institutionen der Alten zurückzubegeben, wurden viele von der Gefahr überwältigt, einige auch zu Boden geworfen. (4) Und da sehr viele bei ihrer Einstellung blieben, und wir sahen, dass sie weder den Göttern den geschuldeten Kult und die religiöse Verehrung erwiesen und auch nicht den Gott der Christen verehrten, da glaubten wir unter Berücksichtigung unserer überaus gütigen Milde und unserer immerwährenden Gewohnheit, mit der wir allen Menschen Verzeihung zu gewähren pflegen, wir sollten auch im Falle dieser Leute unsere entschlossenste Gnade gewähren, so dass sie von neuem Christen seien und ihre Versammlungen bilden, unter der Voraussetzung, dass sie nichts gegen die öffentliche Ordnung täten. (5) In einem anderen Brief werden wir den Richtern anzeigen, was sie zu beachten haben. Daher werden sie (die Christen) gemäß diesem unseren Gunsterweis zu ihrem Gott für unser Heil und das des Staates und das eigene beten müssen, so dass der Staat von allen Seiten her unversehrt erhalten bleibe und sie sorglos an ihrem jeweiligen Wohnort leben können.

Q 341

Q 341 Constantinus und die Schlacht an der milvischen Brücke

Q 341 a
*Lactantius,
Über die Todesarten
der Verfolger 44*

Constantinus' Bekehrung

(1) Der Bürgerkrieg zwischen ihnen (Constantinus und Maxentius) hatte schon angefangen. Und obwohl sich Maxentius in Rom zurückhielt, weil er (von einem Orakel o. Ä.) die Antwort erhalten hatte, er werde zugrunde gehen, wenn er über die Stadtmauern hinausgehe, wurde der Krieg auf seiner Seite doch von kompetenten Feldherrn geführt. (2) Maxentius hatte mehr Kräfte, weil er sowohl das Heer seines Vaters (des Maximianus) von Severus erhalten hatte als auch sein eigenes kürzlich von den Mauren und Gaetulern heimgeholt hatte. (3) Es wurde gekämpft, und die Soldaten des Maxentius hatten das Übergewicht, bis später Constantinus mit gestärktem Mut und zu beidem bereit (zu Sieg oder Niederlage) alle seine Truppen näher an die Stadt heranführte und in der Gegend der milvischen Brücke lagerte. (4) Es nahte der Tag, an dem Maxentius die Kaiserwürde erlangt hatte, der 27. Oktober, und seine *quinquennalia* (d. h. seine ersten fünf Jahre als Kaiser) kamen zu einem Ende. (5) Constantinus wurde im Traum ermahnt, das himmlische Zeichen Gottes auf den Schilden seiner Soldaten zu markieren und so die Schlacht zu suchen. Er tat, wie ihm geheißen worden war, und indem der Buchstabe X umgewendet und seine oberste Spitze gekrümmt wurde, markierte er Christus auf den Schilden. (6) Mit diesem Zeichen bewaffnet, griff das Heer zu den Waffen. Das feindliche Heer marschierte ihnen ohne Kaiser entgegen und überschritt die Brücke. Die Schlachtreihen trafen aufeinander, ihre Front war von gleicher Ausdehnung. Mit äußerster Gewalt wurde auf beiden Seiten gekämpft. ›Weder diesen noch jenen war die Flucht bekannt.‹ (7) In der Stadt kam es zu einem Aufruhr, und der Kaiser wurde gescholten, weil er das Staatswohl im Stich gelassen habe. Und als er erblickt wurde, schrie plötzlich das Volk wie mit einer Stimme – denn er gab an seinem Geburtstag Circusspiele –, dass Constantinus nicht besiegt werden könne. (8) Über diesen Ausruf konsterniert, stürzte er davon, und nachdem er einige Senatoren zusammengerufen hatte, ordnete er an, die Sibyllinischen Bücher zu konsultieren. In ihnen wurde gefunden, an jenem Tag werde ein Feind der

Römer ums Leben kommen. (9) Da ihm diese Antwort die Hoffnung auf den Sieg gab, zog er hinaus und kam zu seinem Heer. Hinter seinem Rücken wurde die Brücke abgebrochen. Als man dies sah, wurde der Kampf heftiger, und die Hand Gottes war über der Schlacht. Die Soldaten des Maxentius wurden von Schrecken erfasst, er selbst wandte sich zur Flucht und eilte zur Brücke, die unterbrochen war. Und von der Masse der Flüchtigen gedrängt, wurde er in den Tiber hineingestoßen. (10) Nachdem der überaus heftig geführte Krieg endlich zu einem Ende gekommen war, wurde Constantinus unter großer Freude des Senates und des römischen Volkes in Rom empfangen; hier erfuhr er von dem Verrat des Maximinus Daia, gelangte in den Besitz von dessen Briefen, fand seine Statuen und Bilder. (11) Der Senat beschloss Constantinus um seiner Tapferkeit willen den Titel des ersten Augustus, einen Titel, den auch Maximinus für sich beanspruchte. Als ihm die Nachricht vom Sieg und der Befreiung der Stadt überbracht wurde, nahm er sie nicht anders auf, als wenn er selbst besiegt worden wäre. (12) Als er dann von dem Senatsbeschluss erfuhr, empfand er so großen Schmerz, dass er offen seine Feindschaft zu Constantinus bekundete und mit Scherzen vermischte Schmähworte gegen den größten Kaiser äußerte.

Edikt von Mailand

(1) Als Licinius einen Teil des Heeres (von Maximinus Daia) übernommen und es unter seine Soldaten verteilt hatte, setzte er sein Heer wenige Tage später (nach dem Sieg über Maximinus) nach Bithynien über. Und als er in Nicomedia einmarschiert war, zeigte er Gott, durch dessen Hilfe er gesiegt hatte, seinen Dank und ließ am 13. Juni des Jahres, in dem Constantinus und er zum dritten Mal das Consulat bekleideten, den folgenden Brief, den er an den Statthalter über die Wiederherstellung der Rechte der Kirche geschickt hatte, öffentlich aushängen: (2) »Als ich, Constantinus Augustus, wie auch ich, Licinius Augustus, in glücklicher Weise in Mailand zusammenkamen und alle Angelegenheiten, die das Wohl und die Sicherheit des Staatswesens betreffen, diskutierten, glaubten wir unter all den übrigen Angelegenheiten, von denen wir sahen, dass sie einer größeren Zahl von Menschen nützen würden, dies in erster Linie ordnen zu müssen, worauf die Ehrfurcht vor dem göttlichen Wesen (*divinitas*) beruhte, dass wir den Christen und allen Menschen die Freiheit gäben, der Religion zu folgen, die ein jeder wünschte, damit, was immer es an göttlichem Wesen (*divinitas*) im Himmel gebe, uns und allen Menschen, die unserer Amtsgewalt unterstehen, geneigt und wohlgesonnen sein könne. (3) Deshalb glaubten wir, wir müssten in heilsamer und richtiger vernünftiger Überlegung diesen Plan fassen, dass wir glaubten, wir sollten ganz und gar niemandem diese Möglichkeit absprechen, der sich der Observanz der Christen oder der Religion hingegeben hatte, von der er selbst fühlte, dass sie für ihn die passendste sei, so dass das höchste göttliche Wesen (*summa divinitas*), deren Religion wir mit freiem Sinn gehorchen, uns in allem seine gewohnte Gunst und Wohlwollen gewähren könne. (4) Deswegen soll deine Hochwürden wissen, dass wir beschlossen haben, dass unter Beseitigung ganz und gar aller Bedingungen, die früher in den an dein Büro gerichteten Erlassen über den Namen der Christen enthalten waren, das, was durchaus Unglück verheißend und unserer Milde fremd erschien, aufgehoben werde und jetzt ein jeder derer, die den Wunsch haben, der Religion der Christen zu folgen, frei und einfach ohne alle Sorge und Belästigung seiner Person dahin strebe, dies zu tun. (5) Wir glaubten, wir sollten dies deiner Sorgfalt in vollstem Umfang mitteilen, damit zu wissest, dass wir den Chris-

Q 341 b
*Lactantius,
Über die Todesarten
der Verfolger 48*

ten die freie und unbeschränkte Vollmacht gegeben haben, ihre Religion zu praktizieren. (6) Und da du siehst, dass dies von uns diesen Leuten gewährt wurde, so erkennt deine Hochwürden, dass auch anderen in ähnlicher Weise die offene und freie Möglichkeit, ihrer Religion bzw. Glaubensrichtung zu folgen, wie es dem Frieden, der in unserer Zeit herrscht, entspricht, eingeräumt wurde, so dass ein jeder bei der Verehrung dessen, was er sich ausgesucht hat, freien Spielraum hat. [...] (7) Und dies glaubten wir darüber hinaus in der Person der Christen anordnen zu sollen, dass, wenn irgendwelche Leute in der Vergangenheit die Örtlichkeiten, bei denen sie vorher zusammenzukommen pflegten, über die auch in den an dein Büro gerichteten Schreiben vorher eine Richtschnur enthalten war, von unserem Fiskus oder von irgendjemandem anderen gekauft haben, sie den Christen eben diese Örtlichkeiten ohne Geldzahlungen und ohne Forderung eines Kaufpreises zurückerstatten, ohne Verzögerung und ohne Zweideutigkeit. (8) Auch diejenigen, die die Immobilien zum Geschenk erhalten hatten, sollen nämliche in ähnlicher Weise so schnell wie möglich den Christen zurückgeben. [...] Alle diese Immobilien müssen der Gemeinschaft der Christen sogleich durch deine Intervention und ohne jede Verzögerung übergeben werden. (9) Und da die nämlichen Christen bekanntermaßen nicht nur diese Immobilien, bei denen sie zusammenzutreffen pflegten, sondern auch andere gehabt haben, die von Rechts wegen ihrer Körperschaft, d. h. ihren Kirchen, gehören, nicht Einzelpersonen, so wirst du anordnen, dass alle diese Immobilien nach dem Gesetz, das wir oben dargelegt haben, ohne dass irgendein Zweifel geäußert würde und ohne irgendeinen Streit den nämlichen Christen, d. h. ihrer Körperschaft und ihren Gemeinden, zurückgegeben werden, wobei der oben genannte Grundsatz Gültigkeit behalte, dass diejenigen, die, wie wir gesagt haben, die Immobilien ohne Kaufpreis zurückerstatten, eine Entschädigung von unserer Güte erhoffen. (10) In all diesen Angelegenheiten wirst du der Körperschaft der Christen deine wirksamste Unterstützung gewähren müssen, so dass unsere Vorschriften möglichst schnell umgesetzt werden, damit auch in diesem Punkt durch unsere Milde für die öffentliche Ruhe gesorgt werde. (11) So wird es geschehen, wie wir oben erklärt haben, dass die göttliche Gunst für uns, die wir in so großen Angelegenheiten erfahren haben, für alle Zeit in glücklicher Weise für unsere Erfolge zum Glück des Gemeinwesens bestehen bleiben wird. (12) Damit aber der Charakter dieser Regelung und unseres Wohlwollens zur Kenntnis aller gelangen kann, wird es sich ziemen, dass du dieses Schreiben einem Edikt von dir voranstellst und es überall aushängst und es zur Kenntnis aller bringst, damit die Regelungen dieses unseres Wohlwollens nicht verborgen bleiben können.« (13) Nachdem er dieses Schreiben publiziert hatte, ermahnte Licinius auch mündlich, dass die Versammlungsplätze wieder in ihren vormaligen Stand versetzt würden. So waren es von der Umstürzung der Kirche bis zu ihrer Wiederherstellung zehn Jahre und ungefähr vier Monate.

Q 341 c

Inschrift des constantinischen Triumphbogens aus dem Jahr 315 n. Chr. (Rom)

ILS 694

Dem Imperator Caesar Flavius Constantinus Maximus, dem Frommen und Glücklichen, Augustus, hat der Senat und das römische Volk, weil er auf Eingebung der Gottheit (*instinctu divinitatis*) durch seine Geistesgröße zusammen mit seinem Heer den Staat an dem Tyrannen wie auch gleichzeitig an dessen ganzer Partei mit gerechter Waffengewalt gerächt hat, diesen Triumphbogen geweiht.

Q 342 Privilegierung der Kirche bzw. des Klerus durch Constantinus

Derselbe Augustus (d.h. Constantinus) an den Statthalter Lucaniens und Bruttiums. Diejenigen, die der Verehrung Gottes ihren frommen Dienst widmen, das heißt die als Kleriker bezeichnet werden, sollen ganz und gar von allen Dienstleistungen (*munera*) befreit werden, damit sie nicht durch gotteslästerlichen Neid gewisser Personen vom Dienst an Gott abgerufen werden können. Ausgegeben am 21. Oktober im fünften Consulat des Augustus Constantinus und im Consulat des Caesar Licinius.

Derselbe Augustus (d.h. Constantinus) an den Prätorianerpräfekten Bassus. Nachdem ein Kaisererlass publiziert wurde, der anordnet, dass künftig kein Curiale oder jemand, der von einem Curialen abstammt, oder auch jemand, der über ein hinreichend großes Vermögen verfügt, das für die Übernahme öffentlicher *munera* geeignet ist, zur Bezeichnung ›Kleriker‹ und zum Dienst im Klerus Zuflucht nehme, sondern von nun an höchstens diejenigen an die Stelle verstorbener Kleriker nachgewählt werden, die über ein geringes Vermögen verfügen und die nicht den städtischen *munera* verpflichtet sind, haben wir erfahren, dass auch jene behelligt werden, die sich vor der Bekanntmachung des Gesetzes der Gemeinschaft der Kleriker angeschlossen haben. Und deshalb ordnen wir an, dass sie von jeder Belästigung befreit werden, und nur jene, die nach Einbringung des Gesetzes den Dienst an der Stadt zu vermeiden suchten und deshalb in den Klerus geflüchtet sind, von dieser Körperschaft getrennt und der Curie und dem Curialenstand wiedergegeben werden und ihren Verpflichtungen in der Stadt nachkommen. Ausgehängt am 18. Juli im sechsten Consulat des Augustus Constantinus und im Consulat des Caesar Constantius.

Derselbe Augustus (d.h. Constantinus) an das Volk. Ein jeder habe die Freiheit, der heiligsten und verehrungswürdigen Gemeinschaft der katholischen Kirche bei seinem Tode an Gütern, was er gewünscht hat, zu hinterlassen. Das Testament sei nicht ungültig. Nichts wird den Menschen mehr geschuldet, als dass die Abfassung ihres Letzten Willens, nach dem sie schon nichts anderes mehr wollen können, frei und ihre Entscheidung, die nicht wieder zurückkehrt, keinen Einschränkungen unterworfen sei. Bekannt gemacht am 3. Juli in Rom im zweiten Consulat der Caesaren Crispus und Constantinus.

Schutz des Sonntags

Der Kaiser und Augustus Constantinus an Helpidius. So wie es im höchsten Grade unwürdig erschien, dass der Sonntag, der religiöser Verehrung unterliegt, mit wechselseitigem Streit und schädlichen Streitereien der Parteien vor Gericht in Beschlag genommen wird, so ist es lieb und angenehm, dass an diesem Tag die Angelegenheiten, die im höchsten Grade erwünscht sind, erledigt werden. Und deshalb sollen alle an dem Festtag die Freiheit haben, Kinder aus der väterlichen Gewalt zu entlassen (*emancipare*) und Sklaven freizulassen, und es soll nicht untersagt werden, dass hierüber Akten angelegt werden. Bekannt gemacht am 3. Juli in Cagliari im zweiten Consulat der Caesaren Crispus und Constantinus.

Freilassung in der Kirche

Der Kaiser und Augustus Constantinus an Bischof Hosius. Diejenigen, die mit religiösem Sinn ihren Sklaven im Schoß der Kirche die verdiente Freiheit zugestanden haben, sollen dieselbe mit demselben Recht geschenkt zu haben scheinen, wie das römische Bürgerrecht unter Beachtung der Förmlichkeiten gegeben zu werden pflegte. Aber wir haben beschlossen, dass diese Erleichterung lediglich denen, die sie (die Freiheit) unter den Augen der Bischöfe gegeben haben, zugestanden werde. (1) Den Klerikern räumen wir aber darüber hinaus ein, dass, wenn sie ihren Sklaven die Freiheit gewähren, sie nicht nur im Angesicht der Kirche und der frommen Gemeinde den vollen Ertrag der Freiheit gewährt haben, sondern auch, wenn sie in ihrem Letzten Willen die Freiheit gegeben haben oder mit welchen Worten auch immer angeordnet haben, dass sie gegeben werde, so dass den Sklaven mit dem Tag der Veröffentlichung des Letzten Willens ohne einen Zeugen des Rechts oder jemanden, der es auslegt, die Freiheit unbedingt zusteht. Ausgegeben am 18. April im zweiten Consulat von Crispus und Constantinus.

Q 342 f
Constitutio Sirmondiana
1 (333 n. Chr.)

Bischöfliche Gerichtsbarkeit

Der Kaiser und Augustus Constantinus an den Prätorianerpräfekten Ablabius. Wir haben uns recht gewundert, dass deine Würde, die voller Gerechtigkeit und rechter Religion ist, von unserer Milde hat erfragen wollen, was unsere Mäßigung bezüglich der Urteilssprüche der Bischöfe vorher beschlossen hat bzw. was wir jetzt beachtet wissen wollen, Ablabius, liebster und geschätztester Vater. Da du von uns belehrt werden wolltest, verbreiten wir darum erneut mit heilsamem Befehl den Inhalt des vormals veröffentlichten Gesetzes. (1) Wir haben nämlich bestimmt, wie die Anordnungen unseres Ediktes klarmachen, dass die Urteilssprüche von Bischöfen, von welcher Art sie auch immer sind, ohne Rücksicht auf das Alter (der Prozessierenden) immer unverletzlich und unveränderlich bewahrt werden; das heißt, dass, was durch ein Bischofsurteil beigelegt wird, immer für heilig und verehrenswert gehalten wird. Ob nun von Bischöfen unter Minderjährigen oder unter Erwachsenen ein Urteil gefällt wurde, so wollen wir deshalb, dass es von euch, die ihr die oberste Gerichtsbarkeit habt, und von allen übrigen Richtern ausgeführt werde. Wer auch immer einen Streit hat, ob Beklagter oder Kläger, am Anfang des Streits oder nachdem schon einige Zeit verstrichen ist, wenn die Schlussplädoyers gehalten werden oder man schon anfängt, das Urteil zu verkünden, und das Gericht des heiligen Gesetzes des Bischofs gewählt hat, so sollen auf der Stelle ohne jedes Zögern, auch wenn die andere Partei Einspruch erhebt, die Prozessierenden vor den Bischof geführt werden. Denn vieles, von dem die trügerischen Fesseln juristischer Einreden vor Gericht nicht zulassen, dass es an die Öffentlichkeit gebracht wird, untersucht und veröffentlicht die Autorität der heiligen Religion. Alle Rechtssachen also, die nach prätorischem oder zivilem Recht verhandelt werden, sollen, wenn sie durch Urteilssprüche von Bischöfen beigelegt wurden, durch das Recht dauerhaften Bestandes bekräftigt werden, und es soll nicht gestattet sein, dass eine Angelegenheit später erneut verhandelt wird, die ein bischöflicher Urteilsspruch entschieden hat. Die Zeugenaussage, die auch nur von einem Bischof geleistet wurde, soll jeder Richter ohne zu zweifeln akzeptieren, und es soll kein weiterer Zeuge gehört werden, wenn die Zeugenaussage eines Bischofs von welcher Seite auch immer in Aussicht gestellt wurde. Das ist nämlich durch die Autorität der Wahrheit bekräftigt, dies ist unverletzlich, was das Gewissen eines reinen Geistes aus einem heiligen Mann hervorgebracht hat. Dies haben wir einmal durch ein heilsames Edikt festgesetzt, dies bekräftigen wir durch dauerhaftes Gesetz, indem wir die böswilligen Samen von Streitigkeiten vernichten, so dass die unglücklichen Menschen, die in langen und beinahe endlosen Banden von Gerichtsverfahren verstrickt sind, von unredlichen Forderungen und verkehrter Begierde in einem frühen Ende befreit werden. Was unsere Milde bezüglich der bischöflichen Urteile entschieden hat und wir nun in diesem Gesetz erfasst haben, sollen darum deine Würde und die übrigen Richter als zum Nutzen aller erlassen für immer beachten. Ausgegeben am 5. Mai in Konstantinopel unter dem Consulat des Dalmatius und des Zenofilus.

Q 343 Antiheidnische Gesetzgebung von Constantinus und seinen Söhnen

Q 343

Verbot der Eingeweideschau
Der Kaiser und Augustus Constantinus an Maximus. Kein Eingeweideschauer (*haruspex*) soll das Haus eines anderen betreten und auch nicht aus einem anderen Grund (als der Eingeweideschau), sondern die Freundschaft dieser Menschen soll, so alt sie auch sein mag, zurückgewiesen werden. Mit dem Feuertod ist jener Eingeweideschauer zu bestrafen, der ein fremdes Haus aufsucht, und jener, der ihn mit Überredung oder Belohnungen herbeigerufen hat, soll nach Konfiskation seiner Güter auf eine Insel verbannt werden. Denn wenn sie ihrem Aberglauben dienen wollen, können sie ihren Ritus öffentlich ausüben. Wir glauben aber, dass jemand, der diese Straftat zur Anzeige bringt, kein Denunziant ist, sondern vielmehr eine Belohnung verdient. Publiziert am 1. Februar in Rom im fünften Consulat des Augustus Constantinus und im Consulat des Caesar Licinius.

Q 343 a
Codex Theodosianus
9, 16, 1 (319 n. Chr.)

Verbot magischer Praktiken
Derselbe Augustus (d.h. Constantinus) und der Caesar an den Stadtpräfekten Bassus. Die Wissenschaft derer, die überführt werden, mit magischen Künsten gewappnet gegen das Wohlergehen von Menschen gewirkt oder den keuschen Sinn zu sexuellen Lüsten bewegt zu haben, ist zu bestrafen und zu Recht mit äußerst strengen Gesetzen zu ahnden. Nicht in Beschuldigungen verwickelt werden sollen aber die Heilmittel, die für menschliche Körper gesucht wurden, oder die in den ländlichen Regionen in aller Unschuld herangezogene Unterstützung, damit nicht für die reifen Weintrauben Regengüsse gefürchtet oder sie nicht durch den Niederschlag herabstürzender Hagelkörner niedergeschlagen werden, eine Unterstützung, durch die niemandes Heil oder Ansehen verletzt wird, sondern deren Handlungen es bewirken, dass die göttlichen Gaben und die Mühen der Menschen nicht zunichte gemacht werden. Ausgegeben am 23. Mai in Aquileia im Consulat der Caesaren Crispus und Constantinus.

Q 343 b
Codex Theodosianus
9, 16, 3 (321/24 [317–319] n. Chr.)

Schutz der Tempel vor Zerstörung
Dieselben Augusti (d.h. Constantius II. und Constans) an den Stadtpräfekten Catullinus. Obwohl jeder Aberglauben ganz und gar ausgetilgt werden muss, wollen wir dennoch, dass die Tempelgebäude, welche sich außerhalb der Stadtmauern befinden, unversehrt und unbeschädigt bleiben. Denn da aus einigen Schauspiele, Circusspiele oder Agone ihre Herkunft ableiten, ziemt es sich nicht, dass die Gebäude eingerissen werden, aus denen dem römischen Volk gewohnheitsmäßig und seit alter Zeit Unterhaltung geboten wird. Ausgegeben am 1. November im vierten Consulat des Constantius und dem dritten des Constans, der Augusti.

Q 343 c
Codex Theodosianus
16, 10, 3 (346 bzw. 342 n. Chr.)

Q 343 d
Codex Theodosianus 16, 10, 4 (346 [354?] n. Chr.)

Schließung heidnischer Tempel

Dieselben Augusti (d. h. Constantius II. und Constans) an den Prätorianer-präfekten Taurus. Wir haben beschlossen, dass an allen Orten und in allen Städten sogleich die Tempel geschlossen werden und allen der Zugang zu ihnen verwehrt werde und damit den Verruchten die Möglichkeit, Verbrechen zu begehen, verweigert werde. Wir wollen auch, dass sich alle von heidnischen Opfern fernhalten. Wenn jemand etwas in dieser Art begangen hat, soll er mit dem rächenden Schwert niedergestreckt werden. Wir entscheiden auch, dass das Vermögen des Hingerichteten für den Fiskus eingezogen werde und in ähnlicher Weise die Provinzstatthalter bestraft werden, wenn sie die Bestrafung der Straftaten versäumten. Ausgegeben am 1. Dezember im vierten Consulat des Constantius und im dritten Consulat des Constans, der Augusti.

Q 343 e
Codex Theodosianus 16, 10, 5 (353 n. Chr.)

Opferverbot

Derselbe Augustus (d. h. Constantius II.) an den Stadtpräfekten Cerealis. Nächtliche Opfer, die auf Veranlassung des Magnentius erlaubt wurden, sollen abgeschafft und die frevelhafte Zügellosigkeit von nun an zurückgestoßen werden. Usw. Ausgegeben am 23. November im sechsten Consulat des Constantius und im zweiten Consulat des Caesar.

Q 343 f
Codex Theodosianus 16, 10, 6 (356 n. Chr.)

Derselbe Augustus (d. h. Constantius II.) und der Caesar Iulianus. Wir ordnen an, den der Todesstrafe zu unterwerfen, von dem erwiesen ist, dass er heidnische Opfer praktiziert oder Götterbilder verehrt. Ausgegeben am 19. Februar in Mailand im achten Consulat des Constantius und im Consulat des Caesar Iulianus.

Q 344

Q 344 Iulianus und das Heidentum

Q 344 a
Ammianus Marcellinus, Römische Geschichte 22, 5, 1–4

(1) Und obwohl Iulianus von frühester Kindheit an der Verehrung der (heidnischen) Götter zuneigte und, als er allmählich heranwuchs, vom Verlangen hiernach erfüllt war, führte er dennoch, da er vielerlei zu befürchten hatte, nur einige Riten, die sich hierauf bezogen, in allergrößter Heimlichkeit aus, soweit dies möglich war. (2) Als aber alles weggefallen war, was er fürchtete, und er sah, dass er die Gelegenheit habe, zu tun, was er wolle, enthüllte er die Geheimnisse seiner Brust und beschloss in klaren und eindeutigen Erlassen, die Tempel wieder zu öffnen und den Altären Opfertiere zuzuführen und den Kult der Götter wiederherzustellen. (3) Und um die Wirkung seiner Anordnungen zu stärken, rief er die sich bekämpfenden christlichen Bischöfe zusammen mit dem ebenfalls gespaltenen Volke in seinen Palast und ermahnte sie in recht zivilem Ton, ein jeder solle nach Beilegung ihrer Streitigkeiten unbehelligt seiner Religion dienen, ohne dass ihn jemand hieran hindere. (4) Dies betrieb er deswegen so hartnäckig, damit die Freiheit ihre Meinungsverschiedenheiten vergrößere und er demzufolge später nicht beim Volke die Einigkeit befürchten müsse; denn er hatte die Erfahrung gemacht, dass kein wildes Tier den Menschen so feindlich ist, wie es die meisten Christen in ihrem tödlichen Hass gegeneinander sind. [...]

Q 344 b
Sozomenos, Kirchengeschichte 5, 3, 4

An die Provinzlandtage schrieb er (Iulianus) oft, wenn er erfuhr, dass sie sich dem Heidentum zugewandt hätten, und ermunterte sie, die Gunsterweise zu fordern, die sie wollten, den christlichen Städten zeigte er aber offen seinen

Hass, indem er es weder ertrug, in ihnen zu weilen, noch ihre Gesandtschaften empfing, wenn sie über Angelegenheiten, die sie betrübten, Gesandte schickten.

(1) Indem er (Iulianus) dieses betrieb, erließ er allen unter Constantius II. wegen ihrer Religion in die Verbannung Geschickten die Verbannung, und denen, deren Vermögen konfisziert worden war, gab er durch Gesetz ihre Habe zurück. Die Bevölkerung in den Stadtgemeinden ermahnte er, keinem Christen ein Unrecht zu tun, sie auch nicht zu verhöhnen und nicht gegen ihren Willen zu einem heidnischen Opfer zu ziehen. Diejenigen, die freiwillig an die Altäre heranträten, sollten vorher die von den Heiden sogenannten apotropäischen Dämonen versöhnen und sich mit den gewohnten Reinigungsriten reinigen lassen. (2) Den Klerikern aber nahm er jede Steuerfreiheit, Ehrung und die Getreidezuteilungen, hob die zu ihren Gunsten bestehenden Gesetze auf und gab sie den Curien zurück, und bis zu den Jungfrauen und den Witwen, die wegen ihrer Bedürftigkeit dem Klerus zugerechnet wurden, ordnete er an, dass die Zuwendungen wieder eingetrieben werden, die sie vorher aus der Staatskasse empfangen hatten. (3) Als nämlich Constantinus die Kirchenangelegenheiten geordnet hatte, hatte er dem Klerus überall aus den Steuererträgen einer jeden Stadt einen hinreichenden Betrag zur Bereitstellung des Lebensunterhaltes zugeteilt und dies durch ein Gesetz bekräftigt, das noch jetzt gültig ist und seit dem Tode Iulians sorgfältig eingehalten wird. (4) Man sagt, diese Eintreibung sei überaus roh und drückend ausgeführt worden. Es bezeugen dies auch die damals von den Steuereintreibern den Schuldnern ausgestellten Urkunden, die die Rückzahlung dessen, was sie gemäß dem constantinischen Gesetz empfangen hatten, quittierten.

Q 344c
Sozomenos, Kirchengeschichte 5, 5, 1–4

(1) Der Kaiser war schon lange bestrebt, dass das Heidentum in seinem gesamten Herrschaftsgebiet die Oberhand gewinne, und ertrug es daher nur schwer, mitanzusehen, wie es vom Christentum überboten wurde. Denn die heidnischen Tempel waren geöffnet, und die Opfer und überlieferten heidnischen Feste in den Städten schienen ihm gemäß Wunsch voranzukommen. Es erfüllte ihn aber mit Missmut, wenn er überlegte, dass sich dies wieder schnell ändern werde, wenn es ohne seinen Eifer auskommen müsse. Nicht am wenigsten aber war er betrübt, wenn er hörte, dass die Frauen, Kinder und Sklaven auch zahlreicher heidnischer Priester Christen waren. (2) Da er glaubte, dass der christliche Glaube seine Festigkeit aus dem Lebenswandel und der Organisation seiner Anhänger beziehe, beabsichtigte er, überall die heidnischen Tempel mit der Ausstattung und Anordnung der Religion der Christen zu versehen, mit Altären, mit bevorzugten Sitzplätzen, mit Lehrern und Vorlesern der heidnischen Dogmen und Ermahnungen, mit geordneten Gebeten für festgesetzte Stunden und Tage, mit Meditationsräumen für Männer und Frauen, die beschlossen hatten, sich der Askese zu widmen, und mit Herbergen für Fremde und Bettler und den anderen Formen der Mildtätigkeit gegenüber den Bedürftigen die Lehre der Heiden zu heiligen (3) und für freiwillige und unfreiwillige Verfehlungen gemäß der Tradition der Christen nach gezeigter Reue eine angemessene Buße festzulegen. Nicht am wenigsten soll er die Losungen der bischöflichen Empfehlungsschreiben nachgeahmt haben, durch die die Fremden, – so die Gewohnheit –, wo immer sie vorbeikommen und bei wem immer sie ankommen, auf jeden Fall einkehren und einer Fürsorge wert gehalten werden, wie bekannte und geschätzteste Personen wegen des Zeugnisses des Erkennungszeichens.

Q 344d
Sozomenos, Kirchengeschichte 5, 16, 1–3

Q 345

Q 345 Verschärfte antiheidnische Gesetzgebung Theodosius' des Großen

*Codex Theodosianus
16, 10, 10 (391 n. Chr.)*

Dieselben Augusti (d. h. Gratianus, Valentinianus und Theodosius) an den Prätorianerpräfekten Albinus. Niemand soll sich mit Opfertieren besudeln, niemand soll ein unschuldiges Opfertier schlachten, niemand soll die Heiligtümer besuchen, durch die Tempel wandeln und zu Götterbildern, die durch menschliche Arbeit gestaltet sind, aufschauen, um nicht nach göttlichen und menschlichen Gesetzen angeklagt zu werden. Die Richter sollen auch durch diese Regel gebunden sein, dass er (der Richter), wenn jemand den gottlosen Riten ergeben ist und irgendwo einen Tempel – unterwegs oder in der Stadt – zum Zweck der Götterverehrung betreten hat, selbst sogleich 15 Pfund Gold zu entrichten gezwungen wird und auch sein Büro die gleiche Summe ebenso schnell zahlt, wenn es sich nicht dem Richter entgegengestellt und sogleich unter öffentlicher Bezeugung Bericht erstattet hat. Statthalter mit dem Rang eines *consularis* sollen jeweils 6 Pfund Gold bezahlen, ihre Büros ebenso, die Statthalter im Rang eines *corrector* und *praeses* jeweils 4 Pfund Gold, ihre Beamten eine ähnliche Summe nach gleichem Prinzip. Ausgegeben am 24. Februar in Mailand unter den Consuln Tatianus und Symmachus.

Q 346

Q 346 Religiös motivierte Gewalt im Zuge der Christianisierung

*Q 346 a
Sozomenos, Kirchen-
geschichte 7, 15, 2–10*

Zerstörung des Serapis-Tempels in Alexandria, 391 n. Chr.
(2) Während derselben Zeit ließ der alexandrinische Bischof den dortigen Dionysostempel in eine Kirche umwandeln; denn dies hatte er auf seine Bitten hin als Gunst vom Kaiser erhalten. Die dortigen Götterbilder wurden gestürzt und das Innere des Tempels geöffnet. Da er sich mit voller Absicht bemühte, seinen Spott mit den Mysterien der Heiden zu treiben, zeigte er diese Gegenstände in einer öffentlichen Prozession, (3) und die Phalloi und andere Gegenstände, die im Tempelinneren verborgen waren und lächerlich waren oder es schienen, stellte er öffentlich zur Schau. Die Heiden, die angesichts des ungewohnten und unerwarteten Ereignisses verwirrt waren, vermochten nicht ruhig zu bleiben. Sie ermunterten einander und fielen über die Christen her. Und nachdem sie einige getötet, andere verwundet hatten, besetzten sie das Serapeion. Dies war der wegen seiner Schönheit und Größe sehenswerteste Tempel; er lag auf einem Hügel. (4) Von dort kamen sie plötzlich wie aus einer Zitadelle, ergriffen viele Christen und zwangen sie unter Folter, heidnische Opfer darzubringen. Einige unter denen, die sich weigerten, pfählten sie, anderen brachen sie die Beine, die einen töteten sie auf diese, die anderen auf jene Weise. (5) Als die Unruhen schon lange Zeit währten, fanden sich die Amtsträger bei ihnen ein und erinnerten sie an die Gesetze und forderten sie auf, mit den kriegerischen Aktivitäten aufzuhören und das Serapeion zu verlassen. Befehlshaber der in Ägypten stationierten Truppen war damals Romanus, als Präfekt aber gebot Euagrius über Alexandria. Als sie nichts bewirkten, zeigten sie dem Kaiser das Geschehene an. (6) Noch entschlossener machte die Leute im Serapeion, dass sie sich bewusst waren, was sie gewagt hatten, dann auch ein gewisser Olympios, der in der Kleidung eines Philosophen unter ihnen war und sie überzeugte, sie dürften die väterlichen Sitten nicht vernachlässigen, sondern, wenn es erforderlich sei, müsse man für sie sterben. Da er sie infolge der Zerstörung der Götterbilder mutlos sah, riet er ihnen, nicht von der Religion zu lassen, indem er erklärte, die Götterbilder seien vergängliche Materie und äußerer Schein und deswegen

erwarte sie die Zerstörung, es hätten ihnen aber Mächte innegewohnt und seien zum Himmel aufgeflogen. Und indem er ihnen solches erläuterte und eine große Zahl von Heiden um sich hatte, blieb er im Serapeion. (7) Als ihm das Geschehene gemeldet wurde, pries der Kaiser die getöteten Christen glücklich, da sie an den Ehren des Martyriums Anteil und sich für den Glauben der Gefahr ausgesetzt hätten. Die Mörder aber ordnete er an zu amnestieren, damit sie aus Scham für die ihnen erwiesene Wohltat möglichst leicht zum Christentum überwechselten, die Tempel in Alexandria aber als Ursache für die Unruhe im Volk zu zerstören. (8) Es wird erzählt, die Christen hätten, als der Erlass des Kaisers hierüber öffentlich vorgelesen wurde, laut aufgeschrieen, weil er sogleich vom Proömium an den Heiden die Schuld gab. Daraufhin seien die Verteidiger des Serapeions in Furcht geraten und hätten sich zur Flucht gewandt, die Christen hätten den Platz aber eingenommen und von da an besetzt gehalten. (9) Olympios aber hat, wie ich erfahren habe, kurz zuvor, mitten in der Nacht, nach der sich dieses, als es Tag geworden war, ereignete, im Serapeion jemanden Halleluja singen hören. Da aber die Tore geschlossen waren und Ruhe herrschte und er niemanden sah, er nur die Stimme hörte, die denselben Psalm sang, verstand er das Zeichen. Und unbemerkt von allen verließ er das Serapeion, erlangte ein Schiff und fuhr nach Italien. (10) Man sagt, als dieser Tempel damals zerstört wurde, seien einige der sogenannten hieroglyphischen Zeichen, die dem Kreuzeszeichen ähnelten, in Steine eingemeißelt, aufgetaucht. Diese Schrift, von den Fachkundigen übersetzt, habe »das kommende Leben« bedeutet. Dies sei für viele Heiden ein Vorwand gewesen, sich dem Christentum anzuschließen, insoweit auch andere Schriften anzeigten, dass dieser Tempel sein Ende finden werde, wenn dieses Schriftzeichen erscheine. Das Serapeion also wurde auf diese Weise eingenommen und nach nicht langer Zeit in eine Kirche umgewandelt, die nach dem Kaiser Arcadius benannt wurde.

Christianisierung des ländlichen Raumes in Gallien und Zerstörung heidnischer Tempel

Q 346 b

Sulpicius Severus,
Lebensbeschreibung
Martins 12–15

(12, 1) Später geschah es, dass er (Martin von Tours), als er unterwegs war, dem Leichnam eines Heiden (*gentilis*) begegnete, der in einem abergläubischen Leichenbegängnis zu seinem Grab getragen wurde. Als er von ferne die Menge, die sich ihm näherte, erblickte, wusste er zuerst nicht, worum es sich handelte, und blieb ein wenig stehen. Denn der Abstand betrug ungefähr fünfhundert Schritte, so dass schwierig auszumachen war, was er sah. (2) Dennoch, da er eine Gruppe von Bauern sah und die Leinentücher, die über den Leichnam gelegt waren, im Wind flatterten, glaubte er, dass heidnische Opferriten vollzogen würden, weil die Bauern in Gallien die Gewohnheit hatten, in ihrem unglücklichen Wahnsinn die Bilder ihrer Dämonen mit einem weißen Umhang bekleidet über ihre Felder herumzuführen. (3) Er machte also das Kreuzeszeichen vor denen, die ihm begegneten, und befahl der Menge, sich nicht von der Stelle zu bewegen und die Last abzulegen. Da hätte man, in wunderbarer Weise, sehen können, wie die Unglücklichen zunächst wie Steine erstarrten. (4) Als sie sich dann mit aller Kraft bemühten, sich vorwärtszubewegen, aber nicht weiter voranzukommen in der Lage waren, drehten sie sich um sich selbst in einer lächerlichen Kreisbewegung, bis sie, besiegt, die Last des Leichnams niederlegten. Erstaunt und sich wechselseitig anblickend überlegten sie schweigend, was ihnen denn widerfahren sei. (5) Aber als der heilige Mann erfahren hatte, dass die Ansammlung einem Leichenbegängnis, nicht einem heidnischen Opfer diene, hob er wieder die

Hand und gab ihnen die Möglichkeit, wegzugehen und den Leichnam mit sich zu nehmen. So zwang er sie, wenn er wollte, zu stehen, und erlaubte ihnen wegzugehen, wenn es ihm beliebte. (13, 1) Ein andermal, als er in einem Dorf einen sehr alten Tempel eingerissen und sich daran gemacht hatte, einen Pinienbaum, der in der unmittelbaren Nachbarschaft des Tempels stand, zu fällen, fing der Priester jenes Ortes und die übrige Menge der Heiden Widerstand zu leisten an. (2) Und während eben jene, als der Tempel zerstört wurde, auf Befehl des Herrn ruhig geblieben waren, duldeten sie nicht, dass der Baum gefällt werde. Jener ermahnte sie eifrig, dass nichts, was religiöse Verehrung verdiene, in einem Baumstamm sei; sie sollten eher Gott, dem er selbst diene, folgen; jener Baum müsse gefällt werden, weil er einem Dämonen geweiht sei. (3) Darauf sagte einer unter ihnen, der kühner als die Übrigen war: »Wenn du einiges Vertrauen zu deinem Gott hast, von dem du sagst, dass du ihn verehrst, so werden wir selbst den Baum fällen, du fange ihn auf, wenn er stürzt. Und wenn dein Herr, wie du sagst, mit dir ist, so wirst du dem Tod entgehen.« (4) Darauf versprach Martin, der ohne Angst auf den Herrn vertraute, er werde es tun. Da aber stimmte die gesamte Menge der Heiden dieser Vereinbarung zu, und leicht nahmen sie den Verlust ihres Baumes in Kauf, wenn sie durch seinen Fall den Feind ihrer heidnischen Riten erschlagen würden. (5) Da sich die Pinie auf eine Seite hin neigte, so dass nicht zweifelhaft war, in welche Richtung sie, wenn sie gefällt würde, stürzen würde, wurde er deshalb gemäß dem Willen der Bauern gefesselt dorthin gestellt, wohin, wie niemand zweifelte, der Baum fallen würde. (6) Sie machten sich also unter ungeheurer Freude und Heiterkeit selbst daran, ihre Pinie zu fällen. Eine Menge von Personen schaute aus der Ferne staunend zu. Und schon wankte die Pinie allmählich und drohte, im Begriff zu fallen, mit ihrem Sturz. (7) Abseits erblassten die Mönche und hatten, durch die nun schon nähere Gefahr erschreckt, alle Hoffnung und alles Vertrauen verloren, da sie allein Martins Tod erwarteten. (8) Aber jener vertraute auf Gott, wartete ohne Angst und hob, als die Pinie in ihrem Sturz schon ein Krachen von sich gegeben hatte, seine Hand in Richtung des schon fallenden, schon über ihn niederstürzenden Baumes und setzte ihm das Zeichen des Heiles entgegen. Da aber – man hätte glauben können, dass er wie von einem Wirbelwind zurückgedreht wurde – stürzte er in die entgegengesetzte Richtung, so dass er die Bauern, die sich an sicherem Ort gehalten hatten, beinahe niederwarf. (9) Da aber erhob sich ein Geschrei gen Himmel, und die Heiden staunten über das Wunder, die Mönche weinten vor Freude, der Name Christi wurde von allen einmütig gepriesen, und es stand hinreichend fest, dass an diesem Tag das Heil für jene Region gekommen ist. Denn es gab beinahe niemanden in dieser großen Menge Heiden, der nicht gewünscht, dass ihm die Hand auferlegt würde, und an den Herrn Jesus geglaubt hätte, nachdem er den Irrtum seiner Gottlosigkeit aufgegeben hatte. Und wahrhaftig, vor Martin hatten nur ganz wenige, vielmehr beinahe niemand in dieser Gegend den Namen Christi angenommen. Dieser erstarkte durch seine »Tugenden« (die von ihm bewirkten Wunder) und sein Beispiel so sehr, dass es dort nun schon keinen Ort mehr gibt, an dem nicht zahlreiche Kirchen oder Klöster stehen. Denn dort, wo er heidnische Tempel zerstört hatte, baute er sofort Kirchen oder Klöster. (14, 1) Ungefähr in derselben Zeit vollbrachte er ein nicht geringeres Wunder von derselben Art. Denn als er in einem Dorf an einen uralten und sehr zahlreich besuchten Tempel Feuer gelegt hatte, wurden die Flammenmassen vom Wind, der sie antrieb, in ein nahe gelegenes bzw. vielmehr sich direkt anschließendes Haus getragen. (2) Als Martin dies be-

merkte, bestieg er in raschem Lauf das Dach des Hauses und trat den sich
nähernden Flammen entgegen. Da aber hätte man sehen können, wie in
wunderbarer Weise das Feuer sich gegen die Gewalt des Windes wendete, so
dass geradezu ein Kampf sich widerstreitender Naturelemente stattzufinden
schien. So wirkte dank der Kraft Martins das Feuer nur dort, wo ihm befohlen wurde. (3) Als er aber in einem Dorf mit dem Namen Leprosum einen
Tempel, der dank des Aberglaubens der hier ausgeübten Religion überaus
wohlhabend war, hatte zerstören wollen, leistete ihm die heidnische Volksmenge Widerstand, so dass er, nicht ohne dass ihm Gewalt zugefügt wurde,
zurückgestoßen wurde. (4) Deswegen begab er sich in einen nahe gelegenen
Ort, wo er während dreier Tage, mit einem härenen Gewand bekleidet und
mit Asche bedeckt, ununterbrochen fastete und betete. Und er betete zum
Herrn, dass, weil jenen Tempel die menschliche Hand nicht hatte zerstören
können, die göttliche Tugend ihn niederreiße. (5) Da traten plötzlich zwei
Engel an ihn heran, bewaffnet mit Lanze und Schild, wie eine göttliche Heer-
schar, sie sagten, sie seien vom Herrn entsandt, um die Menge der Bauern in
die Flucht zu schlagen und Martin Hilfe zu bringen, damit ihm niemand,
während er den Tempel niederreiße, Widerstand leiste; er solle also zurückkehren und das in Angriff genommene Werk fromm zu Ende führen. (6) So
kehrte er zum Dorf zurück und machte, während er den gottlosen Tempel bis
zu den Fundamenten niederriss, alle Altäre und Götterbilder zu Staub; unterdessen schauten ihm die Scharen der Heiden zu und blieben ruhig. (7) Als sie
dies gesehen hatten, glaubten beinahe alle Bauern an Iesus den Herrn, da sie
erkannten, dass sie durch göttlichen Willen erstarrt und in Schrecken versetzt
worden waren, dass sie dem Bischof keinen Widerstand leisteten; und sie
riefen öffentlich und bekannten, dass der Gott Martins zu verehren sei, ihre
Götzenbilder aber im Stich gelassen werden müssten, die sich selbst nicht
helfen könnten. (15, 1) Auch was im Bezirk der Aedui geschah, will ich berichten. Während er dort ebenfalls einen Tempel zerstörte, stürzte die rasende
Menge der heidnischen Bauern auf ihn los. Und als einer, der kühner als die
Übrigen war, ihn mit gezücktem Schwert angriff, warf er seinen Mantel von
sich und bot ihm, als er im Begriff stand, zuzuschlagen, seinen bloßen Nacken dar. (2) Und der Heide zögerte nicht zuzuschlagen, aber als er seine
Rechte höher gehoben hatte, fiel er auf den Rücken und bat, durch seine
Furcht vor Gott außer Fassung gebracht, um Gnade. (3) Und dieser Geschichte nicht unähnlich war die folgende. Als jemand ihn, als er Götterbilder
zerstörte, mit einem Messer hatte schlagen wollen, wurde ihm, unmittelbar
während er zuschlug, das Messer aus der Hand gestoßen und war nicht mehr
zu sehen. (4) Meistens aber mäßigte er, wenn die Bauern ihm widersprachen,
nicht ihre Haine zu zerstören, den Sinn der Heiden mit seiner heiligen Predigt
so, dass sich ihnen das Licht der Wahrheit zeigte und sie selbst ihre Tempel
zerstörten.

Libanios kritisiert die um sich greifenden Tempelzerstörungen in Syrien; Bittschrift aus den 80er Jahren an Kaiser Theodosius (379–395)

Q 346 c

Libanios, Reden 30, 8–13

(8) Du hast also weder angeordnet, die Tempel zu schließen, noch hast du
verboten, dass sie jemand betrete. Du hast von den Tempeln und Altären
weder Feuer noch Weihrauch, noch das Darbringen anderer Aromata verbannt. Aber diese Schwarzgekleideten (die Mönche), die sogar mehr als Elefanten essen, die durch die großen Mengen an Alkohol, den sie konsumie-
ren, denen, die ihnen beim Trinken mit dem Singen von Hymnen Gesellschaft
leisten, zur Last fallen, die diese Exzesse durch künstlich bewirkte Blässe

verbergen, diese Leute laufen, während, Kaiser, das Gesetz noch gültig und in Kraft ist, zu den Heiligtümern mit Knüppeln, Steinen und Waffen aus Eisen, einige von ihnen auch ohne dies, nur mit ihren Händen und Füßen. Dann [...] werden Dächer abgedeckt, Mauern eingerissen, Götterbilder niedergerissen, Altäre umgeworfen, und die Priester müssen entweder schweigen oder sterben. Nachdem der erste Tempel eingerissen ist, läuft man zum zweiten und dritten, und Siegeszeichen erhebt sich auf Siegeszeichen – entgegen dem Gesetz. (9) Solche Übergriffe geschehen auch in den Städten, zumeist aber auf dem Lande. Und zahlreich sind die Feinde, die die einzelnen Straftaten begehen. Nach zahlreichen Untaten versammelt sich diese verstreute Menge aber, und sie verlangen voneinander Rechenschaft über das Ausgeführte und schämen sich, wenn sie nicht das größte Unrecht begangen haben. Sie strömen also über das Land wie angeschwollene Flüsse und plündern über die Tempel die Grundbesitzungen. Denn ein Landgut, von dem sie ein Heiligtum herausgeschlagen haben, ist geblendet, liegt darnieder und ist tot. Denn die Heiligtümer sind, Kaiser, die Seele der Landgüter, da sie das Vorspiel für die ländliche Besiedlung sind und durch viele Generationen bis auf die heutigen Menschen gekommen sind. (10) Auf sie setzen die Bauern ihre Hoffnungen für Ehemänner, Ehefrauen, Kinder, Rinder und für das Land, das sie mit Samen und Pflanzungen bestellt haben. Ein Landgut, das dies erlitten hat, hat auch zusammen mit den Hoffnungen den Eifer seiner Bauern verloren, denn sie glauben, sie werden sich umsonst abmühen, wenn sie der Götter beraubt sind, die ihre Mühen zum verdienten Ende führen. Wenn der Erde nicht mehr dieselbe Arbeit zuteil wird, wird wohl auch der Ertrag nicht derselbe wie vorher sein. Unter diesen Umständen wird der Bauer ärmer, und die Steuereinkünfte werden gemindert. Denn auch wenn jemand besten Willens ist, so hindert ihn, die Steuern zu entrichten, dass er es nicht kann. (11) So zielen die aufgrund der Zügellosigkeit dieser Leute gegen die Grundbesitzungen verübten Gewalttaten auf die wichtigsten Belange des Staates. Sie sagen, sie führen Krieg gegen die Heiligtümer, aber dieser Krieg verschafft ihnen Einkünfte, indem die einen die Heiligtümer angreifen, die anderen den Unglücklichen ihre Habe rauben, die Produkte von der Erde und aus der Viehzucht. So ziehen die Angreifer ab mit der Beute aus den Orten, die sie erstürmt haben. Anderen langt dieses nicht, sondern sie eignen sich auch das Land von diesem oder jenem an, indem sie behaupten, es sei Tempelland, und viele sind aufgrund eines falschen Besitztitels ihres väterlichen Grundbesitzes beraubt. Andere schwelgen aufgrund fremden Unglücks, sie, die, wie sie behaupten, ihren Gott durch Fasten verehren. Wenn die Ausgeplünderten aber zum ›Hirten‹ (dem Bischof) in der Stadt kommen, so bezeichnen sie nämlich den ganz und gar nicht rechtschaffenen Mann, wenn sie also zu ihm kommen und klagen, indem sie berichten, was sie an Unrecht erlitten haben, dann lobt dieser ›Hirt‹ die einen, die anderen treibt er fort, als ob sie einen Gewinn davon gehabt hätten, dass sie nicht noch größeres erduldet haben. (12) Freilich unterstehen auch diese deiner Herrschaft, Kaiser, sie, die um so vieles nützlicher sind als diejenigen, die ihnen Unrecht zufügen, wie Arbeiter nützlicher als Nichtstuer sind. Denn die einen gleichen den Bienen, die anderen den Drohnen. Und wenn sie hören, dass ein Gut etwas hat, was geraubt werden kann, so ist dies sogleich in heidnische Opfer involviert und begeht schreckliche Straftaten, und man muss bewaffnete Truppen gegen das Landgut einsetzen, und es sind die Zuchtmeister zugegen, denn diesen Namen geben sie ihren Raubzügen [...].

Die Gewalttaten führen in der Landbevölkerung nur zu einer oberflächlichen Annahme des christlichen Glaubens

Q 346 d

Libanios, Reden 30,
28–29

(28) Und wenn sie dir erzählen, dass einige andere infolge dieser Maßnahmen konvertiert seien und ihren religiösen Glauben teilten, so soll dir nicht entgehen, dass sie von Leuten reden, die zum Schein, nicht tatsächlich konvertiert sind. Denn sie haben sich absolut nicht geändert, sie sagen es nur. Dies heißt nicht, dass jene einen anderen Glauben statt des alten pflegen, sondern dass diese betrogen wurden. Denn sie gehen zu ihren Zeremonien, zu ihrer Masse und gehen durch anderes hindurch wie diese, wenn sie aber die Haltung von Betenden annehmen, rufen sie entweder keinen Gott oder die Götter an, nicht in rechter Form von einem solchen Platz aus, sie rufen sie aber an. [...] (29) Freilich, inwieweit haben sie einen Vorteil gewonnen, wenn ihre Worte die jener sind, die Taten hierzu aber im Widerspruch stehen? Denn man muss in diesen Dingen überzeugen und keinen Zwang ausüben. Wenn aber derjenige, der dieses (das Überzeugen) nicht kann, von jenem (vom Zwang) Gebrauch macht, wird er nichts erreichen, er glaubt es nur. Man sagt, dass dies (religiöser Zwang) auch nicht in ihren eigenen Lehren enthalten ist, sondern Überzeugung Beifall finde, der Zwang in schlechtem Ansehen stehe. Warum also rast ihr gegen die Heiligtümer, wenn ihr nicht überzeugen könnt, sondern Zwang ausüben müsst? Denn auf diese Weise übertretet ihr wohl ganz klar auch eure eigenen Gesetze.

Q 347 Innerkirchliche Auseinandersetzungen: Das Beispiel des Donatismus

Q 347

Optatus von Mileve
1, 13–26

(13, 1) Damit wir nun zu der angegebenen Reihenfolge der einzelnen Sachverhalte zurückkehren, höre nun zuallererst, wer die Verräter (während der diokletianischen Christenverfolgung, die *traditores*) waren und lass dich gründlicher über die Urheber des Schismas informieren. In Africa sind bekanntermaßen zwei Schandtaten, und zwar die übelsten, verübt worden, die eine besteht im Abfall von der christlichen Kirche (*traditio*), die andere im Schisma, aber beide Schandtaten scheinen zur selben Zeit und von denselben Personen verübt worden zu sein. Du musst also lernen, Bruder Parmenianus, was du offenkundig nicht weißt. (2) Denn vor ungefähr sechzig Jahren und mehr breitete sich in ganz Africa der Sturm der Verfolgung aus, der die einen zu Märtyrern, andere zu Bekennern (*confessores*) machte, der manche in einem trauervollen Tod niederstreckte, andere, die sich verborgen hielten, unversehrt ließ. Warum soll ich die Laien in Erinnerung bringen, die damals in der Kirche über keinerlei Amt verfügten? Warum die große Zahl von niederen Klerikern? Warum die Diakone, die im dritten, warum die Presbyter, die im zweiten Rang des Priesteramtes standen? (3) Selbst diejenigen, die an der Spitze standen und die aller Führer waren, einige Bischöfe jener Zeit, lieferten, um unter Verlust des ewigen Lebens einen ganz kurzen Aufschub in diesem ungewissen Licht zu erwerben, die Instrumente des göttlichen Gesetzes in gottloser Weise aus. Zu ihnen zählten Donatus von Mascula, Victor von Rusicade, Maximus von Aquae Tibilitanae, Donatus von Calama und der Mörder Purpurius von Limata, der, als er über die Söhne seiner eigenen Schwester befragt wurde, weil von ihm erzählt wurde, er habe sie im Gefängnis von Mileve getötet, gestand und sagte: (4) »Ich habe sie getötet und ich töte nicht nur sie, sondern auch jeden, der gegen mich gehandelt hat.« Zu ihren gehörte auch Menalius, der, um von seinen eigenen Mitbürgern nicht überführt zu werden, ein Weihrauchopfer dargebracht zu haben, sich scheute, an einer Versammlung seiner eigenen Gemeindemitglieder teilzunehmen, indem er ein Augenleiden vorschützte. (14, 1) Diese und die Übrigen, von denen wir in Kürze nachweisen werden, dass sie deine (des Donatisten Parmenianus) Anführer gewesen sind, setzten sich nach dem Ende der Verfolgung in der Stadt Cirta, weil die Kirchen noch nicht zurückerstattet worden waren, im Haus des Urbanus Carisius zusammen, am 13. Mai, wie es die Niederschriften des damaligen Diakons Nundinarius bezeugen und wie alte Dokumente Zeugnis ablegen, die wir denen, die Zweifel hegen, werden vorlegen können. (2) Denn wir haben an das Ende dieser Bücher ein vollständiges Dossier über diese Sachverhalte zur Beglaubigung angefügt. Diese Bischöfe gestanden auf die Frage des Secundus von Tigisis hin, sie hätten heilige Schriften ausgeliefert. Und als Secundus selbst von Purpurius vorgehalten wurde, auch er selbst sei lange von der Militärpolizei (*stationarii*) festgehalten worden und sei nicht geflohen, sondern freigelassen worden, er sei nicht ohne Grund freigelassen worden, es sei denn, er habe den Behörden heilige Schriften übergeben, da erhoben sich nun alle und fingen zu murren an. (3) Und Secundus fürchtete ihre Aggressivität und nahm von dem Sohn seines Bruders, von Secundus dem Jüngeren, den Ratschlag an, diese Angelegenheit dem Urteil Gottes zu überlassen. Diejenigen, die geblieben waren, d.h. Victor von Garba, Felix von Rotarium und Nabor von Cenuriona, wurden um Rat gefragt. Sie erklärten, eine solche Angelegenheit müsse Gott vorbehalten bleiben. Und Secundus sagte: »Setzt euch alle.« Darauf wurde von allen gesagt: »Gott sei Dank«, und sie setzten sich nieder. Du siehst also, Bruder Parmenianus, wer ganz offenkundig die Verräter (*traditores*) gewesen sind. (15, 1) Darauf, nicht viel später, reisten all diese Personen, *traditores*, Personen, die Weihrauch geopfert hatten, Mörder, nach Karthago und weihten Maiorinus, auf dessen Stuhl du sitzt, nach der Weihe von Caecilianus zum Bischof und führten damit das Schisma herbei. Und da nachgewiesen wurde, dass eure Führer der *traditio* (d.h. der Übergabe heiliger Schriften) bezichtigt wurden, wird nun folgen, dass eben diese auch die Urheber der Kirchenspaltung gewesen sind. Damit dieser Sachverhalt allen klar und deutlich sein kann, müssen wir zeigen, aus welcher Wurzel sich bis zum heutigen Tag die Äste dieses Irrtums ausgebreitet haben und aus welcher Quelle dieses Bächlein übel riechender Flüssigkeit sich heimlich dahinschlängelnd bis in die heutige Zeit hinein geflossen ist. [...] (16, 1) Jeder weiß, dass sich dies nach der Weihe des Caecilianus in Karthago zugetragen hat, und in der Tat auf Veranlassung von Lucilla, einer herrschsüchtigen Frau, die, bevor der Frieden durch die Stürme der Verfolgung erschüttert wurde, als die Kirche noch in Ruhe war, die Zurechtweisung des Erzdiakons Caecilianus nicht ertragen konnte: Angeblich opferte sie vor der geistlichen Speise und Trank den Knochen irgendeines Märtyrers, wenn es denn überhaupt ein Märtyrer war, und da sie dem heilbringenden Trinkgefäß den Knochen irgendeines toten Mannes vorzog – und wenn es auch ein Märtyrer war, so doch einer, der noch nicht offiziell anerkannt war –, wurde sie getadelt und ging in Verwirrung zornig davon. Während sie noch zürnte und Schmerz empfand, da brach plötzlich der Sturm der Verfolgung aus, auf dass sie nicht der Kirchendisziplin nachgeben musste. (17, 1) Zur selben Zeit soll ein gewisser Felix, ein Diakon, der aufgrund eines verleumderischen Briefes über den damals herrschenden tyrannischen Kaiser angeklagt wurde, sich, die Gefahr fürchtend, beim Bischof Mensurius verborgen haben. Als Mensurius öffentlich seine Herausgabe verweigerte, als er vor Gericht geladen wurde, schickte man einen Bericht. Es ging ein kaiserliches Antwortschreiben ein, Mensurius, wenn er den Diakon Felix nicht ausliefere, zum Kaiserpalast zu bringen. An den Kaiserhof geladen, erduldete er nicht geringe Ängste, denn die Kirche hatte zahlreiche Schmuckstücke aus Gold und Silber, die er nicht in der Erde eingraben und auch nicht bei sich tragen konnte. (2) Er vertraute sie den Gemeindeältesten, die er für zuverlässig hielt, an, unter Anfertigung eines Inventars, das er einer alten Frau gegeben haben soll, unter der Bedingung, dass, wenn er selbst nicht zurückkehre, die alte Frau es, nachdem den Christen der Frieden wiedergegeben sei, jenem gebe, den sie auf dem Bischofsstuhl vorfinde. Er brach auf und verteidigte sich; man befahl ihm zurückzukehren, aber er konnte nicht mehr nach Karthago gelangen. (18, 1) Das Unwetter der Verfolgung ging vorüber und kam zu einem Ende. Auf Gottes Befehl schickte Maxentius den Christen eine Amnestie, und ihnen wurde die Freiheit wiedergegeben. Botrus und Celestius wünschten, wie es heißt, in Karthago zum Bischof geweiht zu werden, und bemühten sich, dass allein die benachbarten Bischöfe geholt würden, um die Weihe in Karthago zu zelebrieren; die numidischen Bischöfe sollten nicht zugegen sein. (2) Darauf wurde nach dem Votum des gesamten Volkes Caecilianus zum Bischof gewählt und zum Bischof geweiht; Felix von Abthugni legte ihm die Hand auf. Botrus und Celestius sahen sich in ihrer Hoffnung getrogen. Die Liste des Goldes und Silbers wurde dem auf dem Bischofsstuhl sitzenden Caecilianus, wie es von Mensurius angeordnet worden war, unter Hinzuziehung von Zeugen übergeben. Es wurden die oben erwähnten Älteren einberufen, die mit den Schlünden ihrer Habgier die ihnen anvertraute Beute ausgetrunken hatten. (3) Als sie die Vermögenswerte zurückzugeben gezwungen wurden, zogen sie sich aus der Kirchengemeinschaft zurück, ebenso auch die ehrgeizigen Amtsbewerber, denen es nicht geglückt war, ordiniert zu werden, und auch Lucilla, die schon lange die Kirchendisziplin nicht mehr ertragen konnte, wollte zusammen mit all ihren Abhängigen als mächtige und herrschsüchtige Frau nicht an der Kommunion (mit Caecilianus) teilnehmen. So kamen drei Gründe und Personen zusammen und geschah es, dass die Bösartigkeit sich durchsetzte. (19, 1) Das Schisma brachte also zu jener Zeit der Zorn einer außer Fassung gebrachten Frau hervor, nährte der Ehrgeiz, bekräftigte die Habgier. Von diesen drei Personen sind gegen Caecilianus Anklagen erdichtet worden, so dass seine Ordinierung als fehlerhaft bezeichnet wurde. Es wurde nach Secundus von Tigisis geschickt, dass er nach Karhago komme. Es brachen auf alle oben erwähnten Kollaborateure (*traditores*), sie wurden gastfreundlich von den Habgierigen aufgenommen, von den Ehrgeizigen, von den Erzürnten, nicht von den Katholiken, aufgrund deren Petition Caecilianus ordiniert worden war. (2) Unterdessen kam keiner von den oben Erwähnten zu der Basilica, wo sich zusammen mit Caecilianus die ganze Stadt in voller Zahl aufhielt. Darauf wurde von Caecilianus bestellt: »Wenn es einen Vorwurf gibt, der gegen mich nachgewiesen werden kann, so trete der Ankläger vor und erbringe den Beweis.« Zu dieser Zeit konnte von so vielen Feinden nichts gegen ihn erdacht werden, sondern er verdiente es, nach dem Bischof, der ihn geweiht hatte, in einen schlechten Ruf gebracht zu werden, weil er von ihnen fälschlich als Kollaborateur (*traditor*) bezeichnet wurde. Wiederum ist von Caecilianus bestellt worden, sie sollten selbst Caecilianus, als sei er noch Diakon, weihen, wenn Felix ihm, wie jene glaubten, nichts übertragen habe. Darauf sprach Purpurius, im Vertrauen auf seine gewohnte Boshaftigkeit, als ob auch Caecilianus ein Sohn seiner Schwester sei, wie folgt: »Er soll hierher hinauskommen«, als ob er ihm die Hand zur Verleihung der Bischofswürde auflegen und sein Haupt in Buße schütteln wollte. (3) Als man dies erfahren hatte, hielt die ganze Kirche Caecilianus zurück, damit er sich nicht den Räubern ausliefere. Zu jener Zeit hätte man ihn entweder als Angeklagten von seinem Bischofssitz vertreiben oder mit ihm als Unschuldigen die Kommunion pflegen müssen. Die Kirche war dicht gedrängt gefüllt mit der Gemeinde, der Bischofssitz war besetzt, der Altar stand an seinem Ort, an dem friedfertige Bischöfe in der Vergangenheit ihr Amt versehen hatten, Cyprianus, Carpoforius, Lucianus und die Übrigen. (4) So ging man hinaus, und es wurde Altar gegen Altar aufgerichtet, und es wurde unerlaubterweise eine Bischofsweihe gefeiert, und Maiorinus, der während des Diakonates von Caecilianus Lektor gewesen war, ein Abhängiger Lucillas, die persönlich seine Wahl aktiv unterstützte, wurde von den Kollaborateuren (*traditores*) zum Bischof geweiht, die während des numidischen Konzils, wie wir oben dargelegt haben, sich ihre Verbrechen gestanden haben und sich wechselseitig die Amnestie gewährten. Es ist also offenkundig, dass die Bischöfe, die ihn geweiht haben und die Kollaborateure gewesen waren, und Maiorinus, der geweiht wurde, aus der Kirche herausgetreten sind. (20, 1) Unterdessen glaubten sie, aus der Quelle ihrer eigenen Verbrechen [...] sollte allein der Vorwurf der Kollaboration (*traditio*) gegen den Bischof, der Caecilianus geweiht hatte, abgeleitet werden, da sie voraussahen, dass das Gerücht nicht zwei ähnliche Geschichten zur selben Zeit verbreiten könne. Damit ihre Verbrechen in Schweigen gehüllt würden, versuchten sie das Leben eines anderen zu verleumden, und während sie selbst von Unschuldigen beschuldigt werden konnten, bemühten sie sich, Unschuldige zu beschuldigen, indem sie überall Briefe schickten, die die Missgunst diktiert hatte, die wir neben den übrigen Akten diesem Werk angefügt haben. (2) Als sie sich noch in Karthago aufhielten, haben sie das Terrain mit Briefen vorbereitet, um aller Ohren mit falschen Gerüchten zu füllen. Das Gerücht verbreitete die Lüge im Volk, und indem über einen Einzigen Falsches verbreitet wurde, sind die nur allzu wahren Verbrechen der oben Genannten in Schweigen gehüllt worden. (3) Häufig pflegt man über ein Verbrechen zu erröten. In jener Zeit aber gab es niemanden, der vor Scham errötete, weil mit Ausnahme weniger Katholiken alle gesündigt hatten und das mit zahlreichen anderen verübte Verbrechen gleichsam das Bild der Unschuld gewesen war. Das Verbrechen der Kollaboration (*traditio*), das bekannterweise von Donatus von Mascula und den übrigen oben Erwähnten begangen worden war, war zu wenig, sie fügten auch noch das ungeheure Delikt des Schismas der Kollaboration hinzu. [...] (22, 1) Aber weil ich höre, dass einige aus deiner Gesellschaft (der Donatisten) aus Streitsucht gewisse Urkunden vorbringen, müssen wir untersuchen, welchen Urkunden Glauben zu schenken ist, welche mit dem gesunden Menschenverstand übereinstimmen, welche der Wahrheit entsprechen. Wenn ihr welche habt, scheinen sie wohl von Lügen durchsetzt. Unsere Urkunden werden als authentisch erwiesen durch den Verlauf des Rechtsstreites, die Debatten der Parteien, den Ausgang der Prozesse und die Briefe Constantins. Denn was ihr über uns sagt: »Was haben Christen mit Königen zu schaffen? Oder was Bischöfe mit dem Palast?«, so trifft der ganze Vorwurf euch, wenn es ein Makel ist, Könige zu kennen. Denn eure Vorgänger, Lucianus, Dignus, Nasutius, Capito, Fidentius und die Übrigen haben sich an Kaiser Constantinus, der von diesen Ereignissen noch nicht wusste, mit folgenden Bitten, von denen eine Abschrift folgt, gewandt: (2) »Wir bitten dich, bester Kaiser Constantinus – da du aus einem Geschlecht von Gerechten stammst, dessen Vater unter den übrigen Kaisern die Verfolgung nicht ausgeübt hat, und da Gallien von diesem Verbrechen rein ist, denn in Africa gibt es zwischen uns und den übrigen Bischöfen Auseinandersetzungen –, wir bitten dich also, deine Frömmigkeit möge anordnen, dass uns aus Gallien Richter gegeben werden. Ausgegeben von Lucianus, Dignus, Nasutius, Capito, Fidentius und den übrigen Bischöfen der Partei des Donatus.« (23, 1) Als er dies gelesen hatte, antwortete Constantinus mit äußerster Schärfe. In dieser Antwort sprach er auch ihre Bitten an, indem er sagte: »Ihr erbittet von mir ein weltliches Gericht, während ich selbst das Gericht Christi erwarte.« Und trotzdem wurden Richter gegeben: Maternus aus Köln, Reticius aus Autun, Marinus von Arles. Diese drei Gallier und fünfzehn weitere aus Italien kamen nach Rom. (2) Sie kamen im Haus der Fausta im Lateran zusammen, als Constantinus zum vierten Mal und Licinius zum dritten Mal Consuln waren, am 2. Oktober, am sechsten Tag der Woche, als sich zusammengesetzt hatten: Miltiades, Bischof von Rom, die gallischen Bischöfe Reticius, Maternus und Marinus, und Merocles aus Mailand, Florianus aus Siena, Zoticus aus Quintianum, Stennius aus Rimini, Felix aus Florenz, Gaudentius aus Pisa, Constantius aus Faventia, Proterius aus Capua, Theophilus aus Benevent, Sabinus aus Terracina, Secundinus aus Praeneste, Felix aus Tres Tabernae, Maximus aus Ostia, Euandrus aus Ursinum, Donatianus aus Forum Claudii. (24, 1) Als diese neunzehn Bischöfe zusammensaßen, wurde die Streitsache von Donatus und Caecilianus diskutiert. Von den Einzelnen wurden gegen Donatus folgende Ansichten vorgebracht: dass er gestanden habe, die Wiedertaufe vollzogen zu haben und Bischöfe, die während der Verfolgung abgefallen waren, geweiht zu haben, was kirchlichen Sitten widerspricht. Die Zeugen, die von Donatus vorgebracht wurden, gestanden, sie hätten nichts, was sie gegen Caecilianus vorbringen könnten. (2) Caecilianus wurde durch das Urteil aller oben erwähnten Bischöfe für unschuldig erklärt, auch durch das Votum des Miltiades, welches das Verfahren mit folgenden Worten abschloss: ›Da feststeht, dass Caecilianus von denen, die mit Donatus gekommen sind, nach ihrem eigenen Eingeständnis nicht angeklagt wird, und feststeht, dass er auch von Donatus in keinem Punkt überführt ist, bin ich der Ansicht, dass man mit Recht an der Kirchengemeinschaft mit ihm ohne jede Einschränkung festhalten muss.‹ (25, 1) Es reicht also, dass Donatus durch so zahlreiche Urteilssprüche niedergeschlagen und Caecilianus von einem so großen Gerichtshof für unschuldig erklärt wurde. Und dennoch glaubte Donatus, Appellation einlegen zu müssen. (2) Auf diese Appellation anwortete Kaiser Constantinus wie folgt: »O rasende Kühnheit des Wahnsinns! Wie es bei Streitsachen der Heiden zu geschehen pflegt, glaubte ein Bischof, Appellation einlegen zu müssen« usw. (26, 1) Zur selben Zeit bat derselbe Donatus darum, heimkehren zu dürfen [...]. Darauf wurde von Filuminus, seinem Fürsprecher, dem Kaiser nahegelegt, Caecilianus zum Wohl des Friedens in Brescia zurückzuhalten; und so geschah es. Dann wurden zwei Bischöfe nach Africa geschickt, Eunomius und Olympius, damit sie unter Entfernung der beiden Kontrahenten einen Bischof weihten. Sie kamen und blieben vierzig Tage in Karthago, um zu verkünden, wo sich die katholische Kirche befinde. Dies ließ die aufrührerische Gruppe um Donatus nicht zu. (2) Infolge des Parteienstreites kam es täglich zu Unruhen; das abschließende Urteil eben dieser Bischöfe Eunomius und Olympius ging dahin, wie man lesen kann, dass sie sagten, jene sei die katholische Kirche, die über die gesamte Erde verbreitet sei, und das vor langer Zeit gefällte Urteil der neunzehn Bischöfe könne nicht für ungültig erklärt werden. So hielten sie Kirchengemeinschaft mit dem Klerus des Caecilianus und kehrten zurück. (3) Darüber haben wir einen Band von Akten; wenn man will, so kann man ihn am Ende dieses Werkes lesen. Als dies geschah, kehrte Donatus als Erster aus eigenem Antrieb nach Karthago zurück. Als er hiervon hörte, eilte auch Caecilianus zu seiner Gemeinde. Auf diese Weise wurde der Parteienstreit wieder erneuert. Es ist gleichwohl offenkundig, dass Donatus durch so viele Urteilssprüche niedergeschlagen und Caecilianus durch ebenso viele Urteilssprüche für unschuldig befunden wurde.

Q 348

Q 348 a
Paulinus von Mailand, Lebensbeschreibung des Ambrosius 3

Q 348 Die Lebensbeschreibung des Ambrosius

(1) Als sein Vater Ambrosius also die gallische Prätorianerpäfektur verwaltete, wurde Ambrosius geboren. (2) Als das Kind im Hof der Residenz in einer Wiege lag, kam plötzlich ein Bienenschwarm heran und bedeckte – er schlief mit offenem Munde – sein Gesicht und seinen Mund, so dass die Bienen aus dem Mund aus- und eingingen. (3) Sein Vater, der in der Nähe mit der Mutter (des Ambrosius) und seiner Schwester spazieren ging, hinderte eine Sklavin, die die Aufgabe übernommen hatte, das Kind zu stillen, daran, sie zu vertreiben – sie war nämlich besorgt, sie möchten dem Kinde schaden –, und erwartete dennoch in väterlicher Liebe, auf welches Ende dieses Wunder hinauslaufen würde. (4) Aber die Bienen flogen nach einiger Zeit weg und erhoben sich in solch luftige Höhe, dass sie vom menschlichen Auge nicht mehr gesehen wurden. Hierdurch erschreckt sagte der Vater: »Wenn dieser Knabe überlebt, wird er etwas Großes sein.« (5) Der Herr wirkte nämlich schon damals in der Kindheit seines Dieners, dass erfüllt werde, was geschrieben ist: »Gute Predigten sind Bienenwaben.« Jener Bienenschwarm nämlich brachte für uns die Waben seiner Schriften hervor, die die göttlichen Gaben ankündigten und den Sinn der Menschen vom Irdischen zum Himmel aufrichteten. [...]

Q 348 b
Paulinus von Mailand, Lebensbeschreibung des Ambrosius 5–6

(5, 1) Nachdem er aber in den freien Künsten ausgebildet worden war und die Stadt Rom verlassen hatte und beim Gericht der Prätorianerpräfektur als Advokat zugelassen war, hielt er seine Plädoyers in so glänzender Weise, dass er vom *vir illustris* Probus, der damals Prätorianerpräfekt war, ausgewählt wurde, in seinem juristischen Beirat zu sitzen. (2) Danach erhielt er die Insignien eines *consularis*, um die Provinzen Liguria und Aemilia zu leiten, und kam nach Mailand. (6, 1) Als während dieser Zeit nach dem Tod des Auxentius, des Bischofs der arianischen Perfidie, der sich der Kirche bemächtigt hatte, nachdem Dionysius, der Bekenner seligen Angedenkes, ins Exil geschickt worden war, das Volk bei der Suche nach einem Bischof in einen Tumult zu geraten drohte und es ihm am Herzen lag, die Unruhe beizulegen, damit die städtische Bevölkerung nicht in Gefahr gerate, begab er sich zur Kirche; und als er dort zur Plebs sprach, soll plötzlich die Stimme eines Kindes im Volk laut geworden sein: »Ambrosius als Bischof!« (2) Auf den Ton dieser Stimme hin wandten sich die Gesichter des gesamten Volkes um, und es akklamierte: »Ambrosius als Bischof!«, und so einigten sich diejenigen, die vorher aufs Entschiedenste unterschiedlicher Meinung waren – weil sowohl Arianer als auch Katholiken wünschten, dass nach dem Sieg über die andere Partei für sie ein Bischof geweiht werde –, plötzlich in wunderbarer und unglaublicher Eintracht auf diesen Mann.

Q 348 c

(22, 1) Nach dem Tod des Maximus, als Kaiser Theodosius sich in Mailand aufhielt, Bischof Ambrosius aber in Aquileia weilte, wurden im Osten in einem Kastell von Christen eine jüdische Synagoge und ein heiliger Hain der Valentinianer niedergebrannt, weil die Juden und Valentinianer christliche Mönche verhöhnt hatten. Die Häresie der Valentinianer verehrt nämlich 32 Götter. (2) Über diese Ereignisse ließ der *comes Orientis* dem Kaiser einen Bericht zukommen. Der Kaiser hatte ihn entgegengenommen und angeordnet, dass die Synagoge vom Bischof des Ortes wiederaufgebaut werde, die Mönche aber bestraft würden. (3) Aber als der Inhalt dieses Erlasses an die Ohren des verehrungswürdigen Mannes, des Bischofs Ambrosius, kam, richtete er einen Brief an den Kaiser, weil er selbst im Moment nicht zu ihm kommen konnte. Hierin wandte er sich an ihn, dass das, was von ihm angeordnet worden war, widerrufen werde; und es müsse ihm von jenem die Möglichkeit einer Audienz gewährt werden, wenn er es nicht wert sei, von ihm gehört zu werden, so sei er es auch nicht wert, zu seinen Gunsten von Gott gehört zu werden oder dass er ihm seine Bitten, seine Gelübde anvertraue. Er sei sogar bereit, für diese Angelegenheit zu sterben, um nicht durch sein eigenes Schweigen den Kaiser zum Übertreter seiner Pflichten zu machen, der solche Ungerechtigkeiten gegen die Kirche angeordnet habe. (23, 1) Als er aber nach Mailand zurückgekehrt war, hielt er über dieselbe Angelegenheit, während der Kaiser in der Kirche war, vor der Gemeinde eine Predigt. In dieser Predigt führte er die Person des Herrn ein, der zum Kaiser sprach: »Ich habe dich vom äußersten Ort, an dem du warst, zum Kaiser gemacht, ich habe dir das Heer des Feindes übergeben, ich habe dir die Vorräte, die er gegen dich für sein Heer bereitgestellt hatte, gegeben, ich habe deinen Feind in deine Gewalt gegeben, ich habe einen deiner Nachkommen auf den Thron gesetzt, ich ließ dich ohne Mühen triumphieren: und du schenkst meinen Feinden einen Triumph über mich?« (2) Als er von der Apsis der Kirche herabkam, sagte der Kaiser zu ihm: »Du hast heute gegen uns gesprochen, Bischof.« Aber jener antwortete, er habe nicht gegen, sondern für ihn gesprochen. Darauf sagte der Kaiser: »Tatsächlich hatte ich hart gegen den Bischof entschieden, was den Wiederaufbau der Synagoge anbelangt«, die Mönche müssten aber bestraft werden. So wurde auch von den *comites* gesagt, die zu der Zeit anwesend waren. Ihnen sagte der Bischof: »Ich verhandle jetzt mit dem Kaiser, mit euch muss ich anders verhandeln.« (3) Und so erreichte er, dass, was angeordnet worden war, widerrufen wurde [...]. (24, 1) In derselben Zeit widerfuhr dem Bischof wegen der Stadt Thessalonike nicht das geringste Leid, als er erfuhr, die Stadt sei beinahe vernichtet worden. Der Kaiser hatte ihm nämlich versprochen, er werde den Bürgern der oben genannten Stadt verzeihen, aber die *comites* verhandelten heimlich mit dem Kaiser, und ohne Wissen des Bischofs wurde die Stadt bis zur dritten Tagesstunde dem Schwert überlassen und wurden sehr viele Unschuldige getötet. (2) Als der Bischof hiervon erfuhr, verweigerte er dem Kaiser den Zutritt zur Kirche, und nicht eher hielt er ihn wieder der Kirchengemeinschaft oder der Teilhabe an den Sakramenten für würdig, bis er öffentliche Buße tat. Ihm gegenüber argumentierte der Kaiser damit, David habe einen Ehebruch und gleichzeitig einen Mord begangen. Aber auf der Stelle kam die Antwort: »Der du ihm, als er irrte, gefolgt bist, folge ihm auch, wenn er sich bessert.« (3) Als der allermildeste Kaiser dies gehört hatte, akzeptierte er es so uneingeschränkt, dass er von der öffentlichen Buße nicht zurückschreckte, und die Wirkung dieser Besserung brachte ihm einen zweiten Sieg ein.

Paulinus von Mailand,
Lebensbeschreibung des
Ambrosius 22–24

Q 349

Q 349a
*Possidius, Lebens-
beschreibung Augustins 1*

Q 349 Auszüge aus der Lebensbeschreibung des Augustinus

(1) Er stammte also aus der Provinz Africa, der Stadt Tagaste, Sohn ehrenwerter und christlicher Eltern, die dem Curialenstand angehörten, und wurde
von ihnen mit sorgfältiger Pflege und auf ihre Kosten ernährt und aufgezogen, vor allem wurde er in den säkularen Wissenschaften ausgebildet, d. h. er
wurde in alle Disziplinen eingeführt, die man als die »freien« bezeichnet. (2)
Denn er lehrte zuerst die Grammatik in seiner Heimatgemeinde und dann die
Rhetorik in der Hauptstadt Africas, Karthago, in der folgenden Zeit auch
jenseits des Meeres in Rom und Mailand, wo sich damals der Hof des Kaisers Valentinianus II. befand. [...]

Q 349b
*Possidius, Lebens-
beschreibung Augustins 8*

(1) Jener glückselige Greis Valerius (der amtierende Bischof von Hippo), der
sich mehr als die Übrigen darüber freute (dass Augustinus als Priester in
Hippo wirkte) und Gott Dank sagte für die ihm eingeräumte, ganz besondere
Wohltat, bekam, wie der menschliche Sinn nun einmal geartet ist, es mit der
Angst zu tun, dass er (Augustinus) von einer anderen Kirche, die ohne Bischof war, für die Übernahme des Bischofsamtes gefordert und er ihm weggenommen werde; und es wäre dies auch geschehen, wenn nicht eben dieser
Bischof, als er von einem solchen Vorgang erfahren hatte, dafür gesorgt hätte,
dass er sich an einen abgeschiedenen Ort begab, und es erreicht hätte, dass er,
verborgen, von den ihn Suchenden nicht gefunden wurde. (2) Darauf fürchtete sich der verehrungswürdige Greis noch mehr. Er war sich der Tatsache
bewusst, dass er wegen seiner gesundheitlichen Verfassung und seines hohen
Alters in höchstem Grade geschwächt war, und verhandelte deshalb in geheimen Briefen mit dem Primas der Bischöfe, dem Bischof von Karthago,
wobei er seine körperliche Schwäche und die Last des Alters anführte und
ihn beschwor, dass Augustinus für die Kirche von Hippo als Bischof geweiht
werde, so dass er ihm als Bischof nicht so sehr nachfolge, als ihm als Mitbi-
schof zur Seite trete. Und was er wünschte und worum er intensiv bat, dies
erreichte er durch ein Reskript. (3) Und als später der damalige Primas von
Numidien, Megalius, Bischof von Calama, zu einem Besuch gebeten wurde
und zur Kirche von Hippo kam, teilte Bischof Valerius den Bischöfen, die
damals zufällig anwesend waren, allen Klerikern aus Hippo und der gesamten Gemeinde – für alle unerwartet – seinen Willen mit. Und als alle, die es
hörten, sich beglückwünschten und mit großem Verlangen riefen, dies müsse
geschehen und ausgeführt werden, weigerte sich der Presbyter, entgegen den
kirchlichen Bräuchen das Episkopat zu Lebzeiten seines Bischofs zu übernehmen. (4) Und als ihm von allen zugeredet wurde, es pflege zu geschehen, und
es ihm, der hiervon nicht wusste, durch Beispiele von Kirchen von jenseits
des Meeres und aus Africa aufgezeigt wurde, gab er unter dem Druck nach
und empfing die Weihe für einen höheren Rang. (5) Später erklärte und
schrieb er, dies hätte in seinem Fall nicht geschehen dürfen, zu Lebzeiten des
eigenen Bischofs geweiht zu werden, wegen des Verbotes eines allgemeinen
Konzils, von dem er erst nach seiner Weihe erfuhr, und er wollte nicht, dass
das anderen widerfahre, worüber er Schmerz empfand, dass es ihm widerfahren war. (6) Daher betrieb er auch mit großem Eifer, auf dass Bischofskon-
zilien anordneten, dass die Bischöfe, die die Weihe vollzogen, den zu Wei-
henden oder schon Geweihten die Beschlüsse aller Bischöfe zur Kenntnis
bringen müssten; und so geschah es.

(19, 1) Gemäß der Ansicht des Apostels auch, der sagt: »Wagt es jemand unter euch, der ein Geschäft gegen einen anderen hat, sich von Ungerechten richten zu lassen und nicht von den Heiligen? [...]«, (2) wurde er also von den Christen oder von Menschen jeder Konfession angerufen und hörte ihre Rechtsfälle sorgfältig und fromm, wobei er den Ausspruch eines Mannes vor Augen hatte, der erklärte, er wolle lieber unter ihm Unbekannten als mit ihm Befreundeten Rechtssachen hören, weil er sich unter den ihm Unbekannten einen Freund erwerben könne, für den er mit der Gerechtigkeit als Schiedsrichter urteile, er aber unter den Freunden einen, gegen den er den Urteilsspruch verkünde, verlieren werde. (3) Und diese Rechtssachen untersuchte und entschied er bisweilen bis zur Stunde der mittäglichen Ruhepause, bisweilen aber auch fastend den ganzen Tag [...]. (6) Da er von einigen gebeten wurde, gab er ihnen auch für ihre weltlichen Geschäfte Empfehlungsbriefe an verschiedene Personen; diese Beschäftigung aber, die ihn von besseren abhielt, hielt er gleichsam für einen Zwangsdienst; während ihm eine Ansprache oder ein Gespräch in brüderlicher und häuslicher Vertraulichkeit über die Dinge, die Gottes sind, immer angenehm war. (20, 1) Wir wissen auch, dass von seinen liebsten Freunden eine briefliche Intervention bei weltlichen Behörden verlangt wurde, er sie aber nicht gegeben hat. Denn er sagte, man müsse der Ansicht eines Weisen folgen, von dem geschrieben sei, dass er aus Rücksicht auf seinen Ruf seinen Freunden vieles nicht gewährt habe. Und er fügte dies noch als seine eigene Ansicht hinzu, dass meistens die Macht, die man bittet, bedrückt. (2) Wenn er jedoch, nachdem man ihn gebeten hatte, sah, dass er intervenieren müsse, so tat er dies auf anständige Weise und maßvoll, so sehr, dass er nicht nur nicht beschwerlich und lästig erschien, sondern sogar bewundert wurde. Denn als sich eine Notwendigkeit ergab und er auf seine Weise bei einen *vicarius* von Africa mit Namen Macedonius für einen Bittenden mit einem Brief intervenierte und jener Folge leistete, antwortete er (der Vicar) wie folgt: (3) »Ich bewundere deine Weisheit in dem, was du publiziert hast, und in dem, was es dir nicht lästig fällt mir zu schreiben, indem du für die, die in Sorgen sind, intervenierst. (4) Denn jene Schriften haben so viel Scharfsinn, Kenntnis, Heiligkeit, dass nichts darüber geht, und diese Briefes so viel Bescheidenheit, dass ich urteilen müsste, dass die Schuld bei mir, nicht im Gerichtsverfahren läge, wenn ich nicht täte, was du mir aufträgst, mit Recht verehrenswerter Herr und gütiger Vater. (5) Du drängst nämlich nicht, was die meisten Menschen in diesem Rang tun, so dass du erpresst, was der Bittsteller will. Sondern was du von einem Richter, der in so viele Sorgen verstrickt ist, bitten zu können meinst, dazu mahnst du, wobei dir die Bescheidenheit zur Hilfe kommt, die am allermeisten bei guten Menschen Schwieriges bewirkt. Darum habe ich sogleich dem von dir Erbetenen den erwünschten Erfolg zuteil werden lassen; denn den Weg der Hoffnung hatte ich schon vorher eröffnet.«

Q 349 c
Possidius, Lebens-
beschreibung Augustins
19–20

Q 350 Das Mönchtum

Lebensbeschreibung des Antonius

(1) Als er wiederum die Kirche betrat und im Evangelium den Herrn sagen hörte: »Seid nicht besorgt um das Morgen«, ging er sogleich hinaus und verteilte das Geld, das er behalten hatte, unter die Armen. Auch seine Schwester vertraute er bekannten und gläubigen Jungfrauen an, auf dass sie zur Jungfräulichkeit erzogen werde, und er selbst widmete sich außerhalb seines

Q 350

Q 350 a
Athanasios,
Lebensbeschreibung des
Antonius 3

Hauses der Askese, indem er sich streng erzog. (2) Denn noch waren die Wohnstätten der Mönche in Ägypten nicht so zahlreich wie heute, und die Mönche kannten überhaupt noch nicht weit entfernte und verlassene Gegenden. Ein jeder von denen, die sich um sich selbst sorgen wollten, wohnte nicht weit entfernt von seiner Heimatstadt, indem er sich dem Dienst Gottes widmete. (3) Es gab also in einer nahe gelegenen Stadt damals einen gewissen Greis, der von seiner Jugend an ein Leben in Einsamkeit führte und sich der christlichen Askese widmete. Als Antonius ihn sah, ahmte er ihn im Guten nach. (4) Und zunächst fing er an, ebenfalls an Orten zu bleiben, die außerhalb der Stadt lagen. Dann, wenn er hörte, dass es irgendwo einen Menschen gab, der Christus liebte, ging er ringsherum und suchte ihn, wie jene weise Biene, und er kehrte nicht eher an seinen Wohnsitz zurück, bevor er ihn gesehen hatte und von ihm gewissermaßen ein passendes Wegegeld für den Weg der spirituellen Tugend empfangen hatte. (5) Dort hielt er sich also am Anfang auf und hatte einen solchen Umgang und wog seinen Sinn ab, so dass er nicht abwich und nicht zu den Besitzungen seiner Eltern zurückkehrte – und er hatte auch keine Erinnerung an seine Verwandten –, sondern seine ganze Sehnsucht und seinen ganzen Eifer auf die Askese richtete. (6) Er arbeitete also mit seinen Händen, weil er hörte, dass geschrieben sei: »Der Faule und Träge soll nicht essen.« Von seinem Werk behielt er einen Teil, um sich Brot zu kaufen, das Übrige verteilte er unter die Armen. Er betete auch ununterbrochen, da er belehrt worden war, dass man abgesondert und ununterbrochen beten muss. (7) Denn er widmete sich so sehr der Bibellektüre, dass nichts von dem, was geschrieben ist, von ihm auf die Erde fiel, sondern er behielt alles, so dass er im Weiteren sein Gedächtnis an Stelle der Bücher hatte.

Q 350 b
Sozomenos, Kirchen-
geschichte 3, 14, 9–17

Lebensbeschreibung des Pachomius

(9) Pachomius aber soll sich zunächst allein in einer Höhle der Askese gewidmet haben. Da sei ihm ein Engel Gottes erschienen und habe ihm befohlen, junge Mönche um sich zu sammeln und mit ihnen zusammenzuleben; denn was ihn betreffe, so habe er es in seiner Askese zum Erfolg gebracht und müsse als Vorsteher von Wohngemeinschaften vielen nützen; er müsse sie nach den Gesetzen, die er (der Engel) gebe, führen; er habe ihm eine Tafel gegeben, die sie noch jetzt bewahren. (10) Die Schrift, die sich darauf befand, ordnete an, es solle einem jeden möglich sein, wie er könne, zu essen und zu trinken und zu arbeiten, zu fasten und dies nicht zu tun, den Kräftigeren aber und denen, die essen, ordnete sie an, die mühevolleren Arbeiten anzuvertrauen, die leichten denen, die sich der Askese widmeten. (11) Er solle zahlreiche kleine Häuser errichten, und in einem jeden Haus sollten drei wohnen; alle aber sollten in einem einzigen Haus die Nahrung zu sich nehmen; sie sollten schweigend essen und an den Tischen mit verhülltem Gesicht sitzen, so dass sie weder einander sehen könnten noch etwas anderes außer dem Tisch und den ihnen vorgesetzten Speisen. (12) Ein Fremder aber solle nicht mit ihnen speisen, außer wenn er auf der Durchreise in der Fremde weile. Wer aber mit ihnen zusammenleben wolle, müsse vorher über einen Zeitraum von drei Jahren die schwereren Arbeiten verrichten und so an ihrer Gemeinschaft teilhaben. (13) Sie sollten sich in Felle kleiden und mit Wollmützen den Kopf bedecken; diese Mützen befahl die Schrift gleichsam mit einer purpurnen Spitze zu verzieren. Sie sollten leinene Untergewänder und Gürtel verwenden und gegürtet mit den Untergewändern und den Fellen schlafen, sitzend auf gezimmerten Sesseln, die auf beiden Seiten abgeschlossen seien,

so dass sie das Lager eines jeden enthielten. (14) Am ersten und am letzten Tag der Woche sollten sie zur gemeinschaftlichen Feier der göttlichen Mysterien an den Altar herantreten, die Gürtel lösen und die Felle ablegen; zwölfmal sollten sie an jedem Tag beten und am Abend in gleicher Weise, ebenso oft auch in der Nacht, in der neunten Stunde aber dreimal. Wenn sie aber essen wollten, sollten sie vor jedem Gebet einen Psalm singen. (15) Eine jede Gemeinschaft sollten sie in 24 Abteilungen untergliedern und diese nach den griechischen Buchstaben benennen [...]. (16) Gemäß diesen Gesetzen führte Pachomius seine eigenen Schüler, ein im höchsten Grade menschenfreundlicher und von Gott überaus geliebter Mann, so dass er die Zukunft vorauswusste und oft mit den Engeln verkehrte. Er lebte in Tabennesos in der Thebais, weswegen sie bis heute als »Tabennesioten« bezeichnet werden. (17) Indem sie sich nach diesen Gesetzen organisierten, wurden sie überaus berühmt und wuchsen mit der Zeit an Zahl, so dass sie eine Zahl von ca. 7000 Mann erreichten. Die Gemeinschaft in Tabennesos, mit der Pachomius selbst lebte, hatte ungefähr 1300, die anderen wohnen in der Thebais und im übrigen Ägypten. Ein und dieselbe Lebensweise haben sie alle; und gemeinsam ist ihnen überall alles. Gleichsam für ihre Mutter aber halten sie die Gemeinschaft in Tabennesos, die dortigen Führer aber für ihre Väter und Anführer.

Hieronymus über das ägyptische Mönchtum (Brief an Eustochium)

Q 350 c
Hieronymus,
Brief 22, 34–35

(34) Und da wir die Mönche erwähnt haben und ich weiß, dass du gerne von den Dingen hörst, die heilig sind, leihe mir ein wenig dein Ohr. Es existieren in Ägypten drei Arten von Mönchen: die Koenobiten, [...], die wir als die »zusammen Lebenden« bezeichnen können; die Anachoreten, die alleine für sich in der Einöde leben und daher, dass sie sich fern von den Menschen zurückgezogen haben, benannt werden; die dritte Form ist die, die sie als »remuoth« bezeichnen, die schlechteste [...]. (35) [...] kommen wir also zu denen, die in größerer Zahl gemeinsam leben, das heißt denen, die, wie wir gesagt haben, Koenobiten genannt werden. Ihre erste Vereinbarung besteht darin, den Vorgesetzten zu gehorchen und zu tun, was sie befohlen haben. Sie sind eingeteilt in Zehner- und Hundertergruppen, so dass neun Mönchen der zehnte vorsteht, und wiederum der Hundertste die zehn Vorsteher unter sich hat. Sie wohnen separat, aber in Zellen, die miteinander verbunden sind. Bis zur neunten Stunde herrscht Ruhe, keiner geht zum anderen, mit Ausnahme derer, die wir als Decani (= Vorsteher der Zehnergruppen) bezeichnet haben, um, wenn einer vielleicht in seinen Gedanken schwankt, ihn durch seinen Zuspruch zu trösten. Nach der neunten Stunde kommt man zusammen, die Psalmen ertönen, die heiligen Schriften werden gemäß der Tradition vorgelesen, und wenn die Gebete beendet sind und alle sitzen, fängt in ihrer Mitte der, den sie Vater nennen, mit einer Predigt an. Während er spricht, tritt ein so tiefes Schweigen ein, dass niemand zum anderen zu blicken, niemand sich zu räuspern wagt. Das Lob für den Redner besteht in den Tränen der Zuhörer. Schweigend rollen die Tränen über das Gesicht, und der Schmerz bricht nicht in Schluchzen aus. [...] Danach löst sich die Versammlung auf, und eine jede Decurie geht mit ihrem Vater zu den Tischen, an denen sie wechselseitig eine Woche Dienst tun. Es gibt keinen Lärm während der Mahlzeit, keiner spricht beim Essen. Man lebt von Brot, Gemüse und Kräutern, die mit Salz und Öl angerichtet werden. Wein erhalten nur die Greise, die – wie auch die Kinder – oft auch ein Frühstück bekommen, damit das erschöpfte Alter der einen gekräftigt, das am Anfang stehende der anderen nicht gebrochen wird. Darauf erheben sie sich gleichzeitig und kehren, nachdem sie einen Hymnus

gesprochen haben, zu ihren Zellen zurück. Dort unterhält sich ein jeder (Decan) bis zum Abend mit seinen Gefährten und spricht: »Habt ihr diesen oder jenen gesehen, welch große Gnade in ihm ist, was für ein Schweigen, wie bescheiden sein Gang?« Wenn sie einen Kranken sehen, trösten sie ihn; sehen sie jemanden, der in der Liebe zu Gott erglüht, ermuntern sie ihn in seinem Eifer. Und weil in der Nacht – mit Ausnahme der öffentlichen Gebete – jeder in seinem Schlafgemach wacht, gehen sie an den Zellen der Einzelnen vorbei und, indem sie das Ohr anlegen, erkunden sorgfältig, was sie tun. Wen sie etwas nachlässiger antreffen, den tadeln sie nicht, sondern verbergen, was sie wissen, und besuchen ihn öfter und, indem sie als Erste damit anfangen, ermuntern sie sie eher zum Gebet als dass sie sie zwingen. Das Tagewerk ist festgesetzt; es wird dem Decan überbracht und dann zum Ökonom getragen, der selbst einmal im Monat dem Vater aller unter großem Zittern Rechenschaft ablegt. Von ihm werden auch die Speisen, nachdem sie zubereitet wurden, gekostet, und weil niemand sagen darf: »Ich habe kein Untergewand, keinen Mantel und keine Binsenmatte«, organisiert der Ökonom alles in dieser Weise, dass keiner einen Wunsch zu äußern hat, dass keiner Mangel leidet. Wenn aber jemand erkrankt, wird er in einen größeren Saal getragen und durch den Dienst der Greise so gepflegt, dass er weder nach den Annehmlichkeiten der Städte noch der Liebe seiner Mutter verlangt. An den Sonntagen widmen sie sich ausschließlich dem Gebet und den Lesungen; das tun sie auch zu jeder Zeit, wenn sie ihre Arbeit erledigt haben. Jeden Tag wird etwas aus der Schrift gelernt. Das Fasten ist über das ganze Jahr hin gleich, mit Ausnahme der Fastenzeit, in der es allein gestattet ist, noch karger zu leben. [...]

Q 351   Q 351 Christliche Gesellschaftslehre

Q 351 a
Johannes Chrysostomos,
Homilie zum
1. Timotheosbrief 12, 4

Denn sag mir, woher stammt dein Reichtum? Von wem hast du ihn erhalten? Was mit dem anderen, woher hat er ihn? Vom Großvater, sagt er, vom Vater. Wirst du also, viele Generationen zurückgehend, so den Nachweis erbringen können, dass der Besitz gerecht ist? Aber du kannst es wohl nicht, sondern notwendigerweise liegt sein Anfang und seine Wurzel in einem Unrecht. Warum? Weil Gott nicht von Anfang an den einen reich gemacht hat, den anderen arm, und er hat auch nicht, als er sie schuf, diesem viele Goldschätze gezeigt, jenem die Möglichkeit vorenthalten, ihnen nachzuforschen, sondern er hat allen dieselbe Erde überlassen. Wenn sie also allen gemeinsam ist, warum hast du soundsoviel Hektar, dein Nachbar nicht einmal eine Scholle Landes? Der Vater hat es mir, sagt er, übergeben. Jener, von wem hat er es bekommen? Von seinen Vorfahren. Aber notwendigerweise findet man, wenn man ganz nach oben geht, den Anfang. [...] Gut, ist dies nicht schlecht, allein zu besitzen, was dem Herrn gehört, allein die Dinge zu genießen, die allen gehören? Oder gehört die Erde und alles, was sie füllt, nicht Gott? Wenn also unsere Habe unserem gemeinsamen Herrn gehört, gehört sie also auch unseren Mitsklaven; denn was dem Herrn gehört, ist alles Gemeingut. Oder sehen wir nicht, dass dies auch in den großen Häusern so angeordnet ist? Zum Beispiel wird allen die gleiche Getreideration zugeteilt; denn es kommt ja aus den Schätzen des Herrn. [...] Schau mir nun die Haushaltung Gottes an. Er machte einige Dinge zum Gemeingut, damit sich das Menschengeschlecht infolge jener Dinge schäme, wie die Luft, die Sonne, das Wasser, die Erde, der Himmel, das Meer, das Licht, die Sterne, er verteilt es gleichmäßig wie unter Brüder. [...] Und schau, wie es bei den Dingen, die allen gemeinsam gehören, keinen Kampf gibt, sondern alles friedlich ist. Wenn aber jemand etwas an sich zu reißen versucht und es zu privatem Eigentum macht, dann folgt der Streit, wie wenn die Natur selbst darüber unwillig wäre, dass, während uns Gott von überallher zusammenführt, wir darin wetteifern, uns zu trennen und Vermögenswerte in den Privatbesitz überzuführen und zu sagen: ›dein Besitz‹ und ›mein Besitz‹, dieses kalte Wort. Denn dann gibt es Kampf, dann Hass. Wo es aber dieses Wort nicht gibt, da wird auch nicht Kampf und Streit gezeugt. Daher ist uns eher dieses als jenes zugeteilt, und es ist naturgemäß. [...] Aber, wie ich schon gesagt habe, wie kann der, der Reichtum hat, gut sein? Dies ist sicher nicht möglich, aber gut ist er, wenn er anderen abgibt; wenn er keinen Reichtum hat, dann ist er gut; solange er ihn hat, wird er wohl nicht gut sein. [...]

[...] Wenn dies (der im Urchristentum praktizierte Vermögensverzicht) auch jetzt geschähe, würden wir mit mehr Freude leben, sowohl Reiche als auch Arme; und dies brächte den Armen nicht mehr Freude als den Reichen. Und wenn du willst, wollen wir es einstweilen in dieser Rede skizzieren [...] und alle sollen ihre Habe verkaufen und den Erlös zusammenlegen; sage ich in meiner Rede; keiner soll beunruhigt sein, weder der Reiche noch der Arme. Wie viel Gold, glaubst du, würde zusammenkommen? Ich schätze (denn es lässt sich nicht genau angeben), dass, wenn alle Männer und alle Frauen ihr Geld hier ausgießen würden, wenn sie ihre Ländereien, ihren Besitz, ihre Häuser weggäben (die Sklaven möchte ich nicht nennen, denn diese gab es damals auch nicht, sondern vielleicht ließen sie sie frei), vielleicht eine Million Pfund Gold zusammengebracht würden, eher doppelt oder dreimal so viel. Denn sage mir, auf welche Zahl von Menschen, durcheinander gemischt, bringt es unsere Stadt jetzt? Wollt ihr, dass wir 100 000 sagen, der Rest sind Heiden und Juden? Wie viele Pfund Gold wurden zusammengebracht? Wie groß ist aber die Zahl der Armen? Ich glaube, nicht größer als 50 000. Um sie jeden Tag zu ernähren, wie groß wäre der Überfluss? Wenn es eher noch eine gemeinsame Ernährung und Speisungen gäbe, würde auch kein großer finanzieller Aufwand erforderlich sein. Was also, sagst du, sollen wir tun, wenn unsere Habe aufgebraucht ist? Glaubst du, dass sie jemals aufgebraucht werden kann? [...].

Q 351 b
Johannes Chrysostomos,
Homilie zur
Apostelgeschichte 11, 3

Reich und Arm im spätantiken Antiochia

[...] Es kommt der Herr bittend zu dir, und du willst seine Bitten nicht einmal hören, sondern machst Vorwürfe und tadelst ihn [...] Aber wenn du, der du ein Brot und wenig Geld gibst, so gemein, geringschätzend und zögernd bist, was wäre mit dir geworden, wenn du alles hingeben müsstest? Siehst du nicht, wie viel diejenigen, die im Theater nach Prestige streben, für die Prostituierten ausgeben? Du aber gibst nicht einmal die Hälfte davon, und oft auch nicht den kleinsten Teil. Aber der Teufel befiehlt dir, dem ersten Besten zu geben, und verschafft dir die Hölle, und du gibst. Christus aber befiehlt, den Bedürftigen zu geben, und verspricht das Königreich, und du gibst nicht nur nicht, sondern beleidigst sie auch noch. [...] Indem wir dies erwägen, Geliebte, wollen wir spät, aber doch endlich einmal klar sehen und wieder nüchtern werden. Denn ich schäme mich, noch weiter über das Almosengeben zu reden, weil ich zwar oft über dieses Thema gesprochen habe, aber nichts erreicht habe, was meinem Zureden entsprochen hätte. Denn es hat zwar einen Zuwachs (an Almosen) gegeben, aber nicht so viel, wie ich wollte.

Q 351 c
Johannes Chrysostomos,
Homilie zum Matthaeus-
evangelium 66 (67), 3

Denn ich sehe euch säen, aber nicht mit einer freigebigen Hand. Deshalb fürchte ich, dass ihr auch sparsam ernten werdet. Denn was den Punkt anbelangt, dass wir sparsam säen, so lasst uns untersuchen, wenn es euch recht erscheint, wer mehr in der Stadt sind, die Armen oder die Reichen, und wer weder arm noch reich ist, sondern eine mittlere Stellung einnimmt. Zum Beispiel, der Anteil der Reichen liegt bei einem Zehntel und bei einem Zehntel derjenige der Armen, die überhaupt nichts haben; die Übrigen gehören zu der Mittelgruppe. Wir wollen also auf die Bedürftigen die ganze Menge in der Stadt verteilen, und ihr werdet sehen, wie groß die Schande ist. Denn die sehr Reichen sind gering an Zahl, diejenigen aber, die nach ihnen kommen, sind zahlreich. Die Armen wiederum sind sehr viel weniger als diese. Aber dennoch, obwohl es so viele Leute gibt, die die Hungernden ernähren können, gehen viele hungrig schlafen, nicht weil die Besitzenden ihnen nicht mit Leichtigkeit den Unterhalt gewähren können, sondern wegen ihrer großen Roheit und Unmenschlichkeit. Denn wenn die Reichen und diejenigen, die nach ihnen kommen, diejenigen, die Mangel an Brot und Kleidung leiden, unter sich verteilten, würde kaum ein Armer auf fünfzig oder auch hundert kommen. Aber dennoch, und obwohl sie sich unter einer so großen Zahl an Personen befinden, die ihnen beistehen könnten, jammern sie jeden Tag. Und damit du ihre Unmenschlichkeit kennenlernst, schau, wie vielen Witwen die Kirche, die die Einkünfte eines Vermögenden, und zwar eines der nicht übermäßig Reichen hat, jeden Tag den Unterhalt zu gewähren in der Lage ist, wie vielen Jungfrauen; denn ihre Liste hat die Zahl von 3000 erreicht. Zusammen mit diesen unterstützt sie diejenigen, die im Gefängnis einsitzen, die Kranken im Xenodocheion, die Gesunden, diejenigen, die auf Reisen sind (und ebenfalls im Xenodocheion aufgenommen werden), diejenigen, die am Körper verstümmelt sind, diejenigen, die um der Nahrung und Kleidung willen am Altar sitzen (und hier betteln), diejenigen, die einfach jeden Tag an sie herantreten. Und um nichts wird ihr Vermögen gemindert, so dass, wenn nur zehn Männer ihr Geld in dieser Weise aufwenden wollten, es keinen Armen gäbe.

HINWEISE ZUR ÜBERSETZUNG UND ZU WEITERFÜHRENDER LITERATUR

Soweit nichts anderes verzeichnet ist, stammt die Übersetzung der Quelle vom jeweiligen Beiträger des Quellenteils. Bei jeder Quelle wird seitengenau auf den thematischen Bezug zum Studienbuch »Geschichte der Antike« (hg. H.-J. Gehrke/H. Schneider, 4. Aufl. Stuttgart 2013) hingewiesen.

Die Dark Ages und das archaische Griechenland

Quellen 1–17: *Josef Wiesehöfer*
Für wertvolle Ratschläge und Hilfe danke ich meinen Freunden R. Rollinger (Innsbruck) und R.M. Schneider (München).

Quellen 18–56: *Karl-Joachim Hölkeskamp und Elke Stein-Hölkeskamp*

Q 1 (Abb.)
Studienbuch S. 56; 60 f.
Abb.: H.-V. Herrmann, Olympia. Heiligtum und Wettkampfstätte, München: Hirmer-Verlag 1972, 82, Abb. 49.
Literatur: H.-V. Herrmann, Olympia (wie oben), 81–85.

Q 2 (Abb.)
Studienbuch S. 55
Q 2a: Frankfurt/M., Liebieghaus Inv. 1629
Q 2b: München, Staatl. Antikensammlungen und Glyptothek Inv. 168
Literatur: U. Höckmann, »Der archaische griechische Kouros und sein Verhältnis zur ägyptischen Statue«, in: H. Beck/P.C. Bol/M. Bückling (Hg.), Ägypten – Griechenland – Rom: Abwehr und Berührung, Tübingen 2005, 74–82.

Q 3 (Abb.)
Studienbuch S. 47 ff.
Athen, Akropolismuseum Inv. 606
Literatur: V. Brinkmann, Die Polychromie der archaischen und frühklassischen Skulptur, München 2003. – V. Brinkmann/R. Wünsche (Hg.), Bunte Götter. Die Farbigkeit antiker Skulptur, München ³2005, 96 f.

Q 4 (Abb.)
Studienbuch S. 47 ff.
Berlin, Antikensammlung Inv. 2293

Q 5 (Abb.)
Studienbuch S. 62
London, British Museum Inv. E 65 (in: A. Furtwängler/ K. Reichhold, Griechische Vasenmalerei. Auswahl hervorragender Vasenbilder, Serie I, Tafel 1–60, München: F. Bruckmann 1904, Taf. 47,2; Exemplar der Universitätsbibliothek Heidelberg)
Literatur: K. Schefold, Die Göttersage in der klassischen und hellenistischen Kunst, München 1981, 122–124.

Q 6 (Abb.)
Studienbuch S. 47 ff.
München, Staatl. Antikensammlungen und Glyptothek
Literatur: V. Brinkmann/U. Koch-Brinkmann, Der prächtige Prinz, München 2003.

Q 7 (Abb.)
Studienbuch S. 62
Baltimore, Johns Hopkins University Inv. B 8
Literatur: M.C. Miller, Athens and Persia in the Fifth Century B.C. A Study in Cultural Receptivity, Cambridge 1997, 58 f.

Q 8 (Abb.)
Studienbuch S. 62 f.
Salerno, Museo Provinciale
Literatur: T. Hölscher, »Feindwelten – Glückswelten: Perser, Kentauren und Amazonen«, in: T. Hölscher (Hg.), Gegenwelten zu den Kulturen Griechenlands und Roms in der Antike, München 2000, 287–320.

Q 9
Studienbuch S. 55; 59 f.
Übers. Q 9a–c und e nach R. Rollinger; Übers. Q 9d nach R. Borger
Literatur: R. Rollinger, Zur Bezeichnung von ›Griechen‹ in Keilschrifttexten, in: Revue d'Assyriologie 91, 1997 [1999], 167–172. – R. Rollinger, The Ancient Greeks and the Impact of the Ancient Near East: Textual Evidence and Historical Perspective, in: R.M. Whiting (Hg.), Mythology and Mythologies: Methodological Approaches to Intercultural Influences, Helsinki 2001, 233–264. – R. Rollinger, Homer, Anatolien und die Levante: Die Frage der Beziehungen zu den östlichen Nachbarkulturen im Spiegel der schriftlichen Quellen, in: Ch. Ulf (Hg.), Der neue Streit um Troja. Eine Bilanz, München 2003, 330–348.

Q 10
Studienbuch S. 56 f.
Übers. Q 10a nach A. Schott; Übers. Q 10b, d und f
nach W. Schadewaldt; Übers. Q 10c nach S. Maul;
Übers. Q 10e nach W. von Soden
Literatur: W. Burkert, The Orientalizing Revolution.
Near Eastern Influence on Greek Culture in the Early
Archaic Age, Cambridge, Mass./London 1992, 88–127.
– W. Burkert, Die Griechen und der Orient. Von Homer
bis zu den Magiern, München 2003, 28–54. – M.L.
West, The East Face of Helicon. West Asiatic Elements
in Greek Poetry and Myth, Oxford 1997, 109–111;
344–346; 361–362.

Q 11
Studienbuch S. 53; 55 f.
Übers. nach HGIÜ I, 6 f. Nr. 8
Literatur: P. W. Haider, Epigraphische Quellen zur Inte-
gration von Griechen in die ägyptische Gesellschaft der
Saitenzeit, in: U. Höckmann/D. Kreikenbom (Hg.),
Naukratis. Die Beziehungen zu Ostgriechenland, Ägyp-
ten und Zypern in archaischer Zeit, Möhnesee 2001,
197–215. – P. W. Haider, Kontakte zwischen Griechen
und Ägyptern und ihre Auswirkungen auf die archa-
isch-griechische Welt, in: R. Rollinger/Ch. Ulf (Hg.),
Griechische Archaik: Interne Entwicklungen – Externe
Impulse, Berlin 2004, 447–491.

Q 12
Studienbuch S. 54 f.; 57 f.
Übers. Q 12a nach W. Schadewaldt; Übers. Q 12b nach
A. Weiher
Literatur: J. Latacz, Die Phönizier bei Homer, in:
U. Gehrig/H. G. Niemeyer (Hg.), Die Phönizier im Zeit-
alter Homers, Mainz 1990, 11–21.

Q 13
Studienbuch S. 57
Übers. nach W. Marg
Literatur: W. Burkert, Die Griechen und der Orient
(wie Q 10), 23–27. – M. Krebernik, Alphabetgeschichte
und Buchstabennamen, in: R. Rollinger u. a. (Hg.), Ge-
trennte Wege? Kommunikation, Raum und Wahr-
nehmungen in der Alten Welt, Frankfurt/M. 2007. –
Ch. Marek, Euboia und die Entstehung der Alphabet-
schrift bei den Griechen, in: Klio 75, 1993, 42–58. –
R. D. Woodard, Greek Writing from Knossos to Homer,
Oxford 1997.

Q 14
Studienbuch S. 49 f.; 55 f.
Übers. Q 14a nach W. Marg
Q 14b1: Übers. nach E. Hornung; Q 14b2: Übers.
nach L. Seeger
Literatur: Burkert, Die Griechen und der Orient (wie
Q 10), 79–106. – P. W. Haider, Epigraphische Quellen
zur Integration von Griechen in die ägyptische Gesell-
schaft der Saitenzeit (wie Q 11). – S. Morenz, Religion

und Geschichte des alten Ägypten, Köln/Wien 1975,
452–495.

Q 15
Studienbuch S. 54; 59 f.
Übers. nach J. Latacz
Literatur: R. Bichler, Wahrnehmung und Vorstellung
fremder Kultur. Griechen und Orient in archaischer und
frühklassischer Zeit, in: M. Schuster (Hg.), Die Begegnung mit dem Fremden: Wertungen und Wirkungen in
Hochkulturen vom Altertum bis zur Gegenwart, Stuttgart 1996, 51–74. – N. Ehrhardt, Die Ionier und ihr
Verhältnis zu den Phrygern und Lydern, in: Neue For-
schungen zu Ionien, Bonn 2005, 93–111.

Q 16
Studienbuch S. 53 f.; 60 f.
Übers. nach R. Schmitt
Literatur: R. Rollinger, Dareios, Sanherib, Nebukadne-
zar und Alexander der Große: die Organisation groß-
königlicher Projekte, deren Infrastruktur sowie der
Einsatz fremder Arbeitskräfte. In: Iranistik. Deutsch-
sprachige Zeitschrift für iranische Studien (2006–7)
9 & 10 [2008] (Festschrift Kettenhofen), 147–169.

Q 17
Studienbuch S. 53 f.; 60 f.
Übers. nach C. Friedrich/Th. Nothers
Literatur: M. Whitby, An International Symposium? Ion
of Chios fr. 27 and the Margin of the Delian League, in:
E. Dabrowa (Hg.), Ancient Iran and the Mediterranean
World, Kraków 1998, 207–224.

Q 18
Studienbuch S. 86
Übers. nach HGIÜ I, Nr. 1
Literatur: L. H. Jeffery, The Local Scripts of Archaic
Greece. A Study of the Origin of the Greek Alphabet
and its Development from the Eighth to the Fifth Cen-
turies B.C., Oxford 1961, Rev. Edition with a Supple-
ment by A. W. Johnston, Oxford 1990, 43 ff.; 235 f.,
Plate 47, 1 (Abb.)

Q 19
Studienbuch S. 93
Übers. nach H. Rupé
Literatur: J. Boardman, The Archaeology of Nostalgia.
How the Greeks Re-created Their Mythical Past, London 2002, 163 ff. – J. Grethlein, Das Geschichtsbild der
Ilias. Eine Untersuchung aus phänomenologischer und
narratologischer Perspektive, Göttingen 2006, 163 ff.
– B. Patzek, Homer und seine Zeit, München 2003,
68 ff. – K. A. Raaflaub, A historian's headache: how to
read ›Homeric society‹?, in: N. Fisher/H. van Wees
(Hg.), Archaic Greece: New Approaches and New Evidence, London u. a. 1998, 169–193. – E. Stein-Hölkeskamp, Adelskultur und Polisgesellschaft. Studien zum
griechischen Adel in archaischer und klassischer Zeit,

Stuttgart 1989, 17 ff. – H. van Wees, Status Warriors. War, violence and society in Homer and history, Amsterdam 1992, 17 ff.

Q 20
Studienbuch S. 94
Übers. nach H. Rupé
Literatur: E. Stein-Hölkeskamp, Adelskultur und Polisgesellschaft (wie Q 19), 17 ff.

Q 21
Studienbuch S. 95 f.
Übers. nach A. Weiher
Literatur: H. van Wees, Status Warriors (wie Q 19), 207 ff.

Q 22
Studienbuch S. 96
Übers. nach A. Weiher
Literatur: A. M. Snodgrass, The Dark Age of Greece. An Archaeological Survey of the Eleventh to the Eighth Centuries BC, Edinburgh 1971, Neudruck 2000, 379 f. – vgl. A. M. Snodgrass, Archaic Greece. The Age of Experiment, London u. a. 1980, 35 f. – E. Stein-Hölkeskamp, Adelskultur und Polisgesellschaft (wie Q 19), 45.

Q 23
Studienbuch S. 96 f.
Übers. nach A. Weiher
Literatur: E. Stein-Hölkeskamp, Adelskultur und Polisgesellschaft (wie Q 19), 44 ff. – Ch. Ulf, Die homerische Gesellschaft, München 1990, 184 ff.

Q 24
Studienbuch S. 98 f.
Übers. nach A. Weiher
Literatur: M. I. Finley, Die Welt des Odysseus, München 1979, 129 ff. – O. Murray, Der griechische Mensch und die Formen der Gesellligkeit, in: J.-P. Vernant (Hg.), Der Mensch in der griechischen Antike, Frankfurt/M. u. a. 1993 (zuerst Paris 1991) 255–294; 343–345; 255 ff. – E. Stein-Hölkeskamp, Adelskultur und Polisgesellschaft (wie Q 19), 49 f.

Q 25
Studienbuch S. 99
Übers. nach A. Weiher
Literatur: M. I. Finley, Die Welt des Odysseus, München 1979, 61 ff.; 122 f. – E. Stein-Hölkeskamp, Adelskultur und Polisgesellschaft (wie Q 19), 50 ff. – Ch. Ulf, Die homerische Gesellschaft, München 1990, 202 ff.

Q 26
Studienbuch S. 100 f.
Übers. nach A. Weiher
Literatur: V. D. Hanson, The Other Greeks. The Family Farm and the Agrarian Roots of Western Civilization, New York 1995, 47 ff. – W. Schmitz, Nachbarschaft

und Dorfgemeinschaft im archaischen und klassischen Griechenland, Berlin 2004, 113 ff.

Q 27
Studienbuch S. 100 f.
Übers. Q 27a nach A. von Schirnding; Übers. Q 27b–d nach W. Marg
Literatur: V. D. Hanson, The Other Greeks (wie Q 26), 91 ff. – P. C. Millett, Hesiod and his world, in: Proceedings of the Cambridge Philological Society 210, 1984, 84–115. – W. Schmitz, Nachbarschaft (wie Q 26), 33 ff.; 75 ff.; 94 ff. – E. Stein-Hölkeskamp, Adelskultur und Polisgesellschaft (wie Q 19), 57 ff. – M. L. West, Hesiod, Works & Days, ed. with Prolegomena and Commentary by M. L. W., Oxford 1978.

Q 28
Studienbuch S. 101 f.
Übers. nach W. Marg
Literatur: W. Schmitz, Nachbarschaft (wie Q 26), 31 f.; 77 f. – M. L. West, Works & Days (wie Q 27).

Q 29
Studienbuch S. 102
Übers. nach A. Weiher
Literatur: E. Stein-Hölkeskamp, Adelskultur und Polisgesellschaft (wie Q 19), 34 ff. – Ch. Ulf, Die homerische Gesellschaft, München 1990, 85 ff. – vgl. auch West, Works & Days (wie Q 27) zu Hes. Erg. 225 ff.

Q 30
Studienbuch S. 103
Übers. nach H. Rupé
Literatur: M. W. Edwards, The Iliad: A Commentary, Vol. V: books 17–20, Cambridge u. a. 1991, 200 ff. (zur Schildbeschreibung generell); 213 ff. (zur Versammlungsszene). – K.-J. Hölkeskamp, Zwischen Agon und Argumentation. Rede und Redner in der archaischen Polis, in: Ch. Neumeister/W. Raeck (Hg.), Rede und Redner. Bewertung und Darstellung in den antiken Kulturen, Möhnesee 2000, 17–43, 28.

Q 31
Studienbuch S. 103
Übers. nach H. Rupé
Literatur: K.-J. Hölkeskamp, Agon (wie Q 30), 25 f. – K.-J. Hölkeskamp, Ptolis and agore. Homer and the archaeology of the city-state, in: F. Montanari (Hg.), Omero tremila anni dopo, Rom 2002, 297–342; 312 f. – G. S. Kirk, The Iliad: A Commentary, Vol. I: books 1–4, Cambridge u. a. 1985. – J. Latacz (Hg.), Homers Ilias. Gesamtkommentar auf der Grundlage der Ausgabe von Ameis/Hentze/Cauer, München u. a. 2000 ff., ad loc.

Q 32
Studienbuch S. 105
Übers. nach A. Weiher

Literatur: K.-J. Hölkeskamp, *Ptolis* and *agore* (wie Q 31). – S. Scully, Homer and the Sacred City, Ithaca u.a. 1990.

Q 33
Studienbuch S. 112f.
Übers. nach HGIÜ I, Nr. 145
Literatur: R. Develin, Athenian Officials 684–321 B.C., Cambridge u.a. 1989, 31f. (zur Datierung). – M. Gagarin, Drakon and Early Athenian Homicide Law, New Haven u.a. 1981. – Inschriftliche Gesetzestexte der frühen griechischen Polis, Aus dem Nachlaß von Reinhard Koerner hg. von K. Hallof, Weimar etc. 1993, Nr. 11. – R.S. Stroud, Drakon's Law on Homicide, Berkeley u.a. 1968 (grundlegend, mit Photo des Steins). – H. van Effenterre/F. Ruzé, Nomima. Recueil d'inscriptions politiques et juridiques de l'Archaïsme grec, Vol. I, Rom 1994, Nr. 02 (jeweils Text, Übersetzungen – mit einigen Varianten – und ausführlichen Kommentaren).

Q 34
Studienbuch S. 113
Übers. nach HGIÜ I, Nr. 2
Literatur: K.-J. Hölkeskamp, Schiedsrichter, Gesetzgeber und Gesetzgebung im archaischen Griechenland, Stuttgart 1999, 87ff. – L.H. Jeffery, The Local Scripts of Archaic Greece (wie Q 18), 309; 311; 315; Plate 59, 1a (Abb.n). – Koerner, Inschriftliche Gesetzestexte der frühen griechischen Polis (wie Q 33), Nr. 90. – H. van Effenterre/F. Ruzé, Nomima (wie Q 33), Nr. 81.

Q 35
Studienbuch S. 115; 117; 193f.
Übers. Q 35a nach K. Ziegler; Übers. Q 35b nach Walter, An der Polis teilhaben 164
Literatur: M. Meier, Aristokraten und Damoden. Untersuchungen zur inneren Entwicklung Spartas im 7. Jahrhundert v.Chr. und zur politischen Funktion der Dichtung des Tyrtaios, Stuttgart 1998, 186ff. – H. van Effenterre/F. Ruzé, Nomima (wie Q 33), Nr. 61. – U. Walter, An der Polis teilhaben. Bürgerstaat und Zugehörigkeit im archaischen Griechenland, Stuttgart 1993, 157ff. – K.-W. Welwei, Sparta. Aufstieg und Niedergang einer antiken Großmacht, Stuttgart 2004, 59ff.

Q 36
Studienbuch S. 116
Übers. nach Koerner Nr. 61 und HGIÜ I, Nr. 10
Literatur: K.-J. Hölkeskamp, Schiedsrichter (wie Q 34), 80ff. – L.H. Jeffery, The Courts of Justice in Archaic Chios, in: Annual of the British School at Athens 51, 1956, 157–167, (Plate 43: Abb.). – Koerner, Inschriftliche Gesetzestexte der frühen griechischen Polis (wie Q 33), Nr. 61. – H. van Effenterre/F. Ruzé, Nomima (wie Q 33), Nr. 62. – U. Walter, An der Polis teilhaben (wie Q 35), 93ff.

Q 37
Studienbuch S. 119f.
Übers. nach O. Gigon
Literatur: K.-J. Hölkeskamp, Schiedsrichter (wie Q 34), 41ff. – E. Schütrumpf, Aristoteles, Politik, übers. und erl. von E.S., Berlin 1991–2005, ad loc.

Q 38
Studienbuch S. 120
Übers. Q 38a nach W. Marg; Übers. Q 38b nach A. von Schirnding
Literatur: Th.W. Gallant, Risk and Survival in Ancient Greece, Cambridge 1991, 143ff. – P.C. Millett, Hesiod (wie Q 27), 84ff. – W. Schmitz, Nachbarschaft (wie Q 26), 63ff. – E. Stein-Hölkeskamp, Adelskultur und Polisgesellschaft (wie Q 19), 57ff. – M.L. West, Works & Days (wie Q 27), ad loc.

Q 39
Studienbuch S. 121
Übers. Q 39a und b nach Chr. Mülke; Übers. Q 39c und d nach M. Dreher
Literatur: M. Chambers, Aristoteles, Staat der Athener, übers. und erl. von M.Ch., Berlin 1990, ad loc. – P.J. Rhodes, A Commentary on the Aristotelian *Athenaion Politeia*, Oxford 1981 u.ö., ad loc. – K.-W. Welwei, Athen. Vom neolithischen Siedlungsplatz zur archaischen Großpolis, Darmstadt 1992, 150ff.; 161ff.

Q 40
Studienbuch S. 122
Übers. Q 40a und c nach E. Heitsch; Übers. Q 40b nach H. Fränkel, Dichtung und Philosophie
Literatur: E. Stein-Hölkeskamp, Adelskultur und Polisgesellschaft (wie Q 19), 104ff.

Q 41
Studienbuch S. 123
Übers. Q 41a nach W. Marg; Übers. Q 41b nach J. Feix
Literatur: L. Foxhall, Cargoes of the heart's desire: the character of trade in the archaic Mediterranean world, in: N. Fisher/H. van Wees (eds.), Archaic Greece: New Approaches and New Evidence, London u.a. 1998, 295–309. – W.W. How/J. Wells, A Commentary on Herodotus, Vols. I-II, Oxford 1912 u.ö., ad loc. – E. Stein-Hölkeskamp, Adelskultur und Polisgesellschaft (wie Q 19), 63. – M.L. West, Works & Days (wie Q 27), ad loc.

Q 42
Studienbuch S. 123f.
Übers. nach D.U. Hansen
Literatur: E. Stein-Hölkeskamp, Adelskultur und Polisgesellschaft (wie Q 19), 86ff., vgl. 134ff. – E. Stein-Hölkeskamp, Adel und Volk bei Theognis, in: W. Eder/K.-J. Hölkeskamp (Hg.), Volk und Verfassung im vorhellenistischen Griechenland, Stuttgart 1997, 21–35.

Q 43
Studienbuch S. 124
Übers. nach D. Ebener
Literatur: D.A. Campbell, The Golden Lyre. The
Themes of the Greek Lyric Poets, London 1983, 135.
– W. Donlan, The Aristocratic Ideal in Ancient Grece.
Attitudes of Superiority from Homer to the End of the
Fifth Century, Lawrence, KA 1980, 63 f. – E. Stein-
Hölkeskamp, Adelskultur und Polisgesellschaft (wie
Q 19), 84; 109 f.

Q 44
Studienbuch S. 125
Übers. nach M. Treu
Literatur: H. Fränkel, Dichtung und Philosophie des
frühen Griechentums, München 1962, 214 ff. – E.
Stein-Hölkeskamp, Adelskultur und Polisgesellschaft
(wie Q 19), 82 ff.

Q 45
Studienbuch S. 125
Übers. nach J. Latacz
Literatur: W. Donlan, Aristocratic Ideal (wie Q 43),
35 ff. – H. Fränkel, Dichtung und Philosophie (wie
Q 44), 384 ff. – E. Stein-Hölkeskamp, Adelskultur und
Polisgesellschaft (wie Q 19), 123 ff.

Q 46
Studienbuch S. 125 f.
Übers. nach G.P. Landmann
Literatur: A.W. Gomme u.a., A Historical Commentary
on Thucydides, Vol. Iff. Oxford 1945–1981, ad loc. –
A.J. Graham, in: J. Boardman u.a. (Hg.), Cambridge
Ancient History, III 3: The Expansion of the Greek
World, Eighth to Sixth Centuries B.C., Cambridge
1982, 94 ff.

Q 47
Studienbuch S. 125 f.
Übers. nach HGIÜ I, Nr. 6, Z. 23 ff.
Literatur: K.-J. Hölkeskamp, Schiedsrichter (wie Q 34),
252 ff. (jeweils mit der älteren Literatur). – H. van
Effenterre/F. Ruzé, Nomima (wie Q 33), Nr. 41.

Q 48
Studienbuch S. 129
Übers. nach S. Radt
Literatur: A.J. Graham, in: J. Boardman (Hg),
Cambridge Ancient History, III 3 (wie Q 46), 123 f.

Q 49
Studienbuch S. 132
Übers. nach O. Gigon
Literatur: H. Berve, Die Tyrannis bei den Griechen,
2 Bde., Darmstadt 1967, Bd. I, 3 ff. – E. Schütrumpf,
Aristoteles, Politik (wie Q 37), ad loc.

Q 50
Studienbuch S. 133
Übers. nach J. Feix
Literatur: How/Wells (wie Q 41), ad loc. – L. de Libero,
Die archaische Tyrannis, Stuttgart 1996, 137 ff. – J.B.
Salmon, Wealthy Corinth: a history of the city to 338
B.C., Oxford 1984, 186 ff.

Q 51
Studienbuch S. 134
Übers. nach O. Gigon
Literatur: L. de Libero, Tyrannis (wie Q 50), 224 ff. –
E. Schütrumpf, Aristoteles, Politik (wie Q 37).

Q 52
Studienbuch S. 134 f.
Übers. nach G.P. Landmann
Literatur: S. Hornblower, A Commentary on Thucy-
dides, Vol. Iff., Oxford 1991 ff., Vol. I, ad loc. – A.W.
Gomme u.a., Commentary I (wie Q 46), ad loc. – L. de
Libero, Tyrannis (wie Q 50), 45 ff.

Q 53
Studienbuch S. 134 ff.
Übers. Q 53a nach J. Feix; Übers. Q 53b und d nach
M. Dreher; Übers. Q 53c nach G.P. Landmann
Literatur: M. Chambers, Staat der Athener (wie Q 39),
ad loc. – A.W. Gomme u.a. (wie Q 46), ad loc. – How/
Wells (wie Q 41), ad loc. – L. de Libero, Tyrannis (wie
Q 50), 50 ff. – P.J. Rhodes, Commentary (wie Q 39), ad
loc. – E. Stein-Hölkeskamp, Adelskultur und Polisge-
sellschaft (wie Q 19), 139 ff.

Q 54
Studienbuch S. 138 f.
Übers. nach J. Feix
Literatur: How/Wells (wie Q 41), ad loc. – N.F. Jones,
Public Organization in Ancient Greece: A documentary
study, Philadelphia 1987, 103 ff. – V. Parker, Some As-
pects of the Foreign and Domestic Policy of Cleisthenes
of Sicyon, in: Hermes 122, 1994, 404–424.

Q 55
Studienbuch S. 139 f.
Übers. nach J. Feix
Literatur: K.-J. Hölkeskamp, Demonax und die Neu-
ordnung der Bürgerschaft von Kyrene, in: Hermes 121,
1993, 404–421. – How/Wells (wie Q 41). – N.F. Jones,
Public Organization (wie Q 54), 216 ff.

Q 56
Studienbuch S. 140 ff.
Übers. Q 56 a und b nach J. Feix; Übers. Q 56c nach
M. Dreher
Literatur: M. Chambers, Staat der Athener (wie Q 39),
ad loc. – How/Wells (wie Q 41). – P.J. Rhodes, Com-
mentary (wie Q 39), ad loc. – E. Stein-Hölkeskamp,
Adelskultur und Polisgesellschaft (wie Q 19), 168 ff. –

K.-W. Welwei, Das klassische Athen: Demokratie und Machtpolitik im 5. und 4. Jahrhundert, Darmstadt 1999, 1 ff.

Die griechische Staatenwelt in klassischer Zeit (550–336 v. Chr.)

Quellen 57–117: *Peter Funke*

Q 57
Studienbuch S. 154
Übers. nach R. Borger
Literatur: P.-R. Berger, Der Kyros-Zylinder mit dem Zusatzfragment BIN II, Nr. 32 und die akkadischen Personennamen im Danielbuch, in: Zeitschrift für Assyriologie und Vorderasiatische Archäologie 64, 1975, 192–203. – P. Briant, From Cyrus to Alexander. A History of the Persian Empire, Winona Lake 2002, 31–61. – W. Hinz, Darius und die Perser. Eine Kulturgeschichte der Achämeniden, 2 Bde., Baden-Baden 1976, 106–114

Q 58
Studienbuch S. 154
Übers. nach Thomas Hieke und Tobias Nicklas
Literatur: R. Albertz, Religionsgeschichte Israels in alttestamentlicher Zeit, Teil 2: Vom Exil zu den Makkabäern, Göttingen ²1997. – R. Albertz, Die Exilszeit. 6. Jahrhundert v. Chr. (= Biblische Enzyklopädie 7), Stuttgart u.a. 2001, 98–112. – K. Bringmann, Geschichte der Juden im Altertum. Vom babylonischen Exil bis zur arabischen Eroberung, Stuttgart 2005, 19–61.

Q 59
Studienbuch S. 155
Übers. nach R. Borger und W. Hinz
Literatur: P. Briant, From Cyrus to Alexander (wie Q 57), 107–138. – P. Frei/K. Koch, Reichsidee und Reichsorganisation im Perserreich, Freiburg (CH)/ Göttingen ²1996. – R.G. Kent, Old Persian. Grammar, Texts, Lexicon, New Haven 1953, 116–135. – H. Koch, Es kündet Dareios der König. Vom Leben im persischen Großreich, Mainz 1992. – W. Hinz, Darius und die Perser (wie Q 57). – J. Wiesehöfer, Der Aufstand Gaumâtas und die Anfänge Dareios' I., Bonn 1978

Q 60
Studienbuch S. 155; 195 f.; 198 f.
Übers. nach W. Marg
Literatur: H. Apfel, Die Verfassungsdebatte bei Herodot (3,80–82), Diss. Erlangen 1958. – K. Bringmann, Die Verfassungsdebatte bei Herodot 3, 80–82. Darius' Aufstieg zur Königsherrschaft, Hermes 104, 1976, 266–279. – F. Gschnitzer, Die Sieben Perser und das Königtum des Dareios. Ein Beitrag zur Achaimenidengeschichte und zur Herodotanalyse, Heidelberg 1977.

– U. Walter, »Da sah er das Volk ganz in seiner Hand – Deiokes und die Entstehung monarchischer Herrschaft im Geschichtswerk Herodots, in: M. Meier u.a. (Hg.), Deiokes, König der Meder. Eine Herodot-Episode in ihren Kontexten, Stuttgart 2004, 75–95.

Q 61
Studienbuch S. 160
Übers. nach W. Marg
Literatur: F. Grosso, Gli Eretriesi deportati in Persia, in: Rivista di Filologia e di Istruzione Classica 36, 1958, 350–375. – D. Müller, Topographischer Bildkommentar zu den Historien des Herodot, Bd. 1: Griechenland, Tübingen 1987, 401–405. – E. Olshausen, Griechenland im Orient. Die Deportation der Eretrier nach Mesopotamien (490 v. Chr.), in: A. Gestrich u.a. (Hg.), Ausweisung und Deportation. Formen der Zwangsemigration in der Geschichte, Stuttgart 1995, 23–40.

Q 62
Studienbuch S. 160
Übers. nach W. Marg
Literatur: K. Buraselis/E. Koulakiotis (Hg.), Marathon. The Day After, Athen 2013. – H.R. Goette/Th.M. Weber, Marathon. Siedlungskammer und Schlachtfeld – Sommerfrische und Olympische Wettkampfstätte, Mainz 2004, 61–94. – M. Jung, Marathon und Plataiai. Zwei Perserschlachten als »lieux de mémoire« im antiken Griechenland, Göttingen 2006. – B.Ch. Petrakos, Marathon, Athen 1998. – D. Müller, Topographischer Bildkommentar zu den Historien des Herodot (wie Q 61), 655–673. – K.-W. Welwei, Das klassische Athen. Demokratie und Machtpolitik im 5. und 4. Jahrhundert, Darmstadt 1999, 31–39.

Q 63
Studienbuch S. 160
Literatur: H.R. Goette/Th.M. Weber, Marathon (wie Q 62), 91–93. – R. Meiggs/D. Lewis, A Selection of Greek Historical Inscriptions, Oxford ²1988, Nr. 18. – B.Ch. Petrakos, Marathon, Athen 1998, 47–49. – H. van Effenterre/F. Ruzé, Nomima. Recueil d'inscriptions politiques et jeridiques de l'archaïsme grec I, Rom 1994, Nr. 95.

Q 64
Studienbuch S. 160; 196
Übers. Q 64a nach G.A. Lehmann; Übers. Q 64c nach M. Chambers
Literatur: G.A. Lehmann, Der Ostrakismos-Entscheid in Athen: Von Kleisthenes zur Ära des Themistokles, in: Zeitschrift für Papyrologie und Epigraphik 41, 1981, 85–99. – P. Siewert (Hg.), Ostrakismos-Testmonien I. Die Zeugnisse antiker Autoren, der Inschriften und Ostraka über das athenische Scherbengericht aus vorhellenistischer Zeit (487–322 v. Chr.), Stuttgart 2002.

Q 65
Studienbuch S. 161
Übers. Q 65a nach W. Marg; Übers. Q 65b nach
K. Ziegler
Literatur: J. Bleicken, Die athenische Demokratie,
Paderborn ²1994, 127–140. – W. Blösel, Themistokles
bei Herodot: Spiegel Athens im fünften Jahrhundert.
Studien zur Geschichte und historiographischen Kon-
struktion des griechischen Freiheitskampfes 480 v. Chr.,
Stuttgart 2004, 64–107. – V. Gabrielsen, Financing the
Athenian Fleet. Public Taxation and Social Relations,
Baltimore/London 1994, 27–35. – Labarbe, La loi na-
vale de Thémistocle, Paris 1957.

Q 66
Studienbuch S. 162
Übers. Q 66a nach W. Marg
Literatur: H. Bengtson/R. Werner, Die Staatsverträge
des Altertums II: Die Verträge der griechisch-römischen
Welt von 700 bis 338 v. Chr., München ²1975, Nr. 130.
– J.-F. Bommelaer/D. Laroche, Guide des Delphes. Le
Site, Paris 1991, 165–167. – D. Kienast, Der Hellenen-
bund von 481 v. Chr., in: Chiron 33, 2003, 43–77. –
R. Meiggs/D. Lewis (wie Q 63), Nr. 27. – K. Meister.
Die Interpretation historischer Quellen. Schwerpunkt
Antike, Bd. 1: Griechenland, Paderborn 1997, 119–
134.

Q 67
Studienbuch S. 162
Übers. nach K. Meister
Literatur: W. Blösel, Themistokles bei Herodot (wie
Q 65), 241–254. – Chr. Habicht, Falsche Urkunden zur
Geschichte Athens im Zeitalter der Perserkriege, in:
Hermes 89, 1961, 1–35. – M. Johannson, The Inscrip-
tion from Troizen: A Decree of Themistokles?, in: Zeit-
schrift für Papyrologie und Epigraphik, 137, 2001, 69–
92. – G.A. Lehmann, Bemerkungen zur Themistokles-
Inschrift von Troizen, in: Historia 17, 1968, 276–288.
– K. Meister. Die Interpretation historischer Quellen
(wie Q 66), 99–111.

Q 68
Studienbuch S. 162
Übers. nach W. Marg
Literatur: A. Albertz, Exemplarisches Heldentum.
Die Rezeption der Schlacht an den Thermopylen von
der Antike bis zur Gegenwart, München 2006. – P.
Cartledge, Thermopylae. The Battle that Changed the
World, Woodstock/New York 2006. – D. Müller, Topo-
graphischer Bildkommentar zu den Historien des Hero-
dot (wie Q 61), 369–384. – A. Petrovic, Kommentar zu
den simonideischen Versinschriften, Leiden/Boston
2007, 237–249. – G.J. Szemler u.a., Thermopylai.
Myth and Reality in 480 B.C., Chicago 1996. – L.
Thommen, Sparta. Verfassungs- und Sozialgeschichte
einer griechischen Polis, Stuttgart 2003, 3–7. – K.-W.
Welwei, Das klassische Athen (wie Q 62), 57–62.

Q 69
Studienbuch S. 162
Übers. nach O. Werner
Literatur: W. Blösel, Themistokles bei Herodot (wie
Q 65), 186–241. – Chr. Meier, Die politische Kunst
der griechischen Tragödie, München 1988, 76–93. –
H.T. Wallinga, Xerxes' Greek Adventure: The Naval
Perspective, Leiden 2005. – K.-W. Welwei, Das klas-
sische Athen (wie Q 62), 63–69.

Q 70
Studienbuch S. 162 f.
Übers. nach HGIÜ I Nr. 40
Literatur: L. Burckhardt, Bürger und Soldaten. Aspekte
der politischen und militärischen Rolle athenischer
Bürger im Kriegswesen des 4. Jh.s v. Chr., Stuttgart
1996, 57–63. – P. Cartledge, After Thermopylai. The
Oath of Plataea and the End of the Graeco-Persian
Wars, Oxford 2013. – Chr. Habicht, Falsche Urkun-
den zur Geschichte Athens (wie Q 67), 1–35. – P.J.
Rhodes/R. Osborne, Greek Historical Inscriptions 404–
323 BC, Oxford 2003, Nr. 88. – P. Siewert, Der Eid
von Plataiai, München 1972.

Q 71
Studienbuch S. 162 f.
Übers. Q 71a: P. Funke und K. Hallof; Übers. Q 71b
nach HGIÜ I Nr. 43
Literatur: K. Buraselis/E. Koulakiotis (Hg.), Marathon.
The Day After, Athen 2013. – M. Jung, Marathon und
Plataiai (wie Q 62), 84–96. – R. Meiggs/D. Lewis (wie
Q 63), Nr. 26. – M. Meyer, Bilder und Vorbilder. Zu
Sinn und Zweck von Siegesmonumenten Athens in
klassischer Zeit, in: Jahreshefte des Österreichischen
Archäologischen Instituts in Wien 74, 2005, 299–304.
– W. Peek, Griechische Vers-Inschriften I.: Grab-Epi-
gramme, Berlin 1955, Nr. 9. – A. Petrovic, Kommentar
zu den simonideischen Versinschriften, Leiden/Boston
2007, 158–177; 194–208.

Q 72
Studienbuch S. 163
Übers. nach E. Schütrumpf
Literatur: H.-J. Gehrke, Stasis. Untersuchungen zu den
inneren Kriegen in den griechischen Staaten des 5. und
4. Jahrhunderts v. Chr., München 1985. – A. Lintott,
Violence, Civil Strife and Revolution in the Classical
City, London 1982. – A. Winterling, »Arme« und »Rei-
che«. Die Struktur der griechischen Polisgesellschaften
in Aristoteles' Politik, in: Saeculum 44, 1993, 179–205.

Q 73
Studienbuch S. 163
Übers. nach G.P. Landmann
Literatur: H.-J. Gehrke, Stasis (wie Q 72). – H.-J.
Gehrke, Die Griechen und die Rache. Ein Versuch in
historischer Psychologie, in: Saeculum 38, 1987, 121–
149. – F. McHardy, Revenge in Athenian Culture, Lon-

don 2008. – S. Hornblower, A Commentary on Thucydides. Vol. I, Oxford 1991, 477–491. – M. Intrieri, Biaios didaskalos. Guerra e stasis a Corcira fra storia e storiografia, Rubbettino 2002. – A. Lintott, Violence, Civil Strife and Revolution in the Classical City, London 1982.

Q 74
Studienbuch S. 164–168
Übers. Q 74a nach G.P. Landmann; Übers. Q 74b nach M. Chambers
Literatur: H.D. Meyer, Vorgeschichte und Gründung des delisch-attischen Seebundes, in: Historia 12, 1963, 405–446. – K.-E. Petzold, Die Gründung des delisch-attischen Seebundes: Element einer »imperialistischen« Politik Athens ?, in: Historia 42, 1993, 418–443 und Historia 43, 1994, 1–31. – W. Schuller, Die Herrschaft der Athener im Ersten Attischen Seebund, Berlin/New York 1974. – M. Steinbrecher, Der delisch-attische Seebund und die athenisch-spartanischen Beziehungen in der Kimonischen Ära (ca. 478/7–462/1), Stuttgart 1985. – K.-W. Welwei, Das klassische Athen (wie Q 62), 77–83.

Q 75
Studienbuch S. 167ff.
Übers. Q 75a nach G.P. Landmann; Übers. Q 75b nach K. Ziegler
Literatur: L.M. Günther, Perikles, Tübingen 2010. – G.A. Lehmann, Perikles. Staatsmann und Stratege im antiken Athen, München 2008. – W. Will, Thukydides und Perikles. Der Historiker und sein Held, Bonn 2003. – G. Wirth (Hg.), Perikles und seine Zeit, Darmstadt 1979.

Q 76
Studienbuch S. 168; 198; 201f.
Übers. nach Chr. Koch
Literatur: H. Bengtson/R. Werner, Die Staatsverträge des Altertums II (wie Q 66), Nr. 134. – H.-J. Gehrke, Stasis (wie Q 72), 66–69. – Chr. Koch, Volksbeschlüsse in Seebundsangelegenheiten. Das Verfahrensrecht Athens im Ersten attischen Seebund, Frankfurt/M. u.a. 1991, 61–85.

Q 77
Studienbuch S. 168; 201f.
Übers. nach K. Meister
Literatur: J.M. Balcer, The Athenian Regulations for Chalkis. Studies in Athenian Imperial Law, Wiesbaden 1978. – H. Bengtson/R. Werner, Die Staatsverträge des Altertums II (wie Q 66), Nr. 155. – H.-J. Gehrke, Stasis (wie Q 72), 37–40. – Chr. Koch, Volksbeschlüsse in Seebundsangelegenheiten (wie Q 76), 135–169. – K. Meister. Die Interpretation historischer Quellen (wie Q 66), 164–175.

Q 78–80
Studienbuch S. 168f.
Übers. nach G.P. Landmann
Literatur:
B. Bleckmann, Der Peloponnesische Krieg, München 2007, 20–36. – D. Kagan, The Outbreak of the Peloponnesian War, Ithaca ²1991. – G.E.M. de Ste. Croix, The Origins of the Peloponnesian War, London 1972. – K.-W. Welwei, Das klassische Athen (wie Q 62), 140–153.

Q 81
Studienbuch S. 169f.
Übers. nach M. Chambers
Literatur: W.R. Connor, The New Politicians of Fifth-Century Athens, Princeton 1971. – N. Geske, Nikias und das Volk von Athen im Archidamischen Krieg, Stuttgart 2005. – Chr. Mann, Der Demagoge und das Volk. Überlegungen zur politischen Kommunikation im Athen des 5. Jahrhunderts v.Chr., Berlin 2007. – P.J. Rhodes, A Commentary on the Aristotelian Athenaion Politeia, Oxford ²1993, 344–361.

Q 82
Studienbuch S. 169f.
Übers. nach G.P. Landmann
Literatur: A. Andrewes, The Mytilene Debate: Thucydides 3,36–49, in: Phoenix 16, 1962, 64–85. – Th. Gärtner Die Mytilene-Debatte im thukydideischen Geschichtswerk, in: Gymnasium 111, 2004, 225–245. – S. Hornblower, A Commentary on Thucydides. Vol. I, Oxford 1991, 420–438.

Q 83
Studienbuch S. 172
Übers. nach J. Busche
Literatur: A.W. Gomme u.a., A Historical Commentary on Thucydides, Vol. IV, Oxford 1970, 155–192. – M. Treu, Athen und Melos und der Melierdialog des Thukydides, in: Historia 2, 1953/54, 253–273 und Historia 3, 1954/55, 58–59. – J.V. Morrison, Historical Lessons in the Melian Episode, in: Transactions and Proceedings of the American Philological Association 130, 2000, 119–148. – W. Will, Der Untergang von Melos. Machtpolitik im Urteil des Thukydides und einiger Zeitgenossen, Bonn 2006.

Q 84 und 85
Studienbuch S. 172
Übers. nach G.P. Landmann
Literatur: B. Bleckmann, Der Peloponnesische Krieg, München 2007, 74–85. – D. Kagan, The Peace of Nicias and the Sicilian Expedition. Ithaca 1981. – K.-W. Welwei, Das klassische Athen (wie Q 62), 200–212.

Q 86
Studienbuch S. 172
Übers. P. Funke und K. Hallof

Literatur: D.A. Amyx, The Attic Stelai III., in: Hesperia 27, 1958, 163–310. – W.D. Furley, Andokides and the Herms. A Study of Crisis in Fifth-Century Athenian Religon, London 1996. – H. Heftner, Alkibiades. Staatsmann und Feldherr, Darmstadt 2011. – G.A. Lehmann, Überlegungen zur Krise der attischen Demokratie im Peloponnesischen Krieg: Vom Ostrakismos des Hyperbolos zum Thargelion 411 v.Chr., in: Zeitschrift für Papyrologie und Epigraphik 69, 1987, 33–73. – R. Meiggs/D. Lewis (wie Q 63), Nr. 79. – R. Osborne, The Erection and Mutilation of the Hermai, in: Proceedings of the Cambridge Philological Society 211, 1985, 47–73. – W.K. Pritchett, The Attic Stelai (I. und II.), in: Hesperia 22, 1953, 225–299 und Hesperia 25, 1956, 178–328.

Q 87
Studienbuch S. 173
Übers. nach G. Strasburger
Literatur: H. Bengtson/R. Werner, Die Staatsverträge des Altertums II (wie Q 66), Nr. 211. – B. Bleckmann, Athens Weg in die Niederlage. Die letzten Jahre des Peloponnesischen Krieges, 1996. – D. Lotze, Lysander und der Peloponnesische Krieg, Berlin 1964. – G. Nemeth, Kritias und die Dreißig Tyrannen. Untersuchungen zur Politik und Prosopographie der Führungselite in Athen 404/403 v.Chr., Stuttgart 2006.

Q 88
Studienbuch S. 174
Übers. nach M. Chambers
Literatur: H. Bengtson/R. Werner, Die Staatsverträge des Altertums II (wie Q 66), Nr. 213. – Th.C. Loening, The Reconciliation Agreement of 403/402 in Athens. Its Content and Application, Stuttgart 1987. – F. Flaig, Amnestie und Amnesie in der griechischen Kultur. Das vergessene Selbstopfer für den Sieg im athenischen Bürgerkrieg 403 v.Chr., in: Saeculum 42, 1991, 129–149. – G.A. Lehmann, Die revolutionäre Machtergreifung der »Dreißig« und die staatliche Teilung Attikas (404–401 v.Chr.), in: ders./R. Stiehl (Hg.), Antike und Universalgeschichte, Festschrift H.E. Stier, Münster 1972, 201–233.

Q 89
Studienbuch S. 175
Literatur: P. Funke, Homónoia und Arché. Athen und die griechische Staatenwelt vom Ende des Peloponnesischen Krieges bis zum Königsfrieden (404/3–387/6 v.Chr.), Wiesbaden 1980, 89–101;136–148. – M. Jehne, Die Friedensverhandlungen von Sparta 392/1 v.Chr. und das Problem der kleinasiatischen Griechen, in: Chiron 21, 1991, 265–276.

Q 90
Studienbuch S. 176f.
Übers. nach G. Strasburger
Literatur: M. Jehne, Koine Eirene. Untersuchungen zu den Befriedungs- und Stabilisierungsbemühungen in der griechischen Poliswelt des 4. Jahrhunderts v.Chr., Stuttgart 1994. – R. Urban, Der Königsfrieden von 387/86 v.Chr., Vorgeschichte, Zustandekommen, Ergebnis und politische Umsetzung, Stuttgart 1991. – M. Zahrnt, Xenophon, Isokrates und die Koine Eirene, in: Hermes 143, 2000, 295–325.

Q 91
Studienbuch S. 178; S. 202
Übers. nach HGIÜ II Nr. 215
Literatur: H. Bengtson/R. Werner, Die Staatsverträge des Altertums II (wie Q 66), Nr. 257. – M. Dreher, Hegemon und Symmachoi. Untersuchungen zum Zweiten Athenischen Seebund, Berlin – New York 1995. – P.J. Rhodes/R. Osborne, Greek Historical Inscriptions (wie Q 70), Nr. 22. – K.-W. Welwei, Das klassische Athen (wie Q 62), 200–201.

Q 92
Studienbuch S. 178
Übers. nach G. Strasburger
Literatur: H. Bengtson/R. Werner, Die Staatsverträge des Altertums II (wie Q 66), Nr. 269. – B. Hochschulz, Kallistratos von Aphidnai. Untersuchungen zu seiner politischen Biographie, München 2007, 112–123. – M. Jehne, Koine Eirene (wie Q 90), 65–74.

Q 93
Studienbuch S. 178f.
Übers. nach HGIÜ II Nr. 223
Literatur:
H. Beister, Ein thebanisches Tropaion bereits vor Beginn der Schlacht bei Leuktra. Zur Interpretation von IG VII 2462 und Paus. 4,32,5, in: Chiron 3, 1973, 65–84. – J. Buckler, The Theban Hegemony, 371–362 B.C., Cambridge, Mass./London, 1980, 46–69. – P.J. Rhodes/R. Osborne, Greek Historical Inscriptions (wie Q 70), Nr. 30.

Q 94
Studienbuch S. 179
Übers. nach G. Strasburger
Literatur: H. Bengtson/R. Werner, Die Staatsverträge des Altertums II (wie Q 66), Nr. 290–292. – P.J. Rhodes/R. Osborne, Greek Historical Inscriptions (wie Q 70), Nr. 41. – K.-W. Welwei, Das klassische Athen (wie Q 62), 290–293.

Q 95
Studienbuch S. 181f.
Übers. Q 95a nach W. Reeb; Übers. Q 95b nach W. Zürcher
Literatur: G.A. Lehmann, Demosthenes von Athen. Ein Leben für die Freiheit, München 2004. – I. Samotta, Demosthenes, Tübingen 2010. – A. Schäfer, Demosthenes und seine Zeit, Bde. 1–3, Leipzig ²1885–²1887 und Bd. 4, Leipzig 1858. – H. Wankel, Demosthenes.

Rede für Ktesiphon über den Kranz, 2 Bde., Heidelberg
1976.

Q 96
Studienbuch S. 182
Übers. nach W. Zürcher
Literatur: G.A. Lehmann, Demosthenes von Athen
(wie Q 95), 167–180. – D.L. Page, Further Greek
Epigramms, Cambridge 1981, 432–435; 1576–1585. –
H. Wankel, Das Chaironeia-Epigramm GV 29 Peek, in:
Zeitschrift für Papyrologie und Epigraphik 21, 1976,
97–115. – W. Zürcher, Demosthenes. Rede für Ktesi-
phon über den Kranz. Mit kritischen und erklärenden
Anmerkungen, Darmstadt 1983, 162–164 (Anm. 98).

Q 97
Studienbuch S. 182
Übers. nach HGIÜ II Nr. 258
Literatur: Chr. Habicht, Athen. Die Geschichte der
Stadt in hellenistischer Zeit, München 1995, 19–46. –
P.J. Rhodes, Judicial Procedures in Fourth-Century
Athens: Improvement or Simply Change?, in: W. Eder,
Die athenische Demokratie im 4. Jahrhundert v.Chr.
Vollendung oder Verfall einer Verfassungsreform?,
Stuttgart 1995, 311–314. – P.J. Rhodes/R. Osborne,
Greek Historical Inscriptions (wie Q 70), Nr. 79. –
R.W. Wallace, The Areopagos Council to 307 B.C.,
Baltimore/London 1989, 175–184.

Q 98
Studienbuch S. 182–184
Übers. nach E. Schütrumpf
Literatur: V. Ehrenberg, Der Staat der Griechen, Zürich/
Stuttgart ²1965, 47–63. – P. Funke, Bürgerschaft und
Bürgersein – Teilnehmen als Teilhaben, in: K.-J. Hölkes-
kamp/E. Stein-Hölkeskamp (Hg.), Erinnerungsorte der
Antike: Die griechische Welt, München 2010, 472–486.
– D. Lotze, Der Bürger und seine Teilhabe an der Regie-
rung der Polis, in: ders., Bürger und Unfreie im vor-
hellenistischen Griechenland, Stuttgart 2000, 103–115.
– D. Whitehead, Norms of Citizenship in Ancient
Greece, in: A. Molho u.a. (Hg.), City States in Classical
Antiquity and Medieval Italy. Athens and Rome, Flo-
rence and Venice, Stuttgart 1991, 135–154.

Q 99
Studienbuch S. 184
Übers. nach K. Meyer
Literatur: A. Andreades, Geschichte der griechischen
Staatswirtschaft, Bd. 1: Von der Heroenzeit bis zur
Schlacht bei Chaironeia, München 1931. – G. Bu-
solt/G.-H. Swoboda, Griechische Staatskunde, Bd.1,
München ³1920, 587–630; Bd. 2, München ³1926,
1210–1239. – K. Meyer, Xenophons »Oikonomikos«.
Übers. und Komm., Marburg 1975, 106–108.

Q 100
Studienbuch S. 184 f.
Übers. nach K. Meyer
Literatur: K. Meyer, Xenophons »Oikonomikos«
(wie Q 99), 122–129. – S.B. Pomeroy, Frauenleben
im klassischen Altertum, Stuttgart 1985, 139–180. –
C. Schnurr-Redford, Frauen im klassischen Athen.
Sozialer Raum und reale Bewegungsfreiheit, Berlin
1996. – Th. Späth/B. Wagner-Hasel (Hg.), Frauen-
welten in der Antike. Geschlechterordnung und
weibliche Lebenspraxis, Stuttgart 2000.

Q 101
Studienbuch S. 186–188
Übers. nach E. Schütrumpf
Literatur: N. Brockmeyer, Antike Sklaverei, Darmstadt
1987². – M.I. Finley, Die Sklaverei in der Antike, München 1981. – H. Klees, Sklavenleben im klassischen
Griechenland, Stuttgart 1998. – Ed. Meyer, Die Sklaverei im Altertum, in: ders., Kleine Schriften, Bd. 1, Halle
²1924, 169–212.

Q 102
Studienbuch S. 188; 191
Übers. nach E. Schütrumpf
Literatur: R.J. Hopper, Handel und Industrie im klas-
sischen Griechenland, München 1982, 194–223. – H.
Kalcyk, Untersuchungen zum attischen Silberbergbau.
Gebietsstruktur, Geschichte und Technik, Frankfurt/M.
u.a. 1982. – S. Lauffer, Die Bergwerkssklaven von Lau-
reion, Wiesbaden ²1979. – E. Schütrumpf, Xenophon,
Poroi. Vorschläge zur Beschaffung von Geldmitteln
oder Über die Staatseinkünfte, Darmstadt 1982,
1–74.

Q 103
Studienbuch S. 191
Übers. nach HGIÜ II Nr. 221
Literatur: T.J. Figueira, The Power of Money, Phila-
delphia 1998, 536–547. – J. Ober, Democracy and
Knowledge. Innovation and Learning in Classical
Athens, Princeton 2009, 220–245. – P.J. Rhodes/
R. Osborne, Greek Historical Inscriptions (wie Q 70),
Nr. 25. – G.R. Stumpf: Ein athenisches Münzgesetz
des 4. Jh. v.Chr., in: Jahrbuch für Numismatik und
Geldgeschichte 36, 1986, 23–40.

Q 104
Studienbuch S. 192
Übers. nach L. Seeger
Literatur: V. Ehrenberg, Aristophanes und das Volk von
Athen, Zürich/Stuttgart 1968, 122–153. – J. Hasebroek,
Staat und Handel im alten Griechenland. Untersuchungen zur antiken Wirtschaftsgeschichte, Tübingen
1928, 73–101. – R.J. Hopper, Handel und Industrie im
klassischen Griechenland, München 1982. – J. Spiel-
vogel, Wirtschaft und Geld bei Aristophanes. Untersuchungen zu den ökonomischen Bedingungen in Athen

im Übergang vom 5. zum 4. Jahrhundert. v. Chr., Frankfurt/M. 2001, 130–181.

Q 105
Studienbuch S. 193
Übers. Q 105a nach E. Meyer
Literatur: V. Ehrenberg, Der Staat der Griechen, Zürich/Stuttgart ²1965, 32–47. – M.H. Hansen, The Hellenic Polis, in: ders. (Hg.), A Comparative Study of Thirty City-State Cultures. An Investigation Conducted by the Copenhagen Polis Centre, Kopenhagen 2000, 141–187. – E. Meyer, Einführung in die antike Staatskunde, Darmstadt ³1976, 66–80. – K.-W. Welwei, Die griechische Polis, Stuttgart ²1998, 9–18.

Q 106
Studienbuch S. 193 f.
Übers. nach G. Strasburger
Literatur: M. Jehne, Die Funktion des Berichts über die Kinadon-Verschwörung in Xenophons »Hellenika«, in: Hermes 123, 1995, 166–174. – St. Link, Der Kosmos Sparta. Recht und Sitten in klassischer Zeit, Darmstadt 1994. – L. Thommen, Sparta. Verfassungs- und Sozialgeschichte einer griechischen Polis, Stuttgart 2003, 112–147. – K.-W. Welwei, Die griechische Polis, Stuttgart ²1998, 90–110. – K.-W. Welwei, Sparta. Aufstieg und Niedergang einer antiken Großmacht, Stuttgart 2004, 279–281.

Q 107
Studienbuch S. 166; 195–198
Übers. Q 107a nach G.P. Landmann; Übers. Q 107b nach E. Kalinka; Übers. Q 107c nach E. Schütrumpf
Literatur: J. Bleicken, Die athenische Demokratie, Paderborn ⁴1994, 287–314.538–547. – M.H. Hansen u.a. (Hg.), Démocratie athénienne – démocratie moderne: tradition et influences, Genf 2010. – H. Leppin, Thukydides und die Verfassung der Polis. Ein Beitrag zur politischen Ideengeschichte des 5. Jh. v. Chr., Berlin 1999. – P.J. Rhodes, Ancient Democracy and Modern Ideology, London 2003.

Q 108
Studienbuch S. 200
Literatur: H. Engelmann, Die Inschriften von Erythrai und Klazomenai, Bd. 1, Bonn 1972, Nr. 6. – F. Gschnitzer, Politarches. Proxenos. Prytanis. Beiträge zum griechischen Staatsrecht, München 1974 (= RE Suppl. Bd. 13, s.v. Proxenos), 629–730. – Chr. Marek, Die Proxenie, Frankfurt/M. u.a. 1984.

Q 109
Studienbuch S. 201
Übers. nach HGIÜ I Nr. 154
Literatur: F. Gschnitzer, Ein neuer spartanischer Staatsvertrag und die Verfassung des Peloponnesischen Bundes, Meisenheim 1978 (= ders., Kleine Schriften zum griechischen und römischen Altertum II, Stuttgart

2003, 51–93). – R. Meiggs/D. Lewis (wie Q 63), Nr. 67bis. – W. Peek, Ein neuer spartanischer Staatsvertrag, Abhandlungen der sächsischen Akademie der Wissenschaften zu Leipzig. Bd. 65, Heft 3, Leipzig 1974.

Q 110
Studienbuch S. 202
Übers. nach G. Thür und H. Taeuber
Literatur: P. Funke, Sparta und die peloponnesische Staatenwelt zu Beginn des 4. Jahrhunderts und der Dioikismos von Mantineia, in: Chr. Tuplin (Hg.), Xenophon and his World, Stuttgart 2004, 427–435. – P. Funke, Alte Grenzen – neue Grenzen. Formen polisübergreifender Machtbildung in klassischer und hellenistischer Zeit, in: R. Albertz/P. Funke (Hg.), Räume und Grenzen. Topologische Konzepte in den antiken Kulturen des östlichen Mittelmeerraumes, München 2007, 187–204. – P.J. Rhodes/R. Osborne, Greek Historical Inscriptions (wie Q 70), Nr. 14. – G. Thür/H. Taeuber, Prozeßrechtliche Inschriften der griechischen Poleis: Arkadien, Wien 1994, 98–111.

Q 111
Studienbuch S. 203
Übers. nach G. Strasburger
Literatur: H. Beck, Polis und Koinon. Untersuchungen zur Geschichte und Struktur der griechischen Bundesstaaten im 4. Jh. v. Chr., Stuttgart 1997, 146–162. – S. Psoma, Olynthe et les Chalcidiens de Thrace, Stuttgart 2001. – M. Zahrnt, Olynth und die Chalkidier, München 1971.

Q 112
Studienbuch S. 203 f.
Übers. nach G.A. Lehmann
Literatur: R. Behrwald (Hg.), Hellenika von Oxyrhynchos, Darmstadt 2005, 119–120. – B. Bleckmann, Fiktion als Geschichte – Neue Studien zum Autor der Hellenika Oxyrhynchia und zur Historiographie des vierten vorchristlichen Jahrhunderts, Göttingen 2006, 62–69. – G.A. Lehmann, Boiotien und die Verfassungsskizze in den Hellenika Oxyrhynchia, in: ders., Ansätze zu einer Theorie der Bundesstaaten bei Aristoteles und Polybios, Göttingen 2001, 25–33.

Q 113
Studienbuch S. 205 f.
Übers. nach K. Hallof
Literatur: S. Altekamp, Griechische Architekturornamentik: Fachterminologie im Bauhandwerk?, in: Zeitschrift für Papyrologie und Epigraphik 80, 1990, 33–64. – B. Wesenberg, Kunst und Lohn am Erechtheion, in: Archäologischer Anzeiger 1985, 55–65. – A. Wittenburg, Griechische Baukommissionen des 5. und 4. Jahrhunderts, München 1978, 61–73.

Q 114
Studienbuch S. 206 f.
Übers. nach L. Seeger
Literatur: A. Lesky, Die tragische Dichtung der Hellenen, ³1972. – B. Zimmermann, Europa und die griechische Tragödie. Vom kultischen Spiel zum Theater der Gegenwart, Frankfurt/M. 2000. – B. Zimmermann, Die griechische Komödie, Frankfurt/M. 2006.

Q 115 und 116
Studienbuch S. 207–209
Übers. Q 115a nach Th. Schirren; Übers. Q 115b nach B. Manuwald; Übers. Q 115c nach Chr. Ley-Hutton; Übers. Q 116 nach Th. A. Szlezák
Literatur: H. Flashar u.a. (Hg.), Grundriss der Geschichte der Philosophie: Die Philosophie der Antike, Bde. 2/1, 2/2, 3, Basel 1983–2007. – A. Graeser, Die Philosophie der Antike. Bd. 2: Sophistik und Sokratik, Platon und Aristoteles München ²1993. – H. Schlange-Schöningen, Reiche Sophisten – arme Philosophen? Zur Sozialgeschichte der frühen Gelehrten, in: A. Glotz u.a. (Hg.), Gelehrte in der Antike, Köln 2002, 17–39.

Q 117
Studienbuch S. 209 f.
Übers. Q 117b nach W. Marg; Übers. Q 117c nach G. P. Landmann
Literatur: O. Lendle, Einführung in die griechische Geschichtsschreibung. Von Hekataios bis Zosimos, Darmstadt 1992, 3–150. – K. Meister, Die griechische Geschichtsschreibung. Von den Anfängen bis zum Ende des Hellenismus, Stuttgart u.a. 1990. – A. Mehl, Antike Geschichtsschreibung, in: Aufriß der Historischen Wissenschaften, Bd. 5: Mündliche Überlieferung und Geschichtsschreibung, Stuttgart 2003, 42–73. – B. Näf, Antike Geschichtsschreibung. Form – Leistung – Wirkung, Stuttgart 2010.

Hellenismus (336–30 v. Chr.)

Quellen 118–170: *Hans-Joachim Gehrke*

Q 118
Studienbuch S. 214
Übers. nach G. Wirth
Literatur: R. Lane Fox, Alexander der Große. Eroberer der Welt, Stuttgart ²2004, 19–27. – F. Schachermeyr, Alexander der Große. Das Problem seiner Persönlichkeit und seines Wirkens, Wien 1973, 492–497.

Q 119
Studienbuch S. 182
Übers. nach HGIÜ II Nr. 256
Literatur: A. J. Heisserer, Alexander and the Greeks. The Epigraphic Evidence, Norman, OK 1980, 8–12. – M. Jehne, Koine Eirene. Untersuchungen zu den Befriedungs- und Stabilisierungsbemühungen in der griechi-

schen Poliswelt des 4. Jahrhunderts v. Chr., Stuttgart 1994, 166–197. – P. J. Rhodes/R. Osborne, Greek Historical Inscriptions 404–323 BC, Oxford 2003, 372–379. – H. H. Schmitt, Die Staatsverträge des Altertums, Bd. III, München 1969, Nr. 403.

Q 120
Studienbuch S. 214
Übers. nach K. Ziegler
Literatur: J. R. Hamilton, Plutarch, Alexander. A commentary, Oxford 1969, 16–21. – R. Lane Fox, Alexander (wie Q 118), 56–71.

Q 121
Studienbuch S. 215
Übers. nach Görgemanns, Griechische Literatur 19
Literatur: F. Schachermeyr, Alexander (wie Q 118), 85 f.; 653–657.

Q 122
Studienbuch S. 215
Übers. nach G. Wirth
Literatur: A. B. Bosworth, A Historical Commentary on Arrian's History of Alexander. Vol. I. Commentary on Books I-III, Oxford 1980, 99–104. – H. U. Instinsky, Alexander der Große am Hellespont, München 1949, 17–62.

Q 123
Studienbuch S. 215
Literatur: H. Berve, Das Alexanderreich auf prosopographischer Grundlage, München 1926, I 103–150. – D. W. Engels, Alexander the Great and the Logistics of the Macedonian Army, Berkeley u.a. 1978, 11–25.

Q 124
Studienbuch S. 216
Übers. nach HGIÜ II Nr. 260
Literatur: A. J. Heisserer, Alexander and the Greeks (wie Q 119), 142–168. – P. J. Rhodes/R. Osborne, Greek Historical Inscriptions (wie Q 119), 430–435.

Q 125
Studienbuch S. 217
Übers. nach G. Wirth
Literatur: R. Bernhardt, Zu den Verhandlungen zwischen Dareios und Alexander, Chiron 18, 1988, 181–198. – A. B. Bosworth, A Historical Commentary on Arrian's History of Alexander (wie Q 122), Vol. I, 227–234; 256 f.

Q 126
Studienbuch S. 217
Übers. nach S. Radt
Literatur: D. Kienast, Alexander, Zeus und Ammon, in: W. Will (Hg.), Zu Alexander dem Großen. 2 Bde., Amsterdam 1988, 309 ff. – K. P. Kuhlmann, Das Ammoneion. Archäologie, Geschichte und Kultpraxis des Ora-

kels von Siwa, Mainz 1988. – P. Langer, Alexander the Great at Siwah, The Ancient World 4, 1981, 109 ff. – U. Wilcken, Alexanders Zug in die Oase Siwa, in: Sitzungsberichte Berlin 1928, 576 ff., jetzt in: ders., Berliner Akademieschriften zur Alten Geschichte und Papyruskunde I, Leipzig 1970, 260 ff.

Q 127
Studienbuch S. 220
Übers. nach G. Wirth
Literatur: A.B. Bosworth, Alexander and the Iranians, Journal of Hellenic Studies 100, 1980, 1–21.

Q 128
Studienbuch S. 220
Übers. nach K. Ziegler
Literatur: J.R. Hamilton, Plutarch, Alexander. A commentary (wie Q 120), ad loc.

Q 129
Studienbuch S. 221 f.
Übers. nach O. Veh
Literatur: R.A. Billows, Antigonos the One-Eyed and the Creation of the Hellenistic State, Berkeley u. a. 1990, 81–86. – H.-J. Gehrke, Geschichte des Hellenismus, München ³2003, 30–36. 159–163. – M. Rathmann, Diodoros. Griechische Weltgeschichte Buch XVIII-XX. Übers. von O. Veh und G. Wirth. Eingel. und komm. von M.R., Teilband B: Kommentar und Anhang, Stuttgart 2005, 374 f. – Ch. Schäfer, Eumenes von Kardia und der Kampf um die Macht im Alexanderreich, Frankfurt/M. 2002, 111–125.

Q 130
Studienbuch S. 222
Übers. nach O. Veh
Literatur: R.A. Billows, Antigonos (wie Q 129), 109–160. – M. Rathmann, Diodoros (wie Q 129), 417 f. – R.H. Simpson, Antigonus the One-Eyed and the Greeks, Historia 8, 1959, 385–409, 389 f.

Q 131
Studienbuch S. 222; 234
Übers. nach HGIÜ II Nr. 276
Literatur: R.A. Billows, Antigonos (wie Q 129), 131–134. – A. Heuß, Antigonos Monophthalmos und die griechischen Städte, Hermes 73, 1938, 133–194 (jetzt in: ders., Gesammelte Schriften in 3 Bänden, Stuttgart 1995, I, 236–297); 153–159 (= 1995, 256–262). – H.H. Schmitt, Die Staatsverträge des Altertums, Bd. III, München 1969, Nr. 428. – C.B. Welles, Royal Correspondence of the Hellenistic Age, New Haven 1934, Nr. 1.

Q 132
Studienbuch S. 222
Übers. Q 132a nach G. Wirth; Übers. Q 132b nach K. Ziegler
Literatur: R.A. Billows, Antigonos (wie Q 129), 155–

160. – G.A. Lehmann, Das neue Kölner Historiker-Fragment (P. Köln. Nr. 247) und die *chroniké sýntaxis* des Zenon von Rhodos (FGrHist 523), Zeitschrift für Papyrologie und Epigraphik 72, 1988, 1–17, 1 ff. – M. Rathmann, Diodoros (wie Q 129), 471 f. – H.-U. Wiemer, Rhodische Traditionen in der hellenistischen Historiographie, Frankfurt/M. 2001, 231–238.

Q 133
Studienbuch S. 222
Literatur: H.-J. Gehrke, Der siegreiche König. Überlegungen zur Hellenistischen Monarchie, Archiv für Kulturgeschichte 64, 1982, 247–277; 252–257. – O. Müller, Antigonos Monophthalmos und »Das Jahr der Könige«, Bonn 1973, 110 f.

Q 134
Studienbuch S. 223; 234
Übers. nach GHIÜ II Nr. 281
Literatur: B. Dreyer, Untersuchungen zur Geschichte des spätklassischen Athen (322 – ca. 230 v. Chr.), Stuttgart 1999, 23 Anm. 17. – L. Moretti, Iscrizioni storiche ellenistiche. Vol. I. Attica, Peloponneso, Beozia, Florenz 1967, 12–15.

Q 135
Studienbuch S. 223, 261
Übers. nach B. Effe, Griechische Literatur 171. 173
Literatur: B. Dreyer, Athen (wie Q 134), 130–134. – V. Ehrenberg, Athenischer Hymnus auf Demetrios Poliorketes, Die Antike, 7, 1931, 279–297 (jetzt in: ders., Polis und Imperium. Beiträge zur Alten Geschichte, Zürich/Stuttgart 1965, 503–519). – F. Taeger, Charisma. Studien zur Geschichte des antiken Herrscherkultes, Bd. I, Stuttgart 1957, 272 f. – F.W. Walbank, Könige als Götter. Überlegungen zum Herrscherkult von Alexander bis Augustus, Chiron 17, 1987, 365 ff., 374 f.

Q 136
Studienbuch S. 224; 261
Übers. nach HGIÜ II 312
Literatur: B. Dreyer, Der Beginn der Freiheitsphase Athens 287 v. Chr. und das Datum der Panathenäen und der Ptolemaia im Kalliasdekret, Zeitschrift für Papyrologie und Epigraphik 111, 1996, 45–67, hier: 50–56. – Ch. Habicht, Athen. Die Geschichte der Stadt in hellenistischer Zeit, München 1995, 132 f. – I.L. Merker, The Ptolemaic Officials and the League of the Islanders, Historia 19, 1970, 141–160.

Q 137
Studienbuch S. 224; 236; 261
Übers. nach C. Friedrich
Literatur: V. Foertmeyer, The Dating of the Pompe of Ptolemy II Philadelphus, Historia 37, 1988, 90–104. – E.E. Rice, The Grand Procession of Ptolemy Philadelphus, Oxford 1983, 26–133. – W. Otto, Beiträge zur Seleukidengeschichte, München 1928, 5–9.

Q 138
Studienbuch S. 225
Literatur: M. Holleaux, Études d'épigraphie et d'histoire grecques, hg. von L. Robert, 6 Bde., Paris 1938 ff., Bd. III, 281–310. – F. Jacoby, Die Fragmente der griechischen Historiker (FGrHist), 15 Bde., Berlin/Leiden 1923 ff., Nr. 160, Komm., 589–591. – G.A. Lehmann, Expansionspolitik im Zeitalter des Hochhellenismus: Die Anfangphase des »Laodike-Krieges« 246/5 v.Chr., in: Th. Hantos/G.A. Lehmann (Hg.), Althistorisches Kolloquium aus Anlaß des 70. Geburtstages von Jochen Bleicken, Stuttgart 1998, 81–101, hier: 89–91. – F. Piejko, Episodes from the Third Syrian War in a Gurob Papyrus, 246 B.C., Archiv für Papyrusforschung 36, 1990, 13–27.

Q 139
Studienbuch S. 225
Übers. nach HGIÜ III 402
Literatur: W. Blümel, Die Inschriften von Knidos, Teil I, Bonn 1992, 127–133. – J. Kobes, Mylasa und Kildara in ptolemäischer Hand? Überlegungen zu zwei hellenistischen Inschriften aus Karien, in: Epigraphica Anatolica 24, 1995, 1–6. – G.A. Lehmann, Expansionspolitik (wie Q 138), 96–101.

Q 140
Studienbuch S. 225; 233
Literatur: H.-J. Gehrke, Der siegreiche König (wie Q 133), 258 f. – G.A. Lehmann, Expansionspolitik (wie Q 138), 91–95.

Q 141
Studienbuch S. 227; 234 f.; 261
Übers. W. Spiegelberg/H.-J. Thissen
Literatur: W. Huß, Ägypten in hellenistischer Zeit. 332–30 v.Chr., München 2001, 386–404. – H.-J. Thissen, Studien zum Raphiadekret, Meisenheim 1966.

Q 142
Studienbuch S. 226; 248 f.
Übers. nach H. Drexler
Literatur: R. Urban, Wachstum und Krise des Achäischen Bundes. Quellenstudien zur Entwicklung des Bundes von 280 bis 222 v.Chr., Wiesbaden 1979, 88–96. – F. Walbank, A Historical Commentary on Polybius. Vol. I: Commentary on Books I-VI, Oxford 1957, 235–245. – E. Will, Histoire politique du monde hellénistique (323–30 av. J.-C.). Tome I: De la mort d'Alexandre aux avènements d'Antiochos III et de Philippe V, Nancy ²1979, 343–347; 359–366 ; 371–374.

Q 143
Studienbuch S. 226
Übers. Q 143a nach HGIÜ II 428; Übers. Q 143b nach H.J. Hillen
Literatur: B. Dreyer, Die Thrasykrates-Rede bei Polybios (11,4–6) und die Bezeichnung der »Opfer« im rö-misch-aitolischen Vertrag von 212 v.Chr., Zeitschrift für Papyrologie und Epigraphik 140, 2002, 33–39. – L. Moretti, Iscrizioni storiche ellenistiche. Vol. II. Grecia centrale e settentrionale, Florenz 1975, Nr. 87. – H.H. Schmitt, Die Staatsverträge des Altertums, Bd. III, München 1969, Nr. 536. – F. Walbank, A Historical Commentary on Polybius. Vol. II: Commentary on Books VII-XVIII, Oxford 1967, 11–13.

Q 144
Studienbuch S. 228
Übers. nach H.J. Hillen
Literatur: E.S. Gruen, The Hellenistic World and the Coming of Rome, Berkeley u.a. 1984, Vol. II, 382–398. – F. Walbank, Polybius II (wie Q 143), 529–544. – V.M. Warrior, The Initiation of the Second Macedonian War. An Explication of Livy Book 31, Stuttgart 1996. – E. Will, Histoire politique du monde hellénistique (323–30 av. J.-C.). Tome II : Des avènements d'Antiochos III et de Philippe V à la fin des Lagides, Nancy 1982, 131–149.

Q 145
Studienbuch S. 228; 234; 235; 261
Übers. Q 145a nach HGIÜ III 460; Übers. Q 145b nach HGIÜ III 463
Literatur: Die Inschriften von Iasos. Teil I: Nr. 1–218, hg. von W. Blümel, Bonn 1985, 19–26. – J. Ma, Antiochus III and the Cities of Western Asia Minor, Oxford 1999, 194–198; 329–335; 366 f. – Robert K. Sherk, Roman Documents form the Great East: senatus consulta and Epistulae to the age of Augustus, Baltimore 1969, 217 f. – E. Will, Histoire politique II (wie Q 144), 181–185. 229.

Q 146
Studienbuch S. 229
Übers. nach H. Drexler
Literatur: E.S. Gruen, The Hellenistic World and the Coming of Rome (wie Q 144), 639–643. – Ma, Antiochus (wie Q 145). – F. Walbank, A Historical Commentary on Polybius. Vol. III: Commentary on Books XIX-XL, Oxford 1979, 156–162. – Will, Histoire politique II (wie Q 144), 221–238.

Q 147
Studienbuch S. 229
Übers. nach H. Drexler
Literatur: E.S. Gruen, The Hellenistic World and the Coming of Rome (wie Q 144), Vol. I, 114 f.; Vol. II 658–660. – W. Huß, Ägypten (wie Q 141), 557–561. – Walbank, Polybius III, 1979, 404–406. – Will, Histoire politique II (wie Q 144, 311–325.

Q 148
Studienbuch S. 230 f.; 251 ff.
Übers. Q 148a nach K.-D. Schunck; Übers. Q 148b nach Ch. Habicht

Literatur: E. Bickermann, Der Gott der Makkabäer, Berlin 1937, 59–69. – K. Bringmann, Hellenistische Religion und Religionsverfolgung in Judäa. Eine Untersuchung zur jüdisch-hellenistischen Geschichte (175–163 v.Chr.), Göttingen 1983, 15–40. – Ch. Habicht, 2. Makkabäerbuch (Jüdische Schriften aus hellenistisch-römischer Zeit I), Gütersloh 1976, 167–194. – M. Hengel, Judentum und Hellenismus. Studien zu ihrer Begegnung unter besonderer Berücksichtigung Palästinas bis zur Mitte des 2. Jh.s v.Chr., Tübingen ³1988, 503–515. – V. Tcherikover, Hellenistic Civilization and the Jews, Philadelphia/Jerusalem ²1961, 152–203. – Z. Yavetz, Judenfeindschaft in der Antike, München 1997, 84–88.

Q 149
Studienbuch S. 237; 240; 268–270
Übers. nach S. Radt
Literatur: M. Clauss, Alexandria. Eine antike Weltstadt, Stuttgart ²2004, 9–32; 78–98. – P.M. Fraser, Ptolemaic Alexandria, 3 Bde., Oxford, 1972, Vol. I, 3–37.

Q 150
Studienbuch S. 238 f.
Übers. nach Chrestomathie II S. 357 ff. und Geschichte in Quellen Nr. 302
Literatur: W. Huß, Staat und Ethos nach den Vorstellungen eines ptolemäischen Dioiketes des 3. Jh. Bemerkungen zu P. Teb. I, 703, in: Archiv für Papyrusforschung 27, 1980, 67–77, hier: 47–58. – C. Préaux, Le monde hellénistique. La Grèce et l'Orient (323–146 av. J-C.), 2 Bde., Paris 1978, Bd. I, 370–378.

Q 151
Studienbuch S. 239 f.
Literatur: J. Bingen, Le Papyrus Revenue Laws – Tradition grecque et Adaptation hellénistique, Opladen 1978, 6–30. – B.P. Grenfell, Revenue Laws of Ptolemy Philadelphus. Edited from a Greek papyrus in the Bodleian Library, with a translation, commentary, and appendices. Introduction by J.P. Mahaffy, Oxford 1896, 108–114. – M.-Th. Lenger, Corpus des Ordonnances des Ptolémées (C. Ord. Ptol.). Réédition avec suppl., Brüssel 1980, Nr. 17 f.

Q 152
Studienbuch S. 239; 241
Übers. nach J. Hengstl
Literatur: J. Hengstl, Griechische Papyri aus Ägypten als Zeugnisse des öffentlichen und privaten Lebens, München 1978, 15 f. (zu den Monatsnamen). 126–129.

Q 153
Studienbuch S. 241; 251
Übers. nach J.M.S. Cowey/K. Maresch
Literatur: J.M.S. Cowey/K. Maresch, Urkunden des Politeuma der Juden von Herakleopolis (144/3–133/2 v.Chr.) (P. Polit. Iud.), Opladen 2001, 35–39. 56–71.

– S. Honigman, The Jewish *Politeuma* at Heracleopolis, Scripta Classica Israelica 21, 2002, 251–266.

Q 154
Studienbuch S. 241 f.
Übers. nach O. Veh
Literatur: K. Brodersen, Appians Abriß der Seleukidengeschichte (Syriake 45, 232 – 70, 369). Text und Kommentar, München 1989, 142–168. – A. Kuhrt/S. Sherwin-White (Hg.), Hellenism in the East. The Interaction of Greek and Non-Greek Civilizations from Syria to Central Asia after Alexander, Berkeley/Los Angeles 1987, 19 ff.

Q 155
Studienbuch S. 242
Übers. nach F.H. Weißbach
Literatur: A. Kuhrt/S. Sherwin-White, Aspects of Seleucid Royal Ideology: The Cylinder od Antiochus I from Borsippa, Journal of Hellenic Studies 111, 1991, 71–86.

Q 156
Studienbuch S. 243
Übers. nach R. Zoepffel
Literatur: G.G. Apergis, The Seleukid Royal Economy. The Finances and Financial Administration of the Seleukid Empire, Cambridge 2004, 117–179. – K. Brodersen, Aristoteles: 77 Tricks zur Steigerung der Staatseinnahmen. Oikonomika II, griech.-deutsch, übers. und hg. von K.B., Stuttgart 2006, 9–35. – R. Zoepffel, Aristoteles, Oikonomika. Schriften zu Hauswirtschaft und Finanzwesen, übers. und erl. von R.Z., Berlin 2006, 214–233. 529–563.

Q 157
Studienbuch S. 243
Übers. nach HGIÜ III Nr. 422
Literatur: Ch. Habicht, Epigraphische Zeugnisse zur Geschichte Thessaliens unter der makedonischen Herrschaft, in: Ancient Macedonia I 1970, 273 ff.

Q 158
Studienbuch S. 244 f.; 247 f.
Übers. Q 158a nach S. Radt; Übers. Q 158b nach H. Beckby
Literatur: B. Hebert, Schriftquellen zur hellenistischen Kunst. Plastik, Malerei und Kunsthandwerk der Griechen vom vierten bis zum zweiten Jahrhundert, Graz 1989, Q 28. – H.-U. Wiemer, Krieg, Handel und Piraterie. Untersuchungen zur Geschichte des hellenistischen Rhodos, Berlin 2002, 13–33. 118 f.

Q 159
Studienbuch S. 246 f.
Übers. nach HGIÜ II Nr. 339
Literatur: S.J. Saprykin, Heracleia Pontica and Tauric Chersonesus before Roman Domination (VI-I Centuries B.C.), Amsterdam 1997, 179–208.

Q 160
Studienbuch S. 247
Übers. nach HGIÜ II Nr. 320
Literatur: B. Dreyer, Athen (wie Q 134), 202–223; 277.
– Ch. Habicht, Athen (wie Q 136), 132 f. – T. L. Shear,
Kallias of Sphettos and the Revolt of Athens in 286
B.C., Princeton 1978, 9–60.

Q 161
Studienbuch S. 249 f.
Übers. nach HGIÜ III 448
Literatur: J. Ebert, Griechische Epigramme auf Sieger
an gymnischen und hippischen Agonen, 1972, Nr. 64.
– L. Moretti, Iscrizioni agonistiche greche, 1953,
Nr. 41.

Q 162
Studienbuch S. 246
Übers. nach HGIÜ III Nr. 407
Literatur: R. Herzog/G. Klaffenbach, Asylieurkunden
aus Kos, Berlin 1952, Nr. 6. – K. J. Rigsby, Asylia. Ter-
ritorial Inviolability in the Hellenistic World, Berkeley
u. a. 1996, Nr. 25.

Q 163
Studienbuch S. 248 f.
Übers. nach S. Radt
Literatur: R. Behrwald, Der Lykische Bund. Untersu-
chungen zur Geschichte und Verfassung, Bonn 2000,
161–228.

Q 164
Studienbuch S. 251; 248 f.
Übers. nach Ch. Habicht
Literatur: Ch. Habicht, Eine Urkunde des Akarna-
nischen Bundes, Hermes 85, 1957, 86–122.

Q 165
Studienbuch S. 251–253
Übers. nach H. Clementz
Literatur: J.-D. Gauger, Beiträge zur jüdischen Apolo-
getik. Untersuchungen zur Authentizität von Urkunden
bei Flavius Josephus und im 1. Makkabäerbuch, Köln
u. a. 1977, 19–30. – M. Hengel, Judentum (wie Q 148),
14 f.; 493 f. – Will, Histoire politique II (wie Q 144),
119; 328 f.

Q 166
Studienbuch S. 257
Übers. nach R. Helbing
Literatur: R. Helbing, Auswahl aus griechischen Papyri,
Berlin/Leipzig 1912, 39–46.

Q 167
Studienbuch S. 258
Übers. nach E. Meyer
Literatur: Ch. Habicht, Pausanias und seine »Beschrei-
bung Griechenlands«, München 1985, 47–62. –

S. Müth, Messene. Topographie und Stadtplan in spät-
klassischer und hellenistischer Zeit, Rahden 2006.

Q 168
Studienbuch S. 253 f.
Literatur: V. F. Vanderlip, The Four Greek Hymns of
Isidorus and the Cult of Isis, Toronto 1972, 17–34. – H.
Versnel, Ter unus. Isis, Dionysos, Hermes. Three Studies
in Henotheism, Leiden 1990, 39–50.

Q 169
Studienbuch S. 263–267
Übers. nach K. Büchner
Literatur: M. von Albrecht, Geschichte der römischen
Literatur, Bd. I, München ²1994, 425–440. – H. Stras-
burger, Ciceros philosophisches Spätwerk als Aufruf
gegen die Herrschaft Caesars, hg. von G. Strasburger,
Hildesheim 1990; auch in: ders., Studien zur Alten Ge-
schichte, hg. von W. Schmitthenner und R. Zoepffel, Bd.
III, Hildesheim/New York 1990, 407–490; 56–62 bzw.
462–468.

Q 170
Studienbuch S. 271
Übers. nach K. Geus
Literatur: K. Geus, Eratosthenes von Kyrene. Studien
zur hellenistischen Kultur- und Wissenschaftsgeschichte,
München 2002, 225–238. – A. Szabo, Das geozen-
trische Weltbild. Astronomie, Geographie und Mathe-
matik der Griechen, München 1992, 134–138.

**Rom von den Anfängen bis zum Ende der Republik
(6. Jh. bis 30 v. Chr.)**

Quellen 171–236: *Helmuth Schneider*

Q 171
Studienbuch S. 277 f.
Übers. nach E. Heller
Literatur: A. Mehl, Römische Geschichtsschreibung,
Stuttgart 2001, 119–131.

Q 172
Studienbuch 283 f.
Übers. nach H. J. Hillen
Literatur: A. Mehl, Römische Geschichtsschreibung,
Stuttgart 2001, 89–97.

Q 173
Studienbuch S. 283 f.
Übers. nach O. Schönberger
Literatur: A. Mehl, Römische Geschichtsschreibung,
Stuttgart 2001, 50–54.

Q 174
Studienbuch S. 283 f.
Übers. nach B. Kytzler

Literatur: Zur Quellenlage vgl. K. Christ, Römische Geschichte, Einführung, Quellenkunde, Bibliographie, Darmstadt 1973, 32–50. – T. J. Cornell, The Beginnings of Rome. Italy and Rome from the Bronze Age to the Punic Wars (c. 1000–264 BC), London 1995, 1–30. – D. Timpe, Mündlichkeit und Schriftlichkeit als Basis der frührömischen Überlieferung, in: J. v. Ungern-Sternberg/H. Reinau (Hg.), Vergangenheit in mündlicher Überlieferung, Stuttgart 1988, 266–286. – J. v. Ungern-Sternberg, Überlegungen zur frühen römischen Überlieferung im Lichte der Oral-Tradition-Forschung, in: J. v. Ungern-Sternberg/H. Reinau (Hg.), Vergangenheit (wie oben), 237–265.

Q 175
Studienbuch S. 283 f.
Übers. nach H. J. Hillen

Q 176
Studienbuch S. 288 f.
Übers. nach O. Schönberger
A. Alföldi, Das frühe Rom und die Latiner, Darmstadt 1977.

Q 177
Studienbuch S. 289 ff.
Übers. nach H. J. Hillen
Literatur: A. Alföldi, Das frühe Rom und die Latiner, Darmstadt 1977. – K. Bringmann, Geschichte der römischen Republik. Von den Anfängen bis Augustus, München 2002, 33–56. – K. Christ, Krise und Untergang der römischen Republik, 3. Aufl. Darmstadt 1993, 102–109.

Q 178
Studienbuch S. 292 f.
Übers. nach L. Schumacher, Nr. 162; 163
Literatur: K. Bringmann, Geschichte der römischen Republik (wie Q 177), 72–82. – K.-J. Hölkeskamp, Die Entstehung der Nobilität. Studien zur sozialen und politischen Geschichte der Römischen Republik im 4. Jahrhundert v. Chr., Stuttgart 1987, 225–227.

Q 179
Studienbuch S. 292 f.
Übers. nach R. König
Literatur: K. Bringmann, Geschichte der römischen Republik (wie Q 177), 72–82. – K.-J. Hölkeskamp, Die Entstehung der Nobilität (wie Q 178), 221–228.

Q 180
Studienbuch S. 296 f.
Übers. nach H. Drexler
Literatur: A. Alföldi, Das frühe Rom und die Latiner, Darmstadt 1977, 310–314. – K. Bringmann, Geschichte der römischen Republik (wie Q 177), 33–56. – T. J. Cornell, The Beginnings of Rome (wie Q 174), 210–214. – W. Huß, Die Karthager, München 1990, 47–53.

– O. Lendle, Einführung in die griechische Geschichtsschreibung. Von Hekataios bis Zosimos, Darmstadt 1992, 221–234.

Q 181
Studienbuch S. 296 f.
Übers. nach H. Drexler
Literatur: K. Bringmann, Geschichte der römischen Republik (wie Q 177), 92–101. – W. Huß, Die Karthager, München 1990, 153–180. – O. Lendle, Einführung in die griechische Geschichtsschreibung (wie Q 180), 221–234.

Q 182
Studienbuch S. 306
Übers. nach L. Schumacher, Nr. 11
Literatur: K. Christ, Krise und Untergang der römischen Republik (wie Q 177) 1993, 109–112. – J. Rüpke, Die Religion der Römer, München 2001, 38–41.

Q 183a
Studienbuch S. 298; 328 f.
Übers. nach M. Fuhrmann

Q 183b
Studienbuch S. 299
Übers. nach H. Drexler
Literatur: K. Bringmann, Geschichte der römischen Republik (wie Q 177), 169–178.

Q 183c
Studienbuch S. 303 f.
Übers. nach K. Ziegler
Literatur: K. Bringmann, Geschichte der römischen Republik (wie Q 177), 137–140. – K. Christ, Krise und Untergang der römischen Republik (wie Q 177), 49–54.

Q 184a
Studienbuch S. 294 f.; 308
Übers. nach G. Kühne

Q 184b
Studienbuch S. 307 f.
Übers. nach H. J. Hillen

Q 184c
Studienbuch S. 308 f.
Übers. nach H. J. Hillen
Literatur: K. Bringmann, Geschichte der römischen Republik (wie Q 177), 178–180.

Q 184d
Studienbuch S. 307 f.
Übers. nach K. Ziegler
Literatur: K. Christ, Krise und Untergang der römischen Republik (wie Q 177), 134–146.

Q 184e
Studienbuch S. 308
Übers. nach L. Schumacher, Nr. 69.

Q 184f
Studienbuch S. 309

Q 185
Studienbuch S. 309–321
Übers. nach H. Drexler
Literatur: T.C. Brennan, Power and Process under the
Republican »Constitution«, in: H.I. Flower (Hg.), The
Cambridge Companion to the Roman Republic, Cam-
bridge 2004, 31–65. – K. Bringmann, Geschichte der
römischen Republik (wie Q 177), 56–72. –
O. Lendle, Einführung in die griechische Geschichts-
schreibung (wie Q 180), 221–234.

Q 186
Studienbuch S. 311 f.
Übers. nach H.J. Hillen
Literatur: K. Bringmann, Geschichte der römischen
Republik (wie Q 177), 56–72.

Q 187
Studienbuch S. 293 Abb.
Übers. nach H. Drexler
Literatur: K. Bringmann, Geschichte der römischen
Republik (wie Q 177), 72–82. – E. Flaig, Ritualisierte
Politik. Zeichen, Gesten und Herrschaft im Alten Rom,
Göttingen 2003, 49–68. – O. Lendle, Einführung in die
griechische Geschichtsschreibung (wie Q 180), 221–
234.

Q 188
Studienbuch S. 292 f.
Übers. nach H. Drexler
Literatur: O. Lendle, Einführung in die griechische
Geschichtsschreibung (wie Q 180), 221–234. –
J. Rüpke, Die Religion der Römer, München 2001,
208–226.

Q 189
Studienbuch S. 292 f.
Übers. nach R. Nickel
Literatur: J. Rüpke, Die Religion der Römer, München
2001, 208–226.

Q 190a
Studienbuch S. 321–324
Übers. nach H. Drexler
Literatur: O. Lendle, Einführung in die griechische
Geschichtsschreibung (wie Q 180), 221–234.

Q 190b
Studienbuch S. 321–324
Übers. nach H. Drexler

Q 190c
Studienbuch S. 328
Übers. nach H. Drexler

Q 190d
Studienbuch S. 331 f.
Übers. nach H.J. Hillen
Literatur: K. Bringmann, Geschichte der römischen Re-
publik (wie Q 177), 187–202. – D. Potter, The Roman
Army and Navy, in: H.I. Flower (Hg.), The Cambridge
Companion to the Roman Republic, Cambridge 2004,
66–88.

Q 191
Studienbuch S. 335–337
Übers. nach O. Schönberger
Literatur: K. Christ, Krise und Untergang der rö-
mischen Republik (wie Q 177), 68–77. – F. de Martino,
Wirtschaftsgeschichte des Alten Rom, München 1985,
105–130. – L. Schumacher, Sklaverei in der Antike. All-
tag und Schicksal der Unfreien, München 2001, 97–107.

Q 192
Studienbuch S. 331; 333
Übers. nach K. Ziegler
K. Bringmann, Geschichte der römischen Republik (wie
Q 177), 169–187. – L. Schumacher, Sklaverei in der An-
tike (wie Q 191), 97–107.

Q 193
Studienbuch S. 333 f.
Literatur: L. Schumacher, Sklaverei in der Antike
(wie Q 191), 51–54.

Q 194
Studienbuch S. 333 f.

Q 195
Studienbuch S. 330–334
Übers. nach K. Büchner

Q 196
Studienbuch S. 331; 347 f.
Übers. nach K. Ziegler

Q 197
Studienbuch S. 310; 330–335; 341
Übers. nach K. Büchner
Literatur: M. Gelzer, Cicero. Ein biographischer Ver-
such, Wiesbaden 1969, 357–363.

Q 198
Studienbuch S. 310; 330–335; 341
Übers. nach C. Fensterbusch

Q 199
Studienbuch S. 310; 330–335; 341
Übers. nach R. König

Q 200a und b
Studienbuch S. 330–335
Literatur: J.F. Gardner, Women in Roman Law and
Society, London 1986.

Q 200c
Studienbuch S. 330–335; 342
Übers. nach K. Ziegler
Literatur: M. Dettenhofer (Hg.), Reine Männersache?
Frauen in Männerdomänen der antiken Welt, Köln
1994, 97–132.

Q 200d
Studienbuch S. 330–335; 349
Übers. nach W. Schöne
Literatur: Literatur: M. Dettenhofer (Hg.), Reine Män-
nersache? (wie Q 200c), 133–157. – A. Mehl, Römische
Geschichtsschreibung, Stuttgart 2001, 78–85.

Q 201
Studienbuch S. 340
Übers. nach O. Gigon
Literatur: M. Gelzer, Cicero (wie Q 197), 304–309.

Q 202
Studienbuch S. 342
Übers. nach W. Schöne
Literatur: K. Bringmann, Geschichte der römischen
Republik (wie Q 177), 158–202. – K. Bringmann, Krise
und Ende der römischen Republik (133–42 v.Chr.),
Berlin 2003. – K. Christ, Krise und Untergang der rö-
mischen Republik (wie Q 177). – A. Mehl, Römische
Geschichtsschreibung, Stuttgart 2001, 78–85.

Q 203
Studienbuch S. 342–344
Übers. nach W. Schöne
Literatur: K. Bringmann, Geschichte der römischen
Republik (wie Q 177), 158–202. – K. Bringmann, Krise
und Ende der römischen Republik (wie Q 202). – K.
Christ, Krise und Untergang der römischen Republik
(wie Q 177). – A. Mehl, Römische Geschichtsschrei-
bung, Stuttgart 2001, 78–85.

Q 204
Studienbuch S. 342–352
Übers. nach K. Büchner
Literatur: M. Gelzer, Cicero (wie Q 197), 357–363.

Q 205
Studienbuch S. 342–352
Literatur: M. Gelzer, Cicero (wie Q 197), 157–158.

Q 206
Studienbuch S. 342–352
Übers. nach K. Büchner
Literatur: M. Gelzer, Cicero (wie Q 197), 357–363.

Q 207
Studienbuch S. 342 f.
Übers. nach K. Ziegler
Literatur: K. Bringmann, Geschichte der römischen
Republik (wie Q 177), 202–210. K. Bringmann, Krise
und Ende der römischen Republik (wie Q 202), 45–51.
– K. Christ, Krise und Untergang der römischen Repu-
blik (wie Q 177), 120–134.

Q 208
Studienbuch S. 345–347
Übers. nach K. Ziegler
Literatur: K. Christ, Krise und Untergang der römischen
Republik (wie Q 177), 210–217. K. Bringmann, Ge-
schichte der römischen Republik (wie Q 177), 265–278.
K. Bringmann, Krise und Ende der römischen Republik
(wie Q 202), 63–69.

Q 209
Studienbuch S. 333

Q 210a-b
Studienbuch S. 330; 348
Übers. nach M. Fuhrmann

Q 211
Studienbuch S. 330
Übers. nach M. Fuhrmann

Q 212
Studienbuch S. 348
Übers. nach H. Kasten
Literatur: K. Bringmann, Geschichte der römischen
Republik (wie Q 177), 296–298. K. Christ, Krise
und Untergang der römischen Republik (wie Q 177),
251–255. – M. Gelzer, Cicero (wie Q 197), 55–57.

Q 213
Studienbuch S. 330
Übers. nach H. Kasten
Literatur: M. Gelzer, Cicero (wie Q 197), 122–123.

Q 214
Studienbuch S. 331
Übers. nach H. Kasten
Literatur: E. Badian, Publicans and Sinners. Private
Enterprise in the Service of the Roman Republic, Ox-
ford 1972. – M. Gelzer, Cicero (wie Q 197), 122–123.

Q 215
Studienbuch S. 330
Übers. nach H. Kasten
Literatur: M. Gelzer, Cicero (wie Q 197), 225–238.

Q 216
Studienbuch S. 348
Literatur: K. Christ, Krise und Untergang der
römischen Republik (wie Q 177), 243–250.

Q 217a-c
Studienbuch S. 316; 348 f.
Übers. nach H. Kasten
Literatur: M. Gelzer, Cicero (wie Q 197), 61–70.

Q 218
Studienbuch S. 349
Übers. nach W. Schöne
Literatur: A. Mehl, Römische Geschichtsschreibung, Stuttgart 2001, 78–85.

Q 219
Studienbuch S. 349
Übers. nach H. Kasten
Literatur: K. Christ, Krise und Untergang der rö-mischen Republik (wie Q 177), 262–268. – M. Gelzer, Cicero (wie Q 197), 71–104.

Q 220
Studienbuch S. 349
Übers. nach K. Büchner
M. Gelzer, Cicero (wie Q 197), 357–363.

Q 221
Studienbuch S. 349
Übers. nach H. Kasten
Literatur: K. Bringmann, Geschichte der römischen Republik (wie Q 177), 307–310. – K. Bringmann, Krise und Ende der römischen Republik (wie Q 202), 70–77. – K. Christ, Krise und Untergang der römischen Republik (wie Q 177), 283–290. – M. Gelzer, Cicero (wie Q 197), 118–134.

Q 222
Studienbuch S. 349
Übers. nach H. Kasten
Literatur: K. Bringmann, Geschichte der römischen Republik (wie Q 177), 310–319. – K. Christ, Krise und Untergang der römischen Republik (wie Q 177), 291–300. – M. Gelzer, Cicero (wie Q 197), 118–134.

Q 223
Studienbuch S. 251
Übers. nach M. Fuhrmann
Literatur: K. Bringmann, Geschichte der Juden im Altertum. Vom babylonischen Exil bis zur arabischen Eroberung, Stuttgart 2005, 168–181.

Q 224
Studienbuch S. 350
Übers. nach H. Kasten
Literatur: K. Christ, Krise und Untergang der römischen Republik (wie Q 177), 300–313. – M. Gelzer, Cicero (wie Q 197), 153–157.

Q 225
Studienbuch S. 350
Übers. nach H. Kasten

Literatur: K. Christ, Krise und Untergang der römischen Republik (wie Q 177), 300–313.

Q 226
Studienbuch S. 350
Literatur: K. Christ, Krise und Untergang der römischen Republik (wie Q 177), 351–353.

Q 227a-e
Studienbuch S. 309–318; 350 f.
Übers. nach K. Büchner
Literatur: M. Gelzer, Cicero (wie Q 197), 212–224.

Q 228
Studienbuch S. 313
Übers. nach R. Nickel

Q 229
Studienbuch S. 350
Übers. nach H. Kasten
Literatur: K. Christ, Krise und Untergang der rö-mischen Republik (wie Q 177), 353–355. – M. Gelzer, Cicero (wie Q 197), 239–242.

Q 230
Studienbuch S. 350
Übers. nach H. Kasten
Literatur: K. Christ, Krise und Untergang der rö-mischen Republik (wie Q 177), 353–355. – M. Gelzer, Cicero (wie Q 197), 239–242.

Q 231a-c
Studienbuch S. 350
Übers. nach O. Schönberger
Literatur: K. Bringmann, Geschichte der römischen Republik (wie Q 177), 338–350. – K. Bringmann, Krise und Ende der römischen Republik (wie Q 202), 77–84. – K. Christ, Krise und Untergang der römischen Republik (wie Q 177), 353–362. – A. Mehl, Römische Geschichtsschreibung, Stuttgart 2001, 68–71.

Q 232
Studienbuch S. 350
Übers. nach H. Kasten
Literatur: K. Christ, Krise und Untergang der römischen Republik (wie Q 177), 358–359.

Q 233
Studienbuch S. 351
Übers. nach H. Kasten
Literatur: K. Bringmann, Geschichte der römischen Republik (wie Q 177), 377–394. – K. Bringmann, Krise und Ende der römischen Republik (wie Q 202), 84–89. – K. Christ, Krise und Untergang der römischen Republik (wie Q 177), 430–437. – M. Gelzer, Cicero (wie Q 197), 46–370.

Q 234
Studienbuch S. 351
Übers. nach H. Kasten
Literatur: K. Bringmann, Geschichte der römischen
Republik (wie Q 177), 377–394. – K. Bringmann, Krise
und Ende der römischen Republik (wie Q 202), 84–89.
– K. Christ, Krise und Untergang der römischen Repu-
blik (wie Q 177), 430–437. – M. Gelzer, Cicero (wie
Q 197), 346–410.

Q 235
Studienbuch S. 351
Übers. nach H. Kasten
Literatur: K. Bringmann, Geschichte der römischen
Republik (wie Q 177), 377–394. – K. Bringmann, Krise
und Ende der römischen Republik (wie Q 202), 84–89.
– K. Christ, Krise und Untergang der römischen Repu-
blik (wie Q 177), 430–439. – M. Gelzer, Cicero (wie
Q 197), 393–410.

Q 236
Studienbuch S. 351
Übers. nach H. Kasten
Literatur: K. Bringmann, Geschichte der römischen
Republik (wie Q 177), 377–394. – K. Bringmann, Krise
und Ende der römischen Republik (wie Q 202), 84–89.
– K. Christ, Krise und Untergang der römischen Repu-
blik (wie Q 177), 430–439. – M. Gelzer, Cicero (wie
Q 197), 393–410.

Die römische Kaiserzeit (30 v. Chr. – 284 n. Chr.)

Quellen 237–318: *Peter Herz*

Q 237
Studienbuch S. 353 ff.
Literatur: D. Kienast, Augustus. Prinzeps und
Monarch, 3. Aufl. Darmstadt 1999, 15–41. – 99–115
(Q 237a). – A. Mehl, Römische Geschichtsschreibung.
Grundlagen und Entwicklungen. Eine Einführung,
Stuttgart 2001, 119–131 (Q 237b). – ebd., 114–116
(Q 237c).

Q 238
Studienbuch S. 362
Literatur: A. Mehl, Römische Geschichtsschreibung
(wie Q 237), 119–131.

Q 239
Studienbuch S. 387
Literatur: P. Herz, Kaiserfeste der Prinzipatszeit,
ANRW II 16, 2, 1978, 1135–1200.

Q 240
Studienbuch S. 360
Literatur: M. Strothmann, Augustus – Vater der res
publica. Zur Funktion der drei Begriffe restitutio –

saeculum – pater patriae im augusteischen Prinzipat,
Stuttgart 2000, 232 ff.

Q 241
Studienbuch S. 367
Literatur: K. A. Raaflaub, Grundzüge, Ziele und Ideen
der Opposition gegen die Kaiser im 1. Jh. n. Chr. Ver-
such einer Standortbestimmung, in: A. Giovannini
(Hg.), Oppositions et résistances à l'empire d'Auguste à
Trajan, Genf 1987, 1–55. – D. Timpe, Geschichtsschrei-
bung und Prinzipatsopposition, in: A. Giovannini (Hg.),
Oppositions …, 65–95.

Q 242
Studienbuch S. 371
Literatur: Ch. Ronning, Herrscherpanegyrik 65–69;
112–118. – G. Seelentag, Taten und Tugenden Traians.
Herrschaftsdarstellung im Prinzipat, Stuttgart 2004,
260 ff.

Q 243
Studienbuch S. 387
Literatur: P. A. Brunt, Lex de Imperio Vespasiani, in:
Journal of Roman Studies 67, 1977, 95–116.

Q 244
Studienbuch S. 393
Literatur: B. Levick, Claudius, London 1990.

Q 245
Studienbuch S. 368; 371
Literatur: G. Seelentag, Taten und Tugenden Traians
(wie Q 242), 78 ff.; 287 ff.

Q 246
Studienbuch S. 399
Literatur: A. N. Sherwin-White, The Letters of Pliny. A
historical and social commentary, Oxford 1966, 633 f.

Q 247a
Studienbuch S. 388
Literatur: M. T. Griffin, The Flavians, in: A. K. Bowman
(Hg.), Cambridge Ancient History, XI. The High Em-
pire, A. D. 70–192, Cambridge 2000, 1–83, hier:
11–25.

Q 247b
Studienbuch S. 369 f.
Literatur: J. Henderson, Par operi sedes. Mrs. Arthur
Strong, the Arch of Titus, and the Cancellaria Reliefs,
in: A. J. Boyle/W. J. Dominik (Hg.), Flavian Rome.
Culture, image, text, Leiden, Boston 2003, 229–254.
– B. W. Jones, The Emperor Titus, London 1984, 77–
82.

Q 247c
Studienbuch S. 371
J. Bennett, Trajan. Optimus Princeps. A life and times,

London, New York 1997, 153–158. – G. Seelentag, Taten und Tugenden Traians (wie Q 242), 298–404.

Q 247d
Studienbuch S. 371
Literatur: J. Bennett, Trajan (wie Q 247c), 205 ff.

Q 247e
Studienbuch S. 371
Literatur: M. Horster, Bauinschriften römischer Kaiser. Untersuchungen zu Inschriftenpraxis und Bautätigkeit in Städten des westlichen Imperium Romanum in der Zeit des Prinzipats, Stuttgart 2001, 300 f.

Q 247f
Studienbuch S. 378
Literatur: A. Birley, The African Emperor. Septimius Severus, London 1988, 155 f.

Q 248
Studienbuch S. 400
Literatur: D. Kienast, Augustus (wie Q 237), 194–203.

Q 249 und 250
Studienbuch S. 395
Literatur: J. Lott, The Neighborhoods of Augustan Rome, Cambridge 2004, 81–127.

Q 251
Studienbuch S. 361
Übers. nach Freis Nr. 21
Literatur: D. Kienast, Augustus (wie Q 237), 136–137.

Q 252
Studienbuch S. 360
Übers. nach Freis Nr. 15
Literatur: P. Kneißl, Entstehung und Bedeutung der Augustalität. Zur Inschrift der ara Narbonensis, Chiron 10, 1980, 291–326.

Q 253
Studienbuch S. 364
Literatur: J. González, Tácito y las fuentes documentales. SS.CC. De honoribus Germanici decernendis (Tabula Siarensis) y De Cn. Pisone patre, Sevilla 2002, 115–144 (Q 253a); 145–180 (Q 253b).

Q 254
Studienbuch S. 421
Literatur: P. Herz, Sacrifice and sacrificial ceremonies in the Roman army of the imperial period, in: A.I. Baumgarten (Hg.), Sacrifice in religious experience, Leiden u.a. 2002, 81–100. – R.O. Fink u.a., The Feriale Duranum. New Haven 1940.

Q 255
Studienbuch S. 421
Literatur: O. Stoll, Excubatio ad signa. Die Wache bei

den Fahnen in der römischen Armee und andere Beiträge zur kulturgeschichtlichen und historischen Bedeutung eines militärischen Symbols, St. Katharinen 1995.

Q 256
Studienbuch S. 421
Literatur: P. Herz, Das römische Heer und der Kaiserkult in Germanien, in: W. Spickermann u.a. (Hg.), Religion in den germanischen Provinzen Roms, Tübingen 2001, 91–116.

Q 257
Studienbuch S. 421
Literatur: H.M. Zilling, Tertullian. Untertan Gottes und des Kaisers, Paderborn u.a. 2004, 79 f.

Q 258
Studienbuch S. 418
Literatur: E. Birley, Promotions and transfers in the Roman army II. The centurionate, in: E. Birley, The Roman Army. Papers 1929–1986, Amsterdam 1988, 206–220.

Q 259
Studienbuch S. 421
Literatur: P. Herz, Honos aquilae, Zeitschrift für Papyrologie und Epigraphik 17, 1975, 181–197.

Q 260
Studienbuch S. 417
Literatur: K. Wallat, Sequitur clades – Die Vigiles im alten Rom. Eine zweisprachige Textsammlung, Frankfurt/M. 2004, 51–68.

Q 261
Studienbuch S. 416; S. 421
Literatur: N. Lambert/J. Scheuerbrandt, Das Militärdiplom. Quelle zur römischen Armee und zum Urkundenwesen, Stuttgart 2002.

Q 262
Studienbuch S. 366
Literatur: G. Webster, The Roman conquest of Britain. Rome against Caratacus: The Roman campaigns in Britain, AD 48–58, London 1981 (Rev. 1993), 37–39.

Q 263
Studienbuch S. 369 f.
Literatur: R. Urban, Der »Bataveraufstand« und die Erhebung der Iulius Classicus, Trier 1985, 73–79. – R. Urban, Gallia rebellis. Erhebungen in Gallien im Spiegel antiker Zeugnisse, Stuttgart 1999, 69–83.

Q 264
Studienbuch S. 397
Übers. nach P.A. Kuhlmann
Literatur: P.A. Kuhlmann, Die Giessener literarischen

Papyri und die Caracalla-Erlasse. Edition, Übersetzung und Kommentar, Giessen 1994, 246–255.

Q 265
Studienbuch S. 411
Übers. Q 265a nach Freis Nr. 111; Q 265b nach P. Herrmann
Literatur: P. Herrmann, Hilferufe aus römischen Provinzen. Ein Aspekt der Krise des römischen Reiches im 3. Jh. n.Chr., Hamburg 1990. – A. Kolb, Transport und Nachrichtentransfer im Römischen Reich, Berlin 2000, 54–60 (Q 265a); 290 ff. (Q 265b).

Q 266
Studienbuch S. 408
Literatur: D. Feissel/J. Gascou, Documents d'archives romains inédites du moyen Euphrate (IIIe siècles après J.-C.), CRAI 1989, 535–561.

Q 267
Studienbuch S. 403
Literatur: R. Saller, Status and patronage, in: A.K. Bowman (Hg.), Cambridge Ancient History, XI. The High Empire, A.D. 70–192, Cambridge 2000, 838–851.

Q 268
Studienbuch S. 404
Literatur: F. Zevi, P. Lucilio Gamala senior: un riepilogo trent'anni dopo, in: A.G. Zevi/J.H. Humphrey (Hg.), Ostia, Cicero, Gamala, feasts, and the economy. Papers in memory of John H. D'Arms, Portsmouth/Rhode Island 2004, 47–67 (dort weitere Literatur).

Q 269
Studienbuch S. 404
Literatur: E.A. Hemelrijk, Imperial priestess. A preliminary survey, in: L. de Blois u.a. (Hg.), The Impact of Imperial Rome on Religions, Ritual and Religious Life in the Roman Empire, 2004, Leiden/Boston 2006, 179–193.

Q 270
Studienbuch S. 406
Literatur: J. González, The Lex Irnitana. A new copy of the Flavian Municipal Law, in: Journal of Roman Studies 76, 1986, 147–243.

Q 271
Studienbuch S. 409
Literatur: A.N. Sherwin-White, The Letters of Pliny (wie Q 246), 613–616 (Q 271a und b); 712–712 (Q 271c und d).

Q 272
Studienbuch S. 405
Literatur: H. Galsterer, Politik in römischen Städten. Die ›seditio‹ des Jahres 59 n.Chr. in Pompeii, in: W. Eck

u.a. (Hg.), Studien zur antiken Sozialgeschichte, Köln/Wien 1980, 323–338.

Q 273
Studienbuch S. 400
Literatur: P. Herz, Studien zur römischen Wirtschaftsgesetzgebung. Die Lebensmittelversorgung, Stuttgart 1988, 107–108.

Q 274
Studienbuch S. 406
Literatur: J. González, The Lex Irnitana (wie Q 270).

Q 275
Studienbuch S. 404f.
Literatur: F. Jacques, Le privilège de liberté. Politique impériale et autonomie municipale dans les cités de l'Occident romain (161 211), Rom 1984, 308.

Q 276
Studienbuch S. 404
Literatur: F. Jacques, Le privilège de liberté (wie Q 275), 301.

Q 277
Studienbuch S. 410
Literatur: F. Jacques/J. Scheid, Rom und das Reich in der Hohen Kaiserzeit 44 v.Chr. – 260 n.Chr. Bd. I. Die Struktur des Reiches, Stuttgart, Leipzig 1998, 192–196.

Q 278
Studienbuch S. 404
Literatur: K. Lomas, Public building, urban renewal and euergetism in early Imperial Italy, in: K. Lomas/T. Cornell (Hg.), ›Bread and circuses‹. Euergetism and municipal patronage in Roman Italy, London/New York 2002, 28–45.

Q 279
Studienbuch S. 404
Literatur: H. Schwarz, Soll und Haben? Die Finanzwirtschaft kleinasiatischer Städte in der römischen Kaiserzeit am Beispiel von Bithynien, Lykien und Ephesos (29 v.Chr. – 284 n.Chr.), Bonn 2001, 187–279.

Q 280
Studienbuch S. 404
Literatur: F. Jacques, Le privilège de liberté (wie Q 275), 766.

Q 281
Literatur: J. Bennett, Trajan (wie Q 247c), 81–84. – N. Criniti, La Tabula alimentaria di Veleia. Introduzione storica, edizione critica, traduzione, indici onomastici e toponimici, bibliografia veleiate, Parma 1991.

Q 282
Studienbuch S. 395
Literatur: S. Mrozek, Les distributions d'argent et de
nouriture dans les villes italiennes du Haut-Empire
romain, Brüssel 1987, 70–72.

Q 283
Studienbuch S. 397
Übers. nach Freis Nr. 35.
Literatur: B. Malavé Osuna, Legislación urbanística en
la Roma imperial. A propósito de una constitución de
Zenón, Málaga 2000, 201–214.

Q 284
Studienbuch S. 397
Übers. nach W. Krenkel, Römische Satiren
Literatur: Ch. Kunst, Römische Wohn- und Lebens-
welten. Quellen zur Geschichte der römischen Stadt,
Darmstadt 2000, 263 Nr. 75 e (Q 284a); 119 f. Nr. 35
c (Q 284b).

Q 285
Studienbuch S. 397
Literatur: B. W. Frier, The rental market in early imperial Rome, Journal of Roman Studies 67, 1977, 27–37.
– M. Kaser, Das römische Privatrecht I. Das altrömische,
das vorklassische und klassische Recht, 2., neubearbei-
tete Aufl., München 1971, 628 ff.

Q 286
Studienbuch S. 409
Übers. nach J. Nollé
Literatur: J. Nollé, Nundinas instituere et habere. Epi-
graphische Zeugnisse zur Einrichtung und Gestaltung
von ländlichen Märkten in Afrika und in der Provinz
Asia, Hildesheim 1982, 11 ff.

Q 287
Studienbuch S. 406 f.
Übers. nach Freis Nr. 95
Literatur: F. Jacques, Le privilège de liberté (wie
Q 275), 274 u. ö.

Q 288
Studienbuch S. 408
Übers. nach Select Papyri Nr. 300
Literatur: W. Habermann, Gymnasien im ptolemäischen
Ägypten – eine Skizze, in: D. Kah/P. Scholz (Hg.), Das
hellenistische Gymnasion, Berlin 2004, 335–348.

Q 289
Studienbuch S. 406
Übers. nach M. Wörrle
Literatur: M. Wörrle, Stadt und Fest im kaiserzeitlichen
Kleinasien. Studien zu einer agonistischen Stiftung aus
Oinoanda, München 1988, 135–150.

Q 290
Studienbuch S. 402
Literatur: W. Scheidel, Grundpacht und Lohnarbeit in
der Landwirtschaft des römischen Italien, Frankfurt/M.,
Berlin 1994, 83–129. – A. N. Sherwin-White, The Let-
ters of Pliny (wie Q 246), 518–522.

Q 291
Studienbuch S. 400
Übers. nach W. Richter, Columella
Literatur: D. Flach, Römische Agrargeschichte,
München 1990, 165–183.

Q 292
Studienbuch S. 398; S. 401
Übers. nach W. Richter, Columella
Literatur: N. Purcell, Wine and wealth in ancient Italy,
in: Journal of Roman Studies 75, 1985, 1–19.

Q 293
Studienbuch S. 398
Literatur: J. Krier, Die Treverer außerhalb ihrer Civitas.
Mobilität und Aufstieg, Trier 1981, Nr. 7 (Lyon;
Q 293b); Nr. 8 (Q 293c)

Q 294a und b
Studienbuch S. 408
Literatur: P. Herz, Beiträge zur Organisation der Ge-
treideversorgung Roms, in: H. Heftner, K. Tomaschitz
(Hg.), Ad fontes!, Wien 2004, 609–618. H.-A.
Rupprecht, Kleine Einführung in die Papyruskunde,
Darmstadt 1994, 54.

Q 294c
Studienbuch S. 411
Übers. nach Freis Nr. 63.
Literatur: S. E. Sidebotham, Roman Economic Policy in
the Erythra Thalassa 30 B.C.-A.D. 217, Leiden 1986,
35; 53; 67; 80 f.

Q 295
Studienbuch S. 359
Literatur: W. W. Buckland, The Roman Law of Slavery.
The condition of the slave in private law from Augustus
to Justinian, Cambridge 1908, Neudruck New York
1969, 533–551.

Q 296
Studienbuch S. 359 ; S. 395 f.
Literatur: H. Bellen, Antike Staatsräson. Die Hinrichtung der 400 Sklaven des römischen Stadtpräfekten
L. Pedanius Secundus im Jahre 61 n. Chr., in: H. Bellen,
Politik – Recht – Gesellschaft. Studien zur Alten Geschichte, Stuttgart 1997, 283–297. – H. Bellen, Novus
status – Novae leges. Kaiser Augustus als Gesetzgeber,
in: H. Bellen, Politik – Recht – Gesellschaft (wie oben),
183–211 (Q 296b). – W. W. Buckland, The Roman Law
of Slavery (wie Q 295), 94 f. (Q 296c). –

A. Weiß, Sklave der Stadt. Untersuchungen zur öffentlichen Sklaverei in den Städten des römischen Reiches, Stuttgart 2004, 207 f. Nr. 109 (Q 296a).

Q 297a–c
Studienbuch S. 395
Literatur: R. Meiggs, Roman Ostia, 2. Aufl. Oxford 1973, 210 f. (Q 297a); 221 f. (Q 297c).

Q 297d
Übers. nach W. Krenkel, Römische Satiren.
Literatur: Ch. Reitz, Die Literatur im Zeitalter Neros, Darmstadt 2006, 65–81.

Q 297e
Literatur: J. d'Arms, Memory, money, and status at Misenum. Three new inscriptions from the collegium of the Augustales, in: Journal of Roman Studies 90, 2000, 126–144. – S. Schrumpf, Bestattung und Bestattungswesen im römischen Reich. Ablauf, soziale Dimensionen und ökonomische Bedeutung der Totenfürsorge im lateinischen Westen, Göttingen 2006, 110–119.

Q 297f
Literatur: U. Egelhaaf-Gaiser, Träger und Transportwege von Religion am Beispiel des Totenkultes in den Germaniae, in: Spickermann, W. (Hg.), Religion in den germanischen Provinzen Roms, Tübingen 2001, 225–257. – S. Schrumpf, Bestattung (wie Q 297e), 76 Anm. 203.

Q 298
Studienbuch S. 424
Literatur: G. Anderson, The second sophistic. A cultural phenomenon in the Roman Empire, London 1993, 21–26 (Q 298b). – S. Fein, Die Beziehungen der Kaiser Trajan und Hadrian zu den litterati, Stuttgart/Leipzig 1994, 236–241 (Q 298a).

Q 299
Studienbuch S. 424
Literatur: G. Horsmann, Die Wagenlenker der römischen Kaiserzeit, Mainz 1998, 45–65.

Q 300
Studienbuch S. 424
Literatur: H. Leppin, Histrionen. Untersuchung zur sozialen Stellung von Bühnenkünstlern im Westen des Römischen Reiches zur Zeit von Republik und des Principates, Bonn 1992, 237 f.

Q 301
Studienbuch S. 424
Übers. nach Roueché
Literatur: Z. Newby, Greek Athletics in the Roman World. Victory and virtue, Oxford 2005, 229–271.

Q 302
Studienbuch S. 424
Übers. nach Roueché
Literatur: P. Herz, Seltsame Kaisergentilizien. Beobachtungen zur kaiserzeitlichen Nomenklatur, in: F. Blakolmer/K. R. Krierer u. a. (Hg.), Fremde Zeiten, Wien/Köln 1996, Bd. II, 253–259.

Q 303
Studienbuch S. 424
Literatur: P. Frisch, Zehn agonistische Papyri, Opladen 1986, 7–13.

Q 304
Studienbuch S. 424
Literatur: G. Horsmann, Die Wagenlenker der römischen Kaiserzeit, Mainz 1998, 283 f. (Q 304a); 226–228 (Q 304b), 194–196 (Q 304c).

Q 305
Studienbuch S. 427
Übers. nach Freis Nr. 20.
Literatur: S. Price, Rituals and Power. The Roman imperial cult in Asia Minor, Cambridge 1984, 60–61; 210 ff.

Q 306
Studienbuch S. 427
Übers. nach E. Bosch
Literatur: St. Mitchell, Anatolia I. The Celts and their impact on Roman rule. Land, men and gods in Asia Minor, Oxford 1990, 100–117 (dort weitere Literatur).

Q 307a
Studienbuch S. 365
Literatur: P. Herrmann, Der römische Kaisereid. Untersuchungen zu seiner Herkunft und Entwicklung, Göttingen 1968, 122.

Q 307b
Studienbuch S. 360
Übers. nach Freis Nr. 7.
Literatur: P. Herrmann, Der römische Kaisereid (wie Q 307a), 123 f.

Q 308
Studienbuch S. 428
Übers. nach R. Helm
Literatur: U. Egelhaaf-Gaiser, Kulträume im römischen Alltag. Das Isisbuch des Apuleius und der Ort von Religion im kaiserzeitlichen Rom, Stuttgart 2000, 171–175 (Q 308b). – J. L. Lightfoot, Lucian: On the Syrian Goddess, ed. with introduction, translation and commentary, Oxford 2003, 72–83 (Q 308a). – G. Wissowa, Religion und Kultus der Römer, München 1912, Neudruck 1971, 543 (Q 308c).

Q 309a
Studienbuch S. 428
Übers. nach Städele

Q 309b und c
Studienbuch S. 428
Literatur: A.N. Sherwin-White, The Letters of Pliny
(wie Q 246), 691–710 (Q 309b); 710–712 (Q 309c).

Q 309d
Studienbuch S. 428
Literatur: M. Fiedrowicz, Christen und Heiden. Quel-
lentexte zu ihrer Auseinandersetzung in der Antike,
Darmstadt 2004, 308–310. – H.M. Zilling, Tertullian
(wie Q 257), 125–130.

Q 310
Studeinbuch S. 408
Literatur: P. Herz, Latrocinium und Viehdiebstahl.
Soziale Spannungen und Strafrecht in römischer Zeit,
in: I. Weiler (Hg.), Soziale Randgruppen und Außen-
seiter im Altertum, Graz 1988, 205–225.

Q 311
Studienbuch S. 408
Übers. nach H. Freis Nr. 111
Literatur: R. Behrwald, Der lykische Bund. Untersuchun-
gen zu Geschichte und Verfassung, Bonn 2000, 152.

Q 312
Studienbuch S. 390
Literatur: G. Dobesch, Aus der Vor- und Nachgeschichte
der Markomannenkriege, Österreichische Akademie der
Wissenschaften, Philosophisch-historische Klasse. Anzeiger 131, 1994, 67–125 (= Ausgewählte Schriften Bd.
2. Kelten und Germanen), Köln u.a. 2001, 1031–1082.
– P. Herz, Beiträge zur Bevölkerungsgeschichte des
Balkan, in: W. Spickermann (Hg.), Rom, Germanien
und das Reich, St. Katharinen 2005, 397–420. – M.T.
Schmitt, Die römische Außenpolitik des 2. Jahrhunderts
n.Chr.: Friedenssicherung oder Expansion?, Stuttgart
1997, 156–163.

Q 313
Studienbuch S. 408
Literatur: A. Birley, Marcus Aurelius. A Biography, Lon-
don 1987, 175f.; 190; 198f. – P. Kehne, Markoman-
nenkrieg (Historisches), Reallexikon der Germanischen
Altertumskunde, 2. Aufl., Bd. 19, 2001, 308–316.

Q 314
Studienbuch S. 391
Literatur: M. Heil, Die orientalische Außenpolitik des
Kaisers Nero, München 1997, 122–130.

Q 315
Studienbuch S. 390
Literatur: R.D. Milns, Neronian Frontier Policy in the

Balkans. The career of Ti. Plautius Silvanus, Historia
32, 1983, 183–200.

Q 316
Studienbuch S. 409
Literatur: M. Rachet, Rome et les Berbères. Un pro-
blème militaire d'Auguste à Dioclétien, Brüssel 1970,
238–250.

Q 317
Studienbuch S. 384
Literatur: L. Bakker, Raetien unter Postumus – Das
Siegesdenkmal einer Juthungenschlacht im Jahr 260
n.Chr. aus Augsburg, in: Germania, 71, 1993, 369–386.
– K.P. Johne, Semnonen am Lech. Der Augsburger Vic-
toria-Altar und die Historia Augusta, in: U. Hartmann
(Hg.), Kaiser, Konsuln und Kolonen. Studien zu Kaiser-
zeit und Spätantike, Hamburg 2007, 79–91.

Q 318
Studienbuch S. 381
Literatur: H. Devijver, Prosopographia militiarium
equestrium quae fuerunt ab Augusto ad Gallienum
Pars I. Litterae A-I, Leuven 1976, Nr. F 99. – Th.
Kissel, Untersuchungen zur Logistik des römischen
Heeres in den Provinzen des griechischen Ostens
(27 v.Chr. – 235 n.Chr.), St. Katharinen 1995, 282–
289 (Q 318a); 289f. (Q 318b). – H.G. Pflaum, Les
carrières procuratoriennes équestres sous le haut-
empire romain, Paris 1961, Nr. 317.

Die Spätantike (284–565 n.Chr.)

Quellen 319–351: *Jens-Uwe Krause*

Q 319
Studienbuch S. 432f.
Literatur: P. Barceló, Diocletian 284–305, in: M. Clauss
(Hg.), Die römischen Kaiser, München 1997, 258–272.
– A.H.M. Jones, The Later Roman Empire 284–602. A
Social, Economic and Administrative Survey, Oxford
1964, 37–76. – F. Kolb, Diocletian und die Erste Tetrar-
chie. Improvisation und Experiment in der Organisa-
tion monarchischer Herrschaft?, Berlin/New York
1987.

Q 320
Studienbuch S. 432f.
Übers. nach K. Groß-Albenhausen.
Literatur: P. Barceló, Diocletian (wie Q 319). – A.H.M.
Jones, Later Roman Empire (wie Q 319), 37–76. –
F. Kolb, Diocletian (wie Q 319).

Q 321
Studienbuch S. 433
Literatur: B. Meissner, Über Zweck und Anlass von
Diokletians Preisedikt, Historia 49, 2000, 79–100.

Q 322
Studienbuch S. 433 f.
Übers. nach O. Veh
Literatur: B. Bleckmann, Konstantin der Große, Reinbek 1996. – A. H. M. Jones, Later Roman Empire (wie Q 319), 77–111. – N. Lenski (Hg.), The Cambridge Companion to the Age of Constantine, Cambridge 2006.

Q 323
Studienbuch S. 439 f.
Literatur: P. Heather, The Fall of the Roman Empire, London 2005.

Q 324
Studienbuch S. 439 f.
Literatur: P. Heather, The Fall of the Roman Empire, London 2005.

Q 325
Studienbuch S. 439 f.
Übers. Q 325c nach O. Veh
Literatur: P. Heather, The Fall of the Roman Empire, London 2005.

Q 326
Studienbuch S. 439 f.
Literatur: P. Heather, The Fall of the Roman Empire, London 2005.

Q 327
Studienbuch S. 459

Q 328
Studienbuch S. 459–462
Übers. nach W. Seyfarth
Literatur: P. Heather, New Men for New Constantines? Creating an Imperial Elite in the Eastern Mediterranean, in: P. Magdalino (Hg.), New Constantines. The Rhythm of Imperial Renewal in Byzantium, 4th–13th Centuries, Aldershot 1994, 11–33. – P. Heather, Senators and Senates, in: A. Cameron u. a. (Hg.), Cambridge Ancient History, XIII: The Late Empire, A. D. 337–425, Cambridge 1998, 184–210. – A. H. M. Jones, Later Roman Empire (wie Q 319), 523–562. – F. Vittinghoff, Gesellschaft, in: F. Vittinghoff (Hg.), Europäische Wirtschafts- und Sozialgeschichte in der römischen Kaiserzeit, Stuttgart 1990, 161–369, 310–318.

Q 329
Studienbuch S. 459–462
Übers. Q 329a nach W. Seyfarth
Literatur: P. Heather, New Men (wie Q 328). – P. Heather, Senators (wie Q 328). – A. H. M. Jones, Later Roman Empire (wie Q 319), 523–562. – F. Vittinghoff, Gesellschaft (wie Q 328), 310–318.

Q 330
Studienbuch S. 464
Literatur: B. Ward-Perkins, From Classical Antiquity to the Middle Ages. Urban Public Building in Northern and Central Italy AD 300–850, Oxford 1984. – B. Ward-Perkins, The Cities, in: A. Cameron u. a. (Hg.), Cambridge Ancient History, XIII: The Late Empire, A. D. 337–425, Cambridge 1998, 371–410.

Q 331
Studienbuch S. 463 f.; 498 f.
Literatur: H. Jürgens, Pompa Diaboli. Die lateinischen Kirchenväter und das antike Theater, Tübinger Beiträge zur Altertumswissenschaft 46, Stuttgart u. a. 1972. – G. Ville, Religion et politique: comment ont pris fin les combats de gladiateurs, Annales (ESC) 34, 1979, 651–671. – W. Weismann, Kirche und Schauspiele. Die Schauspiele im Urteil der lateinischen Kirchenväter unter besonderer Berücksichtigung von Augustin, Cassiciacum 27, Würzburg 1972.

Q 332
Studienbuch S. 496
Literatur: Y. Duval/L. Pietri, Évergétisme et épigraphie dans l'Occident chrétien (IVe-VIe s.), in: M. Christol/O. Masson (Hg.), Actes du Xe Congrès international d'épigraphie grecque et latine, Nimes, 4–9 octobre 1992, Paris 1997, 371–396. – C. Lepelley, Évergétisme et épigraphie dans l'Antiquité tardive: les provinces de langue latine, in: M. Christol/O. Masson (Hg.), Actes du Xe Congrès international d'épigraphie grecque et latine (wie oben), 335–352. – Ch. Roueché, Benefactors in the Late Roman Period: the Eastern Empire, in: M. Christol/O. Masson (Hg.), Actes du Xe Congrès international d'épigraphie grecque et latine (wie oben), 353–367.

Q 333
Studienbuch S. 469
Literatur: R. M. Frakes, *Contra potentium iniurias*: The *defensor civitatis* and Late Roman Justice, München 2001. – F. Vittinghoff, Epilog: Zur Entwicklung der städtischen Selbstverwaltung – Einige kritische Anmerkungen, in: F. Vittinghoff (Hg.), Stadt und Herrschaft. Römische Kaiserzeit und Hohes Mittelalter, München 1982, 107–146.

Q 334
Studienbuch S. 468–470
Übers. Q 334e nach G. Fatouros/T. Krischer
Literatur: F. Jacques, »Obnoxius curiae«. Origines et formes de l'astreinte à la cité au IVe siècle de notre ère, in: Revue historique de droit français et étranger, sér. 4, 63, 1985, 303–328. – A. H. M. Jones, Later Roman Empire (wie Q 319), 737–757. – C. Lepelley, *Quot curiales, tot tyranni*. L'image du décurion oppresseur au Bas-Empire, in: E. Frézouls (Hg.), Crise et redressement dans les provinces européennes de l'Empire (milieu du

IIIᵉ – milieu du IVᵉ siècle ap. J.-C.), Strasbourg 1983, 143–156. – F. Vittinghoff, Gesellschaft (wie Q 328), 331–340.

Q 335

Studienbuch S. 447 f.
Literatur: J.-M. Carrié, »Colonato del Basso Impero«: la resistenza del mito, in: E. Lo Cascio (Hg.), Terre, proprietari e contadini dell'impero romano. Dall'affitto agrario al colonato tardoantico, Roma 1997, 75–150. – J.-M. Carrié, Le »colonat du bas-empire«: un mythe historiographique?, in: Opus 1, 1982, 351–370. – A. H. M. Jones, Later Roman Empire (wie Q 319), 795–803.

Q 336

Studienbuch S. 475 f.
Literatur: A. H. M. Jones, Later Roman Empire (wie Q 319), 773–781. – J.-U. Krause, Spätantike Patronatsformen im Westen des Römischen Reiches, Vestigia 38, München 1987, 233–283.

Q 337

Studienbuch S. 479–481
Literatur: R. MacMullen, Late Roman Slavery, Historia 36, 1987, 359–382. – J. Rougé, Escroquerie et brigandage en Afrique romaine au temps de saint Augustin (Ep. 8* et 10*), in: Les lettres de saint Augustin découvertes par Johannes Divjak, Paris 1983, 177–188. – A. Stuiber, Konstantinische und christliche Beurteilung der Sklaventötung, in: Jahrbuch für Antike und Christentum 21, 1978, 65–73. – J. Szidat, Zum Sklavenhandel in der Spätantike (Aug. epist. 10*), in: Historia 34, 1985, 360–371.

Q 338

Studienbuch 481–483
Übers. Q 338 a und b nach W. Seyfarth; Übers. Q 338c nach O. Veh
Literatur: A. Cameron, Circus Factions. Blues and Greens at Rome and Byzantium, Oxford 1976. – G. Greatrex, The Nika Riot: a Reappraisal, Journal of Hellenic Studies 117, 1997, 60–86.- T. E. Gregory, Urban Violence in Late Antiquity, in: R. T. Marchese (Hg.), Aspects of Graeco-Roman Urbanism. Essays on the Classical City, Oxford 1983, 138–161. – H. P. Kohns, Versorgungskrisen und Hungerrevolten im spätantiken Rom, Bonn 1961. – W. Liebeschuetz, Administration and Politics in the Cities of the 5th and 6th Centuries with Special Reference to the Circus Factions, in: C. Lepelley (Hg.), La fin de la cité antique et le début de la cité médiévale, Bari 1996, 161–182. – F. Vittinghoff, Gesellschaft (wie Q 328), 356–362.

Q 339

Studienbuch S. 483 f.
Literatur: J. F. Drinkwater, Patronage in Roman Gaul and the Problem of the Bagaudae, in: A. Wallace-

Hadrill (Hg.), Patronage in Ancient Society, London/ New York 1989, 189–203 (zu Q 339c). – J. F. Drinkwater, The Bacaudae of Fifth-Century Gaul, in: J. Drinkwater/H. Elton (Hg.), Fifth-Century Gaul: A Crisis of Identity?, Cambridge 1992, 208–217 (zu Q 339c). – M. Overbeck, Augustin und die Circumcellionen seiner Zeit, Chiron 3, 1973, 457–463. – Z. Rubin, Mass Movements in Late Antiquity – Appearances and Reality, in: I. Malkin/Z. W. Rubinsohn (Hg.), Leaders and Masses in the Roman World. Studies in Honor of Zvi Yavetz, Leiden u. a. 1995, 129–187.

Q 340

Studienbuch S. 433; 485 f.
Literatur: P. S. Davies, The Origin and Purpose of the Persecution of 303, in: Journal of Theological Studies, n.s. 42, 1989, 66–94. – W. Portmann, Zu den Motiven der diokletianischen Christenverfolgung, in: Historia 39, 1990, 212–248. – K.-H. Schwarte, Diokletians Christengesetz, in: R. Günther/S. Rebenich (Hg.), E fontibus haurire. Beiträge zur römischen Geschichte und zu ihren Hilfswissenschaften, Paderborn u. a. 1994, 203–240. – G. E. M. de Ste. Croix, Aspects of the »Great« Persecution, in: Harvard Theological Review 47, 1954, 75–113.

Q 341

Studienbuch S. 434; 486
Literatur: J. Bleicken, Constantin der Große und die Christen. Überlegungen zur konstantinischen Wende, München 1992. – H. A. Drake, Constantine and the Politics of Intolerance, Baltimore/London 2000.

Q 342

Studienbuch S. 486
Literatur: A. H. M. Jones, Later Roman Empire (wie Q 319), 93–97.

Q 343

Studienbuch S. 486 f.
Literatur: S. Bradbury, Constantine and the Problem of Anti-Pagan Legislation in the Fourth Century, in: Classical Philology 89, 1994, 120–139. – J. Curran, Constantine and the Ancient Cults of Rome: The Legal Evidence, 1996, 68–80. – R. M. Errington, Constantine and the Pagans, in: Greek, Roman and Byzantine Studies 29, 1988, 309–318.

Q 344

Studienbuch S. 487 f.
Übers. Q 344a nach W. Seyfarth; Übers. Q 344b-d nach G. Chr. Hansen
Literatur: P. Athanassiadi-Fowden, Julian and Hellenism. An Intellectual Biography, Oxford 1981. – G. W. Bowersock, Julian the Apostate, London 1978.

Q 345
Studienbuch S. 488
Literatur: H. Leppin, Theodosius der Große, Darmstadt 2003.

Q 346
Studienbuch S. 488 f.
Übers. Q 346a nach G. Chr. Hansen
Literatur: Chr. Haas, Alexandria in Late Antiquity. Topography and Social Conflict, Baltimore/London 1997. – J. Hahn, Gewalt und religiöser Konflikt. Studien zu den Auseinandersetzungen zwischen Christen, Heiden und Juden im Osten des Römischen Reiches (von Konstantin bis Theodosius II.), Berlin 2004.

Q 347
Studienbuch S. 490
Literatur: W. H. C. Frend, The Donatist Church. A Movement of Protest in Roman North Africa, Oxford 1952. – K. M. Girardet, Kaisergericht und Bischofsgericht. Studien zu den Anfängen des Donatistenstreites (313–315) und zum Prozeß des Athanasius von Alexandrien (328–346), Bonn 1975. – E. L. Grasmück, Coercitio. Staat und Kirche im Donatistenstreit, Bonn 1964. – B. Kriegbaum, Kirche der Traditoren oder Kirche der Martyrer? Die Vorgeschichte des Donatismus, Innsbruck/Wien 1986. – E. Tengström, Donatisten und Katholiken. Soziale, wirtschaftliche und politische Aspekte einer nordafrikanischen Kirchenspaltung, Göteborg 1964.

Q 348
Studienbuch S. 492–494
Literatur: A. H. M. Jones, Later Roman Empire (wie Q 319), 915–929. – N. B. McLynn, Ambrose of Milan. Church and Court in a Christian Capital, Berkeley u. a. 1994. – F. Vittinghoff, Gesellschaft (wie Q 328), 328–331.

Q 349
Studienbuch S. 492–494
Literatur: A. H. M. Jones, Later Roman Empire (wie Q 319), 915–929, – S. Lancel, Saint Augustin, Paris 1999. – F. Vittinghoff, Gesellschaft (wie Q 328), 328–331.

Q 350
Studienbuch S. 495 f.
Übers. Q 350b nach G. Chr. Hansen
Literatur: D. J. Chitty, The Desert a City. An Introduction to the Study of Egyptian and Palestinian Monasticism under the Christian Empire, Oxford 1966. – Ph. Rousseau, Pachomius. The Making of a Community in Fourth-Century Egypt, Berkeley u. a. 1985.

Q 351
Studienbuch S. 497 f.
Literatur: G. E. M. de Ste. Croix, Early Christian Attitudes to Property and Slavery, in: D. Baker (Hg.), Church, Society and Politics, Oxford 1975, 1–38. – F. Vittinghoff, Gesellschaft (wie Q 328), 303–310.

SIGLENVERZEICHNIS

AE — L'Année épigraphique, Paris 1888

ANRW — Aufstieg und Niedergang der Römischen Welt, hg. von H. Temporini und W. Haase, Berlin/New York 1972 ff.

CRAI — Comptes-rendus de l'Académie des Inscriptions et Belles-Lettres

D — Anthologia Lyrica Graeca, ed. E. Diehl, ed. tertia, Leipzig 1949 ff.

FGrHist — Die Fragmente der griechischen Historiker, hg. von F. Jacoby, Berlin 1923 ff.

CIL — Corpus Inscriptionum Latinarum, Berlin 1862 ff.

Freis — H. Freis, Historische Inschriften zur römischen Kaiserzeit, Darmstadt ²1994

GP — Poetarum Elegiacorum Testimonia et Fragmenta, ed. B. Gentili/C. Prato, w Bde., Leipzig 1979, 1985

HGIÜ — Historische Griechische Inschriften in Übersetzungen, hg. K. Brodersen u.a., Bd. I: Die archaische und klassische Zeit, Darmstadt 1992; Bd. II: Spätklassik und früher Hellenismus (400–250 v. Chr.), Darmstadt 1996; Bd. III: Der griechische Osten und Rom (250–51 v. Chr.), Darmstadt 1999

IG — Inscriptiones Graecae, hg. von der Preußischen Akademie der Wissenschaften, der Deutschen Akademie der Wissenschaften und der Akademie der Wissenschaften der Deutschen Demokratischen Republik, Berlin 1873 ff. (IG I³ = Inscriptiones Graecae, Vol. I, ed. tertia)

IGRR — Inscriptiones Graecae ad res Romanas pertinentes, hg. von R. Cagnat u.a., 4 Bde., Paris 1927

ILS — Inscriptiones Latinae Selectae, hg. H. Dessau, 3 Bde. in 5, Berlin 1892–1916, Neudruck Zürich 1997

JRS — Journal of Roman Studies

Koerner — Inschriftliche Gesetzestexte der frühen griechischen Polis, aus dem Nachlaß von Reinhard Koerner hg. von K. Hallof, Weimar etc. 1993

LP — Poetarum Lesbiorum Fragmenta, ed. E. Lobel/D. Page, Oxford 1955

OGIS — Orientis Graeci Inscriptiones Selectae, hg. von W. Dittenberger, 2 Bde., Leipzig 1903–05, Neudruck Hildesheim 1986

Meiggs/Lewis — A Selection of Greek Historical Inscriptions to the End of the Fifth Century B.C., ed. by R. Meiggs/D. Lewis, Oxford 1969, rev. edition 1988

NOMIMA I, II — NOMIMA. Recueil d'inscriptions politiques et juridiques de l'Archaïsme grec, éd. H. van Effenterre/F. Ruzé, vols. I-II, Rom 1994–1995

P. Köln — Kölner Papyri, Opladen/Paderborn 1976 ff.

PMG — Poetae Melici Graeci, hg. von D. L. Page, Oxford 1962.

Rose — Aristotelis qui ferebantur librorum fragmenta, ed. V. Rose, Leipzig 1886.

SEG — Supplementum Epigraphicum Graecum, hg. von A. G. Woodhead, Leiden 1923 ff.

Syll.³ — Sylloge Insriptionum Graecarum, hg. von W. Dittenberger, Leipzig ³1915 ff. (Neudruck Hildesheim 1960)

Suda — Suidae Lexicon, hg. von A. Adler, Stuttgart 1967 ff.

VERZEICHNIS DER
ÜBERSETZUNGEN UND AUSGABEN

Aischines, Rede gegen Ktesiphon, übers., eingel. und erl. von W. Reeb, Leipzig 1894

Aischylos, Tragödien, übers. von O. Werner, hg. von B. Zimmermann, Düsseldorf/Zürich ⁶2005

Alkaios, Lieder, griech.-deutsch, hg. von M. Treu, 3. Aufl. München 1980

Ambrosius, De Nabuthae, in: Ambrosius, Opera, hg. von C. Schenkl, Corpus scriptorum ecclesiasticorum latinorum 32, 2, Prag u.a. 1897

Ambrose, De officiis, ed. with an introd., transl. and comm. by Ivor J. Davidson, 2 Bde., Oxford 2002

Ammianus Marcellinus, Römische Geschichte, lat.-deutsch und mit einem Kommentar vers. von W. Seyfarth, 4 Bde., Berlin 1968/71

Anakreon, in: Griechische Lyrik, aus dem Griech. übertragen von D. Ebener, Berlin u.a. 1985

Anthologia Graeca, Buch I-VI, griech.-deutsch, hg. von H. Beckby, München 1957

Appian von Alexandria, Römische Geschichte, übers. von O. Veh, durchges., eingel. und erl. von K. Brodersen, Stuttgart 1987

Apuleius, Metamorphosen oder Der Goldene Esel, lat. und deutsch von R. Helm, 6., durchgesehene und erweiterte Aufl., besorgt von W. Krenkel, Darmstadt 1970

Aristophanes, Sämtliche Komödien, übers. v. L. Seeger, neu hg. v. H.-J. Newiger, München 1976

Aristoteles, Metaphysik, übers. und eingel. von Th.A. Szlezák, Berlin 2003

Aristoteles, Oikonomika. Schriften zu Hauswirtschaft und Finanzwesen, übers. und erl. von R. Zoepffel, Berlin 2006

Aristoteles, Politik, eingel., übers. und komm. von O. Gigon, 2. Aufl. Zürich 1971

Aristoteles, Politik, Buch I, übers. und erl. von E. Schütrumpf, Berlin 1991

Aristoteles, Politik, Buch IV-VI, übers. und eingel. von E. Schütrumpf, erl. von E. Schütrumpf und H.-J. Gehrke, Berlin 1996

Aristoteles, Staat der Athener, übers. und erl. von M. Chambers, Berlin 1990

Aristoteles, Der Staat der Athener, übers. und hg. von Martin Dreher, Stuttgart 1993

Athanasios, Lebensbeschreibung des Antonius (lat.), in: G.J.M. Bartelink (Hg.), Vita di Antonio, Milano 1974

Athenaios, Das Gelehrtenmahl, eingel. und übers. von C. Friedrich, komm. von T. Nothers, Stuttgart 1998 ff.

Arrian, Der Alexanderzug. Indische Geschichte, hg. und übers. von G. Wirth und O. von Hinüber, München 1985

Augustinus, Enarrationes in psalmos, Corpus christianorum, Series latina 38-40, Turnhout 1956

Augustinus, Epistolae ex duobus codicibus nuper in lucem prolatae, hg. von J. Divjak, Corpus scriptorum ecclesiasticorum latinorum 88, Wien 1981

Augustinus, Sermones: Migne, Patrologia Latina 38/39

Augustus s. Res gestae divi Augusti

Aurelius Victor, De Caesaribus, hg. von F. Pichlmayr, Leipzig 1970

Aurelius Victor, Die römischen Kaiser, hg., übers. und erl. von Kirsten Groß-Albenhausen, Zürich/Düsseldorf 1997

Balland, A. (Hg.), Fouilles de Xanthos VII. Inscriptions d'époque impériale du Létôon, Paris 1981

Borger, R., Historische Texte in akkadischer Sprache aus Babylonien und Assyrien: Der Kyros-Zylinder, in: R. Borger u.a., Texte aus der Umwelt des Alten Testaments I, 4: Historisch-chronologische Texte I, Gütersloh 1984, 407-411

Borger, R./W. Hinz, Die Behistun-Inschrift Darius' des Großen, in: R. Borger u.a., Texte aus der Umwelt des alten Testaments I, 4 (wie oben), 419-450

Bosch, E., Quellen zur Geschichte der Stadt Ankara im Altertum, Ankara 1967

Cassius Dio, Römische Geschichte V. Epitome der Bücher 61-80, übers. von O. Veh, eingel. von G. Wirth, Zürich/München 1985

Busche, J., Der Melier-Dialog des Thukydides, in: Frankfurter Allgemeine Zeitung 2. Juli 1977, Beilage Nr. 150

C. Iulius Caesar, Der Bürgerkrieg, lat.-deutsch, hg. von O. Schönberger, 2. Aufl. München 1990

Marcus Porcius Cato, Vom Landbau. Fragmente, lat.-deutsch, hg. von O. Schönberger, München 1980

Chrestomathie zur Geschichte der Alten Welt, hg. von V.V. Struve, 3 Bde., Berlin 1954 ff.

Marcus Tullius Cicero, Gespräche in Tusculum. Tusculanae Disputationes, lat.-deutsch, hg. von O. Gigon, 6. Aufl. München 1992

Cicero, Gespräche in Tuskulum, eingel. und übers. von K. Büchner, Zürich ²1966

Marcus Tullius Cicero, Atticus-Briefe, lat.-deutsch, hg. von H. Kasten, 2. Aufl. München 1976

Marcus Tullius Cicero, An Bruder Quintus. An Brutus. Brieffragmente. Dazu Q. Tullius Cicero, Denkschrift über die Bewerbung, lat.-deutsch, hg. von H. Kasten, München 1965

Quintus Tullius Cicero, Commentariolum petitionis, hg. von G. Laser, Darmstadt 2001

Marcus Tullius Cicero, Brutus, lat.-deutsch, hg. von B. Kytzler, München 1970

M. Tullius Cicero, De Legibus. Paradoxa Stoicorum. Über die Gesetze. Stoische Paradoxien, lat.-deutsch, hg. von R. Nickel, Zürich 1994

Marcus Tullius Cicero, Die Prozessreden, lat.-deutsch, hg. von M. Fuhrmann, Zürich 1997

Marcus Tullius Cicero, Die Reden gegen Verres. In C. Verrem, lat.-deutsch, hg. von M. Fuhrmann, 2 Bde., Zürich 1995

Marcus Tullius Cicero, Der Staat, lat.-deutsch, hg. von K. Büchner, 5. Aufl. München 1993

Cicero, Staatsreden, erster Teil. Über den Oberbefehl des Cn. Pompeius, Über das Ackergesetz, Gegen L. Catilina, lat.-deutsch von H. Kasten, Berlin 1972

Cicero, Staatsreden, dritter Teil. Die Philippischen Reden, lat.-deutsch von H. Kasten, Berlin 1970

Marcus Tullius Cicero, Vom rechten Handeln, lat.-deutsch, hg. von K. Büchner, Zürich 1994

Codex Iustinianus: s. Corpus iuris civilis, Vol. II

Codex Theodosianus: Theodosiani libri XVI cum constitutionibus Sirmondianis, hg. von Th. Mommsen, Berlin 1904

Lucius Iunius Moderatus Columella, Zwölf Bücher über Landwirtschaft. Buch eines Unbekannten über Baumzüchtung, lat.-deutsch, hg. und übers. von W. Richter, München 1981–1983

Constitutiones Sirmondianae: s. Codex Theodosianus

Corpus iuris civilis, Vol. I: Institutiones rec. P. Krueger. Digesta rec. Th. Mommsen, retractavit P. Krueger, 22. Aufl. Dublin/Zürich 1973

Corpus iuris civilis, Vol. II: Codex Iustinianus, rec. P. Krueger, Berlin 1877

Cowey, J.M.S./K. Maresch, Urkunden des Politeuma der Juden von Herakleopolis (144/3–133/2 v. Chr.) (P. Polit. Iud.), Opladen 2001

Criniti, N., La Tabula alimentaria di Veleia. Introduzione storica, edizione critica, traduzione, indici onomastici e toponimici, bibliografia veleiate, Parma 1991

D'Arms, J., Memory, money, and status at Misenum. Three new inscriptions from the collegium of the Augustales, Journal of Roman Studies 90, 2000, 126–144

Demosthenes, Rede für Ktesiphon über den Kranz. Mit kritischen und erklärenden Anm. hg. und übers. von W. Zürcher, Darmstadt 1983

Digesten, s. Corpus iuris civilis, Vol. I

Diodor, Griechische Weltgeschichte, übers. von G. Wirth und O. Veh, eingel. und komm. von T. Nothers und M. Rathmann, Stuttgart 1992 ff.

Effe, B. (Hg.), Die griechische Literatur in Text und Darstellung, Bd. 4: Hellenismus, Stuttgart 1985

Fiedrowicz, M., Christen und Heiden. Quellentexte zu ihrer Auseinandersetzung in der Antike, Darmstadt 2004

Fink, R.O., Roman military records on papyrus, Ann Arbor/Mich. 1971

Flavius Josephus, Des Flavius Josephus Jüdische Altertümer, übers., eingel. und mit Anm. versehen von H. Clementz, Wiesbaden [14]2002

Fontes Iuris Romani Antejustiniani II. Auctores edidit notisque illustravit J. Baviera. Libri Syro-Romani interpretationem a C. Ferrini confectam castigavit iterum edidit novis adnotationibus instruxit J. Furlani, Florentiae 1968

Die Fragmente der griechischen Historiker, hg. von F. Jacoby, 15 Bde., Berlin/Leiden 1923 ff. (FGrHist)

Freis, H., Historische Inschriften zur römischen Kaiserzeit, übers. und hg. von H.F., 2., durchgesehene Aufl. Darmstadt 1994

Sextus Iulius Frontinus, Die Wasserversorgung der antiken Stadt Rom, übers. von G. Kühne, in: Sextus Iulius Frontinus, Curator aquarum, Wasserversorgung im antiken Rom, hg. von der Frontinus-Gesellschaft, München 1982, 79–120

Gaius, Institutiones. Die Institutionen des Gaius, hg., übers. und komm. von U. Manthe, Darmstadt 2004

Geschichte in Quellen, hg. von W. Lautemann u.a., Bd. 1. Altertum, Alter Orient, Hellas, Rom, bearb. von W. Arend, München [2]1975

Geus, K., Eratosthenes von Kyrene. Studien zur hellenistischen Kultur- und Wissenschaftsgeschichte, München 2002

Das Gilgamesch-Epos, übers. und mit Anm. versehen von A. Schott, Stuttgart 1982

Das Gilgamesch-Epos, neu übers. und komm. von S. Maul, München 2005

Gnomon des Idios Logos, erarb. von E. Seckel und W. Schubart. Bd. I: Text von W. Schubart, Berlin 1919; Bd. II: Kommentar von W. Graf Uxkull-Gyllenband, Berlin 1934 (BGU V, 1 u. 2)

Görgemanns, H. (Hg.), Die griechische Literatur in Text und Darstellung, Bd. 3: Klassische Periode II, 4. Jahrhundert v. Chr., Stuttgart 1987

González, J., The Lex Irnitana. A new copy of the Flavian Municipal Law, Journal of Roman Studies 76, 1986, 147–243

Griechische Lyrik, übertragen von D. Ebener, Bayreuth 1985

Habicht, Ch., Eine Urkunde des Akarnanischen Bundes, Hermes 85, 1957, 86–122

Helbing, R., Auswahl aus griechischen Papyri, Berlin/Leipzig 1912

Hengstl, J., Griechische Papyri aus Ägypten als Zeugnisse des öffentlichen und privaten Lebens, München 1978

Herodot, Geschichten und Geschichte, Buch 1–4, übers. von W. Marg, Zürich/München 1973; Buch 5–9, übers. von W. Marg, bearb. von G. Strasburger, Zürich/München 1983

Herodot, Historien, griech.-deutsch, hg. von J. Feix, 2 Bde., 5. Aufl. München 1995

Hesiod, Sämtliche Gedichte. Theogonie-Erga-Frauenkataloge, übers. und erl. von W. Marg, Zürich u.a. 1970

Hesiod, Theogonie. Werke und Tage, griech.-deutsch, hg. und übers. von A. von Schirnding, Darmstadt 1991

Hieke, Th./Tobias Nicklas, Das Buch Esra, in: E. Zenger (Hg.), Stuttgarter Altes Testament. Einheitsübersetzung mit Kommentar und Lexikon, Stuttgart ³2005

Hinard, F./J. Ch. Dumont (Hg.), Libitina. Pompes funèbres et supplices en Campanie à l'époque d'Auguste. Édition, trad. et comm. de la Lex Libitina Puteolana, Paris 2003

Hieronymus, Epistulae, hg. von I. Hilberg, 2 Bde., Corpus scriptorum ecclesiasticorum latinorum 54/55, Wien ²1996

Homer, Ilias. Neue Übertragung von W. Schadewaldt, Frankfurt/Leipzig 1975

Homer, Ilias, übertragen von H. Rupé, Zürich 2001

Homer, Odyssee, übertragen von A. Weiher, Einführung von A. Heubeck, Zürich 2000

Inscriptiones Italiae XIII. Fasti et elogia. Fasciculus II. Fasti anni Numani et Iuliani, accedunt ferialia, menologia rustica, parapegmata curavit A. Degrassi, Rom 1963

Institutiones, s. Gaius; s. Corpus iuris civilis, Vol. I

Johannes Chrysostomos, Homilien zur Apostelgeschichte: Migne, Patrologia Graeca 60

Johannes Chrysostomos, Homilien zum Matthaeusevangelium: Migne, Patrologia Graeca 57/58

Johannes Chrysostomos, Homilien zum 1. Timotheosbrief: Migne, Patrologia Graeca 62

Iordanes, Romana et Getica, rec. Th. Mommsen, Monumenta Germaniae Historica, Auctores antiquissimi 5, 1, Berlin 1882. Deutsch: Jordanes, Gotengeschichte, übers. von Wilhelm Martens, Leipzig ³1913

Isokrates, Helena, in: Isokrates, Sämtliche Werke II. Reden IX-XXI, Briefe, Fragmente, übers. von Chr. Ley-Hutton, eingel. und erl. von K. Brodersen, Stuttgart 1997

D. Iunius Iuvenalis Saturae, mit kritischem Apparat hg. von U. Knoche, München 1950

Kalinka, E., Die Pseudoxenophontische Athenaion Politeia. Einl., Übers., Erklär., Leipzig/Berlin 1913

Koch, Chr., Volksbeschlüsse in Seebundsangelegenheiten. Das Verfahrensrecht Athens im Ersten attischen Seebund, Frankfurt/M. u.a. 1991

Krenkel, W., Römische Satiren, Darmstadt 1976

Kuhlmann, P.A., Die Giessener literarischen Papyri und die Caracalla-Erlasse. Ed., Übers. und Komm., Giessen 1994

Lactantius, De mortibus persecutorum, ed. and transl. by J.L. Creed, Oxford 1984. Deutsch: Lactantius, De mortibus persecutorum. Die Todesarten der Verfolger, übers. und eingel. von Alfons Städele, Fontes Christiani 43, Turnhout 2003

Latacz, J. (Hg.), Die griechische Literatur in Text und Darstellung, Bd. 1: Archaische Periode, Stuttgart 1991

G.A. Lehmann, Boiotien und die Verfassungsskizze in den *Hellenika Oxyrhynchia*, in: ders., Ansätze zu einer Theorie der Bundesstaaten bei Aristoteles und Polybios, Göttingen 2001, 26 f.

G.A. Lehmann, Der Ostrakismos-Entscheid in Athen: Von Kleisthenes zur Ära des Themistokles, in: Zeitschrift für Papyrologie und Epigraphik 41, 1981, 86.

Libanius, Opera. Vol. 1, 1; 1, 2; 2; 3; 4: Orationes, hg. von Richard Foerster, Leipzig 1903/08. Übers.: Libanios, Antiochikos (or. XI). Zur heidnischen Renaissance in der Spätantike. Übers. und komm. von G. Fatouros und T. Krischer, Wien/Berlin 1992

Libanius, Selected works. Vol. 2: Selected orations. With an English transl., introd. and notes by A.F. Norman, Cambridge, Mass. 1977 (Loeb classical library 452); Antioch as a centre of Hellenic culture as observed by Libanius. Transl. with an introduction by A.F. Norman, Liverpool 2000

T. Livius, Römische Geschichte. Ab urbe condita, lat.-deutsch, hg. von H.J. Hillen und J. Feix, 11 Bde., Düsseldorf/Zürich 1974–2000

Makkabäerbücher: W.G. Kümmel u.a. (Hg.), Historische und legendarische Erzählungen (= Jüdische Schriften aus hellenistisch-römischer Zeit Bd. 1), Gütersloh 1973 ff., ²1979 (3. Lieferung: 2. Makk., übers. von Ch. Habicht; 4. Lieferung: 1. Makk., übers. von K.-D. Schunk)

Meister, K., Die Interpretation historischer Quellen. Schwerpunkt Antike, Bd. 1: Griechenland, Paderborn 1997

Meyer, K., Xenophons »Oikonomikos«. Übers. und Komm., Marburg 1975

Nollé, J., Nundinas instituere et habere. Epigraphische Zeugnisse zur Einrichtung und Gestaltung von ländlichen Märkten in Afrika und in der Provinz Asia, Hildesheim 1982

Olympiodor: R.C. Blockley (Hg.), The fragmentary classicising historians of the later Roman empire. Texts, transl. and historiograph. notes, 2 Bde., Liverpool 1981/83

Optatus Milevitanus, Libri VII, rec. C. Ziwsa, Corpus scriptorum ecclesiasticorum latinorum 26, Wien 1893. Engl. Übers.: Optat, Against the Donatists, transl. by Mark Edwards, Liverpool 1997

Paulinus von Mailand: A.A.R. Bastiaensen (Hg.), Vita di Cipriano. Vita di Ambrogio. Vita di Agostino, Milano 1975

Pausanias, Reisen in Griechenland, Gesamtausgabe in 3 Bdn. aufgrund der komm. Übers. von E. Meyer hg. von F. Eckstein und abgeschl. von P.C. Bol, Zürich/München ³1986–³1989

Petronii Arbitri Satyricon cum apparatu critico ed. K. Müller, München 1961

Petronius, Das Gastmahl des Trimalchio. Cena Trimalchionis, lat.-deutsch, hg. und übers. von W. Ehlers und K. Müller, Düsseldorf/Zürich 2002.

Philostratus and Eunapius, The Lives of the Sophists, with an Engl. transl. by W.C. Wright, London, Cambridge/Mas. 1921, Neudruck 1961

Platon, Protagoras, eingel., übers. und erl. von B. Manuwald, Göttingen 2006

Pline le Jeune, Lettres (Livre X). Panégyrique de Trajan, texte établi et traduit par M. Durry, Paris 1964 (Collection Budé)

Plini Caecili Secundi epistularum libri decem, recognovit brevique adnotatione critica instruxit R.A.B. Mynors, Oxford 1968 (Oxford Classical Texts)

C. Plinius Secundus d. Ä., Naturkunde. Naturalis historia, lat.-deutsch, Buch VII, hg. von R. König, München 1975.

C. Plinius Secundus d. Ä., Naturkunde, lat.-deutsch, Buch XXXVI, hg. von R. König, München 1992

Plutarch, Große Griechen und Römer, 6 Bde., eingel. und übers. von K. Ziegler, Zürich 1954–65

Polybios, Geschichte, eingel. und übertragen von H. Drexler, 2 Bde., Zürich ²1978/79

Possidius: A.A.R. Bastiaensen (Hg.), Vita di Cipriano. Vita di Ambrogio. Vita di Agostino, Milano 1975

Procopius Caesariensis, Opera omnia, hg. von J. Haury, 4 Bde., Leipzig 1905/13. Deutsch: Prokop, Werke, griech.-deutsch, hg. O. Veh, 5 Bde., München 1961/77

Prosper Tiro: Chronica minora. Vol. I., rec. Th. Mommsen, Monumenta Germaniae Historica, Auctores antiquissimi 9, Berlin 1892

Res gestae divi Augusti. Das Monumentum Ancyranum, hg. und erl. von H. Volkmann, 3., durchgesehene Aufl., Berlin 1969

Rollinger, R., Homer, Anatolien und die Levante: Die Frage der Beziehungen zu den östlichen Nachbarkulturen im Spiegel der schriftlichen Quellen, in: Ch. Ulf (Hg.), Der neue Streit um Troja. Eine Bilanz, München 2003, 330–348

Römische Inschriften, lat.-deutsch, hg. von L. Schumacher, Stuttgart 1990

Roueché, Ch., Performers and Partisans at Aphrodisias, London 1992

Roxan, M.M., Roman Military Diplomas 1978–1984, with contributions by H. Ganiaris and J.C. Mann, London 1985

Sallust, Werke und Schriften, lat.-deutsch, hg. von W. Schöne, 3. Aufl. München 1965

Salvien de Marseille, Oeuvres. Tome II: Du Gouvernement de Dieu. Introduction, texte critique, traduction et notes par Georges Lagarrigue, Sources Chrétiennes 220, Paris 1975

Schirren, Th., Protagoras, in: Die Sophisten. Ausgewählte Texte, griech.-deutsch, hg. und übers. von Th. Schirren und Th. Zinsmaier, Stuttgart 2003, 36–39

Schmitt, R., Die Burgbau-Inschrift aus Susa (DSf). Altpersische Fassung, Manuskript (1995)

Select Papyri II. Non-literary papyri. Public documents, with an English transl. by A.S. Hunt and C.C. Edgar, Cambridge/Mass., London 1934, Neudruck 1977

von Soden, W., Der altbabylonische Atramchasis-Mythos, in: Texte aus der Umwelt des Alten Testaments III 4, Gütersloh 1994, 612–645

Solons Politische Elegien und Iamben (Fr. 1–13; 32–37 West), Einl., Text, Übers., Komm. von Ch. Mülke, München/Leipzig 2002

Sozomenos, Kirchengeschichte. Übers. und eingel. von G.Chr. Hansen, Fontes Christiani 73, 4 Bde., Turnhout 2004

Strabons Geographika, mit Übers. und Komm. hg. von S. Radt, Bd. 3, Buch IX-XIII, Göttingen 2004

Sulpice Sévère, Vie de Saint Martin. Tome 1, éd. J. Fontaine, Sources Chrétiennes 133, Paris 1967

Sulpicius Severus, Leben des heiligen Martin, eingel., übers. und mit Anm. vers. von Kurt Smolak, Eisenstadt 1997

Strabon, Geographika, hg. von S. Radt, 4 Bde., Göttingen 2002 ff.

Suetonii Tranquilli opera I. De vita Caesarum libri VIII, rec. Maximilianus Ihm. Editio minor, editio stereotypa editionis prioris (MCMVIII), Stuttgardiae MCMLXVII

P. Cornelius Tacitus, Annalen. Annales, lat.-deutsch, hg. von E. Heller, München/Zürich 1982

Cornelii Taciti libri qui supersunt I. Ab excessu divi Augusti, iterum edidit E. Koestermann, Lipsiae 1965

Cornelii Taciti libri qui supersunt II, 1. Historiae, edidit E. Koestermann, Lipsiae 1969

Tertullien, Apologétique, texte établit et traduit par J.-P. Waltzing avec la collaboration de A. Severyns, Paris 1971

Theognis. Mimnermos. Phokylides. Frühe griechische Elegien, griech.-deutsch, eingel., übers. und komm. von D.U. Hansen, Darmstadt 2005

Thissen, H.-J., Studien zum Raphiadekret, Meisenheim 1966

Thukydides, Der Peloponnesische Krieg, übers. und mit einer Einf. und Erl. versehen von G.P. Landmann, München 1993

Thür, G./H. Taeuber, Vertrag über die Aufnahme der Heliswasier in die Polis der Mantineer, in: dies., Prozessrechtliche Inschriften der griechischen Poleis: Arkadien, Nr. 9, Wien 1994, 100–102

Das Totenbuch der Ägypter, eingel., übers. und erl. von E. Hornung, Düsseldorf 2004

Tyrtaios, in: Die griechische Literatur in Text und Darstellung. Bd. 1 Archaische Periode, hg. und übers. von J. Latacz, Stuttgart 1991, 173–177

Velleius Paterculus, Ad M. Vinicium consulem libri duo, curavit adnotavitque Maria Elefante, Hildesheim 1997

Victor Vitensis, Historia persecutionis Africanae provinciae. Rec. C. Halm, Monumenta Germaniae Historica, Auctores antiquissimi 3, 1, Berlin 1879

Victor of Vita, History of the Vandal persecution. Transl. with notes and introd. by John Moorhead, Liverpool 1992

Vitruv, Zehn Bücher über Architektur, übers. von C. Fensterbusch, Darmstadt 1976

Weißbach, F.H., Die Keilinschriften der Achämeniden, Leipzig 1911

Wörrle, M., Stadt und Fest im kaiserzeitlichen Kleinasien. Studien zu einer agonistischen Stiftung aus Oinoanda, München 1988 (Vestigia 39)

Xenophanes, Die Fragmente, hg., übers. und erl. von E. Heitsch, Zürich u.a. 1983

Xenophon, Hellenika, griech.-deutsch, hg. von G. Strasburger, Düsseldorf/Zürich ⁴2005

Xenophon, Poroi. Vorschläge zur Beschaffung von Geldmitteln oder Über die Staatseinkünfte, eingel., hg. und übers. von E. Schütrumpf, Darmstadt 1982

Zosime, Histoire nouvelle. Tome 1; 2, 1; 2, 2; 3, 1; 3, 2. Éd. F. Paschoud, Paris 1971/89

Zosimos, Neue Geschichte, übers. von O. Veh, Stuttgart 1990

REGISTER
DER QUELLENTEXTE

4. Papyri

5. Demotische Texte